U0822040

# 经济动能转换中的人力资源管理新趋势

——2019年全国人才与人事研究主题征文获奖作品集

（上卷）

中国人事科学研究院　组织编写

中国人事出版社

**图书在版编目(CIP)数据**

经济动能转换中的人力资源管理新趋势：2019 年全国人才与人事研究主题征文获奖作品集 / 中国人事科学研究院组织编写. -- 北京：中国人事出版社，2021

ISBN 978-7-5129-1590-9

Ⅰ. ①经… Ⅱ. ①中… Ⅲ. ①人力资源管理-中国-文集 Ⅳ. ①F249.23

中国版本图书馆 CIP 数据核字(2020)第 212946 号

**中国人事出版社出版发行**

(北京市惠新东街 1 号 邮政编码：100029)

*

三河市潮河印业有限公司印刷装订 新华书店经销

787 毫米×1092 毫米 16 开本 67 印张 991 千字

2021 年 5 月第 1 版 2021 年 5 月第 1 次印刷

**定价：210.00 元（上、下卷）**

读者服务部电话：(010) 64929211/84209101/64921644

营销中心电话：(010) 64962347

出版社网址：http://www.class.com.cn

版权专有 侵权必究

如有印装差错，请与本社联系调换：(010) 81211666

**我社将与版权执法机关配合，大力打击盗印、销售和使用盗版图书活动，敬请广大读者协助举报，经查实将给予举报者奖励。**

**举报电话：(010) 64954652**

# 编 委 会


**主　　编** 余兴安

**副 主 编** 李建忠

**编　　委（按姓氏笔画排序）**

王明荣　王建强　王　莹　韦立干　田永坡
朱庆阳　乔立娜　任文硕　刘　霞　许金华
孙　锐　李平生　李申华　李国虹　杨卫东
杨东风　杨素慧　何凤秋　张宇泉　张霁星
苗月霞　范　巍　岳龙泉　庞　诗　郑亨钰
赵云中　胡跃福　饶　风　袁　娟　聂学臣
黄　梅　盛南方　梁玉萍　蔡　维　熊通成
潘伟梁

**编辑部成员**

乔立娜　黄　梅　杨　梅　柏玉林　唐　军
郭越君　贺光磊

# 前　言

中国人事科学研究院每年举办的全国人才与人事研究主题征文活动，受到人才研究领域、人力资源和社会保障研究领域同行们的广泛关注。2019 年共收到参评论文 331 篇，经过评审有 76 篇获奖，其中一等奖 14 篇、二等奖 22 篇、三等奖 40 篇。

本文集将上述获奖论文汇集成册，内容涉及人才队伍建设（9 篇）、人才政策机制创新（21 篇）、人事制度改革（10 篇）、收入分配与劳动关系（8 篇）、就业创业（10 篇）、人力资源服务（10 篇）、人力资源市场（8 篇）。总的来说，获奖论文选题紧贴我国人力资源工作实际，调查研究工作基础较为扎实，提出的观点认识、管理方略与对策建议具有一定的参考价值。

同往年一样，我院高度重视这项工作。余兴安院长确定了本文集的主题，并全程指导了论文征集和选编工作；李建忠副院长主持了论文评选工作，孙锐、刘霞、苗月霞、梁玉萍、熊通成、范巍、袁娟、何凤秋、庞诗、田永坡和任文硕等专家参与了论文评选；乔立娜、黄梅、柏玉林、唐军、郭越君、贺光磊等同志承担了稿件征集、评审组织和编辑审校工作。我院陈力研究员、梁玉萍研究员、董志超研究员对本文集的编审工作提供了鼎力支持，同时，中国人力资源和社会保障出版集团在编辑中也提出了一些有价值的建议，在此一并表示衷心感谢。

中国人事科学研究院

2019 年 10 月

# 目　录

## 人才体制机制改革



## 人才政策创新

## 人才队伍建设

## 人事制度改革



## 收入分配与劳动关系

## 就业创业



## 人力资源服务

## 人力资源市场

# 人才体制机制改革

# 基本现代化评价体系中的人才指标研究[①]

丁　进　李慧茹[②]

**摘　要**：现代化作为一种思潮，反映了人类社会在20世纪所发生的巨大变化。本文简要回顾了现代化和基本现代化的研究历史，着重评述了现代化和基本现代化评价体系中的人才指标研究，提出每万人口人才数、每万劳动力中高技能人才数和每万农业人口中农村实用人才数三个指标，作为国家基本现代化评价指标体系中的备选指标。

**关键词**：现代化　基本现代化　评价体系　人才指标　政策建议

## 一、现代化和基本现代化研究

“凡事预则立，不预则废。”当神州大地在向“两个一百年”奋斗目标的第一个目标——全面建成小康社会奋力迈进的时候，对于第二个目标——基本实现现代化的研究，很早前已经着手进行。

（一）现代化的研究

在“现代化”这一概念出现之前，中国面临的是“近代化”的挑战。史学家蒋廷黻在近代史领域的开山著作——《中国近代史大纲》中提出

---

① 该篇论文获得“2019年全国人才与人事研究主题征文活动”一等奖。

② 丁进，江苏省行政管理科学研究所副所长，中国人才研究会人才学专业委员会常务理事；李慧茹，南京市交通运输局组织人事处副主任科员。

了一个尖锐的问题，近百年的中华民族根本只有一个问题，那就是：中国人能近代化吗?[1]蒋廷黻把“中国近代史”界定为“中国近代化的历史”，以中国能否近代化以及如何近代化作为论述主线，时间为1938年。

现代化理论的提出始自欧美。早期的现代化理论，几乎把注意力都集中在经济方面，认为现代化就是经济增长或者工业化。1951年6月，美国经济学家库兹涅茨（Kuznets）创办的《文化变迁》杂志，在芝加哥大学举办学术会议，讨论了贫困和经济发展不平衡的问题。与会者认为用“现代化”一词来表达从农业社会向工业社会的转变，是比较合适的。“现代化”作为术语逐渐在学术界被广泛使用，并且在20世纪60年代末达到高峰。

现代化理论既然把传统社会向现代社会的转变作为基本的研究内容，那么首先需要对传统社会和现代社会的定义及其本质差别作出说明和界定。1992年2月，杨豫在为布莱克（Blake）编写的《比较现代化》一书所写的长篇译者前言中，对此进行了梳理。在经济学家看来，现代化是指工业和服务业在社会中具有绝对优势，同时起主导作用。社会学家认为，现代社会与传统社会之间的根本差别，在于社会分层和整合的程度。政治学家是从政治结构的分化和政治参与的扩大来解释现代化的。从心理学家的视角，社会行动者性格结构中的某些变化，是社会系统现代化过程中的关键因素[2]。在前述经济学、社会学、政治学、心理学的研究方向之外，有的学者如布莱克（Blake），1975年提出用比较的方法和跨学科的方法研究现代化，这方面的成果如《俄国和日本的现代化——一份进行比较的研究报告》[3]。

上述分学科的研究包括跨学科的研究，其前提是经济的无限增长。然而就在1972年，《增长的极限》出版了。《增长的极限》的作者强调，增长并不必然导致崩溃；但是如果增长导致需求的扩张超出了地球资源所能维持的水平时，崩溃必然到来。1972年人类人口和经济还是令人欣慰地处在地球的承载能力之下，但是到了1992年时，人类活动已经超出了地球承载能力的极限。这一年，《增长的极限》出版了第二版；这一年，“全球环境与发展高峰会议”在巴西里约热内卢召开。到了2004年《增长的极限》推出第三版时，人类资源的使用已经超出地球承载能力的20%。“更为严峻的是，人类‘已经’处于无法持续的恐怖之中。然而，令人失望的是，对这种困境的总体意识还是非常有限的。”[4]有鉴于此，笔者认为，一个国家的现代化，必须改变经济可能无限增长的认知，而调整到人类命运共同体的背景上来，把生态文明建设、可持续发展作为现代化的核心内容。

（二）现代化的标准

究竟什么是现代化，可以说是仁者见仁，智者见智，现代化显然需要一个标准。哪些指标能够表达国家和地区现代化的特点和程度，也是难以形成公认的标准。关于现代化的指标体系和标准，大致可分为定性标准和定量标准。

定性标准主要包括箱根模型、列维模型以及现代人模型，其中最早提出的是箱根模型。1960 年日本的箱根会议，来自美国、日本的 30 多位学者讨论了现代化的话题。这次会议提出了 8 项关于经典现代化的标准，称为箱根模型。第二个提出的是列维模型。美国学者列维（Levi）1962 年在其出版的《现代化与社会结构》一书中，对“现代化社会”与“非现代化社会”的特征加以比较，总结了现代化社会的 8 个特征。1974 年，美国学者英克尔斯（Inkeles）提出了现代人模型，他认为人的现代化是政治、经济和社会现代化的基础，并将现代人的特点归纳为 9 个方面。

定量标准有布莱克标准（Blake Standard）、英克尔斯标准（Inkeles Standard），以及世界银行人均收入划分标准、联合国开发计划署人类发展指数和《联合国千年发展目标》中的指标体系。美国学者布莱克（Blake）在 1966 年提出了关于现代化的 10 项标准。布莱克标准（Blake Standard）作为文献被引用较多；而美国学者英克尔斯（Inkeles）关于现代化的 11 项评价指标和标准，较多应用于度量现代化的进程。由于英克尔斯标准（Inkeles Standard）是 20 世纪 70 年代提出来的，现在看来标准值显得偏低，而且缺乏生态、环保方面的指标。世界银行人均收入划分标准，是世界银行在《1982 年世界发展报告》中按照 1980 年人均国民生产总值将世界各国和地区分为三种类型，即低收入国家、中等收入国家和高收入国家。但是这个标准不是固定不变的，世界银行根据 1989 年数据、1999 年数据、2008 年数据进行了调整。联合国开发计划署人类发展指数，是由联合国开发计划署在《1990 年人文发展报告》中提出来的，由预期寿命、成人识字率和人均国内生产总值三个指标构成。联合国千年发展目标，是 2000 年在美国纽约联合国总部举行的千年峰会上提出来的，包括 8 项总目标、18 项分目标和 48 项具体目标[5]。

（三）中国现代化的评价指标

现代化既是世界交叉科学的前沿课题，又是中国的国家目标。中国科学院中国现代化研究中心编撰的《中国现代化报告》，是中国现代化研究中持续最久的连续出版物，从 2001 年开始出版。笔者读到的最新成果是 2019 年出版的《中国现代化报告 2019》。

2001 年 2 月发表的《中国现代化报告 2001》中，研究者采用“第一次现代化”和“第二次现代化”的“两段法”，提出了现代化评价指标体系，见表 1、表 2。

表 1　　第一次现代化的评价指标（2001 年版）

| 指标 | 标准 | 备注 |
| --- | --- | --- |
| 1. 人均国民生产总值（按 1960 年美元计算） | 1 280 美元以上 | 正指标 |
| 2. 农业增加值比重（农业增加值占国内生产总值比例） | 15%以下 | 反指标 |
| 3. 服务业增加值比重（服务业产值占国内生产总值比例） | 45%以上 | 正指标 |
| 4. 农业劳动力比重（农业劳动力占总劳动力比例） | 30%以下 | 反指标 |
| 5. 城市人口比例（城市人口占总人口比例） | 50%以上 | 正指标 |
| 6. 医疗服务（每千人口中的医生人数） | 1 人以上 | 正指标 |
| 7. 婴儿存活率（婴儿死亡率） | （30‰以下） | 反指标 |
| 8. 预期寿命（出生时平均预期寿命） | 70 岁以上 | 正指标 |
| 9. 成人识字率 | 80%以上 | 正指标 |
| 10. 大学普及率（在校大学生占 20～24 岁人口比例） | 15%以上 | 正指标 |

资料来源：中国现代化报告课题组，中国现代化报告 2001 [R]，北京大学出版社，2001，87。

表 2　　第二次现代化的评价指标（2001 年版）

| | |
| --- | --- |
| 一、知识创新指标 | |
| 1. 知识创新经费投入<br>（研究与发展经费/国民生产总值，R&D/GNP） | 正指标 |
| 2. 知识创新人员投入<br>（从事研究与发展活动的科学家和工程师全时当量/万人口，或从事研究与发展活动的科学家和工程师全时当量/万劳动力） | 正指标 |
| 3. 居民专利申请（居民国内专利申请数/百万人口） | 正指标 |
| 二、知识传播指标 | |
| 4. 中学普及率（在校中学生人数占适龄人口比例） | 正指标 |
| 5. 大学普及率（在校大学生人数占适龄人口比例） | 正指标 |
| 6. 电视普及率（每千人拥有的电视机） | 正指标 |
| 7. 因特网普及率（因特网用户/万人口） | 正指标 |

续表

| | |
|---|---|
| 三、知识应用指标Ⅰ（生活质量） | |
| 8. 城镇人口比例（城镇人口占总人口的比例） | 正指标 |
| 9. 医疗服务（医生人数/千人口） | 正指标 |
| 10. 总和生育率（育龄妇女一生平均生育子女个数） | 反指标 |
| 11. 婴儿存活率<br>（婴儿死亡率，每千例活产婴儿在1岁内的死亡率） | 正指标<br>（反指标） |
| 12. 人均能源消费（千克石油当量/人） | 正指标 |
| 四、知识应用指标Ⅱ（经济质量） | |
| 13. 人均GNP（美元） | 正指标 |
| 14. 人均购买力（按购买力平价PPP计算的人均GNP） | 正指标 |
| 15. 物质产业增加值比重<br>（农业和工业增加值占国内生产总值的比例） | 反指标 |
| 知识产业增加值比重 | 暂缺 |
| 服务产业增加值比重 | 暂缺 |
| 16. 物质产业劳动力比重<br>（农业和工业劳动力占总劳动力比例） | 反指标 |
| 知识产业劳动力比重 | 暂缺 |
| 服务产业劳动力比重 | 暂缺 |

资料来源：中国现代化报告课题组. 中国现代化报告2001［R］，北京：北京大学出版社，2001：94.

第一次现代化的评价指标中，人均国民生产总值是一个关键指标。这个指标受到统计方法、物价指数和汇率等因素的影响，很难得到精确和可比较的数据。中国现代化报告课题组认为，世界银行在《世界发展报告》中公布的数据，来自各国官方统计，数据相对可靠。中国现代化报告课题组建议采用世界银行发布的数据，这个数据使用1960年度主要工业国家人均国民生产总值的平均值，作为评价的基准值；考虑到物价变动因素，每一年宜进行相应调整。

第二次现代化的测度，是用知识创新、知识传播、生活质量和经济质量四大类16个指标组成的评价指标体系。中国现代化报告课题组认为，现阶段，世界上尚无一个国家和地区实现第二次现代化，各项发展指标都是动态的。因此第二次现代化进展的评价，目的在于评价世界不同国家和地区现代化发展水平，而不是评价它们是否已经实现第二次现代化。中国现代化报告课题组孜孜以求建立的，是第二次现代化的发展指数。笔者认为，中国现代化报告课题组采用“第一次现代化”和“第二次现代化”的“两段法”，提出了自己的现代化评价指标体系，是对现代化理论的发展和贡献，是中国学者关于我们生活世界丰富性和复杂性的学术表达，其理论创新更多体现在第二次现代化评价指标体系的研究制定上。但是此“两段法”人为割裂了现代化进程的完整性，模糊了中国“两个一百年”奋斗目标的统一性，有进一步讨论和商榷的余地。

在《中国现代化报告 2001》出版后的 2001 年 3 月，中国科学院可持续发展研究组发布了《2001 中国可持续发展战略报告》。这份报告设计了一个四层叠加的现代化评价指标体系，如图 1 所示。

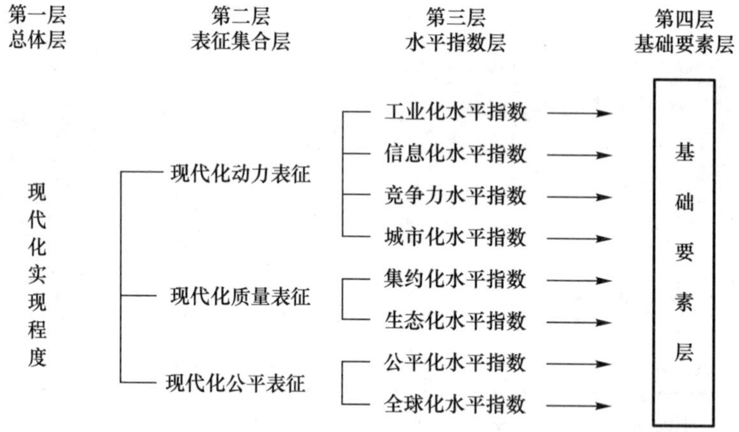


**图 1　《2001 中国可持续发展战略报告》中的现代化指标体系设计**

资料来源：中国科学院可持续发展研究组. 2001 中国可持续发展战略报告 [R]. 北京：科学出版社，2001：57.

在《中国现代化报告 2001》中，第一次现代化的测度是以英克尔斯标准（Inkeles Standard）为基础，分为经济与社会两大类，提出了 10 个评价指标。在《中国现代化报告 2012》中，中国现代化战略研究课题组以 1960 年工业化国家指标平均值为基础，修订了第一次现代化评价指标的平均值，见表 3。

**表 3　第一次现代化评价指标的标准值**
**（1960 年工业化国家指标平均值）（2012 年版）**

| 项目 | 指标、单位和指标编号 | 标准 | 备注 |
|---|---|---|---|
| 经济指标 | *1. 人均国民收入（人均 GNI），美元* | 逐年计算 | 正指标 |
| | 2. 农业劳动力比例（农业劳动力占总劳动力比例），% | 30%以下 | 反指标 |
| | 3. 农业增加值比例（农业增加值占国内生产总值比例），% | 15%以下 | 反指标 |
| | 4. 服务业增加值比例（服务业增加值占国内生产总值比例），% | 45%以上 | 正指标 |

续表

| 项目 | 指标、单位和指标编号 | 标准 | 备注 |
|---|---|---|---|
| 社会指标 | 5. 城市人口比例（城市人口占总人口比例），% | 50%以上 | 正指标 |
| | 6. 医生比例（每千人口中的医生人数），‰ | 1‰以上 | 正指标 |
| | 7. 婴儿存活率，‰<br>（婴儿死亡率），‰ | 970‰以上<br>（30‰）以下 | 正指标<br>（反指标） |
| | 8. 预期寿命（出生时平均预期寿命），岁 | 70岁以上 | 正指标 |
| 知识指标 | 9. 成人识字率，% | 80%以上 | 正指标 |
| | 10. 大学普及率（在校大学生占20～24岁人口比例），% | 15%以上 | 正指标 |

资料来源：何传启．中国现代化报告2012：农业现代化研究［R］．北京：北京大学出版社，2012：243.

中国现代化战略研究课题组在《中国现代化报告2012》中，同时对第二次现代化评价指标进行了修订，见表4。

**表4　　第二次现代化评价指标（2012年版）**

| 二级指标 | 三级指标和指标编号 | 指标解释和单位 |
|---|---|---|
| 知识创新 | 1. 知识创新经费投入 | 研究与发展经费占国内生产总值的比例（R&D/GDP），% |
| | 2. 知识创新人员投入 | 从事研究与发展活动的研究人员/万人，人/万人 |
| | 3. 知识创新专利产出 | 居民申请国内发明专利数/万人，项/万人 |
| 知识传播 | 4. 中学普及率 | 在校中学生人数占适龄人口（一般为12～17岁）比例，% |
| | 5. 大学普及率 | 在校大学生人数占适龄人口（一般为20～24岁）比例，% |
| | 6. 电视普及率 | 家庭电视普及率，% |
| | 7. 互联网普及率 | 互联网用户/百人口，% |
| 生活质量 | 8. 城镇人口比例 | 城市人口占总人口比例，% |
| | 9. 医生比例 | 每千人口中的医生数，‰ |
| | 10. 婴儿死亡率 | 每千例活产婴儿在1岁内的死亡率，‰ |
| | 11. 预期寿命 | 新生儿平均预期寿命，岁 |
| | 12. 人均能源消费 | 人均商业能源消费，千克石油当量 |
| 经济质量 | 13. 人均国民收入 | 人均国民收入（人均GNI），美元 |
| | 14. 人均购买力 | 按购买力平价PPP计算的人均国民收入（人均PPP），国际美元 |
| | 15. 物质产业增加值比例 | 农业和工业增加值占国内生产总值的比例，% |
| | 16. 物质产业劳动力比例 | 农业和工业劳动力占总劳动力比例，% |

资料来源：何传启．中国现代化报告2012：农业现代化研究［R］．北京：北京大学出版社，2012：246.

笔者对比研究了《中国现代化报告》两个版本的现代化评价指标，表 3、表 4 中的斜体字，是 2012 年版现代化评价指标中与 2001 年版现代化评价指标中内容不同的部分。

（四）中国基本现代化的研究

笔者通过文献检索发现，中国东部地区在 20 世纪末就开始了基本实现现代化的研究。其中关于江苏现代化和基本实现现代化的研究，如洪银兴、何旭强提出江苏现代化的目标和进程[6]；欧邦才、王慧敏等进一步提出了江苏基本实现现代化的指标体系[7]。杜栋、顾继光研究了区域基本实现现代化中的协同发展[8]。苏南地区作为东部地区的典型发达区域，尤其吸引研究者的关注，如张颢瀚对苏南率先基本实现现代化的阶段性研究[9]；周明生、谈镇等对苏南率先基本实现现代化目标与路径的探讨[10]；章寿荣、金高峰等着力于苏南率先基本实现现代化的示范创新研究[11]。还有文章通过对江苏的南京、无锡、苏州等城市的调研，归纳梳理东部地区率先基本实现现代化的成功经验[12]。关于浙江基本实现现代化的探讨，如方元龙提出了浙江提前基本实现现代化的基础与战略框架[13]；陶济讨论了浙江提前基本实现现代化的矛盾与战略[14]。陈全生对横跨浙江和江苏的环太湖地区率先基本实现现代化进行了观察和思考[15]。

## 二、现代化和基本现代化评价体系中的人才指标

1964 年，周恩来在第三届全国人民代表大会上作政府工作报告，第一次提出要在 20 世纪末实现农业、工业、国防和科学技术四个现代化的目标。1997 年 9 月，党的十五大规划 21 世纪我国发展目标时说，到 21 世纪的中叶建国一百年时，基本实现现代化。党的十六大对基本实现现代化进行了全面阐述。2017 年 10 月，习近平总书记在党的十九大报告展望未来，从二〇二〇年到本世纪中叶可以分两个阶段来安排。第一个阶段，从二〇二〇年到二〇三五年，在全面建成小康社会的基础上，再奋斗十五年，基本实现社会主义现代化。第二个阶段，从二〇三五年到本世纪中叶，在基本实现现代化的基础上，再奋斗十五年，把我国建成富强民主文明和谐美丽的社会主义现代化强国。[16]

我国现代化和基本现代化研究，基于“两个一百年”奋斗目标和中华民族伟大复兴的生动实践，必然需要赋予“中国特色”。人才学是改革开放以来产生的中国新兴学科，人才指标是富有中国特色的“中国指

标”。关注现代化和基本现代化评价指标研究中涉及人才的部分，是笔者的学术自觉。

（一）现代化评价体系中的人才指标

《中国现代化报告》的“第一次现代化的评价指标”和“第二次现代化的评价指标”，设计了“大学普及率”，指“在校大学生占20～24岁人口比例”。洪银兴、何旭强设计的“江苏现代化指标体系”共5大类21项，其中包含“每万人拥有大专以上文化程度人数”指标。浙江省计经委课题组研发的“浙江省现代化评价体系”有三个方案，其中第一方案本着全面反映经济社会现代化发展水平的要求设置了4大类20项指标，第二方案突出代表性原则设置了12项指标，第三方案采用美国学者英克尔斯（Inkeles）发展中国家现代化10项指标。三个方案均包括了“大学生入学率”指标[17]。李培林、朱庆芳等研制的“中国现代化指标体系”，共4大类25项指标，其中社会发展类包含“每万职工拥有专业技术人员数”和“每万人口在校大学生数”指标[18]。于斌斌研制的“现代化评价指标体系”共6大类22项指标，其中科技进步类有“专业技术人员占总人口的比重”指标，人口素质类有“大学文化程度以上人口占总人口的比重”指标[19]。

（二）基本现代化评价体系中的人才指标

国家计委宏观经济研究院课题组提出的“中国基本实现现代化主要评价指标体系”，共3大类15项指标，其中包含“适龄人口中大学生比重”指标[20]。欧邦才、王慧敏等构建的“江苏省基本实现现代化指标体系”共12个指标，其中教育普及化以“适龄青年入学率”指标进行测度。张颢瀚以江苏省社会科学院、江苏省统计局联合研究的“江苏现代化进程的科学评价体系”为依据，新增“适龄青年高等教育入学率”等4项指标，形成对江苏基本实现现代化进程综合评价的指标体系。周明生、谈镇等研制的“苏南基本现代化指标体系”共21个指标，其中有“每万人专业技术人员数”指标。宋林飞研发的“我国基本实现现代化指标体系”共4大类30个指标，其中有“大专以上人口占总人口的比重”指标[21]。沈正平、马晓冬等设计的“我国省域基本现代化评价指标体系”中包含“每十万人拥有大专及以上人口数量”指标[22]。

综合而言，上述现代化和基本现代化评价体系中涉及人才内容的指标，主要有两类，一类是与学历有关的“每万人拥有大专以上文化程度人数”指标（类似的如“大学普及率”“大学生入学率”“每万人口在校大学生数”“大学文化程度以上人口占总人口的比重”“适龄人口中大学生比重”“适龄青年入学率”“适龄青年高等教育入学率”“大专以上人口占总人口的比重”“每十万人拥有大专及以上人口数量”）；一类是与职称有关的“每万职工拥有专业技术人员数”指标（类似的如“专业技术人员占总人口的比重”“每万人专业技术人员数”）。另外，丁进 2009 年曾经建议在“江苏省基本现代化进程综合评价体系”中设立“每万人口人才数”指标[23]。

（三）《江苏基本实现现代化指标体系（试行）》

2003 年 7 月，江苏省委十届五次全会确立“两个率先”目标，这就是在 21 世纪初率先全面建成小康社会、率先基本实现现代化。2014 年 12 月，习近平总书记视察江苏时，把“两个率先”明确为江苏的光荣使命，要求努力建设经济强、百姓富、环境美、社会文明程度高的新江苏。

基本实现现代化是中国现代化进程中的重要阶段，这个阶段既是对全面建成小康社会的归纳和小结，又是现代化和中华民族伟大复兴的初期表现和形态。2011 年 11 月，江苏省委第十二次代表大会提出 2020 年全省率先基本实现现代化的发展目标。为此江苏制定了包括 4 大类 30 项指标的《江苏基本实现现代化指标体系（试行）》，并于 2012 年 1 月 5 日发布实施。这个指标体系是全国第一个基本实现现代化的指标体系，具有探索、示范和引领作用。

该指标体系共有经济发展、人民生活、社会发展、生态环境四大类指标，另外包含一个“人民群众对基本现代化建设成果满意度”的评判指标。该指标体系中涉及人才的内容，主要是社会发展类中的第 17 项指标和第 18 项指标，即“主要劳动年龄人口平均受教育年限”和“人力资源水平”。其中“人力资源水平”包含两个子指标，即“每万劳动力中研发人员数”和“每万劳动力中高技能人员数”。“主要劳动年龄人口平均受教育年限”指标数据来源是统计部门，“每万劳动力中研发人员数”指标数据来源也是统计部门；“每万劳动力中高技能人员数”指标数据来源是人社部门和统计部门。其中“每万劳动力中高技能人员数”指标的设立，是在以往研究成果基础上的理论创新。

（四）修订后的《江苏基本实现现代化指标体系（试行）》

《江苏基本实现现代化指标体系（试行）》发布以后，根据党的十八大精神，以及2013年“两会”期间习近平总书记对江苏工作提出的新要求，江苏对这个指标体系进行了丰富升级，并且在2013年6月27日发布实施。

《江苏基本实现现代化指标体系》的修订，第一是体现党的十八大报告提出的五个方面新的更高要求，特别是习近平总书记对江苏提出的“深化产业结构调整、积极稳妥推进城镇化、扎实推进生态文明建设”三大重点任务，进一步突出以提高经济增长质量和效益为中心。第二是体现江苏省委十二届四次全会用“五个新”对“两个率先”目标内涵的丰富拓展，即增强经济发展新动力，构建城乡区域发展新格局，增创改革开放新优势，形成社会建设新局面，建设生态文明新体系。修订后的《江苏基本实现现代化指标体系》，是2012年发布的江苏基本实现现代化指标体系的升级版，原指标体系不再使用。修订后的江苏基本实现现代化指标体系监测范围是省和设区市，从2013年开始首先对苏南五市进行监测评价。苏南五市根据该指标体系的要求，结合本地实际，对所辖县（市、区）制定相应的监测评价办法。在此背景下的《昆山市率先基本实现现代化指标体系》，是全国县级市中第一个区域性基本现代化指标体系。该指标体系共5大类30项指标，其中社会进步类有“每万人拥有人才数”指标。

修订后的《江苏基本实现现代化指标体系》，涉及人才的内容主要是社会发展类中的第15项指标“现代教育发展水平”，第16项指标“人力资源水平”。“现代教育发展水平”指标，以江苏教育现代化指标体系监测综合得分作为指标值，数据来源是教育部门。“人力资源水平”指标，包含了“每万劳动力中研发人员数”和“每万劳动力中高技能人才数”两个子指标。“每万劳动力中研发人员数”指每万劳动力中从事科学研究与试验发展人员全时当量数，数据来源是统计部门、科技部门；“每万劳动力中高技能人才数”包含了每万劳动力中取得高级技工、技师、高级技师职业资格人数。尤其令人欣喜的是，《江苏基本实现现代化指标体系》中，“每万劳动力中高技能人员数”修改为“每万劳动力中高技能人才数”，“人员”改为“人才”，一字之改，更加准确地反映了人才学研究成果在政策实践中的转化和应用。

## 三、基本现代化评价体系中的人才指标建议

1993年11月，党的十四届五中全会通过的《中共中央关于建立社会

主义市场经济体制若干问题的决定》指出，社会主义市场经济体制的建立，以及实现现代化，最终取决于人才的培养和国民素质的提高。

2000年的中央经济工作会议上第一次提出要制定和实施人才战略。“十五”计划把人才战略确立为国家发展战略，这是以往五年计划纲要所没有的。2002年中央公布实施了《2002—2005年全国人才队伍建设规划纲要》，这是中华人民共和国成立后的第一份综合性的人才队伍建设规划。这份规划纲要在先前“人才战略”概念的基础上，进一步提出“人才强国战略”。2007年10月，党的十七大报告明确表述“更好实施科教兴国战略、人才强国战略、可持续发展战略”。人才强国战略第一次写入党的代表大会报告，并且载入修改后的党章。

2020年全面建成小康社会目标即将实现，制定基本现代化评价指标体系，已经摆上议事日程。这也是中国人民为人类对更好社会制度探索提供中国方案的一次尝试。根据人才强国战略在国家发展战略中的重要地位，《江苏基本实现现代化指标体系（试行）》的率先实践，以及笔者对现代化和基本现代化评价体系的多年研究，笔者建议可考虑将“每万人口人才数”“每万劳动力中高技能人才数”和“每万农业人口中农村实用人才数”，作为国家基本现代化评价体系中的备选指标，并能有2个备选指标进入基本现代化评价指标体系。

（一）每万人口人才数

2014年6月，中国科学院第十七次院士大会、中国工程院第十二次院士大会召开，习近平总书记发表讲话指出，“知识就是力量，人才就是未来”。2016年3月，中央印发了《关于深化人才发展体制机制改革的意见》，要求把各方面优秀人才集聚到党和国家事业中来，为实现“两个一百年”奋斗目标提供有力人才支撑[24]。2017年年初，国家出台了《关于深化职称制度改革的意见》。2019年10月，党的十九届四中全会强调中国国家制度和治理体系的13个方面的“显著优势”，其中第十个方面的显著优势，就是坚持德才兼备、选贤任能，聚天下英才而用之，培养造就更多更优秀人才的显著优势[25]。

在研究领域，丁进2009年建议在“江苏省基本现代化进程综合评价体系”中，设置“每万人口人才数”指标。在实践领域，2006年10月至2007年5月，江苏省实施了包括高技能人才和农村实用人才的人才普查。这在全国省域是第一次。全国县级市中第一个区域性基本现代化指标体系《昆山市率先基本实现现代化指标体系》包含“每万人拥有人才数”指标。2010年6月发布的《国家中长期人才发展规划纲要（2010—2020年）》，提出国家人才发展主要目标包括“人才资源总量”。我国第一部全面反映人才发展状况的统计资料《中国人才资源统计报告2010》设置了人才资源总量指标，就是指党政人才、企业经营管理人才、专业技术人才、高技能人才和农村实用人才的总量[26]。设置“每万人口人才数”指标，是中国特色、中国风格、中国气派哲学社会科学话语体系的生动表达。

（二）每万劳动力中高技能人才数

从人才的社会功能角度划分人才类型，可分为管理型、专业技术型和技能型。其中技能型人才，主要包括高技能人才和农村实用人才[27]。1964年我国第一次提出四个现代化，其中仅次于农业现代化的就是工业现代化。2003年12月，中共中央、国务院发布《关于进一步加强人才工作的决定》指出，要着重培养造就大批适应社会主义现代化建设的高层次和高技能人才。文件突出把培养高技能人才作为人才工作战略重点。2006年6月，中共中央办公厅、国务院办公厅印发的《关于进一步加强高技能人才工作的意见》提出，高技能人才是我国人才队伍的重要组成部分。2007年3月，劳动和社会保障部印发了《高技能人才培养体系建设“十一五”规划纲要（2006—2010年）》。

2010年6月，《国家中长期人才发展规划纲要（2010—2020年）》就高技能人才的发展目标和主要举措进行了论述。2015年10月，教育部、国家发展和改革委员会、财政部联合印发《关于引导部分地方本科高校向应用型转变的指导意见》。而2016年3月的第十二届全国人大第四次会议通过的政府工作报告，首提“工匠精神”。2017年10月，党的十九大报告要求建设知识型、技能型、创新型劳动者大军，弘扬劳模精神和工匠精神。近年来，在评价一个地区的产业结构时，出现了一个观念误区，这就是认为第三产业的占比越大，产业结构就越发达。笔者认为这个观点需要商榷。第三产业特别是金融业存在的意义，只是帮助实体经济配置资源，强大的制造业才是一个国家独立与安全之本[28]。有鉴于此，根据问题导向原则，只有设立“每万劳动力中高技能人才数”指标，才能符合服务发展、人才优先的人才发展指导方针。

（三）每万农业人口中农村实用人才数

1964年我国第一次提出四个现代化，其中第一个现代化就是农业现代化。2005年10月，党的十六届五中全会《中共中央关于制定国民经济和社会发展第十一个五年规划的建议》提出，建设社会主义新农村是中国现代化进程中的重大历史任务。2005年12月，中共中央、国务院印发的《关于推进社会主义新农村建设的若干意见》，要求培养造就有文化、懂技术、会经营的新型农民。2008年5月，中共中央办公厅、国务院办公厅发布的《关于加强农村实用人才队伍建设和农村人力资源开发的意见》，提出农村实用人才是中国人才队伍的重要组成部分。2010年6月，《国家中长期人才发展规划纲要（2010—2020年）》就农村实用人才的发展目标和主要举措进行了论述。2011年10月，中央组织部、农业部、人力资源和社会保障部等五部门颁发《农村实用人才和农业科技人才队伍建设中长期规划（2010—2020）》，这是我国首个农村实用人才队伍建设中长期规划。2012年1月发布的中央一号文件，第一次提出要大力培育新型职业农民。2017年10月，党的十九大报告第一次把“乡村振兴战略”列入经济社会发展的七大国家战略。

现阶段和可以预见的未来，我国粮食安全形势堪忧。2008年发布的《国家粮食安全中长期规划纲要（2008—2020年）》，明确将保障国内生产占消费的比例在95%以上作为硬约束指标。然而在2010年，我国进口的粮食已经达到6 695万吨，相当于国内粮食产量的12.25%[29]。进口粮食占比在“十二五”期末的2015年增大至14.92%[30]。我国粮食安全形势异常严峻。笔者认为，基于粮食的生存必需品特征，必须确保我国的粮食自给率，严格控制并逐步减少粮食进口。同时基于粮食的国家战略属性，在满足粮食自给的基础上逐步增加粮食出口，为“一带一路”国际合作提供安全保证。这是我们这一代人的责任和使命所在。设立“每万农业人口中农村实用人才数”指标，是实现前述战略目标的关键制度安排。

## 参考文献

[1] 蒋廷黻. 中国近代史大纲［M］. 北京：北京联合出版公司，2016.

[2] 杨豫. 译者前言. ［美］布莱克. 比较现代化［M］. 杨豫，陈祖洲，译. 上海：上海译文出版社，1996.

[3] [美] 布莱克，等. 日本和俄国的现代化——一份进行比较的研究报告 [R]. 周师铭，胡国成，等，译. 北京：商务印书馆，1983.

[4] [美] 梅多斯，兰德斯. 前言. 增长的极限 [M]. 李涛，王智勇，译. 北京：机械工业出版社，2013. 7.

[5] 陈柳钦. 国内外现代化指标体系和标准概述 [J]. 全球科技经济瞭望，2011 (6)：63-69.

[6] 洪银兴，何旭强. 江苏现代化的目标和进程 [J]. 南京师大学报 (社会科学版)，1999 (4)：5-15.

[7] 欧邦才，王慧敏，等. 江苏省基本实现现代化指标体系及预测 [J]. 河海大学学报 (哲学社会科学版)，2001 (3)：44-47.

[8] 杜栋，顾继光. 区域基本实现现代化中的协同发展测度研究——以江苏为例 [J]. 中国名城，2014 (5)：27-31.

[9] 张颢瀚. 苏南率先基本实现现代化阶段性研究 [J]. 现代经济探讨，2004 (8)：3-6.

[10] 周明生，谈镇，等. 苏南率先实现基本现代化的目标与路径 [J]. 江苏行政学院学报，2010 (6)：46-54.

[11] 章寿荣，金高峰，等. 苏南率先基本实现现代化的示范创新研究 [J]. 南京邮电大学学报 (社会科学版)，2012 (1)：28-33.

[12] 布赫. 东部发达地区如何率先基本实现现代化——对江苏南京、无锡、苏州等地的调查与思考 [J]. 国土经济，2001 (1)：6-9.

[13] 方元龙. 浙江提前基本实现现代化的基础与战略框架 [J]. 浙江经济，1999 (1)：20-21.

[14] 陶济. 论浙江提前基本实现现代化的矛盾与战略 [J]. 中共浙江省委党校学报，2001 (5)：71-75.

[15] 陈全生. 环太湖地区率先基本实现现代化的战略思考 [J]. 江苏工业学院学报 (社会科学版)，2008 (2)：60-64.

[16] 习近平. 决胜全面建成小康社会，夺取新时代中国特色社会主义伟大胜利——在中国共产党第十九次代表大会上的报告 [R]. 北京：人民出版社，2017：28-29.

[17] 浙江省计经委课题组. 浙江省现代化进程的评价指标 [J]. 浙江经济，1999 (1)：49-50.

[18] 李培林，朱庆芳，等. 中国小康社会 [M]. 北京：社会科学文

献出版社，2003，114.

[19] 于斌斌. 对省域、市域现代化进程的新测算——以浙江省为例 [J]. 重庆大学学报（社会科学版），2014（6）：20.

[20] 宏观经济研究院课题组. 现代化标准研究 [J]. 宏观经济研究，2000（4）：44.

[21] 宋林飞. 我国基本实现现代化指标体系与评估 [J]. 南京社会科学，2012（1）：3.

[22] 沈正平，马晓冬，等. 我国省域基本现代化建设水平综合评价 [J]. 甘肃社会科学，2013（1）：219.

[23] 丁进. 江苏省在区域人才竞争力比较中的地位及对策研究 [J]. 第一资源，2009（2）：123.

[24] 深化人才发展体制机制改革 [N]. 人民日报，2016-03-22（1）.

[25] 中共中央关于坚持和完善中国特色社会主义制度，推进国家治理体系和治理能力现代化若干重大问题的决定 [N]. 光明日报，2019-11-06（1）.

[26] 中央组织部. 中国人才资源统计报告 2010 [R]. 北京：中国统计出版社，2012：6.

[27] 陈锡安，丁进. 我国人才标准的界定研究 [J]. 公共行政与人力资源，2004（5）：25.

[28] 丁进. 收入分配改革的关注重点 [J]. 人力资源，2011（10）：37.

[29] 丁进. 必须守住粮食自给率红线 [N]. 环球时报，2013-07-29（15）.

[30] 此数据系笔者根据国家统计局网站以及和讯网期货频道发布的数据综合整理而成.

# 系统化人才引进对人才环境和科技创新影响的实证研究——基于河北省人才引进的相关数据①

曹　鹏　刘京晶　杨　帆②

**摘　要：** 随着“人才争夺战”的逐步展开，人才引进已经成为全国各个地区促进经济发展、增强本地区综合实力的主要手段。以往依靠优惠政策、资金支持等手段来引进人才的方式已经逐渐趋同，构建更加有效的人才引进模式极为迫切。本文在以往人才引进模式的基础上，以系统观的视角提出了系统化人才引进的方式，并检验了系统化人才引进与人才环境和科技创新之间的影响关系，研究发现：①系统化人才引进模式的各个子系统对人才环境有显著正向影响；②系统化人才引进模式的各个子系统对科技创新有显著正向影响；③人才环境对科技创新有显著正向影响。

**关键词：** 系统化人才引进　人才环境　科技创新　河北省人才数据

## 一、引言

随着我国经济转型和经济增长方式的转变，依靠资源和资本的发展

① 该篇论文获得“2019年全国人才与人事研究主题征文活动”一等奖。

本文系2019年河北省人力资源与社会保障厅科研合作项目重点课题阶段性研究成果，课题编号JRSHZ－2019－01019。

② 曹鹏，河北师范大学讲师；刘京晶，河北省人力资源社会保障科学研究所助理研究员；杨帆，河北劳动关系职业学院助教。

方式已经不能适应新经济的发展，创新能力已经成为促进国家综合实力增长的主要动能。为了破解经济增长方式转变的难题，国家提出了供给侧结构性改革的任务，其实质是以科技创新驱动经济发展，适应经济发展“新常态”的要求。在世界各国推进“再工业化”的过程中，科技创新已经成为决定国家竞争力的核心能力，尤其在当今大数据、人工智能、云计算等高科技产业迅猛发展的环境下，科技创新不仅决定着国家实力，还引领着经济发展和产业发展。

美国心理学家勒温认为，个人绩效和个人能力、素质、环境之间存在着函数关系，个人能力和环境影响着个人绩效。科技创新实施的主体是科技人才，科技人才的绩效在很大程度上影响着地区乃至国家的科技创新能力。从这个层面来说，人才所处的环境也在影响着科技创新能力。根据以往的研究，人才环境有不同的分类，有的将人才环境分为内部环境和外部环境，有的将人才环境分为物质环境、体制环境、思想文化环境。但不论哪种分类，结论都认为人才环境在吸引人才流入的同时，也在提升地区和国家的综合竞争力，从而推动科技创新的发展。

自 2017 年开始，各省市出台了各项吸引人才的政策，主要包括户籍优惠政策、住房优惠政策、资金支持等多种形式，旨在营造本地区良好的人才环境进而提高科技创新能力，政策类型主要包括户籍优惠政策、住房优惠政策、资金支持等。但随着各省市“人才争夺战”的加剧，人才吸引政策逐渐趋同，制定适合各地区不同经济和社会发展特点的人才吸引政策已经成为地区政府的关注点。各地方政府已经逐渐意识到，仅仅单纯依靠资金和优惠政策已经难以吸引高端并且适合本地区发展情况的人才，必须依靠系统化的人才引进方式才能以合理的成本吸引较为合适的人才。

系统化的概念源于系统科学理论，该理论认为系统是由若干个相互联系的要素组成，并通过特定关系与周围环境产生互动而组成的有机整体。它不是各要素的简单组合，而是通过有机的方式而相互联系的。本研究将系统观引入人才引进政策当中，通过将人才引进的各要素进行有机整合，构建了系统化人才引进的方式，以提高人才引进的效率，并基于河北省人才引进的相关数据，通过数据分析和假设检验，探讨了系统化人才引进方式对人才环境和科技创新的影响，为今后各省市规划科学合理有效的人才引进政策、营造良好的人才环境以及提高科技创新能力提供科学化建议。

## 二、理论回顾与研究假设

### （一）相关理论回顾

#### 1. 系统化人才引进的相关研究

系统化人才的相关文献较为多见，但大多数为理论化论述，且主要针对某一特定行业或领域，如创新创业人才、高等教育人才、知识型人才、科技人才、智慧人才等。其中对人才建设生态系统的研究较多，这些研究将自然领域的生态系统概念引入人才管理当中，试图构建人才管理各模块有机组合和联系的整体，从而提高人才管理的效率。

在系统化人才管理的各个研究层面中，有的以复杂系统理论为理论基础，研究了人才流动与产业集群发展之间的关系，构建了由子系统构成的二因素相互影响的机制模型。有的则针对人才培养质量标准体系进行了构建，以系统工程理论的视角，构建了高等教育人才培养的六维系统模型。还有的以案例研究的方式，研究了市场导向的人力资源系统变革路径，运用扎根理论的方法，通过对人力资源管理前因、结构和后效的探索性分析构建了人力资源管理系统模型。

关于人才引进的文献较多，自从20世纪80年代我国学者开始研究人力资源领域的相关问题以来，大量学者对于人才引进的理论和实践都有相关论述，尤其随着近些年我国逐渐将人才作为创新驱动发展的根本动力，人才引进的研究就更为广泛了。近十年来大量文献基于国家引进人才的角度，对从国外引进人才以及高端人才回流等相关问题进行了研究。随着国内各地方政府人才引进竞争的加剧，各地开展了“人才争夺战”，大量学者更是基于现实问题对人才引进的相关问题进行了大量研究。李蕾对城市引进人才政策的风险进行了分析，并提出人才引进的差异化、综合推进以及公平对待增强与存量的优化策略。陈文、胡翔、李燕萍采用政策文本内容分析的方法，对江苏省科技领军人才的引进与培育政策演进脉络进行了研究，发现科技领军人才引进政策演进经历了探索期、快速增长期和加速发展期3个阶段，并提出了人才引进政策的优化建议。孟华、刘娣、苏娇妮对省级高层次人才引进政策的吸引力进行了评价，使用因子分析的方法进行定量分析，认为良好的人才吸引政策可以弥补客观吸引力的不足，为地方政府尤其是客观资源条件差的地区提供了人才吸引的相关建议。

综合以上相关研究来看，人才引进的研究主要集中在政策研究上，只不过对政策研究的层面各有侧重。而系统化的人才引进需要考虑包括人才引进政策在内的各个相关要素，把人才引进看成一个有机组合的整体，而不是从单一孤立的政策角度来看待。

**2. 人才引进系统的构建**

系统理论一般指由美籍奥地利生物学家、系统科学的创始人贝塔朗菲（L. Von Bertalanffy）所提出的一般系统理论。最初系统理论旨在认识和处理自然科学中的复杂现象和问题，随着理论的不断发展，系统理论开始与其他学科交叉研究，如哲学、经济学、管理学等，逐渐关注于复杂的社会学和管理学问题。贝塔朗菲认为，“系统的定义可以确定为处于一定的相互关系中的与环境发生关系的各组成部分的总体”“要理解一个事物，不仅要知道它的要素而且还要知道要素间的相互关系”。将此定义进行引申，本研究将人才引进系统定义为“人才引进系统是处在人才管理范畴中，并且与人才相关的各要素构成的有机总体，同时与人才相关的环境要素相互影响”。

与人才相关的要素数量众多，本研究通过将国内外关于人才引进的政府政策进行梳理和筛选，并对人才引进的相关文献进行分析，将与人才引进高度相关的要素界定为以下几个方面，即人才需求、人才识别、人才政策、人才评估、人才协调。人才需求指的是国家、地区、行业对于特定人才的需求量，它与人才引进密切相关，只有在确定人才需求数量以及种类的情况下，人才引进才能有的放矢。人才识别包括识别人才的个人特质、技能类型、专业素质等，在实际当中人才引进的范围宽泛，有国家引进也有企业人才引进、有技能人才引进也有科研人才引进、有地区人才引进也有行业人才引进，因此，识别需要引进什么样的人才，为人才引进制定标准，是人才引进系统的重要环节。能够吸引人才的要素众多，既有客观先天环境要素，也有主观政策要素，一般情况下客观环境难以改变，大多数情况下采用主观政策吸引人才，这也是现阶段从国家层面和地方政府层面不断出台吸引人才政策的原因，因此人才政策是人才引进系统的核心要素。人才评估是人才引进工作的后续延伸，是对被引进人才的绩效评价，但是又不同于以业绩为导向的简单绩效考核。人才评估不仅要考察被引进人才是否符合预期要求，还要为人才引进提供反馈和修改意见，为后续人才协调提供依据，是一个不断研究和改进的过程。因此，人才评估是人才引进系统的关键组成部分。系统化引进的人才也不是尽善尽美的，需要协调控制机制进行完善，其中包括人才与产业的协调、人才与评价标准的协调、人才与环境的协调、人才与政策资金的协调等。系统化人才引进过程中会不断出现新问题，问题的反馈、新措施的制定实施，都需要协调系统来完成。因此，人才协调是人才引进系统的重要保障环节。综上所述，本研究构建的人才引进系统结构如图 1 所示。

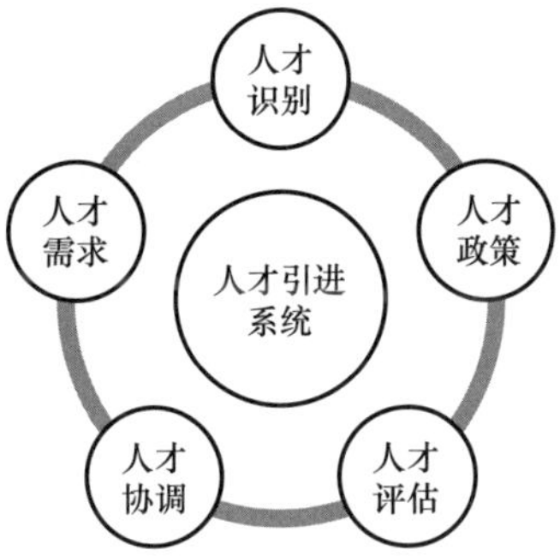


图 1　人才引进系统结构图

（二）研究假设

### 1. 系统化人才引进与人才环境

人才环境的相关理论最著名的是美国心理学家勒温的理论，他认为除了个人的能力、素质外，影响个人绩效的因素，还包括个人所处的环境。勒温提出了著名的绩效公式：

$$B=\mathrm{f}\ (p,\ e)$$

在这个公式中，$B$ 是个人绩效，$p$ 是个人的能力和素质，$e$ 是个人所处的环境。勒温认为，一个人如果处在较有利的环境中（如体制灵活、激励有效、专业相符、良好的人际关系等），就能充分发挥其个人能力，从而创造良好的绩效；如果处在不利的环境中（如体制僵化、无效激励、专业不符、恶劣的人际关系等），个人能力就会受到抑制，从而降低绩效。

由勒温的理论可知，人才环境涉及的因素众多，不是仅仅依靠单一人才政策或某一人才要素就能够营造的。良好的人才环境需要系统化的人才管理方式去营造，而这种人才环境的营造可以从源头上着手，即人才引进阶段开始。通过依靠相互作用的各种有利于人才发展的要素来吸引人才，从而营造能够吸纳优秀人才的良好环境。在实际情况中，由于我国版图广阔，各个地区有着截然不同的自然人文环境，虽然吸引人才的基本要素如支持政策、人才待遇、人才体制等基本类同，但是不同地区间的人才吸引和人才环境的营造还应有所差异，如我国的新疆维吾尔自治区和广东省，除了自然、地理等因素外，其人文社会环境也有着巨大的差异，因此在营造人才环境方面应该各有侧重，利用本地优势要素吸引人才。而系统化人才引进的方式可以将吸引人才的各要素有机整合，利用地区优势要素调整人才系统结构，从而营造适合本地区特点的人才环境。由此提出本研究的假设 1：

H1a：人才需求系统对人才环境具有显著正向影响；

H1b：人才识别系统对人才环境具有显著正向影响；

H1c：人才政策系统对人才环境具有显著正向影响；

H1d：人才评估系统对人才环境具有显著正向影响；

H1e：人才协调系统对人才环境具有显著正向影响。

**2. 系统化人才引进与科技创新**

目前我国学者对于海外科技人才引进的相关研究较多，科技创新是今后我国经济实现新增长、引领经济新常态的关键因素，而科技人才是实现科技创新的根本，近年来我国学者从国家增强科技和创新实力的角度来研究人才引进，成果较为丰硕。从国家层面引入科技创新人才的研究，主要集中在科技人才出入境管理、留学生出国和回流政策、吸引外籍科技专家等方面。还有的研究聚焦于分析国外科技人才引进和培养的制度和政策分析，尤其是对高科技人才和高等院校人才政策的分析，包括对科技人才引进的优惠政策、培养模式、创新文化、制度保障等方面的分析。还有部分研究对国外的系统化科技人才培养进行了分析，并将相关经验引入我国科技人才培养当中，构建了系统化科技人才培养的体系，包括提供政策支持、完善教育体制、发挥企业作用等。对科技人才相关机制的研究中，科技创新人才的引进、培养的保障机制研究较为充分，提出了从政府、企业、高校、科研机构等多层次构建科技创新人才的保障机制，并从引进政策、培养机制、创新环境、评价体系等多方面构建科技创新人才体系。从以往的研究来看，人才对于科技创新的推动作用毋庸置疑，只不过以往的研究从人才引进和培养的体制、政策、模式等方面进行了研究，虽然没有直接提出人才系统的概念，但是相关研究已经构成了坚实的理论基础。由此，提出本研究的假设2：

H2a：人才需求系统对科技创新具有显著正向影响；

H2b：人才识别系统对科技创新具有显著正向影响；

H2c：人才政策系统对科技创新具有显著正向影响；

H2d：人才评估系统对科技创新具有显著正向影响；

H2e：人才协调系统对科技创新具有显著正向影响。

**3. 人才环境与科技创新**

国外尤其是欧美发达国家关于人才环境与科技创新之间关系的研究和实践较早，理论成果也较丰富，以美国为代表的发达国家早在第二次世界大战之后就开始注重本国人才环境的营造，不断地从世界各国尤其是发展中国家吸引科技人才，为本国的科技创新能力提供源源不断的动力。可以说，发达国家科技创新能力领先世界的重要原因便是拥有优质的人才环境。从经济学角度看，构建良好的人才环境可以形成一个国家或地区的人才集聚效应，人才集聚可以有效提升一个地区的人才吸引力和人才根植意愿。区域文化、产业多样性等要素构成的人才环境能够提升地区科技人才吸引力和区域人才保留能力，从而提升区域内科技创新能力。企业层面人才环境研究的相关研究表明，人才对环境的感知能够影响人才绩效，良好的人才环境可以提升员工的绩效水平，这一影响关系在科技创新型企业中尤为明显。从这个角度来看，人才环境也间接影响着科技创新水平。另外，基于神经网络模型和结构方程模型来预测人才环境对区域经济发展水平的影响也表明，人才环境在影响区域科技创新能力的同时也在推动区域经济发展。由此，提出本研究的假设3：

H3：人才环境对科技创新具有显著正向影响。

根据上述假设，构建本研究的理论假设模型，如图2所示。

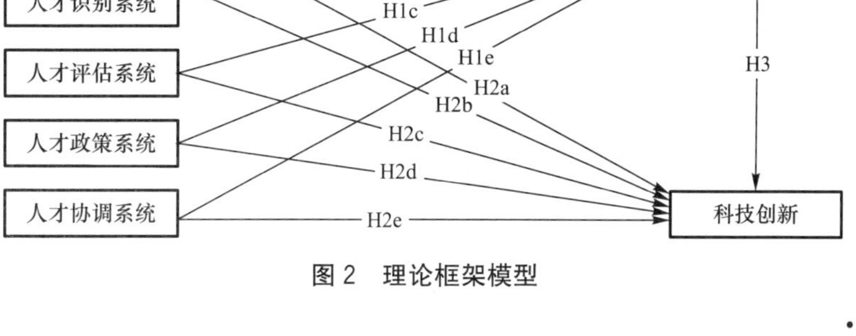


图2 理论框架模型

## 三、研究设计

### （一）数据来源

由于本研究以河北省人才发展为研究对象和数据来源，故所采用的主要数据来源于2010—2016年《河北省经济年鉴》和中共中央组织部编著的2010—2016年《中国人才资源统计报告》（以下简称《报告》）的河北省部分，该报告系统收录了全国及各省（自治区、直辖市）人才发展、监测与评价总体状况和人才队伍建设的统计情况，是较为全面反映我国人才发展状况的统计资料。《报告》正文内容分为三部分，即：①人才发展主要指标；②人才队伍建设统计指标，包括党政人才、公有制经济领域企业经营管理人才和公有制经济领域专业技术人才队伍建设情况；③国家人才发展监测与评价主要指标。

另外，本研究其余部分数据来源于《河北省中长期人才发展规划纲要（2010—2020年）》（以下简称《纲要》），该《纲要》是河北省制定的针对提升人才队伍整体实力，大幅度提升人才竞争力，进入"人才强省"之列的指导性文件，提出了河北省人才发展的相关规划数据。

### （二）变量选择及测量

#### 1. 科技创新

科技创新是经济发展的动力和源泉，其理论的源头可以追溯到1912年熊彼特在其发表的《经济发展理论中》提出的创新的概念，并率先提出了创新驱动经济发展的理念。进入21世纪，科技创新理论不断发展，其评价指标体系也趋于丰富。在科技创新能力评价指标体系的构建中，大部分学者将科技创新指标分为基础指标、投入指标和产出指标。基础指标包括科研者的素质能力、科研设备条件等，投入指标包括科技创新的人力投入、财力投入与项目投入等，产出指标包括理论成果和技术成果，例如论文、专利数、科技奖励等。有的学者将影响科技创新能力的关键指标分为政策法规、科技投入、科技产出、科技实现、可持续发展五类。还有的学者将基础科技创新的衡量指标设定为重点实验室数、承担国家科技项目数、科研机构数等，将类同于科技创新产出的技术创新指标设定为企业技术中心数、高科技企业数、研发人员比重等。因此，本研究将专利授权数、高科技企业数、高科技产业产值数作为科技创新的衡量指标，相关数据来自《河北省经济年鉴》。该变量Cronbach's $\alpha$系数为0.87。

2. 人才环境

在人才环境评价指标方面，大部分研究从经济环境、文化环境、政策环境、生态环境等方面综合衡量影响人才吸引和发展的环境因素，构建了覆盖面较广的指标体系。有的研究从人才竞争力的角度分析了人才环境的影响，认为人才环境的评价指标包括高等院校人均课题数、人均科技经费支出额、研究与开发机构数、高等学校数等。还有的研究从人才集聚的影响环境中进行探讨，分析了影响高新技术产业人才聚集的环境因素，包括高等教育师生数、科研机构及科研人员数量、城镇居民生活水平、医疗卫生及居住环境等。基于以上研究，本研究将人才环境分为教育环境、经济环境和生活环境三类，衡量指标为高等学校数、高新技术开发区数、人均绿地面积，相关数据来自《河北省经济年鉴》。该变量 Cronbach's α 系数为 0.77。

3. 人才需求

人才需求的研究主要从预测的角度来进行，而人才需求预测的理论基础是人才资源规划，早在 20 世纪 70 年代，欧美国家就将人才资源规划应用于政府和企业中。人才资源规划的关键是人才需求预测，现阶段大量学者对人才需求预测进行了深入研究。在总量预测研究中，一般是将区域内人口和经济发展状况和相应的人才总量进行判断，从而预测一定时期内的人才需求量。由于总量预测较为宏观，一般对预测结果的要求不是十分精确，更多的是关注人才需求发展的趋势。在类型和行业人才预测研究中，一般将类型人才分为企业经营管理人才、专业技术人才、高技能人才、农村实用人才 4 类进行预测，而将行业人才 20 个门类和 98 个大类进行预测。因此，本研究将河北省到 2020 年人才总量目标数、专业技术人才目标数、高技能人才目标数作为衡量人才需求的指标，相关数据来自《河北省中长期发展规划纲要（2010—2020 年）》。该变量 Cronbach's α 系数（指克隆巴赫系数）为 0.83。

4. 人才识别

关于人才识别多见于人才甄选或人才选拔的相关研究，这些研究大体将人才识别分为宏观和微观两个方面。宏观方面的人才识别侧重于制度识别，通过选拔、考试、评定等方式识别人才；微观方面的人才识别侧重于实际工作识别，包括将高技能人才、研发人员等从劳动者当中区分出来。另外，还有部分研究从某一侧重面识别某一类别的人才，如从专利中识别创新人才，采用三种路径识别专利人才，包括核心专利识别、专利文献识别、技术前沿识别。因此，本研究将高技能人才占劳动者比例、每万劳动力中研发人员数、专业技术人才高级职称数作为衡量人才识别的指标，相关数据来自《中国人才资源统计报告》。该变量 Cronbach's α 系数为 0.85。

5. **人才评估**

人才评估不同于人力资源绩效考核，绩效考核的主要研究针对个人、团队或者部门，而人才评估的主要研究集中在宏观层面，包括国家人才评估、地区人才评估或行业人才评估。传统的人才评估做法是将某一地区所获得的成果进行定量评价，这些成果包括所获得的专利数量、科技论文数量、科研成果数量等。这种评价方法较为容易量化，可操作性较强，但量化的人才评估方法很难评价人才发展的潜力，需要其他方法的补充。采用中长期经济贡献增长率以及专家评议、同行评议等定性评估方式，和定量评估相结合，能够更为全面地对人才进行评估。限于本研究的定量研究方法，故采用人才贡献率、科研课题获得数、科研成果获奖数作为人才评估的衡量指标，相关数据来自《中国人才资源统计报告》和《河北省经济年鉴》。该变量 Cronbach's α 系数为 0.79。

6. **人才政策**

国外对于人才政策的研究较早，其研究方法强调对政策的定量评估，认为应该构建科学的指标体系，使用数据分析统计的方法评估人才政策效果，从而发现在人才政策制定中出现的问题以及政策发展变化的趋势。国内学者用定量分析的方法构建了我国各地区人才政策评价指标体系，使总量指标和密度指标相结合，以分析人才政策实施的成效。在人才政策吸引力研究方面，通过构建各省高科技人才吸引力评价指标，从科技创新能力、人才引入资金、高科技人才经济产出等方面评价了政策吸引的效果。在人才政策实施效果的评价中，主要从政策知晓度、政策认可度、政策执行度、政策收益度四个方面进行评价，主要指标包括引进政策受益范围、政策目标受益认可度、科技成果转化率、对高新技术产业发展影响等。基于以上研究，本研究将人力资本投资占国内生产总值比例、研究与开发（R&D）内部经费支出、R&D 人员投入资金作为人才政策的衡量指标，相关数据来自《中国人才资源统计报告》和《河北省经济年鉴》。该变量 Cronbach's α 系数为 0.81。

### 7. 人才协调

人才协调的理论源头来自协同学，由联邦德国理论物理学家哈肯于20世纪60年代创立。协同理论是一种系统理论，该理论将研究对象内部的各要素看成一个相互联系和作用的整体，其内部的各子系统之间的竞争和协同并存促使系统整体有序发展。人才协调通过人才的竞争和流动，使人才结构与区域内产业发展相适应，从而更好地促进区域内经济和产业的发展。在人才结构与产业结构相协调的测度研究中，按照人力资本对产业的影响将二者的协调关系分为投入、生成、配置、发挥4个环节，具体测度指标包括科技教育投入占国内生产总值（GDP）比重、各产业人才数量增长率和变化率、各产业人才结构偏离度等。因此，本研究将高技能人才当年净增减数、人才培训投入资金、高科技人才数量增长率作为人才协调的衡量指标，相关数据来自《中国人才资源统计报告》和《河北省经济年鉴》。该变量 Cronbach's α 系数为0.86。

以上变量的 Cronbach's α 系数均大于0.7，说明各变量所选取的测量指标具有良好的信度，变量的具体信息见表1。

**表1　各变量具体信息**

| 变量名称 | 测量方法 | 数据来源 |
|---|---|---|
| 科技创新 | 专利授权数、高科技企业数、高科技产业产值数 | 河北省经济年鉴 |
| 人才环境 | 高等学校数、高新技术开发区数、人均绿地面积 | 河北省经济年鉴 |
| 人才需求 | 河北省到2020年人才总量目标数、专业技术人才目标数、高技能人才目标数 | 河北省中长期发展规划纲要（2010—2020年） |
| 人才识别 | 高技能人才占劳动者比例、每万劳动力中研发人员数、专业技术人才高级职称数 | 中国人才资源统计报告 |
| 人才评估 | 人才贡献率、科研课题获得数、科研成果获奖数 | 中国人才资源统计报告、河北省经济年鉴 |
| 人才政策 | 人力资本投资占国内生产总值比例、R&D内部经费支出、R&D人员投入资金 | 中国人才资源统计报告、河北省经济年鉴 |
| 人才协调 | 高技能人才当年净增减数、人才培训投入资金、高科技人才数量增长率 | 中国人才资源统计报告、河北省经济年鉴 |

## 四、假设检验

### （一）相关性和多重共线性分析

在进行假设检验之前，首先对各变量进行皮尔逊（Pearson）相关性分析和多重共线性分析，以检验模型是否具有良好的区分效度，分析结果见表2。

表2　　变量相关性分析

| 变量名 | 均值 | 标准误差 | 科技创新 | 人才环境 | 人才需求 | 人才识别 | 人才评估 | 人才政策 | 人才协调 |
|---|---|---|---|---|---|---|---|---|---|
| 科技创新 | 2 101.14 | 1 219.86 | 1 | | | | | | |
| 人才环境 | 115.29 | 3.50 | 0.367** | 1 | | | | | |
| 人才需求 | 772.14 | 221.26 | 0.462** | 0.537** | 1 | | | | |
| 人才识别 | 35.00 | 6.61 | 0.239** | 0.363** | 0.531** | 1 | | | |
| 人才评估 | 22.34 | 1.74 | 0.487** | 0.552** | 0.498** | 0.376** | 1 | | |
| 人才政策 | 10.81 | 1.24 | 0.532** | 0.389** | 0.476** | 0.220** | 0.337** | 1 | |
| 人才协调 | 1 278.71 | 370.26 | 0.339** | 0.229** | 0.478** | 0.532** | 0.344** | 0.290** | 1 |

注：统计量**、*分别表示检验值在0.01和0.05的水平上显著相关（双尾检验）。

从表2中可以看到，各变量之间在0.05的水平上显著相关，且各相关系数均小于0.6。进一步对各变量进行多重共线性诊断，分析结果当中方差膨胀因子（VIF）最大值为2.98，远小于标准衡量值10，且容差均大于0.1，进一步说明各变量间不存在多重共线性，模型具有良好的区分效度。

（二）结构方程模型分析

为确定本研究各变量间的路径关系，基于结构方程模型的基础理论，本研究构建了人才需求、人才识别、人才评估、人才政策、人才协调与人才环境和科技创新之间的测量模型和结构模型，并使用AMOS20.0对结构方程模型进行路径分析，具体分析结果如图3所示。在模型当中共包含7个潜变量，21个显变量，以及对应的23个残差项。根据结构模型所显示的修正指数，本研究对模型进行了修正，使模型和数据的拟合度得到进一步提高。

然后对模型进行拟合优度检验，各数据指标均达到要求，说明模型与数据拟合程度较高，可以进行路径分析和假设检验，拟合度指标见表3。

表3　　结构方程模型拟合度指标

| 卡方值 | 卡方显著性 | GFI | RMSEA | TLI | CFI | SRMR | NFI | RMR |
|---|---|---|---|---|---|---|---|---|
| 453.786 | 0.000 | 0.912 | 0.051 | 0.973 | 0.901 | 0.032 | 0.992 | 0.036 |

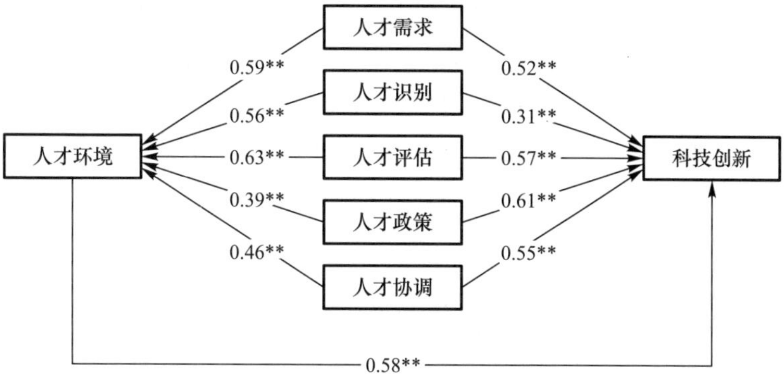


**图 3　结构方程模型路径分析**

注：* 表示 $p<0.05$，** 表示 $p<0.01$，*** 表示 $p<0.001$。

（三）假设检验结果

通过对所构建的模型进行路径分析，本研究将之前提出的假设进行了检验，检验结果见表 4。

**表 4　　结构方程模型路径分析及假设检验结果**

| 路径 | Estimate | S. E | C. R | *P* 值 | 对应假设 | 假设检验结果 | 标准化路径系数 |
|---|---|---|---|---|---|---|---|
| 人才需求→人才环境 | 0.593 | 0.138 | 4.297 | ** | H1a | 接受 | 0.523 |
| 人才识别→人才环境 | 0.558 | 0.122 | 4.574 | ** | H1b | 接受 | 0.519 |
| 人才评估→人才环境 | 0.631 | 0.109 | 5.790 | ** | H1c | 接受 | 0.592 |
| 人才政策→人才环境 | 0.392 | 0.132 | 2.970 | ** | H1d | 接受 | 0.353 |
| 人才协调→人才环境 | 0.457 | 0.098 | 4.663 | ** | H1e | 接受 | 0.413 |
| 人才需求→科技创新 | 0.523 | 0.143 | 3.657 | ** | H2a | 接受 | 0.498 |
| 人才识别→科技创新 | 0.312 | 0.152 | 2.053 | ** | H2b | 接受 | 0.280 |
| 人才评估→科技创新 | 0.573 | 0.095 | 6.032 | ** | H2c | 接受 | 0.534 |
| 人才政策→科技创新 | 0.608 | 0.119 | 5.109 | ** | H2d | 接受 | 0.586 |
| 人才协调→科技创新 | 0.553 | 0.128 | 4.320 | ** | H2e | 接受 | 0.512 |
| 人才环境→科技创新 | 0.581 | 0.108 | 5.380 | ** | H3 | 接受 | 0.569 |

注：* 表示 $p<0.05$，** 表示 $p<0.01$，*** 表示 $p<0.001$。

从表 4 可以看出所有的标准化路径系数均为正，说明人才需求、人才识别、人才评估、人才政策、人才协调对人才环境和科技创新均产生正向的影响，并且人才环境对科技创新也产生正向的影响。通过进一步的假设检验，表明假设 H1a、H1b、H1c、H1d、H1e、H2a、H2b、H2c、

H2d、H2e、H3 均被接受。

（四）稳健性检验

由于在结构方程模型检验中有 4 对题项的残差项具有共变关系，为了提出残差项对检验结果的影响，研究重新构建了结构方程模型，剔除了残差项显著相关的题项，新构建的结构模型拟合度见表 5，各项指标均达到要求。

表 5　稳健性检验拟合度指标

| 卡方值 | 卡方显著性 | GFI | RMSEA | TLI | CFI | SRMR | NFI | RMR |
|---|---|---|---|---|---|---|---|---|
| 389.728 | 0.000 | 0.938 | 0.032 | 0.989 | 0.915 | 0.028 | 0.983 | 0.027 |

进一步对新构建的模型进行检验，见表 6。只有人才识别到人才环境和人才政策到科技创新的显著性下降到 0.05 的水平，其他检验结果的显著性均未发生变化，说明本研究的研究结果稳健性较好。

表 6　稳健性检验结果

| 路径 | Estimate | S. E | C. R | *P* 值 | 对应假设 | 假设检验结果 | 标准化路径系数 |
|---|---|---|---|---|---|---|---|
| 人才需求→人才环境 | 0.438 | 0.125 | 3.504 | ** | H1a | 接受 | 0.519 |
| 人才识别→人才环境 | 0.513 | 0.116 | 4.422 | * | H1b | 接受 | 0.492 |
| 人才评估→人才环境 | 0.592 | 0.103 | 5.748 | ** | H1c | 接受 | 0.539 |
| 人才政策→人才环境 | 0.285 | 0.115 | 2.478 | ** | H1d | 接受 | 0.328 |
| 人才协调→人才环境 | 0.396 | 0.085 | 4.659 | ** | H1e | 接受 | 0.395 |
| 人才需求→科技创新 | 0.421 | 0.137 | 3.073 | ** | H2a | 接受 | 0.412 |
| 人才识别→科技创新 | 0.287 | 0.146 | 1.966 | ** | H2b | 接受 | 0.253 |
| 人才评估→科技创新 | 0.499 | 0.089 | 5.607 | ** | H2c | 接受 | 0.568 |
| 人才政策→科技创新 | 0.527 | 0.103 | 5.117 | * | H2d | 接受 | 0.577 |
| 人才协调→科技创新 | 0.469 | 0.112 | 4.188 | ** | H2e | 接受 | 0.493 |
| 人才环境→科技创新 | 0.521 | 0.105 | 4.962 | ** | H3 | 接受 | 0.572 |

注：* 表示 $p<0.05$，** 表示 $p<0.01$，*** 表示 $p<0.001$。

## 五、结论与不足

（一）理论意义

本文研究了系统化人才引进对人才环境和科技创新的影响，通过构建变量之间的结构方程模型，发现系统化人才引进对人才环境和科技创新有显著影响。研究构建了由人才需求、人才识别、人才评估、人才政策、人才协调组成的人才引进系统，通过数据分析，发现人才需求和人才评估对人才环境的影响尤为明显，路径系数达到了0.593和0.631，人才评估和人才政策对科技创新的影响最为明显，路径系数达到了0.573和0.608。其他几个变量虽然路径系数略低，但是都对人才环境和科技创新具有显著影响，说明本研究所构建的人才引进系统具有较高的有效性。另外，通过分析发现人才环境对科技创新同样具有显著影响，且路径系数为0.581，说明良好的人才环境确实能够提升科技创新能力。

研究也发现，虽然人才政策和人才协调对人才环境的营造也很明显，但是影响系数明显低于其他变量，和前人研究所认同的人才政策对人才环境营造有重要影响的结论略有差异，但也和某些学者的研究结论具有共同点，如李蕾认为人才政策趋同、存量人才积极性的挫伤、人才局部浪费等都是人才政策的负面效应；陈刚认为政策性吸引国际直接投资（FDI）流入造成了"污染避难所"，不利于地方综合发展；潘孝珍、庞凤喜认为政府政策所推动的无序互补式税收竞争也会导致整体利益受损。这些研究都认为政府优惠政策的实施产生了一定的负面效应。

（二）现实意义

现阶段，无论是国家层面，还是地方层面的人才引进，大多注重人才引进的政策制定，通过优惠政策如科研资金、优惠待遇、户籍政策等吸引人才，往往忽略了与人才引进相配套的措施，如优良人才环境和氛围的营造、良好的社会关系、对人才的尊重、科学的考量等内容，致使各层面的人才引进效果欠佳。本研究基于系统理论的观点，通过整理分析国内外关于人才引进的相关研究，构建了系统化的人才引进方式，将人才引进的各个要素有机地整合，而不是仅仅依靠政策来吸引人才，使人才引进取得更好的效果。在实践中除了人才引进部门外，人才规划部门、人才使用部门以及人才管理部门等要相互协调，共同进行人才的引进工作，而不是各自为政，职能相互分离，这样才能使人才引进工作成为一个有机整体，最终促进科技创新的发展。

另外，为了促进社会经济和科技创新的发展，人才环境的作用也十分重要，而系统化的人才引进能够形成良好的人才环境。以往人才引进的工作往往注重物质吸引，而对于非物质吸引较为忽略。地方人才引进往往所拥有的物质条件参差不齐，各有优缺点，如果只注重物质吸引，那很多地区将处于绝对劣势。人才环境既包括物质层面也包括非物质层面，各人才相关部门要联合营造良好的人才环境，充分发挥人才环境的非物质层面，发挥人才引进的最佳效果，最终增强地区科技创新能力。

（三）研究不足

本研究的不足有两点：第一，限于所收集数据资料的有限性，人才引进系统和人才环境以及科技创新各个变量衡量指标的选择范围偏窄，虽然数据上具有显著性，但是在现实当中的解释力还是偏弱，可能会使本研究所得出的结论在现实应用当中会有所偏差。如果能够增加各变量的指标数量，研究结论在理论上会更有说服力。第二，由于文章篇幅和研究能力所限，本研究只探讨了系统化人才引进对人才环境和科技创新的影响，对其他较为重要的变量未进行探讨，如经济发展、社会文化、政府人才机制等，这些变量对国家和地方的发展也尤为重要，需要在以后的深入研究中持续推进。

## 参考文献

[1] 朱达明. 区域人才环境竞争力刍议 [J]. 中国人力资源开发，2003 (07)：7-10.

[2] 王宏. 论人才环境与人才竞争力 [J]. 经济导刊，2007 (S2)：86-87.

[3] Bengt-Ake Lundvall. National Systems of Innovation：Towards a Theory of Innovation and Interactive Learning [M]. London：Pinter Publishers，1992.

[4] 刘金兰. 创新创业人才培养生态系统的建设 [J]. 经济研究参考，2016 (13)：43-44.

[5] 孟凡芹. 大众化高等教育人才培养质量标准体系模型构建——基于标准化系统工程理论视角 [J]. 高校教育管理，2017，11 (02)：100-106.

[6] 王舜淋，张向前. 基于复杂系统理论的知识型人才流动与产业集群发展动力机制研究 [J]. 科技管理研究，2017，37 (24)：186-192.

[7] 曾建丽，刘兵，梁林. 科技人才生态系统的构建研究——以中关

村科技园为例［J］. 技术经济与管理研究，2017（11）：42-46.

［8］祝智庭，彭红超. 智慧学习生态：培育智慧人才的系统方法论［J］. 电化教育研究，2017，38（04）：5-14＋29.

［9］蒋春燕，赵曙明. 知识型员工流动的特点、原因与对策［J］. 中国软科学，2001（02）：86-89.

［10］李蕾. 城市人才引进政策的潜在风险与优化策略［J］. 中国行政管理，2018（09）：154-155.

［11］陈文，胡翔，李燕萍. 江苏省科技领军人才引进与培育政策演进脉络——2003—2017 年政策文本内容分析［J］. 科技进步与对策，2018，35（23）：43-51.

［12］范冬萍. 系统科学哲学理论范式的发展与构建［J］. 自然辩证法研究，2018，34（06）：110-115.

［13］贝塔朗菲. 一般系统论［M］. 林康义，魏宏森，译. 北京：清华大学出版社，1987.

［14］Von Ludwig B. The history and status of general system theory［J］. The Academy of Management Journal，1972，15（4）：407-426.

［15］李朋波，张庆红. 国内人才需求预测研究的进展与问题分析［J］. 当代经济管理，2014，36（05）：72-80.

［16］田瑞强，刘浄颖，姚长青，潘云涛. 基于专利文献的创新科技人才识别研究［J］. 情报杂志，2018，37（08）：71-77.

［17］顾承卫. 新时期我国地方引进海外科技人才政策分析［J］. 科研管理，2015，36（S1）：272-278.

［18］胡远，张莹. 引进高层次创新创业科技人才评估的思考［J］. 科研管理，2016，37（S1）：142-145.

［19］张延平，李明生. 我国区域人才结构优化与产业结构升级的协调适配度评价研究［J］. 中国软科学，2011（03）：177-192.

［20］文魁，吴冬梅. 科技创新人才环境研究报告［J］. 经济与管理研究，2006（01）：19-24.

［21］卢山，江可申. 科技创新型领军人才培养与吸纳环境实证分析［J］. 科学学与科学技术管理，2011，32（09）：166-171.

［22］翁清雄，杨书春，曹威麟. 区域环境对人才承诺与根植意愿的影响［J］. 科研管理，2014，35（06）：154-160.

[23] 王顺. 我国城市人才环境综合评价指标体系研究 [J]. 中国软科学，2004 (03)：148-151.

[24] 苗绿，王辉耀，郑金连. 科技人才政策助推世界科技强国建设——以国际科技人才引进政策突破为例 [J]. 中国科学院院刊，2017，32 (05)：521-529.

[25] 李祖超，王甲旬. 美国研究型大学培养科技创新人才的经验与特色 [J]. 清华大学教育研究，2016，37 (02)：35-43+50.

[26] 方阳春，黄太钢，薛希鹏，李帮彬. 国际创新型企业科技人才系统培养经验借鉴——基于美国、德国、韩国的研究 [J]. 科研管理，2013，34 (S1)：230-235.

[27] 陈建武，张向前. 我国“十三五”期间科技人才创新驱动保障机制研究 [J]. 科技进步与对策，2015，32 (10)：138-144.

[28] 宋克勤. 国外科技创新人才环境研究 [J]. 经济与管理研究，2006 (01)：29-33.

[29] Weng，Q. X.，Mc Elroy，J. C. HR environment and regional attraction：An empirical study of industrial clusters [J]. Australian Journal of Management，2010，35 (3)：245-263.

[30] Hu，B. and Weng，Q. X. The selection of city HR environment evaluation indexes. In：Proceedings of the International Conference on Communications，Networking and Mobile Computing. Shanghai，P. R. China，September，2007.

[31] 李玉香，刘军. 人才环境感知对研发人才工作绩效、工作嵌入的影响研究——以深圳227家高新技术企业为例 [J]. 软科学，2009，23 (08)：110-114.

[32] 李朋林. 人才环境及基于神经网络的陕西经济发展预测模型研究 [J]. 管理学报，2008 (05)：733-736+750.

[33] 汪寅，黄翠瑶. 科技创新评价指标体系研究进展综述 [J]. 科技管理研究，2009，29 (06)：88-90.

[34] 谷国锋，滕福星. 区域科技创新运行机制与评价指标体系研究 [J]. 东北师大学报，2003 (04)：24-30.

[35] 孙兰学. 科技创新指标的设计和评价 [J]. 中国统计，2007 (03)：41-42.

[36] 林喜庆，焦慧卿. 海峡西岸经济区科技人力资源竞争力实证研究 [J]. 中国行政管理，2012 (06)：67-70.

[37] 张樨樨，韩秀元. 高新技术产业人才集聚发展环境综合评价研究 [J]. 山东大学学报（哲学社会科学版），2013 (05)：94-105.

[38] 范永芳，杨全良. 浦东新区人才发展战略以及相关产业需求状况分析 [J]. 华东经济管理，2010，24 (09)：7-11.

[39] 瞿群臻，马杰，唐梦雪. 上海 2010—2015 年物流人才需求预测及对策研究 [J]. 现代管理科学，2011 (10)：115-117.

[40] 王通讯. 科学人才观蕴含的十个新观念 [J]. 中国人才，2004 (08)：55-59.

[41] 赵伟，包献华，屈宝强，林芬芬. 创新型科技人才分类评价指标体系构建 [J]. 科技进步与对策，2013，30 (16)：113-117.

[42] 彭珍，贺德方，彭洁，赵伟. 以质量为导向的科技人才评价发现机制研究 [J]. 科技管理研究，2015，35 (09)：53-55+61.

[43] Jaffe，A. B. The "science of science policy"：reflections on the important questions and the challenges they present. Journal of Technology Transfer，2008，33 (2)，131-139.

[44] 刘洪银. 科技人才政策成效的区域性差异 [J]. 开放导报，2015 (01)：88-92.

[45] 孟华，刘娣，苏娇妮. 我国省级政府高层次人才引进政策的吸引力评价 [J]. 中国人力资源开发，2017 (01)：116-123.

[46] 顾玲琍，王建平，杨小玲. 科技人才政策实施效果评估指标体系构建及其应用研究 [J]. 中国人力资源开发，2019，36 (04)：100-108.

[47] 陈刚. FDI 竞争、环境规制与污染避难所——对中国式分权的反思 [J]. 世界经济研究，2009 (06)：3-7+43+87.

[48] 潘孝珍，庞凤喜. 中国地方政府间的企业所得税竞争研究——基于面板数据空间滞后模型的实证分析 [J]. 经济理论与经济管理，2015 (05)：88-97.

# 构建军队高层次创新型科技人才考核评价体系[①]

姚琛臣[②]

**摘　要：**构建军队高层次创新型科技人才考核评价体系，对于提升创新人才工程培养质量效益、加速军队高层次科技人才队伍建设具有重要意义。本文对军队高层次创新型科技人才考核评价体系相关问题进行研究，提出了军队高层次创新型科技人才素质结构“飞机模型”，构建了选拔评审、中期考评、期满评估三位一体的考评制度体系，对考评标准、考评程序、考评方法、考评结果、考评监督5个基本要素进行了系统设计，并在创新人才工程人才选拔培养工作中得到实践验证。

**关键词：**高层次　创新型科技人才　考核评价体系

军队高层次创新型科技人才，是指在所从事专业领域具有世界领先或国内一流水平、能够担当科技强军重任的优秀科技人才。2009年军队启动实施高层次科技创新人才工程以来，以选拔培养高层次创新型科技人才为目标，每两年选拔200名左右优秀中青年科技人才作为培养对象，以提高创新能力为核心，开展为期4年的重点培养，努力使之成为本专业领域具有世界领先水平的科技领军人才和国内一流水平的学科拔尖人才。

---

① 该篇论文获得“2019年全国人才与人事研究主题征文活动”一等奖。
本文系2015年国家社科基金军事学重点项目研究报告部分内容。

② 姚琛臣，火箭军研究院一所六室副主任、助理研究员、中校军衔。

随着创新人才工程深入推进，高层次创新型科技人才考评工作面临许多新的矛盾和问题，迫切需要对考核评价体系进行深入研究和创新构建，进一步规范指导培养工作实践。

## 一、建立军队高层次创新型科技人才考核评价体系的必要性

建立军队高层次创新型科技人才考核评价体系，对于发现、培养、使用和激励人才，促进高层次科技人才队伍建设，加快推进国防科技创新发展，具有重要意义。

### （一）贯彻强军目标要求、引领军队高层次创新型科技人才快速成才的迫切要求

习主席提出了党在新形势下的强军目标，为军队人才队伍建设指明了努力方向。我们要把强军目标要求，体现到高层次人才队伍建设的方方面面，贯穿高层次科技创新人才选拔培养全过程，作为考核评价人才的根本标准。把听党指挥作为首要的政治标准，注重选拔培养具有坚定理想信念，严守政治纪律，始终与党同心同德的人才；坚持战斗力这个唯一的根本标准，重点选拔培养能够引领军事科技发展、推动战斗力提升的人才；紧盯作风建设要求，突出选拔培养求真意识强、科学精神好、作风形象正的人才。通过强化考评体系的时代性、科学性，发挥考评指挥棒作用，真正确立强军兴军的用人导向，有力牵引军队高层次创新型科技人才队伍又好又快发展。

### （二）解决考评矛盾问题、提升军队高层次创新型科技人才培养质量效益的现实需要

近年来，军队各级在高层次创新型科技人才选拔、培养、考评等方面进行了不少探索，采取了许多行之有效的措施办法。但从整体上看，在高层次创新型科技人才考评方面，缺乏一套符合培养各阶段特点的系列化、规范化的考评标准、程序和方法，存在着内容标准覆盖不全，过于看重论文、奖项数量，兼顾不同专业特点不够，体现战斗力导向不足；考评程序不够规范，具体操作比较随意；考评方法不够科学，针对高端科技人才特点展开准确评价不够等问题。这些都在一定程度上影响了对高层次科技人才能力素质的科学评价和认定，影响了全面、客观、准确地检验培养成效。为进一步增强考评工作科学性、实效性，提高人才选拔培养质量效益，有必要通过进一步明确标准、规范程序、改进方法、

完善机制，不断完善体现高层次创新型科技人才特点、符合高层次科技人才成长规律的评价主体、内容标准、程序方法、考评监督等要素体系，构建起全军统一、特色鲜明、系统规范、行之有效、创新发展的高层次创新型科技人才选拔考评体系。

（三）加强考评工作研究、丰富完善军队高层次创新型科技人才理论体系的重要举措

军队高层次创新型科技人才工作起步较晚，对军队科技高端人才特点规律研究起步也晚，特别是对这类人才培养考评使用方面的规律性认识还不够，支撑高端人才建设的理论基础还十分薄弱。因此，加强高端人才理论研究也是深入推进军队高层次科技创新人才工程的应有之义。考核评价作为人才队伍建设的关键环节，在高层次科技创新人才培养工作中处于基础地位。经过 10 年的努力，我们对高层次科技人才培养方面的理论已有较为深入的研究，但总体上仍处于经验感知阶段，迫切需要认真总结近年来创新人才考评实践经验，将成熟经验做法上升到理论层面，形成完整的军队高层次创新型科技人才考核评价理论，为深入推进高层次科技创新人才工程提供坚强的理论支撑。

## 二、军队高层次创新型科技人才考核评价体系总体设计

为科学构建军队高层次创新型科技人才考核评价体系，应根据高层次创新型科技人才培养目标要求，首先从总体上对体系主线、结构、目标、原则等进行研究设计。

（一）指导思想

以习近平强军思想为指导，认真贯彻习主席关于科技人才队伍建设重要论述，聚焦能打仗、打胜仗的核心要求，着眼加速培养造就大批能够引领军事科技创新发展、担当科技强军重任的高素质军事人才，紧贴培养全过程中选拔评审、中期考评、期满评估特点，以构建能力素质结构模型为基础，明确考评标准，规范考评程序，改进考评方法，完善考评结果，严格考评监督，形成特色鲜明、衔接有序、功能互补、实在管用的考评制度体系。

（二）基本目标

适应高层次创新型科技人才培养全过程各阶段的工作需要，构建选拔评审、中期考评、期满评估三位一体的考评制度体系。

**1. 紧贴筛选性考评特点，构建高层次科技创新人才选拔评审制度分体系**

着眼发挥选拔评审选好、选准培养苗子的功能，适应其预测人才发展潜力的筛选性特点，围绕选拔科技领军人才和学科拔尖人才（以下简称“两类人才”）培养对象，形成与两类培养对象不同特征和不同专业领域要求相符合的评价标准模式；坚持以作战需求为牵引，合理预置人才，既重显绩又重潜能，构建素质结构模型，依据学科发展和人才结构状况，设置专业领域、学历年龄、基本条件、业绩贡献等指标，并采用多元统计方法，将指标和内容逐层分解，形成可预测、可比较的选拔评审标准分系统；围绕提高遴选质量，着眼提高预测成功概率、控制预测风险，规范考评程序，选择考评方法，形成以知情者预测为基础、业内顶尖专家预测为重的多主体互补式考察、多关口宽视角把关的选拔评审方法分系统。

**2. 紧贴阶段性考评特点，构建高层次创新型科技人才中期考评制度分体系**

着眼发挥中期考评检查诊断、帮助改进的功能，适应其阶段性特点，围绕两类培养对象培养中期目标，以创新能力提升幅度和业绩贡献情况为重点，分别设立能、绩评价指标和具体标准，并按达标和不达标两个等次确定具体标准，形成中期考评标准分系统。坚持过程知情者为评价主体与最熟悉过程的培养者自我评价相结合，形成具有检查诊断功能的考评方法和考评程序，构建多种手段互补、定性定量结合的中期考评方法分体系。

**3. 紧贴认定性考评特点，构建高层次科技创新人才期满评估制度分体系**

着眼发挥期满评估检验培养成效、促进人才培养质量提升的功能，适应达标培养对象确定为科技领军人才和学科拔尖人才的认定性特点，围绕打赢未来信息化战争对科技领军人才和学科拔尖人才的要求，以考察培养对象创新能力和培养期内业绩贡献情况为重点，科学设定主要考评要点和考评标准，明确达标基本条件，形成期满评估标准分体系。积极借鉴军内外高层次人才选拔特别是院士评选、奖励评审等有关做法，完善考评程序和方法，形成有利于客观、公正、准确选人的期满评估方法分系统。

（三）遵循原则

**1. 党管人才**

必须把党管人才作为核心和灵魂，坚持用党中央、中央军委和习主席的决策指示统领考评体系的建立、指导考评工作的实践；坚持考评工作在各级党委统一领导下，由政治机关组织实施，确保考评工作的正确方向。

2. 继承创新

要对以往行之有效的做法予以充分吸收、继承发扬，使之更好地与军队专业技术军官考核评价实施办法衔接配套。同时，适应新的形势任务要求，本着以我为主、为我所用的原则，认真总结军队探索的新鲜经验，充分吸收国内外有益做法，勇于改革创新，使考评体系富有时代气息。

3. 突出能、绩

高层次创新型科技人才的核心特征，集中表现在具有强大创新能力；培养造就高层次创新型科技人才的根本目的，最终体现为人才为推进军事科技创新发展做出卓越业绩。必须坚持从德、能、勤、绩、体、廉六方面综合衡量，重点考察体现人才特点、反映培养成效的能和绩。

4. 业内认可

高层次创新型科技人才专业性更具有前沿性、原创性、集成性的特点，对其能、绩的考评重在业内相关专业顶尖专家认可。只有把专家评议作为考评重要环节，把相关专业顶尖专家认可程度作为评价能、绩优劣的重要依据，才能使考评更具科学性、专业性和权威性。

5. 便于操作

设计考评体系必须充分考虑专业门类多、考评人数多等特点，注重增强针对性和操作性，力避重复考评、多头考评、烦琐考评等问题。尽量合理选定考评内容、改进考评程序，简化考评方法，使之既利于客观准确评价人才，又便于组织实施。

## 三、军队高层次创新型科技人才能力素质结构模型构建

素质结构模型是军队高层次创新型科技人才选拔、培养、考评和使用的重要依据。借鉴胜任特征理论，紧紧围绕军队高层次创新型科技人才的核心能力素质，着眼研究对象素质能力要求，按照素质构成要素收集整理、素质结构模型构建总体思路，采取定性分析与定量数据统计相结合方法，对军队高层次创新型科技人才的素质结构进行深入分析和研究。

(一)选取素质结构基本要素

我们采用行为事件访谈、专家小组讨论、问卷调查等方法，收集整理了63项能够体现高层次创新型科技人才的素质要素。为了更加客观地展开调查，课题组将各构成要素打乱进行排序，设计了调查问卷，通过传真、邮件、座谈会等形式发给220名军队院士专家进行问卷调查，最终收回有效调查问卷200份。通过调查问卷各要素的主次排列，对各要素的重要性进行分析，按照累积百分比达到80%的选取原则，确定48项作为构成军队高层次创新型科技人才素质结构的基本要素。通过数据分析，发现48个素质要素较好地被15个因素所解释，共解释总方差的71.425%。我们将这15个因素作为二级因素，依据其主要含义，分别命名为：战略谋划能力、创新方法论、理想信念、使命意识、学风道德、解决关键难题能力、军事知识、本学科知识、前沿跟踪能力、统筹协调能力、多学科知识、跨学科攻关能力、心理品质、带领团队能力、身体素质。同理，我们继续对15个二级因素进行分析，发现能较好地被5个因素所解释，共解释总方差的55.89%。我们将这5个因素作为一级因素，依据其主要含义，分别命名为思想政治素质、知识素质、创新能力、协作能力、身心素质。根据以上提取分析，我们构建出军队高层次创新型科技人才一、二级素质要素结构图（见图1）。

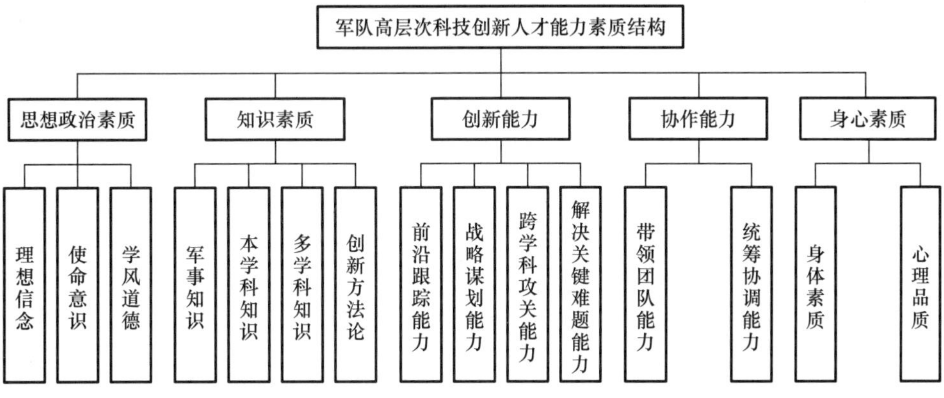

图1 军队高层次创新型科技人才一、二级素质要素结构图

(二)提出军队高层次创新型科技人才能力素质结构模型

研究发现，国内外现有的“冰山模型”“蛛网式模型”“树状模型”“晶体结构模型”和“梯型结构模型”等，难以体现军队高层次创新型科

技人才素质结构中各要素的相互关系，无法表征各要素的重要程度和展现各要素的聚合效果。鉴于此，课题组在对已有素质结构模型进行比较分析和筛选优化的基础上，根据军队高层次创新型科技人才素质要素的结构和相互关系，创造性地提出了“飞机模型”，如图 2 所示。

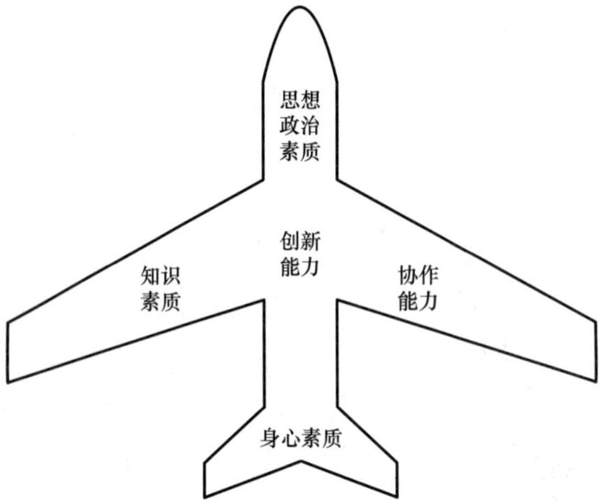


**图 2　军队高层次创新型科技人才素质结构“飞机模型”**

“飞机模型”寓意着军队高层次创新型科技人才在科学的世界里自由飞翔。在“飞机模型”中，机头代表着引领成长方向的思想政治素质，机身代表着发挥核心关键作用的创新能力，机尾代表着处于基础地位的身心素质，两个机翼分别代表着具有重要支撑作用的知识素质和协作能力。思想政治素质、知识素质、创新能力、协作能力和身心素质五个要素，就像飞机内部结构一样紧密相连，共同构成了一个有机的整体。这种素质结构有利于人才主体起飞后，方向把握得准，飞行动力足、速度快，飞行高度高、时间久，有利于人才健康快速成长。

## 四、军队高层次创新型科技人才考核评价体系要素设计

从军队高层次创新型科技人才考评的基本理论与实践经验看，考评体系应由考评标准、考评程序、考评方法、考评结果、考评监督 5 个基本要素组成，核心是考评标准、程序和方法。

### （一）考评标准设计

考评标准是指人们在评价活动中应用于对象的价值尺度和界限，是评价体系的核心部分。设计好考评标准才能使考评有的放矢，才能使考

评结果更准确地反映人才的实际，才能确立起正确的用人导向。考评标准由考评指标结构和评价标准两个部分组成。考评指标结构是考评项目的组织架构，通常由多级考评指标组成；评价标准是对考评指标的定性或定量描述，是界定不同考评等次的依据。根据军队高层次创新型科技人才能力素质结构模型，结合军队高层次创新型科技人才选拔培养全过程，我们设计出了由选拔评审标准、中期考评标准和期满评估标准组成的三位一体的标准体系。

**1. 选拔评审标准**

着眼选拔评审工作需要，以考察人才发展潜力为重点，以军队建设需要、学科发展以及人才结构状况为依据，设置选拔范围、学历、技术职务、年龄、基本条件、业绩贡献等基本指标，形成具有筛选性评价特色的评价标准。其中，选拔范围限定在军队一线技术岗位，涵盖机械与兵器科学技术，信息、通信与电子技术等七大主干专业领域，注重从与战斗力生成密切相关的专业领域中选拔，对新型作战力量领域实行重点倾斜；对学历和专业技术职务分别提出了硕士以上、高职以上的入门门槛，既保持了很高的起点，又有较大的筛选余地；对入选年龄实行上限控制，科技领军人才、学科拔尖人才培养对象年龄分别不超过50岁、45岁，个别业绩贡献特别突出的可放宽5岁，与最佳创造峰值年龄区间理论相符；在基本条件方面，以政治合格、作风优良为前提，以知识素质扎实为基础，以创新能力强、发展潜力大为核心，形成德才兼备、系统全面的准入资格；在业绩贡献方面，在明确规定应具有的业绩成果同时，特别强调要看是否是实际总体负责人和主要贡献者，要看科研成果对战斗力生成的贡献率，防止弄虚作假、图名挂号，不搞唯成果、唯奖项，有利于形成正确的考评导向。

**2. 中期考评标准**

着眼培养工作阶段性考评需要，以帮助培养对象找准存在问题、明确努力方向为目的，以德、勤、体等共性要求为基础，重点设置能、绩标准。①在标准定位上，遵循高层次创新型科技人才成长规律，考虑到科技成果周期长而培养时间跨度短的实际，既看科研成果，又看科研过程，重点考察2年来能力提升幅度和科研工作进展情况，评价尺度力求合理、恰当，形成具有过程性特点的中期考评标准。②在结构设置上，考评指标沿用专业技术军官考评标准能、绩方面的学识水平、专业技能、技术协作、履职尽责、创新成果、咨询带教6个项目，依据培养对象实际重新设置战略谋划科技创新发展能力、跨学科组织重大项目攻关能力、解决关键学术技术难题能力、带领团队能力、重大任务完成情况、科研创新与技术革新情况等17个考评要点，并分别明确相应评价标准。③在评价标准上，坚持结果性与过程性相统一，注意设立以过程性为主要特征的具体标准。例如，在考评前沿理论技术要点的评价标准中，提出能够结合科研实践加以深入研究，完成或正在进行的学术论文、研究报告等体现很强的前瞻性和探索性；在考评科研创新与技术革新情况要点的评价标准中，提出承担的国家、军队重大科研项目取得实质性进展。

**3. 期满评估标准**

期满评估关系到科技领军人才和学科拔尖人才最终结果认定，与培养对象切身利益密切相关，导向性强，影响力大。为此，我们在制定期满评估标准中，重点把握3个原则：①以培养目标为依据。以工程“世界领先、国内一流”的培养目标为依据，以两类人才能、绩关键要素为基点，科学设置前沿跟踪、战略谋划、协同攻关、自主创新、科研成果、重大任务、决策咨询、人才培养8个考评要点，重点考察培养对象能力素质水平和业绩贡献状况是否达到培养目标。②以战斗力为根本。坚持向未来战争聚焦，向部队需求靠拢，向实战需要贴近，衡量培养对象业绩贡献，不只看成果多少，关键要看对提升部队战斗力的贡献率。例如，在科研成果考评要点的评价标准中，明确要求要取得有重要影响的、有重大价值的军事效益。③以自主创新为核心。看一个培养对象合不合格，核心是要看创新能力强弱和创新业绩大小，特别是看原始创新能力和原创性成果。例如，考评自主创新要点的评价标准中，提出要具有很强的自主创新意识和创新思维能力，能够提出填补国内外相关专业领域空白的新理论、新原理、新技术、新方法等，或者能够开辟新学科领域和新的专业方向，并明确规定“自主创新”和“科研成果”或者“重大任务”两个考评要点特别突出的，其他个别考评要点不合格，能、绩综合考评也可视为合格。④以统分结合为途径。为增强考评针对性，在两类人才的期满评估标准中，既提出共性要求，又体现个性特点，对两类培养对象不同专业领域的评价标准适当做出区分。例如，对科研单位的培养对象，主要看重大科研项目、重点工程建设完成情况；对作战保障单位的培养对象，应着重看其参加装备试验、技术支援、战场建设等重大任务，以及参加作战、演习等重大军事行动技术保障任务时的作用发挥情况。

（二）考评程序设计

考评程序是对考评主体、步骤、内容的基本规定。严谨规范、便于操作的考评程序，对于提高考评效益、增强考评效果具有重要作用。为此，我们设计了由选拔评审程序、中期考评程序和期满评估程序组成的三位一体的考评程序体系。

**1. 选拔评审程序**

着眼选准培养对象需要，以有效保证指标分配的合理性、推荐过程的公开性、选拔结果的公正性为指向，设计了下达指标、提名推荐、考评上报、专家评审和批准确定五个环节，形成“评审筛选型”的评价程序。一是下达指标。根据军事科技创新发展需求和创新人才工程发展规划，在全面摸清科技人才队伍底数基础上，合理制定培养对象推荐指标分配方案，下达的名额可高出规定选拔数量的200%，以保证足够的筛选余地。对急需领域专业人才实行选拔指标单列。二是提名推荐。以组织推荐为主，院士提名为辅，两种渠道相辅相成、互为补充。三是考评上报。对提名推荐的人选，由战区级单位专家委员会统一评审、统一衡量，在适当范围内公示无异议后上报。四是专家评审。全军创新人才工程专家委员会进行差额投票表决，从获得半数以上同意票的推荐对象中，按照规定的选拔数量和得票多少确定通过人选。五是批准确定。经全军创新人才工程办公室审核，报军委批准确定为培养对象。通过严密规范程序，确保选出最优秀、最有潜力的苗子。

**2. 中期考评程序**

着眼中期考评检查督促需要，设计了单位评议、导师评价和专家评审程序，形成“过程检查型”的评价程序。一是单位评议。单位评议包括个人陈述、政治机关提出意见和党委讨论决定三个步骤。这主要考虑培养过程情况本人最清楚、单位最了解，由知情者评议，有利于准确考察培养对象真实情况。二是导师评价。带教导师通过2年的指导帮带，对培养对象能力提升和科研任务进展情况比较了解，其评价意见具有重要参考价值。三是专家评审。业内认可是评鉴学术技术水平、工作业绩和成果贡献的有效办法，能够充分体现业内认可原则，有利于增强考评结果权威性。

**3. 期满评估程序**

着眼人才培养结果认定需要，按照层层把关、各有侧重、确保质量的思路，设计了培养单位评议、战区级单位评价和全军评审程序，形成“评估认定型”的评价程序。一是培养单位把住综合素质评估关。培养单位评议主要是分析评议培养对象的政治表现、学风道德、学术水平、创新能力、业绩贡献等情况，提出评议意见和期满结果等次意见。二是战区级单位把住业绩贡献评估关。战区级单位评议主要是对培养对象培养期内承担或者参与重大科研项目、重点建设工程和重大军事行动保障任务，取得创新成果、提供决策咨询、培养骨干人才和做出其他重要贡献等情况，以及产生的军事、经济和社会效益进行分析评估，提出评价意见和期满评估结果等次意见。三是全军把住能、绩关键要素评估关。组织军内外同行院士专家组成的评审组，对培养对象的创新能力和培养期内业绩贡献情况进行分析评估，比照其入选时能力水平，形成期满评估的能、绩综合考评结论。参照院士评选，按照审阅材料、组织答辩、集体评议、投票表决等步骤进行，最终凭借顶尖专家的学识和经验，严把认定质量关。

*（三）考评方法设计*

考评方法是人们在考评中为达到考评目的采用的手段、工具、措施、方案等的总和，在考评体系的构成中处于关键环节，是考评目的、内容得以实现的重要保证。考评方法有多种，且任何一种方法都有长有短，需要选用何种方法组合，要依据考评的目的、对象及方法的功能来确定。我们按照定性与定量结合、静态与动态结合、传统手段与现代工具结合、单位评价与专家评审结合的原则，设计了履历分析法、民主测评法、面试答辩法、比较评估法、专家评审法、360 度评价法、综合评价法、计算机辅助分析法等多种考评方法，并结合考评实际灵活组合，形成多维度、全方位、立体式的考评方法体系。

**1. 选拔评审主要方法**

着眼选准培养苗子，在综合应用多种考评方法基础上，重点采用具有预测功能的方法。一是履历分析法。个人履历档案分析是根据履历档案中记载的事实，了解一个人的成长历程和工作业绩，从而对其素质背景有一定的了解。研究结果表明，履历分析对人才今后的工作表现有一定的预测效果，个体的过去总能从某种程度上反映他的未来发展趋势。

为此，我们设计了翔实具体的申报表，要求附有证明材料，并要求各级机关对材料的真实性进行严格审核，评审中由两名以上专家负责主审。这些履历档案资料为专家评审提供参考。二是面试答辩法。面试的特点是灵活，获得的信息丰富、完整和深入，具有较强的预测功能。我们专门制定了评审办法，规定学科拔尖人才培养对象候选人由战区级单位组织答辩，科技领军人才培养对象候选人由全军组织答辩，主要内容包括本人所从事专业的前沿发展动态、取得的创新性研究成果、当前承担的课题任务等，答辩情况作为评审是否通过的重要依据。面试时借鉴结构化面试与非结构化面试相结合的方式，明确规定答辩时培养对象陈述后，需回答专家提问，以增强预测效度。

**2. 中期考评主要方法**

针对过程性考评的特点，着眼于发挥中期考评效益，促进培养工作展开，按照重在知情者参与、重在纵向比较、力求简单省时的思路，在组合多种方法的基础上，重点采用具有检查诊断功能的方法。一是自我评价法。培养对象对培养期内能力提升和业绩贡献情况以及遇到的困难和问题本人最了解，由培养对象自我评价，可为中期考评提供第一手详细资料。为此，我们设计了中期考评登记表，明确要求由培养对象如实填写参加研修考察和学术交流、承担或完成重大项目、主要科研任务进展情况等内容，做出自我鉴定，并在政治机关召开、由本单位相关人员参加的会议上进行个人述职。二是民主测评法。单位人员对培养对象情况有比较深入的了解，为此，明确规定在听取个人述职之后，由政治机关采取座谈会、个别谈话等形式，广泛听取业务部门人员、同行专家和团队成员的意见，依据“中期考评标准”，对能、绩各考评项目分别评分。三是比较评估法。带教导师和评审专家主要是对照入选时的素质状况和业绩贡献情况，与培养目标进行比较，准确定位当前能力水平所处层次，肯定进步幅度，查找不足差距，指出今后努力方向和改进措施，这对提高考评准确度具有很好的作用。另外，本着简便高效原则，专家评议时不组织培养对象现场答辩，只是通过审阅材料和导师评价意见进行评价，适当减轻中期考评工作量。

**3. 期满评估主要方法**

针对认定性考评的特点，着眼于客观准确地考察培养对象，促进人才培养质量提升，按照综合衡量、重点考察、业内认可的思路，重点采用具有区分认定功能的方法。一是360度评价法。将这种维度多元化的绩效考评方法运用于期满考评，规定与培养对象在培养工作中有较多接触、对培养对象的表现比较了解的各个方面的人员，包括本人，单位领导，培养对象团队成员，本单位同行专家，单位机关业务部门有关人员，带教导师以及战区级机关作战、训练、科研管理等业务部门人员，从不同角度对培养对象进行评价，其评价意见填入“期满评估登记表”，为全军专家评审提供重要参考。二是综合分析法。我们把这种统筹性方法运用于专家评审全过程，要求参加评审的院士专家，对培养工作不同阶段和考评工作不同环节获得的结果进行分析梳理，并注意在研修培训、学术交流、科研合作、实地考察等活动中了解掌握情况，以及与带教导师提供的情况相互补充印证，在全面掌握考评信息的基础上，客观公正地对考评对象做出评价。三是计算机辅助分析法。积极引入信息化评价手段，借助网络平台，研制创新人才工程综合信息管理系统，及时跟踪、输入所有培养对象有关选拔、培养和考核等信息，开发出查询、证明、筛选、排序、分析、对比等功能，为分析评估培养对象能力提升和业绩发展提供辅助决策支持。四是专家评价法。由院士、高级专家组成专业评审组，成员从专家委员会专家库中随机抽取，每个考评组专家人数为3～5名。评审组根据审阅材料、组织答辩等情况，对推荐人选逐个进行集体评议，由主审专家重点介绍情况，其他专家充分发表意见。然后，评审组全体评委以实名投票方式，对推荐人选进行两轮表决，形成期满评估的能、绩综合考评结论，产生合格人选。两轮表决的规则是：第一轮表决产生初步人选，按照规定的合格指标数量的120%，依据同意票数多少确定；第二轮表决产生最终人选，在规定合格数量内，获得半数以上评委同意的，按照同意票数多少确定。未满合格指标数时，不再递补也不组织补选，就是说指标不一定选满，宁缺毋滥。如果票数相同超过选拔指标总数的，应当对票数相同的人选再次组织投票，直至产生最终结果，确保各专业领域的选拔数量不超过规定指标。

（四）考评结果设计

考评结果是对考评对象能力素质和业绩成果的最终评价意见。为正确地评定考评结果，需要重点围绕考评不同阶段的特点和要求，采用定性与定量相结合的方法，在科学合理地汇总统计各种考评信息的基础上，构建考评结果等次划档模型，为考评主体研究提出考评结论意见提供重要依据。

**1. 选拔评审结果**

结合选拔评审工作的实际，采用软硬兼顾，以硬指标为基础、以软指标为关键的模型，进行结果评定，即对选拔范围、学历、技术职务、年龄等指标内容，除文件规定的贡献特别突出等特殊情况外，作为入选门槛，一票否决；对基本条件指标内容，规定由所在单位把关，不合格者不能推荐上报；对创新能力和业绩贡献指标内容，经过群众评议、专家评审、党委研究和公示后，上报推荐对象，再由全军评审委员会专家评审，以无记名投票方式进行表决，获得半数以上委员同意的推荐人选，在规定的当年选拔数量内，按得票数确定通过评审人选。这样的结果评定模型，既体现了公正性、权威性，确保选拔评审质量，又简便易行，便于操作。

**2. 中期考评结果**

根据中期考评的特点，采用基于定量研究基础上的定性评定模式，设计评价结果模型，主要包括：一是依据专家讨论、个别访谈、问卷调查等方法，对每个考评要点分别赋予适当权重，并按百分制赋分，为考评主体定性分析确定考评结果提供量化支撑；二是明确达标的基本条件为德、勤、体各考评项目评定均为合格以上，能、绩各考评项目分值均为60分以上，便于评价主体对培养对象做出总体评价；三是规定德、勤、体各考评项目的评定，直接采用最近一次专业技术干部考评结果，避免重复考评；四是规定全军专家评审时由专家分别对能、绩各考评项目评分，计算专家评分的平均值，得出培养对象各考评项目的最终得分，然后经全体专家研究确定中期考评结果，其中，考评等次以无记名投票方式表决确定，获得三分之二以上专家同意的为达标，否则为不达标。这能充分体现业内认可原则，有利于增强考评结果的权威性。

**3. 期满评估结果**

根据期满评估的特点，采用定量评价与定性评价相结合的模式，设计期满评估结果模型，主要包括：一是规定期满评估结果分为达标和不达标两个等次；二是明确达标基本条件，其中德、勤、体考评结果均为合格以上，创新能力和业绩贡献综合考评合格；三是规定全军专家评审时由全体专家在充分评议基础上，以实名方式投票表决，三分之二以上专家同意能、绩考评合格的，期满评估的能、绩综合考评结论即为合格，否则为不合格；四是全军创新人才工程办公室依据能、绩期满评估综合考评结论，综合培养单位评议、战区级单位评价的意见，确定培养对象的期满评估结果。这有利于严把考评质量关，确保评审通过的每个培养对象都是合格的。

（五）考评监督设计

考评监督是有关考评过程、结果运用的纪律规定和监督措施。建立严格的考评监督制度，可以有效地防范和堵塞考评中的不公正、不负责、不作为的行为，确保考评工作正规有序、风清气正。考评监督要适应选拔评审、中期考评、期满评估的特点和要求，应制定四项制度。

**1. 建立考评工作责任追究制度**

坚持分级负责、权责一致、违规必究的原则，按照职责权限对参与考评的单位和个人实行责任追究。要求考评主体要认真履行考评职责，严格按照规定程序和要求实施考评，坚持全程阳光操作，自觉维护考评纪律，确保考评工作客观公正，考评结果真实准确。

**2. 建立考评工作回避制度**

规定评审专家应当做到，涉及本人亲属或者其他与本人有利益关系的评审对象时，按照有关规定主动回避。

**3. 建立举报申诉制度**

明确各级主管部门负责受理考评工作中的举报、申诉，并及时予以核实或复核，要对考评工作实行全程监督。规定培养对象对期满评估结果有异议的，可以在被告知之日起 7 日内申请复核。全军创新人才工程办公室在 30 日内做出复核结论并书面答复。

**4. 建立违纪惩处制度**

规定考评对象要正确对待考评，如实汇报和客观反映情况；对存在弄虚作假、跑票拉票等违纪行为的单位和个人，按照有关规定做出处理，是培养对象的，由全军创新人才工程办公室直接确定为不合格。

## 五、军队高层次创新型科技人才考核评价体系实践验证

由于军队高层次创新型科技人才考核评价体系构建是一项全新课题，按照边实践、边总结、边构建、边验证、边改进的思路，我们根据阶段性工作需要提前研究制定相关考评规定，然后用这些规定来指导考评工作，同时又通过考评对其进行实践验证并及时改进完善。目前，依据该考评体系，已经对创新人才工程培养对象进行了 5 批次选拔评审、4 批次

中期考评、3 批次期满评估。军队高层次创新型科技人才考核评价体系经过实践检验，表现出了较高可信度和有效度。无论是选拔评审、中期考评，还是期满评估，考评结果都做到了让组织放心、科技干部满意、培养对象服气。特别是经过完整考核评价过程筛选的第一、二、三批培养对象，经过四年的培养，创新能力大幅提升，创新成果不断涌现，期满评估通过率达到 96.5%。这些培养对象取得的成绩也充分说明了该考核评价体系的科学性、准确性。

## 参考文献

[1] 党的十九大报告辅导读本编写组. 党的十九大报告辅导读本[M]. 北京：人民出版社，2017.

[2] 中央军委政治工作部. 习近平国防和军队建设重要论述选编（三）[M]. 北京：解放军出版社，2016.

[3] 习近平在全国科技创新大会、两院院士大会、中国科协第九次全国代表大会上的讲话，2016-5-30.

# 性别差异视角下工作—家庭冲突的产生机制研究——基于CGSS2015的数据分析[①]

张廷君　林抚星[②]

**摘　要：** 在当今竞争加剧的社会背景下，职业女性工作家庭冲突问题普遍存在。研究基于CGSS2015的数据，探讨工作家庭冲突水平的性别差异，利用OLS线性回归分析方法，检验工作因素、家庭因素分别对男性、女性工作家庭冲突水平所产生的不同影响。研究发现，女性工作对家庭的冲突水平及家庭对工作的冲突水平均高于男性。在工作层面，个体职业发展期望越高的女性对工作干扰家庭的感知度越高，与之相反，职业发展期望高低并未对男性的工作家庭冲突产生影响。在家庭层面，“男主外，女主内”传统性别分工意识越强的女性对工作干扰家庭的感知越低，而就男性而言，这种传统性别意识也能有效缓解其工作家庭冲突，此外，子女数越多的男性感受到的工作对家庭的干扰越强。从中可见，传统社会性别刻板分工依然存在，男性被更多地赋予社会性角色，女性被更多地赋予家庭性期望，当个人定位与社会期望之间出现落差与矛盾时，工作家庭冲突产生。研究在实证分析的基础上也提出了相应的

① 该篇论文获得“2019年全国人才与人事研究主题征文活动”一等奖。

② 张廷君，福建师范大学公共管理学院副教授；林抚星，福建师范大学公共管理学院硕士研究生。

政策建议。

**关键词：** 工作家庭冲突　工作家庭平衡　性别差异

我国市场经济的发展与产业结构的转型升级对各行各业提出了更高的要求，越来越多的部门都面临着前所未有的竞争与压力。而相较于男性，女性在竞争激烈的职场中若要实现自身价值，获得肯定，需要付出更多的努力，克服更大的阻力。伴随着“全面二孩”政策的推行，更多的女性要生育、抚养两个孩子，这可能进一步加剧女性在职场中的弱势地位。职业女性在平衡家庭角色与社会角色时往往面临着双重压力，最终造成角色紧张和冲突，常常出现工作角色干扰了家庭角色的实现，或是家庭角色干扰了工作职责的履行。女性如何兼顾家务劳动与社会生产劳动的双重角色，更好地平衡工作与家庭成为当下研究的热点问题。

20世纪80年代开始，学界开始关注工作家庭冲突问题。工作家庭冲突是“一种角色间冲突，源自工作和家庭领域的角色压力在某种程度上无法兼顾。即由于承担工作（家庭）角色而使得家庭（工作）角色的承担变得困难”。工作家庭冲突具有方向性，分为工作对家庭的冲突和家庭对工作的冲突。近年来，中外学者对工作家庭冲突的产生机制做了大量的研究和讨论，发现造成工作对家庭的冲突的大多是工作因素，如工作属性和工作投入等。造成家庭对工作的冲突的大多是家庭因素，如家庭资源和家庭投入等。国内学者对工作家庭冲突的产生机制展开的讨论大多数只针对女性群体，或是对全部群体进行研究，较少涉及工作家庭冲突产生机制的性别差异比较，分析男性和女性工作家庭冲突水平在不同方向上的产生机制有何差异。

因此，2015年中国综合社会调查数据（以下简称CGSS2015），本文拟探析当代中国女性工作家庭冲突的主要模式、各模式的产生机制以及探寻其与男性工作家庭冲突产生机制上的差异。本文共分为四个部分：第一，研究将在学界已有的研究基础上提出系列研究假设。第二，在研究方法部分，将对数据来源、样本特征以及研究变量的测量进行说明。第三，在研究结果与分析部分，通过最小二乘法（OLS）线性回归分析完成对建立的模型及各研究假设的检验。第四，在数据分析结果的基础上，得出最终结论，并解释这些结论，分析其实践意义。

## 一、文献综述与研究假设

### （一）工作家庭冲突程度的性别差异研究

以往的研究认为，在国外，男性更多面临的是工作干扰家庭的情况，女性则更多是家庭干扰工作。而中国的研究则发现，女性不仅在家庭干扰工作的程度上高于男性，而且在工作干扰家庭的程度上也同样超过了男性。这可能是中西方文化环境与社会背景的不同所导致的。学者们大多认为，社会性别角色态度在两性的工作家庭冲突程度中起着重要的作用。现代社会对女性提出了更高的要求，女性往往需要兼顾家庭与工作。在工作上，她们面临着薪资体系不平等、晋升上的“玻璃天花板”效应。社会在考虑对家庭照顾的理想制度安排时，自然而然地认为这是女性的责任，如果不是由职业女性自己来照顾孩子，就是由她们聘请的女性劳工去照顾，或是由祖辈女性来照顾。种种现象表明，当代中国女性除了面临更多的家庭责任之外，还面临着国外研究中未提到的比男性更大的工作压力。结合中国的现实情况，我们提出如下假设：

假设H1：女性工作对家庭的冲突及家庭对工作的冲突程度均高于男性。

### （二）工作家庭冲突产生的影响因素研究

综观学界已有的研究可以发现，工作家庭冲突产生的原因主要来自两个方面：一是工作单位缺乏家庭友好型政策，二是家庭没有给予支持。

在工作因素方面，Daalen G V等（2006）、苗佳等（2012）、金家飞等（2014）都选取了工作时间作为影响工作家庭冲突水平的重要变量，他们通过研究发现，工作时间是决定工作家庭冲突水平的重要因素，工作时间越长，工作家庭冲突程度越高。许传新等（2015）对新生代农民工工作家庭冲突产生的原因进行分析时，选取了家庭对工作的支持等指标。研究发现，家庭对工作的支持对于工作家庭冲突具有显著的负向影响。马蒂亚斯（Matias），玛丽莎（Marisa）等（2017）在研究中也使用了类似的指标，他们提出，在能够提供家庭支持的工作单位工作的女性，其配偶的工作家庭冲突水平较低。由此可见，工作时间长短能够对工作家庭冲突水平产生正向影响，而来自配偶的支持则能够有效缓解工作家庭冲突，在自己工作时间较长的情况下，配偶的支持可能降低自己对工作家庭冲突的感知。也有部分学者如唐美玲（2009）在研究工作家庭冲突的前因变量时，将工作自主权作为其衡量指标，回归分析结果显示，工作自主权与对男性工作干扰家庭的水平具有显著的正向影响。与之相反，张勉等（2009）在对工作自主权与工作—家庭冲突程度之间的关系进行研究时，并未发现二者显著相关。结合中国情境，我们认为男性对家庭角色的选择是自主的，来自工作单位的家庭友好政策如赋予他们工作自主权，对于他们而言，更多起到锦上添花的作用，并不会对工作家庭冲突产生实质性影响，因此，研究更倾向于后者的观点。除此之外，还有一部分学者的研究集中于工作安排弹性这一前因变量，如 Hill（2001）、卡尔森（2011）、苗佳等（2012）均提出弹性的工作安排能够让员工感受到更多的工作—家庭平衡，对个人和组织都具有积极意义。陈礼花（2018）以二孩时代为背景研究了高校女教师工作家庭冲突的产生机制，研究发现挑战性压力可以给女性带来潜在的利益（如晋升、更高的工作成就感等），但女性为了实现这样的目标会耗费大量的时间和精力，女性在工作需求中付出过多的时间和精力必然导致家庭需求的时间和精力资源减少，根据资源保存理论，女性会倾向于保持资源而产生压力，进而引起工作家庭冲突。从中可以看到，女性在工作上的目标越高越容易产生工作家庭冲突。学者们的研究为自变量的选取提供了参考，研究以前人的成果为依据，并结合自己的研究需要，提出以下假设：

假设 H2：配偶工作时间短于自己的被调查者感受到的工作家庭冲突更小。

假设 H3：工作自主权大小对工作家庭冲突不产生显著影响。

假设 H4：工作安排弹性越大，工作家庭冲突越小。

假设 H5：工作期望越高，女性感受到的工作家庭冲突越强烈；工作期望高低对男性工作家庭冲突没有显著影响。

在家庭因素方面，学者们发现孩子的数量与年龄是影响工作家庭平衡的重要因素，孩子数量越多，或者孩子的年龄在 18 岁以下都将给工作家庭平衡带来挑战。也有学者在研究中发现有 13 岁到 18 岁孩子的员工工作家庭冲突最严重。唐美玲（2009）通过对青年白领群体的研究证实了有无子女（有＝1）与女性家庭对工作的冲突的负相关关系，而这种负相关关系在男性群体中并不显著。Kei Nomaguchi 等（2019）运用回归分析的方法探究抚养孩子的不同阶段与母亲感受到的工作家庭冲突之间的关系，研究结果表明，当孩子年龄较小时，母亲会感受到更大的工作压力，因此工作家庭冲突水平也越高。此外，还有一些学者从性别角色意识的角度对工作家庭冲突的产生机制进行了分析与讨论（金家飞等，2014；龚紫钰，2018；Cerrato Javier 等，2018）。其中，胡乾等（2016）对中国综合社会调查的问卷数据进行分析后发现，传统性别分工观念可以缓和工作家庭冲突对主观幸福感的负面作用。虽然学者们提出的前因变量之间存在一定的差异，但相对集中于子女总数、有无 18 岁以下子女、传统性别分工意识，这为研究的自变量选取提供了参考，结合研究需要，我们提出以下假设：

假设 H6：子女总数越多的男性，工作对家庭的干扰越强烈，家庭对工作的干扰不受显著影响。

假设 H7：子女总数越多的女性，工作家庭的冲突越大。

假设 H8：家有 18 岁以下子女的女性，工作家庭冲突越大，但对男性的工作家庭冲突并无显著影响。

假设 H9：“男主外，女主内”分工意识越强，男性工作家庭冲突越小。

假设 H10：“男主外，女主内”分工意识越强，女性感受到的工作对家庭的干扰越小，但并不显著影响女性对家庭干扰工作的感知。

此外，一些个体特征如年龄、学历、户口、工作单位性质、工作年限、个人收入、家庭经济状况等也会影响工作家庭冲突的产生，因此研究将人口学特征作为控制变量进行分析，并构建出理论模型（见图 1）。

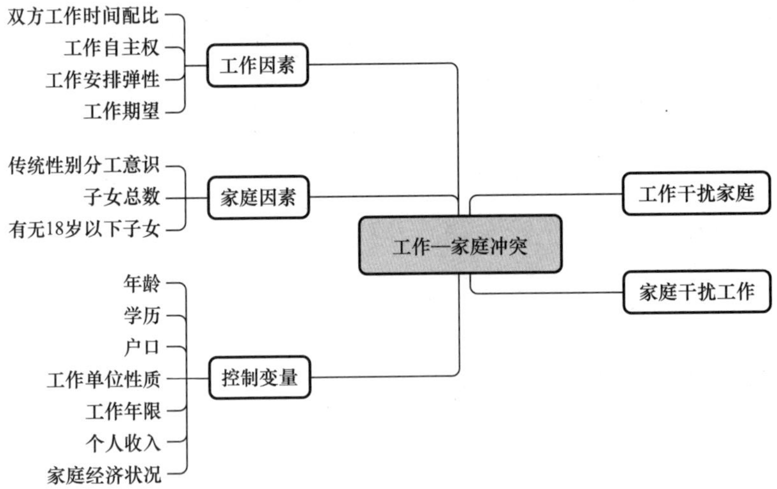


**图 1 理论模型构建**

资料来源：本研究设计。

## 二、研究方法

### （一）数据来源与样本特征

研究采用二次分析法，数据来自2015年中国综合社会调查。2015年的CGSS项目除了核心模块（A部分）外，还加入了2005年以来经济态度和行为评价的10年回顾模块（B部分）、东亚社会调查（EASS）的工作模块（C部分）、国际调查合作计划（ISSP）的工作模块（D部分）、能源模块（E部分）和法制模块（F部分），其中A和B部分所有受访者都要回答，而C和D部分抽中概率均为1/6。调查范围覆盖全国28个省、市、自治区的478个村居，经统计，共完成有效问卷10 968份。样本量较大并且分布地区非常广泛，因此适合进行研究的相关分析。在具体的分析过程中，对其中的一些数据进行了处理，并把无法回答、拒绝回答、不知道、不适用的选项设置为缺失值。由于研究选取的因变量所在的D部分仅对其中的1 000多人进行了抽样调查，去掉缺失值后，得到研究的有效样本量共计776个。

样本中受访者的平均年龄为42岁，其中，年龄最大的为83岁，最小的为18岁，年龄跨度较大。在性别分布上，受访者中女性群体占到了49.6%，男性群体占50.4%，二者比例接近。在学历分布上，占比最多的群体依次是初中、小学及以下、高中（中专或技校），分别占比28.7%、24.3%、20.7%，其次是本科和大专，分别占比13.7%、11%，此外还包括少量研究生群体。从户籍所在地来看，被调查者中，农村居民多于城市居民，分别占比61.1%、38.9%。

### （二）研究变量的测量

#### 1. 因变量

研究的因变量是工作对家庭的冲突及家庭对工作的冲突，取自问卷中的问题：以下情况在您工作中经常发生吗？1. 您的工作妨碍了家庭生活。2. 您的家庭生活妨碍了工作。答案反向编码为：一直如此＝5、经常＝4、有时＝3、几乎没有＝2、从未有过＝1。在研究男性与女性的工作家庭冲突程度时，我们取平均值，数值越大，冲突程度越高。

#### 2. 解释变量

（1）工作因素

工作因素包括双方工作时间配比、工作自主权、工作安排弹性、工作期望。我们选取问卷中的自己每周工作时间与配偶每周工作时间两个题项，将两个题项的数据相比，得到一个新的变量：双方工作时间配比，配偶每周工作时间长于或等于自己的编码为1，配偶每周工作时间短于自己的编码为0。在工作自主权的测量上，张勉等的研究用“我能自主安排工作进程的程度”、“我能够选择我完成工作的具体方式”来衡量工作自主权。我们借鉴这一指标，选取问卷中的问题：“在您目前的工作中，您在多大程度上能自主决定您工作的具体方式?”答案分别为：完全不能自主、在很少程度上自主、能在一定程度上自主、完全自主决定。马休斯、Barnes-Farrell在研究中将工作安排弹性能力界定为当家庭角色有需求的时候，个体对其终止工作角色而满足家庭角色的程度的评估。基于此，研究在衡量工作安排弹性时，选取问卷中的问题：“如果您在上班时间需要处理一些个人或家庭事务，是否有困难暂时离开一到两个小时?”选项分别为：非常困难、有些困难、不是特别困难、完全没有困难。工作期望选取自问题：“以下哪种工作回报您最希望获得?”根据马斯洛需求层次理论，我们将选项分为三类，并进行重新编码。其中，发挥个人才智，有成就感、自己可自由运用的时间多、满足个人兴趣、能为大众和社会服务四个选项归类为自我实现需求，拓宽个人的社会关系、社会声望和尊重、较大的职权、有升迁机会属于社交与尊重需求，生理与安全需求则包括工作时间短、工作有长期保障、高收入。

（2）家庭因素

家庭因素包括传统性别分工意识、子女总数、有无18周岁以下子女。传统性别分工意识指的是对“男人以事业为重，女人以家庭为重”观点的认可程度，答案从完全不同意到完全同意共分5个选项。子女总数为被调查者所填写的儿子、女儿数量相加。另外，我们根据被调查者所填写的18周岁以下未成年子女的数量计算产生新的变量：有无18周岁以下子女，有则编码为1，无则编码为0。

**3. 控制变量**

除了上述解释变量外，工作干扰家庭及家庭干扰工作的程度还会受到人口学与个体变量的影响，其中包括年龄、学历、户口、工作单位性质、工作年限、个人收入、家庭经济状况等。因此，在研究中需要对这些变量进行控制。年龄、工作年限、个人收入为连续变量，学历为定序变量，小学及以下＝1，初中＝2，高中（中专或技校）＝3，大专＝4，本科＝5，研究生＝6。户口为定类变量，具体分为两个类别：农村、城镇。工作单位性质分为公共部门、企业、无单位/自雇。家庭经济状况共分五个档次，分别为远低于平均水平、低于平均水平、平均水平、高于平均水平和远高于平均水平。

**表1　变量测量与数据处理**

| 变量名称 | | 测量题项 | 数据处理 |
|---|---|---|---|
| 因变量 | 工作对家庭的冲突 | 您的工作妨碍了家庭生活 | 原始数据取相反值，值越大，冲突程度越大 |
| | 家庭对工作的冲突 | 您的家庭生活妨碍了工作 | 原始数据取相反值，值越大，冲突程度越大 |
| 解释变量 | 双方工作时间配比 | 如果您上一周为了取得收入而从事了1小时以上的劳动，一般每周的工作时间是____小时<br>如果您配偶上一周从事了以取得经济收入为目的的工作，一般每周工作时间是____小时 | 原始数据重新编码为：0. 配偶每周工作时间长于或等于自己 1. 配偶每周工作时间短于自己 |
| | 工作自主权 | 在您目前的工作中，您在多大程度上能自主决定您工作的具体方式 | 原始数据取相反值，值越大，工作自主权越大 |
| | 工作安排弹性 | 如果您在上班时间需要处理一些个人或家庭事务，是否有困难暂时离开1～2个小时 | 原始数据取相反值，值越大，工作安排弹性越大 |
| | 工作期望 | 以下工作回报您最希望获得 | 选项重新编码为：1. 生理与安全需求；2. 社交与尊重需求；3. 自我实现需求。值越大，工作期望越高 |
| | 传统性别分工意识 | 您是否同意：男人以事业为重，女人以家庭为重 | 原始数据，值越大，传统性别分工意识越强 |
| | 子女总数 | 您有（　）个儿子，（　）个女儿 | 原始数据数量相加。值越大，子女总数越多 |
| | 有无18岁以下子女 | 您有几个18周岁以下未成年子女 | 原始数据重新编码为：0. 无18岁以下子女；1. 有18岁以下子女 |
| 控制变量 | 年龄 | 出生日期 | 2015减去出生年份得到年龄 |
| | 学历 | 最高教育程度 | 原始数据重新编码为：1. 小学及以下；2. 初中；3. 高中（中专或技校）；4. 大专；5. 本科；6. 研究生。值越大，学历越高 |

续表

| 变量名称 | | 测量题项 | 数据处理 |
|---|---|---|---|
| 控制变量 | 户口 | 您目前的户口登记状况 | 原始数据重新编码为：0. 农村［含农业户口和居民户口（以前是农业户口）］；1. 城镇［含非农业户口和居民户口（以前是非农业户口）］ |
| | 工作年限 | 从您第一份非农工作到目前的工作，您一共工作了多少年 | 原始数据，值越大，工作年限越长 |
| | 工作单位性质 | 您目前工作的单位或公司的单位类型 | 原始数据重新编码为：1. 公共部门（含党政机关、事业单位、社会团体、居/村委会、军队）；2. 企业；3. 无单位/自雇（包括个体户）。其他设为缺失值 |
| | 个人收入 | 您个人去年全年的职业/劳动收入 | 原始数据，值越大，个人收入越多 |
| | 家庭经济状况 | 您家的家庭经济状况在所在地属于哪一档 | 原始数据，值越大，家庭经济状况越好 |

资料来源：本研究设计。

## 三、研究结果与分析

### （一）工作家庭冲突水平的性别差异

通过对776个样本的统计分析发现，被调查者工作妨碍家庭水平的平均值为2.21，显著高于家庭妨碍工作水平的平均值2.05（$T=4.772$，$p<0.001$）。由此可见，相较于家庭妨碍工作，人们更多感受到的是工作妨碍家庭。男性与女性在工作家庭冲突水平上是否具有显著差异？我们通过独立样本 $T$ 检验发现，男性工作妨碍家庭程度的平均值为2.18，显著低于女性2.25的均值水平（$T=1.039$，$p<0.05$）。此外，男性家庭妨碍工作程度的平均值为2.01，同样显著低于女性的平均值2.08（$T=1.067$，$p<0.05$）。因此，女性比男性面临更多的工作干扰家庭或家庭干扰工作的情况，假设H1得以验证（详见表2）。

**表2　两性工作家庭冲突程度差异**

| | 性别 | $N$ | 均值 | 标准差 | 均值的标准误差 |
|---|---|---|---|---|---|
| 以下情况在您工作中是否经常发生：您的工作妨碍了家庭生活 | 女 | 385 | 2.25 | 0.978 | 0.050 |
| | 男 | 391 | 2.18 | 0.904 | 0.046 |

续表

| | 性别 | *N* | 均值 | 标准差 | 均值的标准误差 |
|---|---|---|---|---|---|
| 以下情况在您工作中是否经常发生：您的家庭生活妨碍了工作 | 女 | 385 | 2.08 | 0.883 | 0.045 |
| | 男 | 391 | 2.01 | 0.815 | 0.041 |

资料来源：本研究设计。

### （二）工作家庭冲突产生的影响因素分析

研究分别以男性工作妨碍家庭程度、男性家庭妨碍工作程度、女性工作妨碍家庭程度、女性家庭妨碍工作程度为因变量建立 y1、y2、y3、y4 四个 OLS 直线回归模型，模型使用相同的控制变量与解释变量。经检验，四个模型整体都具有统计显著性（$p<0.05$）。y1、y2、y3、y4 模型调整后的 $R^2$ 值分别为 0.267、0.123、0.287、0.074，模型拟合优度较好，所选取的自变量分别能够解释 26.7%、12.3%、28.7%、7.4%的因变量变异。

回归分析结果显示，在解释变量中，工作安排弹性、工作期望、子女总数、传统性别分工意识对因变量的影响具有统计显著性（详见表 3）。其中，对男性工作干扰家庭水平的影响最显著的自变量为工作安排弹性，其标准化系数达−0.410，其次为传统性别分工意识、子女总数，标准化系数依次为−0.257、0.206。对男性家庭干扰工作水平产生显著影响的自变量分别为工作安排弹性、传统性别分工意识，标准化系数分别为−0.222、−0.210。工作安排弹性对女性工作干扰家庭水平的影响最为显著，标准化系数达−0.410，高于工作期望、传统性别分工意识对因变量的影响。对女性家庭干扰工作水平的影响最显著的自变量为传统性别分工意识，标准化系数达−0.196，其次是工作期望，标准化系数为 0.187。

**表 3　工作家庭冲突产生的影响因素：OLS 回归模型**

| 变量类型 | 自变量 | y1 模型 | | y2 模型 | | y3 模型 | | y4 模型 | |
|---|---|---|---|---|---|---|---|---|---|
| | | B | Beta | B | Beta | B | Beta | B | Beta |
| 工作因素 | 配偶每周工作时间短于自己 a | 0.155 | 0.078 | 0.090 | 0.053 | −0.297 | −0.129 | −0.009 | −0.005 |
| | 工作自主权 | −0.075 | −0.079 | −0.149 | −0.186 | −0.087 | −0.092 | −0.021 | −0.027 |
| | 工作安排弹性 | −0.475*** | −0.410*** | −0.220* | −0.222* | −0.433*** | −0.410*** | −0.168* | −0.196* |
| | 工作期望 | 0.054 | 0.045 | 0.086 | 0.083 | 0.262** | 0.207** | 0.193* | 0.187* |

续表

| 变量类型 | 自变量 | y1 模型 | | y2 模型 | | y3 模型 | | y4 模型 | |
|---|---|---|---|---|---|---|---|---|---|
| | | B | Beta | B | Beta | B | Beta | B | Beta |
| 家庭因素 | 传统性别分工意识 | −0.204** | −0.257** | −0.142* | −0.210* | −0.117* | −0.159* | −0.060 | −0.101 |
| | 子女总数 | 0.337* | 0.206* | 0.240 | 0.172 | 0.091 | 0.078 | 0.017 | 0.018 |
| | 有 18 岁以下子女 b | −0.214 | −0.113 | −0.166 | −0.103 | −0.040 | −0.019 | −0.134 | −0.078 |
| 控制变量 | 年龄 | 0.016 | 0.150 | 0.010 | 0.111 | −0.008 | −0.066 | −0.016 | −0.179 |
| | 学历 | 0.073 | 0.106 | 0.003 | 0.005 | 0.034 | 0.052 | −0.078 | −0.147 |
| | 户口 c | | | | | | | | |
| | 城镇 | 0.037 | 0.021 | 0.205 | 0.134 | 0.359* | 0.189* | 0.262 | 0.171 |
| | 工作单位性质 d | | | | | | | | |
| | 公共部门 | −0.576* | −0.249* | −0.471 | −0.238 | −0.230 | −0.110 | −0.112 | −0.066 |
| | 企业 | 0.100 | 0.055 | −0.046 | −0.029 | −0.262 | −0.137 | −0.076 | −0.049 |
| | 工作年限 | −0.014 | −0.143 | −0.018 | −0.219 | −0.024* | −0.201* | −0.017 | −0.177 |
| | 个人收入 | −5.430 | −0.060 | −7.907 | −0.102 | 4.376 | 0.014 | 8.481 | 0.033 |
| | 家庭经济状况 | −0.032 | −0.025 | 0.068 | 0.063 | −0.170 | −0.123 | 0.080 | 0.072 |
| | 常数 | 3.585*** | | 2.928*** | | 4.830*** | | 3.324*** | |
| | $R$ | 36.4% | | 23.8% | | 36.0% | | 16.8% | |
| | 调整后的 $R$ | 26.7% | | 12.3% | | 28.7% | | 7.4% | |
| | F统计值 | 3.774 | | 2.067 | | 4.978 | | 1.794 | |

注：$p<0.05^{*}$，$p<0.01^{**}$，$p<0.001^{***}$，y1 模型的因变量为男性工作干扰家庭程度，y2 模型的因变量为男性家庭干扰工作程度，y3 模型的因变量为女性工作干扰家庭程度，y4 模型的因变量为女性家庭干扰工作程度。

a. 参考类别为“配偶每周工作时间长于或等于自己”；b. 参考类别为“无 18 岁以下子女”；c. 参考类别为“农村”；d. 参考类别为“无单位/自雇”。

资料来源：本研究设计。

具体地说，在工作因素中，双方工作时间配比对男性、女性工作家庭冲突水平均不具有显著影响，因此，假设 H2 被证伪。工作自主权大小对男性、女性工作家庭冲突均不产生显著影响，假设 H3 得到证实。工作安排弹性变量对两性工作家庭冲突水平的效应均为负数，且都具有统计显著性，即工作安排弹性越大，工作家庭冲突水平越低。假设H4得到支持。女性工作期望对工作干扰家庭、家庭干扰工作的回归系数分别为0.262、0.193，呈显著的正相关，即女性的工作期望越高，工作妨碍家庭、家庭妨碍工作的程度都越高，而男性则不受到工作期望高低的显著影响，结果很好地支持了假设H5。

在家庭因素中，子女总数变量对男性工作妨碍家庭程度的回归系数为0.337，且在0.05水平上显著，这意味着每增加一个孩子，男性工作妨碍家庭程度就增加了33.7％，但该变量不显著影响男性家庭干扰工作水平和女性工作家庭冲突水平，因此假设H6成立，假设H7被证伪。家中有无18周岁以下未成年子女并未对两性工作家庭冲突产生显著影响，故假设H8部分证实。传统性别分工意识与男性工作干扰家庭程度及家庭干扰工作程度呈显著负相关，回归系数分别为－0.204、－0.142，这意味着“男主外，女主内”传统性别分工意识得分每提高1个单位，则被调查男性的工作妨碍家庭的发生概率降低20.4％，家庭妨碍工作的发生概率降低14.2％，假设H9得以验证。在女性组中，“男主外，女主内”传统性别分工意识只对工作干扰家庭水平产生显著的负向影响，而不影响女性对家庭干扰工作的感知，假设H10被证实。

综上所述，假设H2、H7被证伪，假设H8部分证实，其余假设都得到了支持与验证。另外，模型显示，在控制变量中，户口、工作年限显著影响女性工作干扰家庭的感知，城镇女性与农村女性相比，其产生较高工作妨碍家庭水平的可能性要高35.9％，工作年限与女性工作干扰家庭水平呈显著负相关。工作单位性质对男性工作干扰家庭水平有显著影响，在公共部门工作的男性感受到的工作对家庭的干扰比无单位/自雇者小。

## 四、结论与分析

基于CGSS2015数据的统计分析，本文着重探讨了当代中国女性工作家庭冲突水平及其产生机制，并探寻了女性与男性工作家庭冲突产生机制上的差异。总体而言，研究的结果部分支持了目前许多国家关于工作家庭冲突产生机制的主要假设。

研究的结果表明，首先，工作家庭冲突水平存在显著的性别差异：

女性的工作家庭冲突水平显著高于男性，这也印证了大多数中国学者的观点。虽然中国社会经历着工业化，且存在比多数西方国家更高比例的双职工家庭结构，但社会和家庭中的性别角色并未根本改变，女性承担了较之前更多的工作，但并未相应减少家庭事务的付出，这种工作、家庭双重“在场”给职业女性带来了巨大的压力，造成了女性在工作与家庭之间很难平衡。而社会通常更宽容男性，认为他们是家庭经济压力的承担者，宽容他们在家庭中的“不在场”，他们会在工作以外的时间尝试去照顾家庭，而不会长期陷于平衡工作与家庭的困局中。于是，较男性而言，女性在工作家庭冲突方面受到更多的负面影响。

其次，在工作层面，对自己的职业发展有着较高期望的女性，工作积极性也较高，在工作上投入的时间和精力越多，但社会希望女性在适应社会角色需要的同时，能够恪守传统的家庭角色，这种对女性“家庭角色”的期望会使其陷入两难。在时间精力有限的情况下，职业女性在兼顾家庭与工作上面临着巨大的压力，这也将会加重女性对工作干扰家庭的感知，与之相反，对事业有着远大的抱负和理想似乎是男性“理所应当”的品质，因此工作期望高低并未对男性的工作家庭冲突水平产生显著影响。

最后，在家庭层面，越认可“男主外，女主内”这种传统性别分工观念的女性，越容易接受自己是家庭责任的主要承担者，对家务劳动、照顾子女等家庭事务的投入也越多，因此其对工作干扰家庭的感知度较低。而对于男性而言，对“男主外，女主内”传统性别分工观念的认同度越高，越倾向于把自己的价值划定在社会领域，因此他们在事业上的投入也越多，较少感受到工作家庭冲突。但由于社会对男性在社会中的角色与职责赋予了更高的期望，因此子女总数越多的男性，其所承受的家庭经济负担越重，他们会更加努力地工作，在工作上投入更多的时间与精力，然而，多子女对父亲照料与陪伴的需求又会使其陷入矛盾，造成其所感受到的工作对家庭的干扰越强。

从中可见，传统的社会性别刻板分工依然存在，正如社会角色理论所述，性别可以通过影响社会对个体的角色期望和个体自身的信念或技能来产生不同的社会行为。社会对于男性的工作角色期望高于女性，而对于女性的家庭角色期望高于男性，男性和女性会遵循这些性别角色期望产生不同的性别角色表现[23]。这也就产生了传统意义上的“男主外，女主内”的劳动分工。但在当今高度复杂的社会中，个体行为与角色期望不一致的情况普遍存在，当个人定位与社会期望之间出现落差与矛盾时，工作家庭冲突也随之产生。

基于上述讨论，在政策上有几点启示：第一，推进家务劳动社会化。《2019—2020年世界妇女进展：变动世界中的家庭》报告中指出，由于缺乏可负担的育儿服务，女性不得不承担比男性多出两倍的无偿护理工作和家务劳动，这是造成女性工作家庭无法平衡的主要原因之一。因此，全社会应推动托幼管理体制改革，幼儿照顾的责任由国家、企业、非政府组织与家庭共同分担，并大力发展专业化的居家养老产业，将老年人的日常照料纳入公共支出的范畴，提高家政服务的社会化、公共化程度，减轻女性的家务劳动负担。工会、妇联、社区等社会组织应为更多女性及家庭争取权利、提供服务，对政府监管部门执行相关法律政策情况进行监督，保障女性家庭福利的增长。第二，推进工作安排弹性化。在单位管理过程中，应注重家庭友好项目的建立，使工作安排更加弹性化，让员工在保质保量完成工作任务的前提下，能够更好地满足家庭角色的需要，降低职业女性的生育成本，从而减少工作家庭冲突。第三，鼓励男性参与家庭事务。事业和家庭兼顾不仅是对女性，同时也应是对男性的要求。在生产力水平和社会服务发展还不能完全实现家务劳动社会化的情况下，男女共同承担家务是缓解工作家庭冲突的现实办法。在工作和家庭生活中，应打破角色分工界限，鼓励男性更多地参与到家务劳动当中，促使男性提高家庭责任感。同时，建立夫妻共休产假制度，为男性保留部分不可转让的假期，使男性更多地参与到婴幼儿的照料中，而不是由女性承担全部的育儿责任。

当然，上述工作家庭冲突的影响因素在不同时代所产生的作用可能会由于社会经济的发展程度、国家政策和婚姻家庭观念等的变化而有所差异，在今后的研究中还需要根据时代变迁，综合考虑多项因素，建立完整的指标体系。

## 参考文献

［1］Greenhaus，J. H.，Beutell，N. J.. Sources of Conflict between Work and Family Roles［J］. Academy of Management Review，1985，10

(1)：76-88.

[2] Shockley，K. M.，Singla，N.. Reconsidering Work-Family Interactions and Satisfaction：A Meta-analysis [J]. Journal of Management，2011，37 (3)：861-886.

[3] Sullivan，C.，Lewis S.. Home- based Telework，Gender，and the Synchronization of Work and Family：Perspectives of Teleworkers and their Co- residents [J]. Gender，Work & Organization，2001 (8).

[4] 张伶，张大伟. 工作—家庭冲突研究：国际进展与展望 [J]. 南开管理评论，2006，9 (4)：55-63.

[5] 周春淼，郝兴昌. 企业员工工作—家庭冲突与生活满意度的关系——大五人格的中介效应检验 [J]. 心理科学，2009 (5).

[6] Daalen G V ，Willemsen T M ，Sanders K. Reducing work-family conflict through different sources of social support [J]. Journal of Vocational Behavior，2006，69 (3)：462-476.

[7] 苗佳，马丽. 自我效能感对工作—生活冲突关系的实证研究 [J]. 四川师范大学学报（社会科学版），2012，39 (02)：70-76.

[8] 金家飞，刘崇瑞，李文勇，Patricia Mary Fosh. 工作时间与工作家庭冲突：基于性别差异的研究 [J]. 科研管理，2014，35 (08)：44-50.

[9] 许传新，杨川. 新生代农民工工作家庭冲突及影响因素分析 [J]. 中国青年研究，2015 (04)：54-59+53.

[10] Matias M ，Ferreira T ，Vieira J ，et al. Workplace Family Support，Parental Satisfaction，and Work-Family Conflict：Individual and Crossover Effects among Dual-Earner Couples [J]. Applied Psychology，2017.

[11] 唐美玲. 青年白领的工作家庭冲突及其影响因素分析——对山东青岛青年白领的调查分析 [J]. 青年研究，2009 (1)：10-18.

[12] 张勉，魏钧，杨百寅. 工作和家庭冲突的前因和后果变量：中国情景因素形成的差异 [J]. 管理工程学报，2009，23 (04)：79-84.

[13] Hill，E. J.，Hawkins，A. J.，Ferris，M. & Weitzman，M. Finding an extra day a week：The positive influence of perceived job flexibility on work and family life balance [J]. Family Relations，2001，50 (1)，49-58.

[14] Carlson, D. S., et al. Health and Turnover of Working Mothers After Childbirth Via the Work- family Interface: an Analysis Across Time [J]. Journal of Applied Psychology, 2011 (96).

[15] 陈礼花. 二孩时代下双元压力对高校女教师工作家庭冲突的影响研究：多重身份的视角 [J]. 教育观察，2018，v. 7；No. 167 (07)：6-9+91.

[16] Greenhaus J H , Collins K M , Shaw J D . The relation between work-family balance and quality of life [J]. Journal of Vocational Behavior, 2003, 63 (3): 510-531.

[17] Study of work-family and family-work conflicts overturns generational stereotypes [J]. Human Resource Management International Digest, 2017, 25 (7): 42-44.

[18] Kei Nomaguchi, Marshal Neal Fettro. Childrearing Stages and Work-Family Conflict: The Role of Job Demands and Resources [J]. Journal of Marriage and Family, 2019, 81 (2).

[19] 龚紫钰. 城市居民“工作—家庭平衡”及其影响因素研究 [J]. 社会工作，2018 (03)：87-97+112.

[20] Cerrato Javier, Cifre Eva. Gender Inequality in Household Chores and Work-Family Conflict [J]. Frontiers in psychology, 2018 (9).

[21] 胡乾，胡荣. 影响非农工作者主观幸福感的因素研究 [J]. 厦门大学学报（哲学社会科学版），2016 (02)：132-139.

[22] Matthews&Barnes-Farrell. Development and Initial Evaluation of an Enhanced Measure of Boundary Flexibility for the Work and Family Domains [J]. Journal of Occupational Health Psychology, 2010 (15): 330-346.

[23] Eagly, A. H. (1987). Sex differences in social behavior: A social-role interpretation. Hillsdale: NL: Erlbaum.

[24] 联合国妇女署. 2019—2020年世界妇女的进步：变动世界中的家庭 [R]. 联合国妇女署，2019.

[25] 刘三明，马红宇，康素杰，申传刚. 国外工作—家庭冲突性别差异研究综述 [J]. 妇女研究论丛，2013 (05)：116-121.

[26] 张再生，孙雪松，张奕野. 基于多维视角的女性科技工作者工

作家庭冲突问题研究［J］. 天津大学学报（社会科学版），2019，21（01）：70-76.

［27］吴愈晓，王鹏，黄超. 家庭庇护、体制庇护与工作家庭冲突——中国城镇女性的就业状态与主观幸福感［J］. 社会学研究，2015，30（06）：122-144＋244-245.

# 构建兼顾绩效评价与专业发展双重目标之高校教师评价研究[①]

孙绪敏[②]

**摘　要：**现代大学制度的建构需要一流的师资队伍，教师工作的绩效决定了高校的办学质量。从绩效管理的视野，科学全面地对高校教师的工作进行评价是加强高校教师队伍建设的重要工作，也是推进高校内涵建设的重要工作，绩效管理对现代大学制度的建设意义不言而喻。然而，我们在推进绩效管理的同时需要构建绩效评价与专业发展双重目标的高校教师评价制度，以评价为载体推动教师的专业发展才是绩效评价最重要的意义。

**关键词：**教师管理　绩效评价　专业发展

一流的大学离不开一流的师资队伍，教师工作的绩效决定了高校的办学质量和潜能。因此，对高校教师的教书育人、科学研究、社会服务、文化传承等工作任务进行绩效管理和科学评价，是高校提升核心竞争力和推进内涵建设的重要课题。目前，很多单位都在进行或即将展开教师工作的绩效评价，但对于什么是绩效、如何正确看待绩效，以及绩效评价与教师专业发展等前提性、理论性的问题，仍然存在着许多的困惑需

① 该篇论文获得“2019 年全国人才与人事研究主题征文活动”二等奖。

② 孙绪敏，南京师范大学校友工作处处长、研究员。

要厘清，因此，进一步澄清这些问题必然会对大学组织绩效和教师个人绩效的完成起着积极的指导作用。

## 一、高校教师工作的绩效评价意义与发展困境

自有教师以来，教师一直接受学校、学生、家长及社会的评价。但正式的教师评价研究，却直到20世纪50年代才在西方发达国家产生，70年代以后得到迅速发展，90年代以后出现了大量的教师评价模式和方法。与欧美国家相比，我国的教师评价工作开始于20世纪60年代，但直到80年代以后才有比较正式的评价，起步应该比较晚。近年来国家对事业单位实行绩效工资改革，绩效评价成为当下高校普遍采用的一种评价方法。将“绩效”的理念引入大学教师管理工作是高等教育管理领域的一大创举，在绩效的视野下，大学教师的工作不再是干和不干一个样、干多干少一个样，此举有效地激发了大学教师工作的积极性和创造性，提高了高校的教育教学质量和人才培养质量，对于检查教师履行岗位职责、挖掘教师队伍潜能、形成激励机制具有十分重要的作用。

“绩效”这个词最早见于中国古代的官员选用制度，《后汉书·荀彧传》中有“原其绩效，足享高爵”，《旧唐书·夏侯孜传》中有“录其绩效，擢处钧衡”，这里的“绩效”含义是指组织中个人或群体在过去特定时间内可描述的工作行为和可测量的工作结果。“绩效”作为管理理念，最初运用在企业对职工工作成效的评估中。大学教师的工作绩效是指大学教师承担教书育人、科学研究、社会服务、文化传承等任务的情况，“教师绩效是教师在教育教学过程中表现出来的与教育教学目标一致的行为。”美国学者格朗兰德（Gronlund）提出，“评价＝测量（量化研究）或非测量（质性分析）＋价值判断”。高校教师工作的绩效评价是一种特殊的人力资源评价，是对高校教师在劳动过程中表现出来的内在要素（包括品德境界、职业道德、人生品味等）和在一定条件下做出的实际成绩进行客观描述和合理评价，是依据组织发展确定的评价标准和评价程序，运用科学的评价方法对评价对象的工作态度、工作能力、工作业绩进行全面、客观的价值判断过程。绩效评价的作用重大：不仅可以快速分解大学的职责，促进教师高效率地完成组织目标；也可使高校管理者及时了解每位教师的工作状态和业绩，并据此决定对教师的奖惩、使用和培养，制订合理的培训计划和师资队伍建设规划，提高教师综合素质，

推动学校组织绩效的实现和教师个体绩效的完成。可以这样说，绩效评价是教师工作的指挥棒，对于提升知识生产的数量和质量，提高人才培养的质量，鼓励学术创新等，具有非同寻常的价值。

现代大学是一个从事科学研究的学术机构和人才培养机构，知识生产、人才培养、科学研究、文化传承与创新是大学的使命，高校教师作为大学组织中的重要成员，他们的工作绩效直接决定着大学社会使命的完成，因而对高校教师的工作评价需要体现绩效管理的理念。教师的工作表现与工作结果具有某种必然的联系，但有时，良好的工作表现并非必然获得理想的工作结果。如果忽视教育过程的长期性和教育成效的迟缓性，只以工作结果的指标作为评价教师的标准，往往难以对教师做出客观的评价。而如果过分强调教育过程的科学性和合理性，只以工作表现的指标作为评价较深的标准，又可能导致形式主义，“只管耕耘不问收获”。绩效评价凸显数量化，数字统计在客观上导致了量化大学教师工作量的事实，容易见物不见人，见眼前不见潜能，处理不当，会产生数量化、短期化、功利化的致命缺陷；也容易忽视教师的努力程度、同行认同度、学生和家长的满意度等因素，使评价的促进功能变成为绩效而绩效的手段，不利于教师的专业成长，也不利于大学职能的完善。在狭隘的绩效观指挥下，许多教师把发展目标直接定位在论文发表的数量、科研项目的立项和各种荣誉的获得方面，导致了科研上的急功近利、教学上应付了事，甚至出现一心只追求科学研究成果的数量而忽视质量，形成学术泡沫，部分教师心态浮躁，追名逐利，对教育教学、人才培养和优良学风、校风的形成产生了难以弥补的不良影响。绩效评价的结果直接或间接地与高校教师的利益如职称评定、奖金发放、职务晋升等挂钩，造成高校内部人际关系的紧张和团队精神的缺失。重奖惩、轻过程，评价定位不明确，标准过于“一刀切”，缺乏针对性、忽视差异性，压抑了教师“自为”发展的精神需求，束缚了职业发展的自主性，不利于调动大学教师工作的积极性和创造性。

奖惩性评价被称为“胡萝卜加大棒”评价，1986 年 5 月，美国卡内基教育和经济论坛上专家们严厉指责了奖惩性教师评价制度，改善教学的职业环境将提高教师的教学成绩。然而，目前的奖励制度没有起到积极的作用。它不但没有奖励教师的成绩和高负荷，实际上反而使人泄气。因此，如何处理好定量和定性的关系，把握好质与量的平衡，均衡短期效应和长期目标的关系，形成长效的激励教师发展的制度，避免功利化、短期化行为的出现，是一项刻不容缓的重要任务。

绩效评价立足于对教师过去已具备的素质、已承担的职责和已取得的工作成就进行评价，是一种面向过去的评价，教师如何在评价活动中客观清晰地分析自身存在的优势与不足，增强自我认识、自我教育、自我提高的能力。对大多数教师而言，评价最重要的意图不仅仅是为了证明，而是为了更好地挖掘潜能，加强改进。教师工作的特殊性决定了单一的绩效评价不能更有成效地促进教师在专业上的成长与发展，在评价中需要关注教师的品格意志、道德水准、情感投入、学识能力和言行举止等对学生具有巨大教育价值的因素。用数量化的绩效评价方法来评价教师的教书育人、科学研究、社会服务、文化传承等活动，不利于大师级人才的成长与培养，也忽视了高校教师传承文明、教书育人的崇高社会责任，窄化或异化了评价的应有功能。因此，对高校教师进行绩效评价的同时一定不能忽视高校教师的专业发展。

## 二、兼顾绩效评价与专业发展之高校教师评价的意义

绩效视野下的教师评价工作，需要整合奖惩性评价和发展性评价的优势，避免各自的不足，在注重绩效评价的同时，确立“以教师为本，促进教师持续成长与发展”的发展性评价，将教师的职责评价做成绩效评价与教师专业发展并存的价值判断活动。在注重绩效的前提下，考虑到不同教师的发展需求。因为教师评价的目的不仅是为了作出奖惩决定，更主要的是诊断工作中存在的问题，总结经验，以利于将来更好地改进。

发展性教师评价突出教师在评价中的主体地位，将教师自我评价与教师的自我反省、自我管理、自我提高结合起来，重视教师在教育教学过程中的行为，关注教师的教学反思能力和工作中的主动性、复杂性和差异性，改变了由重视过去到面向未来的转变。发展性教师评价制度充分吸收了人群关系理论、需求层次理论、XYZ 理论、双因素论、参与管理思想、人本管理思想、“第八种习惯”理论等的精髓，在教师评价目的、评价功能、评价方向、评价类型、评价主体、评价关系、评价结果等方面进行了重大的调整和转变。发展性教师评价能够激励全部教师积极主动地发扬优点，纠正缺点，在岗位上创新求变，与日俱进，有效推动教学改革和科研进步，改善领导、教师、学生、家长和社会各方面的

关系，促进教学质量和教育管理水平的提高。发展性教师评价重视持续调动教师工作的积极性，具有控量和发展两种职能，激发了教师职业热情，避免了职业倦怠，提高了资源共享效能，实现了学校管理由制度管理向知识管理的转型，从国际范围看，教师评价正经历着方向和模式的转型，逐渐由传统的绩效评价向知识评价过渡。学校是知识型组织，知识的汇集、提升与分享是学校完成育人使命的基础，知识评价是对被评价者知识结构的合理性进行价值判断，通过评价促进其知识结构合理化。实施发展性教师评价，有助于提高教师的职业素养，激发教师不断地改进教育教学，持续促进自我价值的实现和提升，促进学校和教师队伍共同发展。

在绩效评价的同时重视教师发展有其现实意义，大学教师兼具教育者、研究者、发展者的个体等多重角色，大学教师也是有着个性化的拥有独立价值和尊严的人，没有任何一种评价模式适合所有人，因而教师评价必须更加的多元化和人性化。评价对象的特质需要建立符合高校教学科研、人才培养、学科建设、文化传承等工作规律，以促进绩效和改进教师专业发展为导向，由品德、知识、能力、业绩等要素构成的教师评价体系，充分调动教师的主动性、积极性、自觉性，使教师评价成为教师自我认知、自我分析、自我改进、自我完善、自我教育、自我发展的过程。

在绩效评价的同时重视教师发展有其理论基础，马斯洛的需求层次理论将人的需求由低级到高级排列成五个层次，其中自我实现需要是最高层次的。就高校教师而言，生理需要、安全需要、归属和爱的需要是基本需求，越来越多的教师希望在工作中获得尊重和自我价值实现。美国心理学家赫茨伯格提出的双因素论认为：影响职工积极性的因素有“保健因素”和“激励因素”两种，而职工获得满意的主要因素在于后者，即工作具有成就感、工作成绩突出、具有挑战性，获得职业发展。存在主义哲学家萨特认为人的存在就是自我完善过程，他强调人的中心地位，关心人的潜能发展，与现在提倡的“以人为中心、以人的发展为本”的人本管理思想一致。著名管理大师史蒂芬·柯维创立“第八种习惯理论”，重视满足员工的内心需求，发现、发掘和激发员工内在的潜力。兼顾绩效评价与教师发展之高校教师评价活动中，要重视对教师工作过程的评价和评价方式的人文化；拓展教学科研评价的内涵，注重多元化评价方式的运用；凸显教师主体性的自我评价，注重评价工作的多主体化；重视评价的反馈环节，赋予教师充分的话语权；尊重创造的规律，让处在学术期、高峰期和衰退期的优秀教师都能安于教学科研工作，把教师当作“经济人”和“机器人”到把教师看成一个活生生的、发展的、自我实现的人，教师评价理论经历了从“科学管理理论”到“人本主义理论”的过渡。通过建立高校教师的工作业绩档案，多方位解读教师的劳动，在确保教师处于竞争环境的同时，保障其学术自由和合法权益，促进教师在心理平衡、精神慰藉方面产生积极而恰当的主体反应。既强化操作环节的严肃性和公正性，又注重提高评价指标在反映教师职业身份及教学科研活动中的交往性和创造性，关注教师的个体差异，解决短期绩效与长期绩效的关系；因而构建兼顾绩效评价与专业发展之双重目标的高校教师评价制度具有非常重要的理论意义和现实需求。

## 三、兼顾绩效评价与专业发展之高校教师评价工作应坚持的原则

绩效视野下的高校教师业绩评价总体上应遵循“绩效的原则”和“发展的原则”，在“绩效”和“发展”的双重理念指导下，具体应遵循“分类评价”“多元评价”“业绩导向”“学术自由”等原则。

### （一）坚持分类评价原则

绩效视野下的教师评价工作应以教师的岗位职责为基础，对不同学科的教师进行分层次、分类别评价，根据教师所在的岗位等级和所从事的学科特点制定出符合不同岗位等级以及文、理、工、艺、医等学科发展规律的评价指标。由于学科存在的差异性，其研究探索的路径、方法，研究周期的长短，出成果的形式都各不相同。因此，不同学科、不同岗位等级，甚至不同年龄段的教师评价标准和评价周期都应该是不同的。或分别或综合使用过程评价、目标评价、定量评价、定性评价、团队评价等方式，制定多元化的评价标准，提供个性化评价内容，具体问题具体分析。通过分类评价，实现绩效评价与专业发展的均衡发展。

### （二）坚持多元评价原则

评价主体越多越能全面综合地反映被评价者的工作业绩，在高校教师的业绩评价中，需要建立多元评价主体，从多种路径反映教师的工作绩效。鼓励教师自我评价是培养教师参与评价、提高评价效率的基础；

学生是教育教学的最直接受众，学生评价对教师改进教学内容和教学方式具有非常重要的意义；教研室的同事评价和学术同行评价对教师的专业成长帮助最大；领导评价对教师在单位的成长具有非凡作用。对于应用型学科，还要考虑到市场或应用对象的评价。因而通过教师自评、学生评价、同事评价、同行评价、领导评价、用户评价等方式建立多元评价主体，从360度视角解读教师的工作业绩则比较全面而客观。根据教师的岗位级别和类型不同，各评价主体的权重也要相应调整。对于教学为主型岗位的教师业绩评价，学生评价的份额要大些；对于科研为主型岗位的教师业绩评价，同行评价和用户评价的份额要大些。为广泛收集教师工作的数据，应当开发操作性强、便于资料收集和数据分析的评价系统。通过对教师工作基础数据的获取，增强教师评价的客观性和权威性，从而提升高校教师评价的专业化水平。

（三）坚持业绩导向原则

绩效评价是目前高等学校绩效工资发放的依据，其重要性和权威性不言而喻，所以绩效评价一定要坚持业绩导向的原则，注重考察教师完成岗位职责的情况。在教书育人方面，要全面考量教师工作的投入情况和实际效果，同时关注教师工作的多样性、复杂性、长期性、示范性、迟效性等特质，将教师的职业道德、自身素养、奉献精神、教学效果和教师个人的专业发展等纳入考量范畴。在科学研究方面，要注重科学研究的思路、进展和科研成果的创新性及对社会产生的价值，不片面强调发表论文和获奖的数量；在服务社会和文化传承方面，要重点关注成果转化和产生的社会效益、经济效益。坚持业绩导向的原则要注意处理好教师劳动的质量和数量的关系，科学理解“业绩”的内涵，质量并举。坚持业绩导向要摒弃业绩唯一的倾向，否则容易导致数量化、短期化、功利化绩效的产生，违背了国家实施绩效工资改革的初衷。

（四）坚持学术自由原则

当前社会面临的复杂问题不能依靠单一学科的知识和方法来思考，需要集成相关学科来探索。科学研究、知识生产、文明传承、文化创新和人才培养是一个彼此关联、动态的过程，完成这些任务需要一个弹性的组织制度和宽松的文化氛围，教师评价必须充分体现教师劳动的人文特征，尊重教书育人的规律和科学研究的规律，给教师们一个宽松自由的环境，鼓励学术创新、学术自由是大学教师从事学术活动的基本精神环境。但坚持学术自由不等于学术放纵，任何的自由都是有限度的，尊重学术自由与增加学术的组织化程度之间并不矛盾。学术无禁区，宣传有纪律，任何单位组织绩效的产生都依赖于教师个人绩效的完成，两者相辅相成，相互促进、相互制约。

## 四、兼顾绩效评价与专业发展之高校教师评价指标的设计

制定符合教育教学规律和教师成长规律、能被广大教师认可且便于操作的评价指标，是绩效评价中最核心的问题。笔者认为，兼顾绩效评价和教师发展之评价指标的设计，首先应该考虑现代大学的职能，依法全面考量教师的师德师风、人才培养、科学研究、学科建设、社会服务等工作任务，还需要考虑到教书育人工作的特殊性，即教师的品格意志、道德修养、情感态度、学识能力和言行举止等教育资源对学生产生潜移默化的影响因素。结合上述考量，笔者尝试绘制了高校教师绩效评价指标结构见表1（仅限一级指标和二级指标）。

表1　高校教师绩效评价指标结构

| | | |
|---|---|---|
| 高校教师绩效评价指标结构 | 师德评价 10% | 政治思想品德　2% |
| | | 职业道德和学术道德　2% |
| | | 对工作的事业心和责任心　2% |
| | | 教师本人的学识能力和对学生成长的引导作用　2% |
| | | 遵守规章制度的示范作用　2% |
| | 人才培养工作评价 30% | 教育观念的现代性、科学性　5% |
| | | 教学改革及承担的教改项目情况　3% |
| | | 教学论文或教学奖励情况　3% |
| | | 课程建设、品牌专业建设情况　4% |
| | | 课堂教学能力及获学生认可情况　5% |
| | | 人才培养的成果（学生的获奖、论文、就业及获社会认可情况）　10% |
| | 科学研究工作评价 30% | 科研成果情况（项目获批、论文发表、出版著作）　15% |
| | | 科学研究的水平评估（成果的经济效应和社会效应）　7% |
| | | 科教结合情况　8% |

续表

| | | |
|---|---|---|
| 高校教师绩效评价指标结构 | 学科建设工作评价 15% | 学科规划理念 2% |
| | | 在学科队伍建设中的作用 3% |
| | | 学科建设中的成果 6% |
| | | 学术交流情况 4% |
| | 服务社会工作评价 15% | 在国内外学术团体的兼职情况 2% |
| | | 担任政府部门的学术咨询职务情况 2% |
| | | 成果的被采纳、被应用情况 5% |
| | | 成果转化获得的经济效益和社会效益情况 6% |

（一）师德评价

重点考量高校教师的政治思想品德、职业道德、学术道德；对教书育人工作的事业心、责任心；对学生成长的引导作用等方面。因教师自身的学识能力和示范作用具有巨大的教育价值，在师德方面还应考虑到教师自身具有的优良素质：广泛的兴趣爱好；热情诚恳的待人之道；自尊自信自爱自强以及自我调控能力；坚强的意志品质；勤奋的个人品格；合作的态度与合作的能力；以及对规章制度的自觉遵守情况都应纳入考量范畴。

（二）人才培养工作评价

在承担一定教学工作量的基础上，重点考量作为教师必备的教育观念的现代性、科学性；教学改革创新的能力及承担的教改项目情况；教学论文或教学奖励情况；课程建设、品牌专业建设情况；课堂教学能力（包括驾驭教材的能力和驾驭课堂的能力）及获学生认可情况；人才培养的成果不仅考量人才培养的数量，更要看人才培养的质量（学生的获奖、论文、就业及获社会认可情况），而不能仅仅以课时数的多少来评价教学成绩的好坏。

（三）科学研究工作评价

重点关注科研成果的获得情况，包括项目获批、论文发表、著作出版等情况。在项目的获批方面，不仅要看科研项目的级别和科研经费的多少，还要看项目对高校整体的科研发展所起到的绩效。在论文发表和著作的出版方面，不仅看论文发表的期刊级别或出版社级别，更要看论文或著作的原创性水平，被收录、被引用情况，以及对学科发展的贡献率。在艺术、体育和建筑学科，还要看展览会、演奏会、体育比赛、艺术展览的时间、地点、规模和获奖，建筑设计、文物修复的投标和中标等实践性工作。在科学研究的水平评估方面，重点关注成果的经济效应和社会效应。高校教师的特殊角色注定要将科研实力转化为人才培养的实效上，科学研究与人才培养的结合方面要特别关注，要用高水平的科研成果培育高质量的人才。

（四）学科建设工作评价

高校是一个以知识为操作材料、以学科为基本架构的社会组织，具有无限的知识挖掘、独特的创新机能和复杂的组织形态，学科是大学最基本的学术组织单位，因而每位教师都有学科建设与管理的职责。根据教师所在岗位情况，赋予他们不同级别的学科建设任务，包括学科规划、学科定位、人才培养、团队建设、学科成果的培育、学科基地建设、学科管理等情况。所有教师均有学术交流的任务，即承办或参加国内外学术会议、指导访问学者、加强团队建设、协同创新等任务。

（五）服务社会工作评价

高等学校的社会服务是指依托高等学校的教学、科研、人才和知识等方面的优势向社会提供直接性的、服务性的，以促进经济和社会发展的活动。考察高校教师的社会服务情况，主要考察在国内外学术团体兼职情况和担任政府部门的学术咨询职务情况，要区别不同的学术地位和学术影响力，对人文学科，要看对政府部门的决策咨询贡献率，对理工科教师还要看科研成果的产业化和获得专利情况，在服务社会中实现文化传承。

在评价指标的设计上，管理人员要充分尊重广大教师的意见，要让教师真正参与评价方案的制定过程，既体现对教师的尊重和理解，也是对教师参加客观自评的业务培训。肯尼思·D. 彼特森（Kenneth D. Peterson）说：应该让教师评价成为一项教师自我管理的任务，而不是一件为他人所做的事情。让教师考虑自己的责任、职责、贡献和结果，并以此作为教师评价的出发点。教师应该负责信息收集，做出充分判断，发挥评价结果的作用。用教师自己参与制定的标准来评价教师，可以激发主体性参与的内在动力，最大限度地减少教师的焦躁和不安，提高教师专业成长的意识和绩效评价的主人翁意识；引导教师积极参与学习讨论，更深入地了解评价方案的内在含义，使得教师同化方案，避免拒斥。

强化教师团队意识，实施捆绑式绩效考核评价，体现合作原则、授权原则和绩效责任制原则的紧密结合，通过授权感促进主人翁精神的发扬，以群体协作优势激励团队成员间的合作意识，进一步增进教师中的合作和工作动机。把团队竞争力的提升作为绩效考核的重要内容。评价高校教师的工作业绩，既要评价教学与科研，又要尊重学术规律、兼顾学科差异、职务差异、年龄差异等个性特点；不仅要看已经取得的业绩，还要看正在形成的业绩以及发展的潜力。因此，高校教师业绩评价要考虑大学的文化特质和高校教师的劳动特质，吸收人本管理的思想，发挥发展性教师评价制度的优势，稳定、持久地调动教师工作的积极性，促进教师的专业发展，全面提高教育教学质量。当然，评价教师工作绩效不能不看其指导学生取得的成绩，也并非用设计的指标来逐一同等地要求所有被评价者，坚决杜绝求全责备。除师德一票否决外，只要教师某一方面做得特别优秀，都应体现激励和鼓励。

## 五、兼顾绩效评价与专业发展之高校教师评价工作的实施效果及瓶颈问题

兼顾绩效评价与专业发展之高校教师工作评价实施效果主要表现在：提高了教师的专业素质和学校的教学科研水平，改进了教育教学实践和人才培养质量，教师评价工作成为学校教育管理工作中一个重要的环节，为管理者、决策者提供有价值的反馈，发现并及时解决教师队伍中存在的问题，为教师的晋升、加薪等人事使用提供依据，推动师资队伍的良性运行。兼顾绩效评价与专业发展之高校教师评价制度确立的最重要的价值在于为管理者和被管理者之间建立持续不断的双向交流、沟通和反馈，促进教师自我反思、自我发展和自我完善，激发教师专业自觉，为不同的教师提供多样化的发展选择，使教师在忙碌的职业生涯中找到精神家园，有助于创造宽松、自由、和睦、关爱的氛围，改变被控制、被束缚的局面。兼顾绩效评价与专业发展的高校教师评价制度的实施，对于学校师资队伍的整体发展和教师个人的发展均具有非常重要的意义。

然而，兼顾绩效评价与专业发展之高校教师评价工作在实践中已经取得的实施效果就表明这一体系没有问题吗？显然不是这样。总体而言，这一瓶颈主要表现在：高校教师评价工作一直以来存在着制度的缺失，缺乏长期稳定的、能够激励教师形成职业规范的考核评价机制，导致短

期化行为的出现，影响了高校的利益和教师的长远发展目标。教师评价工作目前仍然存在着下列一些瓶颈问题：一是评价理念问题，国内学者对于教师绩效评价概念本身的认识较为混乱，一种观点认为，教师绩效评价是一种以目标为核心的结果评价，评价的重心直指教师工作的结果，通常运用一定的量化指标来反映教师的工作成果及目标的实现程度。另一种观点认为：教师绩效评价不仅是对教师工作结果的评价，还应包括对于教师工作的过程评价，是过程评价与结果评价的统一。评价理念的混乱导致评价实践的依据缺失。二是限于经费和资源的有限性，没有能够充分发挥同行评价的作用。国内的同行评价组织不健全、学术规范不健全也是影响教师评价取得实效的一大原因。三是绩效评价的结果直接与学校对教师的奖惩挂钩，不利于教师主体地位的确立和教师自我反思精神的培育，也不利于教师团队精神的发挥和教学改革的深层次推进，最可怕的是滋生了功利主义和形式主义的学风，制造了学术泡沫。目前很多高校虽然认识到教师绩效评价工作的重要性，制定了相应的评价制度，在实际工作中也发挥了一定的作用，但仍然存在很多弊端，主要表现为评价标准设计不科学、评价周期设定不合理、评价主体的业务缺失、评价数据收集困难、评价信度效度不高、评价机制重奖惩、轻发展，如何评价教师工作的过程绩效，至今没有成熟的方案。因此构建兼顾绩效评价与专业发展之双重目标的高校教师评价制度对高校事业发展和人力资源管理至关重要。

然而，任何的评价方式都只是手段，改进和发展才是最终的目标，教师评价需要从外显性的评价走向更加重视和逐步实现内质性的评价，即把握教师专业发展纬度的全面性、教师职业效能显现的内隐与滞后性特征，尊重教师各异的教育教学风格以及个人的气质与性格。评价绩效的目的，不在于“评价”本身，而在于对“绩效”的促进。不利于促进和提高绩效的评价，不仅是没有意义的，而且是有害的。哈佛大学肯尼迪学院对教师从不考核，阿兰·阿特舒勒指出，哈佛大学的教师绩效管理模式，主要是在聘任的时候（经常是在聘任高级教授职位时）和晋升的时候发挥作用。获得聘任的教师都很优秀，具备十足的发展动力，不需要用官僚化的绩效评价来保持他们的生产能力。

绩效评价是绩效工资改革中一项重要的基础性工作，也是一项复杂的系统工程，涵盖了高校工作的方方面面，渗透在高校教师管理的各个环节。因此，需要先进的评价理念、严谨的评价态度、科学的评价指标、全面的评价数据和合理的评价方法，以及对教师工作有全面、深度的认知。教师绩效评价方案的制定要结合学校实际，着眼于解决教师的专业成长，推动学校特色发展。在高等教育改革发展备受全社会关注的今天，评价高校教师的业绩已不单纯是一个评价的尺度和态度问题，更深层次的问题是：我们究竟需要一种什么样的大学文化来促进教师的成长和学校事业的发展；我们需要什么样的大学理念来指导和提升高等教育的人才培养、科学研究、文化传承和社会服务的职能，从而为建设创新型国家、增强中华民族的自主创新能力、促进整个社会文明的进步承担起应有的责任。

## 参考文献

［1］赵希斌．国外发展性教师评价的发展趋势［J］．比较教育研究，2003（1）.

［2］林崇德．教育与发展：创新人才的心理学整合研究［M］．北京：北京师范大学出版社，2002.

［3］Gronlund，N. E. Measurement and evaluation in teaching［M］. New York：The Macmillan Compang，1971.

［4］梁宇，梁娟．对高校教师绩效评估的思考［J］．黑龙江教育（高教研究与评估），2007（11）.

［5］王斌华．教师评价：绩效管理与专业发展［M］．上海：上海教育出版社，2005.

［6］国家教育发展与政策研究中心．发达国家教育改革的动向和趋势（第二集）［M］．北京：人民教育出版社，1988.

［7］王斌华．教师评价：绩效管理与专业发展［M］．上海：上海教育出版社，2005.

［8］Douwe Beijaard and Nico Verloop. Assessing Teachers′-Practical Knowledge［J］. Studies in Education，1996（3）.

［9］严玉萍．中美教师评价的比较研究［D］．上海：华东师范大学，2008.

［10］Kenneth D · Peterson，Teacher Evaluation-A Comprehensive

Guide to New Directions and Practices [M]. US: Corwin Press Inc., 2000.

[11] 窦继红.“以校为本”教师专业发展的实践与探索 [J]. 西北成人教育学报，2011 (1).

[12] [美] 托马斯·J. 萨乔万尼. 校长学：一种反思性实践观 [M]. 张虹，译. 上海：上海教育出版社，2004.

[13] 朱小蔓. 教师专业发展与教师的道德影响力 [J]. 临沂师范学院学报，2006 (1).

[14] 王建民. 大学教师绩效评价：向哈佛学什么? [J]. 中国报道，2009 (12).

# 招才引智与招商引资融合规律研究——基于福建省的探索实践①

郑亨钰　郑和明②

**摘　要：** 改革开放40多年来，招才引智与招商引资日趋融合，人才、智力已成为招商引资中的最重要因素。本文对招才引智与招商引资融合规律作了初步探索：招才引智与招商引资协同，产业平台集聚人才要素，高端人才引领产业发展，人才团队促进产业升级，企业和人才双主体作用，企业和人才价值差异化；分析了福建省推进"双招双引"融合工作的实践探索、困难与问题，提出了推进招才、引智招商、引资融合，引领高质量发展的若干建议。

**关键词：** 招才引智　招商引资　融合　规律

## 一、招才引智与招商引资融合的重要性

### （一）招才引智与招商引资融合是推动福建经济高质量发展实现赶超的迫切要求

当前，福建正处于加快转变经济发展方式、新旧动能转换、产业结构优化升级的关键阶段，唯有大力抓招商引才促发展，才能激发发展新

---

① 该篇论文获得"2019年全国人才与人事研究主题征文活动"二等奖。2018年福建省人力资源和社会保障厅综合课题（编号：RSZH201804）。

② 郑亨钰，福建省人事人才研究所所长、高级经济师；郑和明，福建省对外经济贸易研究所助理研究员。

动能、跑出发展新速度、拼出发展新格局。推动高质量发展实现赶超，离不开资本、技术、项目和人才、智力的强大支撑，迫切要求招才引智、招商引资统筹推进、协同运作，引进新变量，创造新组合，提供新动能，培植新优势，把福建的发展放到全国和世界发展的大坐标、大格局中去优化资源配置，进一步推动高质量招商引资、招才引智，让引进来的资本、技术、人才、市场、观念、管理等要素，与既有优势资源重新优化组合，创造出新的活力和效率，裂变出巨大的新动能。实施高质量精准化“双招双引”，汇聚天下英才、吸引全球企业，推动产业链、创新链、价值链融合协同，推动企业提高核心竞争力，推动产品和服务迈向中高端，带动区域协调发展合作共赢；在实施乡村振兴战略、发展海洋经济、推进基础设施建设和生态环境保护等方面获得更好更快发展，切实增强人民群众的幸福感和获得感。

（二）招才引智与招商引资融合是福建打造对外开放新高地、重塑对内对外开放新优势的重要抓手

随着经济全球化和区域一体化持续深化，世界各地经济联系日趋紧密、彼此相互依赖，对外开放领域从资源市场开放、商品服务流通，向资本、人才、技术、管理等先进生产要素领域渗透。国际经济合作与竞争的环境也正在发生深刻变化，国际金融危机后全球经济缓慢复苏、不确定因素显著增加，贸易保护主义势力抬头，贸易摩擦频发，国内经济下行压力和区域竞争加剧，倒逼福建顺应产业集聚发展趋势，加大招商引才力度，引进创新资源，做优增量、做大总量，加快产业转型升级，激发经济内生动力，增强产业国际竞争力。福建是我国对外开放的前沿阵地，要以招才引智与招商引资融合为抓手，发展更高层次的开放型经济，充分利用好国际国内两个市场、两种资源，着力推进新一轮高水平对外开放，主动参与国际经济合作和竞争，积极参与国际产能合作，力争形成全方位、宽领域、高层次的开放格局，打造服务全国、面向世界的开放新高地，不断增强企业参与国际经济合作和竞争的能力，更好应对中美贸易摩擦等重大风险挑战，从而在激烈的竞争中立于不败之地。

（三）招才引智与招商引资融合是福建增创区域竞争新优势的必然选择

区域优势积累对区域未来经济社会发展起到重要的“集合效应”，并对周边地区的资本、人才、技术等要素形成明显的“虹吸效应”。从世界

区域经济发展大趋势看，区域经济发展呈现强者愈强、弱者愈弱的显著特征。改革开放40多年来，我国区域协调发展战略深入实施。福建北有长江经济带、南有粤港澳大湾区，好像被边缘化了。但站在开放的大空间中看福建，这些地区的发展正是福建未来发展的有力支撑。福建要着力推动招才引智与招商引资融合，主动对接服务国家战略，积极融入开放大格局，以创业创新资源集聚区域为重点和抓手，充分发挥经济特区、自由贸易试验区、综合实验区、21世纪海上丝绸之路核心区等多区叠加优势，吸引资本、人才、技术等优质生产要素集聚，全面提升福建产业竞争力，加快建设开放型经济新体制。

（四）招才引智与招商引资融合是福建加快创新驱动发展、产业转型升级、新旧动能转换的战略支撑

创新驱动是推动经济高质量发展的第一动力，人才资源是支撑引领经济社会发展的第一资源。推动新旧动能转换、产业转型升级，三大主导产业、传统优势产业、战略性新兴产业、现代服务业发展和自贸试验区建设等对各类人才需求强劲，需要充分发挥创新创业人才在经济转型、产业升级中的生力军作用，促进人才与经济社会发展深度融合。商、资、才、智是创新创业的关键要素，推动招才引智与招商引资融合是打造创新创业高地的重要抓手，有利于企业集聚成长。“双招双引”与创新创业统筹谋划、同步推进，实现人才、创投资本和创新项目深度对接，有利于把更多优质资源、项目、技术、管理转化为创新创业新优势，为福建省实现新旧动能转换、产业转型升级提供强大智力支撑。

## 二、招才引智与招商引资融合规律及实践探索

改革开放40多年来，福建招商引资工作取得显著成效。到2018年年底，福建省累计批准外商投资项目56 785项，合同外资2 204亿美元，实际使用外资1 280亿美元，利用外资规模居全国第八位。外商投资企业遍布福建各个行业，一大批制造业外资龙头企业进入，有力促进了福建相关产业，特别是三大主导产业的发展；人才、智力已成为招商引资中的最重要因素，抓招商引才促发展是福建40年建设发展的成功经验，是区域经济快速崛起的制胜之道，决定了一个地区未来发展的增量，哪个地区拥有优质的增量，哪个地区就赢得未来。站在新的历史起点上，坚持招商与招才并举、引资与引智并重，建立协同推进机制，走“产业＋人

才”融合发展道路，已成为推动福建经济高质量发展落实赶超、赢得未来竞争的战略选择。

（一）招商引资、招才引智及二者融合相关要素比较（见表1）

**1. 招商引资**

（1）引资主体：企业负责人、经济技术开发区（科技园区）管委会、商务部门相关人员。

（2）引资方式：以商招商、产业链招商、专业化招商、社会化招商、委托代理招商、亲情招商。

（3）关注要素：产业基础，资源禀赋、土地要素、税收环境、硬设施及软配套等综合配套因素，知识产权保护、营商环境、政府公共服务，投融资、人才等市场要素及物流等配套服务。

（4）政策措施：土地政策、税收优惠政策、政府公共服务。

（5）综合效应：项目落地是关键。重视项目签约、落地。

（6）存在问题：忽略人才对项目的支撑作用。

**2. 招才引智**

（1）引才主体：企业人力资源主管、人社部门相关人员。

（2）引才方式：熟人推荐招聘、人社部门招聘、人才中介机构招聘、现场招聘、网络招聘、引才工作站招聘。

（3）关注要素：人才成长环境、创新创业生态、事业发展平台、人才激励、知识产权保护、人才保障服务。

（4）政策措施：人才优惠政策、事业发展平台、创新创业环境、人才激励措施、住房教育医疗等保障措施、政府服务及税收优惠。

（5）综合效应：人才引得进、留得住、用得好是关键。重视人才签约、落地。

（6）存在问题：忽略项目对人才的载体作用。

**3. 招商引资与招才引智融合**

（1）招引主体：企业、商务、人社部门相关人员。

（2）招引方式：

1）产业招引。围绕产业链布局人才链、创新链。

2）企业招引。企业是“双招双引”的主体。

3）委托招引。加强与政府派驻机构、各类商会协会、华人华侨社团和本地企业驻外机构的对接合作，与闽籍华侨、专家、企业家对接联系，在经济发达、人才集聚地设立引才联络站。

4）专业招引。支持与高端中介机构、社会组织等对接合作，开展市场化招引，实行政府购买服务。探索成立本地市场化、专业化的“双招双引”服务机构。

5）“飞地”招引。对接京津冀、长三角、珠三角等经济发达区域，探索通过购买、租赁等方式，建立离岸创新孵化基地，构筑“招引桥头堡”。鼓励企业、科研院所在海外建立研发中心、孵化基地，畅通与全球高端人才和项目的对接渠道。

（3）关注要素：投融资等创新创业环境、载体平台建设、营商环境、公共服务。

（4）政策措施：优化营商环境、优化人才发展环境、提升政府公共服务。

（5）综合效应：

1）引进的资本、技术、人才、市场、观念、管理等要素，与既有的优势资源重新优化组合，创造出新的活力和效率，裂变出巨大的新动能。

2）打造体制机制优势，实现人才、项目、产业、资本有机融合，推动实施新旧动能转换重大工程，为经济高质量发展提供坚实的项目和人才支撑。

3）打造对外开放的体制机制高地，制度创新高地，营商环境高地，人才高地，产业创新高地，产业链、资本链、人才链、创新链集聚高地。

4）从单纯引才、招商方式向“人、资本、项目”和“团队＋技术＋资本”新模式转变，在引进资金、项目的同时，更注重引进人才、技术、品牌，实现人才项目最佳组合，达到引资引智“双赢”。

（6）存在问题：对招商引资与招才引智融合规律认识不足。

通过比较可以看出，招商引资与招才引智的相同点：二者都离不开企业和政府相关部门的协同运作，离不开政府的优惠政策支持和优质公共服务；不同点：引资（才）主体、引资（才）方式、关注要素、政策措施、综合效应存在一定差异。

与单纯的招商引资、招才引智相比，二者的融合发展更具有系统性、整体性、协同性，由企业、商务、人社部门相关人员共同实施，关注要素和政策措施兼顾企业发展和人才发展的不同利益诉求，综合效应比单纯招商引资、招才引智更加凸显，能够产生各自没有的叠加效应或乘数效应。

表 1 招商引资与招才引智相关要素比较

| | 实施主体 | 招引方式 | 关注要素 | 政策措施 | 综合效应 |
|---|---|---|---|---|---|
| 招商引资 | 企业负责人、经济技术开发区(科技园区)管委会、商务部门相关人员 | (1)以商招商<br>(2)产业链招商<br>(3)专业化招商<br>(4)社会化招商<br>(5)委托代理招商<br>(6)亲情招商 | (1)产业基础<br>(2)资源禀赋、土地要素、税收环境、硬设施及软配套等综合配套因素<br>(3)知识产权保护、营商环境、政府公共服务<br>(4)投融资、人才等市场要素及物流等配套服务 | (1)土地政策<br>(2)税收优惠政策<br>(3)政府公共服务 | (1)关键:项目落地<br>(2)重点:重视项目签约、落地<br>(3)问题:忽略人才对项目的支撑作用 |
| 招才引智 | 企业人力资源主管、人社部门相关人员 | (1)熟人推荐招聘<br>(2)组织人社部门招聘<br>(3)人才中介机构招聘<br>(4)现场招聘<br>(5)网络招聘<br>(6)引才工作站招聘 | (1)人才成长环境<br>(2)创新创业生态<br>(3)事业发展平台<br>(4)人才激励<br>(5)知识产权保护<br>(6)人才保障服务 | (1)人才优惠政策<br>(2)事业发展平台<br>(3)创新创业环境<br>(4)人才激励措施<br>(5)住房教育医疗等保障措施<br>(6)政府服务及税收优惠 | (1)关键:人才引得进、留得住、用得好<br>(2)重点:重视人才签约、落地<br>(3)问题:忽略项目对人才的载体作用 |

续表

| | 实施主体 | 招引方式 | 关注要素 | 政策措施 | 综合效应 |
|---|---|---|---|---|---|
| 招商引资招才引智融合 | 企业、商务、人社部门相关人员 | (1)产业招引。围绕产业链布局人才链、创新链<br>(2)企业招引。企业是“双招双引”主体<br>(3)委托招引。加强与政府派驻机构、商协会、华侨、专家、企业家对接联系,在人才集聚地设立引才联络站<br>(4)专业招引。支持与中介机构、社会组织等对接合作,开展市场化、专业化招引,实行政府购买服务<br>(5)“飞地”招引。鼓励企业、科研院所在海外建立研发中心、离岸创新孵化基地,畅通与全球高端人才和项目的对接渠道 | (1)创新创业环境<br>(2)载体平台建设<br>(3)营商环境<br>(4)公共服务 | (1)优化营商环境<br>(2)优化人才发展环境<br>(3)提升政府公共服务 | (1)引进的资本、技术、人才、市场、观念、管理等要素,与既有的优势资源重新优化组合,创造出新的活力和效率,裂变出巨大的新动能<br>(2)打造体制机制优势,实现人才、项目、产业、资本有机融合,推动实施新旧动能转换重大工程,为经济高质量发展提供坚实的项目和人才支撑<br>(3)打造对外开放的体制机制高地,制度创新高地,营商环境高地,人才高地,产业创新高地,产业链、资本链、人才链、创新链集聚高地<br>(4)从单纯引才、招商方式向“人、资本、项目”和“团队+技术+资本”新模式转变,在引进资金、项目的同时,更注重引进人才、技术、品牌,实现人才项目最佳组合,达到引资引智“双赢”<br>(5)存在问题:对招商引资与招才引智融合规律认识不足 |

### （二）招才引智与招商引资融合规律探索

从福建省内外招才引智与招商引资融合工作实践探索，可以初步总结出对招才引智与招商引资融合的规律性认识：总体上，招才引智与招商引资融合必须遵循社会主义市场经济规律和人才成长规律，充分发挥市场在人才资源配置中的决定性作用，同时更好发挥政府作用。具体包括以下六个方面。

#### 1. 招才引智与招商引资协同发展

招才引智与招商引资是区域经济发展的双引擎，相互协同、相互促进，共同推进项目、人才、技术、资本等创新要素集聚和经济高质量发展。从北京、上海、重庆、深圳、广州、杭州、苏州等城市的发展经验看，招才引智与招商引资统筹推进、协同运作得好，产业发展速度就比较快、发展质量也比较高，也更容易打造成为引领创新创业的产业人才聚集高地。福建省积极推进人才与产业深度融合、互联互促，走出一条人才引领产业、产业汇聚人才的良性发展之路。厦门市协同推进“双招双引”，以自主创新示范区、火炬高新区、软件园、自贸片区、台商投资区、留学人员创业园等园区为载体，大力引进、集聚海外高层次创新人才到厦门创新创业（留学回国人员突破 1 万人），促进战略性新兴产业和高端现代服务业快速发展。

#### 2. 产业平台集聚人才要素

在产业发展初、中级阶段，以招商引资为主，通过发展壮大产业平台吸引、集聚人才、技术、资本等创新要素，促进技术进步和产业发展。晋江市“创意、创新、创业”三创园引进中科院、中纺院、石墨烯产业技术研究院等 7 家国字号公共平台机构和 13 个院士工作站，一批科技孵化企业、商务服务企业入驻园区，园区从人才驿站向人才之家再向人才社区不断升级，高端人才“集聚效应”凸显，吸引 700 多名人才集聚，形成以人才集聚带动产业集聚，以人才发展推动产业创新的格局。

#### 3. 高端人才引领产业发展

我国经济增长长期依赖的三大传统生产要素——劳动力、资本、资源环境均面临瓶颈约束，初级要素驱动型发展模式不可持续，亟须实现由要素驱动、投资驱动向创新驱动转变，由注重增长速度向注重发展质量和效益转变。在产业发展的中、高级阶段，以招才引智为主，通过引进国际一流高端人才团队打造创新创业平台引领先进制造业、战略性新兴产业和高端服务业发展。

宁德时代新能源科技股份有限公司、宁德新能源科技有限公司把建立世界级人才队伍作为企业核心战略，创新海外借脑引智模式，吸引“离岸创新人才”，支持企业到境外设立研发基地和聘用外籍高层次人才；引进福建省级高层次人才（ABC类）64人、福建省工科类青年专业人才1 907人、宁德市“天湖人才”404人、宁德市级高层次人才403人，为新能源产业发展聚集了一批高层次及紧缺急需人才，为企业创新发展不断注入新动力。厦门市通过设立拔尖人才、“双百”人才等人才政策，出台一系列高端人才集聚计划和重大人才工程，一批新兴科技企业迅速成长壮大，成为厦门产业转型升级的“领头雁”，在推动产业实现高质量发展中发挥了积极作用。

**4. 人才团队促进产业升级**

可以通过项目合作、引进研发团队、组建合资公司等，共同开发新技术，改进生产工艺流程，提高生产效率，推动传统产业转型升级。晋江市注重引进外部智力资源改造提升传统制造业。例如，制伞业通常有上百道工序，很多零配件小，长期依赖人力。特别是中棒环节，需要大量熟练工人，人工成本占比较高。引进浙江大学核心技术团队，与晋江本土制伞企业合作研发全球首条晴雨伞中棒自动组装线，突破了伞业人力成本占比最高的中棒生产环节，实现在一台机器设备上自动完成，一台组装线设备能取代12个熟练工人，可节省90%的用工量，大大解放了劳动力，全面开启晋江伞业制造业智能化和自动化时代，为传统产业转型升级注入新动能。

**5. 企业和人才双主体作用**

发挥企业和人才双主体在招商引资与招才引智活动中的主导作用，推进以商招商、产业链招商、产业基金招商和人才项目招商、亲情招商。宁德时代董事长曾毓群以宁德新能源产业园为中心，发展上下游产业链配套企业，带动引领形成产业集聚效应，一体化实现年产8亿颗电芯，公司2018年6月上市，市值1 700余亿元，年产值300亿元，贡献税收10亿元以上，提供就业岗位2万多个，推动传统产业转型升级，形成新的发展动能，构建特色现代产业体系，成为助推地方经济发展的新引擎。

**6. 企业和人才价值差异化**

遵循市场经济规律，企业主要以规模发展、技术创新、产业链延伸和资本盈利为目标；人才则更加关注充分发挥作用、实现自身价值的价值追求，兼顾薪酬激励和家属就业安置、子女教育、健康医疗及文化娱乐等个性化、多样化需求。本质上，“招才引智”与“招商引资”存在一定差异。对企业而言，通过依托本地自然资源、人力成本、税收政策等优势，在招商引资方面能够形成较为明显的优势。对人才而言，吸引其落户的，是人才专业与地方产业结构的契合度和匹配度、行业薪资待遇、未来发展空间、当地社会整体氛围等。招商引资要在“商人言利”的前提下，加强土地、贷款、税收等方面优惠政策的兑现力度。招才引智则要在物质鼓励的基础上，更加注重各类人才发展平台的搭建，不断创新人才引进、培养、使用、激励机制。

（三）福建省推进“双招双引”融合工作的实践探索

近年来，在借鉴部分发达省份有益经验基础上，福建省各地遵循招才引智与招商引资融合规律，在推进招才引智与招商引资结合上作了如下一些有益探索。

**1. 建立招才引智与招商引资协调联动机制**

厦门市外资工作领导小组办公室、国内招商工作领导小组办公室联合制定厦门市年度绩效招商引资专项指标考评办法，市商务局配合市委组织部等相关部门，加大对发达国家地区的引资引智工作。福州市等设区市和平潭综合实验区设立招商局，加强对招商引资和招才引智工作的统筹协调。福州市人社局建立“一把手招商”工作机制，统筹协调工作，谋划全局，督促进展，调配全局资源服务于招商引资工作。泉州市加强组织领导，依托市商务局驻长三角招商小组，建立招商引资和招才引智结合联动工作机制。

**2. 打造招才引智与招商引资的载体平台**

以数字中国建设峰会、21 世纪海上丝绸之路博览会暨海峡两岸经贸交易会（原中国福州国际招商月）、5·18 国际资本投资福建对接会、9·8 中国厦门国际投资贸易洽谈会、泉州市京津冀区域招商洽谈会、泉州市民营经济与人力资源服务峰会、平潭国际旅游岛产业促进优惠政策专场推介会、中国（上海）国际技术进出口交易会及中国进出口博览会为载体，侧重招商引资。以中国国际人才交流大会、中国海外人才交流大会暨中国留学人员广州科技交流会、海峡两岸人才合作交流大会、宁台人才合作交流大会为载体，侧重招才引智。以“春晖杯”中国留学人员创新创业大赛、(厦门)留学人才精品项目路演对接洽谈会、福建(厦门)海外留学人才与项目对接洽谈会、资源与环境专委会2017年年会暨产业与人才项目合作交流对接会、6·18中国海峡人才项目成果交易会、福建人才创业周为载体，双招双引，引资引智。同时，发挥经济技术开发区、台商投资区、高新区、自贸片区、福州新区等各类开发区在“双招双引”中的重要作用。

**3. 制定实施招才引智与招商引资政策**

厦门市探索构建竞争力强的人才政策体系，率先为留学人员回国创业立法，于2002年颁布《厦门经济特区鼓励留学人员来厦创业工作规定》；2010年，出台实施引进高层次人才“双百计划”；2013年，出台“海纳百川”人才政策体系，推出12类产业急需紧缺人才引进培养计划。配合“千亿产业链(群)培育工程”，人才政策开始向重点产业链集群的企业一线和重点项目倾斜，近八成入选对象集中在重点产业的龙头项目；2017年，出台“人才新政45条”，对携带具有国际先进水平技术成果产业化项目来厦落户的创业团队，给予1 000万～1亿元项目资助，在人才管理、评价、流动、激励机制等方面提出更大力度的措施；推动出台外资＋总部经济＋产业＋人才等相关政策。市政府印发《厦门市促进外资增长若干措施的通知》，从落实扩大外资开放领域、促进外资增长、鼓励引进与留住人才、优化营商环境四方面予以鼓励扶持。对符合条件的外资企业人才，年纳税10万元以内的部分给予个税地方留成50％奖励，10万～20万元的部分给予75％奖励，20万元以上的给予100％奖励，对符合条件的外资企业人才给予购房不受社保缴交年限限制，及员工落户的鼓励措施。

2015年以来，厦门市将培育国际一流的营商环境作为吸引人才和资本的重要竞争力，对标新加坡等先进经济体，率先参照世界银行营商环境评价体系和标准，查差距、补短板，在开办企业、获得电力、降成本、不动产登记、纳税服务、中小投资者保护、获得信贷、执行合同和办理破产等领域，对标一流水平，出台强有力措施。在此基础上，进一步深化“放管服”改革，从“打造高效透明的政务服务环境”“优化企业全生命周期服务”“创新提升工程建设项目审批管理效能”和“打造公正规范的法治环境”四个方面，对打造国际一流营商环境提出15项具体举措。如率先启动“多规合一”工程项目审批制度改革，大力推进商事登记制度改革，整体营商环境从 2014 年相当于全球经济体第 61 位提高到 2018 年的第 25 位，四年提升 36 位。2018 年 8 月，国家发改委发布我国首个营商环境评价体系，对全国 22 个主要城市的营商环境进行试评价，厦门仅次于北京，位居全国第二。2019 年 4 月底，厦门市首次召开全市招商大会，大力推动大招商，盛情邀请世界各地的企业及资本来厦门投资，加快打造国际一流营商环境。

人才评价突出用人单位主体作用。在海沧区开展生物医药行业职称改革试点，完善职称评价标准，创新职称评价机制，提高职称评审的科学化、社会化水平。完善以用人为导向的人才评价机制，探索建立以同行评价为基础、以薪酬为依据的人才业内评价机制。扩大职称改革试点，以重点行业、核心领域为试点逐步推动职称按行业进行评审。支持企业到海外科技人才集聚地开展科技研发和人才招引活动，打造海外人才离岸创新创业基地。

厦门市先行先试，深化两岸人才交流合作。2013 年起，厦门市开始实施全国首个台湾特聘专家、专才引进制度，对引进的台湾特聘专家、专才给予最高 150 万元的生活补贴和 500 万元的创业资金扶持。在厦门自贸片区设立第一个涉台离岸人才创新创业基地——云创智谷海外人才离岸创新创业基地。2018 年 3 月国台办“惠台 31 条”出台后，厦门又率先推出“惠台 60 条”。目前，厦门市区两级出台的对台人才政策文件多达十余个，覆盖从台湾高端领军人才、专才、创业青年、大学生等各层次，政策内容包括生活补助、工作奖励、配偶安置、子女就学以及引才用才奖励等，涵盖台湾人才在厦门创业就业及生活等各方面。

**4. 探索招才引智与招商引资融合机制**

厦门火炬高新区创新“政府主导、企业主体、专业化运营”的市场化招商模式，强化企业服务以商招商和产业链招商。厦门自贸片区通过“政府扶持引导、企业自主运营”模式，推动引智企业设立离岸双创基地。海沧区建立“人才”＋“项目”招商新模式，人才政策与产业政策同步制定，做强平台与创新育才同步发展。泉州市招商项目与引进人才、技术相结合，实行“项目＋人才”双引进。晋江市建立产才协同落实机制，实行全产业链招商、招才，形成一套人才、项目、政策、资金一体化的招商引智新机制。莆田市鼓励引导企业采用“项目＋团队”双招双引模式引才，从单纯引才招商向“人才、技术、资金、项目”打包引进模式转变。

5. 不断优化引才留才用才环境

福建省围绕建设“机制活、产业优、百姓富、生态美”新福建的宏伟蓝图，着力打造“机制活、政策优、环境好”的人才生态，实施人才限价房政策，建设一批人才公寓，逐步改善提升教育、医疗条件，优化人才生活工作环境，推动产业引才、企业用才。实施“海纳百川”高端人才聚集计划、引进高层次创新创业人才“百人计划”、引进高层次人才（ABC类）评价认定办法、年度紧缺急需人才引进指导目录、工科类青年专业人才支持措施，支持企业确认600多名引进高层次人才和工科类青年专业人才，补助金额逾1亿元。组织实施留学人员创业启动支持计划、互联网经济优秀人才创业启动支持计划等重大人才项目，共遴选支持158个创业项目、资助资金6 190万元。推进省部共建福建、福州、厦门3个留学人员创业园，共吸引入驻留学人员创业企业235家。据初步统计，福建省引才“百人计划”前4批97名创业人才创办企业的销售额，2016年达到402.1亿元，同比增长165.3%，近四年年均增长73.2%。2012年以来，福建省政府与北京大学、清华大学、中国人民大学签订了（人才）战略合作协议，深化校企合作，服务福建省重大战略实施。2019年1月，中共福建省委、福建省人民政府出台《关于进一步深化改革扩大开放的若干措施》，为推动招才引智与招商引资融合工作提供了有力的人才保障。

## 三、福建省推进“双招双引”融合工作的困难与问题

### （一）市场机制决定性作用发挥不够充分

激发市场活力和社会创造力的激励机制不健全，招商引资、招才引智结合的紧迫感、使命感、责任感不够强，主体责任落实不到位，思想解放不够，存在“慢作为、懒作为”现象，考核激励约束作用未能有效发挥。政策承诺兑现不及时不到位、项目落地难。招商引资大多由地方政府主导，台上轰轰烈烈搞招商，但成效不够显著，重项目签约轻项目落地。亟待政府实现从管理到服务的职能转变，大力推进市场化招商方式，充分发挥市场在资源配置中的决定性作用，政府当好“店小二”，积极为企业提供主动、靠前、细致的服务。

（二）招才引智与招商引资结合不够紧密

由于对招才引智与招商引资融合规律认识不足，“双招双引”还不同程度地存在“两张皮”现象，协同机制尚未有效建立，相关部门协同作用发挥得不够、整体合力不足。组织部门、人社部门更加关注人才政策和人才引进工作，重人才引进轻人才培养，对市场的人才需求还不够敏感。招商部门更加关注产业发展，重项目签约轻项目落地，甚至无暇顾及项目对人才的依赖。事实上，招才引智与招商引资的目标是一致的，都是为了推动高质量发展，增强人民群众的幸福感和获得感。

（三）引领高质量发展的大项目落地较少

一是龙头企业、大型项目和实体企业对接落地少；二是产业链招商基础较弱，优惠政策实用性不强。主要原因包括：招商引资工作机制有待优化，招商服务和落地衔接运行不畅；招商政策应用不灵活不充分，无法系统扶持全产业链发展；招商团队专业能力薄弱，招商专业化程度不高。

（四）开发区主体作用尚未得到充分发挥

开发区建设是福建省改革开放的成功实践，对促进体制改革、改善投融资环境、引导产业集聚、发展开放型经济发挥了不可替代的作用，已成为推动福建省工业化、城镇化快速发展和对外开放的重要平台。截至 2018 年年底，福建省共有省级以上开发区 97 家，其中国家级开发区 24 家。2018 年，全省开发区实现工业增加值、实际利用外资、出口总额、进口总额分别占全省的 52.8%、46.1%、47.1%和 56.4%。福建省开发区改革和创新发展也存在一些突出问题，主要是：管理体制和运行机制不够顺畅，体制机制优势弱化；整体发展水平还不够高，与广东、江苏、浙江等发达省份存在一定差距；产业大多处于产业链价值链中低端；创新要素的集聚支撑效应不显著；土地集约利用程度较低；招商引资质量仍有较大提升空间。坚持高质量发展落实赶超，亟须进一步发挥全省各级各类开发区在推进招才引智与招商引资融合中的示范带动作用，形成新的集聚效应和增长动力，引领经济结构优化调整和发展方式转变。

（五）人才发展环境和营商环境仍有待优化

由于区域经济发展不平衡，福建省山区与沿海发展差距较大。地域区位、事业平台、生活待遇等因素，导致福建省欠发达地区对高层次人才缺乏足够的吸引力，引进人才的总量和层次还不能完全适应当地经济社会发展需要。有些高层次、创新型人才（团队）对在福建省创新创业有心理负担，担心创新创业的投入和产出效益不匹配，无法最大限度地发挥引进人才的作用。

参照2018年10月世界银行发布的《2018年营商环境报告》，在全球190个经济体中，中国营商环境排名第46位，比上年上升32位，成为营商环境改善最大的经济体之一。根据福建省发改委委托厦门大学开展的福建省2018年度营商环境评估，福建省2018年度营商环境的“前沿距离”分数为70.63，排名上相当于全球190个经济体中的第61位，处于中上水平，但与国际先进经济体相比还有较大差距，与世界银行评估我国排名第46位（北京第47位，上海第45位）相比，还落后15位。

## 四、推进招才引智招商引资融合，引领高质量发展的若干建议

推进招商引才融合，必须深入学习贯彻习近平新时代中国特色社会主义思想，学习习近平总书记在庆祝改革开放四十周年大会和在参加十三届全国人大二次会议福建代表团审议时的重要讲话精神，充分发挥市场在资源配置中的决定性作用和更好发挥政府作用，激发各类市场主体活力；坚持发展是第一要务、创新是第一推动力、人才是第一资源的理念，实施创新驱动发展战略，为国民经济和社会发展打造新引擎；坚持对外开放的基本国策，形成全方位、多层次、宽领域的全面开放新格局；着力加快建设实体经济、科技创新、现代金融、人力资源协同发展的产业体系；营造有利于创新创业创造的良好环境，最大限度地释放创新创业创造动能；创新投资方式，促进国际产能合作，形成面向全球的贸易、投融资、生产、服务网络，加快培育国际经济合作和竞争新优势，为坚持高质量发展落实赶超提供强大支撑。

### （一）坚持解放思想，创新“双招”理念

#### 1. 把“双招双引”提上重要议事日程

招商引资、招才引智融合事关福建省推动新一轮高水平、全方位、立体式的对外开放，既是经济增长、结构优化、自主创新问题，也是财政收入和民生问题。抓住“双招双引”这一只牛鼻子，就抓住了经济工作的全链条和主动权。

**2. 进一步解放思想，转变观念**

摒弃一切不合时宜的思想观念，为各类所有制企业营造公平、透明、法治的发展环境，推动民企、外企、央企、省企形成合力，以高质量精准化招商引资、招才引智推动福建经济高质量发展，实现产业、人才、资本高效对接、协作共赢。

**3. 坚持“三个并重”原则，推进人才队伍建设**

即引进外来人才与培养本土人才并重，引进产业型与科技型人才并重，引进高层次人才与引进技能型人才并重，尤其要注重挖掘用好本土人才资源，加快引进培养福建省产业发展紧缺急需人才，盘活人才资源存量、做大增量，促进各类人才创新创造活力竞相迸发。

（二）持续深化改革，激发主体活力

**1. 优化人才发展制度环境**

实行负面清单管理，废除一切不合时宜的规章制度，破除束缚人才成长和发挥作用的体制性障碍，向用人主体放权，为人才松绑；加快转变人才管理职能，保障和落实用人主体自主权，健全人才评价、流动、激励、保障机制。实行更加积极、更加开放、更加有效的人才政策，构建具有国际竞争力的人才政策体系，打造人才战略新高地。坚持以需求为导向，大力引进和培育高层次创新创业人才，吸引集聚大专以上院校毕业生，鼓励采取海外离岸创新创业、项目合作、“飞地引才”、智力兼职、聘请顾问、合建智库等方式开展柔性引才，充分发挥外脑外智的作用。

**2. 优化创新创业创造环境**

要营造识才、爱才、敬才、用才和公平、正义、诚信、和谐的社会环境，使尊重劳动、尊重知识、尊重人才、尊重创造成为社会风尚，为人才成长提供土壤和空间，营造良好创新生态。要对标一流深化“放管服”改革，着力解决影响创新创业创造的突出体制机制问题，营造鼓励创新创业创造的社会氛围，激发人才创新创造活力。要大力支持年轻人创新创业，把打造企业家队伍和集聚创新人才队伍作为重中之重来抓，切实提供强有力的人才保障支撑。

**3. 优化营商环境**

要落实《中华人民共和国外商投资法》，放宽外商投资准入，大力推动外商投资和贸易便利化；要尊重国际惯例，对标一流，推进营商环境立法，打造市场化、法治化、国际化营商环境，坚决破除各种不合理门槛和限制；要深化商事制度改革，进一步简化企业投资审批，深入开展营商环境评价工作，解决制约营商环境的深层次问题。更加注重优化政务环境，全面推进网上审批，持续提升审批效率，推行精心精准精细服务。

4. 优化人才服务环境

大力引进国内外知名人力中介，为用人单位提供猎头费用补贴，拓展选聘高端人才渠道。落实好党委联系服务专家、定期走访慰问专家等制度，推进人才之家和人才驿站建设，完善人才住房保障、子女教育、医疗社会保障、职业发展和荣誉评价及商场、交通、娱乐等配套服务，解决人才后顾之忧。构建亲清新型政商关系，树立亲商重商、安商富商良好形象，当好“店小二”，主动靠前服务，提升公共服务，真心实意为人才、企业解决困难和问题，营造务实、人本、温暖、和谐的社会环境。

（三）着力打造平台，集聚产业人才

1. 发挥科研载体平台作用

围绕实施创新驱动发展战略、推动产业转型升级，发挥福厦泉国家自主创新示范区、高新区、“三创园”等科技园区和高校、科研院所在服务招商引才和企业研发创新中的作用，突出“高精尖缺”导向，深入实施“海纳百川”高端人才聚集计划，优化人才政策体系，打造更多新型研发平台，建设高水平创新创业发展平台，培育科技孵化聚才平台，做大高端智力合作平台，打造科研成果转化服务平台，提高载体对高端人才的承载力。

2. 发挥产业载体平台作用

坚持高端人才引领产业发展，围绕产业链布局人才链、创新链。聚焦福建省三大主导产业和实施千亿产业集群培育计划，大力发展新产业、新技术、新模式、新业态，注重人才与产业的匹配度，引导高层次人才培育引进集聚。要把引项目与引人才结合，以项目带人才，以人才引领产业，推动人才集聚与创造活力同频共振，形成人才引领产业、产业汇聚人才的良好局面。

3. 发挥园区载体平台作用

发挥经济特区、海丝核心区、自贸片区、福州新区等各级各类开发区等重大载体平台作用，发挥多区叠加优势，鼓励外商投资企业参与开发区建设运营、国际合作示范园区建设，发挥各类园区在推进“双招双引”中的重要作用。

**4. 发挥信息化载体平台作用**

利用互联网、物联网、大数据等现代信息技术，加快全省平台经济发展，强化平台经济对上下游产业的双向带动和统筹整合能力，整合产业链、融合价值链、贯通供应链、盘活金融链，推进大平台、大市场、大流通融合发展。推进以数据开发换项目、以应用场景提供招项目、以投资模式创新引项目，为创新招商方式提供有力支撑。

**5. 发挥招商推介平台作用**

依托进口博览会、投洽会、海峡论坛等重大展会和两岸企业家峰会及国内外重大招商展会，策划举办针对性强的投资、经贸、产业合作交流活动，提升招商精准度，充分利用“互联网＋”技术，及时发布和精准推送城市营商环境、产业规划、优惠政策等招商信息，吸引更多海内外客商关注、投资福建。

（四）创新招商方式，提高双引实效

**1. 精准招商**

瞄准重点目标企业和项目，着力在汽车、船舶、航空装备、稀土、石墨烯、现代物流、金融服务等七个新开放领域重点产业实施精准招商。

**2. 产业链招商**

坚持抓龙头、铸链条、建集群，以产业“强链、补链、延扩链、建链”为重点，以精准引进产业链龙头和关键环节项目为核心，促进一批大项目好项目落地，努力培育竞争力强的产业集群。

**3. 专业化招商**

建立一支强大的专业化招商团队，努力掌握科技前沿知识和产业发展规律特点，知晓新技术、新产业、新业态、新模式，提高与企业深度交流、有效沟通的能力，争做招商的行家里手。

**4. 社会化招商**

招商主体要社会化、多元化，充分依靠市场力量，调动社会各界参与招商引资的积极性和主动性，引荐更多高端优质项目。

5. **产业引导基金招商**

设立创业投资引导基金、产业投资引导基金、人才创业投资基金等，引进知名创投机构来闽设立分支机构，引导产业集聚发展。

6. **委托代理招商**

发挥国际、国内有影响的行业组织机构代理招商的独特作用，委托华夏幸福基业、谷川联行、联东U谷等专业招商代理机构精准招商。

7. **乡情亲情招商**

用好亲情纽带、乡愁情结，发挥商（协）会、海外华人华侨组织作用，动员乡贤穿针引线、牵线搭桥。发挥福建省侨务资源优势，聘请优秀企业家和具有丰富招商经验的知名人士担任招商投资顾问，助力招引海内外高端项目和高层次人才。加强在“一带一路”沿线国家和地区、“金砖国家”推介福建省投资环境。实施“闽商回归工程”，发挥闽商在“新福建”建设中的作用。

通过创新市场化招商方式，推动“双招双引”上新台阶，引领经济高质量发展。发挥福建省民营企业和民营企业家体制机制灵活优势，充当“双招双引”生力军。完善山海协作机制，加快产业配套协作，开展协同招商。聚焦千亿级产业、聚焦重大基础设施建设、聚焦数字经济、聚焦智能制造、聚焦乡村振兴，突出招引大而强的项目，突出招引新而特的产业，突出招引小而精的企业，突出招引高精尖缺人才，引进世界500强、民营企业500强、台湾百大企业和行业龙头企业，推动一批先进制造业和现代服务业项目落地。

（五）强化协调运作，形成整体合力

1. **整体谋划，宏观指导**

招商引资与招才引智融合是一项系统工程，需要从多方面协同发力。坚持“一把手”抓项目，把招商引才作为“一把手工程”，打好产业基础高级化、产业链现代化的攻坚战。各级党政“一把手”要像抓经济资源一样抓人才资源，像抓招商引资一样抓招才引智，像抓项目工程一样抓“双招双引”工作，对重大投资项目亲自考察洽谈、亲自协调推动、亲自督促落实。成立招商引资工作领导小组，统筹对招商引资重大决策、重大项目和重大问题的领导、会商、协调和督查。成立招商招才局，统筹抓好招商引资与招才引智工作的协同配合、跟踪落实，及时解决招商引资与招才引智工作中遇到的重大问题。

**2. 重视协作，形成合力**

组织部门作为“党管人才”的牵头抓总部门，要主动推进改革、完善制度、创新施策、加强协调、跟踪服务、督促检查、责任考核。人社、发改、经信、国资、科技、商务、工商联各职能部门要增强大局意识、协作意识，切实履行各自范围内抓招商引资与招才引智工作的责任，凝聚形成强大合力，最大限度地激发招商引才潜能。

**3. 完善机制，提高效率**

构建部门＋中介＋基金＋园区的招商体系，形成快速反应、科学评估高效决策的招商机制，健全重大招商项目分级调度和快速联动机制。

**4. 建立队伍，提升能力**

高标准选调一批优秀年轻干部，选聘一批高素质专业人才，充实到招商引资与招才引智工作中，打造一支能征善战的专业化招商队伍。

**5. 加强考核，强化激励**

加大对政府部门高质量、精准化招商引才业绩考核力度，加强对签约项目的协调跟踪和推进力度，把招商引资与项目落地、人才政策落实全过程纳入各级党委人才工作责任制考核、政府效能考评和干部年度考核内容，强化正向激励机制，激发干部担当有为，注重在招商引资、招才引智一线发现、选拔干部。

## 参考文献

[1] R. Lucas. On the Mechanics of Economic Development [J]. Journal of Monetary Economics，1988 (22).

[2] 西奥多·舒尔茨. 人力资本投资：教育和研究的作用 [M]. 蒋斌，张蘅，译. 北京：商务印书馆，1990.

[3] 约瑟夫·熊彼特. 经济发展理论：对于利润、资本、信贷、利息和经济周期的考察 [M]. 何畏，等，译. 北京：商务印书馆，1990.

[4] 习近平. 在中国共产党第十九次全国代表大会上的报告 [R/OL]. 新华网，2017-10-27.

[5] 才聚鹭岛，筑梦未来！改革开放 40 周年厦门人才工作巡礼 [EB/OL]. 搜狐网，2018-07-16.

[6] 习近平. 在庆祝改革开放 40 周年大会上的讲话 [Z/OL]. 新华网，2018-12-18.

[7] 中共福建省委 福建省人民政府印发《关于进一步深化改革扩大开放的若干措施》[N]. 福建日报，2019-01-10.

[8] 习近平参加福建代表团审议 [EB/OL]. 新华网，2019-03-10.

[9] 于伟国，唐登杰. 奋力建设机制活产业优百姓富生态美的新福建 [N]. 人民日报，2019-09-02.

# 吴江区创新紧缺人才积分评价体系研究[①]

刘 洋[②]

**摘 要**：紧缺人才是推动高质量发展的核心资源。健全新时代人才评价标准，加快推进重点领域紧缺人才评价改革，是推动高质量发展的战略抉择。自 2018 年 2 月，中央印发《关于分类推进人才评价机制改革的指导意见》以来，为改善评价标准单一、评价手段趋同、评价社会化程度不高、用人主体自主权落实不够等突出问题，苏州市吴江区人社局通过问卷调研、座谈访问、数据分析，构建全区重点产业紧缺人才量化积分评价体系。本文针对吴江区紧缺人才吸引背景、评价现状、主要问题进行分析，在创新人才量化积分评价指标体系的基础上，对地方政府实施人才积分评价指标体系提出对策建议，以期进一步发挥政府、市场、企业等多元评价主体作用，加快形成导向明确、精准科学、规范有序、竞争择优的科学化、社会化、市场化人才评价机制。

**关键词**：紧缺人才 积分评价 研究

吴江区是苏州主城区面积最大的板块，位于长三角区域一体化发展国家战略的中心区域。2018 年区域综合实力列全国百强区第 7，2019 年

① 该篇论文获得“2019 年全国人才与人事研究主题征文活动”二等奖。

② 刘洋，苏州市吴江区人力资源和社会保障局人力资源开发科科长。

列全国创新百强区第3。作为临沪临浙的重要制造业基地，吴江区具备良好的产业基础，于“十二五”时期大力实施“4＋4＋1”产业振兴计划，转型升级取得了显著成效，成为国内首个最高织造无梭化水平地区，全国最大的化纤丝生产基地之一，光纤光缆产量达到我国总产量的1/4以上。全区民营企业总数6.8万家，注册资本超3 700亿元，积累了创新发展的巨大能量①；吴江区委、区政府大力实施人才创新创业“55352”工程和优秀人才“生根计划”，为区域吸附紧缺人才提振引力。

## 一、区域吸引紧缺人才面临形势

### （一）宏观形势看

“十三五”时期，“大众创业，万众创新”浪潮风行，成为全国经济增长的新动力，有助于吴江区互联网、智能制造等新兴产业、服务业及传统产业培育出新的经济增长点；在“中国制造2025”背景下，伴随“工业4.0”进程加快，以制造业为主的企业将迎来更多的智能化发展政策、技术和人才资源；随着国家实施“一带一路”倡仪，吴江区企业“走出去”和“引进来”的商贸通道更加广阔。另外，经济社会进入新常态，对人才尤其是适应先进制造业和现代服务业发展的紧缺人才需求将会井喷，这对吴江人才引进和培育、人才服务机制、城市建设、产业配套等都提出了更高的标准和要求。

### （二）微观形势看

“十三五”期间是吴江撤市设区后的第一个完整规划期，也是建设以人才、科技、创新为驱动的“新苏南模式”的关键时期。吴江全面推进“先进制造业立区”战略，众多以制造为主的民营企业对产业转型人才的需求将更加迫切。随着“现代服务业兴区”战略的推进，以互联网、商务、金融、现代物流、服务外包为主的现代服务业企业将加速集聚，为留用人才提供十分珍贵的战略时机。同时，随着吴江“大交通”“大城市”“大文化”“大产业”“大生态”建设的深入推进，对于紧缺人才的综合吸引力有望得以提升。

### （三）存在矛盾看

今后一段时期，吴江区面临高端紧缺人才急需引进和人口规模控制

① 资料来源：苏州市吴江区人民政府网站，http：//www.zgwj.gov.cn/。

的双重压力。一方面，按吴江区 2018 年年末区域常住人口 132 万人，高层次人才 2.31 万人来看，每万人拥有高层次人才数仅 175 人，远低于苏州市工业园区、新区、昆山市的同期数据；另一方面，根据 2016 年 6 月国务院发布的《长江三角洲城市发展规划》显示，至 2020 年，苏州常住人口目标为 1 100 万人，其中吴江区人口目标需控制在 132 万人，而实际 2018 年人口增长已突破目标控制值。未来五年内吴江将面临较大的人口规模控制压力。因此，制订发布紧缺人才需求计划，采取紧缺人才积分评价体系，通过市场机制靶向猎才，引导人才合理流动成为破局之举。

基于以上背景，现阶段采取有效措施，创新吴江区紧缺人才积分评价体系极具现实意义。

## 二、区域紧缺人才评价现状

紧缺人才特指区域经济、社会发展迫切需求而缺乏供给、存在短缺的人才。区人社局于 2018 年 6 月发布《吴江区 2018 年度重点产业紧缺人才需求目录》，涵盖 9 类产业类别的 119 个紧缺人才类型。本研究界定的紧缺人才，是吴江区经济发展、产业升级急需的，符合当年度紧缺人才需求目录条件的，具有硕士（含）以上学历，或高级（含）以上专业技术职称，或国家职业资格一级（含）以上技能等级的人才资源。

吴江区始终坚持人才优先发展战略，自 2006 年起在全省率先实施紧缺人才购房补贴，2011 年启动实施人才“55352”工程，2017 年 10 月发布“人才新政 15 条”，以更具活力的创新生态系统吸引紧缺人才落地生根，已连续十批对重点行业的 1129 位高层次人才实现资助，资助总额达 1.38 亿元，在重点产业人才评价方面具备良好基础（见图 1）。

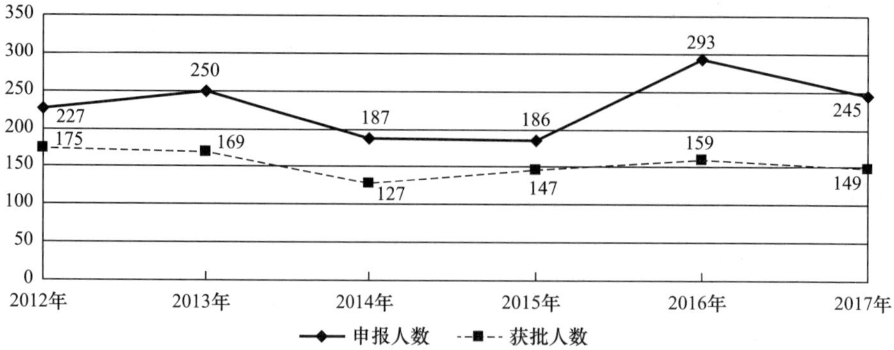


图 1　2012—2017 年吴江区重点产业紧缺人才申报获批情况

（一）确立人才评价层次

根据吴江区重点产业紧缺人才计划，基本明确分层分类资助补贴标准，构建各类人才特征表述，为人才评价、人才激励奠定基础。在人才评价体系中注重学历、职称、技能等级的平衡贯通，覆盖硕博学历、高级职称、一级技能等领域（见表1）。

表1　　吴江区重点产业Ⅰ类、Ⅱ类紧缺人才评价层次

| 评价等级 | 学历途径 | 职称途径 | 技能途径 | 资助方式 |
|---|---|---|---|---|
| Ⅰ类人才 | 博士研究生 | 正高级职称 | 高级技师（获地市级表彰） | 12万～15万元薪酬补贴 |
| Ⅱ类人才 | 硕士研究生 | 副高级职称 | 高级技师 | 8万～10万元薪酬补贴 |

（二）规范人才申报条件

研究制定《吴江区人才项目申报资助实施办法》，不断优化人才评价内容，规范人才申报条件、材料要求。特别是重点产业企业资质、人才资质、个人完税、社保及户籍要求界定清晰，为跨产业领域、跨人才类别的综合评审确立口径，在定性评价人才方面取得了明显成效。

（三）建立人才评审流程

建立统一的人才项目申报管理系统，明确重点产业人才项目申报按照个人申请、单位推荐、区镇初审、人社局复审等流程实施。经职能部门联席审核认定，面向社会公示无异议的，经区人才办主任会议审定后，报区政府发文确定资助名单。

## 三、现有人才评价体系的主要问题

伴随苏州市、吴江区人才新政密集出台，高层次人才一站式服务逐步拓展。将有更多符合条件的重点产业企业、紧缺人才对象申报资助服务。仅仅依靠申报材料筛选、职能部门勘定的人才评价体系面临科学性、严密性、有效性挑战，创新吴江区人才评价工作实践仍有优化完善的空间。

（一）评价方式有待创新

人才评价是人才开发管理的关键环节，是人才发展的“指挥棒”，中

央《关于分类推进人才评价机制改革的指导意见》对人才评价提出了更新、更高的要求。现有依赖于申报材料的静态评价、行政赋分，难以适应不同职业、不同岗位、不同层次的人才发展路径。亟须根据人才特征建立共通性与特殊性、水平业绩与发展潜力、定性与定量评价相结合的适合吴江实际的量化积分式人才评价方式。

（二）评价指标有待细化

吴江区现有的人才资历、紧缺程度、薪酬水平“三位一体”评价体系，难以量化不同板块产业发展和人才状况的差异度，一定程度上降低了人才评价的准确性。应合理设置分值区间，精准量化人才价值、社会贡献、企业认可度等指标评价标准，进行权重分配和分值确立，为人才评价“好中选优”提供科学依据。

（三）分类标准有待优化

统一的人才评价体系缺乏对特定情况的分析考虑，对不同职业、不同岗位、不同层次人才按学历、资历进行简单衡量。应在吴江重点产业领域企业分类基础上，通过多参数、多标准、多尺度衡量，分梯度设立涵盖人才知识、能力、业绩和贡献等要素的指标维度，让人才价值得到充分尊重和体现。

（四）量化操作有待提高

科学的评价体系必须建立在可操作、便实施的基础上，现有评价材料基本由企业、人才提供，评价指标缺乏清晰、明确的评分标准，使得评价结果难以令被评价者信服。例如，非紧缺专业人才、超龄人才被排除在评价范围之外，应对指标体系给予必要修正，列明指标数据收集渠道和相关事项，进一步提高指标评价的可实施性，增强量化积分评价体系的生命力。

（五）社会参与度有待提升

一方面，企业人才评价的主体地位还不突出，需进一步体现企业用人主体地位的话语权；另一方面，第三方专业化机构评价尚未完全推广，政府人才管理部门评价模式仍处于主导，社会化的评审机构和专业人才尚处于发展阶段。未来需推动第三方专业化机构评审评价，使人才评价的具体工作让位于市场和社会力量，着力培育专业化的人才评价机构，提高人才评价的社会化程度。

## 四、创新人才量化积分评价指标体系研究

### (一)指标体系研究方法

#### 1. 访谈座谈法

为准确把握各类人才的需求和建议,分别针对区镇人才管理部门、重点企业人力资源经理、紧缺人才(含已申报者、拟申报者)组织专题座谈和调研。一是征询区镇关于开展人才积分评价的意图、设想和要求;二是听取重点企业人力资源经理对人才评价的意见、期望;三是访问150名紧缺人才代表对于人才评价体系的指标选取和权重分配的意见和建议,受访问人才的学历、类型如下(见图2、图3)。

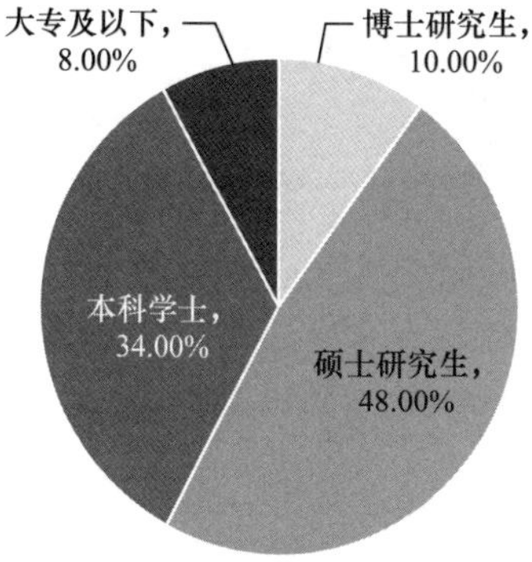


图2 受访谈人才学历情况

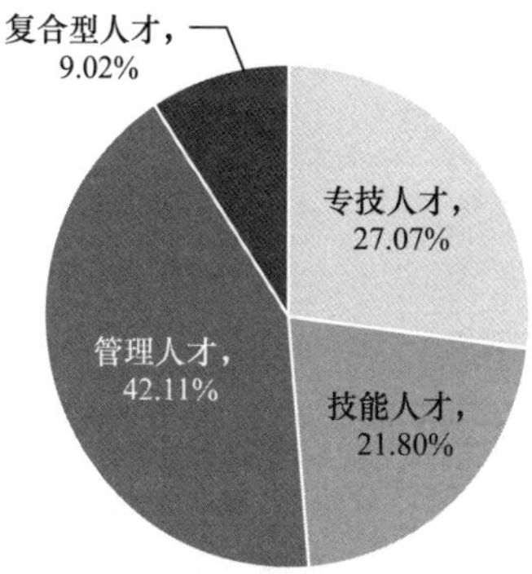


图3 受访谈人才分类情况

#### 2. 问卷调查法

在文献分析和访谈的基础上,初步形成人才评价指标库,设计问卷对指标有效性、重要性进行调查,检验指标体系并确定其权重。共收回重点企业有效问卷195份,被调查企业的分布、类型如下(见图4、图5)。

#### 3. 数据分析处理

用Excel(微软公司的办公软件之一)对问卷数据进行整合处理,剔除无效数据,利用Spss13.0软件进行数据分析,检验指标体系的有效性,并按照其重要性程度对其进行排序和权重处理;通过加权算术平均法计算出各项分值并对一级指标和二级指标进行了重要性排序;利用层次分析法(AHP),邀请专家对指标进行两两比较打分形成判断矩阵,计算出各项指标具体权重。

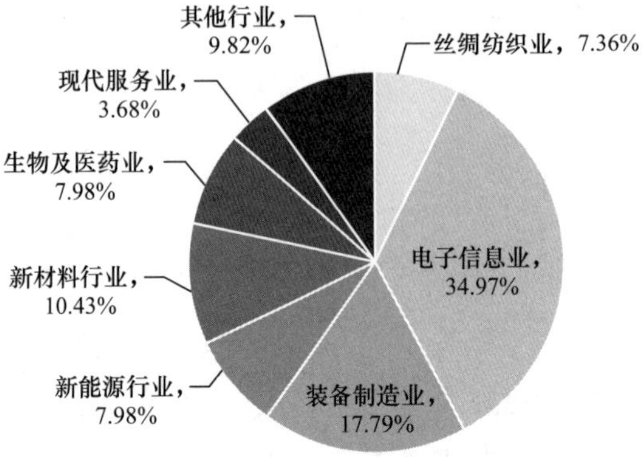


图 4　被调查重点产业企业分布情况

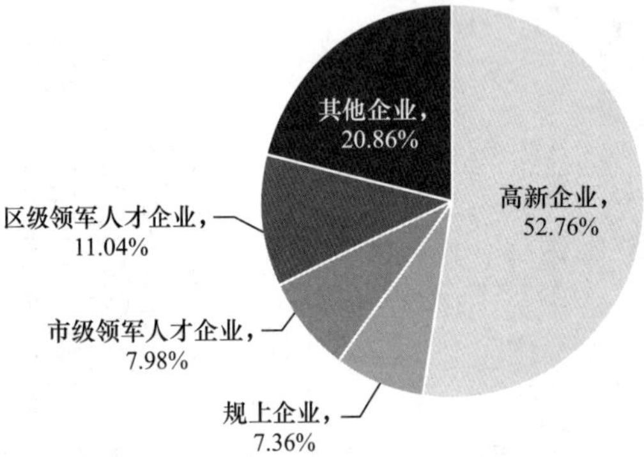


图 5　被调查重点产业企业类型情况

（二）指标体系构建过程

1. 人才评价的目标分解

在分析吴江产业政策和人才特征的基础上，通过企业、人才访谈调研，形成重点产业紧缺人才评价一级指标，包括资历评价、能力评价、价值评价、企业评价、社会评价和其他评价 6 个维度，根据评价对象、评价目的、价值用途逐层分解，以满足可测性要求。

2. 人才评价的指标开发

收集与评价有关的信息资料，对指标要素进一步细化和补充，结合专家意见及指标可操作性，形成吴江区重点产业紧缺人才评价指标库，分解为 23 个互不相同的组成因素，通过加权算术平均法计算比重、进行排序、形成多层次的指标模型（见表 2）。

表 2　人才评价一级指标的重要性分析

| | 一级指标 | | | | | |
|---|---|---|---|---|---|---|
| | 资历评价 | 能力评价 | 价值评价 | 企业评价 | 社会评价 | 其他评价 |
| 总分 | 1 369 | 1 424 | 1 377 | 1 275 | 1 191 | 1 044 |
| 均值 | 8.51 | 8.67 | 8.58 | 7.71 | 6.77 | 6.25 |
| 所占比重 | 0.178 | 0.185 | 0.179 | 0.166 | 0.155 | 0.136 |
| 排序 | 3 | 1 | 2 | 4 | 5 | 6 |

根据表 2，一级指标的重要性排序为能力评价＞价值评价＞资历评价＞企业评价＞社会评价＞其他评价。针对 23 个二级指标的重要性调查结果为（见表 3～表 8）：

表 3　能力评价的重要性分析

| | 知识产权 | 项目获奖 | 项目获批 | 行业标准制定 | 企业项目 | 合计 |
|---|---|---|---|---|---|---|
| 总分 | 1 254 | 1 240 | 1 238 | 1 243 | 1 288 | 6 263 |
| 均分 | 7.70 | 7.61 | 7.60 | 7.63 | 7.90 | 38.44 |
| 所占比重 | 0.20 | 0.20 | 0.19 | 0.20 | 0.21 | 1.00 |
| 排序 | 2 | 4 | 5 | 3 | 1 | — |

表 4　资历评价的重要性分析

| | 学历 | 专业 | 职称 | 技能等级 | 合计 |
|---|---|---|---|---|---|
| 总分 | 1 340 | 1 254 | 1 154 | 1 234 | 4 982 |
| 均分 | 8.22 | 7.70 | 7.08 | 7.57 | 30.57 |
| 所占比重 | 0.27 | 0.25 | 0.23 | 0.25 | 1.00 |
| 排序 | 1 | 2 | 4 | 3 | — |

表 5　价值评价的重要性分析

| | 年收入 | 股权 | 企业奖励 | 技术技能职务 | 合计 |
|---|---|---|---|---|---|
| 总分 | 1 321 | 1 166 | 1 242 | 12 910 | 5 020 |
| 均分 | 8.10 | 7.15 | 7.62 | 7.92 | 30.79 |
| 所占比重 | 0.26 | 0.23 | 0.25 | 0.26 | 1.00 |
| 排序 | 1 | 4 | 3 | 2 | — |

**表 6　　企业评价的重要性分析**

| | 重点产业 | 重点企业 | 人均税收贡献 | 企业资质 | 合计 |
|---|---|---|---|---|---|
| 总分 | 1 311 | 1 247 | 1 278 | 1 223 | 5 059 |
| 均分 | 8.04 | 7.65 | 7.84 | 7.50 | 31.03 |
| 所占比重 | 0.26 | 0.25 | 0.25 | 0.24 | 1.00 |
| 排序 | 1 | 3 | 2 | 4 | — |

**表 7　　社会评价的重要性分析**

| | 荣誉称号 | 人才计划 | 专项奖励 | 合计 |
|---|---|---|---|---|
| 总分 | 1 202 | 1 244 | 1 222 | 3 668 |
| 均分 | 7.37 | 7.63 | 7.50 | 22.5 |
| 所占比重 | 0.33 | 0.34 | 0.33 | 1.00 |
| 排序 | 3 | 1 | 2 | — |

**表 8　　其他评价的重要性分析**

| | 年龄条件 | 社保要求 | 档案要求 | 合计 |
|---|---|---|---|---|
| 总分 | 996 | 1 076 | 1 006 | 3 078 |
| 均分 | 6.11 | 6.60 | 6.17 | 18.88 |
| 所占比重 | 0.32 | 0.35 | 0.33 | 1.00 |
| 排序 | 3 | 1 | 2 | — |

### 3. 指标权重的确定赋值

在问卷调查得到大量客观数据的基础上，根据评价指标体系的递阶层次结构，邀请专家逐层对指标进行两两比较按照重要性打分，并将比较结果构造成一个判断矩阵。在体系的具体计算过程中，使用了 Yaahp（一款功能丰富的综合评价辅助软件）软件进行计算机求解，进而计算出各项指标具体权重（见表 9）。

**表 9　　人才评价指标权重**

| 一级指标 | 权重 | 二级指标 | 权重 |
|---|---|---|---|
| 能力评价 | 0.178 | 企业项目 | 0.21 |
| | | 知识产权 | 0.20 |
| | | 项目获奖 | 0.20 |
| | | 行业标准制定 | 0.20 |
| | | 项目获批 | 0.19 |

续表

| 一级指标 | 权重 | 二级指标 | 权重 |
| --- | --- | --- | --- |
| 价值评价 | 0.185 | 年收入 | 0.26 |
| | | 技术职务 | 0.26 |
| | | 企业奖励 | 0.25 |
| | | 股权 | 0.23 |
| 资历评价 | 0.178 | 学历 | 0.27 |
| | | 专业 | 0.25 |
| | | 职称 | 0.23 |
| | | 技能等级 | 0.25 |
| 企业评价 | 0.166 | 重点企业 | 0.25 |
| | | 重点产业 | 0.26 |
| | | 人均税收贡献 | 0.25 |
| | | 企业资质 | 0.24 |
| 社会评价 | 0.155 | 人才计划 | 0.34 |
| | | 荣誉称号 | 0.33 |
| | | 专项奖励 | 0.33 |
| 其他评价 | 0.136 | 年龄 | 0.32 |
| | | 社保要求 | 0.35 |
| | | 档案要求 | 0.33 |

（三）指标体系实践内容

人才评价指标体系必须紧紧围绕吴江区人才工作实践，根据实际需要分阶段实施。吴江区重点产业紧缺人才量化积分评价指标包括评分指标和加分指标两大部分，评分指标具体划分为企业资质、专业评价、素质评价、社会评价四个方面，分别按照10%、20%、30%、40%权重计算评分。加分指标从工作成果、价值评价、其他评价三个方面根据具体标准赋分，加分总共不超过10分（见表10）。

表 10　　吴江区重点产业紧缺人才积分评价体系

| 一、评分指标（最高 94 分） | | |
|---|---|---|
| 评价内容 | 评价指标 | 权重 |
| 企业评价 | 企业资质 | 10% |
| 专业评价 | 市场紧缺度 | 20% |
| 素质评价 | 学历、职称、技能等级 | 30% |
| 社会评价 | 年薪收入 | 40% |
| 二、加分指标（封顶 10 分） | | |
| 加分项目 | 加分指标 | 分值 |
| 工作成果（5 分） | 知识产权 | 3 分 |
| | 标准制定 | 2 分 |
| 价值评价（8 分） | 企业重点推荐 | 5 分 |
| | 复合型人才 | 3 分 |
| 其他评价（3 分） | 国际经验（留学归国人员） | 2 分 |
| | 社保缴纳 | 1 分 |

### 1. 企业资质（占 10%权重）

进一步发挥评价体系的导向作用，加大人才评价向重点企业倾斜力度：高新技术企业、规模以上企业、市级及以上领军企业积 90 分；区级领军企业积 80 分；高新技术企业培育库吴江区入库企业积 70 分；区镇推荐优秀中小微企业积 70 分；其他企业积 40 分。

### 2. 专业评价（占 20%权重）

申报人所学专业须列入《吴江区重点产业紧缺人才需求目录》，按照市场紧缺指数 1～5 级，分别积 50、60、70、80、90 分。具有副高级及以上职称或紧缺工种的高级技师，由用人单位提供聘任岗位证明，参照《吴江区重点产业紧缺人才需求目录》所属产业类型的紧缺岗位指数酌情赋分。

### 3. 素质评价（占 30%权重）

主要评价人才可客观衡量的资质和资历状况：博士学历，正高职称，获得地市级表彰的高级技师积 90 分；硕士学历、副高职称、紧缺工种的高级技师积 70 分。

### 4. 社会评价（占 40%权重）

主要通过薪酬评价指标（年纳税收入）来衡量，侧面反映人才对企业的价值贡献程度：Ⅰ类人才年薪按照超过基数水平 1.0 倍（10.2 万）、

1.5倍（15.3万）、2.0倍（20.4万）、2.5倍（25.5万）、3.0倍（30.6万）分别积60、70、80、90、100分。Ⅱ类人才年薪按照超过基数水平1.0倍（7.2万）、1.5倍（10.8万）、2.0倍（14.4万）、2.5倍（18万）、3.0倍（21.6万）分别积60、70、80、90、100分。

**5. 加分项（封顶10分）**

将反映人才能力、价值和贡献的开放因素纳入加分评价体系。具体包括3种类型：

（1）工作成果指标：凸显技术创新能力。拥有职务发明专利（排名前三）每项加2分，实用新型专利或外观设计专利（排名前三）每项加1分；参与国家标准制定（署名排名前三）每项加2分，参与行业标准、地方标准制定（署名排名前三）每项加1分。

（2）价值评价指标。发挥企业的人才使用主体作用。属于我区“新地标”培育企业推荐人选的加5分；倾向复合型人才培育，硕士研究生及以上学历学位，同时具备中级职称或技师的加2分，同时具备高级职称或高级技师的加3分。

（3）其他评价指标。符合需求紧缺的留学回国人才加2分；人才由申报单位在吴江缴纳社会保险的加1分。

## 五、实施人才积分评价指标体系的提升建议

吴江区积极构建“以市场为导向、以能力为基础、以贡献为核心”的人才量化积分评价体系，是对分类推进人才评价机制改革的积极响应，也是对苏州市人才评价系统的深化探索。人才积分评价指标体系应用于2018年吴江区重点产业紧缺人才申报实践，进一步提升了人才评价的科学性、公平性和有效性，对其深化实施的提升建议如下：

### （一）形成立体多元的动态评价体系

人才评价是具有系统性和综合性特点的一项工作，受市场、政策以及环境等多方面因素影响，人才评价系统要根据政策需要和工作导向及时进行动态调整和优化，以评价内容和分值设置体现评价的针对性，例如，可以向重点产业、重点企业以及紧缺专业进行倾斜，以更好体现人才评价的政策导向。人才积分评价是动态发展过程，其积分评价指标和标准应根据人才状况和申报情况进行动态调整，须根据每年积分评价过程中的问题建立动态分析和调整机制。

（二）探索科学分类的人才评价机制

遵循人才成长规律，突出品德、能力和业绩评价导向，分类建立体现不同职业、不同岗位、不同层次人才特点的评价机制。一方面探索行业分类，强化同行业内的人才比较评价；另一方面探索企业分类评价，对初创企业和成熟企业等不同规模的企业进行分类评价，设立相应标准，可参考企业人均收入、人均税收贡献值、企业人均利润等指标来进一步考察企业，避免同一评价指标类型对不同成长阶段的企业产生公平性方面的影响。

（三）畅通社会合作的人才评价渠道

加大人才政策及其申报宣传工作，进一步扩大畅通非公有制经济组织、社会组织和新兴职业等领域人才申报评价渠道。依托具备条件的行业协会、专业机构、公共人才服务机构等，推进人才评价的社会化。委托专业机构建立人才积分评价体系，推进人才评审评价工作服务外包，引入专业机构参与积分评审的实施，逐步有序承接政府转移的人才评价职能。尊重用人单位主导作用，支持用人单位结合自身功能定位和发展方向评价、推荐人才。通过完善信用机制、第三方评估、检查抽查等方式加强事中事后监管。

（四）实施健全可信的人才评价保障

人才评价是一项操作性强且具体的工作，为了更好实施人才积分评价，有必要对涉及的指标以及评价内容的数据收集、数据审核认定等具体工作细化，并在工作中逐步完善配套措施。例如，逐步建立专业认定名录，更新人才年收入统计标准，制定吴江重点产业和重点企业名录，公布吴江区紧缺人才目录和紧缺指数等。强化“德”的评价，对于弄虚作假或者信用不佳人员实行一票否决制，加快区域内诚信体系的构建。

**参考文献**

[1] 陈振明. 政策科学：公共政策分析导论［M］. 北京：中国人民大学出版社，2003.

[2] 冯凌. 国外引才政策研究［M］. 北京：党建读物出版社，2015.

[3] 吴江. 人才优先发展战略研究［M］. 北京：党建读物出版社，2015.

[4] 周洁．长三角产业转型与人才开发战略研究——基于世界主要都市圈和部分国家的经验［M］．北京：北京大学出版社，2010.

[5] 吴帅．我国引进海外人才政策创新研究［M］．北京：党建读物出版社，2015.

[6] 储文静．我国科技人才评价研究文献的定量与定性分析研究［J］．图书情报导刊，2019（5）.

[7] 张蕊．基于创新驱动的科技人才评价体系构建的思考［J］．管理观察，2019（2）.

[8] 杨月坤，葛琴．创新型科技人才评价体系的构建：现状、问题与对策［J］．科技与经济，2018（3）.

[9] 何忍星．河南省科技人才开发评价研究［J］．市场周刊（理论研究），2018（4）.

[10] 王立朴．基于多维绩效观的创新型科技人才评价体系构建［D］．天津：天津商业大学，2017.

# 大力提升湖南引才质量水平的对策研究①

胡跃福　马贵舫②

**摘　要：**湖南引才聚才工作总体态势良好，但也存在高端人才引聚难度大增、人才流失之痛尚未缓解、人才政策升级任重道远、崇才重才氛围仍不够浓厚等问题。当前，要坚持问题导向，立足创新引领开放崛起战略新需要，突出引才聚才重点；适应人才争夺新形势，明确引才聚才方向；把握人才聚集新特点，构建引才聚才新模式；着眼于柔性引才新趋势，打造“人才飞地”；抢占引才聚才先机，前移引聚工作端口；突出市场化引才聚才，培育人才运营平台；聚焦更好发挥政府作用，优化引才聚才环境。

**关键词：**湖南　引才聚才　质量

人才是第一资源，是创新发展的第一推动力。湖南省委领导曾指出：湖南是人才大省，自古就有“惟楚有材、于斯为盛”的美誉。立足新时代，推进创新引领开放崛起、建设富饶美丽幸福新湖南，我们比以往任

---

①　该篇论文获得“2019 年全国人才与人事研究主题征文活动”二等奖。

本文系湖南省社科基金 2019 年重大委托项目“如何提升引才聚才质量水平，为大力实施创新引领开放崛起战略提供有力人才支撑”的阶段性研究成果。

②　胡跃福，湖南省政府参事，湖南省社会科学院研究员；马贵舫，湖南省社会科学院人力资源与改革发展所副所长、副研究员。

何时候都更加迫切需要规模宏大、结构合理、素质优良的人才队伍作支撑。充分展现新时代湖南求贤若渴的新姿态，着力谋划提升引才聚才质量水平，“聚天下英才而用之”，尽快形成“才聚三湘、智汇四水”的生动局面，既是湖南崇才重才的传统使然，面向深远未来的战略绸缪，又是湖南实现创新引领开放崛起的现实需要。目前，湖南引才聚才工作总体态势良好，但有些问题也不容回避。高端人才引聚难度大增。当前个别西方国家单边主义人才政策逐步形成，高端人才来华来湘的掣肘越来越多，海外高端人才引聚工作越来越难；国内东部沿海中心节点城市凭借产业基础、科创资源、营商环境等综合优势，对中西部地区高端人才的吸引力持续增加，湖南引进留住高端人才面临严峻挑战。人才流失之痛尚未缓解。以高校毕业生为例，2017 年在湘高校本科毕业生本省就业率仅为 46.6%，大大低于 62.6%的全国平均水平，排全国第 22 位，而广东省同期数据高达 92.2%，人才流失状况可见一斑。人才政策升级任重道远。长沙市是湖南基础条件最好、引才力度最大的城市，但与深圳、广州等粤港澳大湾区城市，杭州、苏州、宁波等长三角城市，武汉、成都、西安等中西部城市相比，政策力度上的差距一目了然，更不用说其他市州了。

## 一、立足创新引领开放崛起战略新需要，突出引才聚才重点

1. 重点引聚前瞻性新兴科技人才。当前，人工智能、量子信息、移动通信、物联网、区块链等领域的技术能力正日益成为一个国家或地区抢占未来竞争制高点的重要标志。全球人才争夺焦点发生了深刻转移，前瞻性新兴科技人才已成为国际人才争夺的重中之重。要深刻把握这一变革，紧抓中外在新兴科技领域基本处于同一起跑线的契机，重点引聚前瞻性新兴科技人才，奠定湖南在未来竞争中的人才基础。

2. 重点引聚高层次人才。无论是发达经济体，还是中国这样的发展中国家、湖南这样的后发地区，工业都是发展的基础。要深刻把握当前欧美“再工业化”趋势、北上广深等国际大都市产业“空心化”造成的人才“挤出效应”，在智能制造、生物医药、新材料、航天航空、节能环

保等领域，引进一批高层次科技创新创业人才和高技能人才。同时，围绕高校“双一流”建设，依托世界（国内）一流建设学科、国内一流培育学科、应用特色学科，引进一批学科领军人才；围绕文化产业发展，依托马栏山文创产业园引进一批文化企业家、文化名家、创意创作大师；围绕形成开放型经济新格局，引进一批国际商务人才，物流、金融等领域高端服务业人才。

3. 重点引聚优秀青年人才。国与国、地区与地区间的竞争，关键在于人才的竞争；而人才的竞争，关键在年轻一代的综合素质竞争。近两年席卷全国的“抢人大战”，本质上是对优秀青年人才的争夺。要站在抓青年人才引聚就是抓发展的高度，深刻把握当前北上广深等地“生活贵族化”带来的对青年人才吸引力逐渐下降的趋势，加大优秀青年科技人才、优秀青年教师引聚力度；深刻把握湖南高教资源较为丰富的特点，强化高校毕业生本省就业工作，引导和支持青年人才选择湖南、扎根湖南、圆梦湖南。

## 二、适应人才争夺新形势，明确引才聚才方向

1. 瞄准欧美国家引才聚才。中美贸易摩擦已逐渐蔓延到金融、科技、人才等领域，一系列迹象表明，美国正在以所谓的“国家安全”的名义，对我国科技发展关键领域的人才供应“卡脖子”。长期来看中美贸易摩擦为湖南引进海外高层次人才带来了相当大的难度，但短期内也为湖南引进高层次人才制造了机会。要紧紧抓住美国人才政策调整“窗口期”，不仅着力引进华裔人才，也加强引进“美国优先”政策下在美遭受排斥的其他族裔人才。同时，进一步开阔引才视野，畅通从西欧、加拿大等国家地区引才聚才渠道。

2. 瞄准“一带一路”沿线国家或地区引才聚才。“一带一路”倡议是湖南实现开放崛起的重要支点。要深刻把握“一带一路”建设的历史机遇、战略目标与战略需求，一方面引聚熟知沿线国家或地区历史、地理、语言、文化、宗教、政治的国际化人才和科技创新人才，推动湖南更好走向世界；另一方面面向俄罗斯、乌克兰等独联体国家引进科技创新人才。

3. 瞄准国内中心节点城市引才聚才。国内人才争夺无一不以全国性或地区性中心节点城市为“桥头堡”。要深刻把握这一趋势，把长沙、株洲、湘潭、岳阳、衡阳等湖南区域性中心城市推上引才聚才的最前线，瞄准北京、上海、武汉等湘籍学子较多的城市，深圳、苏州等科技创新资源丰富的城市，将以湖南各地重点发展产业契合度较高的地区作为引才聚才的重要目的地。

## 三、把握人才聚集新特点，构建引才聚才新模式

1. 坚持以才聚才。培养造就一个高端人才，不但可能盘活一个企业，撬动一个学科，更能够像“磁铁”一样吸引带动大批相关领域的高层次人才、骨干人才、青年人才聚集，产生“以才聚才”的磁吸效应。同时，相比粗放式的人才引进，“以才聚才”的目的性更明确，更能精准地满足人才与科技、产业发展的需求。要深刻把握高端人才“头羊效应”，坚持高端引领，聘任两院院士等领军人才担任“引才大使”，充分发挥他们的行业号召力、学科影响力、人才吸引力，最大限度地激发“以才聚才”的链式效应。

2. 坚持以产引才。产业有前景，人才才有未来。要深刻把握人才与产业发展之间的互动关系，因地制宜下好产才深度融合棋，推动人才引聚与产业发展“同频共振”。围绕先进轨道交通装备等20条工业新兴优势产业链，瞄准高端装备制造等新兴产业，有色钢铁等传统优势产业，现代金融等现代服务业，从“空间”和“产业”“现状”与“未来”等维度绘制湖南省产业地图，为立足产业发展引才聚才提供指引。聚焦重大项目研究和重点产业发展“卡脖子”的关键核心技术、共性技术突破，建立全球科创领军人才数据库，分领域制定引才聚才路线图，锁定目标靶向引才，推动产业链、创新链、人才链无缝对接。摒弃传统的引才聚才套路，开展全省重点企业人才需求调研，定期在国内外开展点对点、面对面、零距离才企双向对接活动，确保“一把钥匙开一把锁”。

3. 坚持以优争才。在政策支持上拼优惠难以持久，一旦优惠被消化，吸引力就会大幅下降。要挖掘放大湖南在特定领域的比较优势，发挥人

才引聚“虹吸效应”。2019年上半年全国50个典型城市房价收入比排名中，长沙以6.4的房价收入比排名最低，是名副其实的全国“房价洼地”；基础教育质量国内领先，“四大名校”全国知名，湘籍学子深受北京大学、清华大学等顶尖高校青睐；医疗卫生水平位居全国前列，“北协和、南湘雅”唱响百年；旅游资源国内顶级，工程机械产业链稳居全国第一，“一带一部”区位优势明显。要针对不同人才群体打好这些“比较优势”牌，努力将“房价”“基础教育”“公共医疗”等优势充分转化为引才聚才竞争优势。

## 四、着眼于柔性引才新趋势，打造“人才飞地”

1.“走出去”建设“人才科创飞地”。“人”“才”分离时代，“走出去”建平台就地引才是引才聚才的新趋势。要主动对接京津冀、长三角、粤港澳大湾区、长江经济带发展，在北京、上海、深圳、武汉等科创资源丰富的城市设立“湖南人才科创飞地”，跨区域打造集“对外展示窗口”“聚才空间”“研发中心”“孵化基地”“产业协作载体”等功能于一体的创业创新平台，形成“前台在‘飞地’、后台在湖南”的区域协同发展模式。支持全省有条件的企业入驻“科创飞地”，就近利用“飞入地”高端人才资源促进企业创新发展；吸引“飞入地”或其他国内外优质创新创业项目入驻孵化，成熟后转移到湖南进行产业化发展。聚焦更好发挥“科创飞地”作用，一方面以骨干企业、高新技术企业为重点持续推进企业技术需求排查，建立企业技术需求库；另一方面摸排、筛选“飞入地”科创资源，协助企业与合适的科创资源有效对接。“飞地”实行“政府出资建设管理、市场化运营”的模式，对入驻企业比照“飞入地”优惠政策予以支持，对“科创飞地”聚集的人才，在申报省内人才计划时，与省域内人才一视同仁。

2.“引进来”建设“人才产业飞地”。一线城市的高地价以及高地价传导下的高房价必然会“破坏”其产业布局，从而导致“产业挤出效应”。要紧抓当前北上广深等国际化大都市与部分一线城市创新创业成本高带来的“产业挤出”契机，积极主动加强与这些地区的产业企业合作，发挥湖南低地价、制造业等产业优势引进“挤出产业”，在省内共建产业园等“人才产业飞地”，打造优势特色产业人才小高地。

## 五、抢占引才聚才先机，前移引聚工作端口

1. 拓展人才工作驻外联络网。依托驻外办事机构，建立建强湖南驻北上广深等地人才工作联络网，面向驻地湘籍人才定期召开家乡发展情况通报会，了解驻地湘籍人才发展情况，把引才聚才工作端口前移到发达地区和人才密集地区。发挥湖南欧美同学会、侨办、侨联以及海外华人社团等组织联系海外人才经验丰富、人脉广泛、资源丰盈的特点，建立建强海外引才工作网，推介湖南引才聚才政策和发展环境，举荐海外高层次人才来（回）湘干事创业。

2. 建立省外重点高校湘籍学子联盟。围绕省外湘籍大学生回归，探索在外省市“双一流”等主要高校建立湘籍学子联盟，定期向湘籍大学生、具有在湘学习生活经历的大学毕业生等提供人才政策、聚才平台、招才活动等咨询，介绍湖南发展与产业布局情况，梳理大学生职业导航、回乡考察、创业就业等需求，助推在外青年学子回乡创业创新。

3. 加强在湘高校大学生省情教育。支持各类用人主体加强与大学生的沟通交流，引导大学生了解湖南、爱上湖南、留在湖南。

4. 探索在企业、高校、科研院所建立博士、硕士工作站。组织、引导和支持省内外未按时就业的博士、硕士进站开展科研活动，一方面作为人才蓄水池，另一方面对接中小企业技术需求，为中小企业解决技术难题。

5. 举办大型活动引聚人才。探索举办湖南（国际）人才博览会，搭建湖南人才事业发展和引才引智成就的展示窗口，打造引才聚才湖南品牌与平台。举办高水平学术交流活动，资助（国际）学术会议、学术组织、高端智库、专业论坛在湘举办或永久落地。举办全球性创新创业大赛，强化以赛引才。探索开展“购买人才双休日”活动，邀请北上广深等地高层次人才来湘考察指导，为人才来（回）湘创造

条件。

## 六、突出市场化引才聚才，培育人才运营平台

1. 探索成立省人才资源运营公司。借鉴发达地区经验，依托省人才流动服务中心组建由行业领军人物担纲、专业化人才队伍支撑的省人才资源运营公司，打造以在全球搜索、关注、接触、挖掘人才的猎头高端业务为引领、以人才公共服务业务为基础、覆盖人力资源服务全产业链的省内人力资源（HR 人力资源）和整体人才解决方案供应平台，逐步形成以省人才资源运营公司为龙头、市场化人才中介组织为主体的人才中介体系。

2. 大力培育市场化猎头。针对本土猎头机构少、规模小、层次低等问题，通过购买服务、营运补贴等手段发展市场化、专业化、国际化的本土猎头机构，特别是大力扶持重点发展领域和急需紧缺领域的专业性猎头机构。进一步放宽外资人力资源服务机构在湘注册限制，降低外商投资设立人力资源服务机构的准入门槛，允许外资直接入股内资人力资源服务机构。

3. 营造开放式引才聚才格局。积极引导社会力量参与引才聚才工作，对发布人才信息、助推人才项目对接、促成人才引进落地的引荐人或机构给予一定的奖励。加大对用人单位的引才聚才支持力度，以引进人才薪酬补贴、引才聚才费用补贴、引才聚才奖励等形式激发用人单位的引才积极性。

## 七、聚焦更好发挥政府作用，优化引才聚才环境

1. 强化政府积极主动作为。坚持定向扶持，聚焦急需紧缺人才，突出政策比较优势。细化创业类、风险投资类、技术职员类和学术创新类等重点人才引进条件，辅以实行以年工资收入和个税缴纳为基础的人才认定标准。开展人才引进全流程改造，逐步实现引聚工作中人才“零到场”。

2. 打造人才聚集生态圈。按照投资主体多元化、管理机制企业化、人才队伍弹性化、研发需求导向化原则，大力引进和发展不定行政级别、

不定编制的新型研发机构、独立实验室，面向前沿科技发展吸纳高层次科技创新人才。符合条件的新型研发机构、独立实验室，建设用地可采用划拨方式供给，并给予其研发经费支出补助。对国家级省级研发平台、工程中心等单位设立预算户头，统筹安排人员经费、开放运行费、科研设备购置费、基本科研业务费、基本建设经费等。推动产业园区转型发展，把单一产业型园区打造为集研发、生产与生活于一体的新型城市。

3. 提供暖心人才服务。坚持“不叫不到、随叫随到、服务周到”，构建事业发展、健康工作、品质生活、家人关爱、人文交流有机结合的人才服务保障体系。设立省级人才创业投资引导资金，联合实力强、信誉好的创投机构，建立人才创投联盟，拓宽人才创新创业融资渠道。建设面向各层次人才、涵盖就业创业，人才供需对接的“人才淘宝网”，实现“一网揽尽”。推进“联湘创新创业人才工作站”建设，为重点产业企业引聚高层次急需紧缺人才提供有力支持。建设“人才研修（疗养）院”“青年人才社区”“国际人才社区”等人才活动阵地，为人才提供高品质服务。

4. 营造良好人才社会氛围。聘请部分在湘院士、著名企业家等顶级人才为湖南人才工作“站台”“背书”，在省内外唱响“才聚三湘、智汇四水”“主席家乡等你来”等湖南引才之歌。设立“人才主题日”，建设“人才主题公园”，在城市休闲广场打造人才星光大道、人才绿道、人才步道，举办各类人才主题活动，引导人才逐步深入融入社会生活的各个方面。各级主流媒体要发挥舆论引导作用，设立人才工作专栏，宣讲人才政策，宣传人才业绩，增强人才工作的社会认知度、认同度、参与度。

## 参考文献

[1] 苟军平. 新时期高校引才聚才方略 [J]. 求贤，2006 (7)：35-36.

[2] 毛荣志. 打造引才聚才的“磁场效应” [J]. 领导科学，2015 (27).

[3] 郑亨钰. 发挥不同主体在引才聚才中的作用 [J]. 中国人才（上半月），2018（7）：36.

[4] 谭用发. 让绿水青山成为引才聚才“金招牌”[J]. 中国人才（上半月），2018（4）：17.

[5] 肖剑钦，徐明珏，许琦，等. 科研院所引才聚才用才新机制研究——以 IMB 研究所为例 [J]. 今日财富（中国知识产权），2019（11）.

# 人才改革试验区建设的调研与思考——以郑州市金水区为例[①]

杨东风[②]

**摘　要：**人才资源是第一资源。进入新时代，党的十九大明确提出人才资源已成为未来发展具有决定意义的战略性资源。人才与其他要素的有效结合是构成竞争优势的重要基础。《国家中长期人才发展规划纲要（2010—2020年）》提出的“人才改革试验区”作为人才体制机制改革中的“窗口”和“试验区”，发挥着重要的示范带动作用。在特定区域以特殊政策的创新突破，对于推动和引领人才体制机制改革、建设人才高地、集聚和吸引人才、形成人才比较优势、加快金水区区域经济建设和发展意义重大。

**关键词：**人才　改革实验区　建设

## 一、人才发展的新要求

第二次全国人才工作会议召开和《国家中长期人才发展规划纲要（2010－2020年）》（以下简称《纲要》）以及党的十九大报告提出的新的人才战略的新要求，为到2020年乃至今后30年的我国人才发展提出了宏伟的总体目标。到2020年，我国人才发展的总体目标是：培养和造就

① 该篇论文获得“2019年全国人才与人事研究主题征文活动”二等奖。

② 杨东风，河南省行政管理科学研究所所长、编审。

规模宏大、结构优化、布局合理、素质优良的人才队伍，确立国家人才竞争比较优势，进入世界人才强国行列，为在本世纪中叶基本实现社会主义现代化奠定人才基础。

目前，我国正处在改革发展的攻坚阶段，深入贯彻落实习近平新时代中国特色社会主义思想，全面建成小康社会，实现中华民族伟大复兴，必须大力提高国民素质，在继续发挥我国人力资源优势的同时，加快形成我国人才竞争比较优势，逐步实现由人力资源大国向人才强国的转变。

## 二、人才特区的概念与内涵特征

### （一）基本概念

所谓人才改革试验区，即人才特区，是由一定层级的党委、政府设立的，在人才工作中采取特殊政策、实行特别机制、营造特优环境的特定行政区域或特定行业组织，是我国进行人才管理改革先行先试和制度创新的新窗口、排头兵和试验场。

通过人才特区的实验，进一步解放思想、总结经验、发现问题、把握规律，进而发挥人才特区的辐射作用和示范作用，在更大的范围加以普遍推广应用，打造一批人才优先发展的样板，即是人才特区建设的重大意义。

### （二）内涵特征

**1. 具有“特定基础”**

一是具有先导示范基础。建立人才特区的特定区域或行业组织能代表和反映某一类区域、行业的发展状况，所面临的人才体制机制问题具有长期性、普遍性和全局性的特点。

二是具有人才工作基础。建立人才特区的特定区域或行业组织在人才管理的一些领域已经进行了有益的改革探索，形成了鲜明的特色，积累了丰富的经验。

三是具有推进实力基础。建立人才特区的特定区域或行业组织，具备一定的发展实力，能承担必要的改革成本，有较为健全的领导体制、组织机构和推进机制。

**2. 具有“特殊权利”**

一是采取特殊政策。围绕人才培养开发、评价发现、选拔任用、流动配置、激励保障、创新创业中的重大政策瓶颈和难题，有针对性地开展改革试验，以超常规的力度研究制定一些有重大突破性的政策，为人才优先发展提供特别支持。

二是实施特别机制。围绕人才工作管理和人才发展中的体制机制障碍进行改革试验，在人才工作统筹协调机制、人才柔性引进使用机制、以用为本的职称评审体制、便利化的海外高层次人才投资和签证机制、多元化的人才投入机制、人才跨界流动机制、职业资格跨域认证对接机制、政产学研资深度融合机制等方面率先突破，为人才优先发展提供特别动力。

三是实行特事特办。针对区域发展急需的高层次人才在编制限制、子女教育、住房需求、计划生育、项目申请、工商注册、投资审批、出入境管理等方面的瓶颈或需求，采取“一事一议”“一人一议”“绿色通道”“一站式服务”等特殊办法，特事特办，为人才优先发展提供特别保障。

**3. 具有“特定范围”**

一是聚焦特定对象。人才特区建设既是一项问题导向式的人才工作创新，也是一项以人为本取向的人才发展制度创新，政策突破、体制机制创新应具有明确的主体指向和内容指向，以形成集中攻关、率先突破的改革试验效应。

二是聚焦特定空间。人才特区是人才工作的特殊区域，具有更加宽松的制度创新权、改革试验权，这些优先权的适用应具有空间范围界限，以形成先行先试、示范带动、风险控制的改革试验效应。

**4. 具有“特别成效”**

一是营造特优环境。人才特区是推动人才优先发展的新载体和新平台，其直接目的就是要打造有利于人才发挥作用、实现价值的工作环境、社会环境、文化环境和生活环境。

二是形成新的发展优势。建设人才特区，就是要率先在经济社会发展全局中确立人才优先发展战略布局，构建与国际规则接轨、与社会主义市场经济体制相适应、有利于科学发展的人才体制机制，最终形成人才智力高度密集、科技创新高度活跃、新兴产业高速发展的科学发展新优势。

（三）典型模式

从工作实践来看，随着区域人才开发一体化进程的不断加快，国内人才特区建设形成了四类人才特区典型模式。

一是园区型人才特区。在开发区、高新区、自主创新示范区等区块上建设人才特区。中关村国家自主创新示范区人才特区、武汉东湖高新区人才特区等是其中的典型代表。

二是基地型人才特区。以各类高层次人才创业创新基地、知识创新基地等为依托建设人才特区。天津滨海新区、杭州市等地规划建设人才特区，都是以本地的国家级“海外高层次人才创新创业基地”为基础的。

三是区域型人才特区。在特定的行政区内规划建设人才特区。这类人才特区又分为两种类型，一类是以一个市（地级市）或一个县（市、区）为地理单元建设人才特区，另一类是跨行政区建设人才特区，这类人才特区规划建设多以区域合作为基础，如广西北部湾人才特区。

四是行业产业型人才特区。在一些产业、行业的某些具体组织（企业、高等院校、科研院所、文化卫生机构等）内建设人才特区。2006 年江苏省即在南京大学建设人才特区，是这类人才特区的典型代表。

### （四）人才特区的国内外发展概述

#### 1. 国外的发展情况

国外没有专门的人才特区，人才特区的概念最初由中国提出。研究国外的科技工业园，发现其中起到核心作用的是人才，发展主要靠人才拉动，相关政策措施也主要落在人才身上，这与人才特区的建设状况比较接近，著名的如英国的剑桥科学院、法国的格勒诺布尔工业园、德国的慕尼黑工业园、日本的筑波科学城、俄罗斯的新西伯利亚科学城、新加坡的肯特岗科技园区、印度的班加罗尔科技园等，美国的硅谷则是其中最杰出的典型代表。美国硅谷是全球智力和资本资源最丰富、最密集的地区，在 1 500 平方公里的土地上聚集了斯坦福大学、加州大学伯克利分校等多所著名学府和 700 多家研究机构，聚集了 1 000 多位美国科学院院士、40 多位诺贝尔奖获得者。这成为硅谷快速发展的强大动力源。

国外科技工业园的发展特点，主要体现在：地理位置优越，交通便利；资源高度密集，主要指知识、技术、人才和硬件的密集；政府是最大的推手；科技对接市场，人才相对集中，以环境、政策吸引人才，依靠政策、制度、物质、文化激励人才；实现政、商、产、学、研结合的人才协调机制。

**2. 国内的发展情况**

21世纪初开始，随着国内区域人才开发一体化进程的加快，涌现出诸多区域人才开发合作组织。2000年，经济体制改革的“试验区”深圳市以六项人才新政策和深化干部人事制度改革八项举措突破当时的人事管理制度，从而拉开了我国建设“人才特区”的序幕。2004年，江苏省开展“解放思想、解放人才、解放生产力”大讨论；2005年，江苏各地围绕人才特区开始进行实地调研和论证，在人才小高地建设的基础上开始试点，从理念和思路变为具体的工作举措。2010年开始，大到中关村、上海浦东新区、天津滨海新区、武汉东湖高科技园区，小到北京生命科学研究所，“人才特区”构建开始进入新的发展阶段。

2011年3月，中组部、国家发改委、教育部、科技部等15家中央和国家机关与北京市委、市政府联合印发《关于中关村国家自主创新示范区建设人才特区的若干意见》，提出了13项特殊措施，支持中关村全面建设人才特区，现已率先建设成第一个“国家级人才特区”。

天津出台了加快滨海新区人才高地建设的意见；上海浦东新区积极探索建立“浦东国际人才创新试验区”；湖北武汉出台了东湖高新区建设人才特区若干意见；江苏南京实施“紫金人才计划”等人才工程，无锡明确提出人才特区必须聚焦特定的对象、实施特别的政策、营造特殊的环境。重庆两江新区、江苏苏州工业园区、广东深圳前海、吉林长春、福建平潭、贵州贵阳、宁夏银川等地区也先后启动人才特区建设。

截至目前，各地人才特区通过采取一系列特殊措施，营造“类海外”创新创业环境，形成有利于人才成长和发挥作用的体制机制，激发了科技人才创新创业活力。

（五）人才特区的中原破题

人才资源是第一资源。在加快郑州国家级中心城市建设的进程中，大力推动人才发展体制机制改革与政策创新，提高人才资源的开发利用水平，对于深入贯彻落实习近平新时代中国特色社会主义思想、加快郑州发展和实现河南振兴，具有重大而深远的意义。加快“人才改革试验区”建设，第一要务是要开发好“智汇郑州”和金水区“金典六策”的人才资源，不仅要解决好人才资源增量的培养引进问题，更重要的是要做好人才资源存量的开发利用。

探索建设人才特区，是构筑人才发展战略高地、形成人才竞争比较优势、加快建设中原经济区的战略选择。郑州市金水区作为加快建设的国家级中心城市核心区，亟待构建具有明显优势的人才特区和区域人才高地。加快人才发展是实现金水区经济发展方式转变、推动经济社会全面协调可持续发展和人的全面发展的必然选择。人才特区的中原破题需要尽快建立先行试点，加快空间战略布局。

郑州市金水区具有建设人才特区的坚实基础和独特优势，在国内电子信息产业内具有一定影响力，聚集了大量互联网科技人才及文化创意人才、现代服务业人才等创新创业，人才发展的辐射效应优势明显。充分把握金水区未来发展的有利时机，利用人才特区先行先试的特殊政策，借助优势、开拓创新，加快把金水区建设成为具有辐射力、体现中原特色的人才特区，已经成为金水区人才工作发展所面临的历史机遇和重要课题。

## 三、金水区人才特区建设的发展概况

金水区作为郑州市的中心城区，辖区总面积136.66平方公里，辖17个街道，常住人口145万。2018年全区实现生产总值1 378.8亿元，是全省经济总量唯一迈进“千亿俱乐部”的县（市）区；是唯一一个同时纳入郑洛新国家自主创新示范区和中国（河南）自由贸易试验区的县（市）区；是全省首个全面建成小康社会的县（市）区，首个进入全域城市化的县（市）区。近年来，金水区坚持把人才放在优先发展的位置，全力打造“四位一体”人才工程，使人才成为新常态下金水转型发展的第一资源、第一要素、第一推动力，人才对经济社会发展的支撑作用日益凸显。

### （一）主要成效

金水区围绕优化服务，不断加快人才强区建设步伐，以落实“智汇郑州”“金典六策”人才政策为重点，着力探索引才、育才、留才新模式。2018年，全区通过郑州市高层次人才认定62人，入选第三批“智汇郑州·1125聚才计划”创新创业团队（个人）19个，设立了以沈昌祥为代表的省级院士工作站4个，引才成果位居市内五区之首。

目前，全区共引进各类高层次人才260多人，各类领军型优秀人才存量达1 100多人。全区共有省、市两级院士工作站30个，高新技术企业80家，科技贡献率逐年攀升，目前达到60%以上。去年一年，辖区企业在新三板上市共20家，数量是市内五区的总和，人才创新创业的活力不断显现。

（二）主要做法

**1. 依托产业集聚人才**

围绕高端金融商贸和高新技术服务业的主导产业定位，不断推进人才和产业资源的深度融合。金水科教园区、国家知识产权创意产业试点园区、河南科技市场分别围绕特定产业，形成研发、生产、销售的集聚优势，积蓄人才资源。先后成功引进了邓子新等院士工作站2个，以及彭秀东等专家团队21个，培育科技型企业200余家，形成了一批具有国际竞争力的创新型企业和产值超百亿的产业集群。

**2. 创新政策成就人才**

本着“优于中西部、看齐江浙沪”的目标，2014年5月，出台了“1＋4”人才政策体系，成为构筑人才高地、服务创新创业的有效抓手，2017年出台了金水区扶持产业发展政策体系（共六个文件，简称金典六策），其中，金水区鼓励创新创业人才培育引进办法，注重与郑州市人才政策对接，注重实用人才的培育，注重全方位的服务。

**3. 搭建平台吸引人才**

一是搭建政策平台。优化项目招引政策，完善人才公寓、公租房等配套生活设施建设，合理布置餐饮娱乐、酒店商务、商业等功能，为重点引入的项目和人才提供了保障。二是搭建技术转移平台。引入了中科院过程所、北大科技园等一批科研院所，推动前沿科技成果的转移转化。三是搭建创新创业综合体平台。高位谋划了“金科·智慧城”等6个创新创业综合体，总投资173亿元，总面积超过60万平方米。建成国家、省、市级孵化器10个、众创空间16个，面积达23.6万平方米，在孵优质企业538家、在孵项目684个。四是搭建大学生创业平台。在辖区建成6个大学生创业园，区财政每年投入2 000万元作为创业专项资金，已入驻创业项目300余个。五是搭建引智平台。组建了金水区“经济社会发展顾问团”，邀请了10名国内专家加盟；聘请了5个国家的23名全球高端人才担任“招才引智大使”，并在美国硅谷、印度班加罗尔建立2个海外人才工作站。

**4. 精准服务保障人才**

以引进培育科技创新创业领军人才（团队）为重点，以金水区“三大园区”为重要载体，建立人才服务三大联盟，实现人才链、创新链、产业链和服务链的融合对接。一是打造“引才”联盟。通过引进人才智库、聘请引才大使、强化人才中介等方式，加强与高层次人才的联系，为辖区企业以及各类创新创业实体提供人才对接和信息服务。二是打造“育才”联盟。通过聘请创业导师、搭建的专业孵化平台、提供金融、基金、政策咨询服务等方式，为人才尤其是“初创”人才创新创业提供优质的服务。三是打造“留才”联盟。整合8个部门在区人才服务联盟中心设立高层次人才创业创新服务窗口，推出人才服务应用程序，为高层次人才提供全过程、全天候服务。

（三）面临的瓶颈和问题

一是政策文件难以落地。2014年5月，金水区出台的《关于为“一化两区四个金水”建设提供有力人才支撑的实施意见》《金水区创新创业人才扶持办法（试行）》（简称“1+4”文件）等五个文件，在全省范围内率先开展人才工作探索。但由于该区是河南省第一家出台综合性人才扶持办法的单位，省市没有配套政策支撑，其他县区没有任何经验可借鉴，同时缺乏行之有效的操作流程。

通过梳理金水区现有人才政策框架体系，发现近几年金水出台的人才政策文件比较多，但文件层级较低，政策碎片化严重，高层次创新型科技人才政策尚不完善，不同政策制定主体各自为营，影响到各项政策的执行效率和执行效果。

二是人才选拔评价政策不尽合理。目前，金水区的人才选拔评价形式单一，论资排辈、头衔崇拜，唯学历、职称、在权威期刊发表论文数量、专利是从的现象依然存在，缺乏市场验证及服务经济建设的有效政策导向。尚未建立按职业类别、行业性质分类分级评价的标准，能力和业绩难以衡量评定的问题未完全解决，抑制了优秀高层次人才的涌出和科技成果的产出。

三是人才流动市场化程度偏低。现有政策不能有效鼓励企业在研究开发和科技创新中加大投入，造成大批高层次创新型科技人才聚集在高等院校、科研院所等事业单位。金水人才资源市场化程度偏低，与国际、国内的人才市场未接轨。国际竞争方面，海外高层次人才来豫工作、定居的过程繁杂、不明了，有关政策不透明，使得金水区在全省人才竞争中的优势不明显。人才流动成本太高，导致人才在政府部门、事业单位、企业等不同类型的单位之间流动非常困难。

## 四、关于金水区人才特区建设的思考

（一）改革路径

**1. 要对金水区人才特区建设进行顶层设计**

从发展定位看，要立足服务IT产业发展、服务自主创新，提升金水区区域人才综合竞争力，汇集优质创新创业资源，为金水区可持续发展提供人才保障。构建金水区人才特区，要坚持人才优先发展和人才强区的理念，在建设的过程中，要优先研究、优先决策、优先投入，关键要优先落实。

**2. 要从金水区现实情况出发，做到人才投入优先发展**

人才投入是效益最大的投入，投资人才就是投资未来。除加大政府对人才发展的投入力度外，还应鼓励和引导用人单位、个人和社会投资人才资源开发，建立多元化的人才投入机制。

**3. 要坚持优先发展战略，做到人才资源优先开发**

要加大人才资源开发培养力度，有效盘活金水区现有人才存量，抓紧引进急需紧缺人才，依靠人才推动科学发展。要做到人才结构优先调整，推进人才结构与金水区未来发展战略相适应。要做到人才投资优先积累，加大人才资本投资力度，提高人才资本投资效率。要做到人才制度优先创新，努力做到用事业造就人才、用环境凝聚人才、用政策集聚人才、用机制激励人才、用法制保障人才。

**4. 要适应产业结构发展变化，做到人才结构优先调整**

要实施人才结构调整，重点推进人才在产业中的合理分布，支持人才流向IT研发、设计制造业、文化创意业、人才服务业等领域。同时，要引导人才向适应金水区协调发展战略和主体功能区建设的需要流动。

（二）对策建议

**1. 要制定适合金水区发展的人才战略规划**

人才战略规划要适合我省、郑州市、金水区的经济社会发展的趋势，要紧密围绕产业结构和发展阶段，明确对人才规模、质量的需求。一是明确发展的方向，尤其是重点项目的发展情况，把握未来产业发展趋势及目标；二是分析现有的人才资源，并根据发展目标，明确所需的人才资源数量和结构，重点要对产业人才的需求进行预测，并形成完整的人才需求目标结构体系；三是确定人才战略规划实施过程中的重点，对目标结构体系中各层次、各阶段的目标进行分析，明确其得以实现的重点和关键点；四是制定合适的策略和具体行动计划，使得人才规划的落实有具体的实施计划、方案支撑。

**2. 要进一步健全完善人才政策体系**

人才政策是人才工作的依据，是人才工作制度化的根本保证。人才政策要根据人才规划及阶段性主题，结合我省、市、区的实际和特点，制定一系列包括人才培养、吸引、使用、评价和激励等方面的政策措施体系，充分发挥人才政策在人才特区建设中的杠杆作用，既要体现超前性，又要结合实效性，要突破人才队伍建设中的体制性约束，以更灵活的机制、更宽松的环境、更优质的服务，吸引各类高层次人才来金水区创新创业创优。

**3. 要强化牵头抓总职能**

党管人才主要是管宏观、管大局、管政策、管协调、管服务，重点是加强领导、把握全局，协调好、解决好人才队伍建设的大事要事和焦点难点，形成党委统一领导，组织部门牵头抓总，有关部门各司其职、上下贯通、各方协调、灵活高效的人才工作格局。

**4. 要多渠道、多路径获取人才资源**

一是在招聘路径上，要组织用人单位到人才密集的城市、高校展开有针对性的招聘活动，通过直接招聘获取所需人才资源。二是在引才路径上，要根据经济社会发展要求，对急需的人才以特别优惠政策，实施重点定向引进。三是在项目路径上，要通过举行国内外高层次人才智力（技术）项目洽谈会等活动，以“项目＋人才＋团队”的路径引入人才资源。四是在创业路径上，通过营造优良的创新创业环境和制定优惠的创业扶植政策，吸引海内外人才来金水区创新创业，以创业集聚人才。五是在智力路径上，建立知名专家信息库，并由专人就发展中所存在的问题同相应的专家进行交流，对其智力资源实现跨区域、跨国界的有效利用。

**5. 要完善人才使用和管理机制**

要建立人才动态管理机制，根据人才的专业和岗位特点，做到能岗匹配、科学使用，切实发挥人才效能。同时，积极研究探讨人才动态管理激励机制，建立优胜劣汰的考核管理机制，使人才工作更加健康有序地发展，按照公正、竞争、择优的原则逐步形成人才能进能出、职务能上能下、待遇能升能降、人尽其才的管理机制。要建立和完善人事劳动争议仲裁制度，保护人才与用人单位的合法权益，并加强对人才政策法规执行情况的督促检查。要积极探索建立人才诚信管理制度，逐步建立人才诚信档案。

**6. 要加强人才载体搭建**

要大力加强人才载体建设，为人才的集聚和创新创业提供良好的条件。鼓励社会力量创办各类科技型孵化器，健全和完善孵化器内公共服务平台建设，为创业人员提供孵化服务，降低创业风险。要鼓励设立重点实验室、科研机构等，为培养创新人才和培育创新氛围提供持续的动力。

**7. 要强化人才培养和开发，实施人才本土化战略**

构筑人才高地必须强化人才培养，建立多层次的教育培训体系。对人才进行持续开发，重点是推进对本土人才的培养，提高本地现有人才资源的素质。一是要积极开发教育资源，建设各种适合金水区重点产业的人才培育基地。二是要强化对高层次人才的培养，重点培养青年专业技术人才。三是要积极推进学习型组织建设，构建全民学习、终身学习的学习型城区，形成网络化、开放化、自主化终身教育体系。

**8. 要多层面做好人才资源保留工作**

人才的保留对人才特区的构筑非常重要。一是要完善社会保障体系，解决人才的后顾之忧，为其创造良好的工作、生活条件，使他们能安心工作。二是创新分配机制，积极推行技术要素、管理要素参与分配，使分配措施实现持续、有效的激励。三是在事业层面要重视人才知识的价值，关注人才在事业上的发展。四是在环境营造方面要积极营造良好的爱才、惜才的社会环境、生态环境和人文环境。

**9. 要构建符合“人才特区”建设要求的人才服务保障体系**

在未来的人才竞争中，服务是凝聚人才的重要因素。要根据金水区产业提升和可持续发展的需求，按照公平、公开、公益、便捷的原则，建立和健全涵盖人才引进、培养、评价、激励、保障、创新、创业、就业等全流程的人才公共服务体系，实现全区人才服务的便捷化、专业化、个性化和亲情化，为不同层次、类别的人才提供创新创业服务。

**10. 要争取先行先试，出台系列优惠保障措施**

人才特区建设要加快建立完善金水区人才服务保障中心，要更多争取市委、市政府的大力支持，在人才引进、使用、培养和科技创新载体建设的政策体系和服务保障体系建设方面，先行先试，大胆创新，积极探索。要在“金典六策”的基础上，细化引进高层次人才的优惠政策，落地生根，营造金水区特殊创业环境，将金水区的人才特区建设成为金水区在人才服务方面的先行区、示范区。

**11. 要进一步强化人才特区建设的组织保障措施**

一是要加强人才特区建设的组织领导。成立由金水区委、区政府主要领导任组长，区委组织部、区人社局等职能部门组成的人才特区建设领导小组，负责统筹规划、整体推进人才特区建设工作。

二是要强化人才特区建设的任务分工。将金水区人才特区建设重点任务进行细化分解，落实岗位责任制，各种专项引才、聚才、育才计划由组织部、科技局、工信局、人社局分工牵头组织，推进落实，其他相关部门按责任分工承担具体工作任务。

三是要强化人才特区建设的宣传推介。争取省、市党政领导及职能部门的支持，召开人才引进新闻发布会、说明会，集中推介金水区创新创业环境和优惠政策。以信息平台为载体，开展相关行业高层次人才交流活动，充分利用网络、电视、报刊等主流媒体，集中宣传人才特区建设举措和引才成果。

四是要强化人才特区建设的督办落实。人才特区建设领导小组要优先研究制定具体的实施办法等系列配套文件，落实相关扶持政策；将重点建设任务和人才引进培养计划纳入各部门年度目标责任制考核范围，强化督办落实；加强对人才投入资金使用情况的跟踪评估，建立评估制度和问责机制，提高人才投资使用效益，推动金水区人才特区建设科学规范运作和取得实质性成效。

人才特区建设还需要各类社会组织的积极参与，但在当前各地人才特区建设过程中，政府的主导作用明显，社会组织的参与则非常不足。只有支持和鼓励社会组织的积极广泛参与，才能使金水区人才特区建设持续良好健康地发展，为“智汇郑州”人才建设发挥应有的支撑和促进作用。

## 参考文献

[1] 金松，朱考金. 人才管理改革试验区绩效评价指标体系研究 [J]. 南京社会科学，2015 (2).

[2] 蔡秀萍. 制度创新：向国际竞争力出发——专家评点人才管理改革试验区的政策创新 [J]. 中国人才，2013 (9).

[3] 李向光. 靠综合环境提升人才竞争力——人才专家把脉人才管理改革试验区发展之路 [J]. 中国人才，2013 (9).

[4] 周鹏，王金凤，刘兆瑜，华红艳. 物联网工程专业人才培养模式研究——以郑州航院为例 [J]. 软件导刊（教育技术），2015 (10).

[5] 贺新. 培养创新人才 服务社会建设 [N]. 河南日报，2012-05-30 (10).

[6] 关爱和，娄源功. 精心打造四个高地 服务中原经济区建设 [N]. 河南日报，2012-01-22 (1).

# 高校协同创新中心人才共享机制的制约因素与实现路径①

苏　鹏②

**摘　要**：人才共享机制是高等学校协同创新中心体制机制正常运行的保障，对提升协同创新中心的社会服务能力具有重要意义。对人才共享观念的理解存在局限性、人才共享和资源互享的力度不足、平台功能弱、协同渠道数量不足，制约了人才共享机制的形成和发展。实现高校协同创新中心的人才共享，应树立正确的人才共享观念，构建人才共享的利益共同体，同时完善平台功能、丰富模式与联动渠道，推动人才共享机制的落实。

**关键词**：高校协同创新中心　人才共享机制　制约因素　实现路径

高校协同创新中心是“高等学校创新能力提升计划”[1]的载体，是基于国家战略背景设计，由高校牵头，联合行业企业、科研院所、地方政府组建而成，以人、财、物的资源共享，提升人才、学科、科研“三位一体”创新能力[2]，从而促使政产学研用协同创新的合作性实体组织。“高等学校创新能力提升计划”自启动实施以来，已认定两批共38个国家级“协同创新中心”，2018年，教育部公布了59个省部共建协同创新中

① 该篇论文获得“2019年全国人才与人事研究主题征文活动”三等奖。

② 苏鹏，山东劳动职业技术学院科研规划处干部，讲师、工程师。

心的认定名单。在高校协同创新中心的建设中，构建人才资源的共享机制是关键。协同创新，无非就是人财物三样，其中会聚人才是最难做的[3]。如何科学分析和构建人才共享机制，打破人才的制度性壁垒，克服人才共享的制约因素，进而提高人才协同的效能，对于高校协同创新机制的形成，具有重要意义。

## 一、高校协同创新中心人才共享机制的意蕴

当前，资源共享已经成为全球经济一体化发展的重要内容，不同组织间的人才共享是发挥人才最大创造力的一种人才资源配置新方式[4]。高校协同创新中心的人才共享机制建立在以高校为牵头单位、各协同方深度合作的基础上，利用灵活的协同机制，充分将各协同方在知识、能力、结构上的人才资源优势进行互补、共享，在降低人才运营成本的同时，极大地提高了协同创新的成效[5]。

高校协同创新中心人才共享机制的实质是人才资源的“流动不调动”，利用协同机制，突破传统的用人和育人机制的约束，进而达到人才资源的最大化利用[6]。高校协同创新中心拥有独立的理事会、学术委员会，配套完善的办公管理制度、人才聘用制度、考核评价制度，在制度上突破了传统用人机制的刚性约束。各协同方的人才在协同创新中心内部自由“流动”，高校教授、科研院所专家至协同企业挂职，实现技术开发资源的共享；企业人员到高校、科研院所开展应用讲座、实训，担任兼职等，将生产实践与理论有效结合，有利于加速技术成果的转化；协同创新中心内部组成无界化技术创新团队或通过技术入股等方式，协同完成特定项目攻关、团队人才的共同培养、技术产品的开发与资源储备等。

人才共享的内涵包括区域、组织、个人三个层次[5]，在高校协同创新中心内，具体是指通过人才的协作、资源的共享，各类人才在协同创新方向上都能得到自我价值的展现，全面激发人才活力。共享的资源不仅包括各类人才的信息、知识、技能、部分技术成果产权等显性资源，还包括创新意识、经验能力、价值观等隐性资源。在人才共享机制下，个体通过交流沟通实现了显性信息资源的流通，提高了信息利用的效率、降低了信息获得的成本；对原有知识、经验进行总结和再创造，进而产生创新性、前瞻性的知识理念；创造了集体学习的条件，个体互相交流

各自的隐性资源，有利于快速形成团队协同意识。资源的共享使个体的能动性得以激活、自我价值得到展现，有利于最大限度地推动团队潜在能力的发挥。

高校协同创新中心人才共享机制的目的是保障协同创新体制机制的运行，提升协同创新中心的社会服务能力，促进协同创新中心产生更高的经济、社会效益。它实现了各类显性和隐性资源在不同主体之间的共享，保证了协同创新要素在不同主体之间的互动，是团队和团队成员互相学习的重要载体。人才共享机制确保各协同方能够通过共享资源获得技术上的进步，并充分发挥协同作用，将技术进步有效地转化为经济、社会效益，从而实现创新成果的转化。

## 二、高校协同创新中心构建人才共享机制的制约因素

高校协同创新中心集聚了高校、行业企业、科研院所、地方政府等多个协同体的高水平人才，各协同方均十分重视人才共享资源的管理，但从其人才共享机制运行、管理和发展来看，存在部分制约因素。

### （一）对人才共享观念的理解存在局限性

（1）对人才共享的认识程度不深，缺乏足够的共享意识和动力。部分高校担心人才共享产生新技术成果的产权归属问题，同时觉得共享资源会影响到其继续教育和社会技能培训的开展，对人才共享持消极态度；企业一方面急于从协同创新机制中获得直接的利益，带有投机思想，另一方面担心人才所有权的流失，对人才共享持抵制态度；地方政府担心人才共享会影响本地人才的引进，人才资源匮乏的地方政府则担心人才共享导致已有人才资源的流失，使人才共享流于形式；部分个体缺乏“分享共赢”的意识，觉得自己不仅无法在共享中得到回报，反而担心自己的权威地位会受到威胁、职业生涯会因此受限，不愿意合作共享。这都是对人才共享认识片面、理解不透彻的表现。

（2）对人才存在“为我所有”而非“为我所用”“重使用、轻培养”的观念，不能正确理解人才共享的实质和内涵。部分协同方或个人无法认识到人才共享的重要性，认为只有拥有人才所有权，才能获得最大化收益，仅有人才使用权则会损失自身的预期收益。此外，在对人才的使用上，部分协同方只要求成果产出，对结果严加考核评价，却忽视人才的培养，导致人才的能力和价值无法得到进一步提升。上述观念均给人

才共享增加了思想束缚，使人才资源难以被充分利用，最终导致人才资源的浪费。

（二）人才共享、资源互享的力度不足

（1）各协同方的客观条件、从事业务范围不同，对资源的需求及依赖存在差异，导致在人才共享方面的吸纳程度、紧密结合程度不够。高校注重理论知识的传授、人才培养能力的提升，在应用研究方面不能很好地与社会、经济需求相结合，甚至滞后于社会和经济需求；科研院所注重科研创新能力的提升与技术成果的转化，但在产品研发方面往往跟不上市场需求的节奏，而且研发经费紧张，部分科研院所的主业因此发展缓慢；企业一方面注重工艺改造和产品的集成应用，但缺乏基础研究，另一方面，企业长期处于激烈的市场和用户资源竞争环境中，担心资源的开放引起商业风险，对人才共享持保守态度。同时，人才共享缺少有效的激励政策，致使各协同方未能建立紧密协同合作的基础，各方参与人才共享的意愿不强，高校优秀教师、科研院所研究员不愿到企业实习，企业优秀员工则不愿到高校和科研院所开展教学科研，人才共享难以实施。

（2）资源损耗与利益分配问题限制了共享合作的力度。与物质资源相似，人才资源在共享的过程中也会出现有形和无形损耗，但由于人才共享资源评价制度的不健全，上述损耗尤其是无形资源的损耗程度较难衡量，降低了各方参与共享的积极性。与此同时，共享所获利益在分配时缺乏健全、合理的保障机制，各方的利益获取、技术成果的产权归属等问题协调难度大，限制了人才共享开展的力度。

（三）人才共享的平台功能弱、协同渠道数量不足

（1）人才共享的平台功能弱，主要表现在两个方面。第一，对已有人才信息的整合和利用程度弱。目前建立的人才共享平台以完成任务或开发技术、产品为驱动，以集中研讨作为组织形式，以团队领导的安排为保障，临时性、目的性强，自由性、延展性弱。同时，交流共享活动集中在中心内部，对国内外各类交流平台资源的关注度和参与度较低，影响了人才资源共享的效果。第二，人才共享平台未能实现信息化管理。随着互联网的发展与普及，采用基于互联网的数字化管理系统成为人才共享与信息互通的主要方式，高校协同创新中心亦不例外。部分高校协同创新中心未能建立人才资源的信息化管理系统，或者已建立了系统，

但人才资源的数据信息不完善、共享与更新功能弱，无法实现人才的有效管理与资源的有效共享，成为影响人才共享机制形成的科技瓶颈。

（2）人才共享的联动渠道数量少。当前高校协同创新中心的人才共享机制主要面向内部，与外界联动较少。在协同合作初期，人才共享机制带来的资源、知识、技术溢出效应明显，易带来一系列收益，但进入协同创新合作的后期，由于共享机制单一、渠道数量少，难以实现突破式创新。突破这一难题的关键，在于扩充人才共享的联动渠道，这是推动高校协同创新中心进入共享共赢的必要条件。

## 三、高校协同创新中心人才共享机制的实现路径

实现高校协同创新中心的人才共享，应树立正确的人才共享观念，构建人才共享的利益共同体，同时完善平台功能、丰富模式与联动渠道，推动人才共享机制的落实。

### （一）树立正确的人才共享观念

（1）更新人才共享的理念。一是认识到人才共享是发展的动力而非阻力。共享发展是中国特色社会主义的本质要求，是创新、协调、绿色、开放、共享的发展理念的最终目标。学习和宣传人才共享的优秀案例，如小米科技、滴滴人才共享团队等，充分认识到人才资源的共享是发展的新动力，消除协同方的担忧和顾虑。二是弱化“人才占有”的思想。当前市场竞争日益激烈，用人单位尤其是企业的命运越来越取决于人才质量的高低，人才的争夺策略此起彼伏。“不求所有、但求所用”，是把人才这一战略资源充分用好的必然要求。要充分意识到，人才的独享占有已不能为用人单位带来最大收益，建立积极灵活的人才共享机制和策略才是关键。三是达成人才共享的共识。通过参加人才研讨会、人才交流论坛，开展高层次人才报告、科普服务等活动，认识到传播力和共享力在知识的迭代更新、人才养成发展中的重要作用。树立高校协同创新中心协同资源共享池的概念，人才、智力、技术等资源可以像水、电一样被协同方共享使用，降低人才资源的获取成本。

（2）人才共享的效果在很大程度上取决于高层次人才资源的占比，所以人才共享的价值应建立在培育高层次人才这一基础上。高层次人才的获得途径主要有两个，引进和培育。在高校协同创新中心内树立正确的人才培育理念、搭建人才培育机制，“用资源育人才”充分融合高校的

高水平人才培养机制、科研院所的高水平项目研发能力、行业企业的市场资源集聚能力、地方政府的人才支持计划，将高等教育培训基地、科研院所重点实验室、企业工厂和实习基地等资源利用起来，培养高资质、高层次的技术骨干团队、研究型专家学者。再“以人才引资源”，通过高层次人才吸引外部专家加入协同创新体的人才共享机制内，协同构建高层次的共享资源。

（二）构建人才共享利益共同体，激发人才共享的内在驱动力

（1）构建开放的管理体系，拓展人才要素的流动渠道，构建利益共同体。利用高校协同创新中心的灵活机制，推动人才管理体制的改革创新，开展人才交流与互兼、互聘。高校教师、科研院所的科研人员到企业兼职，利用企业先进的软硬件设施，从事技术产品的研发、技术人才的理论培训；企业人才到高校、科研院所深造，担任指导教师，参与人才培养、学科或实验室建设、技术成果的转化，在理论水平获得提升的同时，给企业带来稳定的人才资源供给。高校协同创新中心对流动人才给予激励，引导各协同方将职称职级、薪酬福利与人才交流挂钩，提高人才参与流动的积极性；鼓励开展多元化联合技术攻关，包括组建创新团队、联合申报重大招标项目、合作产品研发与市场推广等。通过广泛交流与项目合作，培养团队共享意识，构成利益共同体。

（2）高校协同创新中心的各协同方中，企业的体制最灵活、需求最明确，直接服务于地方经济和社会的发展，人才共享资源的实用性、指导性更强。所以，重视企业在人才共享机制中的地位和作用，激发企业共享资源的积极性，对构建人才共享机制尤为重要。一是以正向激励提高企业参与人才共享的积极性。一方面按企业参与人才共享、发挥人才共享的成效给企业绩效激励，另一方面降低企业参与人才共享的成本，最大程度地激发企业热情。二是通过负向激励，将人才共享评价纳入企业的协同创新效果考核，对不愿参与共享的企业，强制其参与共享。通过上述途径，使企业重视人才共享，主动建立人才共享机制，并探索适用于自身的人才共享路径，激发合作意愿。

（3）完善人才共享的制度保障，归纳为健全两项制度，一是人才共享资源评价制度，二是人才共享利益分配制度。前者采取质性评估与量化数据相结合的方式，对人才共享过程中产生的资源损耗以及最终带来的资源利益进行科学评价，提高各方对共享资源的调控力；后者对人才

共享所获的利益通过制度约束，在各共享方履行职责与义务的前提下，以资源的贡献度为导向，“付出才有回报”，消除各方利益分配不均的顾虑，调动各方参与人才共享的积极性。

（三）完善人才共享的平台功能，丰富人才共享的模式与渠道

（1）构建人才资源共享与管理的平台[7]。首先是建立协同创新人才信息库，以此为基础，借助信息网络技术，联合各行业领域的人才资源，创建基于互联网的人才共享资源平台。通过平台，完成高层次人才资源的网络互联、协同信息发布，实现人才和数据的实时查询与分析、资源的共享利用，用科技手段实现人才的共享集聚效应，进而形成脉络广泛的人才共享智库。

（2）创新人才共享模式，丰富联动渠道。高校协同创新中心在现有创新团队、学术交流、技术研讨、交流挂职等模式的基础上，应探索引入人才工位、科技联姻、顾问咨询、人才援助、专家会诊等多种人才共享模式，提升共享成效。在联动渠道上，一是与当地政府联动，顺应地区人才政策，调整自身人才共享机制；二是与非政府层面如各类商会、学会、协会联动，学习先进案例，吸纳先进经验；三是与人才中介机构联动，利用中介机构市场化的运作机制与专业化的服务能力，不断推进人才共享机制的创新。“以制引智”，通过开放的共享机制联动一个人才、带来一个项目、入驻一个团队[8]。

## 参考文献

[1] 教育部，财政部. 关于实施高等学校创新能力提升计划的意见［EB/OL］. http：//www. moe. gov. cn/srcsite/A16/kjs _ 2011jh/201203/t20120315 _ 172765. html.

[2] 教育部科技司. 2011 协同创新中心建设发展规划［EB/OL］. http：//www. moe. gov. cn/srcsite/A16/kjs _ 2011jh/201404/t20140411 _ 167787. html.

[3] 高靓，张婷，纪秀君，等. 2011 计划：点亮高校创新之光［N］. 中国教育报，2013-04-12.

[4] 岑建. 高职院校校企人才共享：动力、阻力与实现路径［J］. 职业技术教育，2018（18）：24-28.

[5] 宋成一，刘盈盈. 国内人才共享研究述评 [J]. 西北民族大学学报（哲学社会科学版），2019（3）：136-144.

[6] Helena Knyazeva. "Synergetics and the images of future", Future (31) 1999：76-87.

[7] 林勋亮. 基于联合库存管理思想的人才储备与人才共享平台 [J]. 现代管理科学，2007（6）：81-83，86.

[8] 吴道军，邓鸣，杨晓阳，刘荣，段进秋，朱珠. 构建高层次人才共享机制 [N]. 贵州日报，2018-11-13.

# 全媒体时代智慧培训生态系统构建研究[①]

宁福旺　杨　椿　王　颖等[②]

**摘　要：** 全媒体时代，以育人为核心的企业职工培训呈现全员参与、全程运作、全息传播、全效服务新趋势。重新认识职工培训的重要价值，正确分析目前培训工作面临的挑战，用智慧培训生态理念构建新型教一学环境和培训生态系统，推动角色认知、群体智慧、效果转化和全程服务，是服务职工职业发展与素质全面持续提升、助力企业战略落地与组织绩效不断改进的创新之路。

**关键词：** 全媒体　时代　智慧培训生态系统　构建

2019 年 1 月 25 日，中央政治局就全媒体时代和媒体融合发展进行第十二次集体学习，习近平主持会议时强调，推动媒体融合发展、建设全媒体成为我们面临的一项紧迫课题；要运用信息革命成果，推动媒体融合向纵深发展。全媒体强调当前人类信息交互的“全程、全息、全员、全效”等特性，不仅适用于文化宣传和思想领域，而且也能从理念、方

---

① 该篇论文获得“2019 年全国人才与人事研究主题征文活动”三等奖。

［基金项目］2019 年河北省人力资源和社会保障课题《全媒时代企业职工智慧培训生态构建研究》（项目编号 JRS—2019—5099）研究成果。

② 宁福旺，石家庄邮电职业技术学院（中国邮政集团公司培训中心）中邮网院运管中心资源管理部主任、高级工程师；杨椿、王颖、王涛，石家庄邮电职业技术学院（中国邮政集团公司培训中心）中邮网院运管中心资源管理部工程师。

法上为新时期企业职工培训提供重要指导。

春秋时期的管仲认为，终身之计，莫如树人。培训，即为企业树人，为全面建设小康社会树人。管理学家斯坦梅茨（1976）说，没有技能培训，主管们就无法为战争和防御进行生产；而由于有了技能培训，老年人、残疾人和缺乏经验的女性正在形成新的生产力。培训大师伊莱恩·碧柯（2016）认为，培训为职工打开一扇门，提供指导与就业机会，鼓励员工去迎接新机遇、接受新理念、解决新问题、提升新能力。于虹（2006）提出，培训是企业培养和挖掘自身智能资源的手段，是重要的管理工具。从智慧理念和生态视角研究培训，能够让企业管理者从更高、更远、更广的角度系统全面地看待培训与人才管理，关注职工的成长与发展，将视线和注意力从传统的教室、在线课程转向企业职工生产工作场所，从组织发展和绩效改进的角度更科学、更人性化地看待问题。本文以企业职工智慧培训生态为研究对象，并对其所处全媒体外在环境、内在构成和要素功能进行分析，构建新型智慧培训生态系统，提出适合当前全媒体时代企业职工培训转型的策略。

## 一、全媒体时代职工培训呈现的趋势

### （一）全媒体时代

智库百科（MBAlib）将媒体定义为“承载信息或传输、控制信息的材料和工具”，可见媒体首先是一种材料或工具，然后具有承载信息、传输信息和控制信息的功能。互联网技术尤其是移动互联网的发展，使得原有媒体的概念被赋予了新的含义，以微信、手机应用程序（APP）为代表的社交媒体不断冲击企业职工的各种体验，同时也赋予受众自媒体的能力。

“全媒体”英文是“omnimedia”，意思是“全部的、总的、全能的”。百度百科中将“全媒体”描述为“媒介信息的传播采用文字、声音、影像等多媒体手段，利用广播、电视、网站等不同媒介形态进行融合传播，最终实现用户以多种终端均可完成信息的融合接收，实现“任何人、任何时间、任何地点、以任何终端”获得“任何想要”的信息（5W）。可见全媒体是综合运用各种表现形式，如文、图、声、光、电，全方位、立体化、多样化展示传播内容，同时通过文字、声像、网络、通信等多种手段来扩散的一种新型传播形态。全媒体集成人类生产的各种信息，传播载体不仅多，而且全面，从传统的报纸、杂志、广播到网络、电视，均可集成在手机 APP 中，成为个人知识信息中心和交互中心，各种培训信息与技能通过指尖操作，即可与外部世界连接，方便获取所需资源。

（二）全媒体对培训的影响

海尔集团董事局主席、首席执行官张瑞敏说，没有成功的企业，只有时代的企业。所谓成功的企业，只不过是因为踏准了时代的节拍。企业只有在全媒体时代顺势而为，才能在激烈的竞争中适应变化、发现机会并保持持续发展动能。从时间维度、空间维度、主体维度、效能维度对全媒体进行观察，概括出全媒体的四个基本特征：全程媒体、全息媒体、全员媒体、全效媒体。从另外一个角度，解释了全媒体生产和应用所关注的四个要素，即过程、信息、主体和应用效果。

从信息交互角度看，全媒体打造的是一种新型的人与人、人与媒体之间的关系。无论是全媒体交互还是培训互动，众多因素中起决定性作用的依然是人，服务对象是人、关注效果的是人、参与主体也是人。培训作为育人工具，受全媒体舆论和信息交互传播的影响，呈现以下发展趋势：

**1. 全员参与**

全员参与意味着培训活动中学习者主体地位的增强、对职工主体作用的重视，全员覆盖了企业中最活跃的因素——所有人，从新入职员工到资深业务专家、从一线职工到高层管理者、从培训学员到教学组织者和教师。职工参与是全方位的，不仅包括参与培训和学习，而且包括参与教学设计、课程开发和资源建设，参与教学互动、教学评价、培训转化。只有人人关心和关注培训，才能从设计、运行和实施过程中真正发挥群体的智慧力量。传统培训更多的是主办方投入很多时间和精力，职工只在培训期间参与学习。全媒体时代，无处不在互联网之中，没有人可以逃离彼此的关联和彼此之间的影响。全员参与，正是彼此关联和影响驱动的结果。库尔特·勒温在群体动力学中指出，团体是一个整体，团体中每个成员之间，都会有彼此交互影响的作用，每一成员都具有交互依存的动力。受互联网技术尤其是移动互联网的影响，知识传播场景多样化，导致学习和培训的机会增多，需要职工有主动意识和参与、分享、奉献知识的精神。

#### 2. 全程运作

全程运作意味着对培训活动的全流程跟踪，包括培训起始、中间运行、培训结束和训后延续。学习发展项目 6Ds 法则强调，践行“界定业务结果、设计完整体验、引导学以致用、推动学习转化、实施绩效支持、总结培训效果”六条法则，组织就可以从培训中获得最大化价值。传统培训项目与项目之间、教学环节之间缺少相关数据，缺少培训效果总结，缺少对培训后转化信息的跟踪，导致培训价值链条割裂，影响培训价值的发挥。随着云计算、大数据、人工智能技术在培训中的深入应用，培训教学组织与管理同信息技术不断融合，人力资源管理部门、培训教学组织部门、业务发展部门之间共享各种数据，全程开展培训运作成为可能。

#### 3. 全息传播

全息传播意味着培训内容表现形式的极大丰富，首先是形态全，文字、声音、视频、动画、虚拟现实、增强现实等多种形态，立体化地呈现培训教学内容。其次是场景全，涵盖培训课堂、虚拟点播教室、直播课堂、学习社区、工作场所等各种学习场景，并及时对企业职工行为数据进行全面采集，在分析后进行精准推送，满足不同职工的不同学习需求。最后是渠道全，无论是个人机算机（PC）端还是手机 APP 端，均能访问学习资源、开展项目培训，并在不同终端之间灵活切换，实现后台管理数据的统一。

#### 4. 全效服务

全效服务意味着对培训效果、效率的全面关注，对职工培训体验的全面关注。传统培训的驱动多以行政命令自上而下推行，对职工内在学习动机的激发和培训体验反馈重视不够。培训部门只有把职工当作自己的用户，以服务的姿态倾听培训需求、制定培训计划、开展培训教学，做职工和业务部门发展的伙伴，才能准确把握和改善培训效果，同时优化培训环节，减少不必要的流程，提升培训效率。注重培训服务效果和效率，也是当前环境下培训价值回归的表现。

## 二、从进化历程看培训面临的挑战

### （一）培训进化历程

培训作为一门古老的行业，从早期的基于任务的一对一培训（典型的非正式学习）到学徒制培训，再到行会、职业工厂学校、技工培训。在第二次世界大战期间，培训和学习行业得到发展，系统的培训方法、系统化的教学设计（ISD）开始出现。

20世纪50年代，个性化教学出现；柯氏评估的出现，将测量这一新的主题引入培训领域。1964年，美国培训管理者协会更名为美国培训和发展协会（ASTD），在名称中吸纳了“发展”一词。20世纪70年代，诺尔斯提出成人学习理论，创造了“成人教育学”这一术语，并提出了影响成年人学习方式的六大关键原则；皮亚杰提出学习是一种建构新知识的过程，在建构主义学习理论的框架内，学习设计的推动力是创造学习经验，使学员自己发现和建构学习内容。20世纪80年代，培训对企业的价值受到关注，成本—效益分析和投资回报率（ROI）的概念日益成为热点问题，人力资源发展概念提出。20世纪90年代，通信科技快速发展，电子化学习流行起来，学习型组织概念引入，教学去纸化的趋势越来越明显。进入21世纪以来，技术的进一步发展促进了培训的转变，易于使用的内容生成工具，如智能手机、平板电脑，使得职工能够随时随地分享知识，拓展了以工作绩效支持为中心的培训环境，模拟、虚拟现实和游戏化学习开始在组织中浮现。

纵览培训发展进化过程（见图1），随着时间的推移，培训行业的焦点逐步从最初的技能培训到知识与技能传授并重，再到系统化教学和组织发展，最近转向绩效改进和人才管理，并将持续向前发展。在这一过程中，培训对其对象传授知识和技能的基本职能始终未变，但从简单的师徒培训到人才管理，管理者和培训者对人性的重视程度和育人的思维理念发生了转变，在科学理论的逐步发展和应用指导实践中，教—学目标越来越贴近个人发展和企业绩效提升，培训进入人才管理时代。

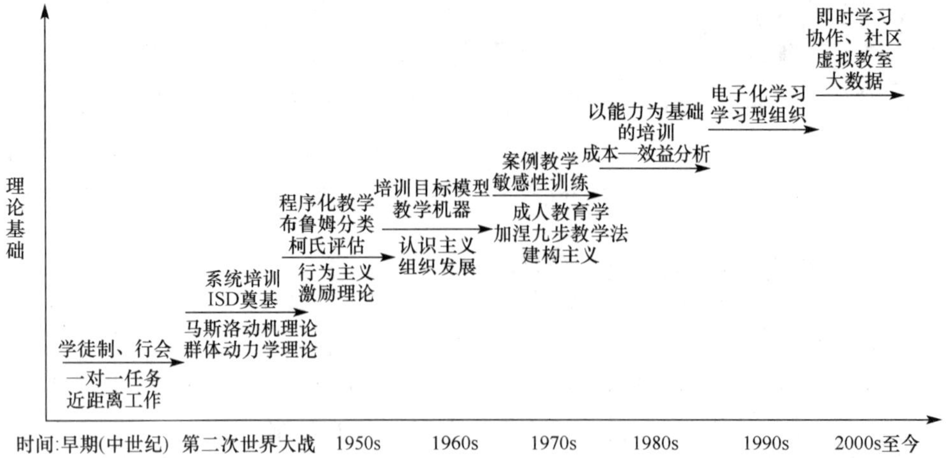


图1　培训发展进化历程

(二) 职工培训面临的挑战

1. **培训基础理论研究匮乏**

培训作为一门致力于职工素质和组织能力提升的科学，在进化发展过程中离不开基础理论的指导和支撑。随着中国经济的崛起，培训行业大有奋起直追国际先进国家之势；但如果进行冷静分析，除实施手段和应用创新方面有突破之外，国内培训基础理论研究还很匮乏。高层次培训专业人才的稀缺、教育基础理论研究的缺失，导致专业的培训从业者无章可循，只有大量的模仿、引进和借鉴国外的理论研究和企业实践成果。在实践探索过程中，又不可避免地产生水土不服的现象。

在知网（CNKI）检索文献关键词“培训理论”和“培训科学”，所检索出的论文符合要求的很少，主要为教师培训、岗位培训、需求分析和评估方面的文献，缺少系统化的基础理论跟踪研究。广大企业在进行实践探索过程中，不可避免地受社会和文化的影响，许多先进的培训理念、模型和流程技术在国内水土不服，达不到本土化落地生根的效果。

培训是一个复杂系统，培训基础理论涉及心理学、管理学、人力资源开发、组织行为学、认知科学等学科内容，不同的企业或行业还需熟悉和掌握相关业务发展情况。对培训基础理论的掌握程度直接决定和影响着培训系统的健康性、开放性和敏锐性。对于培训基础理论的不重视，容易引发对行业和专业理论不重视等连锁反应。了解和掌握培训基础理论的人员不仅包括培训管理人员、专职教师和内训师，还应该包括企业管理人员、直线经理乃至普通职工。只有加强对培训基础理论的研究，才能结合企业发展实际有的放矢地开展培训和学习活动，解决变革时代企业面临的各种难题，促进培训效果的转化。

2. **能力错觉引发低效培训**

心理学家杰弗里·卡皮克发现：“大多数学生不断重复阅读笔记或课本，却很少有人在学习时进行自我测验或做提取练习。”当书本摆在眼前时，大脑会产生错觉，以为学习材料也同样存入了大脑。看书毕竟比回想简单多了，学生因此执迷于自己的错觉——坚持低效率的学习方式。在书上画重点和标下画线、单向听老师在课堂上讲课、浏览在线课程，都容易引发能力错觉。

能力错觉来源于对学习的错误认知，如果不能正确认识这种错觉，养成了被动、简单的学习习惯，势必导致低效率、低效果的培训。能力错觉在职工课堂培训、在线学习过程中普遍存在，教师在课堂上灌输、学员静止地接收信息，缺少互动、练习、回忆和反思，最终达不到培训项目设计的目标。每天通过手机习惯性地刷微信朋友圈、浏览微信群聊天记录、看各种短视频，有限的注意力难以聚集和专注在需要思考的问题上，同样造成精神资源的浪费和消耗。

学习作为学习生态中的一种生命成长的形式，重视职工作为独立个体的主观能动性发挥和知识生成。传统培训中教师采用大水漫灌式授课，缺少对职工的个性化精准滴灌，造成培训供给方和需求方之间的供需失衡，达不到深度学习和组织能力真正提升的效果。

**3. 培训和效果转化脱节**

关于学习转化尚没有统一的定义，学习只有转化及应用才能创造价值。在企业背景下，学习转化是指在工作中应用学习内容以实现绩效改善的过程。只有应用了学习内容，学习转化才算有了成果，并且转化可以带来持续的绩效改善，这也是组织培训项目的初衷。相对于学习而言，培训更聚焦于职工技能素质的提升，培训效果转化更聚焦于培训活动中所学内容在工作中的应用，更注重所学是否能持续改善绩效。培训效果转化是一个持续的过程，培训结束即是效果转化的开始，能力错觉、记忆遗忘、对改变的抵触、旧习惯的惯性和直线经理的支持与否，都会影响职工推动效果转化的动机和热情。

培训效果的转化程度决定业务部门对培训项目的评价，推动培训不只是培训组织部门的职责。培训效果转化需要树立全程思维，从企业全局对培训项目组织流程进行有效监控和管理。传统培训多以行政发文进行层级通知，缺少相应的培训效果转化制度措施，如在项目设计之初督促受训职工做好训前准备，在培训过程中强化练习和应用绩效支持工具，在培训结束后帮助直线经理制定职工在工作中应用成果的目标及行动路线图等。如果企业不能将培训中获得的成果为职工所用，不注重承担这样的职责，那么与真正的学习型组织还有一定距离。而受训职工及其经理、高层领导及培训和发展团队，在将新学知识转化为新绩效的过程中，并没有发挥应有的作用。

## 三、智慧培训生态系统构建

### （一）智慧辨析

智从知，“知”与“日”合起来表示“每天都能知”，是普通人都能具备的能力，比较大众化；慧从心，指心性明悟，从丰富的学识、丰富的经验中就能升华出哲学思想，需要修学到一定层次才能拥有。智是自内向外的输出能力，慧是自外向内的认知能力。明白一切事相叫作智、了解一切事理叫作慧。决断曰智，简择曰慧；俗谛曰智，真谛曰慧。如果把人比作楼房，由沙泥构成，沙是智，颗粒可见，向外而条理分明；泥就是慧，润内而看不见，浑然一体却不可估量。

智慧是一种高级创造思维能力，孔子提倡“学而不思则罔，思而不学则殆”，智慧类比对应于学习，犹如学与思的关系，增智、增知意味着模仿，而习得、反思意味着感悟。一味读书而不去思考，则会陷入迷茫，智多而少慧；一味空想而不实实在在地钻研学习，终究一无所获。只有把学习和思考、增智与反思结合起来，才能学到切实有用的知识。

### （二）智慧培训生态系统层次结构

根据企业培训生态系统层次结构，将智慧培训生态系统划分为核心层、功能层和环境层三个层次（见图 2）。其中，核心层是以人为核心组成的群落，由职工、教师和管理者三个种群组成，种群之间通过培训活动进行信息交互。功能层由内容、资源、平台和数据等元素组成，对应行使活动开展、项目组织、渠道拓展和技术支撑等功能；功能层涵盖组织和个人两个维度。环境层由时间—空间—主体—效能等要素组成（见图 3）。

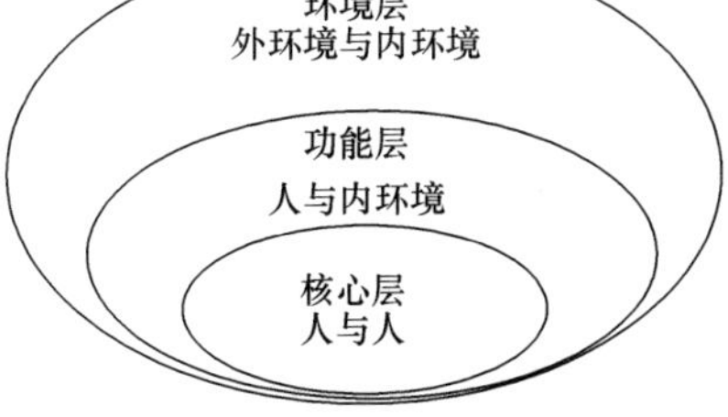


**图 2　智慧培训生态系统层次结构图**

智慧培训生态系统中，核心层通过全员参与，即职工学习动机挖掘、

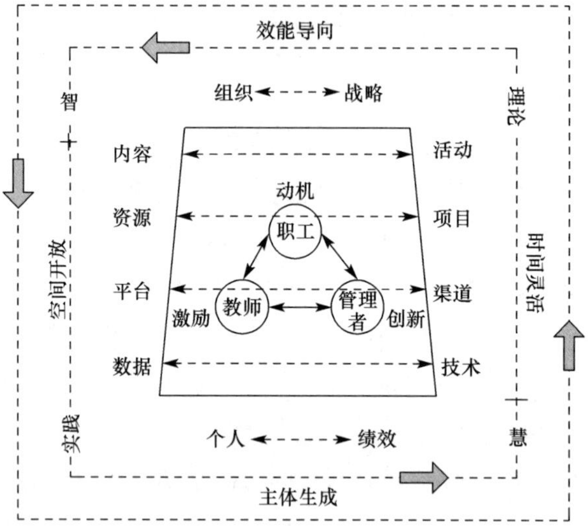


**图 3 智慧培训生态系统关系功能图**

教师激励、管理创新等途径生成系统内部动力；功能层通过全息传播，即培训教学信息流推动活动、项目的有序开展，拓展职工学习渠道，推动技术升级创新。开展全效服务，以培训效果转化为目标，组织关注战略落地实施、个人关注绩效改善，从空间开放、主体生成、时间灵活、效能导向四个维度，全程运作驱动智慧培训生态系统良性循环，不断丰富补充内部知识、升华萃取企业智慧，促进理论知识到实践工作的落地转化。

（三）智慧培训生态系统功能

智慧培训生态系统具备智慧人才培养、动态知识管理、智慧培训空间打造、智能技术应用等功能。在明确的系统功能目标指引下，自动进行自我调节是智慧培训生态系统与传统培训的主要区别之处。

**1. 智慧人才培养**

智慧人才的培养是智慧培训生态系统的核心目标和服务方向。关于智慧人才的培养，目前的研究更多地从教育的角度出发，认为智慧人才培养是教育改革和教育信息化过程中不可回避的现实问题，旨在培养具有良好价值取向、较强行动能力、较好思维品质和较深创造潜能的人才，培养一种具有美好人格、心灵手巧、务实创造品质的人才，是知识、技能、能力、品性均衡发展的新型人才。

干部是智慧人才的代表，2018 年中共中央颁布的《2018－2022 年全国干部教育培训规划》中指出，坚持以德为先、注重能力，坚持改革创新、共建共享，围绕建立源头培养、跟踪培养、全程培养的素质培养体系，深化干部教育培训改革。干部教育培训代表着人才培养的方向，可见智慧人才培养不仅要求职工具有较高的职业素质和创新能力，而且还要具有良好的思想品德和全局观念，培养方式上注重从源头上全程跟踪、高质量开展。

**2. 动态知识管理**

知识管理作为企业管理群体智力的新兴工具之一，对培训和学习日益重要。当今时代，我们面临着信息过载、信息低载、信息分散、信息冲突和信息错误五类关键信息挑战。知识资源作为企业的关键智力资产，越来越多地被用于提高客户服务水平、减少产品开发周期和分享最佳实践。在知识呈几何级速度增长，而知识半衰期却大幅缩短的背景下，开展全员动态知识管理，能够更好地进行大范围建设和大面积共享知识资源。

在智慧培训生态系统中，动态知识管理倡导的核心要素是全体职工参与知识资源建设，推动知识分享和成果共享。在移动互联和全媒体时代，社交媒体应用、职场非正式学习均可产生知识，成为职工绩效实施和改善的工具。受“全息”思想的影响，企业职工对隐性知识的挖掘和显性知识的梳理更加便捷、频繁，个人知识和组织知识共享范围打破单位、地域和行业界限，进一步扩大。知识从人脑到电脑再到云端，成为连接器，将职工和职工、职工和教师、职工和管理者之间的交流连接得更加紧密。由于知识来源于职工，更多地属于个人兴趣和工作难题方面，在彼此互相学习和实践应用中能够得到沉淀和动态更新。

**3. 智慧培训空间打造**

智慧培训生态系统中智慧培训空间包括终身学习平台、智慧教室、知识共享社区等有形部分和企业文化环境空间等无形部分，并通过企业的组织管理和技术支撑实现彼此灵活组合，共同打造服务于职工和企业的培训学习空间。移动互联网技术的广泛应用，一方面使企业职工知识获取的途径与交互沟通更加便捷通畅，另一方面也将培训教学场域拓展至工作、社交、生活层面，智慧培训空间的创建正是满足企业和职工在任何时间、任何岗位、任何阶段都能开展有效培训学习的需要，实现个人和企业共同发展的目标。

终身学习平台、智慧教室、知识共享社区等有形部分的设计应遵循感知性、交互性、个性化、智能化、共建共享化等原则。而文化环境空间的设计则应遵循人性化、开放性、多元化原则。综合这些原则，均是将平台环境和文化因素全面有效作用于企业培训学习过程，突出全员参与和全程运转，转化为更优的教与学的方法，从培训课堂延伸到职工岗位工作场所、日常社交场所和每天的生活当中。

#### 4. 智能技术应用

智慧培训生态系统中智能技术应用包括智能数据采集、全程数据分析、结果即时反馈、绩效支持工具、自动进化调整等方面。智能数据采集是基础，在开展应用之前需要对全员基础数据、知识资源信息、学习行为痕迹进行框架规划设计，并与 HR、ERP 等系统进行数据交互，服务于职工培训学习。

智慧技术应用的关键目标是借助技术建立企业和职工绩效支持体系，缩短职工最短学习路径。所谓最短学习路径是指职工在工作中遇到问题时，快速找到解决问题的最优解。最短学习路径的选择直接决定职工和企业工作效率的高低。绩效支持的类型和形式无穷无尽，常见的绩效支持包括提醒、步骤指导、流程图和决策树、模板、检查清单、视频或演示、教练、信息库、专家帮助，不同的绩效支持类型具有相应的适用情况。可以将这些绩效支持方法归纳为知识类、技能类和态度类等类型，不同类型的方法适用于不同的工作场景和不同的工作时机，在实际工作中进行灵活掌握或相互组合，力争发挥最大作用。

## 四、智慧培训生态系统应用策略

智慧培训生态系统是满足全媒体时代企业和职工培训新需求、顺应培训转型新趋势的创新体系，从角色认知、群体智慧、效果转化和全程运作等方面提出以下应用策略。

### （一）明确职责，提高对人才培养的角色认知

在智慧培训生态系统核心层中，管理者、职工和教师三个群体之间互相交流，而其中起决定作用的是管理者和教师（内训师）。管理者包括企业高层管理者、中层和基层管理者、人力资源管理人员和培训管理人员。要达到智慧培训生态系统的良性循环，需要明确各自职责和定位，提高对人才培养的角色认知水平，激发出全员的智力活力和创造力。

高层管理者具有调动企业资源的权力，需要承担在人才培养和发展方面的责任，并在全局决策中优先考虑职工培训工作、关注培训效果，在政策制定、经费预算、制度创新方面给以支持，在调动群体智慧方面做好表率、带好头，创建让职工感觉愉悦并显示企业对基层人员培训工作重视的文化环境。中层和基层管理者、人力资源管理人员和培训管理人员均属于培训发展团队，其中基层管理者直接面对企业职工，承担着培训实施、效果转化、职工发展的直接责任。中层管理者、人力资源管理人员和培训管理人员要主动服务于基层管理者，与他们保持密切沟通和联系，解决阻碍培训全流程实施的各种限制因素，关注培训质量效果，创建良好的企业内部环境和工作氛围。在知识经济时代，培训和学习对个人专业发展、技能提升、绩效改善起到促进作用，基层管理者在做好岗位管理工作的同时要积极向学习专业人士转变，充当合作伙伴的角色——与他人组队或与职能部门管理人员一起工作，以支持培训和职工发展工作，了解每位职工的擅长领域，调动下属职工开展培训学习活动，充当全员培训的促进者，为全程培训学习提供支持和指导。

在智慧培训生态系统中，教师（内训师）属于关键少数人群，是核心层的“种子”，是保持培训生态活力的重要力量。作为全媒体时代的育人工程师，需要具有全球视野、系统思维和扎实的培训基础理论功底，学习和吸收国际先进的培训理论，应用于职工培训中并结合企业实际不断丰富和完善。科学规划和设计职工培训全过程，采用多样化的学习方式、多角度的学习主题，提升记忆和应用转化效果，将培训活动转换为“学习旅程”，改善职工学习体验。

（二）动机引领，调动群体贡献智慧的积极性

职工是企业最有价值的资源，引导职工参与培训和学习的最终目的是调动群体的智慧应用到工作实践中，促进企业持续发展。职工贡献智慧是一个贯穿职业生涯的全过程，而不仅仅是一项活动。在培训过程中、在岗位工作和非正式学习中，老职工有意识地沉淀出宝贵的知识分享给新进职工和新上岗职工学习，延续和传承组织的学习能力。

职工的培训动机来源于个人兴趣和与本职工作密切相关的问题，智慧培训生态系统注重个体学习行为的内在自发生成，在学习和解决问题过程中注重萃取和外化先进工作经验，全息复制和传播给其他职工。传统培训调动职工贡献智慧多以行为肯定为主，而新的智慧培训生态则向

动机引领转变，运用成人学习理论挖掘职工学习动机，认可普通职工丰富的知识和经验，帮助他们真正解决遇到的问题，为个人生活、岗位晋升和工资增加等切身利益提供帮助。

群体智慧通过知识库的形式进行管理，包括企业业务知识库、培训学习资源库、职工实践社区、专家和专业知识库等，对应群体包括企业业务人员、培训管理人员和教师、全体职工、企业专家等。群体智慧库从垂直和水平两个维度进行管理，业务知识库的组织以垂直维度为主，包括产品知识、使用与维护、客户服务、企业信息、政策制度标准、绩效支持文档、最佳实践、信息系统支持、竞争情报等，成员沟通交流多为上下之间；培训学习资源、职工实践社区、专家知识库的组织既有垂直维度（上下之间），又有水平维度（企业内外），成员之间基于共同的目的和需求进行交流分享（如图 4 所示）。业务知识库、培训学习资源库和职工实践社区重在制定激励制度和规则，通过企业评价、职工互评等方式保证智慧知识库的质量和及时更新，形成常态化和连续性机制，全程采集贡献者痕迹数据，与工作绩效和考核挂钩，鼓励全员参与、共享智慧、共同成长。

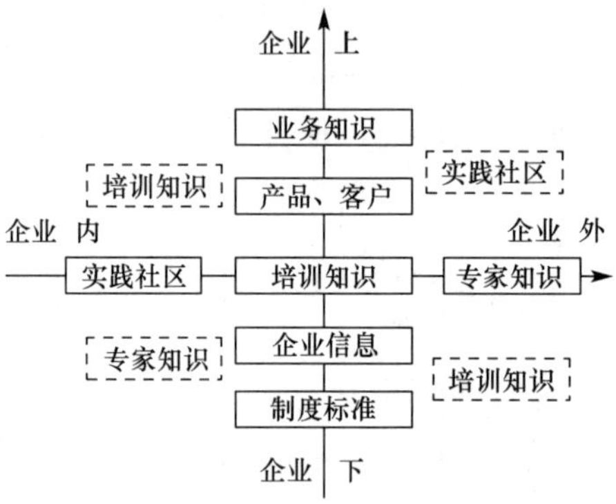


**图 4 企业智慧知识库组织管理维度**

专家和专业知识库建设应充分考虑专家的实际情况，以减少专家工作量、定期轮换、不过度使用为原则，通过提供专业发展机会、出版发行成熟的专业著作、提供方向性指引、灵活运用技术获取专家知识、引入培训人员作为专家等方式减轻专家负担，激发专家贡献智慧的动力，保证他们既能专心开展研究，又能发挥辐射作用，为企业发展贡献才智。

（三）学以致用，促进培训效果转化

培训效果转化存在于培训全过程，并延续到职工工作场所。培训的针对性是培训转化的前提和基础，设计完整的培训和转化流程、制定科学的考核标准是关键。在培训项目设计之初，培训管理者和教师就需要将应用转化作为目标，纳入课程和教学考核之中。在考核衡量标准方面，目前尚无最佳的精准评估学习转化程度的方法，许多课堂或数字化学习（E-learning）项目都涵盖了巨大的知识量，即便学生学习效率再高，也只能应用其中的一小部分内容。因此，在考核培训项目转化程度时，需要将所培训的知识容量和训后转化时间长度作为重要参数进行考虑，用接受培训后达到特定绩效改善标准或条件的职工数量，作为衡量培训转化效果比较直观。即培训项目转化率＝达标职工数量/参训职工数量，在参训职工数量一定的情况下，提高达标职工数量，培训项目转化率会相应提高。

智慧培训生态系统以效能为导向，在职工学习体验和策略制定之外，应更多地关注培训效果转化。首先是发扬职工的主体精神，树立强烈和明确的培训成果转化意识，通过成功转化和应用提高自信心；其次是提升教师培训理论水平、课程设计水平和成果转化引导能力；再次是明确各自相应的职责，督促基层管理人员承担更多培训后成果转化的重任，鼓励下属在工作中应用新知识、新技能；最后是制定相应的转化激励政策，鼓励教师和职工将所教、所学应用于实践，并对先进人员给予表彰奖励。

（四）技术服务，做好全程运作的连接器

技术是人类文明发展的强大动力，是人类文化系统不可分割的一部分。技术塑造和反映了智慧培训生态系统的价值，是支撑该系统全程持续运转的连接器。通过完善基础信息数据、贯通企业内信息孤岛、融合各项智能技术等途径，把培训流程中各环节有序连接起来，保证智慧培训生态系统健康运行。

企业在信息化进程中，各个业务部门引进或自主研发各自的信息管理系统，造成内部信息孤岛，而这些系统的数据如果不能和职工培训数据关联对接，则实现不了培训效果考核和转化评估，也难以面向全员共享业务知识库。因此，建立统一标准的数据信息库，并导入和完善基础数据，动态采集职工的日常行为数据，是各个信息系统共建共享数据资源的前提。要发挥网络技术和云计算的优势，存储海量知识资源和学习行为记录，拓宽培训内容传输通道，实现教师与学员、职工与职工之间交流交互的便捷化，密切业务部门、人力资源部门和培训管理部门之间的联系。

在大量的培训知识面前，如何实现个性化、精准化推送，满足不同年龄、不同岗位、不同层级职工的多元化需求，需要人工智能技术与软件开发技术、多媒体技术相融合，将培训管理者、教师（内训师）从繁重的学习支持工作中解脱出来，如学习错误自动诊断、智能语音问答、虚拟教师授课、虚拟场景模拟训练等，激发年轻职工的学习兴趣，实现个性化指导。

## 五、结语

在信息技术日新月异的当今时代，企业培训的未来充满各种新的挑战和机遇，如果不去积极探索和进行主动转变，继续沿用以往的思路和工作方法，企业组织能力和职工素质提升将变得异常艰难。智慧培训生态系统是面向企业全体职工，以追求全效服务为终极目标，开展全息知识和全程服务的新型培训生态系统，该系统的建设和运行是一个渐进的过程，各级管理者、培训发展人员和职工本身的主动改变，是群体智慧沉淀和传播的持续动力，也是企业核心竞争力打造和永续向前的不竭源泉。

## 参考文献

[1] 崔士鑫. 建设“全媒体”，推动媒体融合向纵深发展——深入学习习近平总书记“1·25”重要讲话精神 [J]. 传媒，2019（2）（上）：31-32.

[2] 殷陆君. 如何理解“四全媒体”的内涵和意义 [N]. 学习时报，2019-04-08（4）.

[3] 罗伊·波洛克. 将培训转化为商业结果：学习发展项目的 6Ds 法则 [M]. 北京：电子工业出版社，2017：22-39，181-182，239-240.

[4] 伊莱恩·碧柯. ATD 学习发展指南（第 2 版）[M]. 北京：电子工业出版社，2016：译者序Ⅵ，17-38，624，632，636-637.

[5] 芭芭拉·奥克利. 学习之道 [M]. 北京：机械工业出版社，

2016：53-54.

［6］马成功. 构建学习生态［M］. 北京：机械工业出版社，2017：18，28.

［7］宁福旺. 大数据时代企业培训生态的优化策略［J］. 中国人事科学，2019（2）：65.

［8］祝智庭，彭红超. 智慧学习生态：培育智慧人才的系统方法论［J］. 电化教育研究，2017（4）：5-14，29.

［9］李卓珂，张晶蕊，王娟. 终身教育体系下智慧学习平台的构建研究［J］. 成人教育，2019（4）：11-12.

# 人才政策创新

# 河北省人才集聚政策实证分析①

邢明强　郝雅辉②

**摘　要：**人才作用的发挥和人才政策的落实紧密相关。本文通过对分析河北省人才政策进行研究，结合现场访谈和调查问卷数据的收集，实证研究了河北省近三年人才政策对人才集聚的效果，结果显示，不同类型人才政策对人才集聚均产生影响，但影响程度各异，各类人才对人才管理政策、人才激励政策较为关注，而人才吸引政策和人才发展保障政策则影响较小。最后提出了河北省进一步完善政策实现区域人才集聚的对策建议。

**关键词：**人才政策　人才集聚　政策效应

## 一、研究背景

进入新时代的中国，对优秀人才的需要比以往任何时候都更为迫切。习近平总书记在党的十九大报告提出，坚定实施人才强国战略。人才资源是第一资源。充分发掘人才资源宝库，努力形成人人渴望成才、人人努力成才、人人皆可成才、人人尽展其才的良好局面，是实现“两个一百年”奋斗目标和中华民族伟大复兴中国梦最牢固的依靠、最有力的

① 该篇论文获得“2019 年全国人才与人事研究主题征文活动”一等奖。

本文是国家社科基金项目《京津冀人力资本空间溢出作用机制与共享路径研究》，课题编号：(19BGL270)。

② 邢明强，河北省人力资源社会保障科学研究所副所长、副研究员；郝雅辉，石家庄财经职业学院助教。

支撑。

然而，河北省的人才问题较为突出，一是人才资源流失较为严重。被河北省环绕的京津两地，在经济发展、教育资源、医疗资源、科技创新等方面均远超河北，其人力资本产出也比河北要高，人才作用能够得到更充分的发挥，与此同时，人才也获得了更好的发展机遇和生活质量，京津两地对河北省产生明显的虹吸效应，人才不断外流的情况也导致河北省的经济发展动力不足，尽管近两年河北省不断出台优惠政策，吸引高端人才来冀发展，但成效并不理想，每年仍然有较大范围的人才流入京津两地，形成河北省人力资源建设的恶性循环。二是人才发展不平衡。人才发展不平衡与河北省产业结构不合理、产业落后密切相关，以钢铁、煤炭、化工等传统劳动资源密集型为主的产业导致这方面类型的人才较多，而绿色高附加值的第三产业人才较为缺乏，人才层次也以初中级为主，较为缺乏高级人才。地域分布也极为不平衡，人才集中于经济较为发达的石家庄、邯郸等地，而衡水、承德、张家口等地人才较为缺乏。

近年来，河北省政府高度重视人才工作，也提供了较强的政策支持，但相比于周边的北京、天津及南方等发达地区，人才集聚效应还是有一定差距，对政策实施的效果评估也没有及时跟上。

## 二、政策梳理

2018 年为深入贯彻习近平总书记系列重要讲话精神，特别是关于人才工作的重要论述，协调推进“四个全面”战略布局，认真践行创新、协调、绿色、开放、共享、发展理念，着力破除束缚人才发展的思想观念和体制机制障碍，向用人主体放权，为人才松绑，进一步激发人才活力，形成具有竞争力的人才制度优势，为建设经济强省、美丽河北提供强大人才支撑和智力支持而颁布《河北省关于深化人才发展体制机制改革的实施意见》。意见总共分为八部分，分别从改革人才管理体制、创新人才引进机制、完善人才培养机制、改进人才激励办法、构建顺畅人才流转机制、建立京津冀人才协同发展机制、健全人才保障机制、加强党对人才的领导进行阐述。以上政策对涉及人才的各个方面做了规定，是对人才工作方向的总体规划。

对近三年河北省有关人才政策进行梳理，具体可分为三类。①为解决人才保障问题，2017年、2018年先后出台《关于建立服务人才发展绿卡制度的意见（试行）》、《河北省人民政府办公厅关于改革完善博士后制度的实施意见》政策，人才绿卡政策要求人才绿卡管理平台在各相关部门和单位互联互通，初步建成覆盖全省的人才绿卡服务体系，建成有河北特色的人才绿卡机制。完善博士后制度政策要求到2020年，博士后研究人员招收数量进一步增加，应届博士毕业生、外籍和留学回国人员进站比例得到提高；博士后学术交流力度不断加大，科研水平明显提升；创新创业扶持力度得到增强，科研成果转化率显著提高。②为解决人才引进问题，河北省政府于2017年、2018年出台了《河北省人民政府办公厅关于印发河北省鼓励柔性引才暂行办法的通知》《河北省外专百人计划》《加强新形势下引进外国人才工作》政策。柔性引才政策坚持“不求所有、但求所用”，吸引省外高层次人才通过挂职、兼职、技术咨询、周末工程师等形式，为河北省经济社会发展提供智力支持。③为切实发挥人才评价导向激励作用、收入分配激励作用，充分调动广大科技人员积极性、创造性，2018年河北省政府出台了人才激励管理类政策，包括《河北省百万燕赵工匠培养支持计划实施方案》《河北省推进科研人员职称分类评价实施细则》《关于落实以增加知识价值为导向分配政策的实施意见》，意见中对优化以增加知识价值为导向的收入分配结构、增加团队科研机构人员收入自主权、转变短期激励为长期激励等内容作了具体要求。④为解决人才选拔问题，河北省政府根据原国家人事部等七部委《关于印发〈新世纪百千万人才工程实施方案〉的通知》精神，结合河北省实际，制定河北省新世纪三三三人才工程实施方案。人才选拔对象为全省国有企事业单位、非公有制组织以及中直驻冀企事业单位中从事自然科学、哲学社会科学研究或从事技术开发、应用、推广的中青年专业技术人才；河北省人社厅2017年公布的《关于开展河北省政府特殊津贴专家选拔工作的通知》旨在选拔在企事业单位（含中央驻冀单位、非公有制经济组织）从事科学研究、技术应用和管理科学工作，为坚定走“加快转型、绿色发展、跨越提升新路”做出重大贡献和取得一定成绩的专业技术岗位上的在职人员，参与选拔的对象为河北省自然科学、哲学社会科学、管理科学和工程技术方面的学科带头人。

## 三、研究设计

### （一）人才的概念界定

1987年出版的《人才学辞典》上曾对“人才”做出如下界定：是指具有一定的专业知识或专门技能，进行创造性劳动，并对社会或国家做出贡献的人，是人力资源中能力和素质较高的劳动者。结合已有定义本文将人才分为五类，高技能人才、企业经营管理人才、高级党政人才、农村实用人才、专业技术人才。

### （二）科技人才政策来源

本文政策的选择来自《河北省人才政策汇编》，文种类型包含了通知、决定、办法、意见等。通过文本分析法，归纳出6个父节点，筛选出23项政策，形成日后发放的调查问卷。

### （三）研究方法

本文采用问卷调查法和现场访谈法组织进行，现场访谈主要在邯郸、邢台、廊坊等地进行，分别与企业部门负责人及政府机关工信局、发改委、科技局、人社局相关人员进行座谈，调查问卷在河北省十一个地级市发放，对象主要为高校教师、科学研究所研究人员、科技型中小企业研发人员等。调查问卷列出了通过整理后的23项人才政策，要求被调查者根据实际情况判断以下各项政策对人才选择在A地而不是B地工作的实际影响程度。采用李克特5点量表计分，“1”代表几乎没有影响，“2”代表有较小影响，“3”代表中等影响，“4”代表有较大影响，“5”代表有很大影响。调查问卷采用现场实地发放和网络问卷发放相结合的方式发放，共采集249份问卷，其中有效问卷228份，基本情况见表1。

表1　　调查样本性别、学历组成

| 有效人数 | 男性占比 | 女性占比 | 高中 | 大专 | 本科 | 硕士 | 博士 |
|---|---|---|---|---|---|---|---|
| 228 | 51.28% | 48.72% | 1.71% | 0.85% | 23.93% | 55.56% | 17.95% |

228份有效问卷中男性占比51.28%，女性占比48.72%。学历上以硕士研究学历为主，占总人数的56%，超过半数，本科学历次之，拥有博士学位占17.95%，专科学历占0.85%，高中学历占1.71%。

## 四、河北省人才集聚的政策效应分析

### （一）对政策进行文本分析

**1. 研究方法与工具**

为落实人才优先发展战略，河北省制定出台了一系列专项政策文件，为帮助广大人才工作者进一步了解人才政策，提升专业素养，河北省对近年来党中央、国务院、国家部委、省委省政府、有关厅局关于人才发展体制机制改革文件进行了梳理，选取其中重要和部分具有代表性的政策文件，形成《河北省人才政策汇编》一书，本文从《河北人才政策汇编》一书中提取省委省政府文件、省直厅局文件，共归纳整理出 13 项政策文本，由于政策具有很强的时效性，样本选取的时间跨度为 2016 年至 2018 年并借助 Nvivo11 Plus 软件进行文本分析。Nvivo 软件是由美国 QSR 公司于 1999 年研发的一款辅助质性数据分析的软件，该软件能够有效地处理不同类型的数据，诸如音频、文字、图片、网页甚至视频等内容，是目前国内外公认的实现质性研究的最佳工具。

**2. 政策文本词频统计**

将选取的 13 项政策文本导入 Nvivo11 Plus 软件中，利用软件中的“词频”功能可以得出此文本出现频率较高的词，并通过导出“词语云”这一功能直观的显现出来（见图 1），其中，字号越大说明在文本中出现的频率越大，说明在政策编制过程中，越受到制定者的重视。经过对词频的判断可以初步对政策的方向有一个把握。

**图 1　河北省人才政策词语云**

其中，统计出政策文本中出现频率最高的15个词（见表2），统计表中需要剔除一些频率较高但对于分析政策重点走向意义不大的词语，例如“人才”“工作”“人员”“引进”等，接下来可以对词频进行结果分析。

表2　　河北省人才政策词频统计

| 序号 | 单词 | 计数 | 加权百分比 |
|---|---|---|---|
| 1 | 人才 | 707 | 3.29% |
| 2 | 工作 | 251 | 1.17% |
| 3 | 技术 | 213 | 0.99% |
| 4 | 服务 | 211 | 0.98% |
| 5 | 基层 | 195 | 0.91% |
| 6 | 引进 | 194 | 0.90% |
| 7 | 科研 | 179 | 0.83% |
| 8 | 人员 | 173 | 0.80% |
| 9 | 项目 | 171 | 0.79% |
| 10 | 创新 | 160 | 0.74% |
| 11 | 企业 | 147 | 0.68% |
| 12 | 博士后 | 146 | 0.68% |
| 13 | 支持 | 145 | 0.67% |
| 14 | 毕业生 | 82 | 0.38% |
| 15 | 高层次 | 70 | 0.33% |

“人才”一词出现的频率最高，说明河北省对于人才的重视。“项目”在政策文本中出现过171次，河北省重视科技领军人才带技术、带成果、带项目来河北省转化成果，对各种优秀项目团队进行奖励，赋予项目负责人更大的自主权。“企业”一词出现过147次，因为企业作为引才聚才的主体作用不容小觑，而且企业也承担了相当程度作为培训基地对人才进行培训的任务，政策里也包含一些人才在企业工作的成果转化分配措施。“博士后”“高层次”词频较高，反映了人才政策对于博士后等高层次群体的重视，河北省人才结构不合理，以初中级为主，高级层次人才较为缺乏，且毗邻京津，强大的虹吸效应使得河北省十分重视对高层次人才的引进。“毕业生”在文本中共出现过82次，河北省近年来实施名校英才入冀计划，吸引优秀毕业生不仅来得了，而且留得下；鼓励毕业生

流向基层，自主创新创业。

3. **政策话语分析**

利用 Nvivo11 Plus 软件在内部材料中导入 13 项有关河北省人才政策的文本，依据扎根理论的研究思想对文本逐字阅读，进行第一轮开放编码，逐步将纷繁复杂的政策文本化繁为简，自由编码完成后开始进行主轴编码，本质上是将第一轮编码的节点按照其相关性置于同一节点下的过程，编码过程涵盖了文本的 90%以上内容。

经过三轮编码后，最终形成了“人才管理政策”“人才吸引政策”“人才培养政策”“人才评价激励政策”“人才流动政策”“人才发展保障政策”6 个子节点（见表 3）。由于在编码的过程中难免掺入作者本人的主观因素，为了保证编码的可靠性，作者在完成编码后邀请一位博士研究生在已经完成的节点上重新编码，最后根据同意度百分比公式计算两者之间的同意度。经过按如下公式进行计算结果为 75%，编码有效可信。信度＝相互同意的编码数量/（相互同意的编码数量＋相互不同意的编码数量）。

**表 3　　河北省人才政策汇编节点参考点数值整体情况及参考点举例**

| 节点 | 节点名称 | 材料来源 | 参考点 | 参考点举例 |
|---|---|---|---|---|
| 河北省人才汇编政策 | 管理政策 | 10 | 47 | 消除用人主体过度干预；改进编制管理方式 |
| | 吸引政策 | 11 | 59 | 加大柔性引才力度；激发企业引才聚才动力；深化拓展“名校英才” |
| | 培养政策 | 9 | 19 | 强化对青年人才普惠性支持；实施冬奥人才计划 |
| | 评价激励政策 | 13 | 72 | 健全成果转化激励分配制度；紧缺人才可实行直评直聘制度 |
| | 流动政策 | 8 | 25 | 省外专家入冀相应职务称号予以认可；深入推行科技特派员制度 |
| | 发展保障政策 | 9 | 32 | 全面推行河北人才服务“绿卡”；自然资源部门预留土地指标专项用于人才创业项目成果转化 |

（二）因子分析

本文将采集到的问卷信息输入 Spss24 软件中，输出 KMO 检验结果和巴特利特（Bartlett）球型检验结果以判断原始数据是否适合进行因子分析。KMO 值为 0.9 以上表示非常适合；0.8 表示适合；0.7 表示一般；0.6 表示不太适合；0.5 以下表示极不适合。KMO 统计量取值在 0 和 1 之间。当所有变量间的简单相关系数平方和远远大于偏相关系数平方和时，KMO 值接近 1。KMO 值越接近于 1，意味着变量间的相关性越强，原有变量越适合作因子分析；当所有变量间的简单相关系数平方和接近 0 时，KMO 值接近 0。KMO 值越接近于 0，意味着变量间的相关性越弱，原有变量越不适合作因子分析。

表 4　　KMO 和巴特利特球形度检验

| | | |
|---|---|---|
| KMO 取样适切性量数 | | 0.910 |
| 巴特利特球形度检验 | 近似卡方 | 1 986.327 |
| | 自由度 | 253 |
| | 显著性 | 0.000 |

由表 4 可知，KMO 值达到 0.910，表明原始数据达到了非常适合做因子分析的要求。巴特利特球形度检验用于检验相关阵中各变量间的相关性，是否为单位阵，即检验各个变量是否各自独立。如果变量间彼此独立，则无法从中提取公因子，也就无法应用因子分析法。巴特利特球形度检验判断如果相关阵是单位阵，则各变量独立，因子分析法无效。由下表检验结果显示 Sig.＜0.05（即 $p$ 值＜0.05），说明各变量间具有相关性，因子分析有效。

随后在 Spss24 中对数据进行因子分析，方法采用主成分法，因子提取基于特征值大于 1，旋转采用最大方差法，并输出载荷图和碎石图，结果共抽取出 4 个因子（见表 5）。公因子方差表示每个变量能被公因子解释多少，“提取”的值越大说明变量可以被公因子表达的越好，一般大于 0.5 即可以说是可以被表达，达到 0.7 可以被看作得到了良好的表达，从表 5 中可以看出，题项被提取的值都在 0.6～0.8 之间，说明变量被表达的较为充分。

表 5　　公因子方差

| | 初始 | 提取 |
|---|---|---|
| Q3 | 1.000 | 0.761 |
| Q4 | 1.000 | 0.671 |
| Q5 | 1.000 | 0.662 |
| Q6 | 1.000 | 0.731 |
| Q7 | 1.000 | 0.625 |
| Q8 | 1.000 | 0.705 |

续表

| | 初始 | 提取 |
|---|---|---|
| Q9 | 1.000 | 0.639 |
| Q10 | 1.000 | 0.590 |
| Q11 | 1.000 | 0.598 |
| Q12 | 1.000 | 0.648 |
| Q13 | 1.000 | 0.663 |
| Q14 | 1.000 | 0.691 |
| Q15 | 1.000 | 0.798 |
| Q16 | 1.000 | 0.731 |
| Q17 | 1.000 | 0.780 |
| Q18 | 1.000 | 0.698 |
| Q19 | 1.000 | 0.602 |
| Q20 | 1.000 | 0.686 |
| Q21 | 1.000 | 0.764 |
| Q22 | 1.000 | 0.668 |
| Q23 | 1.000 | 0.797 |
| Q24 | 1.000 | 0.686 |
| Q25 | 1.000 | 0.703 |

注：提取方法：主成分分析法。

解释的总方差表示因子对于变量解释的贡献率，结合碎石图可以看到提取的四个因子对整体问卷的解释达到了69.127%（见表6）。

**表6　总方差解释**

| 初始特征值 | | | | 提取载荷平方和 | | | 旋转载荷平方和 | | |
|---|---|---|---|---|---|---|---|---|---|
| 成分 | 总计 | 方差百分比 | 累积 % | 总计 | 方差百分比 | 累积 % | 总计 | 方差百分比 | 累积 % |
| 1 | 11.856 | 51.548 | 51.548 | 11.856 | 51.548 | 51.548 | 6.207 | 26.987 | 26.987 |
| 2 | 1.672 | 7.271 | 58.819 | 1.672 | 7.271 | 58.819 | 4.042 | 17.574 | 44.562 |
| 3 | 1.261 | 5.483 | 64.301 | 1.261 | 5.483 | 64.301 | 2.887 | 12.552 | 57.114 |
| 4 | 1.110 | 4.826 | 69.127 | 1.110 | 4.826 | 69.127 | 2.763 | 12.013 | 69.127 |
| 5 | 0.860 | 3.738 | 72.865 | | | | | | |
| 6 | 0.698 | 3.036 | 75.901 | | | | | | |
| 7 | 0.684 | 2.972 | 78.873 | | | | | | |
| 8 | 0.610 | 2.653 | 81.526 | | | | | | |

续表

| 初始特征值 | | | | 提取载荷平方和 | | | 旋转载荷平方和 | | |
|---|---|---|---|---|---|---|---|---|---|
| 成分 | 总计 | 方差百分比 | 累积 % | 总计 | 方差百分比 | 累积 % | 总计 | 方差百分比 | 累积 % |
| 9 | 0.536 | 2.330 | 83.856 | | | | | | |
| 10 | 0.491 | 2.135 | 85.991 | | | | | | |
| 11 | 0.474 | 2.060 | 88.050 | | | | | | |
| 12 | 0.397 | 1.728 | 89.779 | | | | | | |
| 13 | 0.388 | 1.689 | 91.467 | | | | | | |
| 14 | 0.357 | 1.551 | 93.019 | | | | | | |
| 15 | 0.257 | 1.117 | 94.136 | | | | | | |
| 16 | 0.245 | 1.064 | 95.200 | | | | | | |
| 17 | 0.223 | 0.971 | 96.171 | | | | | | |
| 18 | 0.204 | 0.887 | 97.058 | | | | | | |
| 19 | 0.173 | 0.753 | 97.811 | | | | | | |
| 20 | 0.164 | 0.713 | 98.523 | | | | | | |
| 21 | 0.127 | 0.552 | 99.075 | | | | | | |
| 22 | 0.111 | 0.483 | 99.558 | | | | | | |
| 23 | 0.102 | 0.442 | 100.000 | | | | | | |

注：提取方法：主成分分析法。

为了更好地得出主因子，对结果进行最大方差旋转，对因子载荷值低于 0.4 的变量进行剔除，得出旋转后的成分矩阵（见表 7）。

**表 7　　旋转后的成分矩阵**

| | 成分 | | | |
|---|---|---|---|---|
| | 1 | 2 | 3 | 4 |
| Q23 | 0.796 | | | |
| Q13 | 0.772 | | | |
| Q14 | 0.733 | | | |
| Q18 | 0.692 | | | |
| Q22 | 0.691 | 0.401 | | |
| Q25 | 0.686 | | | |
| Q20 | 0.659 | | | |
| Q21 | 0.629 | 0.500 | | |
| Q12 | 0.620 | 0.448 | | |

续表

| | 成分 | | | |
|---|---|---|---|---|
| | 1 | 2 | 3 | 4 |
| Q24 | 0.585 | 0.537 | | |
| Q11 | 0.579 | | | |
| Q19 | 0.505 | | 0.456 | |
| Q8 | | 0.772 | | |
| Q9 | | 0.690 | | |
| Q10 | | 0.648 | | |
| Q7 | 0.412 | 0.595 | | |
| Q3 | | | 0.847 | |
| Q5 | | | 0.693 | |
| Q4 | | | 0.677 | |
| Q6 | | 0.560 | 0.567 | |
| Q15 | | | | 0.830 |
| Q17 | 0.414 | | | 0.735 |
| Q16 | | | | 0.728 |

注：①提取方法为主成分分析法。

②旋转方法为凯撒正态化最大方差法。

③旋转在 7 次迭代后已收敛。

据表 7 中所得出的分析结果，可以把 23 项政策划分为四个因子。第一部分包含第 11、12、13、14、18、19、20、21、22、23、24、25 题项，第二部分包含第 7、8、9、10 题项，第三部分包含 3、4、5、6 题项，第四部分包含 15、16、17 题项。我们把这四类影响人才集聚的政策进行命名（见表 8）。

**表 8　　因子命名**

| 政策类型 | 政策核心内容 |
|---|---|
| 人才发展保障政策 | 大力实施冬奥人才计划培养一批健康、养老方面的技术、管理人才 |
| | 实施紧缺高技能人才培训工程，加强重点领域技能人才培养 |
| | 创新人才教育培养模式，打造一流大学一流学科 |
| | 加强技能人才培养载体建设，支持高技能人才培训基地、技能大师工作室建设 |
| | 支持博士后科研流动站建设，提高博士后工作补助 |
| | 打破户籍、地域、身份等制约，畅通人才流动渠道 |
| | 对外省专家称号、专业技术职务予以承认 |

续表

| 政策类型 | 政策核心内容 |
| --- | --- |
| 人才发展保障政策 | 提升基层人才补助 |
| | 实施技能精英工程，遴选人才赴国外进修培训 |
| | 自然资源部预留土地指标，专项用于高层次人才创业项目成果转化 |
| | 全面推行河北省人才绿卡 |
| | 给予人才创新创业平台要素支持 |
| 人才吸引政策 | 激发企业引才聚才动力 |
| | 实施积极的高校毕业生落户政策 |
| | 对调入我省的院士给予资金支持 |
| | 强化对青年人才普惠性支持 |
| 人才管理政策 | 消除对用人主体的过度干预，清理不符合人才成长规律的政策法规 |
| | 给用人主体足够的自主权，放宽事业单位编制管理方式 |
| | 赋予科研项目负责人更大的技术管理决策权 |
| | 加大柔性引才力度 |
| 人才激励政策 | 下放职称评审权限 |
| | 紧缺急需和突出贡献的人才，实行高级职称直评直聘制度 |
| | 建立健全成果转化激励分配制度，提高高校科研院所人才成果转化收益比例 |

（三）信度检测

本文将在上述得出的四个因子的基础上进行检测，分别为人才发展保障政策因子、人才吸引政策因子、人才管理政策因子、人才激励政策因子。本文将四类因子量表分别输入 Spss24 中进行可靠性分析，模型选择 Alpha 分析，得出四类因子 Cronbach's α 结果（见表 9）。

**表 9　　　　Cronbach's α 系数结果**

| 政策类型 | Cronbach's α 系数 |
| --- | --- |
| 人才发展保障政策 | 0.948 |
| 人才吸引政策 | 0.834 |
| 人才管理政策 | 0.817 |
| 人才激励政策 | 0.836 |

输出结果显示 Cronbach's α 系数均高于 0.8，具备了较高的信度，四类因子量表的总体 Cronbach's α 达到了 0.956，整体量表也具备较高的信度。

本文对各个政策的平均得分进行汇总，将得分为 3 分以上的政策认定为对人才产生较大影响的政策，将得分为 3 分以下的政策认定为对人才产生较小影响的政策，汇总结果见表 10。

**表 10　政策实施的影响程度**

| 政策核心内容 | 平均值 | |
|---|---|---|
| 对调入我省的院士给予补贴 | 2.20 | 影响较小类政策 |
| 支持博士后科研流动站建设，提高博士后工作补助 | 2.45 | |
| 自然资源部预留土地指标，专项用于高层次人才创业项目成果转化 | 2.52 | |
| 实施积极的高校毕业生政策 | 2.52 | |
| 大力实施冬奥人才计划 | 2.61 | |
| 实施技能精英工程，遴选人才赴国外进修培训 | 2.63 | |
| 加强技能人才培养载体建设，支持高技能人才培训基地、技能大师工作室建设 | 2.67 | |
| 实施紧缺高技能人才培训工程 | 2.76 | |
| 提升基层人才补助 | 2.77 | |
| 对外省专家称号、专业技术职务予以承认 | 2.81 | |
| 给予人才创新创业平台要素支持 | 2.82 | |
| 强化对青年人才普惠性支持 | 2.82 | |
| 激发企业引才聚才动力 | 2.82 | |
| 全面推行河北省人才绿卡 | 3.03 | 影响较大类政策 |
| 紧缺急需和突出贡献的人才，实行高级职称直评直聘制度 | 3.09 | |
| 加大柔性引才力度 | 3.11 | |
| 打破户籍、地域、身份等制约，畅通人才流动渠道 | 3.14 | |
| 建立健全成果转化激励分配制度，提高高校科研院所人才成果转化收益比例 | 3.15 | |
| 集中力量打造一流大学一流学科 | 3.15 | |
| 给用人主体足够的自主权，改进事业单位编制管理方式 | 3.20 | |
| 消除对用人主体的过度干预，清理不符合人才成长规律的政策法规 | 3.23 | |

续表

| 政策核心内容 | 平均值 |
| --- | --- |
| 下放职称评审权限 | 3.32 |
| 赋予项目负责人更大的技术管理决策权，自主确定技术路线 | 3.54 |
| 有效个案数（成列） | 228 |

## 五、研究结论

党的十九大报告提出，人才是实现民族振兴、赢得国际竞争主动的战略资源，应当实行更加积极、更加开放、更加有效的人才政策，充分释放人才活力，进而让各类人才为国家经济社会发展做出更大的贡献。本文实证分析了河北省最近3年来有关政策对人才聚集的效应。现得出以下结论：

河北省人才发展、吸引、管理、激励政策均对人才集聚产生影响，但影响程度具有差异性，首先人才管理政策是当前人才最为关心的政策，平均得分最高，这说明人才非常看重工作当中的程序公平，期待摆脱体制内一些制度束缚，进而拥有更大的自主权。其次人才激励政策也对人才集聚产生较大影响，因此，通过制定更加完善合理的激励政策，可以缓解河北省人才流失现状，甚至可以吸引人才来冀工作。最后，对调入院士提供住房补贴、提高博士后工资待遇政策不太被人才所看重，问卷的填写者普遍认为这项政策与自身的关系不大，这也从侧面反映出河北省缺乏高层次人才的问题较为严峻。

## 六、政策启示

一是以简政放权为核心，逐步完善人才激励机制。进一步加大简政放权力度，赋予项目负责人、科研团队充分的自主权，鼓励相关单位在职称评定、人员招聘、薪酬体系等方面的创新。完善人才激励机制，建立与成果、贡献相关联的人才奖励制度，加大对优秀特殊人才的激励，切实在薪酬、住房、医疗、教育等方面做适当性倾斜，体现不同水平人才之间在分配上存在的差异。

二是增加人才政策制定的主动性。尽管河北省出台了一些像实施冬奥人才计划这类的创新性前瞻性政策，但作者在梳理政策的时候发现，相当部分政策均是在对国家政策做适当修改后出台的，河北省政策和国家政策同质化现象较为严重。河北省应该主动探索一些既符合本省情况、又具有全国引领性的人才政策，提升河北省人才竞争力。

三是在京津冀协同发展背景下以政府为主导，推进人才政策协同。京津冀协同发展在2015年已上升为国家战略，政府是制度的主要制定者，人才政策的协同要充分发挥三地政府的作用，破除人才合作的制度性壁垒，探索开发人才合作的新政策，推动三地人才政策的对接与互通。

## 参考文献

[1] 张波. 2000年代以来中国省际人才的时空变动分析 [J]. 人口与经济，2019 (03)：91-101.

[2] 韩联郡，李侠. 研发活动、科学文化土壤与高端科技人才集聚 [J]. 科学与社会，2018 (04)：22-30.

[3] 苏楚，杜宽旗. 创新驱动背景下R&D人才集聚影响因素及其空间溢出效应——以江苏省为例 [J]. 科技管理研究，2018，38 (24)：96-102.

[4] 王忠，朱佩仪，刘军. 中美科技人才集聚政策比较研究 [J]. 自然辩证法研究，2016，32 (09)：60-66.

[5] 吴伟，范惠明. 浙江省高层次人才引进与管理政策分析 [J]. 中国人力资源开发，2013 (21)：91-93+103.

[6] 张鑫. 基于南京区域人才优势的人力资源政策研究 [J]. 现代管理科学，2008 (08)：11-19.

[7] 刘晖胡，森林. 中国人才的空间集聚格局及时空演化趋势 [J]. 经济经纬，2019 (06)：25.

[8] 张美丽，李柏洲. 中国人才集聚时空格局及影响因素研究 [J]. 科技进步与对策，2018，35 (22)：38-44.

[9] 刘晖，李欣先，李慧玲. 专业技术人才空间集聚与京津冀协同发展 [J]. 人口与发展，2018，24 (06)：109-124+108.

[10] 盛亚，于卓灵. 科技人才政策的阶段性特征——基于浙江省“九五”到“十二五”的政策文本分析 [J]. 科技进步与对策，2015，32(6)：125-130.

[11] 赵庚、刘兵. 京津冀科技人才政策比较研究——从扶持走向服务 [J]. 人民论坛，2016-04.

# 山西省人力资源开发存在问题及对策研究[①]

田国平[②]

**摘　要：**实现资源型地区经济转型发展，形成产业多元支撑的结构格局，是山西经济发展需要深入思考和突破的重大课题。发展多元产业对于人力资源的开发提出了新的要求，人力资源开发水平又影响产业结构调整的效果。因此，如何充分发挥市场对人力资源配置的决定性作用，提高人力资源开发水平，对于改善人力资源结构和产业结构，实现人力资源对产业转型的战略支撑，具有非常重要的现实意义。本文在借鉴、吸收相关研究成果的基础上，通过对山西人力资源现状的梳理，探讨了提升人力资源开发水平、推动产业转型的对策。

**关键词：**产业结构调整　人力资源　人力资源开发　对策

习近平总书记在视察山西时指出，实现资源型地区经济转型发展，形成产业多元支撑的结构格局，是山西经济发展需要深入思考和突破的重大课题。在山西深化转型的关键时期，国务院出台《关于支持山西省进一步深化改革促进资源型经济转型发展的意见》，进一步凸显了山西在全国改革发展大格局中的战略地位和对资源型经济转型的示范意义。未

① 该篇论文获得“2019 年全国人才与人事研究主题征文活动”二等奖。

② 田国平，山西省人力资源和社会保障科学研究所助理研究员。

来几年，山西将坚持先行先试，率先走出资源型地区转型升级、创新驱动发展的新路，基本形成新兴产业快速成长、装备制造业强力支撑、文化旅游业成为支柱、建筑业规模扩大、现代服务业成为重要增长极、新产品新业态新模式加速涌现、传统产业更具竞争力的现代产业格局，奋力建设资源型经济转型发展示范区、打造全国能源革命排头兵，为整个资源型地区经济转型发展提供可复制、可推广的制度性经验。

转变经济发展方式和调整产业结构升级，直接依赖于人力资源的开发和利用，人力资源开发的水平和效果影响产业结构调整的方向和进度。在此背景下，开展产业结构调整中的人力资源开发研究，一方面对于改善人力资源结构和产业结构，有效解决人力资源供需矛盾，具有重要的理论意义，另一方面，对于政府制定符合产业结构调整要求的人力资源开发政策，提高人力资源开发水平，实现人力资源对产业转型的战略支撑，具有非常重要的现实意义。

## 一、山西省人力资源开发现状

近年来，山西省采取积极有效措施，加大人力资源的开发力度，人力资源状况发生了明显变化。

### （一）人力资源总量稳步增长

人力资源又称劳动力资源，是指能够推动整个经济和社会发展、具有劳动能力的人口总和。人力资源既包括劳动年龄内具有劳动能力的人口，也包括劳动年龄外参加社会劳动的人口。社会从业人员数是反映一定时期内人力资源实际利用情况的一个重要指标。截至 2016 年年底，山西总人口数 3 681.64 万人，比 2006 年增加 307.04 万人，增长 9.1%，年均增长 0.9%。劳动力资源总数 2 724 万人，占总人口数的 73.99%，比 2006 年增加 311.5 万人，增幅达到 12.91%，年均增长 1.3%。主要从业人员 1 908.21 万人，比 2006 年增加 347.01 万人，增幅达到 22.23%，年均增长 2.2%，如图 1 所示。全省人才总量 366.6 万人，占全省人力资源总量的 13.5%，比 2006 年增长 249.47 万人，增长率达到 212.99%，年均增长 21.3%。2006—2016 年，山西省的人口总数、劳动力资源总数、社会从业人员数都呈现出平稳上升趋势，人才总量增长迅速，而且劳动力资源占总人口数的比例也在逐年增长。这一趋势表明山西人力资源开发和总体规模不断壮大。

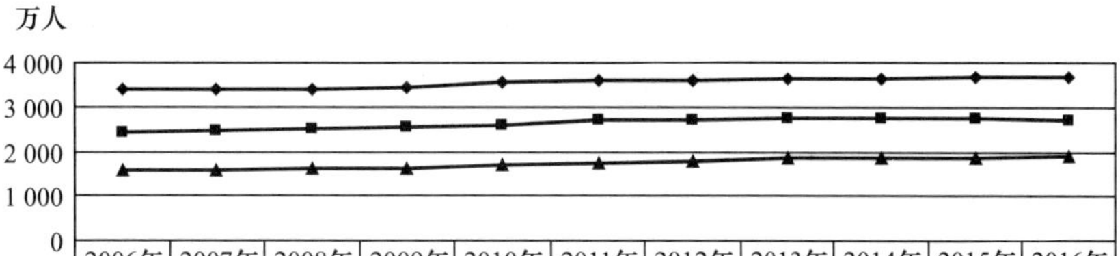


| | 2006年 | 2007年 | 2008年 | 2009年 | 2010年 | 2011年 | 2012年 | 2013年 | 2014年 | 2015年 | 2016年 |
|---|---|---|---|---|---|---|---|---|---|---|---|
| 总人口 | 3 374.6 | 3 392.6 | 3 410.6 | 3 427.4 | 3 574.1 | 3 593.3 | 3 610.8 | 3 629.8 | 3 648 | 3 664.1 | 3 681.64 |
| 劳动力资源数 | 2 412.5 | 2 468.5 | 2 506.5 | 2 541.8 | 2 578.3 | 2 690 | 2 719.8 | 2 744.4 | 2 760 | 2 762.8 | 2 724 |
| 主要从业人员数 | 1 561.2 | 1 595.7 | 1 614.1 | 1 630.6 | 1 685.9 | 1 738.9 | 1 790.2 | 1 844.2 | 1 862.3 | 1 872.8 | 1908.21 |

总人口 劳动力资源数 主要从业人员数

图 1 人力资源总量变化情况

（二）人力资源素质明显提升

近年来，山西大力实施教育优先的发展战略，九年制义务教育目标基本实现，高中阶段教育普及率大幅提升，职业教育得到重点加强，高等教育进入大众化阶段，国民受教育程度普遍提升。2015 年年末，在全部从业人员中，受教育程度在大学专科以上、高中学历的人员分别占 13.74%、19.4%，所占比重分别比 2006 年提高 7.59 个百分点和 5.36 个百分点；初中及以下学历的人员占 66.86%，比 2006 年下降 12.94 个百分点。2017 年，全省高等教育毛入学率 46.6%，比 2006 年增长了 23.6%；高中阶段毛入学率 94.2%，比 2006 年增长了 25.2%；小学学龄儿童净入学率连续几年保持在 99%以上，教育发展水平显著提高。人口平均受教育年限是衡量人口文化素质的综合指标，根据 2017 年人口抽样调查数据显示，全省 15 岁及以上人口平均受教育年限为 10.3 年，比 2016 年提高 0.24 年。全省 6 岁及以上人口中受小学及以上教育程度的人口，占 6 岁及以上人口总数的比重为 97.43%，比 2016 年提高 0.74 个百分点。其中，男性受小学及以上教育程度的人口比重为 98.33%，女性人口为 96.47%，分别比 2016 年提高 0.49 和 0.97 个百分点，全省受教育人口群体比重持续增大。

（三）人力资源分布状况日趋合理

从三次产业来看，2016 年年末，我省第一、二、三产业从业人数分别为 670.5 万人、481.1 万人和 756.6 万人，分别比 2006 年增加 30.8 万人、65.4 万人和 250.8 万人，增长 4.81%、15.73%和 49.58%，年均增长 0.5%、1.6%、5%，如图 2 所示。第一、二产业从业人员缓慢上升，第三产业从业人员增长迅速。第一、二、三产从业人员的比例由 2006 年的 40.97∶26.63∶32.40 变为 2016 年的 35.14∶25.21∶39.65，第一、二产业从业人员比例下降，第三产业从业人员比例有较大提高。这种变化表明，山西正在改变以往以第一、二产业为主的产业格局，以服务业、高新技术产业为代表的第三产业将逐渐成为我省吸纳就业人员的主要阵地。

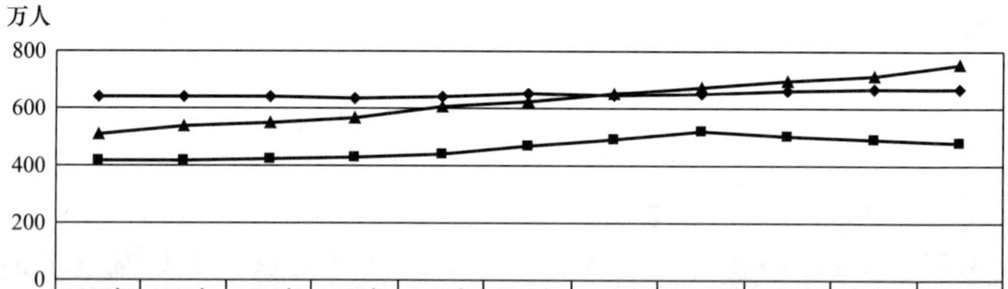


| | 2006年 | 2007年 | 2008年 | 2009年 | 2010年 | 2011年 | 2012年 | 2013年 | 2014年 | 2015年 | 2016年 |
|---|---|---|---|---|---|---|---|---|---|---|---|
| ◆ 第一产业 | 639.7 | 638.9 | 642.6 | 635.0 | 638.2 | 649.4 | 647.1 | 650.6 | 662.1 | 666.6 | 670.5 |
| ■ 第二产业 | 415.7 | 419.3 | 425.6 | 429.7 | 442.8 | 468.0 | 489.9 | 519.1 | 505.3 | 491.7 | 481.1 |
| ▲ 第三产业 | 505.8 | 537.5 | 545.9 | 565.9 | 604.9 | 621.5 | 653.1 | 674.5 | 694.9 | 714.4 | 756.6 |

**图 2　人力资源分布状况**

从经济类型来看，2016 年年末，有限责任公司、股份有限公司以及外商和港澳台商投资企业等其他经济类型单位从业人员 213.9 万人，比 2006 年增加 132.7 万人，年均增加 13 万人，年均增长率为 16.3%；2016 年城镇私营及个体从业人员为 317.1 万人，比 2006 年增加了 201.42 万人，年均增长为 20 万人，年均增长率为 14.4%。非公有制经济从业人员大幅增加。

从行业门类来看，如图 3 所示，近 10 年来，采矿业从业人员数出现了前期缓慢增长后期逐步减少的趋势，2006 年从业人员为 137.6 万人，到 2013 年达到顶峰，增加到 183.3 万人，之后逐年递减，到 2016 年减少为 144.3 万人，比 2013 年减少 21.28%。信息传输、软件和信息技术服务业由 2006 年的 7.2 万人，增加到 2016 年的 27.6 万人，增幅达到 2.8 倍。批发和零售业由 2006 年的 141.6 万人，增加到 2016 年的 230.8 万人，增幅达到 63%。建筑业从 2006 年的 85.6 万人，增加到 2016 年的 136 万人，增幅达 59%。租赁和商业服务业由 2006 年的 11.6 万人，增加到 2016 年的 20.9 万人，增幅达到 80%。以现代服务业为代表的第三产业从业人数大幅增加，与当前的产业结构基本适应。

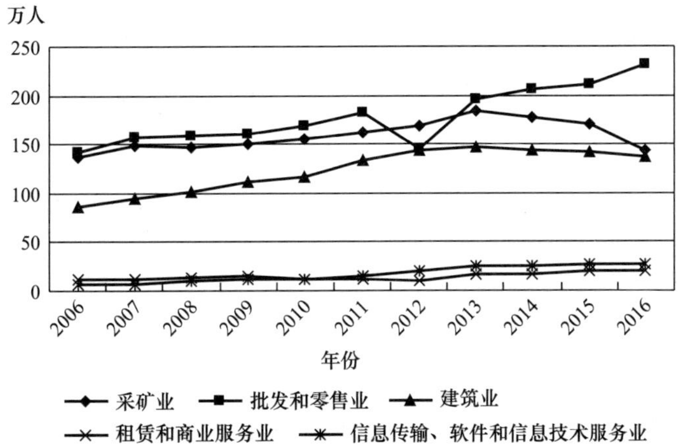


图 3　部分行业从业人员变化情况

（四）人力资源开发力度不断加强

教育投入不断增加。2016 年，全省共有普通高等学校 80 所，成人高等学校 11 所，普通高中 503 所，中等职业教育学校 544 所，普通初中 1 850 所，小学 6 043 所，幼儿园 6 708 所。2016 年全省财政预算内教育经费投入 606.97 亿元，比 2006 年提高了 486.1 亿元，增长了 402%；财政教育支出占公共财政支出比例达 17.7%，比 2006 年提高了 4.5%。

科研经费持续加大。2016 年全省有各类独立的研究机构以及规模以上工业企业的研究机构 484 个，从事自然科学技术人员 47 万人。2016 年，全省研究与试验发展（R&D）经费为 132.6 亿元，比上年增长 0.1%；研究与试验发展（R&D）经费投入强度（与地区生产总值之比）为 1.03%，比上年降低 0.01 个百分点。从活动类型看，基础研究经费 8.8 亿元，比上年增长 21.5%；应用研究经费 16.9 亿元，增长 16.5%；试验发展经费 106.9 亿元，下降 3.5%。从活动主体看，各类企业经费支出 106.8 亿元，比上年增长 1.6%；政府研究机构经费支出 15.5 亿元，增长 0.5%；高等学校经费支出 9.7 亿元，下降 14.8%。

（五）人力资源结构不断优化

人才是人力资源中能力和素质较高的劳动者。截至 2016 年年底，全省人才总量 366.6 万人，占全省人力资源总量 2724 万人的 13.5%。人力资本投资占国内 GDP 的 7.3%，人才贡献率为 23.1%。全省党政人才 18.6 万人；企业经营管理人才 59.8 万人，包括国有企业 24.08 万人，私营企业 35.67 万人；专业技术人才 172.6 万人，包括事业单位 65.81 万人，国有企业 24.53 万人，私营企业 82.25 万人；农村实用人才 34.6 万人，占全省农村劳动人口总量的 2.58%，其中新型职业农民 24.8 万人；社会工作者（持证社工）0.37 万人。全省五类重点领域人才总量 207.85 万人，占全省 6 支人才队伍总量的 57%。其中，科技人才、哲学社会科学和文化艺术人才、教育人才、医疗卫生人才、工程技术技能人才数量占比分别为 3.3%、0.58%、20.7%、6.7%、68.7%。公有经济领域专业技术人才 90.34 万人中，上述 5 类人才 74.09 万人，占比 82%。非公经济专业技术人才 82.25 万人中，5 类人才 42.9 万人，占比 52.2%。

截至 2017 年年底，全省专业技术人才 178.02 万人，高、中、初级职称人数比例为 9.0∶39.6∶51.4，分别为 16 万、70.5 万、91.5 万。专业技术人才管理体制机制不断创新，事业单位聘用制度和岗位管理制度基本建立，实现了从身份管理向岗位管理的转变，专业技术人才在科技进步和经济社会发展中的作用日益增强。高技能人才 84.7 万人，占技能人才总量 286 万人的 29.6%，其中高级工 65.76 万人，占 23%，技师、高级技师 18.94 万人，占 6.6%。高技能人才培养体系逐步完善，高技能人才多元评价机制逐步形成，高技能人才在经济社会发展中的作用显著加强。

截至 2017 年年底，山西有在晋“两院”院士 6 名，院士后备人选 13 人，柔性引进两院院士 81 人和诺贝尔奖获得者 3 人；国家“千人计划”人才 16 人；“万人计划”人才 21 人；国家杰出青年科学基金获得者 16 人；“长江学者”10 人；“百千万人才工程”国家级人选 41 人；享受政府特殊津贴专家 2007 人；中华技能大奖赛获得者 10 人、全国技术能手 82 人；全国文化名家暨“四个一批”人才工程入选者 8 人。

（六）人力资源开发的保障条件不断完善

2017 年，全省城镇居民人均可支配收入达到 29 132 元，比 2006 年增长 191%，年均增长 17%；农村居民人均可支配收入 10 788 元，比上年增长 7%。农村居民收入增速持续快于城镇居民，城乡居民收入较快增长。

全省共有卫生机构（含诊所、村卫生室）4.25 万个，床位 19.26 万张。卫生防疫、防治机构 134 个，妇幼保健院（所、站）135 个。全省卫生机构共有卫生技术人员 23.26 万人，卫生院卫生技术人员 2.23 万人。社区卫生服务中心（站）卫生技术人员 1.12 万人，防疫、防治卫生技术人员 0.34 万人，妇幼保健（所、站）卫生技术人员 0.73 万人，卫生保障条件日益改善。

全省参加城镇职工基本养老保险 795.7 万人，参加城乡居民基本养老保险 1 554.2 万人，参加城镇职工基本医疗保险 666.3 万人，参加城乡居民基本医疗保险 2 552.6 万人，参加失业保险 420.6 万人，参加工伤保险 584.1 万人，参加生育保险 465.2 万人。城乡居民基本医疗制度实现整合，覆盖城乡居民的社会保障体系基本建成。

## 二、山西人力资源存在的问题及原因分析

### （一）存在的问题

#### 1. 人力资源缺口较大，特别是高层次和高技能人才尤其短缺

近年来山西人力资源虽然取得了长足发展，数量稳步增长，但是与经济发展、产业结构转型升级的需求还有较大差距。特别是高层次创新创业人才、高技能人才所占比重低，能引领发展转型的领军人才严重短缺。按发达国家经济起飞时所需专业技术人才比例为总人口 7%的标准计算，我省目前专业技术人才总数应为 259 万人，与实际的 178 万人相比，还有 80 多万的缺口，如图 4 所示。同时，我省“十三五”规划纲要指出，要贯彻《中国制造 2025》，把装备制造业打造成为我省经济转型升级的新引擎，加快提升装备制造业竞争力，将我省建设成为全国装备制造产业重要基地。而要实现这一目标，需要大量的专业化产业工人、高技能人才作为支撑。根据我省人力资源与社会保障“十三五”规划，到 2020 年全省高技能人才要达到 106 万人。截至 2017 年年底，高技能人才 84.7 万人，仅占技能人才总量 286 万人的 29.6%。但目前我省高技能人才总量增长放缓，2015—2016 年的增速为 10.4%，2016—2017 年的增速放缓为 5.1%，距离 2020 年的目标差距较大，从而需要从 2017 年开始每年增速至少应保持超过 8.4%，才能完成目标任务，压力巨大。

#### 2. 人力资源布局与产业结构还不相吻合

人力资源开发只有和经济发展以及产业结构相适应，才会起到推动作用。但是，人力资源结构往往相对滞后于经济结构的发展。

2016 年，山西省一、二、三次产业占全省 GDP 比重分别为 6.0%、38.3%、55.7%，而从业人员的比例却为 35.14%、25.2%、39.65%，如图 5 所示。第一产业、第三产业从业人数占比相差不多，但第三产业产出却是第一产业的 9 倍之多。

经济动能转换中的人力资源管理新趋势 JING JI DONG NENG ZHUAN HUAN ZHONG DE REN LI ZI YUAN GUAN LI XIN QU SHI

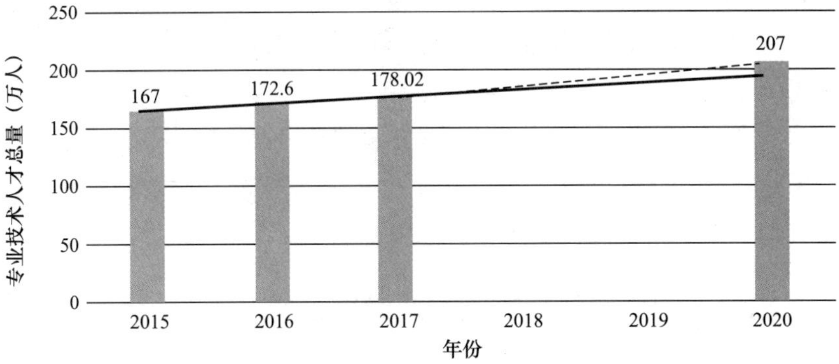


图 4　专业技术人才总量（万人）

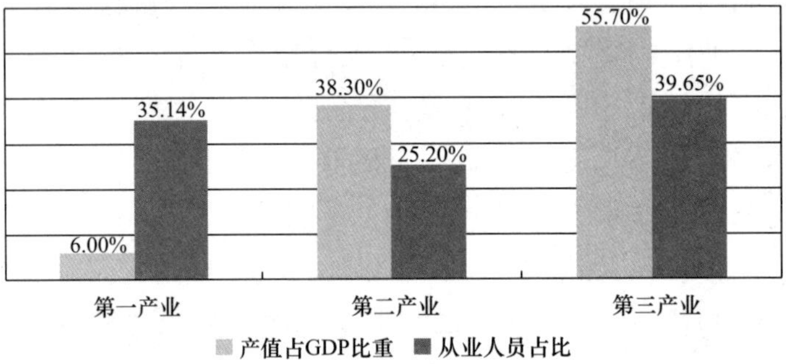


图 5　三次产业产值占 GDP 比重与从业人员占比情况

从人才增值率来看，2016 年年底，第一、二、三产业的人才人均营业盈余比分别为 0.453、0.374、2.615，其中第二产业是比值最低的，但其人才数量远远高于第一产业，是其的 4.13 倍；第三产业的营业盈余是第二产业的 3.19 倍，为最高，但其人才数量远远低于第二产业，仅占其 45.6%，如图 6 所示。这说明我省第三产业的人才增值率远远高于其他产业，从而未来有必要切实加大第三产业的人才投资和培养力度，以撬动我省经济快速高效发展，最终实现创新转型。

**3. 人力资源在行业分布上不均衡**

人力资源在地区、部门、产业、行业间分布不平衡，将严重影响人力资源效用的充分发挥。山西省的人力资源主要集中在农业、采矿业、制造业、建筑业、批发和零售业等传统产业，但学历水平普遍偏低。大部分专业技术人才聚集在教育、卫生等传统行业事业单位，即传统的体制内单位，而新型工业企业人才集聚不够，新材料、新能源、生物技术

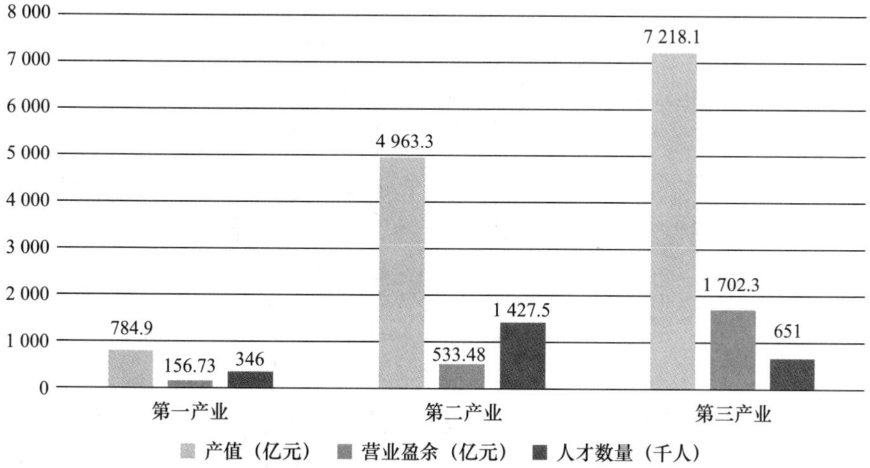


图 6　三次产业的产值、营业盈余、人才数量

等新兴产业行业人才尤其短缺。全省人力资源结构普遍存在“五低”现象，即高学历人才比例低、高级专业技术人才比例低、高技能人才比例低、科技人才比例低以及青年高级人才比例低。2016 年主要行业从业人员数占比情况如图 7 所示。

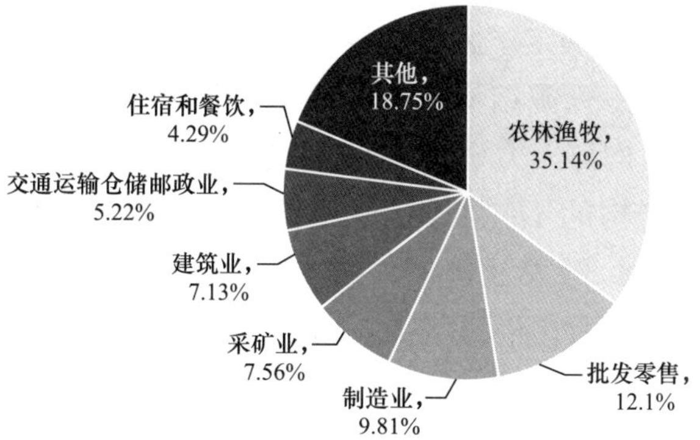


图 7　2016 年主要行业从业人员数占比情况

从企业的分布来看也不均衡。人力资源主要集中于国有经济和集体经济企业等所有制经济中，民营企业、外资企业等其他类型的企业人力资源配置水平不高。而民营经济是市场经济的天然主体，对于吸纳社会劳动力、推动经济发展具有重要的作用。人力资源的分布不平衡问题凸显，已不能适应产业结构调整和优化升级对人力资源数量和质量的要求。

**4. 人力资源作用发挥不充分**

人力资本是依附人体体力和智力所具有的劳动（包括体力劳动和脑力劳动）价值总和，是以一定的劳动者的数量和质量为表现形式的非物质资本。一般来说，劳动者的知识、技能以及体力（健康状况）等构成了人力资本。加大人力资本投资的一个很重要的方面就是加大对教育事业的投入，从上述数据可以看出，山西教育经费投入在全国排名靠后。同时，人力资源培训机制、人力资源市场配置机制等体制机制不够完善，这些都影响了人力资源作用的发挥。目前，山西省人力资源总量性矛盾与结构性矛盾并存，一方面大学毕业生人数过剩，另一方面是很多行业人员紧缺；产业结构转变与劳动者职业素质提高不同步；劳动者的知识构成、能力水平、专业素养等与市场所需人才的要求不一致。据 2017 年山西省人力资源市场职业供求情况来看，用人单位通过市场累计提供就业岗位 1 205 740 个，入场求职者 1 340 282 人次，求人倍率（岗位需求人数与求职人数的比率）0.90，人力资源整体呈供大于求的格局。从行业职业供求情况看，除制造业、住宿餐饮业、居民服务业基本平衡外，其余普遍呈现人力资源供过于求，人力资源供给严重过剩。

（二）原因分析

**1. 传统产业结构决定了人力资源的结构特征**

产业结构与人力资源结构之间是一种相互依存、相互促进和相互制约的关系，产业结构与人力资源结构协调发展，才能推动经济社会的发展。同时，产业结构的不同发展阶段对人力资源结构也有不同的要求。配第·克拉克认为，随着经济的发展，第一产业的就业比重不断降低，第二、第三产业的就业比重将增加。通过对近年来人力资源发展的分析，可以发现，山西人力资源结构的演变也经历了类似的过程，遵循着按三次产业梯次转移的规律。“一煤独大”是山西经济结构的特点，加之煤炭资源对新兴产业的挤出效应，山西的产业结构不合理、传统产业老化，造成人力资源的技能相对单一。当前，产业结构调整要求加快改造传统产业，发展新兴产业对于人力资源的层次和知识结构也提出了新的要求，以技能型、复合型、外向型和创新型为特征的人才需求量激增。

**2. 传统人事管理理念影响人力资源开发水平**

传统型的人事管理，也就是计划经济体制下的管理模式，主要以政府及其所属的劳动人事部门为核心，企业、人才基本属于被动接受安排的角色。随着市场经济体制的不断完善，以部门为核心的传统人事管理体制的弊端日益凸显。传统人事管理中教条主义思想严重，用人制度中官本位、身份等级思想严重。在人力资源开发问题上，仍停留在传统的人事管理水平上，缺乏人力资源开发理念，缺乏较长期人力资源开发规划。人才流动渠道不畅，人才激励机制缺乏，人才效能无法有效发挥，人才活力严重不足，与经济社会的发展已经不相适应。

**3. 传统的煤炭资源对山西人才产生了挤出效应**

改革开放以来，由于中国经济的持续增速以及制造业的发展，对于能源的需求不断走高，对于煤炭资源相对丰富的山西来说自然带来了丰厚的回报，但是煤炭是一种自然资源，开掘成本相对较低，利润相对较高，这就导致了对于逐利异常敏感的资本蜂拥进入煤炭领域，由于煤炭开掘的技术含量也相对不高，煤炭行业对于高层次人才的需求较低，高层次人才在山西无用武之地。再加之煤炭企业的高额回报，使得资本不再关注风险成本相对较高的高科技产业。这样山西不但无法吸引外来的高层次人才，就连本土的高层人才也不再坚守，一度“孔雀东南飞”，人才外流严重，煤炭资源的过分倚重对山西的人才产生了严重的挤出效应。

**4. 教育投入不足影响人力资源开发的质量和水平**

从横向看，近年来，山西省出台了一系列增加教育投入的政策措施，经费投入不断加大，教育支出占一般预算支出的比例逐年提高，促进了教育事业的快速发展。但是，从纵向来看，山西教育经费投入水平在全国严重滞后。2017 年，山西省一般公共预算教育经费 618.09 亿元，占一般公共预算支出比例的 16.45%，比上年增长 1.73%。经费投入相比 2006 年翻了 6 倍之多。财政经常性收入比上年增长 29.14%，一般公共预算教育经费与财政经常性收入增长幅度相比下降了 27 个百分点。从全国来看，2017 年全国一般公共预算教育经费为 29 919.78 亿元，比上年增长 8.01%。一般公共预算教育经费增长率最快的为西藏，达到 23.05%。西部地区的贵州和宁夏增幅也较大，超过 10%。黑龙江呈现负增长，增幅-0.5%，内蒙古、吉林、山西、天津、辽宁增幅均未超 3%。与中部六省相比，一般公共预算教育经费最高的为河南，达到 1 441.41 亿元，居全国第二，中部之首，之后依次为湖南（1 119.83）、湖北（1 037.10）、安徽（1 012.52）、江西（939.42）、山西（618.09），如图 8 所示；从增长率来看，最高的仍然是河南，达 15.78%，之后依次为江西（11.81%）、安徽（11.16%）、湖南（9%）、湖北（5.85%）、山西（1.73%），如图9所示。从一般公共预算教育经费占公共预算支出比例来看，江西最高为18.33%，之后依次为河南（17.53%）、山西（16.45%）、安徽（16.32%）、湖南（15.78%）、湖北（15.18%）。教育经费不足，对于提高居民受教育水平、提升人力资源开发水平都将有严重影响。

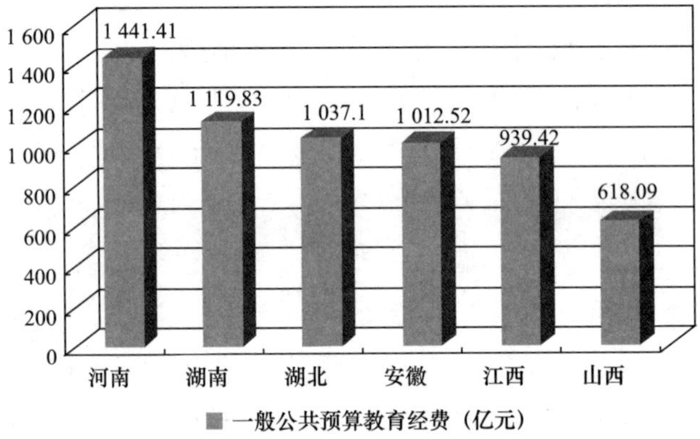


图8　一般公共预算教育经费（亿元）

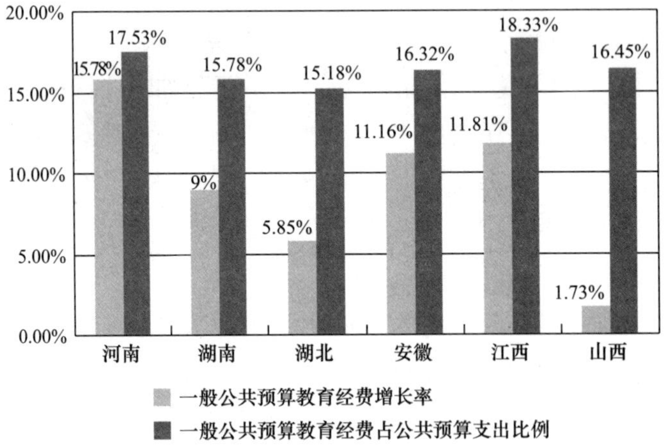


图9　中部六省教育经费增长情况

### 5. 人力资源开发主体缺乏多样化

在计划经济管理模式下，用人单位的自主权受到钳制，市场要素不健全，人才评价不科学，导致人力资源市场不活跃，人才服务与开发严重不足，人力资源服务市场建设严重滞后。人力资源开发主体长期依赖政府投资，各类企业、社会组织和个人没有充分发挥其应有的作用。目前山西省人力资源服务与全国3 000亿年产值的总量相比，市场服务明显欠缺。政府对人力资源开发主要表现在对教育培训、卫生医疗等方面的投入，以教育投入为主。单纯依靠政府财政支出，教育经费增长幅度有限，人力资源充分开发受到严重影响。以政府为主导的人力资源开发，以计划性为主，缺乏市场需求导向，人力资源开发不能真正反映市场的实际需求。同时，政府为寻求短期绩效，常常忽视对农村基础教育培训、科技培训等长期性投资。人力资源开发应打破原有计划管理体制观念，引入市场机制，要朝着市场化的方向进行改革，实行开发主体多元化，让市场在人力资源开发中发挥决定性的作用。

## 三、山西省人力资源开发的对策研究

### （一）树立人力资源开发新理念，营造良好社会氛围

人力资源开发是物质资本开发和科技创新的前提，加强人力资源开发，可以有效匹配产业结构中人才数量与结构，促进产业结构转型升级。要充分认识到人力资源是第一资源。社会上的各种资源需要人去认识、开发和利用，人力资源的优劣程度决定着其他资源使用效率的高低。要树立以人为本的理念，克服传统“官本位”思想和严重的身份等级思想，实现从以物为中心到以人为本的思想转变，实现从行政管理到搞好服务角色的转变。要强化大人才观念，以人才优先发展支撑社会的率先发展。树立人才至上观念，创建尊重人才、爱惜人才、使用人才的社会氛围，提高人才的社会地位和社会价值，使得人才产生愿意为山西工作的心理需求。提高人才的政治地位，要让人才有用武之地，给予人才充分的话语权和决策权，如加大人才在人大、政协等参政议政代表中的比重、参与本单位重大事项的决策等；提高人才的社会地位，要给予人才一定的优先权利，让人才有价值感、获得感，如优先购票、使用机场贵宾通道、医院优先挂号等；提高人才的经济地位，加大收入分配政策对人才的倾斜力度，减免人才的个人所得税，要让人才明星的收入赶上甚至超过演艺明星的收入。

要充分发挥各类新闻媒体的舆论导向作用，让社会各界认识到人力资源开发的重要性，加强优秀人才和人才工作先进典型宣传，营造尊重人才、鼓励创新、宽容失败的干事环境。要对为社会经济发展做出巨大贡献的人才进行全面的表彰和直接经济奖励，促进其自豪感、成就感、

荣誉感提升的同时，吸引更多人才为经济社会发展贡献力量。要强化人力资源开发战略理念，制定人力资源开发规划，通过转变产业就业结构偏离度，达到人力资源结构与产业结构同步发展。要完善人力资源相关法律法规，健全人力资源开发的法律保障机制，从宏观层面保障人力资源开发的有序进行。要加快建设实体经济与人力资源协同发展的产业体系，大力发展就业容量大的高新技术产业和现代服务业，加大对小微企业政策扶持力度。要健全社会保障制度，实施全民参保计划，实现社会保障由制度全覆盖到法定人群全覆盖。要继续深化户籍制度改革，破解附加在户籍制度上的各种阻碍人力资源有序流动的政策性因素，促进农村转移劳动力有序就业。

（二）坚持市场化改革方向，发挥市场在人力资源开发中的决定性作用

中央十八届三中全会提出“要使市场在资源配置中起决定性作用”，这是重大理论创新，也是思想解放的重大突破。2016 年 3 月，中央印发了《关于深化人才发展体制机制改革的意见》，文件指出，要“充分发挥市场在人才资源配置中的决定性作用和更好发挥政府作用”，明确了人才资源市场化改革的方向；2016 年 11 月，山西省委第十一次党代会提出要“深化人才发展体制机制改革”“充分发挥市场在人才资源配置中的决定性作用”。

要让市场在人力资源开发中发挥决定性作用，切除传统管理模式对人力资源的各种束缚，但我省的人力资源市场建设还不能完全适应发展的需要。下一步，要加大扶持力度，进一步促进人力资源市场的成熟和完善。降低人力资源公司的准入门槛，减少公司注册及经营成本；建设人力资源市场服务园区，通过规模经营激活人力资源服务市场的活跃度；举办人力资源服务大赛，扩大人力资源服务在山西经济发展中的影响力度；建立激励机制，对有示范性和推动性的人力资源服务公司给予一定的物质奖励。

人力资源市场的健康、有序运行必须有一套相应的秩序和规则，并能确保这套规则得到落实和应用，政府是这套制度和规则天然的制定者和落实者。第一应建立完善的人力资源市场运行的法律法规体系，依法规范市场行为；第二要建立市场监督和管理协调机制，确保市场有序运行；第三要宏观调控人力资源市场政策，干预市场行为，弥补市场失灵；第四要提供市场无法把控的人力资源宏观运行信息数据，引导市场运行

方向；第五要建立激励和淘汰机制，鞭策和鼓励运行良好的市场主体，惩罚和淘汰对市场运行不利的市场行为。

（三）完善人才体制机制，激发各类人才活力

要进一步扩大用人单位用人自主权和收入分配自主权，用人主体可自主决定聘任对象的岗位、级别和职务；高校、科研院所、医疗卫生机构在执行国家事业单位绩效工资制度中，可自主决定内部分配标准、形式、具体办法；高校、科研机构可根据科研项目特点，自主确定劳务费、间接经费管理方式。加大引进人才平台资助、奖补工作力度。支持高校、科研院所和企业在省外建立研发机构，吸引使用当地优秀人才。省属国有企业引进人才产生的工资总额增加部分，不计入当年企业工资总额幅度调增控制范围，可列入增加次年预算基数。大力支持民营企业引进企业发展所需的高端人才。通过价格机制引导人才健康流动，及时总结山西大学和太原理工大学的改革试点经验，适时在全省推广；进一步扩大人才市场评价机制，落实各系列职称评价标准改革，进一步取消职称评定标准中与用人单位无关的条条框框，什么样的用人标准，由用人单位或者行业协会根据自身需求自行确定；改革现有人才管理体制，打破原有终身制、全天候的劳动关系，用人单位可以根据工作需要分项目、分时段购买人才服务；建立符合市场规律的淘汰机制，用人单位有选择人才的自主权，也要有淘汰人才的自主权，能够通过分配机制留住人才，也能够根据事业发展的需要和人才自身的表现淘汰人才，通过市场的作用给人才施加创新的压力，通过竞争迫使人才脱颖而出。

要完善人才激励机制，实行以增加知识价值为导向的分配政策，探索构建基础工资、绩效工资和科技成果转化性收入三元薪酬结构；探索高层次人才协议工资制、项目工资制和年薪制等灵活多样的薪酬分配方式。破除人才流动障碍，打破户籍、地域、身份、学历、人事关系等制约，畅通人才流动渠道，促进人才资源优化配置；加快人事档案管理服务信息化建设，完善社会保险关系转移接续办法，为人才跨地区、跨行业、跨体制流动提供便利条件。以综改示范区为依托推动人才特区建设，推进人才引进培养、股权激励、成果转化、创业孵化、创投融资等政策先行先试。继续深化推进各级开发区“三化三制”改革，着力打造专业化、市场化、国际化的人力资源管理运行机制。

（四）加强人才培育和引进，打造区域人才竞争优势

要适应山西创新驱动发展，围绕战略性新兴产业培育、能源产业创新、传统优势产业提质、现代服务业发展、特色现代农业增效、“双创”孵化新产业新业态等“六大工程”，建立以企业为主体的产学研战略联盟，完善产学研用相结合的协同育人模式。2018年诺贝尔经济学奖获得者保罗·罗默认为，人力资本是不可共享的，是具有排他性的，而知识却是可以共享的。要强化“引智”而非“引人”的策略，引进非排他性的自然性的技能、技术和知识。发展离岸人才战略，推动高层次人才或“智力”向新兴产业聚集。大力实施重大人才工程，加大新兴产业和创新创业领军人才培养、引进力度。挖掘退休人才潜力，组织本土退休人才利用市场化的方式发挥潜力。利用山西“北京”后花园的地理优势，发展养老产业，集聚北京退休人才在山西养老的同时发挥人才余热。

要加大人才投入，采取“一人一策”“一事一议”方式，重点为山西转型综改示范区、山西“农谷”等引进国际一流、国内顶尖的科研创新领军人才及人才团队。对引进的科研创新领军人才及人才团队，参照各省引进同类人才的最高标准给予科研经费、安家费、生活津贴补助。鼓励各地区各部门自行引进人才，贫困县可统筹扶贫资金用于引进脱贫攻坚所急需的科技人才和经营管理人才，企业引才所需费用可全额列入经营成本，事业单位引才费用可从事业经费中列支，高校、科研机构等单位的科研经费结余可用于引进人才。海内外高层次人才来晋工作，可在全省范围内自主选择居住地，由用人单位提供住房；省财政统筹使用政府债券资金，在转型综改示范区等引进人才聚集的地区建设人才公寓、人才周转房；随迁子女可在省内自愿选择中小学校就读；随迁配偶暂时未落实工作的，为其发放生活补贴并缴纳社会保险费。

人才贵在创新，而创新成功的低概率、创新过程的艰难、创新成果的保护等都加重了人才创新的思想负担。为鼓励人才创新，政府或者用人单位应建立托底保障机制，针对人才创新顾虑，有针对性地提出托底保障措施；创新必然会有阻力，为保证创新的推进，应该赋予创新者更多的通行权利；创新一旦成功，其成果必然非常耀眼，建立科技成果保护机制，解除人才后顾之忧，也是政府应尽的责任。

（五）实施技能提升工程，提升人力资源整体素质

山西地理位置和区域经济特点在各地纷纷上演的抢人大战中并不占

优势，需要突破的是如何吸引年轻人才。初中级人才因为年轻，大多怀有事业的梦想，对于他们来说，事业的成功、梦想的实现的吸引力大于入职初期的收入，因此，应该在帮助年轻人实现梦想上下功夫，完善创业孵化、提供创业资金投入政策，加大政策优惠幅度、减少创业成本负担；建立创业创意市场，建立创业创意平台、提供创业创意咨询帮扶、实现创业创意平台交易等手段帮助年轻人实现创业；建立创业失败包容基金，对于创业失败者给予一定的资金帮助，尽快实现二次创业；重点支持符合山西发展需求，对山西有推动性的创业创意，树立并推广创业典范。山西是严重的人才净流出地，第一代外出打工者已经到了叶落归根的年龄，这些回归的人才在经济发达地区参与了当地的经济建设，见识了先进生产方式，掌握了先进的生产技能，树立了先进的生产理念，他们是不可多得的技能人才，然而由于现代生产方式流水式的特点，他们无法单独组织企业生产，应该动员社会力量，把这些人才组织起来，化零为整，充分挖掘人才各自的特色，利用零散的技能培训年轻人，积极发展地方经济。

政府应切实履行发展职业教育的职责，将职业教育纳入经济社会发展和产业发展规划，促使职业教育规模、专业设置与经济社会发展需求相适应。应坚持以提高人的素质、促进人的全面发展为目标，健全面向全体劳动者的职业培训制度，积极开展大规模、多层次职业技能培训和社会化、专业化职业能力评价，建立以职业院校、企业和各类职业培训机构为载体的培训体系，激励带动更多劳动者走出一条技能就业、技能增收、技能成才之路。调动社会各类培训资源，形成培训机构由市场竞争选择、职业（工种）由市场需求决定、培训成果由市场检验评估的职业培训机制。调整优化培训专业结构，严格职业培训标准，改革创新培训方式，积极开展“需求导向”“就业导向”职业培训。深化技术技能人才培养体制改革，全面推行工学一体、校企合作的办学模式。按照“谁评价、谁发证，谁发证、谁负责”的原则，健全职业能力评价体系，畅通技能人才发展通道。建立职业资格、职业技能等级与相应职称、学历比照认定制度。用人单位聘用的高级工、技师、高级技师可比照相应层级工程技术人员享受同等待遇。对技工院校中级工班、高级工班、预备技师（技师）班毕业生分别按相当于中专、大专、本科学历落实相关待遇。要完善多元化职业教育评价机制，提高技能人才的地位和待遇，增强职业教育的吸引力。

同时，针对煤炭行业去产能职工安置工作存在的问题，应研究制定鼓励企业组织员工进行技能提升和技能储备的扶持引导政策，鼓励企业组织产业工人开展技能素质提升和技能储备，提高职工适应技术产业升级的技能要求，提高职工适应产业转型对转岗的适应能力。调整失业保险基金在去产能职工转岗和稳岗方面的政策，降低政策享受门槛，拓宽基金的支出范围，为煤炭企业去产能过程中的职工安置工作发挥更大的作用。组建省级的煤炭行业人力资源协调机构，发挥省级协调机构资源和信息的优势，组织各大煤企富余职工走出矿区、走向非煤产业、走向市场、走向社会。制定适应行业衰落阶段特点的社保政策，减轻企业在市场退出阶段的资金压力，让衰落企业把更多的精力投入员工转岗安置的方面去。针对供给侧经济结构改革可能带来的低端制造产业向国外转移、产业升级带来的劳动力挤出效应、科技创新带来的劳动力素质不适应等问题，政府应通过制定税收、社保等政策，鼓励企业保留并发展劳动密集型产业，影响企业扩大国内的就业岗位。

（六）加大教育投入力度，完善教育培训体系

要发挥人力资本对产业转型升级的推动作用，调整不合理的高等教育结构。应继续实施高校“1331 工程”，支持山西大学、太原理工大学率先发展，引导“一校一面”特色发展，积极推动有条件的本科院校和独立学院向应用型发展转变。要赋予高等学校更多的自主权，允许高校根据市场需求调整专业设置，建立需求导向的学科专业和招生计划动态调整机制，对毕业生就业率连续两年低于 60％的专业，调减直到取消招生计划。特别是对于产业急需紧缺的人才，政府应增加资金投入，指导高校对人才培养的专业设置，加大高校调整专业结构弹性，确保专业结构与产业结构相匹配发展。实行鼓励和吸引优秀高校毕业生留晋、来晋工作政策。打破传统人事管理理念，试行开放、包容的人才政策，把高校建成人才创新自由发挥的集中地。初中级人才不设进入门槛，随时进入，发挥创新优势；建立竞争和退出机制，随时淘汰。高级人才改革评价机制，充分发挥学术委员会的作用，打造人才评价的神圣殿堂。同时，要加大教育经费投入，建立以财政拨款为主，多渠道筹备教育经费的投资机制，保证教育财政拨款的增长明显高于财政经常性收入增长，努力提高财政性教育经费支出占国内生产总值的比重。要动员全社会力量支持

人力资源开发，鼓励企业事业单位、社会团体、个人投身人力资源开发产业，形成投资主体多元、经费不断增长的格局。

## 参考文献

[1] 余兴安. 中国人力资源发展报告 [M]. 北京：社会科学文献出版社，2016.

[2] 孙柏瑛. 公共部门人力资源开发与管理 [M]. 北京：中国人民大学出版社，2006.

[3] 侯玉珠. 云南省产业结构转型升级中人力资源开发问题研究 [D]. 昆明：云南师范大学，2017.

[4] 郑龙弟. 资源型城市转型中的人力资源开发研究 [D]. 济南：山东大学，2011.

[5] 黄鑫. 基于产业结构调整的惠州市人力资源开发策略研究 [D]. 昆明：云南师范大学，2015.

[6] 郭晨琛. 山西省产业结构调整与人力资源配置的互动关系研究 [D]. 太原：太原理工大学. 2014.

[7] 张玲，赵尔奎. 产业结构调整与人力资源开发协调发展研究 [J]. 人民论坛，2013 (11).

[8] 郭勇. “十三五”山西战略性新兴产业如何突围 [J]. 前进，2017 (2).

[9] 山西统计信息网. 山西统计年鉴，2007—2017 . http：// www. stats-sx. gov. cn/tjsj/tjnj/.

[10] 教育部 国家统计局 财政部关于 2017 年全国教育经费执行情况统计公告. http：//www. mof. gov. cn/zhengwuxinxi/caizhengxinwen/201810/ t20181016 _ 3046197. htm.

[11] 楼阳生. 2018 年山西省政府工作报告. http：//www. shanxi. gov. cn/szf/zfgzbg/szfgzbg/201802/t20180205 _ 396195. shtml.

[12] 山西省国民经济和社会发展第十三个五年（2016—2020 年）规划纲要. http：//www. llhc. edu. cn/info/1026/5379. htm.

[13] 山西省统计局，国家统计局山西调查总队. 山西省 2017 年国民经济和社会发展统计公报. http：//www. stats-sx. gov. cn/ tjsj/tjgb/

201803/t20180312 _ 91640. shtml.

[14] 山西省中长期人才发展规划纲要（2010—2020 年）. http：// www. sxwxdj. gov. cn/index. php? a=cms&b=index&c=news&cid=5&id=826.

[15] 中共山西省委. 关于深化人才发展体制机制改革的实施意见（晋发〔2017〕14 号）.

# 人才争夺背景下河北省人才引进政策创新研究[①]

赵培红　卜凡月[②]

**摘　要**：在全国掀起人才激烈争夺的背景下，各地积极创新人才引进政策。本文以河北省的人才引进政策为研究对象，分析了河北省面临的发展机遇和人才工作面临的突出问题，从河北省11个地级市、河北省与其他省份、石家庄市与郑州、西安、武汉等市三个角度分析了河北省省级层面和地市级层面的人才引进政策。比较研究结论认为河北省的人才引进政策存在优势的地方，但也存在突出的问题，如对青年人才和技能型人才重视不足，引进与产业发展企业不够，对人才后续培养关注不够，人才政策的创新性偏低等。基于对比分析的结论，为了进一步提升人才引进工作的成效，提出了把握人才引进机遇精准引进、创新完善人才引进机制、重视人才后续培养和激励、促进高层次人才创新创业、制定更加普惠的青年人才引进政策等政策建议。

**关键词**：人才争夺　人才引进政策　创新　比较

党的十九大报告根据新时期我国社会主要矛盾变化的实际国情，提出实现质量第一、效益优先的高质量发展的要求。人才是推动发展的核

① 该篇论文获得“2019年全国人才与人事研究主题征文活动”二等奖。

② 赵培红，河北经贸大学区域与城市发展研究所副所长、副教授；卜凡月，河北经贸大学区域与城市发展研究所。

心要素，是深化供给侧改革和加快创新型国家建设的关键。在各地人才争夺风起云涌之时，恰逢河北面临推动经济高速增长向高质量发展转型升级，实现高质量发展的人才重大需求之际。因此，从政策视角分析人才的引进工作，进而提出有针对性和操作性的政策建议就显得十分迫切而重要。

## 一、河北省人才引进问题的迫切性

河北省正处于京津冀协同发展、雄安新区规划建设、2022 年冬奥会承办等多重国家重大战略和事件叠加的历史机遇期。在抢抓机遇推动自身发展的过程中，人才是至关重要的一环，然而河北作为人口大省并非人才大省，凸显了河北人才问题的严重性和解决问题的紧迫性。

### （一）重大国家战略赋予的宝贵发展机遇

京津冀协同发展的巨大历史机遇。京津冀协同发展与“一带一路”建设、长江经济带发展、粤港澳大湾区建设、长三角一体化并称为新时期我国区域发展的重大国家战略，受到了党和国家以及全社会的高度重视。随着京津冀协同发展战略的实施，北京非首都功能疏解这个“牛鼻子”工程的不断推进，京津冀三地在经济建设、社会发展和生态建设等方面呈现出有序分工规划，彼此协调推进、协同发展的良好开局。根据《京津冀协同发展规划纲要》赋予河北的“三区一基地”的功能定位，河北迫切需要一支数量庞大的包括商贸物流人才、产业技术人才、城乡规划建设管理人才和生态环保人才等在内的人才队伍。

雄安新区规划建设发展的机遇。雄安新区是习近平总书记亲自决策、部署和推动建设的国家级新区，承担着北京非首都功能疏解集中承载地、建设高水平社会主义现代化城市、京津冀世界级城市群的重要一极、现代化经济体系的新引擎、推动高质量发展的全国样板的重要使命任务。《河北雄安新区规划纲要》确定的建设绿色智慧新城、打造优美生态环境、发展高端高新产业、提供优质公共服务、构建快捷高效交通网、推进体制机制改革、扩大全方位对外开放等任务，对河北人才产生了更大更广泛的需求，需要一批掌握现代绿色建筑、智慧城市、生态环保、高新技术、社会管理、现代交通技术、对外交流等高素质专业人才队伍。

2022 年北京张家口冬季奥运会的机遇。2015 年 7 月，北京与张家口成功申办 2022 年冬奥会，从此北京和河北正式进入筹办冬奥会和冬残奥会的阶段。冬奥会申办对河北省改革开放和经济社会发展有巨大的牵引带动作用，是河北省进行生态建设和环境治理，打造京津冀生态环境支撑区、发展冰雪产业等新兴产业和现代服务业，培育发展新动能，构建现代产业体系、深化与京津合作，推动京津冀协同发展，进一步向世界开放的重要机遇。在抢抓冬奥机遇的过程中，河北省既需要与冬奥会和冬季运动相关的专业技术型人才，也需要与奥运经济发展相关的产业人才和对外交流的人才。

（二）河北省在人才方面的三大突出问题

截至2017年年末，河北省总人口为7 519.52万人，在全国排第6位，是名副其实的人口大省。然而人口大省并不是人才大省，河北人才基数较小，人口的受教育程度偏低，高端人才缺乏，同时人才外流严重，这些问题将束缚河北下一步高质量发展的步伐。

**1. 人才总量不足**

截至2017年年底，河北每十万人口高等教育平均在校生数仅为2 328人，在全国各省（直辖市、自治区）中排名第21位，低于2 599人的全国平均水平。根据2017年对6岁及以上人口受教育程度全国人口变动情况抽样调查样本数据显示（抽样比为0.824‰），河北6岁及以上人口受教育程度主要集中在小学、初中和高中阶段，如图1所示，接受过大学本专科和研究生教育的人口仅占9.99%，在全国各省、直辖市、自治区中排名仅处于第24位，仅为全国平均水平的65.18%。由此可见，尽管河北人口规模很大，但人口总体的受教育程度偏低。

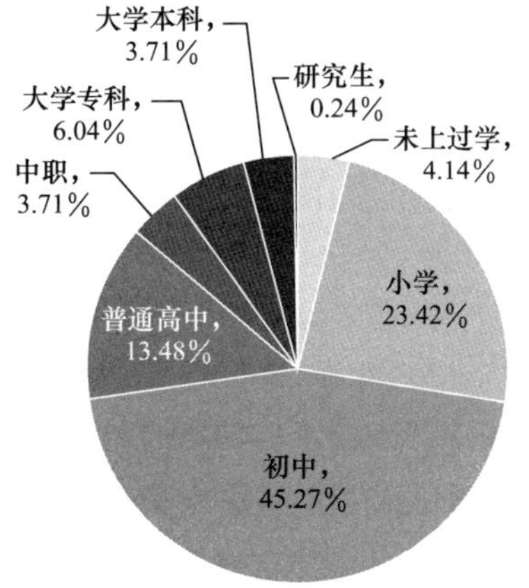


**图1　河北6岁及以上人口受教育程度分布**

**2. 高端人才紧缺**

人才问题不仅要看总量，同时要关注结构。第一，高层次人才紧缺。京津冀2018高层次和急需紧缺人才引进计划中显示，2018年河北省有4 000余个急需人才的紧缺岗位。这些岗位涵盖了科学、教育、金融服务等20余个行业，涉及多个国家重点支持发展战略性新兴产业。第二，河北从事科研的人员较少。截至2017年年末，河北省规模以上工业企业中从事研究与试验发展活动的人员为79 135人，在全国31个地区中排名第11位。从全省常住人口的占比来看，规模以上工业企业中从事研究与试验发展活动的人员数仅占全省人口的0.11%，排名第16位。第三，高端专业技术人才缺乏。在产业转型升级过程中，过于重视设备更新换代和技术的突破创新，对专业技术人才的储备和培养关注不够，面对高精尖设备和先进工艺，能熟练操作的技术人员缺乏的问题时有发生。

**3. 人才外流严重**

河北紧靠北京市和天津市，北京和天津在人才方面形成了虹吸效应，京津冀三地人才结构和储量等严重失衡。首先，从高校毕业生就业地选择来看，由于京津冀地区经济社会发展不平衡，京津就业机会比较多，收入差距大，尤其是公共服务水平差距很大。直接导致很多河北籍的学生，在河北上完大学后，都把去北京等大城市作为首选，由此造成本省培养的人才不断外流。基于同样的原因，在北京和天津上大学的河北籍的人才更会优先选择在北京和天津发展。其次，很多企业也存在严重的人才外流现象，很多有经验的技术人才纷纷外流到京津两市，部分企业的人才流失率达到70%。此外，环境污染严重，生存环境恶劣，也是河北人才不断外流的重要原因[1]。这样京津与河北形成了马太效应，京津地区的人才越来越多，发展越来越快，而河北地区的人才由于不断外流，人才越来越少，人才竞争力不断下降，最终影响到经济的发展[2]。

随着经济社会的持续发展和人口老龄化进程的深化，过去推动中国发展的“人口红利”也正在加速向“人才红利”转变，各地区纷纷出台各种人才政策不断吸引人才落户，以储备区域发展的人才资源。河北要把握上述三个重大国家战略的发展机遇，推动经济社会不断发展，就必须突破人才困境。这既需要加大本地人才的培养力度，同时需要积极地留住本地人才和引进外来人才。为了更加有效地吸引人才，河北省需要与其他地区的人才政策进行分析比较，取长补短，充分发挥人才政策的激励导向作用，进而为全省的社会经济创新发展提供强有力的人才支撑[3]。

## 二、河北省各地市人才引进政策分析

在各地掀起人才激烈争夺的同时，河北也根据自身实际在省级层面和各地市层面修改或者制定人才引进政策（见表1）。各地市之间的人才政策各有侧重，对各地市的引才政策进行对比分析，发现各地市人才政策中的优势和不足，要扬长避短，发挥地方的优势和利用自身的发展特征设置本地区的人才政策[4]。

表1　　河北省各地市人才政策表

| 城市 | 政策 | 内容 | 引进措施 |
|---|---|---|---|
| 石家庄市 | 《关于实施现代产业人才集聚工程的若干措施》 | 引进现代产业优秀青年人才1万名；引进培养现代产业急需的创新人才、科技创业人才和高技能人才1 000名；培养引进诺贝尔奖获得者、国家“两院院士”和发达国家院士、国家“千人计划”和“万人计划”入选者等高精尖人才100名 | 100万～200万元安家费，500万～1 000万元科研经费、人才绿卡，在市域内购买首套自用商品住房的，不受住房限购政策限制，分别给予5万～15万元的一次性购房补贴 |
| 承德市 | 《承德市高层次创新创业人才奖补资金评审办法（试行）》 | 引进或培养与十大绿色产业直接相关的具有引领带动作用或做出突出贡献的各类高层次人才，以及在培养和引进相关人才工作中做出重大贡献的各企事业单位 | 10万～100万元的安家费、5万～40万元生活补贴、一次性补贴、住房补贴、科研经费 |
| 张家口市 | 《关于加快人才创新发展的实施意见》 | 实施高层次人才和团队引进“雄鹰”计划、实施“两区”建设人才开发计划、实施奥运人才“火炬”计划、实施教育卫生领域人才合作计划、推进“百名硕博”引进计划 | 根据人才类别分别给予50万～500万元的科研经费、5万～50万元的工作津贴和生活补贴、购房补贴 |
| 秦皇岛市 | 《秦皇岛市人才安居工程实施办法（试行）》 | 以人才公寓为载体实施人才安居工程 | 分为产权型和租赁型两种公寓，以租赁型为主，政府、用人单位和个人负担不同比例的租金 |
| 唐山市 | 《关于实施“凤凰英才”计划加快建设人才强市的意见（试行）》 | 高质量实施系列人才工程，每年引进300名国内外高层次人才。争取5年内，培育200名领军型企业家，积累106万名左右专业技术人才和27万名左右高技能人才，新增高校毕业生20万人 | 给予100万～1 000万元科研经费补贴和100万～200万元安家费，根据贡献情况最高给予1亿元综合资助 |
| 廊坊市 | 《廊坊市引进高层次创新创业人才暂行办法》 | 未来5年，廊坊市将引进100名左右国内外高层次创新创业人才及团队 | 启动资金100万元，科技项目经费100万元，住房及生活补贴100万元等 |

续表

| 城市 | 政策 | 内容 | 引进措施 |
| --- | --- | --- | --- |
| 保定市 | 《关于深化人才发展体制机制改革的实施意见》 | 大力引进海内外高层次人才、借势雄安新区推动京津保区域人才协同发展、鼓励高校毕业生留保创业就业 | 给予30万～300万元的科研经费、住房补贴、燕赵英才服务卡 |
| 沧州市 | 《沧州市“狮城精英”高层次人才引进若干政策措施》 | 全力推进人才兴沧工程，进一步实施更具有灵活性、吸引力的人才政策，加大“狮城精英”高层次人才引进力度，扩大人才对外开放，促进海内外高端人才、创新团队、高技能人才向沧州集聚 | 根据人才类别分别给予50万～1 000万元的科研经费和相应安家费、购房补贴 |
| 衡水市 | 《关于加强新形势下引进外国人才工作的实施意见》 | 5年内，衡水市将培育3个引智示范单位，扶持10个引智项目 | 给予每人30万元科研经费补贴、10万元安家费补助 |
| 邢台市 | 《河北省邢台市2018年“百名博硕引进计划”选聘公告》 | 市、县属事业单位和国有企业选聘一批博硕人才 | 博士将给予10万元购房补贴、未购买住房且未入住人才公寓的，发放房租补贴 |
| 邯郸市 | 《关于加强新形势下引进外国人才的实施意见》 | 未来5年，邯郸市将创建3个引智基地，培育10个引智示范单位，扶持30个引智项目，引进30名外国高端人才，市、县财政每年安排1 000万元专项资金用于引智工作 | 市、县财政每年安排1 000万元专项资金用于引智工作，对高端人才、外国顶级高层次人才团队及为经济发展做出突出贡献的外国专家、团队进行奖励 |

从表1可以看出，第一，在人才引进的标准上，各市均重视高层次人才的引进，特别是国外人才和国家级人才的引进。有些地市对人才标准分类十分详细，人才的创新品质受到关注，各地市鼓励创业发展。第二，在人才引进待遇上，各地市均重视对引进人才的奖励，并给出力所能及的政策条件。奖励内容既有对生活、工作等方面上的资金支持，也有对引进人才配偶和子女的工作、生活和上学问题的解决。值得一提的是，随着近年来房价的不断推高，各地市均提出有关住房的福利政策。综合比较，石家庄市的人才引进政策更为全面，既能照顾到高层次人才在科研方面的需求，更重要的是对博士、研究生和本科生在买房上有具体金额的补贴，在青年人才政策上比其他地市更具有吸引力。第三，在引进方式上，各地市重视刚性引进和柔性引进相结合，且柔性引进越来越受到重视，鼓励带项目、带成果、带技术的人才开展项目合作和技术成果转化。第四，在保证措施上，为了推进人才引进工作的顺利进行，各地均成立了专门机构和责任主体，制定保障措施和落实政策，部分地区还

将人才引进工作作为工作考核的内容之一。

需要重点指出的是，有些地市的人才引进政策与其他地区相比仍有不足和值得改进的地方。第一，在引进人才类型上，对青年人才重视不足，个别市在人才引进过程中过于重视高层次、高水平人才，将政策的受益对象圈定在海外、国内人才工程和名校等三个范围内，对青年人才的引进和储备不够，即使有相应的政策，政策力度也不够，忽略了硕士毕业生和普通本专科毕业生。此外，对在本地上学的外地户籍的毕业生重视不够。第二，有些地区在人才引进过程中与本地区产业发展规划结合性不强，过于强调引进人才的数量和高度，但对于本地经济发展急需的人才类型是否匹配关注不足，没有相应的产业人才需求目录。第三，政策红利的项目式人才引进政策有局限性。此类项目有相当大的风险性，且各地区容易形成政策攀比，致使人才引进政策水涨船高。过多的出台了创业资金扶持的相关政策，易形成路径依赖[5]；第四，有些地区只关注人才引进的奖励和保障的力度，在人才引进政策中对人才后续的培养发展关注不够，在后续的人才培养和发展方面还不够系统和完善。第五，多数城市缺少人才政策的评价机制。人才引进政策有时效性[6]，需要结合本地区经济社会发展的现状和其他地区人才政策的变化进行评价和调整，这就需要对人才政策的执行情况等问题进行评价[7]，然而很多地区重视对人才引进工作的考核，忽视对政策的考核。第六，有些地区主动性不足，只是紧跟省委省政府的文件制定政策，人才政策不够系统。一些人才政策虽已制定，但宣传力度不大，导致用人单位或人才无法尽快知晓政策内容，未能及时享受到这些政策带来的实惠[8]。

## 三、河北省与其他省份人才引进政策比较

从省级层面来看，在全国各地市均重视人才的引进，纷纷出台人才引进政策的大背景下，河北省也制定和发布了各类人才政策，这些文件、政策既明确了河北省在人才引进上的战略规划，确定了省级各部门在人才引进上的角色，同时也为省属企事业单位的人才引进工作提出了具体政策，为各地市制定本地人才引进政策提供了指导。在比较对象上，选择河南省、四川省、湖北省与河北省进行人才政策对比研究，主要基于以下考虑：一是四川、湖北两省与河北省的经济规模大致相当（见表 2），2017 年三省份地区生产总值比较接近，且在省级排名中分别排 6～8 位；

二是河南省是近年来发展比较快的省份，虽然河北省与河南省的排名靠近，不过在地区生产总值上河北省与河南省相差一万亿以上，差距较大，但河南省的人才政策有值得学习和借鉴的地方。

**表 2　　河南、四川、湖北和河北主要经济指标比较（2017 年）**

| 地区 | 地区生产总值（亿元） | 人均地区生产总值（元） | 地区生产总值排名 |
|---|---|---|---|
| 河南 | 44 552.83 | 46 674 | 5 |
| 四川 | 36 980.22 | 44 651.32 | 6 |
| 湖北 | 35 478.09 | 60 199 | 7 |
| 河北 | 34 016.32 | 45 387 | 8 |

数据来源：《2018 年中国统计年鉴》。

**表 3　　河南、四川、湖北和河北四省人才引进政策**

| 省份 | 主要政策 | 内容 | 引进措施 |
|---|---|---|---|
| 河南省 | 《中共河南省委河南省人民政府关于深化人才发展体制机制改革加快人才强省建设的实施意见》 | 大力引进重点领域高层次和急需紧缺人才，新开放务实柔性引才引智方式；实行更具吸引力的人才引进措施；实施“金融豫军”人才集聚工程 | 对全职引进和我省新当选的院士等顶尖人才，省政府给予 500 万元的奖励补贴，其中一次性奖励 300 万元，其余 200 万元分 5 年逐年拨付 |
| | 《关于加强河南省高层次专业技术人才队伍建设的实施方案》 | 到 2020 年，全省取得高级专业技术职务任职资格人员、硕士以上学历或具有较高水平、特殊才能的高层次专业技术人才要达到 45 万人 | 按照《中共河南省委河南省人民政府关于深化人才发展体制机制改革加快人才强省建设的实施意见》有关要求，享受相应待遇 |
| 四川省 | 《关于深化人才发展体制机制改革促进全面创新改革驱动转型发展的实施意见》 | 制定更加系统和完善的国内高层次人才和外籍人才的引进政策、改进企事业单位人才引进政策，争取 5 年内建立起与四川未来发展战略相匹配的人才队伍 | 根据人选层次发放 5 万～200 万元的安家补助；给予优秀的创新创业团队 200 万～500 万元的一次性资助 |
| | 《关于大力引进海外人才、加快建设高端人才汇聚高地的实施意见》 | 争取 5 年内实现四川省“千人计划”专家数达到2 000人，各类海外人才超过 4.5 万人 | 综合采取人才公寓、购房补贴、租房补贴、住房公积金等方式，多渠道为符合条件的引进人才提供住房保障 |
| | 《四川省“天府万人计划”实施办法》 | 10 年内以四川省产业转型升级为目标选拔 100 名左右杰出人才、1 200名左右领军人才和1 000名左右青年拔尖人才，鼓励支持各市（州）培养10 000名左右各类高层次人才 | 从资金资助、团队建设、项目支持、平台支持、成果转化、岗位职称、薪酬待遇、住房保障、医疗和子女入学、培训休假、表彰激励等方面，提出了 11 条特殊支持政策，省层面为入选者提供 10 万～100 万元的支持经费等 |

续表

| 省份 | 主要政策 | 内容 | 引进措施 |
| --- | --- | --- | --- |
| 湖北省 | 《中共湖北省委湖北省人民政府关于深化人才引进人才评价机制改革推动创新驱动发展的若干意见》 | 实施“三大计划”，力争5年内使在鄂实习实训大学生人数突破200万，就业创业的高校毕业生超过180万；依托“湖北工匠”工程，年内实现全省技能人才突破840万 | 完善收入分配激励机制、给予住房保障、生活补贴，完善人才保障政策，加强财产权、知识产权保护 |
| | 《实施“我选湖北”计划大力促进大学生在鄂就业创业的意见》 | 为实现“三大计划”的目标，构建完备的实习实训和创新创业的服务保障体系 | 大学生实习实训补贴，每人每月不低于500元；企业吸纳就业补贴；给予适当的住房补贴，或提供人才公寓、公租房等住房保障 |
| 河北省 | 《关于深化人才发展体制机制改革的意见》 | 改革人才管理体制，给予用人主体足够的自主权。创新更具吸引力的人才引进机制。完善人才培养机制，重视领军人才和团队的培养。实施企业家培养工程。实施万名创新型企业家培养工程，促进优秀青年人才脱颖而出，构建合理顺畅的人才流动机制。建立京津冀人才一体化发展机制，实施区域特色人才工程。推行人才服务“绿卡”制度 | 根据人才级别，每人给予200万～1 000万元科研经费补贴和100万～200万元安家费。对海内外顶级高层次人才团队，省财政给予500万～2 000万元支持资金。对符合条件的高校毕业生，在5年内省市财政给予房租补贴 |
| | 《关于进一步做好院士智力引进工作的意见》 | 灵活方式“升级”院士引进渠道，对调入我省或根据协议全职到我省工作的院士，明确院士工作的重点，创新完善院士联谊平台等四大平台载体，建立院士智力引进示范区 | 对全职来省工作的院士，给予每人1 000万元科研经费补贴和200万元安家费补贴，每人每年给予20万元特殊生活补贴。对非全职来省工作的院士根据工作时间的长短分别给予5万～10万元的特殊生活补贴 |
| | 《关于加强新形势下引进外国人才工作的实施意见》 | 围绕实施创新驱动发展战略，大力引进“高精尖缺”人才。围绕关系经济社会发展和重大民生问题，组织实施重大引智计划。不断创新引智方式方法，切实加大柔性引智力度，加强和改进外国人才管理服务 | 根据科研项目水平和重要性以及专家的层次，给予每人200万～1 000万元科研经费补贴和100万～200万元安家费补助。对来河北创新创业和转化成果的外国顶级高层次人才团队，给予500万～2 000万元支持资金 |

通过表3可以看出，河北省在有关人才引进的体制机制建设上比河南、四川等省要健全，同时在对高层次人才的资金支持上力度非常大。不过，与其他三个省份相比，河北在人才引进政策上存在一些问题。首先，缺乏具体的人才引进数量目标。其他三个省份均有人才引进的数量

目标和时间阶段。有明确的数量目标既有利于促进引进工作的效率，也方便引进工作的考核；其次对青年人才和技能型人才重视不够，湖北省制定专项政策鼓励大学生在湖北就业，引进培养技能型人才，四川省规划了如“天府金融菁英”等众多青年人才项目，支持和培养青年高端人才，并明确了每年的评选数量。最后，河北省的人才引进政策大多属于纲领类、指导型的，还需要进一步细化，制定实施细则和具体方法。

## 四、石家庄市与部分省会城市人才引进政策比较

石家庄是河北省的省会城市，也是京津冀地区重要的区域中心城市，石家庄的人才引进政策具有一定的代表性，本文选择石家庄的人才引进政策，将其与郑州、武汉、成都和西安的人才引进政策进行对比，分析其中的优势和不足，为下一阶段的人才引进工作提出更加有针对性的建议。之所以与郑州、武汉、成都和西安作为比较对象，主要基于以下考虑：一是这些城市均为省会城市，其中西安在经济总量上和石家庄差不多，郑州是近年来经济总量增速较快，成都和武汉 2017 年经济总量在省会 GDP 排名中分别是第二和第三，经济总量在 1.3 万亿元以上；二是郑州、武汉、成都和西安先后被国家确认为国家中心城市，而在《京津冀协同发展规划纲要》中石家庄被确定为区域中心城市，在人才引进政策上可以相互学习借鉴。

表 4　石家庄、郑州、武汉、成都、西安人才政策表

| 地区 | 主要政策 | 内容 | 引进措施 |
| --- | --- | --- | --- |
| 石家庄市 | 《关于实施现代产业人才集聚工程的若干措施》 | 引进现代产业优秀青年人才 1 万名；引进培养现代产业急需的创新人才、科技创业人才和高技能人才 1 000 名；培养引进诺贝尔奖获得者、国家“两院院士”和发达国家院士、国家“千人计划”和“万人计划”入选者等高精尖人才 100 名 | 100 万～200 万元安家费，500 万～1 000 万元科研经费、人才绿卡，在市域内购买首套自用商品住房的，不受住房限购政策限制，分别给予 5 万～15 万元的一次性购房补贴 |
| 郑州市 | 《关于实施“智汇郑州”人才工程 加快推进国家中心城市建设的意见》 | 3 年内，引进培育 5～10 个顶尖创新创业团队、100 名国内外顶尖人才、3 000 名重点产业急需紧缺人才、2 000 名社会事业领域人才和 40 000 名高技能人才，每年吸引 20 万名高校毕业生 | 对高层人才，根据人才的级别分别给予 20 万～500 万元的奖励，提供 200～300 $m^2$ 的住房；对于青年人才，来郑三年内每人每月给予 500～1 500 元不等的生活补贴，首次购房时 2 万～10 万元的购房补贴 |

续表

| 地区 | 主要政策 | 内容 | 引进措施 |
|---|---|---|---|
| 西安市 | 《关于深化人才发展体制机制改革，打造“一带一路”人才高地若干政策措施》 | 5年内分别引进和培养各层次、各类别人才951 350人。新建100个以上人才平台和载体；引进1 000个以上优秀创业团队和创新团队 | 给予100万～500万元的项目配套奖补；设立引才“西安伯乐奖”，对用人单位及中介机构进行奖励 |
| 武汉市 | 《关于支持百万大学生留汉创业就业的若干政策措施》<br>《关于加强大学毕业生安居保障的实施意见（试行）》 | 确保5年内留下100万名大学毕业生 | 建设大学毕业生保障性住房，让大学毕业生以低于市场价20%买到安居房、租到租赁房；根据学历给予4万～6万元的最低保障性工资。积极探索“门槛最低、手续最简、机制最活”的系统化户籍改革新模式 |
| 成都市 | 《成都实施人才优先发展战略行动计划》 | 5年内引进和培育100个顶尖创新创业团队和1 000名高层次创新创业人才、鼓励青年人才来蓉落户 | 蓉城人才绿卡、高层次人才给予最高300万元的资金资助、对急需紧缺人才提供人才公寓租赁服务，租住政府提供的人才公寓满5年按其贡献可以不高于入住时市场价格购买该公寓 |

通过表4可以看出，第一，五个省会城市均重视对高层次人才的引进，人才标准也基本相同，并结合本地区实际情况给出了在资金或在住房保障方面最优的政策。第二，五城市均重视青年人才特别是刚走出高校的毕业生的储备，无论是在资金还是在住房上均有相关的政策出台，在人才户籍落户方面基本放宽，石家庄、郑州等地甚至对高校毕业生实现“零门槛”落户。第三，均重视创新，对人才创新提供多种支持。既有各市均对创新进行奖励，如采取税收减免或直接资金奖励，同时也重视创新平台的建设，鼓励建立创新实验室或者孵化园等。第四，在人才引进方式上，强调柔性引进。各地市均重视项目引进，强调通过项目引进人才。

与其他四市相比，石家庄人才引进政策有不足和需要借鉴补充的地方：一是引进途径较为单一。郑州采取了多样化的引进途径，既重视用人单位自主引进人才也充分发挥第三方如国内外知名猎头公司等人才中介组织的作用，并对人才中介机构的工作进行奖励如每引进1名各类急需紧缺人才分别给予10万～50万元的奖励；郑州同时提出注重“乡情”引才，对经过考核成效显著的人才工作站，给予5万～10万元奖励。西安也采取了多样化的人才引进方式，不仅对成功引进人才的中介机构给予20万～100万元的物质奖励，同时设立引才“西安伯乐奖”进行激励，见表5。

**表5　　石家庄、郑州、西安人才引进途径比较**

| 引进途径 | 石家庄市 | 郑州市 | 西安市 |
|---|---|---|---|
| 用人单位 | √ | √ | √ |
| 中介组织 | — | √ | √ |
| 各地人才工作站 | — | √ | — |

二是人才认定的范围和政策覆盖的范围不足。石家庄偏重于高层次人才的引进，相比较于武汉和郑州在青年人才储备和高校毕业生支持方面的政策，存在很大的局限性。从表6中可以看出，石家庄市现有的政策重视对产业技术人才的引进，对教育、文化、医疗卫生、人文社科等领域的社会事业人才引进不足，同时对企业家的培养重视与郑州和西安比明显不够。

**表6　　石家庄、郑州、西安人才认定范围**

| 人才认定范围 | 石家庄市 | 郑州市 | 西安市 |
|---|---|---|---|
| 产业人才 | √ | √ | √ |
| 社会事业人才 | — | √ | √ |
| 企业家计划 | — | √ | √ |

三是政策的普惠性不足，门槛比较高。石家庄虽然制定人才绿卡措施，同时对博士、硕士和本科在买房方面有具体资金的支持，不过人才的门槛较高，不是所有青年人才都能享受到政策。从表7可以看出，石家庄人才比较看重人才毕业的学校，对于满足要求的青年人才和高校毕业生有买房补贴等政策，而对于不满足相应条件的则没有相应政策补贴。郑州重学历而不重学校，对落户在郑州的青年人才和高校毕业生三年内

根据不同学历有不同的生活补贴。

表7　　石家庄、郑州、西安青年政策情况

| 城市 | 人才类型 | 人才待遇 |
| --- | --- | --- |
| 石家庄市 | 博士学位研究生、“双一流”建设高校毕业生和海外知名高校硕士学位研究生、全日制学士学位毕业生 | 依据相关条件5年内分别享受1 000～2 000元的房租补贴、在市域内购买首套自用商品住房的，不受住房限购政策限制，并分别给予5万～15万元的一次性购房补贴 |
| | 自主创业的高校毕业生 | 符合相关条件的，给予每人1万元的一次性创业补助，3年内等额补贴社会保险费 |
| 郑州市 | 博士研究生、35岁以下的硕士研究生、本科毕业生和技工院校预备技师（技师） | 三年内给予每人每月500～1 500元的生活补贴；落户后暂未就业或创业的，按上述标准发放6个月的生活补贴 |
| | 符合相关条件的高学历青年人才 | 首次购房分别给予2万～10万元的购房补贴 |
| | 初始创业的高校毕业生 | 符合相关认定条件的，给予1万元一次性创业补贴，优秀企业可获得2万～10万元创业奖励 |
| | 实施青年人才国际化培养计划 | 每年资助青年优秀人才赴国（境）外学习进修，并给予3万～10万元资助 |
| 西安市 | 应届高校毕业生 | 在西安就业落户，签订劳动合同，并交纳社会保险的，给予1 000元一次性奖励补助，并发放大礼包 |

四是石家庄人才引进政策创新性不足。放开户口落户、子女入学、社保覆盖等人才引进政策已经不具有吸引力，各地在这些常规的人才引进政策方面，基本都能做到，仅有力度上的差别，所以需要在人才引进政策方面进行不断创新。武汉在人才引进政策的创新方面效果明显，2017年武汉提出百万大学生留汉创业和就业计划，相继出台在住房、工资、户口、岗位和就业创业环境方面提供政策支持，特别是提出指导性最低年薪标准，涵盖从博士毕业生到专科毕业生各个教育程度，人才引进成效明显，数据显示截至2017年12月15日，武汉当年大学毕业生留汉就业和创业人数达28.29万人。

五是人才后续的激励政策有不足。这主要表现在：一是用人单位在人才激励方面主动性不足，如在引进环节和人才引进后的培养发展环节人才分类和评价主体是市级单位。人才激励政策的主体在上级单位，会形成统一标准评价，而忽视人才的特殊性，不利于用人单位根据人才和本单位实际情况进行人才激励；二是对于用人单位进行探索总结先进经验模式鼓励不足。西安市重视人才工作经验方面的奖励，在人才工作方面改革创新探索形成的经验及模式，按照在全国、全省、全市可复制推广三个层次，分别给予20万～100万元的奖励，对各级各部门形成的经验与模式，按在省市推广的层级，分别在年度考核中给予奖励加分。石家庄、郑州、西安人才激励情况对比见表8。

表8　　石家庄、郑州、西安人才激励情况

| 人才激励手段 | 石家庄市 | 郑州市 | 西安市 |
| --- | --- | --- | --- |
| 建立健全人才分类评价机制 | √ | √ | √ |
| 下放市级职称和高技能人才评审权 | — | √ | √ |
| 创新薪酬绩效机制 | √ | √ | √ |
| 激励既有人才持续创新创业 | √ | √ | √ |
| 加大对高层次人才创业创新的支持力度 | √ | √ | √ |
| 建立高层次人才荣誉制度 | √ | √ | √ |
| 鼓励探索形成可复制、可推广的模式经验 | — | — | √ |

## 五、有效提高人才引进政策竞争力的建议

河北省在人才引进政策上应该需要在人口规模和人才素质方面同时着力，要把握机遇推进人才引进政策的创新，提升人才引进的成效。

（一）把握人才引进机遇精准引进

第一，河北地区在人才引进方面的优势在于河北环抱北京和天津这两大人才培养和输出高地，与北京、天津的距离最近方便及时收集和了解人才信息，以及人才的交流学习，不过这个优势随着交通的便捷也日渐消失[9]。第二，把握京津冀协同发展的历史机遇。一是京津冀协同发展的过程中，京津冀三地从全局的角度对相关产业进行了规划，河北要对本地区产业进行整合和承接北京、天津的产业转移。各地相关优势产业经济的发展，对于当地来说为引进人才提供了资金支持也有助于实现错位引进，提高人才引进的效率和精准性；对于外来人才来说，产业经济的发展为人才提供了工作、研究和发展的机遇。二是京津冀协同发展过程中，在医疗卫生、教育、社会保障等公共服务方面要逐步实现一体化，打破京津冀在公共服务领域的壁垒，确保人才在河北也能享受到均等、优质的服务。《京津冀协同发展规划纲要》将河北省定位为京津冀创新转化人才发展极，特别强调了石家庄承接转化带动作用。全省和各地

市要从全局出发，根据京津冀协同发展中的产业定位和人才定位，结合本地区优势产业和特色产业，编制人才目录，精准引进人才，错位引进。重视引进专业技术人才，河北处于工业化中期阶段，需要大量专业技术人才，要根据专业技术人才的特点和成长规律，制定相应的专业技术人才引进政策。

（二）创新完善人才引进工作机制

为了充分发挥政府各部门和各用人主体的积极性，制定详细的人才引进计划政策，推进政策的落实，需要进一步完善人才引进工作机制。第一，要明确各级党委对人才引进工作的统一领导，明确各级责任主体，加强全环节的领导和监管，制定具体的人才引进的数量目标，作为考核的重要指标，激发工作积极性；第二，各级政府成立相应的人才引进机构或者办公室，明确机构或者办公室的职能[10]。借鉴西安市的相关做法，建立人才管理服务权力和责任清单，落实各用人单位在人才招聘过程中的自主权。第三，创新人才引进渠道。各级部门和用人主体，可以通过发布招聘目录的形式吸引人才，对于紧缺的人才也可以主动积极地联系和拜访。同时，要积极实现引进渠道的市场化，制定相关政策，鼓励支持社会中介机构、猎头公司、招聘网站利用自身优势引进人才。第四，重视人才引进政策的实践结果的调研和反馈，及时评价和修改人才政策，增强人才引进政策的竞争性。

（三）重视人才引进后续的培养和激励

重视人才引进的后续培养和激励，营造良好的工作环境，保持政策红利的延续性，实现人才留得下和干得好。第一，要制定相关政策，建立健全人才分类评价机制，既重视人才的综合评价，也要重视人才的专门技能评价，同时对人才在职称晋升、科研奖励和创新等方面进行物质奖励和支持。第二，借鉴相关省市经验，建立和完善人才荣誉制度，建立完善的荣誉评价制度和体系，对在各个方面有贡献的人才进行客观、公正的评价，对有重大贡献的人才授予荣誉称号，提供物质奖励和精神奖励，提升社会名誉度。第三，积极鼓励和支持人才进一步进修培训深造，要在相关制度上进行保障和支持，如保留人才的岗位、对接受进一步进修教育的人才在职务考核和晋升时纳入考核项等；制定相应的财务专项和相关基金，对人才进修提供资金支持政策，降低享受政策门槛。第四，准确了解人才在工作生活和发展方面的需求。各级部门和用人主体单位应成立相关工作组，委派专人，展开定期的人才回访工作并汇总制作出清单，分派给相关单位进行落实，并进行反馈。第五，要进行广泛的宣传，营造出尊重人才、崇尚知识的社会氛围和人才生态环境，使人才愉快地贡献自己的才能，实现自身价值。第六，扩大用人单位的自主权，下放市级职称和高技能人才评审权，根据各类专业技术人才的特点和成长规律，制定特征性评价指标、评价标准和评价方式。

（四）助推高层次人才创新创业

高层次人才创新创业的成功，可以增强高层次人才对当地的认同感和归属感，将高层次人才留下来，同时作为榜样可以吸引更多的高层次人才。所以，各地对于人才创新创业的政策不能仅仅停留在对创新创业的前期补助上，而是要积极主动采取措施帮助高层次人才创新创业成功。第一，加大对高层次人才创新创业的全过程资金支持力度和创新资金支持形式。当地政府既可以直接提供资金支持，如资金补助；也可以运用当地的产业发展经济或者政府直属的投资公司进行投资，可以参与入股。第二，综合运用税收手段和货币利息手段进行支持。对高层次人才创新创业在各项税收上给予优惠，探索税收补贴形式和制定科学的补贴标准，如对申请的专利进行分类补贴和对创新产品市场销售额进行分级补贴；对高层次人才在创新创业方面进行贷款贴息支持。第三，促进高层次人才产品的转化和综合利用各种资源进行宣传推广，对产品进行政策补贴，为产品打开市场，政府可以根据自身实际情况对新产品进行采购。

（五）制定普惠而系统的青年人才引进政策

针对京津和其他省市的人才虹吸效应，河北亟待制定更具系统性和普惠性的青年人才政策，大量吸引人才特别是高校毕业生落户石家庄，增强经济发展后劲。

在人才引进过程中，第一，既要吸引外来毕业生和户籍为石家庄的毕业生，也要留住本地高校毕业生。破除“唯名校论”的观念，根据实际情况修改人才引进政策和降低人才标准，打破省外重点高校学生吸引不来，而本省普通高校毕业生又没留住的现象。第二，在资金补助和住房补助上，可以借鉴郑州和武汉政策，对所有落户到河北省的高校毕业生根据学历的不同发放不同的生活补贴，对于毕业于“双一流”学校或“双一流”专业的毕业生再给予相应的补贴；进行人才安居工程，解决青年人才的住房问题，政府出资建造青年人才公寓，解决高校毕业生人才的住房问题。对租房的青年人才发放房租津贴，对于买房的青年人才进行根据房价按比例进行资金补贴。第三，制定更具有吸引力的工资政策，各地市可以根据经济发展的情况，提高最低工资标准或者借鉴武汉做法制定最低保障性工资；积极探索其他劳动报酬形式，如提高薪酬福利。第四，对于进行创业的高校毕业生，要为他们提供良好的工作环境，如建造更多的众创空间等平台，并提供创新创业资金，如借鉴武汉设立大学生创业贷款担保基金，为在校大学生创业企业提供无抵押担保贷款。

## 参考文献

[1] 单文涛，王永青. 京津冀协同发展下河北高校高层次人才激励SWOT分析 [J]. 河北地质大学学报，2017，40（05）：109-113.

[2] 郑伟波，苗静. 京津冀协同发展背景下的河北人才优化对策探究 [J]. 人才资源开发，2017（21）：12-13.

[3] 黄怡淳. 北上广深四市人才政策对比分析及广州市人才政策建议 [J]. 科技管理研究，2017，37（20）：49-54.

[4] 李桃. 我国中长期人才政策体系研究综述 [J]. 劳动保障世界，2017（24）：36+41.

[5] 郭俊华，徐倪妮. 基于内容分析法的创业人才政策比较研究——以京沪深三市为例 [J]. 情报杂志，2017，36（05）：54-61.

[6] 刘佐菁，江湧，陈敏. 广东近10年人才政策研究——基于政策文本视角 [J]. 科技管理研究，2017，37（05）：38-42.

[7] 朱娜. 区域高层次人才引进政策比较研究 [J]. 中外企业家，2016（01）：162.

[8] 罗岭，潘杰义，王娟茹. 基于比较分析的西安高新区高层次人才政策研究 [J]. 科技和产业，2015，15（07）：93-98.

[9] 时腾飞，张向前，李巧玲，张玮. 河北在京津冀协同发展中人才引进对策初探 [J]. 品牌（下半月），2015（01）：168.

[10] 陈丽敏，史玉明. 京津冀区域人才合作的创新性研究——以河北为例 [J]. 科技信息，2014（05）：99-100.

# 雄安新区集中承接首都人口人才疏解的推进路径研究

周爱军[①]

**摘　要：**推进非首都功能疏解中首都人口人才的集中承接，可为雄安新区的全面建设提供关键的人口基础和重要的人才支撑。当前，非首都功能及随迁人口人才向雄安的小疏解已成常态，大疏解的序幕正逐步拉开，但在推进过程中也存在“行政机构协同性较差、雄安自身人才承载力偏弱、三类人员共处融合难”等实际困难。对此，本文提出了“以协同促落地、以强基促认同、以错位促融合”的推进思路与具体建议。

**关键词：**雄安新区　承接　首都人口人才疏解　推进路径

集中承接北京非首都功能疏解，是雄安新区的首要定位；对功能疏解中随迁人口人才的承接，是雄安新区步入全面建设阶段可共享的最大红利。无论是当前交通基础设施和生态环境的建设，还是未来五大功能区的高质量可持续发展，首都随迁人员大军都是关键的人口基础和重要的人才支撑。那么，如何主动做好功能疏解中随迁人员的有序有效承接，充分用好用足这一共享红利，是当前和今后一个时期雄安必须要纳入视野的重大问题。

---

① 周爱军，河北省社会科学院人力资源研究所副所长、副研究员。

## 一、现状：点状疏解已成常态，全面疏解的序幕正逐步拉开

目前，国际上较为主流的产业和人口疏解方式主要有两种，前一种称之为郊区化策略，即把人口和产业从城市的中心迁移到周边郊区。比如，纽约、东京、首尔都采用了中心区和外围的税率差异化政策，以鼓励企业和机构外迁，人口随之迁移。后一种称之为卫星城策略，即在中心城市周边新建城市，将中心城市内部的产业有选择地进行迁移，缓解原有的人口压力。伦敦都市圈依托与中心城市的短距离通勤和雄厚的产业传统，实现了生产要素的低成本流动和人口人才的迁移目标。

雄安新区的设立是中央在非首都功能疏解方面对卫星城策略的重大创新，它采用了一种跳出北京去解决城市问题的思路，既避免成为燕郊一样的“睡城”，也避免了“摊大饼式”发展的固有困境。截至目前，北京已然在教育、医疗、交通、金融、总部经济方面都与雄安进行了合作和对口援助，部分挂牌央企和落地民企开始大规模招聘，点状疏解全面开花。但从非首都功能和随迁人员向雄安集中疏解的发展趋势上看，这是一个渐进的过程，目前能真正迁出的，大部分是行政动员能力可以覆盖的公有制机构及所属人员，还有一部分出于土地成本考虑的民营企业及其从业者。令人振奋的是，在北京和雄安的共同努力下，京雄两地的干部人才交流越来越深入，北京高端高新产业等优质资源的输入与承接也在积极磋商，全面疏解的序幕正缓缓拉开。值得重点提出的是，为打牢承接基础，雄安在水土环境、绿化覆盖率、数字化城区和社会治理等方面反复打磨、深耕细作、夯实根基，力求厚积薄发，为随迁人口和天下英才创造一个最优的城市环境。雄安的未来可期。

## 二、困难：“接得到—接得住—接得好”的递进式挑战

跨区域的人口迁移和人才流动从来都不是简单的事，不仅取决于人员个体的内在意愿，更受到现实中行政边界、空间距离分割、城市节点收入、基本公共服务供给等外部条件的影响。因此，雄安对首都随迁人员的承接也非两厢情愿之事，面临着诸多实际困难。

### （一）协同之路“岔道重重”：依然难以打破的“一亩三分地”思维和具体呈现的不同政策诉求

承接非首都功能转移是雄安新区的首要政治任务，需要央属机构和

北京、河北在政府层面达成有效共识。但在实际推进过程中，虽然共同出台了以《关于共同推进河北雄安新区规划建设战略合作协议》为中心的政策集，明确了交通、生态、产业、公共服务和干部人才交流等7个方面的合作任务，也在交通、生态等基础设施建设和干部人才交流方面取得了重要进展，但在随迁人才最为关心的高端高新产业转移、基本公共服务一体化等核心功能方面，尤其是央企、高校的搬迁和北京中关村的技术转移等仍进展缓慢，给不了随迁人员跟随落地雄安的信心。究其原因，也不难理解，虽然中央要求摒弃“一亩三分地”的狭隘思路，但各方主体仍避免不了优先考虑自身的诉求。央属机构和北京旨在留住高端、让渡外围职能，而雄安的目光则聚焦于北京的高端科研、教育、医疗和金融产业，三方的关注点在短期内并没有达成一致。

（二）人才承载力偏弱：以人才特区建设为标志的硬环境建设与以人才政策为主体的软环境建设尚处于初级阶段

当前，北京以产业搬迁拉动中心区人员向周边迁移的政策意图并未圆满实现，正在实施的“以房控人”的政策拉动效果也远未显现。这更加需要雄安自身提高“以业引人”“以策引人”的力度，以推动首都人口人才向雄安集中疏解进程。但现实情况是，雄安以人才特区建设为标志的硬环境建设与以人才政策为主体的软环境建设尚处于起步阶段。一方面，雄安新区要承接北京随迁人员，必须要打造与北京平行甚至高出的发展平台，但从雄安的人才工作实际来看，人才特区建设仅停留在理论研究阶段。另一方面，雄安正在积极谋划全球引才举措，也委托省直有关部门开展了雄安引才的调研和文件起草工作，但有关雄安整体人才发展战略包括承接首都随迁人员的专项意见未见出台。

（三）“来了女婿气走儿”的困惑：北京随迁人员、外聘人员、本地人员在身份认同和心理归属上的冲突隐患

中国社科院京津冀协同发展智库课题组发布的研究报告指出，雄安新区初始人口规模在100万人左右，远期控制在500万人左右。那么，除去雄安三县现有的125万人口外，其他的人从哪里来？非首都功能疏解而来的北京随迁人员是重要的组成部分，另外就是从全球延揽优秀人才。因此，未来雄安的人员构成按来源可划分为三类：一是北京随迁人员，二是外聘人员，三是本地人员。三类人员能否和谐相处是必须要面对而且必须要妥善解决的一个重要问题，而且要从人的心理这一角度来寻求

解决方案。从心理因素来分析，无论是北京随迁人员的"离京恐慌"，或是外聘人员的"客居心态"，还是本地人员的"取代忧虑"，都映射出三类人员对未来生存状态的不安。在这样的心理状态下，三类人员之间的待遇差距和文化差异往往会造成身份的认同困难和对立，成为影响雄安新区社会稳定的"导火索"。因此，正确梳理三类人员的不同诉求，处理好他们之间的关系，从而避免未知的隐患十分必要。

## 三、对策：以协同促落地，以强基促认同，以错位促融合

做好首都随迁人员的集中承接是拉动首都人口疏解和充实雄安人口根基的双赢之举。当前，要实现这一战略目标，必须树立弱鸟先飞、主动吸引的思路，紧紧围绕"人"这个核心谋篇布局，强化机构协同联动，夯实雄安环境根基，促进人员深度融合，确保首都随迁人员接得到、接得住、接得好。具体而言，可在以下三个方面有所突破。

### （一）优化机构协同力：以中央、京津冀、雄安三级行政机构的协同联动助推首都随迁人员落地

#### 1. 尽快议定非首都功能和随迁人员的落地时序

在具体承接时序上，首先，推动首都行政性、事业性服务机构和企业总部在雄安的落地，向社会展示政府建设雄安新区的决心。对于已落地央企，推进其职能的尽快落地，对随迁人员实行自愿政策，不足部分树立"存量不足增量补"的思路，面向全球招募业界精英。其次，承接来自北京的教育、医疗、培训等社会公共服务机构。以其产业和事业双重属性，吸引北京居民的迁入和外来人口的集聚。最后，承接包括金融服务业、科技服务业等在内的高端生产性服务业和现代服务业，从而引动最大的一批随迁人员和辅助人员浪潮。

#### 2. 探索创新非首都功能和随迁人员的落地方式

一是在教育、医疗与科研创新方面，积极向中央和国家有关部门寻求政策支持。借鉴日本筑波科技城、韩国科技城成功疏解首都功能的历史经验，在有序推进品牌公共机构办分支机构的同时，推进部分在京名校和三甲医院及在职人员整建制迁入雄安的计划，充实新区基本公共服务发展基础和人口基础。对于其所属高端人才，可探索建立人才共享模式，在雄安建立多领域人才共享平台，不求所有，但求所用。二是在产业迁移对接方面，建立京雄产业对接协作机制。雄安新区管委会要与北

京市政府共同组建对接协调机构，共同制定相应的引导政策，列出差异清单，可落实的就地落实，当前没有条件实现的可允许以“产业＋人才＋服务”的捆绑方式进驻雄安，避免出现单位和人才落地的“水土不服”问题。同时，雄安新区将面向企业服务的窗口机构前移到北京，就地协调解决北京企业到新区投资和员工落地的相关问题。北京市应加强对疏解单位随迁人员的教育引导，大力弘扬爱国奉献精神，激励他们响应非首都功能疏解的国家号召，争做新时代的新愚公、雄安建设的拓荒者。

（二）提升人才向心力：全方位深层次激发首都随迁人员对雄安的认同感和归属感

**1. 做好雄安形象和人才政策的深度宣传**

城市形象是人才对雄安的第一印象，是人才能否认同雄安的第一步。一是集中拍摄如“北京8分钟”（中国申奥专题片）之类具有大影响力的雄安电视专题片，主动参与世博会、文博会等具有国内和国际影响力的文化交流盛会，将雄安推介向省外、推介向世界，用燕赵大地的历史积淀、文化底蕴与雄安千年大计的全新发展理念，感召志同道合的人才前来共求发展，让雄安的人才政策关键词在人才群体中耳熟能详、扎根留痕。二是开展雄安风采宣传月活动。届时邀请列入疏解名单的首都行政、企事业单位主要负责人和相关随迁人员代表参加宣传月活动，同时携部分宣传月资料赴有关单位进行巡展，向随迁人员宣传展示不一样的雄安印象：雄安不是河北的简单翻版升级，而是一个远超人们心理预期的全新城市，不仅有“生产、生活、生态”的科学空间布局，也有可以锁住乡愁的城市—组团—社区三级公共服务网络，更有与千秋之城相配套的人才创新创业政策体系。

**2. 面向随迁人员推出强吸引力的综合配套政策组合**

一是以职住平衡来吸引。借鉴伦敦卫星城“职住平衡”的建设思路，结合“房子是用来住的，不是用来炒的”的要求，推进雄安廉租房和共有产权房建设；同时，建好京津雄公路、铁路、城市轨道立体交通大动脉和区内1公里通勤，形成“小聚居、大融合”格局。二是以无差别公共服务来吸引。教育方面，雄安新区应当优先发展高等教育，优质发展基础教育。创新驱动发展引领区、开放发展先行区需要整建制引进高等院校、科研院所；居住区积极对接北京“交钥匙 ”工程，在雄安新区建设高水平幼儿园、小学、完全中学等优质基础教育。医疗方面，适时引进大型综合三甲医院的分院，并积极筹建本地三甲医院，提升区域基本医疗水平。三是以生态雄安来吸引。一方面，雄安新区要明确湖泊、耕地、生态等基础红线，确保生态安全。另一方面，要完善旅游休闲服务体系。依托白洋淀、宋辽古战道、温泉等现有生态旅游资源，打造具有丰富景致与文化内涵的高端旅游地。

**3. 编制好《雄安人才特区建设规划》，打造雄安旗舰式人才平台**

一是在人员和资金投入方面争取中央、京津乃至全国的大力度支持；二是借鉴浦东国际人才城建设与发展经验，打造雄安的地标式人才建筑—雄安国际智谷，以及配套的数字化人才服务平台；三是推动建立雄安的高等教育集群和创新资源集聚区，吸引全国和世界著名高校在雄安设立分支机构；四是加大创新创业扶持力度，明确科技成果转化收益比例、试点股权激励、设立创业扶持基金和建立“风投广场”等；五是畅通人才国际交流，引进和建立高端人才中介服务机构，打造人力资源服务业产业园区；六是建设国际人才公寓，提供与国际接轨的教育和医疗服务；七是依托白洋淀水系和地面绿化，打造舒适宜居的自然生态环境。

（三）凸显政策亲和力：实现首都随迁人员、外聘人员和本地人员的社会融合

要想达到人适其岗、人尽其才的理想状态，协调好不同类型人员之间的关系尤为重要。要在今后一个长周期内，用好首都随迁人员，推进其与外聘人员和本地人员的和谐共处、优势互补，融合发展是必然选择。

**1. 在身份认同上，要以平等为融合基础**

在具体的政策条款中，要明确三类人员的身份平等（雄安居民）、机会平等（创新创业同等对待），提升新移民与原住居民对新区发展的归属感与认同感。如在教育方面，本地居民和外来人员的子女上学和升学机会平等；在就业方面，本地居民和外来人员都能享受平等的岗位招聘机会和入职同等待遇；在获取政府资助项目方面，外来人员在新区开设的公司与本地人办的公司享有平等的受资助机会。

**2. 在岗位配置上，要以错位分工为融合形式**

雄安新区新移民与原住居民间的社会融合不是哪个群体同化和适应另一个群体，而是在雄安新区新的社会和产业分工中找准自己的位置，实现自己的价值目标，形成各群体有效分工、互相融合的社会局面。在具体的政策条款中，要根据三类人员的个人禀赋给予不同的岗位和待遇，

实现人才的优化配置。具体而言，对于随迁人员和外聘人员，要尽快适应新环境，完成从“北京人”“空降兵”向“雄安人”的过渡；对于新区原住居民而言，要大力发展高端教育培训服务产业，对他们进行职业技能和新知识、新技术的系统培训，加速其新市民化进程，以适应未来雄安的智慧城市生活。

## 参考文献


[1] 康振海. 雄安新区经济社会发展研究［M］. 石家庄：河北人民出版社，2018.

[2] 杨开忠. 雄安新区规划建设要处理好的几个重要关系［J］. 经济学动态，2017（7）.

[3] 李兰冰，等. 雄安新区与京津冀世界级城市群建设［J］. 南开学报（哲学社会科学版），2017（4）.

[4] 叶中华，魏玉君. 雄安新区承接人口疏解的策略分析——基于首尔和东京的经验［J］. 当代经济管理，2017（12）.

[5] 刘楷. 京津冀协同发展与雄安新区引领作用［J］. 财经智库，2018（1）.

[6] 王昊，等. 雄安新区“集聚性、共生性、永续性”创新产业体系构建及其“反磁效应”培育［J］. 工业经济论坛，2018（1）.

[7] 叶振宇. 雄安新区产业跨越发展研究［J］. 天津师范大学学报（社会科学版），2018（3）.

[8] 曾红颖. 雄安新区人才发展战略思考［J］. 前线，2018（5）.

[9] 司林波，聂晓云. 雄安新区原住居民与新移民社会融合的探讨［J］. 行政管理改革，2018（7）.

# 中西部地区引聚高端人才的影响因素与对策探讨[①]

宋本江[②]

**摘　要：** 高端人才集聚是由高端人才个体需求与区域要素相互作用，并产生集聚效应而形成的。我国高端人才主要集聚在东部地区，呈"东强—西弱"态势。与东部地区相比较，中西部地区引聚高端人才的"势差"明显，存在诸多制约因素，但也有积极有利的方面。应从国家、省市、用人单位三个层面综合施策、共同发力，着力改善环境条件，充分发挥有利因素的作用，才能逐步缓解中西部地区高端人才短缺问题。

**关键词：** 中西部地区　高端人才　引聚　因素

人才是发展的第一资源。多年来，广大中西部地区一直受人才流失和短缺问题的困扰。20 世纪 90 年代我国开始实行人才市场化配置以后，广大中西部地区由于经济发展滞后、区位交通不便、自然环境不佳等原因，大批人才流向了东南沿海地区，被形象地喻为"孔雀东南飞"现象。进入 21 世纪，随着西部大开发战略和中部崛起战略的实施，在中央的政策支持和人才对口帮扶下，中西部人才短缺问题虽然得到了一定程度的缓解，但人才流失问题依然存在。近年来，在实施创新驱动发展战略、

① 该篇论文获得"2019 年全国人才与人事研究主题征文活动"三等奖。
基金项目：湖南省社科成果评审委员会项目，编号：XSP19YBZ094。

② 宋本江，湖南省社会科学院副研究员。

高校“双一流”建设等多重战略下，各地各单位纷纷出台人才引进新政，加大对人才特别是高端人才的引进力度，全国50多个城市掀起了人才激烈竞争，致使中西部地区人才再次流失。在新时代的今天，广大中西部地区面临决胜脱贫攻坚实现全面小康、推动动力变革实现经济高质量发展的艰巨任务，引聚高端人才的意义十分重大。然而，如何改变高端人才数量短缺、质量不高、结构不优的状况，如何破解人才“留不住、引不进”难题，如何增强人才竞争优势等问题，是当前中西部地区面临的重大现实课题。

## 一、高端人才集聚机理及区域特征

### （一）高端人才概念及特点

高端人才，也称高层次人才或高级人才。国内外学者对这一概念有着不同的解释，但其核心涵义是，高端人才是在一个国家或地区的人才结构中居于高端位置，在各行业、各专业具有一定影响力，拥有渊博的知识或精湛的技能，以其创造性劳动为社会发展做出贡献的人。高端人才有不同的划分标准，如按学历划分、按职称划分、按技术技能划分等，有的甚至直接把各类人才计划（工程、项目）人选作为高端人才，本研究的高端人才泛指包含各类人才计划（工程、项目）人选在内的具有高学历或高职称或较高技术技能的人才。

高端人才除了具有一般人才所具有的知识或技能、创造性、贡献性等共性特点外，还有以下三个明显特点：一是稀缺性。在人才成长过程中，由于受各种因素的影响和制约，仅有少数人才能够成长为高端人才。因此，高端人才数量较少、相对稀缺。二是高投入性和高价值性。与一般人才相比，高端人才在资金、时间等多方面投入更大，所需的条件要求更高；同时，高端人才具有高知识性和高创造性，进而他们具有高价值性，主要表现为理论成果具有高创新性，能解决较难的科技问题，进而能做出较大的贡献。三是高流动性。由于高端人才具有稀缺性、高价值性，社会对高端人才的需求必然旺盛[1]。在人才流动和竞争背景下，高端人才为寻求个人价值的最大实现和个人需求的更好满足，高频率流动则成为必然。

### （二）高端人才集聚的影响因素及形成机理

国外相关研究主要是探讨人口流动或劳动力迁移问题，如“推—拉”

理论、人力资本理论、劳动力迁移理论等。我国学者朱杏珍（2002）认为，人才集聚是指人才由于受到利益、精神和环境三方面因素共同作用，从各个不同的区域（或企业）流向某一特定区域（或企业）的过程。牛冲槐等（2006）认为，人才集聚是指在一定的时间内，随着人才的流动，大量同类型或相关人才按照一定的联系，在某一地区（物理空间）或者某一行业（虚拟空间）所形成的聚类现象。孙健等（2010）认为，人才集聚是指社会上已经存在和正在生成的分散人力资本通过流向某一特定区域集中，从而形成较大群体人力资本的过程。综上可知，人才集聚是人才流动过程中的一种特殊行为和阶段性结果，与个人流动决策（是否流动和流向哪里）密切相关，而流动决策的形成与流动行为的产生，是受某些因素的影响和吸引的结果。因此，人才集聚形成的关键在于各种影响因素。

人才集聚的影响因素按照不同角度可划分为不同类型，如按照要素划分，可分为经济因素、社会因素、文化因素、环境因素等；按照对象划分，可分为个体因素、组织因素、地区因素；按照作用方向划分，可分为正向因素（有利因素）和负向因素（制约因素）；按照区域边界划分，可分为内部因素和外部因素等。国内众多学者研究认为，人才集聚的影响因素主要有经济、社会、环境三大因素，其中：经济因素包括个人经济利益如收入水平、生活成本、收入预期和家庭总收入等，区域经济环境如经济制度、经济发展水平、产业集聚与产业集群；社会因素包括文化背景、教育环境和政策制度如人才产权制度、人才配置制度、人才使用和激励制度以及人才身份管理制度等；环境因素包括自然、地理和生活环境。也有学者认为，城市化进程中产生的城市高收入、高供给水平是人才向城市集聚的主要原因（刘易斯，1989；王东等，2008；孙健等，2010）。尽管目前相关研究视角不同，但核心观点基本一致，即收入水平、生活环境、事业平台、制度环境等是影响人才集聚的主要因素。

目前已有研究过分强调影响人才集聚的客观因素（区域要素即环境条件），而弱化了影响人才集聚的主观因素（人才需求）。客观因素对人才集聚的影响固然非常重要，但是人才集聚的主体是人才，人才个体需求能否满足是影响人才流动决策和集聚行为的关键，因此人才需求是人才集聚的主导性因素、内驱性因素，对人才集聚的形成起着决定性作用，而客观因素（区域要素）对人才集聚仅起到“推—拉”作用或诱致性作用。在主客观因素综合作用下，人才集聚才能得以形成。对于高端人才而言，他们更加关注社交与归属需求、尊重需求和自我实现需求，当然其他方面需求也应得到基本保障。因此，对高端人才高层次需求的满足是高端人才流动和集聚的关键。由此可将高端人才集聚阐述为：在一定的时间范围和空间环境下，一个区域的诸多要素对高端人才产生影响和作用，并契合其主要需求，进而促使高端人才向该区域流动并产生集聚效应的现象。

由此可知，个体需求、区域要素和集聚效应是高端人才集聚形成的三个核心要件，它们之间相互影响、相互作用。

（1）高端人才个体需求是高端人才集聚形成的前提和内因，是内驱性因素。追求个体需求满足是高端人才流动和集聚的逻辑起点，只有当一个地区的客观要素能够满足或达到高端人才的个体需求时，高端人才流动和集聚才能产生。随着环境条件的不断变化，新的客观要素能够刺激个体产生新的需求，进而能够产生新的人才流动、形成新的人才集聚。

（2）区域要素（指一个地区的收入水平、生活环境、事业平台、制度环境等）是高端人才集聚的诱导性因素。当区域要素对高端人才产生较强吸引力、能够满足个体需求时，高端人才才有可能向该区域流动和集聚；区域要素的规模、结构和质量对高端人才集聚的规模、结构和质量产生重要影响。

（3）人才集聚效应是高端人才集聚的结果要素，是指在良好运行机制下，高端人才与区域各要素相互作用而产生的效应，主要包括：创新效应、区域效应、时间效应、规模效应、激励效应、信息共享效应、知识溢出效应、集体学习效应等（牛冲槐，2006）。

上述三个核心要件的相互关系、相互作用的运行原理称之为高端人才集聚形成机理（见图1）。

（三）我国高端人才集聚的区域特征

我国自实施人才强国战略和重大人才工程（项目）以来，已培养和集聚了一大批高端人才，为科技创新和经济社会发展提供了强有力的人才支撑和智力保障。了解我国高端人才集聚的区域特征，对于把握中西部地区高端人才集聚态势，分析其影响因素具有重要意义。由于高端人才类别较多，我们仅以在我国学术界影响力较大的两院院士、长江学者特聘教授、国家杰出青年科学基金获得者、国家青年千人计划入选者、

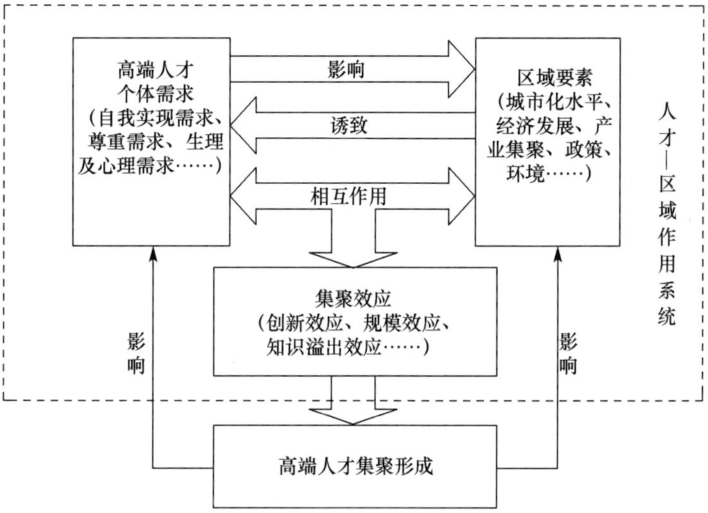


**图 1　高端人才集聚形成机理**

优秀青年科学基金获得者等六类高端人才为例展开分析。

2013—2017 年，我国 31 个省份当选的两院院士共有 235 人，入选长江学者特聘教授有 761 人，国家杰出青年科学基金获得者有 992 人，国家青年千人计划入选者有 2 388 人，优秀青年科学基金获得者有 1 998 人。从这六类高端人才的地域分布看，排名前十的省份中东部地区占了 7 个，排名靠后的基本全是中西部省份；北京当选高端人才总数达到 1 858 人次，居于全国各省市的第 1 位，占全国约 29%，比中西部和东北地区的总数还多；东部地区共有 4 555 人次，占全国 71.46%，是我国高端人才的集聚区；东部地区省均数达 455.5 人次，分别是中部地区、西部地区、东北地区的 3.3 倍、8.3 倍、4.1 倍（见表 1）。

**表 1　　2013—2017 年我国新当选的六类高端人才地区分布**　（单位：人次）

| 地区 | 省市 | 中国科学院院士 | 中国工程院院士 | 长江学者特聘教授 | 国家杰青 | 青年千人 | 优青 | 小计 | 占全国（%） |
|---|---|---|---|---|---|---|---|---|---|
| 东部地区 | 北京 | 60 | 56 | 222 | 355 | 546 | 619 | 1 858 | |
| | 上海 | 12 | 9 | 93 | 143 | 395 | 257 | 909 | |
| | 江苏 | 6 | 6 | 69 | 79 | 228 | 194 | 582 | |
| | 广东 | 1 | 6 | 30 | 48 | 221 | 113 | 419 | |
| | 山东 | 2 | 4 | 11 | 24 | 40 | 46 | 127 | |
| | 浙江 | 4 | 3 | 26 | 40 | 159 | 109 | 341 | |

续表

| 地区 | 省市 | 中国科学院院士 | 中国工程院院士 | 长江学者特聘教授 | 国家杰青 | 青年千人 | 优青 | 小计 | 占全国（%） |
|---|---|---|---|---|---|---|---|---|---|
| 东部地区 | 天津 | 0 | 0 | 25 | 28 | 67 | 61 | 181 | |
| | 河北 | 0 | 1 | 2 | 1 | 2 | 5 | 11 | |
| | 福建 | 2 | 0 | 10 | 16 | 64 | 31 | 123 | |
| | 海南 | 0 | 0 | 1 | 0 | 2 | 1 | 4 | |
| | 合计 | | | | | | | 4 555 | 71.46 |
| | 省均 | | | | | | | 455.5 | |
| 中部地区 | 河南 | 0 | 2 | 3 | 0 | 4 | 4 | 13 | |
| | 湖北 | 6 | 4 | 56 | 56 | 184 | 107 | 413 | |
| | 安徽 | 5 | 4 | 5 | 42 | 112 | 91 | 259 | |
| | 湖南 | 2 | 8 | 12 | 16 | 32 | 39 | 109 | |
| | 山西 | 0 | 1 | 2 | 2 | 1 | 11 | 17 | |
| | 江西 | 0 | 0 | 2 | 4 | 3 | 4 | 13 | |
| | 合计 | | | | | | | 824 | 12.93 |
| | 省均 | | | | | | | 137.3 | |
| 西部地区 | 四川 | 2 | 1 | 38 | 23 | 109 | 51 | 224 | |
| | 陕西 | 3 | 2 | 54 | 30 | 83 | 71 | 243 | |
| | 甘肃 | 2 | 1 | 7 | 6 | 10 | 29 | 55 | |
| | 广西 | 0 | 0 | 4 | 1 | 1 | 2 | 8 | |
| | 云南 | 0 | 0 | 2 | 6 | 12 | 14 | 34 | |
| | 重庆 | 0 | 0 | 12 | 13 | 22 | 11 | 58 | |
| | 贵州 | 0 | 1 | 2 | 4 | 5 | 2 | 14 | |
| | 新疆 | 0 | 1 | 6 | 1 | 0 | 2 | 10 | |
| | 青海 | 0 | 0 | 3 | 0 | 0 | 0 | 3 | |
| | 内蒙古 | 0 | 0 | 1 | 0 | 0 | 2 | 3 | |
| | 宁夏 | 0 | 0 | 0 | 0 | 0 | 0 | 0 | |
| | 西藏 | 0 | 1 | 4 | 0 | 0 | 0 | 5 | |
| | 合计 | | | | | | | 657 | 10.31 |
| | 省均 | | | | | | | 54.8 | |
| 东北地区 | 辽宁 | 2 | 6 | 22 | 31 | 52 | 58 | 171 | |
| | 吉林 | 2 | 3 | 13 | 10 | 15 | 29 | 72 | |
| | 黑龙江 | 1 | 1 | 24 | 13 | 19 | 35 | 93 | |
| | 合计 | | | | | | | 336 | 5.27 |
| | 省均 | | | | | | | 112 | |

数据来源：《高层次人才：按地域分布对比情况》，中国人才网，2017-9-19。

总之，不论是从某类高端人才还是高端人才整体上看，我国高端人才集聚呈现以下特征：

（1）东部地区引聚高端人才的“虹吸效应”“磁场效应”非常强，是我国高端人才的集中区，高端人才数量占全国总数的70%～80%，其中北京、上海、江苏三省市的高端人才数量最多，位列东部地区和全国的前三位。

（2）中西部地区的聚才环境条件明显弱于东部地区，引聚高端人才的“势差”较大，多年形成的高端人才区域分布“西弱—东强”的不协调状态没有根本改变。

（3）中部地区高端人才数量相对较多的是湖北和安徽两省，西部地区高端人才主要集中在陕西和四川两省，多年来中西部地区长期处于高端人才匮乏和短缺状态。

## 二、中西部地区引聚高端人才的影响因素

我国高端人才区域分布不协调状态的形成，既有区域之间人才竞争的原因，也有各省市自身环境条件方面的原因。中西部地区在稳定人才队伍、引进高端人才上面临诸多困难，存在许多制约因素，但同时也有有利因素。工资待遇较低、科研资源条件受限，是中西部引聚高端人才的主要制约因素，而国家的支持、产业聚才空间等方面因素有利于中西部地区引聚人才。

（一）有利因素

**1. 国家强有力的政策支持**

自西部大开发战略和中部崛起战略实施以来，国家在人才培训和干部交流、人才智力支持、教育支持、引进海外人才智力、工资待遇倾斜等多个方面对中西部地区给予了强有力的政策和资金支持，先后实施了《西部地区人才开发十年规划》、“西部之光”计划、“院士专家西部行”活动、“春晖计划”、《关于实施艰苦边远地区津贴的方案》《中西部高等教育振兴计划》《关于坚持正确导向促进高校高层次人才合理有序流动的通知》《关于鼓励引导人才向艰苦边远地区和基层一线流动的意见》等多项政策措施，对中西部地区稳定人才队伍、提升人才能力和实力、夯实教育发展基础起到了十分重要的作用。在区域协调发展战略背景下，国家必将进一步加大对中西部地区的支持力度，扶持政策将更加精准、更

加系统，将更有利于中西部地区人才发展和高端人才引聚。

**2. 产业聚才空间和潜力巨大**

随着东部地区产业转移的深入推进，中西部地区承接产业转移正从重数量向重质量和产业集群转变，电子信息、装备制造、新能源汽车、新材料等产业加速转移，加快了中西部地区产业发展，为中西部地区发挥后发优势提供了动力。2017 年中西部地区经济总量占全国 45%左右，中部地区实际使用外资额同比增长 22.5%，增速领跑全国。而且，“一带一路”建设为中西部地区承接国际和沿海地区的外资产业转移带来重大机遇，2012—2016 年的五年间，中西部地区吸引外资达到 986.7 亿美元，2017 年西部地区与“一带一路”沿线国家贸易比 2016 年增长 15.6%。目前，中西部地区承接产业正在向中高端转变，特色产业、产业集群正在加速形成，有利于干事创业的平台数量越来越多、质量越来越好，对各类人才具有强大的吸引力，这是中西部地区吸引优秀人才的有利条件。

**3. 区域内部人才竞争相对较弱**

我国东部地区由于各方面环境条件较好，各类人才趋之若鹜，人才集中度相对较高，进而导致就业竞争大、用人单位内部人才竞争激烈，而且生活压力也相对较大。与此相反，广大中西部地区由于长期处于人才短缺状态，就业竞争小，用人单位内部人才竞争压力也相对较小，更有利于人才的引进。近年来，中西部地区的强二线城市如武汉、成都、郑州、长沙、重庆、西安等经济发展迅速，收入与一线城市的差距越来越小，居住条件较好，生活压力不大，在人才新政、户籍新政的吸引下，许多人才纷纷向这些城市集聚。而在东部地区，由于学术竞争不断加剧，许多高校实行了“非升即走”的人事制度改革，对新聘任的教师形成了巨大压力，这为中西部高校和高水平科研平台引聚高质量人才创造了良好的契机。

**4. 情感与心理上的有利因素**

人才流动和集聚的基本动因是经济牵引、政策牵引和情感牵引，其中政策牵引只是催化剂，经济要素支撑和社会文化因素（感情因素）牵引才是关键。如果人才出生或毕业于某城市（或省份），那么他与该城市（或省份）具有极强或强的关联性，因而情感牵引力就大（中国指数研究院，2018）。当前，随着我国就业创业环境不断得到优化，海外人才回流趋势明显，“家乡情结”“感情因素”在引才聚才中的重要作用已被各地实践充分证实，“感情牌”已成为各地引才普遍采用的有效办法。许多从中西部地区走出去的身居海外或东部地区的高端人才，都有回报家乡的愿望，愿意以各种方式为家乡做贡献；对于中西部本土高端人才而言，只要工作、生活各方面条件能够得到保障，环境熟悉、家庭照顾方便、流动和迁移成本等诸多情感和心理因素牵引着他们继续留在本地。这是中西部地区引聚高端人才十分重要的有利因素。

（二）制约因素

**1. 人才意识有待增强，重才敬才氛围不够浓厚**

中西部地区与东部地区的差距，首先表现在思想观念和意识上的差距，人才工作也是一样。多年来，中西部地区由于发展相对滞后，环境相对封闭，人们的思想观念比较落后。近些年来，中西部地区的人才观念和意识虽然有了较大改变，但是旧观念的惯性依然存在，主要表现为：一是认识不够。各级党委政府及各职能部门没有真正认识到人才的极端重要性，没有将人才作为第一资源和战略资源来认真对待。二是知行不一。对于人才工作“说起来重要，做起来次要”，对人才工作不舍得投入，“重物轻人”现象依然存在。三是动力不足。人才工作的主动性积极性不强，被动应付、敷衍了事的思想状态和工作状态普遍存在。四是重官轻研。“官本位”思想严重，对科技人才重视和尊重不够，过多使用行政权力干预科研工作，视引进人才为政绩而非科学配置和合理使用。在具有这种观念意识的环境里，高端人才的尊重需求和价值实现需求得不到满足，“人心思走”则成为必然。

**2. 科研资源条件有限，科研绩效相对较低**

中西部地区特别是落后地区的经济发展相对滞后，区位交通不够便利，自然环境比较恶劣，因而其科研资源和条件相对缺乏，主要体现在：一是仪器设备缺乏。西部地区大型仪器设备不仅存量规模小，而且设备老化严重、使用效率较低[2]。二是科研投入较少。2017 年多数中西部省市 R&D 经费与东部省市相差 10 倍以上，多数中西部省市 R&D 经费投入强度与东部省市相差 3 倍以上[3]。三是科研团队力量不足。中西部边远艰苦地区的科研骨干严重流失与人才难以引进问题，进一步加剧了科研团队力量的不足和缺乏，导致科研接续严重乏力[4]。四是信息渠道不畅。中西部边远地区环境相对闭塞、交通不便捷，通信、信息等基础设施建设落后，相关资讯信息到达速度比较迟缓，科研信息及时获取难度较大。

一个人所能创造的绩效，不仅与他的能力有关，而且与其所处的环境（即所在的“场”）有着密切的关系。因此，在这种科研环境下，科技人员的能力和才华难以得到充分施展。

**3. 高水平事业平台较少，人才体制机制不够顺畅**

良好的事业平台和顺畅的体制机制是引聚高端人才的关键因素。与东部发达省市相比，广大中西部地区在事业平台建设和人才体制机制改革方面尚存一定差距，主要体现在两个方面：一是水平高、规模大的事业平台少，致使引聚高端人才的承载力有限，也极大地影响高端人才进一步成长和发展。截至2017年，中西部地区拥有的中央部办高校仅为32所，还不到东部地区的一半（为77所），国内顶尖大学以及大多数985、211高校主要集中在东部地区；在全国254个国家重点实验室中，中西部地区仅占67个，为东部地区的40%；在全国360个国家工程技术研究中心中，中西部地区仅有123个，比东部地区少90个[5]（见图2）。二是人才发展体制不完善、机制不顺畅，严重影响科技人才积极性。以高校为例，多数中西部地区高校的行政部门和教学科研部门结构不合理，行政化倾向严重[6]，而在科研活动、直接组织教学的二级单位中，其分配管理权、人事管理权得不到充分保证，行政部门过于干涉教学单位常规工作[7]；高校人事制度不完善，人才“逆淘汰”现象逐步增多[8]，公平的竞争环境有待加强；另外，对于高层次人才的成长发展缺乏长远规划，评价、激励机制等也不科学[9]，科研环境和学术氛围有待进一步改善。

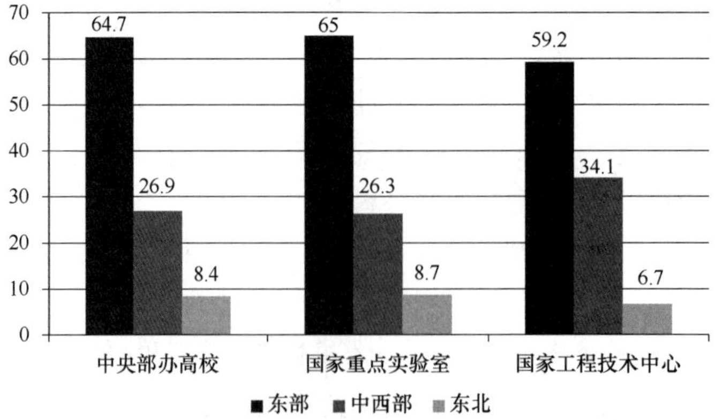


**图2　各地区重点平台占全国比重（单位:%）**

**4. 工资待遇相对较低，工作生活环境不尽人意**

长期以来，中西部地区的工资待遇普遍低于东部地区，而且随着区域经济差距的不断加大，工资待遇差距也在逐步增大。工资待遇低是中西部地区科研骨干流失的一个主要原因。因薪酬而导致人才流失的另一个原因就是用人单位的薪酬制度不公平不合理。以高校为例，在“双一流”建设背景下，多数中西部高校在工资待遇上区别对待新引进的人才和原有人才，形成人才水平相当而待遇差距较大的不公平薪酬制度[10]，导致“招来女婿气走儿”的现象时有发生。此外，中西部地区特别是落后边远山区，自然环境比较恶劣，工作条件艰苦，基本生活条件难以得到保障；落后地区的基础教育也相对落后，许多骨干人才为了子女教育不得不咬牙离开。最为关键的是科研项目竞争问题，在经济体量小、人才缺乏、信息流通慢等背景下，西部科研院所由于研究对象和目标的差异性，与东部地区同台竞争科研项目时很少有机会获得国家重大项目支持，致使西部科研院所难以走出“缺设施—缺人才—缺项目”的怪圈[11]。

比较而言，中西部地区引聚高端人才的有利因素弱于制约因素，两者相互作用最终导致高端人才引聚困难。要充分发挥有利因素的作用，积极挖掘有利方面，同时要补短板、强弱项，进一步改善环境条件，逐步减少制约因素，针对不同高端人才的需求点精准施策，才能改变高端人才“引不进、留不住”的局面。

## 三、中西部地区引聚高端人才的对策探讨

中西部地区在人才竞争中处于相对弱势地位，要改变其高端人才现状，国家的支持和帮扶必不可少，但中西部地区自身的改革发展是内因、是根本，用人单位的机制优化和科学管理则是关键。要从国家、地区、单位三个层面整体发力，综合施策，才能逐步增强其引才聚才的能力和竞争力。

### （一）国家层面：支持和调控的精细化、精准化

通过精细化、精准化的支持和帮扶，提高中西部地区引才聚才的“造血”能力。一是扩大中西部地区重大科研平台的数量规模。依据中西部地区丰富的特色资源，通过做大现有平台规模或增设新平台的办法，逐步增加中西部地区的重大平台数量，加大资金投入和政策支持，提高其质量水平和吸纳高端人才的能力，把我国现有的“斜平面”“一边倒”

式的高端人才集聚和高水平平台集聚格局变为多点支撑、协同并进的局面。二是加大对中西部地区的政策支持。对于各类评价、评估、评审，给予中西部地区政策倾斜。在国家级项目申报上，实行分区域申报制度，将现有的全国统一申报制度改为东部、中部、西部、东北地区四个区域申报制度，使各区域科研人员在可比的平台上同台竞争。在各类人才支持计划的评选上，适当提高中西部地区人选比例，或适当降低中西部地区的入选标准。在人才培养项目上，适当增加中西部地区人员数量。三是加大对中西部地区的财政投入，进一步改善中西部的科研条件和设备设施，改善高端人才和骨干人才的工资待遇和生活条件，缩小与东部发达地区的差距。四是继续实施人才对口帮扶政策，并适度扩大选派规模、延长帮扶时间，使中西部地区拥有持续稳定的高端人才“流量”。五是实施适当的调控措施。高端人才由于具有稀缺性，他们的流动和使用需要国家的宏观调控，以克服市场机制的盲目性和无序性。通过政策法规机制，合理控制区域之间、单位之间无序的人才竞争和过大的薪酬差距；通过强化激励机制，引导和支持高端人才向中西部地区流动。

（二）省级层面：重视与改革的强化、深化

中西部各省市要加快改革创新步伐，牢固树立“抓人才就是抓发展”的理念，协同推进人才发展与经济发展，以人才促发展，以发展聚人才，为人才发展营造良好环境。一要树立强烈的人才意识。中西部地区各级党政“一把手”要真正树立“求贤若渴”的观念意识，大兴识才爱才敬才用才容才聚才之风，并把这种观念意识转化为具体行动，落实到各项政策举措上。二要深化人才发展体制机制改革创新。积极改革、大胆探索，推出符合本地经济发展和人才发展实际、针对性强的改革举措，进一步增强人才培养、引进、使用、评价、激励机制活力。创新政策机制，制定出符合本地实际、务实管用的高端人才引聚政策，并保障各项政策措施落实到位。三要加大资金投入。想方设法增加人才、教育、科技等方面的资金投入，进一步改善科研条件和配套设施，逐步提高工资待遇，以此稳定高端人才和骨干人才。四要深入推进开放合作。主动对接“一带一路”等国家战略，积极开展国际合作、省部合作、区域合作等多层次、宽领域合作，将人才培养、引进、交流等融入其中，积极为用人单位引育人才牵线搭桥、提供支持。五要营造良好服务环境。优化政务环境和市场服务环境，为人才培养引进、居留落户、创新创业等提供全方位、“一站式”“一次性”的便捷高效服务，以良好服务留人留心。

（三）用人单位层面：优化机制与科学管理

用人单位要稳定并引进人才，必须进行“自我革命”，着力在软、硬环境建设上下功夫。一是创新人才机制。要科学规划人才培养成长，以契约机制规范人才流动；完善评价机制，突出品德、能力和业绩评价导向，构建分学科、分层次、分类别的评价体系，科学设置评价标准，增强人才评价的针对性；完善收入分配制度，建立重实绩、重贡献的公平合理的分配机制；构建物质激励与精神激励相结合的机制，针对不同层次、不同年龄的人才需求，制定内容多样的激励措施，注重发挥荣誉激励、成就激励、情感激励的重要作用；要妥善处理引进人才和现有人才在薪酬待遇、选拔使用上的关系。二是改善科研条件。要克服消极等待思想，加快本单位管理体制改革，积极拓宽筹资渠道，加强实验室、工程技术中心、图书馆及信息网络中心等科研设备设施建设，为科技创新提供一个较好的硬件环境。三是优化学术环境。各高校和科研院所要彻底摒弃“官本位”思想，理顺学术权力与行政权力的关系，突出科研工作和科研人员的主体地位，在资源配置上要向科研倾斜；积极倡导平等包容的学术批评、学术争论，保障不同学术观点的充分讨论，努力营造求真务实、鼓励创新、学术民主的氛围环境。以社会主义核心价值观教育引导广大人才，把爱国主义教育、职业道德教育、科学精神教育融入科研、教学、管理服务等各项活动之中，引导科研人员树立正确的人生观、价值观，把各类人才的思想和行动统一到爱国奋斗、爱岗敬业的伟大实践中来。

## 参考文献

[1] 孙丽丽，陈学中. 高层次人才集聚模式与对策［J］. 商业研究，2006（9）：131-132.

[2] 李德轩，等. 西部地区国有大型科研仪器设备管理机制研究［J］. 科技管理研究，2011（19）：24-25.

[3] 吴月辉. 西部科研骨干严重流失 人才引进难［N］. 人民日报，2014-4-25.

[4] 郑菲. 西部地区高校人才流失因素及对策研究［J］. 太原城市职

业技术学院学报，2018（5）：54-55.

[5] 孙健. 地方本科院校人才流失问题探析［J］. 教育评论，2011（1）：20-23.

[6] 郭小花，张雪芹. 西部高校高层次人才流失现状与成因分析［J］. 发展，2015（6）：69-70.

[7] 李育泽，石旭斋. 中西部地方高校高层次人才队伍建设“引”“培”“稳”机制改革与实践［J］. 巢湖学院学报，2018（2）：141-142.

[8] 瞿子娟. 中西部地方高校人才流失成因及对策探讨［J］. 智库时代，2018（10）：108-109.

# 政策工具视角下福建省人才政策发展现状及问题分析①

曹慧琴　张廷君②

**摘　要：** 建构合理的人才发展政策体系是推进人才事业得以发展的必要前提。本文基于政策分析的框架视角，运用内容分析法对人才政策的文本内容进行分析、编码、归类统计，以基本政策工具和人才强省价值判断两个指标维度对福建省《关于深化人才发展体制机制改革的实施意见》进行分析，深入研究了福建省人才政策在这两个维度中的有效性和合理性。研究发现，不管是在基本政策工具维度还是在人才强省价值判断维度，这两者在政策数量上和具体的组合结构上都存在一定的差异。这种差异体现了福建省在制定政策时的侧重与考量，同时也揭示出了福建省未来人才政策的走向：全面推进综合性的政策工具建设，通过推进人才柔性流动、创新人才培养模式、提升人才队伍素质、推动创新人才引进与培育相结合以及促进人才成果转化等手段来完善人才政策体系。

**关键词：** 人才政策　政策工具　人才强省战略

---

① 该篇论文获得“2019 年全国人才与人事研究主题征文活动”三等奖。

基金项目：福建省教科规划重点课题“大学生基层就业意愿的影响因素及激励政策”（项目编号：FJJKCGZ15-061）的阶段性成果。

② 曹慧琴，福建师范大学公共管理学院硕士研究生；张廷君，福建师范大学公共管理学院副教授。

2018年3月7日，习近平同志在参加广东代表团审议时曾强调“发展是第一要务，人才是第一资源”，这表明政府高度重视人才，而人才政策作为下一步改革的重点也在很大程度上决定了人才作为第一资源的作用。近年来，福建省各地政府纷纷出台了相关的人才政策，政策类型多，涉及范围广，但这些政策内容中是否存在偏差和缺失？政府又该如何应对？这些都是人才政策发展过程中亟待解决的问题。虽然已有不少学者对人才政策进行了研究，但是这些研究更多的是基于国家层面，对地方性人才政策研究较少；研究也比较局限于某一个具体的人才层面，如创新创业人才政策研究、高层次人才研究、科技人才研究等，而对广泛的人才政策研究较少。因此，本文研究以福建省《关于深化人才发展体制机制改革的实施意见》作为研究对象，基于政策分析的框架，采用内容分析法对福建省人才政策进行分析，拟回答以下两个问题：现有的人才政策中使用了哪些政策工具？这些工具又呈现出何种发展侧重？

## 一、相关研究回顾

在人才政策研究方法的选择上，刘佐菁、江湧（2017）等人，基于政策文本分析的视角，对广东省近10年的人才政策进行研究。宁甜甜（2014）基于政策工具的分析视角对我国人才政策进行分析，深入剖析我国人才政策中存在的缺失和冲突问题。黄怡淳（2017）采用多案例研究方法，通过对比我国北上广深四大城市的人才政策，分析人才政策体系的异同之处，并以此探索广州市人才政策在实际建设中存在的问题。鞠炜，刘宁（2013）等人则以京沪浙粤苏等五个经济较为发达的地区为例，对这五个地区出台的人才政策进行比较研究，并在此研究基础上提出完善人才政策的建议。还有学者聚焦于人才政策的影响因素研究，比如胡威（2018）在文献研究的基础上，以内因、外因、制约因素等为基础建构出了我国地方政府人才政策创新的动因模型，并基于北京、上海、浙江这三地人才政策的创新过程来分析和判断这些影响因素究竟是如何发挥作用的。综上研究，学者们对人才政策的研究大多是基于一个宏观的视角，大部分的研究是对政策进行阐述和解释，是一种描述性的定性研究。想要了解人才政策体系的发展偏向，并据此提出完善人才政策的意见，必须要从政策内容分析入手，厘清政策脉络，进而解决人才政策发展的深层次问题。

## 二、研究设计与分析框架

### （一）研究设计

2016年3月，中共中央印发《关于深化人才发展体制机制改革的意见》，而后福建省积极响应党中央号召，在认真贯彻习近平总书记重要指示精神、深入实施人才强省战略过程中，制定出台了一系列针对性强、实践性高的人才政策，为建设“机制活、产业优、百姓富、生态美”的新福建提供了强有力的人才支撑。福建省自“十二五”以来，一直以积极做好人才的引进与培育工作，实现人才强省战略目标而努力。福建省作为经济特区、自由贸易试验区、综合试验区、21世纪海上丝绸之路核心区，在2018年还推出了“建设现代产业体系培育千亿产业集群推进计划（2018—2020）”，福建省所处的经济地位以及发展规划都对人才发展提出了更高的要求，因此对福建省人才政策进行研究就很有必要了。从2016年3月至2018年8月，福建省人才政策文件共计24份，其中中共福建省委办公厅、福建省人民政府办公厅印发文件仅一份，即中共福建省委印发的《关于深化人才发展体制机制改革的实施意见》，由此可见该文件的重要性，该文件也是“十三五”以来福建省出台的人才工作系列文件中最具有标志性和指导性的文件之一。因此本文以福建省《关于深化人才发展体制机制改革的实施意见》（以下简称《实施意见》）作为研究对象，基于政策工具的分析视角，借鉴国内外学者的相关研究建构政策工具分析框架，采用内容分析法（Content Analysis），对政策文本内容进行编码、归类与统计，并对统计结果进行分析，从中发现现有人才政策存在的问题并提出解决对策，从而促进福建省人才政策的进一步优化。

### （二）基于政策工具视角下的人才政策分析框架

选择恰当的政策工具对政策目标的实现以及政策运行的效果具有重要作用，因此建立公共政策的分析框架应着眼于政策工具。所以，运用政策工具的二维分析框架对研究福建省人才政策的发展偏向具有极大的意义。

#### 1. X维度：基本政策工具分析

本文基于研究目的，借鉴 Rothwell 和 Zegveld 两位学者的研究成果，将人才政策体系所涉及的基本政策工具分为供给型、环境型和需求型三大类，并将此作为人才政策分析工具中的 X 维度，其对人才发展的作用如图 1 所示。

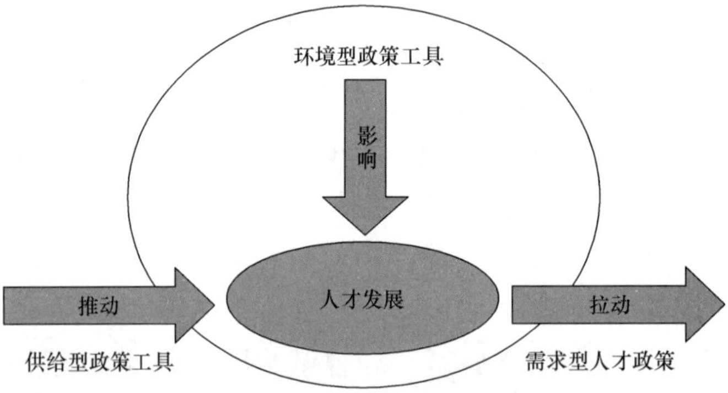


**图 1　政策工具对人才事业发展的作用方法示意图**

供给型政策工具是政府通过扩大人才供给，改善人才供需情况等多种形式，直接推动人才事业的发展。根据人才政策的推动方式不同可以将其分为人才培养、人才设施建设、人才资金投入、人才信息支持和公共服务等。环境型政策工具主要是通过外部因素作用于人才事业的发展，其效用并不是直接显示，而是通过间接方式潜移默化地影响人才事业的发展，从而为人才事业的发展提供良好的政策环境，具体可将其分为以下几类：人才目标规划、财税金融、法规管制和策略性措施。需求型政策工具是指政府通过对人才事业发展的关注与扶持，其目的就在于减少外部因素对人才事业的影响和阻碍，推动人才事业的稳健发展，具体可将其分为人才引进、服务外包、贸易管制、海外人才机构等类别。

**2. Y 维度：人才强省战略评价维度**

为了更加全面地分析该政策文件，本文引入了政策文本分析的第二个维度——人才强省战略评价维度。在中共中央、国务院 2002 年印发的《关于印发〈2002—2005 年全国人才队伍建设规划纲要〉的通知》中，明确提出了“人才强国”战略。随后，各省纷纷响应中央关于人才强国战略的号召，结合省情和自身发展规划，科学实施人才强省战略。“人才强国”战略提出后，福建省委、省政府出台了多个政策性文件，其中包括《福建省高层次创新创业人才暂行办法》《海西产业人才高地建设实施办法》《海西创业英才培养实施办法》等，强力推进人才强省战略的实施。基于福建省对人才强省战略的重视，本文研究以“人才强省战略”评价指标作为Y维度，对福建省人才政策进行综合分析与衡量。在“人才强省”战略评价维度的指标确定上，借鉴前人已有的研究成果，本文将人才强省战略评价维度的指标归为人才规模、人才素质、人才投入、人才环境、人才流动、人才效益、人才创新7个方面。

（三）二维分析框架的构建

基于政策工具维度（X轴维度）和人才强省战略评价维度（Y轴维度）的分析，将福建省人才政策二维分析框架搭建如图2所示。

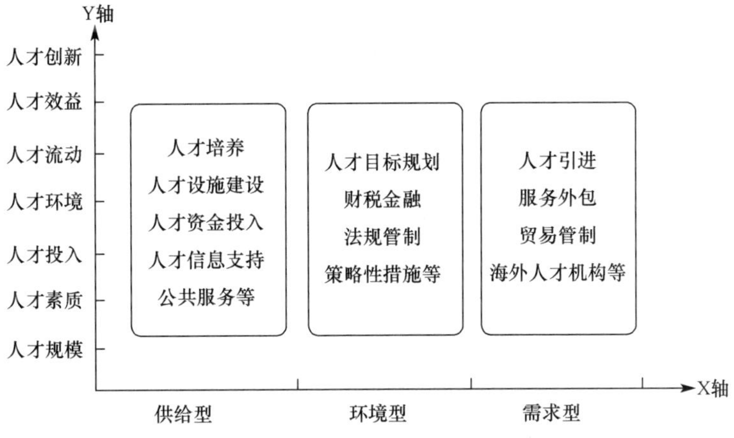


**图2　人才政策二维分析框架图**

资料来源：本研究整理。

## 三、基于政策工具视角的《关于深化人才发展体制机制改革的实施意见》内容分析

（一）《实施意见》政策文本内容编码

结合以上X维度中供给型、环境型和需求型三大人才政策工具，共13种分析类目对《实施意见》进行编码（编码格式：一级标题—二级标题—序号）[①]，最终形成了表1所示的编码表。

① 编码说明：本次编码由课题组成员共同完成，其中一级标题11个，二级标题36个，全部编码229条。

经济动能转换中的人力资源管理新趋势
JING JI DONG NENG ZHUAN HUAN ZHONG DE REN LI ZI YUAN GUAN LI XIN QU SHI

表 1　《实施意见》政策文本编码示例

| 政策名称 | 政策项目 | 内容分析单元 | 编码 |
|---|---|---|---|
| 一、总体要求和主要目标 | （一）总体要求 | 深入学习贯彻习近平总书记系列重要讲话和省委九届十六次全会精神…… | 1—1—1 |
| | （二）主要目标 | 通过深化改革，到 2020 年，在人才培养引进、评价使用、分配激励、服务保障…… | 1—2—1 |
| 二、推进人才管理体制改革 | （三）转变政府管理职能 | 按照政社分开、政事分开和管办分离要求，强化政府宏观管理…… | 2—3—1 |
| …… | …… | …… | …… |
| 十一、切实加强党对人才工作的领导 | （三十六）制定地方性人才法规 | 省委人才工作领导小组要加强宏观指导和组织协调，建立协调落实机制…… | 11—36—6 |
| | | 中央驻闽单位可结合自身实际和主管部门规定，参照实行本实施意见 | 11—36—7 |

（二）《实施意见》的 X 维度分析

根据 X 维度及政策工具的编码进行归类统计，具体见表 2。

表 2　《实施意见》X 维度政策工具分布统计表

| 政策工具类型 | 工具名称 | 《实施意见》内容编码 | 数量（条） | 百分比 | |
|---|---|---|---|---|---|
| 供给型 | 人才培养 | 2—4—1，2—5—7，3—8—1 …… | 13 | 5.68% | 26.64% |
| | 人才设施建设 | 2—5—2，2—5—8，3—7—4 …… | 10 | 4.37% | |
| | 资金设入 | 3—7—3，7—19—3，9—25—3 …… | 5 | 2.18% | |
| | 公共服务 | 2—3—3，4—13—1，6—17—3 …… | 24 | 10 .48% | |
| | 人才信息支持 | 3—7—5，3—8—4，7—19—2 …… | 9 | 3 .93% | |
| 环境型 | 人才目标规划 | 1—1—1，1—2—1，3—6—1 …… | 12 | 5.24% | 57.64% |
| | 财税金融 | 6—18—3，8—22—4，10—29—3 …… | 7 | 3.06% | |
| | 法规管制 | 2—3—1，2—3—2，2—3—4 …… | 34 | 14.85% | |
| | 策略性措施 | 2—4—6，2—5—3，2—5—5 …… | 79 | 34.50% | |

续表

| 政策工具类型 | 工具名称 | 《实施意见》内容编码 | 数量（条） | 百分比 | |
|---|---|---|---|---|---|
| 需求型 | 人才引进 | 4—11—1，4—11—2，4—11—4 …… | 23 | 10.04% | 15.72% |
| | 服务外包 | 24—11—1，4—11—2，4—11—4 …… | 10 | 4.37% | |
| | 贸易管制 | | 0 | 0.00% | |
| | 海外人才机构 | 7—20—2，7—21—2，11—35—6 | 3 | 1.31% | |
| 合计 | | | 229 | 100.01% | 100.00% |

对表2中各类型的政策工具占比进行分析可知，《实施意见》在政策工具的使用上较为全面，供给型、环境型、需求型这三类政策工具皆有使用到。但是，从具体所占百分比来看，这三类政策工具在实际应用上还存在一定的差别，其中环境型政策工具使用率最高，在整个政策工具中占比57.64%；其次是供给型政策工具，占比26.64%；需求型政策工具占比较低，仅为15.72%。其占比结果说明了当前政府在人才政策工具的选择上主要还是以环境型政策工具为主，表现出了一定的偏爱性。

**1. 环境型政策工具为主**

从表2来看，环境型政策工具在本文的应用占比中超过整个政策工具的一半，当前福建省正在大力发展人才事业，贯彻落实人才强省战略，而为人才提供有力的环境支持是其发展的必要前提。具体分析，政策工具中策略性措施占比最高，为34.50%；其后为法规管制，占比14.85%；人才目标规划，占比5.24%；而财税金融，占比仅为3.06%，各项占比在整个环境型政策工具结构分布上并不均衡。策略性措施是通过将宏观目标细化，进而完成人才发展目标，但部分策略性的人才政策是短期的，缺乏中长期的规划与目标，易导致人才事业发展难以持久。法规管制是人才事业得以发展的重要制度保证，法规管制的占比在环境型政策工具中排名靠前，与《实施意见》中所提到的以“形成与社会主义市场经济体制相适应、人人皆可成才、人人尽展其才的政策法规体系和社会环境”为总目标相呼应，虽然其应用占比率不低，但在一些领域法规管制还是不够完善，比如人才引进之初制定的相关政策不适用于人才引进后期，相关规章制度更偏向于高层次人才，但据福建省2018年统计年鉴数据显示，福建省产业结构主要还是以第二、第三产业为主，工业依然是产业发展的重点，且比重逐年增多，从当前现状来看提高一般性人才占比依旧是当前发展的重点，因此政府在完善高层次人才规章制度时应多关注一般性人才的规章制度。人才目标规划在《福建省中长期人才发展规划纲要（2010—2020年）》曾多次提及，但根据实际发展情况来看，成效与目标还未达到完全一致。财税金融是人才事业得以发展的重要保障，其作用不仅体现在对资金的直接扶持，更能体现出人才政策发展的宏观氛围，但就目前情况看，财税金融政策还需进一步加强。

**2. 供给型政策工具为辅**

从整个人才政策工具的统计占比来看，供给型政策工具处于辅助性地位，其中主要以公共服务为主，占比为10.48%；而人才培养、人才设施建设、资金投入、人才信息支持等几项占比皆在百分之五及以下，其中资金投入占比仅为2.18%，除公共服务政策工具外，其余各项政策运用较为均衡。公共服务之所以更受重视，与《实施意见》的主要目标有关，《实施意见》中提出要使人才服务保障体系更加健全更加完善，全社会识才爱才敬才用才氛围更加浓厚，政府在制定政策时更加重视公共服务政策的制定。从整体的占比来看，人才培养力度和人才设施建设投入较少，这两方面的不足可能与资金投入比重小有一定关系。要解决当前这个困境，就要加大投入比重，而后才能推动人才培养和人才设施建设的发展。人才信息支持的比重较低，从当前趋势来看，随着互联网行业和大数据的发展将在很大程度上改变人才的服务模式，人才信息的流通、传播和共享，将更加有效地解决人才发展问题，在此背景之下，人才信息的发展就更加迫不及待了。

**3. 需求型政策工具占比低**

需求型政策工具作为直接拉动人才事业发展的政策工具，在一定程度上增强了人才事业发展的稳定性，相比于环境型政策工具而言需求型政策工具的影响要更为直接，效果也更为明显。但从表2的实际比重结果来看，需求型政策工具在三大政策工具中所占份额最少，仅为整体的15.72%。其中贸易管制未涉及，海外人才机构占比也仅有1.31%，然而这两项是推进一个地区人才事业国际化最为重要的工具。人才引进是人才事业发展最为直接的工具，近年来当地政府一直在加大对人才的引进，因此，在政策工具占比中，人才引进占比略高。人才事业的发展单靠政府一己之力是不够的，因此可以将更多的人才引进、人才服务等工作交于企业、高校和其他社会组织。需求型政策工具的应用不足在一定程度上会给福建省人才事业发展带来阻碍，因此应加强对需求型人才政策的完善与补充。

通过以上分析，可以发现福建省人才政策总体上呈现出以环境型政策工具为主，供给型政策工具为辅，需求型政策工具占比低的规律，需结合《实施意见》出台时福建省经济发展与人才建设及需求情况来分析。首先，福建省地处东南沿海，多年来经济发展与环境建设方面均取得了明显成就，已逐渐具备对人才的较强吸引力，人才总量基本能满足发展需求，因此政府在扩大人才总量上的需求表现不明显，因此需求型政策工具占比较低。其次，福建省具有独特的地缘优势，作为闽台合作的主体，自改革开放后，福建省就已成为大陆吸引台资的重点省份，在资金引进以及人才设施建设等方面解决了福建省面临的很多难题。再次，改革开放后福建省的产业结构主要是以第一和第二产业为主，注重对基础性、一般性人才的发展，因此作为推力的供给型政策工具政府关注较少，相对投入也较少。最后，福建省作为20世纪90年代人才“孔雀东南飞”的重镇之一，人才事业发展起步早，在前期各项人才引进政策作用下，已基本完善前期的人才积累工作，当前主要发展目标是留住人才，给予人才事业发展的保障，为人才事业的发展提供良好的政策环境，因此在政策工具的使用上出现了偏向环境型政策工具的现象。随着近几年福建省加快建设创新型省份，产业转型升级明显加快，第三产业所占比重不断增加，对人才需求的结构层次也将发生变化，如对高层次人才、信息化人才、海外人才的培养与引进等方面，因此政府应借助供给型和需求型两类政策工具，在供给和需求两个方面出台相应的措施以推动人才结构转变以及人才强省战略目标的实现。

(三)《实施意见》的Y维度分析

在X维度政策工具的基础上，加入Y维度即人才强省战略维度并对其进行分析，Y维度的衡量指标包括人才规模、人才素质、人才投入、人才环境、人才流动、人才效益、人才创新等7个指标，详见图3。

如图3所示，Y轴单个指标占比量在前三的分别是人才环境、人才规模以及人才投入，这三者占比均超过20%。由此可以看出，福建省在人才强省战略的大方向上是合理的，人才环境、人才规模、人才投入是决定人才事业得以发展的重要指标。福建省人才政策较为重视人才环境政

| Y轴 | 供给型 | 环境型 | 需求型 | |
|---|---|---|---|---|
| 人才创新 | 11–35–7(1条) | 3–6–2，3–7–6，6–17–4…(6条) | 6–18–4，(1条) | 3.49% |
| 人才效益 | 2–3–3，3–7–5，11–35–5(3条) | 1–2–1，3–7–7，3–10–1…(7条) | 0条 | 4.36% |
| 人才流动 | 4–13–5，7–19–8，8–22–10(3条) | 6–17–5，6–18–2，8–23–4…(6条) | 2–5–4，7–20–2，8–22–9(3条) | 5.24% |
| 人才环境 | 7–19–2，8–23–1，8–23–2…(10条) | 2–3–1，2–3–2，2–3–4…(52条) | 5–14–11(1条) | 27.51% |
| 人才投入 | 2–5–2，2–5–8，3–7–3…(22条) | 4–13–3，6–18–3，7–19–4…(18条) | 2–5–1，2–5–6，7–19–5…(6条) | 20.09% |
| 人才素质 | 2–4–1，2–5–7，3–8–1…(14条) | 2–4–2，3–9–3，3–9–4…(14条) | 3–9–9，8–23–3(2条) | 13.10% |
| 人才规模 | 6–18–6，7–20–4，8–22–12…(8条) | 1–1–1，2–4–4，2–4–6…(29条) | 4–11–1，4–11–2，4–11–4…(23条) | 26.20% |
| X轴 | | | | |

**图 3 《实施意见》政策工具二维分析图**

策工具，特别是人才的制度环境，始终秉持着人才发展、制度先行的理念，完善的人才环境对于引进人才、留住人才都是至关重要的。福建省政府对人才规模的重视仅次于人才环境，这与福建省的经济发展息息相关，也符合福建省人才发展的省情。民营经济在福建省经济总量中占大头，传统产业多，因此福建省政府还是很重视人才规模发展的。人才投入指标虽然比重较大，但从《实施意见》的内容分析中可以看出，福建省人才投入较多是集中于对人才机构、人才平台的投入，是对整体的投入，而对于人才个体的投入关注不多，要逐渐扩大人才发展规模，加大对个体人才的投入是很有必要的。高层次人才历来受各省市的重视，尤其是北上广深等一线城市，但从图 3 中可以得出，人才素质政策工具占比仅为 13.10%，由此可以看出福建省在高层次人才培养方面还不够重视，对提升人才的综合素质还不够重视；人才流动和人才效益也是促进人才事业发展的重要政策工具，但就目前占比来看两者占比率依旧较低，这是在促进人才事业发展中不容忽视的部分。从图 3 来看，人才效益占比仅为人才投入占比的五分之一，从具体数值来看，福建省人才事业的发展中人才投入与人才效益之间存在着较大的差距，盘活、用好本地人才存量，是发挥人才效益的最佳途径。创新作为推动经济发展的第一动力，其在人才事业发展中的重要性已是不言而喻。但从《实施意见》的政策工具二维分析图来看，政府对人才创新政策工具的重视度还不够，比例仅占整体的3.49%，福建省是民营经济大省，传统工业仍占据着重要的地位，但在产业结构中仍面临普遍研发投入不强、创新能力不足的问题，高新技术产业的发展必将受到一定的制约，这归根结底主要就是缺乏对创新人才的支持。福建省有厦门大学、福州大学、福建工程学院等工科类水平较高的高校，但是高校科研和企业之间存在断层，科研结果还未能真正投入实际应用中，新鲜力量还未与产业发展相结合，使得新兴产业未能异军突起。福建省想要进入人才强省之列，在人才事业发展的过程中必须要尽快完善人才创新方面的政策。

## 四、结论与建议

基于上文的分析结果，本文将提出一些建议，以期为政府在制定、调整和优化相关人才政策时提供一定的参考。

### （一）全面推进综合性的政策工具建设

福建省要推进人才强省建设，需要完善政策工具，推进政策工具的全面发展、综合性发展。从上文的分析结果来看，福建省人才政策发展结构不均衡，侧重于环境型政策工具，这表明了政府为人才事业的发展积极建构了良好的外部环境，但作为人才事业发展推力和拉力的供给型政策工具特别是需求型政策工具还较为不足。由于福建省正处在经济发展的转型期，当前政策工具偏向于环境型政策工具是情理之中，也符合福建省人才发展和整个产业结构的规划，但随着人才强省战略的实施，加快建设创新型省份以及产业结构的不断优化升级，供给型政策工具和需求型政策工具作为人才事业发展更为直接的工具将变得更为重要。因此，福建省政府应针对当前人才政策工具的偏向、缺失及不足制定相关策略，结合发展现状及发展规划全面推进综合性政策工具建设。

### （二）完善福建省人才政策体系

人才强省战略目标的实现，需要多维度指标的整体提升，需要多维度工具的共同发展。但上文的分析结果表明，福建省人才政策对各指标的保障程度有一定的差别，大部分政策倾向于人才环境、人才规模和人才投入这三类，而对人才效益、人才流动、人才创新等关注的较少。因此，本文将从以下几方面来探讨如何完善福建省人才政策体系。

**1. 积极推进人才柔性流动**

人才流动是思想的流动、经验的流动、资源的流动，合理的人才流动能激发出人才的创新力与创造力，促进人才流动是推动人才创新和提升人才效益的手段。一方面，采取柔性流动的方式，鼓励各类人才，尤其是国内外高层次人才前来福建兼职、讲学、进行科研合作等，相应地，政府需制定相关政策措施，以保障柔性流动人才的合法权益。另一方面，政府应鼓励和支持不同岗位、不同部门、不同地区，甚至不同国家之间的人才进行流动，并为人才流动中各环节提供相应的保障，同时为人才的流动建立起合理的流动机制。Palivos Theodore（2008）发现吸引人才的因素有地方政府政策、工资水平、工作环境等。所以，政府在积极推进人才柔性流动时，要为人才流动提供合理的保障和相应的福利，让人才更愿意流动，从而带动整个城市资源的流动。

**2. 创新人才培养模式，提升人才队伍素质**

随着战略人力资源时代的到来，政府及企事业单位纷纷对高素质人才抛出橄榄枝，素质人才已成为重要的战略资源。人才的素质在此指的是人才的政治素质、思想文化素质以及身心素质和工作能力素质等，针对不同的素质要求，可以采取不同的措施。福建省正值经济转型期，对于高素质人才的需求比以往任何时期都更加迫切，要改变当前现状，政府必须要重视高素质人才的发展，创新人才培养模式，加大人才发展的资金投入，并确保专款专用，形成渠道畅通，持续稳定的人才工作投入机制，加强对人才投入资金的跟踪与监管，确保资金的正确使用，同时，要对人才提供积极的信息反馈，帮助人才发挥其潜在力和创新力。政府、企事业单位除了对人才进行国内交流培训外，也应积极组织国外交流培训，且随着互联网等现代信息技术的发展，政府、企事业单位在人才培养模式的选择上应与大数据结合，建立“人才资源库”网络学习平台，可根据人才发展需求进行有组织的系统性学习以及自我发展的自主性学习，各地人才可自主交流学习，实现人才的交流、知识的互通，以此不断提升人才队伍的素质。

**3. 推动创新人才引进与培育相结合**

本文认为要改进福建省当前人才创新不足问题，应考虑对创新人才的引进力度问题，因此要从政府政策入手。首先，政府要制定科学的创新人才引进战略计划，加大对创新人才的引进力度，完善创新人才的培养机制、引进机制、使用机制和奖励激励机制等。要通过建设人才创新创业基地、人才创新创业示范区来为人才创新提供平台，并以此作为载体吸引国内外优秀人才前往福建创新创业，政府对创新创业基地和创业示范区项目实行优先配置资源。其次，要将创新人才的培育制度与引进战略相结合，积极培育本地优秀的创新创业人才，创新人才培育不但在于政府要出力，更多的是要依靠企业和高校。政府出台相关政策优惠，吸引企业参与到创新人才培育的工作中来；高校层面，可以通过建立校内研究基地，成立专项科研奖励办法，吸引学生参与到项目研究中，提高自身的实践能力和科研水平。最后，应从生活和工作两方面为人才营造良好的创新环境，提供良好的生活保障，使人才更加专注于创新创业工作中，充分调动人才参与创新创业的积极性，将人才资源效用发挥至最大化，才能真正做到人尽其才，物尽其用。

**4. 促进人才成果转化，提高人才效益**

促进人才成果转化，必须要深入贯彻执行《福建省促进科技成果转化条例》，建立起以企业为主体、市场为导向、产学研深度融合的技术创新体系，同时也要支持中小企业参与创新工作，发挥企业在研究开发投入、方向选择、项目实施和成果应用等工作中的主导作用，促进科技成果转化，以此实现人才成果的转化，人才成果实现了转化才能最终推动经济建设和社会发展。另外，政府也要鼓励研究开发机构、高等院校等有关机构建立起面向企业的技术服务和协同创新平台，将科技成果与企业需求实现对接。鼓励和支持跨国家、跨区域、跨行业开展科技成果转化和产业化合作。企业还可利用外资，引进国外先进的技术、设备和管理经验等，实施科技成果转化。同时建立科技成果信息系统，各级政府要积极推动促进科技成果转化的基础设施建设，如工程（技术）研究中心、重点实验室和科技信息网络技术交易场所等。人才成果得以转化，人才更愿意专注于创造成果，人才的效益才能不断发挥。

## 参考文献

[1] 聂晨静. 习近平：发展是第一要务，人才是第一资源，创新是第一动力 [EB/OL]. http：//www. xinhuanet. com/politics/2018lh/2018-03/07/c_1122502719. htm，2008-03-07.

[2] 刘佐菁，江湧，陈敏. 广东近 10 年人才政策研究——基于政策文本视角 [J]. 科技管理研究，2017（5）：39-42.

[3] 宁甜甜，张再生. 基于政策根据视角的我国人才政策分析 [J]. 中国行政管理，2014（4）：82-86.

[4] 黄怡淳. 北上广深四市人才政策对比分析及广州市人才政策建议 [J]. 科技管理研究，2017（20）：49-50.

[5] 鞠炜，刘宁. 京沪浙粤苏人才政策比较研究 [J]. 政策分析，2013：87-92.

[6] 胡威. 我国地方政府人才政策创新动因研究——基于北京、上海和浙江的分析 [J]. 行政论坛，2018（1）：114-121.

[7] 顾建光. 公共政策工具研究的意义、基础与层面 [J]. 公共管理学报，2006（4）：58-61.

[8] Rothwell R，Zegveld W. Reindustrialization and Technology [M]. London：Longman Group Limited，1985.

[9] 赵筱媛，苏竣. 基于政策工具的公共科技政策分析框架研究 [J]. 科学学研究，2007（1）.

[10] 王晓龙. 我国人才强国战略实施的国际比较与创新策略——基于广东省的案例分析 [D]. 长春：吉林大学，2010.

[11] 刘传德. 区域人才强省战略是是效果测度及对策研究——以安徽省为例 [D]. 合肥：安徽理工大学，2014.

[12] 杨河清，吴江. 区域人才竞争力评价指标体系构建的几点思考 [J]. 人口与经济，2006（4）：37-40.

[13] 林庆喜，许放. 基于 AHP 的城市科技人才竞争力评价研究——以中国 4 个直辖市 2008 年数据分析为例 [J]. 北京科技大学学报，2015（31-1）：109-118.

[14] 人民论坛课题组：赵紫燕，于飞. 中国区域人才竞争力指数调

查报告［J］. 人民论坛，2017（15）：34-37.

［15］Theodore Palivos，Wang Ping. Spatial agglomeration and endogenous growth［J］. Regional Science Urban and Economics，1996，26（6）.

［16］Christian Reiner，Susanne Meyer，Sascha Sardadvar. Urban attraction policies for international academic talent：Munich and Vienna in comparison［J］. Cities，2016.

# 山东省属高校高层次人才引进应把握好的几个“度”[①]

姜德照[②]

**摘　要：**当前，人才争夺方兴未艾，对省属高校来说，由于办学的天生弱势，导致其在高层次人才引进方面面临的问题比较大。对省属高校来说，人才引进的主体是学校的二级学院，学院从自身学科发展、专业建设和人才培养的切实需要出发，与学校相关部门携手，从海内外广揽人才。本文结合某省属高校高层次人才引进的实践，从三个方面提出了省属高校高层次人才引进应把握好的三个度，即：引才头脑必须保持足够的清醒度；引才方法必须讲究情感的投入度和引才目标必须紧扣办学定位的精准度。

**关键词：**省属高校　高层次人才引进　度

当前，人才激烈竞争的硝烟始终笼罩在国内各高校之间，国内外一些学科高层次人才成为各高校青睐的对象，为了“挖”人才，各高校不惜倾注巨大的人力物力加入这场人才角逐中，对于一些省属高校来说，无疑是对其人才引进理念、方法与财力的一次巨大的挑战。省属高校人才引进的主体是学校的二级学院，学院从自身学科发展、专业建设

① 该篇论文获得“2019 年全国人才与人事研究主题征文活动”三等奖。

② 姜德照，鲁东大学法学院党总支书记、副教授。

和人才培养的切实需要出发，与学校相关部门携手，从海内外广揽人才。笔者曾作为二级学院的党总支书记，与学院班子一起，为学院引进了中组部海外千人计划人才和其他一些高层次人才，也有与所需高层次人才失之交臂的现象。从自己的高层次人才引进实践以及关于这个问题的相关思考，笔者认为，在省属高校高层次人才引进过程中，有必要把握好几个相关的“度”，否则就失去了高层次人才引进的初衷，也难以形成与学院学科建设、专业发展和人才培养相适合的正效应。

## 一、“乱花渐欲迷人眼”：引才头脑必须保持足够的清醒度

省属高校所处的办学层次和地理位置，在很大程度上就决定了其处于高层次人才比较缺乏的现实状况，很难在短时间内获得彻底改变。但我国高校评价体系中的一些指标确立的依据，常与人才的层次和科研水平挂钩，尤其近年来，一些机构不断推出的高校排名，让省属高校的管理者产生了一夜间“蜕变”的焦虑感与被绑架的无奈感。于是，倾注全校之力抢挖人才，就成为学校办学过程中一个极其重要的既定方针，校级班子的巨大压力必然要层层传导下去，二级学院就自然成为这一压力承接的末端，学院的书记、院长在学院的工作部署中，每年均要把高层次人才引进列入重要议事日程，穷尽一切可能到处寻找高层次人才的信息，并不断地找各种机会将那些自认为与学院学科和专业有关联性的高层次人才揽入囊中。在此过程中，需要处理的一个很大的问题，就是学校能给高层次人才多高的物质待遇。毋庸置疑，当下的高层次人才无序流动的一个强劲的动力机制就是丰厚待遇的诱惑。俗话说：无利不起早。既然能将高层次人才从原单位撬动，就必然要在待遇拔高上下工夫，随之就出现了各种或明或暗的价码，海外千人、泰山学者年薪在 120 万～200 万元之间，安家费也在 500 万～600 万元。南方某高校以 1 个亿的资金引进 2 名退休院士，即使带有省“突贡”专家头衔的高层次人才，也相继开出年薪 100 万元的价码，在这种丰厚的待遇面前，高层次人才安有不动心之理？这就必然造成各高校高层次人才的人心浮动，对有能力开出高价码的高校趋之若鹜。在这个高层次人才争夺战的烽火硝烟中，省属高校的引才工作，必须保持头脑的高度清醒，在下列几个问题上，应有足够的认识：

（一）学校的财力状况与引才的力度方面应保持一个合理均衡的状态

我们知道，省属高校的办学经费主要来自省财政拨款和招生学费收入。一般来说，办学经费紧张成为各高校的常态。如，某高校某年的年度经费预算为 8～10 亿元，仅仅为同期一些“985”名校的零头，办学的捉襟见肘窘态是可想而知的，要在高层次人才方面经费支出过度，必然对学校其他建设形成严重影响，若长此以往，将对高校办学的整体发展形成致命威胁。因此，应建立与自己财力相应的引才合理区间，这是当下省属高校必须高度警惕的事项之一。

（二）高层次人才引进之前的相关业务背景考察工作应该做扎实

由于高层次人才的引进，是省属高校与人才本人联系，基本走的不是正常的从单位到单位的渠道，要了解人才的相关信息，就需要从私人角度进行，这就未免存在不少漏洞。在网络信息时代，我们可以从网络查询到高层次人才的一定的信息，但单凭网络信息及本人提供的资料，很难把握好高层次人才整体情况。这就需要引才工作人员下工夫搞清楚该人才的研究能力、研究方向、研究成果及研究潜力；该人才与引才单位学科发展的关联性有多大，是否有利于引进后建立相应的科研团队；对该人才所提供的自我介绍资料，从各种途径加以确认和认证，等等。引才工作的主体虽然是高校二级学院，但相关单位必须从学校整体角度把好关，学校花大价钱引进的人才，如果单纯停留在“为引而引”阶段，不能为学校的学科建设及长远发展服务，那就是一种不负责任的“短视”行为。同时，也可避免那些滥竽充数之辈抓住高校求才若渴的心理，狮子大张口漫天要价，人才引进后对学校的发展不能发挥应有的作用。

（三）高层次人才的引进应注重“聚才”效应

对于省属高校来说，没有足够的财力支撑持续不断的人才引进工程，对于花费有限的办学资源引来的人才，如何使用的问题必须处理好。虽然二级学院为高层次人才引进的行动主体，但也是学校投入重金及人事等相关部门积极配合的结果，因此，高层次人才引进后，不应搞“谁家的孩子谁抱走”那一套，把高层次人才作用的发挥局限于二级学院层面，而应从学校发展的大局出发，统筹各相关学科的人才，建立以高层次人才为核心的科研团队，由此可避免高层次人才履行几年协议后再度跳走，导致该学校相关学科和科研发展的“断档”问题。要秉持“引进一个人，带起一个团队”的高层次人才引进战略。

## 二、“小园香径独徘徊”：引才方法必须讲究情感的投入度

在当下高校人才混战的局面中，人们把高层次人才引进的关注目光基本都聚焦在给予其开出的物质待遇方面，片面地认为是否能将人才引进来，关键在于物质待遇给予多少。将引高层次人才蜕变为“购买”高层次人才的性质，这显然是一种走偏，引进高层次人才不能忽略感情投资和人格魅力的作用。虽然高层次人才拥有比较高的学术地位，但毕竟是有血有肉的人，除了看重待遇，而其对到位后的人文环境，也必然会有所考虑。鉴于此，在适度控制物质待遇吸引高层次人才的同时，讲究情感引才也很重要。

### （一）注重观察人才的人品

在引才过程中，对拟引对象的人品情况观察很重要，相当多的人经过第一次接触，就会给我们留下深刻印象。若第一印象比较好，就为下一步的深入接触奠定了基础；若第一印象不好，那么在后续的工作开展中，就必然不会太顺利。我们在对一个海外千人计划人才的引进中，对其第一印象很好，就为后面的成功引进埋下了伏笔。该人是美国一所大学终身教授，一个偶然的机会被我们邀请到学院参观座谈。在来之前，我们对该专家的成果进行了查阅鉴定。当我与该专家握手后，发现这位专家很和蔼，话语不多，而且其老家就在济南，我就马上对人事处领导说，这个专家引进有可能了。后来的进展确实如此。

### （二）引才需要耐心而细致赢得专家的信赖

毕竟相对于外面的专家来说，我们与专家素昧平生，要顺利完成引才工作在短期内很难奏效。因为牵扯高层次人才安家费、薪酬待遇等方面的细节，需反复商谈多次，在合同初步条款逐条探讨的过程中，又会经过相当多的反复。与专家直接接触的是二级学院和人事部门负责人，因牵扯的引才待遇数额比较大，每次商谈后，均需要向学校领导汇报，

有的事项还应在学校班子会上汇报，这必然要有比较长的周期。作为直接商谈人，处于上情下达的位置，在中间处理非常不容易，既不能让学校利益受损失，也不能让专家感到不满。引才的过程，离不开耐心细致的双方沟通交流，否则单纯依靠待遇引人，并不一定能够获得理想的效果。

（三）待遇引才更要情感暖人

人都是有感情的，只要高校在引才过程中放低姿态，让专家人才看到我们的情感和态度，自然会赢得专家人才的信赖，拉近双方的距离，由此双方才可能敞开胸襟，不设防线地进行商谈。

## 三、“万紫千红总是春”：引才目标必须紧扣办学定位的精准度

就目前来看，各高校之间的人才大战方兴未艾，而消耗的不仅是高校办学的经费，而且对高校能否始终坚持好自己的办学定位，并培养出省属高校“以本为本”的高素质专业人才也是一个重要考验。俗话说：手里有粮，心里不慌。对省属高校来说，长时间人才争夺战的资源消耗显然不堪重负。因为省属高校的办学资源有限，加之地域限制，在引才过程耗费的办学资源，未免要以牺牲办学定位之中需要重点发展的一些内容为代价。因此，高校高水平人才的引进不能漫无目的、无序引进，应紧扣必要和可行两方面来做工作，其中的必要，就是对办学定位的实现有必要；其中的可行，就是从学校自身财政状况和学科专业发展状况来看，能够切实可行。但在实践中，我们可以看到，不少学校的引才，并未从这两点考虑问题。现行的高校人才引进体制，一般是二级学院出面引才，学校相关职能部门协助，学校最后拍板决定。这种人才引进常与学院的办学绩效挂钩，希望以此激发二级学院人才引进的积极性。由于这一机制的作用，二级学院在人才引进过程中，逐渐将“引人”演化成为“抢人”，这一无序状态带来的不良后果是：过分看重专家人才的“帽子”和科研成果，至于是否与学院学科和专业发展密切相关，就被排到次要位置了。一些专业不对口的人才被花费重金引进高校，不仅浪费了省属高校有限的办学资源，牺牲了高校学科专业的正常发展，而且带来了人才闲置的浪费，同时也动摇了高校现有人才的稳定。笔者认为，省属高校引才必须紧扣自己的办学定位，应坚持如下几个基本

原则：

（一）坚持“精准引才”的原则

这种精准引才，就是要引进与自己办学定位密切相关的高层次专家人才，要好钢用在刀刃上，让省属高校有限的办学资源发挥最大的经济和办学效益。在寻找高层次人才过程中，眼光必须看准，不能搞“大水漫灌”，只看到高层次人才的“帽子”和科研成果，逮住一个高层次人才就不惜一切代价引过来，要看当人才引进后能否在办学定位实现上，发挥出倍增效应。建议相关高校成立高层次人才引进的专家评议机构，对引进人才进行科学评价，设置人才引进的“防火墙”。

（二）坚持“德艺双馨”的基本原则

毋庸置疑，高校人才引进中，一部分高层次人才看中的是学校的物质待遇，这种逐利性，必然导致不少人才“鱼目混珠”，而我们过分看重人才的“帽子”和科研，就可能忽略对其职业道德甚至人品的考察。长此以往，对省属高校的人才培养工作必然带来相当大的危害。很难想象，一个开口要待遇，闭口讲金钱，不讲职业道德和职业操守的“人类灵魂工程师”能承担培养新时代合格接班人的重任。

（三）坚持“以本为本”的基本原则

人才培养是高校最重要的基本职能，而高校引进高层次专家人才的过程中，丝毫不能偏离这个主要职能，尤其是省属高校，“以本为本”的宗旨就是培养高素质本科人才，为此打造出精品的学科和专业，锻造一支切实能培养出高素质本科人才的教师队伍。省属高校的重点在于本科教育，本科学生的教学必须得到足够重视，教育部的“双万工程”就是要建设一流本科专业。因此，省属高校所处的基本定位，就必然要求将高素质人才引进工作与服务于“以本为本”的“双万工程”建设有机结合起来。至于单纯向国内一流高校看齐，眼睛单纯盯着学校的“排名”和科研成果规模等方面，搞学校建设“大跃进”，这显然不利于省属高校的长远发展，也很容易被人才大战的潮流所拖垮，为学校的可持续发展留下难以解决的巨大隐患。

## 参考文献

[1] 史策.“四个一流”背景下陕西高校高层次人才引进现状及对策研究 [J]. 经济研究导刊，2018 (18).

[2] 曹秀军. 安徽省属高校人才高地创新驱动发展存在的问题和对策 [J]. 滁州学院学报，2019 (1).

# 组织公平理论视域下高校青年教师激励思路与举措探析[①]

郑　忻[②]

**摘　要：** 高校青年教师的激励机制，关系到青年教师群体角色转变与适应的效果，以及其对自身工作的职业认同感和自我实现，现有的激励机制未能充分考虑青年教师这一特点与需求。从组织公平理论视角，强调激励机制中的标准公平、分配公平、程序公平、互动公平，引导青年教师理解公平，长远地看，注重公平的组织文化建设，有利于青年教师的成长和队伍的稳定。

**关键词：** 组织公平　高校青年教师　激励机制

## 一、大学青年教师：激励机制中亟须重视的成长群体

大学青年教师是指具有高等院校教师资格证书，在拥有硕士及以上学位授予权、以实施全日制本科及以上层次教育为主的普通高等院校内，年龄在40周岁以下、专门从事教学与科研工作的专职教师。随着1999年高校扩招，高等教育逐步从精英教育过渡到素质普及教育阶段，情势倒逼我国高等院校教师队伍被动调整自身组织结构，大批青年教师入职后经过催熟后迅速地走上了教学和科研的第一线。教育部最新公布的数据

---

① 该篇论文获得“2019年全国人才与人事研究主题征文活动”三等奖。

② 郑忻，江苏省南京工程学院人事处师资科科长，副研究员。

显示，2013年高校青年人数为占专任教师总人数的58.1%，青年教师业已成为高校教师队伍的主体。

青年教师普遍学历层次较高，接受了系统的高等教育，科研能力强，对新事物、新信息接受快，对优化教师队伍结构、提高师资队伍整体素质至关重要。同时，“高校青年教师更重视培养学生的能力——无论是实践能力、自自主学习能力，还是组织领导能力、交流协作能力，这与当今社会的‘能力为重’是一致的，也表明青年教师群体具备先进的教育理念”，他们“较认同自由、公正、平等、法治等理念”，“会注重培养学生的公民意识”，“注意积极地去影响学生，向学生传递正面价值”，他们对学生的培养也有着积极的影响。在学生培养方面，高校青年教师对于学生的影响，不限于知识传递本身，而是体现了更多的价值分享与情感交流，作为教师的教育主体与作为学生的教育对象之间，能够良性互动，客观上有利于学生以更好的学习状态投入学习过程中，从而获得更加广泛的成长。

但对于青年教师群体而言，他们中大多是从“校门”到“校门”，处于适应转型阶段，面对沉重的经济和生活压力、繁重的教学科研任务；对人际关系的处理、高校提供的制度环境等问题，常常会觉得力不从心；他们认为“自己处于社会中下层”，难以实现自己的价值。另外，读书时母校与目前工作学校的校园文化之间存在差异，也容易让青年教师产生困惑。作为新教师，面临诸多检查与督导，加上职称晋升压力日益紧迫，容易让青年教师产生职业倦怠。因此，如何构建促进的高校青年教师成长的激励机制，增强青年教师的职业认同感，是高校面临的一项重要而紧迫的任务。

## 二、“路径依赖”：高校青年教师激励机制常见思路及隐忧

国内学者针对高校青年教师的激励机制进行了探索。于咏梅（2007）指出符合青年教师心理和行为特点的合理的激励机制通常有物资激励机制、精神激励机制、自我激励机制、目标激励机制，目前激励机制在青年教师工作上存在诸多问题，如缺乏对青年教师心理需求的分析、激励机制的不完备、激励方案对青年教师工作业绩评价和考核的手段不科学、激励的时间、内容和力度缺乏弹性，在构建相关激励机制时要增强高校青年教师的激励意识和能力、多种激励手段综合运用、建立科学的监控

评价机制。周杰、孙江丽、李昌祖（2009）从高校青年教师成长性需要视角，分析了影响高校青年教师成长性需求的因素，并在此基础上提出激励机制的建立要关注建立“共同愿景”、科学规划生涯、优化薪酬管理、完善绩效考核、实施情感激励。倪海东（2014）分析了高校青年教师成才的外部驱力和个体需求，以高校青年教师成长需求为核心，以目标激励、精神激励、情感激励、绩效激励和发展激励为途径，建立相关激励机制。目前，对于高校青年教师的激励思路，多以需求理论为基础，重点分析青年教师的基本需求和自我实现需求，研究现有激励机制存在的问题，并提出要建立合理的激励机制主要从两个方面进行：客观环境和内在动力。前者强调建立科学合理的制度，包括教学评价、薪酬制度、绩效考核等；帮助青年教师进行职业规划，明确阶段性及长期目标；后者关注通过对青年教师进行人文关怀，加强青年教师对组织的归属感，从而进一步产生精神动力，实现内在激励。

这些激励青年教师的已有思路忽略了激励的效果，而实际在整个过程中，人们会进行比较，当他们对一些敏感行为认同度不高、觉得“不公平”，对组织的措施不认可时，不仅不能起到激励的作用，反而影响了相关制度的实施。其结果导致：

首先，教师队伍中优秀人才跨行业流失。如果没有可操作性强，效果显著的激励机制，青年教师非常容易转行到其他领域，这对于高校来讲，是一种损失。其次，青年教师职业倦怠期提前。职业倦怠是任何行业都难以避免的一种阶段性职业感受，如果青年教师在入职初期，难以感受到工作自身的成就和价值，对其整个职业生涯将造成重要影响，特别是职业倦怠期的提前，将缩短教师有限的教学生命。最后，造成青年教师精力分配发生偏差并稀释教育热情。从工作的回报与收益上看，青年教师如果无法从本职工作中获得必要和足够的认同，社会“普俗”价值观将会降低教师职业注意力和道德操守，增加青年教师从事与教学科研相冲突的其他工作的风险。社会心理学理论指出，认同感是一种情感和态度，包括了认知、情感和意向。对青年教师的激励，不能仅仅从“经济人假设”出发，必须要尊重大学的文化特性，加速大学新教师融入新的组织文化的进程。每一所大学都有其独特的组织文化，新来者的社会趋同化在一定意义上就是认识、熟悉、认同其服务院校的组织文化，否则他们就永远是格格不入的。

## 三、另辟蹊径：组织公平理论解决高校青年教师激励机制的适切性

### （一）组织公平理论的基本内容

对组织公平理论的研究，起源于美国心理学家亚当斯的公平理论，该理论认为员工总是将产出（如薪水、晋升、认可）与自己对组织的投入（如努力、经历、教育背景、能力）的比率，与他人的产出和投入比率进行横向对比。如果员工认为自己的比率与比较对象的比率相同，则会认同自己所处的环境是公平的。而觉得这种比率不同时就会承受公平张力。这种负面张力状态会激发人们采取行动来纠正这种不公平的动机，比如改变自己的投入、改变自己的产出、歪曲对自我的认知、误解对他人的认知、选择不同参照对象、脱离该领域。公平理论聚焦于分配公平，即员工对报酬数量及其分配的公平程度所持的看法。

近年来的研究更多是从组织公平的角度来看待公平。组织公平强调的是对工作场所公平性的整体感知，即只有当员工认为他们所获得的结果回报以及获取方式是相对公平的时候，才会认为本组织是公平的，即程序公平。具体来说，过程包括：在处理不同的人和在不同的时候处理时应保持一致性，没有偏见；在制定决策时确保收集信息的准确可靠；有改正错误决策的“召回”机制；符合伦理道德标准；在公布决策时，确保受决策影响群体针对决策有发言权（Leventhal，1980）。这几方面组成了程序公平的衡量标准，当人们认为决策过程不公开透明时，则员工会背离对组织的承诺，出现低绩效行为。

组织公平还有一个维度即互动公平，互动公平又具有人际公平和信息公平两个层面。人际公平指员工在与上级的人际交往中所感受到的公平待遇程度，管理者尊重下属，有助于管理者赢得员工的信任。信息公平指是否给当事人传达了必要的信息，即给当事人提供一些解释，如要用某种形式的程序的原因或为什么要用特定方式来分配结果。

组织公平员工的工作态度及积极性都有着良好的改善作用，能够加深员工对组织的认同感，增强组织凝聚力。而员工对组织的满意度提高了，不仅促进员工提高自身的工作效率，也可以为组织创造更高的效益。

### （二）高校青年教师不公平感产生的原因

与其他行业相比，投入与产出的不一致。由于高校十多年来的扩招，在校学生数量急剧增长。虽然各高校也招聘了大量的青年教师，但很多

高校的师生比仍然超过了教育部规定的标准，这就导致青年教师需要承担繁重的教学任务。同时，他们还需要参与所在院系的科研、学科建设、教学改革、学生工作等相关活动，有的教师还需要承担部分行政事务。虽然青年教师一般都具有高学历，但由于工作时间短，职称、职务级别低，收入较低。青年教师认为自己在工作中投入了大量的时间与精力，但并未得到与之对应的报酬。

高校青年教师一般经过了较长时间的教育阶段，投入的时间、金钱和精力让这一群体对报酬有较高的期望，但在青年学者廉思的对高校青年教师调查形成的报告中写道："相比一些行业收入水平近年来的迅速提高，高校教师的相对经济地位近年来不升反降。"虽然高校青年教师近年来收入和地位有明显提高，但他们将投入产出比与公务员、国有企业、外企、垄断行业的员工相比时，仍会有不公平感产生。

此外，现有评价和激励制度的不健全。目前高校实行的考核评价体系标准单一，仍侧重可量化的方面，以论文数量、发表刊物等级、获得资助项目数量和级别来衡量教师能力。而忽视了师风师德、教学态度、对各项工作的投入和贡献等。并且目前高校的考核评价体系过程中，缺乏与教师的沟通与反馈，青年教师无法了解自己的优缺点，也无法对结果表达自己的看法，没有真正实现考核评价的目的。

高校的薪酬制度仍然受到传统薪酬分配模式的制约，工资主要与资历、职称、行政级别等挂钩。薪酬中的课时津贴依据的不是教师的教学质量优劣，而是职称的级别高低，青年教师无论教学质量如何，都是固定级别的课时津贴。青年教师参与一些重大科研项目，作为主力完成大量具体工作，但在分配中只能拿到一些津贴，无法反映他们的实际贡献。

这些都会让青年教师产生不公平感，觉得自己在学校处于不利的位置，导致青年教师只注重发表文章，申请课题等硬性指标，不认真备课，对教学质量等环节，持"不出错"、完成任务即可的心态，不积极参与基础性科研工作等消极行为的产生。不仅造成部分青年教师的短视行为，甚至还妨碍了他们的发展前景。

（三）组织公平理论的适切性

激励的出发点是满足组织成员的各种需要，即通过系统的设计适当的外部奖酬形式和工作环境来满足成员的外在需要和内在需要。员工如果觉得报酬不合理，没有得到公正的对待、现有评价体系不公平等，就会降低员工的满意度，造成工作积极性的下降。组织公平侧重员工在工作中是否得到公平对待的，以及这些感受对其组织的影响。组织内部公平才能保证激励制度的运行。所以公平本身就是一种激励。这种公平不是绝对公平，而是一种相对的公平。作为管理者，就是在出现不公平感后，改进方法使之变得更加公平。

高校青年教师作为知识型员工，更加注重精神上的追求，对个人发展和工作氛围比较关注。通过改善组织公平的主客观领域，通过创建合理的薪酬制度、通畅的信息渠道、公平的工作环境等环节，满足青年教师的公平意识和公平要求、对组织的信任度和满意度，充分调动青年教师的工作积极性从而起到激励的作用。

## 四、组织公平理论视角下高校青年教师激励的探索与讨论

首先，注重激励的标准公平。在建立教师考核评价体系时，要充分考虑到青年教师的教学科研经历、职业目标，实行有差别和量化的激励政策。对青年教师的考核除了对科研论文及教学工作量的考核，更要注重对教学能力、职业道德、参与意识、合作能力等内容进行全面评价。积极引导青年教师通过学习，提高自己的教学质量，在教学方法上进行创新，在科研工作中，肯定青年教师在团队中的贡献，建立团队绩效考核，鼓励青年教师参与学院行政事务，可采取物资奖励、参加专业方向培训、高层次学术交流等形式对其参与的工作表示认可。特别是要重视各种评价的反馈，与青年教师进行有效的沟通，对不足之处进行指导，了解青年教师在教学、科研方面的困惑和困难，采取有针对性的指导，帮助他们提高能力，从而增强青年教师对考核评价体系的公平感。

其次，强化激励的分配公平。通过科学合理的薪酬体系，提升青年教师的分配公平感，从而提高其组织公平感，增强他们的工作热情。在物质激励方面，一是要具有外部公平性，即工作收入高于同类高校，特别是学校急需的人才、团队核心成员等重要岗位，确保其分配的外部竞争性；二是报酬制定具有内部公平性，不仅是指同一岗位、同一职称人员执行相同的工作标准，还要考虑各项工作对组织整体目标实现贡献程度大小来支付报酬。要实现内部公平的目标，考核标准应该至少具备以下几个特征：完成这一工作所需要的知识和技能越多，获得的收入也应该越多；从事这项工作时所处的环境越不利，这项工作获得的收入也应

该越高；自身工作对实现组织整体目标的贡献程度越大，则这项工作应获得的收入也应该越多。考虑到青年教师的发展、工作能力和内容，对工作的付出等方面，优化分配制度的模式，采取多种形式相结合。对于业绩突出的青年教师，除了加大物质奖励，还可以通过精神激励的方式，帮助个人制定职业发展规划、重点培训教学科研能力等。

再次，促进激励的程序公平和互动公平。建立沟通与参与机制。在制定决策的过程中，组织的管理者应该以公正的方式来制定相关的政策，通过征集意见的形式，保证信息的完整。一个组织的制度无论多完善、执行多严格，总是有人会对分配结果不满意。在这种情况下，如何沟通和解释，会对组织成员的公平感产生很大的影响。作为组织的管理者，需要建立更多地渠道与青年教师进行沟通，除了帮助他们解决工作学习中的困难。同时也要倾听他们对教学、科研工作的疑问和建议。高校青年教师一般具有高学历，作为高校教师社会地位较高，有强烈的自尊心和自我管理的愿望。在组织环境中，青年教师内心要求得到尊重，自己的教学科研工作得到认可，也希望更多地参与和了解各种政策、决策的详细信息，遇到问题能够有通畅的反馈渠道，并能得到切实的答复。让青年教师更多地参与到组织的管理中，发挥其主人翁意识，给予其充分的尊重，增强他们对职业的认同感和对工作的肯定，也使学校管理与青年教师的思想意识形成共识。建立相关的申诉指导和监督制度。推行民主参与制，可提升管理制度的公开透明，但许多制度缺陷仍可能因考虑不周而出现不公平的问题，因此可申诉制度就显得十分重要。除了要设立多种申诉渠道，重要的是要设立专人负责这些申诉，并能够在较短的时间内给出切实的答复。为了保证制度的严格执行，要设立相应的机构进行监督，成员的组成要避免单一，不能仅由具有行政职务或高职称的教师组成，鼓励青年教师参与监督工作，同时监督者也要接受监督，避免监督权利“真空”的窘局出现，使管理者能按严格按照制度办事，提升青年教师的组织公平感。

最后，积极引导青年教师正确理解“公平”。“公平”是一种心理主观感受，既然是主观感受，因为选择的参考对象不够客观，产生的感受也会有偏颇。比如青年教师会将自己的待遇与在其他高校工作的同学进行比较，却忽略了各高校的科研条件、师资条件、考核体系都是不同的。因此，高校要增强青年教师的职业认同感、荣誉感，对职业生涯进行合理规划，看到组织提供的工作氛围、发展空间，更多的是着眼于专业的成长，在这一过程中达到自我实现。

从根本和长远角度看，要建立公平的组织文化，营造一个公平的工作氛围，组织的管理者首先要对青年教师保持公平公正的态度，愿意倾听他们对组织的意见和建议，关心他们的工作和生活状态，了解青年教师的想法。青年教师通过参与政策的制定，了解政策是如何制定的，加深青年教师对组织公平的感受，才能从根本上有利于青年教师队伍的稳定与成长。

## 参考文献

[1] 李宜江．关于大学青年教师身份与年龄界定的探究［J］．辽宁教育行政学院学报，2013（2）：75-79.

[2] 王梦婕．调查显示高校青年教师更注重培养学生能力［N］．中国青年报，2012-09-14（3）.

[3] 于咏梅．构建高校青年教师的激励机制［J］．经营与管理，2007（3）：75-76.

[4] 周杰，孙江丽，李昌祖．基于成长性需求的高校青年教师激励机制研究［J］．教育探索，2009（6）：86-87.

[5] 倪海东．高校青年教师成才动力及激励机制构建［J］．国家教育行政学院学报，2014（5）：10-13.

[6] 章志光，金盛华．社会心理学［M］．北京：中国教育出版社，1996：186-190.

[7] 操太圣，卢乃桂．高校初任教师的教学专业化发展探析［J］．教育研究，2007（3）：55.

[8] 斯蒂芬·P. 罗宾斯，蒂莫西·A·贾奇．组织行为学［M］．北京：中国人民大学出版社，2012：186-188.

[9] 朱莉英．基于组织公平理论的高校人力资源激励的研究［D］．武汉：武汉理工大学，2007：29.

# 中蒙财经类本科专业人才培养的比较与启示——基于五所高校人才培养方案的分析

徐全忠　房晓宇　刘娇荣①

**摘　要：** 蒙古国是"一带一路"倡议的重要合作国家，对蒙古国的高等教育进行深入了解，进行比较与借鉴，实现人才培养的交流与合作，有利于切实推进"中蒙俄经济走廊建设"，实现"一带一路"倡议的目标。本文以中国和蒙古国的5所高校财经类本科专业人才培养方案为研究对象，对培养目标、培养过程、课程设置等进行比较分析，并从坚持立德树人、优化培养模式、完善考评机制等方面提出了相关建议。

**关键词：** 培养方案　培养目标　教学设计　发展性评价

## 一、问题的提出

党的十九大报告指出，人才是实现民族振兴、赢得国际竞争主动的战略资源。人才培养依靠教育，教育是国之大计、党之大计。高校是国家培养人才最主要的教育机构，通过高等教育为社会培养经济社会发展所需的各类高级人才。在高等院校的人才培养结构中，本科人才培养处于基础地位与核心地位，教育部出台的《关于加快建设高水平本科教育　全面提

①　徐全忠，内蒙古财经大学工商管理学院教授；房晓宇，内蒙古财经大学研究生院。

高人才培养能力的意见》，目标就是全面提升本科人才培养的效果和质量。世界一流大学也普遍将本科人才培养和本科教育质量摆在学校发展的重要地位。可以说，以本为本，提升本科教育水平和人才培养质量是世界高等教育的共识。

蒙古国是我国重要的邻国之一，是“一带一路”倡议的重要合作国家。“一带一路”倡议的目标就是与相关国家和地区发展战略实现对接，在推动政策沟通、设施联通、贸易畅通、资金融通、民心相通的过程中，成为经济全球化的重要牵引力。“中蒙俄经济走廊建设”就是在习近平主席的倡议下将我国的“丝绸之路经济带”与俄罗斯的“跨欧亚发展带”和蒙古国的“草原之路”的成功对接，是“一带一路”六大经济走廊之一。对我国和蒙古国的高等教育进行深入了解，对相关的人才培养进行深入分析，将有利于实现“一带一路”倡议的目标，切实推进“中蒙俄经济走廊建设”。

财经类高校的学科专业设置，尤其是人才培养，应紧密围绕经济社会发展前沿需求。对中国和蒙古国的财经类高校的本科专业人才培养进行比较与分析，发现各自的优势与不足，借鉴有益经验，对于促进我国高等财经教育发展，尤其是实现中蒙两国财经院校人才培养交流与合作，实现优质教育资源共享，落实“一带一路”倡议，具有重要的理论意义与实践价值。

## 二、两国财经类本科专业人才培养的比较

人才培养方案是高等院校实施人才培养工作的基础，是组织教育教学、进行教学管理的主要依据，基本反映了各高校的人才培养目标、培养过程、学分学制、考核标准等人才培养的重要环节。本文主要以内蒙古财经大学人才培养方案（2016 版）、中央财经大学人才培养方案（2017 版）、兰州财经大学人才培养方案（2017 版）、蒙古国财经大学人才培养方案（2015 版）和蒙古国国立大学人才培养方案（2016 版）的相同本科专业人才培养方案为研究对象，进行比较分析。

### （一）培养目标设计

培养目标是专业人才培养方案的“灵魂”，是高校根据市场人才需求现状，结合专业人才培养指导理念而制定的人才培养的方向和目的。以 4 校均设置的财务管理专业为例（蒙古国国立大学的人才培养方案中未见

专业培养目标的表述)，培养目标的异同可见一斑，见表1。

表1　各高校财务管理专业的培养目标

| 学校 | 专业 | 培养目标 |
|---|---|---|
| 内蒙古财经大学 | 财务管理 | 本专业培养能主动适应市场经济发展和现代化建设需要，有理想、有道德、有文化、有纪律，具有扎实的经济、管理、法律等理论知识与会计、财务和审计学专业知识，具备会计、财务和审计领域的业务技能，能够在企业、行政事业单位、非营利组织等领域从事与会计、财务和审计及相关业务与管理工作的基础扎实、知识面广、专业能力强、综合素质高的“复合型、应用型、创新型”专门人才 |
| 中央财经大学 | 财务管理（公司金融方向） | 根据我校的办学定位，体现“厚基础、宽口径、高素质、强能力”的专业培养原则，本专业培养具有全球视野，拥有财务管理方面的基础理论和专业技能，熟悉国内外与财务管理有关的方针、政策和法规以及国际惯例，有较高的外语和计算机运用水平，具有较强的市场经济意识和社会适应能力，能够在大型企业集团、银行、证券、保险等金融机构、政府机关和行政事业单位等胜任专业工作，具有独立获取知识、发现问题、分析问题和解决问题的基本能力及开拓创新精神，具有较高的品德操行和人文修养、体魄健康的财务管理专门人才 |
| 兰州财经大学 | 财务管理 | 本专业培养适应国家与地方经济社会发展需要，德、智、体、美全面发展，掌握财务管理及相关的管理、经济、法律、会计和金融等方面基础知识、基本理论和基本能力，具备实践能力和创新创业能力，能在工商企业、金融机构、政府部门、事业单位及其他社会组织从事财务管理工作的应用型复合人才 |
| 蒙古国财经大学 | 财务管理 | 培养具有扎实的经济学、管理学理论基础，能够掌握财务管理基本知识和技能，熟悉财务管理工作流程，能够在企事业单位从事融资、投资、资源分配及资本运营工作，制定财务分析报告和财务决策方案，具有预测、防范和化解财务风险能力的创新型、应用型的高级专门人才 |

资料来源：根据4所高校的人才培养方案整理。

在人才培养目标上，我国的3所高校突出强调了人才培养的“全面发展”，如对品德、智力、体质、美育、劳动的要求，如对品德操行、人文修养的要求等。而蒙古国财经大学重点提到了知识与技能的要求。在知识、技能的要求上，上述4所高校的培养要求具有趋同性，尤其是在培养类型上，蒙古国财经大学也提出了“创新型、应用型”的要求，与我国在全国教育大会上提出的“复合型、应用型、创新型”人才培养具有相似的表述，只是少了“复合型”的表达，这也反映了人才培养的国际共性趋势。

（二）培养过程设计

学分制培养方案会考虑并结合其本国、本地区的具体学情，综合考虑社会发展、科技进步以及人才培养需求等方面进行设计，因此，各高校制定的培养方案各有差异。为了解中蒙高校本科生培养过程设计现状，主要从学制、学分和学时三个方面进行比较。

在学制设计方面，国内 3 所高校财经类专业本科的基本学制普遍为 4 年，并设置 3～6 年的弹性学制，学生可以根据自己的情况提前毕业、推迟毕业或停学创业；蒙古国 2 所高校规定，财经类专业本科为 4 年的基本学制，没有明确提出弹性学制。

在学分设计方面，以财务管理和金融学两个专业为例，国内 3 所高校学分普遍在 150 学分以上，蒙古国 2 所高校普遍低，如蒙古国财经大学为 132 学分，蒙古国国立大学为 121 学分。在学时与学分对应上，两国高校基本相同，1 学分对应 16～18 学时。但由于学分有差距，学时总量有明显区别，蒙古国普遍比我国低 400～500 学时，见表 2。

**表 2　　各高校财经类专业的学时和学分比较**

| 专业 | 内蒙古财经大学 | | 中央财经大学 | | 兰州财经大学 | | 蒙古国财经大学 | | 蒙古国国立大学 | |
|---|---|---|---|---|---|---|---|---|---|---|
| | 总学分 | 总学时 | 总学分 | 总学时 | 总学分 | 总学时 | 总学分 | 总学时 | 总学分 | 总学时 |
| 财务管理 | 160 | 2 576 | 155 | 2 448 | 165 | 2 533 | 132 | 2 112 | 121 | 1 936 |
| 金融学 | 160 | 2 568 | 153 | 2 412 | 163 | 2 499 | 132 | 2 112 | | |

资料来源：根据 5 所高校的人才培养方案整理。

总体来看，国内高校对本科生在校期间需达到的学时和学分要求普遍较高，而蒙古国高校在总学分的设计上明显低于国内高校，总学时也较少。我们较高的学分和学时，在规定的学制内可以为学生开出更多的课程，为学生提供更多的教学内容，但同时也限制了学生更多的自我学习和实践锻炼的机会。从实践层面来看，蒙古国高校的学生课后思考、实践、作业的时间更多，对促进本科生综合素质的发展具有积极作用。

（三）课程模块设置

课程设置是本科教育的基础，也是实施人才培养的关键。国内高校按课程属性划分类别，在具体课程模块设计和名称上略有差异，但基本上将课程分为通识教育课、学科基础课、专业主干课、专业选修课和公共实践教学等部分。蒙古国高校的课程模块或结构主要分为公共基础课（类似通识教育课）、专业基础课（类似学科基础课）、专业课三个部分。为与国内高校的课程结构体系相对应，在研究过程中将蒙古国高校人才培养方案中的专业课一栏分为专业必修课、专业选修课和实践教学三个方面。通过比较发现，各高校的课程结构体系存在差异的同时，在具体的课程设置上也各具特色。

### 1. 通识教育课

国内高校的通识教育课通常包括公共基础课和通识教育选修课两个部分，是为促进学生全面发展，提升其综合素质而设置的课程，课程门数和学分占比较多。各校在具体的课程名称上大同小异，主要涵盖思想政治、数学、外语、计算机以及自然科学、社会科学、文学与艺术等领域，其中，内蒙古财经大学作为少数民族自治区的高校，开设了《民族理论与民族政策》课程以及蒙古族传统文化模块的选修课。蒙古国高校的通识教育课主要涉及英语、数学、人文社科和文化等领域，特别注重对英语的学习。与其他高校不同，蒙古国财经大学将微观经济学、宏观经济学作为公共基础课，可见较为重视财经类专业本科生经济基础知识的掌握。差别较为明显的是，课程门数与学分占比较国内高校少。另外，蒙古国 2 所高校开设了自然灾害防护课，培养本科生面对自然灾害时的防护能力，这一课程是国内 3 所高校没有开设的，体现了不同的国情。

### 2. 学科基础课

学科基础课是为本科生进行专业学习奠定必要的理论基础和方法论基础的课程，作为学生掌握专业知识、学习科学技术、发展专业能力的基础。以 5 所高校的财务管理专业为例，具体设置课程见表 3。

**表 3　　5 所高校财务管理专业的学科基础课设置**

| 学校 | 学科基础课 |
| --- | --- |
| 内蒙古财经大学 | 政治经济学、微观经济学、宏观经济学、管理学、基础会计、财务管理基础、统计学、金融学、经济法（9 门） |
| 中央财经大学 | 微观经济学、宏观经济学、管理学原理、会计学基础、中级财务会计、财务管理学、会计英语、会计信息系统、成本管理会计、审计学（10 门） |
| 兰州财经大学 | 微观经济学、宏观经济学、管理学、金融学、统计学、市场营销学、管理信息系统、经济法学（8 门） |
| 蒙古国财经大学 | 财务系统基础、财务管理学一Ⅰ、管理学、会计学、信息系统基础、计算机应用软件、商务统计学、财务会计（Ⅰ、Ⅱ）、计量经济学、市场营销学等（11～12 门） |
| 蒙古国国立大学 | 微观经济学、宏观经济学、管理学、会计学、市场营销学、财政学、商务信息系统，以及概率论与统计学、商务统计学、计量经济学（三选一）（8 门） |

资料来源：根据 5 所高校的人才培养方案整理。

中蒙各高校学科基础课的具体课程名称虽各有异同，但均包括经济学、管理学、会计学、统计学、法学等学科领域的课程，可见均注重对财经类专业本科生基础知识的培养，也一定程度体现了人才培养的专业属性和专业标准。

### 3. 专业主干课（专业必修课）

专业主干课是培养人才的核心课程，也是与其他专业相区别的重要标志，是为本科生掌握所学专业的核心知识、理论和技能，了解本专业的前沿科学和发展趋势，培养分析解决本专业范围内一般实际问题的能力而开设的课程。以 5 所高校财务管理专业为例，具体开设课程见表 4。

**表 4　　5 所高校财务管理专业的专业主干课（专业必修课）设置**

| 学校 | 专业主干课（专业必修课） |
|---|---|
| 内蒙古财经大学 | 中级财务管理、中级财务会计、成本会计、财务分析、审计学 |
| 中央财经大学 | 高级公司金融理论、公司金融实务与案例、衍生金融工具、企业估值与量化投资、财务报告分析、高级财务会计 |
| 兰州财经大学 | 会计学基础、中级财务会计、财务管理学、成本与管理会计、税法与税务会计、审计学、计算机会计信息系统 |
| 蒙古国财经大学 | 财务管理学－Ⅱ、金融计量经济学、政府与非营利组织会计、国际财务管理学、投资管理学、保险学、财务风险管理、财政计划与分析、资产评估、衍生品管理、中级公司财务、财政预算风险管理学、管理会计（Ⅰ、Ⅱ）、商务法、商务伦理、生产管理学 |
| 蒙古国国立大学 | 财务管理学、财务会计学、政府财务管理学、银行管理学、保险管理学、风险管理学、投资管理学、商务伦理学、专业实习（财务管理学方向：管理会计学、金融计量经济学、国际财政学、高级财务管理学、财务分析与计划；政府财政管理学：税收理论与政策、行政事业财务管理、政府与非营利组织会计与审计、预算管理与计划、政府财务审计） |

资料来源：根据 5 所高校的人才培养方案整理。

由于培养目标和具体课程教学有差异，各学校设置的课程名称各不相同，在此不做比较。重点是课程开设的数量方面，国内高校财经类专业开设的专业主干课（专业必修课）数量明显少于蒙古国高校，将较多的课程和学分划入专业选修课中，而蒙古国高校以本科生的专业必修课作为课程学习的重点。比如，内蒙古财经大学的财务管理专业仅开设 5 门主干课，金融学专业仅开设 6 门主干课，而蒙古国财经大学的财务管理和银行管理专业都开设了十几门必修课。

### 4. 专业选修课

专业选修课是为加强学生专业基础、培养专业兴趣、提高专业能力而设置的课程，也是形成各高校的专业差异化和特色的重要部分。5 所高校在专业选修课程的设置上也有较大的区别。国内高校往往按照不同的划分方式，将专业选修课划分为不同的模块，各个专业设置的课程种类和数量较多且独具特色。按所需完成的学分计算，内蒙古财经大学经济管理类专业本科生需选修 15 门以上的课程，中央财经大学经济管理类专业也需要选修 15 门左右的课程，兰州财经大学需要选修 8 门左右的课程。区别在于，蒙古国的 2 所高校在专业选修课设置上，开出了 10 门以上的课程供学生选择，但要求选修的课程很少，蒙古国国立大学的财务管理专业要求从 2 个模块中各选修 2 门课程，总共 4 门课程 12 个学分，蒙古国财经大学财务管理专业在选修环节仅要求选修 1～2 门课程，3 个学分。

**5. 公共实践教学**

公共实践教学是培养专业人才的基本环节，培养学生面对实际工作时的分析问题和解决问题的能力。国内高校开设的实践教学课程主要包括课程实践和社会实践两部分，其中，课程实践主要指专业课中的实验实训教学环节，社会实践主要指社会实践或调查、学年论文、创新创业实践、市场调研、毕业实习以及第二课堂内容等。蒙古国高校也十分重视本科生实践能力的培养，规定了社会实践、商业实践、专业实践、发展研讨会以及案例研究等实践环节，而且尤其重视案例研究，规定只有在完成该项目后才有资格进行毕业考试或者毕业论文答辩。

（四）在课程考核上

课程考核作为教学活动的一部分，是人才培养的关键环节之一，对保障人才培养质量至关重要。从国内高校目前普遍存在的问题来看，课程考核成绩普遍由三部分组成，即平时成绩、作业成绩和期末考试成绩组成，期末卷面考试以识记为主要目标，机械记忆的内容较多。另外教师在学生平时成绩的赋分上较为宽松，有依靠平时成绩拉高期末总评成绩的现象。蒙古国财经大学本科生的课程成绩通常由考勤（10%）、作业（10%～20%）、两次月考（20%～30%）、研讨会（20%～30%）以及期末考试（20%～30%）五种形式构成。而且，期中和期末考试多为闭卷考试，基本实现了学业考核的全程化和多样化。这有助于学生将学习精力放到对知识的理解过程中，能够将知识转化为解决问题的工具，而不是专注于最后的考试结果，能够促进对学生专业探索、团队合作、交流沟通、逻辑思维以及实际操作等能力的培养，值得我们学习借鉴。

## 三、教学建议

### （一）坚持立德树人目标

学校教育的根本任务就是教育人、培养人，培养国家和民族需要的人，可以说，“培养什么样的人、如何培养人以及为谁培养人”是每一个国家、每一个民族举办教育都需要回答的共性问题。立德树人的思想在中国有着悠久的历史传统，《礼记·大学》开宗明义，“大学之道，在明明德，在亲民，在止于至善”，目标就是培养身心强健、德才兼备的人。同时，立德树人这一命题深刻揭示了教育的本质规律，指明了高等教育改革发展的方向。也是对国际高等教育实践经验的吸收借鉴，是新时代全球高等教育改革的共同追求和方向。任何一个国家或民族都不会培养没有德性的人，都不会培养不维护自己国家利益和民族尊严的人，有学者研究发现，构建和完善立体化的学校德育网络，是欧美学校德育广泛实践并将杜威德育理论逐渐变为现实的体现。

### （二）优化培养模式设计

在确定了培养目标后，培养模式的设计尤为关键，是影响培养质量和目标达成的重要因素。当前，教学环境与人才培养的影响因素发生了深刻的变化，尤其是学生的情况发生了深刻的变化。因此，必须以科学先进的理念为指导，结合本校的实际、专业的实际设计好人才培养模式，并不断加以优化。蒙古国财经大学的培养方案给我们的启示就是，学分和学时设置不一定多就好，要把关键的知识、重要的知识传授给学生，即把该专业最核心的、最基本的内容呈现给学生，在教学内容的选择上必须有所取舍。另外，在培养过程的设计上，也要体现出教学内容、教学模式与培养目标、社会需求的一致性。国际上其他国家的人才培养模式设计也给我们以启示，如应用型人才和技能型人才的培养，一定要有企业或行业的参与，如德国构建的双元制模式就要求，在企业学习是教学计划一部分，企业要深度参与实习、课程设计和毕业设计等实践教学活动。

### （三）优化课堂教学设计

课堂教学是教学质量生成的最重要环节，课堂教学质量严重地影响着教学目标的实现和人才培养质量的达成。从当前的情况看，国内外的高校都非常重视课堂教学设计。大学教学设计起源于美国，是根据以学生为中心的教育理念，根据脑科学、认知科学和学习科学的研究成果，在新的学习环境理论与教育技术支持下，所进行的教学过程与教学方法设计的理论与实践。教学设计是讲好一门课程的关键，是使一门课程成为“金课”的基础。首先要依据课程教学目标选择好教学内容，并确定好内容的逻辑顺序；其次要设计好课程教学流程，教学流程设计要充分考虑学习者的特征，符合学习科学；最后要依据教学目标与内容，选择好教学手段与方法，在信息技术时代，新颖的知识呈现方式与学习方式符合当代大学生的心理特点，如混合式教学策略，如慕课、微课、私播课等方式，如研讨式教学、合作式教学等传统但行之有效的教学组织形式。无论哪种教学策略，哪种教学手段与方式方法，教学设计的目的就是提升课程教学的效果和质量。

（四）建立全程考评机制

作为教学评价的一部分，课程考核是教学活动的重要内容，是检验和衡量教学质量的关键环节。蒙古国高校在课程考核上的一些做法值得我们学习和借鉴。当前，我国一些高校课程在学业考核制度设计与管理层面存在形式单一、内容僵化、评价不科学、无反馈调整机制等问题，没有充分地、很好地发挥学业考核与评价的作用。因此，应丰富课程考核方式方法，采取综合考核评价方式，将诊断性评价、过程性评价和终结性评价综合运用，且将考评贯穿于教学的全过程。最主要的是建立发展性评价机制。古语说教学相长，要将师生的课堂教学行为与结果都纳入评价体系中来，发挥评价的教育功能，促进学生在原有的水平上的发展，同时激发教师教学反思与改进，全面提升教师的教学能力和教学素养，使教学评价促进教师与学生的发展，促进其作为生命主体价值的实现。

## 参考文献

[1] 靳诺. 立德树人：高等教育的根本任务和时代使命 [J]. 中国高等教育，2017 (18).

[2] 孔令帅. 欧美国家中小学人本化德育动向 [J]. 中国德育，2017 (4).

[3] 冯军，路胜利. 借鉴德国经验构建“六化”本科应用型人才培养

模式［J］. 高等工程教育研究，2019（2）.

［4］高筱卉，赵炬明. 大学教学设计：历史、实践与管理——美国经验研究［J］. 中国高教研究，2019（4）.

［5］林建锋. 构建发展性评价体系　提升学生科学素养［J］. 中国教育学刊，2013（11）.

［6］徐全忠. 回归教师发展本位的综合教学评价研究［J］. 中国大学教学，2018（10）.

# 基于"两阶五维六步"和"四联动五重点四激励"的供电企业青年人才培养体系研究①

刘先舟　张宗山　闫光太等②

**摘　要：**国网聊城供电公司认真落实山东省政府和国网公司工作部署，总结近年来的经验做法，对青年人才培养体系进行了深入的研究和探索，拓展内涵和外延。以入职1～10年的青年员工作为培养对象，以"价值链、能力轴、路径图"为重点，搭建"两阶五维六步"人才能力评价模型，建立"四联动五重点四激励"培养方法，完善支持青年人才成长的系统性、普惠性、长期性机制，充分调动青年员工成长成才的积极性和主动性，全方位助推青年员工成长成才，加快青年员工成才速度，更好服务于企业发展和员工成长。

**关键词：**"两阶五维六步"　人才能力评价模型　"四联动五重点四激励"　培养方法

① 该篇论文获得"2019年全国人才与人事研究主题征文活动"三等奖。

② 刘先舟，聊城供电公司高级工程师；张宗山，聊城供电公司高级工程师；闫光太，聊城供电公司工程师；翟宝华，聊城供电公司高级工程师；王伟，聊城供电公司高级工程师；李祯，聊城供电公司工程师。

## 一、供电企业青年人才培养体系研究背景

### （一）加快青年培养是落实党中央人才发展要求的具体实践

习近平总书记提出：“‘致天下之治者在人才’。人才是衡量一个国家综合国力的重要指标。没有一支宏大的高素质人才队伍，全面建成小康社会的奋斗目标和中华民族伟大复兴的中国梦就难以顺利实现。”中共中央《关于深化人才发展体制机制改革的意见》指出，要深入实施人才优先发展战略，拓宽青年创新人才成长通道，建立健全对青年人才普惠性支持措施。党和国家把青年人才看成执政兴国的宝贵资源，充分信任青年，热情关心青年，严格要求青年，积极引导青年，为他们的健康成长做好服务保障，让青年人才工作真正旺起来。供电公司不仅承担着建设运营当地电网，为社会提供稳定可靠的电力供应的任务，还肩负着为当地培养人才，落实国家人才发展战略的重要责任。因此做好青年人才的培养工作，是落实党中央人才发展要求的具体实践。

### （二）加快青年人才培养是企业实现战略目标的必由之路

在构建全球能源互联网和深化电力体制改革的背景下，能源发展的绿色转型，特高压建设的高速发展，智能电网的应用推广，使技术、工艺、设备、标准都发生着日新月异的革新和变化，而这些都需要有一支与之相匹配的高水平人才队伍去实现和驾驭。人力资源是第一资源，山东省“十三五”人力资源发展规划提出，加强人才培养是企业提升核心竞争力的有效途径。山东公司在“十三五”人力资源发展规划中明确要求，要把青年人才的培训培养放在企业战略的高度去实施。青年人才是人才队伍中最大的增长点，打造一支积极向上、能学肯干的青年人才队伍，就是为公司整个人才队伍奠定了一个最坚实的基础。因此，如何加强青年人才培养体系建设，努力建设一支适应新时代需求的高素质人才队伍，是公司人力资源发展的客观需要，是企业健康发展、基业长青的人力保障，也是公司实现战略目标的必由之路。

### （三）加快青年人才培养是青年员工自身发展的内在需求

在员工的全职业生涯中，青年是汲取和成长的关键时期，每一个人在青年阶段对学习知识、自我提升的需求是最高的。随着电力体制改革的推进，公司业务给员工带来的日益增加的工作压力，不断涌现的优秀人才所带来的竞争压力，促使每个青年员工去不断地充实自己，以追求

自身更好的成长。而青年人的思维方式、行为习惯、价值观等也在不断变化，存在很强的可塑性。全面做好青年人才培养工作，帮助青年员工做好全职业生涯规划，明确发展的路径和通道，为青年员工的成长成才搭好台铺好路，既满足青年员工的成长需求和青年员工的自身特点，同时也满足公司战略对青年员工的期望和要求。让员工个人的发展和企业的发展同步，让每个员工都能在更好的平台上实现自身的价值，也是每个青年员工的自身需求。

（四）公司青年人才培养现状调研

虽然公司在青年人才培养体系建设方面做了大量工作，但仍然有许多方面可以提高。为了更准确掌握一线青年员工及培训管理人员对现有青年人才培养体系的意见建议，公司深入现场组织调研，充分掌握青年成长发展需求。3 月 8 日和 9 日，组织聊城市供电公司、临清、阳谷、茌平和东阿三家县供电公司开展青年员工和培训管理人员的 1 对 1 访谈和座谈。开展针对青年员工和培训管理人员的 1 对 1 访谈 20 人次、针对青年员工和培训管理人员的座谈 4 场，涉及从入职一年到入职五年的青年员工 87 人、从基层车间兼职培训员到人力资源部主任的培训管理人员 6 人。3 月 13 日至 15 日，按照覆盖全公司不少于 30％基层单位原则，选取公司 7 家基层单位参与问卷调查。参与问卷调查人数为：青年员工 312 人，培训管理人员 25 人。通过收集覆盖全部专业的一线员工和培训管理人员对新员工、技术人员、技能人员及管理人员具体培养措施的建议，根据调查问卷的填写情况，进行数据统计，摸清现状，找准方向，分析全省青年员工的培训需求，重点分析青年人才培养、职业生涯规划进阶划分等方面的意见建议。

**1. 未贯彻全员参与理念，用人单位人才培养意识不足**

在青年人才培养上存在公司战略高度重视、员工个人高度重视、用人单位重视不足“两重一轻”的问题。用人单位重用轻培，干事和育人脱节，人才培养意识欠缺，大多数倾向于关注工作结果，对人才培养关注度不足。

**2. 成长通道相对单一，职业生涯规划缺乏有效指导**

领导职务序列通道相对清晰、激励制度更具吸引力，而职员职级序列通道缺乏顶层设计，造成青年员工职业发展规划单一，千军万马争过领导职务序列通道“独木桥”。未明确划分员工成长成才各个阶段，对员工职业生涯发展缺乏有效引导和辅助，缺乏系统的员工职业发展生涯规划，以及相应的辅助管理工具等。亟须将员工个人需求与公司发展的需要有机结合，达到统一，最大限度地调动员工工作积极性，形成公司发展的巨大推动力。

（1）公司高度重视新入职员工和班组长的培养，对其他青年员工的培养重视不足，而其他青年员工也同样对培养培训与自身成长发展存在较为强烈的需求（见图 1）。

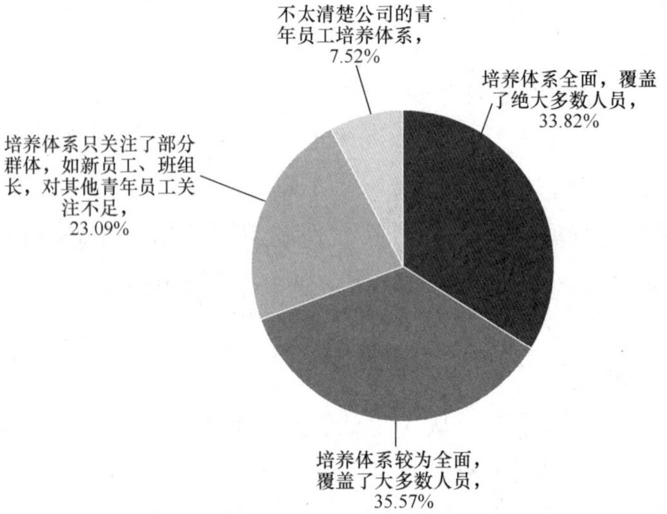


图 1　现行青年员工培养体系评价

（2）员工职业生涯规划受个性特质、职业兴趣、企业所需、现实可行性等多种因素影响，具有一定专业性与复杂性。因此，较多的青年员工反映需要更多的成长指导与帮助（见图 2）。

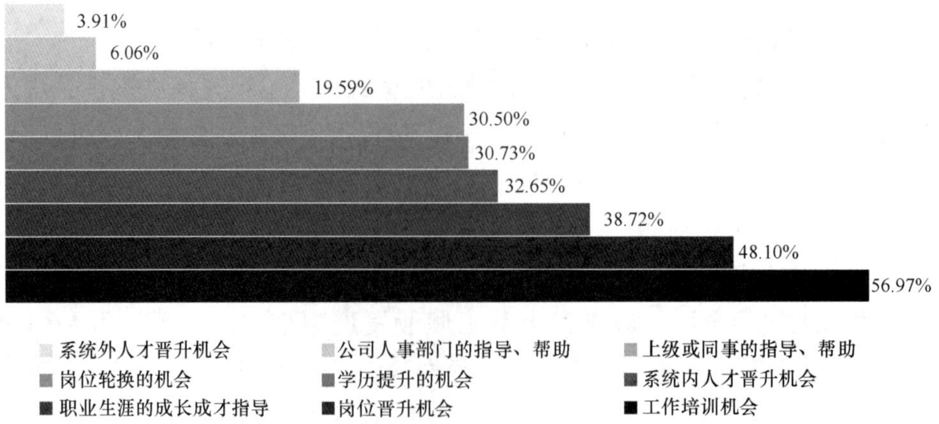


图 2　自身职业发展与成长希望调查情况

(3) 青年员工反映领导职务序列通道相对清晰、激励制度更具吸引力，造成青年员工职业生涯发展规划单一，千军万马争过领导职务序列通道“独木桥”(见图3)。

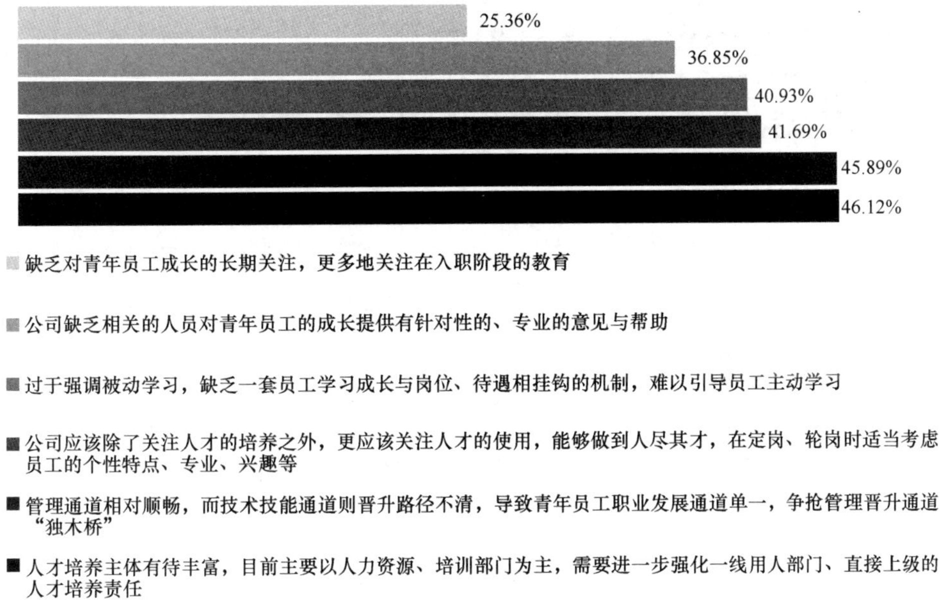


**图3 公司青年人才培养体系改进建议调查情况**

### 3. 培训资源未深度整合，无法满足青年员工培训需求

公司培训资源分散，未形成完善有效的技术交流平台，与高校、科研院所、优质培训机构等社会培训资源合作深度、融合度不够。青年员工对培养需求更加多元化，希望开展互动性强、针对性强的培训。

(1) 随着“互联网+”时代到来，青年员工思想更加多元化，希望参与多样化的培训(见图4)。

(2) 青年员工希望得到定期交流座谈、针对性培训、较多的轮岗交流机会、师带徒等多元化培养(见图5)。

### 4. 两头薄弱现象突出，人才队伍建设有待进一步提升

公司人才队伍呈现“两头薄弱”的特点，高层次、领军型人才和一线优秀操作技能人才相对不足，结构性缺员矛盾仍未得到较好解决，人力资源优化整合力度亟须加大。

经济动能转换中的人力资源管理新趋势
JING JI DONG NENG ZHUAN HUAN ZHONG DE REN LI ZI YUAN GUAN LI XIN QU SHI

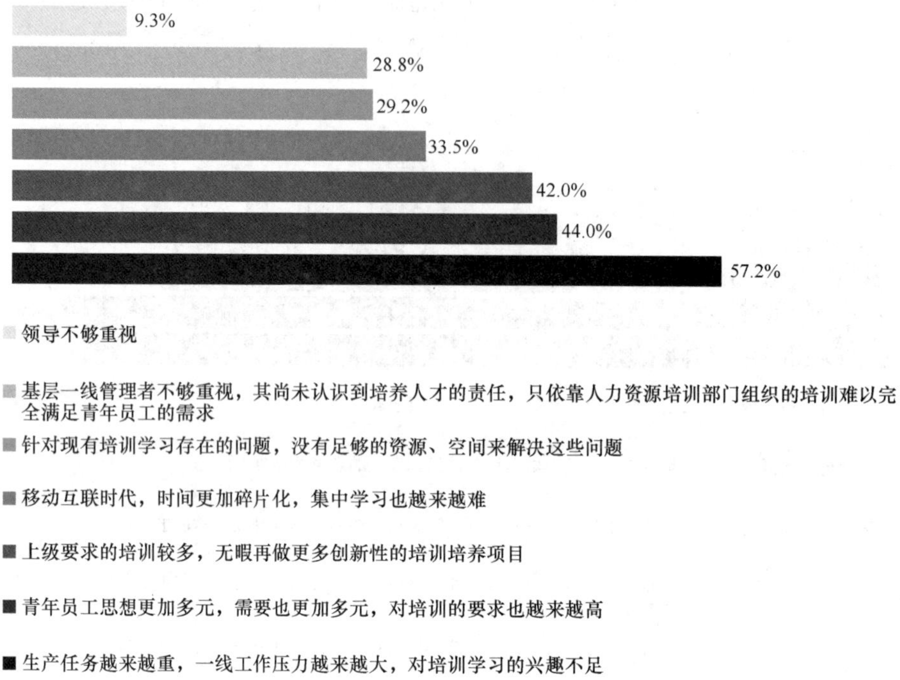


**图 4　青年员工培养的挑战与困难调查情况**

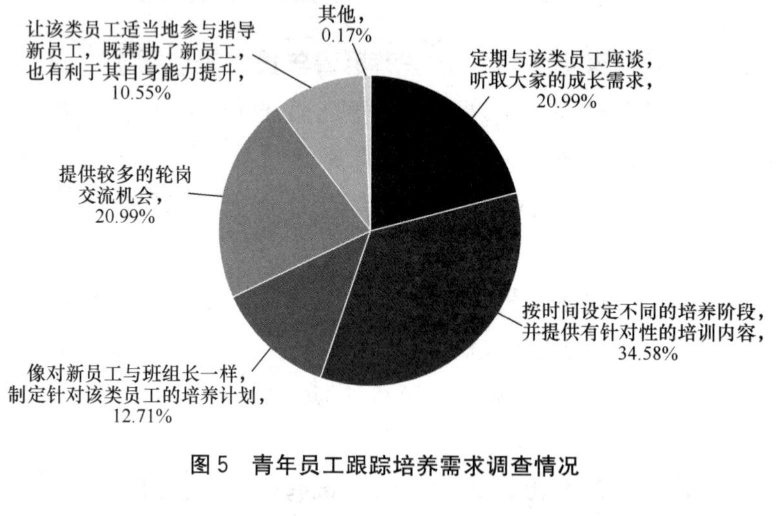


**图 5　青年员工跟踪培养需求调查情况**

### 5. 培养结果应用不足，青年人才培养保障机制有待优化

人才培养与人才使用、待遇一体化机制仍需完善，缺乏对培养结果的应用，未能充分将青年人才培养结果与薪酬、人才评选、首席技师（工程师）评选和干部选拔挂钩。

## 二、供电企业青年人才培养体系研究的主要做法

### （一）围绕价值链，搭建“两阶五维六步”能力评价模型

围绕价值链，科学实现人才精准定位。深入贯彻公司通用制度，坚持基层导向、创新导向和业绩导向，根据公司专家人才评价考核标准，围绕能力管理主题，形成了“两阶五维六步”的人才能力评价模型。“两阶”，即分别考察显性能力素质和隐性能力素质，将学历学位、专业技术资格、职业技能资格、工作年限、荣誉称号、科研成果、论文、工作业绩等显性能力素质折算成相应积分，达标后才能进入隐性能力素质亦即人才能力评价阶段。“五维”，即根据业务梳理、职位分析成果，从科技研发、专业技能、心理素养、工作态度、团队评价等五个方面，开发了工作胜任力评价标准。“六步”，即通过个人申请、资格审查、单位推荐、举证答辩、集体评议、面谈反馈六个环节对员工人才能力进行公开评价，对员工人才级别进行公平公正定位。目前，公司已组织开展常态化评价工作，对员工人才能力和团队整体人才能力每年进行评价一次，将评价结果应用于个人绩效和团队绩效，并与个人工资和团队收入挂钩，实现动态管理。

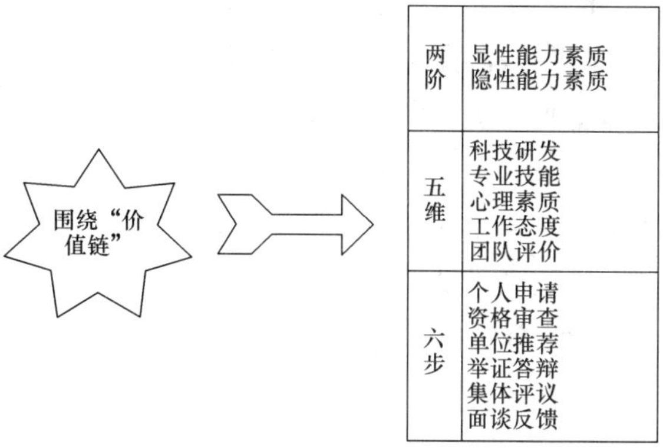


**图6 “两阶五维六步”人才能力评价模型**

#### 1. 制定“两阶”人才能力评价模型

围绕青年员工人才培养目标，系统设置青年员工人才“两阶”人才能力评价模型，科学、精准、客观展示青年员工人才成长情况。青年员工人才评价机制重在“客观展示”，不以“考核排序”为导向。

（1）显性能力素质。参照《国网公司科技领军人才管理办法》《国网

公司专业领军人才管理办法》《国网公司优秀专家人才管理办法》《国网公司优秀专家人才后备管理办法》等，结合人才选拔考核、职称评审、技能鉴定、薪档积分调整等工作实际，以“需求导向、业务清晰、分类合理”为原则，采用头脑风暴、调查问卷等形式，研讨确定显性能力素质八大维度，即学历学位、专业技术资格、职业技能资格、工作年限、荣誉称号、科研成果、论文、工作业绩。通过青年员工人才业绩评价积分看板，客观展示青年员工业绩成果积累情况。

（2）隐性能力素质。结合青年员工职业发展诉求和培养需求，以一年为一个评价周期，对全体青年员工进行复合性职业评价，邀请“985”重点大学心理学教授，以应用心理学、管理学、统计学及相关学科的研究成果，从青年员工的工作经验、知识水平、管理水平等方面来考察，进行定量分析和定性分析测评。通过对青年员工的管理素质、能力素质和心态及动机进行鉴定，测评其当前发展水平信息，诊断其存在的问题、缺陷和不足，对其未来职业发展具有一定的导向作用，激发青年员工积极向上的愿望与动机，使其自觉自愿地努力学习和工作，从而带动青年员工周边人群自觉提高自身素质和工作能力。

**2. 制定“五维”人才能力评价模型**

人才评价是人才发展体制机制的重要组成部分，是人才资源开发管理和使用的前提。建立科学的人才分类评价机制，对于树立正确用人导向、激励引导人才职业发展、调动人才创新创业积极性、加快建设人才强国具有重要作用。

公司以坚持服务发展、坚持科学公正和坚持问题导向为原则，以“跟踪员工诉求和潜质、关注人才能力评价”为着力点，兼顾了人才梯队的纵向差异和专业序列的横向差异，根据实际岗位工作情况，构建“五维”组合式人才能力评价模型，实现了“个性化”自由组合式应用，全面提升了人才能力评价模型的针对性和实效性。

采用战略演绎、文化梳理、岗位分析、问卷调查、行为事件访谈法（BEI）和行动学习法等方法，对现有机构设置、岗位分类和人员配置进行了分层分类梳理调研。根据业务梳理、职位分析成果，运用“科技研发＋专业技能＋心理素养＋工作态度＋团队评价”五个方面的人才能力胜任评价组合方式，构建了覆盖公司管理、技术、技能人才梯队、30 个专业方向的人才能力评价模型，开发了 210 个子模块工作胜任力评价标准。

筛选各个专业各个年龄段各地区的569名青年员工，对人才能力评价模型进行了信度和效度检验，逐条逐项编制了包含210项条目的岗位胜任力辞典和自测题库。

### 3. 制定“六步”人才能力评价模型

建立《青年员工成长档案》，规范健全全流程跟踪培养机制，通过个人申请、资格审查、单位推荐、举证答辩、集体评议、面谈反馈六个环节对员工人才能力进行公开评价，对员工人才级别进行公平公正定位。按照社会和业内认可的要求，建立以同行评价为基础的业内评价机制，注重引入市场评价和社会评价，发挥多元评价主体作用。基础技能人才以同行学术评价为主，加强省外同行评价。专业研究和应用管理人才突出第三方评价，由公司、市场和专家等相关第三方评价。丰富评价手段，科学灵活采用考试、评审、考评结合、考核认定、个人述职、面试答辩、实践操作及业绩展示等不同方式，提高评价的针对性和精准性。

（1）建立《青年员工成长档案》。基层单位为每一位培养期内的青年员工建立成长档案，从其参加“金种子”起航训练营起，全面记录青年员工成长轨迹，并以此作为督导检查青年员工成长成才情况的重要依据。成长档案坚持定期更新，清晰记录每一位青年员工的职业轨迹，客观呈现员工能力素质提升。

（2）签订《跟踪培养任务责任书》。基层单位人力资源部门与青年员工所在部门签订《跟踪培养任务责任书》，员工所在部门与员工签订《跟踪培养任务书》，明确员工跟踪培养计划和成长目标，并确保计划的落实。

（3）运用多种跟踪培养手段。运用课题研究、建章立制、竞赛调考、班组大讲堂、兼职培训师、导师带徒、内部轮岗交流、创新创效、校企联合培养等跟踪培养方式，对青年员工“压担子、列任务、定目标”，促进青年员工持续成长。

（4）强化过程督导。基层单位每年对青年员工成长情况进行督导检查，通过年度评比、分类重点指导、交流座谈等方式，全面掌握青年员工的工作状况、学习情况、思想动态和能力水平，通报青年员工所在单位跟踪培养情况，确保青年员工快速成长成才。

### （二）围绕路径图，建立“四联动五重点四激励”培养方法

围绕路径图，建立“四联动五重点四激励”培养方法，系统提升青年员工素质能力。通过评价标准，明确胜任岗位要求的知识、技能、素质，引导员工主动对标、主动提升。重点针对运检、营销等一线关键岗位，选取典型优秀人才，深入开展行为事件访谈，从中概括出人才最佳成长路径，纵向设计岗位资质经历要求，横向设计前置路径及后续规划，既体现同一岗位工作范围扩大，又考虑不同岗位工作能力拓展。运用“MTO”分析模型，从方法、工具、输出等方面帮助员工识别技能点，通过导师带徒、现场实训、专项培训等方式提升能力；运用“BPE”分析模型，帮助员工系统梳理基础类、专业类、环境类知识树，采取在线学习、在职进修、文献分析等方式优化知识结构；通过岗位轮换、课题研究、项目深造等帮助员工多岗历练、易位思考。积极整合公司人才开发资源，帮助员工少走弯路、快速成长。

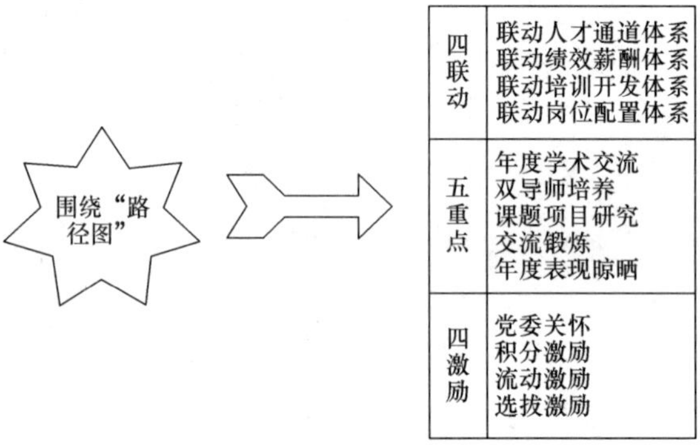


**图 7　“四联动五重点四激励”培养方法**

#### 1. 强化“四联动”，打好人才培养基础

深化职业通道应用。强化职业通道在人力资源管理中的基础机制作用，强化联动人才通道体系、联动绩效薪酬体系、联动培训开发体系和联动岗位配置体系（“四联动”），打好进阶培养基础，促进人力资源工作整体性提升。建立人才胜任能力评价模型，开展人才孵化机制研究，全面推行人才动态梯次储备库建设，形成重能力、重业绩、重贡献的评价体系，打造人才成长“流水线”。

（1）联动人才通道体系。妥善应对业务动态发展与岗位相对稳定的冲突，有效解决员工能力提升与职级空间有限的矛盾。公司在制定青年

人才培养方式时，充分考虑“三序三层三十系”人才通道的情况，针对管理、技术和技能三个序列30个专业方向，因地制宜设计不同的培养方式方法。

(2) 联动绩效薪酬体系。建立与职级紧密结合的标准薪酬体系，进一步优化能力提升、职级晋升、薪酬调升的一体化机制。坚持目标导向、问题导向、价值导向，注重“目标、过程、结果”有机统一，推进“公正、公开、公平”全员绩效管理体系建设，充分发挥绩效考核的牵引、推动作用，有效传递压力、激发活力、增强动力，促进员工自身能力不断提升。

(3) 联动培训开发体系。建立各职种学习路径图，推动员工变“被动学”为“主动学”、变“要我学”为“我要学”。采取“众筹”方式，充分征求基层青年员工的培训培养需求。随着技术提升和科技发展，针对210个子模块工作胜任力评价标准，持续开发微课，不断完善自测题库。

(4) 联动岗位配置体系。根据认证结果建立分层分类的人才梯队资源池，根据成长路径有针对性地开展员工岗位调换、挂职锻炼等。要突出“实际、实用、实效”，落实好人才发展规划，健全人才全职业生涯培养体系，扎实开展高技能人才培养等人才工程，以一线员工的成长成才带动整个人才供应链的高效运转。

**2. 抓实“五重点”，缝好人才培养绳索**

重点实施三个专项人才梯队建设计划，抓实“五重点”，缝好进阶培养绳索。突出实用牵引、全程管控、多方合力、集中资源的特点，遵循人才成长规律，突出品德、能力和业绩评价导向，对青年员工压担子、给项目、列任务、定目标，全面提升创新力、领导力、教练力、竞争力。

(1) 建立年度学术交流机制。为促进青年员工专业知识共享、把握技术发展前沿、提升科研创新能力，每年11月由公司人力资源部牵头，组织召开年度学术交流会议，分专业、分主题开展青年员工学术知识研讨。会议邀请相关专业知名学者、各专业分管负责人、各单位分管领导出席会议，分专业分别择优选拔部分优秀青年员工作专业技术报告、分享青年员工智库团队课题研究心得、展示科研创新与技术攻关才华。同时，通过沙龙等形式组织系列学术交流活动，围绕生产科研实践、科研创新、成长成才中的问题进行交流研讨，吸引广大青年员工于公司重点问题解决、重大技术攻关、重要管理改革创新工作研讨中拓展工作视野、对标自身职业发展、增强成长动力，进一步发挥青年员工知识储备丰富、学习能力强劲、创新思维敏捷等优势，激发青年员工贡献自身价值的热情和动力。

（2）双导师培养机制。双导师培养机制即为青年员工精心选派职业生涯导师和技能导师。职业生涯导师由相关专业正科级及以上干部担任，职业生涯导师负责跟踪青年员工的思想动态，指导其职业生涯规划，疏导其负面情绪，支持其开展相关课题研究，培养青年员工的企业认同感、归属感，达到育人的目的。技能导师则由青年员工所在班组最高等级的技能人才担任，负责指导青年员工开展现场工作，帮助其快速掌握基层工作的相关知识。在双导师培养的基础上，围绕项目化、模块化的生产任务，由导师为青年员工提供全面指导、支持，通过项目化的培养，促使青年员工更快成长成才，更好满足公司实际生产需求。地市公司定期跟踪并反馈双导师培养效果及成果。

（3）课题项目研究。每年年底，针对现实工作中遇到的困难，公司相关专业部门组织青年员工共同研讨，明确本专业明年的若干研究方向。搭建自由研究合作平台。根据各自专业的课题项目研究方向，由青年员工自由选定研究课题项目，自由组建青年员工项目研究团队柔性组织，建立定期交流联络机制。省公司相关专业部门提供技术、项目、经费等支持，积极为青年员工团体创造心无旁骛、潜心从事科研的环境和条件，青年员工项目研究团队集中团队力量进行分析研究，为省公司解决现实中的问题提供帮助。

（4）交流锻炼机制。公司人力资源部制定交流锻炼方案，根据人才评价结果、个人意愿等择优筛选部分青年员工采取“上挂下派”、同级锻炼的方式进行为期半年至2年的交流锻炼。如省公司青年员工到市、县公司挂职，市、县公司青年员工到省公司挂职，以及新入职青年员工到不同部门、班组进行锻炼。挂职锻炼人员通过在不同层级、多个部门、班组的工作、学习，更全面、深入了解公司各方面的发展状况，借此找准自身定位，明晰自身的发展方向，做好职业生涯规划。

（5）年度表现晾晒。开展年度表现晾晒，重在客观展示，不以考核排序为导向。青年员工评价的方式主要采取横向评价和纵向评价。横向评价主要分专业、分单位对青年员工综合培养成长情况进行对比分析，形成青年员工个人成长报告，为青年员工对标提升、“精准”成长、择优选拔等提供重要参考；纵向评价主要对从青年员工入职后“时间轴”方向的成长培养情况进行对照分析，形成青年员工综合评价看板，对青年员工职业生涯晋级发展情况进行展示。

**3. 铸就“四激励”，铺好人才培养台阶**

通过人才诊断分析，以全面提升青年员工成才率和培育领军人才为根本目的，结合青年员工自身特点和不同岗位需求，制定四大激励机制，注重青年人才培养工作的系统连贯性、层次区分性及选拔针对性，分层次、循序渐进地选拔培育人才，拓宽青年员工的成长空间。

（1）党委关怀机制。各单位每位领导班子成员（公司部门主任）对应联系本单位至少一名青年人才，若单位青年人才较多，可由公司对应专业部门主任或副主任承担。领导班子成员负责定期督导青年人才成才工作，关心青年人才工作、生活中遇到的困难，使青年人才感受到组织关怀。青年人才应积极发挥专业优势，为公司发展建言献策。

（2）积分激励机制。针对参加过公司优秀班组骨干、青年员工和管理技术人员培训班的人员，实行跟踪培养，制定跟踪培养评价积分标准，实现积分制培养管理。根据班组骨干、青年员工、管理技术人员三个不同培养期，从基本素质、个人业绩、荣誉称号、建章立制、创新创效、传授技艺等维度，按权重分别制定积分评价标准，每年计算积分。积分评价结果作为青年员工评先树优、上挂下派、东西帮扶、岗位晋升等的重要依据，优先推荐参加人才评选、职称评审、技能鉴定、兼职培训师评选，同时纳入基层单位综合评价，督促基层单位提高对青年员工培养的重视程度，切实落实跟踪培养措施。

（3）流动激励机制。采取“上挂下派”“东西帮扶”等流动培养方式，依托内部市场加速青年员工成才。在公司集中培训、跟踪培养期间表现优秀、积分较高的青年员工可获得到本单位其他车间短期交流培养、专业部门或县公司下派培养锻炼、公司相关专业部门上挂培养锻炼等内部人力资源市场流动机会。

（4）选拔激励机制。为促进优秀青年领军人才脱颖而出，健全青年领军人才职务、专家、职员职级通道，突破年龄、学历、资历、身份等限制，完善并增加各通道等级层次，拓宽青年领军人才晋升通道。对表现优异的青年领军人才可在相应发展通道中破格或优先提拔。开通优秀青年员工加速成才、人才评选、职称评审、技能鉴定绿色通道，优秀青年员工纳入青年员工后备、中层后备队伍管理，可优先提拔。在评选地市级优秀专家人才、副高级专业技术资格和高级技师时，优先考虑优秀学员。优先安排优秀学员担任兼职培训师，承担培训教学任务，以授课方式锻炼人。

## 四、青年人才培养体系实施效果

近年来，公司通过组织实施基于“两阶五维六步”和“四联动五重点四激励”的供电企业青年人才培养，创新培训形式，着眼未来、把握时代，再强素质、再提能力，培养了一批符合未来公司发展要求的领导型和专家型人才，逐步形成了独具特色的青年人才培养体系，对有效提高青年员工队伍的素质能力发挥了重要的作用，为服务公司永创“四个最好”坚定走在前列提供了坚强的人才支撑。

### 1. 员工素质得到全面提升

制定了《国网聊城供电公司关于实施青年人才培养计划的指导意见》和《国网聊城供电公司优秀青年员工跟踪培养指导意见》，搭建12种跟踪培养方式，实现全周期过程管控，促进青年领军人才持续成长，发挥领军人才示范引领作用。2018年年底，人才当量密度达到1.097 7，较2017年提高5.67%；新增省部级高端人才1名，在电力行业中处于领先水平。

### 2. 人才培养资源得到充分应用

紧紧围绕多出人才、快出人才，系统整合人才培育资源。自2014年以来，累计举办优秀青年员工培训班21期，培训1 071人。青年员工集中培训在国家电网有限公司连续三年蝉联总成绩前5名。采取立足自我与学习借鉴相结合、重点突破与全面提升相结合、深化改革与管理创新相结合的方式，充分提升青年员工组织学习能力。2018年，全员岗位练兵和学习覆盖率达100%，组织开展了3项竞赛调考，有力提升了全员工作队伍的整体素质和能力。各类员工特别是一线员工岗位胜任能力明显提升。优秀的人才队伍推动公司经营管理、优质服务水平大幅提升，国有资产保值增值能力大大增强。

### 3. 企业经营效益稳步提升

通过开展基于“两阶五维六步”和“四联动五重点四激励”的供电企业青年人才培养，公司业绩出众，人才辈出，为公司运检、营销工作顺利进行奠定了基础，经营效益、效率稳步提升，取得了较好的业绩。2019年上半年，公司实现了营业收入和利润的大幅增长。

## 参考文献

[1] 华岚. 青年成长路径选择研究［D］. 贵阳：贵州财经大学，2018.

[2] 王伊. M公司青年技能人才培养的优化策略研究［D］. 北京：首都经济贸易大学，2017.

[3] 文竹. X油田公司青年人才培养研究［D］. 大庆：东北石油大学，2017.

[4] 程玉红. 电力企业青年人才培养及评价方法研究［D］. 大连：大连海事大学，2017.

[5] 李妍. LW公司青年员工职业生涯规划研究［D］. 大连：大连海事大学，2017.

[6] 朱云霞. HL公司青年人才培养策略研究［D］. 昆明：云南财经大学，2015.

# 人才队伍建设

# 福建省高层次人才和青年优秀人才选拔培养政策效果评估研究[①]

郑亨钰　谢烨　郑婉菁[②]

**摘　要：**高层次人才和青年优秀人才是实践创新创造创业的重要主体、推进新时代新福建建设的重要资源。本文通过梳理福建省高层次人才和青年优秀人才选拔培养政策，通过问卷调查、实地座谈调研，考察、了解、掌握省内部分地市的高层次人才和青年优秀人才选拔培养情况，分析福建省高层次人才选拔和培养工作存在问题，提出进一步完善人才选拔培养政策的对策和建议，以提高福建省高层次人才和青年优秀人才政策的针对性和实效性。这对于"聚天下英才"建设新福建，进一步提升福建省人才资源开发的力度和效能，为实施创新驱动战略、加快产业转型升级、推动高质量发展和实现赶超奠定坚实的智力基础具有现实意义。

**关键词：**高层次人才　青年优秀人才　政策评估

---

① 该篇论文获得"2019 年全国人才与人事研究主题征文活动"一等奖。
本文系 2018 年福建省人力资源和社会保障厅综合课题研究成果。

② 郑亨钰，福建省人事人才研究所所长、高级经济师；谢烨，福建省人事人才研究所经济师；郑婉菁，福建省人事人才研究所经济师。

## 一、引言

### （一）研究背景

高层次人才和青年优秀人才是实践创新创造创业的重要主体、推进新时代新福建建设的重要资源。习近平总书记在2019年十三届全国人大二次会议福建代表团审议会上发表重要讲话，提出要营造有利于创新创业创造的良好发展环境，最大限度地释放全社会创新创业创造动能，着力解决影响创新创业创造的突出体制机制问题，营造鼓励创新创业创造的社会氛围，特别是要为中小企业、年轻人发展提供有利条件，为高技术企业成长建立加速机制。在学习宣传贯彻习近平总书记重要讲话的全省领导干部会议上，强调要“引进培育高层次人才，实施千亿产业集群培育计划，大力发展新产业新技术新模式新业态，有效激发创造活力。”加大力度选拔培养高层次人才和青年优秀人才，是以实际行动贯彻落实习近平总书记重要讲话精神、为福建省营造创新创业创造良好环境的重要举措。

近年来，福建省认真贯彻落实党的十八大、十九大会议以及全国人才工作会议、全国人社工作会议精神，紧紧围绕中央《关于深化人才发展体制机制改革的意见》以及《福建省中长期人才发展规划纲要（2010—2020年）》《福建省“海纳百川”高端人才聚集计划（2013—2017年）》、省委《关于深化人才发展体制机制改革的实施意见》等部署，深入实施“人才强省”和“创新驱动发展”战略，先后制定出台一系列高层次人才选拔、培养、管理、服务等政策。政策的实施效果关系着人才“引、用、留”，决定着人才在福建建设中价值的发挥。对政策效果的评估有助于发现人才政策中存在的问题并分析原因，从而进一步优化人才政策，以适应经济社会发展对人才的需要，为“再上新台阶、建设新福建”和高质量发展实现赶超提供有力的人才支撑。

本课题试图通过政策了解福建省已经出台的高层次人才和青年优秀人才选拔培养政策，开展问卷调查与实地调研，评估人才政策落地效果，总结政策亮点和主要经验，分析落实过程中存在的问题，提出相关对策建议，以提高福建省高层次人才和青年优秀人才政策的针对性和实效性。这对于“聚天下英才”建设新福建，进一步提升福建省人才资源开发的力度和效能，为实施创新驱动战略、加快产业转型升级、推动高质量发展和实现赶超奠定坚实的智力基础具有现实意义。

（二）相关概念释义

1. 高层次人才

高层次人才是人才队伍中的精英，是“在总的人才队伍中，有较强的专业能力，并且有比较大贡献的人”①。

“高层次人才”界定有两个层面：一是概念层面，一般是通过文献综述和聚类分析相结合的方法得出；二是操作层面，即省、市、县（市、区）各级党委、政府人才工作相关部门在制定、实施相关政策时对“高层次人才”的界定。

根据福建省《关于引进高层次人才和青年专业人才的若干规定的意见》，其中对高层次人才和青年人才作了具体的界定。其中，高层次人才主要包括：①中国科学院、中国工程院院士，原国家人事部“杰出专业技术人才奖章”和一等功奖励获得者，原国家人事部表彰的有突出贡献的中青年专家以及进入国家“百千万人才工程”第一、二层次者；具有高级职称，年龄一般在 55 岁以下的企事业单位专业技术骨干或国有大中型企业高级经营管理人才；博士学位获得者，年龄一般在 45 岁以下。②国家公派或自费出国留学，学成后在海外金融机构、跨国公司、国际组织、著名高校、科研院所等从事金融、技术、教学、科研、管理等工作，取得显著成绩，并为福建省急需的海外高层次留学人员。

本课题所称“高层次人才”是指纳入各级地方党委、政府人才管理，一般具有高级专业技术职务或博士以上学位，在企事业单位教学、科研、管理等岗位承担重要职责，在推动区域经济社会发展中发挥引领或支撑作用的创新型人才。

2. 青年优秀人才

福建省《关于引进高层次人才和青年专业人才的若干规定的意见》对青年专业人才进行了界定，青年专业人才是指福建省高新技术产业、支柱产业、新兴产业、重点工程等急需紧缺的具有本科（含本科）以上学历的省外、海外重点大学应届毕业生，35 岁以下具有本科（含本科）以上学历并具有中级职称或 40 岁以下具有高级职称的专业人才。本研究

① 娄伟，张海夫.《人才蓝皮书：中国人才发展报告 NO. 3》［M］. 北京：社会科学文献出版社，2006.

中的青年优秀人才则参照此概念，并结合对青年优秀人才的认定，将青年优秀人才界定为年龄在45周岁以下、具有副高级以上职称或博士及以上学历的人才，或45周岁以下的高技能人才。

科学的未来在青年。有研究表明，自然科学发明的最佳年龄段是25岁至45岁，平均峰值出现在37岁。实施创新驱动战略，加强高层次创新型科技人才队伍建设，必须高度重视对青年人才的培养支持。

#### 3. 选拔培养政策

本课题所指的选拔培养政策主要是指省级层面制定的高层次人才和青年优秀人才选拔培养政策，以及各项人才政策中涉及人才选拔培养的内容。人才选拔培养政策很难与人才政策严格地区分开来。选拔，是指按条件进行筛选，高层次人才的选拔主要是设定相应的条件，对人才的学历、职称、成果等内容进行设置，从而能够对人才的能力高低加以甄别，以符合福建省需求，是以人才甄选为导向的。培养，则是对人才的教育培训等，是从长远的角度来考虑人才成长，以促进人才潜能的发挥。但人才的选拔培养不是孤立的，加上人的复杂性、动态性，不能割裂地来看待人才选拔培养政策，否则选拔的效度、培养的效果都会有所下降。因此，应该放宽选拔培养的视野，选拔培养政策应该包含与选拔培养相关的一系列政策组合，是宏观层面的人才选拔培养政策。由此，本课题所研究的高层次人才和青年优秀人才选拔培养政策主要是近年来出台的各项省级人才选拔培养政策和涉及选拔培养政策内容的综合或专项政策，包括人才引进、评价认定、平台建设、保障服务等政策。

## 二、福建省高层次人才和青年优秀人才选拔培养政策梳理

### （一）政策梳理

近年来，福建省出台了一系列关于高层次人才和青年优秀人才选拔培养有关的政策。经梳理，福建省已出台的高层次人才和青年优秀人才选拔培养主要政策有40余项，形成了较为完善的高层次人才和青年优秀人才选拔培养政策体系。这些政策大致可以分为四类，包括综合性政策、选拔引进政策、开发培养政策以及服务类政策见表1～表4。

#### 1. 综合性政策

综合性政策主要包括宏观的人才政策，以及涉及高层次人才和青年优秀人才队伍建设的专项政策。

表 1　综合性政策

| 类型 | 具体政策 |
|---|---|
| 高层次人才和青年优秀人才选拔培养综合性政策 | 1. 福建省中长期人才发展规划纲要（2010—2020 年）<br>2. 中共福建省委 福建省人民政府贯彻落实中共中央 国务院关于进一步加强人才工作的决定的实施意见（闽委发〔2004〕11 号）<br>3. 关于深化人才发展体制机制改革的实施意见（闽委发〔2016〕21 号）<br>4. 福建省“海纳百川”高端人才聚集计划（2013—2017 年）（闽委办发〔2013〕3 号）<br>5. 福建省特殊支持高层次人才管理暂行办法（闽委人才〔2016〕6 号）<br>6. 福建省高技能人才队伍建设中长期规划（2010—2020 年）（闽人社文〔2012〕352 号）<br>7. 关于印发“福建省高等学校高层次创造性人才计划”有关实施办法的通知（闽教高〔2004〕111 号）<br>8. 福建省高等学校高层次人才培养与引进“三项计划”实施方案（闽教人〔2011〕110 号）<br>9. 福建省高等学校百名领军人才资助计划实施办法（修订）（闽教人〔2012〕103 号）<br>10. 福建省委组织部 福建省卫生厅 福建省财政厅 福建省公务员局 福建省人力资源开发办公室关于加强高层次卫生人才队伍建设的意见（闽卫人〔2012〕119 号）<br>11. 福建省“百千万人才工程”领导小组办公室关于贯彻执行国家“百千万人才工程”方案的实施细则（闽专办〔1998〕2 号） |

## 2. 选拔引进类政策

包括对高层次人才和青年优秀人才的引进、认定、遴选、评选等政策。因人才引进政策必然要确定人才的标准予以选拔引进，故归为一类。

表 2　选拔引进类政策

| 类型 | 具体政策 |
|---|---|
| 高层次人才和青年优秀人才选拔引进 | 1. 中共福建省委 福建省人民政府关于引进高层次人才和青年专业人才的若干规定（闽委发〔2000〕10 号）<br>2. 福建省引进高层次创业创新人才暂行办法（闽委办〔2010〕2 号）<br>3. 福建省引进高层次人才评价认定办法（试行）（闽委人才〔2015〕5 号）<br>4. 福建省工科类青年专业人才支持暂行办法（闽委人才〔2016〕4 号）<br>5. 中共福建省委人才工作领导小组关于印发《福建省引进台湾高层次人才“百人计划”遴选办法（试行）》等五个文件的通知（闽委人才〔2017〕1 号）<br>6. 关于贯彻执行中共福建省委 福建省人民政府关于引进高层次人才和青年专业人才的若干规定的意见（闽人发〔2001〕136 号）<br>7. 中共福建省委组织部 福建省公务员局 福建省人民政府台湾事务办公室等九部门关于做好引进台湾地区高层次人才有关工作的通知（闽人发〔2010〕68 号）<br>8. 福建省高校台湾全职教师引进资助计划实施办法（闽教人〔2015〕108 号）<br>9. 福建省教育厅 福建省财政厅关于实施 2016—2018 年“闽江学者奖励计划”的通知（闽教高〔2016〕12 号） |

## 3. 开发培养类政策

包括培养培育计划、进修、研修、交流、培训等政策。

表 3　　开发培养类政策

| 类型 | 具体政策 |
| --- | --- |
| 高层次人才和青年优秀人才开发培养 | 1. 福建省科技创新领军人才等 6 类特殊支持高层次人才和福建省文化名家等 5 类优秀人才的遴选办法（闽委人才〔2013〕3 号）<br>2. 福建省人才聚集区（人才特区）、产业人才聚集基地、企事业人才高地评选暂行办法（闽委人才〔2013〕4 号）<br>3.《福建省人事厅关于做好青年高层次专业技术人才访学进修工作的通知》（闽人发〔2008〕92 号）<br>4.《福建省人事厅 福建省财政厅 福建省经贸委 福建省科技厅 福建省教育厅印发关于促进博士后事业发展的意见的通知》（闽人发〔2008〕165 号）<br>5.《关于加强高级技师培养工作的办法》（闽劳社文〔2008〕231 号）<br>6.《福建省公务员局 福建省人力资源开发办公室关于资助博士后人员到国（境）外访问研究有关事项的通知》（闽人发〔2009〕269 号）<br>7.《福建省公务员局 福建省人力资源开发办公室关于实施百名新世纪百千万人才工程人选海外研修计划的通知》（闽人发〔2010〕177 号）<br>8.《高层次人才来闽实习实训计划实施方案（试行）》（闽人社文〔2014〕86 号）<br>9.《海峡博士后交流资助计划（试行）》（闽人社发〔2017〕3 号）<br>10.《福建省高校杰出青年科研人才培育计划实施办法》（闽教科〔2010〕14 号）<br>11.《福建省高等学校中青年骨干教师成长项目实施办法》（闽教人〔2012〕103 号）<br>12.《福建省卫生厅 福建省财政厅关于实施福建省卫生系统中青年骨干人才培养项目的通知》（闽卫科教〔2013〕84 号）<br>13.《福建省卫生计生科研人才培养项目实施方案（2016—2018 年）》（闽卫科教〔2015〕131 号） |

## 4. 服务类政策

包括对高层次人才与青年优秀人才的评审支持、资金支持、居家生活便利和优惠等。

表 4　　服务类政策

| 类型 | 具体政策 |
| --- | --- |
| 高层次人才和青年优秀人才服务 | 1.《福建省人民政府办公厅关于引进高层次人才和青年专业人才有关住房问题的通知》（闽政办〔2000〕211 号）<br>2.《福建省人民政府转发省公安厅 省外办关于简化海外高层次引进人才居留和出入境手续意见的通知》（闽政办〔2009〕66 号）<br>3.《福建省人才居住证管理暂行规定（试行）》（闽政办〔2011〕252 号）<br>4.《福建省属单位引进高层次紧缺人才住房补助发放暂行办法》（闽政管综〔2006〕183 号）<br>5.《转发国家外国专家局关于完善在华工作外国专家医疗保障制度的意见的通知》（闽人发〔2007〕21 号）<br>6.《福建省公务员局 福建人力资源开发办公室 福建省公安厅 福州海关转发人力资源和社会保障部 公安部 海关总署关于海外高层次留学人才回国工作绿色通道有关出入境及居留便利问题的通知》（闽人发〔2010〕21 号） |

续表

| 类型 | 具体政策 |
| --- | --- |
| 高层次人才和青年优秀人才服务 | 7.《关于建立高层次人才职称评审绿色通道的通知》(闽人发〔2011〕68号)<br>8.《关于引进高层次人才专业技术职务任职资格确认有关问题的通知》(闽人发〔2011〕72号)<br>9.《福建省引进高层次创业创新人才服务办法》和《福建省引进高层次创业创新人才及团队的工作条件和生活待遇的若干规定》(闽人发〔2011〕76号)<br>10.《福建省公务员局 省人力资源开发办公室 省公安厅 省教育厅关于博士后研究人员及其配偶子女落户子女上学有关事项的通知》(闽人发〔2011〕133号)<br>11.《福建省公务员局 福建省人力资源开发办公室关于博士后工作分级管理改革有关事项的通知》(闽人发〔2011〕137号)<br>12.《福建省海外引才联络站建设管理试行办法》(闽人社发〔2015〕7号)<br>13.《福建省引进高层次人才申报确认实施办法(试行)》(闽人社文〔2015〕308号)<br>14.《福建省"百千万人才工程"人选培养资金资助管理暂行办法》(闽专办〔1998〕4号)<br>15.《福建省外国(海外)专家局关于开展2017年度福建省"外专百人计划"等四项引智计划申报工作的通知》(闽人外专〔2017〕13号)<br>16.《福建省高等学校高层次人才培养与引进"三项计划"专项资金管理办法》(闽教财〔2012〕9号)<br>17.《中共福建省委组织部 福建省教育厅 福建省人力资源和社会保障厅关于做好高层次人才子女就读中小学和幼儿园工作的通知》(闽教基〔2015〕34号) |

在已有人才政策的基础上，2018年9月，省委研究了关于新一轮深化改革、扩大开放措施的建议，明确提出要出台高层次人才认定和支持办法、院士等特级人才后备人选培养计划、产业领军团队支持政策、组建福建省人才集团、完善人才服务体系等五大人才工作举措，全面深化人才体制机制改革。这将进一步升级完善福建省高层次人才和青年优秀人才的选拔培养政策和相关配套支持。

### (二)政策评价

针对福建省高层次人才和青年优秀人才选拔培养的相关政策评价，课题组设计了调研问卷，并设计了相应的评价指标。经过向高层次人才和青年优秀人才发放1 000份问卷，回收967份，有效问卷942份，有效率97.41%，现将人才对政策的评价进行分析。

#### 1. 对政策各维度的评价

对福建省现有的高层次人才和青年优秀人才选拔、培养、管理、服务等政策评价包括总体评价，以及对政策宣传力度、知晓度、协同度、完善度、创新性、执行力、效果等维度的评价。福建省高层次人才和青年优秀人才对现有人才政策的评价见表5。从总体评价来看，评价很好的占22.93%，较好占43.52%，一般占28.77%，较差占3.29%，很差占1.49%；从具体评价指标来看，人才对不同指标的评价与总体评价呈现较高的一致性。大部分人才对福建省现有选拔培养政策的评价良好（较好以上评价所占比例平均为54%以上），但仍有28%～39%的人才对政策的评价为一般，因此，福建省人才选拔培养政策仍有一定的提升空间。

**表5　高层次人才和青年优秀人才对福建省现有人才政策评价情况**

| 评价指标 | 很好 | 较好 | 一般 | 较差 | 很差 |
|---|---|---|---|---|---|
| 总体评价 | 22.93% | 43.52% | 28.77% | 3.29% | 1.49% |
| 政策宣传力度 | 19.11% | 38.54% | 34.39% | 5.52% | 2.44% |
| 政策知晓度 | 15.82% | 38.54% | 38.85% | 5.10% | 1.70% |
| 政策协同度 | 16.99% | 37.15% | 37.47% | 6.48% | 1.91% |
| 政策完善度 | 15.50% | 38.75% | 37.69% | 6.26% | 1.80% |
| 政策创新性 | 17.30% | 36.94% | 38.11% | 5.94% | 1.70% |
| 政策执行力 | 16.56% | 39.28% | 35.24% | 6.79% | 2.12% |
| 政策效果 | 17.94% | 37.90% | 35.67% | 7.01% | 1.49% |

### 2. 对政策各类服务项目的满意度评价

在问卷调查中，列举了针对高层次人才和青年优秀人才选拔培养的各项服务项目，包括政府科研经费资助、给予访学进修机会、在项目申报立项中给予优先、在各类人才认定评比中给予优先、给予各种安家落户便利、给予研发平台建设补助等六个方面，具体满意度评价结果见表6。由表可以看出，人才对各类选拔培养服务政策的满意度较为一致。其中，比较满意占比最高，均在54%～61%之间，满意占比为13.5%～17%，说明人才对相关选拔培养项目政策的效果的满意度较高。但不能忽视的是，不太满意的占比也在19%～26%之间，人才选拔培养相关服务还有待进一步完善。

**表6　高层次人才和青年优秀人才对福建省现有人才选拔培养政策效果评价情况**

| 服务项目 | 政策效果评价 | | | |
|---|---|---|---|---|
| | 满意 | 比较满意 | 不太满意 | 不满意 |
| 政府科研经费资助 | 15.82% | 60.62% | 19.85% | 3.72% |
| 给予访学进修机会 | 14.23% | 59.24% | 23.25% | 3.29% |

续表

| 服务项目 | 政策效果评价 | | | |
| --- | --- | --- | --- | --- |
| | 满意 | 比较满意 | 不太满意 | 不满意 |
| 在项目申报立项中给予优先 | 13.69% | 56.37% | 25.48% | 4.46% |
| 在各类人才认定、评比中给予优先 | 16.03% | 55.20% | 25.05% | 3.72% |
| 给予各种安家落户便利 | 16.77% | 54.35% | 23.57% | 5.31% |
| 给予研发平台建设补助 | 13.38% | 57.96% | 24.73% | 3.93% |

## 三、福建省高层次人才和青年优秀人才选拔培养政策成效

### （一）加大人才选拔引进力度，做大人才总量

福建省高度重视高层次人才和青年优秀人才队伍建设，在各项政策的引领下，人才引进和培养总量不断加强，为福建省各项事业持续快速发展提供了有力的保障和支撑。

在人才引进方面，近年来全省共引进各类人才 12.6 万人、外国专家 5 万人次，包括诺贝尔奖得主 6 名、外国院士 67 名，省“百人计划”人选 6 批次 692 人（团队）；各设区市共引进国家级人才 1 345 人、省级人才 2 716 人、市级人才 7 696 人，分别比十八大前增长 202%、253%、217%。在引进台湾人才方面，福建全省共引进和支持省级台湾高层次人才 389 名，资助省内高校引进台湾全职教师 840 多人次，吸引来闽就业创业、实习实训的台湾青年超过 2.6 万人。

在高层次和青年优秀人才选拔方面，福建省积极开展高层次人才推荐选拔工作，截至 2018 年年底，福建省各类高层次人才总量为 17 573 人，包括在闽“两院”院士 19 人，享受国务院政府特殊津贴人员 2 576 人，全国杰出专业技术人才 7 人，国家有突出贡献中青年专家 107 人，百千万工程国家级人选 95 人，省特支“双百计划”人才 371 人、优秀人才“百人计划”291 人，百千万工程省级人选 940 人，“闽江学者”特聘教授 310 人。自 2014 年起，福建省共遴选了四批省“特支计划”百千万工程领军人才共 79 人、青年拔尖人才共 115 人。以 2001 年以来享受国务院政府特殊津贴专业技术人才和高技能人才总数增长情况为例，如图 1 所示。

在高技能人才选拔方面，全省获得“中华技能大奖”5 人，“全国技

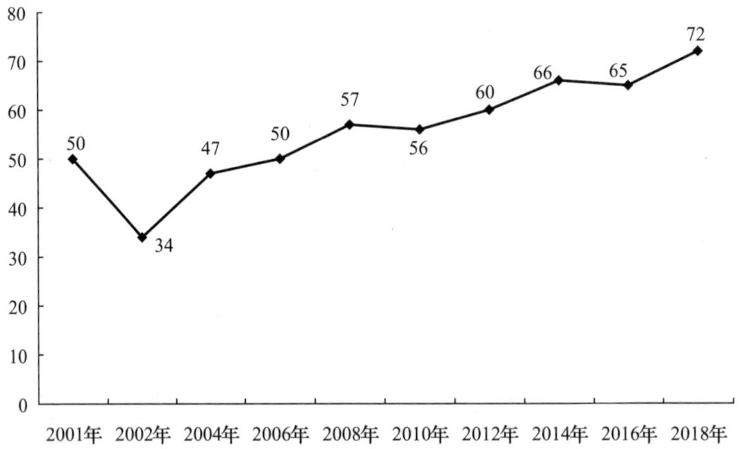


**图 1　福建省享受国务院政府特殊津贴人员统计图（单位：人）**

注：以上数据均含厦门市计划单列人选及中属单位人选。

术能手”荣誉称号有 62 人，享受国务院政府特殊津贴的高技能人才 36 人，获省技术能手称号 871 人，省技能大师 59 人，获省首席高级技师和省优秀高技能人才称号 144 人。

（二）加强本土人才开发培养，提高人才质量

近年来，福建省加大高层次人才培养力度，取得丰硕成果。

一是加大高层次和青年优秀人才访学研修和科研合作资助。积极组织高层次人才到国内外知名高校、科研机构、企业及重点实验室访学进修和科研合作，全省累计选送高层次人才和青年优秀人才访学研修 1 000 多人次，资助经费 1 500 多万元。资助“两院”院士、百千万工程国家级人选科研经费 1 475 万元，支持省“特支计划”百千万工程领军人才、青年拔尖人才专项资金 1 890 万元，为高层次人才开展科学研究、技术攻关等提供强有力的保障。

二是加强博士后人才培养。福建省制定出台《关于贯彻国务院办公厅改革完善博士后制度的实施意见》，在博士后人员职称评聘、人才培养、创业创新等方面，提出了有针对性的改革和支持举措。近年来福建省博士后进站人数总体上保持较为稳定的增长，其增长情况如图 2 所示；截至 2018 年年底，全省在站博士后 1 028 人。

福建省还通过实施《福建省深化闽台人才交流合作行动计划（2015—2018）》，启动“海峡博士后交流资助计划”，大力吸引台湾优秀

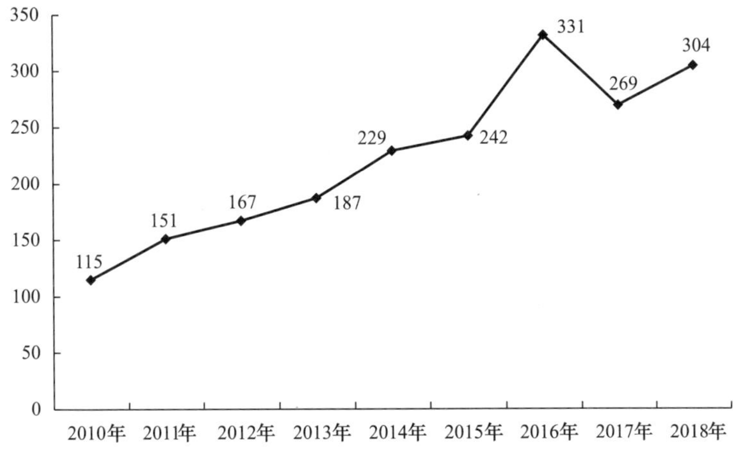


**图 2　福建省博士后人才进站数量（单位：人）**

青年博士人才来闽创新创业，省财政每年投入 960 万元专项资金，其中对来闽做博士后研究的台湾博士最高给予 2 年 50 万元资助，一年多来累计资助 45 人 1 112 万元。2016 年省财政资助招收金额由原来的每人 5 万元/年增加到每人 8 万元/年，受到了博士后人员一致好评。

三是优化高技能人才队伍结构。2018 年年底，全省高技能人才 106.6 万人（其中技师、高级技师 5 463 人）。高技能人才占技能劳动者的比例达 17.4%，技师、高级技师等级结构比例逐步趋向合理。

（三）加强人才平台建设，放大人才聚集效应

2013 年，福建省出台了省人才聚集区（特区）、产业人才聚集基地、企事业人才高地评选暂行办法，促进各类人才平台建设。全省建成各类人才工作平台 2 403 个，其中国家级 124 个、省级 1 164 个、市级 1 115 个。各类人才工作平台有“海西”产业人才高地 39 个，省人才聚集区 2 个、产业人才基地 16 个、企事业人才高地 19 个，院士专家工作站 197 个，国家重点实验室 10 个、国家级工程技术研究中心 7 个、国家级孵化器 13 个，省级重点实验室 200 个、省级工程技术研究中心 514 个等。其中，仅首批 10 家高地就新承担国家级项目 127 个、省部级项目 146 个、横向课题 177 个，新增国家级工作平台 3 个、省部级工作平台 5 个，新增研发经费投入 10.6 亿元，有效发挥了人才集聚效应。福建省博士后流动站、工作站、创新实践基地数量也稳中有增，数量增长情况如图 3 所示；截至 2018 年年底，福建省有博士后流动站及工作站共 208 个（其中流动

站 85 个、工作站 123 个）、创新实践基地 48 个。

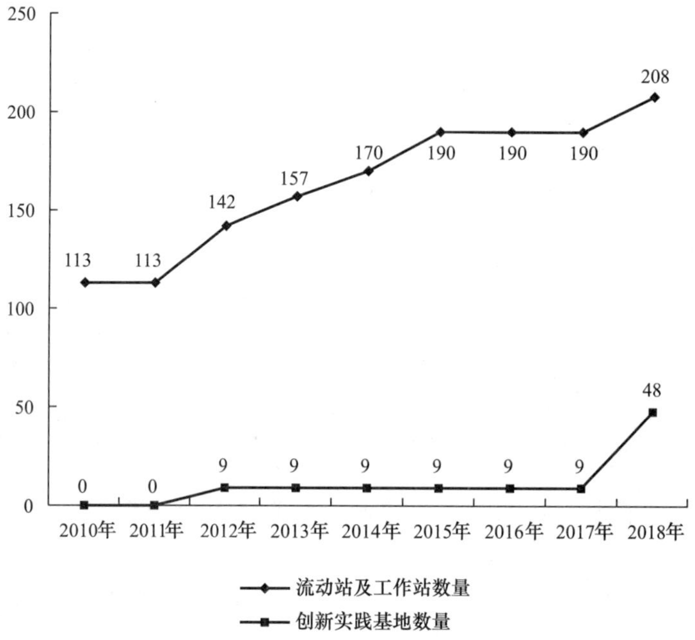


**图 3　福建省博士后流动站及工作站、创新实践基地数量累计**

福建省深入实施高技能人才振兴计划，不断加强高技能人才培养体系建设。截至 2018 年年底，全省依托技工院校和龙头企业，建设 63 个高技能人才培养基地和 24 个产业技工培养基地，建立 14 个国家级高技能人才培养基地、12 个国家级大师工作室、247 个省级“技能大师工作室”；建成 8 所技师学院，技工院校高级工班在校生数 1 万多人，有效提升高技能人才培养能力。

（四）人才选拔培养工作品牌不断形成

近年来，福建省在推进人才工作具体实践中，逐步形成一些高层次人才和青年优秀人才选拔培养的特色品牌。一是以中国（福建）人才创业周、中国·福建海外人才创业周、海峡两岸人才交流合作大会等品牌活动为载体，搭建人才与用人单位的对接渠道，选拔引进人才。二是福建省组织实施了留学人员创业启动支持计划、互联网经济优秀人才创业启动支持计划等重大人才项目，共遴选支持 158 个创业项目、资助资金 6 190 万元。推进省部共建福建、福州、厦门 3 个留学人员创业园，共吸引入驻留学人员创业企业 235 家。三是引进生选拔培养，为基层发展注入新动力。省政府与北京大学、清华大学、中国人民大学签订了（人才）战略合作协议，从 2012 年起，福建省每年从北京大学、清华大学、中国人民大学等国内著名高校选拔引进一批优秀毕业生到福建省县乡或开发区任重要岗位干部。截至目前，福建省先后引进 7 批 318 名引进生，其中博士 177 名、硕士 180 名，在推动县域经济发展方面发挥了重要作用。

（五）人才效益充分显现

福建省通过不断破除人才发展体制机制障碍，为人才松绑，人才创新创业创造活力充分迸发。一是人才贡献率（人才资本增长对经济增长的贡献率）显著提升，由 2010 年的 25.7％提高到 2015 年的 37.2％，居全国第 6 位。二是人才竞争力稳居全国第九名。根据社会科学文献出版社《中国区域人才竞争力报告》（桂昭明，王辉耀，2013）和《2017 年中国区域国际人才竞争力报告》（王辉耀，2017），福建省 2011 年和 2017 年的人才综合竞争力排名均为全国第 9 位，由此可以看出福建省在全国激烈的人才竞争中能跟上全国人才发展大趋势，保持较强的人才竞争力，处于全国中上水平。三是人才创新创造活力迸发，产业与人才聚集相互促进。福建省引才“百人计划”前 4 批 97 名创业人才创办企业的销售额，2016 年达到 402.1 亿元，同比增长 165.3％，近四年年均增长 73.2％。厦门市以留学人员创业园等园区为载体，吸引 1 万多名留学人员到厦门创新创业，促进战略性新兴产业和高端现代服务业快速发展。厦门艾德生物医药科技有限公司由郑立谋于 2008 年回国创办，现已获得国内外发明专利授权 20 余项，打破了跨国企业的技术垄断，已有 14 种基因检测产品，并进入全球 50 多个国家和地区的数百家大中型医院、科研院所，短短几年成为细分领域国际领先企业。宁德时代新能源科技股份有限公司、宁德新能源科技有限公司把建立世界级人才队伍作为企业核心战略，创新海外借脑引智模式，吸引“离岸创新人才”，支持企业到境外设立研发基地和聘用外籍高层次人才。两家锂电龙头企业引进福建省引进高层次人才（ABC 类）64 人、福建省工科类青年专业人才 1 907 人、宁德市“天湖人才”404 人、宁德市引进高层次人才 403 人，为新能源产业发展聚集了一批高层次及紧缺急需人才，为企业创新发展不断注入新动力。其中，宁德时代新能源科技有限公司积极引进技术带头人，组建了一支拥有近千名博士和硕士的创新型科技人才队伍，加大研发投入，带动引领形成产业集聚效应，一体化实现年产 8 亿颗电芯，并于 2018 年 6 月上市，目前市值 1 700 余亿元，年产值 300 亿元，贡献税收 10 亿元以上。四是各类职业技能竞赛活动蓬勃开展，高技能人才不断脱颖而出。每年组织各类省级以上职业技能竞赛 20 余项。2018 年，福建省积极组织参加第 45 届世界技能大赛活动，福建省有 4 个项目的 4 名选手入围第 45 届世赛全国集训队，建立世界技能大赛集训基地 3 个。组织参加第八届全国数控技能大赛，福建省取得一等奖 2 项、二等奖 11 项、三等奖 4 项、优胜奖 3 项的历史最好成绩，并首次荣获优秀组织奖。

（六）人才发展环境不断优化

福建省通过不断优化人才发展服务，为高层次人才和青年优秀人才成长提供良好的发展环境。在人民论坛测评中心发布的 2017 年中国区域人才竞争力研究报告中，区域人才竞争力指数评价指标体系包含了人才资源竞争力、人才效能竞争力、人才环境竞争力指标，从人才环境竞争力评估来看，福建省在全国 31 省（市）中排名第 7，处于靠前位置。

一是根据省委《关于深化人才发展体制机制改革的实施意见》，出台《福建省引进人才生活津贴与住房补贴发放办法》，大幅度提高紧缺急需引进人才相关津贴补贴发放水平，加大力度支持用人单位引进人才。

二是积极推进博士后工作分级管理改革，制定出台了《关于博士后工作分级管理改革有关事项的通知》《关于博士后研究人员及其配偶子女落户子女上学有关事项的通知》，在博士后研究人员进出站、配偶随迁、子女就学等管理服务方面提出精准服务措施。

三是实施外国人才签证制度，为外国高端人才来闽创新创业提供签证有效期可达 10 年、多次往返、免收签证费等便捷服务和优惠政策。在全国率先取消对来华工作外籍高层次人才年龄限制，为外国高端人才来华工作开辟“绿色通道”，免办工作许可、学历认证，一次性给予最高 5 年的《外国人来华工作许可证》，并推进外国人来华工作许可“两证整合”。

四是加强人才政策和人才项目梳理整合工作，累计梳理整合各类人才工作政策文件 35 份、人才工作项目 37 个，更加便捷地为人才、用人单位提供机制保障。

五是大力支持人力资源服务业加快发展，建立一批海外引才联络站和人才驿站，努力打造“人才之家”，营造良好人才发展环境。

## 四、福建省内部分地区高层次人才和青年优秀人才选拔培养情况

### （一）福州市

福州市出台《中共福州市委人才工作领导小组及成员单位职责和工作规则》《建立完善人才工作运行机制的有关工作制度》等文件，健全党管人才领导体制和工作格局。在全省率先出台了《关于深化人才发展体制机制改革加快推进闽都人才聚集区建设的实施意见》，将各县（市）区的人才工作领导小组成员单位人才工作纳入市委绩效考核指标体系，强化各级领导干部的人才观念和责任意识。

创新人才工作机制。从2016年起，在福州新区、自贸区实行资格条件制、推荐制等更加简便高效的引进人才评价办法，对按程序和标准确认引进的高层次人才（团队），给予25万～200万元的安家补助。对入选省“百人计划”的人才和团队，给予100万～300万元的配套补助。试行企业首席科技官制度。在全国率先开展榕台合作计算机（IT）业有关工种职业技能培训，在全省率先开展自贸区福州片区引进聘任制公务员试点工作。在全省率先出台在榕台湾地区居民专业技术职务任职资格评审办法。在全省率先开展引荐高层次人才奖励工作，每成功推荐1名引进人才（团队）入选国家和省、市人才计划的，给予1万～10元不等的奖励。

福州市出台《福州市创业创新人才住房保障办法（试行）》，多渠道、分层次解决人才住房问题。一是建设福州市人才公寓。选取马尾尚郡商品房作为我市第一批人才公寓，通过提供31万～55万元不等的一次性购房补贴支持高层次人才进行选购。第二批人才公寓建在晋安鹤林和马尾国脉，提供人才公寓141套，提供37万～80万元不等的一次性购房补贴。二是开展租房补贴工作，为经认定后的人才每月分别发放500～2 000元不等的租房补贴。三是完善人才住房保障体系。2018年，对人才住房保障政策进行修订完善，出台《福州市人才共有产权住房实施意见》，在全省率先开展人才共有产权住房实施方案。

### （二）厦门市

紧扣经济社会发展转型需要，不断出台配套更全、力度更大、机制更优的人才政策，从2010年起先后推出厦门市“双百计划”、“海纳百川”人才计划、“人才政策新18条”、“人才新政45条”等四大人才政策体系，形成多层次、广配套、全覆盖的人才政策体系。

厦门市“双百计划”重点引进能带动厦门经济和社会重点领域发展的海外高精尖人才。新引进海外高层次人才可获得100万元工作生活补助，领军型创业人才可获得100万～500万元创业扶持资金。截至2018年4月，已评选“双百计划”人才10批927人，入选人才80%以上具有海外留学或工作经历；创办企业400多家，累计兑现扶持资金10亿元左右。

厦门市出台的《厦门市实施“海纳百川”人才计划打造“人才特区”2013—2020年行动纲要》包括12个子人才计划和7个配套政策文件，政策内部互相配套，既根据厦门市支柱产业和新兴产业发展需要出台重点产业、金融、航运、海洋、软件信息、服务外包、文化、卫生、旅游人才以及台湾特聘专家、青年创新、高技能人才等12个纵向人才计划，又配套出台专项资金管理、高层次人才引进优惠、领军人才特殊支持、科技与金融支持人才创新创业、科技创新平台建设、引才工作网络体系建设、区域性人才市场建设等7大横向支撑政策。针对青年优秀人才，厦门市“海纳百川”人才计划配套实施青年英才“双百计划”，给予杰出青年人才每人最高100万元、青年人才创新创业每人最高20万元补助，用于支持青年人才开展科研创作、参加交流培训和改善生活条件等，同时提供科技贷款担保、贴息等支持，加大经济社会各重点领域青年人才引进、培养、开发力度，激发青年人才创新创造能力。提出130项全国领先的创新优惠措施，例如完善人才猎头服务平台、对猎头公司引进的金融高端人才给予补贴、以企业薪酬为依据评价人才等。目前厦门市“海纳百川”各项子计划已全面启动实施，截至2017年，累计申报9 000多人次，获得资助6 200多名。

在人才引进评价方面由“政府包揽”向“用人单位自主”转变。改变政府“包打天下”的理念和做法，将企业等用人单位推到人才工作第一线，实现“以用促招带评”。在评价使用人才时，不唯学历、职称、资历、身份，将薪酬、职务以及对单位的实际贡献等体现人才价值的市场要素作为评价人才的主要标准，降低企业成本，提高企业引才用才积极性。

“厦门人才政策新18条”：以市场化手段评价激励人才，提出创新市场化人才评价认定标准，突出用人单位自主权。实施《关于深化人才发展体制机制改革加快推进人才强市战略的意见》（厦委发〔2017〕16号），即厦门人才新政 45 条，加大对人才的补贴扶持力度，对两院院士等顶尖专家领衔的具有国际水平的创业团队通过“一事一议”给予 1 000 万元至 1 亿元项目资助。统筹推进卫生、教育、高技能、社工等社会事业人才队伍建设，引进一流医学人才和团队可享最高 100 万元安家补贴、最高 600 万元工作补助，给予引进名师最高 100 万元安家补贴补助，入选中华技能大奖，全国专业社工领军人才分别给予 30 万元、10 万元一次性奖励，对硕士以上毕业生和留学归国人员按硕士每人 3 万元、博士每人 5 万元发放生活补贴，以真金白银吸引各类人才来厦发展。

厦门市适应发展需要，不断转变人才工作方式和路径，从最初集中举办大规模人才推介会、手工式填写人才需求，发展到提供专业人才供需对接平台、常态化组织人才交流联谊活动，搭建咨询、服务、项目成果展示平台，再发展到建设全市综合性人才公共服务平台，较好地实现了政府人才管理方式由直接介入创造发展环境、提供优质公共服务的转变，从而更有效地满足不同类型人才的多样性、个体化需求。

（三）莆田市

莆田市强化政策正向激励，实施创业创新人才团队引领工程，开展高层次创业创新人才遴选工作，给予入选团队 300 万元补助，给予入选个人最高 150 万元补助；入选国家和省级计划的，莆田市按 1∶1 比例给予配套补助。对能在莆田实现重大产业突破的高层次人才团队实行“一事一议”，从人才、科技、工业等项目经费中统筹给予最高综合支持 3 000 万元，近五年，已评选市创业创新个人（团队）22 名。

莆田市每两年滚动遴选 100 名左右市级优秀人才，重点培养科技创新创业人才、企业高级经营管理人才、青年拔尖人才、文化创意领军人才、哲学社会领军人才等各类人才，给予每人每月 2 000 元生活补助。近五年，莆田市共评选 171 名“壶兰英才”。根据莆田市产业特点、建设特色、产业人才聚集基地和企事业人才“小高地”，对认定企业给予每家 50 万元和 30 万元补助，目前莆田市共有 5 家市产业人才高地。

## 五、福建省高层次人才选拔和培养工作存在问题分析

### （一）人才总量不足、区域差异较大

福建省现有的高层次人才（长江特聘、国家杰青、万人领军及四青人才）能与国际、国内同行同台竞争的人才数量较少，能在本学科国际、

国内顶尖刊物上发表学术论文的人才数量还不多。从省际对比来看，全国 1 549 名中国政府“友谊奖”中福建省仅有 32 人，仅占 2.1%。全国 1 700 名院士中福建省仅有 19 人、“长江学者”49 人，广东省分别是 39 人和 122 人，浙江省分别是 39 人和 89 人，分别超过福建省两倍左右。通过与浙江、上海的相关人才项目数量对比来看（见表 7），福建省在高层次人才数量上与发达地区的差距还较大。从福建省内部来看，沿海与山区、发达地区与欠发达地区人才发展不够均衡，沿海发达地区人才集聚度相对较高，山区、欠发达地区各类人才短缺。随着福州、厦门、平潭三个自贸片区和福厦泉国家自主创新示范区的建设与发展，人才的地区分布差异将有可能进一步扩大，对山区、欠发达地区人才队伍建设带来较大挑战。

**表 7　　浙江、上海、福建高层次人才项目数量对比**

| 项目/地区 | 浙江 | 上海 | 福建 |
|---|---|---|---|
| 专业技术人才（万人） | 650 | 267 | 248 |
| 技能人才（其中高技能人才）（万人） | 936<br>(248) | 388<br>(104) | 576<br>(95.6) |
| 引进外国专家（人次） | 44 828 | 93 692 | 10 147 |
| 在闽（浙、沪）两院院士（人） | 42 | 172 | 19 |
| “百千万人才工程”国家级人选（人） | 140 | 371 | 88 |
| 国家“外专千人”专家（人） | 25 | 30 | 13 |
| 众创空间等孵化机构（个） | 498 | 450 | 近 300 |
| 博士后科研流动站（个） | 81 | 220 | 85 |
| 博士后科研工作站（个） | 398 | 145 | 106 |
| 累计招收博士后研究人员（人） | 8 000 | 14 000 | 2 439 |
| 技能大师工作室（其中国家级）（个） | 246<br>(22) | 134<br>(28) | 259<br>(12) |
| 国家级高技能人才培训基地（个） | 18 | 12 | 14 |

* 数据截止到 2016 年。

### （二）在引进与培养关系上还存在不够协调的现象

在问卷的开放式问题中，许多人才提到，相对于对省外、海外人才的扶持力度而言，对本土已有人才的支持较弱。这种政策倾斜，在一定程度上影响了省内已有人才的积极性。而在引进人才后，忽视或轻视人才后续开发培养，出现前期有政策、有待遇、有保障，后期缺制度、缺管理、缺使用的现象。在对人才培养中遇到问题的调查中，企事业单位认为排在第一位的是缺乏培养资金，其后分别为担心培训后人才的流失、缺乏专业咨询机构提供咨询，以及不了解有效的培养方式和渠道等，如图4所示。由于人才培训中存在的资金、信息、顾虑等使人才得不到充分的培养支持，潜能得不到激发，人才智慧无法充分发挥，导致人才流失和浪费。

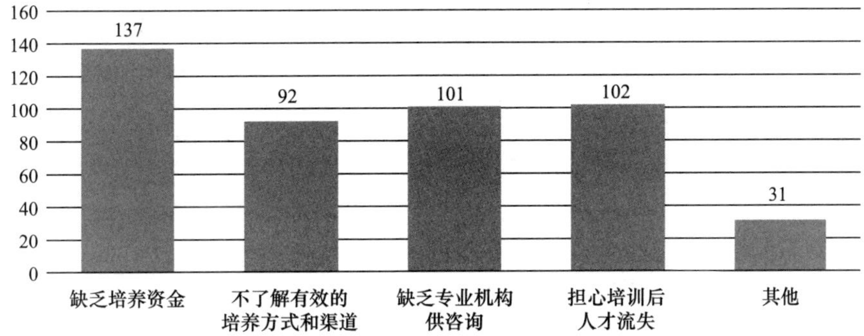


**图4　企事业单位在人才培养中遇到的主要问题**

（三）人才政策体系还需进一步完善

当前，区域人才和人才政策竞争日趋激烈，建设新福建和高质量发展实现赶超，对深化人才发展体制机制改革、把握机遇抢抓人才提出了新要求。与长三角和粤港澳大湾区等发达地区相比，福建人才发展理念还不够前瞻、人才引进举措还不够有力，人才竞争力不强，人才政策体系需进一步优化、人才平台载体数量偏少、承载支撑能力相对较弱的状况亟待改变。为全面应对新一轮“人才竞争战”，福建省已出台省级层面各类人才政策160项，但各项政策涉及多个部门，不便统一查询，再加上宣传力度不够，存在知晓率不高、落实效果不够好等问题，导致人才未充分享受到政策支持。

（四）人才政策执行中还存在诸多障碍

在调查中，针对人才未全部享受福建省高层次人才或青年优秀人才政策的原因进行调查，排在第一位的是“不了解、不清楚具体政策”，共有361人选择；第二位是“其他”，共有278人选择；第三位是“政策相关手续烦琐、程序复杂，享受政策的成本高”，共有188人选择；第四位是“手续完整，但待遇没有落实或仅部分落实”，共有130人选择；其后是“政策优惠内容吸引力不大”，共有105人选择；最后为“知道政策，但相关部门没有执行”，共有97人选择。除“其他”一项外，最主要的原因是政策宣传不够到位，人才不能清楚地知道自己能享受何种优惠政策。而在政策待遇落实过程中，福建省尚未建立统一的人才服务大厅，已设立的窗口只承担简单的收件或咨询等职能；在人才认定过程中，缺少专员进行沟通协调，企业常因不熟悉流程影响办理效率；在人才引进后，对高层次人才也缺少全方位的服务体系，使人才来榕后的落户、教育、配偶安置的问题不能及时解决。人才引进需经多个部门审批，程序周期长，严重影响引才时效。人才引进门槛及认定标准也必须按统一框架，因学历、职称及年龄限制，导致在引进急需的有实绩和能力的人才，尤其是企业人才方面存在一定困难。因国内学历认证与国外学历存在差异，在申报优惠政策时不能满足申报条件。

（五）考核评价体系不够完善

大部分单位考核指标设计不科学，现有的考核操作性不够，对于考核结果的运用不多不能发挥考核的激励作用。青年人才考核评价体系还不够完善，侧重于对科研项目、论文数量、刊物等级、成果应用等学术能力的考核，对实际工作能力考核还缺乏一套科学合理的评价指标体系。

## 六、进一步完善高层次和青年优秀人才选拔培养政策建议

（一）以用为本、刚柔并济，扩大人才选拔视野

在现有高层次人才和青年优秀人才选拔培养政策基础上，充分发挥引才用才的灵活性，引才与引智并举，探索多元柔性引才用才方式，广泛吸引海内外人才服务新福建建设。

一要实施重大人才工程。服务高质量发展落实赶超，围绕创新驱动和产业转型升级，深入实施“海纳百川”高端人才聚集计划、引进高层次创新创业人才“百人计划”、引进高层次人才（ABC类）评价认定办法、年度紧缺急需人才引进指导目录、工科类青年专业人才支持措施，支持福建省各类企事业单位引进集聚高层次人才和工科类青年专业人才，打造具有福建特色的引才品牌，在世界范围内广纳人才。

二要加大院士引进力度。大力支持福建省各企事业单位采取全职引进、柔性引进的方式，从国外、海外引进一批高水平院士（或未设院士的国家、地区中相当水平的科学家）及其团队，从省外引进一批中国科

学院院士、中国工程院院士（含外籍院士）及其团队，对全职和柔性引进的院士及其团队给予高标准生活补贴、工作经费支持等。

三要引进集聚潜在人才。高校毕业生是高素质的劳动力，是潜在人才的主要来源，有利于优化人才结构。2018年，全省高校毕业生人数达到20多万，已成为城镇新增就业人员的最大群体。为此，高校毕业生也成为近年来各城市“抢人大战”的焦点。福建省需要将引才视野也扩大到这一具有基数庞大，且具有巨大潜力的年轻化人力资源中，并构建青年人才成长通道，为福建省未来发展储备丰富的人才资源。

四要引进台湾人才智力。继续发挥福建独特的对台地缘和人文优势，落实促进两岸经济文化交流合作66条实施意见，加快推进“两岸人才交流合作示范区”建设。实施“海峡博士后交流资助计划”，资助引进招收优秀台湾博士来闽开展博士后研究工作。坚持扩大职业资格开放、扩大人力资源服务合作、扩大台湾人才选聘，深化同等待遇、深化交流合作、深化台湾人才创业创新支持，打造闽台人才合作交流平台，鼓励支持台湾高层次人才、优秀人才来闽创业创新。

五要开发退休院士资源。院士退休制度的实施，将陆续有院士退休，这些退休院士智力资源的适当开发将能够为社会继续贡献余热。同时，福建省院士人才数量优势突出，截至2017年年底，福建籍及在福建工作的院士已有155位。福建省可以通过退休返聘政策，以待遇、柔性机制、环境、服务、乡土情结等吸引退休院士服务福建建设，包括在闽退休院士继续留闽，以及省外闽籍退休院士回到故乡。

六要实施柔性引才政策。规范柔性引才工作，保留一定的弹性空间，激发各级各单位开展柔性引才工作的积极性，促进福建省柔性引才政策体系的构建，为吸引人才创造更为灵活的机制，激发人才创造力。由此，围绕建设新福建的人才需求，形成传统刚性引才和灵活多元柔性引才的结合，切实解决福建省高层次人才和青年优秀人才总量不足的问题。

（二）深化体制机制改革，完善选拔培养政策体系

继续深入贯彻福建省委《关于深化人才发展体制机制改革的实施意见》，根据福建省实际完善选拔培养政策体系。

一要扩大人才政策覆盖。福建省实施了工科类青年专业人才支持办法，加大对工科人才的支持力度，取得了较好的社会反响，但对于理科及其他专业人才的支持政策较少，导致相关人才在获取政策支持中觉得

人才队伍建设

不公平。为此，建议适当扩大人才优惠政策覆盖范围，提高人才政策的公平性。

二要加大资金配套支持。建议在高层次人才和青年优秀人才创造力的高峰期，加大包括经费配套、科研资助、子女入学、住房等方面的支持和服务力度，切实帮助解决高层次人才和青年优秀人才在创新工作中的后顾之忧。

三要加强政策的协同度。建议在梳理、整合现有人才政策基础上，从省级层面统筹各部门出台的人才选拔培养政策，进一步加强政策之间的有机衔接、有效协同与密切配合，为适用高层次人才和青年优秀人才个性化政策提供更多便利。

四要创新政策宣传方式。深入基层、园区、企业等用人单位，结合传统宣传方式与两微一端新媒体，主动开展政策解析与适用情境的宣传，使各单位、各类人才更好地了解政策、享受政策，并在这过程中成为政策的生动宣传者。

（三）加大培养支持力度，发挥本土人才成长潜力

加大人才培养支持力度是从长远角度将人才成长与单位发展结合起来，有利于形成人才与所在单位或地区的情感连接，促使其更踏实地留下、更积极地发挥才智。这种培养支持有利于形成本土稳定的优秀人才，也有利于形成本土人才聚集效应，成为吸引省外、海外人才的强大“磁极”。其中，青年优秀人才是福建省高层次人才的后备力量，要在青年优秀人才的开发培养上下足功夫、做好文章，把人才培养作为打基础、利长远的战略工程，科学的制定中长期人才培养规划，健全培养制度体系，整合各方资源，形成人才培养齐抓共管“一盘棋”的格局，实现人才积累的均衡发展。

一要加强高校毕业生培养。要坚持就业优先发展战略，正确处理好扩大就业与发展经济、结构调整、深化改革、城乡协调发展等方面关系，实施符合福建省经济社会发展的促进就业的政策，加大“双创”支持力度，统筹做好高校毕业生就业工作，政策对象从“扶弱”向“扶众”转变，政策范围由促进就业为主向促进就业和鼓励创业并重转变，创新经济发展与就业联动、政府引导与市场主体、省级指导与地方主导等就业工作机制。完善就业服务体系，加强就业指导服务，加大公共就业服务力度，实施高校毕业生“三支一扶”计划等基层服务项目，引导鼓励高

校毕业生面向基层就业。

二要加强博士后人才培养。博士后人才群体是高层次人才的重要来源，是引领创新创业的潜在力量。要借鉴广东省等发达省市的做法，在平台建设、政策支持、经费保障等方面加大对博士后工作支持力度，建立博士后薪酬保障和业绩考核机制，提高博士后收入待遇，吸引更多优秀博士毕业生进站工作，支持在站博士后潜心科研，产生高水平的成果。

三要加快院士后备人才培养。大力支持福建省各企事业单位（含中央驻闽各企事业单位）采取岗位培养的方式，培养一定数量的中国工程院、中国科学院“两院”院士；对福建省新当选的“两院”院士，每人给予较大力度的生活补贴，直接发放给院士本人；启动“院士后备人才培养计划”，将福建省年龄在55周岁以下（含55周岁，业绩贡献突出的可适当放宽），一般具有正高级专业技术职称，入选“两院”院士有效候选人、国家杰出专业技术人才、百千万人才工程国家级人选、国家有突出贡献中青年专家、“长江学者”特聘教授、国家杰出青年科学基金获得者等国家级高层次人才可申报作为“院士后备人才”进行重点扶持和培养；加强以院士后备人才为核心的创新团队建设，配备技术骨干，同时为“院士后备人才”及其创新团队人员提供保障。

四要强化政策效果评估作用。对“院士后备人才”及其团队具有重大突破、能够填补国内外空白的重点项目，给予大力资助；对入选国家级重大奖项、重点项目给予配套资金资助；针对不同行业、岗位制定差异性评价指标体系，促进人才培养成果产出与转化，并将培养效果的评估结果运用于改进完善高层次人才和青年优秀人才培养政策。

（四）优化人才发展环境，提高人才管理服务水平

积极为各类人才安心定心、乐业创业提供优质服务，形成“近者悦、远者来”的良好人才发展环境。近年来的一些调查研究发现，对于处于职业早期阶段的科研人员而言，经济型因素是促使科研人员国际流动的重要因素；但对于处于职业中期和后期的科研人员来说，一些非经济性因素可能更为重要，如职业发展、与行内知名专家共事、研究的设施设备、研究自主性、可获得的职位等。因此，对于高层次人才和青年优秀人才的选拔培养，不仅要注重物质条件的满足以解决后顾之忧，还要促进形成良好人才生态。

一是探索建立灵活的成果转化奖励机制。灵活的科技成果转化奖励

机制可以激发高层次人才和青年优秀人才的干事创业积极性。可以参照上海市“人才30条”，将财政资金支持形成的，不涉及国防、国家安全、国家利益和重大社会公共利益的科技成果的使用权、处置权、收益权下放给高校、科研院所等；完善科技成果转移转化奖励机制，鼓励多种形式的奖励方式；积极落实促进科技成果转移转化的税收优惠政策。还可参照江苏省的跟奖跟补机制，对创新创业取得重大成就、为地方发展作出突出贡献的人才，以及引才用才投入力度大、成效突出的地方和单位给予重点奖励。

二是建立专家联系制度。健全党委联系专家制度，加强高层次人才国情、省情研修，强化政治引领、政治吸纳，用干事创业的正能量激发各类人才的向心力、向善力、向上力。

三是提升人才服务水平。加强部门协调，强化人才服务机构和队伍建设，完善“一站式”服务，做好人才工作条件和生活待遇落实，强化人才医疗、社保、住房、子女就学、证件办理等服务保障，搭建高层次人才交流平台，开展常态化人才、项目、资本对接等活动，最大限度地形成人才之间的有效连接，打造全链条人才服务模式，优化人才发展环境。

四是推进人才服务信息化。运用大数据技术，建立人才基础信息数据库，整合现有人才信息资源，加快人才信息共享平台建设，提升人才服务平台建设的信息化、网络化水平；推广网上平台、移动终端、自助终端等多方式的人才服务信息模式，建立健全人才服务联动机制和跨部门信息共享机制，促进高层次人才和青年优秀人才资源开发。

五是发展人力资源服务业。落实促进人力资源服务业发展的政策举措，推进人力资源产业园建设，加快建设实体经济、科技创新、现代金融、人力资源协同发展的产业体系，促进人力资源与实体经济、科技创新、现代金融协同发展。

六是营造良好社会氛围。深入开展人才政策宣传和各类人才先进事迹宣传工作，形成多层面、全方位、立体式的宣传态势，持续开展院士专家休假、联谊活动，在全社会形成识才爱才敬才用才和鼓励创新创业创造的良好社会氛围。

## 参考文献

[1] 郭立场. 用才留才比引才聚才更重要 [J]. 阅读与作文：高中版，2018（5）：24.

[2] 谭用发. 让绿水青山成为引才聚才“金招牌” [J]. 中国人才（上半月），2018（4）：17.

[3] 肖剑钦，徐明珏，许琦，等. 科研院所引才聚才用才新机制研究——以IMB研究所为例 [J]. 今日财富（中国知识产权），2019（11）.

[4] 毛荣志. 打造引才聚才的“磁场效应” [J]. 领导科学，2015.

[5] 曹霞，王洋洋，程逸飞. 高层次创造性人才队伍建设政策机制效果评价的指标体系 [J]. 科技与经济，2010.

[6] 刘亚静，潘云涛，赵筱媛. 高层次科技人才多元评价指标体系构建研究 [J]. 科技管理研究，2017，394（24）：61-67.

[7] 王振，高子平. 高层次创新创业人才评价工作研究 [M]. 上海：上海社会科学院出版社，2015.

[8] 孙彦玲. 我国高层次人才项目选拔问题研究 [J]. 中国人力资源开发，2016（9）：82-87.

# 全球“高被引科学家”结构分析及对我国的启示[①]

赵 宁 范 巍[②]

**摘 要：**本文开篇界定了“高被引科学家”为战略科技人才的主要代表，对2014—2018年全球“高被引科学家”基本情况进行了分析，分别从领域、地区和机构的视角切入分析，并对其中入选的中国“高被引科学家”基本情况进行了分析，从中总结“高被引科学家”学科发展及成长规律及特点，并提出精准引才用才的建议。

**关键词：**高被引科学家 战略科技人才 精准引才

## 一、“高被引科学家”[③] 是战略科技人才的主要代表

从2014年起，科睿唯安公司连续5年每年11月左右发布“高被引科学家”榜单，在全球具有很大的影响力。“高被引科学家”，指在一定时期内，如某一位科学家所发表的论文在全球范围内被引用的频次很高，这个科学家就称为“高被引科学家”。一般来讲，“高被引科学家”所发

---

① 该篇论文获得“2019年全国人才与人事研究主题征文活动”二等奖。

② 赵宁，中国人事科学研究院企业人事管理研究室助理研究员；范巍，中国人事科学研究院企业人事管理研究室副主任、研究员。

③ 2018年所发布的“高被引科学家”名单，其依据是：通过对2006—2016年11年间Web of Science（世界上很有影响力的文献索引数据库）所收录的高被引论文进行分析，遴选出各领域高被引论文数量最多、受全球同行集体认可、最具引文影响力的科研人员（其论文在同年度、同学科领域中引文影响力排在前1%）。

表的成果具有很强的原创性、颠覆性，他们是战略科学家[①]和战略科技人才[②]的主要代表，也是我国未来高层次人才引进和使用的重点关注目标。

## 二、全球“高被引科学家”基本情况

### （一）全球“高被引科学家”领域分布

2014—2018年的全球“高被引科学家”在不同领域呈不均匀分部。表1总结了每个ESI[③]领域和新的跨领域类别中的研究人员数量。

表1　2014—2018年全球“高被引科学家”领域分布

| | “高被引科学家”数量 | | | | |
|---|---|---|---|---|---|
| ESI领域 | 2018年 | 2017年 | 2016年 | 2015年 | 2014年 |
| 农业科学 | 158 | 156 | 377 | 375 | 402 |
| 生物学与生物化学 | 254 | 212 | 126 | 108 | 117 |
| 化学 | 261 | 215 | 70 | 71 | 95 |
| 临床医学 | 497 | 389 | 132 | 128 | 112 |
| 计算机科学 | 96 | 152 | 203 | 225 | 195 |
| 经济与商业 | 96 | 93 | 216 | 205 | 198 |
| 工程 | 204 | 176 | 145 | 157 | 187 |
| 环境/生态学 | 185 | 160 | 147 | 132 | 137 |
| 地球科学 | 184 | 141 | 149 | 148 | 159 |
| 免疫学 | 146 | 138 | 125 | 110 | 87 |
| 材料科学 | 208 | 150 | 152 | 130 | 147 |
| 数学 | 90 | 96 | 106 | 99 | 99 |
| 微生物学 | 148 | 106 | 103 | 99 | 114 |
| 分子生物学与遗传学 | 249 | 204 | 186 | 198 | 201 |
| 神经科学与行为学 | 197 | 187 | 167 | 148 | 129 |
| 药理学和毒理学 | 161 | 134 | 138 | 128 | 133 |

① “十三五”规划：推动人才结构战略性调整，突出“高精尖缺”导向，实施重大人才工程，着力发现、培养、集聚战略科学家、科技领军人才、社科人才、企业家人才和高技能人才队伍。

② 党的十九大报告：培养造就一大批具有国际水平的战略科技人才、科技领军人才、青年科技人才和高水平创新团队。

③ 基本科学指标数据库（Essential Science Indicators，简称ESI）是由世界著名的学术信息出版机构美国科技信息所（ISI）于2001年推出的衡量科学研究绩效、跟踪科学发展趋势的基本分析评价工具，是基于科睿唯安公司（原汤森路透知识产权与科技事业部）旗下Web of Science（SCIE/SSCI）所收录的全球12 000多种学术期刊的1 000多万条文献记录而建立的计量分析数据库，ESI已成为当今世界范围内普遍用以评价高校、学术机构、国家/地区国际学术水平及影响力的重要评价指标工具之一。

续表

| ESI 领域 | “高被引科学家”数量 | | | | |
|---|---|---|---|---|---|
| | 2018 年 | 2017 年 | 2016 年 | 2015 年 | 2014 年 |
| 物理 | 211 | 194 | 110 | 119 | 144 |
| 植物与动物科学 | 223 | 207 | 208 | 172 | 176 |
| 神经病学/心理学 | 157 | 138 | 134 | 110 | 100 |
| 社会科学 | 211 | 188 | 170 | 165 | 177 |
| 空间科学 | 122 | 102 | 102 | 99 | 106 |
| 小计 | 4 058 | 3 538 | 3 266 | 3 126 | 3 215 |
| 跨领域 | 2 020 | — | — | — | — |
| 合计 | 6 078 | 3 538 | 3 266 | 3 126 | 3 215 |

（二）全球“高被引科学家”地区分布

2018 年美国“高被引科学家”数量遥遥领先，高达 2 639 人次，占全部“高被引科学家”的 43.4%。排名第二的国家/地区是英国，达 546 人次，占比 9.0%。中国大陆紧随其后，达 482 人次，占比 7.9%（另外，中国香港入榜 51 人次，中国澳门 5 人次，合计达 538 人次。接下来，具有 100 个人次或以上入选的国家/地区有德国（356）、澳大利亚（245）、荷兰（189）、加拿大（166）、法国（157）、瑞士（133）和西班牙（115），见表 2。

表 2　2018 年“高被引科学家”全球入选地区排名

| 排名 | 国家/地区 | “高被引科学家”人次 | “高被引科学家”百分比 |
|---|---|---|---|
| 1 | 美国 | 2 639 | 43.4% |
| 2 | 英国 | 546 | 9.0% |
| 3 | 中国大陆 | 482 | 7.9% |
| 4 | 德国 | 356 | 5.9% |
| 5 | 澳大利亚 | 245 | 4.0% |
| 6 | 荷兰 | 189 | 3.1% |
| 7 | 加拿大 | 166 | 2.7% |
| 8 | 法国 | 157 | 2.6% |
| 9 | 瑞士 | 133 | 2.2% |
| 10 | 西班牙 | 115 | 1.9% |

“高被引科学家”来自 60 多个地区，但其中 82.7%来自 10 个国家，

而排列前五名的国家总人次占到了70.2%，这是非常惊人的顶尖人才集中度。自2014年以来，来自新加坡、中国大陆和澳大利亚这三个地区的“高被引”研究人员数量和百分比率显著增加。其中，新加坡从2014年的17人次增加到2018年的40人次；澳大利亚则从80人次增加到170人次。相比之下，日本在ESI领域的“高被引科学家”人数下降了34.7%，从2014年的98人次下降到今年的64人次。即使包括跨领域研究人员在内，2018年日本“高被引科学家”的总数为90人次，其“高被引科学家”数量呈下降趋势。

（三）全球“高被引科学家”机构分布

在科研机构中，哈佛大学依旧高居“高被引科学家”数量榜首，为186人次。其他排名靠前的大学依次是斯坦福大学（100）、加州大学伯克利分校（64）、牛津大学（59）、剑桥大学（53）、圣路易斯华盛顿大学（51）、加州大学洛杉矶分校（47）、加州大学圣地亚哥分校（47）、麻省理工学院（45）、宾夕法尼亚大学（44）和杜克大学（44）。加州大学所有校区的总数为267，是所有组织或系统中最多的，我国的清华大学（26）是唯一出现在榜单中的中国高校。在政府和其他类型的研究组织中，美国国立卫生研究院（包括所有个体研究所）排名第一，有148名“高被引科学家”。其次是中国科学院（99）、马克斯普朗克协会（76）、布洛德研究所（44）、美国国立卫生研究院国家过敏症和传染病研究所（39）和布莱根妇女医院（38），见表3。

**表3　2018年“高被引科学家”全球科研机构排名**

| 所在机构 | 国家/地区 | 人数 | 所在机构 | 国家/地区 | 人数 |
|---|---|---|---|---|---|
| 哈佛大学 | 美国 | 186 | 爱丁堡大学 | 英国 | 36 |
| 美国国立卫生研究院 | 美国 | 148 | 西北大学 | 美国 | 36 |
| 斯坦福大学 | 美国 | 100 | 康奈尔大学 | 美国 | 35 |
| 中国科学院 | 中国大陆 | 99 | 北卡罗来纳大学 | 美国 | 34 |
| 马克斯普朗克协会 | 德国 | 76 | 鹿特丹伊拉斯谟大学 | 荷兰 | 34 |
| 加州大学伯克利分校 | 美国 | 64 | 不列颠哥伦比亚大学 | 加拿大 | 33 |
| 牛津大学 | 英国 | 59 | 墨尔本大学 | 澳大利亚 | 33 |
| 剑桥大学 | 英国 | 53 | 梅奥诊所 | 美国 | 32 |
| 华盛顿大学圣路易斯分校 | 美国 | 51 | 耶鲁大学 | 美国 | 31 |
| 加州大学洛杉矶分校 | 美国 | 47 | 沙特国王大学 | 沙特阿拉伯 | 29 |

续表

| 所在机构 | 国家/地区 | 人数 | 所在机构 | 国家/地区 | 人数 |
|---|---|---|---|---|---|
| 加州大学圣地亚哥分校 | 美国 | 47 | 伦敦帝国理工学院 | 英国 | 29 |
| 麻省理工学院 | 美国 | 45 | 欧洲生物信息研究所 | 英国 | 29 |
| 布洛德研究所 | 美国 | 44 | 多伦多大学 | 加拿大 | 28 |
| 宾夕法尼亚大学 | 美国 | 44 | 昆士兰大学 | 澳大利亚 | 28 |
| 杜克大学 | 美国 | 44 | 哥本哈根大学 | 丹麦 | 28 |
| 阿卜杜勒阿齐兹国王大学 | 沙特阿拉伯 | 43 | 新加坡国立大学 | 新加坡 | 28 |
| 华盛顿大学 | 美国 | 42 | 加州大学旧金山分校 | 美国 | 28 |
| 约翰霍普金斯大学 | 美国 | 41 | 科罗拉多州立大学 | 美国 | 28 |
| 伦敦大学学院 | 英国 | 41 | 瑞士联邦理工大学 | 瑞士 | 27 |
| 南洋科技大学 | 新加坡 | 40 | 阿姆斯特丹自由大学 | 荷兰 | 26 |
| 国家过敏症和传染病研究所 | 美国 | 39 | 清华大学 | 中国大陆 | 26 |
| 哥伦比亚大学 | 美国 | 39 | 纪念斯隆—凯特琳癌症中心 | 美国 | 26 |
| 布列根和妇女医院 | 美国 | 38 | 加利福尼亚理工学院 | 美国 | 25 |
| 密歇根大学 | 美国 | 37 | 马里兰大学 | 美国 | 25 |

### （四）中国“高被引科学家”入选情况

2014—2018 年中国大陆入选“高被引科学家”的总人数为 720 人，入选总人次 1 311 次。从 2014 年 134 人入选，到 2018 年 482 人入选，增幅 259%，呈逐年上升态势，见表 4。

**表 4　　2014—2018 年中国大陆“高被引科学家”变化情况**

| 年份 | 入选总人数 | 比上一年增幅 | 入选总人次 | 比上一年增幅 |
|---|---|---|---|---|
| 2018 | 482 | 101.6% | 523 | 94.4% |
| 2017 | 239 | 31.3% | 269 | 31.9% |
| 2016 | 182 | 26.3% | 204 | 25.9% |
| 2015 | 144 | 7.4% | 162 | 5.8% |
| 2014 | 134 | — | 153 | — |

2018 年，中国入选 21 个基本学科领域的有 276 人次，比去年增加了 27 人次；入选今年首次新增加的跨学科领域的有 206 人次。另外，中国香港入选 51 人次，中国澳门入选 5 人次，中国台湾入选 20 人次。

通过进一步分析发现，北京地区共有 13 家机构入选。其中，中国科学院及在京研究机构有 61 人次入选（实有 57 人），12 所高等学校有 70 人次入选（实有 69 人），加起来共有 131 人次（实有 126 人）进入榜单。其中，基本学科领域有 77 人次（实有 72 人），比去年增加 7 人次（实际增加 2 人）；跨学科领域有 54 人次（实有 54 人）。所以，2018 年北京地区“高被引科学家”入选达到 131 人次（实有 126 人），是去年的近 2 倍。2018 年上海入选 44 人次（实有 43 人），其中，入选基本学科领域的有 19 人次（实有 19 人），比去年增加 6 人次（实有 6 人）；入选跨学科领域的有 25 人次（实有 24 人）。广东省有 25 人次（实有 24 人）入选，入选基本学科领域的有 16 人次（实有 16 人），比去年增加 7 人次（实有 6 人）；入选跨学科领域的有 9 人次（实有 9 人）。

## 三、“高被引科学家”学科发展及成长规律特点

### （一）现代医学与前沿领域“高被引科学家”关注度高

根据 2014—2018 年全球 ESI 领域入选科学家的数量变化趋势看，除极个别领域略有下降外，其他领域均处于上升趋势，特别是与现代医学与前沿领域相关的临床医学（343.7%）、化学（174.7%）、生物学与生物化学（117%）领域上升幅度较大。

### （二）国际化视野成为“高被引科学家”的必要条件

分析 2014—2018 年我国“高被引科学家”学历结构发现，我国高被引科学家本科及研究生毕业院校普遍为“985/211”高校。到了博士和博士后阶段，毕业于国外高校的比例逐渐增大，其中本硕博和博士后来自“985/211”的比例分别为 79.9%，72.5%，60.2%和 19.9%。整体看一般高校和“985/211”高校毕业的“高被引科学家”随着学历的增高数量呈明显下降趋势；国外知名高校毕业的“高被引科学家”随着学历的增高数量上呈明显上升趋势，到了博士、博士后阶段接受国外知名高校培养的“高被引科学家”越来越多，分别达到 38%和 53.5%。同时，具有海外访学和工作经历的“高被引科学家”比例很高，接近 80%。由此可见，具有海外求学和工作经历已成为“高被引科学家”的必要条件。

### （三）职称破格是“高被引科学家”的普遍现象

通过数据采集，分析 2014—2018 年我国“高被引科学家”职称获得年龄时发现，我国“高被引科学家”获得副高职称时年龄平均为 32 岁，

但是大多数人[①]在30岁时就获得副高职称；获得正高职称时平均年龄为36.18岁，但是大多数人在34岁时获得正高职称。考虑我国现行职称制度规定副高到正高至少需要5年时间，这表明绝大多数人在副高到正高的职业发展过程中得到了破格的机会，这种破格给了其更加心无旁骛的从事科研工作的时间和空间。

## 四、实现精准引才用才的几点建议

### （一）对标ESI领域，扩大引才范围

全球“高被引科学家”名单涉及21个自然科学和社会科学领域，对照2016年中组部下发的中共中央组织部办公厅关于发布《国家引进海外高层次人才参考目录》（组厅字〔2016〕60号）的具体内容，经济与商务、社会科学、心理学等没有进入中组部参考目录范围。2014—2018年的ESI领域入选人员中，精神病学/心理学和社会科学均处于上升趋势，进一步说明全球对该领域科学家关注度持续上升。

建议：对标ESI领域，扩大我国人才引进目录范围。增加对经济与商务、社会科学、精神病学/心理学领域的科学家的关注和引进。

### （二）制作全球人才地图，实现精准引才

全球“高被引科学家”分布无论在国家还是机构上，都具有相当的集中性。82.7%来自10个国家，排名前五名的占到70.2%，人数最多的哈佛大学在国家排名中竟然能排到第七名，这都说明这一点。面对全球汹涌澎湃、暗潮涌动的科技竞争，“高被引科学家”名单其意义不仅体现在科研上，更体现在国与国之间的直接竞争和长远发展上。人才是战略资源，“高被引科学家”就是战略资源。因此我国当前和未来相当一段时间在人才引进和使用上必须重点关注。

建议：以2014—2018年全球“高被引科学家”名单为基础，建立全球高层次人才地图。对名单中符合我国人才需求、关系友好的“高被引科学家”进行一一对接，了解其发展状况和发展需求，力求实现精准猎头，精准引才。

### （三）开展专项调查，实现精准用才

我国“高被引科学家”分布在26个省、自治区和直辖市（含港澳

① 我们分别分析了职称获得年龄的平均数、众数和中位数，发现平均数和众数之间有2年左右的差异。

台），其中，“高被引科学家”最集中的五个地区分别为北京190人，占比27.2%；香港87人，占比12.1%；台湾66人，占比9.2%；上海54人，占比7.5%；苏州51人，占比7.1%。盘活和用好这一部分人才尤为重要。在这一点上，北京走在了全国前面。北京市为用好战略科技人才，采取不同方式在全市建立了9家新兴研发机构（科委，法人实体）和22家高精尖中心（教委，非法人），以5年为一周期，每年给予5 000万到2个亿的资金支持，对战略科学家及其核心团队赋能赋权解放思想，破除各种体制机制障碍，充分下放各种权力，如“研究方向、经费使用、人员聘用、职称评定、机构设置自主权和科研成果使用、处置、收益决定权，国际学术交流开辟审批、护照、签证一体化绿色通道”等，使其能够更加心无旁骛地开展研究。

建议：对国内“高被引科学家”展开专项调查，摸清底数和发展状况。形成全国、各地区、各领域“高被引科学家”人才地图，对接各地实际需求，给予配套支持，破除各种障碍，实现精准用才。

## 参考文献

［1］邓侨侨，等. 国别迁移：高被引科学家美国集聚的特征与原因分析［J］. 清华大学教育研究，2014（2）：51-59.

［2］尹志欣，谢荣艳. 我国顶尖科技人才现状及特征研究——以汤森路透2015高被引科学家为例［J］. 科技进步与对策，2017，34（1）：136-140.

［3］刘俊婉. 科学合作对高被引科学家论文产出力的影响分析［J］. 情报科学，2014，032（012）：77-81.

［4］李大庆. 我国134人入选年度全球“高被引科学家”［J］. 环球飞行，2014（10）：10-10.

［5］陈月从. 基于Clarivate Analytics和InCites的图书情报学科高被引科学家及高被引论文分析［J］. 情报学报，2017，v. 36（11）：14-24.

［6］唐惠燕. 学科扩散视角下高被引科学家学术成长个案研究［J］. 中国农业教育，2020，21（1）：101-110.

# 筑工匠之城——加强上海技能人才队伍建设的思考①

徐坚成②

**摘　要：**上海如何抓住成功申办 2021 年第 46 届世界技能大赛的契机，建设一支规模宏大、结构优良、技能精湛的技能人才队伍是上海正在思考的一个重大问题。本文提出了上海要着力构筑“工匠之城”，对“工匠之城”建设的内涵和要素特征进行了阐述，包括集聚工匠人才、弘扬工匠精神、传播工匠文化、传承工匠技艺、提升工匠技能、展示工匠产品、发展工匠产业等七个方面，还针对上海目前技能人才队伍建设面临的主要问题与挑战进行了全面揭示，并系统提出了上海建设“工匠之城”要遵循的战略思路和对策建议。

**关键词：**工匠之城　工匠人才　技能人才　职业教育培训

习近平总书记提出，着力提高人才培养质量，弘扬劳动光荣、技能宝贵、创造伟大的时代风尚，努力培养数以亿计的高素质劳动者和技术技能人才。上海正处于加快推进国际经济、金融、贸易、航运、科技创新“五个中心”以及成为卓越的全球城市和社会主义现代化国际大都市建设的重要阶段，如何集聚更多具有国际视野的高素质国际化人才以提

① 该篇论文获得“2019 年全国人才与人事研究主题征文活动”二等奖。

② 徐坚成，上海市公共行政与人力资源研究所（上海市社会保险科学研究所）社会保障研究室主任，研究员。

升城市国际竞争力，同时加快培养集聚更多具有较高素质的技能人才以支撑上海产业升级转型，是当前上海发展的一个重要命题。面对建设“五个中心”、打造“四个品牌”的任务，上海正大力实施创新驱动发展战略，建设具有特色的科技创新重要承载区，改造传统优势制造业。技能人才是人才队伍的重要组成部分，是各行各业产业大军的优秀代表，是推进上海产业高质量发展的永续动力。为了加快提升上海技能劳动者职业技能水平，推进技能人才队伍建设，2018 年上海出台实施了技能提升行动计划（2018—2021 年），着力建设一支规模宏大、结构优良、技能精湛的技能人才队伍，大力弘扬工匠精神，构筑“工匠之城”，使上海成为注重技能培养、鼓励技能成才的城市典范，为上海全力打响“上海服务”“上海制造”“上海购物”“上海文化”四大品牌提供坚实的技能人才支撑。

## 一、“工匠之城”建设的内涵及要素特征

### （一）“工匠之城”建设的内涵

传统的“工匠”是指有工艺专长的匠人，他们专注于某一领域的产品研发或加工过程全身心投入，精益求精、一丝不苟地完成整个工序的每一个环节。工匠精神在现代工业中主要是指某个领域的精专深化，当工人们对所从事的工作注之以精湛的专业技能、敬业的态度、追求完美的执着，既尊重生产规律又敢于创新，体现的是一种理念、态度、行为方式甚至是社会价值观。本文所说的上海要建设成为“工匠之城”，是指要通过大力弘扬工匠精神，加强企业技能人才开发，培养集聚一支崇尚劳动、敬业守信、精益求精的工匠人才队伍（本文所称的工匠人才，主要指具有技能等级的技能型人才，包括初级工、中级工、高级工、技师、高级技师，其中高级工、技师和高级技师称为高技能人才），使上海成为工匠人才汇聚之地、培养之地、事业发展之地、价值实现之地。

上海“工匠之城”建设的内涵主要包涵了集聚工匠人才、弘扬工匠精神、传播工匠文化、传承工匠技艺、提升工匠技能、展示工匠产品、发展工匠产业等七个方面，并带动产业要素联动与配置，成为工匠人才集聚的人才高地。高技能人才、技能大师集聚是“工匠之城”最显著的标签，建成的“工匠之城”将具有完备的工匠人才开发管理政策体系、优质的工匠人才培养培训平台、贯通的工匠人才配置市场、良好的工匠

人才发展综合环境，使上海成为闻名遐迩的工匠人才、工匠大师荟萃之地。

（二）“工匠之城”建设的要素特征

上海要建成“工匠之城”，其要素功能及体现特征为：弘扬工匠精神，打造工匠精神传播高地；传播工匠文化，搭建工匠文化交流桥梁；集聚工匠人才，培养集聚一支崇尚劳动、敬业守信、精益求精、用于创新的工匠人才队伍；提升工匠技能，构建产业技能培训平台；传承工匠技艺，促进工匠技艺传承与创新技术发展；推介工匠产品，创建工匠产品交易展示平台；发展工匠产业，推动以工匠技能为核心的产业高质量发展，如图 1 所示。具体来说：

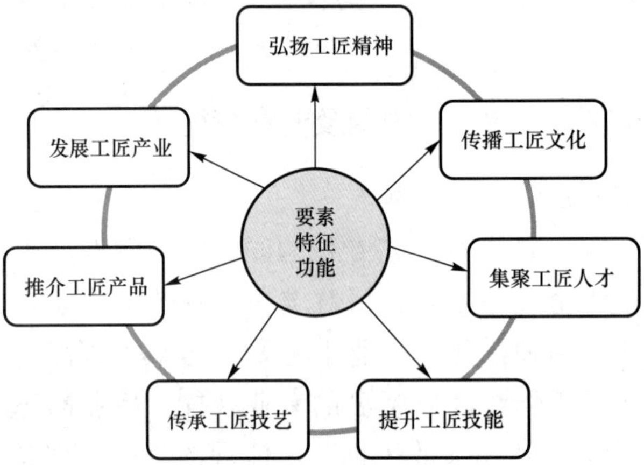


图 1　“工匠之城”要素特征

### 1. 弘扬工匠精神

工匠精神是工业文化之工业精神的一种重要表现形式，在“提品质、创品牌”引领下，通过对上海各行业技能大师的风采展示及宣传，让新时代的工匠群体（主要指产业工人）能够传承“专注、诚信、创新”的工匠精神，在不断壮大技能工人队伍的同时，更注重高水平工匠和高科技人才的培养和集聚，并设想通过若干年的不断努力，培养出一批大师和工匠。

### 2. 传播工匠文化

通过开展产业技术的展示体验、工匠技能比武等动态方式，深挖工匠人才精益求精的创作历程，让市民走近技能、走近工匠，体会匠品背后承载的厚重文化，从而激发学习和提升技能的动力和积极性，使社会各界树立“精益求精、专注耐心、专业敬业、勇于创新”的工匠文化，营造“尊重工匠、向往工匠”的社会文化氛围，使技能劳动者树立对自己产品追求精雕细琢、精益求精、追求完美的精神理念。

3. 集聚工匠人才

大量集聚企业所需的高技能人才是“工匠之城”建设的重要目标和核心要素，也是“工匠之城”建设的鲜明特征。要通过吸引集聚高水平的产业，打造技能人才事业发展平台，出台有利于吸引和保留技能人才的政策，营造良好的宜居环境和事业发展平台，集聚高水平的工匠人才和技能大师，并在区域范围内形成某些重点行业、重点领域工匠人才集聚的社会影响力。

4. 提升工匠技能

要以重点行业为核心，调整优化技能人才、培训补贴相关政策。立足重点产业的未来发展对技能人才的需求，有针对性地开展培训，通过岗位锻炼、技能培训提升技能水平，集聚和培养一批具有过硬本领的技能人才。

5. 传承工匠技艺

技艺传承和工匠精神弘扬是建设“工匠之城”的特色文化底蕴。在现有试点基础上全面推进企业新型学徒制，加大师带徒培养项目的建设力度。创建一大批技能大师工作室，完善各类师傅带徒弟的扶持政策，培养更多的年轻技能人才。充分利用企业、社会、院校等培训资源，加强对一线职工的岗位职业技能培训，实现技能二次提升。鼓励职业院校向社会开放培训资源，加强对社会化培训机构的引导和支持。充分整合资源，搭建技能培训机构、企业与劳动者的互动平台，完善企业中高技能人才跨单位担任培训机构兼职教师政策，发挥企业高技能人才的实践教学优势。

6. 推介工匠产品

加强蕴含工匠精神产品的展示，通过物理空间和特色品牌活动展示工匠产品，创建工匠产品交易展示平台，营造工匠文化。搭建工匠产品展示平台，将工匠产品和可视化技艺通过社区、街道等公共空间，各类企业单位内部空间进行展示。建立工匠文化展览馆，传统工艺与现代工艺并重，突出教育和科普功能，将上海乃至全国的传统型和现代型工匠产品集中展示。每年定期开展活动周，展示各行业的工匠技艺，让社会公众走近工匠、亲近工匠、向往工匠。

### 7. 发展工匠产业

技能人才的引进、培养是为了给产业高质量发展提供人才支撑，要加快建设具有产业优势为特色的产业工人队伍。以重点产业为核心，各行业各领域加快培育和壮大一支以高技能人才为龙头、产业工人为主体的梯度技能型人才队伍，推动以工匠技能为核心的产业高质量发展。

## 二、“工匠之城”建设的战略思路

要以上海成功申办2021年第46届世界技能大赛为契机，大力弘扬劳动光荣、技能宝贵、创造伟大的时代风尚，构筑具有国际竞争力的技能人才培养使用制度优势，集聚工匠人才，构筑“工匠之城”。要遵循以下四个方面的战略思路：

### （一）高端引领，突出重点

围绕上海产业结构转型升级的要求，在优势行业领域建设高水平、高效能人才发展平台，突出重点产业、重点行业、重点领域的高技能人才队伍建设，大力培育集聚一批具有精湛技术的技能大师等为代表的高层次人才，评选和催生一批工匠大师，并最大限度地发挥其引领科技创新、传承工匠技艺、拓展市场项目和集聚工匠人才的作用。以企业、院校、产业园区、创新基地、中介服务机构为重点，大力实施工匠人才的产业集聚政策，以工匠人才集聚推动支持产业能级提升，健全政府支持、企业主导、产学研结合的技术创新体系，依托重要骨干企业培养、凝聚各类优秀工匠人才，并为各类工匠人才提供发挥才能的舞台和条件，在创新实践中集聚和造就优秀工匠人才和创新团队。

### （二）开放融合，全球引智

树立在开放中激发活力、在开放中谋求突破的理念，要以重点企业、重大项目为载体，坚持服务上海国际大都市建设和“四个品牌”建设的需求，放眼全球、对标国际，积极吸纳海外高水平能工巧匠，加大柔性使用国际技能大师的力度，推动人才开发的空间开放和制度开放，在全球视野范围内积极吸纳各类优秀工匠人才，推动具有上海产业特色的工匠人才高地建设，积极参与国际人才竞争与合作，提高人才开发的国际化水平，全方位提升人才国际竞争力、辐射力和影响力。

### （三）改革创新，营造环境

加快工匠人才开发管理政策的改革创新，要向改革要红利，激活力、增效益，着力完善工匠人才培养、评价、引进、使用、激励、表彰等机制，破除制约工匠人才发展的思想观念和政策壁垒，形成更加开放、更具竞争力的工匠人才制度体系优势，牢牢抓住上海举办第46届世界技能大赛的契机，大力弘扬新时期工匠精神，营造有利于技能人才成长成才的政策环境和社会环境，提供更加均衡优质的教育和医疗卫生服务，提高文化生活休闲品质，营造弘扬科学、崇尚创新、精益求精、重才爱才的舆论氛围，优化综合环境，创造有制度保障的人才公平竞争环境，在竞争中发现工匠人才、使用工匠人才、造就工匠人才。

（四）政府引导，市场导向

坚持政府职能和市场配置共同发挥作用，处理好政府与市场关系，持续推进简政放权、放管结合，政府对企业、人才真正做到“无事不扰、有求必应”，真正把权和利放到人才、企事业单位和市场主体手中，充分发挥政府的引导作用，着力健全工匠人才使用、培养、引进、评价和激励机制，发挥好市场配置资源的决定性作用，构建起“政府宏观引导、市场合理配置、企业主体开发、社会广泛参与”的工匠人才开发格局，充分激发企业培养培育工匠人才的内驱动力，逐步形成行业企业为主体、高校和职业院校为基础、培训机构为补充，校企合作、多方参与的工匠人才培养新局面，突显用人单位人才开发的主体地位。

## 三、“工匠之城”建设的对策建议

要搭建政府、职业院校、企业三方合作资源共享的工匠人才培育平台，培养集聚一支敬业守信、精益求精、拥有现代科技知识、具有精湛技艺技能和较强创新能力的高素质工匠人才队伍，努力使上海成为工匠人才的汇聚之地、培养之地。

（一）加强上海职业教育体系建设，充分发挥好行业企业、职业院校、社会培训机构等各方教育培训资源力量

要构建完备开放的技能人才培养培训体系，充分发挥好行业企业、职业院校、社会培训机构等各方教育培训资源力量。一要充分发挥行业企业在职工职业培训中的主体作用。鼓励各区运用好地方教育附加费，结合地方实际制定个性化的政策措施，发挥其对企业培训行为的风向标作用，将该部分资金投入的重点放到愿意培训且培训效果好的企业。发挥行业协会在职业培训中宣传发动、技术支持和桥梁纽带作用，开展行

业人力资源预测。依托大型企业、行业协会和产业园区，在重点产业建立高技能人才培养基地。落实高技能人才培养基地的培训设施设备、师资队伍、项目开发的专项资助扶持政策，开展各行业前瞻性、创新性领域的技能培训。二要充分发挥好职业院校在职业培训中的基础作用。研究探索职业院校的绩效工资水平增长与其承担社会职业技能培训量相挂钩，调动职业院校教职工的积极性、创造性。鼓励职业院校聘请企业高技能人才担任特聘兼职教师。在上海应用型本科院校和高等职业院校中，择优挂牌成立技师学院，充分发挥技工教育、公共实训、技师研修、竞赛集训、技能评价、就业服务等功能，使之成为上海公共职业培训服务体系的重要组成部分。三要充分发挥社会培训机构在职业培训中的补充作用。认真落实国家和上海关于促进民办职业培训机构健康发展的规定，扶持和引导社会力量依法举办职业培训机构。对办学条件好、办学质量高的民办培训机构，纳入政府购买培训成果范围。积极引进境外优质培训机构，扩大职业技能培训领域的对外开放。深化浦东新区中外合作经营性职业技能培训机构设立审批告知承诺制试点工作的成果，引进和培育一批具有国际知名度和认可度的境外培训机构、培训课程和认证品牌，探索引进认证证书与上海培训补贴和人才引进、激励、表彰等相关政策相衔接。

（二）全面实施企业新型学徒制，大力推进青年见习、技师继续培训等计划

一要全面推动实施企业新型学徒制制度。在企业新型学徒制试点基础上，聚焦重点区域、重点企业、重点项目扩大实施范围。完善企业新型学徒制扶持政策，对开展企业新型学徒制的单位加大培训补贴力度；对新招录用人员开展学徒制培养的，探索给予社保补贴；对实施带教的企业导师，探索给予带教津贴；对企业新型学徒制实施成效显著的单位，探索给予奖励。不断完善企业新型学徒制扶持政策，支持企业探索完善师徒结对签约、培养课程开发整合、相关激励措施配套和考核颁证等新型学徒制运行配套制度，在行业、企业全面推进新型学徒制，培养高技能人才，通过企业内技师、高级技师与技能劳动者的结对培养，结合企业生产服务岗位的技能要求，让更多职工在本职岗位上通过技能培训、师父带教、实践锻炼而获得技能水平的提升，形成技术上的传、帮、带，推动高技能人才的岗位成才。二要大力推进青年见习计划，聚焦先进制造业、战略性新兴产业、现代服务业等重点产业，开发一批适应高校毕

业生特点的高质量见习基地，挖掘一批技术含量高、就业需求大的见习岗位，促进高校毕业生通过见习提升岗位实践能力。三要实施技师继续培训计划。适应新技术、新技能、新工艺、新设备的发展要求，面向技师、高级技师开展技师继续培训。鼓励本市符合条件的企业行业、高技能人才培养基地组织技师继续培训，按规定给予培训费补贴。围绕企业实际需求开发技师继续教育课程，定期举办培训精品课程和优秀师资评选交流。组织力量开发技师继续培训网络课程，提高技师继续培训质量和实效。

（三）完善职工职业技能竞赛体系，为更多优秀技能人才脱颖而出提供广阔的平台

鼓励行业、企业积极开展企业内职工的职业技能培训，统筹开展企业职工职业技能竞赛，不断扩大行业、企业的多层次技能竞赛规模，带动企业开展技能培训和岗位实战，逐步形成各行业技能大赛和企业岗位练兵技能比武活动为基础的职业技能竞赛体系。借鉴世界技能大赛先进理念，持续推进“竞赛、展示、互动、体验”为一体的办赛模式，持续扩大竞赛社会知晓度和影响力。研究制定竞赛组织、信息管理、商业赞助、市场运营等管理办法，为技能竞赛工作提供制度保障。不断开发完善竞赛项目设置，为更多的优秀技能人才脱颖而出提供更广阔的平台。在职业教育、职业培训、技能竞赛等更广泛的领域进行传播和推广，实现竞赛成果与职业教育培训有效转化，切实提高技能人才培养水平。不断完善职业技能竞赛奖励制度，充分发挥政府奖励“杠杆效应”，研究技能竞赛奖励办法，制定各级竞赛奖励指导线，实现奖金、荣誉、等级、职称、待遇等一揽子政策落地。

（四）鼓励企业创建技能大师工作室、首席技师工作室，培育一批有影响力的工匠大师并充分发挥其引领作用

鼓励企业增加“首席技师”“技能专家”“特级技师”等技能等级层次，对已聘任的高级工、技师、高级技师在学习进修、岗位聘任、职务职级晋升等方面比照相应层级工程技术人员享受同等待遇。鼓励在企业内部、行业协会以技能劳动者个人名义申请组建技能大师工作室、首席技师工作室，并给予相应职业荣誉或是专项资金支持，鼓励支持优秀技能大师积极参与到应用新技术、新设备、新材料、新工艺的生产和科技攻关过程中，注重在科技攻关中培养杰出的工匠大师，大力培育一批具有精湛技术、具有影响力的工匠大师，并最大限度地发挥其引领科技创

新、传承工匠技艺、拓展市场项目和集聚技能人才的作用，鼓励企业结合生产发展和技术创新需要，制定技能人才培养规划，培养集聚更多产业发展紧缺急需的技能人才。

（五）深化技能人才评价和激励机制改革，有效激发工匠人才的活力与动力

一要改革技能人才评价机制。实施技能等级认定证书制度。技能等级认定证书享受与职业资格证书同等政策待遇；充分发挥行业企业在技能人才评价中的主体作用，推进企业自主评价和自主管理，政府有关部门进行指导和监管的技能人才评价新模式，满足企业技能人才多元化评价需求。探索开展专项能力考核和新技能培训项目考核。在新技术、新技能、新工艺、新设备培训项目与围绕世界技能大赛项目、传统非物质文化遗产技能传承项目等，按照考培分离原则，依托上海高技能人才培养基地、行业协会和行业龙头企业，开展新技能培训项目考核评价试点。深化双证融通试点改革。逐步扩大职业资格证书和学历证书“双证融通”范围，推动学历教育与职业培训衔接贯通，实现职业资格证书和学历教育课程学分转换互认，促进劳动者职业技能和学历水平的同步提升。二要创新技能人才收入激励机制，切实提高技能人才收入水平。积极稳妥推进企业工资集体协商制度，引导企业科学确定技能人才薪酬水平，建立健全反映技能人才特点的工资分配制度。定期发布上海企业技能人才市场工资价位，从工资水平、工资增幅、职业技能等级、行业类别等方面分析技能人才工资价位，为企业合理确定技能人才工资水平以及完善技能人才工资正常增长机制提供参考。鼓励企业、事业单位及社会团体等用人单位在收入分配时适当向技能人才倾斜，建立基于岗位价值、能力素质、业绩贡献的工资分配制度，强化工资收入分配的技能价值激励导向。

（六）建造上海工匠精神展示馆，打造面向大众的工匠精神传播公共平台

规划建造上海工匠精神展示馆，展示工匠产品，展现企业的特色工匠的创新产品，力争成为展示上海乃至长三角地区制造创新发展产品的第一门户、上海规模最大的工业类展馆、长三角地区首个以工匠精神为主题的城市客厅。同时，展示我国著名的工匠大师事迹，宣传弘扬工匠精神。依托“上海工匠精神展示馆”，每年创新办好“上海工匠人才活动周”主题活动，开展技能工匠大师事迹介绍、成果展示、技能互动体验

等活动，并不断创新活动内容，丰富活动内涵，完善统筹模式，提升举办层次，增强实际成效，服务上海、辐射全国、面向世界。

（七）每年定期举行“上海十大杰出工匠”评选活动，推动优秀技能人才实现“名利双收”

建立完善上海杰出工匠人才评选奖励制度，建立科学规范的考评标准和评审推荐程序，每年对各领域各行业发展做出突出贡献的优秀工匠人才进行评选，选出“上海十大杰出工匠”给予表彰与重奖，加大杰出工匠的事迹宣传，树立榜样。支持和鼓励企业对本单位做出突出贡献的优秀工匠人才给予多种形式的精神鼓励和物质奖励。积极推荐工匠人才中的先进模范人物作为党代表、人大代表、政协委员等的人选，将“首席技师”“技能大师”等高技能领军型工匠大师纳入高层次专家服务范围，参加国情研修考察、党校研修等活动。引导企业建立健全高技能人才的休疗养制度，鼓励企业对在聘的高级工、技师、高级技师在学习进修、岗位聘任、职务职级晋升等方面，比照相应层级的工程技术人员享受同等待遇，并鼓励各行业、企业根据实际情况对优秀技能人才实施发放购（租）房补贴、补充医疗保险等福利叠加政策。

## 参考文献

[1] 杨红山. 广东省人社厅：围绕劳动者职业生涯发展　探索建立终身职业技能培训体系 [J]. 职业，2018（17）：9.

[2] 邹璇，钟航. 劳动者素质与生产技术协调发展研究——基于中国省级层面的实证研究 [J]. 金融与经济，2017（12）：50-56.

[3] 文卓. 全面提升在职劳动者素质　为产业转型升级提供人才支撑 [N]. 深圳特区报，2016-01-20（A12).

[4] 王淑霞. 大力加强职业技能培训　全面提高劳动者素质 [J]. 中国劳动关系学院学报，2014，28（01）：68-73.

[5] 李璐. 提升劳动者素质——建设创新型国家的加速器 [J]. 科学咨询（决策管理），2006（03）：6-7.

[6] 陆丽君. 英国职业教育模式及启示 [J]. 宁波大学学报（教育科学版），2010，32（04）：66-69.

# 人事制度改革背景下名师人才队伍建设研究[①]

蔡靖淑　刘唐宇[②]

**摘　要：** 本文根据人事制度改革要求对现有的名师人才队伍建设模式进行分析，对名师成才的机理进行理论建模，以福建省名师队伍为例进行了分层随机抽样，应用LOGISTIC模型和SPSS19软件，对影响成才的因素进行实证分析。结果表明：大师（名师）引领传授、学校、师资力量、听取名课、参加培训、参加比武大赛、获得资助、经常听课、职称晋升等激励因素、家庭经济条件、担任行政职务、工作地尊师重教风气、学校财务环境、教龄、学历等因素对成才有正相关效应；遭遇教学挫折因素对成才有负相关效应；学校教绩、校风、人际环境、个人时间教研投入、学历提升、成长地人杰地灵等因素未体现正相关效应，家庭困难影响因素未体现负相关效应；其中，女性比男性更容易成为名师。名师引领、性别、听取名课、比武大赛、挫折等因素对成才有比较显著的影响。在此基础上提出了相应的政策建议。

**关键词：** 名师　成才规律　实证分析

---

① 该篇论文获得“2019年全国人才与人事研究主题征文活动”三等奖。

② 蔡靖淑，福建农林大学文法学院硕士研究生（成人教育管理）、福建教育学院函授部助理研究员；刘唐宇，福建农林大学公共管理学院副教授。

名师是教学业绩突出、教研成果丰硕、教育理念先进、有很高的专业声望和影响力的教育教学专家。名师的高水平教学能力和良好的教学成效通常为业内所认，亦得到社会的广泛认可。培养更多的教师成长为名师或具备同样的教学水平是教师队伍建设的一项重要工作。2012年出台的《国务院关于加强教师队伍建设的意见》指出，要培养造就高端教育人才，实施名师培养工程。教育部印发的《全国教育人才发展中长期规划（2010—2020年）》指出，要大力培养造就名师，启动名师培养计划。党的十八届三中全会提出，要深化干部人事制度改革，建立聚集人才的机制体制，择天下英才而用之，让人人都有成长成才、脱颖而出的通道，让各类人才都有施展才华的广阔天地。因此，研究名师成才的内在规律，明晰其影响因素，对于制定正确的政策举措，提高人才队伍建设的实效，并在更大的层面上做出制度安排，具有非常重要的现实意义。

有关名师成才规律的研究，目前国内主要以案例分析、思辨讨论为主，尚缺乏全面的实证研究。本文对福建省全体教学名师进行分层随机抽样调查，进行了访谈、问卷调查，并以理论建模进行统计回归分析，以期更严谨、实证地揭示名师的成长规律，在数据基础上总结一般规律，对有关理论假说进行检验，梳理出相应的因果关联，明晰各影响要素的影响程度，旨在通过明晰名师成才内在规律，对相关政策设计提供有效指引。

## 一、名师人才队伍建设的现状分析

名师人才队伍是教师专业技术人才队伍中的杰出群体和骨干力量，近年来得到各级党委和政府的重视。各地纷纷出台了各类名师培养工程。如浙江省的“浙派名师名校长培养工程”、河南省的“中原名师培育工程”等，经课题组对全国各地培养办法进行汇总梳理，分析如下：

### （一）主要特点

#### 1.“选拔＋资助”的培养模式

从各地实践看，目前名师人才队伍建设模式主要以选拔为主，在选拔产生人选对象的基础上，再辅之以经费资助、调训培养等手段。如浙江省在全省每年选拔200名名师培养对象，每人给予3万元资助；福建省集中选拔100名名师、100名学科教学带头人，设立培养工程专项经费，按项目资助；河南省每年选拔10名名师、600名名师培养对象，并设立培育经费，给予名师所在学校20万元经费支持等。

**2.“培训＋课题成果支持”的资助方式**

从培育实践上看，各地目前主流方式以选调名师对象培训为主，据笔者不完全统计，全国各地省级教育行政部门基本上都举办了名师培训班，选调名师培养对象进行培训。多由省级教育行政主管部门委托教育培训机构或高校办班，拨付培训经费及考察费等。在对名师个体的经费资助上主要以资助名师对象的课题成果为主，项目主要为：名师工作室设立资助、研究课题资助、出版专著资助、学术交流补助等。

**3.“名师工作室＋示范推广”的载体方式**

各地大多建立了名师工作室作为研修和示范推广的载体。通过这一平台，以举办学术会议、团队研讨、师带徒等方式推进名师实践能力的进一步提升和教学经验的传授推广。名师工作室在运行过程中也起到了凝聚团队、营造学术氛围的作用，对名师个人和周边教师也起到了激励、促进的作用。

（二）现状分析

现有的名师人才队伍建设模式，立足于在广大教师队伍中选拔优秀人才，然后加于资助，并建立载体来引导示范，应该说起到了相当的推进作用。一方面营造了氛围，激励教师成才，另一方面对名师对象加于经费、项目、载体支持，起到了一定的培养作用。然而，在当前统筹城乡教育资源均衡化配置的趋势下，在人事制度改革提倡促进人人成长成才的背景下，如何针对教师成才的规律，立足促进全体教师专业技术水平的提升，建立更具规模的名师人才队伍，则更需要有的放矢地研究名师成才过程的影响因素，明晰其内在机理，做出更全面的政策安排。

## 二、名师成才规律的实证分析

（一）有关名师成才规律的理论论述

在名师成长总体规律方面，国内外研究概括来说，主要有如下影响因素：①大师（名师）引领传授，即“名师出高徒”的师承效应。如许合先（2008）对诺贝尔奖得主成才规律中师承效应分析、吴殿廷（2005）对 1 400 多位两院院士成才的研究。②平台，即教育培训机构或所工作的学校规模水平、教研条件、师资力量，如郭华（2008）认为，好的实践与展示平台和良好的外部环境是关键的促进成才因素。③实践机会和条件，如开公开课、选送参加培训、获得课题资助、参加比武大赛、频繁的学术交流等，如许广云（2011）、胡定荣（2006）认为听课和同行研讨能对成长有效促进[①]，公开课和教育科研的历练是成长要素；张妍（2010）认为上述实践是大多数教育家的成长轨迹。④激励与挫折因素，如教绩、比赛获奖、职称晋升、教学冲突挫折等，如罗春燕（2009）、胡定荣（2006）。⑤家庭因素，王颖（2005）认为，家庭困难（有人患病需照顾）影响会牵扯精力、影响教学；父母对其的职业期望会激励其追求成为卓越教师；经济条件好则无后顾之忧并安心从教。⑥担任行政职务及教学负担，通常认为会不利于教师成长。⑦人文地理，即人杰地灵或尊师重教氛围，主要出自人才地理学说的论述。⑧自身努力学习因素，如学历教育提升、教研时间的投入、教学反思等，如胡定荣（2006）、杜华认为勤于反思促进名师成长，后天努力很重要。⑨工作单位的制度环境，即财务环境、人际关系、校风、校领导的领导方式等，如胡定荣（2006）。⑩个人职业背景，樊小杰（2009）用内容分析法研究后指出，性别、教龄、学历、有无行政职务等因素对名师的成长具有一定的影响。

（二）研究假说及模型的建立

假设教师能否成长为名师受到一系列因素的影响，有一些为正面影响，即正相关，有一些为负面影响，即负相关。设置因变量为名师（Y），对象是名师则“Y=1”、对象不是名师则“Y=0”。自变量设置见表1：

**表1　　自变量设置**

| 自变量名称 | 自变量类型 | 相关影响假设 | 变量值设定 |
|---|---|---|---|
| 性别 | 名义变量 | 正相关 | 1=男，2=女 |
| 教龄 | 连续变量 | 正相关 | 数值取整数 |
| 学历 | 序次变量 | 正相关 | 1=高中，2=中专，3=大专，4=本科，5=研究生及以上 |
| 经济 | 序次变量 | 负相关 | 家庭经济条件：1=很好，2=好，3=一般，4=不好 |
| 期望 | 名义变量 | 正相关 | 父母期望成为教师：1=否，2=是 |
| 困难影响 | 名义变量 | 负相关 | 是否存在家庭成员患病需要照顾或家庭关系不协调影响心绪：1=否，2=是 |
| 人才辈出 | 名义变量 | 正相关 | 成长地是否自古出进士或近代出名师：1=否，2=是 |
| 尊师重教 | 名义变量 | 正相关 | 工作地域是否有浓厚的尊师重教氛围：1=否，2=是 |

① 胡定荣．影响优秀教师成才的因素——对特级教师人生经历的样本分析［J］．教师教育研究．2006（7）．

续表

| 自变量名称 | 自变量类型 | 相关影响假设 | 变量值设定 |
|---|---|---|---|
| 行政 | 名义变量 | 负相关 | 担任学校行政职务：1=否，2=是 |
| 教学工作量 | 序次变量 | 负相关 | 教学工作量：1=轻，2=一般，3=重 |
| 学校 | 名义变量 | 正相关 | 任教学校：1=省名校，2=地区名校，3=县区名校，4=一般学校 |
| 人际关系 | 序次变量 | 正相关 | 任教学校教职工间人际关系：1=不好，2=一般，3=好，4=很好 |
| 师资力量 | 序次变量 | 正相关 | 任教学校师资力量：1=不好，2=一般，3=好，4=很好 |
| 财务环境 | 序次变量 | 正相关 | 任教学校对教师成长支撑的人事财务环境：1=不好，2=一般，3=好 |
| 教绩 | 序次变量 | 正相关 | 任教学校的教学质量、教绩：1=不好，2=一般，3=好 |
| 校风 | 序次变量 | 正相关 | 任教学校校风与学生纪律：1=不好，2=一般，3=很好 |
| 领导方式 | 名义变量 | 待定 | 任教学校校领导的领导方式属于：1=民主宽容，2=严格强势，3=中性 |
| 名师引领 | 名义变量 | 正相关 | 是否有名师引领传授：1=无，2=有 |
| 听取名课 | 序次变量 | 正相关 | 是否频繁听取名家授课或与名师进行学术研讨：1=不频繁，2=一般，3=频繁 |
| 培训 | 名义变量 | 正相关 | 参加过县级及以上教育部门组织的教师培训：1=无，2=有 |
| 比武大赛 | 名义变量 | 正相关 | 参加过学区以上各类教学比赛：1=无，2=有 |
| 公开课 | 名义变量 | 正相关 | 经常上公开课：1=无，2=有 |
| 科研基础 | 序次变量 | 正相关 | 任教学校科研基础：1=不好，2=一般，3=好，4=很好 |
| 获得资助 | 名义变量 | 正相关 | 获得过各类教学科研资助：1=无，2=有 |
| 时间教研 | 名义变量 | 正相关 | 投入很多时间进行教研：1=无，2=有 |
| 挫折 | 名义变量 | 正相关 | 经历过教学挫折从而对教学提升帮助很大：1=无，2=有 |
| 学历提升 | 连续变量 | 正相关 | 从教至今学历提升几个等级 |
| 听课 | 名义变量 | 正相关 | 经常听课：1=无，2=有 |
| 公开课 | 名义变量 | 正相关 | 经常开公开课：1=无，2=有 |
| 激励因素 | 名义变量 | 待定 | 哪项对您成才而言是主要激励因素：1=个人教绩，2=比赛获奖，3=职称晋升 |

考虑到因变量为二分类变量，因此采用 Logistic 回归模型进行建模分

析。主要基于 Logistic 回归模型可以很好地满足对分类数据的建模要求，因此目前它已经成为分类因变量的标准建模方法。模型如下：

$$\text{Logit}(Y)=B_0+B_1X_1+\cdots\cdots+B_pX_p$$

Y 为因变量，$X_p$ 为自变量，$B_p$ 表示自变量每改变一个单位，比值比的自然对数值改变量。

（三）调查对象的确定和调查情况

**1. 名师对象的确定**

根据《福建省人民政府关于进一步加强中小学教师队伍建设的意见》（闽政文〔2008〕344 号）、《福建省教育厅关于实施福建省中小学名师培养工程的通知》（闽教人〔2010〕11 号）、《国务院关于加强教师队伍建设的意见》（国发〔2012〕41 号）规定，确定三类人为名师对象：福建省中小学教学名师、福建省中小学学科教学带头人、福建省现有的特级教师。

**2. 调查范围**

在福建全省 9 地市及其所辖县范围内，对上述三类对象进行分层随机抽样，确定 105 名人选进行问卷调查，其中名师对象 45 人，非名师对象 58 人。预设计问卷对 4 名人选进行入户访谈试调查并征求意见及修正问卷。随后对抽样对象展开调查访谈，发放问卷 105 份，收回有效问卷 103 份。

（四）实证结果

（1）应用 SPSS19 软件进行统计分析，应用全部纳入法进行回归，得到结果如下（见表 2 至表 6）：

**表 2　　变数在方程式中**

| | | B 之估计值 | S. E | Wals | df | 显著性 | Exp（B） |
|---|---|---|---|---|---|---|---|
| 步骤 0 | 常数 | −0.219 | 0.200 | 1.193 | 1 | 0.275 | 0.804 |

**表 3　　模式系数的 Omnibus 检定**

| | | 卡方 | df | 显著性 |
|---|---|---|---|---|
| 步骤 1 | 步骤 | 72.205 | 34 | 0.000 |
| | 区块 | 72.205 | 34 | 0.000 |
| | 模式 | 72.205 | 34 | 0.000 |

表 4　模式摘要

| 步骤 | -2 对数概似 | Cox & Snell R 平方 | Nagelkerke R 平方 |
|---|---|---|---|
| 1 | 66.611[a] | 0.511 0 | 0.684 |

a. 因为已到达最大叠代，所以估计工作在叠代数 20 时终止。找不到最终结果。

表 5　Hosmer 和 Lemeshow 检定

| 步骤 | 卡方 | df | 显著性 |
|---|---|---|---|
| 1 | 29.983 | 8 | 0.000 |

表 6　变数在方程式中

| | | B 之估计值 | S. E | Wals | df | 显著性 | Exp（B） |
|---|---|---|---|---|---|---|---|
| 步骤 1[a] | 性别 1 | 1.362 | 0.915 | 2.216 | 1 | 0.137 | 3.902 |
| | 教龄 3 | 0.032 | 0.060 | 0.292 | 1 | 0.589 | 1.033 |
| | 学历 6 | 0.066 | 0.573 | 0.013 | 1 | 0.908 | 1.069 |
| | 经济 7 | -0.705 | 1.007 | 0.491 | 1 | 0.484 | 0.494 |
| | 期望 11 | -0.319 | 1.189 | 0.072 | 1 | 0.789 | 0.727 |
| | 困难影响 12 | 1.313 | 1.258 | 1.089 | 1 | 0.297 | 3.718 |
| | 人才辈出 13 | -0.690 | 1.121 | 0.378 | 1 | 0.538 | 0.502 |
| | 尊师传统 14 | 0.608 | 1.328 | 0.210 | 1 | 0.647 | 1.836 |
| | 行政 15 | 0.703 | 0.989 | 0.506 | 1 | 0.477 | 2.020 |
| | 教学工作量 17 | -0.252 | 0.860 | 0.086 | 1 | 0.770 | 0.778 |
| | 学校 19 | | | 2.208 | 3 | 0.530 | |
| | 学校 19（1） | 1.480 | 1.638 | 0.816 | 1 | 0.366 | 4.393 |
| | 学校 19（2） | 1.972 | 1.628 | 1.467 | 1 | 0.226 | 7.184 |
| | 学校 19（3） | 2.358 | 1.791 | 1.733 | 1 | 0.188 | 10.567 |
| | 人际关系 20 | -0.089 | 0.788 | 0.013 | 1 | 0.910 | 0.915 |
| | 师资力量 21 | 1.185 | 0.833 | 2.023 | 1 | 0.155 | 3.269 |
| | 财务环境 22 | 0.660 | 0.881 | 0.561 | 1 | 0.454 | 1.935 |
| | 教绩 23 | -0.875 | 1.623 | 0.291 | 1 | 0.590 | 0.417 |
| | 校风 24 | -0.794 | 0.979 | 0.658 | 1 | 0.417 | 0.452 |
| | 领导方式 25 | | | 5.488 | 2 | 0.064 | |
| | 领导方式 25（1） | -4.522 | 2.012 | 5.054 | 1 | 0.025 | 0.011 |
| | 领导方式 25（2） | -2.180 | 1.725 | 1.596 | 1 | 0.206 | 0.113 |
| | 名师引领 27 | 0.959 | 1.128 | 0.723 | 1 | 0.395 | 2.609 |
| | 听取名课 28 | 2.184 | 1.223 | 3.192 | 1 | 0.074 | 8.885 |

续表

| | | B之估计值 | S. E | Wals | df | 显著性 | Exp (B) |
|---|---|---|---|---|---|---|---|
| 步骤 1[a] | 培训 30 | 24.852 | 12 212.185 | 0.000 | 1 | 0.998 | 6.212E10 |
| | 比武大赛 31 | 4.421 | 1.620 | 7.446 | 1 | 0.006 | 83.141 |
| | 科研基础 34 | −0.196 | 0.694 | 0.080 | 1 | 0.778 | 0.822 |
| | 获资助 36 | 2.491 | 1.695 | 2.158 | 1 | 0.142 | 12.072 |
| | 时间教研 37 | −0.372 | 0.508 | 0.535 | 1 | 0.464 | 0.690 |
| | 挫折 39 | −1.781 | 1.444 | 1.520 | 1 | 0.218 | 0.169 |
| | 学历提升 44 | −0.135 | 0.826 | 0.027 | 1 | 0.870 | 0.874 |
| | 听课 47 | 0.007 | 0.234 | 0.001 | 1 | 0.976 | 1.007 |
| | 公开课 48 | −0.331 | 1.658 | 0.040 | 1 | 0.842 | 0.719 |
| | 激励因素 50 | | | 4.229 | 3 | 0.238 | |
| | 激励因素 50 (1) | 2.431 | 2.485 | 0.957 | 1 | 0.328 | 11.370 |
| | 激励因素 50 (2) | 0.851 | 2.298 | 0.137 | 1 | 0.711 | 2.342 |
| | 激励因素 50 (3) | −0.401 | 2.165 | 0.034 | 1 | 0.853 | 0.670 |
| | 常数 | −63.638 | 24 424.373 | 0.000 | 1 | 0.998 | 0.000 |

a. 在步骤 1 中选入的变数：性别 1，教龄 3，学历 6，经济 7，期望 11，困难影响 12，人才辈出 13，尊师传统 14，行政 15，教学工作量 17，学校 19，人际关系 20，师资力量 21，财务环境 22，教绩 23，校风 24，领导方式 25，名师引领 27，听取名课 28，培训 30，比武大赛 31，科研基础 34，获资助 36，时间教研 37，挫折 39，学历提升 44，听课 47，公开课 48，激励因素 50。

讨论：如上表，各因素对名师成才的影响结果如下：大师（名师）引领传授为正相关影响；平台因素方面，学校、师资力量为正相关，其中，相对于一般学校而言，县区名校效应更佳。学校教绩、校风并未体现正面影响，可能是与教师成才的关联度不紧密；实践机会与条件因素方面，听取名课、培训、比武大赛、获得资助、经常听课为正相关，时间教研和学历提升未体现正相关，可见历练和各种高层次实践机会是有效的成才途径；激励与挫折因素方面，激励因素体现了正相关影响，而挫折因素则体现了负相关效应；家庭因素方面，家庭经济条件越好，对成才帮助越大，而存在家庭困难影响并没有体现负相关效应；担任行政职务及教学负担方面，担任行政职务体现了正相关效应，可能是因为担任职务有利于获取有更多的资讯以及其他机会，从而更有利于促进成才；人文地理因素方面，成长地人杰地灵并没有体现正相关效应，而工作地尊师重教风气则体现了正相关效应；自身努力学习因素方面，学历提升、教研时间投入方面并没有体现正相关效应；工作单位制度环境方面，财务环境体现了正相关效应，而人际环境、校风则未体现正相关效应；个人背景方面，女性比男性更容易成为名师，教龄、学历体现了正相关效应。

（2）考虑到将全体因素纳入模型，未能明显体现显著影响的因素，应用SPSS的条件演算法建模功能来梳理出最显著的因素，综合前述大量的理论研究成果，在模型中将名师引领因素强制纳入，得出结果如下（见表7至表9）：

表7　变数在方程式中

| | | B之估计值 | S.E | Wals | df | 显著性 | Exp（B） |
|---|---|---|---|---|---|---|---|
| 步骤0 | 常数 | −0.254 | 0.199 | 1.632 | 1 | 0.201 | 0.776 |

表8　模式摘要

| 步骤 | −2对数概似 | Cox & Snell R平方 | Nagelkerke R平方 |
|---|---|---|---|
| 1 | 100.783[a] | 0.324 | 0.435 |

a. 因为参数估计值变化小于.001，所以估计工作在叠代数6时终止。

表9　变数在方程式中

| | | B之估计值 | S.E | Wals | df | 显著性 | Exp（B） |
|---|---|---|---|---|---|---|---|
| 步骤1[a] | 名师引领27 | 0.839 | 0.626 | 1.800 | 1 | 0.180 | 2.315 |
| | 性别1 | 0.904 | 0.496 | 3.313 | 1 | 0.069 | 2.468 |
| | 听取名课28 | 1.593 | 0.524 | 9.224 | 1 | 0.002 | 4.916 |
| | 比武大赛31 | 2.285 | 0.820 | 7.764 | 1 | 0.005 | 9.824 |
| | 挫折39 | −1.531 | 0.676 | 5.129 | 1 | 0.024 | 0.216 |
| | 常数 | −7.790 | 2.406 | 10.482 | 1 | 0.001 | 0.000 |

a. 在步骤1中选入的变数：名师引领27，性别1，听取名课28，比武大赛31，挫折39。

讨论：如表中所示，模型整体有效。名师引领、性别、听取名课、比武大赛、挫折等因素影响均在显著水平。其中，名师引领对名师成才影响效果明显；女性比男性更容易成为名师；听取名课对成长为名师帮助效果明显；经常参加比武大赛对成长为名师效果明显；遭遇教学挫折对名师成才提升影响为负相关。

## 三、政策建议

名师的成才过程，是内因与外因结合的结果，是各种要素的综合作用结果。综上所述，大师引领传授、平台育才、各种实践机会和条件的锻炼、良好的外围保障环境以及个人自身的学识与努力都相当重要。为此，政策建议如下：

（一）全面实施名师带徒制度，发挥好师承效应

应建立名师带徒制度。对现有认定的名师，在资金扶持的同时应明确其带徒责任与要求，并建立相应的目标责任考核。应适时选送优秀青年教师到名师身边跟班学习。同时，跟进建立相应的制度，对名师带徒制度给予资金上的支持、脱产安排、工作量上的认定、跟班方式的指导督促等，形成制度、持续推进，发挥好这一机制的学术传承功能和拓展效应。

（二）实施名课传播制度

定期组织名师上名课，以现场教学、电视传播、网络点播、电子出版物等方式，在不同地区、不同层面、不同载体推进名课的传播，可通过集中评课、交流研讨、自学交流等方式进行，并建立相应的制度保障，常抓不懈。

（三）改革选拔资助模式，营造人人成才格局

改变现有的“选拔＋资助”模式，变“相马”为“赛马”，在全局层面，面向全体教师队伍，营造人人成才的氛围和格局。从教师成才规律入手，针对有利教师成才的听取名课、培训、比武大赛、课题资助、学历提升、学术交流等影响要素，面向全体教师，加大安排和组织力度，强化支持，从项目和环节入手，在日常着力，促进全体教师能力水平的提升，逐步构建规模宏大的名师人才队伍。

（四）促进教学技能比赛常态化

应定期组织教学比武大赛。加大不同层级、不同地区的教学技能比赛组织力度和频度，适时奖掖教学能手，表彰先进、培养新人，并形成赛马效应，营造广大教师教学技能的竞赛氛围，广泛促进技能的提升。

（五）建设一批育才平台

要加大投入，集中力量建设好省级教师培训机构，并以此平台载体发挥好育才效应，经常性组织跨学科、高水平的教研交流，引进吸收国（境）外教育专家智力，研讨吸收、示范推广，推动教学水平不断进步。同时，加大市县两级的名校、教师培训机构等育才平台建设，开展对优秀苗子的流动性培养，发挥好平台的规模育才效应。

（六）加大投入和培养资助力度

应加大资金投入，提供更多的培养资助。通过多渠道、多项目培养资助机会，推进教师成才，比如加大选送参加培训力度，加大课题资助扶持等。通过培养造就更多名师。

（七）建设良好的制度环境

全面梳理教师成才相关的脱产调训、选送比武、学习费用报销等人事制度和财务制度，建设能助推教师成才的良好制度。同时，上级教育行政部门要加制度环境的督导力度，表彰先进、通报不足，在机制体制上为教师成才保驾护航。

（八）营造良好的氛围

应进一步加大宣传，在全社会营造良好的尊师重教风气，加大思想教育，提升教师的职业荣誉感和使命感，营造爱岗敬业、争先创优的工作氛围，推进文明校园建设，促进教师间和谐的人际氛围；营造鼓励创新、鼓励成才的氛围，同时应加大教育的投入，不断提升教师队伍的薪酬水平等各项待遇保障，提升职业吸引力和职业忠诚度，为名师成才提供宽松的社会环境。

**参考文献**

[1] 汤振纲，金礼久. 论名师成长研究的原则与方法 [J]. 教育导刊，2011（1）：70.

[2] 浙江省教育厅. 关于组织实施“十二五”浙派名师名校长培养工程的通知 [Z]. 浙教电传 2012 年 420 号，2012-11.

[3] 福建省教育厅. 关于实施福建省中小学名师培养工程的通知 [Z]. 闽教人〔2010〕11 号，2010-1-25.

[4] 河南省教育厅. 关于实施中原名师培育工程的通知 [Z]. 教师〔2013〕466 号，2013-5-31.

[5] 许合先. 诺贝尔自然科学奖领域知识与人才的传承规律及启示 [J]. 科技管理研究，2008（6）.

[6] 吴殿廷. 高级科技人才成长的环境因素分析——以中国两院院士为例 [J]. 自然辩证法研究，2003（9）：54.

[7] 郭华. 名师是怎样成长起来的——从对五位名师质的研究中谈起

[J]. 中国教育学刊，2008 (8).

[8] 许广云. 名师成长途径之分析 [J]. 现代教育科学：普教研究，2011 (3).

[9] 张妍，等. 积累、改革、实践——教学名师成长历程的个案分析 [J]. 现代教育科学，2010 (4).

[10] 罗春燕. 成为优秀高校教师的影响因素分析 [J]. 文教资料，2009 (9)：171.

[11] 王颖. 影响名师发展非自身因素剖析 [J]. 天津市教科院学报，2005 (5)：50.

[12] 杜华. 名师成长的影响因素分析——以首届全国高校教学名师奖获得者于洪珍教授为例 [J]. 煤炭高等教育，2006 (6).

[13] 樊小杰，张红霞. 国家级教学名师的个人背景分析及启示 [J]. 现代教育管理，2009 (11).

[14] 张文彤、董伟. SPSS 统计分析高级教程 [M]. 第 2 版. 北京：高等教育出版社，2012：163.

# 基层社会治理中社会工作专业人才队伍建设研究——以吉林省“三社联动”实践为例[①]

周　晓[②]

**摘　要：**基层社会治理中，社会工作专业人才队伍的建设是完善社区治理体系和治理体制机制的一个重要组成部分，是“三社联动”机制的支柱之一。本文以吉林省“三社联动”实践为基础，分析了社会工作专业人才队伍建设的意义，考察了社会工作专业人才队伍建设的现状、存在的问题，并提出了相应的对策建议。当前，社会工作专业人才队伍建设在基层社会治理中已经得到政府、社会、社区等各方面的重视和支持，成为社区治理体系建设中不可缺少的一部分。社会工作专业人才队伍在数量、专业性、服务领域等方面都有了很大的提升和拓展，在社区治理中发挥的作用也日益明显。但是社会工作专业人才队伍的建设在实践落实层面还存在理论与实践脱节、人才数量与质量有待提升、专业针对性不强，形式多过实效等方面的问题。因此，未来人才队伍建设应该在理念提升、加强专业性、激发民办社会工作机构活力、为专业社会工作实践提供更大空间等方面加大力度。

**关键词：**基层社会治理　社会工作　专业人才　队伍建设

① 该篇论文获得“2019年全国人才与人事研究主题征文活动”三等奖。

② 周晓，吉林省委党校（吉林省行政科学研究所）研究员。

党的十九大提出“加强社区治理体系建设，推动社会治理重心向基层下移，发挥社会组织作用，实现政府治理和社会调节、居民自治良性循环”。习近平总书记也指出，“社会治理的重心必须落实到城乡、社区”。基层是一切工作的落脚点，基层社会治理体系和能力的建设是实现我国治理现代化的重要基石。体系与能力建设离不开人才队伍的建设。社会工作专业人才队伍建设是基层社会治理体制机制建设和能力提升的重要组成部分。本文拟以吉林省基层社会治理中“三社联动”实践为基础，在分析社会工作专业人才队伍建设对基层治理的意义基础上，探讨其队伍建设存在的问题及对策建议。

## 一、基层社会治理中社会工作专业人才队伍建设的意义

2013 年，民政部、财政部联合出台的《关于加快推进社区社会工作服务的意见》提出，“建立健全社区、社会组织和社会工作专业人才联动服务机制”，“探索建立以社区为平台、社会组织为载体、社会工作专业人才为支撑的新型社区服务管理机制”。此后，“三社联动”机制成为基层社区建设中重点构建的服务机制。“三社”中，社区的架构依托原有的居民委员会比较成熟，社会组织在改革开放之后已经有初步发展，自本世纪初以来，社会组织逐渐在我国社会管理体制中占有了一席之地。与前两者相比，我国社会工作专业人才的出现则比较晚，队伍建设也比较迟缓，其职业类别直到 2015 年才得以确认（2015 年修订的《中华人民共和国职业分类大典》才将社会工作者明确列入“专业技术人员”大类）。党的十八届三中全会提出“创新社会治理体制”之后，社会组织成为社会治理的主体之一，社会工作人才队伍建设得到长足发展。党的十九大报告提出“加强社区治理体系建设，推动社会治理重心向基层下移”，社会工作专业人才队伍建设进入了一个新的发展阶段。吉林省社会工作专业人才队伍建设相对滞后，与经济发达地区的省市相比，专业社会工作者在基层治理中发挥的作用还比较有限，但其产生的影响非常积极，其队伍建设的意义不容忽视。

### （一）社会工作专业人才队伍建设有助于基层社会治理能力提升

党的十八届三中全会报告把“推进国家治理体系和治理能力现代化”作为全面深化改革的总体目标提出，这被认为是我国执政理念的一次提升。“治理”意味着社会治理领域多元主体的参与，即政府、社会、公民

等都将以治理主体的身份参与到社会治理中，治理能力的提升是治理体系完备、创新的关键。

基层社会治理是我国治理制度运作实践的落脚点。基层社会治理能力的提升是社会治理体系有效运作的关键。社会工作人才队伍的建设有助于提升基层社会治理能力。一方面，社会工作人才可以帮助社会组织提高承接政府转移而来的公共服务的能力，另一方面，社会工作人才还可以通过长期、统一、专业的服务帮助社区更好发挥职能、提升治理效果和水平。

### （二）社会工作专业人才队伍建设是实现社会治理专业化的重要基础

党的十九大报告指出“我国社会主要矛盾已经转化为人民日益增长的美好生活需要和不平衡不充分的发展之间的矛盾”，同时提出“提高社会治理社会化、法制化、智能化、专业化水平”。社会主要矛盾的转化说明以前粗放式的社会管理模式已经不适应社会发展的需要。社会治理领域，特别是基层治理中多元主体参与程度日益提高，对公共服务的精准性、精细化、可持续性的要求日益提高，因此专业化是社会治理发展的必然要求和趋势。

社会治理专业化必然要求治理队伍和人才的专业化。基层社会治理中对公共服务有特别需要的往往是弱势群体和单独个体，这部分人群也是基层治理的主要服务对象。解决这部分人所面临的问题和需求不仅仅是简单的物质资助，更多的是帮助他们认知自身的社会主体性，避免因其同社会的疏离而产生社会失调。这部分人群需要的是专业的社会工作者服务。针对服务对象的不同，社会工作者可以提供专业指导以及个别化或特殊性的解决方案。专业社会服务的价值观及技术体系，能够发掘服务对象自身的意义、体现服务对象的主体性价值，尊重和致力于促进服务对象的参与能力的提升。因此，在基层社会治理中，专业社会工作者人才队伍的建设是社会治理专业化的重要基础，是社会治理专业化水平提升的有力支撑。

### （三）社会工作专业人才队伍建设是“三社联动”机制发挥作用的核心要素

“三社联动”机制是基层社会治理的主要机制。机制的三个组成部分——社区、社会组织和社会工作专业人才——功能不同，但作为整体在基层社会治理中发挥作用。与作为平台的社区和作为载体的社会组织相比，作为支撑的社会工作专业人才是机制运转的核心要素。通过社会工作专业人才的工作，“三社联动”机制才能发挥作用，治理才能产生效益，也就是说，社会工作专业人才解决的是治理“最后一公里”的问题。党的十九大报告提出推动社会治理重心向基层下移，就是要在实践层面上落实社会治理制度的建设，在政府、社会、居民之间构建有效交流与互动的平台与途径。社会工作专业人才可以说是链接三者的纽带，能够辅助政府提供专业性公共服务，能够带动社会组织规范化运作，能够帮助接受服务的居民提升主体意识与价值，提升他们的参与能力。

新时代的社会治理创新已经不仅仅是理念与制度的创新，更是在治理实践中技术与方法的创新。在基层社会治理中，社会工作专业人才队伍建设代表了这一趋势，并且其职业素养也有助于社会治理创新技术与价值的并重。

## 二、吉林省基层社会治理中社会工作专业人才队伍建设的现状

吉林省的社会工作专业人才队伍建设与经济发达地区相比，起步晚、发展慢。近年在政府的大力支持下，结合基层社会治理创新，社会工作专业人才队伍建设取得了比较显著的进步，专业社会工作者在一些社区建设中发挥了非常积极的作用，产生了良好的社会效益。目前，从政府政策层面的支持力度到队伍建设发展层面的落实力度都在不断加大。

### （一）政策支撑力度较大

吉林省在2010年就确立了明确的社会工作发展思路，即“立足民政、由内而外，先行先试；依托社区、城乡并重，逐步拓展”，并启动了“万名社会工作人员培养计划”，得到了民政部的肯定。此后吉林省陆续出台了一系列推动培养社会工作专业人才、推动社区社会工作发展的政策文件，制定了“12＋X”的政策框架，即在省级层面以3个主要文件为主体（《吉林省贯彻落实全国人才工作会议精神　推进人才兴业战略的实施意见》《关于政府向社会力量购买服务的实施意见》和《吉林省社会工作专业人才发展规划（2011—2015）》），以9个文件为配套的政策框架。“X”为各地出台的政策措施。以此为基础，为全省社会工作的开展和社会工作专业人才的培养提供政策支持。2013年，吉林省通过民政部获得了两个政府购买社会工作服务项目，开始了政府购买社会工作服务的探索。2014年，政府把社会工作纳入政府购买服务的内容，并以购买社会

工作岗位和社会工作项目两种方式扩大购买范围、加大购买力度。2016年出台的《关于加快社区社会工作服务的指导意见》提出“建立一批社区社会工作专业人才队伍”；2017年吉林省委、省政府又出台了《关于加强和完善城乡社区治理的实施意见》，提出到2020年，每个城市社区至少配备2名社会工作专业人才。此外，吉林省根据民政部确定的试点引领，在社区开展了社会工作者服务站“四有”创建活动，即有服务平台、有专业队伍、有实务服务、有培育机制，并力争在2019年实现全覆盖。从政策的制定与配套来看，吉林省近年对社会工作专业人才的培养与支持力度在不断提升，为社会工作专业人才队伍的建设提供了政策保障和支撑。

（二）队伍发展较快

2006年，党的十六届六中全会提出“造就一支结构合理、素质优良的社会工作人才队伍”。2010年，吉林省民政厅发布了《全省民政系统社会工作人才队伍建设试点工作实施方案》，在民政事业单位、城乡社区、民办社会工作机构等范围内进行研究开发社会工作岗位、加强教育培训、建立激励机制等内容的试点，并提出推进社会工作人才职业化。《吉林省推进高层次人才队伍建设五年计划（2017—2022年）》明确提出：围绕社会治理能力现代化需要，推进社会工作机构、社区、社会组织联动发展，建设一批基层社会服务人才基地，造就一支有治理理念、熟悉专业知识、富有实践经验、热心社会工作、群众认可欢迎的社会工作人才。根据2013年的统计，吉林省有4.48万名基层社会工作人员，其中社会工作专业毕业的有1 026人，获取社会工作职业水平证书的有1 575人。为了推进吉林省社会工作专业人才队伍建设，吉林省于2013年5月启动了社会工作专业专科和本科的成人学历教育，首批录取了7 000名社区社会工作人员，费用全部由吉林省财政负担。2014年，吉林省城市社区社会工作岗位的设置已经达到了全覆盖。2018年，吉林省已经有6 353人考取了社会工作者职业水平证书，其中4 369人是社区在岗人员。

（三）功能作用积极

吉林省社会工作专业人才队伍建设还处于推进状态，社区社会工作服务站还没有实现全省全覆盖，但专业社会工作人员的服务已经发挥了一定作用，并产生了积极的社会效益。

#### 1. 社会对社会工作和社会工作的认识得到提高

社会工作和社会工作在我国属于新生事物，是随着我国管理体制的改革而出现的新的职业门类。吉林省在推进社会工作专业人才队伍建设初期，社会公众对社会工作的认识几乎是空白，很多人把社会工作等同于社区工作者。随着社区社会工作岗位的设立和社会工作服务站的建立，社会工作和专业社会工作逐渐被社会大众熟知和认可。2018 年，吉林省报考全国社会工作职业水平考试的人数突破了一万人。

#### 2. 社区治理专业化水平得到提升

党的十九大报告提出提高社会治理专业化水平。专业化需要专业知识、科学方法，同时也需要一支专业人才队伍。社区治理中社会工作通过政府设置的社会工作岗位、政府向社会购买服务项目等途径为社区居民提供专业化、个性化的服务，可以避免基层治理中服务内容和服务标准的随意性，同时也提高了基层治理中公共服务项目运作的规范化、程序化。

#### 3. “三社联动”机制不断完善

“三社联动”机制是基层社区治理的主要服务机制。社会工作专业人才队伍建设增强了机制的支撑力量，完善了机制的构成，促进了机制的正常运作。在社区治理的实践中，社会工作专业人才在“三社联动”机制中的功能日益明显。

## 三、吉林省基层社会治理中社会工作专业人才队伍建设问题与挑战

党的十九大报告提出要加强社区治理体系建设，推动社会治理重心向基层下移。社会治理重心下移对基层社会治理体系和治理能力提出了更高的要求。社会工作专业人才作为社区治理“三社联动”机制的组成要素在基层治理中必将发挥越来越多的作用。通过对吉林省城市基层社区的调研，基层社会治理中社会工作专业人才队伍建设尽管取得了显著成绩，但仍然存在诸多问题。主要体现在以下几个方面。

### （一）专业社会工作数量有限，力量不足，没有形成人才队伍的合理架构

2013 年，吉林省取得社会工作者职业水平证书的人数为 1 575 人，到 2018 年，这一数字上升到 6 353 人，其中 4 369 人是社区在岗人员。可以说，经过几年的发展，吉林省专业社会工作者人数上升还是很快的，

但是占人口总量的比例还是极低的。而且社区在岗人员中取得专业职业水平证书的人中有很多人并不从事专业社会工作者的工作，而是社区的工作人员，仍然从事社区的日常性工作（这其中部分原因是因为政府为了鼓励社区工作人员考取职业水平证书，每月给予拥有证书的工作人员一定数额的岗位补贴）。此外，尽管省政府大力推动社区专业社会工作岗位的设置和社会工作服务站的建立，但其中能够发挥作用的主要集中在长春市的社区，在其他地级市的城市社区中，专业社会工作者难觅踪影，活跃的基本是志愿者队伍，更不用说基层的市县社区。从目前的结构看，吉林省社会工作专业人才的数量发展比较迅速，但是在实际工作中，既没有形成从省市级到县市级的层级结构，也没有形成人才代际间的阶梯结构。

（二）工作界限模糊，不利于专业性提升

社区社会工作岗位设置和社会工作服务站在省会城市长春基本覆盖，但在实践工作中，专业社会工作者的工作界限比较模糊，工作内容也缺乏专职专业性。社区社会工作岗位设置最初是以公益岗形式出现，招聘对象并不针对专业社会工作者，工作内容是辅助社区为老助残等工作。随着专业社会工作者数量增加，社区社会工作岗位基本由专业社会工作者担任，但工作内容性质变化不大，很少有针对性的专业社会工作者服务，和日常社区工作人员的工作内容相混杂。社区很多专业性的社会工作服务一般由政府向社会组织购买，社会工作岗位的工作者做一些辅助性工作。此外作为社会组织的社会工作机构在提供服务时也很少注重专业性的提升，而是政府有什么项目能够承接就承接什么项目，对内容几乎没有特别的专业性考虑。有的社会工作机构从社区爱心超市项目，从助残项目到心理辅导、就业指导等几乎都可以承接。工作内容的庞杂导致社会工作提供的服务水平和质量有限，形式上类似于助贫扶弱，缺乏社会工作的核心本质的体现：帮助服务对象能力的提升，达到“自助”的目的。加上考核评价机制的不健全，社会工作服务的专业性难以获得提升。

（三）服务项目缺乏长期性，难以形成专业团队力量

2008年吉林省在长春市几个试点社区成立了社会工作服务社，后更名为社会工作服务站。但早期没有专业社会工作者，由社区干部兼职。2013年，某区以街道为主体，由基层申请，民政局和市政府支持，申请

到一个由公益基金会发起的夕阳红工程项目，在几个社区实施了该项目，按基金会要求，注入了第三方专业社会工作服务。从2016年开始，吉林省每年通过福彩公益金购买近30个社区社会工作机构的专业服务。政府购买专业社会工作服务是社会工作专业人才队伍形成的一个重要支撑。但在调研中不难发现，政府购买专业社会工作服务项目一般都是短期项目，而且每年购买内容都不尽相同，几乎没有长期、稳定的针对性专业服务项目。这样的政府购买模式导致社会工作机构和专业社会工作人员不可能专注于专业性的提升，难以形成专业团队力量，往往是服务形式大于服务实质。

（四）人才培养投入有限，机制单一

近年来吉林省一直在加强对专业社会工作人才的培养力度，但与实际需求相比，投入仍然有限，主要集中在针对社区社会工作人员的办班培训学习以及给予考取社会工作职业水平证书的社区工作人员50～200元的岗位津贴。人才培养机制比较单一。吉林省每年都会由相关部门组织针对社会工作的培训学习，并实施了社区工作者和社会工作人才“专业能力提升工程”等培养措施，但基本都是自上往下的推行，政府相关部门牵头、引导、实施，行政力量为主，缺乏自下而上的推动和社会自发自觉的行动。此外，限于财力物力人力的有限，专业社会工作人才的培养、岗位设置以及政府购买社会工作服务主要集中在长春市，其他地区对此的投入更加有限。尽管也开展了针对“三区”的社会工作服务，但其他地市的城市社区服务仍然以志愿者、义工队伍为主，缺少专业性的指导与培育，更谈不上社会工作专业人才队伍的建设。

## 四、吉林省社会工作专业人才队伍发展的对策建议

社会治理重心向基层下移是我国社会治理发展的新阶段，基层社会治理能力和治理水平的提升是完善社会治理体系和治理新格局的重要基础。社会工作专业人才队伍作为基层社区治理机制的组成部分，应该作为基层治理重要的有生力量加以重视和培养。根据吉林省的实际情况，社会工作专业人才队伍建设应该在以下方面进行推进。

（一）提升理念，提高对社会工作的认知

理念是行动的先导，创新社会治理首先要创新理念。社会工作专业人才的培养离不开全社会对社会工作的普遍认知和了解。我们在调研中

发现，一方面，尽管公众对社会工作有了一定的认识，但这种认识很浅显，对专业社会工作的工作性质、工作内容、工作流程等的了解都比较模糊；另一方面，很多社区工作者，特别是地以下市县的社区工作者，对专业社会工作者的了解和认知也不清晰。社会工作岗位工作人员即使经过培训，很多也停留在书面，再没有形成专业认知。因此，应该加大对社会工作的宣传推广，让全社会熟悉、了解社会工作，了解社会工作专业人才在社会治理中的地位与作用，形成社会工作专业化、职业化的理念，这是建设社会工作专业人才队伍的社会基础。

（二）充分利用高校资源，提升基层治理中专业社会工作者的水平和能力

吉林省是高等教育资源比较雄厚的省份，多所大学设有社会工作专业，社会工作理论基础比较扎实。2016 年，以长春理工大学为依托成立了当时东北地区唯一一家高校“社会工作智库”——社会工作参与社会治理研究智库。在吉林省社会工作的推进中，高校的社会学和社会工作专业的专家学者和学生发挥了积极作用。但除了政府部门的推动外，省内除长春以外的其他地区以及社会力量与高校社会工作资源间的自主联系并不多。政府与高校、街道社区与高校的合作可以说是双赢合作，政府、街道和社区可以利用高校力量的理论基础和专业素养提升社会工作理念和专业水平，高校可以通过社会工作实践理论结合提升研究水平。在政府主导的前提下，吉林省基层治理各主体应该加强与高校社会工作专业力量的合作，建立合作机制，使之成为培养社会工作专业人才的主要途径之一。

（三）加大对民办社会工作机构的扶持力度，激发社会活力

基层治理中社会工作的服务对象主要是有需求的公民个体，社会工作是社会联系个人的一条纽带。如果仅仅依靠政府自上而下的推动和支持，很难形成一支充满活力的人才队伍。只有激发社会活力，提高民办社会工作机构的能力，才能为社会工作专业人才队伍提供源源不断的有生力量。应该加大对民办社会工作机构的扶持力度，除了政策支持、财政投入、人员培训等措施外，还应该扩大购买民办社会工作机构服务的规模；为民办社会工作机构进入社区提供便利条件，帮助民办社会工作机构形成与社区、物业、业主之间的联系网络等，让民办社会工作机构在基层治理实践中不断成长。

（四）增加政府购买中长期稳定性项目的内容

社会工作专业人才的“专业”不仅仅体现在专业理论知识上，更应该体现在把理论知识运用到实际工作中，这样才能成为专业人才。但由于政府购买的项目中几乎没有长期稳定的，基层治理中的社会工作基本都是万能型的，哪里需要去哪里，无论是专业领域内还是工作区域内，都难以做到深耕细作，即使有队伍，也难以称为“专业”。对此，有学者认为：政府购买服务政策要创新，方向是五个字“稳定的预期”，要让社会组织对未来有预定的预期…… 才有可能在这个项目上有更多的专业化的开发，招聘更专业化的团队去做这样的事情。吉林省应该根据不同地区基层治理的实际需求，在制定政府购买社会工作服务规划时，增加长期、连续、稳定的购买项目的数量，为社会工作机构和社会工作者提供有预期的未来，为社会工作专业人才队伍的建设提供充足的发展空间。

## 参考文献

［1］张红敏. 为何要加强社会服务专业化建设［J］. 人民论坛，2018（5）：80-81.

［2］王春楠. 吉林省社会工作人才队伍建设的现状分析［J］. 法治与社会，2013（8）：156-157.

［3］中共中央宣传部. 习近平新时代中国特色社会主义思想三十讲［M］. 北京：学习出版社，2018：235.

［4］闫加伟. 社区治理，何以“专业化”［EB/OL］. http：//www.chinadevelopmentbrief. org. cn/news-22356. html.

# 吉林省行政执法队伍建设现状考察与推进对策[①]

魏芙蓉[②]

**摘　要：**加强行政执法队伍建设是实施依法治国方略，建设法治政府的重要内容；是推进依法行政，实现国家治理体系和治理能力现代化的必然要求；也是提高行政执法水平，回应人民群众新期待的现实选择。党的十八大以来，吉林省积极推进行政执法队伍建设，取得了明显成绩，同时也存在着行政执法体制尚未理顺、行政执法队伍结构不优、行政执法人员培训实效性不强、行政执法保障水平不高等问题。本文针对形成这些问题的原因，从加强组织领导，系统推进队伍建设；深化行政执法体制改革，进一步优化执法队伍结构；适当提高准入门槛，严格入口把关；加强教育培训，提升素质能力；增加财政投入，提高保障水平；建立健全相关制度规范，强化对行政执法人员的监督约束等方面提出了加强吉林省行政执法队伍建设的具体对策建议。

**关键词：**行政执法队伍　法治政府　依法行政

党的十九大报告对建设法治政府，推进依法行政，严格规范公正文明执法提出了明确要求。所谓行政执法，是指行政主体依照行政法律、

① 该篇论文获得“2019 年全国人才与人事研究主题征文活动”三等奖。

② 魏芙蓉，吉林省行政科学研究所所长、教授。

法规和规章的规定，对具体事务进行处理并直接影响行政相对人权利与义务的行政行为。行政执法所具有的主动性、复杂性、强制性、裁量性等特征决定了行政执法不仅是把党领导人民制定的法律变为经济和社会生活实践的纽带，是广泛涉及公共利益和行政相对人正当权益的管理活动，是展示党和政府形象的广阔舞台，是实现政府治理能力现代化必不可少的环节，同时，也容易导致在行政执法领域出现职责交叉、行政侵权、执法缺位、效率不高、影响社会稳定等消极问题。实践证明，建设一支政治合格、业务过硬、监督有效、保障有力的行政执法队伍，是实现严格规范公正文明执法要求的基础性举措。

## 一、新时代加强行政执法队伍建设的必要性和紧迫性

党的十九大对新时代中国特色社会主义各项建设事业做出了全面的部署，建设高素质行政执法队伍是全面实施依法治国，建设法治政府，实现治理体系和治理能力现代化的必然要求，是实现“两个一百年”奋斗目标、夺取新时代中国特色社会主义伟大胜利的重要组织保证。

### （一）加强行政执法队伍建设是实施依法治国方略，建设法治政府的重要内容

建设法治政府是全面建设社会主义法治国家的重要组成部分。中共中央、国务院下发的《法治政府建设实施纲要（2015—2020 年）》中，明确到 2020 年基本建成职能科学、权责法定、执法严明、公开公正、廉洁高效、守法诚信的法治政府。其中把“坚持严格规范公正文明执法”作为七项目标任务之一。为实现这一要求，必须加强行政执法队伍建设。没有一支高素质的行政执法队伍就不可能做到严格规范公正文明执法。因此说，实现建设法治政府的目标必须加强行政执法队伍建设。

### （二）加强行政执法队伍建设是推进依法行政，实现治理体系和治理能力现代化的必然要求

国家治理体系和治理能力是一个国家的制度和制度执行能力的集中体现。推进国家治理体系和治理能力现代化，是完善和发展中国特色社会主义制度的必由之路，也是建设社会主义现代化强国的题中应有之义。法治是国家治理体系和治理能力的重要依托，现代化的治理必然是依法治理。依法治理国家的前提条件，是完备的法律规范体系、高效的法治

实施体系、严密的法治监督体系、有力的法治保障体系。其中，建设一支高素质行政执法队伍是社会主义法治实施体系的人才保障。行政执法人员处在行政执法第一线，直接面对人民群众，他们的法治观念、职业操守、办案能力、纪律作风直接关乎公共安全、社会公正、权益保障、和谐稳定，直接影响到人民群众对法治的信仰。特别是随着科学技术进步、社会转型、经济转轨和利益格局的变化，矛盾纠纷呈现多发的态势。在征地拆迁、土地承包纠纷、社会保险、教育医疗、消费者权益保护、危害食品药品安全、影响安全生产、损害生态环境、破坏网络安全等方面的违法案件逐年增加，处理的难度也在加大。因此，需要大批受过良好专业训练、经历各种考验，具有清正廉洁品质和明辨是非理性的行政执法人员，才能维护良好秩序，化解各种纠纷，提升经济社会的治理能力，把良法善治落到实处，让人民群众在日常的行政执法活动中感受到公平正义。

（三）加强行政执法队伍建设是提高行政执法水平，回应人民群众新期待的现实选择

行政执法活动直接面向群众，是行政机关实施行政管理的主要方式。行政执法人员执法活动体现的是国家意志，也是党和政府管理水平的标志。执法水平的高低，直接关系到党和政府的形象，直接影响党、政府和人民群众的关系。随着社会主义法治建设的深入和法律知识的普及，人民群众的权利意识不断增强，不仅要求在物质生活方面不断得到改善，而且对参与公共事务的管理和实现公平正义有更强烈的期待。党的十八大以来，随着依法治国实践的不断深化，行政执法人员的法治观念、执法水平有了很大提高。但是，我们也必须看到，行政执法体制机制，执法队伍的文化专业结构，工作纪律作风等方面仍然存在一些亟待解决的问题。由于执法体制不顺，职责不清，造成执法扰民或执法缺位；由于个别执法机关或执法人员执法为民的理念树立的不牢，存在执法趋利的现象；由于少数执法人员缺少必要的法律知识，导致法律不能正确实施，从而引发行政纠纷；由于少数执法人员缺少公职人员应有的职业道德，因此在执法过程中作风粗暴、方法简单、推诿搪塞，引发群众的不满。对这些问题如果不能从体制机制和队伍素质上加以解决，势必严重影响党和政府的形象，影响建设社会主义法治国家目标的实现。

## 二、吉林省行政执法队伍建设的现状考察

据调查，截至2018年年底，吉林省共有行政执法主体2 882个，包括法定行政执法机关、授权行政执法组织和受委托行政执法组织三大类别；共有行政执法人员117 850人，包括公务员编、事业编、参公管理、企业等多种身份；50岁以上的人员占20％以上，具有大专以上学历的超过80％，具有法律专业背景的不到20％，通过国家法律职业资格考试取得法律职业资格的不到0.5％。

### （一）吉林省行政执法队伍建设取得的成绩

党的十八大以来，中共吉林省委、吉林省政府认真落实中共中央、国务院关于深化依法治国实践，推进依法行政，建设法治政府的各项决策部署，紧紧围绕行政执法队伍建设做了大量卓有成效的工作。

**1. 推进综合行政执法体制改革，不断优化队伍组织结构**

行政执法体制直接影响到行政执法队伍组织结构的优化。近年来吉林省着力推进综合行政执法体制改革，推动执法重心向市、县下移，减少行政执法层级和执法队伍种类。一方面，在城市管理领域，2016年以来，多数市、县建立了城市管理行政执法局，在市政、环境、交通和城乡规划等领域实行综合执法，提升了城市管理水平。另一方面，在市场监管领域，2017年在公主岭市、伊通县、东丰县三个县（市），将工商、质监、食品药品监管等部门的监管机构和职能进行整合，组建了市场监督管理局综合执法大队，开展了市场监管领域综合执法改革试点，在一定程度上解决了市场监管领域多头执法、重复执法、权责不明等弊端，为全面实施市场监管领域执法体制改革积累了经验。同时，吉林省颁布《吉林省深化行政执法体制改革推进综合行政执法的意见》，明确到2020年全省行政执法体制改革的时间表和路线图。

**2. 大力实施教育培训，提升执法队伍素质能力**

一方面，各级政府及其所属部门通过定期培训、组织行政执法人员参加党校和行政学院的依法行政知识学习等途径强化行政执法人员依法行政理念，提高业务能力。2017年由行政执法机构自身组织的培训参训人次占全部执法人员85％，参加县级组织培训的占76％，参加市级组织培训的占23％，参加省级以上组织培训的占5.6％。通过培训，行政执法人员的职业素养普遍得到提升。另一方面，严格实行行政执法人员持证

上岗和资格管理制度。省政府出台了《吉林省行政执法证件管理办法》，对行政执法证件的申领资格、申领程序、使用要求、财政保障、监督管理等方面做出详细的规定，为强化行政执法人员的资格管理提供了依据。凡是进入行政执法队伍的人员，必须参加发证机关组织的统一培训并考试合格，才能取得执法资格。目前，全省行政执法人员可以普遍做到持证执法。

**3. 改善行政执法条件，强化执法队伍保障能力建设**

在行政执法设备设施建设方面，全省各级政府普遍设立政务大厅，一些执法部门大力改善行政执法物质条件。有的积极进行软件开发，组织网络信息系统建设，购置执法必需的设备、设施，使行政执法的信息化程度大为提高。长春市投巨资建设的数字城管运行模式日趋成熟，依托市、区、街三级数字化城管网络，实现对城市运行和管理情况的实时监控，建立了网格化管理模式，可以做到城市管理问题第一时间发现、第一时间处置和第一时间反馈，有效地提高了城市管理水平。还有的省直部门全面推广使用执法记录仪和便携式移动执法终端等设备，实现全过程留痕。对企业经营、隐患排查、行政审批、标准化管理、中介机构服务及行政执法等活动进行网上全流程监管，使执法办案能力明显提升。

**4. 加强行政执法监督，倒逼队伍素质能力提升**

一是认真组织行政执法检查。省政府每年初下发行政执法检查通知，部署检查的时间、方式和具体内容。为了提高行政执法检查的实效，坚持以组织执法专项监督检查、行政执法案卷评查为抓手，不断总结经验，创新方法，加大力度。二是各级政府及所属部门采取多种方式开展了行政执法案卷评查，通过检查静态执法案卷，规范动态执法行为。三是2016年省政府行政执法监管部门对全省环保、农业两个系统进行了定向检查；对交通运输、水利等5个部门进行了随机抽查，并对检查情况进行了通报，对发现的问题责成相关部门进行整改，对相关责任人员进行了处理，从而增强了行政执法人员的危机感和责任感。

总之，通过采取多种措施，积极推动队伍建设，吉林省行政执法队伍的整体素质和执法水平得到明显提高。据对省直某机关调查，该部门所属系统所发生的行政复议和行政诉讼案件中，行政机关“败议”和“败诉”率由2014年的28%，下降到2017年的19%，人民群众的满意度不断提升。

（二）吉林省行政执法队伍建设存在的差距

在充分肯定成绩的同时，也要看到，吉林省行政执法队伍的现状无论是同建设法治政府的要求和人民群众的期待相比，还是同先进的省（市、区）相比，都存在一定的差距。主要表现在以下方面：

1. 行政执法体制尚未理顺

现有的行政执法体制改革实践还局限在部分区域和领域，没有全面推开。在市场监管、文化、卫生计生、安全生产、交通运输、生态环境保护监管、农田水利等领域还不同程度地存在多头执法、职责交叉等问题。同时，有的地方还存在着行政执法主体管理不够规范的问题，突出表现在委托执法方面，有的没有委托书，有的没有向社会公告，有的委托机关对受委托组织监管力度不够。这些体制方面的问题都在一定程度上影响了行政执法效能的发挥。

2. 行政执法队伍结构有待优化

从行政执法队伍总体来看，专业结构不佳的问题非常突出，主要表现为具有法律专业背景的人员不足 20%，而且这一比例越往基层越低。此外，有些行政执法队伍还存在着年龄偏大、文化程度偏低等问题。如根据对某县级市执法机关的调查，全局共有行政执法人员 112 人，其中 41 岁至 60 岁的占 79%，具有法学、法律学历背景的人员为 0。执法队伍结构严重不适应管理工作的实际需要。

3. 行政执法人员培训实效性不强

培训实效是培训活动的生命。但在行政执法人员培训过程中，个别单位存在着为了应付检查考核而开展培训的现象。对培训对象、培训内容、培训方法、聘请教师等缺乏科学的安排，具有很大的随意性；对培训效果没有约束和评价的手段，致使培训活动走了过场。

4. 行政执法保障水平不高

有的行政执法机关，特别是县级行政执法机关缺少必要的执法装备和设施，与行政执法所要求的信息公开、全程留痕、远程监控、网上传输等目标不相适应。有的地方没有执法办案交通工具，只能“私车公用”。有的地方行政执法经费财政保障水平较低，在典型调查中了解到最少的人均经费不足 7 万元，极个别地方甚至还存在“自费执法”的现象。行政执法类公务员与其他公务员按照相同的模式管理，由于受到岗位职数的限制，基层行政执法人员职业上升通道狭窄，待遇水平偏低，影响其工作积极性和队伍稳定性，也不利于吸引高素质人才从事行政执法工作。

形成以上问题的原因是多方面的，有的是因为领导重视不够，缺乏推动行政执法队伍建设的自觉性；有的是由于历史上行政执法队伍形成沿革和现实中准入门槛偏低等造成的队伍结构不合理；有的是由于培训管理机制不健全导致的培训效果不理想；有的是因为地方财政投入不足导致了执法装备落后，难以适应实际需求；有的是由于宏观政策限制，致使行政执法人员职业保障水平偏低；有的是由于对行政执法人员进行监督约束的制度不完善等。这些问题的存在，直接影响行政执法能力和水平的提高。因此，必须坚持问题导向，深入研究解决对策，努力把吉林省行政执法队伍建设提升到一个新水平。

## 三、加强吉林省行政执法队伍建设的对策建议

根据中共中央、国务院《法治政府建设实施纲要（2015—2020 年）》的相关部署，结合吉林实际，以促进严格规范公正文明执法为目标，牢牢把握提升行政执法队伍整体能力这一主线，进一步理顺行政执法体制，提升行政执法人员素质，完善行政执法监督机制，提高行政执法保障水平，努力打造一支与法治政府建设相适应的吉林省行政执法队伍。

### （一）加强组织领导，系统推进行政执法队伍建设

（1）行政执法队伍建设应当纳入法治政府建设总体框架统一实施领导、统一安排部署、统一督查考核。应明确对行政执法队伍建设的领导责任，并确定综合指导协调部门。政府及行政执法部门应定期研究解决行政执法队伍建设中存在的问题。行政执法队伍建设情况应纳入法治政府建设指标体系进行考核。

（2）制定行政执法队伍建设三年规划，科学、有序、系统推进队伍建设工作。规划应当明确规定行政执法队伍建设的目标任务，主要包括：行政执法队伍规模应与人口总量、经济发展和社会管理需要相适应；行政执法人员的综合素质明显提升，具有大专以上学历的人员应不少于85%，具有法学专业背景的人员应不低于 20%，行政执法队伍的平均年龄应有所降低；建立完善的培训考试体系、科学的执法评议制度、全方位多层次的执法监督机制、严密的奖惩约束机制；行政执法物质条件明显改善，行政执法经费得到财政保障，执法装备水平基本能够满足实际

需要；行政执法队伍形象进一步改观，文明执法、公正执法的核心价值理念得到彰显，执法先进典型不断涌现，人民群众满意度明显上升等。

（二）深化行政执法体制改革，进一步优化执法队伍结构

**1. 整合组建综合行政执法队伍**

全面落实吉林省关于推进综合执法体制的相关决策部署，抓紧整合组建市场监管、生态环境保护、文化市场、交通运输、农业五支综合执法队伍。进一步理顺城管执法体制，加强城市管理综合执法机构建设。

**2. 推动行政执法重心下移**

省级原则上不设执法队伍，设区的市与市辖区原则上只设一个执法层级，强化市县行政执法职能。统筹县（市、区）和乡镇（街道）执法工作，加快建立统一高效的基层行政执法体系。县（市、区）可在乡镇（街道）或按区域派出执法机构，承担相关领域综合执法工作。建立乡镇（街道）综合执法平台，完善执法联动机制，由乡镇（街道）统筹辖区内派驻机构和基层执法力量，开展联合执法。

（三）适当提高准入门槛，严格入口把关

**1. 招录行政执法机关中关键执法岗位上的人员应当具有法律职业资格**

在行政机关从事行政处罚决定审核及办理行政复议、行政裁决、行政诉讼案件的人员，是对行政执法质量具有关键性影响的重要力量，按照“老人老办法、新人新办法”的原则，对新录用的上述人员应当设立取得国家统一法律职业资格的准入门槛。同时应当鼓励其他从事行政执法的人员参加国家统一法律职业资格考试，获取职业资格。

**2. 严格实施行政执法资格管理和持证上岗制度**

党的十八届四中全会的决定明确要求：“严格实行行政执法人员持证上岗和资格管理制度，未经执法资格考试合格，不得授予执法资格，不得从事执法活动”。应当结合本次综合行政执法体制改革，对行政执法队伍进行一次清理整顿。通过政治思想考察、业务能力考试等途径重新确认行政执法人员的资格。对于通过考核、考试的人员，重新确认其行政执法资格，并发给行政执法证件。对年龄偏大、文化偏低、身体不适应执法岗位需要，或经过考核、考试不合格的人员做分流或转岗处理。今后录用行政执法人员时，除掉应具备普通公务员的招录条件以外，还应当增设法律知识考试的内容，考试分数不达标的，不得进入行政执法岗

位。要加大监督检查力度，对有证不持、或无证上岗执法的，要追究有关单位和责任人的责任。

3. 规范行政执法辅助人员聘用管理

应当严格控制使用执法辅助人员。应当通过制度化的途径，明确行政执法辅助人员适用岗位、身份性质、职责权限、权利义务、聘用条件和程序等，使对辅助人员的管理有章可循。确保行政执法辅助人员只能配合执法人员从事宣传教育、信息收集、违法行为劝阻等辅助性事务，不得单独从事具体行政执法工作。对行政执法辅助人员应由聘用单位进行管理，并对其职务行为承担责任。

（四）加强教育培训，提升行政执法人员的素质能力

1. 优化培训内容

根据新时期面临的形势和任务，应当与时俱进地调整行政执法人员培训教育内容。一要突出政治建设，深入学习习近平新时代中国特色社会主义思想，强化理想信念和职业道德教育。二要强化宪法、基本法和社会主义法治理论教育，增强行政执法人员的法律素养，为具体执法活动提供理论指导。三要组织学习与本部门执法密切相关的法律知识和专业知识学习，尤其是在法律、法规或规章修改变动后应尽快开展学习培训，保证法律、法规和规章的正确实施。

2. 丰富培训形式

要建立实施行政执法人员法律知识学习培训的长效机制。通过自学、定期培训、离岗学习等形式组织和支持执法人员学习法律知识。可以通过对典型案件开展研讨、组织庭审观摩、集体进行案卷评查、开展法律知识竞赛和法治文化建设活动等途径，创新培训方法，提高培训的实效。

3. 创新培训主体

为了提高行政资源的使用效率，可以通过招投标或直接委托的方式，由行政执法机关向党校、行政学院、高等院校及其他社会培训机构购买培训服务。

4. 建立培训效果评估检验机制

改变只注重过程和形式，而不关注实际效果的倾向。对培训的效果应当结合培训内容，通过考试验收、能力测评等方式进行检验评估，防止培训走过场。

（五）增加财政投入，提高行政执法队伍保障水平

**1. 健全行政执法经费财政保障机制**

应将行政执法所需的工资、奖金、津贴、补贴支出和办公经费等统一纳入财政预算，由财政全额予以保障。不得实行“自收自支、自费执法”，不得通过按比例返还、发放奖金、补助等形式调动执法机关和工作人员收费罚款的积极性。

**2. 提高行政执法人员职业保障水平**

对行政执法类公务员实行分类管理，根据其工作职位的特性，单独设立行政执法职务、职级序列，为其提供不同于一般公务员的职业发展空间，有利于调动行政执法人员的工作积极性。新修订的公务员法确立了公务员职务与职级并行制度，并预留出了行政执法类公务员职级设置将依法由国家另行规定的制度接口。当前，应根据中办、国办 2016 年印发的《行政执法类公务员管理规定（试行）》精神，借鉴上海市等地行政执法类公务员分类管理改革经验，加快推进试点及其在全国范围内的推广工作。同时，探索建立适应行政执法职业特点的工资薪酬制度，在国家相关具体改革方案出台前，可适当提高行政执法类公务员绩效奖励水平，发放行政执法岗位津贴，增强行政执法类公务员的获得感，以吸引人才、稳定队伍。

（六）建立健全相关制度规范，强化对行政执法人员的监督约束

**1. 完善行政执法责任制度**

根据法律法规的立改废和机构改革后的变化情况，应当及时调整完善行政执法责任制、健全评议考核制和过错追究制。要明确执法主体和责任分工，把是否依照法定权限和程序行使权力、履行职责作为重要考核指标，纳入对行政执法人员的年度考核和日常考核体系，并把考核结果记入本人人事档案，作为奖惩、职务升降、聘用合同续签或解除的主要依据。对有违法或不当行为的执法人员，视情节轻重，给予约谈、批评教育、离岗培训、取消执法资格、降薪、免职、开除等处理。对经批准从事行政执法辅助工作的编外人员，按照“谁用工，谁管理”的原则，参照在编人员考核管理的相关规定进行考核奖惩。考核不合格的，直接解除聘用合同。

**2. 推进行政执法规范化建设**

行政执法部门应当制定并推行行政执法用语、仪容举止、职业道德

等基本规范。行政执法人员从事行政执法活动，应当仪表整洁、语言文明、举止得体、方式得当，有统一着装要求的要严格按照规定进行着装。行政执法人员在行政执法过程中，不得使用粗俗、歧视、侮辱以及威胁性语言，不得刁难当事人或者做出有损行政执法人员形象的行为。

**3. 完善行政执法检查和案卷评查制度**

根据法治政府建设的新形势，应建议省人大对《吉林省行政执法条例》进行修订，为加强行政执法监督提供制度保障。要通过制度创新提高行政执法检查的实效。执法检查不仅要听执法部门的工作汇报，还要通过查阅案卷、文件，或组织执法人员考试，或召开行政相对人座谈会等多种方式进行。要由公开式的检查向明察和暗访相结合转变。要由单纯的按计划实施检查向按计划检查与随机性检查相结合转变。要完善行政执法案卷评查制度。各执法部门应当根据法律、法规的规定和执法实践的需求，研究建立行政执法文书范本和行政执法案卷评查标准，按照标准进行检查和评查，促进行政执法人员素质能力的提高。

## 参考文献

[1] 盛茂林. 建设高素质专业化干部队伍　为实现新时代党的历史使命提供坚强保证 [J]. 求知，2018 (1).

[2] 吴頔. 深化行执法类公务员分类管理改革　提升城市精细化管理水平 [N]. 解放日报，2017-10-30.

[3] 赵光辉. 推进交通运输行政执法队伍建设的对策 [J]. 运输管理，2011 (9).

[4] 田忠宝. 建设适应新时代要求的高素质专业化干部队伍 [J]. 中共山西省委党校学报，2017 (6).

[5] 余瑜. 珠海市交通行政执法类公务员队伍建设研究 [D]. 长春：吉林大学，2011.

# 山东黄河河务局高技能人才队伍建设工作的经验与思考[①]

崔　巍　张雅琦　贾士麟[②]

**摘　要：** 在高技能人才的作用日益凸显的新形势下，做好高技能人才队伍建设工作关乎一个单位的长远发展。本文结合山东黄河河务局高技能人才队伍现状，重点论述了近年来该局在高技能人才队伍建设工作中取得的成就以及经验。针对该局高技能人才队伍建设工作中凸显的问题，结合国家最新政策，对进一步提高技能人才主观能动性，提升高技能人才队伍建设工作水平提出了建议。

**关键词：** 山东黄河河务局　高技能人才队伍建设　成就与经验

随着我国经济社会的不断发展，一线工作岗位对技能人才的技术水平要求也水涨船高，高技能人才的骨干作用日益凸显。山东黄河河务局承担着黄河山东段的治理开发与管理工作，黄河防汛抢险、堤防维修养护、涵闸控制等一线治黄技术工作的有序开展与确保黄河安澜密不可分，关乎沿黄省市经济社会发展、人民生命财产安全。要保障各项治黄技术工作的顺利完成，一支业务熟练、技艺精湛的一线治黄高技能人才队伍是不可或缺的。因此，山东黄河河务局始终高度重视高技能人才队

① 该篇论文获得"2019 年全国人才与人事研究主题征文活动"三等奖。

② 崔巍，山东黄河河务局人才开发中心经济师；张雅琦，山东黄河河务局人才开发中心综合科副科长、编辑；贾士麟，山东黄河河务局人才开发中心工程师。

伍建设工作。近年来，该局通过长期的扎实工作和创新探索，在高技能人才队伍建设工作中取得了一系列成就，积累了可供研究和推广的经验。

## 一、山东黄河河务局高技能人才队伍现状

截至 2019 年 7 月，山东黄河河务局技能人才总量为 2 465 人，其中，高级技师 110 人，约占技能人才总量的 4.46%；技师 652 人，约占技能人才总量的 26.45%；高级工 822 人，约占技能人才总量的 33.34%。以上三个等级的技术工人所构成的高技能人才队伍共计 1 584 人，占技能人才总量的 64.26%。除此之外，山东黄河河务局在职的中级工共有 476 人，初级工及以下等级的技术工人共有 405 人，两者合计 881 人，约占技能人才总量的 35.74%。

## 二、山东黄河河务局高技能人才队伍建设成就

### （一）评选表彰活动中取得的成就

山东黄河河务局的高技能人才队伍在一线治黄工作中凭借突出的工作业绩、先进的技术成果等贡献，在各类评选表彰活动中获得了荣誉。作为其中的代表，该局高技能人才张洪昌荣获由人力资源社会保障部颁发的中华技能大奖，李涛被中华全国总工会授予“全国五一劳动奖章”，戚涛等 5 人享受国务院特殊津贴。在技术技能奖项、业绩贡献奖项和首席技师称号等评选中，该局高技能人才均有良好表现。

山东黄河河务局高技能人才队伍取得的技术技能类称号（奖项）情况见表 1。

**表 1　山东黄河河务局高技能人才技术技能类称号（奖项）获得者情况**

| 称号（奖项） | 获得者人数（人） |
|---|---|
| 中华技能大奖 | 1 |
| 全国技术能手 | 14 |
| 全国水利技能大奖 | 9 |
| 全国水利技术能手 | 10 |
| 山东省技术能手 | 3 |

山东黄河河务局高技能人才队伍取得的业绩贡献类称号（奖项）情况见表2。

**表2　山东黄河河务局高技能人才业绩贡献类称号（奖项）获得者情况**

| 称号（奖项） | 获得者人数（人） |
|---|---|
| 全国五一劳动奖章 | 1 |
| 国家技能人才培育突出贡献奖 | 2 |
| 泰山产业领军人才 | 1 |

山东黄河河务局高技能人才队伍中，获得各级政府、机关颁发的首席技师类称号的人员情况见表3。

**表3　山东黄河河务局高技能人才首席技师类称号（奖项）获得者情况**

| 首席技师称号 | 获得者人数（人） |
|---|---|
| 全国水利行业首席技师 | 2 |
| 齐鲁首席技师（含山东省首席技师） | 18 |
| 山东省突出贡献技师 | 2 |
| 黄委首席技师 | 5 |

（二）竞赛活动中取得的成绩

山东黄河河务局高技能人才队伍在近年来的各类职业技能竞赛中屡创佳绩，在国家级竞赛中更是展现出了令人瞩目的实力。2017年，在河南省郑州市举行的“2017年中国技能大赛——第五届全国水利行业职业技能竞赛（河道修防工决赛）”中，山东黄河河务局4名高技能人才取得了第一、第三、第四和第五名。其中，取得竞赛第一名的李涛被中华全国总工会授予“全国五一劳动奖章”。2018年，在“中国技能大赛第六届全国水利行业（水工闸门运行工）职业技能竞赛”中，山东黄河河务局2名高技能人才吕鹏、许向阳获得竞赛第二名和第三名的良好成绩，被人力资源社会保障部授予“全国技术能手”荣誉称号。

（三）高技能人才培养基地建设中取得的成绩

目前，在高技能人才培养基地建设方面，山东黄河河务局也取得了一系列的成绩，被评为“国家技能人才培育突出贡献奖”获奖单位，并被水利部确定为“全国水利行业高技能人才培养基地”。该局及其下属单位在高技能人才培养基地建设方面获得的荣誉（称号）情况见表4。

表4　　山东黄河河务局高技能人才培养基地建设荣誉（称号）获得情况

| 荣誉（称号） | 获得单位数（个） |
|---|---|
| 国家技能人才培育突出贡献奖 | 1 |
| 国家技能人才培育突出贡献单位 | 1 |
| 全国水利行业技能人才培育突出贡献奖 | 6 |
| 全国水利行业高技能人才培养基地 | 1 |

山东黄河河务局及其下属单位设立的各类技师工作室（站）情况见表5。

表5　　山东黄河河务局各类技师工作室（站）设立情况

| 工作室（站）名称 | 设立单位数（个） |
|---|---|
| 国家级技能大师工作室 | 1 |
| 水利行业首席技师工作室 | 2 |
| 黄委首席技师工作室 | 5 |
| 齐鲁技能大师特色工作站 | 1 |
| 山东省技师工作站 | 4 |

## 三、山东黄河河务局高技能人才队伍建设的做法及经验

山东黄河河务局高技能人才队伍之所以能够在各类评选表彰、职业技能竞赛、高技能人才培养基地建设等工作中取得上述成就，与该局采取的加强制度建设、开展立体教育培训、大力开展宣传工作、加强培养基地建设等措施有着密不可分的联系。

### （一）加强制度建设

山东黄河河务局坚决贯彻执行水利部、黄委和山东省技能人才相关办法和规定，并立足山东黄河河务局技术工人队伍实际状况，持续开展细致认真的调研以及短、中、长期高技能人才队伍建设规划。在此基础上，山东黄河河务局针对高技能人才队伍建设的各个方面先后制定、实施了一系列办法和规章制度，例如针对高技能人才队伍建设整体工作的《关于加强山东黄河高技能人才队伍建设的实施意见》，针对技能人才教

育培训领域的《关于开展师带徒活动的实施意见》，以及针对高技能人才评选表彰领域的《山东黄河首席技师选拔管理办法》《山东黄河河务局有突出贡献技师选拔管理办法》等。高技能人才队伍建设相关制度体系的建设，使山东黄河河务局高技能人才的教育培训、梯队建设、人员管理、选拔推荐等各项工作有章可循、有规可依，促进了高技能人才队伍建设工作的标准化、规范化、秩序化，为取得一系列成就提供了坚实有力的保障。

（二）多措并举开展立体教育培训

教育培训对于提升技能人才的理论和实践水平、传承绝招绝活、促进技术革新、强化爱岗敬业精神等方面具有关键性的作用。山东黄河河务局在传统的教育培训手段的基础上，大力拓宽技术工人的技能培训渠道，在诸如师带徒活动、培训资料制作、课程培训等工作中推陈出新，采用多种措施开展针对技能人才的立体教育培训。

**1. 试点新型师带徒制度**

老一辈治黄工作者在一线工作中积累了丰富的经验，钻研出了绝技绝活。要传承这些宝贵的知识技艺，仅仅依靠书籍、授课是不行的，必须依靠高技能人才的言传身教。山东黄河河务局高度重视技能人才队伍的“师带徒，传帮带”工作，由黄河治理工作中的一线高技能人才担任技能导师，在实际工作中为中青年技术工人进行示范指导，将理论与实际充分结合，起到了比课堂教学等教育培训手段更好的人才梯队培养效果。

随着我国国民教育水平的日益提升以及有关政策法规的调整，山东黄河河务局的治黄一线岗位中，新进技术工人的数量有所下降，而新入职高校毕业生的人数则在持续增加。与新进技术工人相比，高校毕业生具有学历较高、文化水平较高、理论功底较好等优势，但是他们实践经验少，技能操作水平不足，在治黄一线的防汛抗旱、堤防养护、闸门运行等实际工作中存在短板，使基层高技能人才队伍出现了青黄不接的问题，也影响了一线治黄技术工人丰富经验和绝技绝活的传承与发展。

为解决上述问题，山东黄河河务局所属济南黄河河务局在高技能人才队伍教育培训工作中努力探索新途径，经过对基层技能人才需求状况以及人员情况的缜密调研，试点推行了新型师带徒制度。相对于传统的师带徒制度，新制度不再将师徒双方的身份限定于技术工人，而是把具备高级工程师、工程师等任职资格的专业技术人员纳入了技术技能导师的人选范围，同时将徒弟的范围也加以扩大——凡是济南黄河河务局中从事防汛抗旱、建设管理等业务工作的年轻机关工作人员，以及管理段、闸管所等基层单位30岁以下的所有业务工作人员，都可作为徒弟的人选。为了保证师带徒的教育培训效果，新型师带徒制度也设立了配套的考核评比措施。新制度要求专业技术类师徒在协议生效期间，至少应共同发表一篇专业技术论文、共同参与一项科技创新课题，技能类师徒至少应共同参与一项“五小”（小发明、小革新、小设计、小创造、小建议）成果研究。

通过广泛开展师带徒活动，并在此基础上创新性开展新型师带徒制度试点工作，山东黄河河务局为高层次专业技术人才、高技能人才与青年治黄工作者建立了教育培训和经验技能传承的桥梁纽带，使一线工作中专业技术、技能领域的交融逐渐脱离了身份、专业与学历的束缚，也为解决近年来凸显的技能人才后续梯队断层问题提供了行之有效的思路和方案，促进了高技能人才队伍的健康成长。

**2. 制作多媒体教育培训资料**

传统的书籍课本、课堂教学等方式在传承一线工作中的实际操作技能方面不够形象生动，而师带徒的教育方式传播范围小，无法惠及广大治黄职工。在这种情况下，山东黄河河务局借助多媒体手段，以影像、解说等方式留存并传播一线治黄技能，先后组织拍摄了《黄河埽工技术》《堤防抢险技术》《河道工程抢险技术》《涵闸抢险技术》等黄河防汛抢险技术专题教学视频，为一线职工的防汛抢险技术培训和实战演练提供了重要的资料。其中，翔实记录修做柳石搂箱、捆抛柳石枕与拴打家伙桩等黄河防汛抢险特色技术的《黄河埽工技术》被中国水利博物馆收藏。

**3. 组织开展“金蓝领”培训班**

“金蓝领”培训项目，是山东省围绕实施人才强省战略和建设现代制造业强省的目标要求，立足于为一线培养高技能人才，由政府组织引导、社会和企业广泛参与、各类技能劳动者积极参加的高技能人才培训工程。该培训项目充分重视学员综合能力和创新能力的培养，在重点提高学员实际操作技能的同时，兼顾提高思想和职业道德素养。根据单位自身高技能人才队伍建设工作的需要，经山东省人力资源和社会保障厅批准，并报黄委同意，山东黄河河务局先后组织开展了三届河道修防工“金蓝领”培训班，130名一线技能人才经培训获得技师职业资格。通过这一结合自身教育力量与政府经费支持的培训项目，山东黄河河务局为基层高技能人才队伍补充了力量，优化了人员结构。

（三）大力开展宣传工作

对于高技能人才队伍建设而言，弘扬劳模精神和工匠精神，营造激励广大职工争当高技能人才的良好氛围至关重要。山东黄河河务局高度重视宣传工作在高技能人才队伍建设工作中的作用，运用多种渠道大力开展高技能人才的事迹宣传。在省、市、县等各级报刊、电视台、网站以及网易新闻、搜狐网、黄河网、山东黄河网、微信等平台上，“全国五一劳动奖章”获得者李涛、中华技能大奖获得者张洪昌、第六届全国水工闸门运行工职业技能竞赛获奖选手吕鹏、许向洋等人的事迹宣传材料和新闻报道被广泛刊登、发表，充分发挥了榜样楷模的作用。同时，山东黄河河务局积极组织各类高技能人才先进事迹报告交流、技术技能现场展示等活动，进一步发挥优秀高技能人才的模范带头作用和技能导师作用，以其自身的事迹和经验鼓励、引导更多的技术工人成才。

（四）加强高技能人才培养基地建设

高技能人才培养基地是培养高技能人才的摇篮，是高技能人才培训、管理、评价、创新、交流的综合性平台。作为水利部确定的“全国水利行业高技能人才培养基地”，山东黄河河务局始终将高技能人才培养基地建设作为一项重点工作来开展，采取了以下措施：

**1. 不断完善基地各项规章制度**

山东黄河河务局通过开展水利行业高技能人才培养基地建设调研，逐步制定、完善了培养基地建设管理、技能人才培养考核、经费使用管理、场地仪器设备管理、档案管理、团队建设、技能竞赛管理以及技能人才培养激励等方面的制度、办法，促进高技能人才培养的规范化、标准化。

**2. 持续加强基地管理人员及师资队伍建设**

山东黄河河务局积极组织基地管理人员参加水利部、山东省等组织开展的技能鉴定管理人员培训班、质量体系认证内审员培训班、质量督导员培训班等一系列培训项目，有效提升了基地管理人员的整体素质，提高了基地管理水平。

在师资队伍建设方面，山东黄河河务局连续多年选派治黄领域专业技术人才和高技能人才参加水利部、山东省等组织的技术技能提升培训班、职业技能鉴定考评员及高级考评员培训班等各类业务培训项目。同时，基地也选派大批技术骨干参与职业技能鉴定、职业技能竞赛、防汛抢险演习等各类活动，在理论、实践两方面不断强化师资队伍的力量。

**3. 不断完善基地硬件条件建设**

山东黄河河务局多次组织实地督导，对基地所属各类技师工作站（室）等进行检查，对照国家有关标准、规定查找其所存在的不足，持续改进和完善基地硬件条件，及时为培训基地购置符合国家标准规定的经纬仪、水准仪、激光测距仪等设备设施及工具仪器，逐步改善实践教学培训设施设备条件。

**4. 推动首席技师工作室（站）建设及工作开展**

山东黄河河务局持续推动基地下属水利行业首席技师工作室、黄委首席技师工作室、山东省技师工作站等站所的建设工作，并采用现场督导、交流研讨等多种方式推动其在人才培养、绝技传承、技术革新、成果应用等方面的示范带头作用。

## 四、山东黄河河务局高技能人才队伍建设存在的突出问题及对策

山东黄河河务局高技能人才队伍建设工作取得了一定的成就，积累了一定的工作经验，但是在不断变化的新形势下仍然面临着一系列的问题，其中较为突出的是技能人才工作、学习主观能动性欠缺的问题。

由于传统体制和职业技能鉴定相关政策法规的原因，技能人才晋升的途径相对有限，通过职业技能鉴定提升技能等级的年限要求较长，在待遇水平上相对于干部队伍而言具有一定劣势。此外，技能人才在职业发展、教育培训等方面受重视程度也无法与干部相比，在实际工作中承担重要工作、展现业务水平以及获得资源投入的机会也相对较少。在这种情况下，除了一部分优秀技能人才凭借在技能竞赛、技术攻关等方面的突出表现崭露头角之外，部分技术工人缺乏拼搏奋斗的动力，在工作、学习中主观能动性不足，技能水平得不到有效提高，影响了高技能人才队伍的发展水平。

针对这一问题，在前文所述多措并举强化技术技能教育培训、大力宣传先进典型、营造工匠精神良好氛围等已有经验做法的基础上，还应积极采取措施破除束缚技能人才发展的思想观念和体制机制障碍，实实

在在提升技能人才的待遇与地位，促进技能人才的职业发展。近年来，人力资源社会保障部发布《关于在工程技术领域实现高技能人才与工程技术人才职业发展贯通的意见（试行）》，支持工程技术领域高技能人才参评工程系列专业技术职称。在这一新形势下，应积极跟进上级针对高技能人才与工程技术人才职业发展贯通的相关政策，并且在今后制定、实施相关细则后尽快予以落实，从而拓宽技能人才发展空间，提高技能人才待遇和地位，进而充分调动技能人才的主观能动性，为高技能人才队伍建设保驾护航。

## 参考文献

［1］黄伟，徐国红，孙青松．高技能人才培养的思路探析［J］. 科技视界，2012（27）：335.

［2］董文昌，郭沙沙．以师带徒，薪火相传，育人正当时——济南河务局新型师带徒活动纪实［EB/OL］. http：//www.jnhhj.cn/tbbd/11/670901.shtml，2018-11-13/2019-07-20.

［3］黄海江，李磊．加快高技能人才队伍建设的对策与建议［J］. 中国培训，2007（4）：26-27.

# 湖北省高技能人才队伍建设“十三五”中期评估工作调研报告[①]

范　栋[②]

**摘　要：** 近年来，党中央、国务院高度重视技能人才工作，对技能人才队伍建设作了一系列部署。湖北省技能人才工作以党的十九大精神为指导，以贯彻落实《人力资源社会保障部 湖北省人民政府共同推进湖北技能强省战略工程备忘录》《关于实施技能人才振兴计划建设技能强省的若干意见》为统领，技能人才培养、选拔、使用、评价、激励等政策体系和工作机制取得突破，技能人才服务经济社会发展贡献度不断增大。本文从做法、问题、机遇和下一步工作思考等方面作了阐述，反映了“十三五”中期技能人才发展情况。

**关键词：** 技能人才　发展　改革　创新

## 一、湖北省高技能人才工作的主要做法

一是积极推进落实部省共建。贯彻落实人社部、湖北省共同推进技能强省战略工程备忘录，研究制定并提请省委、省政府审定印发《关于实施技能人才振兴计划建设技能强省的若干意见》。该文件按照“项目化”“资

① 该篇论文获得“2019 年全国人才与人事研究主题征文活动”三等奖。

② 范栋，湖北省人社厅职业能力建设处副处长。

金化”“政策化”“活动化”要求，有九项内容在省委、省政府文件中是“首次”提出，针对性、操作性很强，特别是省里每年统筹安排1亿元资金，为技能强省战略实施提供有力保障。印发《湖北省优秀技能人才评选表彰办法（试行）》（鄂人社发〔2018〕4号）、《湖北省技能强省项目资金使用管理办法》（鄂人社发〔2018〕25号）等配套文件，并抓好工作落实。

二是举办首届湖北工匠表彰大会暨技能中国行2018——走进湖北活动。为大力营造崇尚技能、尊重技能人才社会氛围，2018年5月9—10日，由省人民政府、人力资源和社会保障部共同主办的首届湖北工匠表彰大会暨技能中国行2018——走进湖北活动，在中国光谷科技会展中心举行，省委、省政府领导和人社部领导出席表彰大会暨活动启动仪式，并巡视活动现场。湖北省领导和人社部领导在表彰大会上发表重要讲话，对湖北建设技能强省、促进高质量发展提出了明确要求。本次活动涵盖湖北工匠表彰、技能中国行综合展示、世赛项目技术交流、世赛选拔赛、人才供需洽谈等五个方面内容，站位高、规格高、标准高，搭建了世赛选拔的赛台、技能展示的舞台、人才供需洽谈的平台，打造了一场主题鲜明、内容丰富、形式新颖的大型综合性技能人才盛会。

三是大力实施高技能人才项目。大力实施技能人才振兴计划，2016—2018年争取国家级高技能人才培训基地建设项目9个，国家级技能大师工作室15个。支持建设省级高技能人才培训基地60个共12 000万元，支持建设省级技能大师工作室60个共600万元。大力实施紧缺高技能人才培养工程，围绕我省支柱产业、先进制造业和新兴产业的发展需求，重点培养紧缺高技能人才，按照高级技师5 000元/人、技师3 500元/人、高级工2 000元/人的标准给予职业技能培训补助。2016—2017年全省参加职业培训人数为1 829 544人次，职业培训补贴资金金额68 126万元。

四是组织实施职业资格改革。2014年以来，省人社厅会同省公安厅等10部门在全省范围开展了职业资格清理整顿专项督查活动，通过专题会议、专项督查和重点督办等方式，全省共取消各类职业资格许可和认定事项848项。我省11部门联合开展职业资格清理的经验被人社部全文转发，并在人社部介绍经验。印发《省人民政府关于取消和调整行政审批项目等事项的决定》（鄂政发〔2017〕65号）和《关于加强国家职业资格目录清单管理的通知》（鄂人社函〔2017〕667号），及时向社会公布国家职业资格目录139项。举办全省职业资格管理工作培训班，邀请职业资格管理方面的专家进行授课，确保严格执行国家职业资格目录制度，为“大众创业、万众创新”降低了就业创业门槛。

五是创新技能人才评价。充分发挥企业（行业）培养评价技能人才主体作用，根据企业的实际需求，简政放权，把技能人才评价权放到企业，建立以职业能力为导向，以工作业绩为重点，注重职业道德和职业知识水平的技能人才评价体系。对东风汽车公司、葛洲坝集团、三江航天集团等100多家省部属大中型企业开辟了企业技能人才自主评价绿色通道。积极引导大中专院校开展过程化考核评价，突出对学生的职业技能评价，使院校毕业生在取得学历证书的同时，取得相应的职业资格证书。湖北省中职院校基本上实行了“双证书”制度，80%的高职院校和20%的普通高等院校开展了技能评价工作。

六是大力发展现代技工教育。实施项目建设提升办学实力，2016年至今，全省共有11所技工院校列入中等职业教育产教融合工程项目。推进技工院校向技工教育、职业培训、技能鉴定、竞赛集训、公共实训、就业服务等“六位一体”办学模式转变，实施以“一体化”课程教学为核心的教学模式改革，开展技工院校“培养职业精神　提升职业技能”自身建设活动，加强学生工匠精神培养和职业能力提升。积极推动襄阳技师学院、石首市高级技工学校、湖北民间工艺技师学院开展职业训练院试点。实施“百名优秀技能人才提升工程”和“百名技工院校骨干教师培养工程”，陆续选派100名优秀技能人才到国内先进省市开展职业技能交流活动，选派100名技工院校骨干教师到天津职业技术师范大学等国内知名高校进行培训，组织一批技工院校优秀骨干教师赴德国等发达国家或地区进行培训。持续组织实施开展校长研修班，2018年在技工教育大省、世界技能大赛强省广东举办全省技工院校校长集中培训，开创湖北省技工院校校长培训先河。加大技工学校培养技能人才力度，每年在湖北日报等主流媒体专版刊登湖北省技工院校招生政策、学校信息和招生专业，目前，湖北省技工院校在校生人数已达到7.791万人。全省技工院校毕业生就业率、毕业证和职业资格证“双证书”取证率、校企合作参与率都在97%以上，技工学校毕业生深受企业欢迎。

七是加大高技能人才激励力度。提请省委、省政府审议印发《关于提高技术工人待遇的实施意见》（鄂办发〔2018〕43号），突出技能导向，充分发挥企业主体、政府主导作用，大力提高高技能领军人才在政治、经济和社会等方面的待遇。将“湖北省技能大师、技术能手”表彰项目调整为“湖北工匠、湖北省技能大师、湖北省技术能手”，“湖北工匠”成为湖北省技能人才最高表彰项目。组织开展首届湖北工匠评选表彰工作，组织专家综合评审产生10名湖北工匠、19名湖北省技能大师和70名湖北省技术能手，印发《湖北省人民政府关于授予“湖北工匠”“湖北省技能大师”和“湖北省技术能手”称号的决定》（鄂政发〔2018〕18号），对获奖个人分别奖励50万元、10万元、2万元。打破年龄、资历、身份和比例等方面条件限制，每两年遴选公布湖北省首席技师100人，每年遴选10名高技能人才和5名农村实用人才享受省政府专项津贴。畅通技能人才成长通道，明确中职、技校学生可以在省公务员考试、事业单位招聘考试中报考符合条件的职位。同时，完善政策规定，分别奖励世界技能大赛金、银、铜牌及优胜奖获得者每人50万元、30万元、20万元、10万元，对入选世界技能大赛中国集训队及代表中国队参赛的湖北选手、教练、专家团队、训练基地分别奖励5万～10万元，鼓励各类人才展示精湛技能、为湖北省增光添彩。

八是认真组织职业技能大赛。出台政策规定对职工技能竞赛中取得优秀成绩的选手，可以直接晋升职业技能等级，鼓励广大职工踊跃参加各类技能竞赛。积极承办中央电视台《中国大能手》大型职业技能竞技节目启动仪式，承接数控车和餐厅服务两个职业（工种）现场拍摄。积极备战第44届世界技能大赛，湖北省派出42名选手参加23个项目的全国选拔赛，有重型车辆维修、工业控制、时装技术、花艺等8个项目14名选手入选国家集训队，成功创建重型车辆维修、花艺两个国家集训基地，重型车辆维修项目代表中国征战第44届世界技能大赛取得第9名的成绩，实现湖北省国家级世赛基地和湖北省选手参加世界技能大赛两个“零”的突破，湖北省人社厅作为第44届世界技能大赛突出贡献单位受到人社部表扬。认真组织第45届世界技能大赛选拔赛和参赛工作，组织开展湖北省40个项目选拔赛，全省200多家企业和院校共1万余名青年技能人才参加了选拔赛，共1 000余名技术专家参与赛事相关工作，产生130名选手组建湖北集训队，明确40个集训基地。组织召开湖北省世赛选拔赛总结暨集训动员会，对全省做好第45届世界技能大赛参赛工作、出征全国选拔赛进行了动员。组队参加世界技能大赛全国选拔赛，有18个项目19名选手成功进入国家集训队，湖北省成绩全国排名第八。同时，每年组织开展省级竞赛超过100个，参赛选手达50多万人次，表彰技术能手、晋升职业资格等级1 500多人次，极大地激发了职工学技能、当能手的热情。

九是实施技能脱贫千校行动。将“实施技能脱贫专项行动”作为《关于实施技能人才振兴计划建设技能强省的若干意见》的重要措施，扩大建档立卡“两后生”就读技工学校覆盖面，提高参加职业技能培训率。下发《关于开展技工院校结对帮扶建档立卡贫困家庭技能脱贫“春季攻势”的通知》，围绕脱贫攻坚重点任务，瞄准湖北省四大集中连片特困地区和贫困老年人、妇女、儿童、残疾人等四类重点群体，通过全省20所技工院校与37个贫困县开展结对帮扶的方式，动员组织全省建档立卡贫困家庭子女就读技工学校参加职业培训。严格落实国家关于职业培训补贴、中等职业学校免学费和助学金补助政策，鼓励贫困家庭新成长劳动力学习一技之长技能脱贫。联合省教育厅、省扶贫办下发《关于做好建档立卡贫困家庭“两后生”参加职业教育技能培训工作的通知》，明确考核指标和工作责任，要求全省所有县市区加大工作力度，保质保量完成培训任务。截至2018年6月20日，全省37个贫困县建档立卡“两后生”（2017年初、高中毕业后未升学群体）人数为4 884人，就读技工学校、职业高中或者参加职业培训4 640人，占比99.96%，实现了应培尽培。

## 二、高技能人才工作存在的主要问题

近年来，虽然湖北省高技能人才工作取得了一些成绩，但还存在一些突出问题，主要是：

### （一）总量不足，分布层次不科学

全省技能劳动者和高技能人才总数较大，但技能人才结构不合理，领军人才匮乏，年龄层次分布不优，断层现象严重，呈现出“三多三少”，即，规模以上企业中多，个体私营企业及灵活就业人员中少；男职工多，女职工少；一二产业多，三产业少。虽然湖北省技能人才总量较大，但技能人才占全省从业人员（省统计局发布的2017年从业人员数为2 086万人）的比例只有41.37%，高技能人才占全省从业人员的比例仅为11.97%，技能领军人才匮乏，分布层次与经济结构调整不匹配。实地调研显示，在许多企业，除管理、研发人员外，一线普工和初级工占比较大，高级工以上技能人才比例较小。在发达国家特别是像德国这样的制造业强国，企业人员结构比例与国内刚好相反。

（二）供需不均，有效对接不完备

根据近年部分城市公共就业服务机构市场供求状况分析显示，从就业市场发布的求人倍率来看，技术工人需求比一般都在1.5～2。从技术等级需求情况来看，用人单位对有技术等级要求的用工需求超过50％，在用工总需求人数下降情况下，高级职业技能等级的用工需求人数仍有所增长。这表明，企业缺工尤其是技工短缺已成常态，在企业转型升级过程中，技术工人特别是高技能人才和部分紧缺技术工种招工特别困难。

（三）投入不够，企业认识不深入

从全省情况来看，城市教育费附加用于高技能人才培养的规定没有落实到位，用于职业培训的就业资金远未达到政府要求。在2013年省人社厅开展的贯彻落实省政府《关于加强职业培训促进就业的实施意见》（鄂政发〔2012〕29号）文件专项督查中，全省只有随州、十堰、潜江、恩施、神农架林区等地用于职业培训的就业资金超过了10％，有5个市（州）低于全省平均水平6％。技工教育财政投入不足，1/3的技工学校经费严重短缺、2/3的技工学校经费不足。企业的主体作用有待加强，高技能人才培养存在“政府和职工两头热、企业中间冷”的现象。部分企业感到职工培训经费不足，而中小企业提取和使用的培训经费无法到位。对企业组织职业教育培训统筹协调不够，措施不硬，手段缺乏。

（四）培养不足，教育结构不均衡

全省目前有普通高等学校122所，其中高等职业学校54所，有中等职业学校332所，但用工求职缺口仍然较大，职业院校的基础作用发挥不充分，仍然是传统的应试教育模式，培养与就业对接不紧，教学过程与市场需求脱节。在湖北行星传动设备有限公司等许多企业调研时，公司管理层普遍反映，他们招收的毕业生动手能力较差，需要很长时间在企业岗位锻炼，工厂俨然是“第二培训学校”。

## 三、湖北省高技能人才发展面临的难得机遇

国以才立、业以才兴。高技能人才熟练掌握专门知识和技术，具备精湛操作技能，是湖北省人才队伍的重要组成部分，在湖北省发展大局中具有重要作用，当前面临着难得的发展机遇。

在国家级层面。党中央、国务院高度重视技能人才工作。党的十八大以来，中共中央总书记习近平同志指出，“作为一个制造业大国，我们的人才基础应该是技工”，“工业强国都是技师技工的大国”。国务院总理李克强同志强调，打造中国经济升级版，要靠数亿掌握知识和技能的人才大军。党的十九大提出了要建设知识型、技能型、创新型劳动者大军，要弘扬劳模精神和工匠精神，要营造劳动光荣社会风尚和精益求精的敬业风气，要实施人才强国战略和创新驱动发展战略。党的十九大报告特别提出要建设现代化经济体系，这一经济体系包含了实体经济、科技创新、现代金融和人力资本的协同发展。随后，党中央国务院推出了《新时期产业工人队伍建设改革方案》《关于提高技术工人待遇的意见》《关于推行终身职业技能培训制度的意见》，技能人才发展面临着前所未有的机遇。

在省级层面。近年来，省委省政府对加强技能强省、人才强省建设高度重视。2017 年 3 月 2 日，省委、省政府主要负责人赴人社部汇报湖北省技能人才工作情况，并与人社部主要负责人深入谋划湖北技能强省工作，省政府与人力资源社会保障部在北京签署了《共同推进技能强省战略工程备忘录》，技能人才工作上升到省委、省政府主要领导重要议事日程。随后，省领导多次开展技能人才工作调研，要求全省要充分认识加强工匠培养对“中国制造 2025”和实体经济发展的重大意义，将培养“工匠精神”作为职业教育的指导思想，进一步推进职业教育供给侧改革，培养技能人才，推进技能强省战略工程实施。出台《关于深化人才引进人才评价机制改革推动创新驱动发展的若干意见》，将“实施技能人才振兴计划”作为人才工作“三个计划”之一，明确了关于人才引进、评价、保障等 20 项具体政策。印发《关于实施技能人才振兴计划建设技能强省的若干意见》，有九项内容在省委、省政府文件中是首次提出，针对性、操作性很强。这为湖北省大力建设技能强省指明了工作方向。

## 四、加强技能人才工作的几点思考

实施技能强省，加强技能人才工作，要紧紧围绕全省经济发展战略，充分发挥政府的主导作用、企业的主体作用、院校的基础作用和部门的联动作用，加快体制机制改革和政策创新，推动技能劳动者素质的提高和队伍的壮大。

（一）发挥政府的主导作用，加强高技能人才工作的统筹协调

各级党委政府要从全省经济社会发展的战略高度统筹抓好技能人才的培养与发展工作。加强规划指导。适应经济社会发展需要，制定技能人才发展专项规划，培养与经济社会发展相适应、结构合理、数量充足、素质优良的高技能人才队伍。加强政策引导。落实和完善高技能人才开发政策，对企业按规定提取使用的职工教育经费、办学经费、校企合作实习投入、教育公益性捐赠的资金和设备费用，在企业所得税税前扣除；建立以政府奖励为导向、单位奖励为主体、社会奖励为补充的高技能人才奖励制度，参照高层次人才有关政策确定相应待遇；制定高技能人才与工程技术人员职业发展贯通办法，拓宽高技能人才成长渠道。加大资金投入。落实人才投资和教育投入优先保证的财税金融政策，建立技能人才工作专项资金，全面落实安排不少于20%的就业资金用于职业培训，确保教育费附加和地方教育费附加用于职业教育的比例不低于30%，城市教育费用于职业教育的部分应按不低于20%的比例用于技工教育和技能人才培养。

（二）发挥企业的主体作用，形成高技能人才发展的良性互动

企业既是高技能人才的需求主体，又是高技能人才的培养主体，是做好高技能人才工作的基础。加强职工培训。研究制定《关于推行终身职业技能培训制度的实施意见》，建立并推行覆盖城乡全体劳动者、贯穿劳动者学习工作终身、适应就业创业和人才成长需要以及经济社会发展需求的终身职业技能培训制度。加强校企合作。出台加强院校与企业合作的政策文件，明确企业建立校企合作的责任和义务，在资金、信贷、税收等方面给予企业支持，引导企业积极主动与技工院校合作，建立院校、企业、政府、行业多方互动机制。加强人才激励。落实《关于提高技术工人待遇的实施意见》，在政治、经济和社会等方面落实相关待遇。

（三）发挥教育的基础作用，提升高技能人才队伍的培养能力

职业院校，尤其是技工院校，是培养技能人才的主阵地，加强基础能力建设势在必行。发挥技工院校培养主力作用。要统筹规划区域内中等职业教育专业设置，优化专业结构，明确培养方向。加大职业院校转型发展力度。认真落实《湖北省人民政府关于进一步推进职业教育发展的意见》，优化办学资源，改革办学模式，实现教育过程与生产过程相统一，教学内容与工艺流程相一致，学习任务与岗位任务一体化，学校与

企业人才共育、责任共担、合作共赢。加强职业院校人才培养质量考核，将技能考核作为人才评价和教育成果最重要评价指标。打通职业教育发展上升渠道。打通从中职、高职、应用技术本科到专业学位研究生的学历教育通道，试行中职转本科“专属通道”；打通技能人才待遇通道，职业学校毕业生取得高级工以上职业资格人员，具备和普通本科、大专平等竞争资格，高级技工学校和技师学院毕业生取得高级工、预备技师以上职业资格，可视同为大专学历。

# 济南地区高职院校教师科研素质现状及提升策略研究[①]

王　毅[②]

**摘　要**：科研素质是现代教师素质结构的重要内容，良好的科研素质是高职院校教师进行科学研究，探索教育教学规律，指导教育教学实践，提高教育质量的重要保障。本文根据对济南地区17所高职院校的600余名教师进行的调查情况，从成果形式、科研动机、团队协作、科研方法等方面进行了分析，较全面地反映了济南地区高职院校教师科研素质的现状，指出了存在的问题，从特色发展、加强校企协作等方面，就如何提升高职院校教师科研素质提出了意见和建议。

**关键词**：济南地区　高职院校教师　科研素质　调研

国务院《关于加快发展现代职业教育的决定》（国发〔2014〕19号）中明确指出："专科高等职业院校要密切产学研合作，培养服务区域发展的技术技能人才，重点服务企业特别是中小微企业的技术研发和产品升级，加强社区教育和终身学习服务。"科研素质是现代教师素质结构的重要内容，良好的科研素质是高职院校院校教师进行科学研究，探索教育教学规律，指导教育教学实践，提高教育质量的重要保障。提高高职院校

① 该篇论文获得"2019年全国人才与人事研究主题征文活动"三等奖。

② 王毅，山东劳动职业技术学院组织人事处副处长、副教授。

教师科研素质，不仅关乎教师自身发展，更是高职院校提升内涵建设水平、深化校企合作的必然要求。教学、科研、服务是高校的三大职能，少了科研这一条腿，高职教育就不再是合格的高等教育，就难以在激烈的竞争中获得一席之地。

近年来，关于高职院校教师科研素质的研究，虽然取得了一定的成果，但是实证调查分析较少，尤其缺少大范围的问卷调查和调研，因此研究结果有一定的局限性。山东省是职业教育大省，省内对高职教师科研素质现状的调查研究还是不足。济南市作为山东省的文化中心，现有各类高职院校 17 所，占全省 69 所高职院校的 25%，其中包括国家和省级骨干示范校、技能型特色名校 6 所，在校学生近 15 万人，在山东省高职教育版图中占有举足轻重的地位，也有一定的代表性。

## 一、济南地区高职院校教师科研素质现状

### （一）科研成果

从问卷调查的结果来看，高职院校教师已经具备一定的科研能力，562 名教师公开发表过论文，占有效人数的 95.7%，其中 51 名教师在中文核心期刊上发表过论文。267 名教师主编或者参编过专著或教材，占有效人数的 45.5%。158 名教师主持或参与省级以上科研项目，占有效人数的 26.9%。从表 1 可以看出，论文发表总数为 1 258 篇，人均 2.24 篇；中文核心期刊 62 篇，主持或参与人数为 51 人，人均 1.22 篇。专著或教材 52 部，主编或参编的教师 267 人；省级以上科研项目完成或者在研数量为 87 个，但是成果人均仅 0.15。由于学术背景和个体之间差异较大，所以高职院校教师科研层次不一。总体来看，一般非核心期刊论文比较容易发表，所以教师的参与度比较高；而中文核心期刊论文要求较高，所以整体参与度较低。专著或教材的编写和省级以上科研项目需要较强的团队合作能力。

表 1　　调查对象的科研成果分析

| 科研成果类型 | 成果总计（项） | 主持或参与人数（人） | 平均（项/人） | 参与度 |
|---|---|---|---|---|
| 普通论文 | 1 258 | 562 | 2.24 | 95.7% |
| 中文核心期刊 | 62 | 51 | 1.22 | 8.7% |
| 专著或教材 | 52 | 267 | 0.19 | 45.5% |
| 省级以上科研项目 | 87 | 158 | 0.15 | 26.9% |

（二）科研兴趣和动机

提高科研水平是衡量高职院校办学实力的重要标准和提高教学质量的基础，而教师的科研兴趣和动机直接影响到科研工作的质量和效益。调查结果见表2，79.21%的高职教师对科研兴趣不浓厚。据调查，高职教师对科研兴趣不浓厚的主要原因是工作太忙，压力太大。高职院校学生的层次相对与本科院校学生来说稍微低一点，学习自觉性差一些，而许多教师同时承担班主任或辅导员的职务，在学生管理上需要消耗一定的精力；有些教师承担的课程量比较大，而教师自己的家庭也要分担一定的时间，所以专心做科研的时间和精力十分有限。

第一学历为研究生学历的教师比本科学历教师科研兴趣浓厚的比例高12.75%，说明教师的科研兴趣与受教育程度正相关，教师的学历越高，对科研的兴趣越大。初级职称教师对科研兴趣浓厚的人数比例最高，说明年轻教师的学习能力更强一些，做科研的时间也相对充裕。

表2　调查对象科研兴趣分析

| 调查对象 | 总人数 | 兴趣浓厚 | | 兴趣一般 | | 没什么兴趣 | |
|---|---|---|---|---|---|---|---|
| | | 人数 | 百分比 | 人数 | 百分比 | 人数 | 百分比 |
| 高级职称 | 144 | 23 | 15.97% | 76 | 52.78% | 45 | 31.25% |
| 中级职称 | 252 | 47 | 18.65% | 173 | 68.65% | 32 | 12.69% |
| 初级职称 | 191 | 52 | 27.23% | 94 | 49.21% | 45 | 23.56% |
| 全体 | 587 | 122 | 20.78% | 343 | 58.43% | 122 | 20.78% |

教师的科研兴趣除了与学历、年龄或自己爱好有关，还与动机有关。从图1中可以看出，为了晋升职称搞科研的教师占79.22%，为提高自己专业水平的教师占38.77%，动机为提高知名度、获得奖励、凭兴趣、完成科研任务的教师分别占8.35%、7.33%、5.28%和52.12%。高职院校教师的科研动机各不相同，但内在动机主要为了晋升职称，其次是为了提高自己的专业水平，外部动机主要是完成科研任务。近年来，多数高职院校都实行考核制度，对教师有一定的科研要求，一般职称越高，要求的科研成果越多。因此，完成科研任务成为了最主要的外部动机，而发表论文成为完成教研任务最主要的途径。论文的整体水平有待提高。

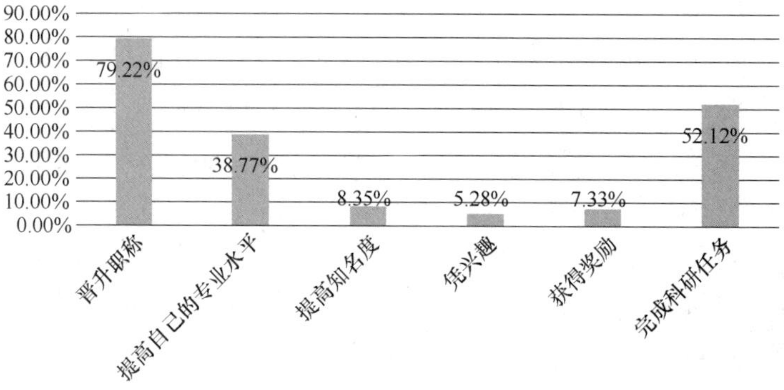


图 1　科研动机分析

（三）科研氛围

由图 2 可以看出，由于不同职称的教师个体差异性比较大，因此影响高职教师搞科研的主要因素也不尽相同。对于初级职称教师来说，做科研的困惑在于没有头绪或者缺乏带头人，由此可以看出，初级教师大多是进入学校不久的年轻教师，科研经验欠缺，更需要别人的帮助和引导；超过三分之一的中级职称教师和高级职称教师认为没有时间和资料缺失是影响科研氛围形成的主要因素，说明中级和高级职称教师是学校的骨干教师，需要处理的事情比较多，家庭也处于压力最大的阶段，所以在精力和时间上比较有限。而有些高职院校建校时间较短，文化积淀比较少，学校层面缺乏对科研的管理规范也是没有形成高素质的科研群体和浓厚的科研氛围的重要因素。通过上述分析，学校应该制定制度，提高中级和高级职称教师的科研素质和科研水平。同时给予初级职称教师更多机会，使其学会科研项目的申报、立项、开题、结题等。

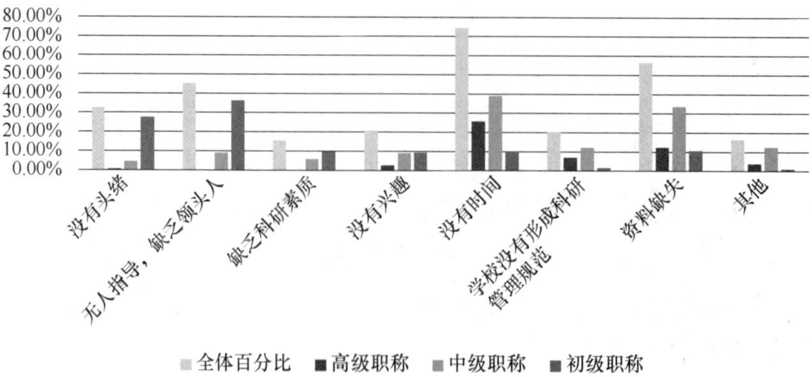


图 2　科研氛围影响因素分析

（四）团队合作

科研工作是需要大量的调研、学习、交流才能完成的，所以往往需要团队合作，一个好的团队是提高科研水平的基础，仅仅依靠某一位教师完成一项科研成果是有一定难度的。而团队中的带头人起到领头羊的作用，能直接决定科研成果的质量。由图 3 可以看出，大多数教师适合团队合作，基于每个人的性格等差异，团队合作中的分工不同，适合做团队领头羊的教师与适合配合工作的教师组成团队，才能把工作完成得更顺利更好。而有 9%的教师不适合团队工作，更适合自己独立完成项目，因此在选择科研项目时，要根据自己的情况选择。

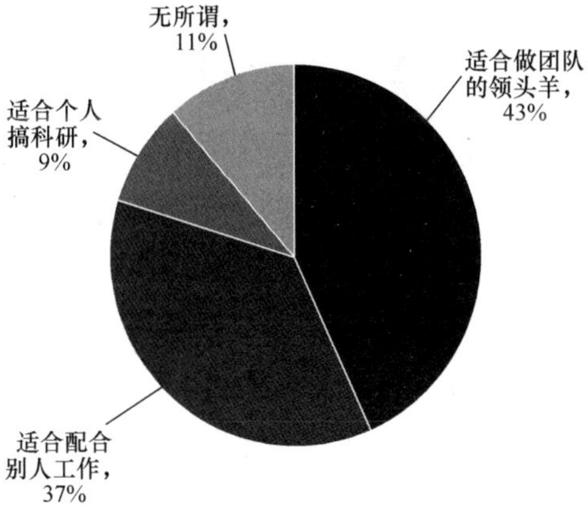


**图 3　团队合作能力分析**

（五）科研方法

课题组以问卷调查和访谈的方法了解高职院校教师对科研方法的掌握和应用情况。目前高职院校教师采用的科研方法与本科院校教师相比，差距较大。从调研的 17 所驻济高职院校教师发表的论文来看，大多数的教师采用的科研方法比较单一，多数文章是对自己教学的经验总结。由图 4 可以看出，高职教师对于文献研究法和问卷调查法都比较熟悉，这是因为这两种方法都比较容易实行，近三分之一的教师善于从教学经验中总结规律。高职院校教师对科研方法的选择与教育背景有关，具有研究生学历背景的教师比本科学历的教师对定性、定量研究方法更熟悉。总体来讲，科研的方法还比较单一，缺乏多样性。

（六）科研问题处理方式

每个从事科研的高职教师都难免会遇到或多或少的困难与问题，

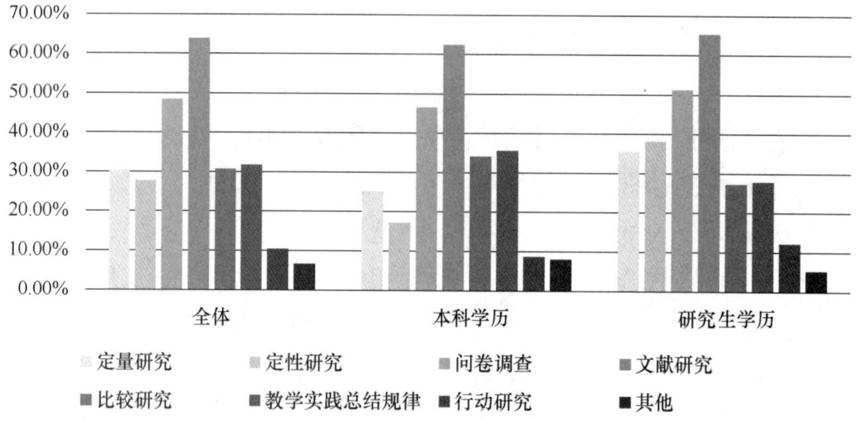


图 4　调研方法分析

采取何种态度去面对困难，又如何有效解决科研过程中的问题，这往往取决于教师的科研素养，即教师是否具有合作精神和钻研精神等。问题是否有效解决决定着科研的成果质量。课题组借助问卷调查了解高职院校教师解决科研问题的方式方法。调查结果如图 5 所示，在遇到科研问题和困难时，接近 40%的教师倾向于反复思考，独立解决，24.5%的教师自己实在解决不了的问题就放弃研究。在网络发达的时代，35%的教师遇到问题倾向于上网查询，15%的教师希望团队内部合作，共同研讨解决问题。另外还有少部分教师因很少做科研甚至从来没有从事过科研，所以碰到问题时就束手无策，不清楚如何去处理科研问题。

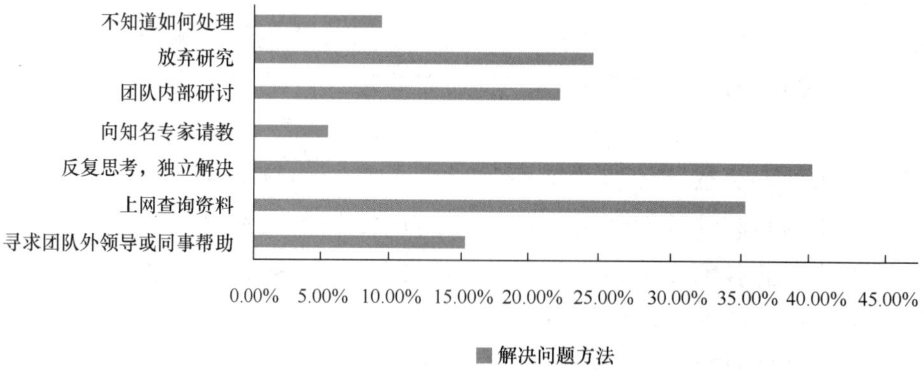


图 5　解决问题方法分析

## 二、存在的主要问题

### （一）科研意识淡薄

受传统观念的影响，很多青年教师认为高职院校是培育技能型人才的地方，教学才是中心工作，总认为自己只要教好课就行，对科研工作没有兴趣，对科研工作认识程度、重视程度相对滞后，并且认为科研工作可望而不可即。尤其是年轻的初级教师，对于科研的概念比较模糊，不懂科研是怎么回事，对科研工作没有头绪，无从下手，认为科研工作是中级和高级职称教师做的工作。大多数教师认为教学任务繁重，没有时间与精力做科研。同时，还有一部分教师只是为了评职称而搞科研，导致科研成果质量不高。总体来说，高职院校教师缺乏明确的研究方向和充足的科研动力。这些问题的存在很大程度上与学校的相关政策有关，学校对科研工作的支持与激励政策不到位，相关保障力度不够导致教师的科研意识普遍比较淡薄，缺乏开展科研工作的积极性和有效行动。

### （二）科研方法落后

科学的科研方法在论文撰写和课题研究中起着关键性作用，而作为高职院校教师，对科研理论知识方面的资料储备较少，平时阅读科研方面的书籍也较少，对科研方法的了解或掌握程度较低。许多教师不能系统科学地了解和掌握教育科学基本方法，不能很好地利用网络等新媒体更好更快地进行所需资料的收集整理与使用。教育专业知识和科研知识随着教育实践的发展不断更新，而教师的科研理论系统未及时更新，导致科研过程中即使耗时耗力，也难出高质量成果。

### （三）科研成果质量不高

部分高职院校为了各种评估或升格需要，要求教师以每年发表论文作为年终考核硬指标，且对科研论文只重发表数量不重质量，缺乏一个完整科学的科研考评管理机制。还有部分高职高专院校片面追求科研活动的结果，盲目追求科研项目的“大跃进”而忽略了科研工作质量。科研成果是高职院校教师考评的重要指标，部分高职院校教师完全按照职称评定标准申报课题，片面追求狭隘的科研成果，导致科研成果与本专业教学相脱离，教学、科研相分离会使教学、科研各自陷入困境。

很多高职院校的教师缺乏必要的科研训练，科研的水平和层次长期得不到提高，甚至有些高职院校的科研成果仅是停留在教育教学层面上总结经验而形成的形式单一的论文，很少运用教育基本理论分析教育教学现象或者将教育教学感性经验提升到理性思考的层面。由于没有结合学校实际，不深入调研，在论文写作中还出现临时拼凑、抄袭问题，使得论文数量不多，能发表的少。由于很多高职教师不了解科研工作的基本要求和方法，因此课题层次多数限于省级课题，更高级别的课题寥寥无几。

（四）团队合作意识薄弱

受到高职院校组织结构和高职院校教师工作的客观影响，目前很多高职院校青年教师过于关注能否主持科研项目，对参与的项目积极性不高，普遍存在单枪匹马、单打独斗的现象。这种状况难以实现团队的真正合作，即便形成某一研究的课题组，也只是为了申报课题而进行的名义上的组合或者属于部门内部的交叉。这样的科研缺乏多层级的交流和多学科知识的融合与拓展，因缺乏思想的交流与互动而具有很大的局限性。另外，高职院校青年教师承担项目后，在负责项目的过程中由于科研经验的缺失，可能会导致科研项目延期完成或者研究质量较低。

（五）培养指导缺位，长远规划不够

高职院校近年来加大了人才引进力度，大批青年教师充实到高校教学和科研工作的第一线，青年教师已逐渐成为教师队伍的主要力量，但由于引进、使用的后期培养指导工作并没有及时跟上，一些高职院校青年教师队伍存在科研能力偏弱、创新意识不强的问题。许多高职院校没有真正利用好、培养好青年教师的科研能力，特别是在青年教师科研创新能力的培养上出现了滞后，缺乏宏观指导和长期规划，随意性较强，科研评价体系不完善，奖励制度和约束制度不到位，缺乏科研方面的专题培训与指导。

（六）科研经费不足，科研时间较少

高职院校的课题经费主要来自纵向课题、横向课题和院级课题经费。由于高职院校科研水平相对较低，无法争取到更多高层次的科研项目，所以，高职院校的科研经费与普通高等院校相比差距悬殊。另外，高职院校建校时间普遍较短、家底较薄，且大量资金都投入基本建设和基础设施上，任课教师和科研人员获得的科研经费支持有限，青年教师由于资历和经验的缺乏，申请有分量有经费的课题就更加不容易。而且高职院校招生规模的迅速膨胀导致生师比普遍超标，青年教师的教学任务十分繁重，也导致没有太多的精力投入科研工作中去。

## 三、提升高职院校教师科研素质的建议

### （一）转变观念，强化高职院校教师的科研意识

培养高职教师的科研意识，是提高科研素质的根本要求。只有具备较强科研意识的教师，才能具有较强的研究能力，并通过努力取得一定的科研成果。因此，首先要认识到，科研与教学不是一对矛盾，科研促进教学，教学推动科研，教学与科研并举，二者相辅相成。高职院校要把科研工作提升到学校综合实力的高度来认识，逐渐形成“科研兴校”“科研强校”的理念。学校领导要增强科研意识，把科研任务作为学校建设与发展中的一件大事来抓，要投入所需的人力、物力、财力，并将其列入学校的发展规划，从制度上保证科研工作的地位。比如：学院可通过定期聘请一些治学严谨、科研水平高的专家和学者举办科研知识讲座，传授科研的基本方法，引导广大高职院校教师（尤其是青年教师）转变观念，使教师充分认识到科研工作是学校教学与专业发展的需要，把科研作为一种职责，自觉地将自己从“工匠型”教师转变为“研究型”教师，积极主动和创造性地探索科研工作的新途径、新方法，逐步提高主动参与研究，进行技术开发和应用的科研意识。学院应激发青年教师的内在动力，充分发挥每个教师的优势和专长，使每个青年教师都有机会从事科研工作。同时，学院应采用多种途径和形式，加强对科研工作的宣传。

### （二）加强指导与服务，提高教师科研能力

高职院校重视和加强教师科研素质的培养，是凝聚科研实力、提高教学和研究水平的关键。科研能力的形成不是一蹴而就的。高职院校科研部门要改进服务质量，通过加强指导与培训，提高教师的科研素养。第一，通过组织教师学习科研理论知识，掌握科学的研究方法，提高对科研问题的洞察力。第二，科研管理人员做好与教师的沟通，充分了解教师的科研诉求，增强科研信息的搜集与发布，通过对课题申报、专利发明创造等方式方法进行培训与指导，提高教师的科研能力。第三，引导青年教师不断学习新知识、新技术、新思想、新方法，更新科研理论知识，优化自己的知识结构。第四，支持教师参加各种学术会议，为他们提供外出交流、学习培训的机会，通过组织青年教师定期或不定期地到兄弟院校和普通高校进行业务交流和研讨以及到外省市科研基地进行

考察，学习先进的科研理论和经验；拓展教师的视野，促进不同学校教师相互交流与合作。第五，通过请专家、行业带头人、兄弟院校的专业人士来高职院校对青年教师科研进行指导、点评、授课，提高青年教师的科研技能。第六，学校内部开展互评互促，学校要经常组织开展各种科研课题的评议、专题讨论会，对教育实践中出现的问题和课题中出现的问题进行述评和论证交流，使课题组成员之间实现信息共享，营造科研的良好氛围。第七，学校每年要有计划、有针对性地开展系列科研活动，在实践中培养教师的科研能力，如举办科研竞赛评比活动、定期举办科研业务培训班和专业课题座谈等。

（三）强化管理，构建科研激励与评价机制

高职院校科研工作中存在的上述问题与机制不健全有关。因此，构建科学的高职院校科研管理制度体系，能起到激励教师从事科研的导向作用，这是搞好高职院校科研管理的关键。学校应该以构建高职教师科研活动的评价与奖惩机制为中心，加强对高职教师科研工作的管理。

第一，加强管理。建立专门的科研管理机构，对整个学校的科研工作进行引导规划，对相关课题研究进行全面监督与管理，要以内涵式发展为导向，构建科学的科研管理机制，为科研工作提供和谐、宽松的环境。对不同专业、不同职务的教师在完成科研任务的质和量上有所区别，不能一个标准。第二，学校加强对科研工作的支持力度，通过多种途径增加对科研经费的投入，为教师从事科研工作提供坚实的物质基础，及时更新学校的图书资料，积极创造条件为高职院校教师从事科研活动搭建平台，并提供丰富的信息资源。第三，健全科研成果评价机制，结合高职教育的特点，形成体现高职特色的评价机制，避免照搬照抄本科院校的做法。第四，处理好教学与科研的关系。教师的工作业绩可分解为教学工作量和科研工作量，按两部分不同评价体系来进行绩效考核，比如适当将科研工作量折抵教学工作量，使广大教师选取各自强项，从单一的教学任务中解脱出来，对于适合做科研的教师，可以在保证教学质量的前提下，充分发挥自己的优势，有更多的精力和时间做科研项目。第五，建立完善科研奖励机制，对科研能力突出、科研成果丰富的教师给予奖励和宣传，在评优、晋升方面可以优先考虑，形成科研先进示范效应，逐步形成良好的科研氛围。第六，健全精神激励机制。通过信任激励、尊重激励、沟通鼓励、评价激励、名誉激励等精神奖励手段，发挥“激励因素”对教师的作用，使教师以更佳的精神状态投身于科研工作，达到提高科研工作积极性的目的。第七，要实行教师年度科研业绩考评制度，把考评结果与收入、待遇挂钩，真正实行按劳分配、多劳多得、以质论价。另外，基金项目申请应向青年教师倾斜，院级科研项目要给予一定额度的启动资金等。

（四）特色课题引路，引领青年教师投身科研

在进行课题选择时，要力求结合社会和高职院校本身热点、难点、焦点问题列出课题目录，完善和充实课题题库，拓展教师课题备选目录，以使教师有更宽更广的选题范围。要结合本校特色，进行课题立项，引领教师积极参与。同时，鼓励教师走出校门，深入中小企业，在生产实践中寻找课题，开展产品开发、技术革新、生产工艺改进等方面的研究与探索。并积极组织和谐校园、数字化校园集中理论学习活动，引导教师将和谐、科学教育理念渗透在教育教学活动之中，尝试开展多学科渗透和谐、科学教育理念的实践与探索。

（五）分级分类管理，推进课题研究规范化

高职院校要坚持以人才培养为中心，以专业建设为龙头，以学术交流、科研活动为基础，建立科研激励机制，促进教学与科研相互推动、协调发展，最终提高教师的科研能力与水平。很多学校教师都有自己的研究课题，学校应对课题研究实行分级分类管理，吃透项目申报要求、程序及注意事项，并指导课题负责人搞好前期论证与申报材料的准备，对课题申报材料进行反复推敲论证，以提高申报书的质量和申报的成功率。要着重抓好各级各类课题的规范化管理，做好对课题进行专业领域分类分组管理。在成果出来后，以集体形式进行有组织、分级分类推荐投稿，以增加投稿数量和中稿率，增加核心刊物发表的数量和比例。各级各类课题研究应从实际出发，紧密联系学校实际，与课堂教学相结合。课题组成员要严格按照计划实施研究，定期开展研讨活动，及时解决实施过程中发现的问题，不断调整研究策略，增强课题研究的实效性。

（六）加强校企联合，促进科研成果转化

高职教育的发展与行业、企业等用人单位是紧密联系的。高职教师们不仅要掌握所任教学科的知识，也要熟悉国内外本专业的先进技术理论，了解本专业的学术前沿动态，了解行业、企业的需求，因此，教育实践是教师提高自身科研素质的根本途径。高职院校要建立适应学校本

身专利工作的管理体制和运行机制。通过开展校企联合，共同进行教学交流和定向订单培养人才，组建学校与企业协作研究中心，扬长避短，促进高职院校教学的实践性与应用性人才培养体系，促进专利技术转化，构建良好的科研支撑保障体系，使高职院校成为“人才和技术的强大源泉”。同时，企业对高职院校科研进行资金和设备方面的投入，可以确保解决高职院校科研经费不足的问题。在课题研究中，课题组要加强成果意识，提高研究成果的先进性、实用性和实效性。教师要深入产学研合作单位、深入实际，充分利用社会资源进行实践锻炼，虚心向企业管理人员和工程技术人员学习，实现科研、教学、实践一体化。把科研成果带到实践教学中去，改变以语言为媒介的传统的、学问式的教学模式，将实践教学与课堂教学结合起来，将研究性教学、案例式教学、反思式教学和情境式教学等模式引进课堂，使教学过程转变成为实践过程、技术操作过程和能力锻炼过程，验证理论成果，促进教与研相长。同时，针对企业生产和管理服务中的实际问题，开展技术协作和项目攻关，以科研成果促进指导生产，提高成果转化能力，促进生产力的发展，努力服务地方经济发展，增强科研实践的有效性和应用性，实现高职院校服务社会的功能。

（七）增加科研经费的投入，确保科研工作正常进行

建立有效的科研运行机制是提高高职院校科研水平的重要措施。第一，建立科研经费保障机制，要把国家财政对科研工作增加投入的政策落到实处，各级政府和有关部门都要按照有关规定和要求设立专项基金用于科研工作。第二，建立科研成果评估机制，对应用性研究、新技术开发、能提高经济效益、服务地方经济建设和发展的成果要定期进行评估，并将评估结果纳入教师的业务考核，并把它作为奖励、晋升、评优的依据。第三，建立科研队伍建设机制，制定优惠政策，不断改善科研工作条件，营造有利的科研环境，为教师进行科研提供良好服务，以此培养和引进科研人员，充实力量，确保科研队伍的建设和发展，促进科研工作质量提升。学校要多渠道筹集资金，增加科研经费的投入，确保科研工作正常进行。首先，要鼓励教师积极大胆地开展纵向课题的申报，争取多立一些国家级、省部级、地市级等科研项目，赢得立项单位的拨款；其次，要加强横向联系，积极承担地方政府、企事业单位委托的科研项目和科技服务项目，以获取科研资金；最后，要努力争取各级政府、

各有关部门、各主管单位的理解和支持，并划拨一定的专项科研经费。此外，学校也要自筹部分资金，用于弥补科研经费的不足。

（八）重视教师科研素质的培养，形成具有实力的科研团队

教师科研素质的培养要循序渐进，要与学校专业建设、课程建设、教师的专业特长、校企合作单位的科研需求以及地方经济社会的发展密切结合起来。高职院校承担着培养人才与基础研究的任务，创建具有实力的科研团队是完成这一任务的前提。科研工作的成效取决于科研队伍的实力，这个实力就是人才。人才一是靠培养，二是靠引进。培养主要是选拔政治素质良好、年富力强、专业理论知识扎实、创新意识强、敢于吃苦的在职教师进行重点训练，汇聚全院精英组建“高职研究所”和其他专业研究所，以便进行重点项目的攻关，并实行严格目标管理制度，让他们根据自己的专长，在专家的指导下选取前沿性、创新性、适用性较强的科研项目开展研究，使之早出成果、多出成果、出好成果。引进主要是从知名本科院校和科研院所引进科研水平高、能力强的人才担任专业学术带头人和科研团队的领头雁，还可结合党政机关改革、国家大中型企业的调整，从这些单位引进一批层次高、素质好的人才担任科研排头兵，发挥他们了解社会、知晓地方经济等诸多方面的优势，给高校科研队伍开阔新的视野，带来新的科研切入点。另外，高职院校还应返聘学校内部科研层次高的退休教师及聘用校外退休的科研人员充实到高校科研队伍中，以逐步形成具有实力的高水平科研团队。

## 参考文献

［1］伍玉凤．高职院校青年教师科研素质和能力培养中存在的问题及对策［J］. 学术论坛，2011（5）：210-213.

［2］徐元俊．试论高职院校教师科研素质构成及培养途径［J］. 职教与经济研究，2007（2）：10-13.

［3］谢萍．国内高职科研研究述评［J］. 教育研究，2013（6）：37-39.

［4］仲耀黎．高职院校科研工作开展的现状与对策［J］. 教育理论与实践，2010（8）：27-29.

［5］徐元俊．论高职教师科研素质培养途径与措施［J］. 咸宁学院学

报，2011，31（9）：107-109.

［6］乔晓艳．论高职院校青年教师的科研素质［J］.2013（7）：92-93.

［7］程晓宇．充分认识高职科研提升科研管理工作［J］．价值工程，2012，31（26）：237-239.

［8］冯雪姣．高职科研的地位和内容创新研究［J］．烟台职业学院学报，2010（9）：1-2.

［9］刘贤凤，张玉香．高职院校科研实用性保障机制创新研究［J］．广西教育学院学报，2010（5）：25-27.

［10］徐元俊．论高职院校教师的科研素质［J］．中国高教研究，2006（5）：82-83.

［11］刘建望．论高职院校科研定位的困境与出路［J］．科技管理研究，2014（12）：76-78.

［12］乔维德．影响高职教师科研素质的因素分析［J］．天津电大学报，2010（9）：66-68.

［13］乔维德．基于抽样调查的高职教师科研素质现状实证分析［J］．安徽电气工程职业技术学院学报，2010（12）：102-105.

［14］乔维德．高职院校教师科研素质的调查分析［J］．十堰职业技术学院学报，2010（8）：5-7.

# 人事制度改革

# 行政执法类公务员考录测评要素及测评方法研究[①]

许　阳　丁　玎　卞　冉等[②]

**摘　要：**随着社会发展和时代变化，公务员考录工作面临新的挑战，为了使公务员考录选拔更精准有效，需要对公务员考录“分级分类”进行研究。行政执法类公务员职责的特殊性、工作的重要性、影响的广泛性等，与其他类公务员在选拔方面有着明显的区分，应当在考录时进行分类测评。本文围绕行政执法类公务员这一群体展开研究，通过对行政执法类公务员工作内容、工作人员等方面进行了解，采用质性研究和量化研究相结合的方式，获取了行政执法类公务员 24 项胜任特征，并对 24 项胜任特征的重要性进行排序，以期提取行政执法类公务员核心胜任特征，最后对 24 项胜任特征的可测性进行了分析与探讨。

本文可以在执行层面落实行政执法类公务员考录测评工作。研究回答了行政执法类公务员应当“考什么”的问题，同时初步探讨了“怎么考”的问题。这为未来开展行政执法类公务员考录测评提供了理论支撑和方法依据，为进一步构建符合人才评价规律、体现不同类别职位特点的公务员考录测评体系开展了基础性、前瞻性的研究工作。

① 该篇论文获得“2019 年全国人才与人事研究主题征文活动”二等奖。

② 许阳，北京市人事考试中心主任科员；丁玎，北京市人事考试中心副主任；卞冉，北京师范大学心理学部副教授；张继明，北京师范大学学生心理健康咨询与服务中心副研究员；周群力，北京师范大学心理学部项目主管。

**关键词：** 行政执法类　公务员　胜任特征　测评方法

## 一、研究目的

（一）研究背景

1993年公务员考录制度正式确立时，公务员考录通过公开考试、严格考察、平等竞争、择优录取的办法甄选人才，取得了良好的效果和社会影响。

1994年6月7日，原国家人事部颁布了《国家公务员录用暂行规定》，这是与《国家公务员暂行条例》相配套的一个重要法规。这个法规也是国家公务员考试录用制度初步建立的标志。之后的公务员考试工作按照“整体推进、重点突破、强化监控、稳步发展”的方针逐步开展起来。在《国家公务员录用暂行规定》颁布两个月之后，中央国家机关30个部门在北京进行了公务员首次公开招考工作。时至今日，公务员考试已走过二十多年，通过不断实践，公务员录用考试的制度日益完善，考试水平大幅提高，考试日益科学化、规范化，为许多有志青年提供了平等竞争的机会，一大批优秀人才被选拔到政府机关中来，大大补充和优化了公务员队伍的整体结构。

随着社会的发展和时代的变化，公务员考录工作也时刻面临着新的挑战。2018年2月26日，中共中央办公厅、国务院办公厅印发了《关于分类推进人才评价机制改革的指导意见》，对人才分类评价提出了要求。为了提高北京市考试录用公务员工作科学化水平，使考录选拔更精准有效，北京市人事考试中心开始对公务员“分级分类”考录中的分类考试进行研究。

本研究关注的两个核心问题是：

（1）行政执法类公务员应该考什么？即行政执法类公务员在考录测评时的测评要素是什么。行政执法类公务员的职责特点、工作环境、工作要求等与其他类别的公务员和社会中的其他类工作有着显著不同，而行政执法类公务员作为一类，又包含有多个岗位，因此在确定测评要素时，既要顾及个性又要体现共性。确定测评要素是分类测评的基础，也是构建分类测评框架的依据。

（2）行政执法类公务员应该怎么考？即行政执法类公务员在考录测评时应当使用什么测评方法。目前公务员考录测评主要有笔试、面试、专业科目考试几种形式，笔试一般分为“行政职业能力测验”和“申论”两个科目，面试主要使用结构化面试的方法，专业科目考试则根据具体岗位确定。这些测评方法可以在一定程度上考查考生的基本素质以及工作潜能，但在行政执法类公务员独有的测评要素方面，需要进一步探索更适合的测评方法。

（二）研究意义

2005 年，我国公务员法将公务员职位类别划分为综合管理类、专业技术类和行政执法类三类。2016 年，中办国办印发的《行政执法类公务员管理规定（试行）》中明确：行政执法类公务员，是指依照法律、法规对行政相对人直接履行行政许可、行政处罚、行政强制、行政征收、行政收费、行政检查等执法职责的公务员。

我国基层一线行政执法队伍近 200 万人，是社会管理与市场监管职能的直接履行者，是政府形象的窗口，是百姓接触最多的公务员群体。行政执法类公务员面临的情况存在突发、复杂等特点，在当前网络信息环境下，其工作产生的社会影响较广。

行政执法工作对行政执法类公务员有什么要求，在以往研究中很少将其作为一个整体，因此为了确定行政执法类公务员的测评要素，我们需要对行政执法工作进行工作分析，对优秀行政执法类公务员的胜任特征进行建模，这些工作将为未来测评、培训、培养、考核等方面提供依据，具有一定的理论意义。

新时代对于行政执法类公务员的工作内容、工作人员的能力素质等有了新的要求，因此研究细化笔试、面试测评要素，创新测评方法，是保证行政执法类公务员分类测评的前期理论和技术支撑。但国内当前针对行政执法类公务员胜任素质的全面探索与研究尚属空白，因此探索该类公务员的能力素质标准，并在其基础上科学合理地对行政执法类公务员进行选拔与绩效考核具有十分重要的现实意义。

## 二、行政执法类公务员胜任特征概述

（一）胜任力定义

McClelland（麦克利兰）在 1970 年首次提出了“胜任力”的概念，并使这一概念得到了广泛的推广和应用。胜任力特征是一种深层次的特征，是区分工作中表现卓越和普通个人的不容易识别的部分。同时个人所具备的认知、态度、特质等深层次的个人特征也是影响工作绩效的关键因素。

在此之后，来自不同国家的学者从不同的角度提出了关于胜任力的观点。本文对胜任力的定义以 Lyle. M Spencer 和 McClelland 的定义为基础，结合其他的定义，胜任力是区分高绩效者和一般绩效者的核心因素，主要包含知识、能力和特质。

（二）对行政执法类公务员胜任特征的研究

随着时间的推移，国内外对胜任素质模型的探究由通用模型转变为适用于某一特定岗位的模型，更具针对性和可操作性。胜任素质特征在国内的研究与应用相对来说比较晚，但是发展前景较为广阔。

从国内目前研究行政执法类公务员能力素质模型的现状来看，相关研究具有部门的特殊性，在实践层面，税务部门、公安执法部门、质量监督部门、环境保护部门等相关部门是行政执法类公务员职位的主要集中区域，其中对公安机关、税务部门的研究最为广泛。

张江涛研究发现社区民警的胜任力特征包括 5 个维度。知识维度、能力维度、态度及价值观维度、社会角色维度、自我特质维度。

赵朋对沧州市城管执法人员进行研究发现城管执法人员胜任特征分为四部分：包括个人特质、能力技能、知识构成、身心素质。

周敏研究发现税务系统公务员胜任力素质技能标准分为五个模块。政治及业务素养模块、执行与学习能力模块、责任心与归属感模块、人际关系处理能力模块、身心认知模块。

（三）文献述评

由此可见，不仅对相同部门的行政执法类公务员胜任特征研究所得结果相近，一致性较高，且不同部门之间的胜任力模型也有共同之处。因此也有国内学者以行政执法类公务员这一大类群体为研究对象，对其通用胜任力模型进行探究。如郭太龙所构建的胜任力模型包括岗位素质、管理素质、发展潜力、态度与品质、交流协作五个层面；黄欣通过质性研究提取能够区别行政执法类公务员绩效优劣者的 13 个胜任力特征，并将其纳入个人特质、能力素质、知识素质和生理心理素质 4 个维度，得出基层行政执法类公务员的胜任力模型。这些说明行政执法类公务员可以作为一个整体进行研究，探索其测评要素与测评方法。

但目前以“行政执法类公务员”整体为研究对象，旨在构建胜任特质模型并指导人事测评与选拔工作的研究仍十分匮乏，且当前已有研究多集中于某地区或某几个部门，存在一定局限性，无法将其研究结果完整迁移到行政执法类公务员的考录工作中。

考虑到行政执法类公务员岗位的特点和具体情况，以及实践中对于测评要素确定和测评方法探索的需要，本研究将采用质性研究和量化研究相结合的方式，构建行政执法类公务员胜任特征模型，通过对胜任模型的建立，结合实际情况，从中提取行政执法类公务员考录测评要素，并从考录测评要素的角度出发探索行政执法类公务员的测评方法。

## 三、研究过程

### （一）研究一：行政执法类公务员访谈与胜任特征编码

研究一采用质性研究的方法，与行政执法类公务员及相关领导等进行面谈，利用行为事件访谈和工作分析的技术，收集相关情境和行为信息并进行编码，之后通过数据分析初步构建行政执法类公务员胜任特征模型。

#### 1. 研究方法

（1）被试。从北京市有行政执法职能的 26 家委办局中，抽取 98 人，其中一线执法人员 70 人，执法部门领导干部 28 人。

（2）材料。由专家编制，委托单位和专家共同审核通过的访谈提纲。访谈提纲针对访谈人员的不同分为 2 种，分别为《行政执法一线公务员访谈提纲》与《行政执法部门领导干部访谈提纲》。

#### 2. 研究结果

组织 5 名专家使用 Nvivo11 软件对访谈材料进行编码，提取出访谈过程中与做好行政执法工作有关的行为，将这些行为归纳为胜任特征。根据首次编码结果，我们发现有些胜任特征需要合并，有些胜任特征需要拆分，经过 4 名专家讨论，将部分胜任特征进行重新命名，使之含义更加准确，对包含行为比较复杂的胜任特征进行拆分，使之更易于操作，最终得到 24 项胜任特征。我们将上述结果作为胜任特征词典，组织 10 名专家对所有访谈材料进行了第二次编码，每份材料有 2 人同时进行编码，编码结果见表 1。

表 1　　　　编码结果表

| 名称 | 材料来源 | 参考点 | 名称 | 材料来源 | 参考点 |
|---|---|---|---|---|---|
| 专业知识 | 97 | 263 | 严谨细致 | 49 | 114 |
| 沟通技巧 | 90 | 237 | 敏锐洞察 | 49 | 103 |
| 法律运用 | 80 | 209 | 压力承受 | 47 | 84 |
| 规则意识 | 73 | 184 | 普法意识与技巧 | 44 | 69 |
| 证据意识 | 71 | 174 | 主动性 | 42 | 80 |
| 主动学习 | 71 | 146 | 耐心 | 39 | 83 |
| 协调 | 63 | 167 | 廉洁自律 | 38 | 60 |
| 灵活应变 | 62 | 175 | 情绪稳定 | 38 | 60 |
| 责任心 | 58 | 120 | 信息收集与整理 | 37 | 67 |
| 文书能力 | 55 | 89 | 公平公正 | 29 | 38 |
| 分析判断 | 51 | 134 | 计划安排 | 28 | 44 |
| 坚定勇敢 | 50 | 92 | 合作意识 | 27 | 59 |

根据编码结果，我们发现“专业知识”的材料来源最多，占总材料的97%，“合作意识”的材料来源最少，占总材料的27%。最终，我们将这24项胜任特征作为行政执法类公务员的胜任特征，并在接下来的研究中通过问卷调研的方法进行确认，并尝试提取核心胜任特征。

3. 研究结论

本研究通过质性分析的方法，构建了行政执法人员胜任特征模型，其中包含24项胜任特征，分别是：专业知识、沟通技巧、法律运用、规则意识、证据意识、主动学习、协调、灵活应变、责任心、文书能力、分析判断、坚定勇敢、严谨细致、敏锐洞察、压力承受、普法意识与技巧、主动性、耐心、廉洁自律、情绪稳定、信息收集与整理、公平公正、计划安排、合作意识。

（二）研究二：行政执法类公务员核心胜任特征提取

在研究一的基础之上，为了聚焦实际选拔工作中的考录测评要素，我们需要对行政执法类公务员核心胜任特征进行提取。因此研究二采用量化研究的方法，使用问卷法对一线执法人员及其上级领导进行调查，通过数据统计分析，尝试提取行政执法类公务员核心胜任特征。

1. 研究方法

（1）被试。从北京市有行政执法职能的26家委办局中选取49家单位，按照一线执法人员与领导干部 3∶1 的比例，共发出调研问卷 792 份，回收调研问卷 629 份，其中有效回答的问卷 629 份。

（2）材料。根据研究一中的胜任特征编制的调研问卷，主要包括：基本信息、24 项胜任特征重要性评价、最重要的 3 项胜任特征、最不重要的 3 项胜任特征、补充其他胜任特征。问卷配有统一的指导语。

**2. 研究结果**

我们对调研数据中胜任特征重要性评价进行了统计分析，并使用单样本 T 检验的方法，与重要程度 4（比较重要）进行了比较检验，根据分析结果发现，24 项胜任特征的重要性均分都显著大于 4，说明这 24 项胜任特征所包含行为对于行政执法类工作均比较重要，应当在考录测评中进行考察。

在访谈编码和问卷调研的基础之上，为了选出测评效率比较高的考录测评要素，需要对行政执法人员核心胜任特征进行提取。本研究使用 4 个指标进行合成，分别是：第二次编码材料来源、第二次编码参考点、问卷调研重要性评价、问卷调研重要性排序，我们将这 4 个指标的原始值进行正态分布转化，之后再转化为标准 Z 分数，将 4 个标准 Z 分数进行平均，得到胜任特征的重要程度的总分，结果见表 2。

**表 2　　　　胜任特征重要性分数合成表**

| 胜任特征 | 各指标标准 Z 分数 | | | | 重要性标准 Z 分数 |
|---|---|---|---|---|---|
| | 材料来源 | 参考点 | 重要性评价 | 重要性排序 | |
| 廉洁自律 | −0.84 | −0.99 | 1.75 | 1.41 | 0.33 |
| 法律运用 | 1.17 | 1.17 | 1.41 | 1.75 | 1.38 |
| 规则意识 | 0.99 | 0.99 | 1.17 | 0.99 | 1.04 |
| 公平公正 | −1.17 | −1.75 | 0.99 | 1.17 | −0.19 |
| 证据意识 | 0.71 | 0.71 | 0.84 | 0.71 | 0.74 |
| 责任心 | 0.36 | 0.25 | 0.71 | 0.84 | 0.54 |
| 分析判断 | 0.15 | 0.36 | 0.58 | 0.25 | 0.34 |
| 严谨细致 | −0.15 | 0.15 | 0.47 | 0.15 | 0.15 |
| 专业知识 | 1.75 | 1.75 | 0.36 | 0.58 | 1.11 |
| 沟通技巧 | 1.41 | 1.41 | 0.25 | 0.47 | 0.88 |
| 敏锐洞察 | −0.15 | 0.05 | 0.15 | −0.47 | −0.10 |

续表

| 胜任特征 | 各指标标准Z分数 | | | | 重要性标准Z分数 |
|---|---|---|---|---|---|
| | 材料来源 | 参考点 | 重要性评价 | 重要性排序 | |
| 文书能力 | 0.25 | -0.15 | 0.05 | 0.36 | 0.13 |
| 主动学习 | 0.71 | 0.47 | -0.05 | 0.05 | 0.29 |
| 灵活应变 | 0.47 | 0.84 | -0.15 | -0.15 | 0.25 |
| 坚定勇敢 | 0.05 | -0.05 | -0.25 | -1.17 | -0.36 |
| 合作意识 | -1.75 | -1.17 | -0.36 | -1.17 | -1.11 |
| 普法意识与技巧 | -0.36 | -0.58 | -0.47 | -1.41 | -0.70 |
| 耐心 | -0.58 | -0.36 | -0.58 | -0.71 | -0.56 |
| 主动性 | -0.47 | -0.47 | -0.71 | -0.47 | -0.53 |
| 协调 | 0.58 | 0.58 | -0.84 | -1.17 | -0.21 |
| 压力承受 | -0.25 | -0.25 | -0.99 | -0.05 | -0.39 |
| 情绪稳定 | -0.84 | -0.99 | -1.17 | -0.47 | -0.87 |
| 计划安排 | -1.41 | -1.41 | -1.41 | -0.71 | -1.23 |
| 信息收集与整理 | -0.99 | -0.71 | -1.75 | -1.75 | -1.30 |

从表2可以看出，共有12项胜任特征的重要性评价均大于0，说明这些胜任特征的重要性高于平均水平。

**3. 研究结论**

通过研究二，我们发现24项行政执法类公务员胜任特征的重要性程度均显著大于4，即本研究构建的行政执法类公务员胜任特征模型是合理的。根据各项指标合成的重要性程度，我们提取了12项行政执法类公务员核心胜任特征，分别是法律运用、专业知识、规则意识、沟通技巧、证据意识、责任心、分析判断、廉洁自律、主动学习、灵活应变、严谨细致、文书能力。以上12项可以作为行政执法类公务员测评的核心胜任特征来重点进行考查。未来可将24项行政执法类公务员胜任特征行为纳入测评要素库管理，根据测查需求对不同测评要素进行组合，设计针对性的测评方式，从而为实现精准、科学选人用人提供支持。

## 四、分析与讨论

### （一）本研究使用的研究方法

考虑到行政执法类公务员岗位的特点和具体情况，本研究采用质性研究和量化研究相结合的方法，构建了行政执法类公务员胜任特征的模型，开发了相应的测评工具并验证了其信度、效度。

1. 质性研究与量化研究方法的结合

在研究方法方面，通过访谈、编码资料分析等，对行政执法类公务员的工作内容、素质要求、管理等方面进行了解，利用工作分析和胜任特征建构的方法，分析行政执法类公务员考录的测评要素。在量化研究方法中，为了获得研究需要的测评要素，结合问卷调研和因素分析的方法。

从质性研究的角度，我们采用了访谈的方法，通过对行政执法类公务员这一群体的行为事件访谈，收集研究的一手资料。在对资料进行处理时，首先通过主轴编码和专家研讨这些质性研究方法，确定了编码维度，形成了编码词典，之后通过再次编码，对编码出的要素节点、材料数等进行量化的统计分析；除此之外我们又通过问卷法，对模型和要素的重要性再次进行了验证。

2. 研究对象的抽样

根据《北京市行政执法单位统计表》，共有 180 家单位涉及行政执法职能，主要包括农业、安全生产、交通、城市管理、建设规划、质量技术、文化、民政、劳动保障、教育、粮食、市场、审计、食品药品、卫生与计划生育、环境等。主要的行政执法职能覆盖检查、处罚、强制、征收、许可、收费 6 项。

通过对近 5 年北京市公务员录用考试职位表的检索，与行政执法职位相关的单位包括：安全生产、城市管理、发改委、建设规划、旅游、市场、体育、文化、园林绿化、知识产权、质量技术等。在抽样过程中，我们结合资料与分析，对市级单位和区级单位同时进行抽取，抽取单位以相关执法队为主。职能方面以检查、处罚、强制为主，兼顾征收、许可、收费。整体抽样向基层工作人员倾斜。在抽样单位方面，尽量覆盖各类单位，其中执法队人数约占 70%，市级与区级各一支，其他行政执法单位人数占 30%左右；在抽样人员方面，执法队中的基层工作人员与管理人员的比例为 3∶1，其他行政执法单位以有经验的工作人员为主。

3. 胜任特征差异检验

由于所有的胜任特征都评分较高，在 1～5 评分的问卷调查中都集中在 4～5 分的高分区。为了区分所有特征中得分相对更高的部分，我们将所有特征分别与 4 分的标准进行了差异检验。结果显示，所有的 24 个特征的评分都显著高于 4 分。

为了进一步区分这些胜任特征，我们将标准提高至4.5 分。第二次的差异检验的结果显示：耐心、普法意识与技巧、情绪稳定、压力承受、主动性、计划安排和协调几个特征的得分与 4.5 分差异不显著，说明它们得分相较于其他特质稍低，重要性评价更低。

在其余 17 个胜任特征中，坚定勇敢、合作意识和信息收集与整理在 0.01 的水平上与 4.5 分有显著差异。文书能力、规则意识、法律运用、分析判断、公平公正、灵活应变、敏锐洞察、严谨细致、沟通技巧、主动学习、责任心、证据意识、专业知识和廉洁自律几个胜任特征的评分都在 95%的可能性下与 4.5 分有显著差异。

**4. 胜任特征的可测性分析**

根据抽取的 24 项胜任特征，我们组织专家进行研讨，通过研讨，专家认为：24 项核心胜任特征中，①廉洁自律、公平公正和坚定勇敢属于深层次特质，不宜通过考试测评来评价，需要结合日常行为表现和他人评价等来进行衡量，不具备可测性；②专业知识具有专业特殊性，因为行政执法涉及的专业门类、行业特征比较多，无法通过统一的测评工具进行测评，因此在统一测评的背景下，不具备可测性；③其他 20 项核心胜任特征均具备良好的可测性，可以用不同方法进行测评。

经过专家研讨，行政执法类公务员考录过程中应当对其核心胜任特征进行测评，同时也应当使用合适的测评题型，根据专家意见和实际情况，20 项核心胜任特征在考录测评中可使用的题型主要有笔试和面试类，具体对应情况见表 3。

**表 3　　行政执法类公务员考录可使用测评题型对照表**

| 胜任特征 | 笔试 | | | 面试 | | | |
|---|---|---|---|---|---|---|---|
| | 案例分析 | 情景判断测验 | 应用文写作 | 情境面试 | 行为面试 | 视频材料 | 口头事实搜寻 |
| 法律运用 | √ | | | | | √ | |
| 规则意识 | √ | | | | √ | √ | |
| 沟通技巧 | | √ | | √ | | √ | |
| 证据意识 | √ | | | | √ | √ | √ |
| 责任心 | | √ | | | √ | | |

续表

| 胜任特征 | 笔试 | | | 面试 | | | |
|---|---|---|---|---|---|---|---|
| | 案例分析 | 情景判断测验 | 应用文写作 | 情境面试 | 行为面试 | 视频材料 | 口头事实搜寻 |
| 分析判断 | √ | | | √ | | √ | √ |
| 主动学习 | | √ | | | √ | | |
| 灵活应变 | | √ | | √ | | √ | |
| 严谨细致 | | | | √ | √ | | |
| 文书能力 | | | √ | | | | |
| 敏锐洞察 | √ | √ | | | | √ | √ |
| 协调 | | √ | | √ | √ | | |
| 压力承受 | | √ | | √ | √ | √ | |
| 主动性 | | √ | | | √ | √ | |
| 耐心 | | | | | √ | √ | |
| 普法意识与技巧 | | | √ | √ | | | |
| 情绪稳定 | | √ | | √ | √ | √ | |
| 合作意识 | | √ | | √ | √ | | |
| 计划安排 | √ | √ | | √ | | √ | √ |
| 信息收集与整理 | √ | | √ | | | | √ |

（二）本研究的价值

本研究使用了胜任特征建模的方法，构建了行政执法类公务员胜任特征模型，共抽取了 24 项胜任特征，并探讨了这 24 项胜任特征的可测性和作为考录测评要素的测评方法。

第一，本研究有助于相关单位落实党和国家的相关要求。按照《中华人民共和国公务员法》第三章第十六条规定：“公务员职位类别按照公务员职位的性质、特点和管理需要，划分为综合管理类、专业技术类和行政执法类等类别。根据本法，对于具有职位特殊性，需要单独管理的，可以增设其他职位类别。各职位类别的适用范围由国家另行规定。”研究探讨了行政执法类公务员在胜任特征和考录测评方法上的特殊性，有助于从人力资源管理的角度实行分类管理。同时，研究的结论也体现了《行政执法类公务员管理规定（试行）》中对行政执法类公务员职责所具备的执行性和强制性的特点，有助于落实“考试内容根据行政执法类公务员应当具备的思想政治素质、法律知识、工作能力和不同职位要求分类分级设置”的要求。

第二，本研究在国内尚属首次，方法和结论都有一定指导性作用。虽然国内有相关行政执法类岗位胜任特征的研究，但将行政执法类公务员作为一个整体，研究其胜任特征模型和考录测评方法，在国内尚属首次。研究在北京市相关部门的指导下开展，使用了北京市行政执法类公务员作为样本，其方法和结论都具有可借鉴之处，未来公务员考录选拔可以此为样本开展相关工作。

第三，本研究对其他两类公务员的考录测评和分级分类管理具有借鉴价值。研究所使用的胜任特征建模方法及研究过程完整严密，科学性高，可以在未来其他类公务员考录测评研究中进行实践。同时如果要对公务员岗位进行更细化的分级分类，也可以参照此方法进行胜任特征和考录要素、方法的研究。

第四，本研究对未来北京市落实行政执法类公务员考录测评提供了理论和技术支持。研究不仅回答了行政执法类公务员应当“考什么”的问题，同时探讨了考录测评方法，回答了“怎么考”的问题，为未来北京市行政执法类公务员考录测评提供了理论和方法的依据，能够将公务员分类考录工作更加科学化、精细化地开展，同时也更容易进行研究成果的转化。

（三）未来的研究问题

本研究构建了行政执法类公务员胜任特征模型，提取了核心胜任特征，同时探讨了考录测评方法。未来应当对测评方法的科学性和有效性进行实证研究。

第一，要对行政执法类公务员的考录测评框架进行设计。在过往的公务员考录测评中，已经对一般能力及一些基础素质进行了测评，这些测评方法均起到了很好的作用。未来对行政执法类公务员的测评，既要有所侧重，又要与原有的测评内容进行对接，需要进行整体设计。在未来研究中，应当结合现有测评内容以及本研究的结论，对测评要素和测评方法进行整体的设计，构建一个测评框架，为考录测评内容开发提供基础。

第二，要对行政执法类公务员的命题、评价研发提供标准化的指导。

为了使命题更加科学，评价更加有效，使行政执法类公务员考录测评命题与评价更加标准化，因此需要开发对应题型的命题指导以及评价指导，为未来大规模命题与评价提供标准化指导，使行政执法类公务员考录测评工作更加科学有效。

第三，要通过实证数据对题目的质量、信度、效度等进行研究。为了验证测评方法的稳定性和有效性，需要获取实证数据，利用心理测量学的理论，对题目的难度、区分度，工具的信度、效度等进行分析，验证工具开发与使用的效果。

（四）未来面临的挑战

未来这项工作在开展过程中还面临诸多挑战。

首先，当今时代变迁迅速，我国进入新时代后国内外环境不断发生变化，行政执法类公务员胜任特征也会发生变化，因此要顺应时代发展趋势，适时对胜任特征和考录测评方法的适用性进行调整。

其次，测评题目的开发需要大量资源的支持，案例分析、情境判断测验等方法需要收集丰富的资料，视频材料题的仿真度虽然高，但是在开发中需要投入一定资金的支持，诸如此类测评题目的开发需要人力、物力、财力等相关支持，以达到更好的考录测评效果，实现更大的价值。

再次，题目开发与考录测评需要大量的、专业的测评人才和测评队伍，使用这些题型进行考录测评，一方面需要专业的人才和队伍进行命题，另一方面在测评实施、评分等过程中，也需要大量专业测评人才，这些都将是未来行政执法类公务员考录测评和公务员分级分类管理工作中面临的挑战。

最后，由于行政执法工作涉及的行业、门类比较多，对人员除了基础和综合能力素质的要求，还需要具备一定的专业知识与技能，情境化的命题需要大量的案例和材料，因此在命题与评价过程中需要获得更多行业专家的参与与支持，行业专家的参与将使得行政执法类公务员的考录测评保真度更高，也更加科学有效。

## 参考文献

[1] 国家人事部．关于印发《国家公务员录用暂行规定》的通知（人录发〔1994〕1号）．1994.

[2] 国务院．国家公务员暂行条例（中华人民共和国国务院令第 125 号）．1993.

[3] 中共中央办公厅，国务院办公厅．关于分类推进人才评价机制改革的指导意见，2018.

[4] 中共中央办公厅，国务院办公厅．行政执法类公务员管理规定（试行），2016.

[5] 梁大伟．执法类公务员能力素质模型建设研究 [D]. 合肥：安徽大学，2014.

[6] McClelland，D. C. Testing for competence rather than for "intelligence." . Am Psychol，1973，28（1），1-14.

[7] 张江涛．陕西省社区民警胜任力模型研究 [D]. 西安：西安工程大学，2012.

[8] 赵朋．沧州市城管执法人员胜任素质模型的构建 [D]. 乌鲁木齐：新疆农业大学，2016.

[9] 周敏．行政执法类公务员胜任力素质技能标准研究——以税务系统公务员为例 [J]. 中国行政管理，2012（12）：89-93.

[10] 郭太龙．L 市行政执法类公务员胜任力研究 [D]. 沈阳：辽宁大学，2012.

[11] 黄欣．基层行政执法类公务员胜任力模型研究——以 DL 县食品药品监督管理局为例 [D]. 重庆：西南政法大学，2014.

# 基层事业单位岗位设置管理工作的研究[①]

吴　岩　刘海波　刘惠毓[②]

**摘　要：** 岗位设置管理制度是我国在社会主义现代化建设新时期提出的一项新政策，目的在于进一步深化事业单位人事制度改革，完善事业单位人事管理办法。自其实施以来，极大地提高了事业单位公共服务水平，取得了显著的成效，但岗位设置管理工作在基层事业单位的推进也遇到了一些困难，如相关制度贯彻落实不够彻底，政策与当地实际情况不能完全契合等，阻碍了其积极作用的正常发挥。本文对岗位设置管理的基本概念和原则进行了阐述，并就目前基层事业单位在推行此项工作时所遇到的问题进行了简要的说明和分析，进而据此提出了部分建议，以供参考。

**关键词：** 事业单位　岗位设置管理　问题　建议

事业单位是我国提供公共服务的重要社会组织，在我国经济社会发展过程中发挥着不可忽视的作用，随着社会主义市场经济体制的逐步建立和完善，事业单位在其管理和运行中面临着新机遇、新挑战，为不断

① 该篇论文获得“2019 年全国人才与人事研究主题征文活动”二等奖。

② 吴岩，江苏省苏州市吴中区人力资源和社会保障局事业单位管理科科长；刘海波，江苏省苏州市吴中区人力资源和社会保障局事业单位管理科科员；刘惠毓，江苏省苏州市吴中区人力资源和社会保障局事业单位管理科科员。

提高事业单位服务水平，2006 年，人事部印发《事业单位岗位设置管理试行办法》（国人部发〔2006〕70 号）和《事业单位岗位设置管理试行办法实施意见》（国人部发〔2006〕87 号），力求深化事业单位人事制度改革，建立健全事业单位岗位设置管理制度，实现事业单位人事管理的科学化、规范化、制度化，此举也标志着我国事业单位正式进入岗位设置管理阶段。

事业单位岗位设置管理试行办法及实施意见自颁布以来，为事业单位管理工作提供了新的制度保障，初步实现了事业单位由身份管理向岗位管理的转变，极大提高了工作人员的积极性和创造性，对事业单位的发展产生了深远且积极的影响。但我国事业单位种类繁多、情况复杂，一策难解百难，随着岗位设置管理工作的深入，其在具体实施过程中也出现了一些水土不服的问题，阻碍着事业单位管理工作的正常进行，亟待我们深入研究解决。

本文将苏州市吴中区在事业单位岗位设置管理工作中所遇到的问题进行了总结，并在此基础上加以分析，提出部分建议，以期为基层事业单位岗位设置管理工作的改革发展提供参考。

## 一、事业单位岗位设置管理的基本概念和原则

岗位设置管理工作可简单的分为岗位设置和岗位管理两个部分。其中岗位设置发生在岗位管理之前，是岗位设置管理工作的基础环节，岗位设置是针对岗位本身的建设性工作，需将整个事业单位所承担的职责任务详细的分配到每个岗位，每个岗位都承担着单位的一部分工作职责并据此制定相应岗位的任职条件，岗位设置一般包括岗位分析、岗位分类、岗位评价等过程。而岗位管理实际是在岗位设置的基础上，对事业单位工作人员的人事管理流程，包括岗位聘用、岗位竞聘、岗位培训、岗位退出等一系列工作，是岗位设置管理工作对具体对象的实施过程。

根据《事业单位岗位设置管理试行办法》的要求，事业单位要按照科学合理、精简效能的原则进行岗位设置，坚持按需设岗、竞聘上岗、按岗聘用、合同管理。现阶段，事业单位岗位一般分为管理岗位、专业技术岗位和工勤技能岗位三种类别，具体实施时，各事业单位需根据单位所承担的职责任务确定三类岗位的结构比例关系，然后依据工作需要设置各类岗位的内部层级和数量并制定各岗位的工作标准和聘用条件，

进而按照所设置的具体岗位要求对单位内部工作人员进行日常管理。

针对以上设岗和管理过程，有以下几项原则需要遵守：一是规范设岗，事业单位应当在上级编制部门核定的编制名额范围内确定岗位数量，所设岗位必须要和本单位的功能定位相适应，必须坚持因事设岗；二是科学合理，在设岗时要结合单位规模和现有人员结构，从总体把握，仔细衡量各类岗位之间及岗位内部的结构比例，评估不同岗位的能级，建立科学的层次结构，并且要兼顾事业单位的当前需求和长远发展，具有一定的前瞻性；三是精简效能，事业单位应当在确保能够正常履行职责的前提下，坚持少设岗、多覆盖，坚持能设低层次岗位的，绝不设高层次岗位，以期用最少投入获得最大效率，降低运行成本；四是动态管理，岗位设置是相对稳定的，但每个单位又是处在不断发展和开拓之中，事业单位应当根据社会事业发展、单位功能调整的实际情况，按照规定的程序和权限，适时对岗位设置方案进行调整，确保岗位设置适应社会公共服务需要，同时定期对工作人员的现实表现情况进行考核，明确员工的工作状况，以实施奖惩制度，实现竞争上岗。

## 二、当前基层事业单位岗位设置管理工作存在的问题

2010年，苏州市吴中区按照省、市相关文件要求，在全区范围内首次开展了事业单位岗位设置工作并于当年度圆满完成。2012年12月，全区在完成岗位设置的基础上，按照核准的结构比例，通过竞聘上岗的形式，进行了首次岗位聘用管理工作，实现了全区事业单位全员聘用管理。时至今日，通过九年多的实施和完善，吴中区岗位设置及聘用工作已全面步入正轨，在此期间，区内事业单位工作人员素质明显提高，人才队伍建设成效显著。但同时，在吴中区事业单位岗位设置管理实践中也遇到了一些问题，影响了岗位设置管理工作的落实和其激励作用的正常发挥，下文将分别进行论述说明。

### （一）岗位设置存在的问题

#### 1. 岗位设置规范化水平不高

岗位设置是岗位设置管理工作的源头性工作，是后续岗位管理工作得以进行的根基，但在目前的基层事业单位中，很多单位还没有认识到这项工作的严肃性和重要性，在岗位规划过程中，很多单位往往以现有人员的情况为标准，因人画像，导致岗位设置流于形式，不能真正地起

到科学选人的作用，并且由于没有从单位和工作人员持续发展的角度进行长远的考量，导致最终的岗位情况缺少前瞻性和灵活性，阻碍了单位现有工作人员的进一步提升。同时，许多单位对岗位说明书的认识也不够充分，岗位说明书是岗位设置中非常重要的文件，主要包含两方面内容，一是岗位的职责任务，二是岗位的工作标准和聘用条件，是事业单位对内部职责划分情况的直接表现，也是单位进行人员聘用的重要依据，需要由各部门的主要领导负责编写，但很多单位由人事部门代行其事，负责编写的人事干部往往无法对各个岗位的工作内容及工作标准有准确的把握，同时又担心相对具体的聘用条件会影响单位以后的招录和聘用，致使岗位说明书的内容大多宏观模糊，很难作为事业单位竞聘、考核的依据。

**2. 管理岗位工作人员晋升“天花板”过低**

根据人事部的规定，事业单位现行的部级正职、部级副职、厅级正职、厅级副职、处级正职、处级副职、科级正职、科级副职、科员、办事员依次分别对应管理岗位一到十级职员岗位。由此来看，事业单位管理岗位工作人员似乎具有充足的上升空间，但管理岗位的最高等级和结构比例需根据事业单位的规格、规模、隶属关系，按照干部人事管理有关规定和权限确定，区县级事业单位规格较低，多数为股级建制，管理岗位可设置的纵向层级有限，致使管理岗位工作人员的实际晋升阶梯较短，很多人员从入职到退休岗位等级都不能发生变化，待遇水平也很难提高，导致相关人员工作的积极性不高。

**3. 专业技术岗位内部比例失调**

专业技术岗位工作人员在事业单位人才队伍中占有很大比例，尤其在教育、卫生等以技术性工作为核心的事业单位中，专业技术工作人员是其中的中坚力量，因此畅通专业技术工作人员的上升渠道，保持其工作活力，对事业单位工作的开展有着至关重要的作用。依据《事业单位岗位设置管理试行办法实施意见》，专业技术岗位共分为十三个等级，包括高、中、初三个级别，三个级别的岗位之间的结构比例全国总体控制目标为1∶3∶6，各地区可根据当地实际情况适当进行调整。但随着我国教育事业的发展，事业单位工作人员的受教育水平不断提高，具备中、高级职称资格的专业技术工作人员迅速增加，而中、高级专业技术岗位数量受到结构比例要求的限制，根本无法满足当前的实际聘用需求，导致大量人才取得职称却无岗可聘，阻碍了专业技术工作人员的提升，同时，事业单位高层次人才引进工作也基本以面向中、高级专业技术人员为主，相应岗位的短缺给基层事业单位人才队伍的建设带来了困难。另外，专业技术岗位内部结构比例的要求，对于规模较大、岗位较多的单位来说，相对易于操作，但部分事业单位规模过小，可能仅有两三个人，按照比例进行计算，基本仅能设置一个中级岗位，如果单位内部工作人员年龄相对接近，那么在这些岗位上的部分工作人员，几乎就只能在初级岗位上原地踏步，看不到职务晋升的希望，对其工作活力势必会造成不良的影响。

（二）岗位管理存在的问题

**1. 岗位动态管理形式化**

事业单位通常采取动态管理模式进行日常管理工作，并结合绩效考核和聘用制度以实现人才优化配置。要实现岗位的动态管理就要根据实际的工作要求定期对员工进行考核，明确员工的工作状况，以此为依据建立起灵活高效的岗位运行机制。但是在实际操作过程中，很多单位的考评机制不够完善，缺乏科学的理论依据和具体量化的考核指标，没有系统的考核办法，或者对所有工作人员采用同一套考核标准，没有岗位针对性，导致考核结果不能准确地反映出工作人员的业务水平和工作能力，也无法作为是否继续聘用或者变动岗位的依据。另外，部分单位在岗位聘用阶段仍然采用传统的管理模式，依然存在一签订终身的思想，没有引入恰当的竞争机制，进行人员聘任时往往是按资排辈，在考核合格、有空缺岗位的前提下，“按时”聘用，使竞聘上岗流于形式，聘用制无法发挥应有的作用，岗位动态管理的效果也就无法实现，严重影响了工作人员的积极性，十分不利于单位的长远发展。

**2. “双肩挑人员”管理困难**

“双肩挑人员”指同时在管理和专业技术两类岗位上任职的人员。原则上事业单位工作人员不得同时在两类岗位上任职，但在教育、卫生、科研等专业技术性较强的事业单位，由于管理工作的特殊性，部分领导人员也需要一定的专业技术背景，因而产生了身在管理岗位但兼任专业技术工作的“双肩挑”现象。这一任职模式，一人两用，由内行领导内行，既降低了管理成本，也有助于单位内部的沟通协调。但这项制度在实施过程中也出现了一些问题，“双肩挑人员”很多都是从专业技术岗位走到管理岗位的，之前可能并没有管理相关的工作经验，缺乏相应的管理知识和技能，需要花费大量的时间去学习，而技术型事业单位在选拔领导干部时，往往会优先选择那些在本领域已有一定成就、具备权威的人，他们对本单位技术性工作的进行和发展有着极为重要的作用，但一个人的时间和精力是有限的，同时兼顾两方面工作，很难做到两全其美。针对“双肩挑人员”的薪资待遇问题，文件规定可自愿选择其中一个岗位执行相应序列的岗位工资和薪级工资，在基层事业单位，管理岗位可设置的级别较低，股级单位中即便是单位领导也只是聘任在管理九级岗位，薪资待遇上和普通科员没有区别，而能够聘任至“双肩挑”岗位的工作人员大多已经具备副高级技术职称，所以“双肩挑人员”基本都会选择执行专业技术岗位的薪资待遇。然而部分事业单位领导在聘任至管理岗位后并不再继续从事专业技术工作，或者承担的专业技术工作很少，但为提升或保持自身待遇水平，依然会选择办理“双肩挑”手续，对专职专业技术人员并不公平。

## 三、对基层事业单位岗位设置管理工作的建议

基层事业单位在岗位设置管理工作中之所以会出现上述问题，究其原因，一方面是由于部分单位没有转变传统的管理观念，尚未认识到岗位设置管理工作的重要性，致使在具体工作部署过程中，正确的文件精神得不到有效的贯彻执行；另一方面，在目前的事业单位管理工作中，许多规章制度尚不完善，政策条例无法适应各地各种事业单位的工作需求，给部分单位工作的展开和未来的发展带来了困难。为解决这些问题，现提出以下建议：

### （一）转变思想，增强岗位设置科学性

首先，加强对岗位设置相关政策的宣传，加深基层事业单位领导和工作人员对岗位设置管理制度的了解，尤其要针对各单位的人事干部，切实提高人事干部相关业务能力和政策水平，保障岗位设置工作的贯彻实施。完善基层事业单位岗位分析研究，从全局的角度去把握，综合分析单位的当前工作需求和未来发展方向，根据单位的合理发展需要设置各种岗位的数量和类别，确保岗位设置规范科学。同时，明确岗位职责，细化工作标准，鼓励员工参与，形成完备而切实可用的岗位说明书，作为日后聘用和考核的重要依据。

其次，为解决基层事业单位管理岗位人员晋升“天花板”过低的问题，可以从以下两个角度进行探索：一是将事业单位管理岗位层级与行政机关分离，不再对应公务员职务级别，设置与专业技术岗位类似的等级，如设置初、中、高三级，增加纵向岗位层级，同时制定各级别岗位任职资格条件，给予管理岗位工作人员相当的晋升空间，缩小两类人员之间的待遇差距；二是研究学习公务员职务与职级并行规定，尝试在基层事业单位实施职级并行制度，设置“非领导职责”岗位，拓宽事业单位管理岗位的职业发展空间，力求形成独立于领导岗位之外的管理岗位工作人员的专业化、职业化的发展通道，畅通晋升通道。

最后，结合事业单位工作特点，分析各单位的工作任务以及服务范围，对基层事业单位进行分类管理，针对部分专业技术要求较高的单位，可适当提高中、高级专业技术岗位比例，以解决高层次、高技能人才的聘任问题，减少人才流失，同时可灵活使用特设岗位扩大人才来源渠道和途径，以加强地区紧缺型人才引进力度。对于规模较小、人员较少的事业单位，可将主管部门下属相关事业单位统一进行岗位设置，各事业单位上报方案需求给主管部门，然后由主管部门统筹设置岗位比例、调配管理，以解决因单位编制过少而导致的岗位设置困难的问题。

（二）规范聘用制度，提高岗位动态管理意识

要在事业单位中真正有效落实岗位动态管理模式，必须转变传统工作作风，不断提高事业单位工作人员动态管理意识，坚决贯彻落实聘用制度，建立有效的激励机制，调动人员工作的积极性。同时完善考核制度，针对不同部门、不同岗位制定符合相应工作要求的考核标准，将考核标准量化、具体化，以便对员工的工作能力、职业道德等进行全面而有效的考核，并依据考核结果给予工作人员奖励或惩戒，引入良好的竞争机制，建立以工作业绩为导向的人才评价机制，最大限度激活基层工作人员积极性。

针对“双肩挑”问题，要严格把控此类岗位的聘用数量，结合实际确有需要的，要明确任职标准，综合考量待聘人员的管理能力和专业技术水平，明确“双肩挑”岗位职责，确保岗位与薪资相适应，同时务必满足以下四个条件：一是这个管理岗位确实需要专业技术背景，聘任人员也具备相应专业技术岗位的任职条件；二是聘任人员所具备的专业技术资格要和单位所承担的主要职责相关；三是聘任人员须是过去从事专

业技术工作，后因工作需要担任领导职务的工作人员；四是聘任人员能够完成合同规定的管理岗位和专业技术岗位的职责任务。

## 四、总结

总之，以岗位设置管理为基础，深化事业单位人事制度改革，提升事业单位公共服务水平，是时代赋予我们的历史使命。推进岗位设置管理工作，要坚持科学设岗、动态管理，在发展中不断完善相关制度，加强人才队伍建设，让事业单位在新的时期能够发挥更大的作用。

### 参考文献


［1］傅夏仙．人力资源管理［M］．杭州：浙江大学出版社，2018.

［2］关于印发《事业单位岗位设置管理试行办法》的通知．国人部发〔2006〕70号．

［3］事业单位岗位管理研究课题组．关于事业单位岗位管理问题研究［J］．天津行政学院学报，2005.

［4］韩阿玲．事业单位岗位设置管理研究——以呼和浩特市为例［D］．北京：中国政法大学，2007.

［5］关于印发《事业单位岗位设置管理试行办法实施意见》的通知．国人部发〔2006〕87号．

［6］熊通成．事业单位管理岗位职员等级晋升问题与对策［J］．中国人事科学，2018.

［7］姚文娟，李雯．优化事业单位岗位动态管理机制［J］．中共山西省委党校学报，2014.

# 激励视角下乡镇新录用公务员流失问题探析——以山东省为例①

张　杰　于真真　孙　倩②

**摘　要：** 乡镇公务员是党和国家路线方针政策的一线传递者和执行者，是改革的排头兵和冲锋队，是乡村振兴战略的中坚力量。这支队伍位于干部体系的末端，人员数量庞大、工作事务繁忙、接触群众最为广泛。乡镇新录用公务员作为乡镇公务员队伍的新鲜血液，日渐成为乡镇机关运转的骨干力量，直接影响整个乡镇公务员队伍的素质和机关的正常运转。调查发现，当前山东省乡镇公务员有较强烈的离开乡镇的意愿，部分地方2014年前（未签最低服务期限协议以前）流失的公务员超过60%。通过调查问卷、召开座谈会、个别访谈发现签订最低服务期限协议只是延缓了乡镇公务员流失的速度，但并未从根本上解决这一问题。目前，山东乡镇机关大多存在“待遇留人难、事业留人难、感情留人难”的困境。本文通过样本分析并结合激励理论，从外因和内因两方面分析新录用乡镇公务员流失的主要因素，并从内外两方面入手，提出稳定乡镇公务员队伍的对策建议。

**关键词：** 乡镇新录用公务员　流失问题　政策建议

---

① 该篇论文获得“2019年全国人才与人事研究主题征文活动”二等奖。

② 张杰，山东省人力资源社会保障科学研究院助理研究员；于真真，山东省人力资源社会保障科学研究院助理研究员；孙倩，山东省人力资源社会保障科学研究院研究实习员。

## 一、问题的提出

近年来，无论是国家公务员招考还是各省公务员招考继续注重基层导向，通过采取放宽招考专业限制等措施对基层给予政策倾斜，但乡镇仍普遍存在公务员招不来、留不住、用不好等问题，影响了公务员队伍的稳定性和乡镇机关工作的运转。乡镇政府是地方政府的最低层级，直接面向群众，为群众提供服务和进行管理，直接影响政府的公信力和群众的满意度。随着责任下沉，乡镇政府的工作压力越来越大，迫切需要大量的人才，但现实中乡镇却存在较严重的人员流失现象，部分乡镇近十年招录的公务员流失率在60%以上，已严重影响到乡镇机关的正常运转。我们以山东省淄博市情况为例：2008—2018 年淄博市乡镇共招录公务员 921 名，占全市招录公务员总数的 24.42%，其中男性 453 名，女性 468 名。2008—2017 年招录的乡镇公务员共流失 189 名，其中男性 103 名，女性 96 名，占乡镇考录人数的 20%，其中，到区、县直部门 115 人，省、市遴选 63 人，调入市直机关 8 人，区县调动 3 人。流失集中在 2008—2013 年，2014 年以后基本没流失，其他样本市情况相似，流失集中在 2008—2013 年，考录、遴选到上级机关占绝大多数，鲜有辞职的公务员，乡镇公务员流失途径基本为体制内向上流动为主。（见表 1）。

表 1　　2008—2018 年山东省淄博市乡镇机关公务员录用和流失情况

| 类别 | 录用（人） | 流失（人） | 到区、县、市直部门（人） | 省市遴选（人） | 调动（人） | 流失率 |
|---|---|---|---|---|---|---|
| 2008—2013 | 428 | 189 | 123 | 63 | 3 | 44.2% |
| 2014—2018 | 493 | 0 | 0 | 0 | 0 | 0 |
| 合计 | 921 | 189 | 123 | 63 | 3 | 20.5% |

由于 2008—2013 年这段时期乡镇新录用公务员不签订《最低服务期限协议书》，即在没有最低服务期限协议约束下，乡镇新录用公务员的流失率较高，各乡镇均不同程度地存在公务员留不住、用不好的问题。在不断地录用、培养、流失的过程中，乡镇机关逐渐成了为上级部门培养人才的平台。自 2014 年起，乡镇机关录用的公务员签订了 5 年的最低服

务年限协议，目前该部分录用人员均在服务年限内，没有流失的现象。最低服务年限协议的签订在稳定乡镇机关公务员队伍方面有一定的积极意义，但是这种仅仅用一纸协议来堵住“出口”的做法没有从深层次去解决如何让乡镇机关吸引人才、留住人才的问题。我们通过座谈了解到，很多服务期内的乡镇机关公务员一边工作一边拿出大部分精力来准备考试，时刻等待着服务期满能参加县里组织的考选或市以上机关的遴选考试。5 年时间将使这部分人员锻造出处理乡镇工作的本领，使得他们成为乡镇机关的主力军。然而一旦 5 年服务期满，这部分人员将会出现井喷式的流失，且流失的时间段会相对集中，而这部分“中流砥柱”的迅速流失将对乡镇正常工作运转带来很大的冲击。这一现象产生的原因以及如何缓解这一问题是本文研究的主要目标。

## 二、样本分析——基于问卷和访谈数据

为了更好地了解山东省乡镇新录用公务员流失情况，我们按照山东省东、中、西区域分布，选取威海、临沂、淄博、泰安、德州为样本市，每市随机抽取 3 个县，共 15 个县近十年招录的乡镇公务员进行了问卷调查，分别发放在任乡镇公务员问卷 1 950 份和离任乡镇公务员问卷 480 份，共回收有效问卷 1 801 份和 401 份，问卷有效率为 90.6%。

### （一）问卷样本分析

从流失途径看，离任乡镇公务员通过考录的形式进入上级机关的占 74.8%（2015 年以前，乡镇机关公务员可以参加省公务员考试），通过遴选途径的占 21.3%，通过调动的占 3.5%（见图 1）。

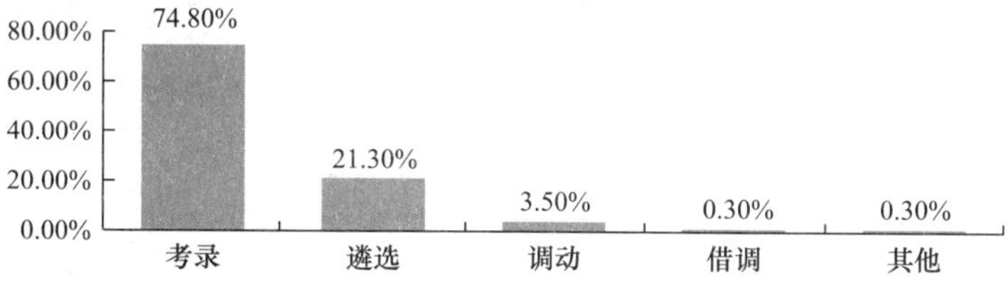


**图 1　乡镇公务员流失途径**

在任乡镇公务员的离职意愿方面，有离开公务员队伍念头的在任乡镇公务员共 990 人，占 55.2%；没有离开公务员队伍念头的在任乡镇公务员共 804 人，占 44.6%（见图 2）。

在是否愿意被借调到上级部门方面，75.7%的被调查在任乡镇公务

员愿意被借调到上级部门，24.3%的不愿意被借调到上级部门，也就是说，超过 3/4 的被调查公务员有去上级部门借调的意愿（见图 3）。

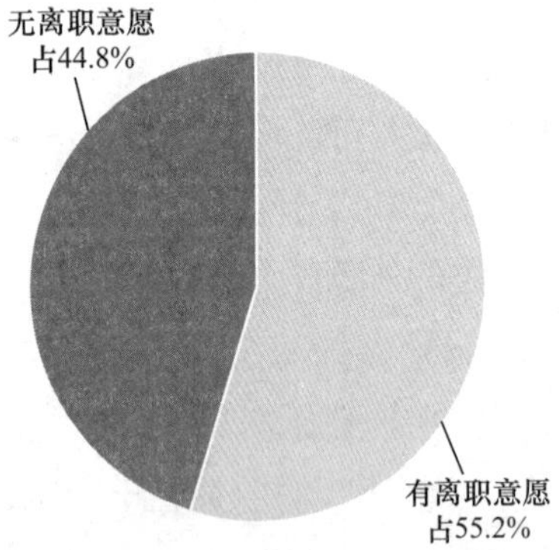


图 2　在任乡镇公务员的离职意愿

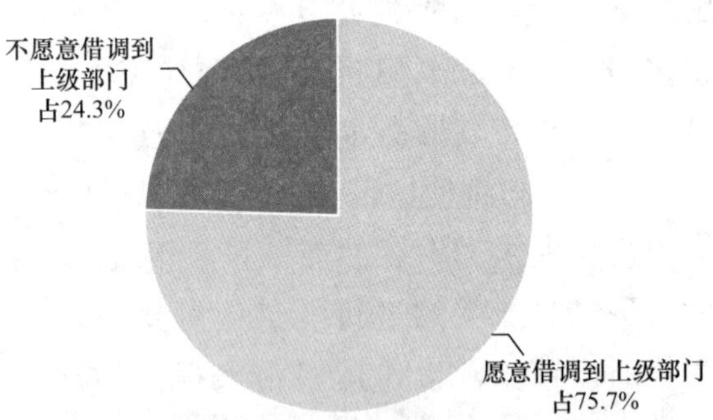


图 3　在任乡镇公务员借调到上级部门的意愿

在是否愿意参加上级部门遴选方面，87.5%的被调查在任乡镇公务员愿意参加上级部门遴选，仅有 12.5%不愿意参加上级部门遴选，有近九成的被调查在任公务员愿意参加上级部门遴选，换个角度说，这部分人大都存在离开乡镇的意愿（见图 4）。

分析在任乡镇公务员的职业期望，在“选择公务员岗位更看重”问题项，看重“个人发展”的占 34.7%，其次是“薪酬待遇”，占 31.7%，再次是“社会认同”，占 26.5%。在追问“薪酬待遇满意度”项时，58.8%的公务员不满意当前的薪酬水平（见图 5）。

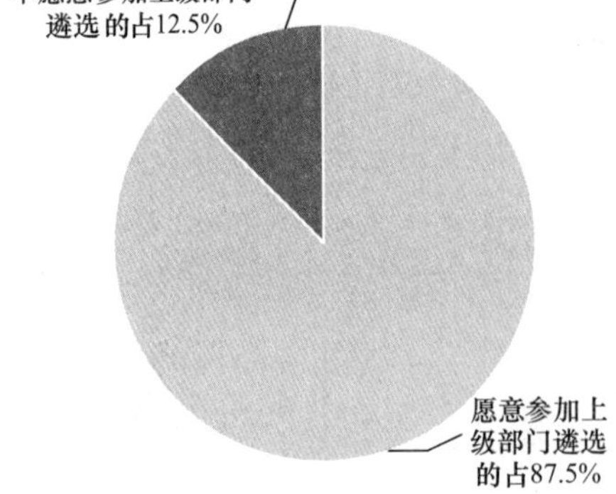


图 4　在任乡镇公务员参加上级部门遴选的意愿

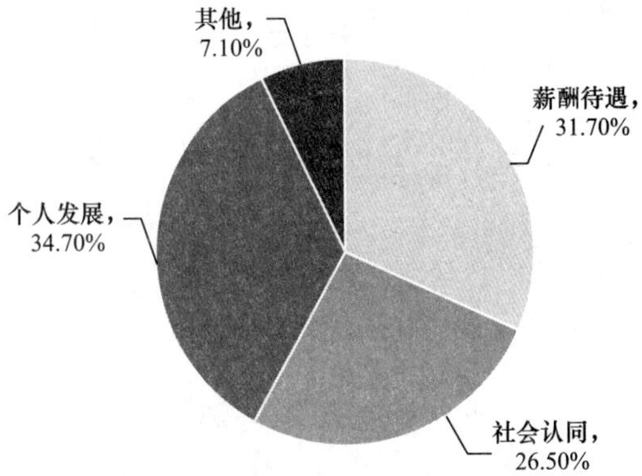


图 5　在任乡镇公务员选择公务员岗位更看重的因素

在“个人发展中更看重”问题项，45.7%的在任乡镇公务员看重“职业发展前景”，44.3%的在任乡镇公务员看重“薪酬提高”，其他项占比较低（见图6）。

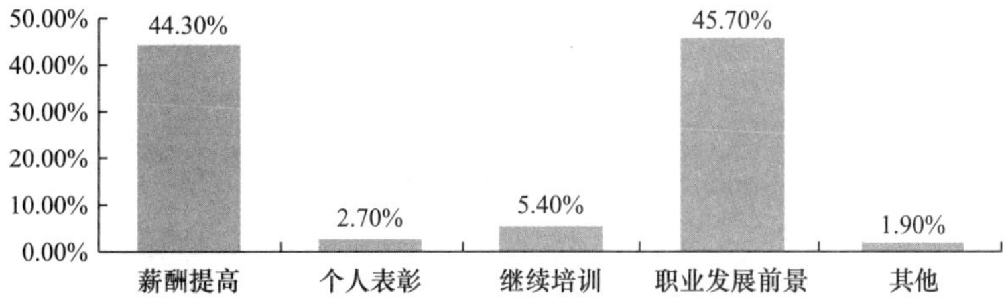


**图6　在任乡镇公务员个人发展中更看重的因素**

在离职意愿影响因素方面，课题组设计了工作环境、福利待遇、个人因素、发展空间四大类共19个分问题，分别让在任乡镇公务员样本和离任乡镇公务员样本进行填写。

在在任乡镇公务员层面离职影响因素分析方面，认为影响程度“非常大”的因素前三位依次是“薪酬待遇”（50.60%）、“工作任务量”（49.10%）和“加班加点”（48.80%），之后依次为“工作责任”（41.30%）、“福利水平”（37.40%）等，为第二档影响因素。“区域经济发展”（24.40%）、“医疗卫生条件”（24.20%）、“培训和继续教育机会”（22.80%）、“职业发展空间”（22.30%）等为第三档影响因素。“社会认同”（17.70%）、“人文关怀”（16.30%）等为第四档影响因素（见图7）。因此，在任乡镇公务员认为薪酬福利待遇、工作强度是影响离职意愿的首要因素，而工作环境和职业发展是次要影响因素。这也说明乡镇公务员薪酬待遇、工作强度和任务量等方面与期望有一定差距。因此，我们在优化相关政策时也应以此为出发点，主次分明，逐步解决乡镇公务员迫切需要解决的问题。

离任乡镇公务员在选择这些选项时，既有与当时在乡镇时工作状况的回忆，也有与现在工作状态的对比，得出结果与在任乡镇公务员样本既有重合也有自身特点。离任的乡镇公务员认为影响程度“非常大”的因素前三位依次是“薪酬待遇”（69.90%）、“学习信息资源”（41.70%）和“工作责任”（37.30%），之后依次为“培训和继续教育机会”（32.90%）、“加班加点”（30.90%）、“福利水平”（30.70%）、“医疗卫生条件”（29.10%），

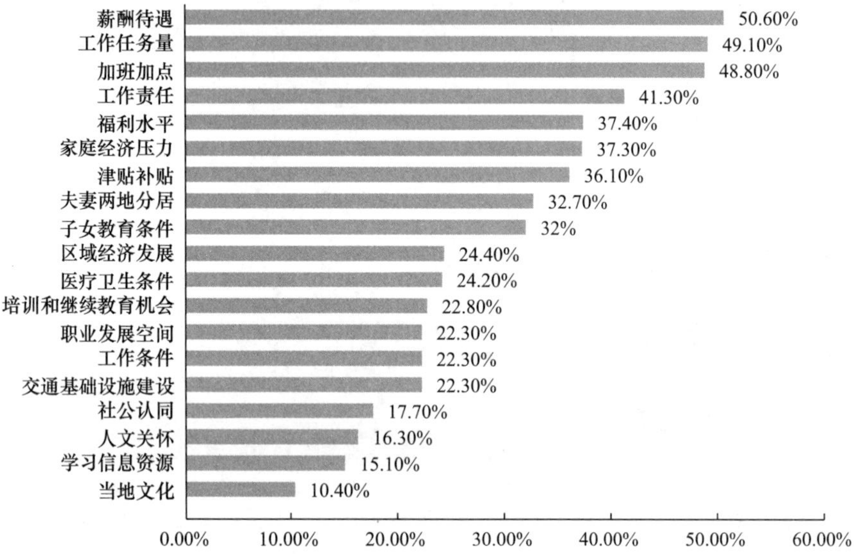


图 7 在任乡镇公务员层面离职影响因素分析

再之后是“区域经济发展”(25.70%)、“津贴补贴”(23.00%)、“家庭经济压力”(22.30%)、“子女教育条件”(19.30%)等,“人文关怀”(18.20%)、“工作任务量”(17.40%)、“交通基础设施建设”(16.30%)、“夫妻两地分居”(14.10%)等排在后面,而“职业发展空间”(12.90%)、“当地文化”(10.30%)、社会认同(9.40%)、“工作条件”(9.10%)排在最后(见图 8)。同在任乡镇公务员样本对比发现,“薪酬待遇”都是首选影响因素项,而与其不同的是,离任乡镇公务员更看重的是个人发展和自己所在平台提供的资源,如“学习信息资源”和“培训和继续教育机会”都排位靠前。我们特别注意到,对于“职业发展空间”因素离任乡镇公务员认为不是特别重要,主要原因是大多数乡镇公务员流向的是县直机关,只是由一个基层平台迈向了另一个基层平台,虽然平台资源多了,但是职业发展空间没有特别明显的改观。

(二)小结

乡镇公务员流失去向主要为上级机关,而非流出公务员系统。调查样本中在任乡镇公务员离职意愿超过半数,愿意被借调到上级部门的超过七成,希望参加遴选的接近九成,他们有较强烈的离开乡镇的意愿。“薪酬待遇”是乡镇公务员的重要期望选项也是影响离职意愿的首要因素。我们判断,当 5 年最低服务期结束后,会有相当一批乡镇公务员通过

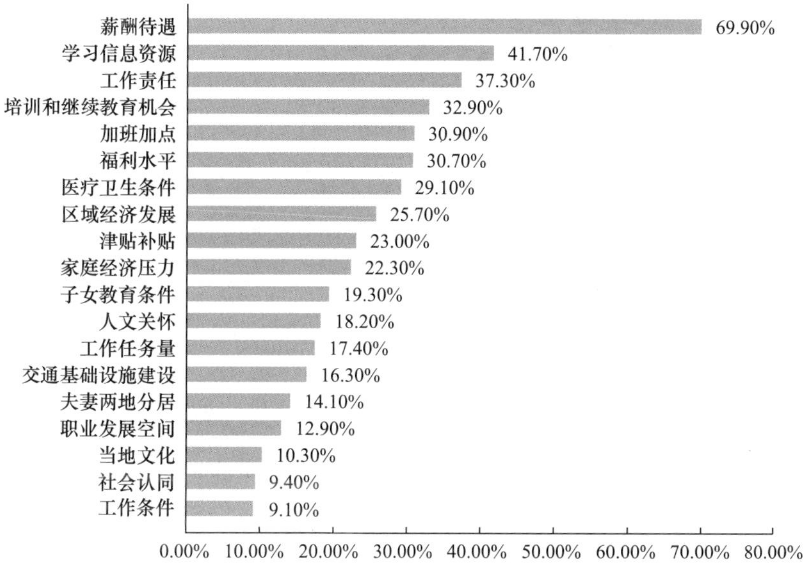


图 8　离任乡镇公务员层面离职影响因素分析

各级遴选离开当前的岗位，这批年轻骨干力量的流失必然对整个乡镇机关的运转产生极为不利的影响，而签订最低服务期限协议只是延缓了乡镇公务员流失的速度，并未从根本上解决这一问题。

## 三、激励视角下的乡镇公务员流失原因分析

通过调研发现，山东乡镇机关大多存在“待遇留人难、事业留人难、感情留人难”的困境。下面我们通过上一部分的样本分析，结合激励理论和调研案例，从外因和内因两方面分析乡镇公务员流失原因。

（一）外部因素

### 1. 薪酬激励机制弱且福利不到位，难以待遇留人

在薪酬制度方面，工资和福利主要维持乡镇公务员的日常生活，激励作用有限。虽然推行了“职务职级并行”的新政策，但是公务员工资的高低仍然取决于他自身的工作年限和资历。虽然符合新的标准能够获得相应职务的工资待遇，但是还没有改变福利待遇同职务职级相挂钩的情况，忽视了公务员个人的工作绩效和工作能力，乡镇工作的特殊性、艰苦性没有在工资上体现出来。例如，临沂市莒南县在乡镇工作十年的公务员月工资福利待遇在 3 700 元左右，加上车补和乡镇补贴到手的月总

收入在4 500元左右，和县直单位同等年限和职级的公务员相比仅多300元乡镇补贴，除去基本生活开支所剩无几。新入职的公务员月收入在3 000元左右，工资仅够保障自给自足。通过对比发现，山东省中西部地区乡镇工资与市直相比差距较大。例如，菏泽市鄄城县乡镇公务员月收入与市里同级别公务员差距有2 000元。同时，部分中西部乡镇基层干部应享受的精神文明奖、车补、乡镇补贴、工会福利、应休假未休假补贴等正常福利待遇执行仍未能到位。虽然国家不断对公务员现行的薪酬制度进行改革，力求公平公正，但是由于各地经济发展的不平衡，公务员的收入仍然会产生较大差距。一些公务员在工作中办事效率高，工作能力强，工作成绩突出，却没有得到相应的绩效工资和福利，这就会让这部分人感受不到单位对自己能力的肯定，感觉自己没有被公平地对待。在这种情况下，可以说是社会或单位的竞争机制失灵，一个理性的人会选择减少自己的投入，降低努力程度，甚至离职。若想把薪酬作为激励因素，必须使薪酬与公务员的工作绩效相联系。如果采取不讲绩效的平均主义“大锅饭”做法，薪酬就会变成保健因素，发得再多也难以起到激励的作用，很难做到“待遇留人”。

**2. 乡镇工作任务繁重且晋升空间窄，难以事业留人**

（1）乡镇工作任务繁重，承受压力巨大。一是“责任状”“一票否决”事项过多过滥。据不完全统计，大部分党政、群团部门对镇村均有或多或少工作考核内容，而且各条线的考核内容和要求各自为政，常常出现考核内容相互重复现象。通过调研初步估计，县级（县、市、区）与乡镇签订的责任状平均在20项左右，不但包含了市与县签订的各类责任状，还有本县一些年度重点工作。例如，山东省西部某县乡镇与县里签订的责任状有党风廉政建设、节能减排、精准扶贫、计划生育、护林防火、防汛、基本农田保护、基层党建工作等，据不完全统计多达28项。此外，通过访谈了解到，除了规定的8项“一票否决”事项外，很多地方还有一些隐性的“一票否决”事项，如乡镇干部反映的秸秆禁烧问题，一些地方规定，出现违反规定情形的直接对乡镇党政正职就地免职，甚至比“一票否决”处理还重。这种工作压力势必会层层传导，最后落到年轻乡镇公务员身上，每个公务员身上承受多重工作压力，背着“几座大山”而“如履薄冰”地工作，压力可想而知。二是乡镇工作失位，工作繁重不堪。由于乡镇行政编制数额普遍较少，平均在30～40人，除去

10个左右的副科级以上的领导职数和即将退休的人员，真正工作在一线的科员级公务员只有10人左右，因此“一人多职”是常态。面对信访维稳、安全生产、秸秆禁烧、环境整治等诸多重点工作以及上级各部门的各种报表、考核和检查任务，为了保质保量地完成各项工作任务，避免出现差错而受处分影响前途只得“5+2”“白加黑”完成，带薪休假更是无从谈起，有些乡镇的公务员一年休息时间仅有10天左右，这种长时间不能保障正常休息的工作节奏让乡镇公务员筋疲力尽，产生了离开的念头，很难做到“事业留人”。

(2) 晋升空间狭窄，个人发展受限。近年来，各级党委、政府针对基层干部的职务晋升问题出台了一些政策，在乡镇机关设置科级非领导职务，注重从乡镇事业单位编制人员、优秀村干部和大学生村官中选拔乡镇领导班子成员，等等。这些政策聚焦问题，关注基层，起到了积极的作用，调动了基层干部的积极性，普遍受到了好评和欢迎。但对于乡镇公务员来说，职务晋升问题仍然存在职业发展瓶颈。在调研中许多乡镇公务员提到“用十几年的工作熬个职务”，这一个“熬”字既说出了基层干部的艰辛、努力，也说出了他们对职务晋升的期待。问卷调查数据显示，晋升为领导职务的在任乡镇公务员仅占9.7%，而离任乡镇公务员晋升领导职务的占18.5%，远高于留在乡镇工作的公务员。乡镇公务员的职务晋升空间进一步变窄，致使不少乡镇公务员认为前途渺茫，工作积极性和韧劲受到挫伤。

**3. 交流渠道不畅且缺少人文关怀，难以感情留人**

(1) 交流渠道不畅，培训机会偏少。一是交流机会少。乡镇与市、县干部交流的良性机制没有建立。从目前的情况来看，下派的干部多，上送的干部少，上下交流的“双通道”还处于“单行线”状态。同时，下派的干部一般是担任乡镇的领导干部，挤占了本来就不富裕的领导职数。通过职数的不断压缩和挤占，年轻的乡镇公务员可见的上升通道不断变窄，通过遴选等途径离开乡镇成了拓展晋升空间的一条捷径，这也是乡镇公务员热衷于参加各级遴选考试的一个重要原因。二是培训学习机会少。通过调研发现，乡镇公务员培训学习机会少的问题没有明显改观。许多近年招录的乡镇公务员仅接受过一次入职培训，之后鲜有培训机会，参加培训的需求十分强烈。目前，公务员培训覆盖面窄，未能覆盖乡镇，再加上乡镇人员紧张，工学矛盾突出，乡镇公务员的培训需求不能很好满足，同县、市公务员相比，培训机会少。再者，由于培训力量不足等原因，真正适合乡镇公务员工作需要和能力开发的培训少，培训的针对性和实效性不强。

(2) 缺少人文关怀，心理归属感差。乡镇各级领导往往只注重工作完成的情况而忽略了和年轻公务员经常性地谈谈心，关心他们的生活需求、工作需求，使这部分公务员内心世界缺少关怀和精神寄托，从而感觉在单位没有归属感，难以做到“感情留人”。此外，乡镇整体发展水平比较落后，周边的条件和环境比较差，娱乐休闲设施匮乏，除了工作场所就是宿舍，乡镇公务员业余生活非常单调。

（二）内部因素

**1. 思想认识不充分，融入乡镇工作慢**

一是乡镇工作环境相对较差，新录用公务员对乡镇工作认识准备不足。在调研中发现，安排食宿的乡镇大多条件简陋，办公条件不论是硬件设施还是软件条件都跟不上。部分新入职的乡镇公务员，特别是城市长大的应届大学毕业生，对乡镇工作和农村生活知之甚少，对乡镇工作的性质没有充分了解，对乡镇管理服务事项和工作方式方法认识不足，十分不适应。这些原因造成了新公务员的消极心理和抵触心理，若不能有效引导和调整，必会影响工作和队伍的稳定。二是存有“跳板”思想现象。近年来乡镇新录用人员中县外籍人员越来越多，很多人员只是以乡镇工作为入围“跳板”，把主要精力用在学习上，千方百计地通过考试、交流调动等方式，回原籍或流向更好的上级机关，这也是流失的一部分原因，对乡镇年轻干部的稳定起到了一定负面影响。

**2. 家庭照顾压力大，个人问题难解决**

一是乡镇公务员工作繁忙和辛苦，往往会减少对家庭的照顾。在访谈中了解到，有的乡镇公务员长期处于工作上的高压状态，对自己的身体健康、家庭的责任无暇顾及，有的公务员由于职务待遇偏低等原因，甚至造成家庭关系紧张。二是由于乡镇工作的特殊性，许多未婚的乡镇公务员婚恋问题无法解决。通过问卷调查显示，样本乡镇在任的乡镇公务员未婚比例达27.9%，远高于离任乡镇公务员未婚比例。一方面，日常工作繁忙，私人时间被严重挤占，没有时间正常恋爱，婚后不能很好照顾家庭。另一方面，目前社会上普遍认为乡镇工作没有发展前途，地位和收入不如县城的事业编制人员。

## 四、缓解乡镇公务员流失问题的对策建议

“流水不腐，户枢不蠹。”一个组织、一个单位需要正常的人员流动，这对于组织和组织中的个人都是有好处的，但是，过度流动或者人员流失就会影响组织的稳定性，人员更迭过于频繁也会降低单位的工作效率。目前，仅用5年最低服务期限来堵住“出口”的做法本质上“治标不治本”。如何缓解乡镇公务员流动频繁，我们认为既要开源稳流，又要完善乡镇公务员激励机制，同时要注重优化乡镇公务员工作生活环境，从深层次去解决乡镇机关吸引人才、留住人才的问题。

### （一）开源稳流

开源稳流一方面是建立定向招录机制，扩大乡镇公务员“入口”，另一方面就是合理引导乡镇公务员健康流动。要转变观念，不应再将公务员招考作为解决大学生就业的一条重要途径，要认识到，乡镇公务员队伍也是治国理政体系中非常重要的一个环节，更是农村经济建设、社会发展的重要组织者，其素质、能力高低直接关系到乡镇政府作用的发挥，直接影响到当地经济社会的发展，因此，必须从“源头”上下功夫，想方设法让合适的人进入这支队伍，稳定地留在这支队伍。

#### 1. 建立定向招录机制

乡镇公务员招考应当“开源”，建立定向招录机制，让已经在乡镇定居，有志于服务乡镇基层的，有一定工作经验和工作能力的人进入乡镇公务员队伍并稳定下来。这部分人员的就是乡镇事业编制人员、优秀村干部、大学生村官等服务基层项目人员、优秀工人和农民。这部分人员的特点是大多已在乡镇安家，多年扎根乡镇农村基层，生活工作状态比较稳定，同时也具备了相当的基层工作经验和充分的工作能力。山东省在这方面已经进行了初步尝试，自2016年以来，探索面向当地优秀村（社区）干部、优秀工人和农民招考基层公务员，首批定向招考基层公务员233名，占乡镇公务员招考计划的11.8%。这部分人员转换工作岗位之后，普遍受到了用人单位和群众的欢迎。因此，我们建议加大从乡镇事业编制人员、优秀村干部、大学生村官等服务基层项目人员招考乡镇公务员力度，适当降低从应届毕业生招考乡镇公务员的比例，并做到常态化。

**2. 提高乡镇公务员考录科学性**

一方面，充分考虑乡镇用人自主权。应重视乡镇党委政府的实际用人需求，允许在部分专业性强、急需补足不强的岗位设置专业限制。另一方面，要科学探索增强面试试题和面试形式的科学性，考试内容和形式不应“千篇一律”，具体考试内容要充分与乡镇基层工作相融合，突出解决问题的能力和岗位匹配度的设计。

**3. 完善乡镇公务员流动机制**

制定合理交流机制，保障促进乡镇公务员合理有序流动。一方面，要合理设计干部选拔标准，树立重基层、重实干、重实绩的选人用人导向。在县级机关领导干部选拔任用中，将乡镇机关工作经历设为条件之一，可以给乡镇公务员更多的上升空间，也可以提高县级机关公务员到乡镇挂职任职的积极性和主动性。另一方面，要加大公务员交流的力度。通过调研发现，临沂市沂南县的做法可以借鉴。沂南县建立全县公务员交流机制，将乡镇公务员纳入交流的大盘子，符合一定条件的乡镇公务员既可以在县直机关，也可以在乡镇之间交流，交流的“多通道”已经打通，普遍受到乡镇公务员的欢迎，当地乡镇公务员流失率也明显低于其他地方。可见，合理有效的流动不但可以提高人岗适配性，也对稳定乡镇公务员队伍起到积极作用。具体措施方面，可以组织发达地区和欠发达地区互派基层干部挂职锻炼，有计划地组织乡镇干部到上级机关、重大项目、重点工程和企业挂职锻炼。可以让偏远乡镇年龄大、贡献大的干部有机会到县直单位或县城周边乡镇工作；要鼓励县直单位和县城周边乡镇年轻干部到边远乡镇经受锻炼、提高能力，让交流由“单行线”向“双轨制”甚至“多通道”的转变。

**4. 提高乡镇公务员人岗相适性**

乡镇政府要注意因材施教，根据个人性格、能力专长制定差异化的培养措施，做到人尽其才，扬长避短。组织在安排分配岗位时，也要注意根据录用人员的专业能力、个性和发展意愿，结合乡镇政府的需求，合理妥善地进行安排，充分发挥个人优势，尽可能把乡镇公务员安排到合适的工作岗位上，调动其工作积极性。同时要适当考虑公务员的籍贯、语言及生活习惯等因素，外地籍的公务员则尽量选择交通方便、语言相通的地区工作，尽量避免公务员不愿到岗或者到岗后不适应、不安心工作的情况。

（二）完善乡镇公务员薪酬激励机制

稳步提高收入水平，增强乡镇公务员吸引力。数据显示，我国公务员工资在行业平均工资排名中居中等。在调研和问卷中，薪酬待遇是影响离职意愿的首要因素。按照乡镇目前的工作强度，要在薪酬待遇方面向乡镇基层大幅度倾斜，使乡镇公务员工作强度与薪酬待遇相对等，增强乡镇公务员吸引力。通过调研发现，烟台龙口市注重用薪酬待遇激励乡镇公务员扎根基层，在保证乡镇公务员基本工资福利待遇的同时，将乡镇补贴等向乡镇倾斜，体现乡镇工作的艰苦性。据估算，同级别乡镇公务员收入水平普遍高于市直（县级市）20％～30％，有力地激发了乡镇公务员的工作积极性，全市乡镇公务员流失率普遍较低，部分乡镇零流失。我们同时发现，大幅提高乡镇公务员收入也是我国南方许多地方乡镇的先进做法，对于稳定乡镇公务员队伍具有十分明显的促进作用。具体措施方面，首先要全面补齐乡镇公务员应有的薪酬待遇。建议通过加强组织领导，督促检查，防止应有待遇出现拖欠、扣留、发放不到位的问题。建立完善经费保障机制，加强财政转移支付管理，对乡镇补贴等筹资困难项目，实行省、市财政专项转移支付。其次支持有条件的地方，根据本地实际和经济社会发展需要，大幅提高乡镇补贴标准，之后根据实行情况在全省乡镇展开。根据我们调研情况和乡镇公务员诉求，在对比工作内容和工作强度的基础上，建议在全面落实现行乡镇工作人员补贴政策基础上，允许有条件的地方按高于县直机关同职级人员20％～30％的收入水平，提高乡镇工作补贴，做到“待遇留人”。

（三）建立科学的能力培训激励机制

公务员培训学习交流可以满足乡镇公务员学习需求和自我发展期望，可以开阔视野，拓展发展空间，实现“培训留人”。针对客观上培训制度尚不健全的问题，基层单位应当逐一破解。一是制定政策、章程和培训细则来规范培训活动，明确培训方针、内容 、流程、措施、效果评价等要素，使培训活动各个环节有章可循。二是教育培训经费列入同级财政预算或通过其他的方式予以保障。加大投入改善培训相关的基础设施建设，在培训的师资选择上也要增加灵活性。三是培训的内容应注重全面，与工作联系紧密，如理论知识、业务技能、战略规划、组织文化等，增强乡镇公务员对组织的认同感，掌握更多群众工作好方法。四是建立培训制度与公务员晋升、考核评价制度、公务员薪酬制度的联动机制，乡镇公务员可通过积极参加培训，提升工作能力，进入后备干部序列，接受组织的考核，优异的业绩也能被组织认可，并通过公务员薪酬制度予以体现，也可以在竞争上岗中作为重要参考依据，将各个制度激励优势捆绑，形成一个大的制度化激励系统。

（四）加强相关正向激励力度

在公务员的纵向管理中，激励机制要体现出一定的差异性，因为在公务员队伍中，不同职位、等级和工作环境的人员，其对组织的贡献和重要性不同，岗位的投入与产出比也不同。因此，激励还应该体现公务员群体内部公平和个人公平。一是优化基层干部考核评价机制。区分不同区域特点，建立差别化、科学化的考核体系，注重实绩考核和群众评价，大力提拔重用担当有为、实绩突出的干部，旗帜鲜明为担当者担当、为负责者负责，让有为者有位。二是“职务与职级并行”政策向乡镇倾斜，解决乡镇“僧多粥少”的困境。适当提高各职级在乡镇的比例，激发乡镇公务员工作和前进动力。三是加强考核科学性和考核结果的运用。在考核结果运用上，要牢固树立“先看考核结果”的导向。注重平时考核和工作任务考核，将考核结果同工资收入相挂钩，让“多干者多得，少干者少得，不干者不得”。

（五）优化乡镇公务员工作成长环境

**1. 实施乡镇机关工作环境提升工程**

进一步改善乡镇公务员工作环境，多关心、多支持、多帮助乡镇工作。要积极改善乡镇政府工作生活的硬件条件设施，加大上级财政的专项资金支持，实施乡镇机关工作环境提升工程，逐步改善乡镇公务员的办公、就餐和住宿区等环境。在财政允许的情况下，对乡镇政府统一标准，逐一进行改善，保障每个乡镇政府都能具备基本的办公软硬件设备、宿舍区和就餐食堂。

**2. 加快职能转变，为乡镇干部减压**

严格清理规范责任状和“一票否决”事项。清理规范上级与乡镇签订的各类责任状，对没有法律依据、权责不对等、向下转移责任的，一律取消，不得增设或变通设置“一票否决”事项。从严规范和控制各种考核、检查，将乡镇机关公务员从繁杂的事务中解脱出来，把工作重心转移到提高机关运行效率和完善公共服务上，为他们“松绑”减压，实现服务型政府的转变。

**3. 加强新录用乡镇公务员的教育引导**

加强理想信念教育，让新录用乡镇公务员充分认识到乡镇工作的意义。探索建立“导师制”，让新录用公务员迅速进入角色，由导师跟进他们的工作，新录用公务员在遇到问题时也可以及时找到咨询的对象。导师不仅仅是传授工作方法和经验，同时也对新公务员个人问题进行关怀和帮助，在工作环境、工作任务、工作角色各方面的适应上给予全方位的指导和帮助。

**4. 加强机关文化建设，提升组织人文关怀**

首先，在改善基层环境，提升硬件条件的同时，还要积极建设良好的乡镇政府精神面貌和机关文化。其次，乡镇机关要通过举办文娱活动，营造良好的组织氛围，让乡镇公务员感受到单位这个大家庭的温暖，用健康丰富的文化生活有效调节公务员队伍的情感和心理。最后，要制定切实可行的关怀政策。例如，在子女教育问题上，根据不同情况，制定乡镇公务员子女入学优惠政策，解决乡镇公务员后顾之忧。

## 参考文献

［1］叶家伶．普莱斯模型视角下乡镇政府公务员流失问题研究［D］．南宁：广西大学，2017.

［2］李威．乡镇公务员交流困境及消解对策［J］．领导科学论坛，2014（10）：32-33.

［3］李保营．乡镇机关新录用公务员流失问题研究［D］．济南：山东大学，2014.

［4］萧鸣政．人力资源开发概论［M］．北京：北京大学出版社，2014.

［5］李启国．关于新形势下加强公务员培训教育工作的思考［J］．山东人力资源和社会保障，2015（9）：13-15.

［6］宁琳．双因素理论对乡镇公务员激励的借鉴意义［J］．经营管理者，2015（1）：321.

［7］安迎春．对“双通道”下的公务员晋升之路的再思考［J］．人才

资源开发，2015（12）：32-33.

［8］安迎春，张甲甲．甘肃省基层乡镇公务员队伍人才流失问题研究［J］．才智，2012（32）：352-353.

［9］谢西庆．乡镇公务员培训现状、问题及对策思考：以广东S镇为例［J］．中国人力资源开发，2010（11）：92-98.

［10］雪萍．关于公务员工资的10个问题［N］．光明日报，2014-2-18.

# 平时考核在公务员考核工作中的应用探究[①]

李　琳　宋新亭[②]

**摘　要：** 2019年6月1日，修订后的《中华人民共和国公务员法》（以下简称《公务员法》）正式实施，国家公务员制度迎来一次较大的改革。其中，以前存在的“领导职务”“非领导职务”设置调整为职务职级并行，明确了领导职务、职级层次的划分，进一步拓展了职级晋升通道，能够促使公务员立足本职安心工作，加强专业化建设，激励公务员干事创业、担当作为。随着职级晋升成为大多数非领导职务公务员的主要晋级途径，如何进一步规范公务员考核体系将成为科学实施职级晋升的关键环节。《公务员法》明确规定：公务员的考核分为平时考核、专项考核和定期考核等方式。定期考核以平时考核、专项考核为基础。这意味着平时考核不仅是公务员考核中的一个具体考核种类，实际上也是整个公务员考核体系中的一个基础性关键环节。建立科学、合理、有效的平时考核、专项考核机制，有利于客观评价公务员履职水平和质量。

**关键词：** 干部管理　公务员　管理制度　平时考核　队伍建设

---

① 该篇论文获得“2019年全国人才与人事研究主题征文活动”三等奖。

② 李琳，天津工业大学经济与管理学院；宋新亭，天津师范大学政治与行政学院。

## 一、强化公务员平时考核的意义

我国的公务员通俗的来说就是具有行政编制的工作人员，他们一般是由各级财政部门发放工资，主要的工作内容就是落实党和国家的各项方针、政策，各项行为都受到《公务员法》的保护和约束。

公务员的考核是指拥有法定公务员考核权限的国家行政机关根据公务员法及其相关规定所明确的公务员考核内容，标准和程序，对考核权限内的国家公务员进行的专门性的考察和评价。在公务员整体考核评价体系中，“平时考核”作为基础环节、关键环节、根本环节，是公务员队伍建设之基、管理之基。进一步强化公务员平时考核工作，建立健全性行之有效的考核工作制度，能够增强公务员为人民服务的紧迫感和忧患意识，进一步牢固树立“不忘初心、牢记使命”的政治站位，促进勤政廉政，建设一支想干事、能干事、敢担当、善作为的公务员队伍。

### （一）加快实现新时代干部队伍建设目标

强化公务员平时考核工作，重点考核政治素质和工作实绩，能够强化公务员队伍政治思想建设，建立明确正确的用人导向，让公务员队伍奋力有为，解决“慵懒散奢”现象，增加其工作热情，激发其创造性和主动性。

### （二）加快实现公务员精准化管理新模式

强化平时考核工作在公务员考核评价体系中的作用，能够让虚化笼统的管理考核具体化、科学化，实现目标管理、责任管理、过程管理“看得见、摸得着、有标准、能落实”，使考核更加客观真实，让尽职尽责得到弘扬，从而实现对广大公务员队伍的精准化管理，进一步提升党和政府的领导水平和行政能力。

### （三）实现组织对公务员的定向培养并帮助公务员实现自身职业发展规划

通过强化平时考核建立完善科学化的公务员考核评价体系，组织可以真正在干部培养教育工作中做到有的放矢、精准实施，不仅可以让优秀的公务员脱颖而出，因人施教制定培养计划，同时干部管理部门通过考核公务员的日常工作、言行举动乃至8小时外社交生活等方面，可以在问题刚出现苗头时及时提醒，或许就能挽救一些干部职工、避免国家利益受到损失。而对于广大公务员自身而言，通过对自己日常工作生活的总结思考，以及组织一对一地精准交流，可以及时准确地了解自身能力和发展方向，制定更明确、更可实现的职业发展规划，最大可能地实现人生价值和社会价值。

因此，进一步完善和强化公务员平时考核工作，势将成为健全规范公务员考核评价体系和进一步加强公务员队伍建设管理的必然选择。

## 二、我国公务员制度发展与平时考核制度的现状

随着我国经济、政治和社会的发展，党和政府在干部人事制度建设方面经历了一段时间探索，逐步建立和完善了具有中国特色的公务员制度，其发展大体可分为曲折探索、初步建立、科学完善三个阶段。

### （一）曲折探索阶段（1949至1976年）

建国初期，政府在总结党在新民主主义革命时期积累的党政军干部的管理经验，取用适用的方法和原则，摒弃过时的具体办法，以德才兼备、又红又专等标准建立了干部管理制度。如由党政军融为一体的领导体制，逐步调整为党政军干部分开设立的单独管理体制等。根据社会主义革命和建设的实际需要，重新制定一系列管理管理制度和政策，并逐步形成由组织部门统一管理、人事部门具体协助执行的干部人事管理体制基本格局。

### （二）初步建立阶段（1977至1993年）

党的十一届三中全会以来，国家干部人事制度得以快速发展，中央组织部门通过发布了如《关于实行干部考核的意见》《国务院关于干部离职休养的规定》《关于建立老干部离休制度的决定》《吸收录用干部的若干规定》《关于严格按照党的原则选拔任用干部的通知》等一系列规定，进一步推动了干部管理制度的改革和完善。

随着社会经济日益发展，我国干部管理制度也逐渐暴露越来越多的弊端，亟须进行改革创新。在邓小平为代表的党中央倡导下，在改革开放之初到二十世纪九十年代的二十几年里，我国国家公务员管理制度得以逐步建立和推广，直至1987年10月，中央组织部牵头组织干部人事制度改革专题小组，将《国家行政机关工作人员条例（草案）》更名为《国家公务员暂行条例》，国家公务员的名称在国家政治生活中正式出现。此后，党的十三大决定在国家行政机关建立和推行国家公务员制度，1992年党的十四大再次提出“尽快推行国家公务员制度”，1993年4月24日国务院第二次常委会会议通过了《国家公务员暂行条例》，于1993

年10月1日起施行。至此，在党中央和国务院领导下，一个符合中国国情的、具有中国特色社会主义的国家公务员制度诞生了。《国家公务员暂行条例》的颁布和实施，标志着我国干部人事制度尤其是行政机关干部人事制度的建设进入了一个全新时期，这必将促进我国公务员制度的不断发展和完善。国家公务员制度的建立推行取得巨大的改革成就，主要表现为：

（1）确立并贯彻干部队伍“革命化、年轻化、知识化、专业化”的方针；

（2）废除了领导职务终身制；

（3）下放干部管理权限；

（4）按照公平、平等竞争、择优录用原则选拔干部；

（5）在干部任用方式上，打破单一的委任制，试行了考任、选任、聘任等方式；

（6）在管理方式上，破除了人事工作中的暗箱操作，通过民意测评、民主评议来选拔、任用和考核干部；

（7）领导干部调动和交流制度；

（8）后备干部储备制度等。

（三）科学完善阶段（1993年至今）

1993年，《国家公务员暂行条例》的颁布和实施，标志着我国干部人事制度尤其是行政机关干部人事制度的建设进入了一个全新时期，促进了我国公务员制度的不断发展和完善。

2005年4月27日，十届全国人大常务委员会第十五次会议审议通过了《公务员法》，自2006年1月1日起生效实施。公务员法是我国五十多年来干部人事管理第一部总章程性质的法律，在干部人事工作历时上具有里程碑的意义。

2008年3月十一届全国人大一次会议审议通过了《国务院机构改革方案》，决定成立国家公务员局。国家公务员局的成立标志着我国公务员制度体系朝着更加专业化、规范化、科学化的方向迈进。

随着中国特色社会主义进入新时代，党和国家事业取得了历史性成就，发生了历史性变革，对公务员队伍建设和公务员工作提出了许多新要求，2018年12月29日，《公务员法》经第十三届全国人民代表大会常务委员会第七次会议审议通过，国家主席习近平签署第20号主席令予以公布。新公务员法主要在五个方面作了补充调整：

（1）突出了政治要求；

（2）调整完善公务员职务、职级等有关规定；

（3）调整充实从严管理干部有关规定；

（4）贯彻落实党中央关于加强正向激励的要求，健全完善公务员激励保障机制，加强了对公务员合法权益的保护；

（5）根据公务员管理实践需要求，对分类考录、分类考核、分类培训等进一步提出明确要求，对公务员考核方式、宪法宣誓、公开遴选等方面做了修改。

## 三、公务员考核工作的现状与存在的问题

2007 年 1 月 17 日颁布的《公务员考核规定（试行）》中就有明确的规定：

第三条　公务员考核坚持客观公正、注重实绩的原则，实行领导与群众相结合，平时与定期相结合，定性与定量相结合的方法，按照规定的权限、条件、标准和程序进行。

第四条　对公务员的考核，以公务员的职位职责和所承担的工作任务为基本依据，全面考核德、能、勤、绩、廉，重点考核工作实绩。

第五条　公务员的考核分为平时考核和定期考核。定期考核以平时考核为基础。平时考核重点考核公务员完成日常工作任务、阶段工作目标情况以及出勤情况，可以采取被考核人填写工作总结、专项工作检查、考勤等方式进行，由主管领导予以审核评价。定期考核采取年度考核的方式，在每年年末或者翌年年初进行。

2014 年 9 月，中组部、人社部和国家公务员局联合出台了《关于深入开展公务员平时考核试点工作的通知》，提出公务员的职务级别调整、交流轮岗、教育培训、奖励惩戒等要参考平时考核结果。

2019 年 6 月 1 日起，新公务员法的正式施行，进一步健全了公务员考核评价机制，新增了专项考核方式，并要求加强考核结果的使用，并将“勇于担当”作为奖励的重要情形，进一步提升公务员的职业荣誉感，激励公务员新担当新作为。

公务员考核是公务员管理的一项重要工作，最主要的问题在于如何在考核中做到客观公平，科学、客观、准确地评价公务员的政治素质和

工作实绩。定期考核是以平时考核为基础的，做好公务员考核工作，势必要求最好公务员平时考核工作。但客观的讲，我国实行公务员制度时间不长，而同时期我国社会、政治、经济等各方面都取得了突飞猛进的发展，因此公务员考核工作尤其是平时考核工作不同程度地存在着一些问题，目前，部分省市对平时考核开展了初步的探索尝试，但总的来说，平时考核工作在整体上缺乏统一有效的制度办法，在考核内容标准上分类分级标准缺乏顶层设计，没有量化统一的要素指标，可操作性不强；此外，管理部门对考核体系中的标准、操作性以及结果管理等方面的理解运用不够，担心领导不支持、同事不了解、指标定不好、执行难操作等，进一步阻滞了公务员平时考核工作的开展。主要体现在以下几个方面：

（一）部分主管领导缺乏统一清晰的认识

在《公务员法》落地生效前，公务员管理部门多没有明确把平时考核与调整公务员职位、职务、职级、工资以及公务员奖励和惩戒中直接联系挂钩，因而没有引起单位主管领导和工作人员的重视，以至于在实际工作中把平时考核工作仅停留于口头上，甚至有的领导认为可有可无。《公务员法》明确了平时考核在定期考核中的基础性作用，平时考核将与定期考核相结合，直接影响公务员的奖惩和晋升。

（二）缺乏程序规范、科学有效的工作办法

客观上讲，我国公务员管理制度发展是与中国特色社会主义国情相适应的，与西方国家相比，我国传统文化的道德规范，都是以人与人之间的心意沟通作为基本出发点的，道德人情化倾向格外突出，尤其注重人与人之间的特殊关系以及由此而来的特殊感情；此外，我国公务员考核由于历史的原因，受论资排辈、平均主义思想的影响较大，常用平均主义的标准来衡量和评价公务员。一些单位和部门在公务员考核过程中，不愿花费太多的精力去进行调查研究，按照旧思维，确定本单位、本部门参加考核人数的10%～15%为优秀等级，然后按各部门实际人数乘以15%的比例和四舍五入的方法，经名额分配。其结果，要么不管各部门工作的优劣好坏，一律仅按人数分配指标，不利于调动公务员的积极性；容易忽视各部门职责范围、工作性质之间的差异，使得人数少的部门获得评优概率比人数多的部门大得多等，如果不结合各部门、各岗位的实际而对各种考核指标进行量化并制定科学的考核指标体系，就难以对各个公务员的德才表现和工作实绩进行公正客观的评价。

另外，在实际考核操作中，部分人员碍于情面，对一些工作表现较差的同志姑息迁就，只求息事宁人，乐得自己做个老好人；还有的推选一些因为人缘好，工作也还过得去的老好人为优秀等次，而那些工作突出、原则性强、但人际关系较紧张或者平时不太注意人际关系的人则榜上无名。因此导致一些公务员不再以职位职责为工作和行为准则，而是努力与上级领导、同事、群众搞好关系以期通过考核，提升职务职级。这种考核结果不但容易造成对公务员管理的误解和分歧，而且也容易导致考核的不公正和腐败的滋生。

（三）缺乏强有力的结果运用

一方面，公务员平时考核的制度办法缺少科学性、可操作性，导致其在整个考核评价体系中的基础性作用无法体现。

另一方面，公务员年度考核结果中，对优秀公务员的奖励太轻。《公务员法》规定“公务员在定期考核中被确定为优秀、称职的，按照国家规定享受年终奖金”。这就意味着排除单次嘉奖奖励之外，在定期考核中被确定为优秀和被确定为称职的公务员并无多少区别；《公务员法》规定“公务员在定期考核中被确定为不称职的，按照规定程序降低一个职务层次任职”。若“在年度考核中，连续两年被确定为不称职等次的，按规定予以辞退”。这意味着对定期考核中不称职公务员的处理，在某种意义上甚至重于受行政处分的公务员。

新公务员法实施细则中对定期考核中被确定为优秀等级的公务员可以提前半年时间晋升职级的奖励性条款，一定程度上提升了考核工作的风向标作业，但也提升了公务员对考核结果公正客观的期望和要求。

## 四、完善公务员平时考核工作的建议

（一）加强平时考核工作的组织领导和制度建设

根据不同职位类别、不同层级机关设置相对应的考核指标，结合党的路线、方针、政策和国家法律法规，细化平时考核内容、量化平时考核标准，建立完善科学的平时考核制度办法。同时，在容错纠错工作机制中，明确对干部在先行先试工作探索中因创新而造成目标偏差的现象予以认可和保护，排除公务员管理部门和管理人员的“畏难心理”，做好政策宣贯解读工作，提高主管部门领导和广大公务员的平时考核意识，进而得到主管部门领导和广大公务员的理解和支持，形成合力效应，发挥公务员平时考核工作的功能和作用。

（二）进一步完善平时考核制度

平时考核作为定期考核的基础环节、根本环节，是上级机关领导对其直接领导的下级日常履行法定职责和保证工作任务目标得以实现的考察监督，通过了解掌握日常工作任务的分解完成情况，指导、检查、激励下级正确履行职责，从而保证整个年度工作任务目标甚至中长期工作任务目标的实现。

**1. 细化考核内容**

公务员的考核应当按照惯例权限，全面考核公务员的德、能、勤、绩、廉，重点考核政治素质和工作实绩。考核指标根据不同职位类别、不同层级机关分别设置。

可见，平时考核工作应把重点放在考核公务员完成日常工作任务、阶段工作目标情况以及出勤情况，要以公务员岗位职责和平时承担的工作任务为基本依据，考核公务员德、能、勤、绩、廉，再加上学等方面的日常表现，以" 德" 为先，重点考核政治素质和工作实绩。根据不同的工作性质和工作内容，建立科学的考核指标和体系，如分为共性指标（政治品质、职业道德、工作作风、廉洁自律、出勤情况）和个性指标（完成工作数量、完成质量、效率、成效、业务能力）。

**2. 灵活设置考核形式**

非领导成员公务员的定期考核采取年度考核的方式，先由个人按照职位职责和有关要求进行总结，主管领导在听取群众意见后，提出考核等次建议，由本机关负责人或者授权的考核委员会确定考核等次；

领导成员的考核由主管机关按照有关规定办理。年度考核以平时考核、专项考核为基础，平时考核为年度考核积累材料、提供重要依据。平时考核可以简单分为“定责、承诺、记实、评价”，形成以“任务分解、履职承诺、工作日志、领导定期检查评价、上级/平级/下级参与测评、结果反馈”为主要流程的平时考核基本程序。平时考核应根据不同分类分级，科学设置具体指标体系，既要考虑到系统协调性，同时又要兼顾不同岗位的针对性和可操作性。

平时考核可采用“日志式”纪实方式，实行“日志式”管理模式，结合个人自评、同事互评、领导评鉴，甚至专业中立的第三方评价，以及考虑党组织工会团委等组织表现推优、纳入8小时外工作圈、生活圈和社交圈的活动等，按季度开展平时考核工作。共性指标按季度打分，权重为60%；个性指标采取每月一计划、每周一推进的“1+1”模式，细化不同岗位职责的工作指标和工作任务，每天将工作情况记录，每周将工作完成情况梳理汇总，每月填写《公务员平时考核评鉴表》，交由直接上级负责人核实工作任务完成情况，按要求作出简要客观公正评鉴，每季度结合共性目标提出平时考核等次建议（或者分值）。

**3. 加大平时考核运用**

以往部分单位在进行年度考核时，“一把手”的权力往往过大。这种考核形式容易导致整个考核结果的不公平和不公正。同时，有些人会找人情、拉关系，最终引起一个单位不良组织风气的形成，挫伤整个公务员队伍工作的积极性。引入专业、中立的外部第三方参与到考核评价工作中来，可以一定程度上缓解这种现象。但根本解决办法，在于真正强化平时考核结果在年度考核中的运用。把平时考核结果按重大权重（如70%以上）计入年度考核，年度优秀等次人员原则上在平时考核优秀的人员中产生；把平时考核作为评先评优、职级晋升、交流轮岗、激励奖励、外派挂职等的重要参考，对基本称职及以下人员，及时谈话提醒，甚至岗位调整，能够最大限度避免一些不良风气的产生，从而提升公务员队伍建设。

**4. 加强平时考核与激励措施的关联性**

把平时考核结果挂钩评先评优、职级晋升、交流轮岗、激励奖励、外派培训等的重要参考，对基本称职及以下人员，及时谈话提醒、甚至岗位调整，让真正有责任、有能力、敢担当、善作为的公务员干部在合适的岗位上发挥体现最大的价值，让“老油条”“老板凳”、不担当、懒作为的公务员无所遁形、没有市场，从而使公务员队伍达到“是社会主义事业的中坚力量，是人民的公仆”的要求。

考核其实是对人的行为的评估，是基于人的行为而进行的，在考核过程中加大公务员平时考核的权重，使考核指标科学化、考核过程客观化、考核结果真实化，使考核由单一的监督，转变为使公务员在考核结果的反馈中获得满足感和成就感。将更充分发挥考核的效用，在提高公务员工作效率的同时，促进基层公务员工作积极性和个人的发展，为国家的发展和群众的生活做出更多的贡献。

## 参考文献

[1] 申发升 . 公务员平时考核存在的问题与思考 [J]. 中国集体经济，2018 (22).

[2] 李建忠，任文硕，朱祝霞，石凯 . 公务员平时考核的试点情况评估与改进策略 [J]. 中国人事科学，2018 (3).

[3] 王硕 . 绩效导向的公务员考核研究 [D]. 北京：首都经济贸易大学，2014.

[4] 郝玉明 . 公务员“考核难”的原因与对策 [J]. 中国人事科学，2018 (4).

[5] 李荔慧 . 论我国公务员的考核与激励 [J]. 金陵科技学院学报（社会科学版），2016 (2).

[6] 刘碧强 . 美国公务员薪酬制度及其启示 [J]. 南方论刊，2010 (11).

# 事业单位人事制度改革的困境与对策①

温志强　李永俊②

**摘　要：**在我国社会转型期，机构改革作为社会发展进程的重要组成部分，一直是人们关注的焦点，其中，事业单位人事制度的改革更是重中之重。现存的人事制度由于各种原因越来越难以适应新时代的工作。本研究对我国事业单位人事制度的现状、问题进行了探究，结合实际情况提出了事业单位人事制度在制度设计、用人自主权、退出机制、奖励机制四个层面存在的问题和缺陷，并且给出了相应的解决举措。

**关键词：**事业单位　人事制度改革　发展

## 一、引言

事业单位是我国社会组织的重要构成之一，主要分布在教育、卫生、科技等重要行业领域，是经济社会发展中提供公益服务的主体③。事业单

① 该篇论文获得“2019年全国人才与人事研究主题征文活动”三等奖。

基金项目论文系国家社科基金重大项目“突发事件语义案例库建设与临机决策模式研究”（项目编号：14ZDB153）阶段性成果。

② 温志强，天津师范大学应急管理研究中心主任；李永俊，天津师范大学政治与行政学院行政管理硕士研究生。

③ 孙彦玲．事业单位岗位管理制度的有效性分析——以专业技术岗位为例［J］．中国人事科学，2019（02）：34-43.

位是一个具有鲜明中国特色的概念，是中国独有的社会组织，它承担了提供社会公共产品和公共服务的重要责任。随着时代的变迁和社会的多样化发展，事业单位体制也不断调整。自 1992 年逐步健全分类的人事制度实质性的改革以来，根据事业单位人事发展的总体目标，迄今为止，我国先后历经了初步改革、深化改革和攻坚等几个阶段。随着改革力度不断加大，事业单位人事制度改革逐渐走向深水区，一些较为顽固的问题成为约束改革达到预期效果的障碍。

事业单位在我国社会事务管理中发挥着重要的作用，事业单位的人力资源发展和人事制度改革也备受学界的关注，学界关于事业单位人事制度改革的研究也呈现良好的趋势。截至 2019 年 9 月，在中国知网（CNKI）搜索主题为“事业单位”“人事制度改革”的文献 2 694 篇。通过文献研究发现，对“事业单位人事制度改革”的研究逐渐丰富，但是主要集中在某个领域。通过事业单位人事制度改革关键词网络分析图（见图 1），事业单位人事制度改革相关研究主要集中人事制度、事业编制、管理体制、岗位设置管理、人力资源管理等多方面。通过文献梳理发现，在事业单位人事制度改革基本理论和概念方面，学者关注于事业单位人事制度改革的政策发展、发展模式和战略方向。赵立波等人提出了“用人机制、激励机制、社会保险以及人才结构是事业单位人事制度改革必须解决的核心问题。”① 此外，在事业单位人事制度改革实现目标、总体框架研究层面，越来越多的学者提出要健全公平、开放、激励等彰显人事管理活力的人事制度，旨在通过政策保障、考核奖惩、工资分配、社会福利和社会保障、下放管理权力，提升人事制度改革的活力。近年来，事业单位人事制度改革推进的过程逐渐清晰，对事业单位的分类管理和绩效管理也逐渐成为研究热点和前沿问题，随着事业单位的各项改革不断深化，事业单位人事制度在纵向、横向改革中着重发力，推进事业单位人事制度的改革进程。

综合以上可以发现，关于事业单位人事制度改革的研究纵向上主要集中在改革的基本理念、基本框架和主要环节等方面，横向上则是组织制度的设计、人员的统筹安排、退出机制、考核激励等方面。理论层面的研究多于实际问题的探索，而对于实际问题的研究又未能很好地联系

① 赵立波，王江英．推进事业单位管理体制改革的对策研究［J］．南京工业大学学报（社会科学版），2006（4）：31-34，68.

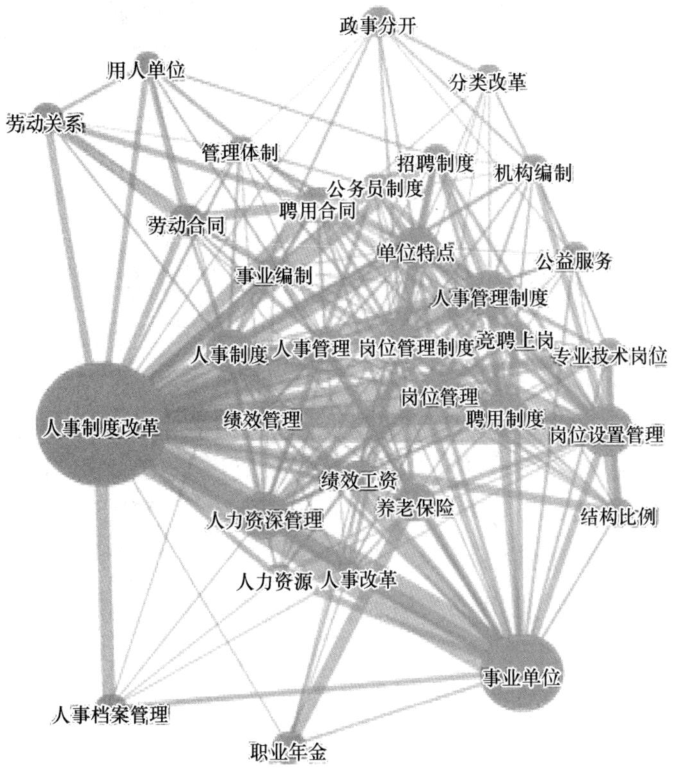


**图 1　事业单位人事制度改革的关键词网络分析图**

具体理论，这对于事业单位人事制度改革的指导和帮助十分有限。而且很多研究只集中于其中某一方面的研究，并未从系统化的角度对四者协同运行进行探讨，制度建设是众多研究的短板。本研究从以上不足出发，立足已有的研究成果，综合事业单位人事制度改革存在的实际问题，以问题为导向，进一步完备事业单位人事制度改革研究，以求推动事业单位人事制度改革的发展。

## 二、当前事业单位人事制度的困境

### （一）事业单位人事制度建设不完善

事业单位人事制度改革的顶层设计、制度建设是推进改革、保障改革的重要前提和基础。自 1992 年提出事业单位分类改革的目标以来，通过明确事业单位人事制度改革的方向，明确提出事业单位改革顶层设计的时间表，事业单位人事制度改革不断推进，逐步实现了事业单位人事制度改革的体系化①。在事业单位人事制度改革的进程中，组织改革和人事管理体制都取得了一定的成就，但总体上事业单位人事制度改革的顶层设计还不完善，配套的政策保障、改革环境、组织内部的相关制度建设还存在不足。特别是随着机构改革的不断推进，加快事业单位相关政策、制度的改革成为大势所趋。面对新形势、新要求，事业单位人事制度建设不完善具体表现在以下方面：

一方面，政策界限不明晰。纵观中央、地方出台的事业单位人事制度改革的政策、条例，在综合配套改革和单一人事改革上界限不清。同时，事业单位分布在教育、卫生、科技等多个行业和部门，单位之间的人事改革政策也有所区别，在此情况下，事业单位人事制度改革难以统筹把握，各单位之间的政策执行呈现多种形式。另一方面，政策配套改革不同步。事业管理体制改革与事业单位内部改革缺乏必要的政策环境与配套条件。因单位所属工作范围、工作业务、组织形式、管理方式的不同，事业单位人事制度改革的政策因环境而发生变化，政策配套改革难以同步，在很大程度上使部分事业单位人事制度改革受阻。

（二）用人自主权相对缺乏

事业单位自从 2002 年以来开始推行聘用制，新进人员全面实行公开招聘制度，人员的进入环节越来越公开，透明度也明显提升。2006 年开始逐步推行的岗位管理制也推动着身份管理到岗位管理的转变。但是，在选、用、育、留等环节，当前的人事制度仍然存在以下问题。

**1. 进入管得紧**

事业单位公开招聘可能导致高层次、高技能或急需紧缺人才难以及时引进。对于需要的特殊人才和基层人才，在目前公开招聘模式下，一些人才难以考入。

**2. 用人卡得死**

事业单位现有岗位设置、人员配备、收入分配等均由上级行政主管部门审批，具有相对滞后性。受编制、职数限制，无法给予急需人才合适的身份、待遇。

**3. 环境不宽松**

正、副高级专业技术职称评聘等相对死板，用人单位没有自主评审

---

① 齐书花．我国事业单位人事制度改革评价与建议［J］．中国人力资源开发，2016（21）：85-89.

职称资格，难以为单位人才成长创造宽松的环境。

4. **人才流动较困难**

事业单位在需要与其他单位特别是企业单位开展科研合作项目时，人才在单位之间的流动机制并不十分畅通。特别是企业转事业身份难，参公管理事业单位向其他事业单位流动意愿差，影响科研项目的合作创新和科技成果的转化。

（三）人员只进不出

事业单位人员退出机制是事业单位人事制度链条中的重要环节，“出口”的畅通与否直接关系到事业单位人员体系的效率、活力和优化。健全的事业单位人事退出机制是保证事业单位人力资源活力、优化人才队伍建设的重要因素。通畅的人事出口能够有效保障人事制度改革的纵深发展，完善的退出保障机制对事业单位人事制度改革的意义重大。但是，目前我国事业单位人事制度的改革中呈现出人员只进不出的问题，主要表现为人员退出渠道不通畅，加剧事业单位人事组织结构僵化，组织活力降低。部分事业单位的工作人员被聘用后，只要不犯大的错误，就可以安稳干到退休，进而导致事业单位的运营过程缺乏必要的生机与活力，显得过于呆板与模式化①。同时，受社会保障与用人制度制约，事业单位人员转向有三难：一是难以向公务员队伍流动，二是不同类型之间的事业单位人员难以流动，三是事业单位人员难有自愿向企业流动。

（四）奖励激励机制相对呆板

一方面，员工需求难满足，激励机制相对欠缺。不论是财政拨款的社会公益类事业单位，还是经费自筹、以创收营利为目的的经营服务类事业单位，仍以行政指导为主，对下属单位干涉过多。事业单位在人事激励方面仍然以工资、职称激励为主，激励机制相对单一，缺乏对员工需求的关注与满意度的调查，员工积极性难以提升，事业单位发展要求自然难以实现。另一方面，激励办法仍是“一刀切”，也没有实现市场化。当前事业单位的工资与所在地区的经济发展水平、财政发展息息相关，工资的增长与调整受国民经济发展水平的影响。在此情况下，事业单位人员工作积极性难以调动。与此同时，事业单位的组织激

① 董贵杰．事业单位人事制度改革的理论内涵与实践路径［J］．哈尔滨师范大学社会科学学报，2018（4）：56-58.

励机制往往由薪酬、培训、奖惩等部分构成，考核机制尚在不断完善之中，因此一些市场化的激励措施，如市场机制中的人才股权期权等，受现有分配制度和考核方式等因素制约无法实施，创新人才无法得到合理回报。

## 三、影响事业单位人事制度改革的机理分析

### （一）配套制度设计进程缓慢

配套的制度设计是推进事业单位人事制度改革的重要动力，制度设计缓慢严重影响了改革推进进程。绩效工资与激励是提升人力资源发展活力的重要力量，是提升事业单位工作效率的重要抓手。当前国家有关事业单位具体的绩效考核办法尚不完善，绩效奖惩没有明确的标准。

### （二）人员管理机制僵化

“事业单位人事制度是基于传统型政府体系建立的，其创设之际就带有强烈的管制性缺陷，强调对人的管理，而非对人的服务。”[①] 近年来，事业单位人事管理制度不断改革，取得了一定成就的同时，也暴露了用人自主权方面不同程度的问题，如，行政部门在单位编制、岗位设置、人员调配等方面把控过大，导致事业单位人事管理机制僵化，不仅不利于提升工作创新效率，更难以冒出“高精尖”人才，难以实现工作成果的有效转换，创造经济效益和社会效益。同时，由于机关、企事业单位社会保障制度的差异，导致了机关人员不愿意到事业单位，事业单位人员不愿意转为企业人员。此外，现行法律、法规限制了不同身份人员之间的合理流动。一般情况下，机关公务员必须提职才愿意到事业单位工作，事业单位人员受身份限制难以进入公务员队伍，形成了不同身份人员之间的制度“栅栏”。

### （三）退出保障机制不够完善

近年来，随着经济社会的持续发展、人事制度改革的不断深化，人才流动也愈加频繁。许多地方的事业单位人员选择从事业单位辞职寻求新的发展机会，这种状况打破了多年来事业单位人员只进不出或者难出的格局。但是，许多在职多年的工作人员很难效仿入职不久的

① 杨莉莉．我国事业单位人事制度改革路径思考［J］．现代企业，2019（7）：61-62.

年轻人，放弃当前福利待遇寻求更好的发展。甚至有一部分工作人员由于编制、年龄等问题，无法获得相应的退出保障，难以安心退出。纵观近年来的事业单位改革关于工资制度方面的调整，养老金计发标准进行了适当调整，但制度模式基本没有改变。随着社会主义市场经济的建立和发展，事业单位在养老保障等方面的矛盾愈加凸显，退出保障难以实现。

（四）激励机制缺乏创新与落实

事业单位作为独立的法人机构和利益主体，应享有充分的分配自主权，才能制定和实施内部分配政策。但是现实中，由于刚性的工资制度、严格的工资标准导致分配上存在部分平均主义，事业单位在分配权限等方面自主权较小，导致了人员激励机制难以形成并真正发挥作用。此外，绩效考核与激励机制应相互促进、相互影响，但当前事业单位激励机制与绩效考核之间协同效果难以提高，甚至部分事业单位在绩效考核时并未将有效的激励纳入其中，导致激励机制难以落实。

## 四、激发事业单位人事制度改革活力的路径选择

事业单位在提供公共服务、管理社会事务方面发挥着重要的作用，对推进政府职能转变、提升社会服务水平具有重要意义。如何推进事业单位人事制度改革，激发事业单位人力资源活力，需要把握改革时机和改革的脚步，加强顶层设计、健全制度建设、完善保障机制。

（一）加强顶层设计，推进各项制度设计与落实

事业单位的顶层设计是加快事业单位改革目标实现的重要前提，在全面深化改革的背景下，在分类推进事业单位改革的迫切要求下，深化中国事业单位管理体制改革应着重做好顶层设计。一方面，要建立健全事业单位的补偿制度、激励制度、管理制度、退出保障制度等，为事业单位内部改革提供详尽的规范标准。另一方面，要加快事业单位人事制度改革的政策落地，为不同行业的事业单位配套相关的政策，在深入研究的基础上提升事业单位政策执行力度，为事业单位人事制度改革提供良好的政策环境。

（二）灵活启用用人自主权，激发人力资源活力

合理掌握用人自主权是有效激发人力资源活力的重要保障。只有在

人事改革中注重人才的培养与引入，才能促进人才集聚，提升服务能力和服务效力，使事业单位在社会事务管理中发挥作用。一方面，扩大事业单位的招聘自主权，特别是对急需人才的招聘、引进方面应能够合理设置招聘要求、岗位需求、考试方式等，通过招聘自主权的下放和扩大，增强事业单位人才吸引的内在动力。另一方面，给予二级事业单位在工资总额、绩效工资分配上更多的自主权，避免形成新的平均主义、“大锅饭”。落实分配自主权，可自主决定内部分配标准、形式、具体办法。

（三）规范“进、管、出”环节，健全保障机制

首先，规范事业单位人员的进入机制，严格把控事业单位人员的选择、聘用，通过严格的流程实现人才的优选，确保人才进入后能够任用到适当的岗位，发挥作用。其次，建立不同身份人员之间科学、合理的流动制度、机制，拆除固化人才流动的“铁栅栏”。这可以使人员在适当的时候以适当的方式转换到适当的位置，从而避免人员的不合理流动引发的事业单位内外部关系不协调，对单位运行造成不良影响。只有这样，才能有效、合理地用人，才不会造成事业单位内部人才的浪费，并保证事业单位的健康可持续发展。最后，完善保障机制，以保促退。要完善社会保障制度，建立健全社会保障机制，建立起市场经济主体下统一、完善、公平、合理的事业单位社会保障制度，形成较为完备的社会保障体系，解决人员流动的后顾之忧，逐步做到人才资源的社会化、市场化配置。

（四）健全岗位激励机制，提升改革的内生动力

事业单位是高素质人才集中的地方，要发挥人力资源的优势，建立健全事业单位员工激励机制，提升单位人员活力和积极性。首先，健全科学的工资薪酬体系。通过合理的工资薪酬激励增强事业单位人员的工作动力，提高单位的工作效率。合理规划薪资结构，充分了解员工需求，以公平、公正为原则，确定薪酬比例结构，同时增加额外的物质激励，在可控范围内激发人员活力。其次，健全绩效考核体系，明确绩效考核标准。绩效考核是衡量单位人员表现的重要途径，以明确的绩效指标，激励不同层级的人员，奖惩分明，激励明确。因此，要健全绩效考核测评方式，可通过自评、他评、360 度考核来优化绩效考核的标准和规范，消除考核中的主管偏差，提升考核操作性。最后，充分发挥绩效考核和

激励的协同作用，将考核结果纳入激励等级中，与个人薪资水平、晋升、福利等关联，积极发挥考核作用。

## 参考文献

[1] 杨莉莉．我国事业单位人事制度改革路径思考［J］．现代企业，2019（7）：61-62.

[2] 张彦博．新时期我国事业单位人事制度改革问题分析［J］．管理观察，2019（16）：62-63.

[3] 姬养州．营商环境与人才环境［J］．中国人事科学，2019（4）：61-66.

[4] 刘霞．人才队伍建设四十年的历程与成就［J］．中国人事科学，2019（3）：55-63.

[5] 卢慧清．关于事业单位人事制度改革的思考［J］．现代经济信息，2019（6）：83.

[6] 池霏霏．事业单位人事制度改革历程与展望［J］．中国人力资源社会保障，2019（3）：34-37.

[7] 熊通成．规范、活力与治理：事业单位岗位管理的反思和优化［J］．中国人事科学，2019（1）：39-45.

[8] 孙彦玲．事业单位岗位管理制度的有效性分析——以专业技术岗位为例［J］．中国人事科学，2019（2）：34-43.

[9] 杨梅．公务员岗位津贴制度：主要问题及影响因素［J］．中国人事科学，2019（1）：21-30.

[10] 高红，管仲军．我国公益类事业单位国有资产监管政策优化研究［J］．中国行政管理，2019（3）：42-46.

[11] 王霞．我国公务员工资水平决定和增长机制思考与建议［J］．中国人事科学，2018（12）：4-9.

[12] 刘斌．浅谈新时期我国事业单位人事制度改革问题分析［J］．商业经济，2018（10）：87-88.

[13] 赵宝珠．付费与激励：我国事业单位改革的路径选择［J］．财经界（学术版），2018（17）：44.

[14] 李霞．事业单位人力资源激励机制的构建策略［J］．经贸实践，

2018 (16): 235.

[15] 王冰. 事业单位人力资源管理过程中的激励机制分析 [J]. 中国商论, 2016 (35): 74-75.

[16] 王辉. 探究事业单位人事管理制度的改革 [J]. 人力资源管理, 2016 (12): 16-17.

[17] 齐书花. 我国事业单位人事制度改革评价与建议 [J]. 中国人力资源开发, 2016 (21): 85-89.

# 国企人事立体化监督的变革逻辑、内容与运行机制[①]

陈自立[②]

**摘　要：**在深化国企改革的背景下，对于国企的监督愈加严格，尤其是对国企人事监督更是趋于严格和加强。在国企人事监督变革过程中，监督的主体、制度和手段在不断完善，为立体化监督的构建创造了合适的环境和条件。新时代国企人事立体化监督，是进一步加强国企监督的重要表现。立体化监督实现了各种针对国企人事监督力量的整合、监督程序的再塑造，为国企人事监督搭建了新的平台。立体化监督由党政职能监督、公司治理监督和社会途径监督三大主体和一个动态监督构成立体化监督的基本要件。立体化监督的运行是以国企党组为运行核心，以各人事流程全过程无缝隙监督为平面横轴展开，以自上而下和自下而上互织的监督模式为平面纵轴支撑。横纵交织形成对国企人事的立体化监督机制，实现对国企人事全面、全过程的监督。

**关键词：**国企人事监督　立体化监督　人事监督

## 一、问题的提出

深化国企改革的过程中要从管人转变到管资本，但是对于国企人事

① 该篇论文获得“2019年全国人才与人事研究主题征文活动”三等奖。

② 陈自立，华能国际电力开发公司人力资源部干部、政工师。

的监督并不是意味着要放松监督，对于任何掌握公权力的机构和个人，放松了监督就是给予了腐败的温床。很多学者从不同的角度对国企监督进行了探讨，例如，对于国资监管的研究，当前对国企的监管，既有专门的国资委进行监督，围绕国企资产和架构的监督研究较多，张文魁认为，要推行混合所有制改革，建立真正的现代企业制度，应对国资监管体系进行根本性改革，改革方向是去监管，行股权，降比重。[1]对于国企腐败的研究，李莉教授总结了党的十八大以来国企高管腐败问题中的突出问题，揭示了国企制度逻辑和治理结构两个层面存在的问题，探讨了如何在目前的治理结构上发挥出监督机制对国企高管的监督作用。[2]对于国企领导选拔的相关研究，孙萍从中国共产党党政领导干部选拔任用的基础理论、思想基础、理论架构、伟大成就、历史发展、存在问题和建议等方面对中国共产党党政领导干部选拔任用理论和实践进行了系统的论述。[3]无论是对于国企腐败的研究，还是国企领导干部的选任研究，其背后溯源都关系到国企“人”，如何监督好“人”，做好国企人事监督直接决定着国企改革和促进社会发展目标的实现。

国企人事监督是人事管理的重要组成部分，同时又作用于人事管理，对整个人事管理进行监督。正如有学者所言，“人事监督是对人事管理过程实行的监督，包括对人事立法活动合法性的监督，对人事部门执法活动的监督以及对人事行政管理者行为的监督”。[4]但是目前在国企人事管理过程中，人事监督工作仍然缺乏一定的监督体系，各种对于人事监督的主体众多但是互相之间配合机制缺乏，监察监督与公司治理结构的监督并没有形成对国企人事监督的合力。尤其是在国企发展要迈向高质量发展阶段，人事监督要跟上高质量发展的步伐，实现国企人事监督的高质量发展。通过对现有监督方式演进脉络的梳理，国企人事监督正在向立体化监督转变。立体化人事监督，源于监管制度的全覆盖，监管内容的全细化，监管渠道的全方位，旨在构建起新时代国企人事从选任到管理再到退出的立体化监管格局，为建立中国特色的现代国有企业监督制度体系提供有益的思考。

## 二、国企人事监督的变革逻辑

国企改革走向深入，国企人事监督的变革也伴随着国企人事制度的发展而不断的变化，从早期的全能政府、政企不分的国企到适应中国特色社会主义的现代企业制度的逐渐建立，到党的十九大后，国企党的领导进一步加强，国企人事监督也得到进一步的强化。通过对国企人事监督资料的梳理，国企人事监督的变革遵循着以下三方面的逻辑，正是这三方面从监督主体、监督制度和监督深度的变化发展，为立体化国企人事监督的机制的建立提供了前提条件。

（一）国企人事监督主体向更为多元的监督转变

党对国企的管理，体现着社会主义的本质要求，党对国企的管理从来没有缺失，只是在不同时期作为监督主体的国企党组织发挥监督的作用有强与弱的变化关系。国企领导的选人用人与党政领导选任的最大区别是，国企领导不仅具有党政领导所具有的政治身份，还具有适应市场发展需要的企业管理的专业能力。国企领导身上体现出政治、经济、社会的三重属性：在政治上，国企领导是对党绝对忠诚的党员干部；在经济上，国企领导是社会主义市场经济中的卓越企业家；在社会上，国企领导肩负着履行公共责任之重任。[5]在早期国营企业阶段，尤其是计划经济体制下，国企实际上是高度的行政化运作，成为国家行政组织的一部分[6]，企业法人治理机制的不完善，国企内部缺乏监督机制，与之相关的就是党政干部的科学化人事管理并未完全建立，尤其是国企人事监督的缺失。

从内部建构角度看，改革开放之后，自党的十四大起，国企的改革重心逐渐转变到以建立现代企业制度为目标的阶段，在提出建立中国特色的现代企业制度过程中，在1997年的《中共中央关于进一步加强和改进国有企业党的建设工作的通知》中就明确指出“党委参与企业重大问题的决策”，再到后来的国企党委内嵌入现代企业董事会发挥决策作用。从公司治理结构上而言，在走向现代企业的发展道路上，股东会、董事会和监事会作为公司内部治理重要的监督角色从无到有的逐渐完善，虽然只是在形式上构建完成，但仍没有完全发挥出应有的国企人事监督的作用，尤其是监事会的监督作用还没有发挥出来。

从外部建构角度看，后来经济社会环境的变化和现代信息技术拓展，使得信息的传播更加便捷和迅速，从早期的信件来访监督，到新闻曝光监督，再到新媒体的崛起使得人人都可以成为监督的发起者，这就表现出以党和政府机构为监督主体的单一监督结构正在被分解，国企人事有了更多的监督主体，也让监督逐渐转向多元监督，从传统信访、纸媒到电视新闻再到自媒体，还有第三方组织的监督，这些外部监督力量发挥着越来越重要的监督作用。

（二）国企人事监督逐渐走向制度化和法制化

对于国企人事监督逐渐严格的重要体现就是国企监督制度化和法制化的迅速发展。无论干部人事监督制度如何变化，其核心一直未改变：保证选任人员的适用性，管理好选用的人员，保证选任人员正确地行使权力，全身心投入国企的建设。这一理念贯穿国企人事监督的变革过程。

一是党内监督的制度化和法制化。党对于国企人员，尤其是对领导人员监督的制度规定不断走向系统化和全面化。改革开放初期，干部选拔的监督出现不断加强和制度化的趋势，但是监督的手段比较单一，效果也参差不齐，许多制度还在摸索中。[7]没有重视人事的监督问题的重要性，所有的重点都放在干部选任上，并且这个选任也还存在各种问题，对于监督问题不仅缺乏重视，而且制度性监督网络还没有构建成。党的十八大以来，随着党政干部监督的不断严格，对于国企人员的监督也随同趋于严格监督的体系之内。党对于人事监督囊括了各个方面，从中央发布的八项规定开始，新时期的干部人事制度更加注重干部队伍的思想、组织、作风建设。从防止干部“带病提拔”到领导干部报告个人有关事项的规定；从推进“两学一做”学习制度化、常态化到加强干部理想信念和道德品行教育；从加强和改进优秀干部培养选拔工作的规定到深化人才发展体制机制改革，监督控制在干部人事制度中愈加具体和细化，[8]进一步细化了国企党委（党组）在讨论干部任用时候的标准和规范。

二是国家层面监督的制度化和法制化。以国家监察法的颁布为标志，国家层面对国企的监督进一步强化。针对国企，监察法把国企管理人员纳入监察监督范围，实现对国企人员的监督全覆盖，2018 年全国人大通过的《中华人民共和国监察法》中第三章第十五条规定了将国有企业管理人员纳入监察对象，监察机关依法行使监督和调查权，对国企管理人员进行监督。正式从法律规定上对国企管理人员进行监督，这就对被监督对象进行了明确的界定。同时，突破了传统上所认知的，即使是非党员身份，但凡是在掌握公权力的岗位的人，无论何种角色身份都是监察的对象，这无疑是对监察对象的深度扩充。

### （三）从面子走向里子——监督方式和手段走向深入

自党的十八大以来，对于国企领域的监督逐步走向强化和深入的重要表现就是监督方式和手段的强化。自2013年十八届中央第一轮巡视开始到十二轮结束，中央纪委共巡视国资委监管的中央企业51家（含已合并，当时尚未合并的），在反馈出来的问题当中涉及干部人事违规，“选人用人违规”“带病提拔”问题的有41家，很多中央企业存在人事选任监督不牢[9]，这就反映出当前国企对于人事的监督仍然存在漏洞，既有制度层面的构建原因，也有人为因素对制度和规则的突破。监督的力度在加大和增强，同时监督方式和手段不断多样，创新监督方式和手段，反映监督从面子走向里子的表现有两个：

一是监督的前移。监督从一种事后监督逐渐演变成为全流程的监督。职能监督成为传统监督的事前延伸，将监督的范围扩展至事前阶段。国企组织人事部门的职责是选拔任用干部，监督工作应该是执纪执法部门的事，这就切割了职能监督对于人事监督的作用。同时，也有观点认为自己对自己监督是同体监督，既无必要也不可能，这就要在思想上转变，职能部门是人事监督的第一关口，例如，在新修订的《党政领导干部选拔任用工作条例》第十四条中就提出了“对动议的人选严格把关，根据工作需要，可以提前核查有关事项”，实际上就是要发挥组织人事部门的监督功能，做好事前监督。

二是穿透式监管。穿透式监管是金融领域监管的新名词，其本意是透过金融产品的表面形态，通过对资金来源、中间环节和最终投向的串联分析，甄别金融业务和行为的实质。其作为一种监管方法来自于功能监督理论和行为监督理论。[10]对于国企人事监管而言，穿透式监管就是要基于厘清国企人事表面现象，穿透表面存在的问题直达内在的核心问题。不止简单的监督表面的形式东西，而是通过表面的文字深入分析研判，监督查明背后的问题，对于人事的监督要透视到程序上合规、行为的动机和对人的全方位的认知。

## 三、党政职能监督、公司治理监督和社会途径监督：立体化国企人事监督的构成条件

国企人事的监督，重点是针对国企领导干部的选、管、退，选即是监督好国企领导干部的入口关，管即是监督好国企领导干部的工作业务

和日常行为，退即是对国企干部退出岗位进行的监督。党的十八大以来，尤其是党的十九大至今，对于国企人事监督的规定逐渐严格。立体化监督目前在各地方监察系统内都有相关的探索和尝试，但是其仅仅就纪委监察机构内部而言，在国企人事监督治理中还没有相关的运用和尝试。本文提出的国企人事立体化监督是把对于国企人事监督的力量进行体系化的构建，包含在以党政职能监督、公司治理监督和社会途径监督为三大支柱和以动态监督为运转动力的监督机制内，从而达到强化国企人事监督的目标。

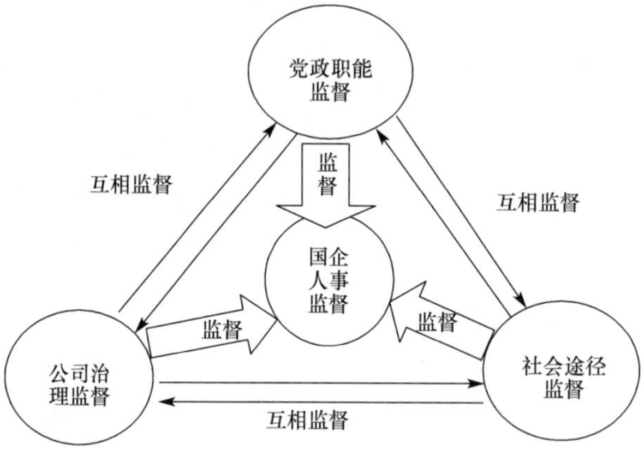


**图 1　国企人事立体化监督示意图**

（一）党政职能监督的确立

在国企人事中提出坚持党管干部原则，决定着在国企人事中对国企人事监督必须也要加强党的领导。从监督机构而言，国企纪检监察部门是履行党内监督职能的专职机构，国企党组织是国企人事监督的核心构成。党章和党内法规赋予了党内机构发挥对人事监督的权力，尤其是国企党委（党组）、党的组织部门、纪律监察部门。加强党内机构、党组织的领导、党的组织部门的职能监督和纪检机构的专职监督，是加强党对国企领导的重要体现。

从监督制度而言，党内法规逐渐完善，将监察监督的范围从党政领导干部扩大到国企，党内监督制度不断细化，对于国企党员干部进行了全方位的覆盖。中组部新修订《党政干部领导选拔任用工作条例》的颁布，是习近平新时代中国特色社会主义思想关于干部人事改革成果的集中反映，其在制度内容方面不仅与新时代选人用人密切相关，而且进一步将原有的监督责任追究方面的制度进行了整合，统筹在一起，使得监督的规定更为明确和具体。

从监督环节上，党内监督中以国企领导干部选拔任用的监督为关键环节。对于国企领导干部的选拔任用，按照党管人才的原则，适用《党政领导干部选拔任用工作条例》，但是对于国企领导人员的监督还没有一个清晰和明确的观察视角。国企选人用人工作是国企人事的重要核心环节之一。国企选人用人全过程无缝隙监督，国企党委、人力资源部门和纪检部门对选人用人流程的内外监督结合，使得国企选人用人在严密的监督控制之下。[11]

从行政角度而言，监察委员会的成立在超越体制壁垒中成为监察体制中行使监察监督权力的唯一主体，其超然于现有系统、行业、部门设置的门禁和路卡，从根本上排除了过去监督主体分散、多头、够不着的弊端。[12]监察法中的规定把监督扩大到国企管理人员范畴，并无按照党员与非党员这一标准设置，而是以岗位为监督标准，在国企的管理、财务等重要岗位任职，无论是党员还是非党员，都是监察法规定的被监察的对象，因此这就从制度层面补足了国企以往被监督所受的层级漏洞，实现了国企人事监督的全覆盖。

（二）公司治理结构内的监督

我国国有企业改革的目标就是建立现代企业制度，现代企业制度的核心就是以股东会、董事会和监事会为核心的公司治理结构。从国有资产结构来看，国有独资企业的股东会职权由国有资产监督管理部门行使，随着国企混改的进一步发展，国有独资企业向混合所有制转变，大力发展混合所有制经济，这是党的十九大报告提出的深化国企改革的目标。在实现这一目标的过程中，董事会对经理层监督，监事会对董事会和经理层监督，维护股东的利益需要更加牢固。因此，作为公司治理结构重要组成部分的股东会、董事会、监事会在国企人事监督中要扮演好监督环节重要角色。截至 2019 年 3 月，我国中央企业的公司制改革已全面完成，已有 83 家央企建立了规范的董事会，有 46 家央企对 3 300 多名经理实现了契约化管理，在控股的 81 家上市公司实行了股权激励。[13]

从公司治理结构的角度看，董事会的决策作用、监事会的监督作用、经理层的经营管理作用、党组织的政治核心作用，在党组织内嵌入董事会的背景下，发挥董事会的决策作用逐渐明晰。董事会、监事会对公司经营情况的监督，间接上也是对国企高管的行为进行了监督。在中共中央、国务院《关于深化国有企业改革的指导意见》中，对于董事会和监事会在国企人事的监督，指出“要切实落实和维护董事会依法行使重大决策、选人用人、薪酬分配等权利”“充分发挥董事会的决策作用、监事会的监督作用、经理层的经营管理作用、党组织的政治核心作用”“落实企业内部监事会对董事、经理和其他高级管理人员的监督”。

国企的董事会、监事会弱化，并没有发挥出应有的监督效力，尤其是监事会的职能，归根结底，国企监管机制不健全，监事和董事的监管职能缺失是其中重要一部分，“公司法缺乏对监事任职资格条件和外部监事的规定，国企的监事会成员几乎全部是内部人员，大大削弱了监督力度，[14]这是以往国企监事会形同摆设的原因，并未对国企监督有实质性的作用，但是深圳市国资委自 2016 年开始就已经探索国企纪委书记和监事会主席的交叉任职，解决党内监督与公司治理监督“两张皮”现象，同时进一步增强了党内监督执纪与现代公司治理结构之间的联动，通过监事会实现了纪委监督对公司业务的全面监督。

无论是组织部门的任命，还是国企对职业经理人的市场化选任，都需要国企党组织来进行监督把关，例如，在《中央企业领导人员管理规定》中，明确提出了对于董事会选聘经理层成员试点工作，“强调上级党组织要在确定标准、规范程序、参与考察、推荐人选等方面发挥作用”，强调党组织对于经理层的选拔任用上的监督。这就从身份约束上打破党员与非党员的监督限制，从而以职位和公权力作为监督的依据，将所有国企掌握公权力的人员都涵盖在监督区域内。

（三）社会途径监督

监督主体的多元化，催生出监督手段的多样化，各个监督主体的不同，所站立的监督视角和监督策略就会不同，因此监督发现的问题就会呈现不同。社会途径监督是置身于国企体制之外的监督力量，社会监督的主体包含有群众监督和媒体监督。

群众举报是重要的社会监督渠道之一。国企的性质是全民所有制企业，这就决定了国企被社会所监督的必然性。群众的举报是自下而上监督的重要途径，并且有着很长的运用历史，现在依然是社会发挥监督的重要渠道之一。国企的公共属性不同于一般私营和国外企业，其重要的领导干部任用都需要在一定层面向社会或者内部公示，尤其是对国企内的上市公司经营情况和高管变动情况，社会公众依据公示的信息对国企人事进行监督；此外，在国企干部选任期间和上级巡视期间，社会公众可以通过信访的形式监督国企人事情况。比如国企关于人事方面出现的问题，很大程度上是来源于巡视监督过程中广大干部职工和社会群众提供的相应线索。

媒体监督通过对信息进行及时的公开和披露，引发社会舆论关注，达到监督的作用。社会监督依托于科技的发展，所体现的监督作用越来越大。媒体信息公开披露是指传统媒体和自媒体对于国企人事管理情况进行监督。这里的传统媒体是以期刊、报纸为代表，而自媒体是以微博、微信等新型媒介为代表。人人都是监督者成为可能，所以对于国企重要的人事问题，社会群众可以快速地从网络获知国企的人事任免信息以及履历信息，甚至对于国企的公司架构、董事监事成员都能得到全面的监督信息。

（四）动态监督运转

以制度和法规为监督依据是静态监督的典范，而以巡视监督、人事专项监督等来自上级部门的临时性、专业性的监督则是动态监督的代表。动态监督是立体化监督的重要手段，因为动态监督的自上而下推动、企业外部力量介入，在国企人事监督中作用、效力和力度是其他监督难以比拟的。动态监督围绕着三个立体化监督主体，共同构成立体化监督机制。

在巡视监督中，人事问题一直都是巡视监督的重点内容，从中央巡视反馈来看，很多与国企人事相关的问题来源于动态监督的反映，常规监督制度和机构的规定发挥的作用明显偏少，因为在日常在组织机构内影响独立查办案件的阻力就会来自各个方面。我们往往从中央对国企巡视反馈的问题中可以看出来，监督职责不力，成为巡视监督反馈的高频要点。其中的深意，反映出来的是监督的力度和深度不够，只是反映了问题的皮毛应付检查了事，本身对监督的问题重视不够，所以在日后监督严厉之时，马上就成为了问题。其实，监督发现的问题早已形成，依靠巡视监督和人事专项监督能够将这种深层次的问题加以解决。以党的十九届中央第三轮巡视为例，在运用巡视监督过程中加入了组织部门的人事专项巡视，就巡视反馈的问题来看，42 家被巡视中央企业存在“选人用人不够规范”“选拔任用程序不够严格”等关于国企人事选任问题的有31家，另有4家单位在执行干部管理不严格。

## 四、立体化国企人事监督的运行

党的十八大以来，国企人事监督逐渐加强，严把国企领导人员岗位的“进、管、出”。进入新时代，国企人事监督制度和相应机构已经建立起来，但是在立体化国企人事监督环境下，其监督的环境如何运转和保障是个新的课题。党的十九大强调：“强化自上而下的组织监督，改进自下而上的民主监督，发挥同级相互监督作用，加强对党员领导干部的日常管理监督。立体化国企人事监督的运行是以强化国企党组为核心，以各人事流程全过程无缝隙监督为平面横轴展开，以自上而下和自下而上互织的监督模式为平面纵轴支撑，这种新的监督机制是进一步加强国企人事工作将会产生明显的监督效果。

### （一）党的领导是立体化国企人事监督的运转核心

多元监督主体的监督动机和目的的不同，映射到具体的监督行为当中就会产生监督差异，就会导致监督效果远远未达到形成“监督合力”的理想程度。统一监督动机与目的是监督核心需要明确的重点。众多的多元监督主体，如果没有监督治理的中心，就会让多元监督的本意成为监督的阻碍。树立监督的中核心，也是对当前经常说的国资国企监督碎片化困境的一种解释路径，很明显，在立体化国企人事监督体系中监督的核心是国企党委（党组）。坚持党对国企的领导，不仅体现在党管干部和人才的原则，更体现在党对国企人事的监督上面，这样才能更加突出党对国企人事工作管理的全面性。在立体化国企人事监督体系中，监督主体众多、监督手段多样、监督文本繁多、监督程序繁琐，坚持党对国企人事监督的运转核心，既是国企姓党的原则性问题，又是更好发挥人事监督的关键所在。

国企人事制度基于政治与经济的双重属性，使得国企人事既要符合中央关于党政领导干部相关的人事管理要求，又要符合国企的企业属性的市场化人事制度，尤其是在“市场在配置资源中要起到决定性作用”中央基调下，市场化选用人才将在国企人事运用中将会有很大的操作空间。现在有一些声音是国企党的作用在弱化，同时要大力推进市场化的国企选聘人事改革这些是手段，而不是目标，有些人混淆了市场化改革的目标与手段的关系，从根本上来说市场化的改革是国企的手段，其目的在于如何发挥党领导下的国企效益的最大化。

（二）人事内部全过程无缝隙监督

在党政职能监督，公司治理监督和社会途径监督三者的监督运行关系中是单个监督效力的发挥，这主要是以各人事流程全过程无缝隙监督作为平面横轴展开。从国企人事的选任到管理到退出这整个人事过程来看，对于国企人事的监督具有多种的监督手段，事前事中事后全过程的人事监督把国企的“人”的行为紧紧约束在制度的范围内。

事前监督越来越受到重视，在事前监督中主要依靠本人的自监督，其更加强调信用的运用，这对国企公职人员的自身要求很高，要有强烈的忠诚意识，认识到自我信用监督的重要作用。如果自我监督如实，就为后续监督的实施减少了步骤。例如事前的述职述廉，个人有关事项报告，同时，监督部门可以提前进行监督教育提醒函询和诫勉。

事中监督，强调的是在进行国企干部的管理和使用时候与监督相结合，这样可以保证即使出现了监督漏洞也可以迅速地做出反应。在事中监督过程中，党政职能监督，公司治理监督和社会途径监督三者共同发挥监督作用，国企党委（党组）在选拔任用的临界点和考核国企干部的过程中紧盯对标制度与标准，如《国有企业领导人员廉洁从业若干规定》；公司治理结构中按照公司法规定，股东会、董事会和监事会要发挥好国企高管的监督任用，其中监事会履行好对董事会的监督。

事后监督强调党内法规和法律的作用，依法依规对于发现的人事问题及时进行跟进处理，按照相应的流程和安排，国企纪委监委或者上级纪委监委介入调查和审查，对于出现职能监督漏洞的党委、组织部门和公司治理结构中的董事会、监事会情况，既要处理相关人员，又要及时查找漏洞进行完善。

（三）自上而下与自下而上互织的监督模式

党组织内嵌入国企公司治理体系，构建中国特色的现代企业制度是现时代的国企改革的重要目标之一。在公司制框架下的混合所有制是国企改革的方向，依托于制度化的要件和交错的监督运行机制，国企人事被严格控制在网络交错的监督之中。例如，就国企人事监督干部选拔任用，建立健全干部选拔任用工作组织监督、民主监督机制，把专项检查与日常监督结合起来，将监督检查贯穿干部选拔任用工作全过程。

自上而下的组织监督。由党内职能监督，在国企内部自国企高层向基层进行人事监督的拓展，因为党组织任命以及自上而下的管理模式，决定着自上而下的监督是最有效力的监督模式。自上而下的动态监督。动态监督主要是以巡视监督、专项监督等为表现形式，其优势在于借由外部的监督力量，能够全面透视，公正监督，因为动态监督往往能够发现国企在人事方面更为深层次的，内部无法撼动的利益关系，这个依靠外部的动态监督往往发挥出监督应有的力量。与之相对应的就是静态监督，主要是依靠本组织与机构的日常监督，制度化和常规化的静态监督能够对国企领导干部的日常行为形成一定的监控。

社会途径的监督是自下而上监督的重要监督方式。其不仅可以对主要的国企人事内容进行监督，更为重要的是对党内职能监督和公司治理监督进行再监督，保证党对国企人事监督执行和公司治理结构对人事监督执行。社会监督在对国企人事监督中发挥了很大的作用，从一定程度而言，社会监督与巡视监督形成的监督合力对于国企人事监督的威慑力更大，因为对于选人用人方面的一些问题的反馈就是来自于相关利益国企和社会群众的来信来电举报。

## 五、结语

早在2016年10月，习近平总书记就在全国国有企业党的建设工作会议上指出：国有企业是我们党执政兴国的重要支柱和依靠力量，“坚持党的领导、加强党的建设，是我国国有企业的光荣传统，是国有企业的‘根’和‘魂’。要坚持党管干部原则，保证党对干部人事工作的领导权和对重要干部的管理权”。对于国企人事监督必须坚持党的领导，立体化监督的实践与运用是进一步深化国企人事监督的举措，对国企的政治和经济属性中的监督力量及其运用进行了理论和实践的分析。随着部分地方国企在实际人事监督中加强国企纪委监委进入监事会的改革，立体化监督将会在探索中国特色社会主义国企发展模式和监督模式的过程中发挥重要的作用，进一步保障国企的做大做强，助力国企实现高质量发展。

## 参考文献

[1] 张文魁．国资监管体制改革策略选择：由混合所有制的介入观察

[J]. 改革，2017 (1)：110.

[2] 李莉 . 双重逻辑视野下的国企高管廉洁治理研究：基于 170 个案例的分析 [J]. 复旦政治学评论，2017：69.

[3] 孙萍 . 中国共产党党政领导干部选拔任用理论与实践研究 [D]. 武汉：武汉大学，2012 (11)：2.

[4] 荆海军，申泓彦 . 试论人事管理工作中的监督形式 [J]. 科学管理研究，2000 (12)：68.

[5] 张维佳 . 基于“党管干部原则”的国有企业——企业家精神培育路径构建 [J]. 理论探讨，2017 (3)：102.

[6] 刘智峰 . 国有企业腐败问题的复杂性及解决之道 [J]. 北京行政学院学报，2013 (1)：48.

[7] 易振龙 . 改革开放初期干部选拔制度改革研究 [D]. 武汉：武汉大学，2016：165.

[8] 祁凡骅 . 改革开放 40 年我国干部人事制度变革逻辑 [J]. 中国人民大学学报，2018 (6)：19.

[9] 中央纪委国家监委网站 . 中央巡视工作专题 [EB/OL]. http：//www. ccdi. gov. cn/special/zyxszt/index. html，2019-07-03.

[10] 薛有志，马程程 . 国有企业监督制度的“困境”摆脱与创新 [J]. 改革，2018 (3)：109.

[11] 陈自立 . 新时代国企选人用人全过程无缝隙监督内容和机制 [J]. 安徽行政学院学报，2019 (2)：29.

[12] 石亚军，卜令全，陈自立 . 国家监察体制：全域立体监察模式的构建 [J]. 中国行政管理，2017 (10)：7.

[13] 新华社 . 央企公司制改革全面完成 [EB/OL]. http：//www. sasac. gov. cn/n2588025/n2588139/c10833040/content. html，2019-07-28.

[14] 徐向艺 . 有效治理视角下国有企业制度创新与改革路径探索 [J]. 中州学刊，2015 (5)：34.

# 建设一体化流动人员档案管理系统[①]

钟国华[②]

**摘　要：**各地人才中心流动人员档案的管理存在一定的相似性，这就为实现档案管理的标准化带来可能。使用档案管理软件进行档案管理，就是在此相似性的基础上实现档案管理业务流程最优化的过程。档案管理包含档案的接收、管理和转出等环节。档案管理的信息化建设，应该遵循几个标准化原则，即业务流程标准化、代码体系标准化、软件模块标准化、接口标准化。

**关键词：**档案管理　档案扫描　分布式存储　市区一体化

## 一、引言

党的十九大以来，以习近平同志为核心的党中央弘扬改革创新精神，全面深化改革，承前启后、接续奋进，改革大业迈入新阶段。在人社行业，各地也相继遵循这一精神的指引，为信息化建设注入新的活力。

为流动人员服务的档案管理，经过近二十多年的服务积淀，业务流程相对成熟，稍具规模的各地人才服务机构，都打造了自己的信息化系统，来为人才提供服务。然而，由于地区的差别，档案服务管理系统规

① 该篇论文获得“2019 年全国人才与人事研究主题征文活动”三等奖。

② 钟国华，江苏省南京市人才服务中心信息部副部长。

模也千差万别，涵盖的业务内容也不尽相同。

客观上，目前的档案管理系统，都是各地自行研发，很多人才服务机构，数据尚未实现集中管理，业务还无法实现远程办理，为人才提供高效服务还存在不小的技术瓶颈。因此，本文作者基于对各地人才服务机构的深入了解，和对档案管理信息化建设的长期介入，通过使用一些前沿的信息化技术，提出了全国联网的一体化档案管理系统的建设。通过这一系统，不仅可以实现软件、数据的分布、集中管理，更可以开创业务的“一点存档，各地办理”的先进的业务模式，从而全面弘扬党中央弘扬改革创新精神，更好地为人才、为各地经济建设服务。

## 二、建设内容

### （一）档案管理

档案管理包含档案的接收、管理和转出等环节。档案管理的信息化建设，应该遵循几个标准化原则，即业务流程标准化、代码体系标准化、软件模块标准化、接口标准化。

**1. 业务流程标准化**

各地人才中心流动人员档案的管理存在一定的相似性，这就为实现档案管理的标准化带来可能。使用档案管理软件进行档案管理，就是在此相似性的基础上实现档案管理业务流程最优化的过程。结合了各地人才中心的先进经验，软件为档案在进、管、出三个层面上的三十多项具体业务规定了标准的、最优化的处理模式，是在档案管理软件的辅助下，操作人员在一周时间内即可基本掌握档案管理的业务流程和方法。

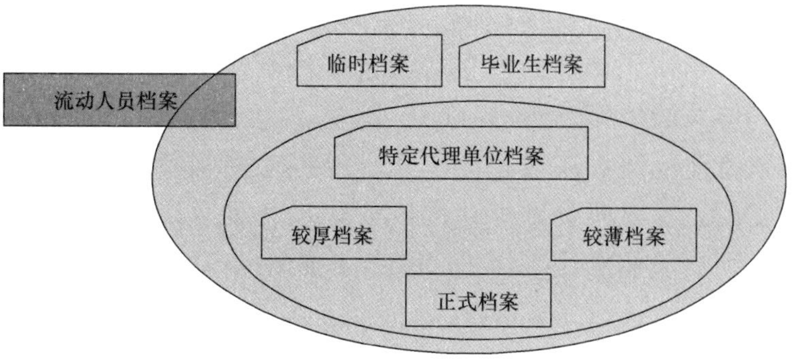


**图 1　流动人员档案组成**

在档案接收流程上，档案管理软件为各种档案接收提供了智能化的解决方案。系统接收档案后将自动为其分配档案号，并伴随着入库操作，根据档案厚薄程度、所属代理单位以及档案的类别为其分配档案存放物理位置，直至正式入库。

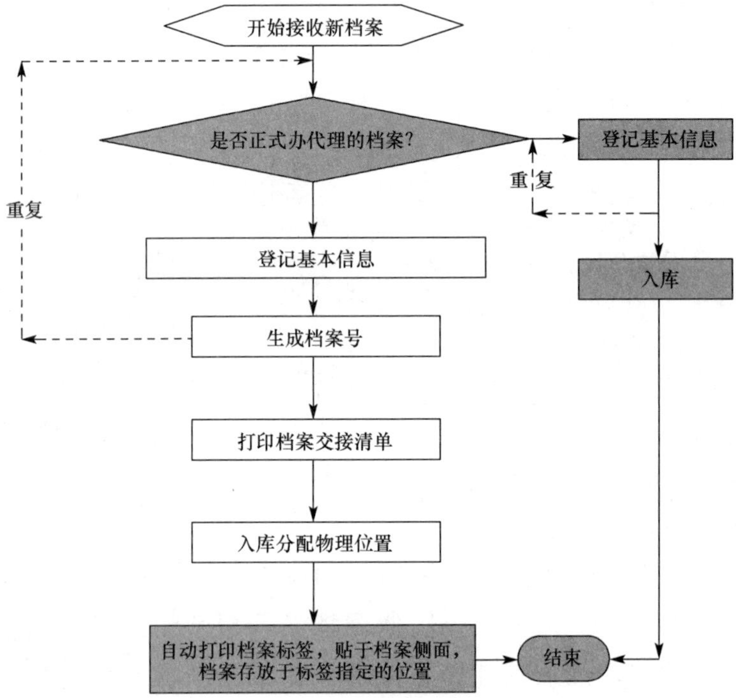


图 2　档案接收流程

规范的档案接收、入库流程，确保了档案的安全，并可节省 30%的档案库房存放空间。

2. **代码体系标准化**

档案管理软件中所有的代码，均严格按照人社部代码体系执行。并已经充分考虑到代码体系的变更等不确定因素，即软件可以自动的实现新、旧代码体系的快速转换。

例如，专业代码和院校代码，几乎年年在变，各地人才中心为了统计报表的需要总是要迎合国标代码的变化，其难度确实不小。因此档案管理软件必须具备标准代码体系和新旧代码的自动对照、转换功能，通过这一功能，可以迅速完成这种代码变迁。

3. **软件模块标准化**

随地域的不同、经济总量的差异，以及人才中心所在城市规模的大小不同，各地人才中心将会对档案管理软件存在不同的技术和模块要求。档案管理软件应该是一个涵盖所有级别人才中心的大而全的软件。软件所包含的代理单位管理、库房管理、保险管理等模块可以采用“一个基础平台、多个功能版本”的方式，可以进行任意组合。

特别是针对近几年各地涌现出的分中心、档案分库等新的管理模式，档案管理软件也应该做到“业务跨域协同办理、数据集中管理、档案属地管理”等功能。

**4. 接口标准化**

接口的标准化有助于业务软件的快速延伸。可以将常用的服务接口，如档案查询、户籍查询等业务模块，按数据总线的模式做好接口，便于直接调取。

在一体化的档案系统中，这样的接口也便于各分中心调用，可以提高软件本身的效率。

（二）影像扫描

档案影像系统，是通过扫描仪、高拍仪等图像采集设备，将纸质档案的图像采集到计算机软件中，并提供接口，允许不同的人员进行查询、查看。通常，系统可以分为几个模块：档案目录、图像批量采集、图像上传、图像显示、图像纠错和图像同步等模块。

包含影像系统在内的所有的软件设计，需要注意几个方面的有机统一：即标准化和开放性、先进性和实用性、可靠性和安全性、可扩展性和可维护性。

**1. 标准化和开放性**

系统总体方案设计在网络平台、影像格式、存储介质和记录格式、数据加密几方面遵循标准和开放的原则，具有灵活的和可扩展的应用系统平台。所处理的信息资源的种类涉及文字、图片、报表等多种形式，信息的承载形式包括关系型数据库、文件系统以及传统的纸质资料。

**2. 先进性和实用性**

多种录入方式并存，传统扫描、高清扫描、高拍仪、移动设备高清拍摄等；使用优秀的图像压缩技术、图像处理技术、条码技术、OCR/MD5识别技术、优秀的加密算法技术、储存技术等一系列技术手段确保影像档案系统的先进性和实用性；同时系统采用成熟的客户机/服务器和浏览器/中间件/服务器体系结构；系统设计不仅体现当前技术和管理的发展方向，也充分考虑实用性原则。

**3. 可靠性和安全性**

系统的硬件平台，软件平台都选用业界领先的产品，保证了系统的可靠性；数据存放在有多块硬盘组成的磁盘阵列中，保存安全可靠，并采用光盘可以进行备份存储，更增强了系统数据的可靠性；采用冗余备份的机制，即使系统崩溃也不会丢失业务数据。系统采用条码技术、图像过滤技术、加密技术、影像防篡改技术等多种技术手段，确保影像档案数据的真实性，以及纸质档案的一致性。

**4. 可扩展性和可维护性**

系统在设计时应充分考虑业务扩展，可方便进行扩展功能的添加；系统采用了通用的数据库，能方便地拓展凭证影像与其他业务有关的处理能力；提供了标准的电子影像数据结构，可由用户根据自己的特殊需求进行后续开发，如电话、传真等客户自助查询功能；硬件、软件均采用标准化构架与配置，稳定可靠，易于维护，可随着业务的发展，随时增加录入设备和扩展存储容量。

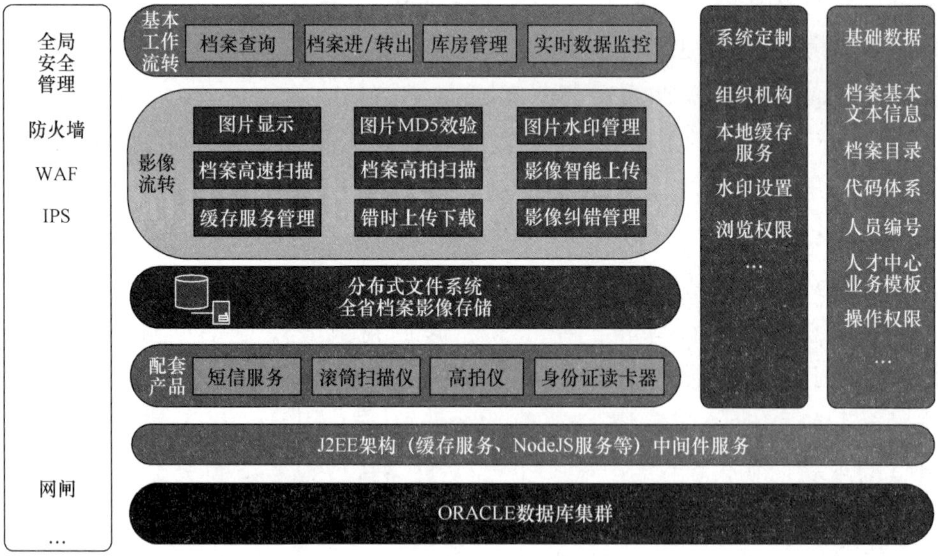


**图3　软件总体架构图**

（三）系统设计思路

通过使用扫描仪等设备对纸质档案进行图像采集的过程。在实际应用中，可以分两个环节：批量扫描和个例扫描。批量扫描是指大批量地进行扫描工作，通常需要使用滚筒式专业扫描仪，以及借助外来的人力进行协作；而个例扫描是指在实际工作中，由于新增了一份档案，或者档案中有个别页面需要更新和补充而进行的扫描工作，个例扫描通常采用高拍仪等设备完成，再使用 PS 等图片处理软件，将档案影像按目录存放在本地硬盘。其业务流程大致如图 4 所示。

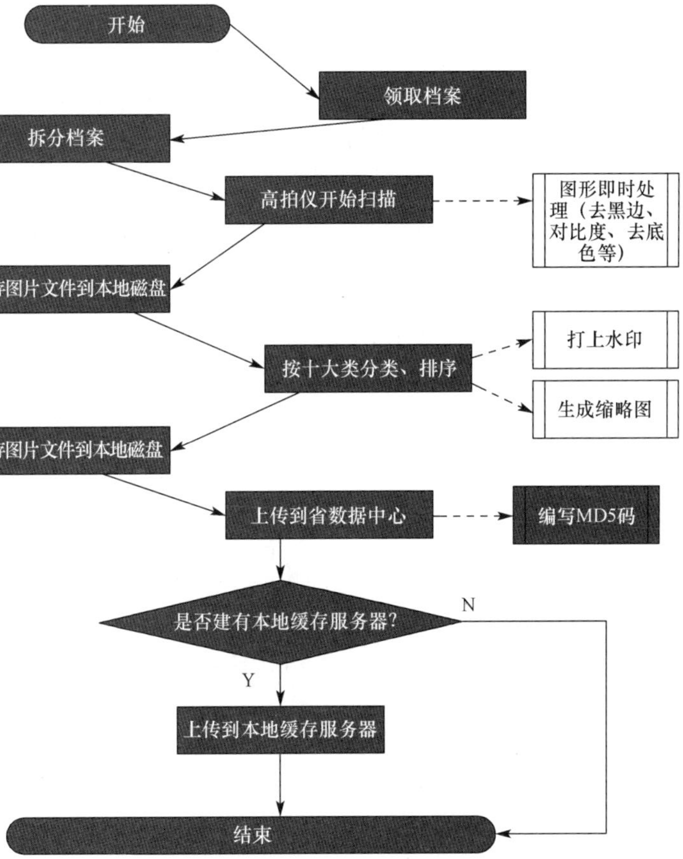


**图 4　流动人员人事档案影像采集**

使用扫描仪扫描档案时，需要注意的一点就是，要确保扫描后的档案顺序不发生混乱，应尽可能自动完成。在实际操作中，可以采用两种方式解决：一是使用档案号作为文件夹的名称，进行分类存放。二是根据档案的物理位置进行自动归类。

新增加的档案将使用高拍仪开发的系统自主上传，当然，如果愿意，也可以使用扫描仪扫描上传。系统可以自动根据档案号，显示出这份档案的相关信息。然后，按照档案的类别，进行档案影像的采集，采集的影像将自动进行图形优化，并支持任意排序，支持末尾添加影像、支持中间插入影像等操作。

完成一份档案的影像采集后，可以一次性上传一份档案所有的影像，也可以不用高拍仪，而是选择一个图片目录（一份档案），调入系统进行编辑、排序后上传。

档案的影像采集到以后，需要进行图像的上传。上传之前，需要将本地的档案影像文件按档案号进行归类存放。

开发本地的 FTP 自定义软件，将文件高速上传到人才档案影像服务器。需要注意的是，上传文件应该有时间表，即为了防止所有中心都在上传，可以为每个中心设置了上传的时间表，非本中心的时间不能上传。上传工作也可设置为夜间自动模式。

需要指出的是，地级市中心（档案数一般在 8 万份以上）在上传到市中心时，将在本地缓存服务器同时上传一份拷贝。但县级市及以下的中心（档案数一般 2 万～3 万份），只将影像上传到市中心。

根据档案号从影像文件系统中提取相关的图像进行显示。根据架构和数据的更新情况，图像的显示可以从本地缓存提取数据，也可以远程从市人才数据中心提取。

图像的显示分为缩略图显示和原图显示。原图在显示的时候，需要注意使用水印等防拷贝措施。

为避免图片加载时的带宽冲突，可以在本地甚至本机建立自动化管理的缓存机制。

## 三、技术运用

### （一）云计算

云计算（Cloud Computing）是分布式计算的一种，指的是通过网络“云”将巨大的数据计算处理程序分解成无数个小程序，然后，通过多部服务器组成的系统进行处理和分析这些小程序得到结果并返回给用户。云计算又称为网格计算。通过这项技术，可以在很短的时间内完成对数以万计的数据的处理，从而达到强大的网络服务。

无数案例说明，要实现一体化、甚至是全国一体化的档案管理，仅依靠一两台服务器很难做到高效和服务无中断，必须依靠云计算才能实现这一重任。

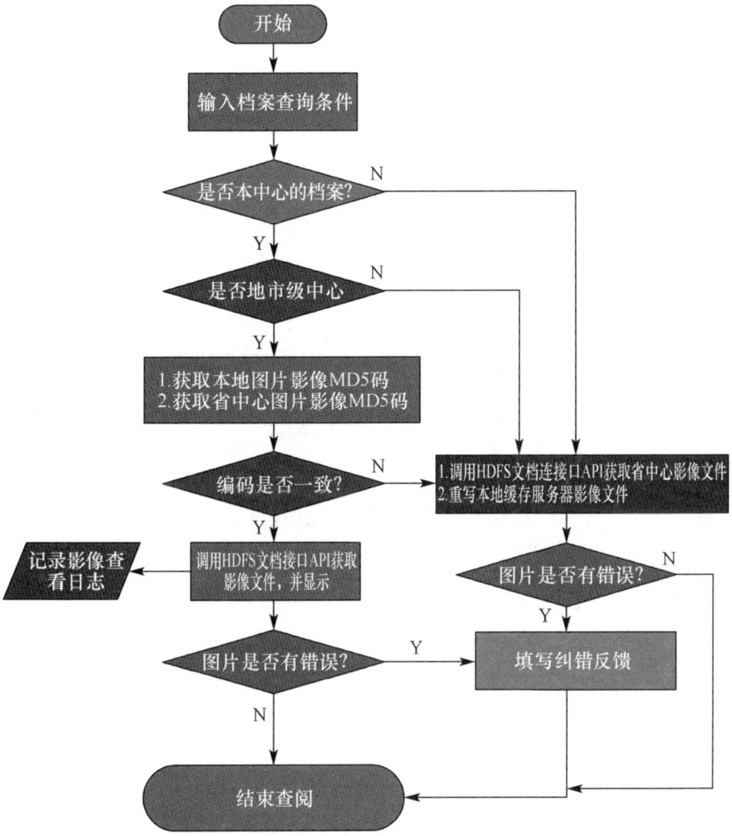


图5　档案影像显示流程

（二）人脸识别

我们可以在服务大厅安装人脸识别系统，一旦有人员进入服务大厅，系统自动检索该人员的档案等信息，甚至可自动为其取号。如果通过检索发现该人员的档案不在本中心（在异地），也可为其取不同柜台的号，预先办理。

（三）分布式存储

分布式存储系统，是将数据分散存储在多台独立的设备上。传统的网络存储系统采用集中的存储服务器存放所有数据，存储服务器成为系统性能的瓶颈，也是可靠性和安全性的焦点，不能满足大规模存储应用的需要。

在档案管理系统中，分布式网络存储系统采用可扩展的系统结构，利用多台存储服务器分担存储负荷，特别是存储了大量的影像文件，利用位置服务器定位存储信息，它不但提高了系统的可靠性、可用性和存取效率，还易于扩展。

（四）服务手段的延伸

柜台服务，是传统的档案服务模式，近年来，随着互联网、手机网络的发展，传统的业务办理模式有需要随之发生变化。

通过电脑和浏览器，或者手机 App/微信，办理足不出户，即可远程办理几乎所有的档案业务。

（五）现有系统的接入

技术上，一体化的档案系统，必须实现各地现有老系统的接入。可以采用接口和提供服务的模式。在提供服务的模式下，需要使用档案系统的地市人才服务机构，无须建立自己的机房，无须建设自己的软件系统，直接在一体化系统上申请账户就可以非常迅速地进行档案服务。

## 四、结语

一体化档案管理系统的建设，关系到每一位流动人员的亲身感受。通过一些前沿的技术手段，和一些相对超前的业务理念，本文阐述了一套相对高效的档案管理信息化系统，真正的目的，也是让数据多跑路，让人才少跑腿。通过服务人才，为我国的经济建设做好服务。

## 参考文献

［1］任新社，陈静远．基于分布式思维的云计算数据挖掘平台设计［J］．软件导刊，2017（5）．

［2］王健勇．浅析计算机“云计算”技术现状及发展［J］．信息系统工程，2013（4）．

［3］郭达永，杨楠，贾耀文．计算机云计算及其实现技术分析［J］．电子技术与软件工程，2015（23）．

# 人事档案信息保护和利用的法治化建设①

俞　岚②

**摘　要：**我国自1988年施行《中华人民共和国档案法》至今已三十余年，其后又陆续出台一系列重要法规和政策文件，对促进人才流动、推动档案管理现代化具有重要意义。我国近年来不断加强和改进人事档案管理服务工作，在如何更好地保护和利用档案信息，切实保障个人权利方面做出了很多努力。随着我国社会经济的不断发展，国家和个人对档案管理工作也提出了更高的要求。现有的档案管理法规体系基本是着眼于通过改善政府档案管理机构权力运作来提高人才流动和档案流转的效率，在人事档案信息保护和利用方面，基本以宏观的指导意见来体现，操作性不强。从全国性立法的高度专门对人事档案管理及个人信息保护和利用进行规范，在“以人为本”的基础上，兼顾公权强制性和私权合理性，既做好档案利用服务，又确保档案信息安全，是国家法治化建设的需要，对实现人才事业高质量发展具有重要意义。

本文通过对学术文献、政策法规的理解，并结合笔者工作实践，对人事档案信息保护和利用进行了深入的研究分析，从健全法律制度、加强教育培训和提升执法监督三个方面提出了今后的努力方向及改进措施，

① 该篇论文获得“2019年全国人才与人事研究主题征文活动”三等奖。

② 俞岚，工作于南京市人才服务中心，主任科员，高级经济师、工程师。

希望对进一步完善人事档案法律法规产生积极的作用，以更好地发挥档案服务于人才、服务于社会的积极作用。

**关键词：** 人事档案　信息保护　利用　法治化　建设

## 一、法制在人事档案信息保护和利用中的重要意义

人才是一种特殊的社会资源，其流动和使用过程不仅仅有个人对于实现自身价值的渴望，更有经济社会高质量发展的需要。习近平总书记在党的十九大报告中明确指出：“人才是实现民族振兴、赢得国际竞争主动的战略资源。要坚持党管人才原则，聚天下英才而用之”。因此，发掘人才、用好人才至关重要。

人事档案是在人事管理活动中形成的，记述和反映人员学习和工作经历、德能勤绩表现，是综合反映公民政治面貌和参与社会活动、成长经历的历史记录，是国家档案的重要组成部分，能够为国家开发和使用人才，并制定人才计划提供准确的信息，也是个人事业发展、充分享受社会保障等的重要影响因素，更是维护自身合法权益的重要依据。

人事档案管理是人才工作中的一项基础性工作，也是一项政策性很强的工作，涉及每一个人的切身利益。当前我国各地区档案管理机构对政策的把握和执行力度各有不同，人事档案管理水平参差不齐，档案管理机构的专业知识水平、法制观念和个人的档案意识都有待加强。在现实工作中，我们经常会遇到学习或工作材料部分缺失、材料缺少签章、档案传递不规范等情况，对档案所有人的工作和生活造成极大困扰，不但侵害了其个人权利，更严重影响了档案的严肃性和对外公信力，不符合建设现代化法治国家的要求。

因此，用法制手段和法制思维规范档案管理，提升档案管理水平、维护人事档案个人信息安全，对于严肃人事档案管理工作、提升人事档案的社会公信力、保障人才有序流动、促进经济稳定有序发展具有重要意义，也是新形势下贯彻落实习近平总书记依法治国理念、使人事档案管理走上法制化轨道的迫切要求。

## 二、我国的人事档案信息保护与利用的现状

### （一）我国的人事档案法律法规体系

《中华人民共和国档案法》（以下简称《档案法》）是我国在人事档

案法制管理方面的基本依据。该法于1988年施行，至今已有三十余年，并于1996年、2016年进行了二次修订，对促进我国档案工作法制化、规范化，提高公民档案意识有巨大的贡献。以《档案法》为基础，针对干部、企业职工、流动人员三类主体先后分别颁布实施了《干部档案工作条例》(1980年印发，1991年第一次修订，2018年第二次修订)、《企业职工档案管理规定》(1992年印发)、《流动人员人事档案管理暂行规定》(1996年印发）三部规定，其中《干部档案工作条例》为核心，分别在档案内容、收集、整理、保管、利用等方面进行了规范，其他两部规定都是在其基础上制定的。其后，中共中央组织部、人事部等部门分别印发了《干部档案整理工作细则》(1991年印发)、《干部人事档案材料收集归档规定》(1996年印发，2009年修订)，对干部人事档案的归口管理、工作内容、材料收集、装订整理等方面进一步细化。针对档案管理工作中出现的各类违法违纪行为，国家档案局分别于2000年和2013年专门出台《档案行政处罚程序暂行规定》和《档案管理违法违纪行为处分规定》两部规定。各级政府在此基础上，先后制定出符合地方实际情况的档案管理制度。

近年来，国家和各级政府高度重视公共服务体系的建设，并将其作为服务型政府建设的重要内容。《国家中长期人才发展规划纲要（2010—2020年)》尤其指出，要“加快建立社会化的人才档案公共管理服务系统”，要完善政府人才公共服务体系，建立全国一体化的服务网络。健全人事代理、社会保险代理、人事档案管理、就业服务等公共服务平台，加强对人才公共服务产品的标准化管理。《人力资源和社会保障部关于进一步加强公共就业服务体系建设的指导意见》《人力资源和社会保障部关于加快推进人力资源市场整合的意见》的相继出台，又进一步促使人事档案管理部门改进权力运作、简化办事流程以提高人才流动和档案流转效率。

为了更好地服务于人才，为人才有序流动做好保障，人力资源和社会保障部于2014—2016年间先后出台《关于进一步加强流动人员人事档案管理服务工作的通知》(以下简称90号文)、《关于加强和改进人力资源社会保障领域公共服务的意见》(以下简称44号文)、《关于简化优化流动人员人事档案管理服务的通知》(以下简称75号文）三份文件，重点对各地多年来在人事档案管理工作中反映出来的突出问题和矛盾进行了规范。

（二）我国法律制度对个人档案信息的保护和利用的现状

随着我国改革开放的不断深入，干部人事制度在不断调整，“干部”身份逐渐淡化，管人用人机制随着社会经济的发展也在不断变化，地方各级公共就业和人事部门在实际工作中遇到了许多新情况、新问题，实体经济组织形式更加多样、人才流动更加频繁、管人用人机制更加灵活、学习和工作材料的种类更加丰富、人才对用人单位的要求也更高。

现有的档案法律法规中，《档案法》涵盖面广，对人事档案这个特殊类别只具有宏观的指导性，不具有针对性，而其他法规基本上都是针对“干部”这个特定群体，具有明显的时代烙印。近年来用于规范人事档管理工作的“通知”或“意见”缺乏法律强制力，各地贯彻执行程度不一。此外，长期以来在旧的管理模式下，我国公民与人事档案基本上是隔离的，现有的人事档案管理法律法规中强调了对人事档案的管理，对档案管理机构及工作人员的权力有明确而细化的规定，而在保障档案所有者的知情权、隐私权、监督权及权力救济上没有实质性的条文和标准，更多地是强调档案管理机构工作人员的权力和档案所有者的义务；相对应的，在档案管理机构工作人员的义务和档案所有者的隐私权、知情权、监督权等个人权利及救济方面缺乏实质性条款，权利和义务不对等的现象在一定范围内存在。

因此，现有的人事档案法律法规在一定程度上已不能完全跟上时代发展的步伐。

## 三、人事档案个人信息保护和利用的法治化建设

（一）健全人事档案中个人信息保护和利用的法律制度

人事档案管理的落脚点在人，应当将“以人为本”作为管理的出发点，将公权力的使用限制在一定范围内，尊重和保障人权。《中共中央关于全面推进依法治国若干重大问题的决定》中强调指出：加强重点领域立法，依法保障公民权利，加快完善体现权利公平、机会公平、规则公平的法律制度……实现公民权利保障的法治化。2016 年 4 月国家档案局向各级档案部门下发了《全国档案事业发展“十三五”规划纲要》，提出在新时期全面推进档案法治化建设、科学规划和推进档案法规体系的建设、强化档案行政执法和监督、强化全社会的档案法治意识，深化和拓展档案利用服务等各项工作要求。

人事档案在存放、流转和利用过程中，会涉及公民隐私权、知情权、监督权等各项人权，如何对档案信息进行保护和利用，做到既强化档案管理者的权力，体现档案法律法规的强制性，又体现政府“以人为本”的管理理念；既体现私权合法性，又保障公权的合理性；既保证公民知情权的实现，又注意对公民隐私权的保护；既做好档案利用服务，又确保档案信息安全，是对档案立法者的考验。

**1. 制定专门的人事档案管理法律**

已实施的《档案法》虽然经过两次修订，内容不断完善，但内容仍然过于笼统，强调的是宏观管理，提出的是原则性要求，缺乏操作性。人事档案作为档案的一种特殊类型，在《档案法》中没有针对性的条文对应，无法为人事档案管理提供足够的法律依据。我国在刑法、民法、劳动法等法律中均有涉及人事档案管理的条文，但散落在这些法中的零星规定远不能弥补人事档案管理专门法律的缺失。改革开放 40 余年来，政治和经济体制已发生了巨大变化，各层次人才流动频繁，人们的生活轨迹中工作、学习互相交叉，现有的人事档案管理法律法规中公务员档案、学生档案、企业员工档案和流动人员档案除了管理部门有所不同，在管理方式、材料收集整理、档案传递、责任承担等方面并无本质区别，应当体现在一部人事档案管理法律中。单独立法并不是要将人事档案脱离档案法的规制范畴，而是以《档案法》为依据，尊重档案基本大法的地位；也不是对不同类型的人事档案管理实行一种管理模式，而是在档案法所制定的大原则下针对不同类型的群体制定管理方案，便于操作。

**2. 保护个人隐私权和实现知情权的协调平衡**

隐私权和知情权同为个人权利，具有对立统一性：统一性在于两者都体现了对公民人格权的尊重；对立性在于公民一方面希望保护自己的隐私，而另一方面又要求了解自己应该知道的一切，甚至是与自身有关联的他人隐私。在现代法治社会，政府应当提高公民对于隐私权和知情权关系的认识：一方面，个人隐私原则上受法律保护，但如果涉及政治利益及公共安全，则需要加以限制。另一方面，个人知情权的保障要优先考虑公共安全利益。政府必须限定一般民众对重大安全领域的知情权以保障国家利益和公共安全，同时对社会保障领域的信息给予公民相对充分的知情权。

按照法律权利设定的协调性原则，当公众知情权和个人隐私权发生冲突的时候，在排除和社会公共利益相关的情况下，法律对个人隐私是放置优先地位的。人事档案涉及大量个人隐私，同时又是国家人力资源和社会保障工作的基础数据库，政府应当在尊重个人隐私的前提下，用法律界定和保护个人知情权。例如，在人事档案管理法律条文中，应当在以下几个方面予以明确：（1）除公检法之外的任何单位和组织调阅他人档案都需得到档案所有人的书面同意，并对查阅的具体内容予以登记。（2）明确在档案信息被查阅、调用、变化或出现错误时，档案所有人应当知晓同意，并拥有补充、修改或删除的权利。（3）涉及国家安全和公共利益的特殊人才的档案须经过特殊审批环节才能予以查阅。（4）明确出于公共利益和社会发展需要而调用个人信息的范围……总体上就是要在保证国家安全和社会公共利益的基础上，打破人事档案管理的封闭性，通过立法和加快档案信息化建设让公民有效参与到个人信息的形成、收集、存储和利用等各环节中，充分保证信息主体的地位，从制度上有效预防侵权行为的发生。

3. 加强政务公开是保障知情权和监督权的基础

知情权首先包括知政权和社会知情权。公民只有了解政府活动情况、政府官员执政执法情况和社会发展的变化情况，才能进行正确地判断和有效地监督。在 2008 年 5 月 1 日实施的《中华人民共和国政府信息公开条例》中，对政府信息公开的职责、范围、内容、方式、程序等一一明确。2011 年 8 月，中共中央办公厅、国务院办公厅印发《关于深化政务公开加强政务服务的意见》，明确要求政府的政务活动通过政府公报、政府网站、新闻发布会和报刊、广播、电视等方便公众知晓的方式进行全面公开；通过主动公开岗位职责、服务承诺、收费项目清单、办理事项清单、工作服务规范、办事纪律、监督渠道等内容接受群众的监督。44 号、75 号文件中也明确指出：切实保障群众的知情权、参与权和监督权。近两年来，各地加大政府网站和公共服务平台的建设力度，统一标准、统一内容。本市人才服务中心通过人社局官网、微信公众平台和微博公布各项政务信息，推送实时新闻动态，进行答疑解惑，并通过 12345 平台接受群众咨询、建议和投诉，受到了办事群众的认可。

在我国，除国有企业外，人事档案一直作为特殊的保密文件由政府机构进行管理，流动人员档案管理相关规定也是在干部档案管理规定的基础上制定的，其保密性相比其他领域的政府事项更甚。因此，人事档案管理机构的政务公开范围仅限于办理流程、办理时限、服务内容、机构职责等，没有真正涉及档案管理中的实质环节。人事档案涉及一个人的多方利益，处理不好极易引发矛盾，因此，政务公开的范围和内容应当更加细致务实。例如，在毕业生档案接收高峰期，档案管理机构可以对档案来源地、院校名称、转入登记入库的信息进行适度公开，以有效化解档案所有人不必要的焦虑，从而增进群众对档案管理工作的理解。

在加快推进法治政府和服务型政府建设的今天，实行政府政务信息公开是实现公民知情权、监督权的基础，必须要由立法来保障其有效实施，才能切实维护档案所有人的知情权，更好地接受监督。

**4. 促进社会监督的有效实现**

监督权的有效行使不能脱离政府的规制，政府在不限制公民监督自由的前提下，通过立法加强政务公开、完善个人知情权、保障个人隐私权，并将社会监督和权力机关监督相结合，通过制定有序合理的监督机制，使公民监督权的行使和监督结果反馈做到有序而高效，以激发公民的监督积极性，保障公民监督权的实现。有效监督对救济权行使的最大的贡献在于不再是消极的事后救济，而更强调积极的事前救济，即：预计到错误极有可能发生或刚刚发生但还没有造成严重后果时就采取有效措施及时止损。

为了使社会监督权实现更加规范和有效，一是要深入推行细致务实的政务公开。档案所有人对个人信息的变化和利用情况越了解，就越能够杜绝错误和腐败的出现。二是要保障和规范社会监督。在加强正面宣传教育的同时，更要敢于对存在的问题进行批评和揭露。三是发挥好12345热线、各类信箱、信访接待制度，加大宣传力度，简化流程，明确责任主体，提高解决问题的效率。四是要注重增进档案管理机构与民众的沟通。人事档案一直以来都是以神秘面貌展现，对人事档案的概念不了解、对档案管理机构的工作内容不了解、对档案材料的产生、收集、流转过程不了解，都为将来矛盾和误会的产生埋下了伏笔，彼此增进了解，就能使民众对政府机构的工作多一份理解。

**5. 推动权力救济落在实处**

在工作实践中因人事档案纠纷诉诸法律的情况并不多，原因有三点：一是因为我国人权事业发展较迟，公民对隐私权、知情权、监督权等个人权力的认识不深，在人事档案方面依法维权和自我保护意识不强，对该领域的政策法规不熟悉，对于个人信息权利被侵害的认识不到位，在侵害发生时往往有自认倒霉的想法。二是人事档案基本都是由政府部门在管理，公民出于对公权力的敬畏往往不了了之。三是人事档案管理法律法规条文对管理机构权利和个人权利的篇幅严重不成比例，对个人权利被侵害后的救济只是原则性的表述为行政处分、民事赔偿、刑法制裁，详细表述不足，不利于公民对侵权行为的鉴别，更不便于侵害发生后的具体处理。

我国对隐私权的保护在不断加强，在 1993 年 8 月 7 日公布的《关于审理名誉权案件若干问题的解答》中，第七条第三款明确规定：对于未经他人同意，擅自公布他人隐私材料，或以书面、口头形式宣扬他人隐私以致他人名誉受到损害的，应当认定为侵害他人名誉权。这一规定是隐私权保护的最重要的法律依据。[①] 在 2001 年的司法解释中，最高人民法院已将隐私权作为独立于名誉权的事项，规定了侵害隐私权的构成要件和精神损害赔偿责任。[②] 虽然在上述的司法解释中提出了侵犯隐私权的概念和精神损害赔偿，但始终是针对姓名权、肖像权、名誉权、荣誉权等人格权，这种保护有一定的局限性。

实际生活中，人事档案所记载的内容关系到当事人现在及将来一段时间内的工作、学习和生活。当产生侵权行为时，比一般的侵权形式更为隐蔽，绝大多数情况下不一定立即产生严重后果，或者同样的侵权行为可以产生程度不一的后果，有的影响面更广，影响时间更长，对当事人的精神造成极大的伤害。对于这类侵权行为需要法律给出明确规定。

因此，必须在人事档案立法中对档案信息侵权行为、救济途径和救济方式给予明确，以提升公民人权意识，使权力救济落在实处。

（二）重视加强宣传教育培训

当前，档案所有人和工作单位对人事档案的重视程度不一。从单位来说，主要分为三类情况：第一类，机关、国有企业的人事档案管理工作规范严谨，对各类档案资料的收集整理及时，人员离职后移交给档案管理机构的档案完整规范。第二类，民营企业、社会团体、外资企业的工作档案管理意识不强，由于这类非公有制企业的人员流动性比较大，人力资源部门的工作人员因离职而工作交接不到位，责任心欠缺，导致

---

① 李雅云．民法学［M］．北京：中共中央党校出版社，2009：297.

② 张晓玲．人权法学［M］．北京：中共中央党校出版社，2014：116.

员工工作材料缺件现象比较严重，极易引发纠纷的。第三类，一部分改制国企已经不具备档案保管权，但仍然擅自保管员工档案，导致员工工作变动需要转移档案时无法顺利进行。一部分合并或破产企业，员工档案有的移交上级主管局，有的移交其他部门，有的下属分公司或劳动服务公司的下岗职工移交劳动部门领取失业金时档案不见踪影，有的老员工无法顺利办理退休手续领取养老金。

从个人来说，越来越多的大学生自谋职业和自主创业，学校对毕业生普及档案知识的重视程度不同，使得毕业生对待档案的态度也不一样：有的完全按照规范流程处理好工作、户口与档案相关事务；有的毕业后关注于就业，档案遗留在学校多年，个人工作材料和后续学习材料也不注重收集，需要时则手忙脚乱；还有的是因为缺乏人事档案基本知识，误信网络和他人不实信息而错误处理个人档案。

上述情况的出现归结起来有几个原因：一是人事档案管理法律法规的社会宣传不到位。公民法律意识淡薄，缺乏自我管理档案的基本知识，始终认为档案的收集整理完全是组织和单位的事情，与自己毫无关系。其实有这样的想法也不奇怪，因为我们的档案管理长期以来一直是与个人相割裂的，根本没有给予公民自己参与管理并监督的机会。二是人事档案管理培训不到位。没有完善的培训机制，学习内容不成体系，在现有的人力资源培训体系中缺乏对新时代档案管理知识和政策的不断学习，各级档案保管机构对上级文件精神的理解有差别，各地区在执行过程中标准不一。三是无论是单位还是个人在思想上不重视人事档案的管理。根源在于我国的人事档案个人信息利用制度和信息化水平落后，没有发挥个人档案应有的价值，人事档案中的大量个人信息目前仅限于个人的被动使用，没有纳入社会信用体系，没有对地区或行业的人才规划利用和社会经济发展提供统计数据的支撑。

近年来，国家逐渐重视加强人事档案管理方面的学习交流，组织各省市开展政策文件的集中学习，逐渐统一了思想，统一了政策文件中焦点问题的办理口径，特别是 75 号文件的出台，解决了困扰各地多年的管理权限、转正定级、档案传递、材料收集等问题，受到了各地档案管理部门的欢迎。但是，由于缺乏统一的人事档案管理培训资料，各类培训内容基本还是离不开政策文件和办理流程的重复学习，无法从根本上提升档案管理人员的知识结构和管理水平，也使培训失去新意，无法激发培训者的学习热情。同时，高校学生档案管理者的业务素养急需提高，知识陈旧、管理方式偏差的情况普遍存在，使大部分毕业生在原本就缺乏自我管理档案意识的基础上不断产生新的问题。

因此，国家应当加强人事档案管理者的业务学习和职业道德教育，不论是机关事业单位，还是企业、高校，都应建立培训考核机制，不断更新知识结构和提升服务意识，并将档案管理的从业资格和职称作为档案管理人员的基本要求，以整体提升人事档案管理水平。

（三）提升执法监督的力度

在我国的人事档案管理体制中，各级行政机关和事业单位作为本级人事档案的管理者，同时也应当对下一级人事档案管理部门负有监督管理职能。当前，省、市、区各级人事档案机构之间的互动交流基本停留在文件传达执行和最基本的业务培训层面，执法监督和业务考核没有体现。另外，人事档案“多头管理”的现象在各地普遍存在，人才中心、社保中心、职业介绍所、留学人员服务中心、人力资源服务中心等各类机构针对在职人员、失业人员、退休人员、留学人员、外企人员等不同人群都在从事档案管理工作，甚至出现一人多份档案的现象，不但给上级执法监督带来很大的困难，档案所有者在出现被侵权而寻求救济时往往陷入“不知道找谁”和“不知道告谁”的窘境，极易出现各部门推诿扯皮现象。

国家档案局于2000年5月专门发布了《档案行政处罚程序暂行规定》，对规范档案行政处罚行为、保障和监督档案行政管理部门有效实施行政管理起到较强作用，但因为人事档案“多头管理”的现状和管理者重视程度不一，行政监督没有起到应有的约束作用。国家档案局于2013年3月又发布施行了《档案管理违法违纪行为处分规定》，明确指出其所称的档案是指国家所有的档案和不属于国家所有但保存在各级国家档案馆的档案，人事档案作为档案的一个特殊类别，如同《档案法》一样，仍然在该规定中没有出现针对性的条文，可操作性不强。

针对以上情况，人事档案主管部门应当做到：一是逐步建立人事档案统一管理的局面，彻底改变人事档案“多头管理”现状，从根本上杜绝一人多份档案的不正常现象，减少档案在各部门间无谓的流转和降低管理者的人力成本。二是进一步明确省、市、区各级档案管理机构的职权范围，明确监管职能。三是建立完善的执法监督制度，细化监督考核内容及标准，对发现的问题积极整改，并将执法监督情况向社会公示，接受社会监督。四是加强和提高人事档案管理部门的内部管理水平，加强风险防控意识，梳理人事档案借阅、审批、签字、流转各环节风险点，建立风险防控机制，用制度管人管事，并加强廉政教育，提升工作人员责任心。五是人力资源部门要进一步加强各类人力资源机构的审批和监管力度，不合法的坚决予以取缔，对正常经营的要严格规范和检查监督其业务行为，维护人才合法权益。六是提升执法监督人员业务素养。

## 四、结束语

人事档案是个人学习、工作和生活经历的记载，关系到每一个人的切身利益。社会的进步使人事档案管理工作变得日益复杂和细化，加强人事档案管理法治化建设，提升人事档案信息保护和利用水平，才能充分挖掘人事档案的利用价值和发挥社会保障数据资源优势，进一步发挥人事档案在人力资源优化配置中的积极作用，为国家选人用人和制定人才政策提供准确数据，并更好地促进我国法治化建设和人权事业发展。

## 参考文献

[1] 李雅云．民法学［M］．北京：中共中央党校出版社，2009.
[2] 张晓玲．人权法学［M］．北京：中共中央党校出版社，2014.

# 北京市专业技术资格考试优化改革的探索与实践[①]

盖　乾　刘斯佳　曹铮铮　等[②]

**摘　要：**随着北京市落实首都城市战略定位，产业结构发生了重大变化。为贯彻落实北京市《关于深化职称制度改革的实施意见》，配合我市产业变迁和从业人员变化，提高考试命题质量，北京市人事考试中心开展了专业技术资格考试优化改革工作，重点在专业调整和命审题优化管理两个方面进行了探索与实践。专业调整方面，对符合首都功能定位的新兴产业增设专业技术资格考试科目，包括新能源汽车、科学传播、数字编辑等专业，对产业外迁、从业人员锐减的原有专业予以合并缩减，包括纺织、林业工程、文博博物等专业，截至2019年7月，完成11个改革专业的调研论证、大纲编审和考试命题工作，考试试题质量可靠，得到业内和社会的广泛认可。在命审题优化管理方面，通过完善命题专家队伍管理、建立考试大纲动态更新机制、优化考试题型设置、加强命审题过程质量控制、推广电子化考试和应用命审题管理系统等方式，提升了考试的科学性、安全性和命题质量。今后将继续在专业调整、提高试卷质量和推广新技术应用等方面进行探索和实践，推动专业技术资格考

① 该篇论文获得“2019年全国人才与人事研究主题征文活动”三等奖。

② 盖乾，北京市人事考试中心副主任科员；刘斯佳，北京市人事考试中心公务员考试与人才测评科科长；曹铮铮，北京市人力资源和社会保障局事业单位人事管理处二级主任科员；张文江，北京市人事考试中心主任；刘晓梅，北京市人事考试中心主任科员。

试优化改革向纵深发展。

**关键词：**职称改革　专业技术资格考试　专业调整　命审题

## 一、北京市专业技术资格考试的发展历程

### （一）考试相关政策

根据原北京市人事局《关于工程技术等系列中、初级职称试行专业技术资格制度有关问题的通知》（京人发〔2005〕26号）、《关于北京市中、初级专业技术资格考试、评审工作有关问题的通知》（京人发〔2005〕34号）规定，从2005年起，北京市部分系列中、初级职称试行专业技术资格制度，开设专业技术资格考试。其中，图书资料、档案等系列中级专业技术资格考试的方式为以考代评，考试科目为“专业基础”和“专业实务”，参加考试人员在一个年度内通过全部科目，即可取得《北京市中级专业技术资格证书》；工程技术、农业技术、文物博物、新闻等系列中级专业技术资格考试的方式为考评结合，考试科目为“专业基础与实务”或指定的国家职业资格考试科目，通过后获得参加专业技术资格评审的资格。根据《关于2008年度职称评审工作安排的通知》（京人发〔2008〕11号）文件的要求，部分系列初级专业技术资格考试的方式为以考代评，考试科目为“专业基础与实务”，通过即可取得《北京市初级专业技术资格证书》。北京市部分系列中、初级专业技术资格考试实行统一大纲、统一命题、统一组织，一般一年举行一次，中级考评结合专业的评审工作依托各专业评委会开展。

### （二）考试实施现状

目前，全国大多数省份的职称评价采取评审方式进行，北京是少数几个在职称评价环节设置统一考试并自主命题的省市之一。我市专业技术资格制度对不同层次专业技术人员的评价方式实行差异化管理，初级和中级以考代评专业通过考试即可获得证书，中级考评结合专业通过考试的“劣汰”后获得参加评审资格，高级多数专业则采取评审的方式“择优”，符合各级别人才评价的特点。对中、初级专业技术人员采取统一考试的评价方式，有利于人才评价的科学性、公平性和高效性。同时北京市开展社会化评审之后，许多申报人员存在从事专业非所学专业的情况，设置统一考试有利于规范和引导从业人员掌握本专业应知应会的基本知识。我市专业技术资格考试同样强调考试内容贴近各行业生产实

践和从业人员的实践技能，科目设置及考试大纲均对“实务”部分提出明确要求，增加了职称证书的“含金量”。

因近几年的专业调整工作，北京市专业技术资格考试的科目数量一直在变化。截至 2019 年 7 月，北京市专业技术资格考试共设中级 66 科、初级 67 科。自实行考试以来，总报名人数呈逐年上升趋势。近五年，中级专业技术资格考试报名人数已增长至年均近 2 万人，年均 7 000 余人通过考试，取得中级证书或评审资格；初级专业技术资格考试报名人数年均 12 000 余人，年均 5 000 余人通过考试，获得初级证书。从考试群体的学历层次来看，报考中级的考生以硕士研究生、本科学历为主，报考初级的考生以本科、专科为主。由于硕士研究生毕业后从事所申报专业工作满两年、本科生满五年可直接报考中级专业技术资格考试，因此中级报名人数呈上升趋势，而初级报名人数略有下降且明显少于中级，专业技术人员学历层次的整体水平有所提高。

## 二、北京市专业技术资格考试面临的形势和要求

在深化职称改革与北京市产业变迁的大背景下，北京市专业技术资格考试面临着许多新的形势和要求，同时也存在着一些现实问题，优化专业设置、调整考试大纲、补充命题专家、精进命审题方式、推广电子化考试等工作亟须开展。

### （一）深化职称改革的背景要求

为贯彻执行中央深化职称改革的部署，北京市委市政府于 2018 年初发布了《关于深化职称制度改革的实施意见》，文件明确提出优化调整职称专业，要求“在国家对职称系列的总体布局下，优化本市职称专业目录，开设人工智能、创意设计、知识产权、技术经纪、科学传播等职称专业，满足高精尖产业等重点领域专业技术人才的评价需求。结合疏解非首都功能，调减部分职称专业，推动专业技术人才随产业合理流动。”

为深入贯彻落实文件精神，在北京市人力资源和社会保障局事业单位人事管理处的领导下，北京市人事考试中心开展了专业技术资格考试专业优化改革工作，主要思路是以北京市产业变迁和职称专业目录为依据，将不符合首都功能定位的专业进行缩减、合并，同时将新兴产业中有职称评价需求、从业人员迅速增长的专业纳入北京市专业技术资格考试体系中来。

（二）北京市产业变化的现实需求

建国以来，北京市的产业结构发生了重大变化，主要产业经历了从20世纪70年代以前以第二产业为主，逐步向第三产业转移过渡，截至2019年上半年第三产业占北京市GDP比重高达82.2%。为落实首都城市战略定位，北京市近年来大力引导创新，着力发展“高精尖”产业，如5G、人工智能、新能源汽车等，配套完善人才引进与培养机制，同时加速落后产能的淘汰。根据北京市人民政府办公厅发布的《北京市新增产业的禁止和限制目录（2015年版）》《北京市工业污染行业生产工艺调整退出及设备淘汰目录（2017年版）》，涉及北京市专业技术资格相关专业的包括禁止新建和扩建采矿业、纺织业、木材加工及家具制造业、黑色金属冶炼和压延加工业、有色金属冶炼和压延加工业、燃煤火力发电等行业。从考试群体来看，有些传统行业报名人数锐减，如纺织、矿山、轧制、冶炼、果树、建筑材料等专业，部分行业甚至已经没有在京企业，连续多年报名人数不足10人，考试成本很高；有些行业内部发生了结构性变化，例如，文物博物系列中的博物馆行业发展较快，博物馆的数量、规模及配套的专业技术人员都呈明显上升趋势，同时该系列中考古、文物鉴定专业的从业人员逐步减少；与此同时，新能源汽车、数字编辑、科学传播、技术经纪等行业快速发展，大量从业人员无法纳入目前的职称评价体系中来。

（三）考试质量提升的内在需求

要进行中、初级专业技术资格考试优化改革，归根结底就是如何提升考试质量、实现精准评价人才的问题，这是考试质量提升的内在需求。

第一，考试与实际专业技术工作能力的契合度有待加强。目前专业技术资格考试命题专家队伍中，专家数量不足，结构也有待优化。来自高校、从事理论研究的专家偏多、来自生产一线的专家不足，同时年龄偏大的专家居多。专家背景单一、结构老化同样制约着审题工作，在审题过程中无法倾听不同角度的声音；征题类型单一、数量不足也导致部分专业无法实现策略组卷，制约了试题的质量和适用性。

第二，考试所考察知识技能的时效性有待加强。专业技术资格考试很强调贴近生产实践，考试大纲的动态更新是提高考试与实际工作能力契合度的有效手段。现有部分大纲知识陈旧、多年未曾更新，其基础知识部分缺乏最新理论成果的补充，实务部分也与各行业新的生产工艺、工作技能的要求脱节，考试大纲调整对考试质量提升的重要性不言而喻。

第三，考试管理与事业发展不相匹配。随着考试安全形势日益严峻，信息化的技术手段也在不断升级，对考试的安全性和工作效率也有了更高的要求。目前专业技术资格考试形式上仍以传统的纸笔测验为主，在考试安全方面仍存在一些隐患和漏洞。推行电子化考试、使用命审题管理系统等工具可有效提升考试效率，从技术上提升考试的安全性，从而对命题管理安全风险形成有效的防范和监控。

## 三、北京市专业技术资格考试专业调整工作实践

为贯彻执行深化职称改革的精神，落实“人才随产业变化流动”的原则，同时提高考试效率，北京市人事考试中心开展了北京市中、初级专业技术资格考试的专业调整工作。

### （一）总体思路的确定

在认真研究北京市总体规划、产业政策相关文件资料的基础上，结合近五年专业技术资格考试人员变化趋势，初步确定了拟调整专业。向各专业对应的主管部门、评委会和专家广泛征求意见。在总结各方意见的基础上，拟定了北京市专业技术资格考试专业调整工作方案，以新增、缩减合并、变更、借用国家专业技术资格考试等方式开展专业调整工作。工作方案经北京市人力资源和社会保障局事业单位人事管理处批准通过后，根据拟调整专业的优先级分步开展工作。

### （二）访谈调研

根据工作方案，联系对应专业的行业主管部门、行业协会学会、主要在京企业生产一线岗位的专家、高校专家，通过一对一深入访谈、集中讨论两种方式展开调研。访谈过程如下：第一，与行业协会学会相关负责人、生产一线专家展开一对一的深入访谈，了解生产一线的实际情况、从业人员的岗位分类及特点，以及从业人员对职称评价的真实需求；第二，召集行业主管部门、评委会负责人、相关专家召开集中研讨会，从行业政策导向、行业发展特点、专业学科特点、从业人员的变化趋势等方面展开讨论，多角度论证专业调整的可行性；第三，根据从业人员岗位特点，结合评委会实际情况，确定采取以考代评、考评结合或评审何种评价方式；第四，与专家建立联系，为下一步编审大纲及命题工作做准备。

调研过程中，有一些新兴产业是在全国首次开设专业技术资格考试，有的在教育体系中无对应专业，这些专业在无经验可借鉴的情况下，开展了多轮调研，充分论证了统一考试的可行性；在缩减合并或变更的专业中，对学科跨度大、实际从事生产实践有明显区别的专业予以取消或调整；对专业知识重叠度大、有利于提高考试效率的专业予以整合。主要调研结论见表 1。

表 1　　各专业调研情况

| 专业名称 | 调研结论 |
|---|---|
| 新能源汽车 | 新增新能源汽车专业，取消原汽车专业下设无轨电车科目 |
| 科学传播 | 新增科学传播专业，不局限于自然科学传播，增加社会科学传播内容 |
| 公用设备安装 | 新增公用设备安装专业，设市政及机械设备安装、电气设备安装、水暖设备安装、通风空调设备安装四个选作科目 |
| 数字编辑 | 新增数字编辑专业 |
| 冶炼、轧制 | 原冶炼、轧制专业合并方案中，因专业知识差异较大，仅将原冶炼专业下设炼钢、炼铁两个科目合并为冶炼专业，原轧制下设钢铁、有色金属两个科目合并为轧制专业 |
| 建筑材料 | 原建筑材料专业下设四个科目及各科目选作方向进行结构调整，取消各科目选作方向，同步修改大纲，化学建材、金属建材变更为建筑功能材料、建筑五金材料 |
| 纺织工程 | 原纺织专业下设毛纺织、棉纺织、针织三个科目及染整、服装制作专业缩减合并为纺织工程专业，根据我市行业发展特点，侧重基础研究、检测等知识内容 |
| 矿山 | 原矿山专业下设煤矿开采、露天采矿与金属矿地下开采、选矿三个科目合并为矿山专业 |
| 文物博物 | 原博物馆、文物鉴定、考古三个专业合并为文物博物专业，知识内容向博物馆从业人员倾斜，加强该行业职业道德的考察 |
| 农作物栽培育种 | 原农作物栽培育种专业下设农学、蔬菜、土壤肥料、植保四个科目合并为农作物栽培育种专业，以考察各科目通用的基础知识为主 |
| 林业工程 | 原林业、果树、园林绿化专业合并方案中，考虑到园林绿化专业知识的特殊性和从业人员队伍庞大，保留该科考试，其余两科合并为林业工程专业 |

（三）考试大纲的编写与审核

考试大纲作为指导专业技术资格考试命题和考生备考的唯一依据，既要保证科学准确，又要体现我市相关行业的发展特色，同时规定的复习范围应深浅有度、便于考生理解与复习。为此，我们撰写了《北京市中初级专业技术资格考试大纲编审要求》，在编纲过程中与专家反复沟通，确保编纲工作顺利进行。

在深入了解专业政策导向和主干课程设置的基础上召开大纲编制研讨会，确定考察范围，并成立编纲专家组开展工作。针对部分新设或合并专业从业人员专业背景复杂、学科跨度较大等情况，我们先后组织多名不同专业方向的资深专家反复沟通、共同编制考试大纲。其中，新能源汽车专业的考试大纲由相关高校传统汽车专业和新能源汽车、电子、电气等专业几方专家反复磋商、几经修改，新编制的大纲更加贴近我市新能源汽车行业的生产实践和从业人员的专业背景，与原汽车专业的考察范围、考核重点均有所区分。文物博物专业学科跨度较大，且我市自然科学类和社会科学类博物馆工作对象差别较大，而野外考古、文物鉴定从业人员较少，在综合考虑上述情况的基础上，由市文物局和相关高校专家共同编制了一份行业通用性较强、符合我市从业人员特点的考试大纲。考虑到各专业编纲专家来自高校的居多，为使考试大纲更符合政策导向且贴近一线实际工作，审纲会邀请了多名来自政府主管部门、生产企业的专家共同参与，数轮审纲会的修改意见也及时反馈给编纲专家组，确保工作质量和考试大纲的科学性。

（四）组织命题与考试完成情况

从编制、审核考试大纲的专家队伍中选择命题专家，新成立命题专家组或对之前命题专家组进行补充，大大扩充了专家资源。对新命题专家进行保密教育和命题布置，并对各专业实行从命题到阅卷的全流程管理。依据专业特点确定考试形式（全客观、主客观结合、全主观）、分值配比和主观题型设计，对各个题型的命题要求、命题时限做出统一布置；在审题环节，严格执行五审制度，组织不同背景专家进行集中审题，确保题目的科学性、准确性和适用性。

截至 2019 年 7 月，已有 11 个改革专业开考，其余各专业也将在 2019 年下半年和 2020 年陆续开考。在已开考的专业中，新能源汽车、数字编辑等近年来从业人员激增的行业报考人数较多；同时原报名人数极少的专业，在缩减合并后考试群体形成了一定的规模，提升了考试效率。

（五）调整专业的考试效果分析

通过回访各专业评委会、命题专家组和阅卷专家组，结合成绩分析（以 2019 年度中级专业技术资格考试为例），重点对涉及专业调整科目的试卷质量进行评价。成绩分析结果显示，各套试卷总体难度分布在 0.5～0.7 之间，大部分科目总分分布呈近似正态分布，大部分题型难度、区分度指标良好，基本符合命题构想。

**1. 试卷的信度**

选取内部一致性系数对试卷的信度进行验证，选取的指标为克隆巴赫 α 系数。一般来说，标准化的能力测验和学绩测验的信度要求达到 0.9 以上；对于自编学绩测验，一般认为信度达到 0.6 以上，试卷就具有较高的信度了。涉及专业优化调整的各科目 α 系数大部分可以达到 0.6 以上，显示各套试卷的内部一致性比较稳定，试卷分数是可靠的，达到了较好的信度指标。具体指标详见表 2。

**表 2　　部分专业的试卷信度**

| 科目名称 | 信度（克隆巴赫 α 系数） |
|---|---|
| 新能源汽车 | 0.638 |
| 公用设备安装—电气 | 0.483 |
| 公用设备安装—市政 | 0.701 |
| 公用设备安装—水暖 | 0.631 |
| 公用设备安装—空调 | 0.526 |
| 数字编辑（基础） | 0.759 |
| 数字编辑（实务） | 0.846 |
| 纺织工程 | 0.462 |
| 文物博物 | 0.675 |
| 农作物栽培育种 | 0.759 |
| 矿山 | 0.736 |
| 轧制 | 0.778 |
| 冶炼 | 0.692 |

2. 试卷的效度

对考试有效性的考察选取了两种评价方式，即内容效度和效标关联效度。

专业技术资格考试主要测查专业知识，即考试内容是否为实际工作中所需要的知识和技能，比较适合使用专家评价其内容效度来评价整个试卷的效度。针对专业调整的科目，组织编纲、命题、阅卷的相关专家对试卷的内容效度进行评价，步骤如下：第一，由编纲专家组明确欲测内容的范围和要求的层次；第二，由命题专家组通过核查试题与命题双向细目表一一对照，确定试题较好地考察大纲知识点；第三，由阅卷专家组核查试题与真实答题情况的差异；第四，三组专家集中讨论，评价试卷的内容效度。经讨论，改革专业的试卷具有较好的内容效度，可以较好地测查考生实际工作中所需的知识技能。

在专业技术资格考试中，通常不同学历考生的专业知识能力是有明显差异的，所学专业与从事专业相近的考生和跨专业工作的考生专业知识能力也应该有差异。因此，我们选取学历、专业作为效标，测量各科目试卷的效标关联效度。根据效标对考生进行分组后，发现一些科目的考生组人数太少，不具备统计意义，如纺织工程专业几乎没有跨专业考生，即将对应的统计结果剔除。统计结果显示，大部分科目的分数在学历、专业两个维度上均有显著差异，即不同学历、不同专业考生在考试结果上存在显著性差异。分别计算不同类别考生的平均分显示：学历层次高的考生成绩普遍好于学历层次低的考生，所学专业与从事专业一致或接近的考生成绩普遍好于专业跨度大的考生。这符合专业技术人才的一般特征，说明考试具有较好效度。具体指标详见表 3。

表 3　　　　考生分数差异分析表

| 科目名称 | 学历 | 专业 |
|---|---|---|
| 新能源汽车 | 1.96 | 1.63* |
| 公用设备安装—水暖 | 7.32** | 8.77** |
| 公用设备安装—空调 | 4.92* | 0.73 |
| 数字编辑（基础） | 4.25** | — |
| 数字编辑（实务） | 3.014* | — |

续表

| 科目名称 | 学历 | 专业 |
|---|---|---|
| 纺织工程 | 4.30* | — |
| 文物博物 | 6.06** | 1.63* |
| 农作物栽培育种 | 8.57** | 3.59** |

*$p<0.05$，**$p<0.01$

## 四、北京市专业技术资格考试命审题优化管理工作实践

经过近几年的努力，北京市人事考试中心在开展专业技术资格考试命审题优化管理方面形成了一些经验和方法，在完善命题专家队伍管理、动态调整考试大纲、提升命审题工作质量、引入新技术手段等方面取得了一些进展。

### （一）完善命题专家队伍管理

通过统计现有命题专家队伍背景、年龄情况，结合近几年命题工作质量，对紧缺命题专家的专业分优先级列出。在主管部门、行业协会学会的帮助下扩充命题专家队伍，使每个专业的命题队伍结构合理，尤其重视来自生产一线的年轻骨干专家的引入，借此提升命题与实际工作的贴合度。

近几年的改革工作中，各专业共补充新专家40余名，多个专业实现了理论型和实践型专家共同命题、多背景专家集中审题的要求。确定命题专家人选时，我们更加关注专家的工作性质，考虑与原有专家队伍的互补配合；同时新命题专家年龄大多集中在40岁左右，都是各单位的业务骨干，具备足够的专业知识和实践经验；最重要的，通过组织推荐和遴选的专家一般都具备较强的保密意识和命题意愿，确保考试命题工作的延续性和安全性。

### （二）加强实地调研，建立考试大纲动态更新机制

北京市专业技术资格考试非常重视考察生产一线的工作实务和实践技能，这就对考试大纲的时效性提出较高的要求。由于考试大纲缺乏动态更新机制，许多专业虽然学科基础知识变化不大，但许多新的科技手段、机器设备、生产工艺都对专业技术人员的实践技能提出了新的要求，旧有的大纲内容无法实现对新技能的考察，部分考核点已经过时。

针对目前问题，我们与各行业主管部门、行业协会学会、在京主要企业主动沟通并建立长期联动机制，对行业动态保持关注，定期深入生产一线展开调研、搜集信息，召集相关专家有针对性地开展大纲修改工作。

在更新大纲的过程中，尤其注意对中、初级考试大纲难度、广度和侧重点进行区分，使考试大纲更贴合报名群体的知识层次和对实践技能的要求。对知识产权相关知识，考虑到北京市在优化营商环境中对知识产权保护提出了较高的要求，结合各专业调研反馈的情况，对部分专业增设了相关要求。目前北京市中、初级专业技术资格考试大纲已经全部覆盖了知识产权相关知识，做到了统一要求、统一命题。

（三）优化命审题工作管理模式

在扩充命题专家队伍、修改考试大纲的基础上，开展了一系列优化命审题管理的措施。经过考试实践检验，大多数专业试卷的信度、效度和各题型的区分度等指标与往年相比有所改善。

**1. 优化题型设置**

专业技术资格考试依据专业特点设置题型，大部分专业采取主客观结合的形式，少部分为全客观或全主观题型的形式。客观题型通用性更强、适用范围更广，通过汇总各题型在不同级别考生群体中的难度、区分度和通过率指标，对中、初级专业技术资格考试分别设计了统一的题型题量，一定程度上对不同级别的考试难度、题量做出区分，对同一级别不同专业的考试难度、题量进行平衡，也为阅卷工作提供了便利；主观题型适合对实操性较强的实务部分进行考察，除规定了简答题、论述题、计算题等常用题型的命题要点和分值要求之外，鼓励命题专家依据本行业实践特点设置特色题型，如图书资料实务专业的文献著录题、机械专业的制图题、建筑材料专业的生产工艺题等。同一试卷内横向对比发现，主观题型的区分度普遍强于客观题型，而主观题型中特色题型的区分度普遍强于其他题型，主观题型尤其是特色题型更侧重对考生实践技能的考察，说明各专业试卷可以在工作实务层面对考生专业能力进行较好的区分，验证了编制考试大纲和命题时侧重工作实务的构想，同时说明依据专业特点设计特色题型是有效的。

**2. 强化命审题过程质量控制**

为使题目符合命题构想、有效贴合考试大纲、确保知识点分布均匀，在命题过程中设置了各类命题比例要求。依据各级别、各专业的近几年成绩分析，分别对中、初级专业技术资格考试试题的难度设定比例要求；同时，大纲整体分为专业基础知识、专业理论知识、实务部分知识、新知识与新技术、法律法规等内容板块，每个知识点又根据重要性不同分为掌握、熟悉、了解三个层次，根据题目的章节分布和重要性不同均设有明确的比例要求。通过上述手段加强了专家命题端的质量控制。在审题端，通过命题双向细目表对各层次比例进行验证，部分有条件的专业采用策略组卷，有效控制试卷质量。

（四）推广命审题工作新技术手段的应用

对中、初级专业技术资格考试部分参考人数较多、命题专家队伍力量较强的科目率先推行电子化考试。为确保与电子化考试系统平稳对接，采用命审题管理系统完成了所有电子化考试科目的前期命审题工作，主要采取两种模式：一是试题导入模式，实现系统策略组卷；二是采用整卷导入模式。使用命审题管理系统对工作的推动体现在三个方面：一是强化了对命审题工作的全流程管理，实现了对命审题专家和工作人员的双管理双监控，切实提高了工作安全性。二是提高了自身工作效率。命审题管理系统可以实现对试卷、试题分别进行管理，自动组卷功能提高了组卷效率，内部查重功能减少了人工筛选、核对试题的工作量。三是推进我们完善现有的命审题工作模式。从命题布置到最终成卷，每项任务都分工明确，责任到人；每个时间节点记录清晰，有据可查；每个工作流程都在加密状态下操作，安全放心；每道试题都属性齐全，方便后期组题成卷，方便快捷。

截至目前，数字编辑、园林绿化、档案、水利、建筑施工5个专业电子化考试已开考，大大提升了考试效率和安全性。上述科目中，既包括全客观题型，又包括主客观结合题型，对不同题型考试推行电子化考试积累了一定经验。同时在使用过程中，通过与技术公司沟通反馈，对电子化考试相关流程、命审题管理功能细节进行了完善和改进，优化后的系统功能更符合专业类考试的特点，稳定性和适用性也有很大提升。

## 五、未来的工作方向

（一）继续推进专业调整工作向纵深发展

专业技术资格考试的专业调整工作仍然在路上，涉及调整的专业既要能开考，又要考得好。一方面，继续推进专业调整，定期学习国家产业发展、北京市总体规划、产业布局等最新文件资料，保持对我市产业政策的敏感性，对于政策鼓励的新兴产业，第一时间了解从业人员实际情况，依据需求和各专业特点开设职称专业及专业技术资格考试。另一方面，部分专业新设、合并缩减或变更后，出现了专业学科跨度较大、报名人员专业背景复杂等情况，结合北京市行业发展趋势和从业人员特征，重点考察通用性较强的基础知识和应用范围较广的专业技能，尽可能贴合实际情况。

（二）提升命题质量，实现精准评价

尽管在扩充专家队伍、动态调整大纲、优化命审题管理等方面取得了一定进展，命题质量有所提升，但目前个别专业仍存在考试内容与行业要求不完全匹配、考试效果欠佳的情况，需要有针对性地开展调研并解决问题。一是将继续深入研究各题型功能，结合各行业实际工作和岗位特色，分级别、分专业设置题型，使试卷更加贴合工作实务，从而更加准确地评价专业技术人员的实际工作水平；二是加强考试效果评估，加强成绩分析的深度和广度，有针对性地解决部分专业通过率波动较大的问题；三是加强与各专业评委会的沟通协作，组织各专业评审专家集中讨论，聚焦在当前考试目标和主要功能，评价试题质量。

（三）继续推进新技术手段的应用

在总结现有部分电子化考试科目工作实践的基础上，与相关部门、技术公司多方协调，研究完善电子化考试工作程序和管理模式，促进电子化考试命审题工作规范化管理，并扩大电子化考试的科目范围。对于命审题管理系统的使用，继续协调技术公司解决审题、组卷过程中出现的问题，提升系统的安全性和适用性，实现对题目资源的动态管理。同时满足专家在征题模式下操作简单、格式规范、试题传输安全等要求，最大限度确保命题过程的安全。

## 参考文献

［1］北京市人力资源和社会保障局．北京市人力资源和社会保障政策实用手册［M］．北京：中国时代经济出版社，2014.

[2] 叶立梅，崔文．北京市产业结构变化趋势分析 [J]．城市问题，2004 (5)．

[3] 李东军，张辉．北京市产业结构与经济增长的关系及原因分析 [J]．东北大学学报，2013 (2)．

# 山西省事业单位公开招聘中存在的问题及改进建议①

霍国彬②

**摘　要**：通过公开招聘选拔人才是目前事业单位新进人员的普遍做法，这有利于扩大选人用人视野，拓宽选人用人渠道，提高新进人员的整体素质。本文从我国事业单位人才资源配置制度的沿革、山西省事业单位公开招聘制度的形成与发展、山西省事业单位公开招聘的现状及存在的问题、山西省事业单位公开招聘的改进建议等四个方面展开论述。

**关键词**：山西省　事业单位　公开招聘

通过公开招聘补充人员，是目前全国绝大部分事业单位的普遍做法，这有利于扩大事业单位选人用人视野，拓宽选人用人渠道，提高新进人员的整体素质；有利于保证事业单位的用人自主权，提高新进人员的岗位匹配度；有利于规范事业单位选人用人行为，从源头上治理事业单位选人用人中可能存在的腐败问题；有利于缓解当前高校毕业生就业困难所产生的就业矛盾，维护社会稳定，提高党和政府的公信力。

---

① 该篇论文获得“2019 年全国人才与人事研究主题征文活动”三等奖。

② 霍国彬，山西省太原市人力资源和社会保障局。

## 一、我国事业单位人才资源配置制度的沿革

“事业单位”是具有鲜明中国特色的社会组织。我国最早使用“事业单位”的提法是在1955年第一届全国人民代表大会第二次会议上。1963年《国务院关于编制管理的暂行规定》从经费来源和编制管理的角度将国家及其管理的机构分为行政、事业、企业三类。1998年国务院发布的《事业单位登记管理暂行条例》将事业单位表述为“国家为了社会公益目的，由国家机关举办或者其他组织利用国有资产举办的，从事教育、科技、文化、卫生等活动的社会服务组织”。

事业单位因其机构性质的特殊性，决定了在人才资源配置制度上必然有一定的特殊性。新中国成立以来，我国事业单位在人才资源配置方式上大致经历过四种不同的模式。

（一）统一计划调配模式

从新中国成立到1978年党的十一届三中全会，统一计划调配是我国人才资源配置的基本方式。在特定的历史阶段和时代背景下，为完成党和国家建设的中心任务，采用以行政手段为特征的统一计划调配模式是人才资源配置的必然手段。在这个阶段，由于各类人才的大量短缺，行政管理人员、专业技术人员只能是根据国家建设的需要，集中调配使用。如：1953年11月中央印发《关于分期分批调配工业干部的通知》，三年内，调到工业部门的干部有16.3万人，其中，调到国营工业企业的有10.3万人。

应当承认，统一计划调配模式不是先进的，但在当时的历史条件下，却是必要的和有效的，对经济发展和政治稳定产生过重要的积极作用。

（二）指令性安置模式

从党的十一届三中全会到1992年党的十四大提出建立社会主义市场经济体制，是我国人才资源配置的指令性安置阶段。在这个阶段，恢复高考对我国高等教育乃至整个教育体系产生了深刻影响，大学生在那个百废待兴的年代显得尤为短缺，因此，国家对大中专院校毕业生实行的是统包统配制度，优先满足重点行业对人才资源的需求。

一定程度上来说，指令性安置模式是与计划经济相适应的，而不是与市场经济相适应的。统包统配影响了人才的合理使用与合理流动，影

响了用人单位择优选拔的自主权和积极性，也影响了人才竞争意识和创新能力的培养。

（三）市场化配置模式

随着社会主义市场经济体制的逐步建立与完善，人才资源配置方式也逐渐发生了根本性的变化。大约在2000年前后，国家逐步不再对大中专院校毕业生进行统包统配，而是实行由毕业生“自主择业”的就业制度，即“毕业生自主择业、用人单位择优录取”的市场化配置模式。

企业，特别是私营企业很好地适应了市场化配置的要求，通过“双向选择”吸引到了更多的优秀人才，但事业单位由于没有追求经济利益的动力，选人用人逐渐“沦落”。另外，市场化配置还带来人才的“马太效应”，发达地区聚集了越来越多的人才，而落后地区不但不能从外地引进人才，还大量流失本地培养的人才。

（四）公开招聘模式

2000年，中组部、人事部印发了《关于加快推进事业单位人事制度改革的意见》，提出要“建立选人用人实行公开招聘和考试的制度”。从2002年开始，深圳市、陕西省、四川省、辽宁省、江苏省先后出台了事业单位公开招聘的相关规定，试点通过公开招聘选拔人才。2005年，人事部在总结试点省市公开招聘经验的基础上，发布了《事业单位公开招聘人员暂行规定》，规定从2006年1月1日起，事业单位新进人员除国家政策性安置、按干部人事管理权限由上级任命及涉密岗位等确需使用其他方法选拔任用外，都要实行公开招聘。

公开招聘扩大了事业单位选人用人的视野，拓宽了选人用人的渠道，优化了人才队伍的结构，一定程度上保障了社会就业的公平，有利于促进社会主义和谐社会的构建。

## 二、山西省事业单位公开招聘制度的形成与发展

2002年到2012年，山西省事业单位公开招聘经历了一个从试点到推广再到全覆盖的过程。

（一）太原市试点事业单位补充人员公开招聘

太原市是山西省事业单位公开招聘制度的开拓者与实践者。早在2002年，太原市就出台了《太原市事业单位公开招聘专业技术人员实施

规定》，对政府所属事业单位新进专业技术人员实行公开招聘。2006年，与《事业单位公开招聘人员暂行规定》实施同步，太原市出台了《太原市事业单位补充人员公开招聘暂行办法》，在全额事业单位、差额事业单位和具有公共行政事务职能或以各种政策性收费实现自收自支的事业单位中实行补充人员公开招聘。当年，市委组织部、市人事局联合为市属47个事业单位公开招聘211人，这在当时无疑是具有“轰动效应”的大事件。

（二）省人事厅推广事业单位新进人员公开招聘

2008年，山西省人事厅印发了《山西省事业单位公开招聘人员暂行办法》，决定从2009年起在全省各级人民政府直属事业单位和部门管理的事业单位中实行公开招聘。吕梁、忻州、大同、长治、晋中等绝大部分市都在2009年出台了事业单位公开招聘人员的相关规定，并组织开展了市属事业单位公开招聘工作。但由于《山西省事业单位公开招聘人员暂行办法》是省人事厅一个部门制定出台的，并且只规定了政府部门所属事业单位要实行公开招聘，因此，公开招聘制度并没有在全省所有事业单位得到全面落实。

（三）事业单位新进人员全面实行公开招聘

鉴于各地各部门在事业单位公开招聘中存在着制度推行不平衡、政策执行不到位、操作程序不规范的问题，2010年12月，中组部、人社部印发了《关于进一步规范事业单位公开招聘工作的通知》，提出“到2012年，要基本实现公开招聘制度在全国各级各类事业单位的全覆盖”。2012年5月，省委组织部、省人社厅印发了《关于事业单位新进人员全面实行公开招聘的通知》，这被看作是山西省事业单位公开招聘制度全覆盖的重要标志。自此，全省各级各类事业单位新进人员，除国家政策性安置、按干部人事管理权限由上级任命及涉密岗位等确需使用其他方式选拔任用外，全部实行了公开招聘。

## 三、山西省事业单位公开招聘的现状及存在的问题

2012年以来，为保证事业单位公开招聘工作顺利开展，省委组织部、省人社厅先后出台了一系列规定，对公开招聘的程序、岗位条件的设置、聘用手续的办理等进行规范；还结合实际，对艰苦边远地区县乡事业单位的招聘条件进行降低、招聘程序进行简化。在全省各级组织、人社部

门的共同努力下，山西省事业单位公开招聘工作稳步推进，招聘程序严格规范、招聘结果公平公正，一大批优秀人才通过公开招聘进入事业单位，公开招聘得到全社会的广泛认可。

山西省事业单位新进人员全面公开招聘实施七年来，虽然取得了一定的成绩，但仍然存在着一些不容忽视的问题。

（一）招聘规模小次数多，不利于选人用人留人

为贯彻中共山西省委《关于深化人才发展体制机制改革的实施意见》中“落实用人主体用人自主权”的精神，2017 年，省委组织部、省人社厅印发了《关于进一步改进和加强事业单位公开招聘工作的意见》，提出要“压实主体责任，落实事业单位用人自主权”，规定“事业单位公开招聘可独立自主实施，也可由主管部门组织所属单位统一实施。”

这样，事业单位公开招聘的实施权由各级组织、人社部门扩展到各主管部门，甚至各事业单位，山西省事业单位公开招聘进入“各自为政”的“战国时代”。据不完全统计，仅 2019 年前 7 个月，全省各级各部门就发布事业单位公开招聘（含专项招聘和急需紧缺高层次人才引进）公告 221 个，而 1 至 7 月总共才 145 个工作日，平均每个工作日发布 1.5 个招聘公告。这种由各部门各单位频繁独立组织的小规模公开招聘可能带来以下几方面的问题：

**1. 信息公开度不够**

2017 年以前，所有事业单位公开招聘公告都在省、市人社部门网站或人事考试网发布，现在基本是在本地政府网站、主管部门网站或招聘单位网站发布，有些甚至只是通过微信公众号发布。发布渠道的增多，必然导致信息公开度的降低，不利于公众获知招聘信息。

**2. 招聘成本增加**

“程序公正”是“结果公正”的重要保障。为做到公开招聘的程序公正，通常的做法是异地出题阅卷、异地聘请考官，并配之严格的保密措施，而这些都势必造成招聘成本的大幅度增加。通常情况下，人均招聘成本与招聘人数成反比，一次招聘的人数越少，人均招聘成本就越高。频繁的小规模招聘，必然导致招聘成本的大幅增加。

**3. 招聘风险点增多**

各部门各单位负责公开招聘的人员能力参差不齐，大部分没有独立

组织公开招聘的经验，而公开招聘从方案制定到岗位条件设置再到笔试面试组织，每一个步骤都是潜在的风险点，都需要精通政策、认真细致，稍一疏忽就有可能造成不可挽回的损失。另外，还有一些风险点是组织者事先无法掌控和避免的，比如试题的质量。2018 年，在山西省某市的一次公开招聘中，因委托的第三方机构出现问题，笔试试题和其他地区的招聘考试试题大规模雷同而被迫重新组织笔试，造成巨大的经济损失和不良的社会影响。

**4. 不利于基层人才队伍稳定**

频繁的招聘，还会使基层单位人员“这山望着那山高”，不安心工作，把主要精力放在了复习备考上。对人才本身而言，这当然无可厚非，但对基层单位来说，却是不利因素，会造成人心不安、队伍不稳的状况。

（二）考试方式单一，没有做到“用什么考什么”

目前山西省的事业单位公开招聘，基本上是参照公务员招录的模式，采取“笔试＋面试”的方式进行。考试方式单一，主要体现在两个方面：

**1. 笔试内容不能体现岗位特点**

以 2019 年省直事业单位公开招聘为例，46 个部门 230 个事业单位招聘 1 035 人，笔试科目统一为《综合知识》，内容包括政治理论、时事政治、法律常识、公文写作、科技人文知识等，幼儿教师、会计、中医师等不同岗位考同样的内容，体现不出岗位的专业性与特殊性。

**2. 结构化面试无法承担选拔人才重任**

目前全省事业单位公开招聘的通常做法是，除教师岗位采取讲课方式外，其他岗位基本上都是采取结构化面试的方式，不能很好地体现岗位特点。另外，中公、华图、粉笔等培训机构对结构化面试的研究早已到了“登峰造极”的地步，所有题型都有对应的答题套路，考生通过短期培训即可熟练应对，给结构化面试的选拔效果带来非常不利的影响。

（三）服务基层项目专门岗位设置存在形式化倾向

为了引导和鼓励高校毕业生到基层就业，2009 年，中组部、人社部印发了《关于统筹实施引导高校毕业生到农村基层服务项目工作的通知》，要求在公务员招录和事业单位公开招聘中，拿出一定数量的岗位定向招录（聘）服务期满的服务基层项目人员。省人社厅在《关于做好2017年全省事业单位公开招聘人员工作的通知》中对服务基层项目专门岗位的比例做出明确规定，即：除实行职业资格准入和专业限制的岗位外，原则上乡镇事业单位的全部招聘岗位，县（市、区）事业单位不少于40％的招聘岗位，省、市事业单位不少于12％的招聘岗位，作为面向“服务基层项目”专门岗位，用于公开招聘。在实际招聘中，却经常出现服务基层项目专门岗位形式化的现象：虽然按规定比例设置了服务基层项目专门岗位，但却将学历、专业等资格条件设置得非常高，使得报名人数达不到规定比例而取消。

从表1可以看出，在2019年省直事业单位公开招聘中，110个服务基层项目专门岗位只有17个没有专业限制，最终54个因报名人数不达规定比例而取消；在取消的54个岗位中，有35个要求硕士研究生及以上学历，并且有专业限制。

表1　2019年省直事业单位公开招聘中服务基层项目专门岗位设置情况表

| 学历要求 | 服务基层项目岗位数 | 其中不限专业岗位数 | 报名结束后取消岗位数 |
|---|---|---|---|
| 硕士研究生及以上 | 42 | 0 | 35 |
| 本科 | 59 | 11 | 15 |
| 专科 | 9 | 6 | 4 |
| 合计 | 110 | 17 | 54 |

通过设置苛刻的报名条件使服务基层项目专门岗位“名有实无”，破坏了政策体系的连续性，不利于引导和鼓励高校毕业生到基层就业，影响了党和政府的公信力。

## 四、山西省事业单位公开招聘的改进建议

针对目前山西省事业单位公开招聘中存在的问题，提出如下改进建议：

### （一）加入全国事业单位联考，每年定期统一招聘一次

建立健全事业单位公开招聘制度，积极探索公开招聘分类考试办法，增强公开招聘考试的规范性、针对性和科学性，对促进高质量就业、维

护社会公平正义具有十分重要的意义。2015 年，人社部人事考试中心通过课题研究、实地调研、理论研究、组织专家论证等，提出事业单位公开招聘考试的岗位分类办法和分类考试评价体系，并于 2015 年开始，在多个省、区、市开展了多批次的公开招聘分类考试试点工作。从 2018 年起，人社部人事考试中心开始提供事业单位公开招聘分类考试常态化服务工作，上下半年各一次，即所谓的全国事业单位联考。目前已有湖北、云南、安徽、贵州、陕西、内蒙古等十多个省、区、市加入全国事业单位联考。

参加全国事业单位联考的省、区、市自行发布招聘公告，统一时间笔试，统一使用人社部人事考试中心提供的试题。试题根据岗位特点分为综合管理类（A 类）、社会科学专技类（B 类）、自然科学专技类（C 类）、中小学教师类（D 类）、医疗卫生类（E 类）五种，均包括《职业能力倾向测验》和《综合应用能力》两科。

事业单位公开招聘参加全国事业单位联考，可以有效解决目前工作中存在的招聘过于频繁、招聘成本过高、风险点过多等问题，不失为一种好的选择。

（二）改进面试组织形式，特殊岗位适当提高面试成绩所占比例

在事业单位公开招聘面试中，结构化面试以其测评要素结构化、评分标准结构化、面试流程结构化的特点和形式公正、操作简便而被广泛采用。近年来，由于考生对结构化面试越来越熟悉，培训机构对结构化面试的题型和评分标准的研究越来越深入，导致结构化面试的模式化倾向越来越严重，对人才的区分度越来越弱。因此，面试的组织形式急需进行改进。

**1. 面试形式的改进**

安徽省事业单位公开招聘根据招聘岗位不同，面试“可选择采取专业笔试、结构化面试、无领导小组讨论、试讲、答辩、情景模拟、技能操作等方式进行。”浙江省规定：“组织面试除可采用结构化面试方式外，也可采用答辩、试讲、无领导小组讨论等形式进行。”

借鉴其他省的做法，建议对面试形式做如下改进：对于教师岗位，可采用试讲或试讲＋答辩的方式；对于工勤技能岗位和操作性较强的专业技术岗位（如护理、医学影像检验等岗位），可以采取实际操作能力测验的方式；对于其他岗位，可采取结构化面试、无领导小组讨论、角

色扮演、文件筐测验等方式；采取结构化面试方式的，可在试题设计中引入角色扮演和文件筐测验等技术，尽可能改变结构化面试的模式化倾向。

**2. 总成绩计算方法的改进**

在公开招聘总成绩中笔试成绩和面试成绩所占比例上，国家层面未做出具体规定。山西省在 2013 年规定“笔试成绩占招聘考试总成绩的比例不得低于 60%”，在 2017 年的《关于进一步改进和加强事业单位公开招聘工作的意见》中，进一步明确为“笔试成绩占招聘总成绩的 60%，面试成绩占招聘总成绩的 40%”。这样规定的目的，可能是为了尽量减少人为因素对考试的影响，确保考试的公平性，但却容易忽视了事业单位岗位的特殊性，在“公平”和“效率”之间侧重了“公平”。

从表 2 可以看出，大部分省在计算总成绩时，面试成绩所占比例不低于笔试成绩所占比例，部分省根据招聘岗位不同进行特别规定，如：安徽省对于不考专业科目的岗位，总成绩中笔试成绩和面试成绩各占 50%；而考专业科目的岗位，总成绩中笔试成绩占 60%，面试成绩占 40%。

**表 2　2019 年部分省事业单位公开招聘中笔试成绩和面试成绩所占比例对比表**

| 省份 | 是否参加全国联考 | 岗位情况 | 笔试成绩所占比例 | 面试成绩所占比例 |
|---|---|---|---|---|
| 安徽省 | 是 | 不考专业的岗位 | 50% | 50% |
| | | 考专业的岗位 | 60% | 40% |
| 湖北省 | 否 | 教师岗位 | 40% | 60% |
| | 是 | 非教师岗位 | 30% | 70% |
| 河北省 | 否 | | 40% | 60% |
| 内蒙古 | 是 | | 50% | 50% |
| 云南省 | 是 | | 50% | 50% |
| 江苏省 | 否 | | 50% | 50% |
| 浙江省 | 否 | | 40% | 60% |

借鉴其他省的做法，建议对更注重专业技能的教师岗位、工勤技能岗位和一些操作性较强的专业技术岗位，可以适当提高面试成绩所占的比例，在总成绩中笔试成绩和面试成绩各占50%。

（三）科学合理设置服务基层项目专门岗位，打通服务基层项目期满人员上升通道

作为引导和鼓励高校毕业生到基层就业的国家级示范项目，大学生村官、“三支一扶”计划、特岗教师、西部计划、农技特岗计划等服务基层项目在缓解高校毕业生就业压力、解决基层单位人才匮乏、促进青年人才健康成长上发挥了重要作用。服务基层项目期满人员的上升通道是否畅通，直接决定了服务基层项目的实施效果和影响力。上升通道畅通，期满人员就业满意率高，将会吸引更多的优秀人才到基层去服务。因此，在事业单位公开招聘中科学合理设置服务基层项目专门岗位的报考条件就显得尤为重要。

从表3可以看出，相比于省直事业单位公开招聘，省公务员招录对服务基层项目专门岗位的报名条件设置就宽松得多，213个服务基层项目专门岗位中，195个没有专业限制，最终只有14个被取消，岗位取消率6.6%，而省直事业单位公开招聘中服务基层项目专门岗位的岗位取消率达到49.1%。

**表3　2019年山西省公务员招录和省直事业单位公开招聘中服务基层项目岗位数量对比表**

| | 招录（聘）人数 | 服务基层项目岗位数 | 其中不限专业岗位数 | 报名结束后取消岗位数 |
|---|---|---|---|---|
| 省公务员招录 | 3 292 | 213 | 195 | 14 |
| 省直事业单位公开招聘 | 1 035 | 110 | 17 | 54 |

为了进一步畅通服务基层项目期满人员上升通道，建议由相关部门做出规定，在全省事业单位公开招聘中，对服务基层项目专门岗位，应有一定比例的岗位不限制专业；在省直事业单位公开招聘中，应拿出一定比例的服务基层项目专门岗位面向本科及以下学历人员招聘；在市以下事业单位公开招聘中，服务基层项目专门岗位应尽量不

限制专业。

“长风破浪会有时，直挂云帆济沧海。”相信在党的坚强领导下，事业单位公开招聘的程序会进一步优化，逐步满足不同类型事业单位对人才的多样化需求；公开招聘的政策导向作用会进一步增强，更多的高校毕业生自愿到基层、到艰苦边远地区去锻炼，为社会主义新农村建设贡献力量；公开招聘的社会效应会进一步显现，更多优秀人才走上能够发挥特长的工作岗位，为山西省在“两转”（政治生态由“乱”转“治”，发展由“渡”转“兴”）基础上全面拓展新局面添砖加瓦。

## 参考文献


[1] 尹志欣，谢荣艳. 我国顶尖科技人才现状及特征研究——以汤森路透 2015 高被引科学家为例 [J]. 科技进步与对策，2017，34 (1)：136-140.

[2] 刘俊婉. 科学合作对高被引科学家论文产出力的影响分析 [J]. 情报科学，2014，032 (012)：77-81.

[3] 李大庆. 我国 134 人入选年度全球“高被引科学家” [J]. 环球飞行，2014，000 (010)：10-10.

[4] 陈月从. 基于 ClarivateAnalytics 和 InCites 的图书情报学科高被引科学家及高被引论文分析 [J]. 情报学报，2017，v. 36 (11)：14-24.

[5] 罗玉娟，张璐，刘鹏奋. 事业单位公开招聘存在的问题及对策建议 [J]. 管理观察，2018，000 (027)：75-77.

[6] 杜晓燕. 事业单位公开招聘存在的问题与对策探析 [J]. 中国集体经济，2016，000 (025)：106-107.

[7] 马腾. 浅析事业单位人员公开招聘存在的不足及改进思路 [J]. 经济管理（文摘版）：284.

[8] 高娜. 试析事业单位公开招聘所面临的问题及改善策略 [J]. 经营管理者，2017 (05)：198.

[9] 牛彬楠. 机关事业单位档案工作存在的问题及改进措施 [J]. 黑龙江档案，2016，05 (5)：82-82.

［10］王磊. 事业单位公开招聘中存在的问题及建议［J］. 北方经贸，2015，000（005）：253-254.

［11］耿保荣. 事业单位固定资产管理中存在的问题及改进措施［J］. 现代经济信息，2016.

# 经济动能转换中的人力资源管理新趋势

——2019 年全国人才与人事研究主题征文获奖作品集

（下卷）

中国人事科学研究院　组织编写

中国人事出版社

# 目　录

## 人才体制机制改革



## 人才政策创新

## 人才队伍建设

## 人事制度改革



## 收入分配与劳动关系

## 就业创业



## 人力资源服务

## 人力资源市场

# 收入分配与
# 劳动关系

# 员工“自动离职”的法律规制与维权策略①

梁利博　胡哲夫②

**摘　要：**在“共享经济”大背景下，特别是“80后”“90后”“新生代劳动者”作为就业大军，逐步成为社会就业主体，“自动离职”人员所引发的社会风险问题不容小觑。本文对“自动离职”的含义及相关法律、政策文件进行了系统梳理，通过运用分析性概括的方法，明晰目前法律、政策关于“自动离职”规定存在着立法缺失、政策不明等问题，并以“新生代劳动者自动离职”特点为对象，探讨当下热点维权策略，以求平衡劳动关系，维护社会就业环境的秩序性与稳定性。

**关键词：**自动离职　社会风险　新生代劳动者

## 一、自动离职的内涵与外沿

### （一）自动离职的概念

探讨“自动离职”问题，我们要明确其适用对象和适用范围。因为无论关于“自动离职”问题是否建立在如何科学标准的法律制度上，首先要解决的仍是界定它的内涵及外沿，即该制度下保护社会哪些成员权利，创设何种义务，规制哪些行为。

① 该篇论文获得“2019年全国人才与人事研究主题征文活动”二等奖。

② 梁利博，长春市劳动人事争议仲裁院仲裁员；胡哲夫，长春市劳动人事争议仲裁院仲裁员。

而关于自动离职的定义，目前学界对此阐述较少，现行《中华人民共和国劳动法》（以下简称《劳动法》）和《中华人民共和国劳动合同法》（以下简称《劳动合同法》）并未对自动离职进行明确规定，这就使得“自动离职”的调整对象一直处于相对模糊状态。

有学者认为，自动离职指劳动者不辞而别，用人单位依法履行了通知义务后劳动者仍不到岗，许可用人单位对劳动者作出终止劳动合同处理的一种方式。也有学者认为，自动离职是职工因为某些原因未履行相关手续而自愿离开企业的一种行为。

而《劳动部办公厅关于自动离职与旷工除名如何界定的复函》（劳办发〔1994〕48 号）对自动离职进行了定义：《中华人民共和国企业劳动争议处理条例》第二条第（一）项中的“自动离职”是指职工擅自离职的行为。

### （二）自动离职的特征

据此，无论是学界的讨论还是相关文件定义，可以明确自动离职具有以下特征：

#### 1. 自动离职的适用对象应是劳动者

“劳动者”作为目前《劳动法》《劳动合同法》的保护对象，是“用人单位”相对应的义务主体，自动离职的适用对象应与其相统一。在有关劳动争议的司法解释和相关批复中，频频出现“职工”“雇工”“雇员”这样的概念，并与“劳动关系”“用人单位”“劳动者”等概念相联系，极大地困扰着目前的立法及司法实务，二者是否能简单混同，已是我国未来立法中难以回避的问题，本文不再赘述。

#### 2. 劳动者客观上实施了擅自离岗的行为

从以上相关法律、法规、政策文件表述来看，自动离职应是劳动者实施的“擅自离职”“擅离职守”的行为。这里的“擅自离职”“擅离职守”是从“用人单位”的角度出发，都是指劳动者不通知用人单位，未履行相关手续，随意脱离所在工作岗位及单位的行为。诚然，劳动者作为自然人，具有民法上自然人的当然属性，即自由。而在近代民法向现代民法发展的历史沿革中，将自然人权利由强调人的绝对自由过渡到限制个人的绝对自由，以防因个体自由的滥用而损害他人的权益，破坏社会的公共利益，阻碍社会的进步与发展。继而我们可以得出，劳动者亦非拥有绝对自由：劳动者让出一部分“自由”给生产资料所有者（即用人单位），作为取得生产资料从事生产活动的对价，故而劳动者在工作期间得受用人单位支配。

**3. 劳动者主观上具有或客观行为反映其主观具有解除劳动关系的意愿**

包括但不限于劳动者已告知用人单位离职，但未履行完毕相关离职期间必要手续；劳动者未告知用人单位，即自行离职。例如，因辞职或要求解除劳动关系未被同意，便擅自离开；或未标明离职原因自行告辞；或受他公司丰厚待遇挖角而擅自“跳槽”。需要注意的是，劳动者短暂离开用人单位是否构成自动离职，需以双方合同约定或用人单位内部规章制度规定为准。

结合上述自动离职特征，我们可以概括自动离职是劳动者未充分履行离职程序，擅离职守的行为。非因劳动者过错，因客观合理原因，劳动者虽实施了离职行为，用人单位亦不可解除劳动合同。

## 二、我国关于自动离职的法律规定

《关于企业职工要求“停薪留职”问题的通知》第二条、第六条中规定的职工要求停薪留职，未经企业批准而擅自离职的，或停薪留职期满后一个月内既未要求回原单位工作，又未办理辞职手续的，企业对其按自动离职处理，是指企业依据《企业职工奖惩条例》有关规定，对其作出除名处理。

1986 年，国务院发布《国务院关于促进科技人员合理流动的通知》（国发〔1986〕73 号）。文件规定：科技人员应当遵守国家政策规定和劳动纪律，不得擅自离职。……对已经擅自离职的科技人员，要按照不同情况妥善处理。对流向合理、原单位离得开的，在原工作岗位使用不合理的，或者确有特殊情况需要照顾的，经接收单位和其原单位协商同意后，按干部管理权限补办调动手续。本人要求辞职，经原单位批准，可以补办辞职手续。其余的要动员他们返回，由原单位妥善安排，不得歧视。经教育无效，拒不返回也不补办手续的，按自动离职处理，以后被其他单位录用，工龄从重新录用之日起计算。有关辞职的具体规定，由国家科委、劳动人事部会同有关部门制定，报国务院批准。

1990 年，人事部发布《全民所有制事业单位专业技术人员和管理人员辞职暂行规定》（人调发〔1990〕19 号），规定了辞职的程序，同时也规定了“自动离职”的后果：辞职应按规定程序办理手续，不得擅自离职。对擅自离职人员，要进行批评教育，并分不同情况妥善处理。符合本规定第五条、第七条可以辞职或经批准允许辞职的，要补办辞职手续。其余的要动员返回。对拒不返回和拒不补办手续的，按自动离职处理，以后被其他单位录用，工龄从重新录用之日起计算。

1998年，人事部发布《关于机关事业单位工作人员辞职辞退及自动离职参加工作后工作年限计算问题的复函》（人办函〔1998〕101号），规定“自动离职人员的工龄从重新录用之日起计算”。

原国家人事部流动调配司对自动离职的解释为：干部由于固执己见离开工作岗位而造成自失公职。一般表现为旷工超过规定时限或要求停薪留职、辞职因不合国家政策规定未获组织同意而擅离职守。自动离职不是一种行政纪律处分，所在单位只作除名处理。

综合来看，关于自动离职的概念散见于国家的各类规定及政策类文件，但此类规定及政策类文件并非针对企业劳动争议处理进行解释，对我们理解“自动离职”具有一定借鉴意义，但不具备普遍适用效力。

笔者认为，《劳动合同法》第三十八条也赋予了劳动者自动离职的权利。用人单位有下列情形之一的，劳动者可以解除劳动合同：①未按照劳动合同约定提供劳动保护或者劳动条件的；②未及时足额支付劳动报酬的；③未依法为劳动者缴纳社会保险费的；④用人单位的规章制度违反法律、法规的规定，损害劳动者权益的；⑤因本法第二十六条第一款规定的情形致使劳动合同无效的；⑥法律、行政法规规定劳动者可以解除劳动合同的其他情形。

用人单位以暴力、威胁或者非法限制人身自由的手段强迫劳动者劳动的，或者用人单位违章指挥、强令冒险作业危及劳动者人身安全的，劳动者可以立即解除劳动合同，不需事先告知用人单位。

## 三、目前对自动离职的认定与救济方式

### （一）自动离职与解除合同、辞职的区分

自动离职不同于劳动者单方解除劳动合同。从主体上看，解除劳动合同的运用主体既可以是用人单位，也可以是劳动者，而自动离职、辞职的主体只是劳动者；从性质上看，解除劳动合同适用的原因是双重性质的，既有惩罚性的，又有非惩罚性的。而辞职不具有惩罚性，自动离

职多数情况是一种违规行为。

我国《劳动合同法》第三十七条规定，在法定情形下，劳动者享有预告解除和即时解除劳动合同的权利。第三十八条第二款规定，在用人单位以暴力、威胁或者非法限制人身自由的手段强迫劳动者劳动，或者用人单位违章指挥、强令冒险作业危及劳动者人身安全的情形下，劳动者可以立即解除劳动合同，不需事先告知用人单位。也就是说，除《劳动合同法》第三十八条规定的情形外，劳动者在行使预告解除权和即时解除权时均应告知用人单位。而劳动者自动离职的行为若不符合上述无须事先告知用人单位的情形，给用人单位造成损失的，应当按照《劳动合同法》第九十条承担相应的赔偿责任。

（二）自动离职的认定与处理

关于自动离职的确认笔者认为应着重把握以下三点：①自动离职的适用对象应是劳动者，在现有劳动法律体系架构下，自动离职的适用对象应首先符合《劳动法》《劳动合同法》的调整对象，否则，探讨自动离职的问题毫无意义。②劳动者客观上实施了擅自离岗的行为，且这种擅自离岗的行为得以体现劳动者离开用人单位，依据相关规定制度在一定期限内不愿回用人单位的主观意愿。③超过规定的时限。为有效保护劳动者的合法权益，平衡劳动关系，法律规定作出向劳动者特别倾斜，在某些特殊情形下，劳动争议案件适用举证责任倒置。《中华人民共和国劳动争议调解仲裁法》第六条规定，与争议事项有关的证据，属于用人单位掌握管理的，用人单位应当提供；用人单位不提供的，应当承担不利后果。这作为“谁主张谁举证”的例外，得以更好地维护劳动者的合法权益。用人单位作为生产资料所有者，始终处于支配地位，在“自动离职”还是“辞退”的争议发生时，用人单位负有不可推卸的举证责任。《关于审理劳动争议案件适用法律若干问题的解释（一）》第十三条、《最高人民法院关于民事诉讼证据的若干规定》第六条都明确规定，在劳动争议纠纷案件中，因用人单位作出开除、除名、辞退、解除劳动合同、减少劳动报酬、计算劳动者工作年限等决定而发生劳动争议的，由用人单位负举证责任。目前劳动合同纠纷中最主要的争议在于按自动离职处理引发的争议，即用人单位对未按规定履行请假手续而擅自离岗且无正当理由的劳动者，依据本单位劳动规章制度单方解除劳动合同引发的争议。从劳动争议处理实践来看，按自动离职处理的情形主要有：一是因劳动者本人原因不辞而别，这里的本人原因包括身体素质、业务素质、沟通能力、家庭变故、生活环境等因素；二是劳动者无故旷工达到一定期限，其中“旷工”是指未按规定履行请假手续而擅自离岗且无正当理由；三是劳动者出国逾期未归。

## 四、新生代劳动者自动离职特点与维权策略

### （一）新生代劳动者自动离职特点

目前“80后”“90后”新生代劳动者作为就业大军，逐步成为社会就业主体，2010年，有调查研究表明，中国19个行业的员工离职率平均为18.5%，员工自动离职比例高达93.2%。员工的自动离职人群主要来自“80后”和“90后”的新生代劳动者这些群体。根据最新报告，2017年员工离职率上升了3%，整体为14.5%。也就是说，一家互联网公司，半年内主动或被动离职的人数就占了公司总人数的六分之一。结合相关数据研究，概括该类群体自动离职特点如下：

#### 1. 对自身评估过高，不重视契约精神

在迈向工业4.0的今天，新生代劳动者的成长伴随着经济和技术快速发展。新生代劳动者多数是独生子女，由于受过一定高等教育，成长和教育环境优于多数人，对于自身才能高度自信，形成了以自我为中心，缺乏契约精神的性格。如若工作无法满足其自身喜好，就会觉得埋没自身，从而导致他们做出自动离开单位的决定。

#### 2. 工作环境恶劣，所在岗位难以为继

作业环境恶劣，如大量粉尘及安全隐患，劳动者身心俱疲，长此以往，势必会离开所在岗位。自然环境不尽如人意，单位所处的自然环境很大程度影响员工择业选择，如雾霾等。

#### 3. 网络技术高速发展，非理性择业

社会原因主要是指社会大背景对员工流动的影响，尤其是互联网、5G等技术的成熟。在网络经济飞速发展的今天，加速了新生代劳动者诞生不理智的金钱观，网络的碎片化导致新生代劳动者择业选择的碎片化，使部分人择业观走向失智，非理性择业，尤以互联网公司劳动者流失为甚。

### （二）维权策略

基于新生代劳动者自动离职呈现出的任意性、流动性等特点，笔者

整理出几个热点问题谈谈用人单位与劳动者在自动离职问题中如何最大化维护自身合法权益。

**1. 用人单位以未办理离职手续暂扣劳动者工资**

现实中，因劳动者未办理离职手续自动离职，用人单位扣发工资引发劳动争议。用人单位提出只要劳动者办理完离职手续，即结清工资。笔者认为，依据《劳动法》第五十条规定，工资应以货币形式按月支付给劳动者，不得克扣或无故拖欠。《工资支付暂行规定》第七条规定，工资必须在用人单位与劳动者约定的日期支付。第十五条规定，用人单位不得克扣劳动者工资。有下列情况之一的，用人单位可以代扣劳动者工资：①用人单位代扣代缴的个人所得税；②用人单位代扣代缴的应由劳动者个人负担的各项社会保险费用；③法院判决、裁定中要求代扣的抚养费、赡养费；④法律、法规规定可以从劳动者工资中扣除的其他费用。因此，用人单位暂扣劳动者工资以迫使劳动者办理离职手续的做法没有法律依据。

另外，《劳动合同法》第五十条规定，用人单位依照本法有关规定应当向劳动者支付经济补偿的，在办结工作交接时支付。办理交接是用人单位支付劳动者经济补偿金的前置条件，双方应遵循诚实信用原则，在劳动合同解除或终止后，办理工作交接。如劳动者未办理工作交接手续，单位可暂不支付经济补偿金。该法第九十条规定，劳动者违反本法规定解除劳动合同，或者违反劳动合同中约定的保密义务或者竞业限制，给用人单位造成损失的，应当承担赔偿责任。因此，劳动者自动离职给用人单位造成损失的，用人单位可要求劳动者赔偿。

**2. 劳动者以未缴纳社保自动离职**

小 A 入职某公司时签订了为期 3 年的劳动合同。由于公司没有为小 A 缴纳社保，小 A 在上班一年之后"不辞而别"。用人单位无法联系到小 A，半年后小 A 以公司未缴社保要求公司支付其经济补偿金。笔者认为，依据《劳动合同法》第三十八条第三项规定，用人单位未依法为劳动者缴纳社会保险费的，劳动者可以解除劳动合同；依据《劳动合同法》第四十六条规定，劳动者因用人单位未依法为劳动者缴纳社会保险费解除劳动合同的，用人单位应当向劳动者支付经济补偿。劳动者必须依据合法程序解除劳动合同。实践中，劳动者小 A 并没有向用人单位递交离职申请表明因社保未缴纳而主张解约或离职，而是以一种极端任性的行为

“自动离职”，因此，不符合《劳动合同法》相关规定，亦无法得到经济补偿金，如果给用人单位造成了损失，还应向用人单位承担赔偿责任。

## 结　语

自动离职是劳动者未充分履行离职程序，擅离职守的行为，实际上是劳动者在客观上的一种单方行为，劳动者主观上具有或客观行为反映其主观具有解除劳动关系的意思表示不同，则结果也不同。目前受限于我国自动离职相关法律制度的缺失，实践中裁判尺度并不统一。面对“新生代劳动者自动离职”等问题，难免会捉襟见肘。作为成文法国家，由于成文法法律具有一定的滞后性，在社会高速发展的今天，面对工业4.0、“互联网＋”下的劳动争议以及新生代劳动者的不囿于传统的就业观、择业观，法不禁止即可为的负面效应就会突出得多。如何处理好利益分配的失衡，化解社会矛盾的激化，已是每一位仲裁工作者的应有之义。

**参考文献**

[1] 黎建飞．劳动法案例分析［M］，北京：中国人民大学出版社，2007.

[2] 尹代清．自动离职的定性与处理［J］. 劳动理论与实践，2002(12)：1.

[3] 张焰．劳动合同法适用法律问题研究［M］. 北京：中国政法大学出版社，2015.

[4] 孙军．劳动者自动离职的认定与处理［N］. 人民法院报，2015-1-21 (7).

# 完善江苏最低工资标准调整机制研究——兼及我国最低工资制度完善[①]

郭存芝[②]

**摘　要：**本文基于问题导向，围绕最低工资政策目标，首先剖析江苏历年最低工资标准及其演变、与相关因素之间的关系，对江苏最低工资标准进行总体评价；通过书面调研、问卷调查、召开座谈会、实地考察等，全面了解和分析江苏最低工资标准现状及存在的问题，了解相关人社干部、企业、劳动者对完善最低工资标准调整机制的看法等。进而，对最低工资标准的类别划分、最低工资标准调整的周期、最低工资标准调整的时间节点、最低工资与社会保险费、最低工资水平的科学评估、最低工资增长机制的完善、最低工资标准调整对企业用工成本的影响等问题进行较为细致的分析。最后，在归纳总结主要研究结论的基础上，有针对性地提出完善江苏最低工资标准调整机制和完善我国最低工资相关制度的建议。

**关键词：**最低工资　调整机制　主要问题　完善建议

## 一、引言

江苏是国内较早执行最低工资制度的省份之一，最低工资标准的确

① 该篇论文获得“2019 年全国人才与人事研究主题征文活动”二等奖。
② 郭存芝，南京财经大学教授。

定和调整，较好地保障了劳动者及其赡养人口的基本生活，较充分地让低技能劳动群体共享了改革和发展的成果，又未对企业承受能力和社会就业带来明显负面影响，形成了制定和执行最低工资标准的较好氛围；但也存在诸多问题与困惑，例如地区类别不完全切合实际、调整时间不确定性较大、调整程序不够合理、调整幅度缺乏具体参考标准，特别是在近年经济增长放缓背景下，最低工资标准调整是否给企业带来了较大的用工成本压力？甚至影响到了部分企业的生存发展等。关于上述问题，还没有权威答案。为此，有必要全面分析江苏最低工资制度执行情况，有针对性地提出解决问题的具体思路，为进一步完善江苏最低工资标准调整机制提供决策支撑。

## 二、历年最低工资标准分析

### （一）最低工资标准及其演变

江苏 1995 年开始执行全日制就业劳动者月最低工资制度，2001 年开始执行非全日制就业劳动者小时最低工资标准。历年最低工资标准及其演变情况可归纳如下：

在最低工资标准的水平上，一、二、三类地区月最低工资分别由 1995 年的 210 元、175 元、140 元/月上涨到了 2018 年的 2 020 元、1 830 元、1 620 元/月，年均分别增长 10.34%、10.74%、11.23%；小时最低工资分别由 2001 年的 3.6、3.1、2.6 元/小时上涨到了 2018 年的 18.5、16.5、14.5 元/小时，年均分别增长 10.11%、10.33%、10.64%。

在最低工资标准的地区差异上，绝对差异在扩大，月最低工资标准由 1995 年的一二、二三类之间各相差 35 元，转变为 2018 年的一二、二三类之间分别相差 190、210 元；小时最低工资标准由 2001 年的一二、二三类之间各相差 0.5 元，转变为 2018 年的一二类、二三类之间各相差 2 元；但相对差异在缩小。

在地区类别划分上，经历了由 1995、1996 年的一、二、三类三个等级，到 1997—2005 年的一、二、三、四类四个等级，再到 2006 年至今的一、二、三类三个等级的改变。

在最低工资标准口径上，对于劳动者个人缴纳的最低社会保险费，经历了由 1995—2001 年的不包含，到 2002 年的包含，再到 2003—2004 年的不包含，又到 2005 年至今的包含的改变。

在调整周期上，除 1998、2008、2009、2015 年未做调整外，其他各年都作了调整，两次调整之间的间隔最长为 28 个月、最短为 11 个月。

在调整时间节点上，7 月 1 日最多，有 10 次，2 月 1 日、10 月 1 日、11 月 1 日各 2 次，1 月 1 日、6 月 1 日、8 月 1 日各 1 次。

在调整幅度上，两位数增长的时候居多，有的高达 30%左右。调整幅度较低的年份是 2001 年、2002 年、2005 年、2006 年和 2016—2018 年，若考虑 1998 年、2008 年、2009 年未做调整的情况，1999 年、2010 年的调整幅度也相对较低。

如图 1、图 2 所示，从增长幅度上看，江苏最低工资标准的调整经历了三个阶段：

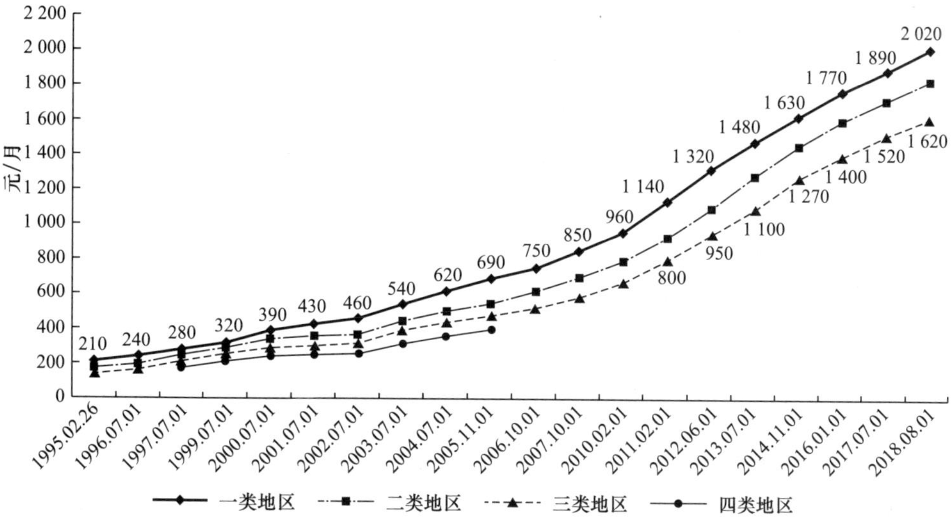


**图 1　1995—2018 年江苏省月最低工资标准走势图**

第一阶段，1995—2010 年，稳步增长阶段。这一阶段各类地区月最低工资标准的每次上调数额在波动中逐步从 20～30 元增长到了 100 元左右，小时最低工资标准的每次上调数额在 0.3～0.7 元之间波动。

第二阶段，2011—2014 年，快速增长阶段。这一阶段各类地区月最低工资标准的每次上调数额都在 130～180 元之间，小时最低工资标准每次上调数额都在 1 元以上。

第三阶段，2015 年以来，增速放缓阶段。这一阶段各类地区月最低工资标准的每次上调数额都在 130 元左右，且有逐渐下降趋势，小时最低工资标准的每次上调数额都在 1～1.5 元之间波动。

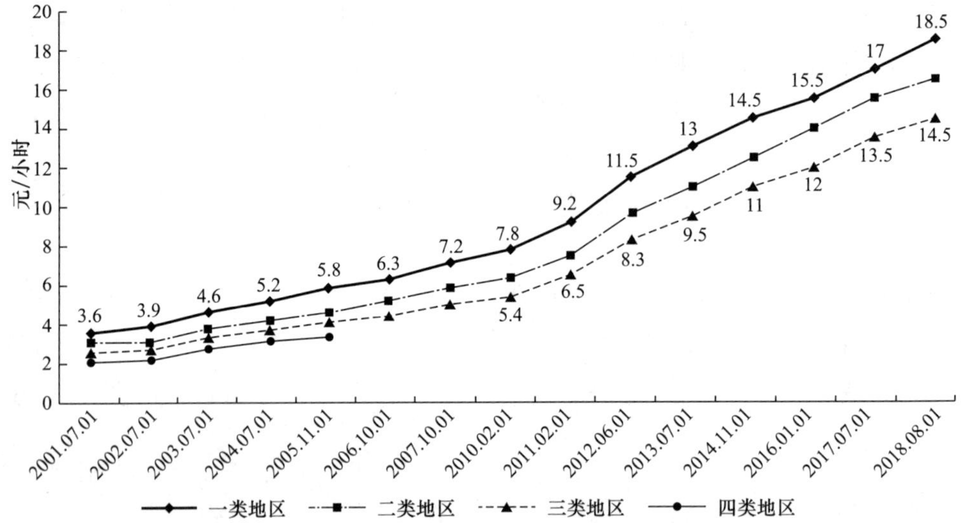


**图 2　江苏省非全日制用工小时最低工资标准走势图**

（二）最低工资标准与相关因素之间的关系

由于各类各级最低工资标准之间关联度较高，这里重点考察月最低工资标准一类地区标准与相关因素之间的关系，其他类似，不做赘述。

**1. 最低工资标准与城镇居民消费主要相关指标之间的关系**

如图 3 所示，江苏最低工资标准上涨比率每年都明显高于城镇居民消费价格上涨比率，且绝大多数年份高于城镇居民人均生活消费支出上涨比率。最低工资制度的保障劳动者及其赡养人口的最低生活需求的功能定位得到了很好的实现。

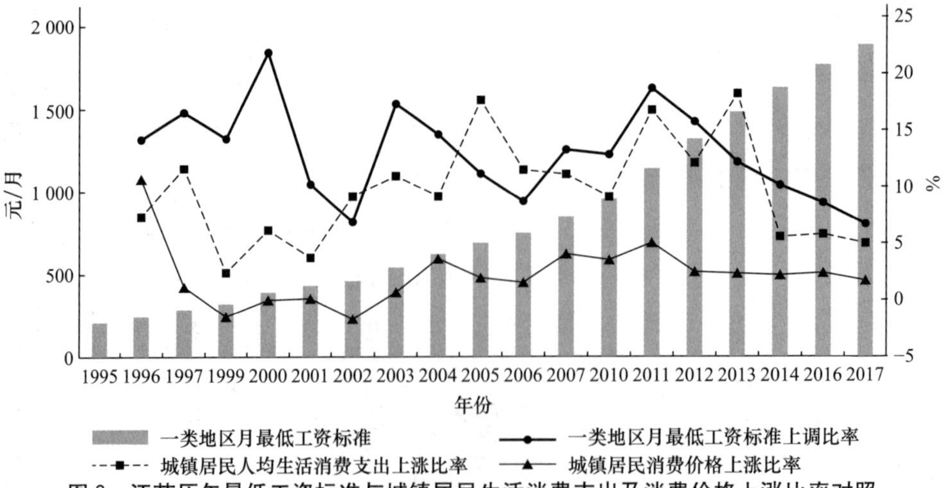


**图 3　江苏历年最低工资标准与城镇居民生活消费支出及消费价格上涨比率对照**

2. 最低工资标准与经济发展主要相关指标之间的关系

江苏历年最低工资标准增长率与人均名义、实际 GDP 增长率对照如图 4 所示。

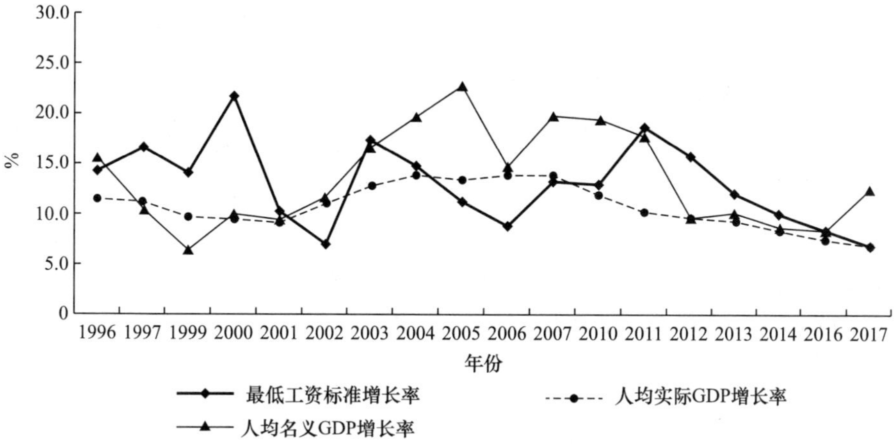


图 4 江苏省历年最低工资标准、人均名义 GDP、人均实际 GDP 上涨比率对照

最低工资指数与人均名义 GDP 指数的比值反映最低工资标准的让低收入群体共享经济发展成果的功能，江苏这一比值历年都在 0.9～1.1，处于合理范围。另外，江苏最低工资标准的历次调整增幅与人均名义 GDP 增长率和人均实际 GDP 增长率的变化贴合度较高，充分考虑了经济发展和劳动生产率因素。

3. 最低工资标准与城镇职工平均工资之间的关系

由于我国统计部门从未发布过真正意义上的城镇职工平均工资数据，这里先通过相关数据对近年来江苏的城镇职工平均工资数据做出估算，进而对照江苏月最低工资标准与城镇职工月平均工资水平，如图 5 所示。

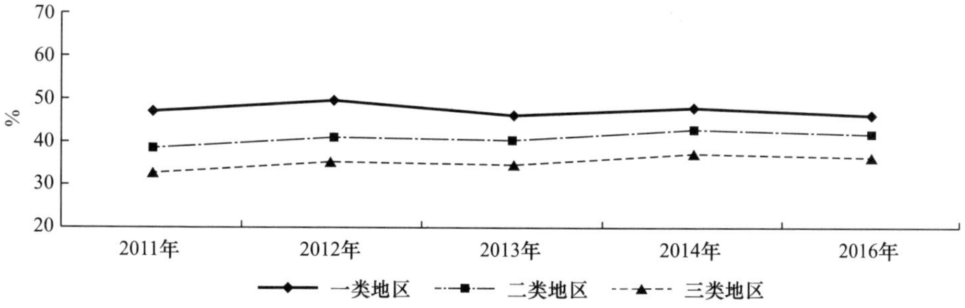


图 5 江苏省近年最低工资标准占城镇职工平均工资的比重

由于无法具体计算与最低工资标准划分相对应的各类地区的城镇职工平均工资，估算得到的最低工资标准占城镇职工平均工资的比重，存在一类地区相对高估、二类地区比较客观、三类地区相对低估的情形，总体上看，江苏最低工资标准占城镇职工平均工资的比重达到了 40%以上，比较适中。

**4. 最低工资标准与就业之间的关系**

近年江苏城镇就业人数增长率、城镇登记失业率如图 6 所示。城镇就业人员总数逐年增长，其中，非私营单位就业人数波动较大，但私营企业和个体就业人数逐年增长。这说明最低工资不仅没有超过劳动密集型企业的承受能力，还可能有效促进了劳动者在这类企业的就业。年末城镇登记失业率较低，且呈现出了下降趋势。

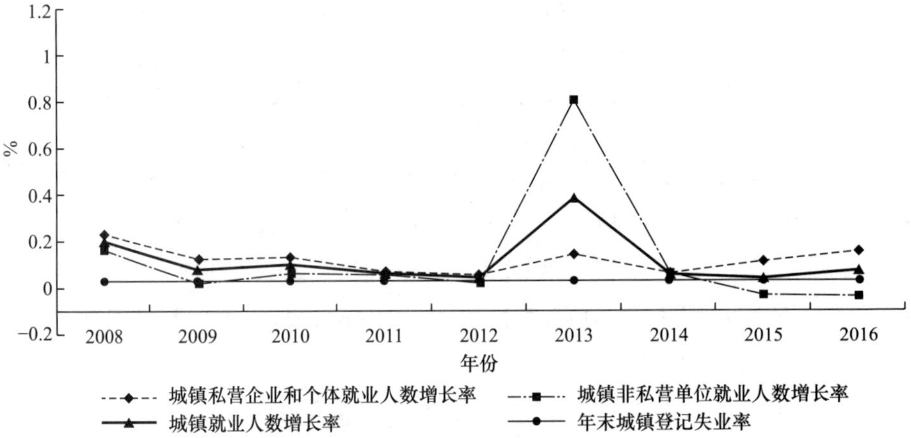


**图 6 江苏城镇就业增长率与失业率**

**5. 最低工资标准与社会保险费之间的关系**

我国统计部门从未发布过城镇职工个人缴纳的社会保险费数据，只有社会保险基金收入数据，考虑到二者的增长率基本一致，我们通过社会保险基金收入数据考察最低工资标准与社会保险费的关系。如图 7 所示，江苏社会保险基金总收入增长较快，由于最低工资标准中包含职工个人缴纳的社会保险费，社会保险费快速上涨导致最低工资标准的实际水平缩水。

（三）最低工资标准的总体评价

通过上述分析，我们归纳出对江苏最低工资标准的三点总体评价：水平适度、调整及时、调整机制有待进一步完善。

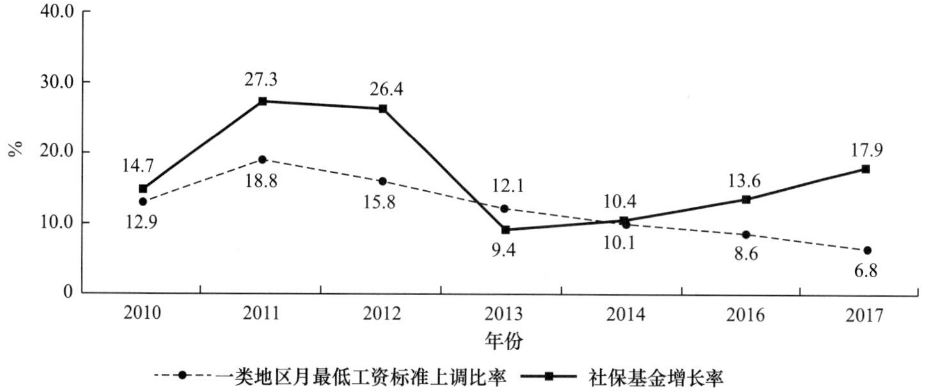


图 7　江苏最低工资增长率与社保基金增长率对照

1. 水平适度

（1）一、二、三类地区最低工资标准年均增长率在 10%以上，远高于城镇居民消费价格，年均上涨 2.1%；也高于城镇居民人均生活消费支出，年均增长 9.5%。最低工资制度的保障劳动者及其赡养人口的最低生活需求的功能定位得到了很好的实现。

（2）最低工资标准调整增幅与 GDP 增长率变化贴合度较高，最低工资指数与人均名义 GDP 指数的比值，保持在 0.7～1.1 的合理区间，既充分发挥了最低工资的让低收入群体共享发展成果的功能，也没对经济发展成果的积累造成影响。

（3）江苏最低工资标准占城镇职工平均工资的比重总体上达到了 40%以上，处于国际公认的 40%～60%的合理区间，与江苏经济发展水平相匹配，比较适中，也实现了“十二五”规划纲要规定的 40%以上的目标。

（4）江苏城镇就业人数逐年增长，特别是城镇私营企业和个体就业人数逐年稳步增长，城镇登记失业率稳中有降，最低工资标准没有对就业产生抑制作用，还可能有效促进了劳动者在劳动密集型企业的就业。

2. 调整及时

从 1995 年开始执行最低工资制度至今，江苏除 1998、2008、2009、2015 年因为经济发展状况受到了国内外相关经济形势变化冲击未对最低工资标准进行调整外，其余各年都作了调整，都是充分考虑当时的相关因素，做出及时应对。

### 3. 调整机制有待进一步完善

（1）地区类别划分有待调整。苏中、苏北可在现行最低工资标准中为其区、市、县选择合适的标准，但苏南只能全境执行一类地区标准，并且由于一类地区标准涉及苏南5市和苏中3市，在调整幅度上也不能重点关照苏南地区。

（2）调整时间有待规范。2004年之前，江苏最低工资调整时间均是7月1日，2005年之后调整时间不再固定。调整时间不固定不利于企业预算编制等工作的开展，也不满足劳动者的预期。

（3）增长机制有待完善。由于《最低工资规定》和《劳动法》只提出了确定和调整最低工资标准应当综合参考的因素，没有明确具体如何确定，比重法和恩格尔系数法两种最低工资标准测算方法实践中很难把握，影响了测算的准确度。

## 三、最低工资标准调整的调查研究

### （一）研究实施

本文通过书面调研、实地走访、问卷调查等方式，全面了解江苏最低工资制度实施现状。由于书面调研和实地走访获得的第一手资料可直接用于研究，这里专门针对调查问卷展开分析。

### （二）问卷调查样本情况

### 1. 企业问卷

共收回企业问卷593份，问卷样本构成情况见表1。

表1　企业问卷样本构成情况

| 类别 | 数量（家） | 比例（%） |
|---|---|---|
| 合计 | 593 | 100.00 |
| 按规模分 | | |
| 微型企业 | 80 | 13.49 |
| 小型企业 | 256 | 43.17 |
| 中型企业 | 179 | 30.19 |
| 大型企业 | 78 | 13.15 |
| 按行业分 | | |
| 制造业 | 261 | 44.01 |
| 住宿和餐饮业 | 65 | 10.96 |

续表

| 类别 | 数量（家） | 比例（%） |
| --- | --- | --- |
| 批发和零售业 | 80 | 13.49 |
| 建筑业 | 60 | 10.12 |
| 居民服务、修理和其他服务业 | 71 | 11.97 |
| 其他行业 | 56 | 9.44 |
| **按地区分** | | |
| 执行一类标准的地区 | 138 | 23.27 |
| 执行一、二类标准的地区 | 202 | 34.06 |
| 执行二、三类标准的地区 | 197 | 33.22 |
| 执行三类标准的地区 | 56 | 9.44 |

### 2. 职工问卷

共收回有效问卷 1 471 份，样本构成情况见表 2。

表 2　　职工问卷样本构成情况

| 类别 | 数量（人） | 比例（%） |
| --- | --- | --- |
| **合计** | 1 471 | 100 |
| **按所在企业规模分** | | |
| 微型企业 | 134 | 9.11 |
| 小型企业 | 507 | 34.47 |
| 中型企业 | 549 | 37.32 |
| 大型企业 | 281 | 19.10 |
| **按所在企业行业分** | | |
| 制造业 | 777 | 52.82 |
| 住宿和餐饮业 | 158 | 10.74 |
| 批发和零售业 | 135 | 9.18 |
| 建筑业 | 137 | 9.31 |
| 居民服务、修理和其他服务业 | 107 | 7.27 |
| 其他行业 | 157 | 10.67 |
| **按所在地区分** | | |
| 执行一类标准的地区 | 404 | 27.46 |
| 执行一、二类标准的地区 | 510 | 34.67 |
| 执行二、三类标准的地区 | 424 | 28.82 |

续表

| 类别 | 数量（人） | 比例（%） |
|---|---|---|
| 执行三类标准的地区 | 133 | 9.04 |
| **按性别分** | | |
| 男 | 667 | 45.34 |
| 女 | 804 | 54.66 |
| **按年龄分** | | |
| 25 岁以下 | 111 | 7.55 |
| 25～30 岁 | 395 | 26.85 |
| 31～40 岁 | 576 | 39.16 |
| 41～50 岁 | 292 | 19.85 |
| 50 岁以上，未到退休年龄 | 82 | 5.57 |
| 已到退休年龄 | 15 | 1.02 |
| **按文化程度分** | | |
| 小学以下 | 18 | 1.22 |
| 小学 | 56 | 3.81 |
| 初中 | 271 | 18.42 |
| 高中、中专 | 362 | 24.61 |
| 大专 | 423 | 28.76 |
| 大学本科 | 322 | 21.89 |
| 本科以上 | 19 | 1.29 |
| **按户籍所在地分** | | |
| 本市城镇 | 783 | 53.23 |
| 本市农村 | 457 | 31.07 |
| 本省其他地区 | 112 | 7.61 |
| 外省 | 119 | 8.09 |
| **按工作岗位分** | | |
| 管理人员 | 335 | 22.77 |
| 技术人员 | 201 | 13.66 |
| 生产人员 | 476 | 32.36 |
| 销售人员 | 94 | 6.39 |
| 后勤人员 | 365 | 24.81 |

（三）问卷调查结果分析

**1. 企业调查结果分析**

（1）企业成本利润情况分析。2017年，样本企业的人均利润总额为7.68万元/人，人均成本费用总额为108.63万元/人，人均人工成本费用总额为10.05万元/人，人工成本占总成本的比重为9.25%，总成本利润率为7.07%，人工成本利润率为76.47%。总体上看，人工成本占总成本的比重不高，经营情况较好。分类看，最低工资标准调整可能会给住宿和餐饮业带来较大压力，而对其他行业的影响相对较小。

（2）企业职工工资待遇情况分析。总体上看，样本企业人均工资水平是最低工资标准水平的3倍多，加班工资占工资总额的比重在10%以上，普岗职工平均招聘起薪明显高于最低工资标准，最低工资涉及职工中，以最低工资标准作为月工资的职工人数相对较少，而以最低工资标准作为加班工资计发基数的职工人数相对较多。分类看，在最低工资标准的确定和调整中，应对微型企业、小型企业、制造业、住宿和餐饮业、居民服务修理和其他服务业，以及执行一类标准的地区，予以重点考虑。

（3）企业对最低工资标准的看法。

1）对当地当前最低工资标准水平、幅度、频率的看法。总体上看，大多数企业认为当地当前最低工资标准水平“适中”，半数企业认为当地最低工资标准调整的合适幅度为“5%～10%”、合适频率为“1年1次”。分类看，在最低工资标准调整幅度和频率上，需要考虑适当降低三类地区标准的涨幅或频次。

2）对最低工资标准调整对本企业用工成本的影响的看法。总体上看，就最低工资标准调整对本企业用工成本的影响，认为“基本没有影响”“影响不大”的样本企业的合计占比为75.21%；就最低工资标准调整对本企业用工计划的影响，认为“基本没有影响”“影响不大”的样本企业的合计占比为82.46%；就最低工资标准调整对本企业利润的影响，认为“基本没有影响”“影响不大”的样本企业的合计占比为77.41%；就最低工资标准调整对本企业发展的影响，认为“基本没有影响”“影响不大”的样本企业的合计占比为83.31%。分类看，没有明显差异。这说明，江苏近年来的最低工资标准调整对企业用工成本、企业用工计划、企业利润和企业发展的负面影响较小。

**2. 职工调查结果分析**

（1）工作强度与工资待遇情况。总体上看，样本职工的每周平均加班时间是3.13小时，平均工资收入是最低工资标准的2倍以上，与企业问卷调查结果一致。企业为其购买社会保险的样本职工占比较高。分类上看，加班较多的是制造业职工、执行三类标准地区职工、外省户籍职工、生产岗位职工。小学及以下文化程度职工、微型企业职工，企业为其购买社会保险的比例相对较低。

（2）家庭收入与消费情况。样本职工家庭人均收入是28 390元/年，食品支出占家庭消费总支出的平均比重是33.9%，恩格尔系数不高。总体上看，就问题“您的工资收入能否保障本人及家庭成员的基本生活?”选择“基本可以”“比较可以”“完全可以”的样本职工的合计比例为77.5%。分类看的情况与总体上看的情况没有明显差异。这说明，江苏低收入职工的基本生活得到了较好保障。

（3）对最低工资标准的看法

1）对当地当前最低工资标准水平、幅度、频率的看法。总体上看，认为当地当前最低工资标准水平“偏低”、调整的合适幅度为5%以上、调整的合适频率为“1年1次”的样本职工占比，明显高于企业问卷调查中的样本企业占比，体现了样本企业、样本职工从各自角度出发的看法与诉求上的差异。分类上看，执行三类标准地区的职工、本科以上文化程度职工对当地当前最低工资标准水平的评价，与样本企业评价存在较大差异，体现了经济发展相对滞后地区企业承受能力与职工的期望之间的反差，以及高学历职工对最低工资水平的较高要求。

2）对当地最低工资标准调整的作用与影响的看法。总体上看，就最低工资标准调整对缓解本人及家庭生活压力的作用，认为“稍有作用”“作用较大”“作用很大”的样本职工的合计占比为72.60%；就最低工资标准调整是否会给个人带来失业压力，认为“否”的样本职工的占比达到了82.87%。分类上看，与总体上看的情况没有明显差异。这说明，江苏近年来的最低工资标准调整，有效发挥了对低收入劳动者本人及其家庭的基本生活的保障作用，而对低收入劳动者的就业负面影响较小。

## 四、最低工资标准调整面临的几个主要问题分析

### （一）最低工资标准调整的周期

《最低工资规定》明确，最低工资标准发布实施后，如相关因素发生变化，应当适时调整，每两年至少调整一次。2016年5月，人社部决定

在一段时间内将最低工资标准调整时间改为两至三年至少调整一次，且调整幅度原则上不超过社会平均工资增长幅度。结合调研，我们认为最低工资标准一年调整一次比较合适。原因在于：各地最低工资标准的估算基本上都是按上一年当地的相关因素确定的，对劳动者的保护作用本身具有滞后性，调整频率的放缓意味着滞后期的延长。并且调整频率放缓必然导致累积下来的调整幅度较大，意味着企业用工成本的大幅波动。

（二）最低工资标准调整的时间节点

《最低工资规定》没涉及对调整时间节点的规定，绝大多数省市调整时间节点不固定。结合调研，我们认为，若一年调整一次，选择固定在 7 月 1 号调整为好。一方面，方便企业进行预算安排，满足劳动者预期；另一方面，这一时点可全面准确获取上一年度的相关经济数据，保证最低工资标准调整幅度的适度性、可行性。

（三）最低工资增长机制的完善

我国现行最低工资标准的确定和调整方案，由各省、自治区、直辖市自行制定。而现行比重法和恩格尔系数法两种最低工资标准的测算方法，测算过程过于复杂且不够具体，在实践应用中很难把握，缺乏可操作性。这需要人力资源和社会保障部对最低工资标准测算方法作出进一步的具体说明，对各省、自治区、直辖市的最低工资标准制定进行必要的指导和协调，引导各省、自治区、直辖市从当地实际出发，合理制定最低工资标准。

（四）最低工资与社会保险费

由于社会保险缴费基数上调幅度较大，而江苏的最低工资标准里包含了职工个人缴纳的社会保险费，最低工资标准调整给职工带来的工资增长大打折扣，甚至出现了一些员工的到手收入不升反降的情况。本质上说，最低工资和社会保险都是促进劳动关系和谐、维护劳动者权益的制度保障，但两项制度的政策设计目标完全不同，前者主要保障劳动者及其赡养人口的眼下基本生活，后者主要解除劳动者的诸多后顾之忧。因此，两项制度之间的关系应当是并列的、独立的，不应在最低工资标准里包含职工个人缴纳的社会保险费。

（五）最低工资标准的类别划分

江苏现行最低工资标准按地区划分为三个类别，总体上看，苏中、苏北，可在现行一、二类地区标准或二、三类地区标准中为当地各区、市、县选择与其经济发展水平相匹配的最低工资标准。但苏南地区只能全境执行一类地区标准，没有进一步提升的选择，并且由于一类地区标准涉及苏南、苏中8市，在一类地区标准的调整幅度上也不能重点关照苏南经济较为发达的地区需要，否则有些地区无法承受。调研中，苏南地区特别是苏州市对这些问题的反映比较强烈。有必要改革现有最低工资标准地区分类，以客观体现各地经济发展水平的差异。

（六）最低工资水平的科学评估

国际上公认的最低工资的适度水平是社会平均工资的40%～60%。不少专家学者测算过包括江苏在内的全国最低工资的实际水平，得出的结论多数是，相关省市的最低工资标准仅占其社会平均工资水平的20%～30%，因此认为我国的最低工资水平较低，应该适当增加甚至大幅增加。也有学者研究指出，一些分析研究只是简单计算了各省市最低工资标准与其社会平均工资水平的比值，存在很大偏误，具有政策误导性。我们的前期相关研究也发现，包括江苏在内，我国各省市的最低工资标准与其社会平均工资的比值在2010年就已基本达到40%，与40%～60%的国际标准一致。

（七）最低工资标准调整对企业用工成本的影响

因为前期最低工资标准增长较快以及近年来我国经济步入“新常态”，不少人担心最低工资制度会给一些企业带来较大压力，从而引起失业效应。对此，我们持不同意见，原因在于：上述观点建立在劳动市场完全竞争的基础之上，而我国的劳动力市场供求双方力量并不均衡，买方垄断特征较为明显；一些企业的工会组织尚不健全；国家法治和社会保障需要进一步完善。为此，实行最低工资制度不仅不会引起失业效应，还有利于维护劳动者权益，提高低收入人群的收入水平。即使如上述观点所虑，最低工资制度的实行挑战了企业的承受能力，企业也应该从优化资源配置、强化管理、提高效率、增加产品附加值等方面提升竞争力，而不应该将企业的生存发展建立在员工的低工资水平之上。

## 五、完善最低工资标准调整机制的对策建议

（一）相对固定调整时间，方便企业预算顺应职工期盼

一方面，在调整频率上固定为一年调整一次。不管宏观经济运行状况如何，均应按一年一次的频率进行最低工资标准调整，只是在调整幅度上进行合理把握。顺应低收入者的期盼，也避免企业对用工成本大幅上升的不适应。另一方面，在调整时间节点上固定在7月1日。方便企业进行

预算安排，有效缓解社会保险最低缴费基数提高对低收入劳动者的影响。

（二）适时修改相关规定，完善最低工资标准调整机制

现行相关规定，主要是2004年颁发的《最低工资规定》，已有十多年未做修改完善。其中除了比重法和恩格尔系数法缺乏可操作性外，还存在其他亟待完善的地方。例如，对于是否包含职工个人缴纳的社会保险费与住房公积金问题，各地的解读不同，做法也不统一；关于最低工资标准确定和调整方案的报批程序的规定明显不合理，只有在当地人民政府与人力资源和社会保障部都不提出修订意见，并且人力资源和社会保障部能给予及时批复的情况下，才最具可行性。因此，建议人力资源和社会保障部适时修改相关法律法规，更好地发挥最低工资制度的政策效应。

（三）剥离社会保险费用，确保最低工资实际水平不缩水

最低工资标准是否包含个人缴纳的社会保险费是一个有争议的问题，目前各省、市、自治区也不统一。但本质上说，最低工资和社会保险两项制度之间的关系应当是并列的、独立的，有必要将个人承担的社会保险费从最低工资标准里剥离出来，确保最低工资实际水平不缩水。

（四）适时增设地区类别，与地区经济发展相适应

近几年江苏最低工资标准上调比例较低，是为经济发达地区增设一级更高标准的合适时机。可将原本的一类地区、二类地区、三类地区顺次变为新二类地区、新三类地区、新四类地区，增设新一类地区，在最低工资标准上调比率较低情况下，新一类最低工资标准与上调前的一类标准相比增幅也不会过大，以实现地区类别划分上的平稳过渡。

## 参考文献

[1] 田松青．我国最低工资制度制定及执行中的问题及对策研究 [J]. 北京行政学院学报，2009（3）：92-95.

[2] 都阳，王美艳．中国最低工资制度的实施状况及其效果 [J]. 中国社会科学院研究生院学报，2008（6）：56-62.

[3] Stigler G J. The Economics of Minimum Wage Legislation [J]. American Economic Review，1946（3）：358-365.

[4] 张五常．没有必要实行最低工资制 [J]. 商界（评论），2006（10）：98-98.

［5］平新乔．关注民企劳资关系［J］．中国改革，2005（4）：61-62.

［6］Abowd J. Kramarz F. Lemieux T. et al. Minimum Wages and Youth Employment in France and the United States［J］. Social Science Electronic Publishing，1997.

［7］Sabia J J. The Effects of Minimum Wages over the Business Cycle［J］. Journal of Labor Research，2014（3）：227-245.

［8］Mitsis P. Effects of Minimum Wages on Total Employment：Evidence from Cyprus［J］. Journal of Labor Research，2015（3）：318-345.

［9］胡宗万．新常态下完善最低工资标准调整机制的思考［J］．中国劳动，2015（23）：4-10.

［10］沈正祺．最低工资制度对经济增长的影响［D］．南京：南京财经大学，2014.

［11］Saget C. Fixing Minimum Wage Levels in Developing Countries：Common Failures and Remedies［J］. International Labour Review，2008（1）：25-42.

［12］王凯，顾昕．中国最低工资水平比较研究［J］．现代经济探讨，2016（8）：10-14.

［13］王晓琳．我国最低工资保障制度研究［J］．法制博览，2015（20）：192-194.

［14］胡宗万．适时适度规范调整最低工资制度不断完善［J］．中国人力资源社会保障，2017（12）：26-28.

［15］赵晓鲁．最低工资制度的不足及其完善建议［J］．法制与社会，2016（8）：54-55.

［16］黄菲．关于我国最低工资标准的实证研究［D］．南京：南京财经大学，2014.

［17］杨灿．我国最低工资标准的水平及决定［D］．南京：南京财经大学，2015.

［18］王晓晨．最低工资标准国际比较借鉴研究［D］．长春：东北师范大学，2014.

［19］许英杰．我国最低工资制度实施效果和完善建议［N］．中国劳动保障报，2017-07-15（3）.

［20］张佩佩．中国最低工资制度存在的问题及优化路径研究［D］.

石家庄：河北师范大学，2015.

［21］王蓓．最低工资标准的科学测算与制度完善［J］．山东大学学报（哲学社会科学版），2017（4）：54-64.

［22］韩兆洲，魏章进．最低工资测算的方法评价及改进思路［J］．统计与决策，2005（1）：130-131.

［23］韩兆洲，魏章进．基于灰色系统模型的最低工资研究［J］．数学的实践与认识，2005（9）：99-104.

［24］魏章进，韩兆洲．基于神经网络的最低工资标准测算［J］．统计与决策，2006（9）：148-149.

［25］魏章进，韩兆洲．最低工资标准测算的一种新方法［J］．统计与决策，2008（5）：17-18.

［26］魏章进，韩兆洲．我国最低工资标准适度性研究［J］．商场现代化，2010（31）：224-225.

［27］王延中，王国洪．最低工资标准、劳动生产率差异与就业效应研究［J］．中国社会科学院研究生院学报，2018（1）：33-45＋14.

［28］马琴．关于上海市最低工资标准的研究［J］．上海工程技术大学学报，2001（4）：288-293.

［29］韩兆洲，林仲源．我国最低工资增长机制时空非平稳性测度研究［J］．统计研究，2017（6）：38-51.

［30］荆丽月．最低工资标准的适度水平研究［D］．南京：南京财经大学，2015.

［31］董保华．最低工资立法之“提水平”与“统范围”——从“本田罢工事件”中的薪酬问题谈起［J］．探索与争鸣，2010（9）：7-11.

［32］刘恩猛，王宣承．最低工资标准的适度性检验——以浙江省为例［J］．当代经济，2016（31）：104-106.

［33］敬嵩，钟鑫．新常态下最低工资制度发展刍议［J］．中国劳动，2015（11）：8-10.

［34］贾朋，都阳．中国最低工资制度：标准与执行［J］．劳动经济研究，2015（1）：67-95.

［35］谢勇．中国最低工资水平的适度性研究——基于重新估算社会平均工资的视角［J］．社会科学，2016（2）：52-63.

［36］叶林祥，李实，杨灿．中国最低工资相对水平估计［J］．中国人口科学，2016（1）：99-107，128.

# 长春市企业薪酬调查分析[①]

赵 斌 夏光麟[②]

**摘 要：**企业薪酬调查是由政府定期组织实施的以企业中不同职业劳动者工资报酬水平和不同行业企业人工成本状况为调查内容的抽样调查。建立薪酬调查制度，发布人力资源市场工资指导价位和人工成本信息，发挥市场机工资分配的基础性调节作用，促进市场均衡工资率形成，引导劳动力合理有序流动，是市场经济条件下加强企业工资分配宏观指导、推进收入分配改革的基础性工作，也是政府加强和完善公共信息服务的重要手段。本文在整理和分析长春地区 2018 年薪酬调查数据的基础上，通过对不同职业、行业、经济类型、企业规模等维度的工资报酬、人工成本水平及其发展趋势的比较分析，以薪酬和人工成本为切入点，分析数据的内在逻辑，了解工资报酬的合理性、有序性等，从而深入分析长春市工资报酬竞争力，预测未来长春市的劳动力供求与结构关系及工资报酬水平，并结合长春市“十三五”规划的相关要求，为长春市制定收入分配政策、工资增长机制和增强产业竞争力政策提供数据支撑，为招商引资、人才竞争提供必要的数据参考。

**关键词：**长春 薪酬调查 人工成本

① 该篇论文获得“2019 年全国人才与人事研究主题征文活动”二等奖。

② 赵斌，长春市人力资源和社会保障局处长；夏光麟，长春市人力资源和社会保障局主任科员。

## 一、调查概况

（一）调查目的与意义

企业薪酬调查是由政府定期组织实施的以企业中不同职业劳动者工资报酬水平和不同行业企业人工成本状况为调查内容的抽样调查。建立薪酬调查制度，发布人力资源市场工资指导价位和人工成本信息，发挥市场机制对工资分配的决定性作用，促进市场均衡工资率形成，引导劳动力合理有序流动，是市场经济条件下加强企业工资分配宏观指导、推进收入分配改革的基础性工作，也是政府加强和完善公共信息服务的重要手段。

本文通过对薪酬调查数据的整理和分析，了解不同职业、行业、经济类型、企业规模等维度的工资报酬、人工成本水平及其发展趋势。以薪酬和人工成本为切入点，分析数据的内在逻辑，了解工资报酬的合理性、有序性等，从而深入分析长春市工资报酬竞争力，预测未来长春市的工资报酬水平，并结合长春市“十三五”规划的相关要求，为长春市制定收入分配政策、工资增长机制和增强产业竞争力政策提供数据支撑，为招商引资、人才竞争提供必要的数据参考。

（二）调查内容和分析依据

**1. 调查内容**

本次薪酬调查内容为 2017 年企业的人工成本情况和劳动者的工资报酬情况。调查时点指标为 2017 年 12 月 31 日，时期指标为 2017 年 1 月 1 日至 2017 年 12 月 31 日。调查样本范围是长春市行政区划内的企业（包含私营及非私营企业），由人力资源和社会保障部根据行业、企业规模等指标权重的不同，经过 PPS 抽样方法抽取。

调查对象分两类：一是农林牧渔业，采矿业，制造业，电力、热力、燃气及水生产和供应业，建筑业，批发和零售业，交通运输、仓储和邮政业，住宿和餐饮业，信息传输、软件和信息技术服务业，金融业，房地产业，租赁和商务服务业，科学研究和技术服务业，水利、环境和公共设施管理业，居民服务、修理和其他服务业等 18 个行业门类（89 个大类）各种登记注册类型的企业；二是由企业支付工资的劳动者。

**2. 样本整体信度分析**

信度即可靠性，它是指采用同样的办法对同一对象重复测量时所得结果的一致性程度，所以信度是指测量的一致性程度。信度指标多以相关系数表示，测量一致性目前最常用的是信度系数 Cronbach $\alpha$ 系数。本报告中采用 Cronbach $\alpha$ 系数，其公式如下：

$$\alpha = \frac{K}{K-1}\left(1 - \sum \frac{S_{i^2}}{S^2}\right)$$

其中，$K$ 为表的题项总数，$S_{i^2}$ 为第 $i$ 项得分的题内方差，$S^2$ 为全部题项总得分的方差。从公式中可以看出，Cronbach $\alpha$ 系数评价的是表中各项题间的一致性，属于内在一致性系数。数据的内部相关信度是看 Cronbach $\alpha$ 系数大小而定，Cronbach $\alpha$ 值越大表示信度越高。在一般探索性研究中信度只要达到 0.7 就可以接受，本文以 Peterson 所建议的 0.7 为标准。本次调查的数据的 Cronbach $\alpha$ 值为 0.745 2，大于 0.7，说明本次调查数据具有良好的信度。

**3. 样本整体效度分析**

效度即有效性，它是指测量工具或手段能够准确测量出所需测量事物的程度。效度分为内容效度、准则效度和建构效度。内容效度是指数据涵盖研究主题的程度。判断方法为测量工具是否可以真正测量到研究者所要测量的变量，以及测量工具是否涵盖了所要测量的变量。内容效度的主观性使其不能单独地用来衡量表的效度，但可以用来对观测结果做大致的评价。在衡量构建效度时，采用因子分析法来验证问卷的建构效度。本文采用因子分析中的主成因分析法，在做因子分析之前，首先对样本充分性进行检验。样本充分性首先需要进行 KMO 测度与 Bartlett's Test 数据是否适合做因子分析，Bartlett's Test 的统计量从整个相关系数矩阵来考虑问题，其零假设 $H_0$ 是相关系数矩阵为单位矩阵。KMO 越接近 1，越适合做因子分析；KMO 过小，则不适合做因子分析。根据 Kaiser 的观点，KMO 在 0.9 以上为非常适合；0.8～0.9 为很适合；0.7～0.8 为适合；0.6～0.7 为不太适合；0.5～0.6 很勉强；0.5 以下为不适合。分析结果得出 KMO 值为 0.703 1，适合进行因子分析。Bartlett's Test 检验结果显示，检验的显著水平为 0.000，小于 1%，拒绝 $H_0$（即相关矩阵不是一个单位矩阵），代表因素群体的相关矩阵间有共同因素存在，因此可以对调查量表进行因子分析。在同一构面中，因子负荷值越大（通常为 0.5 以上），表示收敛度越高；每一个项目只能在其所属的构面中，出现一个大于 0.5 以上的因子负荷值。经过上述处理，计算调查问卷中各因素的相关矩阵，得出各因素之间基本是正相关的，表明结构效度高。

（三）调查样本分布

在企业薪酬调查数据的基础上，经过逻辑性和合理性数据审核，得到有效样本企业达到 1 347 家，涉及有效劳动者数据 177 706 个。在此数据基础上，对薪酬调查数据进行技术归类、汇总、分析和整理，在此基础上形成长春市 2017 年企业薪酬调查数据分析报告。样本企业行业结构、规模结构等符合长春实际状况，抽样样本分布合理，调查数据具有很强的代表性和科学性。

**1. 样本企业行业分布**

从行业看，涉及 18 个行业，比重最大的前五个行业分别为批发和零售业占 29.68%，制造业占 20.36%，租赁和商务服务业占 8.07%，居民服务、修理和其他服务业占 7.18%，建筑业占 6.37%，如图 1 所示。

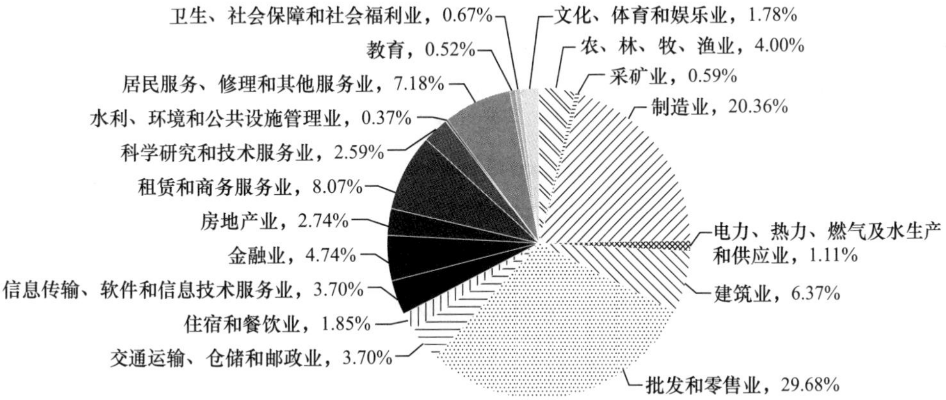


**图 1　整体样本企业行业分布**

**2. 样本企业登记注册类型分布**

从经济类型看，涉及 14 个类型，比重最大的前五个类型分别为有限责任公司占 62.56%，私营企业占 12.19%，股份有限公司占 7.90%，国有企业占 7.46%，其他企业占 2.29%，如图 2 所示。

**3. 样本企业规模分布**

从规模看，涉及大型、中型、小型、微型四个类型，按比重大小排序依次为大型企业占 52.78%，中型企业占 22.75%，微型企业占 18.09%，小型企业占 6.38%，如图 3 所示。

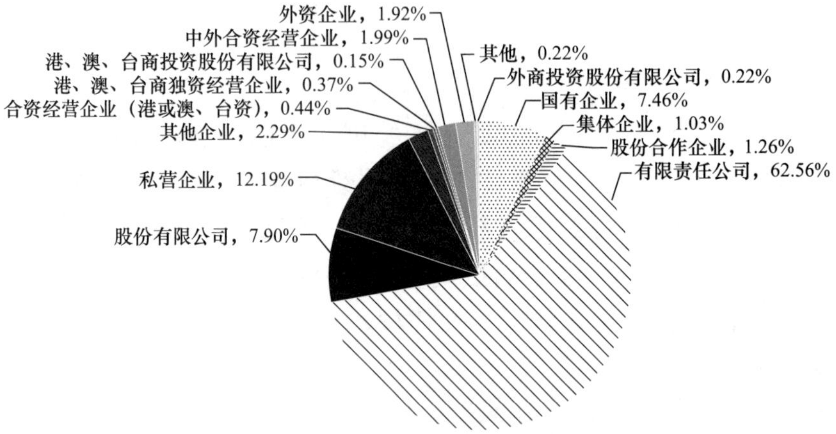


图 2　整体样本企业登记注册类型分布

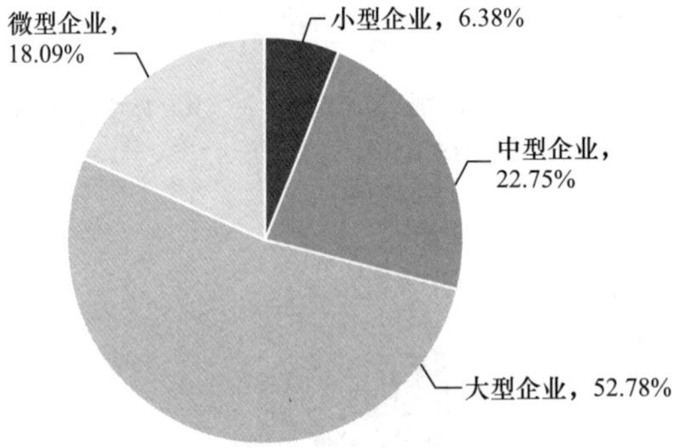


图 3　整体样本企业规模分布

### 4. 样本劳动者学历分布

从劳动者学历分布来看，研究生（含博士、硕士）学历劳动者占 4.44%，大学本科学历劳动者占 29.04%，大学专科学历劳动者占 23.28%，高中、中专或技校学历劳动者占 29.17%，初中及以下学历劳动者占比 14.08%，如图 4 所示。

### 5. 样本劳动者职业分布

从劳动者职业分布来看，单位负责人占比 13.05%，专业技术人员占比 22.53%，办事人员占比 11.61%，商业、服务业人员占比 19.22%，生产运输工人占比 32.95%，农、林、牧、渔业生产工人占比 0.64%，如图 5 所示。

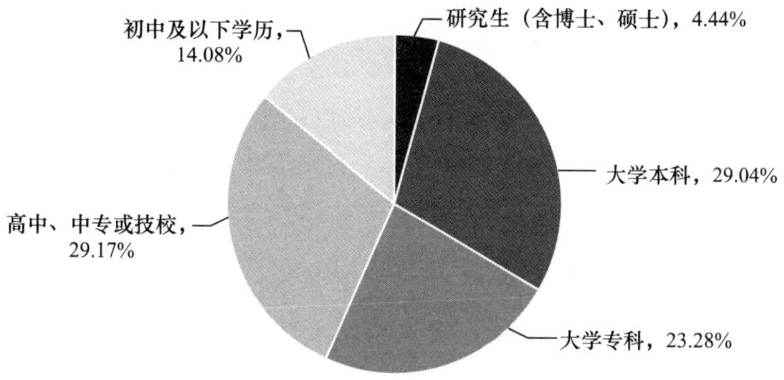


图 4　整体样本劳动者学历分布

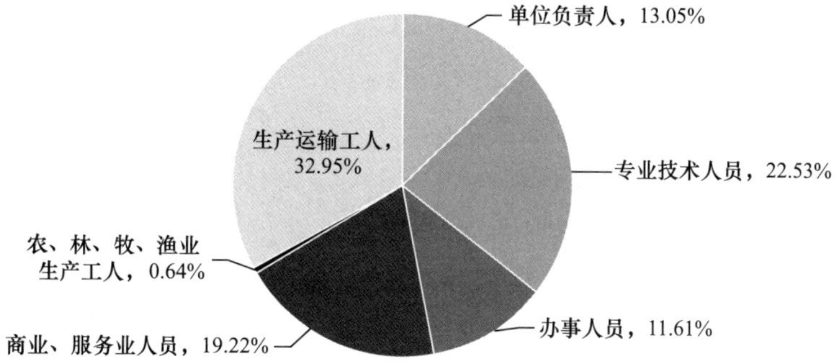


图 5　整体样本劳动者职业分布

## 6. 样本劳动者岗位等级分布

从劳动者岗位等级分布来看，管理岗位占比 24.67%，专业技术人员占 22.53%，一线作业服务人员占 52.80%，具体分布情况如图 6 所示。

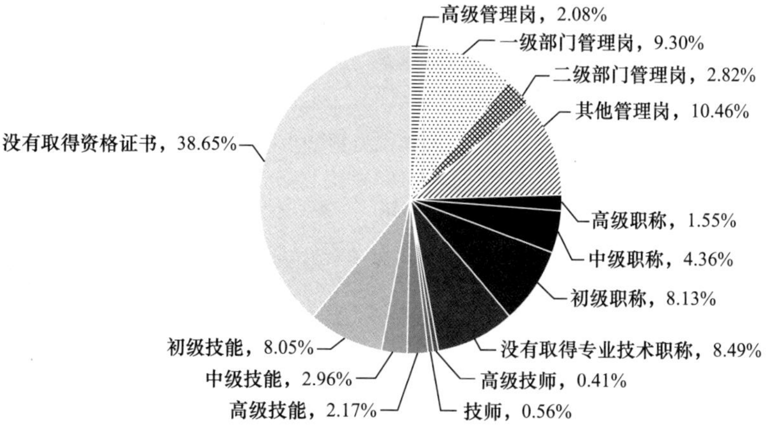


图 6　整体样本劳动者岗位等级分布

## 二、劳动者工资报酬数据分析

劳动者工资报酬是指劳动者付出体力或脑力劳动所得的对价，体现的是劳动者创造的社会价值。劳动者工资报酬主要由劳动者基本工资、绩效工资、津补贴和加班费组成。本次调查中，劳动者工资报酬以行业、规模、登记注册类型等维度进行分析和了解，同时还从工资报酬合理性、公平性等方面对地区劳动者报酬进行深入分析。

### （一）工资报酬水平现状分析

#### 1. 整体工资报酬水平

调查结果显示，本次样本企业 2017 年度企业劳动者平均工资 69 775 元，与 2017 年长春市城镇非私营单位从业人员平均工资（72 136 元）相比低 3.4%。

在所有参加调查的劳动者中，有 90%的劳动者工资报酬高于 34 415 元（低位数），50%的劳动者工资报酬高于 67 820 元（中位数），中位数小于平均值，这说明长春的低收入劳动者所占比重更大，超过一半的劳动者的工资报酬水平在平均工资以下；10%的劳动者工资报酬高于 138 961 元（高位数）[①]，如图 7 所示。

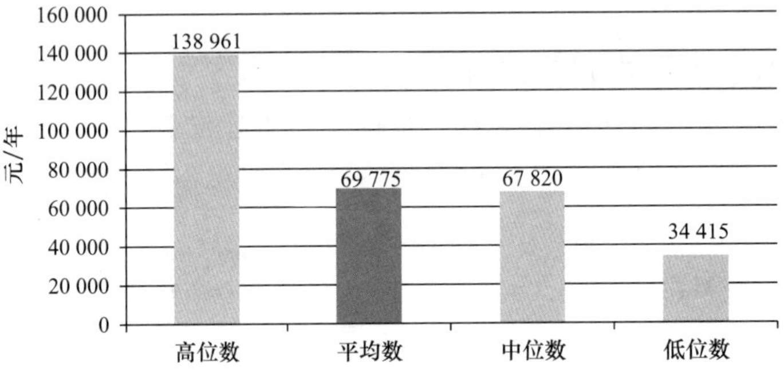


图 7　整体工资报酬水平

#### 2. 分行业的劳动者工资报酬水平

在本次重点调查的 15 个行业，从门类看，行业间工资报酬水平差距较大。平均工资报酬水平最高的三个行业是金融业（130 953.43 元）、科

① 高位数、中位数、低位数值分别指将本职业大类所有劳动者工资报酬自低到高排序后，排在第 10%、50%和 90%位的数字。

学研究和技术服务业（89 859.38 元）、电力、热力、燃气及水生产和供应业（81 139.76 元）；平均水平最低的三个行业是居民服务、修理和其他服务业（43 323.69 元）、住宿和餐饮业（43 896.23 元）和批发零售业（44 263.46 元），如图 8 所示。平均工资报酬最高的金融业和平均工资报酬最低的居民服务、修理和其他服务业相差约 3 倍。

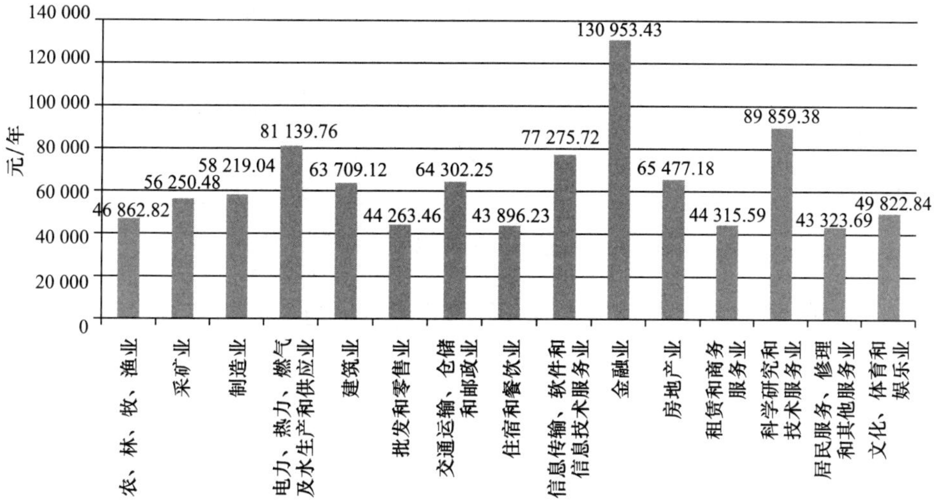


图 8　分行业的劳动者工资报酬水平

### 3. 分企业规模的劳动者工资报酬水平

本次调查的规模按照《统计上大中小微型企业划分方法（2017）》，主要以从业人员、营业收入、资产总额等指标或替代指标为划分依据；将企业分为大型、中型、小型和微型四个等级。

总体来看，规模大小与工资报酬水平高低具有明显的正相关关系，即规模越大，工资报酬水平越高。大型企业劳动者平均工资报酬水平（89 922 元）是微型企业劳动者平均工资报酬水平（53 555 元）的约 1.68 倍，如图 9 所示。

### 4. 分经济类型的劳动者工资报酬水平

企业按登记注册类型分为三大类：内资企业、中外合资经营企业和外商投资企业。其中，内资企业又可再分为国有、集体、私营等八个细类。

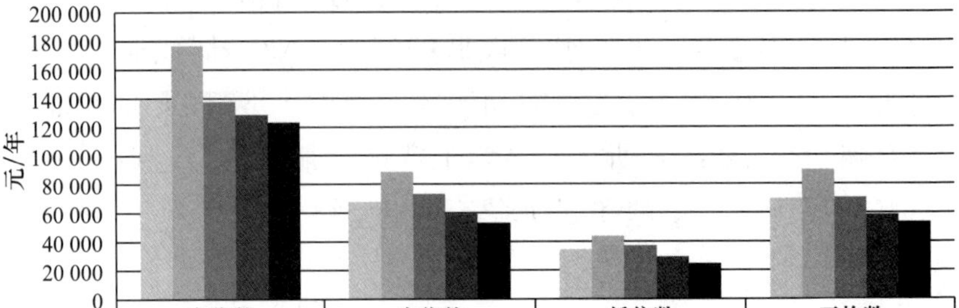


| | 高位数 | 中位数 | 低位数 | 平均数 |
|---|---|---|---|---|
| 综合 | 138 961 | 67 820 | 34 415 | 69 775 |
| 大型企业 | 176 695 | 88 636 | 43 761 | 89 922 |
| 中型企业 | 137 828 | 73 124 | 37 107 | 70 432 |
| 小型企业 | 128 589 | 59 158 | 29 447 | 58 567 |
| 微型企业 | 123 418 | 53 120 | 24 583 | 53 555 |

图 9　分企业规模的劳动者工资报酬水平

在内资企业中，股份有限公司、国有企业的劳动者工资报酬水平较高，分别为 72 307 元、68 298 元。中外合资经营企业劳动者工资报酬为 100 582 元，外资企业劳动者工资报酬为 74 667 元，如图 10 所示。

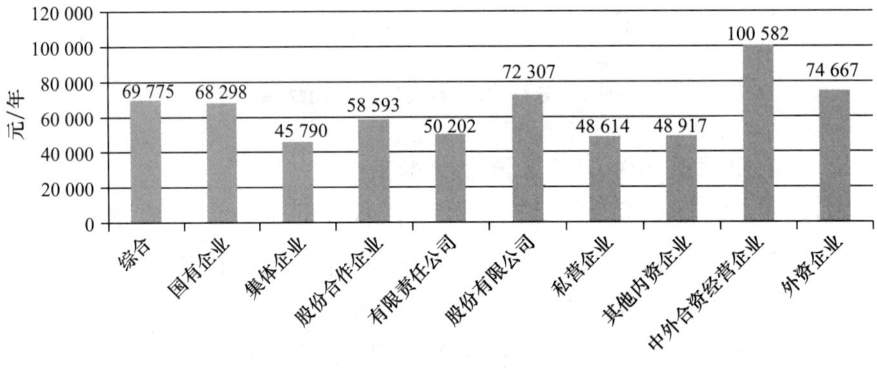


图 10　不同经济类型企业的劳动者工资报酬水平

5. 不同学历的劳动者工资报酬水平

分不同学历来看，研究生及以上年平均工资报酬为 103 482 元，大学本科年平均工资报酬为 77 399 元，大学专科年平均工资报酬为 66 567 元，高中、中专和技校年平均工资报酬为 54 386 元，初中及以下年平均工资报酬为 45 984 元，学历要素对整体收入分配格局有着正向激励，如图 11 所示。

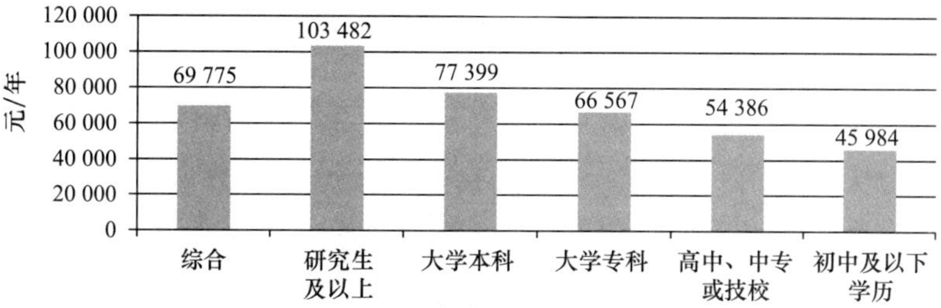


图 11　不同学历劳动者工资报酬水平

### 6. 分职业的劳动者工资报酬水平

本次调查涉及 6 个职业大类：单位负责人[①]、专业技术人员、办事人员、商业服务业人员、农林牧渔水利业生产工人和生产运输工人。2017 年劳动者平均工资报酬高于全部劳动者工资报酬平均值的有两个职业大类，分别是单位负责人（115 246 元）和专业技术人员（99 653 元）。另外四个职业大类职业的劳动者工资报酬都低于整体平均水平，分别是办事人员（59 684 元），商业服务业人员（61 258 元），农、林、牧、渔业生产工人（43 663 元）和生产运输工人（63 271 元），如图 12 所示。

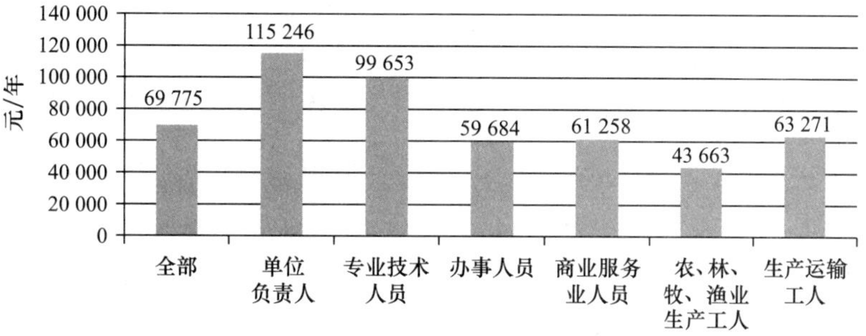


图 12　不同职业劳动者的工资报酬水平

从职业细类看，工资报酬水平比较高的主要是一些对管理或技能要求较高的职业，如企业中高层管理者和部分专业技术人员，其全年报酬都达到 10 万元以上；低工资的职业主要集中在商业服务业和制造业的一线岗位或工种，其工资报酬不足平均水平的一半。详见表 1。平均工资报酬最高的职业（企业董事）和平均工资报酬最低的化工添加剂生产工相差 13.2 倍。

① 本大类中不仅包含企业负责人，还包括企业的中层管理人员、基层管理人员。

表 1　　最高与最低工资报酬的职业对比

| 10个工资报酬水平最高的职业 | | 10个工资报酬水平最低的职业 | |
|---|---|---|---|
| 职业类别（细类） | 平均工资报酬（元/年） | 职业类别（细类） | 平均工资报酬（元/年） |
| 企业董事 | 321 232 | 化工添加剂生产工 | 24 180 |
| 企业总经理 | 288 673 | 啤酒酿造工 | 25 620 |
| 研究和开发部门经理 | 194 786 | 咖啡师 | 26 000 |
| 生产经营部门经理 | 170 880 | 其他林业生产人员 | 26 600 |
| 财务部门经理 | 150 252 | 缝纫品整型工 | 29 580 |
| 行政部门经理 | 144 187 | 生化药品制造工 | 29 976 |
| 销售和营销部门经理 | 140 556 | 裁剪工 | 30 100 |
| 法律顾问 | 130 477 | 纺纱工 | 30 530 |
| 采购部门经理 | 127 551 | 康乐服务员 | 30 676 |
| 人事部门经理 | 123 075 | 园林绿化工 | 31 301 |

### 7. 分岗位等级的工资报酬水平

岗位等级根据职业的不同进行划分和确定。单位负责人下分高级管理岗、一级部门管理岗和二级部门管理岗；办事人员有其他管理岗；单位负责人岗位和办事人员岗位都归属于管理岗位。专业技术人员下分高级职称、中级职称、初级职称和没有取得专业技术职务四个等级；商业服务业人员、农林牧渔水利业生产工人、生产运输工人都属于一线作业服务人员，下分高级技师、技师、高级技能、中级技能、初级技能和没有取得资格证书六个等级。

总体来看，各职业劳动者工资报酬水平均随岗位等级增加而增加。在单位负责人和办事人员中，高级管理岗、一级管理岗和二级管理岗的工资报酬水平分别是普通无职务管理人员的 2.7 倍、2.3 倍、1.5 倍；有职称的专业技术人员中，高级、中级、初级职称劳动者和没有取得专业技术职务的工资报酬比例为 1.8∶1.5∶1.1∶1。一线操作人员中，工资报酬最高的是高级技师，相当于初级技能人员的 1.5 倍，如图 13 所示。

## （二）工资报酬分析

### 1. 工资报酬行业差距分析

从行业内部工资报酬差距来看，首先是制造业的内部工资收入差距最大，工资高位数和低位数之比为 3.9；其次是信息传输、软件和信息技术服务业，为 3.8；再次是批发和零售业，为 3.7；行业内部工资收入差距最小的行业是交通运输、仓储和邮政业，工资高位数和低位数之比为 2∶1，见表 2。

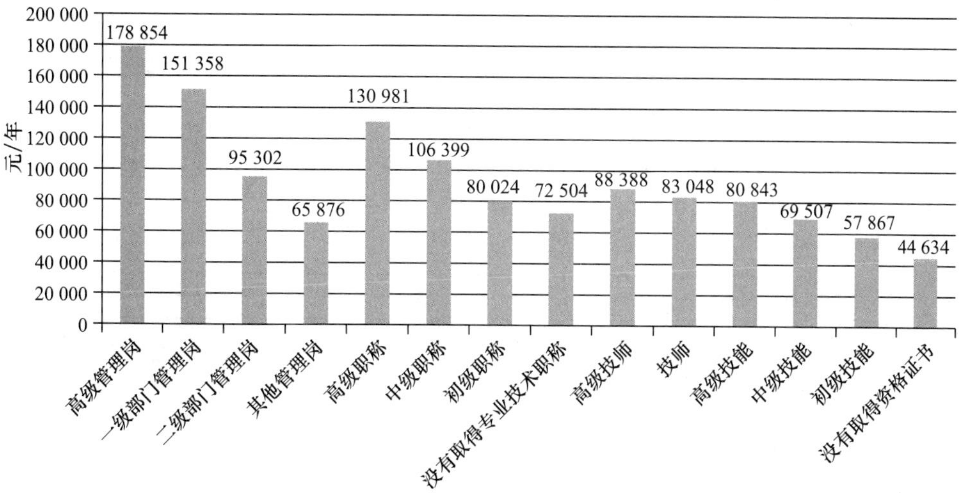


图 13　分岗位等级劳动者工资报酬

表 2

工资报酬行业差距分析

| 行业门类 | 高位值（元/月） | 低位值（元/月） | 高位值/低位值 |
|---|---|---|---|
| 综合 | 114 073 | 29 621 | 3.9 |
| 制造业 | 113 523 | 29 083 | 3.9 |
| 信息传输、软件和信息技术服务业 | 127 423 | 33 221 | 3.8 |
| 批发和零售业 | 93 436 | 25 583 | 3.7 |
| 房地产业 | 118 064 | 35 251 | 3.3 |
| 农、林、牧、渔业 | 98 606 | 29 959 | 3.3 |
| 科学研究和技术服务业 | 110 140 | 33 489 | 3.3 |
| 租赁和商务服务业 | 92 624 | 28 435 | 3.3 |
| 建筑业 | 104 805 | 33 698 | 3.1 |
| 金融业 | 119 195 | 39 972 | 3.0 |
| 文化、体育和娱乐业 | 90 913 | 30 518 | 3.0 |
| 住宿和餐饮业 | 63 176 | 22 662 | 2.8 |
| 采矿业 | 75 130 | 27 027 | 2.8 |
| 居民服务、修理和其他服务业 | 68 856 | 26 553 | 2.6 |
| 电力、热力、燃气及水生产和供应业 | 99 580 | 42 430 | 2.3 |
| 交通运输、仓储和邮政业 | 60 892 | 29 271 | 2.1 |

### 2. 不同用工形式工资报酬差距分析

从用工形式看，劳动合同用工的平均工资报酬为73 510元，劳务派遣用工为54 450元，前者比后者高 35%，如图 14 所示。各类劳动合同用工中，工资报酬最高的是签署无固定期限劳动合同的劳动者，和以完成一定工作任务为期限的劳动合同工相差约 1.5 倍。

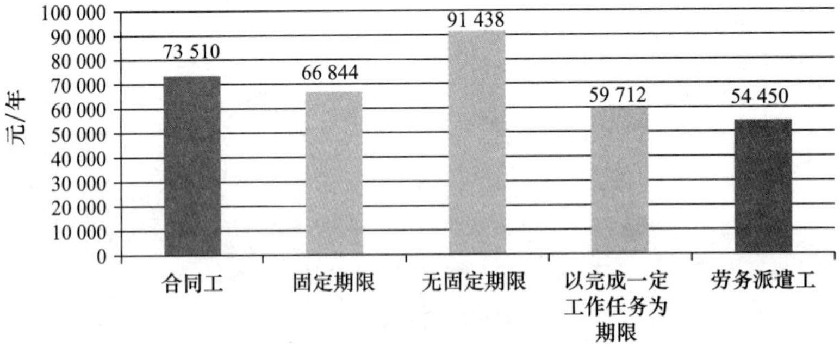


图 14　不同用工形式工资报酬水平

## 三、企业人工成本数据分析

人工成本是指企业在生产、经营和提供劳务活动中因使用劳动力而支付的所有直接和间接费用的总和。人工成本主要由从业人员劳动报酬、福利费用、教育经费、保险费用、劳动保护费用、住房费用和其他人工成本等七项构成。本报告中企业人工成本数据以行业、规模、登记注册类型等为基础进行分析，除企业人工成本水平之外，还设计专门指标对人工成本结构、人工成本投入产出进行了详细的分析，以更好地了解长春企业人工成本水平。

（一）企业人工成本现状

### 1. 企业人工成本整体水平

调查结果显示，长春市 2017 年度企业人工成本水平为 7.8 万元。

### 2. 分行业企业人工成本水平

在本次调查的行业门类中，人工成本水平最高的三个行业是金融业（18.3 万元）、信息传输软件和信息技术服务业（11.9 万元）、房地产业（10.0 万元），平均水平最低的三个行业是住宿和餐饮业（5.1 万元），居民服务、修理和其他服务业（5.4 万元），交通运输、仓储和邮政业（6.2 万元），如图 15 所示。

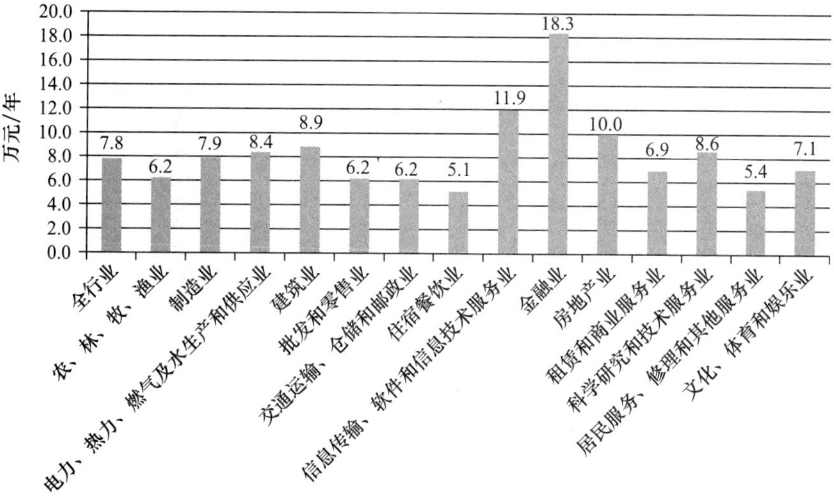


图 15　从业人员人均人工成本

### 3. 分企业登记注册类型人工成本水平

在所有经济类型的企业中，2017 年度企业人工成本水平最高的是外资企业（10.0 万元），第二是中外合资经营企业（9.5 万元），第三是国有企业（9.3 万元），如图 16 所示。

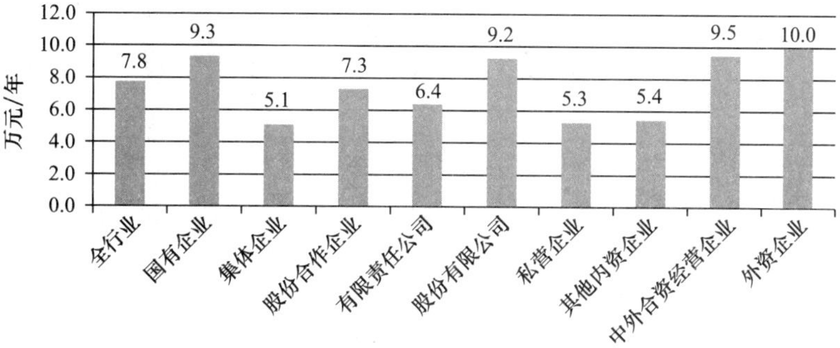


图 16　各经济类型企业从业人员人均人工成本

（二）人工成本结构分析

### 1. 整体人工成本结构分析

人工成本效能的充分发挥依赖于合理的人工成本结构，人工成本构成众多要素中，从业人员劳动报酬比重最高，为 70.6%，其次是保险费用（12.9%），第三是住房费用（6.6%），三者累计超过 90%，如图 17 所示。

2. 分行业企业人工成本构成

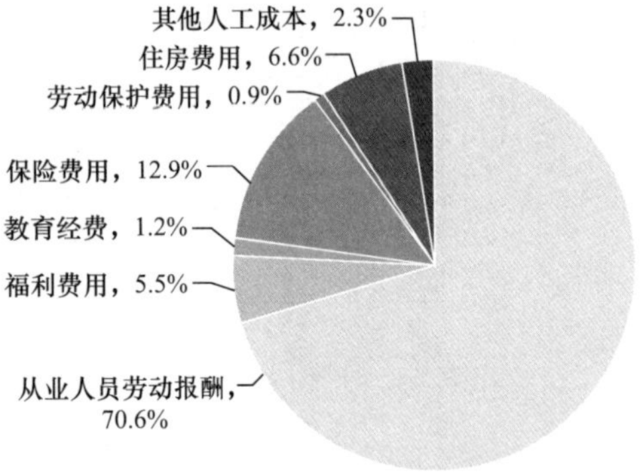


图 17　企业人工成本构成情况

不同行业从业人员劳动报酬比重高低不同，居民服务、修理和其他服务业的从业人员劳动报酬比重最高（80.1%），最低的是制造业（67.7%），如图 18 所示。具体分析各重点行业人工成本构成，从教育费用占比来看，制造业、农、林、牧、渔业、电力、热力、燃气及水生产和供应业的教育费用占比最高，教育费用直接影响到行业未来发展前景。从福利费用占比来看，福利费用占比最高的行业依次为制造业、电力、热力、燃气及水生产和供应业、信息传输、软件和信息技术服务业，企业福利费用可以直接影响到职工工作满意度，行业福利费用越高，行业越有可能吸引到人才。

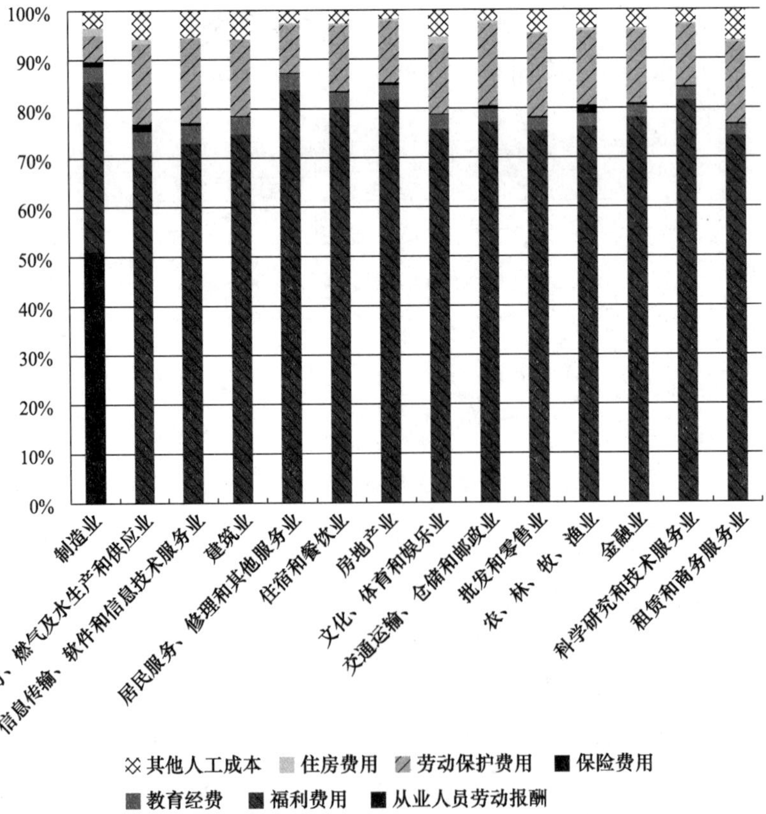


图 18　分行业人工成本构成

### 3. 分登记注册类型企业人工成本构成

从登记注册类型看，不同注册类型的企业人工成本结构也有所不同。从业人员劳动报酬占比方面，各登记注册类型基本都在75%上下浮动，集体企业最大，为79.5%；福利费用占比方面，各登记注册类型相差较大，最大的是股份合作企业，为5.7%，最小的是集体企业，仅为1.4%；保险费用占比方面，各登记注册类型也有一定差距，有限责任公司最大，为16.4%，如图19所示。

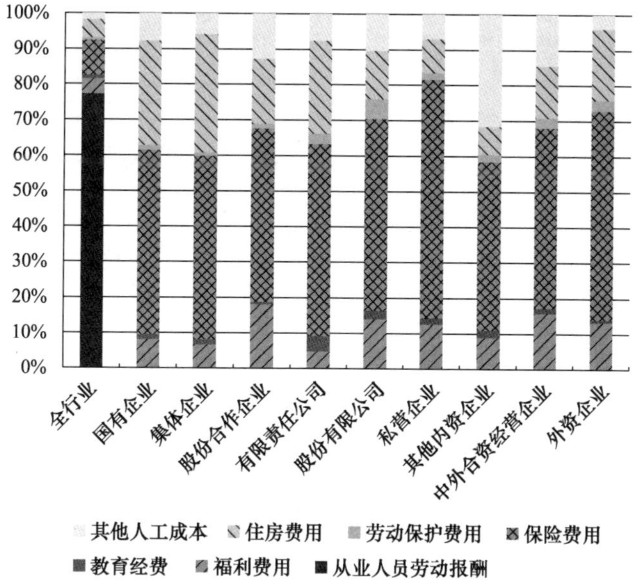


图19　分登记注册类型人工成本构成

（三）企业人工成本效益分析

本部分选取人事费用率、百元人工成本利润额作为衡量企业人工成本投入产出效益的两个指标。人事费用率是指人工成本总量与销售（营业）收入的比率，是反映企业人工成本投入产出的一个重要指标。人事费用率越高，企业的生产经营效率越低。百元人工成本利润额是人工成本利润率的另一种表现形式，人工成本利润率是指人工成本总额与利润总额的比率，是反映企业人工成本投入产出的另一个重要指标。人工成本利润率越高，企业的生产经营效益越好。

### 1. 分行业企业人工成本效益

2017年长春市企业整体人事费用率为19.0%。具体从各个行业的人事费用率来看，居民服务、修理和其他服务业人事费用率最高，达到 43.0%；其次是租赁和商务服务业，人事费用率为 37.9%；再次是科学研究和技术服务业，人事费用率为 28.8%；批发和零售业人事费用率最低，为 9.0%，如图 20 所示。

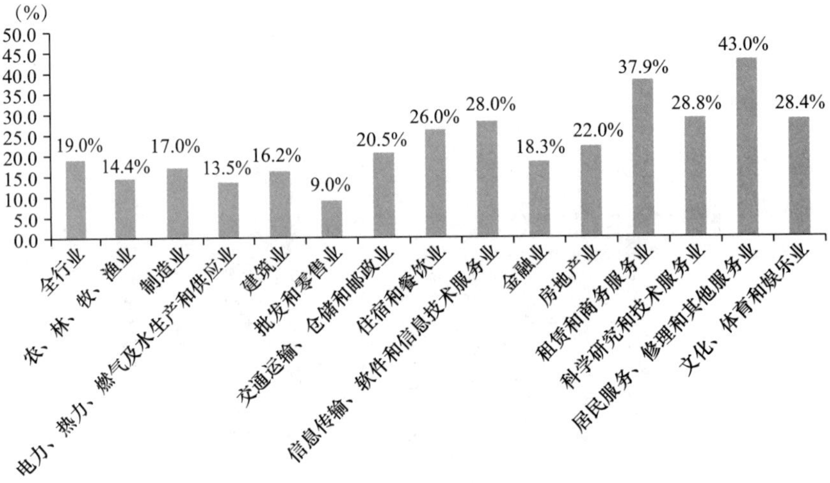


图 20　长春市 2017 年分行业人事费用率

2017 年长春市企业整体百元人工成本利润为 36.1 元。具体从各个行业的百元人工成本利润来看，金融业的百元人工成本利润最高，达到 233.0 元；科学研究和技术服务业的百元人工成本利润最低，为 17.7 元，如图 21 所示。

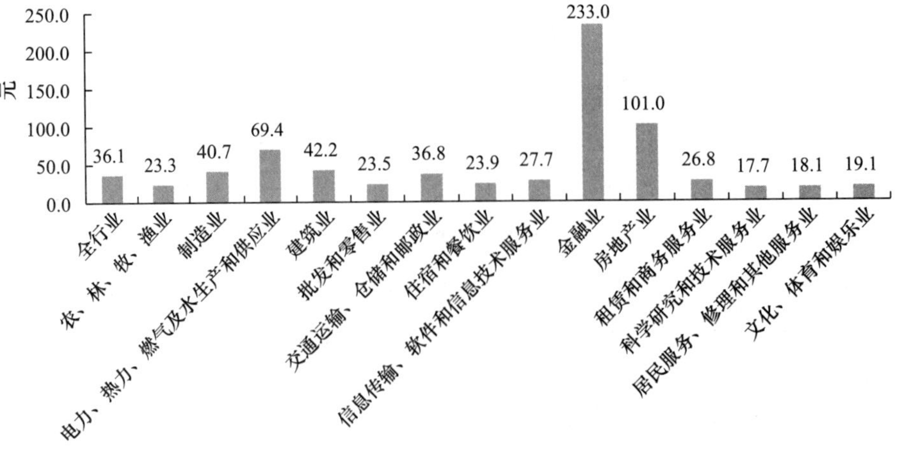


图 21　分行业百元人工成本利润

2017年长春市企业整体人工成本占总成本比重为24.0%。其中，居民服务修理和其他服务业、租赁和商务服务业、科学研究和技术服务业等三个行业的人工成本占总成本比重最高，分别为46.0%、40.6%、37.6%；批发零售业和电力、热力、燃气及水生产和供应业的人工成本占总成本的比重最低，都不大于15%，分别为10.0%、14.0%，如图22所示。

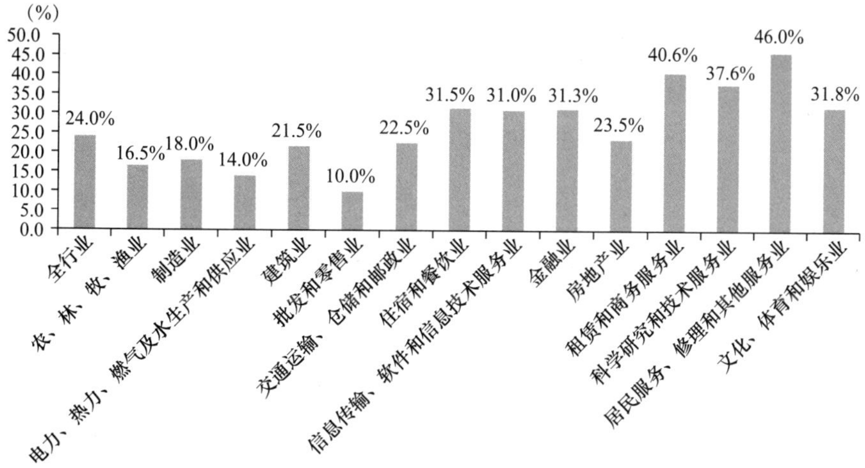

图22　分行业人工成本占总成本的比重

## 2. 分登记注册类型企业人工成本效益

从企业登记注册类型看，人事费用率方面，集体企业、国有企业、股份有限公司最高，分别为34.6%、25.0%、24.0%，如图23所示。从百元人工成本利润方面来看，股份合作企业最高，为105.1元，其次是外资企业，为39.4元，如图24所示。从人工成本占总成本比重方面来看，集体企业最高，为52.6%，然后是股份有限公司，为31.0%，如图25所示。

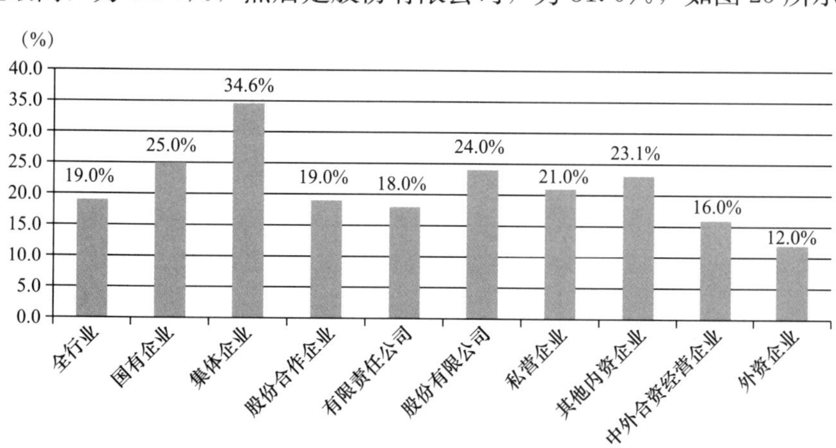

图23　分登记注册类型人事费用率

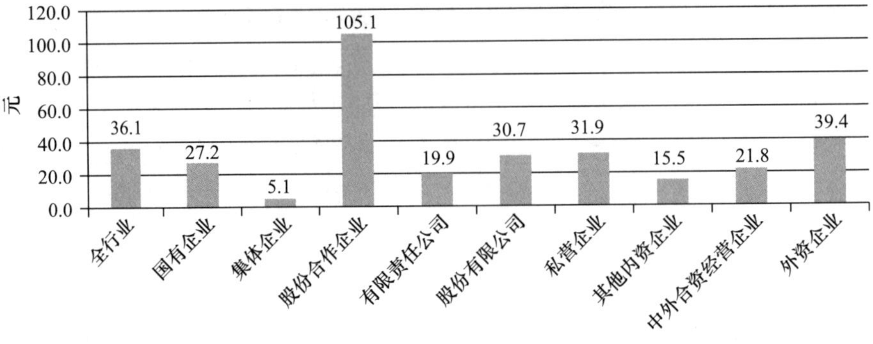


图 24　分登记注册类型百元人工成本利润

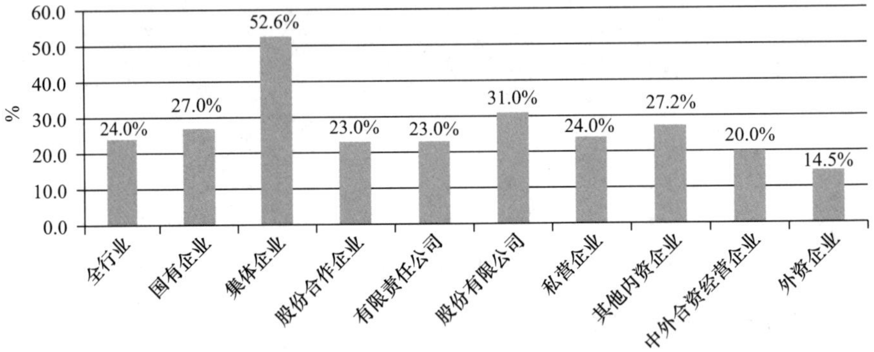


图 25　分登记注册类型人工成本占总成本比重

## 四、对标城市工资报酬分析

### （一）城市薪酬差异指数分析

城市薪酬差异指数是指各城市之间的薪酬差异度，本报告中的城市薪酬差异指数是以长春市 2017 年劳动者工资报酬总额 50 分位值为基准，和其他城市相同指标数据的比值。

在青岛、武汉、沈阳、大连、西安五个城市中，2017 年度长春地区整体薪酬水平与发达二线城市还有不小的差距，在六个二线城市中薪酬水平最低，如图 26 所示。

### （二）城市层级薪酬差异指数

城市层级薪酬差异指数是不同地区间的企业各层级员工年度总现金收入的差异。本报告以长春层级薪酬为基数，其他地区的层级薪酬差异指数是该地区与长春市的该层级的平均年度总现金收入的比例。

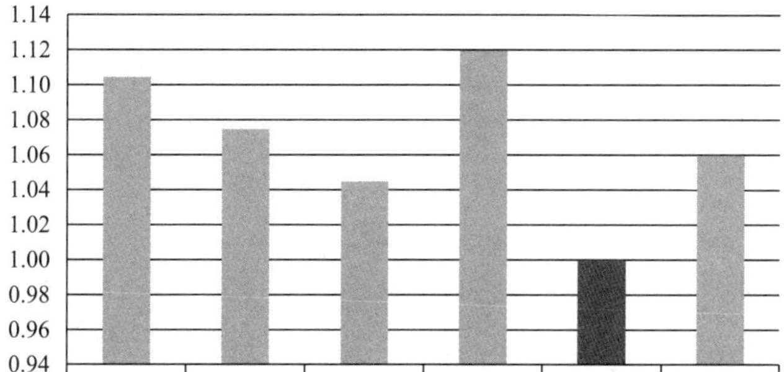


| | 青岛 | 武汉 | 沈阳 | 大连 | 长春 | 西安 |
|---|---|---|---|---|---|---|
| 系列1 | 1.10 | 1.07 | 1.04 | 1.12 | 1.00 | 1.06 |

注：对标城市数据主要来源于市场薪酬调查。

**图 26　城市薪酬差异指数**

在对标的城市中，2017 年的城市层级差异指数与城市薪酬差异指数的趋势一致。长春市的层级薪酬与发达二线城市的层级薪酬仍有较大差距。基层、中层管理人员的薪酬差异比较中，大连是长春的 1.11 倍，青岛、武汉、西安、沈阳分别是长春的 1.09 倍、1.06 倍、1.07 倍、1.01 倍。一般员工的薪酬差异比较中，大连是长春的 1.12 倍，青岛、武汉、西安、沈阳分别是长春的 1.11 倍、1.10 倍、1.09 倍、1.04 倍，如图 27 所示。

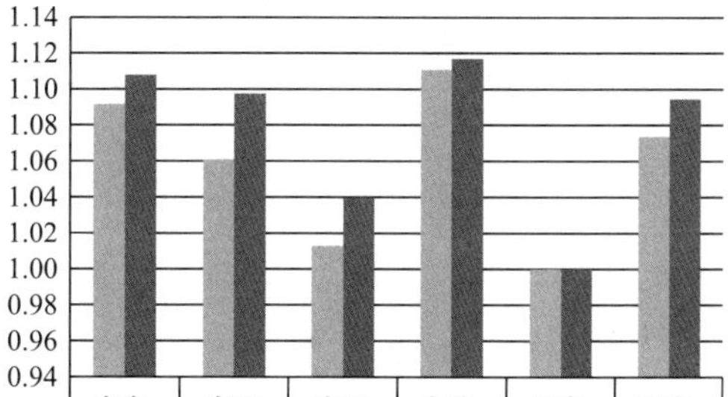


| | 青岛 | 武汉 | 沈阳 | 大连 | 长春 | 西安 |
|---|---|---|---|---|---|---|
| 基层、中层管理人员 | 1.09 | 1.06 | 1.01 | 1.11 | 1.00 | 1.07 |
| 一般员工 | 1.11 | 1.10 | 1.04 | 1.12 | 1.00 | 1.09 |

**图 27　城市层级薪酬差异指数比较**

（三）重点行业薪酬差异分析

根据城市产业特点及国家行业分类，为进一步了解城市重点行业间的城市薪酬差异，特选取了制造业，信息传输、软件和信息技术服务业，建筑业，批发和零售业，交通运输、仓储和邮政业以及住宿和餐饮业六个行业进行比较分析。

总体来看，各行业地区薪酬差异与城市整体薪酬差异趋势一致。大连和青岛薪酬水平最高，其次是武汉和西安，最后是沈阳和长春，如图28所示。

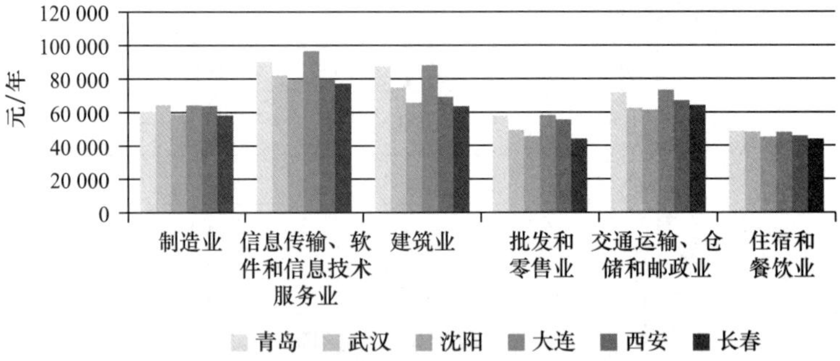


图28 城市重点行业薪酬水平比较

（四）不同岗位等级薪酬差异分析

总体来看，长春地区各岗位等级薪酬与青岛、武汉、沈阳、大连、西安等其他城市薪酬差异表现出明显的一致性：青岛、大连薪酬水平最高，其次是武汉和西安，最后是沈阳和长春。从各岗位等级来看，随着等级降低，城市间薪酬差异逐渐减小，到一线作业服务人员在城市间的薪酬相差不多。高级管理岗长春与最高的大连相差约30%，与沈阳相比低约7%；一线作业、服务人员，长春比最高的大连低约26%，比最低的西安高约1%，如图29所示。

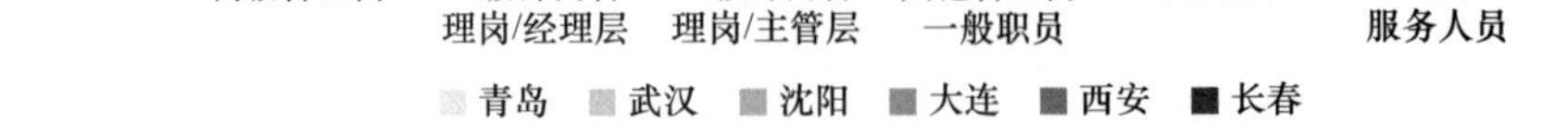


图29 不同岗位等级薪酬水平比较

## 五、总结

（一）整体工资报酬水平有待提高

调查结果显示，本次样本企业2017年度企业劳动者平均工资69 775

元，与 2017 年长春市城镇非私营单位从业人员平均工资（72 136 元）相比低 3.4 个百分点。在青岛、武汉、沈阳、大连、西安五个城市中，2017 年度长春地区整体薪酬水平与发达二线城市还有不小的差距，在六个对标二线城市中薪酬水平最低。

（二）技术技能型员工薪酬水平快速增长

调查发现，技术技能型员工（如中级以上职称的专业技术人员和技师以上的一线职工）的工资水平快速增长，已经超过一般管理岗位员工的薪酬水平。其中，中级职称以上的专业技术人员的工资水平接近一级管理岗，技师以上的一线职工的工资水平达到二级管理岗。

（三）人工成本结构存在优化空间

长春市的企业人工成本结构行业差异较大。居民服务、修理和其他服务业的从业人员劳动报酬比重最高（80.1%），最低的是制造业（67.7%）。从人工成本结构上看，各行业在住房费用、福利费用上差异较明显，行业人工成本结构存在优化空间。在教育经费上，各行业、类型、规模企业教育经费占比均较低。由此可见，结合未来长春市的发展趋势来看，在教育经费上，各企业仍有较大提升空间。

（四）人工成本效益有待优化

2017 年长春市企业整体人事费用率为 19.0%，百元人工成本利润额为 36.1 元，人工成本占总成本比重为 24.0%。百元人工成本利润水平大部分行业不超过 100 元，仅有两个行业（金融业和房地产业）超过 100 元，企业人工成本支出较大，效益不高。因此，长春市提升企业竞争力的直接有效方法就是优化企业人工成本结构，提高企业的人工成本效益。

## 六、长春地区企业薪酬调查建议

（一）落实协调共享理念，优化收入分配格局

长春各个行业、各个岗位等级之间的平均工资报酬水平均存在一定差异，未来地区发展需要更加注重公平性；落实协调、共享发展理念，进一步深化企业工资分配制度改革，逐步完善收入分配格局，缩小区域之间、行业之间、企业之间、劳动者之间的工资报酬差距。

积极推进工资决定和正常增长机制建设。加强工资集体协商的分类指导，推进企业实行集体合同制度，不断扩大集体协商和集体合同覆盖范围。同时合理调整最低工资标准，完善最低生活保障制度。根据地区

经济社会动态发展情况，实行最低工资标准调整评估机制，合理确定地区最低工资。同时坚持完善最低生活保障制度，结合区域实际情况，配合出台一系列适合且行之有效的低保政策。

（二）着力推进供给侧结构性改革，深化人工成本改革

针对企业面临经营不善、企业人工成本日益上升等问题，应当进一步通过降低社会保险费成本、降低人力资源公共服务成本，进而降低企业人工成本，为企业减负。

着力降低企业用工费用。调低单位职工养老保险单位缴费费率和基数下限、用人单位职工医疗保险缴费费率、失业保险费率、工伤保险费率，降低社保费用，降低企业上缴部分工会经费等，实施稳岗补贴政策。另外，在留人、育人政策设计中，鼓励教育经费的使用。对高新技术企业、技术先进型服务企业发生的职工教育经费支出不超过工资薪金总额一定比例部分，准予在计算应纳税所得额时扣除；或者对特殊企业和符合条件企业的职工培训费用，准予单独进行核算并可按实际发生额在计算应纳税所得额时扣除。

（三）加强人工成本监测，为企业和劳动者提供指导

完善企业薪酬调查制度，掌握不同行业人工成本状况。一方面指导企业薪酬定位、调整和制定适合企业自身的薪酬策略，建立兼具内部公平性和外部竞争性的薪酬体系，以便更好地吸引、激励和保留员工，解决缺工问题；另一方面帮助劳动者了解企业薪酬信息，增强信息对称，根据岗位薪酬情况进行就业择业。

（四）强化政府公共服务，健全人力资源市场

统一人力资源市场公共服务的管理体制、运行机制、服务标准和绩效考核制度，提升人力资源市场公共服务的个性化、科学化、精细化、均等化水平，是我市健全人力资源管理要素，提升人力资源管理水平，增强人才竞争力的重要抓手，是促进产业优化升级的重要保障。

长春市的工资报酬水平保持稳中有升的态势，但是人才竞争力不足。因此，通过政府公共服务，建立健全人力资源市场，以优质的服务和科学的发展规划，快速提升人才吸引能力。

（五）持续开展企业薪酬调查，加强薪酬调查成果应用

长春市已开展多年企业薪酬调查工作，取得了显著成效。未来应持续开展企业薪酬调查工作，在现有工作的基础上，推进企业薪酬调查制

度的完善。

一方面，应建立评价工资收入关系合理性的指标体系。在经济社会发展中，作为服务型政府，更好地指导和带动地区发展必不可少。目前评价工资收入关系合理性的指标众多，长春市应根据实际情况，筛选和确定最合适和最能反映长春市工资收入关系合理性的指标，结合薪酬调查工作，建立评测指标长期观测机制，以评价地区目前收入分配关系合理性，指导工资分配宏观调控。

另一方面，应加强薪酬调查数据的宣传和成功应用。企业薪酬调查工作的成果之一是《长春市劳动力市场工资指导价位报告》（以下简称报告）。报告包含的数据量大，维度多，对企业制定薪酬策略和合理的薪酬定位有很大的指导作用。因此，应加强对薪酬数据的宣传，使薪酬调查工作成功惠及更多企业和劳动者。同时，加强开展薪酬调查成果报告培训，使企业和劳动者明确数据如何成功与企业运营现状结合，使报告能物尽其用，发挥最大社会成效。

## 参考文献

［1］魏蜀明. 企业薪酬调查的设计与实施［J］. 企业改革与管理，2010（11）：54-55.

［2］李晓峰. 如何进行有效的薪酬调查分析［J］. 中国管理信息化，2018（10）：115-116.

［3］潘琦芳，段志强. 论薪酬调查结果的合理使用［J］. 科技情报开发与经济，2007（10）：239-240.

［4］王迪. 中国邮政集团有限公司长春市分公司揽投员薪酬体系优化研究［D］. 长春：吉林大学，2020.

［5］巫强. 企业规模、毕业生起薪与效率工资——基于某工业园区 IT 企业薪酬调查数据的工资规模效应分析［J］. 珞珈管理评论，2010（1）：70-77.

# 组织支持感对新生代员工离职倾向的影响——基于莆田市中小企业的调查[①]

林喜庆　吴晓萍[②]

**摘　要：**文章以莆田市中小企业的新生代员工为研究对象，分析组织支持感对该地区新生代员工离职倾向的影响。通过设计相应的问卷对莆田市新生代员工进行调查，并且利用SPSS对调查中所收集的样本数据进行研究，研究内容主要包括描述性统计研究、信度研究、效度研究、相关研究与回归研究。在对样本数据进行研究的基础上使文章假设得到验证，即组织支持感所包含的工作支持、价值认同和利益关心三部分变量都对新生代员工的离职倾向具有明显的负向影响。最后，本文根据研究结果从提供私人订制的工作支持，肯定并认可员工的价值等方面提出建议，旨在帮助企业留住新生代员工这些“新鲜血液”。

**关键词：**组织支持感　新生代员工　离职倾向

随着21世纪经济全球化以及劳动力市场的快速发展，新生代员工对于企业发展的重要程度已经毋庸赘述。新生代员工已经成为助力企业茁壮成长的“新鲜血液”。然而令人遗憾的是，新生代员工的流动性远超于

① 该篇论文获得“2019年全国人才与人事研究主题征文活动”二等奖。

② 林喜庆，莆田学院管理学院院长助理；吴晓萍，莆田学院管理学院人力资源管理专业本科生。

社会平均水平。

由于新生代员工所处的社会背景以及生长环境与以往的员工群体存在着较大差异，这些差异使其具有较为独特的个性化特征。这类群体缺乏安全感、极具个性化、注重自我实现的需要、极度渴望被关怀与重视并且面临着严重的离职问题。智联网站的调查结果显示，在新生代员工中具有跳槽经历的就占有 80%，在工作时间不到一年时便跳槽的新生代员工就占有 56%，甚至有 45.7%的新生代员工的跳槽次数大于三次。

有研究表明，员工的流动率所处的正常范围在 10%～20%，在这个范围内的员工流动率有助于让企业保持活力并实现优胜劣汰。然而如果离职率超出了这个正常范围则会给企业带来无法衡量的损失甚至导致企业危机的产生。企业对于员工离职成本的计算不仅包括显性方面还包括隐性方面，如时间成本、员工士气、企业的形象和稳定性等。这些损失对于任何一家企业都是不可估量的。因此如何留住新生代员工是目前企业面临的紧迫问题。对此，企业管理者心知肚明却不知从何下手，甚至有部分企业管理者认为只要提高新生代员工的薪酬福利等物质待遇便可轻松留住员工，但往往事与愿违。企业要从内部层面公正合理地处理现实问题，其中组织支持感主要是从组织层面关注员工的感受，着手解决并改善组织与员工之间的关系。已有研究表明，在企业中员工自身所感知到的来自组织的支持感对员工的离职倾向具有负向的预测作用。

目前对于员工离职的实证分析大体是从员工个人角度、公司政策内容以及劳动市场三个方面着手，本研究则是从员工个人角度出发，即探究员工在企业中所感知到的组织支持感对其离职倾向的影响程度。调查的对象为莆田市中小企业的新生代员工群体，调查结束后运用相关分析方法对样本进行分析研究，最后得出结论并从不同方面入手提出对策以帮助企业留住“新鲜血液”。

## 一、理论与假设

### （一）组织支持理论

社会交换理论是由霍曼斯所创立的一种著名理论。社会交换理论分析的是人类社会交往中的报酬和代价，即人在社会交往中的行为会受到交换活动的支配，这种交换活动具有奖励性质。这种社会交换可能在企业和员工之间也存在着。因为在工作中如果企业对员工表示出肯定与关怀，那么这种肯定与关怀会激发员工的积极性与热情，能够让企业在无形中创造出更高的绩效。组织拟人化的思想认为，企业中的员工在对企业进行评价的时候通常会将企业视为一个人并将企业管理者的行为当作整个企业的行为。

艾森贝格尔（Eisenberger）等基于社会交换概念和报酬原则的基础上提出了组织支持理论的概念并于 1986 年对组织支持理论进行了更深层次的理论研究。组织支持理论一经提出便受到了极大的关注，其重要意义在于将组织对员工的承诺和员工对组织的承诺进行了时间上面的先后划分，也就是企业对员工的承诺早于员工对企业的承诺。员工在组织内体会到的关心与重视成为员工想要继续在组织中不断工作并实现个人价值的现实因素。组织支持理论对组织支持感的界定取得了学术界的普遍认同，其将组织支持感界定为员工所取得的成绩受到了来自企业的重视与关怀。心理契约与组织支持感所关注的内容有所差异，心理契约的关注点为企业和员工在互惠方面的关系，而组织支持感的关注点为企业对员工的承诺。

（二）新生代员工的概念

当前国内外的许多学者对新生代员工的关注力度较大并对这一群体做了多种研究。国外学者从代际特征的角度将新生代员工的概念界定为在 20 世纪 80 年代后出生的 Y 一代人群。国内有学者指出新生代员工是指出生于20 世纪八九十年代的劳动力青年群体。国内学者刘维政（2009）将 1978 年以后出生的群体称为“新生代”，贺志刚（2006）和谢蓓（2007）都将新生代员工定义为 20 世纪 80 年代以后出生的年轻人群。即便各国专家在新生代员工的概念阐述方面略有差异，目前在学术上也没有一种统一的标准，但是总体上学者们参考的大多是出生时间。我国学者对新生代员工的特点方面也做了研究，郜亮（2016）认为这类群体表现较为突出的方面在于成就动机、创新力和平等自由，表现较差的方面在于抗压性和耐受性。赵宜萱、徐云飞（2016）认为新生代员工较好的特点在于学习和接受新事物的能力较强且具有较高的文化水平，但是在这些较好的特点背后也存在着不足，如个人主义较强和心理承受能力差等。

本文将新生代员工定义为出生时间在 20 世纪 80 年代后并已经进入职场的劳动力群体。

（三）离职倾向的概念

关于离职，国外学者莫布里（1982）将员工的离职行为分为主动离职和被动离职两个方面，前者是员工因内心想法终止自身和组织之间雇佣关系的行为，后者是组织根据组织的意愿终止组织与不符合要求的员工间雇佣关系的行为。主动离职是由员工根据个人意愿提出的，随机性较大，员工离职行为所带来的显性和隐性成本的增大会对企业造成不可估量的影响。

离职倾向是指员工产生了想要离开目前所处组织的一种意向，并且这种意向是员工在组织中工作了一段时间后经过考虑产生的。虽然这种想要离开当前组织的意向最终不一定会使离职行为产生，但是它能够起到预测作用。离职倾向与离职行为虽然意义相近但是实质不同，前者的关注点在于员工的态度意向方面，而后者更为关注的是员工所产生的实际的离职行为。

（四）研究假设

本文重点分析组织支持感对新生代员工离职倾向带来的影响。目前组成组织支持感的部分包含工作支持、价值认同以及利益关心三个方面。具体的研究假设如下：

假设 1：工作支持对新生代员工的离职倾向具有明显的负向影响；

假设 2：价值认同对新生代员工的离职倾向具有明显的负向影响；

假设 3：利益关心对新生代员工的离职倾向具有明显的负向影响。

## 二、问卷研究与统计分析

（一）问卷研究

### 1. 问卷设计

本研究根据研究所提出的问题与假设设计问卷，在具体的量表挑选上主要使用信度和效度都较高的比较成熟的且已顺利得到各国专家检验的量表。本文采用的量表主要在现有完善的量表基础上参考现实需求做出相应的调节以及更改。问卷总共包括三方面，首先是被调查者的个人基本信息，其次是组织支持感量表，最后是离职倾向量表。问卷总题数为 34 题，其中个人信息部分共有 7 题，组织支持感量表共有 23 题，离职倾向量表共有 4 题，问卷涉及的两个量表的记分方式均采用 5 点计分法，见表 1。

表 1　　问卷组成形式

| 组成部分 | 参考来源 | 题项个数 |
| --- | --- | --- |
| 个人基本信息 | 性别、出生年份、婚姻状况、教育程度、在本企业中的职位、所在的岗位类型、在本企业的工作年限 | 7 |
| 组织支持感量表 | 参考凌文铨（2006）的组织支持感量表 | 23 |
| 离职倾向 | 参考 Mobley（1978）提出的离职倾向量表 | 4 |

（1）个人基本信息。本次对于新生代员工基本信息的收集共选取了 7 项信息进行收集，这 7 项信息分别为性别、出生年份、婚姻状况、教育程度、在本企业中的职位、所在的岗位类型、在本企业的工作年限。

（2）组织支持感量表。为全面掌握新生代员工在公司内体会到的组织支持感状况对离职倾向的影响，本次问卷的组织支持感量表采用的是凌文铨（2000）的三维度的测量方法，并在此基础上进行适当的修改。其中，构成问卷第二部分的组织支持感量表的三部分和包括的题数主要是：工作支持维度 9 题、价值认同维度 7 题、利益关心维度 7 题。

（3）离职倾向量表。国内学者在研究员工离职倾向时所采用的量表主要包括是樊景立设计的和我国文化环境相符合的量表，一般包括 4 个题目，分别是“我经常想立刻把工作辞掉”“我明年有可能会离开现在的公司而去寻找其他的岗位”“我想在公司内长久发展”“继续待在本公司会影响我以后的发展”。樊景立开发的该量表经过学术界的实证研究后被认为是目前信度和效度均较高的量表。此外，我国学者黄春生也提出了离职量表，主要包括“我会寻找其他的岗位”“假如有合适的工作，我会接受”两个题目。国外学者对于离职倾向方面的研究目前信度较高的为学者 Mobley 的量表，量表包含“我计划在这个单位作长期的职业发展”等题项。本研究采用的是学者莫布里的离职倾向量表并根据实际需要作适当的小幅修改。

**2. 数据收集与整理过程**

此次问卷调查的对象为莆田市中小企业的新生代员工，问卷主要以问卷星的链接方式进行。自 2019 年 2 月开始进行问卷调查，历时 8 天，整个调查过程共发放 127 份并全部回收，回收率为 100%。在回收的 127 份问卷中有 10 份问卷为无效问卷，将这 10 份无效问卷剔除后得到有效问卷 117 份，有效率为 92.12%。本次研究被调查对象的个人基本情况见表 2。

**表 2　　被调查对象的个人基本情况**

| 变量 | 类别 | 人数 | 百分比（%） |
|---|---|---|---|
| 性别 | 男 | 47 | 40.17 |
| | 女 | 70 | 59.83 |
| 出生年份 | 1980—1985 年 | 7 | 5.98 |
| | 1986—1990 年 | 20 | 17.09 |
| | 1991—1995 年 | 31 | 26.50 |
| | 1996—2000 年 | 59 | 50.43 |
| 婚姻状况 | 未婚 | 87 | 74.36 |
| | 已婚 | 30 | 25.64 |
| 教育程度 | 高中及以下 | 4 | 3.43 |
| | 大专 | 11 | 9.40 |
| | 本科 | 96 | 82.05 |
| | 硕士及以上 | 6 | 5.13 |
| 在企业中的职位 | 普通员工 | 68 | 58.12 |
| | 基层管理人员 | 25 | 21.37 |
| | 中层管理人员 | 20 | 17.09 |
| | 高层管理人员 | 4 | 3.42 |
| 所在的岗位类型 | 销售/运营 | 18 | 15.38 |
| | 财务/会计 | 9 | 7.69 |
| | 研发/技术 | 13 | 11.11 |
| | 行政后勤 | 13 | 11.11 |
| | 人力资源 | 45 | 38.46 |
| | 生产 | 5 | 4.27 |
| | 其他 | 14 | 11.97 |
| 在本企业的工作年限 | 1 年以下 | 61 | 52.14 |
| | 1～2 年 | 29 | 24.79 |
| | 3～5 年 | 22 | 18.80 |
| | 6～10 年 | 5 | 4.27 |
| | 10 年以上 | 0 | 0 |

（二）基本统计分析

本次研究使用 SPSS22 对样本数据进行分析，其中包括描述性统计分析、两个量表的信度分析、量表的效度分析及组织支持感与离职倾向的相关分析和回归分析。

**1. 描述性统计分析**

本次问卷选取的对象是莆田市中小企业的新生代员工。从表 2 可知本次调查对象在性别比例方面，女性所占比例较大，占样本总数的 59.83%，男性为 40.17%。从出生年份来看，1980—1985 年出生的人数占样本总数的 5.98%，1986—1990 年出生的人数占样本总数的 17.09%，1991—1995 年出生的人数占比 26.50%，1996—2000 年出生的人数占比 50.43%，其中“90 后”比例最高，达到样本总数的 76.93%。从婚姻状况来看，未婚的比例为 74.36%，已婚的比例为 25.64%，大部分为未婚的新生代员工。从教育程度来看，本科生所占比例最高，占样本总数的 82.05%，高中及以下学历的占比最低，占样本总数的 3.43%，大专和研究生及以上的学历占比分别为 9.40%和 5.13%，由此可见，此次调查对象的教育程度普遍较高。在职位方面，普通员工占样本总数的 58.12%，基层管理人员占样本总数的 21.37%，中层管理人员占样本总数的 17.09%，高层管理人员占样本总数的 3.42%，总体来说，普通员工所占比例较大。就调查对象所在的岗位类型而言，人力资源岗位占比最大，为 38.26%，销售/运营岗位占比为 15.38%，研发/技术岗位与行政后勤岗位占比相等，为 11.11%，财务/会计岗位占比为 7.69%，生产岗位占比为 4.27%，其他岗位类型占比为 11.97%，总体而言，岗位类型分布较不平均。在本企业的工作年限方面，1 年以下所占比值是 52.14%，1～2 年所占比值是 24.79%，3～5 年所占比值是 18.80%，6～10 年所占比值是 4.27%，无在本企业工作年限 10 年以上的样本。

**2. 量表的信度分析**

对于量表的信度分析，学术界较常用的是内部一致性系数 Cronbach's $\alpha$，虽然本研究采用的是被国内外学术界认可的较为成熟的量表，但是在问卷设计过程中仍根据研究需要对量表进行了适当的调整，所以对量表的信度进行分析是不可或缺的。因此本研究采用 SPSS 研究中的信度研究方式，使用内部一致性系数 Cronbach's $\alpha$ 针对信度开展验证，得出系数 $\alpha$ 在 0～1 区间，数值高就表示量表内部一致性高，标准主要使用 Churchill

与 Peter 专家在 1984 年确定的，也就是假如系数超过 0.6 表示量表可以被接受，否则，要作出一定的更改。

（1）组织支持感量表信度分析，见表 3。

表 3　组织支持感量表信度分析

| 量表 | 题项 | Cronbach's α |
| --- | --- | --- |
| 工作支持 | 9 | 0.776 |
| 价值认同 | 7 | 0.790 |
| 利益关心 | 7 | 0.786 |

从表 3 可以看出，组织支持感量表中的三个维度的信度在量表信度标准的可接受范围内，工作支持维度内部一致性系数为 0.776，价值认同维度内部一致性系数为 0.790，利益关心维度的内部一致性系数是 0.786，表示三部分都表现出较高的内部一致性，且和整体之间有着密切的关系。所以，此部分量表设计符合需求。

（2）离职倾向量表信度分析见表 4。

表 4　离职倾向量表信度分析

| 量表 | 题项 | Cronbach's α |
| --- | --- | --- |
| 离职倾向 | 4 | 0.818 |

从表 4 可知，离职倾向量表得出的系数是 0.818，大于 0.8，则说明离职倾向量表具有非常好的信度，离职倾向量表的设计较为合理。

**3. 量表效度分析**

对于量表的效度分析，本研究利用 SPSS 软件计算所收集数据的 KMO 值和 Bartlett 球形检验值。通过计算这两个值以判断所收集的数据是否适合作因子分析。若 KMO 值大于 0.7，则能做因子分析，反之，则无法开展因子分析。Bartlett 球形检验值检测不同题项间的系数显著与否，假如显著，此时 Sig 值不超过 0.05，可以开展研究，否则，无法开展研究。其次使用主成分研究法开展分析，验证最终的效度，利用选取数据内特征值超过 1 的因子对量表开展研究。

（1）组织支持感量表效度分析见表 5。

表 5　　组织支持感量表 KMO 和 Bartlett 检验结果

| | | |
|---|---|---|
| 取足够量的 KMO | 度量 | 0.863 |
| Bartlett 球形检验 | Sig. | 0.000 |

从表 5 可知，组织支持感量表数据的 KMO 值大于 0.7 并且 Sig 值为 0.000，小于 0.05，因此，构成组织支持感的变量之间存在相关性，适合做因子分析。

表 6　　组织支持感量表因子分析结果

| 量表维度与指标 | 旋转后的成分 | 因子载荷 | | |
|---|---|---|---|---|
| | 题项 | A1 | A2 | A3 |
| 工作支持 A1 | T1 | 0.785 | | |
| | T2 | 0.725 | | |
| | T3 | 0.757 | | |
| | T4 | 0.888 | | |
| | T5 | 0.821 | | |
| | T6 | 0.740 | | |
| | T7 | 0.782 | | |
| | T8 | 0.717 | | |
| | T9 | 0.756 | | |
| 价值认同 A2 | T10 | | 0.743 | |
| | T11 | | 0.823 | |
| | T12 | | 0.697 | |
| | T13 | | 0.712 | |
| | T14 | | 0.834 | |
| | T15 | | 0.745 | |
| | T16 | | 0.717 | |
| 利益关心 A3 | T17 | | | 0.791 |
| | T18 | | | 0.715 |
| | T19 | | | 0.811 |
| | T20 | | | 0.834 |
| | T21 | | | 0.768 |
| | T22 | | | 0.806 |
| | T23 | | | 0.781 |

从表 6 可以看出，对于经过旋转后的组织支持感量表成分，采用了 A1、A2、A3 作为公因子分别标记构成组织支持感量表的三部分，三部分中工作支持维度 A1 包含了 T1～T9 九个题项，价值认同维度 A2 包含了 T10～T16 七个题项，利益关心维度包含了 T17～T23 七个题项。并且，T1～T23 各个题项的因子载荷系数都比 0.6 大。因此题项的指标都能够对组织支持感变量做出很好的反映，无须删除题项。

（2）离职倾向量表 KMO 和 Bartlett 检验结果见表 7。

**表 7　　离职倾向量表 KMO 和 Bartlett 检验结果**

| | | |
|---|---|---|
| 取足够量的 KMO | 度量 | 0.757 |
| Bartlett 球形检验 | Sig | 0.000 |

从表 7 可知，离职倾向量表数据的 KMO 值大于 0.7 并且 Sig 值为 0.000，小于 0.05，因此，构成离职倾向量表的变量之间存在相关性，适合做因子分析。

**表 8　　离职倾向量表因子分析结果**

| 量表指标 | 因子载荷 |
|---|---|
| B1 我有换个工作的想法 | 0.727 |
| B2 我经常有辞职的念头 | 0.755 |
| B3 未来一年内我会试着寻找合适的工作 | 0.736 |
| B4 如果有合适的工作，我将接受它 | 0.685 |

从表 8 可以看出，对于经过旋转后的离职倾向量表成分，采用了 B1、B2、B3、B4 分别标记离职倾向量表的 4 个指标，即 4 个题项。并且，4 个题项的因子载荷系数都比 0.6 大。因此，题项的指标都能够对离职倾向变量做出很好的反映，无须删除题项。

### 4. 组织支持感与离职倾向的相关分析

在两个量表的信度和效度都被检验之后，本研究对于组织支持感与离职倾向做了相关分析。

**表 9　　组织支持感与离职倾向的相关分析结果**

| 变量 | | 离职倾向 |
|---|---|---|
| 工作支持 | Pearson 相关性 | −0.632** |
| | 显著性 | 0.003 |

续表

| 变量 | | 离职倾向 |
|---|---|---|
| 价值认同 | Pearson 相关性 | −0.674** |
| | 显著性 | 0.005 |
| 利益关心 | Pearson 相关性 | −0.635** |
| | 显著性 | 0.002 |

注：*表示 $P<0.05$，**表示 $P<0.01$。

从表9可以看出，组织支持感三部分内容和离职倾向的相关系数以及显著性水平分别是−0.632，0.003；−0.674，0.005；0.635，0.002。由此可以看出，构成组织支持感量表的三个维度与离职倾向之间存在着显著的负相关关系，即组织支持感与离职倾向之间表现出明显的负相关关系。

5. **组织支持感与离职倾向的回归分析**

本文主要采用相对标准化的回归方程对组织支持感与离职倾向之间的关系进行表述，根据回归系数的大小来判断变量影响力的强弱，以上有关研究结论表明两者之间明显负相关。所以，为了全面分析两者之间的具体影响，对两者之间做回归分析，自变量为构成组织支持感的三个维度，因变量为离职倾向。

**表10　　组织支持感与离职倾向的回归分析结果**

| $R^2$ | 调整后 $R^2$ | F值 | Sig值 | |
|---|---|---|---|---|
| 0.267 | 0.249 | 13.823 | 0.000 | |
| 自变量 | B值 | Beta | T值 | Sig. |
| 常数 | 14.813 | | 10.885 | 0.000 |
| 工作支持 | −0.378 | −0.545 | −4.823 | 0.001 |
| 价值认同 | −0.275 | −0.301 | −3.245 | 0.003 |
| 利益关心 | −0.189 | −0.211 | −1.926 | 0.004 |

从表10可以看出，F值为13.823并且Sig值等于0.000，表明显著性水平较高，也就是组织支持感内包含的三部分和离职倾向产生明显的线性关系。从回归系数来看，三个维度的Sig值都小于0.01，即组织支持感的三个维度均与离职倾向之间线性关系显著，因此，组织支持感对新生代员工的离职倾向具有明显的负向影响。三个维度中工作支持的Sig

值最小为0.001，因此工作支持维度对新生代员工离职倾向的负向预测能力最强。

## 三、研究结论与建议

### （一）研究结论

研究结果显示，组织支持感的三个维度工作支持、价值认同和利益关心均对新生代员工的离职倾向产生显著影响。因此研究假设1：工作支持对新生代员工的离职倾向具有明显的负向影响；假设2：价值认同对新生代员工的离职倾向具有明显的负向影响；假设3：利益关心对新生代员工的离职倾向具有明显的负向影响。这三个假设均成立。即组织支持感对新生代员工的离职倾向具有显著的负向影响。

### （二）管理建议

本文主要分析组织支持感对新生代员工离职倾向产生的影响力度，且为弱化这类员工群体的离职倾向寻找合理的意见。因此，根据上述研究结论提出以下几点管理建议。

#### 1. 提供私人订制的工作支持

企业对新生代员工工作上的支持对于留住新生代员工这些人才起着非常大的作用，为新生代员工提供必要的工作支持是组织责任感的体现。企业可以为新生代员工提供的工作支持类型包括资金支持、技术支持、工作环境与条件支持、学习支持等。企业管理者应有针对性地对不同类型的新生代员工提供其所需的工作支持。管理者应着手建立解决新生代员工工作支持需求的小组并建立为每个新生代员工“私人订制”的工作支持需求档案，组织人力资源部门定期倾听并解决新生代员工关于工作支持需求方面的诉求。对于每个新生代员工不同阶段的工作状况从不同方面采用多元化方式进行深入了解，安排相关人员定期对需求的解决过程与结果做好记录并整理归档。同时，要设立反馈机制以了解新生代员工对于企业为其提供的私人订制的工作支持的满意程度与建议。运用私人订制的方法，会让新生代员工感受到企业的重视与支持，新生代员工会更加愿意留在企业中继续发挥自己的价值与热血热情。

#### 2. 肯定并认可新生代员工的价值

企业要对新生代员工的价值给予肯定和认可。肯定与认可的形式要多元化，不可过于单一，形式要征求新生代员工的意见和建议。建议可在员工入职后填写的员工信息中多增加一栏信息，如“你最想得到的礼物/奖励是什么?”。新生代员工是一个缺乏安全感并渴望受到他人认同的群体，对于新生代员工的价值认可要落实到平时的工作点滴中，特别是直系领导的鼓励与赞赏。因此对于管理层的培训项目中可增加诸如“如何合理地鼓励下属中的新生代员工”等相关项目。不断努力给新生代员工营造有价值、有意义、被认可的组织氛围。新生代员工感受到企业肯定并认可自己的价值后会增加其继续留在企业中努力工作的意愿。

**3. 注重利益与人文的双重关怀，建立“关怀”机制**

企业要建立“关怀”机制，对于新生代员工的关怀不仅要包括利益关怀还要重视人文关怀。企业中每项管理策略的制定要尽力使新生代员工不论是从利益上还是从情感上都能够受益。对于新生代员工的关心要把握住细节，彰显人性化。新生代员工是个较易产生情绪化并且较有依赖性的群体，相对于其他员工群体更易将平时生活中的情绪带到工作中。因此，人文关怀不仅要包括在工作中的关怀，还要尽可能地关心员工的生活细节，为员工减负。中国人不仅讲法理也讲情理，当员工在生活中遇到困难需要帮助时，企业如果能讲究“人情味”及时伸出援手，那么员工会因企业这一支持行为而对企业产生家一样的归属感，以此弱化员工所产生的想离开当前所处企业的意向。

## 参考文献

[1] 秦贵军. 新生代员工离职倾向影响因素分析 [J]. 人力资源，2018 (8)，128-129.

[2] Zhong, L., Wayne, S. J. &Liden, R. C. Job Engagement, Perceived Organizational Support, High-Performance Human Resource Practices, and Cultural Value Orientations [J]. Journal of Organizati-onal Behavior, 2016 (6): 823-844.

[3] Mobley W H. Employee turnover: Causes, Consequences and Control [M]. Reading: Addison-Wesley, 1982.

[4] 吴华丽，胡峰. 组织支持理论在中国公共人力资源管理中的借鉴 [J]. 社科纵横，2009 (2): 37-38.

[5] 刘维政. “新生代”员工培训模式构建的研究 [J]. 成人教育，

2009（4）：11.

［6］贺志刚．“80 后”：管理还是激励［J］. IT 经理世界，2006（13）：87-88.

［7］谢蓓．“80 后”新型员工激励措施探讨［J］. 技术与市场，2007（2）：65-66.

［8］郜亮．新生代员工个人：组织匹配、心理授权及员工敬业度关系研究［D］. 乌鲁木齐：新疆财经大学，2016.

［9］赵宜萱，徐云飞．新生代员工与非新生代员工的幸福感差异研究：基于工作特征与员工幸福感模型的比较［J］. 管理世界，2016（6）：178-179.

［10］王燕．组织支持感、工作满意度与离职倾向的关系研究［D］. 保定：河北大学，2015.

# 劳动争议仲裁与诉讼衔接问题的困境思考[①]

岳 洋 王建军[②]

**摘 要**：劳动争议仲裁与诉讼衔接作为新时代中国特色劳动争议处理的纠纷解决机制，在维护劳动关系和谐稳定的维度发挥着不可替代的作用，不仅减轻当事人的诉累，更为重要的是缓解了司法压力，有效地化解了劳动者维权难的尴尬。但由于劳动争议仲裁与诉讼衔接不畅，在机制设计和实践中仍存在诸多问题。围绕劳动仲裁机构性质、证据规则、裁决效力等方面剖析现存的困境，发现了劳动仲裁机构性质模糊、裁审受案范围不一、证据规则缺乏统一性以及仲裁裁决效力认定难等系列问题。为使劳动争议仲裁与诉讼衔接渐趋程序化、规范化、制度化，在裁审衔接基础上肯定劳动争议仲裁的准司法性，提出细化裁审衔接的受案范围，通过适用统一的证据规则，避免证据突袭、重复审理的问题。此外，在裁决效力认定上，采用分割的方式进行区分，既保障了当事人合法权益，又节约了紧张的司法资源，以期真正地实现“一裁两审，仲裁前置”这一特殊制度设计的立法初衷。

**关键词**：劳动争议仲裁　诉讼衔接　准司法性　受案范围　证据规则　裁决效力

---

① 该篇论文获得“2019年全国人才与人事研究主题征文活动”三等奖。

② 岳洋，吉林省长春市劳动人事争议仲裁院仲裁员；王建军，吉林省长春市劳动人事争议仲裁院仲裁员。

我国现行有关劳动争议的立法，将我国的劳动争议处理制度概括为"一裁二审，仲裁前置"。1994年颁布《中华人民共和国劳动法》，首次将劳动争议处理制度上升为法律制度，并确立"一调一裁两审"的劳动争议处理机制；2008年公布实施的《中华人民共和国劳动争议调解仲裁法》，进一步在原有劳动争议处理机制的基础上做了适当的修改和完善；最高人民法院出台的关于劳动争议案件的司法解释也是不断纠正"一裁两审"制度出现的问题；2017年11月人力资源和社会保障部、最高人民法院制定出台的《关于加强劳动人事争议仲裁与诉讼衔接机制建设的意见》（以下简称《意见》），更是在充分肯定仲裁程序与诉讼程序相配合有效化解大量劳动争议的前提下，对加强裁审有效衔接提出建议。

除此之外，劳动争议仲裁体制还建立在中国特色社会治理和纠纷化解体制的基础之上。党的十八届三中全会提出："鼓励和支持社会各方面参与，实现政府治理和社会自我调节、居民自治良性互动。"此种治理与调节方式恰恰应当涵盖鼓励和支持社会各方参与矛盾化解和纠纷解决。《中共中央关于制定国民经济和社会发展第十三个五年规划的建议》亦强调，"建设平安中国，完善党委领导、政府主导、社会协同、公众参与、法治保障的社会治理体制"。党的十九大报告再次将社会治理创新置于新的高度。可见，劳动争议仲裁已经被纳入整个社会治理的格局中加以认识，获得了新的内涵，这既是社会治理创新思想的体现，又应在指引下继续进行制度建设。

## 一、劳动争议仲裁与诉讼衔接的现状及必要性

通过收集整理2013—2017年五年来我国劳动仲裁机构收结案数量统计情况和人民法院有关劳动争议案件一审收案统计数据，根据具体统计数据，能够从总体上展现近年来我国劳动争议仲裁与诉讼衔接的现状，见表1、表2。

表1　劳动仲裁机构收结案数量统计表（2013—2017年）

| 项目 | 2017年 | 2016年 | 2015年 | 2014年 | 2013年 |
|---|---|---|---|---|---|
| 劳动争议案件受理数（件） | 785 323 | 828 410 | 813 859 | 715 163 | 665 760 |
| 受理集体劳动争议案件数（件） | 7 513 | 9 745 | 10 466 | 8 041 | 6 783 |

续表

| 项目 | 2017年 | 2016年 | 2015年 | 2014年 | 2013年 |
|---|---|---|---|---|---|
| 受理劳动争议案件劳动者当事人数（人） | 979 016 | 1 112 408 | 1 159 687 | 997 807 | 888 430 |
| 受理集体劳动争议案件劳动者当事人数（人） | 203 963 | 289 924 | 342 588 | 267 165 | 218 521 |
| 劳动争议案件结案数（件） | 790 448 | 827 717 | 812 461 | 711 400 | 669 062 |

**表2　　人民法院审理劳动争议案件数量统计表（2012—2016年）**

| 项目 | 2016年 | 2015年 | 2014年 | 2013年 | 2012年 |
|---|---|---|---|---|---|
| 人民法院审理劳动争议一审案件收案数（件） | 467 396 | 483 311 | 386 576 | 366 668 | 349 770 |
| 人民法院审理劳动争议一审案件结案中调解件数（件） | 136 027 | 144 270 | 141 071 | 153 959 | 165 358 |
| 人民法院审理劳动争议一审案件结案中判决件数（件） | 228 971 | 201 792 | 146 797 | 113 368 | 99 353 |

一方面，案件数量连年增长，近年来进入劳动仲裁机构与法院审理的劳动争议案件数量持续增加，二者面临着空前巨大的结案压力。不难发现，在劳动仲裁机构与法院相互独立的情况下，随着全国范围内劳动争议案件数量的持续增长，也对劳动争议裁审衔接提出了更高层次的要求。另一方面，劳动争议裁审衔接处理居高不下，即同一案件经过劳动争议仲裁处理后，又到法院起诉的案件量在增长。也就是说，在劳动仲裁机构每年处理的大量案件中，有一半以上的当事人对于仲裁结果不服起诉至法院，这不仅给法院带来巨大的压力，占用大量的司法资源，还极大地降低了仲裁机构的权威性，使劳动争议处理机制本应体现出的公平和效率大打折扣。

基于此，能够清楚地认识到，在劳动争议仲裁案件基数如此巨大的情况下，劳动仲裁作为解决劳动争议的前置程序，发挥其自身专业、高效的优势，在一定程度上起到了重要的分流作用。

一是减轻当事人诉累。劳动仲裁作为前置程序先行处理纠纷，当事人对仲裁不服的再进入诉讼程序，即先仲裁后诉讼的纠纷解决方式。此种方式针对争议解决的每一个程序来说都是及时的、快速的且有效的，尽量不会因人为操作将程序的时间延长，避免当事人因为维权时间过长增加成本而造成诉累。因此，仲裁与诉讼之间的衔接就显得尤为重要。另外，劳动者在与用人单位发生纠纷时通常处于弱势地位，若试图直接通过劳动诉讼解决争议，无论是在经济实力、证据持有还是诉讼经验等方面用人单位均占据明显优势，二者之间诉讼方式易于激化和加深双方矛盾，使劳动者陷于更加不利的境地。劳动争议仲裁采用其灵活、高效、迅速的优势有利于维护当事人之间的友好关系，通过平和的方式解决双方争端，能够更加有效地维护劳动者的合法权益。通过仲裁与诉讼的衔接，从而将各程序的作用发挥到最大，能够更好地减少当事人的诉累，缩短当事人解决纠纷的周期，无论从法律方面还是从社会效果方面都会取得良好效果。

二是缓解司法压力。劳动争议案件在经过劳动仲裁委员会审理时，与民事诉讼的程序一样，经过立案、举证、开庭审理等程序，若劳动者对仲裁裁决不服的，起诉到法院，法官在审理案件时仍需要重新对整个案件进行审查，就等于是诉讼时把仲裁时的程序又重新走一遍，这必然会使整个处理程序的时间被拖的很长，毋庸置疑是对司法资源的极大浪费。仲裁应与诉讼衔接得当，在诉讼阶段，只需将不认可的争议作为焦点，不必重新全面审理。这样既减轻了法官在审理劳动争议案件时的负担，又提高了案件的审理效率，以便更好地解决劳动纠纷。解决劳动诉讼纠纷最切实而有效的办法是充分依靠并调动现有纠纷解决机制的积极性，并逐步加以完善，畅通劳动者维权的合法渠道，进而可遏制劳动纠纷增加。

三是健全劳动法律体系。我国目前的劳动立法对于劳动争议裁审衔接方面的规定尚不完备，实践中出现的问题缺乏可以参考的法律依据，虽然目前人社部和最高人民法院对于裁审衔接出台了意见，但该意见总体上属于指导性、方向性文件，实践中难以具体贯彻执行，还需在此基础上研究细化，不断摸索，进一步对劳动争议处理机制进行理论研究，填补空白。

## 二、劳动争议仲裁与诉讼衔接存在的问题

劳动争议案件的数量和复杂程度不断对劳动争议解决机制提出更高挑战，“一裁两审”制度作为中国特色劳动争议处理制度能够脱颖而出，恰恰说明该制度符合中国国情，独具优势。但任何制度都不是完美无缺的，司法实践中劳动争议仲裁与诉讼衔接不畅，也呈现出众多问题，进而影响劳动争议处理的质量和效率。

### （一）劳动仲裁机构性质模糊

目前，有关劳动仲裁机构的性质，学术界有以下几种观点：

其一，“行政机构说”。劳动仲裁以劳动行政部门的参与为主，适用劳动法律、法规处理劳动争议，是执行劳动法律的行为，具有行政执法性，因此劳动仲裁权是行政权的一种。即认为劳动争议仲裁机构的性质是行政机构。根据《中华人民共和国劳动法》第八十一条规定：“劳动争议仲裁委员会由劳动行政部门代表、同级工会代表、用人单位方面的代表组成。劳动争议仲裁委员会主任由劳动行政部门代表担任。”可见，处理劳动争议案件的主体系劳动行政部门代表、同级工会代表、用人单位代表，但事实上，处理劳动争议的是劳动争议仲裁院，仲裁院系人力资源和社会保障部门下属事业单位。处置案件的仲裁员多为事业单位人员或者少数公务员。劳动仲裁管理部门“政裁不分”在一定程度上使得仲裁倾向于“行政机构说”。

其二，“准司法机构说”。劳动争议从性质上来说属于具有私权特质的民事纠纷，与行政机关的强制性不同，劳动争议仲裁机构系站在公正与中立的立场上对争议进行裁判。结合程序维度来说，劳动仲裁具有“司法机构”的特质，其程序与民事诉讼的司法程序极其相似。故“准司法机构说”被认同。

其三，“兼具准行政和准司法说”。劳动仲裁是一种兼有行政性和准司法性的执法行为。其行政性主要表现在，劳动行政部门的代表在仲裁机构组成中居首席地位，仲裁机构的办事机构设在劳动行政部门，仲裁行为中含有行政仲裁的某些因素。其准司法性表现在仲裁机构的设立、职责、权限、组织活动原则和方式具有与司法机关特别是审判机关共同和类似的特征。

如上所述，若采用“行政机构说”理论分析，在实践中不免会发生

行政权干涉裁判结果的现象，如此一来，劳动争议仲裁与诉讼衔接到底是行政权与司法权之间的衔接还是司法权与司法权之间的衔接？究竟何种权力的衔接能够更好地保护劳动者的合法权益是目前亟须解决的问题。

（二）裁审受案范围不一

劳动争议仲裁是劳动争议诉讼的前置必经程序，所有劳动争议案件必须经过仲裁才有机会进入诉讼程序。可见，只有争议事项属于劳动仲裁的受案范围，案件才能进入诉讼程序，所以由于仲裁前置的特殊规定，决定了诉讼的受案范围受制于仲裁的受案范围。故而实现劳动争议仲裁与诉讼的有效衔接，首先就要求劳动争议仲裁与诉讼的受案范围相统一，这也是最基本的要求。否则，劳动争议案件经过劳动仲裁后，当事人对仲裁结果不服诉至法院，却被告知不属于法院受案范围，不予受理，劳动者的合法权益无法进一步得到保障，如此一来，与劳动争议仲裁与诉讼衔接的立法目的背道而驰。因此，受案范围不同会导致司法救济途径中断，劳动争议仲裁与诉讼失去了衔接的可能性。实践中，劳动仲裁机构多用劳动争议案由直接界定劳动纠纷，在一定程度上较为笼统，未在此基础上进行区别分类，而法院区别于劳动仲裁机构，依照民事案由的规定对劳动争议的种类进行细化。例如，在社会保险纠纷问题上，此类案件劳动仲裁机构通常一律受理，不区分具体情况，但法院则会根据具体情况进行细化分类处理，针对不同情况给出不同的处理方式，这就导致一部分案件失去救济途径，劳动者的合法权益无法得到充分的保障。

（三）证据规则缺乏统一性

或者是在仲裁程序，或者是在诉讼程序，证据对于案件处理结果胜诉或者败诉都是属于核心问题。劳动者与用人单位双方通过证据维护自身合法权益，仲裁机构和人民法院依据证据还原案件事实，并依法作出公正裁判。但在劳动争议仲裁与诉讼衔接方面，目前并未有统一适用的证据规则。在劳动争议诉讼方面也没有规定详细的证据规则，在实践中往往主要参照《中华人民共和国民事诉讼法》的相关规定。可是正是因为“仲裁前置”的特殊规定，进入劳动仲裁程序的时间较距离劳动争议发生时间比较靠近，查找证据更为方便，因此更容易还原案件事实。劳动仲裁程序是查清案件事实最为关键、最为有利的阶段。但实践中的窘境却是，劳动争议案件经过仲裁程序后，当事人基本掌握了哪些证据对自己有利，哪些证据对自己不利，了解裁判机构对于涉案相关证据的审理规则和最终意见。当进入诉讼阶段重新提交证据时，当事人可能会改变陈述自认，隐匿于己不利的证据，甚至会提交与仲裁程序中截然相反的证据。因此，仲裁与诉讼程序中没有统一适用的证据规则，这使得劳动争议呈现诉讼化的趋势。这种现象造成仲裁机构与法院重复审理案件，影响解决劳动争议案件的效率，降低了裁判机构的公信力，也大大增加了裁审结果不一致的可能性。

（四）仲裁裁决效力认定难

“一裁两审，仲裁前置”的立法初衷是希望通过仲裁程序及时、高效、公正的解决劳动纠纷。但根据《中华人民共和国劳动争议调解仲裁法》第五十条之规定：“期满不起诉的，裁决书发生法律效力。”《最高人民法院关于审理劳动争议案件适用法律若干问题的解释（一）》第十七条之规定：“劳动争议仲裁委员会作出仲裁裁决后，当事人对裁决中的部分事项不服，依法向人民法院起诉的，劳动争议仲裁裁决不发生法律效力。”换言之，如果劳动者与用人单位的劳动争议在仲裁阶段没有化解，一旦进入诉讼程序，仲裁裁决不发生效力。该规定在一定程度上“否定”了先前仲裁工作的实际意义。如此一来，劳动者起诉后，如果仲裁裁决效力不能与诉讼有效相衔接，那么劳动争议仲裁程序与诉讼程序将会失去其存在的重要意义。除此之外，当事人对仲裁裁决不服起诉至法院的，原仲裁裁决全部不发生法律效力，但裁决中无异议的部分仲裁事项也随之当然失去了法律效力。此种情形会导致劳动争议案件进入诉讼程序，法院根据不告不理原则，审理劳动者提出的诉讼请求，而不能审理诉讼请求范围以外的其他争议，这就使得无异议的仲裁部分成为劳动仲裁与诉讼的真空地带。针对该问题的“后遗症”，实践中一部分法院对无异议仲裁事项予以直接确认，在某种程度上维护了劳动者的合法利益，填补了此问题的真空地带，但避免不了出现判决超出诉讼请求的结果，进而违反不告不理原则。另外一种做法即法官对劳动者进行释明，无疑可能造成释明权的滥用，进而破坏司法公正。

## 三、劳动仲裁与诉讼衔接的完善建议

劳动仲裁作为诉讼的前置必经程序，只有劳动争议仲裁程序与诉讼程序协同联动、有效衔接，才能充分发挥高效、便捷化解争议的优势。通过确立劳动仲裁的司法地位、细化裁审衔接的受案范围、适用统一的证据规则、明确可区分的仲裁裁决效力等方式，实现“一裁两审，仲裁前置”这一特殊制度设计的立法初衷。

（一）确立劳动仲裁的司法地位

目前，学术界就“司法是一种国家职能活动，一种裁判，司法具有中立性、被动性、运行方式的交涉性、终局性”已经达成共识。在此，借共性问题进一步剖析劳动争议仲裁的地位。

劳动争议仲裁是双方产生争议后，由中立第三方通过举证质证等程序依法对争议进行强制裁决的活动。具有司法特征的中立性、被动性以及交涉性，但却不具备终局性，即当事人对劳动争议仲裁裁决不服的还可以向法院提起诉讼。也正是此缘故，劳动争议仲裁不同于传统司法，倾向准司法性。即使劳动争议仲裁向终局性发展，继而视为其司法性在逐渐提高。司法性的主要体现在运用国家权力进行强制裁判。劳动争议仲裁符合形式要求，但又与传统司法机关强制相区别，仅仅具备启动的强制性，缺乏程序推进的强制性。如推进程序中缺失拘传措施、保全措施、执行措施等，更多地体现在当事人配合和支持的活动上，该特点不同于传统司法国家强制。除此之外，劳动争议仲裁的准司法性不仅体现在其从事的是审判行为，还体现在裁判人员要求上。众所周知，法院是司法机关，但不能因劳动争议仲裁不是法院而否定其固有特性，即不可因机构名称的不同，进而否认二者的不同。司法机关针对裁判人员的要求较劳动争议仲裁机构的裁判人员高，故劳动争议仲裁机构是准司法机构。但不能以此逻辑，认为裁判人员的性质决定裁判权力行使的属性，在一定程度上否定劳动争议仲裁机构的特性。

显而易见，劳动争议仲裁是一种准司法性的强制性纠纷解决机制，准司法性的内涵在于其符合传统司法的基本特征，但裁决结果又不具备传统司法的完全终局性，裁决过程缺乏传统司法的完全强制性。劳动争议仲裁在结构上与司法机关的部分同质，决定了其在机能上与司法机关的部分重合，因此，理顺二者关系是保障二者并存正当性的关键。

（二）细化裁审衔接的受案范围

劳动仲裁与诉讼针对受案范围的筛选标准不尽相同，势必会导致程序脱节，无法有效衔接。故而为更好地解决劳动者与用人单位之间的争议问题，应当尽量细化裁审受案范围。造成裁审受案范围不一的主要原因在于立法上有关劳动争议受案范围的规定不完备；此外，仲裁机构与法院对于法律理解和适用上存在差异，进而导致双方对于劳动争议的界定不同。鉴于此，首先，通过立法将受案范围予以细化。我国没有专门的法律明确规定裁审衔接问题，在实施细节方面难以做到真正的有法可依，采用立法的方式加以明确与细化有关劳动争议仲裁与诉讼的受案范围，具体何种案件可以受理，何种案件不予受理，何种案件劳动仲裁受理，何种案件法院受理，并对受案范围方面存在的其他问题进行详细规定。具体而言，针对民事争议的案件，应当告知劳动者无须仲裁，直接向法院起诉；针对行政管理事项的案件，应当告知劳动者直接去行政执法部门寻求帮助；针对行政争议的案件，应当告知当事人采用行政复议和行政诉讼的方式解决。其次，通过缩减仲裁机构与法院在对法律理解和适用上差异，进一步细化受案范围。结合工作实际，以针对性、实效性、系统性为原则，具体可以采取“巡诊裁案”“难案议决”的方式，仲裁员与法院工作人员对存在争议的劳动争议受案范围进行沟通与交流，例如就新业态下劳动关系认定、特殊被申请人送达问题、两倍工资的时效计算、工伤补偿等受案问题进行充分沟通，在裁审尺度、法律法规适用问题取得基本一致，进而实现受案范围尽量统一，促进裁审程序有效衔接。最后，建立裁审衔接业务群和联系人。为了更好适应互联网+业态下受案范围问题的沟通交流，仲裁机构与法院建立裁审衔接微信群，同时建立裁审衔接联系人制度。微信群成员可由法官、骨干仲裁员组成，并且双方各自指定专门联系人负责裁审衔接沟通。

（三）适用统一的证据规则

前文已述，有关劳动争议仲裁的证据规定较为分散，且内容不完善，主要参照民事诉讼程序中证据的相关规定，缺乏统一适用的证据规则。为解决举证困境，其一，继续遵守“谁主张、谁举证”的一般原则。由于劳动争议从本质上讲是当事人的私权之争，仍属于民事的范围，因此，在劳动争议仲裁过程中，仍然应当遵循“谁主张、谁举证”原则。在一般原则的基础上，又对处于强势地位的用人单位一方提供证据的责任做了特殊要求，提出“与争议事项有关的证据属于用人单位掌握管理的，用人单位应当提供。”这是基于劳动争议的特点，处于公平、合理的原则，对劳动争议中用人单位一方承担的提供证据责任的分配，体现了对相对弱势一方的劳动者在程序法上的倾斜保护。但与举证责任倒置相区别，仲裁庭对举证责任的确定，不是严格意义上的举证责任分配，而是特定证据提供责任的强制分配。其二，用人单位在仲裁前置程序中应当提供而未提供的证据，待到诉讼程序又提供的，应严格予以采信。因该证据并非形成于仲裁举证期限届满后，也并非因客观原因不能提供，用人单位无法说明逾期提交的正当理由，法院应视情况不予采纳。其三，构建禁止反言的证据规则。仲裁程序中承认的已经记录在卷的对己方不利的事实和认可的证据，在诉讼阶段一般不允许随意推翻，避免前后矛盾的行为，在后续审理中产生混乱。仲裁程序已经提交经质证的证据，无须重新进行举证质证。另外，法院可通过移送的仲裁卷宗材料，全面掌握仲裁庭上证据质证、当事人陈述和庭审辩论情况。保持仲裁与诉讼在证据适用的配合与衔接，能够更好地防止证据突袭、重复审理等问题，进而减轻仲裁诉讼化趋势。

（四）明确可区分的仲裁裁决效力

针对仲裁裁决，劳动者不服所提起诉讼的争议事项当然不发生法律效力，而对于无异议或双方均认同的其他裁决事项期满不起诉的，该部分仲裁裁决生效，以此为标准对仲裁裁决事项进行分割。其一，在执行维度上，同样采用相同的方式，当事人起诉的部分事项以人民法院最终的判决结果为执行依据，对于双方无异议事项部分以裁决结果为执行依据，最终该部分生效的仲裁裁决应该与法院判决的其余事项一起申请执行。这样就实现了劳动仲裁程序与诉讼程序在效力上的衔接，既保障当事人合法权益，又节约了紧张的司法资源。其二，仲裁裁决作出后，一方当事人在法定期限内起诉的，仲裁裁决不发生法律效力。因仲裁的前置程序是有约束力的，法院最终是不能超出仲裁裁决的范围作出判决。如果法院超出范围判决，此种做法侵害了当事人对其诉讼权利的处分权，违背不告不理原则，导致当事人未在法定期限内起诉就失去诉权，进而得不到救济。其三，针对未诉失权而言，在仲裁审理程序中，被申请人可以提出反申请。但在诉讼中就不能有反诉的情况，因为反诉是一个独立的诉讼，其针对本诉而言是反诉，但提出反诉的被告在反诉中是原告的身份，没有在法定期限内起诉，就永远地失去了当原告的机会。所以在诉讼案件中不存在反诉的问题。

## 四、结语

劳动争议仲裁与诉讼衔接作为中国特色劳动争议处理制度的重要组成部分，发挥着不可或缺的作用，其制度设计的合理性毋庸置疑。劳动争议仲裁是基于劳动争议出现的纠纷解决机制，其准司法性是解决裁审关系的基点。做好裁审衔接，是建立具有中国特色的劳动争议裁判体制的应有之义。当然，肯定裁审体制的同时，应对其进行反思。劳动争议裁审衔接过程中亟须解决的问题不仅仅局限于受案范围、证据规则及裁决效力，其未来走向更应该在社会治理创新思想指引下发展，以期渐趋程序化、规范化、制度化。

## 参考文献

［1］黄晓慧．在公平与效率之间求得平衡——劳动仲裁机制重构基本点之探析［J］．广东社会科学，2008（3）：196.

［2］叶柳东，陈葵，徐昕，等．劳动诉讼案件上升的原因与对策（下）［J］．云南大学学报（法学版），2009（3）：115.

［3］徐前权．完善我国劳动这你仲裁制度的探索［J］．长江大学学报（社会科学版），2004（11）：38.

［4］宋朝武．中国仲裁制度：问题与对策［M］．北京：经济日报出版社，2002：105.

［5］侯海军．劳动争议调解、仲裁和审判制度改革研究［M］．北京：法律出版社，2011：134.

［6］谢增毅．劳动法的比较与反思［M］．北京：社会科学文献出版社，2011：103.

［7］王获帆．浅谈我国劳动仲裁制度的发展与完善［J］．法制与社会，2012（11）：122.

［8］徐光锋．劳动争议仲裁与诉讼程序衔接机制问题研究——以公正前提下的司法效率提升为视角［J］．华东政法大学学报，2015（18）：113.

[9] 蒋欢．劳动争议仲裁与诉讼关系的重构 [J]. 法制与经济，2012 (8)：203.

[10] 刘冬颖，邹颖，彭迪．劳动人事争议仲裁证据规则的建立与运用 [J]. 中国劳动，2014 (11)：79.

[11] 姜颖．劳动争议处理 [M]. 北京：中国劳动社会保障出版社，2009：164.

# 新时代人力资源和社会保障行政应诉案件的特征与发展趋势[①]

徐　维[②]

**摘　要：**新时代人社行政应诉案件数量呈上升趋势，内容呈多样化趋势。在人社行政应诉案件中，工伤认定案件占比较大，申请信息公开案件不断增加，人社行政应诉的案件范围不断扩大，并开始出现附带请求审查行政行为所依据的规范性文件的案件类型。各种人社行政应诉案件增加主要是因为目前行政执法存在的个别问题，如执法者对其职责范围认识偏差、主要证据不足、事实认定和法律适用错误，以及程序违法或程序瑕疵等。基于此，人社行政应诉未来改革发展的趋势是：执法主体的职责范围将进一步明确、执法标准将进一步统一、执法程序将进一步规范、信息公开制度将进一步完善、人社行政规范性文件的制定将进一步民主化和科学化。

**关键词：**人社行政案件　人社行政应诉　人社行政执法

人力资源和社会保障部门（以下简称人社部门）的行政应诉案件一直较多，尤其是工伤保险等涉及的行政复议、行政应诉案件呈上升趋势。

---

① 该篇论文获得“2019 年全国人才与人事研究主题征文活动”三等奖。

② 徐维，中国人事科学研究院绩效管理与考核奖惩研究室助理研究员。

“人社行政诉讼的个案处理往往触及一个群体的利益，如果处理不好，就可能引发群体性事件，因行政诉讼带来的维稳压力与日俱增”。[①] 由于人社部门行政执法涉及市场主体范围广、执法事项较多且执法行为涉及广大群众的切身利益，劳动者的维权意识日益增强，人社行政应诉案件中反映出的职责问题、程序问题、证据问题等凸显行政执法的难度。基于此，本文从分析近年来人社部门行政应诉案件的特征和发展趋势出发，反思人社行政执法存在的相关问题，以期为完善人社行政执法制度提供对策建议。

## 一、人社部门行政应诉案件的基本情况

相较于其他领域，人社部门的行政应诉案件量占比较大，地方人社部门的案件收案量呈持续增长的态势，人社行政应诉案件的主要领域、主要案由以及范围等均呈现出较为明显的特点。

（一）近年来人社行政应诉案件量的发展变化

### 1. 人力资源和社会保障部受理行政应诉案件的数量

根据司法部 2017 年全国行政复议和行政诉讼案件统计数据显示，2017 年行政应诉案件涉及的领域中，劳动和社会保障领域占比 11.52%，仅次于土地（18.89%）、房屋征补（17.27%）、公安（12.06%），见表 1。

**表 1　2017 年国务院部门行政应诉案件涉及的领域**

| 项目 | 土地 | 房屋征补（拆迁） | 公安 | 劳动和社会保障 | 城乡规划 | 不动产登记 | 工商 | 其他 | 总计 |
|---|---|---|---|---|---|---|---|---|---|
| 数量（件） | 34 913 | 31 931 | 22 288 | 21 300 | 12 814 | 6 880 | 5 866 | 48 860 | 184 852 |
| 比重 | 18.89 | 17.27 | 12.06 | 11.52 | 6.93 | 3.72 | 3.17 | 26.43 | 100 |

数据来源：中华人民共和国司法部 2017 年全国行政复议和行政诉讼案件统计数据。

在行政应诉案件占比较大的四个部门中，2008—2017 年行政应诉案件数量变化呈现出不同的轨迹，如图 1 所示。原国土资源部自 2013 年开

① 刘文华，朱燕．关于规范人社行政诉讼工作的思考［J］．中国劳动，2016（23）：36.

始行政应诉案件持续增长。住房城乡建设部自 2013 年开始行政应诉案件增长显著，2015 年案件数量开始回落。公安部 2015 年、2016 年行政应诉案件较多，其余年份数量较少。人力资源和社会保障部从 2008 年大部制改革之后直到 2015 年，行政应诉案件均不超过 10 件，2016 年为 91 件，2017 年为 12 件。①

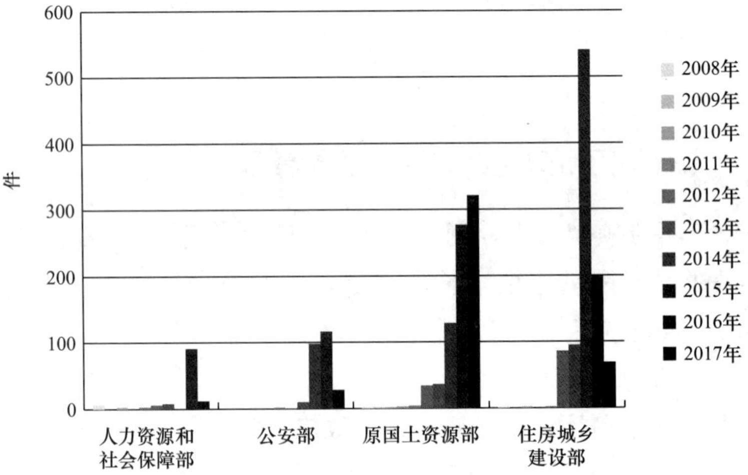


图 1　四部门行政应诉案件变化图（2008—2017 年）

### 2. 地方人社部门行政应诉案件的数量

从全国范围来看，人社领域的案件收案量持续增长，且占比较大。根据《2017 年广东全省法院司法统计资料》，广东省行政一审案件 18 170 件，劳动和社会保障类案件量最大，为 3 320 件，约占总案件量的 18.27%。劳动和社会保障类案件中，结案 3 030 件，审结率 91.27%。其中维持 273 件、撤销 139 件、责令履行法定职责 3 件、驳回诉讼请求 1 600 件、驳回起诉 332 件、撤诉 519 件、其他 164 件。结案中单独提起行政赔偿的为 342 件。败诉率（包括责令履行法定职责、撤销、赔偿）为 15.97%。根据《山西省 2017 行政案件司法审查年度报告》，山西省 2017 年全省法院新收各类行政案件 9 281 件，同比增长 11.5%。其中，劳动和社会保障领域收案 147 件，仅次于公安、城建、土地领域，位列第四，占

① 根据《人力资源和社会保障部 2017 年贯彻落实〈法治政府建设实施纲要（2015—2020 年）〉情况的报告》，人力资源和社会保障部 2017 年处理行政应诉案件 109 件，比 2016 年增长 19.78%，其中一审 74 件，二审 35 件。《中国人力资源和社会保障年鉴：工作卷（2018 年）》中显示，2017 年人力资源和社会保障部部本级处理行政应诉案件 109 件，其中一审 74 件、二审 35 件。此数据与图 1 数据略有出入。

新收行政一审案件的3.7%。

（二）人社行政应诉案件的主要特点

近年来，人社行政应诉案件的主要特点是：工伤认定案件是人社行政应诉案件的主要类型；以申请信息公开为由的行政应诉案件在不断增加；人社部门行政应诉的案件范围不断扩大，请求附带审查行政行为依据的规范性文件的案件开始出现。

**1. 工伤认定案件是行政应诉案件的主要类型**

中国裁判文书网上以人社部门为被告的案例中，绝大部分都涉及工伤认定。人社部门的行政应诉案件主要集中在工伤认定领域，多由当事人与人社部门之间基于不同的立场对法律的理解产生分歧而起。工伤认定的法律依据主要为国务院出台的《工伤保险条例》的第十四、十五、十六条。其中，第十五条第一款规定，“在工作时间和工作岗位，突发疾病死亡或者在48小时之内经抢救无效死亡的”视为工伤。实际执法过程中，工伤认定的主要争议点在于“如何认定工作时间、工作岗位、48小时以内”“受到暴力伤害如何认定工作原因、工作时间、工作场所[①]”“如何认定上下班途中[②]”“工伤认定申请期限界定”等。由于个案之间存在较大的差异，执法人员对于法条的理解也有较大的出入，如何判定是否在工作时间和工作岗位上发生，如何定义“突发疾病”，如何理解48小时的起算时间等都存在争议。故执法中不可能完全对照直接适用法条，由此引发的行政争议较为常见。

**2. 以申请信息公开为由的地方人社部门行政应诉案件呈上升趋势**

人社部部本级针对政府信息公开事务的行政应诉案件数量不多，《人力资源和社会保障部政府信息公开工作年度报告》数据显示，2014年发生1起针对部政府信息公开事务的行政诉讼，2015年为7起，2016年为5起，2017年为4起。[③] 以申请信息公开为由的地方人社部门行政应诉案件数量上升较为明显。根据《北京市人力资源和社会保障局2016年政府

① 《工伤保险条例》第十四条规定，职工有下列情形之一的，应当认定为工伤：（一）在工作时间和工作场所内，因工作原因受到事故伤害的；（二）工作时间前后在工作场所内，从事与工作有关的预备性或者收尾性工作受到事故伤害的；（三）在工作时间和工作场所内，因履行工作职责受到暴力等意外伤害的。

② 《工伤保险条例》第十四条规定，职工有下列情形之一的，应当认定为工伤：在上下班途中，受到非本人主要责任的交通事故或者城市轨道交通、客运轮渡、火车事故伤害的。

③ 《人力资源和社会保障部2014年政府信息公开工作年度报告》，载中华人民共和国人力资源和社会保障部网站，http://www.mohrss.gov.cn/gkml/gkbg/201503/t20150330_155192.html。

信息公开工作年度报告》；2016年全年共发生政府信息公开行政诉讼案件3件，法院审理结果为驳回原告诉讼请求的2件，驳回起诉的1件[①]；2017年全年共涉及政府信息公开有关的行政诉讼案件14件，一审案件12件（其中，维持具体行政行为或者判决驳回诉讼请求的3件，其他情形9件），二审案件2件。人社部门的申请信息公开案件败诉原因主要有：告知书内容不完整，如未告知该政府信息的公开行政机关的名称、联系方式，告知超出法定期限等。《中华人民共和国信息公开条例》第三十三条对行政机关处理政府信息公开申请的期限作出了明确规定："行政机关收到政府信息公开申请，能够当场答复的，应当当场予以答复。行政机关不能当场答复的，应当自收到申请之日起20个工作日内予以答复。"此外，还有一些政府信息公开案件本质上属于政策咨询，不属于行政诉讼的受案范围。[②]

### 3. 请求附带审查行政行为所依据的规范性文件的案件开始出现

行政审判实务中出现了附带审查规章以下人社规范性文件的行政应诉案件。以广东省法院2017年的行政应诉案件为例，共涉及4份人社规范性文件的附带审查，主要领域包括人才引进政策、退休人员基本养老金调整政策、企业退休人员高级职称专项津贴政策等，具体见表2。

**表2　2017年广东省全省法院附带审查的人社部门制定的规章以下规范性文件**

| 序号 | 制定机关 | 法院附带审查的规范性文件有关条款 |
|---|---|---|
| 1 | 深圳市人力资源和社会保障局 | 《深圳市人才引进实施办法》第六条第五项、第二十二条 |
| 2 | 深圳市人力资源和社会保障局 | 《深圳市人才引进综合评价分值表（2017年）》 |
| 3 | 深圳市人力资源和社会保障局 | 《关于2016年调整退休人员基本养老金的通知》（深人社发〔2016〕150号） |
| 4 | 江门市社会保险基金管理局 | 《关于做好我市企业退休人员高级职称专项津贴有关工作的意见》（江社保〔2016〕82号） |

① 《北京市人力资源和社会保障局2016年政府信息公开工作年度报告》，载北京市人力资源和社会保障局网站，http：//www.beijing.gov.cn/zfxxgk/110070/zfxxgknb/2017-07/07/content_2ab50c5f-47934147b7a7b173f5292903.shtml.

② 公民、法人或其他组织就有关事项向行政机关提出咨询，对行政机关不予解答或对答复意见不服提起诉讼的，因行政机关对咨询的答复或者不答复行为，不会对其权利义务产生实际影响，不属于行政诉讼的受案范围。

### （三）人社行政应诉案件的特征成因分析

人社行政应诉案件呈现出以上特征，其成因大致可以归纳为：工伤事故多发且工伤认定标准难以统一，故案件量居于人社系统首位；公民参与意识增强，对政府信息公开要求更高，同时以信息公开为由突破诉讼时效等行政滥诉时有发生。修改后的《中华人民共和国行政诉讼法》对行政执法提出更高要求，将行政行为所依据的规范性文件纳入附带审查范围。

#### 1. 工伤事故多发且工伤认定标准难以统一

人社领域工伤认定的行政应诉案件居高不下的原因很多，但从源头上看，工伤事故多发是主要原因。劳动者队伍不稳定、劳动技能水平较低、安全意识淡薄和用人单位安全生产规章制度不够健全等原因导致工伤事故多发，尤其是在经济发展较快、生产作业机械化水平较高的行业和地区。用人单位追求利润最大化，未按时、足额为职工交纳工伤保险金①，发生事故之后则着力于减少赔偿金额而否定工伤认定或为拖延承担责任而提起诉讼。劳动保障行政部门在对工伤事故进行认定时，由于认定标准抽象、法律理解适用易产生分歧，或工伤认定结论说理不够、相关部门使用不规范法律文书②等原因，容易引发劳动者或用人单位不服而提起诉讼。

#### 2. 公民参与意识增强，但信息公开领域行政滥诉时有发生

“公民对政府工作的知情、参与和监督意识不断增强，对各级行政机关依法公开政府信息、及时回应公众关切和正确引导舆情提出更高要求。”③ 因此，要求政府公开信息的行政诉讼处于持续增长状态。但当前我国社会发展处于矛盾多发期，申请政府信息公开及提起行政诉讼的经济成本很低，不排除有些人将申请政府信息公开、提起行政诉讼作为谋取自身不当利益的突破口，导致案件量持续攀升。“有的当事人因原行政行为已经超过诉讼时效，于是千方百计以信息公开为名，先从程序上打开缺口，再在庭审过程中加入实体诉讼内容，力图一并解决其实体权利

---

① 对于新业态从业人员而言，因为不具备法定意义上的劳动合同关系，缴费主体并不明确，且新业态从业人员难以满足工伤认定关于“工作场所、工作时间、工作原因”的条件，难以进行工伤认定。

② 作为关键性证据的相关法律文书，如死亡证明、交通事故证明等，人社部门据此作出工伤认定结论之后，当事人以证据的规范性为由提起诉讼。

③ 周汉华．打造升级版政务公开制度——论《政府信息公开条例》修改的基本定位［J］．行政法学研究，2016（3）．

义务问题。”①

**3. 修改后的《中华人民共和国行政诉讼法》对行政执法提出更高要求**

修改后的《中华人民共和国行政诉讼法》强化了对当事人诉权的保护，降低了行政诉讼的门槛，尤其是立案登记制畅通了行政诉讼的渠道，带来了行政诉讼案件的大量增加。《中华人民共和国行政诉讼法》第五十三条、第六十四条赋予当事人在提起行政诉讼的同时一并提起对规范性文件的审查请求权，赋予司法机关对规章以下规范性文件进行附带性审查的权限，确立了规范性文件附带审查制度。2018 年《最高人民法院关于适用〈中华人民共和国行政诉讼法〉的解释》以专章形式对规范性文件一并审查做出规定。规范性文件附带审查制度对以规范性文件为重要依据的行政执法提出更高的要求，行政机关为避免败诉，需要在执法过程中和制定规范性文件过程中均更加谨慎。

## 二、通过人社行政应诉发现的人社行政执法问题

“从行政诉讼的司法视角解剖行政执法行为，将行政执法行为结构化为职权、证据、法律适用、程序、裁量尺度五个方面。只要能做到职权法定、证据确实充分、法律适用准确、程序正当和裁量合理，行政执法行为自然合法有效。”② 人社行政应诉案件中发现的行政执法问题主要体现为对职责范围的认识偏差、主要证据不足、同一事实的不同法律判断、程序瑕疵等。

### （一）对职责范围的认识偏差引发诉讼

在工伤认定的行政应诉案件中，对职责范围的认识偏差主要体现为：一是未履行法律赋予的就工伤认定中申请人提交补正材料确有困难的，向有关机构进行调查取证的法定职责。③ 二是“以达到退休年龄，超过《工伤保险条例》规定的受理范围为由不予受理工伤认定”。④ 三是“依据

---

① 刘文华，朱燕．关于规范人社行政诉讼工作的思考［J］．中国劳动，2016（23）：36.

② 秦勇．从行政诉讼视角解剖行政执法行为［N］．检察日报，2015-05-13（3）．

③ 参见：“倪红娟、郑宇栋、傅鲜花不服浙江省上虞市人力资源和社会保障局劳动保障工伤行政确认案”，浙江省上虞市人民法院（2013）绍虞行初字第 15 号判决书。

④ 在“陈某某与庆阳市人力资源和社会保障局工伤行政确认案”［（2014）庆中行终字第 9 号］中，法院认为，根据最高人民法院行政审判庭〔2010〕他字第 10 号针对山东省高级人民法院“关于超过法定退休年龄的进城务工农民因工伤亡的，应否适用《工伤保险条例》请示的答复”，即“用人单位聘用的超过法定退休年龄的务工农民，在工作时间内因工作原因伤亡的，应当适用工伤保险条例的有关规定进行工伤认定”。该答复虽非司法解释，但对同类案件具有指导意义。

工伤认定的排除规定作出不予认定工伤的决定但未提供主要证据证明”。① 四是以依据不足为由未履行对工伤认定申请进行审查并进行相应处理的法定职责。

以职工在上下班途中受到交通事故伤害的责任判断为例，一般情况下，根据《工伤保险条例》第十四条第六项规定，“非本人主要责任”的认定，应当以有关机关出具的法律文书或人民法院的生效裁决为依据。社会保险行政部门以交通管理部门出具的事故责任认定意见或人民法院生效裁判等法律文书作为依据，认定所受伤害是否符合《工伤保险条例》规定的认定工伤或视同工伤的情形。但如果上述文书不存在，或文书内容无法证明“非本人主要责任”时，有些地方的社会保险行政部门以此为由作出不予工伤认定的决定，引发诉讼且最终败诉。在“北京市朝阳区环境卫生服务中心第二清洁车辆场诉北京市朝阳区人力资源和社会保障局劳动保障行政确认案”中，原告职工孙某于 2015 年 3 月 21 日 13 时 30 分左右，在上班骑电动车去单位途中通过减速带时摔倒，后经医院抢救无效死亡。被告基于交通事故的原因无法查清，也没有证据证明其属于“非本人主要责任”，认为其所受伤害不符合《工伤保险条例》规定的认定工伤或视同工伤的情形。2015 年 7 月 13 日，被告作出被诉不予认定决定。法院审理后判决撤销不予认定决定，责令被告自判决生效之日起二十日内重新作出决定。法院生效裁判认为，根据《工伤保险条例》的有关规定，社会保险行政部门具有对工伤认定申请进行审查并进行相应处理的法定职责，应当对职工所受伤害是否符合工伤认定法定条件作出明确判断并作出相应处理。②

### （二）主要证据不足引发诉讼

“法院在裁决是否撤销行政行为时适用法律依据频率最高的是‘主要证据不足’”。③ 工伤认定、申请信息公开等案件中行政机关因主要证据

① 《工伤保险条例》第十六条第二项规定，职工符合本条例第十四条、第十五条的规定，但是有下列情形之一的，不得认定为工伤或者视同工伤：（二）醉酒或者吸毒的。在“原告与德清县人力资源和社会保障局工伤确定纠纷案”中，德清县人力资源和社会保障局由于未能提供证据证明陈某的死亡系因醉酒所致，不适用《工伤保险条例》第十六条第二项关于醉酒的除外条款，属认定事实不清，主要证据不足，被判决败诉。

② “北京市朝阳区环境卫生服务中心第二清洁车辆场诉北京市朝阳区人力资源和社会保障局劳动保障行政确认案”，载 http：//www. pkulaw. com/pfnl/a25051f3312b07f33b2edc5a025e1f7c9750d002fd-8ea0ffbdfb. html（最后访问日期：2019 年 4 月 11 日）。

③ 王冰清．行政行为诉讼中“主要证据不足”的认定［N］．人民法院报，2017-02-08（6）.

不足而败诉的较为常见。在“柴燕平诉天津市人力资源和社会保障局政府信息公开案”[①]中，原告柴燕平于2014年8月4日向被告天津市人力资源和社会保障局提起信息公开申请，申请公开的内容包括其提交的2011年度《天津市城镇企业职工特殊工种提前退休资格审核表》未能审核通过的依据及所依据的法律规定等。2014年8月19日，被告采用邮件方式告知原告其申请的信息属于审查中的过程性信息，不属于应当公开的政府信息。原告诉至法院，要求撤销被告作出的告知函，并重新对原告申请的信息给予书面答复。诉讼过程中被告未向法院提供原告所申请信息属于过程性信息的任何证据。一审、二审法院依据最高人民法院《关于审理政府信息公开行政案件若干问题的规定》第五条第一款的规定，“被告拒绝向原告提供政府信息的，应当对拒绝的根据以及履行法定告知和说明理由义务的情况举证”，判定被告作出的告知函属于主要证据不足，予以撤销，并在判决生效后三十日内重新书面作出政府信息公开答复。

（三）人社执法不同部门对同一事实作出不同的法律判断引发诉讼

工伤认定和工伤保险待遇核定是两个独立的具体行政行为，职责主体分属人社执法不同部门。按照工伤保险待遇申请的程序，经由工伤事故报告和备案—工伤认定—劳动能力鉴定—工伤保险待遇申请—工伤保险待遇核定，最后再进行工伤保险待遇支付。工伤认定和工伤保险待遇核定是前后衔接、相互关联的行政过程，若对同一事实作出不同的法律判断，则容易引发诉讼。在“杭州富阳市盈泰纸业有限公司诉富阳市人力资源和社会保障局工伤行政确认案”中，第三人的妻子韦某某冒用其妹的身份与盈泰公司签订劳动合同并实际履行，盈泰公司为韦某某缴纳了工伤保险。韦某某在骑电动自行车上班途中，发生交通事故，经抢救无效死亡。富阳市人力资源和社会保障局对上述事实进行了调查认定，并作出了认定工伤的决定。但是在盈泰公司为韦某某申请工伤保险待遇时，富阳市社保中心认为工伤职工与缴纳工伤保险的职工二者身份不能对应，拒绝从工伤保险基金支付补助金。法院审理认为，富阳市人力资源和社会保障局在工伤认定阶段查明了冒用身份的事实，而富阳市社保中心却以身份不能对应为由拒绝支付工伤保险待遇。法院组织用人单位、社保部门进行协调，在厘清案件事实、阐明法律关系的基础上，社保部

① 一审：天津市和平区人民法院（2014）和行初字第0148号（2014年11月12日）；二审：天津市第一中级人民法院（2015）一中行终字第0071号（2015年3月23日）。

门最终为原告落实了工伤保险待遇。[①]

（四）程序瑕疵影响权利义务引发诉讼

人社部门作出工伤认定在程序方面存在的问题主要包括："工伤认定机关作出不利工伤确认时未通知利害关系人参加行政确认程序"[②] "作出工伤决定未送达给有权限的领取人构成程序违法"[③] "认定工伤程序上的瑕疵虽未足以影响工伤认定结果但应当进一步规范行为"[④] 等。《工伤保险条例》《工伤认定办法》中没有工伤认定机关应当通知利害关系人参加行政确认程序的明确规定，但基于正当程序的要求，行政机关应当保障行政管理相对人、利害关系人的知情权、参与权和救济权，在行政程序中听取他们的意见，特别是在作出不利的行政决定前应当告知并给予他们陈述和申辩的机会。工伤认定程序上的瑕疵，若对相对人的权利义务未产生实质的影响，也应当进一步规范行政行为，若程序上的瑕疵侵犯相对人人身权、财产权等合法权益，且相对人无法通过提起针对相关的实体性行政行为获得救济时，该程序性行政行为则是可诉行政行为，从而引发行政应诉案件。

## 三、人社行政应诉案件和人社行政执法的发展趋势

人社系统执法涉及的市场主体范围广，执法任务重，专业性强，历史遗留问题多，群众关注度高，新经济、新业态的发展对执法提出了新要求[⑤]。在目前的执法过程中，人社行政执法虽然还存在着不少问题和挑

---

① "杭州富阳市盈泰纸业有限公司诉富阳市人力资源和社会保障局工伤行政确认案"，北大法宝，载 http：//www. pkulaw. com/pfnl/a25051f3312b07f33e5a76abaea977083969ad3a5625afc1bdfb. html（最后访问日期：2019 年 4 月 12 日）。

② 在"李青花诉济源市人力资源和社会保障局工伤认定案"中，工伤认定机关未通知利害关系人参加行政确认程序，径行作出对利害关系人产生不利影响的工伤认定决定，不符合正当程序要求，属于违反法定程序，该工伤认定决定应当依法予以撤销。

③ 在"北京永安工程机械有限公司诉延庆区人力资源和社会保障局、北京市人力资源和社会保障局工伤认定纠纷案"中，法院认为延庆人力资源和社会保障局在送达《认定工伤决定书》时，未依法严格审查领取人是否拥有领取决定书的相应委托权限，延庆人力资源和社会保障局向其进行送达之行为违法，不具有合法送达的法律效力。

④ 在"陕西陕煤铜川矿业有限公司陈家山煤矿诉陕西省人力资源和社会保障厅及蔚振杰工伤认定决定案"中，法院认为人社部门认定工伤程序上的瑕疵，不足以影响工伤认定结果，但将以司法建议形式建议其进一步规范相应行政行为。

⑤ 近年来我国新经济、新业态发展较快，新技术、新经济、新业态企业大幅增加，电商平台、共享经济、创业孵化类的企业在经营模式和用工方式上与传统劳动用工存在较大差异，企业劳动合同签订率较低、社保参保率较低，用人单位违法用工和劳动者过度维权现象并存，执法需在促进新经济发展与保护劳动者权益之间寻求平衡。

战，但从人社部门行政应诉案件的分析来看，人社行政应诉案件和人社行政执法呈现出下述明显的发展趋势。

（一）人社行政执法主体的职责范围将进一步明确

人社系统履行行政执法职责的主体分为三类：一是法定行政机关，通常为各级人社行政机关。二是法律、法规授权的组织。法律、法规授予行政执法权的组织有权以自己的名义作出具体行政行为，并承担由此引起的法律责任，如就业服务管理机构、社会保险管理机构、医疗保险管理机构等。三是委托执法的组织。人社行政机关依照法律、法规或规章的规定，在其法定权限内委托符合法定条件的组织以委托机关的名义行使相应的行政执法权，并由委托机关承担由此而引起的法律责任，如劳动保障监察机构。法律、法规授权的组织可接受委托，成为委托执法的组织，行使部分行政执法权。委托应当具备明确的委托期限、清晰的职责和权限、确定的执法依据，且由法律、法规规定由该组织履行的执法职责，通常不在委托执法的职责和权限范围之内。

随着权力清单、执法责任制等相关制度的推行，各级人社部门将在梳理执法依据、分解执法职权的基础上，合理确定执法机构、执法人员的具体职责及其问责规范。在横向方面，将就业、人力资源市场管理、社会保险、劳动用工（含劳务派遣）、职业技能培训等方面的行政处罚权、行政检查权、行政强制权进行归并，由劳动保障监察执法机构集中行使，以最大程度地避免人社系统内部权责交叉、多头执法。在纵向方面，按照国务院“行政执法机构主要在城市和区、县设置”的要求，进一步深化劳动保障监察执法体制改革，在厘清不同层级劳动保障监察职能的基础上，将具体执法权下放给县（区）一级行政机关，实现行政执法权下移。今后，国家、省一级的行政机关一般不行使执法权，而主要行使决策、监督和指导等方面的职权。在执法权逐步清晰之后，人社部门还应当进一步明确人社行政执法主体的职责范围，尤其应当重视执法过程中容易引发行政应诉案件的争议点，统一认识，规范执法行为。

（二）人社行政执法的标准将进一步统一

通过细化执法规范的方法，明确执法规范的模糊性，缩小不同主体的认知差异性，为执法提供更为明确的依据。实践中各地一些成熟的做法，如制定执法指南和执法标准、发布指导性案例等，可以在更广泛的层面加以推广。人社部门尤其是执法主体应当培养法治思维和法治意识，主动接受司法监督，积极应对行政应诉案件。以工伤认定为例，由于各地工伤认定标准不一致，往往会产生同案不同判等问题。从各地的经验来看，人社部门通常采用发布指导性案例、会议纪要等方式统一工伤认定标准，从源头上减少因执法标准不一致而引发的工伤行政争议纠纷。2017年，人社部、财政部发布《关于工伤保险基金省级统筹的指导意见》（人社部发〔2017〕60号），要求在省（区、市）内统一工伤认定和劳动能力鉴定办法①。

（三）人社行政执法的程序将进一步规范

“行政程序在行政法中具有特别的内容和地位，是行政机关做出实体决定和实施决定的程序；程序不仅要保障实体决定的正确落实，而且要保障实体决定能正确做出。”②《人力资源和社会保障法治建设实施纲要（2016—2020年）》明确提出了完善执法程序的要求。随着国务院行政执法三项制度在人社系统的推进以及《关于在人力资源和社会保障领域推广随机抽查规范事中事后监管的通知》的落实，人社系统执法程序规范化的制度保障不断强化。在地方层面，相关规范也逐步健全完善，比如2017年，广西壮族自治区人力资源和社会保障厅印发《广西壮族自治区人力资源社会保障行政执法程序办法》（桂人社发〔2017〕69号），对人社行政执法程序进行规范和作出具体规定。

（四）人社部门的信息公开制度将进一步完善

依法治国、依法执政、依法行政共同推进，法治国家、法治政府、法治社会一体建设，迫切需要全面推进政务公开，不断完善政府信息公开体制机制。”③ 2019年4月15日，新修订的《中华人民共和国政府信息公开条例》公布，进一步落实“公开为常态，不公开为例外”的原则，强化了政府信息公开的要求。人社部门的工作与民众密切相关，关乎民生，因此民众对人社部门信息公开的诉求较多且要求较高，尤其在就业创业政策宣传、人才招聘信息公开、就业服务信息公开、社会保险基金运行状况、“放管服”改革等重点领域。人社部门颁发了《中华人民共和国人力资源和社会保障部政府信息公开指南》，对政府信息公开的原则、

① 统一工伤保险参保范围和参保对象，统一工伤保险费率政策和缴费标准，统一工伤认定和劳动能力鉴定办法，统一工伤保险待遇支付标准，统一工伤保险经办流程的“五统一”模式。

② 应松年．完善行政诉讼，筑牢法治政府的基石［J］．中国法律评论，2016（3）：2.

③ 马怀德．政府信息公开制度的发展与完善［J］．中国行政管理，2018（5）：16.

主体、内容、形式及监督方式进行了规定。今后，人社部门的信息公开制度将进一步完善。

（五）人社行政规范性文件的制定将进一步民主化和科学化

修改后的《中华人民共和国行政诉讼法》赋予司法机关对规章以下规范性文件进行附带性审查的权限，这对以规范性文件为主要依据的人社行政执法提出了更严格的要求。《国务院办公厅关于全面推行行政规范性文件合法性审核机制的指导意见》（国办发〔2018〕115号）明确规定，推行行政规范性文件合法性审核有利于从源头上防止违法文件出台、促进行政机关严格规范公正文明执法，有利于保障公民、法人和其他组织的合法权益。人社部落实行政执法责任制强调梳理行政执法权力①，同时推行规范性文件合法性审查②，从源头上规范行政执法依据。今后，凡涉及公民、法人和其他组织权利义务的规范性文件，均要纳入合法性审核范围，确保实现全覆盖，做到应审必审，并推进落实行政规范性文件统一登记、统一编号、统一发布。为强化人力资源社会保障规范性文件的合法性，法制部门将全程参与规范性文件的制定，并对之提出合法性审查意见，规范性文件制定后还需报送法制部门进行备案审查。通过这些措施，切实加强法制部门对人社规范性文件的法制保障作用，确保人社规范性文件制发程序规范、内容科学合法。

## 参考文献


［1］刘文华，朱燕．关于规范人社行政诉讼工作的思考［J］．中国劳动，2016（23）：36.

［2］周汉华．打造升级版政务公开制度——论《政府信息公开条例》修改的基本定位［J］．行政法学研究，2016（3）.

［3］秦勇．从行政诉讼视角解剖行政执法行为［N］．检察日报，2015-05-13.


① 《人力资源社会保障部关于全面落实行政执法责任制的指导意见》（人社部发〔2017〕81号）强调，要依法界定执法职责，各级人社部门要根据法律、法规、规章等认真梳理行政执法权力来源、种类、范围，以适当方式向社会公布，并根据法律、法规、规章的立、改、废、释情况及时修订。

② 人力资源社会保障部办公厅《关于印发〈人力资源社会保障部规范性文件合法性审查试行办法〉的通知》（人社厅发〔2017〕15号）规定了人力资源社会保障部拟制定和上报的规范性文件合法性审查的范围、程序等。2017年全年共对60份文件进行了合法性审查。

[4] 王冰清．行政行为诉讼中“主要证据不足”的认定 [N]. 人民法院报，2017-02-08.

[5] 应松年．完善行政诉讼，筑牢法治政府的基石 [J]. 中国法律评论，2016 (3)：2.

[6] 马怀德．政府信息公开制度的发展与完善 [J]. 中国行政管理，2018 (5)：16.

# 智能化趋势下制造业人力资源管理变革发展研究[①]

朱金龙　祝芹芳　薛　薇　等[②]

**摘　要：**制造业是一个国家综合国力的重要象征，是社会财富的根本支撑。在智能化趋势下，我国制造产业不断发展变迁，同时也面临更大挑战：制造业人口红利逐渐消失、企业往往大而不强、人工成本居高不下、人力驱动创新动能不足、高层次人才缺口愈现等。伴随中国制造2025，国家供给侧结构性改革，传统制造业人力资源管理已不再与发展趋势相适应协调，我国制造业人力资源管理在智能化趋势下发生着深刻的变革。本文力求从智能化趋势下制造业发展的特征出发，找出人力资源管理的发展变革契机与突破点，不断深入探索和推进智能化趋势下人力资源管理的发展变革。

**关键词：**制造业　人力资源管理　智能制造

拉动中国经济的“三驾马车”分别是出口、消费与投资。这三个引擎都有一个共同的基础，即为中国制造业。制造业作为国家经济的主体，是立国之本、兴国之器、强国之基。近些年，美国、英国、德国、法国等发达国家代都将国家发展的注意力集中到制造业的优化与

① 该篇论文获得“2019 年全国人才与人事研究主题征文活动”三等奖。

② 朱金龙，江苏省苏州市人才服务中心主任；祝芹芳，亨通集团有限公司副总裁；薛薇，江苏省苏州市人才服务中心副主任。

提升上，积极部署制造业的新兴发展战略，几个代表性国家分别提出了《先进制造业国家战略计划》《英国工业 2025 战略》《工业 4.0 战略》《新工业法国》等[1]。我国于 2015 年 5 月出台《中国制造 2025》，行动纲领提出坚持制造业“创新驱动、质量为先、绿色发展、结构优化、人才为本”的基本方针。这也是中国政府实施制造强国战略第一个十年的行动纲领。伴随中国制造 2025 的进程，中国深化供给侧结构性改革，在实体经济得到振兴的同时，新兴互联网、大数据和人工智能等进入制造业，在智能化的发展趋势下，中国逐渐从传统意义上的“勤劳革命”变革为“智能革命”，制造业对人力资源管理战略和角色定位提出了更高的、全新的要求，人力资源将被赋予更高层的意义，在实体经济发展中大有可为。在此背景下，智能化趋势下制造业人力资源管理将面临新一轮的发展变革，不断助推我国从制造业大国成为制造业强国。

## 一、智能化趋势下制造业人力资源管理面临的变革

在实现中国制造 2025 实践进程中，我国坚定不移地持续深入推进供给侧结构性改革，大力实施创新驱动发展战略，中国智能制造水平也持续稳定提升，互联网＋、云计算、人工智能、共享经济，这些在智能化发展趋势下产生的新名词、新动能、新科技，不断形成新业态，成为国家创新体系的新常态，智能化趋势下中国制造业人力资源管理也随之发生深刻变革。

### （一）企业人力资源管理在管理定位上的变革

在传统意义上的企业管理中，制造业企业往往缺乏对人力资源管理的重视和研究，部分人事负责人也缺乏人力资源管理的内化概念，未能成为人力资源管理的责任主体；人力资源管理定位受传统干部管理的影响较深，专业化队伍薄弱、职业化程度偏低，侧重于传统人事管理，偏重于对组织层面的服务保障，常常以“事”为核心开展工作。这种相对原始的、固化静态的、控制型人力资源管理定位没有与企业的战略结合，其管理功能未得到有效发挥。在智能化趋势下的制造业，面对瞬息万变的社会发展环境和多元权变的员工诉求，人力资源管理被赋予更高的意义。根据苏州市人事经理协会最新问卷调查显示，受访企业中 40％的制造业企业认为未来人力资源应该成为企业的“业务合作伙伴”，

认为应成为“参谋”“服务员”的分别占到23%、27%，只有10%的受访企业认为人力资源是“后勤管家”（图1）。为了更好地实现创新的、动态的、前瞻性的、引领性的人力资源管理，人力资源管理工作必须积极融入组织战略，发挥独特的战略优势，真正实现人力资源管控、组织人才发展与战略、策略协同的局面。

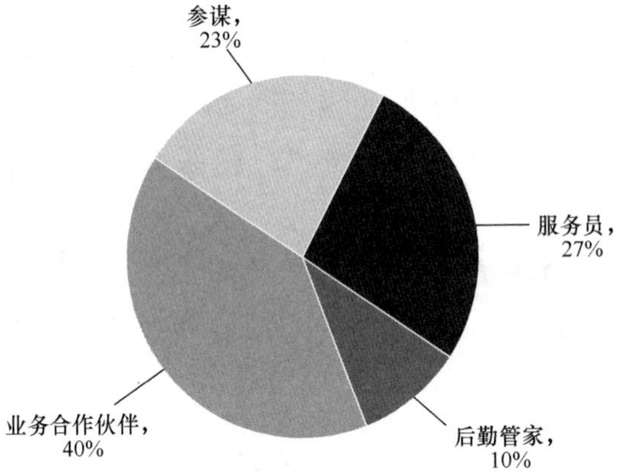


**图1 未来人力资源角色定位调研**

（二）企业人力资源管理在管理对象上的变革

在智能化趋势下的制造业，面临着供给侧结构性改革的迫切需求，在产业结构调整和智能化发展推动下，智能机器代替人工的趋向更为明显，人员结构面临变革调整，人力资源管理对象发生深刻变化。劳动力附加值低的工作岗位减少，初级的原始的劳动力需求逐渐减小，企业在人力资源的需求中，对员工的智能化和信息化技术要求不断提升，从重“数量”走向重“质量”。以直接生产人才为例，从特斯拉无人工厂的惊艳震撼、到富士康无人成型车间的投产使用，数千机器人代替人力，以降低劳动力成本。那些工作程序较简单，机器出错率低的岗位，将会首先实现“机器换人”，越来越多的传统岗位面临消失，越来越多的制造业企业将会争先踏入智能制造的领域。随着智能化趋势的作用，企业减少了对传统人工的需求，但对人工智能技术的运用有了更加多元的需求。具备相当程度的信息化研发、管理和操作能力的人才将会得到更大的平台，高精尖人才将成为企业竞相追逐的对象。在人才队伍的建设中，未来的人力资源管理将从“职工队伍”走向“人才队伍”，以创新为重要需求要素，不断打造建立领军型高层管理人才、高端型技术研发人才、高级技能人才等重点队伍，建立和完善以知识共享和知识创新为内核的信息化企业知识平台，积极构建从人到组织、从产品到系统的全知识价值链（图2）。

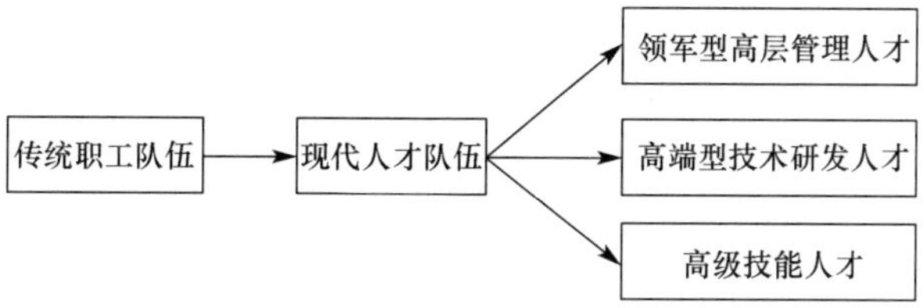


**图2　未来人力资源管理对象变革示意图**

（三）企业人力资源管理在理念风格上的变革

随着“00后”进入职场，以及“80后”“90后”逐渐成为企业的主力军，人力资源管理的理念风格也越发朝向人性化管理发展。在我们对企业的实地调研中，大部分人力资源工作者都对新生代员工“又爱又恨”，受访企业反映，这些制造业的新生代员工，是伴随着智能化趋势成长起来的一代，他们除了表现出极大的适应能力和创造能力，还表现出智能化趋势下的个性多元化，他们的思想表现出前所未有的开放、多极、理性。在创新驱动的智能化趋势下，人力资源管理要在理念风格上切实变革，从工业时代“传统管理理念”蜕变为“个性化管理”，从“管理控制”蜕变为“激发活力”，从“关注流程管理”到“关注员工体验”（图3）。为智能化趋势下的制造业企业建立充满活力的人才供应链，应从组织和员工的双向维度出发，去转变管理思路、蜕变行为风格，主动积极地适应人性的“新常态”，努力做到员工体验式的流程运维，用存在感、满足感、幸福感、成就感等来提升员工的认知度、默契度、敬业度、忠诚度，变革管理理念风格，从而建立高绩效企业组织。

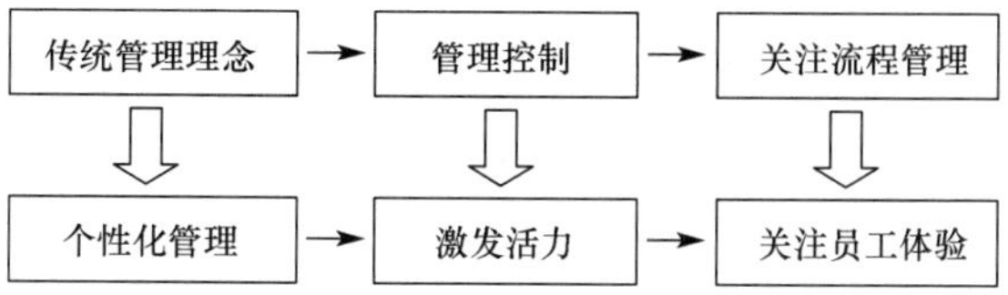


**图3　未来人力资源管理理念风格变化趋势图**

（四）企业人力资源管理在管理目标上的变革

在我们实地调研走访企业中，企业人力资源管理者集中提到人力资源管理在企业中的价值会受到质疑，认为“人力资源部是一个只会花钱，不会赚钱的部门”。以往的人力资源管理更加关注传统事务性工作，如出勤率、完成率、工作量化考核等。随着智能化趋势的深入，制造业人力资源管理要积极打开思路，积极调整管理目标对象。在人力资源业务的支撑下，以提升制造和开发效能为更高追求、更新目标对象，在整合人、财、物和信息等各项资源上发挥天然的角色优势。人力资源要将传统的管理目标对象，由“组织中的人”调整为“组织中的目标”，由“为生产而管人”调整为“为战略而关注人”。人力资源工作将对人力资源各要素进行分析、投资、重组，逐渐将人力资源业务从所谓的“成本中心”演变成“利润与回报的战略中心”，关注企业技术创新，围绕成本与利润、贴合战略发力。将员工作为组织目标对象的实现载体，将劳动力和创造力视为战斗力，积极发挥组织的激励与约束作用，完善企业文化，提振员工不断实现组织的高绩效产出。

（五）企业人力资源管理在手段依托上的变革

随着智能制造时代的到来，信息管理渗透到企业管理各个方面，在智能化趋势下的制造业中，大数据不仅改变了企业的传统信息管理，更给企业人力资源管理的工作角度、工作方式、工作方法、工作内容带来前所未有的变革。过去的人力资源工作更多地凭借工作者本身的直觉、经验、个人偏好这些相对主观的判断，而智能化趋势下制造业企业将运用大数据管理、后台信息库、人力资源管理软件等系统进行记录、储存和分析员工个性化数据，对员工进行个性化管理。有了数据的强大支撑，人力资源管理从单一的表单管理进化到系统集成的大数据管理，从文字表达变成数字说话，在规划、招聘、培训、绩效和薪酬、员工关系等管理的方方面面，不断进行人力资源管理本身的智能趋势战略进化。

## 二、智能化趋势下制造业人力资源管理存在的短板

中国改革开放的40余年里，国家的制造业取得了举世瞩目的辉煌成就，但从制造大国到制造强国的转变，还有很漫长的征程。在我国制造业转型升级与发展中，智能化发展给社会和企业带来了新形势、新环境和新要求，而传统的人力资源管理在面临新问题与新挑战时，存在一定

的短板。

(一) 人口红利消失、生产成本攀升、产能效益较低

制造业在快速转型升级的同时，带来了人工成本的急速攀升。根据数据统计，从整体看来，在中国市场与国家政策的双向作用下，中国与西方发达国家在制造业人工成本方面的差距，已从改革开放初期的100倍，急速收缩至目前的10倍。在最新的研究中，2016年中国制造业单位劳动力成本对美国的优势已缩减至4%。智能化趋势下的人力资源管理不得不面对成本翻倍、产能落后的现状。

从人力资源管理角度看，伴随中国人口老龄化程度的加深和劳动力资源成本的全面上涨，中国制造业的“低成本竞争优势”也在快速消失。人力资源在成本管控上难度越发增大，企业招工难、员工流失率高与劳动力流向服务业并存。从制造业人口红利消失、生产成本攀升、产能效益较低的问题上反观，在未来，智能化趋势下制造业人力资源管理也将会由传统粗放型管理转变为新型密集型管理，由定性、定量分析转变为大数据组合分析等。

(二) 创新投入不强、创新活力不足、自主创新疲软

随着大众创业、万众创新，我国在创新创业上的投入力度持续加强，但就投入本身讲，与西方发达的制造强国之间仍然存在着较大差距。从创新能力看，传统的人力资源管理未能更好地开发员工的创新创造能力，在一定程度上，不适宜的人力资源管理方式还对创新动能产生了抑制作用。

我国制造业人力资源管理中，对创新重视程度不足，企业长期依靠技术引进来实现再创新和集成创新，原始创新能力不强，关键核心技术对外依存度依然较高。这在一定程度制约了我国高端制造业的发展。传统制造业人力资源管理存在相对陈旧的管理理念和创新环境偏弱的短板，一定程度上会抑制企业的创新能力和员工的创新激情，这会导致组织的学习效能低下，造成市场和产品的滞后性，影响制造业技术创新。

(三) 从业人员文化程度偏低、制造业人员队伍大而不强、整体结构不完善

制造业的发展关键在人才，智能化趋势下，制造业人力资源管理更要注重人才的队伍建设和培养开发。我们在走访调研中了解到，在制造业人才的学历教育与培养过程中，高校学生队伍大而不强，专业设置细

而不精，课程实操与社会需求脱节，部分毕业生难以满足制造业企业的实际需要。同时，企业培训人才路径单一，重“用”不重“建”也是亟待解决的问题。

制造业从业人员综合素质较低，高精尖人才缺乏，新兴储备力量匮乏，不同规模和性质的企业在人才的教育、培训、开发、利用等方面力度参差不齐，并未形成成熟的人才开发模式，存在制造业人才供给与需求之间的不匹配。2017 年，人力资源和社会保障部等相关部门联合印发了《制造业人才发展规划指南》，提出“到 2020 年，制造业从业人员平均受教育年限达到 11 年以上”的明确目标。

## 三、智能化趋势下制造业人力资源管理的变革路径与思考

智能化趋势下制造业的发展，对企业人力资源管理提出了新的更高的要求，人力资源管理需要系统的多角度思考、资源的多方位支持、技术的多面化应用、专业的多领域钻探，做优企业文化、做实人才建设、做大组织绩效、做强品牌战略。我们通过多次实地走访调研与问卷统计，得出以下结论：智能化趋势下制造业人力资源管理的发展变革本质上就是一次企业在经济新常态环境下，主动面向未来、自发的供给侧结构性改革，更是一次重大的创新升级与改革实践。

### （一）变革路径之一：着力实现顶层设计创新

在变革思想观念上，着力提升对人力资源管理的认知与定位，着力抬升人力资源管理作为公司发展新引擎的角色与形象。人力资源管理的落脚点在人，要坚持“两手抓、两手都要硬”的新思维，营造人才开发是责任是荣誉，组织开发也是责任是荣誉的大局环境。个体的人才不仅仅是组织的补给，组织与个体二者不可偏废其一，在共同价值观与文化的培养中，二者互为促进，统筹协调，共同发展。智能化趋势下制造业人力资源管理必须牢牢抓住企业发展的真正需求，少些“面上光”的形式化活动，要切实激活组织活力，让人才引得进、留得住、用得好，大力挖掘人才潜力，发挥组织战斗力。

在重塑组织结构上，变公司传统“橄榄型结构”为“哑铃型结构”，强化企业的智能化研发和制造能力，有引导性地弱化非核心传统生产，探讨新兴外协外包等多元生产模式。这样，在智能化趋势下制造业的人力资源管理，既能避免“未富先贵”，可以集中优势力量重拳出击，又能

优化结构降本增效。在继续搞好精益生产管理的基础上，利用大数据、互联网+的优势平台[①]，切实提高市场营销能力和产品研发能力。在人力资源规划的合理布局下，培育专业化的核心领域与高端产品，形成智能化、规模化、集约化、社会化和效益化的科研生产结构和规模。

（二）变革路径之二：着力实现体制机制创新

着力加强智能化人才队伍建设。智能化趋势下制造业的人力资源管理呼唤领袖型企业家。企业家人才是企业人才队伍中的核心力量，要将培养优秀企业家切实摆在重要位置。同时，树立智能化趋势下的创新理念，不断引领、吸收、留任与用好优秀人才，特别是强化吸引和培养高层次人才，以科研和高端制造人才为主体，做好人才的个性化成长和菜单式职业路径设计，切实改进与优化人才队伍结构，要开展多层次的培训辅导来开拓与培养创新型人才队伍。

着力强化持续、灵活、多元的考核与约束机制。智能化趋势下制造业企业员工更加重视自己在企业的获得感、成就感、存在感和价值感，在制定人力资源管理激励体系时，需要考虑到员工的个性化生活需求与节奏化的工作之间的平衡，做好正向激励与引导，变被动为主动，激发员工的归属感，提升员工的忠诚度。综合运用股权、年薪、职务、职称等形式进行物质和精神奖励，形成薪酬管理与绩效考核的双向联动，带动人才成长与事业发展的良性循环，推动管理、技术、技能人才积极投身智能化制造产业。

（三）变革路径之三：着力实现智能化技术创新

着力实现人力资源支撑制造业智能化发展。人力资源管理需要搭建学习型组织平台，建立和完善技术与生产双向转移机制，在企业管理的层面上实现知识管理的信息化与一体化，避免企业资源的浪费，强化培育共享型、开放型的产业链和原创型、自主型的创新主体。智能化趋势下的人力资源管理要摸准时代脉搏，支撑企业走向专业化、高端化、集约化之路。要以核心智能制造为主导，做好持续的结构调整与优势资源整合，把优势产品与核心技术做大、做精、做强，把市场做准、做细、做活。依靠战略新兴产业带动，推进新型工业化，促进经济转型发展、升级发展。

① 李彦宏．智能革命［M］．北京：中信出版社，2017.

着力实现人力资源规划对技术创新的支持。一方面是提升组织技术创新能力，扎根中国制造 2025，剑指智能化市场需求，将技术升级与大众需求紧密结合。另一方面是商业模式的创新，人力资源管理要接轨智能化的管理运作模式、组织方式，不断提质增效，实现全要素生产率的提高。我国将不断改造传统引擎，将制造业的发展重点放在“扩大公共产品和公共服务供给”，同时致力于打造新引擎，不断推动“大众创业、万众创新”，共同作为中国经济的“双引擎”。智能化趋势下制造业的人力资源管理，将会成为未来的核心科技的涌现之地、智能制造的典范之地、创新人才的集聚之地和创意经济的闪耀之地。

## 参考文献

[1] 乔章凤，李青原．嵌入全球价值链的制造业升级与技术技能人才需求研究 [J]. 天津经济，2018 (2).

[2] 章义．迈向工业 4.0 时代的制造业人力资源管理变革 [J]. 湖北经济学院学报（人文社会科学版），2018 (3).

[3] 李彦宏．智能革命 [M]. 北京：中信出版社，2017.

# 北京地区高校毕业生薪酬状况研究[①]

北京市人才服务中心　北京市毕业生就业服务中心

陈　东　刘璟卫　赵卿腾[②]

**摘　要**：基于问卷调查、典型案例和数据比对，跟踪研究了北京地区不同学校、学历、专业高校毕业生在不同就业单位、行业、所有制和岗位的起点薪酬水平、结构、增长和薪酬满意度等情况，针对高校毕业生在求职途径、求职过程中面临的困难及就业指导情况进行了统计分析，提出加强北京地区高校毕业生薪酬信息服务的建议，为北京地区用人单位招聘、毕业生求职、高校就业指导等工作提供决策支撑。

**关键词**：北京地区　高校毕业生　薪酬水平

就业是民生之本，收入是民生之源。高校毕业生是国家宝贵的人才资源。当前，我国每年高校毕业生有800多万人，促进高校毕业生更高质量和更充分就业，确保就业形势稳定，是就业工作的重中之重。薪酬是广大高校毕业生实现就业的“风向标”，关乎毕业生切身利益，也是用人单位吸引毕业生人才的重要条件，是青年就业市场重要的价格信号。在发达国家，政府部门为监测劳动力市场运行情况，通过搜集、统计和分

---

① 该篇论文获得“2019年全国人才与人事研究主题征文活动”三等奖。

② 陈东，北京市职业介绍服务中心主任；刘璟卫，北京市毕业生就业服务中心副主任；赵卿腾，北京市毕业生就业服务中心干部。

析各类毕业生的薪酬数据，为劳动力市场提供信息服务。

北京市人力资源和社会保障局高度重视高校毕业生的就业问题，认真贯彻落实国家关于高校毕业生就业创业的政策，积极为在京高校毕业生就业创造条件，薪酬调查研究是其所开展的一项重要工作。在北京市建立高校毕业生薪酬信息发布制度，不仅为高校毕业生在求职择业时提供帮助，为用人单位招收毕业生提供指导，同时也是就业服务工作的重要内容之一。为社会提供权威、客观、真实的导向信息和依据，是北京地区高校毕业生就业服务工作的重要创新举措。

## 一、2018 年北京地区高校毕业生起点薪酬情况

2018 年，全国普通高校毕业生就业总量压力和结构性矛盾依然突出，全国高校毕业生人数达到 820 万人，就业形势依旧复杂严峻。其中，北京地区高校毕业生约 24.1 万人，包括研究生 8.8 万人，本科生 12.3 万人，专科生 3 万人。2018 年用人单位申报毕业生岗位需求 119 653 人，同比减少 2 890 人，降幅为 2.4%。岗位需求量与毕业人数供需对比，研究生为 1∶0.74，本科生为 1∶0.34，专科生为 1∶0.39。

薪酬调查情况表明：

一是北京地区高校毕业生起点薪酬水平逐年提高。从近三年高校毕业生起点薪酬水平变化情况来看，呈现出逐年上升的趋势，2016 届、2017 届和 2018 届高校毕业生平均起薪分别为 6 377 元/月、6 473 元/月和 6 648 元/月，如图 1 所示。

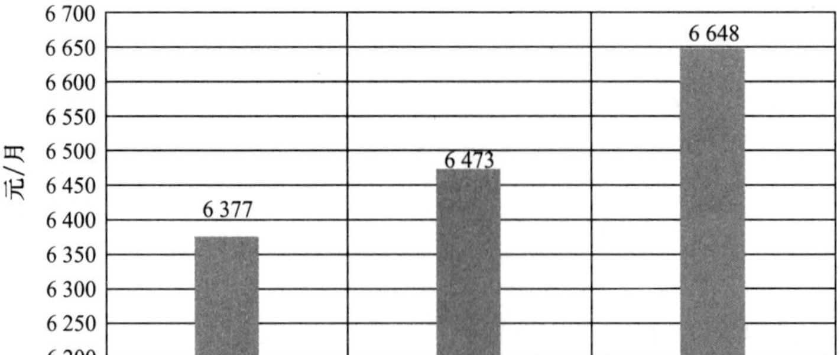


**图 1　2016—2018 届北京地区高校毕业生起点薪酬变化**

二是薪酬结构中基本工资占比较高。高校毕业生的起始薪酬结构中，根据单位提供数据测算，基本工资占比最高，其他薪酬形式中，绩效工

资、年终奖和津补贴比较普遍，股权激励并不多见。

三是毕业院校类型对起点薪酬水平影响明显。一流大学建设高校、国外及港澳台地区大学以及一流学科建设高校毕业生起点薪酬水平相对较高，平均分别为 9 079 元/月、8 817 元/月和 7 595 元/月；而普通本科、独立学院毕业生的起薪水平相对较低，分别为 5 495 元/月和 5 281 元/月；高职、高专院校薪酬水平最低，只有 4 412 元/月，如图 2 所示。

四是北京高校毕业生的起点薪酬水平高于外地高校。北京地区教育资源集聚，高校毕业生整体质量较高，起薪水平要高于外地高校在京就业毕业生，二者均值差距达到 1 271 元/月，如图 3 所示。

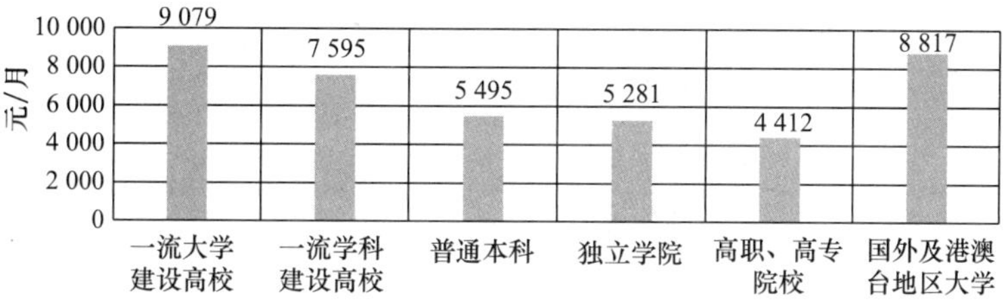


图 2　不同类型院校毕业生的平均起薪

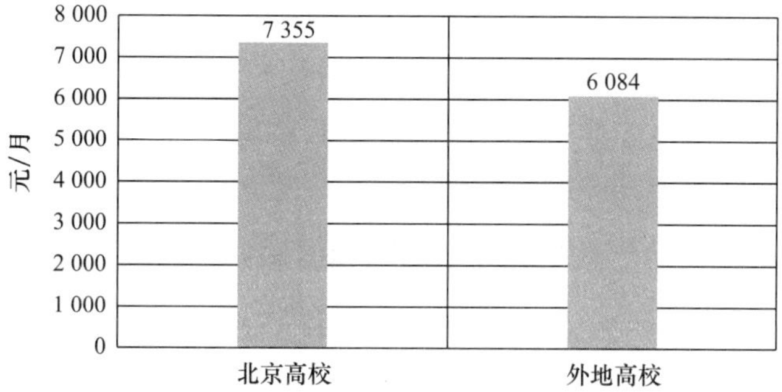


图 3　北京高校与外地高校毕业生的平均起薪

五是教育程度越高，起薪水平越高，收入与人力资本投资正相关。教育水平对起薪的决定作用明显，学历越高，薪酬水平越高。博士毕业生平均起薪水平为 11 054 元/月，而高职/高专毕业生起薪水平仅为 4 521 元/月。另外，从不同学历水平的薪酬差距来看，与学制时间高度相关，收入与人力资本投资具有较强的关联性，如图 4 所示。

六是学校和学历对起薪具有综合影响，教育水平越高，不同类型学校毕业生起薪差距越大。从分学校类型、分教育水平的起点薪酬情况来看，一流大学建设高校、同时又是博士毕业生的起点薪酬水平最高，为

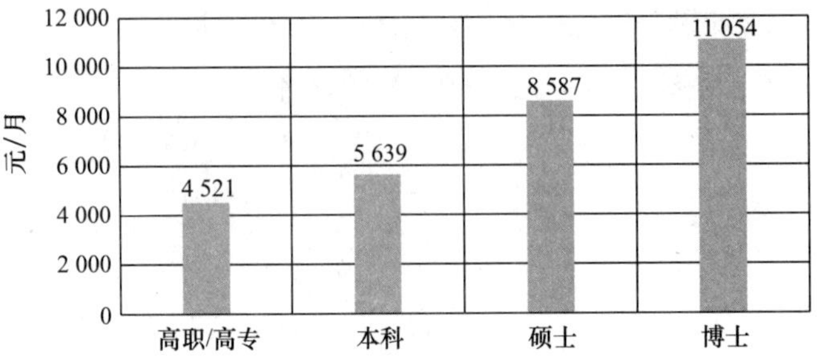


图 4　不同教育水平高校毕业生的平均起薪

12 268 元/月；而普通高校、本科学历的起点薪酬最低，为 5 304 元/月，说明学校和学历对起薪水平有综合影响，见表 1。比较来看，越到博士阶段，不同类型学校毕业生起薪差距越大。

表 1　分学校类型、分教育水平的起点薪酬　（单位：元/月）

| | 本科 | 硕士 | 博士 |
|---|---|---|---|
| 一流大学建设高校 | 6 928 | 9 635 | 12 268 |
| 一流学科建设高校 | 6 268 | 8 209 | 9 456 |
| 普通高校 | 5 304 | 6 734 | 7 523 |
| 国外及港澳台地区大学 | 6 353 | 9 002 | 9 928 |

七是工学、理学、法学和经济学专业毕业生起点薪酬水平更高。上述四个专业的起薪水平分别为 7 344 元/月、7 273 元/月、7 116元/月和 7 005 元/月，而农学毕业生起点薪酬最低，为5 065元/月，如图 5 所示。

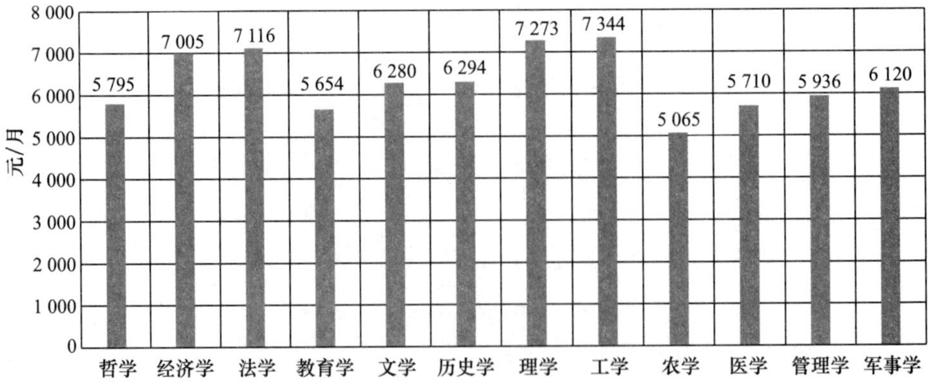


图 5　不同专业高校毕业生的平均起薪

八是学校类型与专业对起薪水平有交互影响。一流大学建设高校、一流学科建设高校、国外及港澳台地区大学等相关专业的薪酬竞争力更强；而普通高校、独立学院和高职/高专相比而言，在各个专业上的起薪水平都更低，并且不同专业起薪水平的差异相对较低，见表 2。

**表 2　分专业、分学校类型的起点薪酬**　（单位：元/月）

| 专业 | 一流大学建设高校 | 一流学科建设高校 | 普通高校 | 独立学院 | 高职、高专院校 | 国外及港澳台地区大学 |
|---|---|---|---|---|---|---|
| 经济学 | 9 040 | 7 478 | 5 987 | 5 188 | 4 471 | 8 482 |
| 法学 | 8 252 | 7 183 | 5 747 | 6 127 | 4 114 | — |
| 教育学 | 6 986 | 7 026 | 5 039 | 6 177 | 3 907 | 8 502 |
| 文学 | 7 587 | 7 070 | 5 403 | 5 221 | 5 190 | 7 118 |
| 理学 | 10 080 | 7 334 | 5 896 | 5 477 | 4 781 | 8 272 |
| 工学 | 10 157 | 8 182 | 5 614 | 5 001 | 4 291 | 9 816 |
| 农学 | 6 504 | 5 672 | 4 890 | 4 733 | 3 981 | 7 360 |
| 医学 | 6 928 | 6 532 | 5 041 | 5 013 | 4 640 | — |
| 管理学 | 7 949 | 6 952 | 5 241 | 5 434 | 4 988 | 7 558 |

注：部分样本过少，未报告。

九是分行业来看，信息技术和金融行业为高校毕业生提供的起点薪酬水平较高。北京地区高校毕业生起点薪酬的行业分布与北京市在岗职工行业工资分布趋同，排名位于前两位的行业是信息传输、软件和信息技术服务业和金融业，起薪水平分别是 9 903 元/月和 8 347 元/月，而起薪排名位于后两位的行业是住宿餐饮业和建筑业，起薪分别是 4 818 元/月和 4 845 元/月，如图 6 所示。

十是私企和外企为高校毕业生提供的起点薪酬水平相对较高。按用人单位的所有制形式进行比较可以看出，进入私企和外资企业工作的高校毕业生起点薪酬更高，分别是 7 756 元/月和 7 994 元/月，而国有企业高校毕业生起点薪酬相对较低，为 5 680 元/月，如图 7 所示。

十一是研发岗位起点薪酬水平最高。按不同岗位类型划分，高校毕业生在研发岗位获得起点薪酬的水平最高，远高于其他几类岗位；相比而言，生产岗位的起点薪酬相对较低，仅为 4 904 元，如图 8 所示。

十二是国有企业中不同岗位的起薪差异相对较低。首先从总体情况来看，各类企业中都是研发岗位起薪水平最高、生产岗位起薪水平最低，

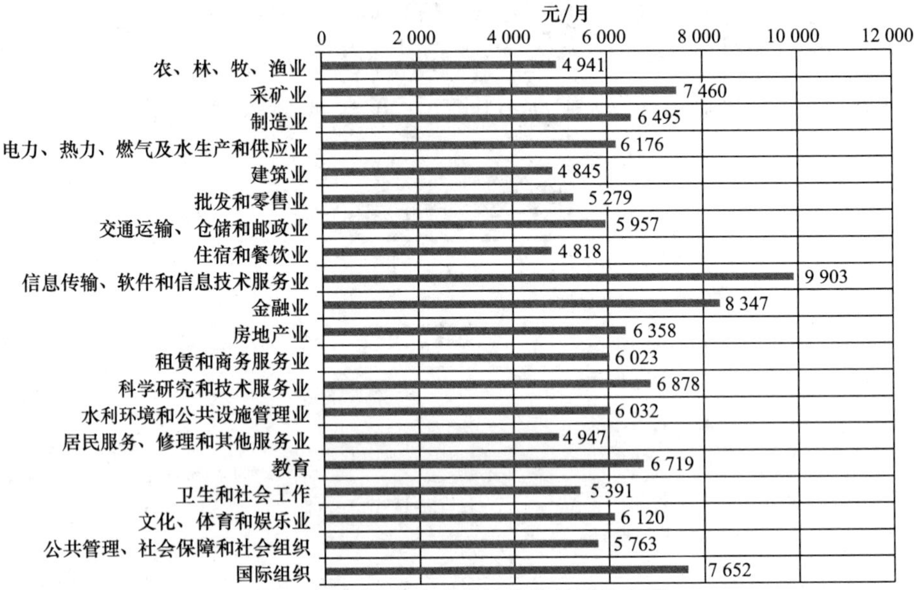


图 6　不同行业中高校毕业生的平均起薪

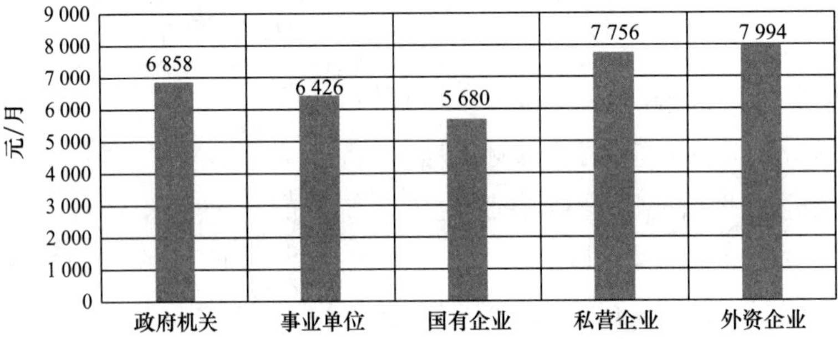


图 7　不同单位类型中高校毕业生的平均起薪

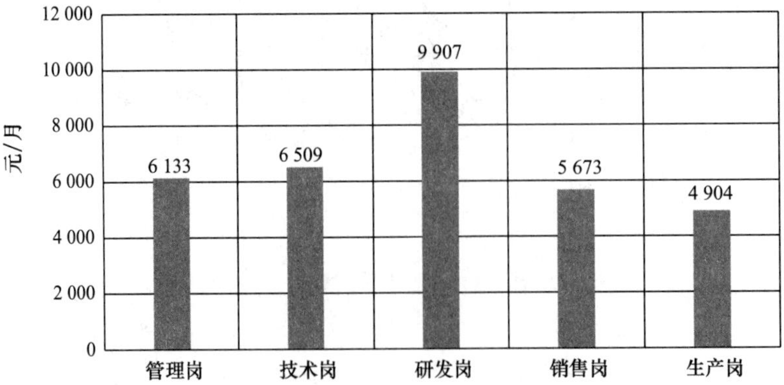


图 8　不同岗位类型上高校毕业生的平均起薪

见表 3。但是通过计算不同岗位的极差和标准差可以看出，在国有企业，不同岗位之间的薪酬差距相对较低，而在私营企业和外资企业，岗位之间的薪酬差距更大。

表 3　　分单位类型、分岗位类型的起点薪酬　　(单位：元/月)

| 企业类型 | 管理岗 | 技术岗 | 研发岗 | 销售岗 | 生产岗 |
|---|---|---|---|---|---|
| 国有企业 | 5 804 | 5 435 | 7 732 | 5 278 | 4 721 |
| 私营企业 | 6 522 | 7 599 | 11 110 | 5 759 | 5 065 |
| 外资企业 | 7 277 | 7 868 | 10 800 | 6 409 | 5 014 |

十三是薪酬期望与现实有较大差距。尽管高校毕业生起点薪酬在不断增长，但是与其期望薪酬水平还有较大差距。调查显示，高达 41.2% 的人期望月薪达到 10 000 元以上，如图 9 所示。

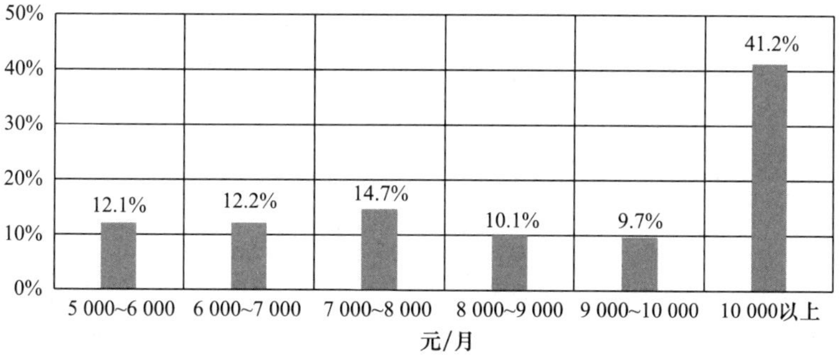


图 9　高校毕业生的期望薪酬

十四是高校毕业生对薪酬和福利的满意度总体一般。调查显示，高校毕业生对薪酬和福利的满意度评价，选择一般的比重最高，但是选择满意和非常满意的比重要高于不满意和非常不满意的比重，如图 10 所示。

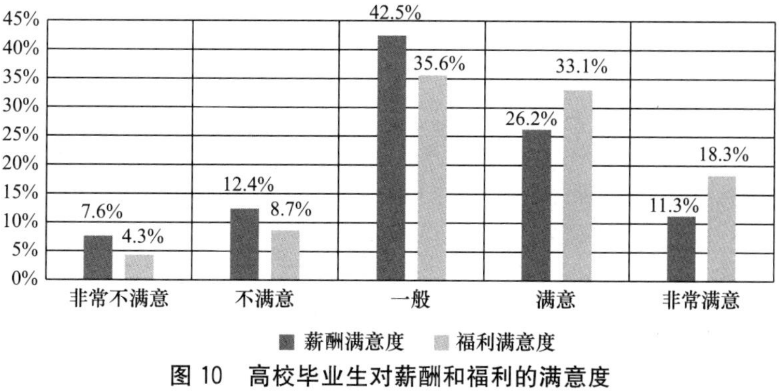


图 10　高校毕业生对薪酬和福利的满意度

十五是高校毕业生希望得到更好的工作环境和发展空间。当前高校毕业生以“90后”为主，他们不仅对货币性报酬有较高期望，对非货币性报酬的关注度更高。调查显示，高校毕业生希望得到的非货币报酬包括良好的工作环境（75.3%）、职业发展空间（73.7%）和融洽的人际关系（64.9%），另外很多人对于弹性工作时间的需求也比较强烈（55.1%），如图11所示。

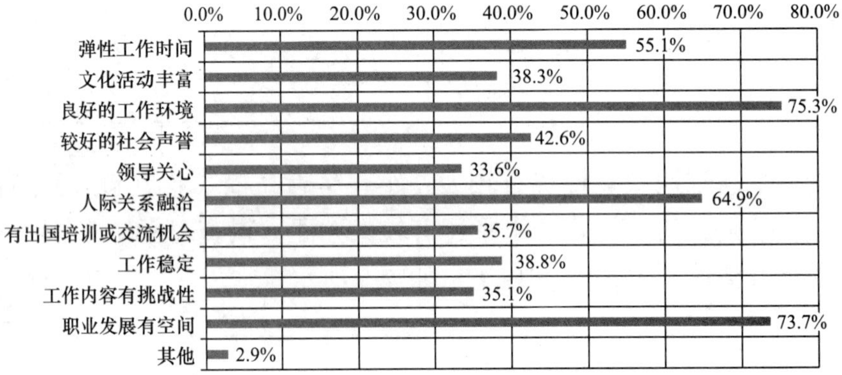

图11　高校毕业生对非货币报酬的关注度

## 二、近三年北京地区高校毕业生薪酬增长情况

根据253家单位提供的薪酬数据，对近三年高校毕业生薪酬变化情况进行比较分析，观察高校毕业生在入职一年后和两年后薪酬变化情况，以及不同维度下的薪酬变化差异，结果显示：

一是高校毕业生工作一年后平均薪酬增长幅度为19.3%。根据用人单位提供的数据，2017届高校毕业生剔除已经离职的人员，留下来的人员薪酬水平上升明显，平均增幅约为19.3%，并且每个分位点上都得到了增长，见表4。

表4　2017届高校毕业生薪酬增长情况　（单位：元/月）

| 增幅 | 2017年 | 2018年 |
|---|---|---|
| 均值 | 6 504 | 7 765 |
| 10分位 | 3 100 | 4 300 |
| 20分位 | 3 240 | 4 375 |
| 30分位 | 3 950 | 5 425 |
| 40分位 | 4 500 | 6 000 |
| 50分位 | 5 150 | 6 718 |
| 60分位 | 6 000 | 7 695 |
| 70分位 | 7 500 | 8 500 |
| 80分位 | 8 500 | 9 950 |
| 90分位 | 11 056 | 12 067 |

二是高校毕业生工作两年后平均薪酬增长幅度为 40.7%。2016 届高校毕业生剔除已离职人员，留职人员两年平均薪酬增长了 40.7%，且每个分位点上的增幅都比较高，见表 5。

表 5　2016 届高校毕业生薪酬增长情况　（单位：元/月）

| 增幅 | 2016 年 | 2018 年 |
|---|---|---|
| 均值 | 6 502 | 9 150 |
| 10 分位 | 3 040 | 4 300 |
| 20 分位 | 3 240 | 5 460 |
| 30 分位 | 3 570 | 6 121 |
| 40 分位 | 4 292 | 6 765 |
| 50 分位 | 4 900 | 7 630 |
| 60 分位 | 6 000 | 8 600 |
| 70 分位 | 7 267 | 9 850 |
| 80 分位 | 8 327 | 11 496 |
| 90 分位 | 10 986 | 15 052 |

三是不同类型院校高校毕业生工作一年后薪酬增长额度总体差距不大、增幅差距较大。从 2017 届不同院校类型高校毕业生薪酬变化情况来看，各类高校毕业生薪酬都有所增长，除了国外及港澳台地区大学毕业生薪酬增长额度相对较小外，其他几种类型高校毕业生薪酬均增加了 1 100～1 400 元/月，差距相对较小，但是由于起薪水平的差异，起薪相对较低的薪酬增长幅度更大，见表 6。

表 6　2017 届高校毕业生分学校类型薪酬增长情况

| 院校类型 | 2017 年（元/月） | 2018 年（元/月） | 增长额度年（元/月） | 增幅 |
|---|---|---|---|---|
| 一流大学建设高校 | 9 784 | 10 935 | 1 151 | 11.8% |
| 一流学科建设高校 | 8 285 | 9 597 | 1 312 | 15.8% |
| 普通高校 | 5 429 | 6 779 | 1 351 | 24.9% |
| 独立学院 | 4 252 | 5 668 | 1 416 | 33.3% |
| 高职/高专院校 | 4 400 | 5 636 | 1 236 | 28.1% |
| 国外及港澳台地区大学 | 9 175 | 9 893 | 718 | 7.8% |

四是不同教育程度高校毕业生工作一年后薪酬增长额度总体差距不大、增幅差距较大。从 2017 届高校毕业生薪酬变化情况来看，不同教育水平的高校毕业生薪酬增加额度差距较小，增幅基本在 900～1 300 元/月左右，但是由于起薪水平的差异，低学历高校毕业生的薪酬增幅更大，见表 7。

表 7　2017 届高校毕业生分教育水平薪酬增长情况

| 学历 | 2016 年（元/月） | 2018 年（元/月） | 增长额度（元/月） | 增幅 |
|---|---|---|---|---|
| 高职/高专 | 4 201 | 5 392 | 1 190 | 28.3% |
| 本科 | 5 249 | 6 570 | 1 321 | 25.2% |
| 硕士 | 9 409 | 10 658 | 1 249 | 13.3% |
| 博士 | 13 196 | 14 132 | 936 | 7.1% |

五是教育学专业毕业生一年后薪酬增长额度和增幅较高，医学专业相对较低。从 2017 届不同专业高校毕业生薪酬变化情况来看，教育学专业的薪酬增长额度和幅度都比较高，一年内增加了 2 176 元/月，增幅为 33.6%；医学专业薪酬增加额度相对较低，为 650 元/月，增幅为 7.3%；其他专业薪酬增长的额度差异不大，见表 8。

表 8　2017 届高校毕业生分专业薪酬增长情况

| 专业 | 2017 年（元/月） | 2018 年（元/月） | 增长额度（元/月） | 增幅 |
|---|---|---|---|---|
| 经济学 | 7 026 | 8 286 | 1 260 | 17.9% |
| 法学 | 6 504 | 7 736 | 1 233 | 19.0% |
| 教育学 | 6 486 | 8 663 | 2 176 | 33.6% |
| 文学 | 7 122 | 8 308 | 1 186 | 16.7% |
| 理学 | 7 324 | 8 481 | 1 157 | 15.8% |
| 工学 | 6 633 | 8 029 | 1 395 | 21.0% |
| 农学 | 5 271 | 6 484 | 1 213 | 23.0% |
| 医学 | 8 883 | 9 533 | 650 | 7.3% |
| 管理学 | 5 065 | 6 524 | 1 459 | 28.8% |

注：部分专业样本太少被剔除。

六是交通运输业和建筑业等行业中，高校毕业生一年后的薪酬增长较快。数据显示，2017 届毕业生在不同行业中的薪酬增长情况差异明显，其中增幅最大的是交通运输、仓储和邮政业，增加了 2 271 元/月，增幅为 51.6%；另外是建筑业，增加了 1 857 元/月，增幅为 40.9%，见表 9。

表 9　　2017 届高校毕业生分行业薪酬增长情况

| 行业门类 | 2017 年（元/月） | 2018 年（元/月） | 增长额度（元/月） | 增幅 |
|---|---|---|---|---|
| 农、林、牧、渔业 | 4 898 | 5 872 | 974 | 19.9% |
| 制造业 | 5 893 | 7 148 | 1 255 | 21.3% |
| 电力、热力、燃气及水生产和供应业 | 5 429 | 7 339 | 1 910 | 35.2% |
| 建筑业 | 4 542 | 6 399 | 1 857 | 40.9% |
| 批发和零售业 | 5 951 | 6 731 | 780 | 13.1% |
| 交通运输、仓储和邮政业 | 4 397 | 6 668 | 2 271 | 51.6% |
| 住宿和餐饮业 | 4 480 | 5 580 | 1 100 | 24.6% |
| 信息传输、软件和信息技术服务业 | 6 746 | 7 827 | 1 081 | 16.0% |
| 金融业 | 8 256 | 9 150 | 894 | 10.8% |
| 房地产业 | 8 630 | 9 759 | 1 129 | 13.1% |
| 租赁和商务服务业 | 5 347 | 6 606 | 1 258 | 23.5% |
| 科学研究和技术服务业 | 6 945 | 8 417 | 1 472 | 21.2% |
| 水利环境和公共设施管理业 | 5 398 | 6 427 | 1 029 | 19.1% |
| 居民服务、修理和其他服务业 | — | 6 327 | — | — |
| 教育 | 10 214 | 12 472 | 2 257 | 22.1% |
| 卫生和社会工作 | — | 10 452 | — | — |
| 文化、体育和娱乐业 | 5 626 | 7 332 | 1 706 | 30.3% |

注：部分行业样本过少被删除。

七是事业单位高校毕业生工作一年后薪酬增幅相对较低。调查结果显示，高校毕业生入职一年后，在事业单位中薪酬增加相对较低，一年间平均增长 457 元/月；国有企业、民营企业、外资企业增长额度均在 1 000 元/月以上，尤其是国有企业增加了 1 669 元/月，增幅达 31.3%，见表 10。

表 10　　2017 届高校毕业生分单位类型薪酬增长情况

| 单位类型 | 2017 年（元/月） | 2018 年（元/月） | 增长额度（元/月） | 增幅 |
|---|---|---|---|---|
| 事业单位 | 10 792 | 11 249 | 457 | 4.2% |
| 国有企业 | 5 336 | 7 005 | 1 669 | 31.3% |
| 民营企业 | 6 038 | 7 174 | 1 136 | 18.8% |
| 外资企业 | 17 764 | 18 770 | 1 006 | 5.7% |

注：被选中的一家外企薪酬水平相对较高，拉高了总体水平。

八是生产岗一年后薪酬增加幅度较大。数据显示，高校毕业生在生产岗位上薪酬增加额度为 2 040 元/月，高于其他岗位，而其他几类岗位上薪酬增长额度基本在 1 000～1 200 元/月，差距不大，但由于销售岗的起薪水平相对较低，故增幅更高，见表 11。

表 11　　2017 届高校毕业生分岗位类型薪酬增长情况

| 岗位类型 | 2017 年（元/月） | 2018 年（元/月） | 增长额度（元/月） | 增幅 |
|---|---|---|---|---|
| 管理岗 | 6 202 | 7 367 | 1 165 | 18.8% |
| 研发岗 | 10 440 | 11 669 | 1 229 | 11.8% |
| 技术岗 | 8 103 | 9 164 | 1 061 | 13.1% |
| 生产岗 | 4 547 | 6 587 | 2 040 | 44.9% |
| 销售岗 | 3 520 | 4 739 | 1 219 | 34.6% |
| 其他 | 5 523 | 7 237 | 1 714 | 31.0% |

## 三、北京重点发展行业毕业生起点薪酬

《北京城市总体规划（2016—2035 年）》要求，北京的一切工作必须坚持全国政治中心、文化中心、国际交往中心和科技创新中心的城市战略定位，促进金融、科技、文化创意、信息、商务服务等现代服务业创新发展和高端发展，优化提升流通服务业，培育发展集成电路、新能源等高技术产业和新兴业态。依据上述内容，本报告提出北京市重点发展行业，并分析重点行业的毕业生起点薪酬情况：

一是金融业硕士及以上学历的薪酬水平相对较高。从不同教育水平的起点薪酬来看，金融业中硕士研究生学历的平均起点薪酬为 9 715 元/月，

高于本科和高职/高专，博士研究生学历的平均起点薪酬为 9 488 元/月，与硕士研究生学历的薪酬水平接近[①]，如图 12 所示。

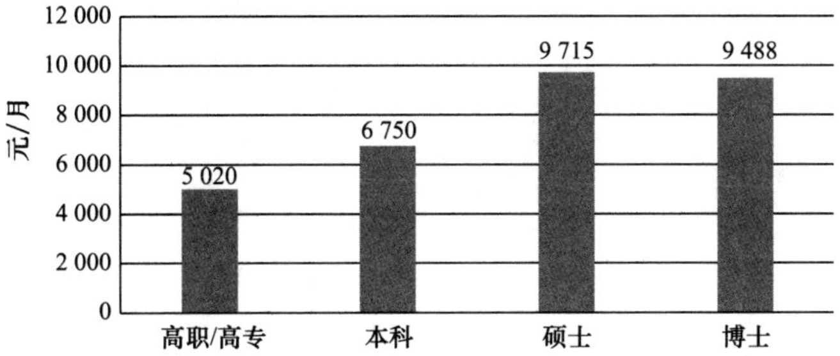


**图 12　金融业不同教育水平高校毕业生的平均起薪**

二是信息技术服务业起薪水平与教育水平正相关且差距较大。从不同教育水平的起点薪酬来看，博士研究生学历的平均起点薪酬为 21 076 元/月，硕士研究生学历为 12 720 元/月，本科生为 7 332 元/月，高职/高专生为 5 549 元/月，起薪水平随着学历的上升显著提升；并且高学历与低学历之间的薪酬差距较大，博士毕业生起薪水平是高职/高专毕业生的近 4 倍，如图 13 所示。

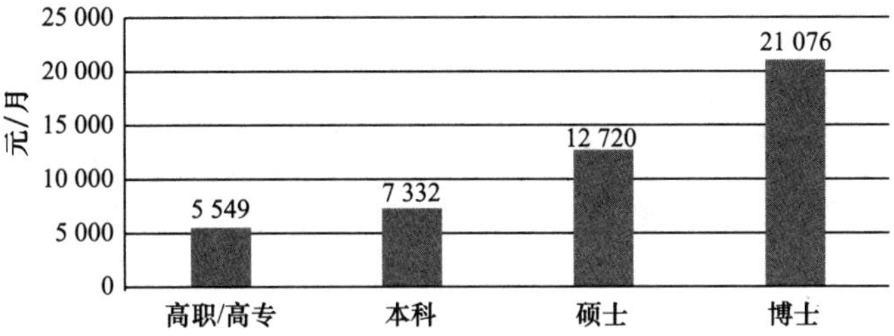


**图 13　信息技术服务业不同教育水平高校毕业生的平均起薪**

三是高端制造业高校毕业生平均起薪高于传统制造业。高端制造业高校毕业生就业的平均起薪为 6 372 元/月，高于传统制造业的 5 719 元/月，平均高出 653 元/月，如图 14 所示。

四是科学技术服务业起薪水平与教育水平正相关。从不同教育水平的起点薪酬来看，博士研究生学历的平均起点薪酬为 12 282 元/月，硕士研究生学历为 7 390 元/月，本科生为 5 418 元/月，高职/高专生为 4 436 元/月，

① 博士学历样本仅占 3.3%，可能存在偏误。

起薪水平随着学历的上升显著提升，如图 15 所示。

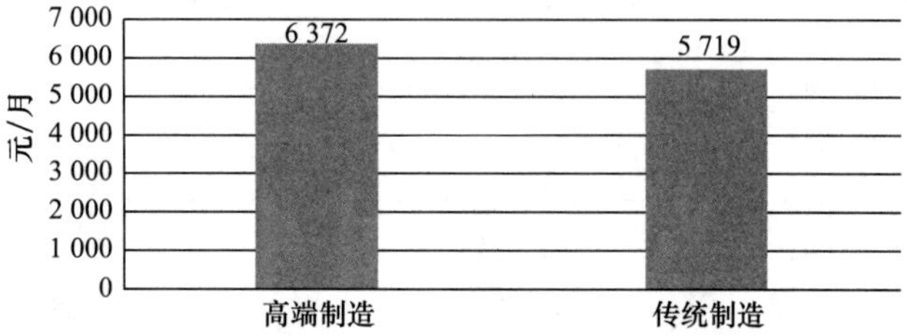


**图 14　高端制造业与传统制造业平均起薪比较**

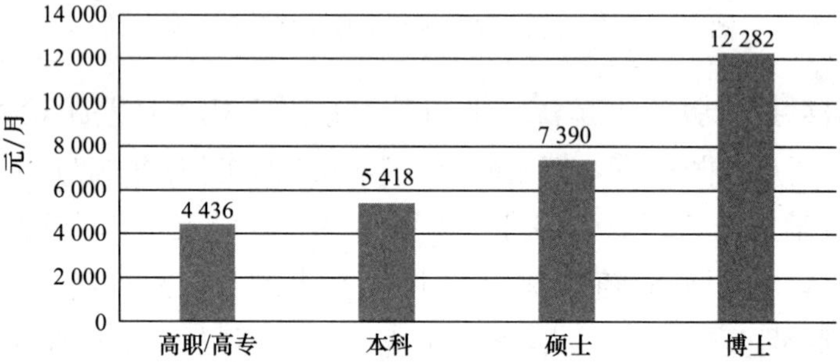


**图 15　科学技术服务业不同教育水平高校毕业生的平均起薪**

五是文化创意产业高校毕业生中，高学历的薪酬水平相对较高。从不同教育水平的起点薪酬来看，硕士研究生学历的平均起点薪酬为 7 281 元/月，本科和高职/高专高校毕业生薪酬比较接近，如图 16 所示。

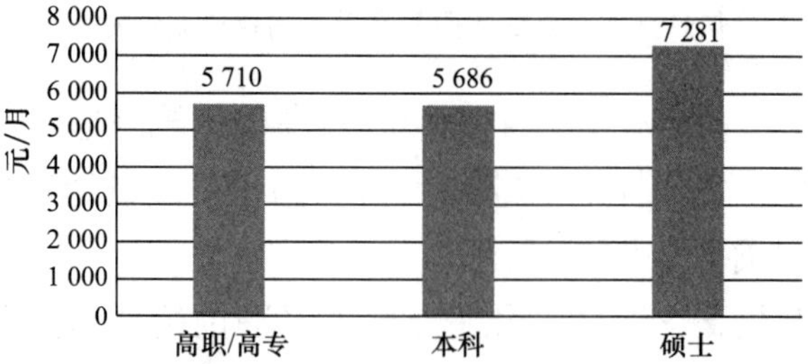


**图 16　文化创意产业不同教育水平毕业生平均起薪**

## 四、加强北京地区高校毕业生薪酬服务工作若干建议

（一）紧密围绕当前经济形势和首都“四个中心”城市战略定位，引导毕业生理性择业有序流动

2019年，受中美贸易摩擦升级、供给侧结构改革等影响，北京地区高校毕业生就业形势的不确定性、不稳定性因素依然较多，难点和风险不容低估。同时，北京市政府已连续多年出台《北京市新增产业的禁止和限制目录》，目前已更新至2018年版。首都产业结构调整特别是传统产业疏解转移，对各用人单位的用人需求带来十分明显的影响，北京市“高精尖”产业的发展与北京生源高校毕业生的供需结构性矛盾更加悬殊。按照《北京城市总体规划（2016—2035年）》，劳动力流动要有进有出，对不符合首都城市战略定位的产业要陆续调整和退出，相应的毕业生就业也应服务疏解功能。随着传统劳动密集型产业和生产加工型企业加速外迁，而新兴产业有待发展和培育，全市就业岗位存量减少、增量有限，势必对高校毕业生就业工作带来明显影响。在此背景下，受到禁止和限制发展的传统产业相关学科专业高校毕业生就业压力将明显加大，而与“四个中心”建设关系紧密的学科专业高校毕业生就业形势向好。

薪酬是高校毕业生就业的风向标。通过毕业生薪酬数据调查，掌握目前北京高校毕业薪酬在全国的水平，尤其是重点行业毕业生的薪酬定位，将为首都优先发展的行业企业提供参考指南；通过适时发布北京地区高校毕业生薪酬情况，将有助于北京地区高校毕业生树立正确就业观念，结合自身实际选择适合的工作岗位，有效缓解就业压力；通过加强与津冀人力社保部门的协调对接，完善就业和薪酬信息联合发布机制，将有序引导和支持毕业生到京外地区合理流动。

（二）立足高校毕业生就业实际，保障毕业生合法权益和劳动报酬

金融危机以来，全国高校毕业生就业人数不断攀升，至2018年已超过820万人，青年就业市场供大于求和毕业生就业难的形势越来越严峻。在这种形势下，高校毕业生在就业市场上属于弱势群体，尤其是就业结构性矛盾突出的情况下，社会上出现一些“大学生薪酬不如农民工”等

声音，侧面反映了当下毕业生就业难、收入低的情况。

近年来，高校毕业生对起点薪酬的预期不断降低，甚至有“大学生零工资就业”的报道，这说明随着求职竞争的加剧，高校毕业生已经逐步理性对待就业与薪酬的关系。另外，目前高校毕业生在实习、就业和劳动报酬等方面仍存在问题，毕业生需要政府出台相关法律政策予以保障。

（三）适应新时代高校毕业生个性化就业需求，设计差异化薪酬服务

通过调查，在一些新兴业态的企业中，员工劳动关系更加灵活，自由职业者、兼职或创客等职业模式开始出现，这些毕业生的薪酬无法按照传统的薪酬统计口径进行调查。而对于很多青年人而言，尤其是随着“00后”登上求职舞台，传统企业人力资源管理方式未必适应这一群体的个性特征，在激励方式上，应针对其发展需求，发挥薪酬以外激励的作用。

此外，困难毕业生是高校毕业生中的一个特殊群体，在就业过程中，这个群体通常面临更多的求职困难。针对困难家庭离校未就业的高校毕业生，北京市已经通过就业指导、岗位推荐、心理调适、就业见习、技能培训等方式提供精准帮扶。在薪酬信息公共服务方面，有必要跟踪困难毕业生的薪酬变化趋势，将其作为衡量就业质量的重要评价指标，通过这一群体的薪酬发展状况评估，更好地进行人岗匹配，提高精准帮扶的效果。

（四）强化政府职能定位，探索建立北京地区高校毕业生薪酬调查监测发布体系

基于对国内外高校毕业生薪酬调查的现状分析，在北京探索建立一套符合首都战略发展方向和特点的毕业生薪酬调查监测发布体系，具有重要意义。薪酬调查监测发布的实施主体是政府机构，其成员应包括北京市人力资源和社会保障局、北京市统计局、国家及北京市相关科研机构以及专业性较强的第三方机构。政策对象主要包含企业、高校等组织和毕业生个人。通过定期组织开展覆盖用人单位和毕业生的统计、调查、分析、监测和信息发布等工作，形成一系列北京地区高校毕业生薪酬标准和规程，为劳动力市场主体提供更好的公共信息服务，其核心是科学调查，关键在于信息发布服务。

北京地区高校毕业生薪酬调查监测发布体系强调了政府部门的公

共服务定位，旨在弥补劳动力市场在发布毕业生薪酬信息方面的不足，不主张政府部门过多干预劳动力市场，影响毕业生薪酬的确定。同时通过政府权威信息发布，为用人单位和毕业生提供免费可信的数据参考。

# 就业创业

# 共享经济模式下灵活就业人员就业影响因素研究①

赵 玉 赵茜茜②

**摘 要：**本文通过文献综述与实证研究相结合的方法探讨共享经济模式下灵活就业人员就业的特征、研究现状及影响因素。采用文献法、访谈法提炼灵活就业人员就业影响因素从而形成调研问卷，通过问卷法回收有效问卷507份（有效回收率90.54%），采用SPSS 19.0软件进行统计分析。研究发现，影响灵活就业人员就业的因素包括性别、年龄、文化程度、婚姻状况、政治面貌、户口类型、个人月收入（支出）、家庭年收入、每月房租价格、从事行业、本行业工作年限、参加培训情况、收入波动性、是否需要社保福利、家庭支持等。本文将以上因素归结为个体特征因素、经济因素、工作因素、自评因素、家庭因素五个因素群，并系统化地提出了共享经济模式下灵活就业人员的人力资源服务创新策略，以期进一步促进灵活就业人员实现就业，提高收入水平，促进多元就业方式均衡发展，不断完善新型就业模式。

**关键词：**共享经济 灵活就业人员 影响因素

近年来，以互联网技术为依托的共享经济蓬勃发展，已经成为世界

---

① 该篇论文获得"2019年全国人才与人事研究主题征文活动"一等奖。

② 赵玉，诚通人力资源有限公司党委委员、董事、副总经理；赵茜茜，诚通人力资源有限公司项目主管。

各国发展的重要经济业态。《中国共享经济发展年度报告2019》显示去年共享经济依旧保持高速增长，不仅成为经济增长的重要新动能，也成为新型弹性就业的重要源泉，成为服务业快速发展和转型升级的引擎。在经济发展面临下行压力和社会群体生活方式日益多元的背景下，共享经济发展创造的就业机会和渠道正在成为“稳就业”的重要路径，灵活就业人员的数量逐年增加，人力资源管理也面临新的发展趋势和新的挑战。

本文采用文献综述法发现，目前关于灵活就业人员的相关研究尚未完善，且没有成熟的测评工具、完善的制度保障及影响个体就业因素的深入分析。因此，本文采用文献研究法、访谈法和问卷调查法选取灵活就业人员这一特殊群体进行研究，主要探讨灵活就业人员就业特征、研究现状及影响因素，并进一步分析促进灵活人员有效就业的策略，为以后研究提供资料支持和理论基础，一方面减少社会闲置人力资源的浪费，提升灵活就业人员价值创造的效率；另一方面满足企业巨大的人才缺口需求，优化人力资本的配置，实现人力资源最大限度社会化的目标。这也符合党的十九大不断提高就业质量和人民收入水平的总体要求，不断促进实现共享经济时代背景下更高质量和更充分就业。

## 一、引言

1978年，共享经济这一术语由美国得克萨斯州立大学社会学教授Marcus Felson和伊利诺伊大学社会学教授Joe L. Spaeth提出，在当前信息时代大背景下，共享经济一般是指以使用权分享为主要特征，以获得一定报酬为主要目的，满足多样化需求的经济活动总和。在人力资源领域，其本质是利用互联网等现代信息技术，分散、整合线下的劳动力资源，满足不同单位海量需要，共同获得经济红利，是一种更加灵活、更高弹性、更多元化的用人方式。

在共享经济模式下，灵活就业应运而生，它指的是在劳动时间、收入报酬、工作场所、保险福利、劳动关系等方面不同于传统主流就业方式的各种就业形式的总称，灵活就业人员通常采用非全日制、临时性和弹性工作等灵活形式就业，包括多种表现方式，如非全日制就业、小时工、弹性工时、临时性就业、季节工、非正规就业、阶段性就业等。共享经济改变了传统产业的运行环境，形成了一种新的供给模式和交易关系——去中介化和再中介化。去中介化是指共享经济的出现，打破了劳动者对商业组织的依附，他们可以直接向最终用户提供服务或产品；而再中介化是指个体服务者虽然脱离商业组织，但为了更广泛的接触需求方，他们接入互联网的共享经济平台，这就实现了人力资源灵活的供需匹配，对灵活就业具有关键性的拉动作用。《中国共享经济发展年度报告2019》显示 2018 年我国共享经济交易规模 29 420 亿元，共享经济参与者人数约 7.6 亿人，参与提供服务者人数约 7 500 万人，同比增长 7.1%，平台员工数为 598 万人，同比增长 7.5%。

## 二、灵活就业人员的特征及相关研究

### （一）共享经济时代灵活就业人员的特征

共享经济时代下的社会正处于一个经济社会数字化转型的关键时期，这对劳动力市场产生了深刻影响，引导着就业模式向市场配置的方向转变，随之而来的是传统就业方式发生了翻天覆地的变革，一方面，这符合满足企业降低人力成本、分散经营风险的要求；另一方面，灵活就业人员工作自主性也得到了很大程度的满足，社会需要通过灵活化改革以恢复市场供求活力，促使新就业形式以更快的速率产生，从而产生了不同于其他背景下的时代特征。

第一，从个体人口学特征来看，一是从事灵活就业的劳动者相对比较年轻且女性居多。数据显示，菲律宾和柬埔寨的非正规部门就业人口中女性占比均超过 70%；二是与以前普遍偏低的情况相比，灵活就业者的受教育水平出现了两极分化的特点，来自农村的灵活就业者中以初中学历居多，而来自城市的灵活就业者大多接受过高中或者以上水平的教育，但整体而言，灵活就业者的文化水平偏低；三是这种教育水平的差异对个人收入影响较大，一般情况下，具有更高的受教育水平的灵活就业者往往更倾向于从事白领工作，也在一定程度上可以获得更高的报酬。但不可否认的是从内部差异来看，灵活就业群体内部异质性程度高，尽管灵活就业中存在一些收入高、令人羡慕的岗位，但主要是“生存经济”的低收入岗位。

第二，从组织特征来看，一是灵活就业在劳动标准、生产组织管理等方面要求不高，既可以是小规模企业，也有互联网背景下“独角兽”型企业，例如，猪八戒网有超过 2 000 多万注册用户，1 500 余万司机通过滴滴平台实现了灵活就业。更多的情况是灵活就业在劳动标准、生产组织管理等方面达不到大规模生产企业的标准，灵活用工企业的平均雇员人数不足3人。二是这些新的就业形态遍布饮食、旅行、穿衣、就医等多个方面，跨行业、跨领域特征明显。灵活就业可以提供更多的工作岗位，逐渐减少隐性的失业人口，而且满足劳动者对工作自主性的要求，这在很大程度上可以促进就业，也更容易找到与岗位适配的劳动者。三是目前灵活就业人员的组织群体构成具有多样性，表现为白领、数商、微商、平台送餐员和网约车司机等，其范围已经渗透到各个行业。

第三，从劳动关系来看，一是灵活就业人员的人格从属性、经济从属性和组织从属性是分离的。从雇主的角度来看，灵活就业使雇主分化为产业链上的多个雇主；从劳动者的角度来看，灵活就业使他们面临多个雇主的指令和监督；二是灵活就业的劳动关系和经营关系、服务关系呈现出重合的特征，恰是这种重合特征很大程度上造成责任方界限不清，或者没有法律认可的纸质契约，出现的最凸显的问题是劳动关系及劳动权益保障问题，劳动力市场上的灵活性大大侵蚀了劳动者的合法权益，尤其是在雇佣关系、收入安全性、工作稳定性以及生活水平等比较重要的方面，这也对传统人力资源管理提出了不小的挑战。

（二）灵活就业人员的相关研究

20世纪80年代，欧洲各国处于不堪重负的社保和大批量失业的问题中，灵活就业逐渐走进人们的视野，他们普遍采用“非正规就业”的概念来描述灵活就业这一现象。对于我国而言，当前正处于经济转型期，党的十八大报告明确指出：要贯彻劳动者自主就业、市场调节就业、政府促进就业和鼓励创业的方针，鼓励多渠道多形式就业，增强就业稳定性，构建和谐劳动关系。在共享经济模式的催生下，灵活就业人员也如同雨后春笋般涌现出来。随着灵活就业人员的广泛出现，学术界也开始关注这一特殊群体。东西方学术界对于灵活就业的研究具有较大的地域差异，西方学术界从二元经济理论、依附理论、世界体系理论、劳动力市场分割等角度来解释灵活就业，而我国研究则更偏重于就业宏观理论、劳资关系及个体变化。本文从我国国情出发，着重分析整理相关研究文献。

从宏观理论层面，主要研究灵活就业的内涵、外延、分类、形式、特点、规模及影响因素，从宏观角度进行讨论研究。例如，有研究从新的就业形态出发，主要考虑互联网背景、大众消费升级、去雇主化的就业模式等问题，这与我国当前互联网背景下的经济发展有很大的关系，其中共享经济模式下的探讨具有重要的意义。另外，互联网经济背景下的灵活就业规模促进人们关注网络平台劳动力市场，将灵活就业人员作为一个整体进行研究，深挖数据，在线上岗位、种类、结构及双方雇佣关系等方面做研究。

从劳资关系层面，其一是共享经济模式下就业模式多种多样，灵活就业人员表现出多元化的特点，也就对企业人力资源管理提出了更高的要求，尤其在员工激励和管理方面，我国学者以此入手，分析灵活就业人员就业特点和现状，剖析外部大环境、企业自身存在的弊端等因素，从而进一步规范人力资源管理中的问题，提出或者完善相关制度；其二是在共享经济模式下，平台型或者远程合作的方式屡见不鲜，这也导致企业与就业人员相互信息的不对称，进一步发现相关法律法规不完善、监管不到位的问题，此时劳动保障的问题也就在社会、企业及个人之间产生了。学者们从学术层面分析其原因，在劳动时间、劳动报酬、工作场地、保险福利、劳动关系等方面获得研究成果，或者完善相关政策、法律法规，以期更好地开展灵活就业人员这一特殊群体的人力资源管理工作。

从个体层面，灵活就业人员个体与工作之间的媒介减少，通过信息技术搭建的平台来实现对接，也就是说从个体层面更多关注的是灵活就业人员作为“员工”所持有的特质，可以分为两类：一是外在属性特质，包括自由支配的劳动时间、多元化的劳动报酬、女性对家庭的关注等；二是内在属性特质，包括工作价值、组织承诺、就业偏好、人文关怀等。灵活就业人员作为“人”与“组织”载体之间的联系正在逐步弱化，从哪些因素转变人力资源的管理应该被提上计划。

## 三、研究程序及方法

本文结合文献综述、访谈法和问卷法等多元方法进行研究。首先，在文献研究的基础上分析灵活就业人员就业相关资料，梳理就业影响因素；其次，采用访谈法校验灵活就业人员影响因素，通过“非概率抽样”中的目的性抽样法选取了5名灵活就业人员进行半结构式访谈，收集初期的文字性资料，访谈的对象分别是某网约车平台专车司机、某外卖平台骑手、某网共享办公工作人员、某网文案策划自由职业者、某平台兼职写手，并以此为基础展开对原始访谈资料的分析与总结，提炼主要内容形成调查问卷；最后，通过网络在线问卷调查收集有效数据样本，从个体层面出发，对灵活就业人员就业偏好进行问卷调查分析，并运用 SPSS 19.0 软件进行统计分析，验证假设，通过 Person 相关分析法和线性回归法分析共享经济时代灵活就业人员就业的现状、特征及影响因素，如图 1 所示。

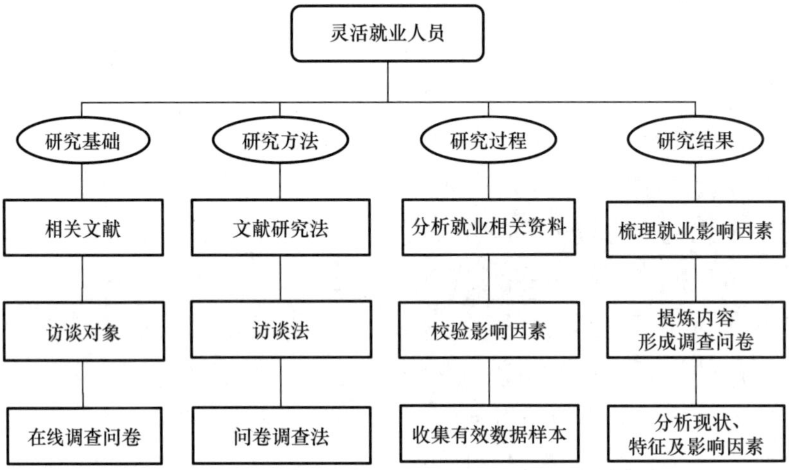


图 1　研究程序及方法

## 四、灵活就业人员就业影响因素的分析

本文选取 560 名灵活就业人员为被试对象，填写就业偏好的问卷，其中回收有效问卷 507 份，有效率达 90.54%，并运用 SPSS 19.0 软件对获得的有效数据进行统计分析。人口统计学资料调查主要包括：性别、年龄、文化程度、婚姻状况、政治面貌、户口类型、从事行业、本行业工作年限等，被试基本情况见表 1。

表 1　被试基本情况（$N$=507）

| 项目 | 内容 | 频数 | 百分比（%） |
|---|---|---|---|
| 性别 | 男 | 244 | 48.1 |
| | 女 | 263 | 51.9 |
| 年龄 | 18～19 岁 | 3 | 0.6 |
| | 20～29 岁 | 210 | 41.4 |
| | 30～39 岁 | 160 | 31.6 |
| | 40～49 岁 | 115 | 22.7 |
| | 50 岁及以上 | 19 | 3.7 |

续表

| 项目 | 内容 | 频数 | 百分比（%） |
|---|---|---|---|
| 文化程度 | 小学及以下 | 13 | 2.6 |
| | 初中 | 139 | 27.4 |
| | 高中 | 119 | 23.5 |
| | 中专 | 80 | 15.8 |
| | 专科 | 90 | 17.8 |
| | 大学本科 | 55 | 10.8 |
| | 硕士 | 4 | 0.8 |
| | 博士 | 7 | 1.4 |
| 婚姻状况 | 未婚 | 264 | 52.1 |
| | 已婚 | 209 | 41.2 |
| | 离异 | 29 | 5.7 |
| | 丧偶 | 5 | 1.0 |
| 政治面貌 | 中共党员（含预备党员） | 64 | 12.6 |
| | 共青团员 | 86 | 17. |
| | 其他民主党派 | 0 | 0 |
| | 无党派人士代表 | 0 | 0 |
| | 群众 | 357 | 70.4 |
| 户口类型 | 农业 | 370 | 73.0 |
| | 非农业 | 137 | 27.0 |
| 从事行业 | 交通出行 | 100 | 19.7 |
| | 共享住宿 | 122 | 24.1 |
| | 知识技能 | 57 | 11.2 |
| | 生活服务 | 97 | 19.1 |
| | 共享医疗 | 44 | 8.7 |
| | 共享办公 | 25 | 4.9 |
| | 生产能力 | 62 | 12.2 |
| 本行业工作年限 | 0～2 年 | 175 | 34.5 |
| | 3～5 年 | 253 | 49.9 |
| | 6～10 年 | 71 | 14.0 |
| | 11～15 年 | 8 | 1.6 |
| | 15 年以上 | 175 | 34.5 |

本文在前期文献综述及个体深度访谈的基础上形成调查问卷，将问卷中的自变量因素归结为个人特征、经济因素、工作因素、自评因素、家庭因素五个方面，选取工作规划的理想情况、将来子女工作去向安排作为因变量，运用Person相关和线性回归，探索自变量、因变量之间的关系，从而研究变量之间是否有联系以及联系的紧密程度。

（一）影响灵活就业人员就业的个体特征因素

本文将灵活就业人员的性别、年龄、文化程度、婚姻状况、政治面貌和户口类型归结为个体特征因素，通过相关分析发现，以上自变量因素在不同程度上影响灵活就业人员的工作规划及对子女未来工作去向安排，见表2。

表2　影响灵活就业人员就业的个体特征因素

| | 性别 | 年龄 | 文化程度 | 婚姻状况 | 政治面貌 | 户口类型 |
|---|---|---|---|---|---|---|
| 工作规划的理想情况 | 0.390***<br>(0.000) | 0.142***<br>(0.001) | −0.562***<br>(0.000) | −0.138***<br>(0.002) | 0.365***<br>(0.000) | −0.394***<br>(0.000) |
| 将来子女工作去向安排 | 0.177***<br>(0.000) | 0.193***<br>(0.000) | −0.289***<br>(0.003) | −0.134***<br>(0.000) | 0.181***<br>(0.000) | −0.161***<br>(0.000) |

研究发现，不同性别、年龄、文化程度、婚姻状况、政治面貌、户口类型在灵活就业人员上均存在显著差异（相关具有一致性和相对性），其中，根据问卷设置发现，工作规划的理想情况及将来子女工作去向安排是个人从事灵活就业的指标，由此可以发现女性相较于男性更倾向于从事灵活性工作，而年轻人相对于年长者有更高比例愿意参与灵活就业，文化程度越高从事灵活就业的人越少，未婚者相对于已婚者灵活就业的意向更高，政治面貌为群众的更愿意从事灵活就业，农业人口相对于城镇人口从事灵活就业的人更多。

（二）影响灵活就业人员就业的经济因素

灵活就业人员的个人月收入、个人月支出、家庭年收入、每月房租价格可以总结为经济因素，通过相关分析发现，以上自变量因素在不同程度上影响灵活就业人员的工作规划及对子女未来工作去向安排，见表3。

表 3　　影响灵活就业人员就业的经济因素

| | 个人月收入 | 个人月支出 | 家庭年收入 | 每月房租价格 |
|---|---|---|---|---|
| 工作规划理想情况 | −0.327***<br>(0.000) | −0.231**<br>(0.000) | −0.148**<br>(0.001) | −0.142**<br>(0.001) |
| 将来子女工作去向安排 | −0.225***<br>(0.000) | −0.236**<br>(0.000) | −0.132**<br>(0.003) | −0.010<br>(0.819) |

研究发现，经济因素在很大程度上影响灵活就业人员工作规划的理想情况及将来子女工作去向安排，也就是说个人收入越高、个人月支出越高、家庭年收入越高，则从事灵活就业的比例越少，这不论在个人工作规划还是子女未来工作规划上具有很大程度上的一致性。另外，研究发现对于一线城市而言，房租价格也成为影响灵活就业人员就业的一个重要指标，从短期上看对于个人而言，每月房租价格越高，人们倾向于稳定工作，而对于子女工作安排则没有明确影响。

（三）影响灵活就业人员就业的工作因素

本文从工作因素层面将影响灵活就业人员的因素进行汇总分析，梳理出从事行业、本行业工作年限、参加培训情况、每天工作时间、工作时间安排灵活程度、每月休息时间等次要因素，通过相关分析发现，以上自变量因素在不同程度上影响灵活就业人员的工作规划及对子女未来工作去向安排，见表 4。

表 4　　影响灵活就业人员就业的工作因素

| | 从事行业 | 本行业工作年限 | 参加培训情况 | 每天工作时间 | 工作时间安排灵活程度 | 每月休息时间 |
|---|---|---|---|---|---|---|
| 工作规划理想情况 | −0.327***<br>(0.000) | −0.231***<br>(0.000) | −0.148**<br>(0.001) | −0.067<br>(0.129) | 0.133<br>(0.003) | −0.261<br>(0.000) |
| 将来子女工作去向安排 | −0.225***<br>(0.000) | −0.236***<br>(0.000) | −0.132**<br>(0.003) | −0.076<br>(0.089) | −0.004<br>(0.922) | −0.216***<br>(0.000) |

研究发现，从事行业、本行业工作年限、参加培训情况、每月休息时间与灵活就业人员工作规划的理想情况及将来子女工作去向安排相关度较高。从事行业具有差异性，此处不做具体分析；本行业工作年限越高则越不愿意从事灵活性工作，而更多的灵活就业人员很少可以接受正

规的培训；工作时间（或者休息时间）对个人工作类型（传统就业或者灵活就业）影响不大，却对子女具有一定程度的相关性。

（四）影响灵活就业人员就业的自评因素

本文中影响灵活就业人员就业的自评因素包括就业竞争力、收入波动性、工作危险性、是否需要社保福利，见表5。其中收入波动性、是否需要社保福利与灵活就业人员就业选择相关度较高，也就是说收入波动性和社保福利是灵活就业人员就业选择的重要影响因素，而就业竞争力、工作危险性等因素对灵活就业的影响程度不构成相关性。

**表5　　影响灵活就业人员就业的自评因素**

| | 就业竞争力（自评） | 收入波动性 | 工作危险性 | 是否需要社保福利 |
|---|---|---|---|---|
| 工作规划理想情况 | 0.019<br>(0.670) | 0.313***<br>(0.000) | 0.055<br>(0.213) | 0.500***<br>(0.000) |
| 将来子女工作去向安排 | 0.019<br>(0.671) | 0.305***<br>(0.000) | 0.082<br>(0.066) | 0.306***<br>(0.000) |

（五）影响灵活就业人员就业的家庭因素

家庭因素是影响灵活就业人员就业的关键因素之一，其中可以细分为配偶、子女、兄弟姐妹等多种支持性因素，而是否与配偶在同一个城市、子女数量、子女是否在灵活就业人员工作的城市接受教育、是否有兄弟姐妹、是否与兄弟姐妹在同一城市对灵活就业影响较大，与配偶、兄弟姐妹在同一城市的人员可能更愿意选择灵活就业，当子女愿意在灵活就业人员工作的城市接受教育时，人们也更倾向于选择灵活就业，这可能与家庭支持有很大关系，见表6。

**表6　　影响灵活就业人员就业的家庭因素**

| | 是否与配偶在同一个城市 | 配偶工作类型 | 子女数量 | 是否与子女在同一个城市 | 子女是否在灵活就业工作的城市接受教育 | 是否有兄弟姐妹 | 是否与兄弟姐妹在同一个城市 |
|---|---|---|---|---|---|---|---|
| 工作规划理想情况 | −0.168***<br>(0.000) | 0.077<br>(0.085) | −0.107*<br>(0.016) | −0.028<br>(0.526) | −0.260***<br>(0.000) | −0.354***<br>(0.000) | 0.259***<br>(0.000) |
| 将来子女工作去向安排 | −0.178***<br>(0.000) | −0.121**<br>(0.006) | −0.121*<br>(0.033) | −0.082<br>(0.064) | −0.186***<br>(0.000) | −0.142**<br>(0.001) | 0.051<br>(0.250) |

### （六）灵活就业人员就业影响因素的回归分析

本文发现，将文中出现的个人特征、经济因素、工作因素、自评因素、家庭因素五个方面因素与工作规划理想情况及将来子女工作去向安排进行回归分析，$\Delta R^2$ 的值为 0.427，$F$ 值为 14.945，其中性别、文化程度、家庭年收入、收入波动性、是否需要社保福利、是否与子女在同一个城市存在显著差异，见表 7。

表 7　灵活就业人员就业影响因素的回归分析

| | $\Delta R^2$ | $F$ | $B$ | $t$ | $p$ |
|---|---|---|---|---|---|
| 性别 | 0.427 | 14.945*** | 0.325 | 40.273*** | 0.000 |
| 年龄 | | | −0.020 | −0.393 | 0.695 |
| 文化程度 | | | −0.227 | −40.977*** | 0.000 |
| 婚姻状况 | | | −0.088 | −0.765 | 0.445 |
| 政治面貌 | | | 0.022 | 0.773 | 0.440 |
| 户口类型 | | | 0.066 | 0.457 | 0.648 |
| 个人月收入 | | | −0.022 | −0.381 | 0.704 |
| 个人月支出 | | | −0.054 | −10.132 | 0.258 |
| 家庭年收入 | | | 0.206 | 30.832*** | 0.000 |
| 每月房租价格 | | | −0.075 | −10.829 | 0.068 |
| 从事行业 | | | 0.018 | 0.957 | 0.339 |
| 本行业工作年限 | | | −0.063 | −10.215 | 0.225 |
| 参加培训情况 | | | −0.018 | −0.277 | 0.782 |
| 每天工作时间 | | | 0.013 | 0.255 | 0.799 |
| 工作时间安排灵活程度 | | | 0.091 | 10.454 | 0.147 |
| 每月休息时间 | | | −0.025 | −0.613 | 0.540 |
| 就业竞争力（自评） | | | 0.061 | 10.429 | 0.154 |
| 收入波动性 | | | −0.111 | −20.591* | 0.010 |
| 工作危险性 | | | −0.035 | −0.770 | 0.442 |
| 是否需要社保福利 | | | 0.291 | 50.858*** | 0.000 |
| 是否与配偶在同一个城市 | | | −0.106 | −10.195 | 0.233 |
| 配偶工作类型 | | | 0.114 | 10.799 | 0.073 |
| 子女数量 | | | −0.188 | −10.934 | 0.054 |
| 是否与子女在同一个城市 | | | 0.331 | 20.929** | 0.004 |

续表

| | $\Delta R^2$ | $F$ | $B$ | $t$ | $p$ |
|---|---|---|---|---|---|
| 子女是否在灵活就业人员工作的城市接受教育 | | | −0.025 | −0.292 | 0.770 |
| 是否有兄弟姐妹 | | | −0.089 | −0.460 | 0.646 |
| 是否与兄弟姐妹在同一个城市 | | | 0.046 | 0.420 | 0.675 |

## 五、结论与策略

### （一）研究结论

近年来，共享经济在推动服务业结构优化、快速增长和消费方式转型方面的新动能作用日益凸显，越来越多的劳动者通过网络平台实现灵活就业，“互联网＋”共享经济蓬勃发展对于社会人力资源的充分利用与调配起到了重要作用，极大地丰富了劳动力队伍，满足了企业和社会对人力资源的供给需求，但同时也对传统的人力资源管理提出了新的要求。本文在整理文献和访谈的基础上通过分析问卷数据，发现影响灵活就业人员就业的因素主要包括个人特征、经济因素、工作因素、自评因素和家庭因素五个因素群。

在个人特征方面，灵活就业劳动者更多表现出来的特征是女性、年轻化、文化程度相对较低、未婚、无特殊政治面貌、具有农业户口。这与通过文献综述法分析灵活就业人员的群体特征有相似之处，据统计我国登记在正规平台的灵活就业人员的数量在1.2亿左右，虽然人数众多，但是自愿选择灵活就业方式的人数非常少，绝大多数劳动者是为了生计而不得不选择灵活就业的方式；灵活就业人员文化程度和技能水平普遍偏低，以农民工、下岗再就业人员、外来务工人员为主。另外，女性在传统行业中所谓的“生育劣势”使她们在现有条件下更多地选择灵活就业，Uber相关研究显示我国42%的女性因为家庭、子女教育等原因选择在网络平台就业，这一结果与线性回归的结果具有一致性；而未婚的年轻人成为灵活就业人员的最主要构成者，相对于年长者，他们更容易熟悉和掌握网络操作，也就在灵活就业中有更高的选择权。相对于我国，国外的灵活就业人员既包括文化程度和技能水平较低的劳动者，也包括高学历人员和各类专业技术人员，我国灵活就业人员的个人特征与国外相比，在范围、跨度、产业结构分配方面还存在一定的差距。

在经济因素方面，不论是个人收入（支出）还是家庭收入，灵活就业人员普遍水平不高，收入因素对灵活就业人员就业的影响在线性回归结果中也有体现。另外，在一线城市的房租水平成为影响灵活就业人员就业的重要因素，当房租水平较高时，灵活就业人员的经济压力骤增，就业意向有所降低，而灵活就业这一形式更多出现在经济发达的一线城市，这也造成了灵活就业人员收入低的一个恶性循环。本文还发现，经济因素不仅影响当前个人就业选择，对于未来子女的就业规划也存在长期影响，更多的灵活就业人员在访谈时表示，如果条件允许更希望子女从事传统的就业形式。

在工作因素方面，灵活就业时间安排上的机动性成为其吸引人员的重要因素。另外，我国灵活就业人员分布在交通出行、知识技能、房屋短租等各个领域，研究显示，大多数从事本行业 5 年以上的灵活就业人员倾向于转换到传统的就业行业中去，很多的灵活就业人员极少得到或者没有培训机会，多数学者认为职业技能培训增加劳动者的人力资本积累，提高他们的工作自信，从而提升就业层次，有效促进劳动者在劳动力市场上的向上流动，但是在灵活就业领域发现快递、网约车等职业的从业人员频繁跳槽，很多学者认为职业培训的缺失阻碍了职业发展，在“互联网＋”红利逐渐趋于饱和的大环境下，企业如何调整人力资源管理方式成为新的课题。

在自评因素方面，主要指的是灵活就业人员自身评价中的因素对就业选择的影响程度，其中收入波动性成为影响灵活就业人员就业选择的关键因素。在上文经济因素中发现大多数灵活就业人员收入水平偏低，因此，收入波动性对于他们而言是一个敏感因素，更多的灵活就业人员愿意通过花费更多的时间来换取更高的收入；社保福利也是影响灵活就业人员就业的因素之一，这主要是由于农业人口是灵活就业人员中最重要的组成部分之一，相应在城市从事灵活就业工作的农业人口尚未纳入现行的城镇社会保障体系，在社保方面的待遇相对较低，且存在异地的手续问题，这大大地束缚了农村剩余劳动力的转移，也就在很大程度上制约了灵活就业的发展，这也与线性回归的结果相互验证。

在家庭因素方面，家庭成员如配偶、子女、兄弟姐妹的支持在很大程度上影响灵活就业，尤其是在同一城市工作或者生活的家庭成员成为灵活就业人员首先考虑的家庭因素。当在同一城市的家庭成员较多时，获得的家庭支持（精神上的）更充分，灵活就业人员的稳定性更高，选择灵活就业的意愿更强烈，其中最为明显的是子女在灵活就业人员工作的城市接受教育时，灵活就业人员愿意付出更多的时间来从事灵活就业，这就对社会关于灵活就业人员安置开辟了新的切入点。

（二）人力资源服务创新策略

在共享经济模式下，灵活就业形态依赖于互联网平台的路径支持，劳资双方的给付方式趋于灵活化，在人力资源方面如何正面促进灵活就业健康发展成为新的课题。根据上述实证结果，本文结合灵活就业人员的个人特征从经济因素、工作因素、自评因素、家庭因素等对其就业的影响程度提出促进灵活就业人员就业人力资源服务创新策略。

**1. 打造良好的就业环境，加强就业服务体系建设**

从政府层面来讲，要从就业战略布局考虑，建立良好的灵活就业生态，平衡就业平台与劳动者的关系。一是发挥积极作用，在政策体系方面做好前瞻性顶层设计，主要包括制度和政策上的扶持与支持，保障就业环境的法治化与规范化，落实兜底政策，为灵活就业的充分发展创造宽松有利的大环境；二是建立流动的灵活就业人员就业信息库，从就业需求、就业动态、就业现状入手，监测就业大数据，健全灵活就业标准与指标体系；三是做好配套跟踪服务，努力建设一站式就业服务机构，从硬件支持、软件支持双方面着手，根据灵活就业平台和劳动者的实际特点开展针对性的帮扶，既要发展平台，又要扶持劳动者，建立劳资双方供求用工信息网络，集中资金优势，开展培训、咨询等服务。

从就业平台或者企业的角度来说，灵活就业人员的数量与质量是企业制胜的关键，保护劳动者是需要长期遵守和执行的既定方针。一是加强信息化数据共享，通过互联网平台互通、共建、共享，实现平台型企业数据与政府部门数据的对接，享受共享经济的优势，还要发挥自身作用，促进共享经济的发展；二是完善就业平台建设，为灵活就业人员在工作时间、住房申请、家庭照看等方面提供一定程度的便利，提高员工忠诚度，从而实现长期赢利；三是现行管理方式革新，不断适应市场和新型灵活就业人员需要，进一步做好灵活就业人员管理与服务。

**2. 完善劳动社会保障制度，促进灵活就业健康发展**

现行社保制度在保障灵活就业人员充分就业方面存在一定的差距。通过研究发现，缺乏稳定的社会保障是灵活就业人员普遍关注的问题，这一逐渐壮大的群体游离于现行社会保障制度之外，导致总体参保率低、长期工作意愿减退、就业不稳定、就业歧视、劳动者权益得不到满足等问题，这就需要在法律法规层面对灵活就业人员的劳动时间、收入报酬、劳动关系、社会保险等内容进行厘清，充分考虑到目前共享经济发展对就业形势的影响与需求，围绕着传统雇佣关系所建立的以就业安全和就业保护为主的劳动法律机制进行社保制度的更新，解决灵活就业人员就业保障在劳动法与民法之间的法律困境。除此之外，实行分层的劳动保障体系，以实现新型劳动关系的灵活、安全也是重中之重。在参与方式上，建立“个人—社会保障权益”模式，鼓励引导灵活就业人员参保，强调雇主责任制，合理调整社会保险缴费比例，灵活就业人员将原有的属地管理模式延伸到异地办理等，不断加强灵活就业人员在社保方面的话语权。

**3. 采用双促进双保护，平衡用工关系的灵活性与安全性**

在共享经济模式下，灵活就业中劳务提供者和使用者之间的用工关系是相辅相成的，既要给就业平台留足利润和发展空间，又要给灵活就业人员提供充分的工作待遇和福利，平衡用工关系的灵活性与安全性是灵活就业蓬勃发展的核心要义。我们可以借鉴西方灵活安全性就业政策的经验与理念，在促进劳动关系灵活化和增强弱势群体就业安全之间寻找平衡：一方面积极引导就业平台与劳务提供者进行市场化选择，遵从经济原则，明确劳动关系的边界，从管理权限、管理手段、双方意愿方面加以监督，保障灵活就业的灵活性，促进劳资双赢局面的出现；另一方面，提高互联网背景下灵活就业者的安全，制定完善共享经济模式下针对就业平台就业的政策法规，约束和规范相关利益主体，推动灵活就业模式健康有序稳定发展。

综上所述，在共享经济模式下灵活就业平台层出不穷，灵活就业人员占整个就业人数的比重逐年上升，促进灵活就业的根本途径是满足就业平台和劳动者的双方面诉求，拓展灵活就业领域，形成共享经济模式下的灵活就业优良模式。

## 参考文献

［1］栗晓芳．共享经济时代下的人力资源管理创新探究［J］．人才资源开发，2019（16）：81-82.

［2］刘奕君．我国共享经济的发展现状及前景分析［J］．金融经济，2019（16）：26-27.

[3] 纪雯雯，赖德胜．网络平台就业对劳动关系的影响机制与实践分析 [J]. 中国劳动关系学院学报，2016（4）：6-16.

[4] 孟续铎．系统完善配套政策体系　促进新就业形态健康发展 [N]. 中国劳动保障报，2019-08-17（3）.

[5] 金丹，刘婧．“互联网＋零工经济”就业模式探索 [J]. 河北企业，2018（8）：52-54.

[6] 丁乙乙．共享经济催生“灵活用工”服务模式 [J]. 上海信息化，2018（8）：49-52.

[7] 徐向峰．不同个体特征影响下灵活就业者收入水平差异分析 [A]. Singapore Management and Sports Science Institute、Information Engineering Research Institute，USA. Proceedings of 2015 International Conference on Education Research and Reform（ERR 2015 V9）[C]. Singapore Management and Sports Science Institute、Information Engineering Research Institute，USA：智能信息技术应用学会，2015：7.

[8] 何勤，邹雄，李晓宇．共享经济平台型灵活就业人员的人力资源服务创新研究——基于某劳务平台型网站的调查分析 [J]. 中国人力资源开发，2017（12）：148-155.

[9] 曹文杰．灵活就业人员纳入工伤保险的困境及路径研究 [J]. 现代盐化工，2019（3）：119-120.

[10] Keith A. Bender，Ioannis Theodossiou. The Unintended Consequences of Flexicurity：The Health Consequences of Flexible Employment [J]. Review of Income and Wealth，2018（4）.

[11] 张成刚．共享经济平台劳动者就业及劳动关系现状——基于北京市多平台的调查研究 [J]. 中国劳动关系学院学报，2018（3）：61-70.

[12] 李晓宇，何勤．代际差异视角下平台型灵活就业者的就业选择研究 [J]. 中国劳动关系学院学报，2018（4）：78-86.

[13] 陆万军，张彬斌．就业类型、社会福利与流动人口城市融入——来自微观数据的经验证据 [J]. 经济学家，2018（8）：34-41.

[14] 杜人淮，徐宇．新型灵活就业人员劳动和社会保障研究 [J]. 中国劳动，2018（10）：44-50.

[15] 何勤，王琦，赖德胜．平台型灵活就业者收入差距及影响机制研究 [J]. 人口与经济，2018（5）：1-9.

# 大学毕业生返乡创业就业特征、模式和政策调查研究[①]

鲁德银　周尚敏　王习春　夏水想　李　艳[②]

**摘　要：** 大学毕业生返乡创业行为特征主要表现在：集中在工业和服务业、高新区和城区，来源本省高校，主要是本专科毕业生，比较胜任现有岗位，政策满意度较高。政策诉求主要是：颁布大学生最低工资标准、提供大学毕业生廉租公寓、增加大学生实习生活补贴、降低房价。引导大学毕业生返乡创业就业的有效模式主要有：政策引导模式、人才超市服务模式、实习基地前导模式、创业孵化器吸引模式、线上线下服务引导模式。返乡创业就业主要问题是：社会对大学毕业生返乡就业认识不到位；高端人才远远不能满足产业和企业发展需求；配套政策落实不到位；征集到实习实训岗位难度大，实习岗位不匹配；生活基地建设缺乏有效载体，实训基地管理有待规范；政策宣传没有全覆盖大学生家庭。政策思路是：以高校毕业生就业创业服务为重点，加快人才公共服务信息化建设，推进人才公共服务体系建设，为大学毕业生返乡创业就业提供良好的服务环境和政策支持。政策建议主要有：细化激励措施，

① 该篇论文获得“2019年全国人才与人事研究主题征文活动”一等奖。

本文系2017年湖北省市两级人才合作课题“孝感市2017年度‘我选湖北’计划大学生就业创业情况统计数据研究”(课题编号：2017—A05号）的部分研究成果。

② 鲁德银，湖北工程学院湖北小微企业发展研究中心常务副主任、教授；周尚敏，湖北省孝感市人才服务局副局长、高级经济师；王习春，湖北工程学院图书馆助理管理员；夏水想，孝感市人才服务局局长、高级经济师；李艳，孝感市人才服务局科长。

加强网络平台建设和信息服务，加强政府与高校和企业深度合作，加强实习基地、实习生活服务基地的建设与认定，采取线上与线下结合，加强返乡立业教育，促进家长深度参与。

**关键词：** 大学毕业生　返乡创业就业　行为特征　引导模式　政策建议

大学生返乡创业就业已经被各省市县区列为县域经济发展和乡村振兴战略的人才战略重点。为了吸引大学毕业生返乡创业就业，2016 年，湖北省出台了“我选湖北”计划，孝感市出台了“我选湖北・立业孝感”计划。为了评价这两个大学毕业生返乡创业就业计划落实情况和政策效果，本课题组一方面通过孝感市人才服务局收集汇总孝感市直、高新区和经济开发区，市县区的人才服务机构填写的调查数据。另一方面，组织大学生，通过 QQ、微信、E-mail、问卷调查、焦点访谈和在线访谈，调查来孝留孝就业大学毕业生 95 人次，创业大学生 32 名、企业人事经理 90 人次，市县区人才服务机构领导 14 人次，工作人员 32 人次。汇总、归纳，分析，形成如下研究报告。

## 一、大学毕业生返乡创业就业的行为特征

### （一）大学毕业生就业行业区域分布特征

#### 1. 大学毕业生就业行业分布特征

2017 年，大学毕业生返乡就业 6 774 人，比上年增加 2 500 人。从产业分布来看，主要分布在工业、服务业、学校和医院，约占 85%。大学毕业生在高新技术产业 1 008 人，在战略型新兴产业 251 人，在传统产业 5 979 人。博士和硕士主要集中在孝感国家高新区和经济开发区。博士集中在湖北工程学院，硕士集中在高新企业、湖北职业技术学院、医院和市直机关。

#### 2. 大学毕业生就业区域分布特征

从区域分布来看，主要集中在孝感市城区、汉川、孝南和大悟，约占 4/5。

#### 3. 大学毕业生创业分布特征

2017 年大学毕业生返乡创业 354 人，创办 340 家小微科技企业，推动了孝感市大众创新创业发展，促进了科技成果转化应用。其中，从事

高新技术应用和服务的大学生 38 人，创办 30 家科技型小微企业；在战略型新兴产业创业 22 人，主要从事电子商务、信息服务、“互联网+”等技术活动；在传统产业创业 84 人，主要从事制造、工艺设计、生活服务、物流配送、教育培训等，见表 1。

**表 1　　大学毕业生创业就业统计**　　（单位：人）

| 项目 | | | 博士 | 硕士 | 本科 | 专科 | 小计 | 高新产业 | 战略新兴产业 | 传统行业 |
|---|---|---|---|---|---|---|---|---|---|---|
| 就业 | 吸引海外大学生（含留学生、外籍大学生） | | 0 | 1 | 0 | 0 | 1 | 0 | 0 | 1 |
| 就业 | 吸引省内高校大学毕业生 | 本省籍 | 1 | 119 | 2 329 | 1 763 | 4 250 | 911 | 122 | 4 691 |
| 就业 | 吸引省内高校大学毕业生 | 外省籍 | 9 | 28 | 209 | 88 | 326 | 60 | 24 | 242 |
| 就业 | 吸引省外高校大学毕业生 | 本省籍 | 0 | 47 | 596 | 297 | 940 | 27 | 85 | 821 |
| 就业 | 吸引省外高校大学毕业生 | 外省籍 | 2 | 21 | 215 | 29 | 257 | 10 | 20 | 224 |
| 就业 | 就业小计 | | 12 | 216 | 3 349 | 2 177 | 5 774 | 1 008 | 251 | 5 979 |
| 创业 | 吸引海外大学生（含留学生、外籍大学生） | | 0 | 0 | 2 | 0 | 2 | 0 | 0 | 0 |
| 创业 | 吸引省内高校大学毕业生 | 本省籍 | 0 | 22 | 166 | 45 | 196 | 27 | 17 | 66 |
| 创业 | 吸引省内高校大学毕业生 | 外省籍 | 0 | 6 | 25 | 16 | 47 | 4 | 3 | 5 |
| 创业 | 吸引省外高校大学毕业生 | 本省籍 | 0 | 12 | 51 | 20 | 83 | 3 | 2 | 12 |
| 创业 | 吸引省外高校大学毕业生 | 外省籍 | 0 | 4 | 15 | 7 | 26 | 4 | 0 | 1 |
| 创业 | 创业小计 | | 0 | 44 | 259 | 88 | 354 | 38 | 22 | 84 |

### （二）大学毕业生返乡创业就业的来源地分布特征

从大学毕业生返乡就业来源来看，主要是湖北省高校，占 79%，来自外省高校毕业生占 10%，吸引外省籍大学生来鄂留鄂就业 538 人，仅占 10%。

大学毕业生返乡创业来源来看，主要是湖北省高校，占 68.5%，外省高校 73 人，仅占 20.5%。

### （三）大学毕业生返乡创业就业的学历分布特征

大学毕业生返乡就业的学历分布来看，主要是本科和专科毕业生，分别为 3 349 人和 2 177 人，各占 58%和 37.7%。硕士和博士很少，仅

216 人和 12 人，各占 3.7%和 0.2%。

大学毕业生返乡创业的学历分布来看，创业主体是本科生，达 259 人，占 73.2%，其次是专科生，88 人，占 24.9%，硕士生 44 人，占 12.4%。

（四）大学毕业生返乡创业就业满意度较高

工作满意度较高。通过 QQ、微信、E-mail、现场问卷调查和访谈，对 95 名大学毕业返乡就业者的调查来看，对就业工作“很满意”“比较满意”和“满意”共 86 人次，占 90.5%。从 32 名大学毕业生返乡创业调查来看，自我评价“很满意”“比较满意”和“满意”有 26 人，占 81.2%。

政策宣传效果较好。大学毕业返乡创业就业者对“我选湖北·立业孝感”计划政策知晓程度，选择“非常了解”“比较了解”和“基本了解”的有 125 人，占 98.4%。

政策满意度较高。127 名大学毕业返乡创业就业者对“我选湖北·立业孝感”计划“很满意”“比较满意”和“满意”共 125 人，占 98.4%。

政策效果评价较高。105 名大学毕业返乡创业就业者受“我选湖北·立业孝感”计划宣传“很大”和“较大”的正面影响，占 82.7%。116 名大学毕业生返乡创业就业主要是受我选“湖北·立业孝感”计划优惠政策的驱动，占 91.3%。

对创业就业服务满意度较高。104 名大学毕业返乡创业就业者对市县区人才服务机构的就业创业服务“很满意”“比较满意”和“满意”，占 81.9%。特别是对孝感市和汉川市人才服务超市和各县区的人才服务机构的一条龙服务十分满意。

（五）大学毕业生返乡创业就业工作胜任特征

大学毕业生返乡就业者，比较胜任现有岗位，工作热情很高。通过 QQ、微信、E-mail、现场问卷调查和访谈，对 95 名大学毕业生返乡创业就业者对工作“很满意”“比较满意”和“满意”共 86 人次，90.5%对企业和岗位的满意度较高，信心满满，工作主动性和积极性很高。受访大学毕业生认为“比较胜任”和“胜任”现有岗位共计 92 人，占 96.8%。

（六）大学毕业生返乡创业就业的政策诉求特征

根据 217 名来孝留孝就业大学毕业生调查，主要政策诉求是：颁布大学生最低工资标准、提供大学生廉租公寓、增加大学生实习生活补贴、降低房价，如图 1 所示。

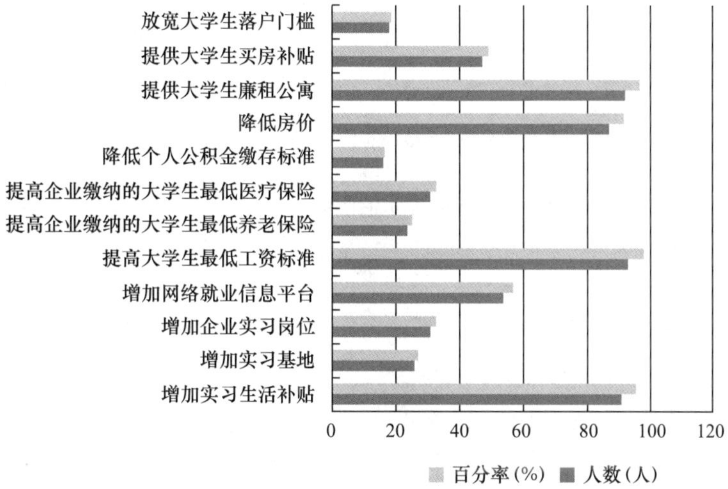


图 1 大学毕业生返乡就业的政策诉求

根据 217 名来孝留孝就业大学毕业生调查，来孝创业的大学毕业生的主要政策诉求是财政奖励、金融服务、办公场地和创业辅导，如图 2 所示。这是今后吸引优秀大学生返乡创业的政策着力点。

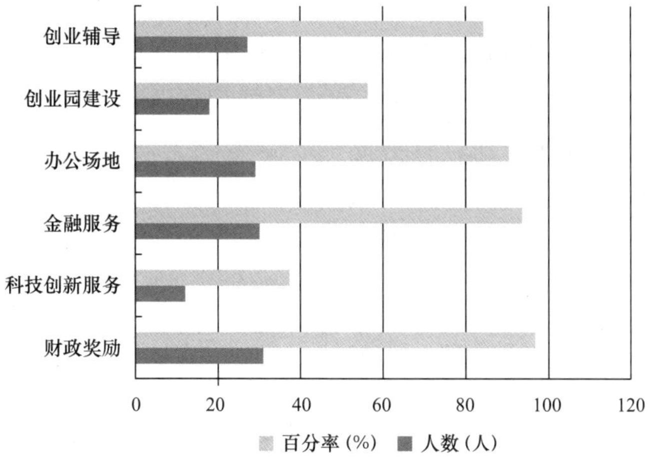


图 2 大学毕业生返乡创业的政策诉求

首先通过 QQ、微信和访谈，我们了解到大学毕业生返乡创业就业的诉求主要为：最希望地方政府尽可能降低房价，或者提供大学生公寓，可以在大学周边建公寓，或住房补贴。其次，希望省市出台优秀人才最低工资社保标准，确保来鄂留鄂大学生的收入与其贡献相匹配。再次，外省大学生来孝感实习、面试和考察往返路费数额很大，希望能够补贴。最后，建设规范、高标准的实习基地和生活服务基地，规范实习活动，加强实习导师管理。创业者希望孝感市在每个县区和开发区建设1～2个创业孵化基地，细化创业园区的规划和政策。

## 二、大学毕业生返乡创业就业的引导模式

### （一）政策引导大学生返乡就业创业模式

#### 1. 出台优惠政策

湖北省委办公厅和省政府办公厅印发《关于实施“我选湖北”计划大力促进大学生在鄂就业创业意见》的通知（鄂办发〔2017〕7号），召开电视电话会议和全省人社工作会议。孝感市委和市政府印发了《关于实施“我选湖北·立业孝感”计划大力促进大学生在孝感就业创业的实施方案》，包括分解任务目标、工作机制、搭建实习实训和创新创业平台、对接服务机制、优惠政策，提高补贴标准和贴息贷款和系列落实活动。市直、县区、高新区和开发区先后结合本地发展战略、产业需求和实际问题，出台实施方案和配套政策。

#### 2. 落实优惠政策

孝感市政府在省政府的1 000万元专项财政资金的基础上，增加500万元的配套资金。2017年发放大学生实习实训补贴1 512.08万元，14 886名大学生实习生得到资助，有力促进企业接纳大学生实习，解决部分大学生实习住宿和生活补助问题。汉川市按照省厅《关于做好大学生实习实训补贴有关工作的通知》（鄂人社发〔2017〕39号）文件要求，及时兑现实习实训生活补贴57.3万元，累计发放473人次。

孝感市及其市区建设大学生人才公寓。目前孝南区在解决开发区落实345名大学生人才公寓（公租房），落实大学生住房补贴157.5万元。汉川市为3 704名大学生购买意外伤害保险支出43.5万元，重新分配了资金用途，700万元用于发放大学生生活补贴，360万元用于生活基地住宿保障，50万元用于购买意外伤害保险。汉川市实习实训大学生不仅可以享受每月1 000～1 500元基本生活补贴（专科及本科1 000元、硕士1 200元、博士1 500元），还可以获得意外伤害险、免费提供住宿等优惠条件，补贴期限不超过三个月。硕士、博士研究生可报销往返车费。参加创新

创业的还将给予一次性创业补贴5 000元、贴息创业担保贷款10万元以及创业培训等专项政策扶持。

（二）人才服务超市服务大学毕业生返乡创业就业模式

孝感市委组织部和孝感市人社局，在孝感市人社服务大厅二楼创办孝感市人才服务超市。超市服务大厅有1 200 $m^2$，设有创新创业、就业创业、现场招聘、人力资源四个功能服务区，30个服务窗口，实现一条龙服务。该人才超市作为全市双创街区、双创中心、大学生创新创业服务中心的前台和服务窗口，以人才公共服务为载体，整合政府、社会和企业资源，为大学毕业生返乡创新创业提供政策咨询、创业场地申请、工商登记、项目资金申请、档案管理、现场招聘、人力资源等配套一条龙服务。

孝感市辖区各县市也相应创办了创新创业服务超市。在孝感市人才服务局和汉川市公共就业和人才服务局创办人才创新超市4家，为大学毕业生返乡就业创业提供一条龙优质快捷高效服务，得到绝大多数大学生好评。汉川市人才服务超市，将16家创新型企业入驻银湖科技园，为其提供场地租金、水电费用等方面优惠，并通过创业扶持、免息贷款等方式为其提供资金支持。

具体运作机制概括为：

**1. 定位两个窗口、两个前台**

孝感市人才服务超市以人才公共服务为载体，采取“政府主导、超市服务、平台孵化”的“超市＋平台”模式，作为服务大学毕业生返乡就业的前台和窗口，为大学毕业生返乡就业提供“全过程、全要素、全方位”服务。作为孝感市“双创街区”“双创中心”的前台和服务窗口，为大学毕业生返乡和海外高层次归国人才提供政策咨询、项目申报、证照代办、孵化入驻、人才绿色通道、档案管理等一系列配套服务，将优质人才和创业实体向“双创街区”等引流，形成孝感创新创业的集聚效应。

**2. 整合公共服务资源，丰富创业服务项目**

整合人才公共服务机构，将科技、教育、人社、财政、商务、工商、税务、发改、经信和群团组织等14个部门的创业就业的政策、项目、资金资源整合进超市，累计归并服务和审批事项45项，将烦琐的办理流程打包统一由超市代办，极大地节约了办事人员的时间和精力，服务人才创业就业的质量得到大幅提升。人才超市引进大诚（湖北纳杰的子公司）、卓凡等省内外著名人力资源服务中介、猎头公司入驻，为各类创新型主体提供多样化人力资源服务，帮助企业和政府鉴别评价人才质量，实现人力资本最佳配置。采取政府购买服务的方式，与会计、律师事务所建立合作机制，实现中介服务资源在超市集并。

**3. 完善服务功能，推行一站服务**

积极健全服务功能，完善服务项目，规范服务流程。超市设四个功能区，即创新创业服务区、“我选湖北·立业孝感”服务区、人才引进服务区和社会中介服务区，共设置22个服务窗口，为创新创业者提供政策咨询、项目申报、证照代办、孵化入驻、档案管理、人才绿色通道等服务，采取“一窗口受理、一条龙服务、一站式办结”并联服务模式，为大学毕业生返乡就业提供保姆式服务。

**4. 前后联动，共建双创平台**

采取前台超市服务，后台街区孵化的模式，依托市高新区创新创业街区，利用街区原有的5栋高层写字楼、80余栋标准化厂房，统一规划服务区、研发区、创业孵化区、生产区和生活配套区五大功能区，将符合政策的大学毕业生返乡创新创业项目引入街区落户，由高新技术创业服务中心（国家级科技企业孵化器）为其提供场地、种子资金、创业辅导、科技金融等孵化服务，初步构建“创业苗圃＋孵化器＋加速器＋产业园”的阶梯型孵化体系，助推一批创新创业项目落地。

2017年，孝感市人才服务超市接待各类政策咨询8 000多人次；受理各类创新创业项目56个；代办工商营业执照34件次；对接孵化入驻市高新区创业园企业16家；发放研究生生活补贴103余万元，办理企业专业技术人员中级职称333人；接受创新创业人员档案930件。经过调查32家初创企业，18家小微企业处在正常营运状态，11家处在试运营状态，3家处在筹建办理手续阶段。绝大多数大学毕业生返乡创业得到人才超市服务，很快入驻创业园，较快解决办公场所、车间和仓储，租金合理。还得到政府聘用的创业导师的辅导和帮助，所以，很快进入试运营和运营状态。绝大多数已经获得大学生创业补助、创业贷款，资金运营正常，经营正常。返乡创业的大学毕业生创办的小微科技企业和小微服务绝大多数进入试运行，少数还在办理手续。

返乡大学毕业生和用人单位对人才超市的服务比较满意。通过QQ、微信、E-mail、问卷调查和访谈，对32名在孝创办小微企业的大学毕业生调查来看，自我评价“很满意”“比较满意”和“满意”有26人，占81.2%，认为“完全胜任”“比较胜任”和“胜任”共计29人，占90.6%。这些企业在人才超市办理创业和就业手续很快，认为人才超市服务态度好，绝大多数创业者比较满意。

（三）实习实训基地前导大学毕业生返乡创业就业模式

**1. 政府、高校和企业共建协同机制**

为了让大学生更好地熟悉和适应未来就业职业和岗位，更好地了解企业文化和就业创业服务情况，孝感市制定了《招引大学生来孝实习实训工作方案》。省市县区政府建立政府、企业和高校之间长效协同机制，在毕业生信息和就业意向、实习实训计划、实习实训基地建设、实习生就业教育、企业人才需求、政策宣传和推介方面建立常年联系，由市人社局及各相关单位长期跟踪服务。

**2. 共建大学生实习实训与就业创业基地**

为能在未来五年吸纳大学生实习实训和高校毕业生返乡就业创业分别达到10万人，孝感市计划建立覆盖各县（市、区）的功能完善、服务优质的大学生实习实训基地300家，建立市级创业孵化示范基地50家，争取进入省级、国家级创业孵化示范基地10家，建立人才创新创业超市10家。着手改扩建和添置生活设施，建设大学生实习实训生活基地，打造高校毕业生“拎包入驻”的实习实训环境。2017年，全市已建立实习实训基地81家，共接受实习实训大学生13 218人。孝感市在开发区已经建成大学生实习实训基地75个，其中孝感市高新区24个，汉川经济开发区18个。在没有大学和中专的大悟县和孝昌县建设大学生实习实训生活服务基地17个。孝昌县采取以租代建的形式落实了5个大学生实习实训生活基地。

**3. 建立实习实训岗位需求对接平台**

市县区政府全面征集辖区各类企业和事业单位的实习实训基地岗位需求信息，建立实习实训基地岗位需求信息库。在省内外重点高校建立高校联络工作站，推介实习实训岗位，组织有返乡创业就业意向的优秀大学生来孝实习实训，建立大学生实习实训数据库。做好两个数据库的信息匹配，实现来孝大学生专业对口、人岗对接。经过各级人才服务机构大力宣传、动员协商，全市提供大学生实习实训岗位17 728个，实际参加实习实训的大学生14 886人。2017年，全市安置实习实训大学生15 149人（市直2 942人），其中博士、硕士研究生123人，超额完成省里下达的11 000人的年度目标任务，数量位居全省第二位。

4. 匹配实习实训岗位与就业创业

为大学毕业生返乡提供更多选择机会，汉川市公共就业和人才服务局拟定了18家大学生实习实训基地，并在全市企业和机关事业单位开展了岗位摸底调查。主动联系汉川市的纺织服装、食品加工、医药包装、电力能源、金属制品等企业，鼓励企业拿出一定的工作岗位供大学生实习。2017年汉川市共征集实习实训岗位3 000个，其中市直单位岗位1 400个、企业岗位1 196个、乡镇场岗位404个，汉川市有511家企事业单位累计接受3 730名大学生参加实习实训。其中事业单位接收1 897人，企业接收1 833人。

5. 线上线下传达大学生返乡实习和创业就业优惠政策信息

2017年孝感市已组建109个工作专班，深入全国各高校举行大学生毕业实习实训推介会144场。推介期间，共印制《孝感市人才引进优惠政策》20 000份、《大学生实习实训岗位信息》20 000册、制作宣传海报2 000张。依托“公共就业和人才服务”微信公众号同步开展主题宣传活动，接受大学生网上政策咨询及报名，进一步营造活动氛围。汉川市公共就业和人才服务局拍摄制作了8分钟宣传专题片，印制了大学生实习实训宣传手册、岗位一览表和《致大学生的一封信》等宣传资料，免费向大学生和家长发放。孝昌县在《湖北日报》《孝感日报》《孝昌电视台》、孝昌政府传媒网等媒体积极宣传我县大学生实习实训各项工作安排和有关政策。

6. 积极举办高校行巡回推介

孝感市市直和高新区组织16个工作专班对接省内重点高校，抢抓高校毕业生实习实训季机遇，开展宣传动员活动，吸引更多高校毕业生来孝实习实训，并达成来孝实习实训就业意向4 000名左右。2017年全市已组建109个推介专班，外出组织推介144场次巡回就业企业、创业项目、高新区和经济开发区推介，吸引外省高校回孝感市就业创业。初步统计，参会人数30 000万，咨询21 000人。高新区和经济开发区到高校举办宣讲会129次，平均每个高校2次。孝南区、应城市、汉川市等县市区也积极组建了工作专班赴北京、上海、西安、南京、杭州、厦门等高校进行推介宣传，专班赴北京大学、北京航空航天大学、中国人民大学、上海大学、上海交通大学、复旦大学等69所高校开展毕业实习和就业招聘推介活动，并达成长期人才交流合作协议，建立了长期运作机制。2017年来孝实习京沪高校学生已近50人，其中硕博研究生16人。通过实习，北京大学、上海交通大学等高校30余名硕博毕业生达成来孝工作意向。

**7. 精准优质服务**

汉川市公共就业和人才服务局做好后勤保障。在大学生生活保障方面，汉川市公共就业和人才服务局采用“三位一体＋购买商业化服务”的模式进行安置，即依托市委党校、湖北农谷、湖北省村干部培训基地3个载体建设青年人才公寓和生活基地。在大学生实习期间，汉川市公共就业和人才服务局不定期组织慰问活动，了解他们的工作和思想动态，及时帮助解决他们在工作和生活中遇到的困难和问题。为保障学生实习实训期间人身安全，汉川市公共就业和人才服务局为每个学生购买了意外伤害保险，并开展安全专题教育，同时以查寝的形式，确定实习大学生的安全情况和在岗情况。对到岗实习大学生，单位专门为他们配备了指导老师，手把手教他们做事，与在职员工一起落实上下班考勤制度，对大学生在实习实训期间的表现据实记载、严格考核，并作为生活补贴发放依据。

在大学毕业生返乡就业满意度较高的86人中，在孝感企业实习的有79人，占89.5%；在“比较胜任”和“胜任”现有岗位的92人中，89人在孝感企业实习，占96.7%。访谈了解到，这些返乡就业大学毕业生都在为期3～6个月的实习期间，得到岗前培训、实习导师的耐心悉心指导和教育，对企业发展前途充满信心，对经营思想和企业文化有较高的认同，严格企业管理制度、标准和流程，工作热情高，业务比较熟练，都能较好完成任务；也对工作和生活环境有了较多了解和适应，双向选择满意度较高。通过对90名企业人事经理的访谈来看，87%人事经理对返乡就业大学生满意度较高。与以往招聘的大学毕业生相比，适应岗位比较快，业务能力和操作能力较强。这主要得益于大学生来企业实习。这些实习生在录用前已经在企业实习了3个月，甚至半年，通过参加企业岗前培训，又得到企业实习指导教师悉心指导，对业务较为熟悉，多数与企业经验丰富，业务能力强的科技人员结拜为师徒关系。留下录用的大学毕业生都是得到企业全面考查，对职业道德、团队精神、工作主动性、企业文化认同度和业务水平等方面都为考核优良，企业满意度较高，期待很高，列入重点培养对象。

（四）大学生创新创业孵化器吸引模式

目前孝感市创办和运作的本地大学生创业孵化器数量为9个，为大学生科技创业提供场地和服务。目前孝感市从企业高管、政府部门和高校教师中新聘任创业导师71人，为大学生创业提供技术创新、项目管理、市场营销和政策咨询等帮助。为大学生创业扶持资金（含贷款和无偿扶持）投入429.3万元，共惠及182个大学生创业项目，帮助解决部分大学生创业启动资金不足的问题。孝感市政府与湖北工程学院和湖北职业技术学院共建2家创业学院，为本校大学生和外校大学生提供创业培训、孵化和辅导。2017年共有10 000个大学生接受创业培训，310个受训大学生创办科技型中小微企业。

（五）线上线下服务引导大学毕业生返乡创业就业模式

一是在孝感市人才服务超市和各县区人社局设立实习实训服务窗口，对来窗口报到的大学生，实现信息登记、分派实习单位、安排住宿和购买人身意外保险等提供一站式服务。二是实现前期个人信息确认、现场岗位信息确认和实时人岗信息更新等步骤无缝对接，并已建立岗位信息和人才数据库，保障孝感市实习实训五年计划高质量完成。三是充分发挥互联网和移动互联网平台宣传优势，实现人岗数据实时更新。分别在孝感人才网和孝感人才微信公众平台开通实习实训报名端口，方便异地学生随时随地报名，并实现网上报名3 000余人。

汉川市公共就业和人才服务局充分利用线下的人才超市和线上的人才服务信息网络平台优势，大学毕业生返乡报名采取线上和线下两种渠道。对于线上报名，汉川市公共就业和人才服务局安排专人进行电话回访核实，了解其意向再进行单位和岗位推介。对于线下报名，由汉川市公共就业和人才服务局人才服务股专门接待，平均每天接待咨询、申请、报到150人次，高峰接近200人次。为提高工作效率，汉川市公共就业和人才服务局采用叫号服务的模式，实行登记、审核、开报到通知书、信息录入、校对、汇总等“一站式”“流水式”办理，极大地减少了大学生报到等待时间。开辟培训多媒体教室作为临时办事大厅，方便学生和家长填表登记和等待休息，工作人员分组开展工作，指导大学生登记、填表完善相关资料，及时安排大学生报到上岗。

## 三、主要问题与政策性建议

### （一）主要问题

湖北省和孝感市实施大学毕业生返乡创业就业政策效果较好，但还有需完善的地方。

**1. 社会对大学毕业生返乡就业认识不到位**

调查访谈中，大学生及其家长反映，当地群众大多认为，返乡就业是因为学生学习成绩差、能力弱，难以在北上广和东南中部省会城市就业，不得已回乡就业。感觉返乡就业，为家乡建设服务的价值得不到认可，很没面子，得不到应有尊重。一些大学毕业生准备离职到外地就业。

**2. 高端人才远远不能满足产业和企业发展需求**

大学毕业生返乡创业就业与孝感市产业转型升级，创新驱动市域县域经济发展、提升企业高端人才需求相比，吸收优秀大学生和研究生的数量还是很少。尤其是大中型企业吸收的博士，几乎为零。孝感市有 11 个重点发展产业集群，8 个战略型新兴产业、6 个国家高新区和省级市级经济开发区、60 多个产业园、300 多家高新企业，仅仅吸引到 5 774 名大学毕业生来孝留孝就业，235 个大学生创业，仅仅吸引到 24 名博士和 260 名硕士。创新型科技人才和管理人才数量偏少。不论是来自本市本省高校，还是外省高校，大学生和研究生的专业不对口，供需结构性失衡，尤其是孝感市新兴战略性产业、重点培育新产业所需人才依然招收不到。

**3. 政策落实不到位**

对实习实训基地政策激励不到位。省市文件只是对实习实训大学生补贴作出了明确规定，对实习实训基地没有相关补贴政策，导致企业以及接受实习学生量大的事业单位对实习实训工作热情度不高。

（1）县区相关政策尚未出台。大学生实习实训基地认定和管理缺乏具体指导性政策和依据，需要层层请示汇报，影响了工作推进的速度。1 名大学生实习实训公寓每月租金几万元；外地高校大学生来孝感的往返路费也是一笔大的支出，需要政府补助。

（2）缺乏对实习基地有效激励机制。按照现行的政策，大学生实习实训生活补贴是直接发放给大学生，对实习实训基地没有任何经费补贴标准和奖励措施，导致企业对实习实训基地建设和承接大学生实习的积极性不高。

**4. 征集到实习实训岗位难度大，实习岗位不匹配**

大多数登记的学生实习意向为机关事业单位、国有大中型企业，到私营企业数量少，但是机关事业单位接收的名额有限，增加了人岗匹配工作的难度。实习岗位不足不匹配，部分人员实习工作与专业不符。同时学生个人实习意向变动大，增加了重复确认的工作量。实习人员信息收集与整理不充分，查找不便。就业创业导师与企业匹配度不严格。

**5. 实训基地管理有待规范**

因实习实训的任务目标高，为了努力完成工作目标，大量接收实习实训的大学生申报，由于人数多，“战线长”（511 家实习实训单位），给监管、检查工作带来了难度，也难以达到预期效果。

**6. 生活基地建设耗资巨大**

为了妥善处理实习实训大学生的生活住宿问题，汉川市目前采取了“三位一体＋购买商业化服务”等模式进行了临时性安置。据统计，当前的生活基地运行成本已高达 331 166 元，累计安置大学生住宿 9 280 人次，平均每人每天 35.68 元。按照省委、省政府的相关文件要求，大学生实习实训工作将是一项长期性工作，需加强孝感市青年人才公寓建设。

**7. 政策宣传没有全面覆盖大学生家庭**

调查发现，返乡就业创业的大学生都是较早获得“我选湖北”计划和“我选湖北·立业孝感”计划尤其是优惠政策的。绝大多数是受“我选湖北·立业孝感”计划的优惠政策驱动，才来孝留孝就业创业的。通过湖北工程学院在校大学生的 QQ 和微信调查，发现没有回孝感就业创业的大学生，绝大多数表示“不知晓”“听说过，没做充分了解”，他们的家长有的不知道，有的没有告诉他。特别是家住农村的大学生，对“我选湖北”计划和“我选湖北·立业孝感”计划不是不知道，就是知之甚少，当作传闻，不太重视，出现外省大学生和农村家长政策“信息孤岛”。

（二）政策建议

基本思路：以高校毕业生就业创业服务为重点，统筹做好企业人才和流动人才的公共服务，加快人才公共服务信息化建设，着力打造服务品牌，推进人才公共服务体系建设，为我省吸引更多优秀人才就业创业提供良好的人才服务环境。

**1. 细化激励措施**

制订外省学生面试计划，报销实习往返交通费、住宿费。落实创业扶持基金、免息贷款等方面政策，进一步为就业创业大学生保驾护航，为大学生创业提供一条龙服务，建立健全创业场地配套措施，优化资金扶持、税收减免等相关政策并落实到位。统一进行实习评定并发放工资。

**2. 加强网络平台建设和信息服务**

健全创业创新信息共享网络，畅通与创新企业间的信息沟通渠道，及时了解企业所需，并提供针对性的服务。人才服务机构除了要继续做好官方网站外，还要通过微信公众号、官方微博博客、孝感槐荫论坛、网络社区发布就业需求信息，宣传“我选湖北”计划和“我选湖北·立业孝感”计划。要与乡镇政府和村委会共建大学生家长QQ群和微信群，及早及时将“我选湖北”计划和“我选湖北·立业孝感”计划告知大学生家长。人才服务机构与湖北省市县区招生办数据联网信息共享，通过招生办全面收集每年省内外招生信息和毕业生信息，及早及时与省内外大学毕业生沟通交流，通报政策信息，通过回乡报效家乡、情感教育和优秀服务，吸引外省本籍大学毕业生回乡就业创业。通过短信平台，节假日向外省大学生节日问候，送温情、送政策信息、送人才需求信息。

**3. 加强政府与高校和企业深度合作**

加强政府与高校和企业合作，及时解决来鄂留鄂大学生专业对口和就业创业的新问题。地方政府可以与本市本省高校，就战略型新兴产业、重点服务新产业、重点产业集群，培养和储备所需人才。政府和企业及行业协会要积极主动深度参与本市本省高校的人才培养方案、人才培养模式、招生计划、人才质量工程、创新创业教育等工作，引导和资助高校转型发展。同时，高校要积极宣传，引导优秀大学生回湖北孝感就业创业。实习单位就近安排，减少政府负担。

**4. 加强实习基地、实习生活服务基地和创业孵化基地的建设与认定**

有些县区没有固定的大学生实习实训生活基地和大学生创业孵化基地，希望省市对建设方式和资金来源予以明确和扶持；为此，加强实习实训基地认定和建设，做好大学生实习实训基地认定和规范管理工作，在工作安排、结业鉴定、就业推荐、服务保障等方面对实习单位进行指导，提供一站式服务。进一步加强实习实训学生管理，结合大学生实习、实训情况，适时深入基地进行走访调查，开展多种形式的文体活动，及时兑现生活补贴，帮助解决实际困难。强化实习单位的主体职责，切实加强对实习实训学生的跟踪管理。

**5. 充分利用互联网和移动通信工具和平台，实现线上与线下结合**

采取线上与线下结合，加大政策宣传力度。线下要突出本地生源，做实做好各高校在校生参加暑期社会实习实训活动和校园推介工作。继续发动各工作专班开展宣传推介活动，结合孝感产业特点、文化底蕴和岗位需求，在全国高校为孝感打造一张文化名片，吸引全国优秀大学生来孝感实习就业。线上要通过网络宣传，让家长和学生充分了解“我选湖北”计划政策和人才对我省产业和企业创新驱动发展的战略意义。要增强本地大学生创新创业意识，使大众创新万众创业的理念深入人心，实现创新创业常态化。通过官方网站、官方微博、微信公众号、短信、QQ群、微信群等多种网络通信工具、方法和平台加强宣传。寒暑假组织队伍在县内各乡镇农村、城区进行宣传，在各乡镇设立报名点，定期上报报名数据和材料，进行汇总整理。同时到各大高校进行宣传报名。

**6. 加强大学生返乡立业教育**

协调好各实习单位和实习人员，努力做到实习人员在实习过程中专业对口、离家近。实习单位就近安排，减少政府负担。实习人员尽量招收本地生源。

**7. 促进家长深度参与**

针对大学生父母进行宣传，争取其父母的支持。在今年的实习实训工作中大悟县在宣传方面注重的是本地宣传，让父母了解政策，减少父母的担心，通过父母带动子女，提高报名成功率。按照学生的住址就近分配，减少了政府食宿方面的支出，对于外地学生，统一安排食宿进行管理，确保其安全。

## 参考文献

[1] 胡克田，郭瑞茹．濮阳市 2011—2015 年高校毕业生返乡报到就业情况分析［J］．人才资源开发，2017（2）．

[2] 赵美琪，张琪，张明林．大学生返乡创业的现状及对策研究［J］．价值工程，2017（6）．

[3] 王艺，侯启明．新疆阿瓦提：建立返乡毕业生就业“销号制”［J］．人才资源开发，2013（10）．

[4] 孙震，鲁军宜，胡印斌．返乡就业：如何将大学毕业生“喊”回

家［J］. 决策探索，2014（9）.

［5］胡林春. 基于农村籍大学生返乡就业的高校创业教育研究［J］. 安徽农业科学，2013（8）.

［6］杨晓亚. 大学生返乡现象的经济学分析与思考［J］. 黑龙江对外经贸，2009（4）.

［7］周宇飞. 科学发展观视角下扶持大学生返乡创业的理性思考［J］. 中共云南省委党校学报，2009（9）.

# "95后"大学生能否成为基层建设的生力军——基于就业意愿与发展意愿的双重考察①

张廷君②

**摘　要**：为了分析"95后"大学生群体参与基层建设的可能性及其基层服务的稳定性，探析基层地区在高质量发展阶段人力资本积累中可能的障碍，本研究利用1 180个在校大学生样本，从个体角色特征、家庭与学校资源条件、政策了解程度三方面对其基层就业意愿、基层发展意愿进行了差异分析。研究结果表明：当前在校大学生的基层就业意愿不低，但扎根基层意愿偏低，大学生基层服务的稳定性不足；大学生基层就业意愿受到了家庭与学校资源稀缺的"推力"与优惠政策的"拉力"所形成的"推拉效应"的影响；但当前引导大学生基层服务的政策对大学生扎根基层、在基层发展的意愿缺乏激励性。本研究在此基础上，提出了包括对现有政策进行整合、增加政策吸引面、制定鼓励留任的政策等方面的对策建议。

**关键词**：大学生　基层就业　基层发展　基层服务

①　该篇论文获得"2019年全国人才与人事研究主题征文活动"二等奖。

本文系福建省教科规划重点课题"大学生基层就业意愿的影响因素及激励政策"（编号：FJJKCGZ15-061）的成果之一。

②　张廷君，福建师范大学公共管理学院行政管理系副教授、博士，政治发展与地方治理研究中心副主任。

党的十九大报告特别指出要“鼓励引导人才向边远贫困地区、边疆民族地区、革命老区和基层一线流动”，这将是新时代人才流动的重要导向。实际上，为弥补基层人才紧缺，同时拓宽高校毕业生就业途径，多年来国家陆续出台了一系列鼓励大学生基层服务的政策，如“大学生志愿服务西部计划”（2003）、“三支一扶”计划（2006）、“农村义务教育阶段学校教师特设岗位计划”（2006）以及选聘高校毕业生到村任职计划（2008）等。这些政策曾吸引了大批大学生赴基层短期就业，取得了明显的政策成效。然而，在进入新时代的今天，短期就业已不能满足基层发展需要，如何加速人力资本积累、留住人才以保证充足的人才储备成了基层地区实现高质量发展所面临的新问题。虽然已有部分学者对中国大学生基层服务或就业意愿及其差异进行了相关探讨，但大多只是对大学生赴基层短期就业的意愿进行研究，忽略了对其在基层长期发展意愿的分析，无法对大学生基层服务稳定性进行预测并探讨是否能与当前基层的人才需求匹配，尤其当更追求自我、更具个性的“95后”群体已成为在读大学生的主体时，更需对基层就业意愿、基层发展意愿进行双重考察，才能设计出更有效地鼓励当代青年人才向基层流动、扎根基层的政策体系。因此，本研究对“95后”在校大学生基层服务意愿的分析与探讨，将基于对基层就业意愿、基层发展意愿两个维度的分析，重在回答两个问题：

（1）“95后”大学生基层就业与发展意愿如何，其基层服务的稳定性是否能满足新时代基层地区对人才的新需求。

（2）哪些因素造成了大学生基层就业意愿、基层发展意愿的高低差异？哪类大学生群体将成为基层建设的生力军？

## 一、文献综述

### （一）大学生基层服务意愿及成因的研究

自国家出台鼓励大学生服务基层的各项政策以来，中国学者围绕大学生基层服务意愿的调查与研究也逐渐丰富。张秋山（2009）认为基层工作环境艰苦、发展空间小以及父母既定期望等因素影响着大学生基层就业的选择。王友航等（2012）指出，出于对发展前景的担忧，只有少数毕业生到基层工作，且体现出明显向东部流动的倾向。张锦平等（2013）以昆明医科大学为例的研究发现仅有27.8%的毕业生愿意到基层工作，主要的障碍因素是基层“职业发展前景不佳，工资低”等问题。祝军、杨平等（2015）指出，“大学生志愿服务西部计划”“大学生村官”“三支一扶”计划是大学生最熟悉的基层服务项目，愿意参与的比例达到40%以上，而影响大学生参与基层项目的主要因素在于基层待遇比较低、工作地偏远，生活条件差以及担心个人未来发展受到限制等因素；此外，对优惠政策的落实缺乏信心也是困扰大学生基层服务的因素之一。高凯等（2014）发现，有基层工作意愿的毕业生占7.37%，最终落实就业去基层的毕业生仅占3.76%。林轩东等（2016）也认为当前大学生基层服务意向不强，其客观原因是大学生们受基层岗位待遇、发展机会、晋升途径优势不明显等问题的影响，主观原因则是传统就业观念根深蒂固，大学生未能及时调整自己的就业观念和职业选择。

（二）大学生基层服务意愿的差异研究

帕森斯（1909）的特质因素理论认为每个人都具有自己独特的人格特性和能力模式，这些都与个体的职业选择具有相关性。因此，对于大学生基层服务意愿的研究不能离开对其个体特质的差异分析。王友航等（2012）指出不同人力资本、家庭背景的大学毕业生基层就业的意愿存在差异。在人力资本方面，祝军、杨平（2015）的研究揭示，家庭收入低、学习成绩好、组织能力强的女性、本专科应届毕业生参与基层就业的意愿更强。宋国恺、武天等（2017）的研究则认为学习成绩好坏、是否有实习经历、对基层就业政策是否了解在大学生基层就业意愿上并不存在显著差异。高凯等（2014）的研究则显示学历对于基层服务期望具有明显的“门槛效应”，学生党员的基层服务意愿和行动力非常强烈。此外，Kuntlong（1967）提出，不同专业、年级的大学生，他们的择业价值观和职业选择不同。在家庭背景方面，格兰诺维特（1995）认为职业选择与家庭背景有着密不可分的联系。布劳等（1967）认为父母职业地位与教育水平会影响子女的职业选择。中国情境下的研究也证实了该结论，如宋国恺、武天等（2017）的研究发现父亲职业地位为个体自雇、农民或无固定职业人员，家庭年消费支出越低的大学生，选择基层就业的可能性越高；家庭社会经济地位越高的大学生，基层就业意愿越弱。

从以上近年来对大学生基层服务意愿的研究结论来看，一是尽管大学生赴基层工作的意愿在就业形势日益严峻而自身资源有限的“推力”以及国家出台的基层服务优惠政策的“拉力”下正逐渐上升，但是，薛妍琴等（2010）曾重点考察大学生参加志愿服务"西部计划"前后的职业规划，发现只有小部分志愿者愿意延长志愿时间。这意味着大学生基层服务可能更多地是在"推拉"作用下的短期行为。然而，短期就业与服务，对于边远基层地区而言很难形成发展所需的人才储备与人力资本积累，也不利于边远基层地区的战略规划与实现高质量发展。因此，当前更需关注的是大学生基层服务意愿是否具有稳定性的问题，既要观察大学生的短期就业意愿，也要分析其长期发展意愿。二是现有研究对大学生基层服务意愿差异的分析大多较为笼统，缺乏对不同服务项目的差异比较。不同的基层服务项目要求的条件及所享受的优惠政策是不同的，所吸引的大学生群体或许也存在差异，因此有必要进行分类研究并就不同项目间的差异进行比较。三是"95后"青年已成了高校学生的主体，这部分生长于"信息爆炸"时代的青年人具有多元的价值观，对他们服务基层的意愿及差异的研究更是一个值得关注的新问题。

基于现有研究的启发与不足，本研究拟选取"95后"大学生为研究对象，首先对大学生短期的基层就业意愿及其差异性进行分析，并对"大学生志愿服务西部计划"、"三支一扶"计划、"农村义务教育阶段学校教师特设岗位计划"以及"大学生村官"四大基层服务项目的参与意愿及差异进行比较；其次对大学生在基层长期发展的意愿及群体差异性进行研究。最后，从个体角色特征、学校与家庭资源、政策了解程度等层面上探索具有较高基层就业、基层发展意愿的大学生群体的主要特质，从中得出进一步鼓励大学生扎根基层的政策启示。

## 二、研究方法

### （一）数据收集与样本特征

#### 1. 数据收集

本研究采取多阶段复合抽样方法。各阶段主要以配额抽样（Quota Sampling）为主，将总体按照学校类型的不同分为"双一流"高校、普通高校两个子群，再从两个子群中分别抽取样本，组成总体样本。本次调查在福建地区共发放1 218份问卷，有效回收1 180份问卷，有效回收率为96.9%。

#### 2. 样本特征

被调查者中，男女生分别占比45.4%与54.6%；家庭所在地为农村的学生占比47.2%，为城市的占比52.8%；来自“双一流”高校的大学生占比25%，普通高校大学生占比75%；在专业类别上，文科、理科、工科分别占比46.1%、21.8%和32.1%；来自独生子女家庭的被调查者占比60.4%；11.7%的被调查者为中共党员（见表1）。总体而言，样本分布较为合理。

表1 样本基本特征

| 变量 | 类别 | 频数（人） | 百分比（%） |
|---|---|---|---|
| 性别（$N$=1 180） | 1. 男 | 536 | 45.4 |
| | 2. 女 | 644 | 54.6 |
| 家庭所在地（$N$=1 180） | 1. 城市 | 623 | 52.8 |
| | 2. 农村 | 557 | 47.2 |
| 院校类型（$N$=1 180） | 1. 双一流院校 | 295 | 25.0 |
| | 2. 普通本科院校 | 885 | 75.0 |
| 专业类别（$N$=1 180） | 1. 文科 | 544 | 46.1 |
| | 2. 理科 | 257 | 21.8 |
| | 3. 工科（含医学类） | 379 | 32.1 |
| 年级（$N$=1 180） | 1. 毕业班学生 | 284 | 24.1 |
| | 2. 非毕业班学生 | 896 | 75.9 |
| 独生子女（$N$=1 180） | 1. 是 | 467 | 39.6 |
| | 2. 否 | 713 | 60.4 |
| 中共党员（$N$=1 180） | 1. 是 | 138 | 11.7 |
| | 2. 否 | 1 042 | 88.3 |
| 父亲职业（$N$=1 180） | 1. 农民 | 316 | 26.8 |
| | 2. 党政机关 | 85 | 7.2 |
| | 3. 企业 | 227 | 19.2 |
| | 4. 事业单位社会团体 | 169 | 14.3 |
| | 5. 无单位/自雇 | 370 | 31.4 |
| | 6. 其他 | 13 | 1.1 |
| 母亲职业（$N$=1 179） | 1. 农民 | 338 | 28.7 |
| | 2. 党政机关 | 33 | 2.8 |
| | 3. 企业 | 227 | 19.3 |
| | 4. 事业单位社会团体 | 146 | 12.4 |
| | 5. 无单位/自雇 | 420 | 35.6 |
| | 6. 其他 | 15 | 1.3 |

续表

| 变量 | 类别 | 频数（人） | 百分比（%） |
|---|---|---|---|
| 父亲政治面貌<br>（$N$=1 180） | 1. 群众<br>2. 民主党派<br>3. 中共党员 | 918<br>16<br>246 | 77.8<br>1.4<br>20.8 |
| 母亲政治面貌<br>（$N$=1 179） | 1. 群众<br>2. 民主党派<br>3. 中共党员 | 1 069<br>8<br>102 | 90.7<br>0.7<br>8.7 |
| 月生活费<br>（$N$=1 179） | 1. 1 000元及以下<br>2. 1 001～2 000元<br>3. 2 001元及以上 | 247<br>832<br>100 | 20.9<br>70.6<br>8.5 |

（二）研究变量的测量

为弥补当前大学生“基层服务意愿”研究中对“长期发展”意愿研究的缺失，本研究认为，大学生“基层服务意愿”应涵盖两个维度：基层就业意愿与基层发展意愿，前者反映大学生基层服务的短期意愿，后者反映大学生扎根基层的长期意愿。唯有双重考察，才能更全面地把握大学生基层服务的真实意愿及稳定性，并为政府制定更科学合理的“引才”与“留才”政策提供参考。

**1. 大学生基层就业意愿**

大学生基层就业意愿用于衡量大学生短期服务意愿，使用“您毕业后到基层工作的意愿程度是?”问题加以衡量，为避免自填写问卷时出现选项的趋中趋势，采用四级选项测量，即非常不愿意、不太愿意、可以考虑、非常愿意。此外，为了分析大学生对不同基层服务项目的短期服务意愿差异，本研究还就大学生对“三支一扶”计划、“志愿服务西部计划”“大学生村官”“特岗教师”这四大基层项目的短期就业意愿分别做了测量，在问卷中使用“您毕业后参与以下四类基层服务项目的意愿程度分别是?”问题加以衡量，选项亦采取四级设计。以上均属定序测量。

**2. 大学生基层发展意愿**

大学生基层发展意愿用于衡量大学生扎根基层的长期意愿，使用问题“在基层工作后，您将做何种职业发展打算?”加以衡量，询问具有基层就业意愿的被调查者。选项分别为“留在基层，并将此作为自己的事业”“积累基层工作经验，为以后考公考研等做准备”“还没想好，干了再说”“其他”，属定类测量。

3. 个人背景特征

本研究将从个体角色特征、家庭与学校资源条件、政策了解程度三个维度，对大学生基层就业意愿与发展意愿的差异进行显著性检验。个体角色特征包括性别、年级、政治面貌，均为定类测量；家庭与学校资源条件包括家庭所在地、是否独生子女、父/母职业、月生活费、院校类型、专业类型，除“月生活费”为定序测量外，其余均为定类测量。对政策了解程度的调查为定序测量，使用问卷中“对于政府出台的关于引导和鼓励高校毕业生基层服务的政策，您的了解程度是?”加以衡量，采用四级选项，即非常不了解、不太了解、比较了解、非常了解。

（三）数据分析方法

本研究选用 SPSS 20.0 统计软件进行数据分析：首先，运用描述性统计分析方法对样本基本特征进行描述，了解研究对象的个人背景特征；其次，在对大学生基层就业意愿进行描述统计后，运用独立样本 T 检验或单因素方差分析、相关分析讨论不同背景特征的大学生在基层就业总体意愿及其在四大基层项目上的差异；最后，对大学生基层发展意愿进行描述统计，并运用卡方检验将大学生的基层发展意愿与个人背景特征变量作交叉分析，探索差异显著性。

## 三、研究分析与结果

（一）大学生基层就业意愿及差异分析

本研究对被试大学生的基层就业总体意愿及四大基层项目的就业意愿分别进行了描述统计，平均分值均高于理论上的量表中值 2.5。其中，被试大学生基层就业的总体意愿均值为 2.77，居于中等偏上水平。而在四个基层项目中，“三支一扶”项目的就业意愿均值相对较高，达到 2.75，处于较高水平，其次是“志愿服务西部”项目的就业意愿，均值为 2.74，“大学生村官”项目的就业意愿居于第三，均值为 2.62，而“特岗教师”项目的就业意愿均值相对较低，为 2.58。

本研究进一步探索了不同背景特征的大学生在基层就业总体意愿及其在四个基层项目上的差异（见表 2）。

**表 2　　大学生基层就业意愿的差异分析**

| 变量与组别 | | 基层就业的总体意愿 | | "三支一扶"项目意愿 | | "志愿服务西部"项目意愿 | | "大学生村官"项目意愿 | | "特岗教师"项目意愿 | |
|---|---|---|---|---|---|---|---|---|---|---|---|
| | | 平均值 | F 值/T 值 | 平均值 | F 值/T 值 | 平均值 | F 值/T 值 | 平均值 | F 值/T 值 | 平均值 | F 值/T 值 |
| 性别 | 1. 男<br>2. 女 | 2.77<br>2.76 | T=0.341 | 2.68<br>2.81 | T=−2.810** | 2.65<br>2.81 | T=−3.382** | 2.65<br>2.60 | T=0.955 | 2.55<br>2.61 | T=−1.323 |
| 家庭所在地 | 1. 城市<br>2. 农村 | 2.70<br>2.84 | T=−3.831*** | 2.67<br>2.84 | T=−3.758*** | 2.67<br>2.81 | T=−2.973** | 2.53<br>2.73 | T=−4.304*** | 2.52<br>2.65 | T=−2.869** |
| 院校类型 | 1. 双一流高校<br>2. 普通高校 | 2.65<br>2.80 | T=−3.506*** | 2.69<br>2.77 | T=−1.442 | 2.71<br>2.75 | T=−0.740 | 2.46<br>2.68 | T=−3.832*** | 2.47<br>2.62 | T=−2.911** |
| 专业类别 | 1. 文科<br>2. 理科<br>3. 工科（含医学） | 2.80<br>2.78<br>2.70 | F=2.790 | 2.78<br>2.73<br>2.71 | F=0.968 | 2.80<br>2.74<br>2.64 | F=4.789** | 2.67<br>2.69<br>2.51 | F=5.154** | 2.59<br>2.69<br>2.51 | F=3.730* |
| 年级 | 1. 毕业班<br>2. 其他年级 | 2.87<br>2.74 | T=3.008** | 2.70<br>2.76 | T=−1.181 | 2.71<br>2.74 | T=−0.574 | 2.62<br>2.63 | T=−0.093 | 2.63<br>2.57 | T=1.028 |
| 独生子女 | 1. 是<br>2. 否 | 2.69<br>2.82 | T=−3.298** | 2.61<br>2.84 | T=−4.888*** | 2.64<br>2.80 | T=−3.150** | 2.55<br>2.67 | T=−2.351** | 2.46<br>2.66 | T=−4.160*** |

续表

| 变量与组别 | | 基层就业的总体意愿 | | “三支一扶”项目意愿 | | “志愿服务西部”项目意愿 | | “大学生村官”项目意愿 | | “特岗教师”项目意愿 | |
|---|---|---|---|---|---|---|---|---|---|---|---|
| | | 平均值 | F 值/T 值 | 平均值 | F 值/T 值 | 平均值 | F 值/T 值 | 平均值 | F 值/T 值 | 平均值 | F 值/T 值 |
| 中共党员 | 1. 是 | 2.99 | $T=4.281^{***}$ | 2.82 | $T=1.098$ | 2.82 | $T=1.261$ | 2.75 | $T=1.851$ | 2.68 | $T=1.476$ |
| | 2. 否 | 2.74 | | 2.74 | | 2.72 | | 2.61 | | 2.57 | |
| 父亲职业 | 1. 农民 | 2.88 | $F=4.392^{**}$ | 2.89 | $F=3.141^{**}$ | 2.82 | $F=1.575$ | 2.75 | $F=3.094^{**}$ | 2.70 | $F=2.270^{*}$ |
| | 2. 党政机关（含军队） | 2.61 | | 2.64 | | 2.73 | | 2.49 | | 2.54 | |
| | 3. 企业 | 2.74 | | 2.67 | | 2.65 | | 2.59 | | 2.56 | |
| | 4. 事业单位社会团体 | 2.66 | | 2.71 | | 2.67 | | 2.48 | | 2.48 | |
| | 5. 无单位/自雇 | 2.78 | | 2.72 | | 2.74 | | 2.63 | | 2.57 | |
| | 6. 其他 | 2.62 | | 2.92 | | 2.92 | | 2.54 | | 2.38 | |
| 母亲职业 | 1. 农民 | 2.89 | $F=5.271^{***}$ | 2.89 | $F=3.461^{**}$ | 2.82 | $F=2.266^{*}$ | 2.74 | $F=3.289^{**}$ | 2.71 | $F=2.626^{*}$ |
| | 2. 党政机关（含军队） | 2.52 | | 2.70 | | 2.79 | | 2.76 | | 2.48 | |
| | 3. 企业 | 2.70 | | 2.63 | | 2.66 | | 2.55 | | 2.53 | |
| | 4. 事业单位社会团体 | 2.64 | | 2.66 | | 2.62 | | 2.48 | | 2.51 | |
| | 5. 无单位/自雇 | 2.77 | | 2.73 | | 2.73 | | 2.60 | | 2.54 | |
| | 6. 其他 | 2.60 | | 2.80 | | 3.07 | | 2.93 | | 2.73 | |
| 生活费的相关系数 | | $r=-0.111^{**}$ | | $r=-0.063^{*}$ | | $r=-0.016$ | | $r=-0.041$ | | $r=-0.037$ | |
| 对政府出台的引导和鼓励高校毕业生服务基层政策的了解程度 | | $r=0.263^{**}$ | | $r=0.164^{**}$ | | $r=0.127^{**}$ | | $r=0.208^{**}$ | | $r=0.173^{**}$ | |

注：$p<0.05^{*}$，$p<0.01^{**}$，$p<0.001^{***}$。

1. 性别差异

大学生基层就业的总体意愿在性别上不存在显著差异，但分别检定四个基层项目的就业意愿后发现，女大学生在“三支一扶”和“志愿服务西部”这两个项目上的就业意愿显著高于男大学生。

2. 年级差异

毕业班学生基层就业的总体意愿显著高于非毕业班学生。即将毕业的大学生直接面对就业压力，就业意愿也更加务实，这可能是他们相对非毕业班学生而言具有更强基层就业意愿的主要原因。

3. 政治面貌差异

政治面貌为中共党员的大学生基层就业的总体意愿显著高于非中共党员的大学生。一方面，在国家大力倡导人才向基层流动的大环境下，大学生党员作为群体中的先进代表，具有更强的政策追随意愿；另一方面，在基层项目的选拔中，党员身份往往带来竞争优势，这也是学生党员基层就业意愿相对更高的可能原因之一。

4. 家庭所在地差异

农村生源的大学生其基层就业的总体意愿显著高于城市生源的大学生。四个基层项目的就业意愿也均呈现该规律。

5. 家庭子女数差异

独生子女大学生到基层就业的总体意愿显著低于非独生子女。四个基层项目的就业意愿也呈现该规律。由于独生子女家庭更多分布于城市，非独生子女家庭更多分布于农村，因此这也和家庭所在地不同所带来的差异相印证。此外，独生子女家庭中，父母意见对孩子的就业选择具有较大影响力，家长所持有的“望子成龙”的理念对孩子的基层就业意愿也存在一定影响。

6. 父/母职业差异

父亲、母亲的职业差异均会造成大学生基层就业总体意愿上的显著差异。父亲或母亲为农民的大学生基层就业总体意愿显著高于父亲或母亲在党政机关、企业、事业单位与社会团体工作、自雇或无单位的大学生。四个基层项目的就业意愿差异，也同样呈现这一规律。此外，父亲或母亲的职业为无单位或自雇的大学生基层就业总体意愿显著高于父亲或母亲在党政机关、事业单位及社会团体工作的大学生。通常，城市中父亲或母亲无单位的家庭，其社会资源比较有限，子女在寻找工作的过程中若无法得到来自家庭的帮助，可能会选择先在基层就业，而后再规划后续的职业发展。

7. 月生活费水平差异

大学生基层就业的总体意愿与其月生活费水平之间存在显著负相关关系。四个基层项目的就业意愿与月生活费之间均呈负向关系，但仅“三支一扶”项目的负相关具有统计学上的显著性。月生活费越高的大学生，通常家庭条件越好，其获得在城市就业的机会也相对越多，基层就业的意愿也就相对较低。这也再次反映出大学生基层就业的意愿高低与家庭资源多寡有关。

8. 院校类型差异

不同院校类型的大学生在基层就业的总体意愿上存在显著差异。与双一流高校相比，普通本科院校大学生基层就业的总体意愿更高。这与求职市场中的“学校歧视”堵塞了普通高校大学生“向上流动”的通路有一定关系。分别对四类基层项目进行分析发现，普通高校大学生在“大学生村官”“特岗教师”项目上的就业意愿显著高于双一流高校的学生。可见，学校资源有限也是大学生基层就业的动因之一。

9. 专业类别差异

大学生基层就业的总体意愿在专业类别上不存在显著差异，但分别检定四大基层项目的就业意愿后发现，文科专业学生在“志愿服务西部”项目上的就业意愿显著高于工科大学生；理科专业学生在“特岗教师”项目上的就业意愿显著高于工科大学生；文、理科专业学生在“大学生村官”项目上的就业意愿均显著高于工科大学生。工科专业讲求技术实践应用，相比文科与理科，通常较容易获得好的就业机会。现有研究也显示，此类毕业生一般会在经济发展状况较好、拥有较多与本专业相关的知名企业的地区就业。

10. 政策了解程度差异

大学生基层就业的总体意愿与其对政府出台的引导和鼓励高校毕业生基层服务政策的了解程度显著正相关。四个基层项目的就业意愿也同样呈现这一规律。其中，大学生参与“大学生村官”项目的意愿与其对国家鼓励政策的了解程度相关系数最高，其次是“特岗教师”项目、“三支一扶”项目，最后是“志愿服务西部”项目。这也证明了国家出台的鼓励基层流动的政策是大学生参与基层服务的重要动因之一。

综上所述，基层就业意愿较高的大学生主要分布于高年级的学生党员、家庭与学校资源条件较弱，对国家出台的鼓励政策了解较深的群体内。换句话说，家庭与学校的就业资源不足、国家出台的相关鼓励政策是当前大学生基层就业意愿的主要动因。

（二）大学生基层发展意愿及差异分析

基层的人才储备与人力资本积累不仅仅取决于大学生的基层就业意愿，更取决于大学生在基层扎根和发展的意愿。在867个表示愿意到基层就业的大学生中，仅有10.7%的大学生表示愿意“留在基层，并将此作为自己的事业”，50.1%的被试大学生表示到基层就业是为“积累基层工作经验，为以后考公考研等做准备”，37.8%的大学生表示“还没想好，干了再说”。本研究进一步运用卡方检验，对不同背景大学生基层发展意愿的差异进行了探索与分析，发现在以下几个个人背景变量中存在差异（见表3）。

**表3　　大学生基层发展意愿与个人背景特征的交叉分析**

| 变量及组别 | | 留在基层，并将此作为自己的事业 | 积累基层工作经验，为以后考公考研等做准备 | 还没想好，干了再说 | 其他 | 卡方检验 |
|---|---|---|---|---|---|---|
| 性别 | 男 | 60<br>(15.3%) | 188<br>(47.8%) | 139<br>(35.4%) | 6<br>(1.5%) | 卡方值<br>15.782<br>自由度3<br>$p=0.001$ |
| | 女 | 33<br>(7.0%) | 246<br>(51.9%) | 189<br>(39.9%) | 6<br>(1.3%) | |
| 家庭所在地 | 城市 | 37<br>(8.7%) | 235<br>(55.4%) | 147<br>(34.7%) | 5<br>(1.2%) | 卡方值<br>10.314<br>自由度3<br>$p=0.016$ |
| | 农村 | 56<br>(12.6%) | 199<br>(44.9%) | 181<br>(40.9%) | 6<br>(1.6%) | |
| 专业 | 文科 | 47<br>(11.4%) | 210<br>(50.8%) | 151<br>(36.6%) | 5<br>(1.2%) | 卡方值<br>17.762<br>自由度6<br>$p=0.007$ |
| | 理科 | 28<br>(14.6%) | 81<br>(42.2%) | 83<br>(43.2%) | 0<br>(0%) | |
| | 工科 | 18<br>(6.9%) | 143<br>(54.6%) | 94<br>(35.9%) | 7<br>(2.7%) | |

续表

| 变量及组别 | | 留在基层，并将此作为自己的事业 | 积累基层工作经验，为以后考公考研等做准备 | 还没想好，干了再说 | 其他 | 卡方检验 |
|---|---|---|---|---|---|---|
| 年级 | 毕业班 | 36 (16.4%) | 112 (50.9%) | 69 (31.4%) | 3 (1.4%) | 卡方值 12.037 自由度 3 $p=0.007$ |
| | 非毕业班 | 57 (8.8%) | 322 (49.8%) | 259 (40.0%) | 9 (1.4%) | |
| 政治面貌 | 中共党员 | 23 (19.7%) | 68 (58.1%) | 23 (19.7%) | 3 (2.6%) | 卡方值 24.983 自由度 3 $p=0.000$ |
| | 非中共党员 | 70 (9.3%) | 366 (48.8%) | 305 (40.7%) | 9 (1.2%) | |
| 生活费（月） | 1 000 元及以下 | 28 (14.1%) | 101 (50.8%) | 62 (31.2%) | 8 (4.0%) | 卡方值 18.946 自由度 6 $p=0.004$ |
| | 1 001～2 000 元 | 58 (9.7%) | 299 (49.8%) | 239 (39.8%) | 4 (0.7%) | |
| | 2 001 元及以上 | 7 (10.3%) | 34 (50.0%) | 27 (39.7%) | 0 (0.0%) | |
| 母亲职业 | 农民 | 47 (16.7%) | 132 (47.0%) | 98 (34.9%) | 4 (1.4%) | 卡方值 31.176 自由度 15 $p=0.008$ |
| | 党政机关（含军队） | 0 (0.0%) | 8 (44.4%) | 10 (55.6%) | 0 (0.0%) | |
| | 企业 | 12 (7.7%) | 86 (55.1%) | 56 (35.9%) | 2 (1.3%) | |
| | 事业单位、社会团体 | 4 (4.3%) | 59 (62.8%) | 30 (31.9%) | 1 (1.1%) | |
| | 无单位/自雇 | 27 (8.8%) | 144 (47.1%) | 130 (42.5%) | 5 (1.6%) | |
| | 其他 | 3 (27.3%) | 4 (36.4%) | 4 (36.4%) | 0 (0.0%) | |
| 是否独生子女 | 非独生子女 | 66 (12.0%) | 255 (46.5%) | 218 (39.8%) | 9 (1.6%) | 卡方值 8.319 自由度 3 $p=0.04$ |
| | 独生子女 | 27 (8.5%) | 179 (56.1%) | 110 (34.5%) | 3 (0.9%) | |

续表

| 变量及组别 | | 留在基层，并将此作为自己的事业 | 积累基层工作经验，为以后考公考研等做准备 | 还没想好，干了再说 | 其他 | 卡方检验 |
|---|---|---|---|---|---|---|
| 对政府出台的引导和鼓励高校毕业生服务基层政策的了解程度 | 完全不了解 | 13 (11.1%) | 47 (40.2%) | 57 (48.7%) | 0 (0%) | 卡方值 56.155 自由度 9 $p=0.000$ |
| | 不太了解 | 42 (7.3%) | 292 (50.5%) | 234 (40.5%) | 10 (1.7%) | |
| | 比较了解 | 32 (20.6%) | 88 (56.8%) | 33 (21.3%) | 2 (1.3%) | |
| | 非常了解 | 6 (40%) | 6 (40%) | 3 (20.0%) | 0 (0%) | |
| 合计 | | 93 (10.7%) | 434 (50.1%) | 328 (37.8%) | 12 (1.4%) | |

**1. 性别差异**

相对全体被调查者在基层发展意愿上的分布而言，男大学生选择"留在基层，并将此作为自己的事业"的比例显著偏高；女大学生选择"积累基层工作经验，为以后考公考研等做准备"及"还没想好，干了再说"的比例显著偏高。这意味着，虽然不同性别大学生的基层就业意愿不存在显著差异，但是男大学生在基层扎根与发展上的意愿高于女性，具有更强的基层服务稳定性。

**2. 年级差异**

相对全体被调查者在基层发展意愿上的分布而言，毕业班学生在"留在基层，并将此作为自己的事业"和"积累基层工作经验，为以后考公考研等做准备"上选择均显著高于非毕业班；表示"还没想好，干了再说"的非毕业班学生比例则显著较高。可见，处于毕业阶段的大学生在面对职业选择时已具备了相对明晰的目标，而非毕业班的大学生则相对模糊不定。

**3. 政治面貌差异**

相对全体被调查者在基层发展意愿上的分布而言，表示希望"留在基层，并将此作为自己的事业"和"积累基层工作经验，为以后考公考研等做准备”的学生党员比例均高于非学生党员；表示“还没想好，干了再说”的非学生党员比例显著高于学生党员的比例。可见，学生党员的职业发展目标与规划更为明确。

4. 家庭所在地差异

相对全体被调查者在基层发展意愿上的分布而言，农村大学生愿意“留在基层，并将此作为自己的事业”的比例显著高于城市大学生；城市大学生则比农村大学生更倾向“积累基层工作经验，为以后考公考研等做准备”。无论是基层就业还是基层发展上，农村生源大学生都有相对较高的意愿。

5. 家庭子女数差异

相对全体被调查者在基层发展意愿上的分布而言，非独生子女家庭的大学生表示“留在基层，并将此作为自己的事业”的比例显著偏高，独生子女家庭的大学生表示“积累基层工作经验，为以后考公考研等做准备”的比例显著偏高。这与其在大学生基层就业意愿差异中所表现出来的规律相符。

6. 母亲职业差异

父亲所处的不同职业与大学生基层发展意愿之间并无显著相关，但母亲不同的职业类型与大学生基层发展意愿间存在显著关系。可能的原因包括：一方面，在中国家庭中，即便夫妻都从事有偿劳动，妻子也更多地承担了家务与育儿的工作，因此母亲的职业对子女的职业选择具有更为显著的影响；另一方面，在门当户对的婚姻文化中，男性职业地位往往高于女性，因此母亲的职业可以代表一个家庭社会地位与社会资源多寡的下限。黄衍华、乔晓春（2017）的研究也显示了母亲职业对子女职业地位的作用超过父亲职业的影响。进一步分析发现，相对全体被调查者在基层发展意愿上的分布而言，母亲职业为农民的大学生愿意“留在基层，并将此作为自己的事业”的比例显著偏高，母亲在企事业、社会团体工作的大学生表示将“积累基层工作经验，为以后考公考研做准备”的比例显著偏高。这意味着，家庭资源多寡不仅负向影响着大学生的基层就业意愿，也负向影响着其基层发展意愿。

7. 月生活费水平差异

相对全体被调查者在基层发展意愿上的分布而言，生活费水平越高的大学生表示“还没想好，干了再说”的比例越高。经济上没有后顾之忧，职业规划的意识也就相对较弱。月生活费水平在 1 000 元及以下的被试大学生表示“留在基层，并将此作为自己的事业”的比例显著高于家庭条件更好的大学生。可见，家庭条件对大学生基层就业及发展的意愿均存在较显著的影响。

#### 8. 专业类别差异

相对全体被调查者在基层发展意愿上的分布而言，文、理科大学生选择“留在基层，并将此作为自己的事业”的比例显著高于工科学生，工科大学生选择“积累基层工作经验，为以后考公考研等做准备”的比例高于文、理科学生。这与文、理科大学生基层就业意愿显著高于工科学生的结论较为一致。

#### 9. 政策了解程度差异

相对全体被调查者在基层发展意愿上的分布而言，对国家鼓励政策了解的大学生表示“留在基层，并将此作为自己的事业”的比例与表示“积累基层工作经验，为以后考公考研等做准备”的比例均偏高，并无明显差异；对国家鼓励政策不了解的大学生表示“还没想好，干了再说”的比例则显著偏高，这部分大学生对自我职业发展与规划尚不明晰。总体而言，政策了解程度的差异所带来的大学生基层发展意愿上的差异并不像其对大学生基层就业意愿的影响那么突出与明显。

综上所述，与基层就业意愿高低所呈现的规律相一致的是，基层发展意愿高的大学生主要分布于家庭资源条件相对较弱的群体中。不同的是，大学生对国家鼓励基层服务政策的了解度高低并未造成其基层发展意愿的显著差异，这与当前鼓励大学生基层服务的政策导向重“引才”而轻“留才”有关；高校类型是否属为“双一流”也并未造成大学生基层发展意愿的显著差异，无论是哪一类型高校的大学生在基层发展意愿上都更倾向于“积累基层工作经验，为以后考公考研等做准备”，这也再次证明了当前大学生基层服务更多属于短期行为。此外，不同个体角色特征也对基层发展意愿的高低产生了不同的影响。

## 四、结论与政策启示

### （一）研究结论

通过调研与数据分析，得出以下主要研究结论，可对研究问题进行回应。

**1. 大学生基层就业意愿不低，但扎根基层意愿偏低，服务基层的稳定性不足**

基层的发展是需要一定的时间与过程的，因此，稳定的人才队伍是其发展的重要保障，这意味着基层不仅要吸纳人才，更要留住人才，方能取得持续的发展。调查结果显示，大学生具有相对较高的基层就业意愿，表示毕业后“可以考虑”或“非常愿意”到基层工作的被调查者占比73.4%，基层就业意愿均值为2.77，高于理论中值2.5。其中，“三支一扶”项目的就业意愿均值最高。但是，与较高的基层就业意愿相反的是，大学生扎根基层的意愿偏低，具有基层就业意愿的大学生中仅有10.7%的被调查者表示愿意“留在基层，并将此作为自己的事业”，更多被调查者则是抱持“跳板”心理，计划“积累基层工作经验，为以后考公考研等做准备”。研究还对大学生在基层工作所能接受的最长工作年限进行了调查，结果显示，能接受的最长工作年限为2年及以下的被调查者占75.1%；接受3～5年基层工作年限的大学生占23.0%；能接受6年及以上基层工作年限的被调查者仅占1.9%。这和大学生基层发展意愿的调查结果相吻合。这些结果揭示了当前大学生基层就业更多是在激烈竞争环境下做出的“先就业再择业”的选择与规划，服务基层的稳定性不足。这可能带来的后果是，大部分赴基层工作的大学生在经过短暂的基层锻炼，刚刚对基层工作有所了解并能胜任相应工作后，又将离开基层岗位，这既不利于基层人才储备、人力资本积累，也会增加基层单位的用人成本，不能满足新时代基层地区的人才新需求。

**2. 大学生基层就业意愿受到了“推拉效应”影响**

在大学生基层就业意愿上，对国家鼓励高校毕业生基层服务的政策越了解的被调查者，其意愿越强烈；此外，基层就业意愿较为强烈的大学生往往是学校资源与家庭资源相对匮乏的群体。可见，当前国家优惠政策的“拉力”、就业形势严峻而所在学校与家庭的就业资源相对匮乏的“推力”所形成的“推拉效应”是当前大学生基层就业意愿的主要影响要素。

**3. 现行鼓励毕业生基层服务的政策对大学生基层发展意愿的拉力不足**

在大学生基层发展的意愿上，也同样呈现出家庭资源较为匮乏的群体其意愿更强烈的规律，但对国家鼓励高校毕业生基层服务的政策了解的被调查者在“留在基层，并将此作为自己的事业”“积累基层工作经验，为以后考公考研等做准备"这两种态度上的分布相对全体被调查者而言均呈偏高状态，并无差异。这意味着目前国家相关政策对大学生基层发展意愿的"拉力"不足，现行政策主要是服务期满后考公务员、考研究生或转岗、学费补偿或贷款代偿等优惠政策，缺乏对继续留任基层、留任原岗的保障、鼓励与优惠措施。因此，现有政策虽能较好地吸引人才，但是留住人才的作用力欠缺，政策效果具有短期性。

**4. 个体角色特征是大学生基层就业与发展意愿的约束条件**

除了来自家庭与学校资源、国家政策的"推拉效应"作用之外，个体角色特征也对大学生基层就业与发展的意愿产生一定的约束。例如，性别因素在大学生基层就业意愿上未体现出显著差异，但是在基层发展意愿上，男性扎根基层的意愿显著偏高。基层环境艰苦、工作繁重压力大，受传统性别意识与观念的影响，女性比男性更难接受和适应此类性质的工作。此外，毕业生、学生党员的基层就业意愿更为强烈，前者是源于毕业在即，对个人职业发展有了更为成熟的思考，后者一方面与学生党员的觉悟有关，另一方面是由于当前鼓励大学生基层就业的政策具有一定的人才选拔要求，学生党员具备更多的竞争优势。可见，个体角色特征也构成了大学生基层就业与发展意愿的约束条件。

**5. 四类基层项目的就业环境与优惠政策不同，吸引的大学生群体也存在差异**

四类不同的基层项目中均呈现出家庭资源较为匮乏的群体、对政策越了解的群体其基层就业意愿越强烈的规律，但是在学校资源与个体角色特征上却有一定的差异。例如，女性相比男性具有更强烈的参与"三支一扶""志愿服务西部"的意愿。乔志宏等（2014）的研究显示，男大学生更倾向于选择"增加阶层差异"的职业，而女性更倾向于选择如"志愿服务西部"、社工等"减少阶层差异"的职业。"三支一扶"与"志愿服务西部"项目具有更为显著的"减少阶层差异"的职业特点，因此，女性在此类基层项目上的就业意愿会更高于男性。在"大学生村官"与"特岗教师"两个项目的就业意愿上，普通高校大学生显著高于"双一流"高校，文科、理科专业学生显著高于就业率较高的工科专业；在"三支一扶"与"志愿服务西部"项目的就业意愿上则不存在着显著的学校资源差异。这一结果也再次验证了大学生基层就业意愿所受到的"推拉效应"的作用："大学生村官"与"特岗教师"两个项目无论是待遇、工作条件还是服务期满后的优惠政策均比“三支一扶”“志愿服务西部”项目要具有更强的政策吸引力，因此，所在高校与专业越是缺乏在城市中就业的竞争力，这两个基层项目的吸引力也就越大，“推拉效应”也就越显著。

（二）政策启示

人才向经济发达地区集聚是人才市场的基本规律，但其所带来的人才结构不合理、区域发展不均衡的问题则需要靠国家的宏观政策加以调控。国家推行已久的鼓励大学生向基层流动的政策已经为基层输送了大量人才，但是在新时代，基层地区对人才的需求也逐渐发生变化：留住人才以形成充足的人才储备与积累，是基层地区实现高质量发展的保障。因此，现行鼓励大学生基层服务的政策也需要相应地进行调整，或出台新的引导政策。

**1. 对现有政策进行整合**

现有的大学生基层服务项目与相关政策种类繁多，又均出自不同职能部门，因此，存在着工作类型与项目上有所重复的问题，但选拔门槛与待遇上又有较多差异的情况。建议对现有大学生基层服务项目及相关政策进行整合与归并，同时对待遇上的差异进行一定的平衡，厘清政策体系，形成引导合力。

**2. 增强政策吸引面**

研究显示，家庭资源、学校资源相对稀缺的大学生群体基层就业与发展意愿较强，而城市户籍大学生、独生子女、家庭经济条件较好、重点高校和就业前景较好专业的大学生群体基层就业和发展意愿相对较低。为增强政策的吸引面，在做好基层就业环境建设的同时，也应分析基层服务意愿较低群体的实际障碍，有针对性地进行激励政策设计。例如，对离家赴基层服务的独生子女家庭予以一定的补助或者优惠措施，给予赴基层服务或创业的“双一流”高校毕业生一定的人才奖励经费等，逐步拓展基层服务政策在大学生群体中的影响力和吸引面。

**3. 制定鼓励留任的政策**

研究显示，对政府引导大学生基层就业的政策越了解的大学生，基层就业意愿越强烈，但是政策了解度与基层发展意愿的相关性却不显著。这意味着现行鼓励大学生基层服务的政策对于培育大学生基层发展、扎根基层的意愿是效力不足的。当前大学生基层服务的政策中主要的鼓励措施是服务期满后考公务员和考研享受优惠政策、学费补偿或贷款代偿等，然而，基层服务期内的待遇并不高，且没有获得体制内的编制，造成政策吸引的对象主要是家庭资源、学校资源稀缺或就业竞争力相对较弱的学生。此外，服务期满后职业转换的优惠政策力度远大于继续留任的支持力度，也造成了更多的大学生将基层就业视为"积累基层工作经验，为以后考公考研等做准备"，不利于基层留住人才。因此，建议提高大学生基层服务期间的待遇，在完善"引人"政策的同时，建立"留人"的政策与机制，鼓励扎根基层。例如，对扎根基层的大学毕业生在工作一定年限后实行"参公管理"，或是解决编制问题，给返乡创业的农村籍大学生以政策支撑等。

## 参考文献

[1] 张秋山．农村籍大学生基层就业意向调研分析［J］．河北大学学报（哲学社会科学版），2009（2）：86-90.

[2] 王友航，文东茅．高校毕业生基层就业的特征与影响因素［J］．教育发展研究，2012（2）：37-44.

[3] 张锦平，周梅，吴林雄，等．医学本科毕业生基层就业意愿及其影响因素的调查分析［J］．中国卫生事业管理，2013（3）：206-207.

[4] 祝军，杨平．大学生基层就业项目：参与意愿和满意度［J］．北京大学教育评论，2015（2）：2-18.

[5] 高凯，任嘉庆，蒋承．基层就业期望与落实情况对比研究［J］．中国青年研究，2014（5）：51-56.

[6] 林轩东，孔晓娟．高校大学生志愿服务与基层就业意向调查［J］．教育与职业，2016（23）：20-50.

[7] Parsons，F. Choosing a vocation［M］. Boston，MA：Houghton-Mifflin，1909.

[8] 宋国恺，武天，李冬．家庭地位、人力资本与政策对大学生基层就业意愿的影响［J］．西安交通大学学报（社会科学版），2017（5）：71-78.

[9] 孙颖．大学生就业意向：问题与原因［D］．大连：东北财经大学，2011.

[10] Mark Granovetter. Getting a Job：A Study of Contacts and Careers [M]. Chicago：University of Chicago Press，1995.

[11] Blau P. M.，Duncan O. D.，Tyree A. the American Occupational Structure [M]. New York：Free Press，1967.

[12] 薛妍琴，贾春远，方夏荃．志愿服务"西部计划"大学生的现状、问题与对策 [J]. 青年探索，2010 (6)：54-60.

[13] 邓红波．人力资源竞争力视域下民族大学生返乡就业研究：基于广西壮族自治区和 Z 大学的实证调研 [D]. 武汉：中南民族大学，2012.

[14] 佟新，周旅军．就业与家庭照顾间的平衡：基于性别与职业位置的比较 [J]. 学海，2013 (2)：72-77.

[15] 黄衍华，乔晓春．子女职业地位获得更依赖于父亲还是母亲：来自 1990 年人口普查的历史证据 [J]. 人口与发展，2017 (2)：40-50.

[16] 乔志宏，郑静璐，宋慧婷，等．阶层差异职业性别隔离的影响机制：基于社会支配倾向视角 [J]. 心理学报，2014 (5)：691-701.

# 福建省构建知识创业集聚地的思考与对策[①]

吴小颖[②]

**摘　要：**本文根据福建省就业创业工作实际进行了全面分析与思考，总结知识创业规律及其产业特征，福建省吸引知识创业集聚的重要性及优劣势评价促进知识创业，提出福建省建设成知识创业集聚地的思考与对策。

**关键词：**福建省　知识创业　就业创业

党中央、国务院提出，要着力实现高质量发展；要加快从要素驱动向创新驱动转变，推动产业发展向中高端迈进，最大限度激发市场活力，努力实现更高质量、更有效率、更加公平、更可持续的发展。在引领新一轮发展的热潮中，创业的带动尤其是知识创业的带动尤为重要。笔者根据所分管的就业创业工作，提出促进知识创业，把福建省建设成知识创业集聚地的思考与对策。

## 一、促进知识创业的重要战略意义

20 世纪以来，世界经济由工业经济向知识经济过渡及转变，知识和

① 该篇论文获得“2019 年全国人才与人事研究主题征文活动”二等奖。

② 吴小颖，福建省人力资源和社会保障厅副厅长。

创新日益成为经济的决定力量，知识资本正在成为人类创造财富的核心资源，随之也出现了一种由知识创业催生的新型产业形态——知识密集型产业。根据美国商务部公报，知识资本已经成为美国最重要的资产，到 2014 年，知识密集型产业已占国内生产总值的 34.8%，占全部就业岗位的 18.2%，占商品出口总额的 52%。同时，知识密集型产业在各个贡献指标方面的增速都大大高于非知识密集型产业。

知识密集型产业由于其对土地等资源要素消耗少，对传统工业配套要求低，增长快、贡献大等优点，再加上其在科技创新、商业模式方面的引领特点，已成为一种新的产业业态，是一种快速增长的战略型新兴产业。在国家与区域的经济竞争中，谁在这方面捷足先登，就能在竞争中抢占先机，获得发展优势。

## 二、知识创业规律及其产业特征

知识创业作为主要的创业力量异军突起，成为经济发展的引领和引擎，催生了众多的新业态出现，促进了区域经济的快速发展，展现了其鲜明的发展特征：

一是知识创业能创造新的行业和市场。由于知识创业的成果都为最新的科研创新成果，符合消费需求，往往能把握时代发展的脉搏，引领经济社会的发展，创造新的更大的市场，产生巨大的推动力。例如当年的柳传志创办联想、马云创办电子商务等，都对行业影响巨大。

二是短期内快速增长。由于知识创业在技术和信息上的领先优势，一旦落实到配套资源，落地展开后一般都发展迅猛。例如谷歌用了 7 年的时间使其品牌价值高达 84.61 亿美元，SKYPE（一款即时通信软件）从无人知晓到全球品牌只用了两年的时间，共享单车出现不到两年便淘汰了家庭自行车。

三是依靠知识、技术创新和人才团队。创业领军人才和其人才团队由于其深厚的从业知识背景和技术积累，代替资本成为核心稀缺资源，能把握市场方向和需求，推进技术创新和管理创新，并获得产品的竞争力，保持领先的市场地位。

四是严重依赖创业投资的支持。知识创业的特点是典型的人力资本创业，对多数创业者来说，资金仍然是稀缺的资源，他们创业的资金大多来自个人存款，在融资能力方面相对欠缺，而创业往往需要更大的初始投入且具有更高的市场风险，因此区域创业融资服务是否完备，对于能否充分激发知识创业的开展具有十分重要的意义。

五是地域空间的聚集效应。一家成功的知识型创业企业的经历，会激发大量的仿效者的到来，从而使得知识型创业产生一种聚集效应。这种效应有时候是爆发式的，这是创业环境与声誉积累到一定程度后的马太效应的体现。例如无锡和深圳吸引了大量的海外科技创业投资就是十分成功的例子。美国的数十年经验也表明，知识创业投资的地理分布并非均匀分布在全国各地，而是一直集中在四个州：加利福尼亚州、马萨诸塞州、纽约州和得克萨斯州。

然而，知识创业在地域选择上并非“普遍兼容”，往往只在某些具备特定扶持优势的地域集聚。一般来说，较高的经济发展水平、发达的金融服务体系、一流的大学和科研机构、丰富的人力资源是产生和吸引知识创业的有利条件。根据国内学者的研究和笔者的调查，知识创业者在地域选择上主要还考虑以下因素：

一是考虑机会因素，即获得资金和资源上的扶持，能够使创业项目顺利落地展开。在这方面，政府资助资金的数量和跟进的配套扶助力度是主要的优先选项。早期的知识创业主要从风险投资资金或战略投资者获得扶持，但获得这种资金往往会使创业者的股权稀释，有一种沦落为“替风投资金打工”之感，现在已不是优先考虑事项，更多的是考虑哪里能便捷地获得足额的初创投资扶持。此外，从目前国内的现状看，风投资金和私募股权投资由于对众多细分领域的前沿不够熟悉，出于规避风险的考虑，往往会投资成长期的企业或临近上市企业，而对早期的初创企业兴趣不大。

二是公共技术平台和同行企业因素。在这方面，政府或园区提供的公共技术测试实验设施能够使创业者减少设备上的投入，便捷地进行开发，而与同行企业或互补企业则可以交流资讯、研讨技术、分享人才设备乃至分工合作，可以有效地提升创业项目的效率。

三是人脉因素。国内市场化发展还不够到位，政府的各类审批手续环节仍然较多，知识创业者虽然有较高的人力资本，但未必有较高的社会资本，尤其是海外归国创业人员对国内环境相对陌生，因此，非常看重人脉关系以期协调创业中遇到的各种问题。

四是家庭和子女的教育因素。创业需要全身心的投入，同时也是一种生活方式的选择，家庭的支持、子女的人文教育环境也是关键的考虑要素。

五是宜居环境。宜居环境包括空气质量、水质量、城市规划、休闲设施、交通便捷度与城市管理、人文氛围等情况。

上述的种种因素构成了吸引知识创业投资的“人才地理”，除了自然环境因素一时难以改变，其他因素都是可以用心布局加以实现，形成吸引知识创业的“洼地”。

## 三、福建省吸引知识创业集聚的重要性及优劣势评价

福建省素有“八山一水一分田”之说，土地要素稀缺，工业用地资源相对匮乏，发展所需的能源等原材料自给率低，大多依赖国外、省外市场，大港口建设发展尚在展开，物流成本比兄弟省市尚无优势，熟练技工短缺，从要素禀赋层面分析，在产业发展竞争力上并不具备比较优势；在技术创新和产业配套方面，由于高校和研究机构总量少，理工科等专业领域薄弱，企业研发平台建设和创新研发能力薄弱，产业链条短、聚集效应不强，现有的技术水平和产业结构在竞争力上亦不具备优势。因此，靠传统的产业发展范式来参与区域竞争，可能会事倍功半。而知识创业所催生的知识密集型产业多属战略型新兴产业，对土地、资源、产业配套等现有的要素禀赋要求相对较低，集约度高、对环境友好，非常适合我省的实际情况。此外，福建省生态优势明显，森林覆盖率持续在全国保持第一，水、大气、生态环境指标全优，气候宜人，有着较好的宜居环境，兼之地处东南沿海，在海内外知名度高，对海内外人才有一定的吸引力，具备这方面的比较优势。

为此，如能高度重视并集中力量对吸引知识创业集聚进行战略布局，通过出台领先兄弟省市的高强度的创投支持政策，加大对知识创业的吸引和扶持，则可抢占先机，形成知识创业在我省地域上的聚集，最终形成在全国有优势的战略型新兴产业集群。

## 四、福建省构建知识创业集聚地的政策建议

### 1. 重视吸引知识创业集聚的战略谋划

应从创投金融支持、政府服务、财税优惠、创业者服务等方面进行全面梳理分析，出台有竞争力和吸引力的政策举措。研究制定吸引集聚

的规划与行动方案，并配置领导力量，明确分工责任，安排时间进度，抓紧部署推动。

**2. 出台高强度的创业投资支持举措**

由各级政府分级设立政府性知识创业初创投资扶助资金，对海内外来闽创业的知识型项目进行大力扶持跟投，吸引项目来闽落地。在政府性资金的跟投运作方式上，可由省、市政府共同出资组建，并吸纳民间资本进入；在运行机制上可以效仿上海的做法，联合排名世界前三位的风险创投公司共同投资，由风险创投公司负责优选项目，政府性资金按风投公司创投资金投资额1∶1跟进创投扶持，解决因专业不足导致的资金风险和监管不足导致的廉政风险问题。

**3. 完善区域创业投资体系**

通过税费优惠等政策举措，吸引风险投资机构等来闽落户兴业，鼓励各类金融机构开展知识创业融资服务。政府性资金侧重扶持早期的初创企业，充当天使投资的角色，引导、鼓励私募基金等社会资金对初创乃至成长期企业进行各种创业投资，加快形成便捷有效的投融资体系。

**4. 强化企业知识产权保护力度**

对省内企业的知识产权给予保姆式的保障维权，强化打击知识产权侵权的政府执法行为，大力开展服务企业知识产权领域的跨省执法追责，营造具有比较优势的政府保障环境，形成“你投资、我打假；你创业、我保障”的知识产权维权执法比较优势，以吸引知识资本选择来闽创业。

**5. 改进引才评价方式和资助办法**

要改变以学术水平评价人才的方式，改为评价人才创业项目，以“人才团队＋项目”的含金量为评价准则，一看项目，二看团队。项目好，才能产业化，并产生效益，引来更多的人才；有团队，才能使得项目做成，并研发出新的技术成果，靠人才个人单枪匹马是做不出什么大事的。要改进对人才的资助方式，应避免对引进人才的一次性奖励的资助方式，而应在项目初创启动环节着力，将人才引进的奖补支持改成对创业项目的创投扶助，成熟后退出，滚动吸引更多的创业项目落地转化。

**6. 打造良好的宜居环境**

应更加重视城市宜居环境的营造，在规划和城建上改善人居环境，改进交通管理，增加绿地、休闲场所的营造，维持较好的水质和空气质量；在文化上注重高端文化节目和休闲项目的引进；在教育上扶持一批沿用国外学校办学模式的国际学校；建好一批创业园区配套居住区，以达到“筑巢引凤”的效果。

**7. 打造良好的宜业氛围**

首先要营造良好的政策和文化氛围，以优惠的税收政策、科研资助政策、奖励政策等提升公共竞争力。其次要提供公共资源平台保障服务，例如提供场地优惠和开办支持的众创空间和生产性的公共测试平台、实验室、设备等，吸引同类企业集聚，形成产业配套。在科技研发经费等安排上向创业引领型领域倾斜，鼓励和支持创新型创业。在政府服务上应主动服务、对接无缝，通过定期入企访谈、安排服务专员等方式帮助企业协调发展中的各项问题，提供舒心的创业环境。

**8. 改变高校和科研机构管理模式，畅通知识商业化的有效途径**

要改变简单的以生均公用经费对高校的拨款办法，在增量资金中设立产业学科建设专项扶持资金，对同产业紧密结合的理工等学科的发展给予优先支持；改变以论文等级为主的职称评价方式，建立鼓励发明专利和科研成果转化的评价优先制度，引导专业技术人员聪明才智向创业领域聚焦；建立高校科研机构同产业的紧密结合机制，完善畅通知识商业化的相关机制体制，为知识创业提供环境支撑。

## 参考文献

[1] 陈建武，林璐. 福建省高层次创新创业人才集聚效应评价 [J]. 创新创业理论研究与实践，2018 (22)：17-21.

[2] 漆苗弘，陈章旺. 基于“双创背景”的福建省区域创新创业能力分析及对策研究 [J]. 福建质量管理，2018 (11)：56-57.

# 来无锡留学人员就业创业情况研究[①]

陆星伟　顾颖倩　郭　旻　吴　赟[②]

**摘　要：** 人才资源是第一战略资源，创新驱动是最大的发展动力，大力引进海外人才尤其是海外高层次人才成为提升我国影响力和竞争力的重中之重。留学回国人员作为海外高层次人才的重要组成部分，在推动社会发展、创新创业中有着先天的比较优势和不可替代的重要作用。

无锡作为全国创新创业的先进城市，坚决贯彻习近平总书记人才强国战略，充分发挥人才对高质量发展的引领作用，致力于打造国内一流、具有国际影响力的人才发展高地。留学人员群体就业创业的实践，不仅在集聚效应上凸显，更引领带动地方产业转型、国际交往、技术创新、商业环境、人文环境、传播城市形象等。

本次调研报告，以近三年（2016—2018 年）为重点研究时间段，通过发放调查问卷，同时依托一线服务窗口、人才信息平台、走访调研服务等渠道，借助人才工作各职能部门、相关单位、学校和基层力量，全面收集并深入分析在锡留学人员就业创业情况以及他们的服务需求等信息，结合我市现有的人才政策及发展环境，浅析遇到的瓶颈和困难，为

① 该篇论文获得“2019 年全国人才与人事研究主题征文活动”二等奖。

② 陆星伟，无锡市国际人才交流服务中心主任；顾颖倩，无锡市国际人才交流服务中心副主任；郭旻，无锡市国际人才交流服务中心国际交流部副部长；吴赟，无锡市国际人才交流服务中心办公室业务主管。

进一步做好留学人员就业创业服务工作，充分发挥他们对建设“强富美高”新无锡，当好高质量发展领跑者的有力支撑作用提供一些可供参考的思考建议。

**关键词：**留学人员　就业创业

## 一、绪论

### （一）研究背景

近年来，无锡市委市政府认真贯彻落实习近平总书记关于“发展是第一要务、人才是第一资源、创新是第一动力”的重要论断，以实施“太湖人才计划”及其升级版为重要抓手，吸引越来越多的海内外高层次人才来锡，推动形成人才加速集聚的良好态势，为全市高质量发展注入最新驱动力。

为深入了解来锡留学人员的就业创业情况，精准对接他们的工作和生活需求，更好地为其提供有针对性的服务，我们对来锡就业创业的留学人员进行了就业创业情况的深度调查。

### （二）研究内容与方法

本课题主要通过调查问卷法，通过针对2016—2018年3年内来锡就业创业留学人员发放“在锡留学人员就业创业情况调查问卷”，收集有效数据信息1 440份，全面掌握我市留学人员就业创业发展情况及服务需求；通过统计分析法对收集到的数据进行深入统计分析，同时结合我市现有人才政策及就业创业发展环境，为进一步做好留学人员就业创业服务提出一些可供参考的建议。

## 二、2016—2018年在锡留学人员的基本情况

### （一）女性占比略高于男性

数据显示，近三年来锡就业创业的留学人员中，女性占比53 %，高于男性。在外留学时间2年以下的占26.6 %，2～5年的占47%，5～10年的占24%，10年以上的占2 %。

### （二）硕士学历占比最高

在锡就业创业的留学人员的学历中显示，硕士学历占比最高，为59.9%；其次是本科学历，占34.3%；博士学历占4.1%；专科学历占1.7%；如图1所示。从海外全职工作经历看，有1年经历的占15.7%，

1～3 年的占 18.1 %，3～6 年的占 9.6%，6 年以上的占 3.6%，没有工作经历的占比最多，为 53%。

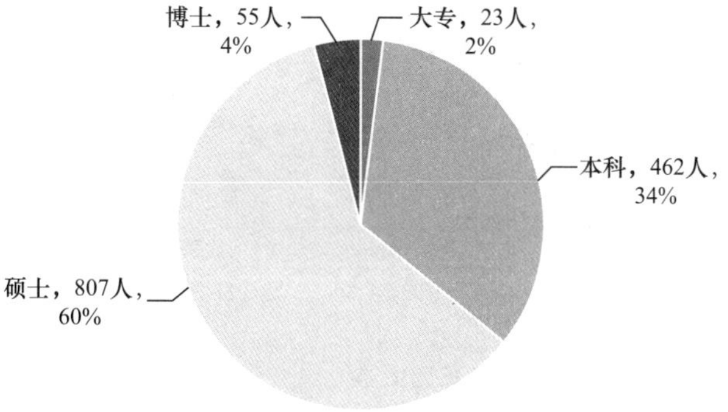


**图 1　在锡就业创业留学人员学历**

（三）无锡籍留学生回流呈上升趋势

根据全球化智库（CCG）与智联招聘联合所做的《2018 中国海归就业创业调查报告》，中国留学生现在呈“大进大出”的状态，每年大概有 60 万名学生出国留学，但是有 50 万名留学生选择回国就业。[①] 根据我市有关部门的统计，我市近几年来锡（回锡）就业的留学生也在逐年递增，2016 年为 1 500 人，2017 年为 1 650 人，2018 年为 1 800 人。此次调查中发现，2016—2018 年在锡留学人员总人数中，无锡籍占 47.5 %。这一数据说明，随着中国经济社会的快速发展，学成归国发展已经成为大多数留学生的选择。无锡作为安居乐业“最美栖所”，也是吸引原籍的留学生，把家乡作为回国落户的首站。

（四）学习专业分布

在国外获得最高学位的主修专业中，人数最多的前三个专业分别是经济类、理工类和管理类，分别占比 32.5%、26.5%、24.1%，如图 2 所示。

（五）留学国家（地区）比例最高的是英美澳

来锡就业创业的海归留学国家分布较广，按人数比例排列，前三位的留学国家为美国 19.35%、英国 17.2%、澳大利亚 9.68%，如图 3 所示。

① 全球化智库（CCG），智联招聘．2018 中国海归就业创业调查报告［R］．2018—08—19.

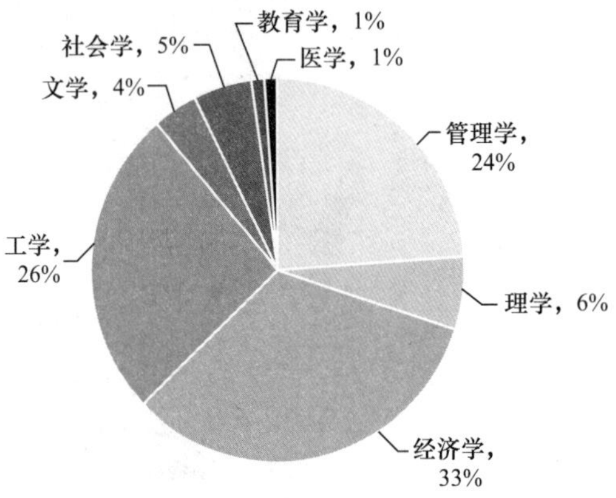


图 2　在锡留学人员专业分布

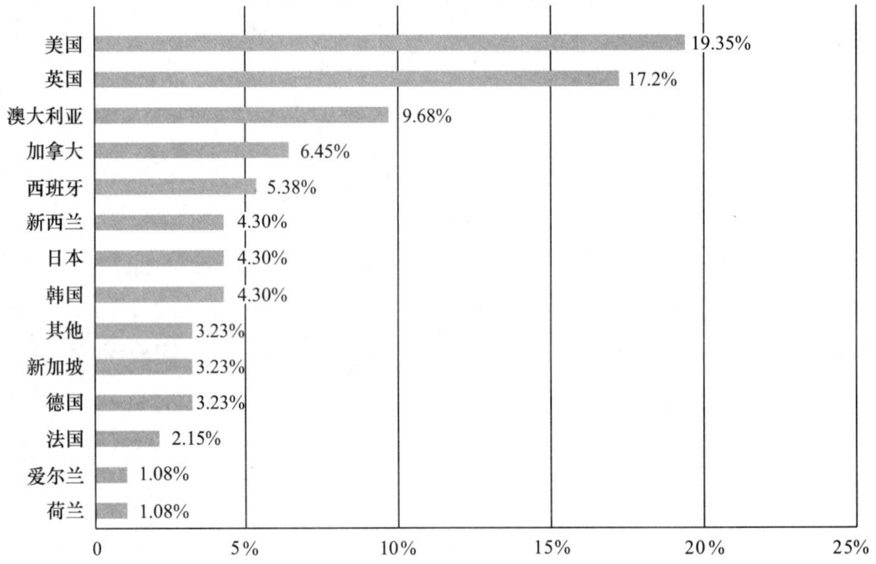


图 3　来锡留学生留学国家（地区）分布

（六）留学人员就业创业区域分布

根据样本分析近年留学人员在锡就业创业分布在全市各个市（县）区，滨湖区、梁溪区、新吴区，分别占 27%、25 %、22%，惠山区占 8%。锡山区占 9%，江阴市占 6%，宜兴市占 3%，如图 4 所示。

（七）超过七成的留学人员能实现再融入

留学人员来锡后，75.9%的人能顺利融入无锡的生活与工作；认为虽有困难，但能逐步克服的占 21.7%。2.4%的人表示很难融入或始终无法完全融入。

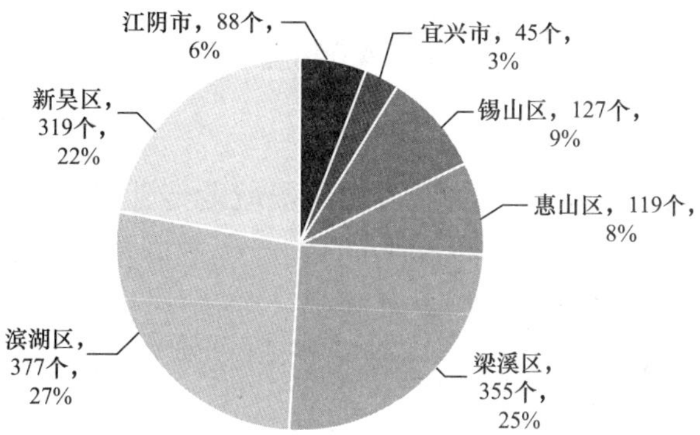


**图 4　在锡留学生就业创业地区分布**

（八）城市发展潜力和区域优势成为吸引留学人员的主要原因

留学人员选择在锡就业创业的原因有很多，看好无锡经济发展潜力居首位，占 32.5%，其次是城市环境好、房价适合，分别占比 28.9%、24.1%，如图 5 所示。此外，交通和生活便利、就业创业机会多、就业创业政策好等都是留学人员选择来无锡的原因。另外调查显示，“方便与家人团聚”也是其选择回国来锡发展的一大原因，这与调查样本中 70.8% 的海归是独生子女有一定关系。

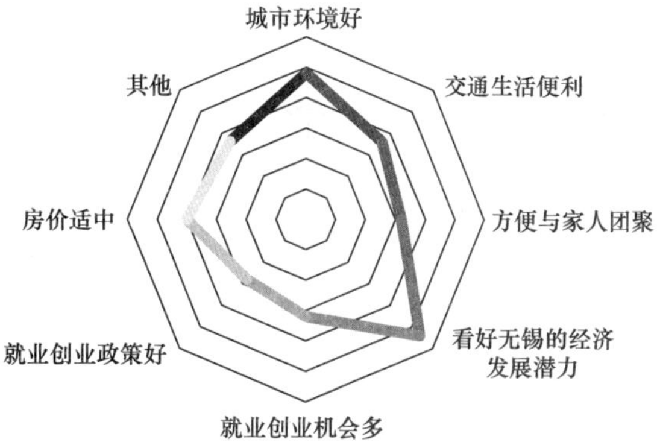


**图 5　留学人员选择来锡就业创业原因分析**

调查发现，留学人员目前在无锡有住房的占 62.6 %，没有住房的占 37.4 %。调查还了解到，留学人员在锡就业创业和生活的总体状态感觉满意的占 38.9%，基本满意的占 56.1 %，不满意的占 7%。结合融入情况、薪酬和住房等因素，说明在长三角地区，综合长三角区域位置优势、房价相对较低值、自然环境、发展机会等因素，留学人员在无锡的工作和生活的幸福感和满意度相对较好。

## 三、2016—2018 年在锡留学人员的就业创业情况分析

### （一）在锡留学人员就业情况分析

#### 1. 金融和电子信息成为在锡留学人员就业专业首选

在就业行业方面，位居前五名的依次为金融、互联网电子、商务服务、精密机械及汽车配套工业、教育，分别占比 14.85%、12.71%、11.79 %、10.11%及 9.26%，如图 6 所示。

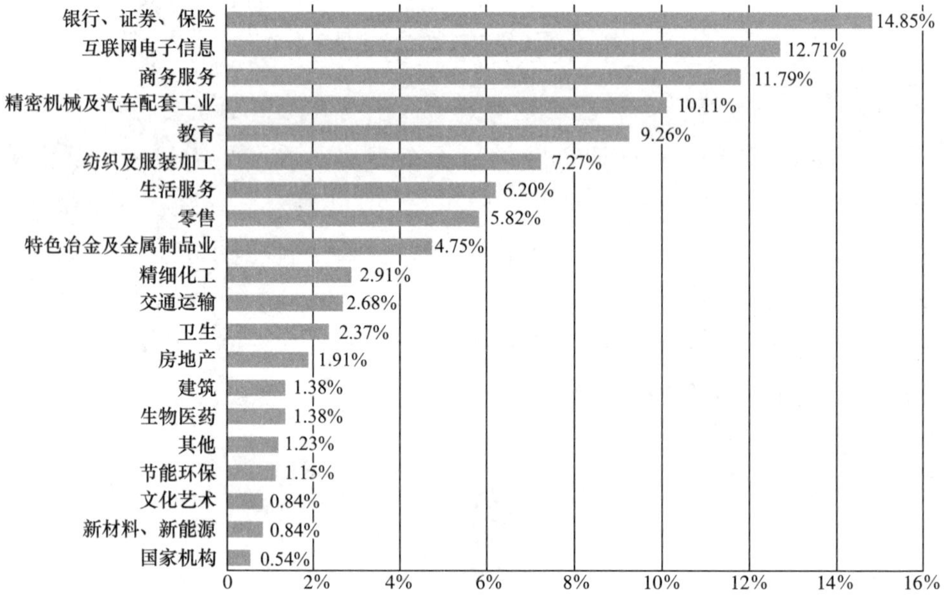


图 6 在锡留学生就业行业分布

根据就业数据分析，金融专业的人才在无锡的需求较大，就业率也是最高的，是当之无愧的热门行业。随着我市互联网、物联网科技的发展，电子信息相关的行业也是吸引留学生的主要阵地。另外，精密机械及汽车配套工业和以江南大学为代表的高校等教育部门吸引了不少留学生。留学生在就业行业的分布情况，与无锡的产业发展方向基本吻合，也反应在区域分布上。这一现象说明，无锡“人才引领产业、产业集聚人才、人才与产业良性互动”人才“锡引”工程已经开始产生效应。

留学人员回国前最需要获取的是本地相关就业信息。一些细分专业如化工等专业留学人员即便回国第一站落户在无锡，但仍选择在上海等地区就业，薪资和就业选择是主要因素。

### 2. 民营企业吸纳留学人员比例逐年增高

分析来锡留学人员供职机构性质，留学人员在锡就业的有近50%在高校、金融等国有企事业单位，政府机构的仅占6%，新兴行业的民营企业吸纳留学人员占比也在逐年增高。在所学专业与工作岗位是否一致的调查中发现，仅13.2%的留学人员就业岗位与所学专业完全一致，基本一致的约占47.5%，完全不一致的占26.5% 。

### 3. 留学人员薪资略高于国内高校毕业生

本次调查的2016—2018年间来锡就业的留学人员中，年薪资5万～8万元的占16%，8万～15万元的占53%，15万～25万元的占18%，25万元以上的占13 %，如图7所示。与中国薪酬网《2018年无锡地区毕业生薪酬调查报告》中反映的在锡国内高校新入职的毕业生的薪资相比，新回国留学人员在锡就业起薪有优势，但高薪占比较少。[①]

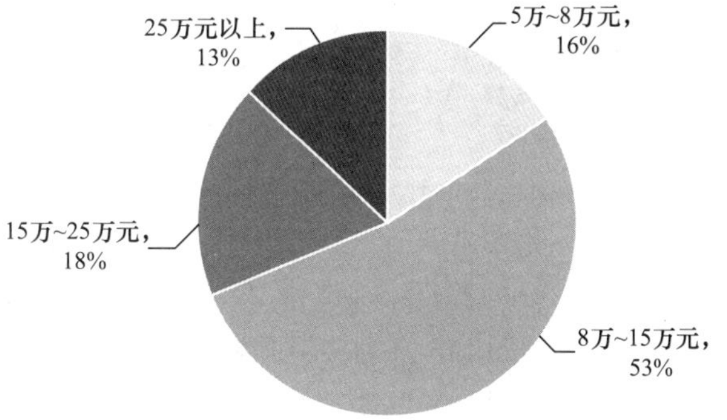


图7　在锡留学人员薪资情况

调查还发现，学历是决定来锡留学人员薪资的主要因素。年薪在25万元以上的博士占61.33%、硕士占34 .22%。年薪在15万～25万元的留学人员中博士占28.1%、硕士占62%。

### 4. 网络是留学人员获得招聘信息的主渠道

在锡留学人员的就业职位信息来源渠道主要依托网络，约占30%的留学人员主要通过网络获得招聘信息，主动参加招聘会并获得职位信息的约占15.7%，18%的留学人员通过猎头、亲戚朋友介绍，其余人员通过报纸、电视或其他方式获得信息。

① 文件来源：中国薪酬网《2018年无锡地区毕业生薪酬调查报告》。

（二）在锡留学人员创业情况分析

**1. 留学人员创业行业高科技行业占比较高**

在锡留学人员创业选择行业分布较广，各个领域都涉及。其中电子信息、物联网、节能环保等高科技创业分别占比 26.15%、23.08%、16.92%，与无锡产业发展方向比较一致，占创业总数一半以上，如图 8 所示。

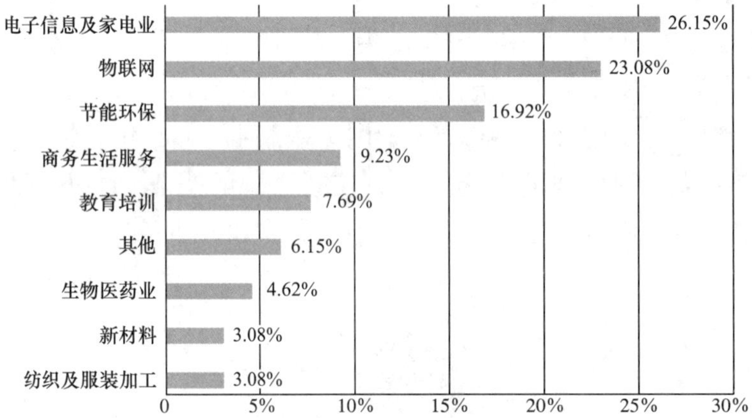


图 8　在锡留学生创业行业分布

**2. 留学人员创业呈现年轻化，近七成创业者在 30 岁以下**

近年来，全国各大中城市都在加大对创业创新大力支持，选择回国创业的海归数量逐年攀升。根据 BOSS 直聘《2017 海归人才就业创业报告》，2015—2017 年，海归创业人数年复合增长率达到 21.1%[①]。无锡作为长三角地区 GDP 超万亿的发达城市，更是吸引了留学人员来此创业发展。调查显示，无锡海归创业人群逐渐趋于年轻化，2016—2018 年留学人员创业者中，30 岁以下创业者占比达到 65%，"90 后"已成为在锡海归创业大军的中坚力量。

**3. 创业启动资金规模 50 万～100 万元的占六成**

在锡留学人员创业一般起步较小，投资 50 万～100 万元的占 62.5%，10 万～20 万元的占 6.3 %，20 万～50 万元的占 12.6%，100 万元以上的占 6.3 %。在启动资金的来源上，25%的人是自有，62.5%的人由父母资助，12.5%通过银行借贷，还有 12.5%通过天使投资等途径获得资金帮助。

① BOSS 直聘．2017 海归人才就业创业报告［R］．2017.

### 4. 缺少资金、人力资源匮乏是制约创业的主要瓶颈

创新创业始终是一条充满艰辛挑战的道路，尤其是创业初期，普遍会遇到一些困难问题。在调查中发现，在锡留学人员遇到的困难和问题中，反映人力资源不足的占 43.8%，缺少资金的占 37.5%，经验匮乏的占 18.8%，市场难以打开的占 12.5%，运营成本高的占 12.5%，如图 9 所示。

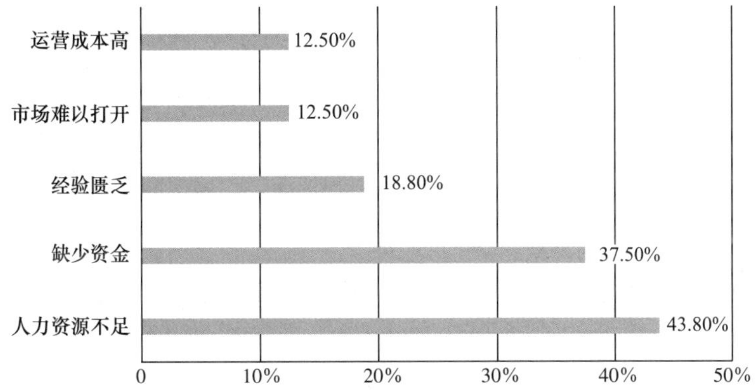


图 9　在锡创业留学生遇到的困难和问题

### 5. 创业贷款、购房补贴、人力资源等留学人员需要的服务

留学人员在锡发展，最需要提供的服务是贷款或天使投资等创业资金扶持、人力资源服务、联谊交流和租房购房补贴等，分别占比 66.67%、60%、56.67%和 53.33%，子女入学、创业知识培训、招聘信息、其他生活服务分别占比 30%、26.67%、26.67%、26.67%，如图 10 所示。

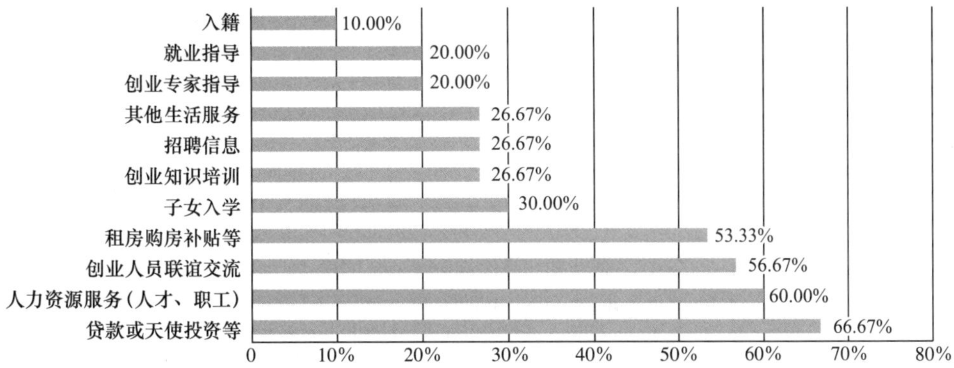


图 10　在锡留学生需要政府提供的服务

## 四、在锡留学人员就业创业存在的问题

### （一）政策完善但传导力不足

随着人才政策的不断完善，无锡市已经逐渐形成了比较完整、稳定的政策体系，来锡就业创业的留学人员可以更多地享受到人才的红利。但在政策宣传推介过程中，信息传递渠道狭窄、收发方信息不对称的问题始终存在。本次调查显示，样本中来锡留学人员享受促进就业创业政策的人数较少，享受过租房补助的占7%，省级大学生优秀创业项目奖励的占4.7%，大学生创业无偿资助的占2.3%，人才引进补贴的占14.5%，其他创业扶持奖励资金的占2.3%，其余人没有享受过优惠政策。政策传导的偏差也导致了政策的实施达不到预期效果。

### （二）扶持资源充足但配置不合理

一是对人才的渴求使得全国各个城市打响了“人才竞争战”，各地政府纷纷出台了一系列吸引和留住优秀海归人才的优惠政策，由于区位相近以及政策雷同等原因，无锡与周边的上海以及苏州、常州难免形成相互竞争，部分企业看准了政府争取人才和项目落户的迫切愿望，可能同时向多个城市争取就业创业优惠政策，出现一些重复申报行为。二是各个职能部门在引进和服务留学归国就业创业人才的工作中，缺乏有效的协调机制，不能形成合力，从而出现多头管理、相互牵制的问题，造成了就业创业服务资源的浪费，影响了政策落地实施的有效性。三是海归创业企业成长需要一个很长的时间跨度，根据不同阶段予以不同的扶持和服务，单靠政府的投入是远远不够的，需要积极引导和支持更多资源丰富、运作成熟的专业机构以及各类社会化力量参与就业创业服务。

### （三）留学归国人员自身存在就业创业瓶颈

一是海归群体中普遍遭遇“逆文化冲击”，留学归国人员由于长期在海外学习和生活，回国就业创业难免会遇到不适应国内社会环境的挑战。虽然与全球化智库（CCG）与智联招聘联合所做的《2017中国海归就业创业调查报告》中留学人员“始终很难融入”的12.9%相比，在锡融入工作和生活的难度要明显小得多，但仍有不少留学归国人员未能及时调整和适应国内市场需求和处事方式，回国后在创业就业、人际交往、生活方式等多个方面都会承受到压力。二是留学归国人员自身就业创业能力有待进一步提升，一些海归创业者缺少统筹资源、协同创新的意识，

还有不少留学归国就业创业人员由于主要从事技术研究领域，在市场开拓、企业管理、团队运作等方面缺少相关的知识和经验。

## 五、进一步做好对留学人员就业创业服务的对策思考

“多士成大业，群贤济弘绩”。人才是赢得国家之间、地区之间、城市之间竞争的“硬核要素”。根据 BOSS 直聘《2019 人才资本趋势报告》数据，全国 15 个新一线城市正在各自发力吸引一线城市人才，而 2018 年无锡相对上海等一线城市的平均人才流动率（一线城市流入人才数/流出至一线城市人才数）为 1.2，处于 15 个城市的中位①，人才竞争日趋激烈。步入高质量发展轨道的无锡，迫切需要一大批具有国际视野、了解产业前沿、带动行业创新发展的高层次人才加入，也更加需要构建好多层次、广覆盖的人才支撑和人才服务体系，搭建留学人员交流平台，精准对接他们的就业创业需求，让政策红利带着“温度”落地生根，让精准服务带着“感情”留住人心，助力更多优秀的留学人才与无锡产业发展比翼齐飞。

### （一）突出政策引领，完善在锡留学人员就业创业服务体系

一是全面深化政策宣传。以重大人才工程为抓手，撬动人才发展体制机制改革，统筹推进各类人才队伍建设，是近些年无锡人才工作取得的宝贵经验。在认真贯彻落实好现有人才政策的基础上，从顶层统一梳理我市相关政策及参与部门，提升政策精准度，突出“互联网+”优势，利用现代化媒体和信息技术扩大政策知晓度和影响力，努力化解政策实施的信息不对称问题。继续充分发挥海外人才工作站、第三方专业人才机构等在留学人员中的影响力，推动市场、机构、企业为主力的引才工作。二是高度重视政策反馈。梳理、汇总、更新针对留学归国人员的各类现有优惠政策，形成就业创业汇编及指南并提供咨询。畅通信息沟通反馈渠道，深入各类企事业单位收集掌握人才需求和就业创业发展需求，及时了解服务对象对政策实施的满意度情况，提升就业创业服务的精准性和适用性。三是服务大局，让人才与社会发展融合。对接重大工程项目，针对符合我市发展的战略性产业，出台针对性人才支持政策和活动，建设凝聚和培养“高精尖缺”人才的大平台，成为产业强市的助推器。

① BOSS 直聘 . 2019 人才资本趋势报告［R］. 2019.

（二）整合优质资源，打通在锡留学人员就业创业服务供给链

一是探索建立人才资源合作共享机制。随着经济全球化、一体化进程的不断加快，面对城市间政策雷同、海归人才流动需求加大等现实问题，打通人才库，探索建立与周边临近城市关于人才资源的合作共享机制显示出巨大的战略优势和强大的发展潜力，不同城市可以根据各自的发展定位，错位引进海归人才，也可以加强人才、项目的战略合作，实现人才资源的最优配置。二是建立健全政府内部协调联动机制。留学归国人员就业创业工作涉及多个政府部门和层级，为尽量避免错位、越位、缺位等问题，需要进一步理顺政府内部各部门的职能关系、明晰职责范围，让各部门办事有章可循、有规可依、有据可查，确保就业创业服务工作的顺畅执行。三是对接引入社会化就业创业服务力量。在充分发挥政府“政策杠杆”作用的基础上，着力对接引入中介机构、猎头公司等更多市场化力量广泛参与到高精尖人才引进或紧缺急需人才等环节中去，为留学归国人员就业创业提供多元化、专业化、系统化的就业创业服务，大大提升人才工作的效率。

（三）优化服务保障，激发在锡留学人员就业创业内生动力

一是正确引导和支持留学归国人员实现“再本土化”。一方面，需要留学归国人员从自身角度出发，准确定位自己，及时调整心理状态，尽快融入当地；另一方面，依托留学人员联谊会、就业创业人才交流对接活动等各类交流平台，帮助留学归国人员加深对国内政策环境、行业形势、文化观念等方方面面的了解，帮助海归创新创业企业与本地企业、资本、技术等进行对接，推进留学归国就业创业人才与本市产业的深度融合，激发留学归国创新产业人才助力产业强市的强大动力。二是提升留学归国人员就业创业生活配套服务水平。“方便与家人团聚”一直是影响留学人员归国的最主要的因素之一，要做好对留学归国就业创业人员后期关于医疗保障、子女教育等各类生活辅助配套服务的工作，让他们能更安心更充分地发挥在建言献策、服务社会、推动积极发展等领域的独特优势。三是强化感情纽带，推行政策常态化。明确服务部门和服务体制，定期举办人才联谊、沙龙等活动，增进与留学归国就业创业人才之间的感情，发挥留学人员了解国际文化、具有一定的海外资源等优势，为人才项目搭建交流、沟通、合作的平台，更好地助推我市产业强市战略。

注：本报告非普查报告。

# 面向长三角一体化的高校毕业生来镇江就业现状与对策[①]

孙沛然　江　华　刘　玥[②]

**摘　要：** 本文深入分析了当前镇江市面临周边人才虹吸效应及自身产业发展、聚才能力、引才育才环境等综合因素影响，导致大学毕业生引进难、留住难的困境，深入剖析原因，提出了抢抓长三角一体化发展战略机遇，全面整合毕业生工作资源，优化人才发展环境，引导企业发挥用人主体作用等系列对策，为政府今后做好毕业生引进和基础性人才开发工作提供决策参考。

**关键词：** 毕业生　就业　人才　引进

长三角一体化上升为国家战略是镇江发展难得的历史机遇。跨区域整合资源、推动民生建设高质量发展是长三角一体化的重要任务。高校毕业生作为人才储备的资源要素，既是产业强市的重要支撑，又是关系千家万户的重大民生。抢抓长三角一体化发展机遇，吸纳更多的高校毕业生就业创业对镇江发展具有十分重要的意义。

---

① 该篇论文获得“2019年全国人才与人事研究主题征文活动”三等奖。

② 孙沛然，江苏省镇江市人力资源和社会保障局党委书记、局长；江华，江苏省镇江市人力资源和社会保障局人才开发和人力资源流动管理处处长；刘玥，江苏省镇江市人力资源市场管理办公室毕业生工作部部长。

## 一、基本情况

近年来，面对中美经贸摩擦、经济增速放缓等复杂多变的宏观形势，全市人社系统在市委市政府的正确领导下，坚持稳中求进工作总基调，坚持把促进高校毕业生就业作为重大政治责任，深入实施就业优先战略和更加积极的就业政策，为经济发展和社会稳定作出了积极贡献。2016—2018 年，全市累计新增城镇就业 24.59 万人，农村劳动力转移3 万人，城镇登记失业率始终控制在 2%以内（处于全省较低水平），开发毕业生就业见习岗位 6 445 个，高校毕业生年末总体就业率 95%，离校未就业高校毕业生服务率 100%；累计扶持自主创业 3.69 万人，创业带动就业 18 万人，帮扶大学生成功创业 6 532 人；累计引进本科以上人才 4.9 万人，2018 年驻镇高校毕业生留镇率 21.7%。

### （一）创新毕业生扶持政策

聚焦吸纳高校毕业生来镇创新创业，2018 年市委市政府出台了《关于鼓励和支持高校毕业生来镇就业创业若干政策的意见》，对大学生的安居、就业、创业和到基层任职四个方面进行政策集成和创新，送出租房补贴、来镇就业生活补贴、留镇学费补助、社保补贴、就业见习补贴等招才引才 5 大“红包”，在高校和社会引起较大反响。2019 年，出台《关于做好当前和今后一个时期促进就业工作的实施意见》，加大中小企业初始创业、创业孵化、优秀项目等补贴力度，对高校毕业生就业创业给予政策倾斜。近三年全市累计为大学生发放创业担保贴息贷款 9 800 万元，5 大“红包”专项补贴 1 836 万元，录用困难大学生社保、岗位补贴 4 800 余万元。

### （二）拓宽大学生引进渠道

完善产业与人才需求对接机制，会同工信局、科技局等部门开展新兴产业项目与人才、“双高”人才、高校毕业生需求征集，广泛发布、跟踪对接，促进产业精准引才，每年征集新兴产业项目需求 100 余个、人才需求 4 000 余人（2018 年征集新兴产业项目 125 个、人才需求 1 241 人，“双高”人才需求 3 080 人）。加强校地人才合作，先后与清华大学、中国人民大学等近 100 所高校签订人才引进与培养合作协议，共建大学生就业创业指导站、研究生创新创业实践基地和高校毕业生就业网上互通平台，及时推送我市市情、人才政策和需求信息。开展高密度招才引智，举办创新创业人才博览会、万名高校毕业生留镇行动、新兴产业项目与人才对接洽谈会、“双高”人才交流会、百家企业高校行等大型招才引智活动，每年组织 8 000 余家次企业开展校园专场招聘 150 余场。

（三）促进大学生创业

实施大学生创业引领计划，突出“政策扶持、载体建设、项目遴选”，支持大学生自主创业，2016—2018 年，共扶持大学生创新创业 6 235 人。推进大学生创业载体建设，建成大学生创业园 25 个（省级以上 5 个、市级 20 个），镇江创业园成为全国创业孵化示范基地，其“盘活存量资产，打造众创空间”的特色做法，得到李克强总理批示肯定。遴选大学生创业项目，连续多年举办“创富镇江”“创动容城”“创翼丹阳”等创业大赛，2016—2018 年，共遴选市级优秀大学生创业项目 123 个，其中入选省级大学生优秀创业项目 101 个，省级项目全部成功落地。

（四）优化就业公共服务

实施主题月服务，开展高校毕业生就业服务月活动，举行“高校毕业生就业创业服务进校园”“万名驻镇高校毕业生进企业”系列活动。推动集成式服务，实施“一窗受理、一网通办、一次办结”，推进“减证便民”，优化服务流程，下延服务触角，驻镇高校大学生创业指导服务站实现全覆盖。提升市场化服务，依托苏南人力资源市场等公共服务平台，畅通毕业生流通渠道，每年举办现场招聘会 200 余场（其中特色专场 60 余场）；在驻镇高校设立招聘终端，第一时间发布招聘信息和产业信息，为高校毕业生就业择业和高效流动搭建良好平台。

## 二、存在问题及原因分析

（一）吸纳毕业生来镇就业存在的问题

从 2018 年我市人才引进高校毕业生专业分布看，工程类人员占引进总数的 25.95%；其次是经济金融类专业人员，占 21.67%；化工类专业和计算机信息类分别占 9.82%和 9.15%。毕业生就业结构分布整体合理，但仍存在以下五个问题：

**1. 城市就业容纳能力偏弱**

据 2018 年江苏省统计年鉴，苏州、无锡、常州、镇江从业人员分别为 691.6 万人、388.3 万人、281.7 万人、194.5 万人，四市当年引进本科以上人才分别为 15 万人、4.38 万人、4 万人、1.7 万人，引进人才占比分别为2.16%、1.12%、1.41%、0.87%。总体来看，我市引才总量偏少、占比偏低，与我市就业容量有限密切相关。我市每年提供就业岗位约7.5万个，其中调离、退休空出岗位4.15万个（退休31 000人、调离7 800人，机关事业单位退休2 700人），新注册私人企业、企业增产扩能新增岗位3万个。每年需要刚性解决除大学生以外各类群体就业5.7万人，其中城乡新成长劳动力约1.2万人（技职校毕业生1.1万人、未能升学的初高中“两后生”及退役军人1 000人）、城镇下岗失业及灵活就业人员3万人、农村劳动力转移及外来务工人员1.5万人。为大学生留下的岗位约1.8万个，除去机关事业单位招用岗位1 500余个，剩余1.65万个岗位均为企业岗位，与每年企业引进人才数大体相当。

**2. 毕业生来镇就业存在结构性矛盾**

据2018年苏南人力资源市场岗位总需求159 329个次，进场求职122 539人次，其中本科以上学历毕业生需求55 765个次，进场求职应届毕业生20 191人次。毕业生就业市场存在“两多两少”的结构性矛盾：一是普通岗位偏多，高质量岗位偏少。市场整体求人倍率1.13，而毕业生求人倍率高达2.76，说明来镇就业毕业生供不应求问题十分突出。二是技能岗位偏多，创新型岗位偏少。从市场职业需求分析看，排名前十的职业均为一线操作工等普通岗位，占总需求的35.1%；从市场专业需求分析看，排名前三的专业为市场营销、机械电子、金融财会，其人才需求达32 253人，占毕业生总需求的57.8%，与我市高端装备、新材料等产业密切相关的研发设计人员、工程师需求占比不到5%。

**3. 引进毕业生流失率偏高**

2018年，市人社部门对152家人员流动较为频繁的战略新兴产业、生产制造企业及规模以上企业进行基础人才流失情况调研（统计口径为当年流失），结果显示，2015—2017年三年毕业生平均流失率为51%，其中2015年为48%，2016年为47%，2017年为58%，企业人才流失严重，且呈现加剧趋势。从流失人员专业看，排名前三的分别为机械工程、电气工程、化学化工，分别占41.3%、27.3%、20.2%。从流失人员去向看，约60%流向江浙沪更发达地区，约30%流向本市企业单位，近10%返回原籍。

**4. 驻镇高校毕业生留镇率偏低**

四所驻镇高校2018届毕业生留镇3 390人，留镇率为19.87%，其中：江苏大学、江苏科技大学、江苏农林职业技术学院、镇江高等专科学校分别留镇 1 642 人、1 057 人、446 人、245 人，留镇率分别为 22.21%、20.99%、11.39%、34.31%。整体留镇率与苏州大学留苏比率的 25.65%、江南大学留锡比率的 20.32%不相上下，但相比常州大学留常比率的 51.05%、江苏高校留苏率的 78%差距较大。镇江高专留镇比率最高，主要是因为其省内生源占比达 85%，加之作为本土高校，其校地企合作基础较好，开设了针对本地企业的定向培养班级（北汽班、苏宁班）。江苏农林职业技术学院省外生源占比 33.1%，主要生源地是安徽、新疆、浙江、甘肃，许多毕业生选择回原籍，而在江苏省内就业的毕业生流向比例较均衡，主要流向南京市（18.24%）、苏州市（11.49%）、镇江市（11.38%）和徐州市（5.21%）。

**5. 大学生引领创业处在起步阶段**

对标苏南，我市大学生创业呈现三个问题：一是创业人数偏少。据统计，近 3 年来我市大学生创业人数占全市创业人数 14.9%，与南京、无锡、常州的 16.6%、16.8%、15.2%相比低 1～2 个百分点。二是创业层次偏低。近 3 年来，我市推荐的省级大学生优秀创业项目及落地我市各类创业园区的 278 个互联网创业项目中，从事互联网人工智能、大数据及网络游戏的创业项目只有 18 个、占比仅为 6.4%，而从事互联网居民服务、信息咨询类的项目达 232 个，占比达 83.3%，“互联网+”产业配套的创业项目非常少，整体而言科技含量不够高。三是带动就业效果偏弱。2016 年以来，我市帮扶创业 37 950 人、创业带动就业 172 498 人，创业带动就业度为 1∶4.55；帮扶大学生创业 6 532 人、带动就业 29 016 人，创业带动就业比仅为 1∶4.44，略低于整体带动就业率，未产生人才创业引领效果。

（二）原因分析

综合分析，影响和制约我市吸纳高校毕业生就业的瓶颈问题，既有产业规模、城市品质等客观因素，又有企业用人主体、毕业生择业观念等主观因素。

**1. 产业集聚吸纳毕业生能力偏弱**

我市企业在总量规模、发展速度、发展质量、创新能力、外向度等方面，与周边地区相比均存在一定差距。从规模以上工业企业数看，2017 年镇江市拥有 2 046 家，苏州、无锡、南京、常州分别是镇江的 4.7

倍、2.4倍、1.3倍、2倍。从销售收入百亿工业企业数看，镇江拥有7家，苏州、无锡、南京、常州分别是30家、28家、20家和14家。从新兴产业培育来看，苏州有电子信息、机器人、纳米产业，无锡有物联网、智能制造产业，南京有软件、智能装备产业，常州有轨道交通、石墨烯产业，镇江的新兴产业集成度不高，新业态、新技术、新模式发展较慢，缺乏特色鲜明、规模较大且在国内具有影响力的新兴产业。从集聚人才创新载体看，我市研发型企业较少（设立博士后科研工作站、创新基地共65家，仅占南京的1/3、苏州的1/5，其设站的基本条件是具备独立的研发中心），总体属于生产型而非创新型产业结构，短期无法保证毕业生的岗位和需求。2018届江苏科技大学船舶和海洋工程学院毕业生（408人）留镇率为零，说明我市的船舶制造、口港产业发展滞后。我市“用工难、引才难”突出表现在蓝领工人和成熟技术人才“两头缺”，解决这个问题既需要毕业生放下身段或加强技能学习，也需要对高校加强职业教育、推进产教融合、培养“双证”（学历证书、技能等级证书）人才提出更高要求。此外，人才与产业联系不够紧密，产业人才发展和专业缺少科学系统的规划。

**2. 企业用才主体作用发挥不充分**

企业用才主体作用发挥不充分，是造成我市企业普遍反映的“引才难”“留才难”问题的很重要的原因。一是企业薪酬水平总体偏低。薪酬是决定人才引进、留用的重要因素，我市毕业生薪酬水平总体低于全国市场行情。苏南人力资源市场招聘企业引进本科生起薪水平普遍在3 500元左右，比较而言体现在三个“低于”：低于新东方在线发布的2018届高校本科生平均起薪4 500元，低于我市技职校毕业生起薪4 000元，低于中国薪酬网公布的江苏大学应届毕业生平均薪酬6 164元。例如，某企业开出8 000元/月（税前）薪酬招不到一名具有专业技能的主办会计，该企业反映同等人才江浙沪地区市场行情应在1.5万元/月。建立年金、股权激励等措施的企业微乎其微。二是不注重人才培养。由于引进人才比培养人才更加“立竿见影”，企业参加招聘活动比较踊跃，但缺乏长远人才规划，不重视后续培养；员工培训经费落实不到位，我市企业职工教育经费投入占工资总额的1.2%，与国家规定最低比例1.5%尚有差距，小规模企业普遍存在只用工不培训情况。三是人才关怀不够。不少企业对用工条件、企业文化等软环境关注不够，缺乏员工职业生涯规划。曾在苏州某日企工作13年的返乡就业镇江籍员工反映，苏州的企业普遍重视企业文化建设，重视员工的在职培训和学历深造，促进了企业发展和员工成长的“双赢”，建议我市企业也应“对标苏南”学习先进管理经验。在走访企业过程中，如何解决在企业工作大学生的交友、婚恋问题也是热点话题。

#### 3. 城市软实力有待提升

城市知名度方面，我市是苏南五市中唯一的三线城市，旅游业发展相对滞后，“山水花园”城市品牌不亮，对比长三角周边城市，我市知名度和美誉度均不占优。留才能力方面，从我市人才流失主要去向看，周边一二线城市人才“虹吸效应”明显，加之随着国家重大区域发展战略的实施、各地“抢才大战”日趋升温，对我市引进留用高校毕业生形成了多重挤压。生活配套方面，我市企业集中于开发区、园区，交通、购物、娱乐均不方便，在企业工作的毕业生难以感受到城市的繁华和便利。某知名企业反映，曾有毕业生因外出看电影需一个多小时车程，而断然离职。毕业生服务方面，管理服务资源分散，尚未形成各部门全面参与、共同推进的局面，不能完全满足大学生全方位的工作、生活服务需求。

#### 4. 毕业生就业观念和就业形态发生变化

“95 后”毕业生与“80 后”先就业再择业的观念不同，求职紧迫感明显降低，选择“慢就业”的大学生群体增加。《2017 年大学生求职指南》报告显示，26.5%的毕业生选择毕业后“不就业”。驻镇高校普遍反映，近年来，校园招聘会签约率明显偏低，出现辅导员“敲门动员”的怪现状。同时，互联网时代给予“95 后”更多的机会和优势，他们拥有更多元的择业观。根据调查数据，“95 后”在择业偏好中，15.4%想做自媒体，10.1%想成为网红主播，9.7%想成为拥有多重身份和职业的“斜杠青年”，希望继续深造、从事公益活动、自由职业和自主创业的毕业生也不在少数。平台经济、分享经济拓宽了毕业生的就业渠道，也分流了部分制造业劳动力。有求职意愿的毕业生中，多数倾向选择薪酬高、压力小、责任小的“三好”职业，不愿从事一线岗位。另外，大学生创业普遍缺乏资金支持，难以从事那些对资金需求量大、处于“互联网＋”风口类的项目，只能先从低成本、易起步的创业项目入手，造成创业项目同质化、低水平现象严重。

## 三、对策措施

### （一）全面落实就业优先战略

将毕业生就业优先政策放在宏观政策层面，将保就业与稳增长、促改革、调结构、惠民生紧密结合起来，把扩大就业作为经济社会发展的优先目标，将稳增长、保就业作为经济运行合理区间的下限，让就业优先战略与宏观经济政策协调配合，实现经济发展与扩大就业良性互动。强化政府促进就业责任，扶持民营经济、中小企业和服务业发展，扩大就业岗位，支持自主创业，加强就业培训。完善毕业生工作体制，成立全市毕业生工作领导小组，构建人社部门牵头、成员单位各司其职、协同推进毕业生工作的新格局，建立联席会议制度合力推动大学生就业；在市区两级人社部门设立毕业生服务专门机构，全面整合大学生就业、引进、创业、服务基层、公共服务等职能。

（二）亮出面向长三角的毕业生工作“镇江名片”

作为长三角重要城市，镇江需要有苏南城市的担当，以“主动对接周边城市、充分用活周边城市资源”为发展定位，以开放的理念、广阔的胸襟，站位长三角、融入长三角、服务长三角。一是搭建面向长三角的人力资源（高校毕业生）供给平台。借助江浙沪皖长三角一体化工作机制，与上海、苏州、杭州、南京等地合作，采取“飞地”模式建立人力资源产业园分园和人力资源机构分支机构，开展面向长三角的毕业生引进、推荐、测评、培训等专业化服务，畅通承接发达地区“人才溢出”渠道；利用合肥、南京等地高校院所优势，广泛开展紧缺型人才培养、引进、使用等方面合作，使其创新资源转化为产业成果；建立长三角区域人才信息和毕业生就业信息共享平台，推行“互联网＋”人力资源服务新模式，实现区域城市网络招聘和现场招聘无缝对接，引导区域城市之间人才合理流动。二是打造市域一体化人力资源服务体系。统一全市毕业生引进、就业、创业、安居等扶持政策，统一规划全市人力资源市场建设，打造规范、一体、高效的公共服务；发挥市场在人力资源配置中的决定性作用，加快人才猎头、培训、评价、劳务输送等专业人力资源服务机构的市场培育，推动实现人才招引、人才投入、人才激励、人才配置的市场化，健全人力资源服务产业链条，构建现代化人力资源服务业态；规范人力资源服务业发展，在诚信体系建设、市场秩序清理整顿、骨干企业培育、行业人才培养等方面多措并举，全面提升人力资源服务品质；贯彻《人力资源市场暂行条例》，加强劳动维权和执法，构建诚信就业市场环境。三是加快整合人力资源创新创业载体。打响现有镇江创业园、中国镇江留学人员创业园等国家级人才载体品牌；做优江苏镇江省级人力资源服务产业园，突出“产业集聚、创新孵化、人才配置、信息交流”四大功能定位，打造立足镇江、服务江苏、辐射长三角的人力资源配置中心、人力资源机构孵化中心、人才一站式服务中心；依托镇江市技能大师产业创新园和众多创业孵化基地、人才创新创业园区、博士后工作站、大师工作室，盘活存量、做大增量，推动创新创业载体提档升级，为面向长三角范围内的产业、项目、人才深度合作培育新的增长点。

（三）提升产业人才集聚能力

人才兴则产业兴，引进一个高端人才，可以带动一个产业发展。产业强则人才强，人才跟着项目走，产业链、产业集群能带动人才链、人才集群。大力推进产业强市战略，将带动毕业生就业、人才引进作为项目立项和审批的重要因素，推动招才引智与招商引资联动、招商政策与人才政策叠加、项目招引与人才招引并举、项目服务与人才服务整合。支持科技型研发型产业，大力发展吸纳大学生能力较强的产业，鼓励事业单位科研人员在岗兼职或离岗创业。制定细化按产业分类的人才发展规划，完善数据统计分析监测体系。将产业人才引进、毕业生留镇等工作纳入全市人才工作绩效考核范畴，并将考核结果纳入辖市区领导班子和领导干部年度考核综合评价，作为评先选优的参考依据。

（四）打造“五位一体”毕业生引进格局

一是打造引才活动品牌。开展全国高校毕业生供需见面会、沿江八市联动招聘会、镇江市新兴产业与项目对接洽谈会等招才引智活动，举办镇江市人才博览会，搭建面向长三角的毕业生供需对接平台。二是建立高校引才工作站。在驻镇高校、省内重点高校、省会城市高校、产业对口高校建立30所引才工作站，在高校聘请100名招才大使，畅通产业引才渠道；鼓励驻镇高校创业成功毕业生回镇创业，带动更多驻镇高校毕业生留镇就业，回报母校、回馈镇江。三是拓展见习实习引才。扩大就业见习基地范围，增加见习人数，组织实施青年（含毕业生）就业见习三年行动计划；每年在全市机关、企事业单位开发200个在校大学生实习岗位，增强大学生对我市的知晓度和认可度。四是推行全员引才。完善全员引才奖励政策，鼓励我市机关、企事业单位人员引才，对联系企业比较紧密的部门和辖市区、园区下达分解引才任务，促进按需引才。五是与第三方机构合作引才。采取政府购买服务方式，支持知名人力资源服务机构、海外人才联络站及校友会、同乡会开展专项引才工作。

（五）发挥企业用才主体作用

企业是人才的直接引进者、使用者和受益者，应该发挥其引才、育才、用才、留才主体作用。一是深化校企合作。鼓励企业到高校设立奖（助）学金，推进定向培养、订单培养，引导企业参与人才培养环节；支持企业对接高校科研团队，开展课题攻关、人才培养、柔性引进合作。二是优化人力资源管理。发挥人力资源行业协会和人力资源经理俱乐部的作用，提升用人单位人力资源管理水平，引导企业构建符合人才发展规律的培养体系和薪酬体系。三是强化激励措施。发挥政府的杠杆协调作用，聚焦引才留才目标，集成现有扶持政策，以财政资本撬动企业资源，激发企业主体意识，引导企业加大人才投入，提高薪酬福利待遇，重视人才培养储备，改善优化用人环境；对引才留才成效好的企业典型，给予表彰奖励和服务便利。政府部门将健全工资集体协商制度，建立大学生薪酬发布制度，指导用人单位优化薪酬体系，引导毕业生薪酬与经济发展同步增长。

（六）全面深化职业教育改革

认真贯彻《国家职业教育改革实施方案》（职教 20 条），深化职业教育改革，推进职业教育与普通教育融会贯通。一是推动职业院校转型升级。建立中职学校和普通高中统一招生平台，保持高中阶段普职比大体相当；实施高水平高等职业学校和专业建设计划，开展本科层次职业教育试点；推动镇江技师学院、江苏省交通技师学院纳入高等学校序列；发展以产学研用结合为途径的专业学位研究生培养模式；实施产教融合工程，建设具有辐射引领作用的专业化产教融合实训基地；实施技能大赛选手免试入学政策，畅通技能人才成长通道。二是鼓励普通高校转型发展。支持高校向应用型转变，鼓励校地企合作开办应用型专业课程；实施“学历教育＋若干职业技能证书”（即“1＋X”证书）制度，学历证书和职业技能等级证书互通衔接制度；建设“双师型”教师培养培训基地；落实应用型本科高校相关专业教师面向具有 3 年以上企业工作经历、高职以上学历人员招聘制度。三是引导毕业生转型就业。制定《镇江市提高技术工人待遇的实施意见》，推动职业院校毕业生在落户、就业、参加机关事业单位招聘、职称评审、职级晋升等方面与普通高校毕业生享受同等待遇，营造技能成才社会氛围；引导高校毕业生提升职业技能，开展企业新型学徒制培训和岗位技能提升培训，通过在岗培训、脱产培训、岗位练兵、技能竞赛、业务研修、参与技能大师工作室活动等多种方式，积极开展岗位技能提升培训，加快培养一批高技能人才；政府、高校和社会共同发力，加强职业教育宣传引导，深入开展“江苏工匠进校园”“优秀职校生校园分享”等活动，大力弘扬工匠精神、劳模精神。

（七）营造高质量大学生宜居宜业环境

一是做强城市名片。坚持“生态优先、特色发展”，大力实施创新驱动战略，把镇江打造成一座产城融合和宜居宜业的城市，培育城市独有文化，加强城市宣传，提升在宁镇扬、苏南地区、长三角和扬子江城市群的地位和价值，为毕业生提供广阔的发展空间。二是开展“保姆式”服务。开通服务专线和受理网站，建立“一站式”服务绿色通道，为高校毕业生求职登记、就业报到、档案转接、集体户挂靠、补贴申报、创业融资等提供“保姆式”服务。在各级人社部门设立毕业生服务专员，开展全方位帮办服务，让毕业生“除了工作压力以外没有其他压力”。发挥政府有关部门和群团组织作用，通过建立大学生之家、青春驿站，解决毕业生学习、成长、恋爱等实际生活需求。三是探索建设人才公寓。各辖市区、镇江新区、镇江高新区和重点开发园区在中心区域，通过配建、购置、租赁的方式集中建设人才公寓，模拟校园环境，完善配套服务，加强集中管理，高效解决高校毕业生生活和精神需求。

## 参考文献

［1］许文蓓. 高校毕业生就业工作现状与对策［J］. 江苏高教，2006（4）：108-110.

［2］杨建慧. 我国当前高校毕业生就业的现状、影响因素及其原因分析［J］. 技术经济与管理研究，2005.

［3］张兵，李义良. 大学生村官服务基层现状与对策研究——基于扬州、镇江、南通、泰州四市的调研［J］. 常州大学学报（社会科学版），2014（5）：23-26.

［4］韩维群. 创新就业与创业指导模式的有关认识［J］. 科技与企业，2015（15）：187-188.

［5］金国娟. 波澜壮阔长三角——长三角一体化渐行渐近——浙江的视角与收获［J］. 今日浙江，2007.

# OTO 模式下“点快工”区域就业研究①

朴海岩②

**摘　要：**“OTO”是“Online To Offline”的简写，即“线上到线下”，OTO 模式的核心就是把线上的消费者带到线下现实的实体店中，在线或线下支付购买线下的商品和服务，再到线下去享受服务。在“互联网＋”就业备受关注和重视的今天，OTO 就业模式在促进创业就业中发挥了重要作用。政府应加强这一模式的建设与推广，使用多元化的运营手段积累群众基础，进一步推进线上线下联动，努力实现充分就业。

**关键词：**OTO　互联网　就业

近年来，长春市二道区人力资源和社会保障局把农民工、下岗职工及就业困难人员作为就业帮扶的重点群体，创新思路，注重实效，努力适应新就业形态的特点，不断拓展就业新空间，探索出以就业服务为首任，以“点快工”就业服务中心为依托的“互联网＋”就业新模式，强化线上线下联动，初步实现了就业服务的智能化，使“两难”变成“双赢”。

## 一、“点快工”就业模式形成的背景

就业是民生之本，是构建社会主义和谐社会和全面建设小康社会的

① 该篇论文获得“2019 年全国人才与人事研究主题征文活动”三等奖。

② 朴海岩，吉林省长春市二道区就业服务局局长。

重要内容。农村剩余劳动力转移是社会生产力提高和社会分工发展的必然结果，随着经济体制改革的进一步深入，农村剩余劳动力向城市转移的速度不断加快。近一个时期以来，就业形势相对严峻，农民工务工难、就业困难群体就业难、维权难等问题已经成为当前亟待解决的社会问题。各级政府都把就业工作作为民生的重中之重。

随着互联网时代的到来，人工智能已经代替了部分基础岗位，就业压力明显增加。与此同时，互联网时代催生出了新的就业岗位，但对于从事体力劳动的基础务工人员来说，信息滞后直接影响到其就业，对于有用工需求的企业和个人来说，传统方式又不知如何吸引工人。快递、物流等行业随着互联网的发展在日益强大，但真正从事该行业的几乎都是中小企业，创业难、资金难、用工难，企业运行成本不断增加，破解中小企业节约人力成本已经成为难题。

当前，城市化进程的快速推进，使得大批农民工离开土地进入城市，一方面农民工就业压力在不断加大；另一方面找到工作后，但收入没有增加，大多数农民工因为缺乏相关技能，不会使用计算机，而失去了很多就业机会，个别企业对农民工欠薪现象也时有发生。

针对上述问题，二道区人力资源和社会保障局根据当前新就业形态的特点，研究探索出一条依托“互联网＋”就业新模式。这一新的就业模式，整合区域内有用工需求的企业和个人，雇主可随时随地通过微信或App下订单，工人可随时上线劳动，24小时精准活源对接。无须学历，无须经验，无须上岗技能要求，可直接到岗。点快工实行一次一结的工资制度，雇主雇佣结束后直接转款至平台，工人可随时提现至个人账户。方便快捷好操作，来去自由无顾虑，稳定安全有保障。

## 二、“点快工”就业模式的运行方式

促进农民工就业不是人社部门“单打独斗”，而是各方联动、资源聚合的过程。为此，区人社局精心选择了适合农民工特点、在企业“有需求”、农民工“有愿望”、自身发展“有前景”三者之间找准结合点，努力实现三方共赢。强化优势资源的整合，从解决就业问题入手，建立“点快工”就业服务中心，通过互联网方式，实现企业和广大群众用工需求与基层务工人员就业精准对接。

（一）突出行业引领

区人社局在不同行业领域中，选择具有龙头骨干潜质，体现行业特色、发挥引领作用的吉林省邦硕互联网科技有限公司（以下简称邦硕公司），依托邦硕公司建立了“点快工”就业服务中心。邦硕公司是吉林省唯一一家专注于农民工、下岗职工、社会闲散务工人员的互联网科技型企业，邦硕公司自主研发的“点快工”应用系统，作为“互联网+”就业新模式，雇主通过手机 App，通过实施 OTO 模式，在线提交用工需求，务工人员在线接单服务。

（二）突出政府扶持

运行之初，邦硕公司资金短缺，区人社局帮助协调解决了小额创业担保贷款。邦硕公司没有办公场地，区就业局将原有的创业实训基地进行改造、装修，无偿提供给邦硕公司使用。同时，区就业服务局还通过广泛宣传，举办各种招聘会、对接会，积极推介“点快工”就业模式，让更多的农民工、下岗职工、社会闲散务工人员以及用人单位参与到“点快工”中来。

（三）突出自我运转

“点快工”就业服务中心实行市场化运作，日常运行和管理均由邦硕公司具体负责。“点快工”运行一年来，在推进农民工就业、节约企业用工成本等方面发挥了显著作用，广大农民工和用人单位从中切实受益，激发了邦硕公司运营管理“点快工”的主动性，增强了“点快工”持续发展的内生动力。在自身发展的过程中，邦硕公司对运营平台不断改进、管理操作方式不断更新。目前，“点快工”已经覆盖整个二道区，从业人员达 1 800 余人，服务用人单位 2 000 余家。

## 三、“点快工”就业模式的特点

就业是实现人力资源开发与利用的途径。从社会发展角度看，人力资源是社会资本不可缺少的零件，其开发状况对一个社会的可持续发展有着重要影响，而其开发与否及开发程度与就业状况不可分割。区人社局把农民工和用人单位两个维度，利用互联网有机结合起来，编织成一张网，具有三个特点。

（一）组织方式平台化

目前，“点快工”中“平台+应用”的组织结构已经呈现出较强的灵活性，使得“就业难、招工难”两个问题迎刃而解。作为一个服务平台，一方面解决了就业，另一方面又满足了企业用工的需求。平台在这一结构中既扮演了基础服务者的角色，又扮演了资源调度者的角色。“点快工”平台上务工人员端和雇主端的数量日渐增加。

（二）雇佣方式弹性化

面对市场化需求出现个性化、多元化的趋势，“点快工”以柔性化的结构来应对当前的动态环境，改变了以往的人力资源管理模式。“点快工”平台上的务工人员，其工作地点、工作时间、工作内容、雇佣期限全部实行弹性化，极大地方便了务工人员灵活安排个人时间，可以随时随地根据市场需求和个人意愿上岗工作。用人单位也根据实际用工的需要，有针对性地选择务工人员，从而大大地降低了用工成本。劳动就业自由化，隐性失业不断减少，隐性就业不断上升。

（三）管理方式标准化

“点快工”就业服务中心实行就业实名制动态刷新管理，务工人员上平台需要实名注册，通过个人信息调查录入，建立从业人员基本信息大数据库，集城乡劳动力动态管理、技能培训、就业服务为一体的劳动力综合台账。邦硕公司研发出一种求职信息功能模块，将求职者和用人单位的信息进行快速、准确匹配，进行精准岗位推荐。

## 四、“点快工”就业模式的成效

当前，农民工就业压力在不断加大，即使找到工作后，收入却没有增加，农民工欠薪现象也时有发生。这些问题，在“点快工”就业服务中心完全可以得到解决。

一是收入有保障。“点快工”整合区域内有用工需求的企业和个人，务工人员可随时上线劳动，24 小时精准活源对接。无须学历，无须经验，无须上岗技能要求，可以直接到岗。“点快工”目前只有搬运工、力工两个工种，工资统一定价每两小时 49 元，一个正常劳动力每天工作 8 小时，即可获得 196 元的工资收入，一个月可获得纯收入 5 000 元。

二是安全有保障。每个务工人员入职时，都要与邦硕公司签订正规的劳动用工合同，并接受邦硕公司统一安排的安全知识教育，务工人员进入工作场所，要佩戴邦硕公司的统一标识，并着公司统一配发的服装。公司为每个工人购买了人身意外伤害保险，从根本上解决了工人的安全保障问题。

三是权益有保障。“点快工”实行一次一结的工资制度，雇主雇佣结束后，直接转款至平台，务工人员可随时提现至个人账户，不存在任何拖欠工资的现象。“点快工”还设立了“爱心基金”，对确有因突发意外而需要帮助的困难务工人员，“点快工”实行无偿救助。

市场从其诞生之日起，其潜在的规模效应永远是无限的，而提供产品和服务者（企业）的能力是有限的。只有不断创新、不断改善管理和服务、不断适应市场的变化，才能在别人不适应和退出时继续占领市场，成为强者。

## 五、结语

2019 年，“点快工”就业服务中心能够解决二道区 3 000 人就业、2 000 家企业用工需求，成为吉林省卓越的互联网品牌，服务范围覆盖长春市。2020 年，“点快工”就业服务中心的业务能够覆盖东三省，解决超 30 000 人就业、上万家企业用工需求。

利用移动互联网技术创新就业支撑服务体系，虽然刚刚开始，但“点快工”强劲的发展势头已经充分显现。“点快工”平台，是灵活用工的新途径、找人用人的好帮手、增加就业的新引擎，将为社会和谐、精准脱贫、扩大就业、区域经济发展和振兴发挥积极的作用。

## 参考文献

陈璐. 经济新常态背景下高校就业指导模式的建构 [J]. 思想教育研究，2017（5）：106-109.

# 福建省就业结构与产业结构的协同变迁与偏离分析[①]

陈少晖　廖添土[②]

**摘　要：**供给侧改革推动着福建产业结构优化升级的同时，对就业结构发展也催生出了新的矛盾和问题。通过对福建省就业结构与产业结构演变的内在矛盾的分析，发现福建省三次产业的产业结构与就业结构存在不同程度的滞后性，表现为第一产业＞第二产业＞第三产业。其中，第一产业结构偏离系数为负，且绝对值越来越大，劳动力不断流出，对第二、第三产业部门的就业造成巨大压力；第二产业的结构偏离程度逐渐均衡，但是弱于第三产业，还有巨大的吸纳劳动力的潜力；相对来说第三产业的产业结构与就业结构最协调，为吸纳第一产业剩余劳动力，解决就业问题作出了巨大贡献。论文最后提出了以创新发展战略指引劳动力就业结构的优化调整、消除劳动力行业转移的制度性障碍、提升教育对经济的服务能力等对策建议。

**关键词：**福建省　就业机构　产业结构　协同　偏离

## 一、引言和文献综述

新时期人民对美好生活的向往，成为党和政府的奋斗目标，而不断调整产业结构，解决就业问题是保持经济中高速增长、提升人民生活水

---

① 该篇论文获得“2019 年全国人才与人事研究主题征文活动”三等奖。

本文系福建省人力资源和社会保障综合课题项目成果。

② 陈少晖，福建师范大学经济学院教授；廖添土，福建师范大学经济学院副教授。

平的关键因素。在“十三五”的新时代背景下，解决就业问题需要认清福建省发展的新变化，认清新时代就业领域所面临的主要矛盾，认清就业问题与经济发展、产业结构演变等经济社会活动的联系，才能正确有效地应对新挑战，把握新机遇。

就业问题一直以来是国内外学术界研究的重点领域。从国外文献来看，由于西方发达国家普遍经济社会发展水平较高，因此与就业结构相关的理论多数是 20 世纪就已经提出。虽然中国与西方国家的政治体制、社会文化全然不同。但西方发达国家在经济发展规律、就业结构转变等研究的经验与结论，仍可以为福建的就业发展提供很多借鉴。如配第一克拉克定理、萨伊定律等从西方实践中总结出来的理论，在福建产业、就业转变中同样可以进行参考。

从国内研究来看。李文星、袁志刚（2010）认为，改革开放以来，中国的城乡就业从总量上来看取得了重大突破，但仍然存在着城乡就业结构失衡、产业就业结构失衡以及区域就业结构失衡。曾湘泉（2013）指出，我国在“双轨型”背景下，即传统农业向工业和服务业转型以及计划经济体制向市场经济体制转型背景下，劳动力市场的结构性矛盾问题将会更加突出，急需解决。卫平、任安然、李健（2015）基于协调性和冲击性视角对中国 1978 年到 2012 年间的相关数据进行了分析，结果显示就业结构的变动会影响产业结构，作用剧烈且持久，而产业结构的变动对就业结构影响较小且短暂。毛兴伟（2017）认为，供给侧改革会对就业地区结构、就业产业结构、就业供应结构造成影响。李惠武（2017）认为要解决当前经济“三期叠加”，即增长速度换挡期、结构调整阵痛期以及前期刺激政策消化期，就要从供给侧结构性改革入手，然而其中关键是处理好去产能和保就业两大难点。

总体来看，国内文献对就业结构的研究已有较长的时间，也已经运用相关模型对于各类就业问题进行实证分析，对过去的就业问题的缓解做出许多贡献。现有文献中相对较少具有针对性的、关于福建现阶段和未来产业与就业发展分析的文献，缺少有效合理的具有前瞻性的福建高质量就业的建议。

## 二、供给侧改革下福建省就业发展的总体概况

经过改革开放 40 年来的持续高速增长，福建的经济发展状况已经步

入了一个新的阶段。从经济规模上看，地区生产总值由1978年的66.37亿元，增长至2016年的28 519.15亿元，年均经济增长率达到了12.4%。伴随福建省经济结构的优化和产业结构的升级，就业情况也相应发生了很大的变化。一是就业规模持续增加，2016年末，全省就业人员达到2 797.03万人，比2011年的2 459.99万人增加337.04万人，年均增长67.41万人。尽管近两年新增劳动力（年平均增长60万人）比2013—2015年的新增劳动力（年平均增长66万人）有所下降，但根据福建省劳动年龄人口等相关统计（表1），可以看出福建劳动力供给总量仍相对充足，就业规模依然庞大。二是就业结构变化显著。单从就业人数分析，福建省的就业规模呈温和扩大趋势，但细分至各产业，则可以看到其中的差异性。1980年，福建省就业人员主要集中于第一产业，第一、第二、第三产业的就业人数比重分别为72.9%、13.6%、13.5%，从事第一产业人数占绝对多数。此后第一产业就业人数占比不断下降。至2008年年底，第二、第三产业就业人数首次超过第一产业，三次产业就业人数分别占31.1%、35.6%和33.3%。至2014年，第三产业就业人数超过第二产业，三次产业就业人数分别占23.2%、38.2%和38.6%。近三年来，第三产业快速发展的推动下，福建省第三产业就业人数从2014年的1021.04万人增加到2016年的1 175.39万人，平均每年增加77.18万人，增速快于第一、第二产业。

**表1　　福建省就业基本情况**

| 年份 | 就业人员数（万人） | 劳动年龄人口比例（%） | 就业人员构成（%） | | |
|---|---|---|---|---|---|
| | | | 第一产业 | 第二产业 | 第三产业 |
| 1980 | 963.72 | 52.7 | 72.9 | 13.6 | 13.5 |
| 1990 | 1 348.38 | 56.9 | 58.4 | 20.6 | 21.1 |
| 2000 | 1 660.19 | 64.2 | 46.8 | 24.5 | 28.7 |
| 2010 | 2 241.59 | 69.3 | 28.4 | 36.6 | 35.0 |
| 2016 | 2 797.03 | 66.4 | 22.0 | 36.0 | 42.0 |

数据来源：福建统计年鉴2017［M］．北京：中国统计出版社，2018.

通过福建历年经济增长、产业结构和就业结构等基本情况的分析，可以看到，经济社会的发展总是与时代背景紧密联系，解决了旧问题，还需不断解决发展过程中遭遇的新矛盾，需要继续解决新问题。当前的新常态下，劳动力市场发生了一些转变，解决问题首先就需要认清当前福建就业结构发展的阶段。根据表 1，福建省第一产业就业比重不断下降，第三产业就业比重不断上升。但与发达国家相比，现阶段福建省第一、第二产业就业比重整体偏高，而第三产业就业比重偏低，并与经济发展、产业发展存在一定的脱节。

当前福建面临的就业问题，表现为结构性不对称，即劳动力市场供需的不匹配。供给侧的变化主要有以下几点。一是劳动力成本上升。改革开放前 30 年，伴随福建省的经济社会发展和生产技术的进步，大量农村劳动力由第一产业向第二、第三产业转移，那时劳动力供给充足，并远远大于劳动力需求，因此劳动力成本相对较低。但随着计划生育等政策影响，人口结构不断发生转变，劳动力总量扩张速度和农村剩余劳动力转移速度逐渐放缓，时至今日人口红利的效应已经基本耗尽。但劳动者的工资和相关的社会保障水平变动是刚性的，往往只能不断上升，无法接受下调。因此，在多种内外部环境的共同影响下，劳动力成本上升趋势明显。二是技术进步的成本上升。在发展程度较低的社会背景下，福建省的各种技术水平有限，学习和获得技术进步相对简单，可以通过模仿、引进等手段获取一些实用的技术，引进所花费的成本也相对较低。但随着生产力的上升，单一通过模仿或引进先进技术来提高生产效率的难度不断增加，通常转变发展模式，需要通过自主创新与自主研发获得更优质的技术，那么就对生产要素的投入数量和投入质量有更高要求，过去单一依靠生产要素数量投入的发展方式已经无法维持。

需求侧也发生了变化。改革开放 40 多年来，农业、制造业等产业一度成为吸纳劳动力人数最多的行业，可伴随着科学技术的进步、产业结构的升级，产业的发展遇到了瓶颈，原有投资生产方式受到了产能过剩的硬约束，在去产能的压力增大背景下，难以延续原有的结构从事投资生产。因此，需通过发展新兴产业，提供具有有效需求的产品或是服务，来进一步促进消费，缓解当前的需求疲软、内需不足。一方面，第三产业在国民经济中的比重逐渐增大，对就业的拉动效应也相应增大，涌现出了很多新兴行业，相关的用人需求增长也较快。但不同行业的生产方式、对劳动者的技能素质要求具有差异，产能过剩行业的下岗人员由于各种原因，无法满足新兴行业的岗位需要，暗含隐性失业风险，导致就业质量下降和再就业难问题。高校毕业生也受到了很大的冲击，福建省产业结构进行调整，而相应的教育培养机构又不可避免地滞后于产业结构调整的速度，使部分专业的学生供过于求，而部分专业出现人才短缺，学校供给与社会需求脱节、不兼容，造成接受了良好教育却寻找不到合适的工作的尴尬局面，也造成教育资源的浪费。另一方面，新兴企业需要大量高技能人才以应对日趋激烈的市场竞争环境，却招不到合适的人才，就业市场信息不对称，劳动力市场构建不完善在一定程度上阻碍了经济社会的发展，提高了发展成本。

## 三、福建省就业结构与产业结构变迁的协同性

### （一）改革开放后福建省产业结构演进过程及趋势

2016年福建省全年实现地区生产总值28 519.15亿元，比上年增长8.4%。其中，第一产业增加值2 364.14亿元，增长3.6%；第二产业增加值13 912.73亿元，增长7.3%；第三产业增加值12 242.28亿元，增长10.7%。第一产业增加值占地区生产总值的比重为8.3%，第二产业增加值占比为48.8%，第三产业增加值占比为42.9%。人均地区生产总值73 951元，比上年增长7.5%。

#### 1. 从福建省三次产业内部结构演变来看

（1）福建省第一产业产值由1978年的23.93亿元上升到2016年的2 363.22亿元，产值增长98.76倍，第一产业内部，农业比重下降，林、牧、渔业比重上升，其中渔业发展最快。农业产值占第一产业比重由1978年的77.68%下降到2016年的42.88%，依然占据基础性地位。渔业的产值比重由1978年的5.45%上升到2016年的29.73%，提高了24.28个百分点，与农业产值的比重差距不断缩小，尤其是从1991年开始，渔业发展迅速，带动了相关产业的发展。林业的产值比重由1978年的6.36%上升到2016年的7.58%，多年来保持在7%～10%之间，相对比较稳定。牧业的产值比重由1978年的10.51%上升到2016年的16.40%，发展过程中波动幅度比较小。

（2）福建省的第二产业产值由1978年的28.19亿元上升到2016年的13 844.96亿元，产值增长491.13倍。根据1995—2016年统计数据，第二产业内部，工业产值比重在82%～90%之间，增长态势迅猛，占据第二产业绝对主导地位；建筑业的产值比重在10%～18%，增长速度明显落后于工业，对第二产业的拉动相对较小。工业内部，1978—1999年间，

福建省轻重工业产值比重呈平稳波动状态，1999—2004 年，轻工业由 62.13%下降到 44.58%，重工业由 37.87%上升到 55.42%，2005—2016 年间，轻重工业比重逐渐趋向 50%，具体如图 1 所示。1988 年开始福建省资本资料工业的生产在制造业中占统治地位，规模大于消费资料工业，表明福建省已经实现重化工业化，正向信息化方向升级。

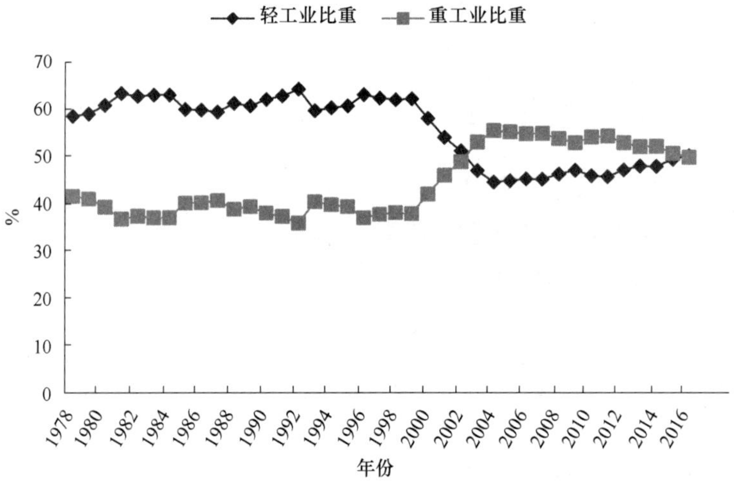


**图 1　福建省轻重工业产值比重（1978—2016 年）**

（3）福建省的第三产业产值由 1978 年的 14.25 亿元上升到 2016 年的 12 310.97 亿元，产值增长 863.93 倍。第三产业的发展水平是衡量一国或地区经济发展水平高低的重要标志。一般认为交通运输、仓储和邮政业，批发、零售和餐饮业是传统第三产业，农林牧渔服务业，金融保险业，房地产业等是新型第三产业。表 2 数据表明，2000 年以来，交通运输、仓储和邮政业，批发、零售和餐饮业，金融保险业，房地产业这几个行业一直是福建省第三产业的支柱产业，产业增加值合计基本占第三产业的 60%以上。2016 年交通运输、仓储和邮政业，批发、零售和餐饮业增加值合计占第三产业增加值的 31.6%，金融保险与房地产合计占第三产业增加值的，25.5%，表明福建省第三产业还是以传统产业为主导。从比重变化来看，交通运输、仓储和邮政业，批发、零售和餐饮业增加值呈现下降趋势，而金融保险与房地产的增加值则呈现上升趋势，说明福建省新型第三产业虽然不是第三产业的主导产业，但其发展态势良好。

表 2　　福建省第三产业增加值构成（2000—2016 年）　　单位：%

| 年份 | 交通运输、仓储和邮政业 | 批发、零售和餐饮业 | 金融保险业 | 房地产业 | 金融保险业与房地产业 | 其他 |
|---|---|---|---|---|---|---|
| 2000 | 27.5 | 26.7 | 7.9 | 9.9 | 17.8 | 28.0 |
| 2001 | 26.5 | 26.5 | 7.7 | 10.2 | 17.9 | 29.1 |
| 2002 | 25.2 | 26.4 | 7.8 | 10.7 | 18.5 | 29.9 |
| 2003 | 24.6 | 26.7 | 7.7 | 11.1 | 18.8 | 29.9 |
| 2004 | 24.4 | 27.0 | 7.8 | 11.3 | 19.1 | 29.5 |
| 2005 | 17.5 | 22.4 | 7.3 | 13.0 | 20.3 | 39.8 |
| 2006 | 17.2 | 21.2 | 8.1 | 14.4 | 22.5 | 39.1 |
| 2007 | 16.6 | 20.4 | 10.2 | 13.6 | 23.8 | 39.2 |
| 2008 | 16.2 | 20.6 | 11.4 | 11.7 | 23.1 | 40.1 |
| 2009 | 14.9 | 20.7 | 12.1 | 13.0 | 25.1 | 39.3 |
| 2010 | 14.9 | 22.4 | 13.1 | 11.6 | 24.7 | 38.0 |
| 2011 | 14.0 | 22.0 | 12.5 | 13.2 | 25.7 | 38.3 |
| 2012 | 14.1 | 21.6 | 13.1 | 13.4 | 26.5 | 37.8 |
| 2013 | 13.6 | 20.7 | 14.6 | 12.6 | 27.2 | 38.5 |
| 2014 | 13.9 | 20.6 | 15.2 | 11.4 | 26.6 | 38.9 |
| 2015 | 14.3 | 19.0 | 15.6 | 10.0 | 25.6 | 41.1 |
| 2016 | 13.7 | 17.9 | 15.2 | 10.3 | 25.5 | 42.9 |

### 2. 从纵向时间维度看福建省三大产业演进过程

（1）1978—1982 年，福建省第一产业占 GDP 的比重呈上升趋势，从 1978 年的 36.0%上升到 1982 年的 37.6%。从 1983 年开始，福建省第一产业产值比重呈现持续下降的趋势，到 2016 年产值比重为 8.3%，与第二、第三产业相比，其产值比重相对较低。2008 年以前，福建省第一产业产值比重高于全国第一产业同期水平，2008 年之后与全国第一产业同期水平相差不大。

（2）1978—1990 年，福建省第二产业占 GDP 的比重呈下降趋势，从 1978 年的 42.5%下降到 1990 年的 33.4%。从 1991 年开始，福建省第二产业产值比重开始上升，到 2014 年达到 52%，近两年又开始回落。与全国第二产业同期水平相比，2001 年以前福建省第二产业产值比重略低于全国同期水平，从 2002 年开始一直高于全国同期水平，总体上第二产业发展领先于全国平均水平。

（3）改革开放以来，福建省第三产业占 GDP 的比重除个别年份有所波动外，基本呈现上升趋势，1988 年首次超过第一产业，达到 32.2%，1989—1992 年间高于第二产业，但 1992 年之后一直低于第二产业。与全国同期水平相比，2000 年后福建省第三产业产值比重上升速度变缓，开始低于全国第三产业产值比重，2016 年达到 43.2%，总体上福建省第三产业发展滞后于全国水平。具体如图 2 所示。

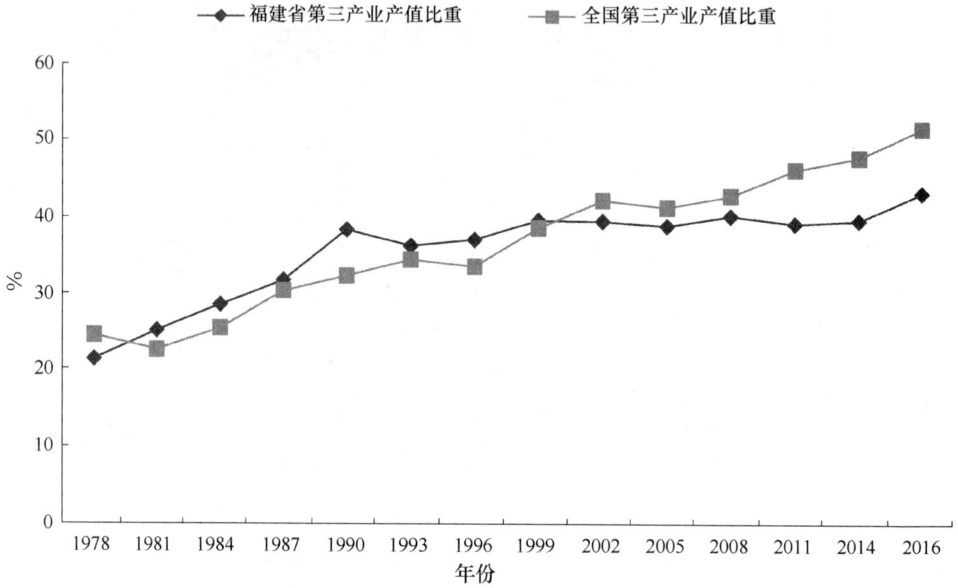


图 2　福建省与全国第三产业产值比重（1978—2016 年）

### 3. 从横向结构维度来看福建省三大产业演进过程

福建省产业结构在 1978—1987 年呈现“二一三”的格局，这期间，第一、第二产业产值比重缓慢下降，第三产业产值比重不断增长。1987—1993 年，第一产业产值比重继续下滑，第二产业和第三产业产值比重出现交替增长。1993—2016 年，随着市场经济体制改革的不断深入，福建省产业结构经过调整后呈现出“二三一”的格局，第一产业产值比重持续下降，第二产业产值比重维持在 40%～50%之间，对福建省经济增长贡献率最大，第三产业产值比重不断上升，到 2016 年与第二产业只相差 5 个百分点，表明福建省第三产业发展还有很大空间。具体如图 3 所示。

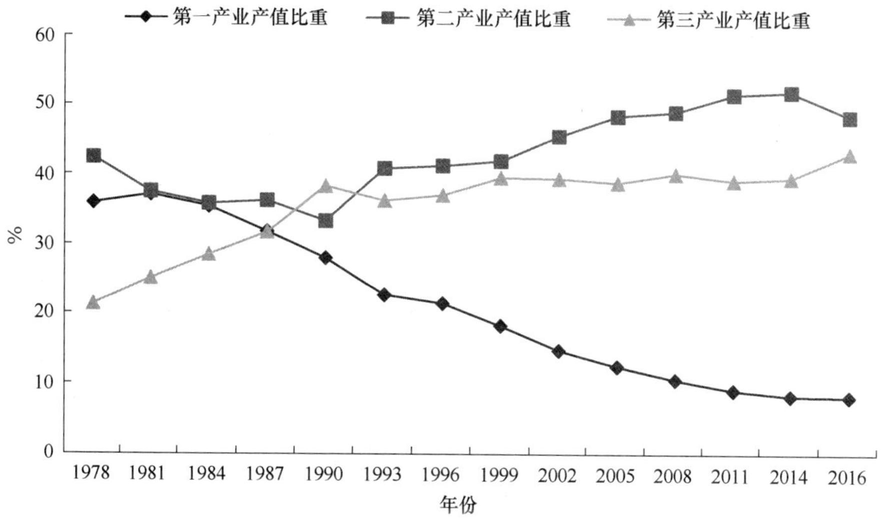


图 3 福建省三次产业产值比重（1978—2016 年）

（二）改革开放后福建省就业结构演进过程及趋势

2016 年福建省就业人数达2 793.03 万人，比上年增长 1.03%。其中，第一产业就业人数为 615.52 万人，下降 0.38 %；第二产业就业人数为1 006.12 万人，下降 1.91%；第三产业就业人数为1 175.39 万人，增长 4.49%。第一产业就业人数占全省就业人数比重为 22%，第二产业比重为 36%，第三产业比重为 44%。城镇单位在岗职工 569.57 万人，乡村劳动者1 436.48 万人，城镇登记失业人数 16.25 万人，失业率为 3.86%。

**1. 从纵向时间维度看福建省三次产业就业结构演进过程**

（1）1978 年，福建省第一产业就业人数为 694.37 万人，占全部就业人员的 75.1%，表明当时福建省大部分人主要靠农业和农业生产维持生计。1978—1992 年，福建省第一产业就业人数持续增加，到 1992 年达到 837.82 万人，1992 年后第一产业就业人数持续下降，2016 年第一产业就业人数为 615.52 万人。第一产业就业人数占全省就业人数的比重持续逐年下降，2016 年比重为 22%，年均降幅为 1.4%，表明了福建省农村劳动力缓慢向第二、第三产业转移。与全国同期水平相比，1999 年后福建省第一产业就业人员占比降幅更大，最高相差 8.6 个百分点。

（2）福建省第二产业就业人数自 1978 年起不断增加，从 1978 年的 124.23 万人到 2012 年达到 996.75 年，年均增长 25.66 万人，2012 年后增速变缓，到2016年达到1 006.12万人。第二产业就业人数占全省就业人数比重持续上升，1978年仅为13.4%，到2016年已达到36.0%，最高为2013年的39.1%，近两年占比有所下降。与全国同期水平相比，2006年后，福建省第二产业就业人数占比高于全国平均水平，最高相差9个百分点。

（3）福建省第三产业就业人数一直稳步上升，1978年为105.81万人，2008年人数超过第一产业，达到692.24万人，截至2016年底，第三产业就业人数已达1 175.39万人，年平均增长28.15万人，高于第二产业年平均增长人数。第三产业就业人数占全省就业人数比重在1978—1985年间迅速提高，此后一直平稳增加，1985年至2016年年平均增长率为0.74%，2016年占全省就业人数的42%，为三次产业之首。与全国同期水平相比，1996—2012年福建省第三产业就业人数占比一直高于全国同期水平，2012年后略低于全国同期水平。福建省与全国三次产业就业人数占比具体见表3。

**表3　福建省与全国三次产业就业人数占比（1985—2016年）**　单位：%

| 年份 | 全国第一产业就业比重 | 福建省第一产业就业比重 | 全国第二产业就业比重 | 福建省第二产业就业比重 | 全国第三产业就业比重 | 福建省第三产业就业比重 |
|---|---|---|---|---|---|---|
| 1985 | 62.4 | 61.5 | 20.8 | 19.4 | 16.8 | 19.0 |
| 1986 | 60.9 | 60.8 | 21.9 | 19.9 | 17.2 | 19.2 |
| 1987 | 60.0 | 59.9 | 22.2 | 20.5 | 17.8 | 19.6 |
| 1988 | 59.4 | 59.0 | 22.4 | 21.0 | 18.3 | 20.0 |
| 1989 | 60.0 | 58.8 | 21.6 | 21.2 | 18.3 | 20.1 |
| 1990 | 60.1 | 58.4 | 21.4 | 20.6 | 18.5 | 21.1 |
| 1991 | 59.7 | 57.7 | 21.4 | 20.9 | 18.9 | 21.3 |
| 1992 | 58.5 | 56.2 | 21.7 | 21.9 | 19.8 | 21.8 |
| 1993 | 56.4 | 53.5 | 22.4 | 23.2 | 21.2 | 23.3 |
| 1994 | 54.3 | 51.2 | 22.7 | 23.9 | 23.0 | 24.9 |
| 1995 | 52.2 | 50.3 | 23.0 | 23.7 | 24.7 | 26.0 |
| 1996 | 50.5 | 49.4 | 23.5 | 24.1 | 26.0 | 26.6 |
| 1997 | 49.9 | 48.4 | 26.4 | 24.7 | 23.7 | 26.9 |
| 1998 | 49.8 | 48.4 | 26.7 | 24.1 | 23.5 | 27.5 |
| 1999 | 50.1 | 48.3 | 26.9 | 23.9 | 23.0 | 27.7 |
| 2000 | 50.0 | 46.8 | 27.5 | 24.5 | 22.5 | 28.7 |

续表

| 年份 | 全国第一产业就业比重 | 福建省第一产业就业比重 | 全国第二产业就业比重 | 福建省第二产业就业比重 | 全国第三产业就业比重 | 福建省第三产业就业比重 |
|---|---|---|---|---|---|---|
| 2001 | 50.0 | 45.7 | 27.7 | 25.1 | 22.3 | 29.2 |
| 2002 | 50.0 | 44.7 | 28.6 | 26.1 | 21.4 | 29.2 |
| 2003 | 49.1 | 42.4 | 29.3 | 27.8 | 21.6 | 29.8 |
| 2004 | 46.9 | 40.2 | 30.6 | 29.4 | 22.5 | 30.4 |
| 2005 | 44.8 | 37.6 | 31.4 | 31.2 | 23.8 | 31.2 |
| 2006 | 42.6 | 35.2 | 32.2 | 33.2 | 25.2 | 31.6 |
| 2007 | 40.8 | 32.7 | 32.4 | 35.1 | 26.8 | 32.2 |
| 2008 | 39.6 | 31.1 | 33.2 | 35.6 | 27.2 | 33.3 |
| 2009 | 38.1 | 29.5 | 27.8 | 35.8 | 34.1 | 34.8 |
| 2010 | 36.7 | 28.4 | 28.7 | 36.6 | 34.6 | 35.0 |
| 2011 | 34.8 | 26.3 | 29.5 | 37.8 | 35.7 | 35.9 |
| 2012 | 33.6 | 25.0 | 30.3 | 38.8 | 36.1 | 36.2 |
| 2013 | 31.4 | 24.1 | 30.1 | 39.1 | 38.5 | 36.8 |
| 2014 | 29.5 | 23.2 | 29.9 | 38.2 | 40.6 | 38.6 |
| 2015 | 28.3 | 22.3 | 29.3 | 37.1 | 42.4 | 40.6 |
| 2016 | 27.7 | 22.0 | 28.8 | 36.0 | 43.5 | 42.0 |

**2. 从横向结构维度来看福建省三次产业就业结构演进过程**

2006 年以前，福建省就业人员占比始终以第一产业为主，表明 2006 年之前福建省大部分人主要依靠农业和农产品维持生计，福建省是农业大省。2006—2014 年，第二、第三产业吸纳劳动力的能力超过第一产业，福建省就业情况呈现“二三一格局”，第一产业减少的劳动力由第二、第三产业接收。2014 年后，福建省就业情况呈现“三二一格局”，第三产业就业人数超过第一、第二产业，成为吸纳剩余劳动力的主要渠道。具体如图 4 所示。

（三）福建省就业结构优化与产业结构升级的同步性

改革开放以来，福建省就业结构变动与产业结构的变动趋势基本是一致的，表 4 为 1985—2016 年福建省产业结构与就业结构变动情况。

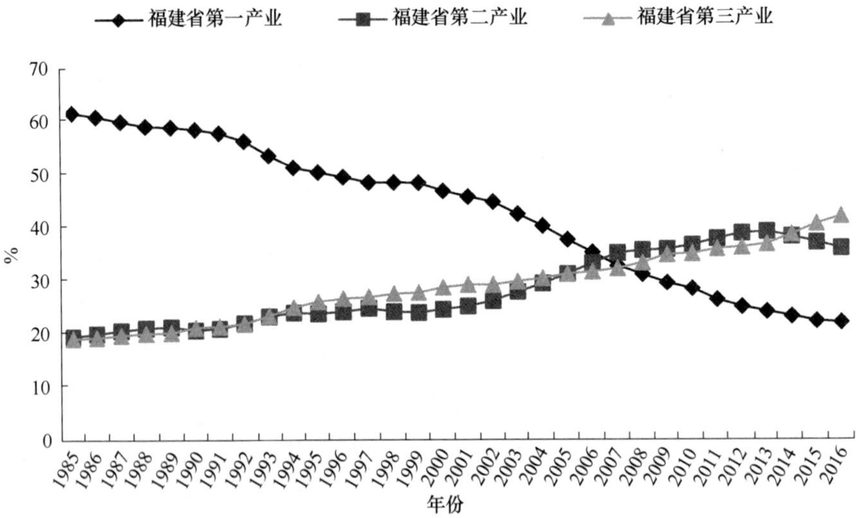


**图 4　福建省三次产业就业比重（1985—2016 年）**

表 4　**福建省产业结构与就业结构变动（1985—2016 年）**　单位：%

| 年份 | 第一产业产值比重 | 第二产业产值比重 | 第三产业产值比重 | 第一产业就业比重 | 第二产业就业比重 | 第三产业就业比重 |
|---|---|---|---|---|---|---|
| 1985 | 34.0 | 36.2 | 29.8 | 61.5 | 19.4 | 19.0 |
| 1986 | 32.5 | 36.9 | 30.6 | 60.8 | 19.9 | 19.2 |
| 1987 | 31.9 | 36.3 | 31.8 | 59.9 | 20.5 | 19.6 |
| 1988 | 30.8 | 37.0 | 32.2 | 59.0 | 21.0 | 20.0 |
| 1989 | 29.6 | 35.7 | 34.7 | 58.8 | 21.2 | 20.1 |
| 1990 | 28.1 | 33.4 | 38.4 | 58.4 | 20.6 | 21.1 |
| 1991 | 27.2 | 35.1 | 37.7 | 57.7 | 20.9 | 21.3 |
| 1992 | 24.8 | 37.2 | 38.0 | 56.2 | 21.9 | 21.8 |
| 1993 | 22.8 | 40.9 | 36.3 | 53.5 | 23.2 | 23.3 |
| 1994 | 22.1 | 43.8 | 34.1 | 51.2 | 23.9 | 24.9 |
| 1995 | 22.2 | 42.1 | 35.7 | 50.3 | 23.7 | 26.0 |
| 1996 | 21.6 | 41.3 | 37.1 | 49.4 | 24.1 | 26.6 |
| 1997 | 20.1 | 42.3 | 37.6 | 48.4 | 24.7 | 26.9 |
| 1998 | 19.3 | 42.3 | 38.4 | 48.4 | 24.1 | 27.5 |
| 1999 | 18.4 | 42.0 | 39.6 | 48.3 | 23.9 | 27.7 |
| 2000 | 17.0 | 43.3 | 39.7 | 46.8 | 24.5 | 28.7 |
| 2001 | 16.0 | 44.3 | 39.7 | 45.7 | 25.1 | 29.2 |
| 2002 | 14.9 | 45.6 | 39.5 | 44.7 | 26.1 | 29.2 |

续表

| 年份 | 第一产业产值比重 | 第二产业产值比重 | 第三产业产值比重 | 第一产业就业比重 | 第二产业就业比重 | 第三产业就业比重 |
|---|---|---|---|---|---|---|
| 2003 | 13.9 | 47.0 | 39.1 | 42.4 | 27.8 | 29.8 |
| 2004 | 13.7 | 48.1 | 38.3 | 40.2 | 29.4 | 30.4 |
| 2005 | 12.6 | 48.5 | 38.9 | 37.6 | 31.2 | 31.2 |
| 2006 | 11.4 | 48.7 | 39.9 | 35.2 | 33.2 | 31.6 |
| 2007 | 10.8 | 48.4 | 40.8 | 32.7 | 35.1 | 32.2 |
| 2008 | 10.7 | 49.1 | 40.2 | 31.1 | 35.6 | 33.3 |
| 2009 | 9.7 | 49.1 | 41.2 | 29.5 | 35.8 | 34.8 |
| 2010 | 9.3 | 51.0 | 39.7 | 28.4 | 36.6 | 35.0 |
| 2011 | 9.2 | 51.6 | 39.2 | 26.3 | 37.8 | 35.9 |
| 2012 | 9.0 | 51.7 | 39.3 | 25.0 | 38.8 | 36.2 |
| 2013 | 8.6 | 51.8 | 39.6 | 24.1 | 39.1 | 36.8 |
| 2014 | 8.4 | 52.0 | 39.6 | 23.2 | 38.2 | 38.6 |
| 2015 | 8.2 | 50.3 | 41.5 | 22.3 | 37.1 | 40.6 |
| 2016 | 8.3 | 48.5 | 43.2 | 22.0 | 36.0 | 42.0 |

如图 5 所示，改革开放以来，福建省第一产业产值比重呈持续下降的趋势，1985 年福建省第一产业产值比重为 34%，到 2016 年已降至 8.3%。与此同时，福建省第一产业就业人数占全省就业人数的比重也不断下降，从 1985 年的 61.5%下降到 2016 年的 22%，下降幅度达 39.5%。

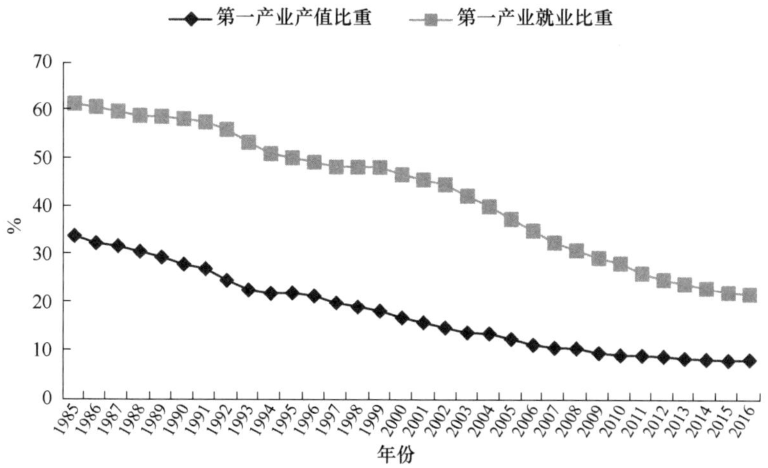


**图 5　福建省第一产业就业比重与产值比重协同变化趋势**

1985—1990 年福建省第二产业产值比重有所下滑，1990—1994 年快速上升，由 33.4%提高到了 43.8%，1994 年后开始平稳上升。与此同时，福建省第二产业就业人数占全省就业人数的比重一直缓慢上升，从 1985 年的 19.4%上升到 2016 年的 36%，最高为 2013 年的 39.1%。具体变化如图 6 所示。

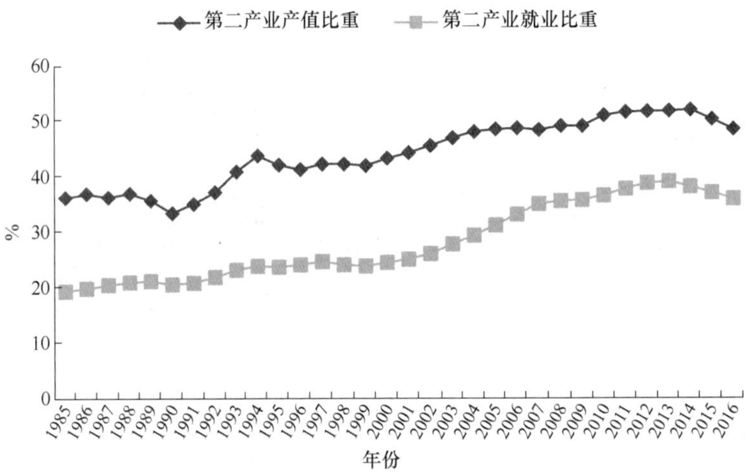


**图 6　福建省第二产业就业比重与产值比重协同变化趋势**

从图 7 可以看出，福建省第三产业产值占 GDP 的比重总体上呈上升趋势，1990 年前快速提高，1990—1994 年有所下滑，之后基本稳步增长，到 2016 年已达 43.2%。与此同时，第三产业就业人数占全省就业人数比重不断增加，从 1985 年的 19%上升到 2016 年的 42%。2008 年第三产业就业比重超过了第一产业，2014 年超过了第二产业。

## 四、产业结构与就业结构偏离度的实证分析

### （一）福建省三次产业的就业弹性系数分析

就业弹性系数表示的是经济增长率每变动一个百分点所引起的就业率变动的百分点，可以用就业率变动的百分比除以 GDP 增长率变动的百分比来计算。当二者比值为零时，表示经济增长对就业无拉动作用，当二者比值为正时，比值越大，表示经济增长对就业的拉动作用越大。当二者比值为负时，经济增长对就业形成两种“海绵”效应：若经济为正增长，就业为负增长，则表示经济增长对就业有挤出效应；若经济为负增长，就业为正增长，则表示经济增长对就业有吸入效应。

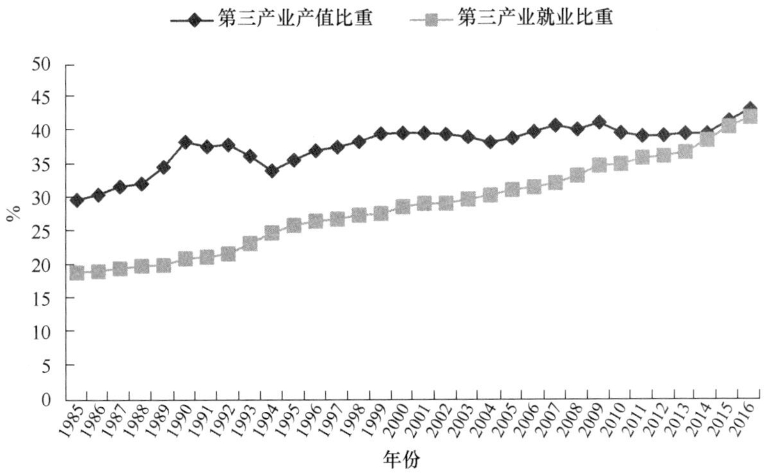


**图 7　福建省第三产业就业比重与产值比重协同变化趋势**

表 5 为福建省 GDP 增长率与就业增长率的情况。从经济增长与就业增长的关系看，福建省 1986—1992 年属于高经济增长与高就业增长阶段，平均就业弹性为 0.172。1993—1999 年属于高经济增长与低就业增长阶段，平均就业弹性系数仅为 0.054。进入 21 世纪后，福建省经济增长率一直维持在较高水平，其就业弹性系数除 2001 年、2013 年、2016 年外，均在 0.150 以上，表明福建省较高的经济增长创造了更多的就业机会。

**表 5　福建省 GDP 增长与就业人口增长（1986—2016 年）**　单位：%

| 年份 | GDP 增长率 | 就业增长率 | 就业弹性系数 |
|---|---|---|---|
| 1986 | 11.0 | 3.2 | 0.291 |
| 1987 | 25.5 | 4.1 | 0.161 |
| 1988 | 37.2 | 3.5 | 0.094 |
| 1989 | 19.6 | 1.6 | 0.083 |
| 1990 | 13.9 | 3.6 | 0.257 |
| 1991 | 18.7 | 6.5 | 0.350 |
| 1992 | 26.6 | 3.7 | 0.139 |
| 1993 | 42.0 | 2.8 | 0.067 |
| 1994 | 47.6 | 1.4 | 0.030 |
| 1995 | 27.4 | 0.9 | 0.032 |
| 1996 | 18.6 | 1.7 | 0.094 |

续表

| 年份 | GDP 增长率 | 就业增长率 | 就业弹性系数 |
|---|---|---|---|
| 1997 | 15.6 | 1.2 | 0.077 |
| 1998 | 10.1 | 0.5 | 0.052 |
| 1999 | 8.0 | 0.6 | 0.069 |
| 2000 | 10.3 | 1.8 | 0.175 |
| 2001 | 8.2 | 1.1 | 0.129 |
| 2002 | 9.7 | 2.0 | 0.206 |
| 2003 | 11.6 | 2.7 | 0.230 |
| 2004 | 15.6 | 3.3 | 0.209 |
| 2005 | 13.7 | 3.0 | 0.219 |
| 2006 | 15.7 | 4.3 | 0.276 |
| 2007 | 22.0 | 3.4 | 0.154 |
| 2008 | 17.0 | 3.2 | 0.188 |
| 2009 | 13.1 | 4.3 | 0.328 |
| 2010 | 20.4 | 3.4 | 0.164 |
| 2011 | 19.2 | 9.7 | 0.509 |
| 2012 | 12.2 | 4.4 | 0.363 |
| 2013 | 11.0 | -0.5 | -0.046 |
| 2014 | 10.0 | 3.6 | 0.362 |
| 2015 | 8.0 | 4.5 | 0.566 |
| 2016 | 9.8 | 1.0 | 0.106 |

三次产业自身的就业弹性系数等于三次产业就业变动的百分比除以自身产业增加值变动的百分比。表 6 和图 8 为福建省三次产业自身的就业弹性系数情况，可以看出，福建省第一产业自身就业弹性系数从 1986 年的 0.335 下降到 2016 年的-0.033，1986—2016 年 30 年间，第一产业自身就业弹性系数在大部分年份为负值，整体就业弹性系数表现为下降趋势，表明经济增长对第一产业就业产生了挤出效应，同时劳动力的流出对第一产业产值并没有影响。随着大部分农村劳动力进城务工，现代化农业减少了对农业劳动力的需求，第一产业不能吸收的大量劳动力必须向其他产业转移。

表 6　福建省三次产业自身的就业弹性系数（1986—2016 年）

| 年份 | 三次产业增加值变动率 | | | 三次产业就业变动率 | | | 三次产业自身就业弹性系数 | | |
|---|---|---|---|---|---|---|---|---|---|
| | 第一产业 | 第二产业 | 第三产业 | 第一产业 | 第二产业 | 第三产业 | 第一产业 | 第二产业 | 第三产业 |
| 1986 | 0.060 | 0.133 | 0.139 | 0.020 | 0.058 | 0.044 | 0.335 | 0.436 | 0.313 |
| 1987 | 0.235 | 0.232 | 0.303 | 0.025 | 0.072 | 0.060 | 0.107 | 0.308 | 0.197 |
| 1988 | 0.324 | 0.400 | 0.389 | 0.020 | 0.061 | 0.055 | 0.061 | 0.151 | 0.140 |
| 1989 | 0.149 | 0.155 | 0.289 | 0.011 | 0.024 | 0.023 | 0.076 | 0.153 | 0.079 |
| 1990 | 0.083 | 0.065 | 0.264 | 0.029 | 0.006 | 0.088 | 0.348 | 0.092 | 0.331 |
| 1991 | 0.147 | 0.248 | 0.163 | 0.054 | 0.086 | 0.077 | 0.368 | 0.345 | 0.471 |
| 1992 | 0.156 | 0.339 | 0.277 | 0.010 | 0.087 | 0.061 | 0.064 | 0.255 | 0.221 |
| 1993 | 0.305 | 0.563 | 0.355 | −0.022 | 0.087 | 0.098 | −0.072 | 0.154 | 0.275 |
| 1994 | 0.427 | 0.582 | 0.387 | −0.030 | 0.047 | 0.084 | −0.070 | 0.080 | 0.217 |
| 1995 | 0.281 | 0.224 | 0.334 | −0.009 | −0.002 | 0.055 | −0.031 | −0.010 | 0.165 |
| 1996 | 0.156 | 0.164 | 0.231 | −0.002 | 0.034 | 0.039 | −0.010 | 0.206 | 0.170 |
| 1997 | 0.073 | 0.183 | 0.173 | −0.007 | 0.040 | 0.022 | −0.095 | 0.216 | 0.127 |
| 1998 | 0.058 | 0.099 | 0.125 | 0.006 | −0.020 | 0.028 | 0.097 | −0.207 | 0.225 |
| 1999 | 0.031 | 0.074 | 0.112 | 0.003 | 0.000 | 0.015 | 0.098 | −0.002 | 0.133 |
| 2000 | 0.019 | 0.135 | 0.107 | −0.015 | 0.042 | 0.054 | −0.798 | 0.313 | 0.506 |
| 2001 | 0.016 | 0.107 | 0.082 | −0.012 | 0.034 | 0.028 | −0.744 | 0.317 | 0.338 |
| 2002 | 0.021 | 0.129 | 0.091 | −0.001 | 0.059 | 0.020 | −0.071 | 0.459 | 0.216 |
| 2003 | 0.042 | 0.149 | 0.104 | −0.027 | 0.095 | 0.048 | −0.647 | 0.637 | 0.461 |
| 2004 | 0.136 | 0.184 | 0.131 | −0.021 | 0.093 | 0.053 | −0.158 | 0.505 | 0.406 |
| 2005 | 0.051 | 0.146 | 0.157 | −0.036 | 0.091 | 0.058 | −0.703 | 0.624 | 0.372 |
| 2006 | 0.047 | 0.163 | 0.185 | −0.023 | 0.111 | 0.056 | −0.494 | 0.678 | 0.304 |
| 2007 | 0.157 | 0.211 | 0.247 | −0.041 | 0.094 | 0.054 | −0.261 | 0.443 | 0.219 |
| 2008 | 0.156 | 0.188 | 0.153 | −0.016 | 0.046 | 0.065 | −0.100 | 0.242 | 0.427 |
| 2009 | 0.021 | 0.129 | 0.162 | −0.014 | 0.049 | 0.090 | −0.670 | 0.377 | 0.557 |
| 2010 | 0.153 | 0.253 | 0.159 | −0.003 | 0.058 | 0.039 | −0.021 | 0.231 | 0.247 |
| 2011 | 0.182 | 0.206 | 0.176 | 0.017 | 0.131 | 0.127 | 0.095 | 0.640 | 0.722 |
| 2012 | 0.102 | 0.123 | 0.125 | −0.008 | 0.073 | 0.052 | −0.080 | 0.593 | 0.420 |
| 2013 | 0.055 | 0.112 | 0.120 | −0.041 | 0.003 | 0.011 | −0.745 | 0.023 | 0.095 |
| 2014 | 0.075 | 0.105 | 0.099 | 0.000 | 0.012 | 0.086 | −0.004 | 0.118 | 0.861 |
| 2015 | 0.051 | 0.044 | 0.133 | 0.003 | 0.014 | 0.102 | 0.067 | 0.315 | 0.762 |
| 2016 | 0.116 | 0.060 | 0.140 | −0.004 | −0.019 | 0.045 | −0.033 | −0.320 | 0.320 |

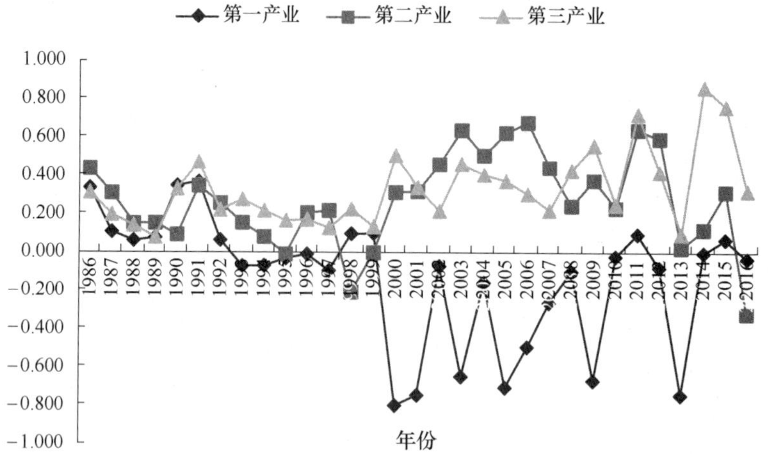


**图 8 福建省三次产业自身的就业弹性系数**

第二产业自身就业弹性系数从 1986 年的 0.436 下降到 2016 年的−0.320，在 1998—2006 年间表现为上升趋势，2006—2016 年间表现为下降趋势。第二产业自身就业弹性系数上几乎都是正值（个别年份出现负值是由于工业制度改革，部分企业试图通过裁员来提高企业效益，造成就业弹性系数为负），反映了经济发展对第二产业产生了较为明显的拉动作用，对第一产业剩余劳动力的转移提供了较大的容纳空间，而 2006 年后就业弹性系数不断下降，表明这种拉动作用明显降低。这可能是由于第二产业的资本深化和技术进步使得劳动生产率提高，但是挤出和分流劳动力的后工业化阶段尚未到达，可见，发展第二产业解决就业问题仍然是关键环节。

第三产业自身就业弹性系数从 1986 年的 0.313 上升到 2016 年的 0.320，30 年间第三产业自身的就业弹性系数均为正值，表明随着产值增加，第三产业能够提供大量的就业岗位。第三产业自身的就业弹性系数 2014 年以前总体表现为上升趋势，主要是因为传统的第三产业具有明显的劳动密集型特点，对应高水平的就业弹性，具有良好的就业吸纳能力，近两年有所回落，可能是因为第三产业劳动生产率发展到一定水平后，劳动的边际收益率相对减少，金融、保险、房地产等新兴第三产业相较于交通运输、仓储和邮政业，批发、零售和餐饮业等传统第三产业更多地表现为资本、技术、知识密集型的特点，这种属性产业的发展能够提供的就业岗位明显不如传统第三产业，从而导致就业弹性系数有所下降。

总体来看，第三产业为新增劳动力创造就业岗位的能力较强，后续的就业供给持续能力也较强。

（二）福建省就业结构与产业结构的偏离系数测算

经济的持续增长是三次产业调整的动力，而产业结构的变动为劳动力就业与流动提供了必要的物质基础，三次产业的结构分布决定了其劳动力的就业结构，产业结构升级是促进就业结构优化的必要保证，而就业结构优化则是促进经济发展与产业升级的必要前提。因此，产业结构优化与就业结构调整是否协调，关系到一国或地区的国民经济是否健康发展。产业结构与就业结构是否协调可以用产业与就业结构的偏离程度来衡量，产业与就业结构的偏离程度是指某产业的产值比重与就业比重的差异程度。结构偏差系数的计算公式为：

$$S_i = I_i / E_i - 1$$

其中：$S_i$ 表示第 i 产业的结构偏离度，$I_i$ 表示第 i 产业增加值占全部 GDP 的比重，$E_i$ 表示第 i 产业就业人数占全部就业人数的比重。偏离度指标越接近零，表示产业结构与就业结构的协调性越好，偏离度指标越远离零，表示产业结构与就业结构的协调性越差。当偏离度指标等于零时，表示该产业的产业结构与就业结构在量上达到均衡，此时的资源配置最优；当偏离度指标大于零时，表示该产业的增加值比重大于就业比重，表示该产业的劳动生产率较高，存在劳动力转入的可能性；当偏离度指标小于零时，表示该产业的增加值比重小于就业比重，表示该产业的劳动生产率较低，存在劳动力转出的可能性。

表 7 为 1985—2016 年福建省产业结构偏离情况。可以看出，1985 年福建省第一、第二、第三产业的结构偏离系数分别为−0.447、0.866、0.568，到 2016 年结构调整后的产业结构偏离系数分别为−0.623、0.347、0.029。说明福建省第一产业就业结构与产业结构的偏离情况并没有因为调整而得到改善；第二产业经过结构调整后就业结构与产业结构逐步变得协调；第三产业结构偏离系数已经接近零，结构逐渐趋于合理。

**表 7　　福建省产业结构偏离度（1985—2016 年）**

| 年份 | 第一产业 | 第二产业 | 第三产业 |
|---|---|---|---|
| 1985 | −0.447 | 0.866 | 0.568 |
| 1986 | −0.465 | 0.854 | 0.594 |

续表

| 年份 | 第一产业 | 第二产业 | 第三产业 |
|---|---|---|---|
| 1987 | −0.467 | 0.771 | 0.622 |
| 1988 | −0.478 | 0.762 | 0.610 |
| 1989 | −0.497 | 0.684 | 0.726 |
| 1990 | −0.519 | 0.621 | 0.820 |
| 1991 | −0.529 | 0.679 | 0.770 |
| 1992 | −0.559 | 0.699 | 0.743 |
| 1993 | −0.574 | 0.763 | 0.558 |
| 1994 | −0.568 | 0.833 | 0.369 |
| 1995 | −0.559 | 0.776 | 0.373 |
| 1996 | −0.563 | 0.714 | 0.395 |
| 1997 | −0.585 | 0.713 | 0.398 |
| 1998 | −0.601 | 0.755 | 0.396 |
| 1999 | −0.619 | 0.757 | 0.430 |
| 2000 | −0.637 | 0.767 | 0.383 |
| 2001 | −0.650 | 0.765 | 0.360 |
| 2002 | −0.667 | 0.747 | 0.353 |
| 2003 | −0.672 | 0.691 | 0.312 |
| 2004 | −0.659 | 0.636 | 0.260 |
| 2005 | −0.665 | 0.554 | 0.247 |
| 2006 | −0.676 | 0.467 | 0.263 |
| 2007 | −0.670 | 0.379 | 0.267 |
| 2008 | −0.656 | 0.379 | 0.207 |
| 2009 | −0.671 | 0.372 | 0.184 |
| 2010 | −0.673 | 0.393 | 0.134 |
| 2011 | −0.650 | 0.365 | 0.092 |
| 2012 | −0.640 | 0.332 | 0.086 |
| 2013 | −0.643 | 0.325 | 0.076 |
| 2014 | −0.638 | 0.361 | 0.026 |
| 2015 | −0.632 | 0.356 | 0.022 |
| 2016 | −0.623 | 0.347 | 0.029 |

福建省产业结构偏离趋势如图 9 所示。福建省第一产业结构偏离系数始终为负，且偏离程度不断加深，就业结构调整大大滞后于产业结构调整，这实际反映了福建省第一产业由于结构调整的需要以及产业自身发展水平的提高，出现大量剩余劳动力，但因为第一产业劳动人员缺乏其他产业相关的劳动技能及知识水平，导致这些剩余劳动力向第二、第三产业转移时出现问题，因此结构调整并没有明显改善第一产业就业结构与产业结构的偏离情况，福建省面临较大的转移和安置第一产业剩余劳动力的压力。

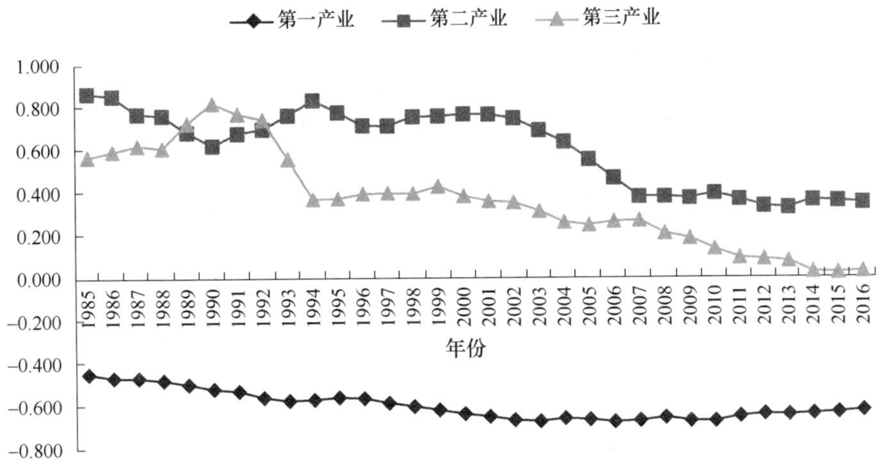


**图 9　福建省产业结构偏离趋势（1985—2016 年）**

福建省第二产业结构偏离系数始终为正，表明第二产业的产值比重始终大于就业比重，即福建省第二产业随着产值的增长，并没有吸纳相应的劳动力，其接收劳动力的潜力还很大。第二产业结构偏离系数在 1990—2001 年间呈现上升趋势，其吸纳劳动力的能力明显不足，随着就业结构与产业结构的调整，2001 年后第二产业结构偏离系数逐渐呈现下降趋势，表明其吸纳劳动力的能力逐渐增强，产业结构与就业结构的偏离程度逐渐均衡。

福建省第三产业结构偏离系数始终为正，1990 年后呈现下降趋势，其绝对值不断向零靠拢，且小于第二产业，表明第三产业实现产值增加的同时，其吸纳劳动力的能力也在不断加强，是接收第一产业剩余劳动力的主力。改革开放以后，传统第三产业快速发展，由于其准入门槛低，对资本、技术、劳动力的素质要求不高，大量的剩余劳动力被吸纳进第三产业。随着现代技术的发展，新型第三产业兴起，需要大量的金融、技术服务等方面的人才，准入门槛提高，势必会对第三产业整体吸纳劳动力的能力造成影响。

总体而言，福建省三次产业的产业结构与就业结构存在不同程度的滞后性，表现为第一产业大于第二产业大于第三产业。其中，第一产业结构偏离系数为负，且绝对值越来越大，劳动力不断流出，对第二、第三产业部门的就业造成巨大压力；第二产业的结构偏离程度逐渐均衡，但是弱于第三产业，还有巨大的吸纳劳动力的潜力；相对来说第三产业的产业结构与就业结构最协调，为吸纳第一产业剩余劳动力，解决就业问题作出巨大贡献。

## 五、供给侧改革下促进福建就业发展的对策建议

供给侧改革下基于产业升级的劳动力分布结构调整能够促进劳动力就业的有效扩张。根据福建供给侧改革下的产业结构升级与就业效应分析，结合福建省劳动力就业结构调整的部分非市场因素的客观存在，需要围绕供给侧改革采取加快促进劳动力就业结构优化调整的对策措施，以实现通过劳动力就业结构调整来促进劳动力就业规模扩张，缓解当前存在的就业压力的最终目标。

### （一）以创新发展战略指引劳动力就业结构的优化调整

第一，必须深入挖掘第二产业的潜力，建设先进制造业大省。加大对制造业技术路线的优化升级，增大研发部门经费投入促进技术创新和高端人才引进，不仅可以提升产业内部科技水平，扩大产业规模，还刺激了企业对劳动力的需求，特别是对才智能力兼具的高层次人才的需求。同时，发展技术、资本密集型产业有助于解决劳动密集型产业产能过剩、竞争力不足、劳动力低效配置问题，促进劳动力学习新技术，提高整体素质，保证有效就业，扩大就业效应。

第二，不断调整产业发展的重点领域，提高现代服务业的发展水平。为此，必须适当给予政策扶持和资金支持，优化服务业发展环境，促进生产性服务业社会化、专业化、高端化，推动生活性服务业便利化、精细化、品质化，重点发展旅游、健康养老、商贸流通、文化体育和家庭服务等生活性服务业，丰富服务内容、创新服务方式，实现总体规模持续扩大，推动现代服务业大发展。

第三，农业是国民经济发展的基础，虽然农业产值在GDP中的比重逐渐下滑，但人们对绿色农产品的需求具有持续性，无形中增加了农业劳动力数量，具有较大的就业吸附潜力。要加快农业现代化步伐，提升农业产出效率，加强农业技术创新和推广水平，通过产业化规模生产、组织化管理和链条化发展不断提高农业供给效率，以满足农产品需求和发挥自身优势为导向发展农业，进而增强农业就业效应。此外，农业生产效率的提升能够提高占我国人口很大比例的农民的收入，进而加大农村消费，刺激企业增加产品和服务供给，也将对劳动力产生更多的需求。

（二）消除劳动力行业转移的制度性障碍

福建省当前劳动力的行业转移未达到理想状态，大量剩余劳动力只能选择涌向没有过多硬性要求的行业之中，容易造成产能过剩。由于经济体制、户籍管理制度、社会保障制度剩余影响的存在，一定程度上制约着我省劳动力的自由转移，也阻碍了劳动力市场一体化机制的建立。

一是营造按市场机制运行的公平、公正的体制环境。随着改革开放的深入，计划经济体制对劳动力市场化机制的影响逐渐降低，但仍存在一定的影响痕迹。在国有经济单位或事业单位的劳动需求、薪酬工资等方面仍存在政府干预微观经济活动单位经营管理的现象。在坚持和完善公有制为主体、多种所有制经济共同发展的基本经济制度背景下，市场化改革的核心、突破口在于建设统一开放、竞争有序的市场体系。在推动市场化改革的过程中，离不开政府经济调节、公共服务、市场监管以及社会管理四大经济职能的发挥，以稳定宏观经济运行。

二是推进户籍制度的改革，促进城乡劳动力自由移动。户籍制度作为一项基本的宏观制度，是保障公民就业、教育、医疗、社会保障等方面权益不受侵害的重要依据。计划经济体制下我国长期实行的城乡二元户籍制度是多年来福建省农村劳动力转移的最大制度障碍，阻碍了城乡劳动力的自由流动以及劳动力配置效率的提高，致使人口年龄结构优势无法充分得到利用。此外，城乡二元户籍制度对于公民户口性质的区分，也会加大农业劳动者在就业、教育以及社会保障等方面受到区别待遇，加剧了贫富差距。因此，加快推进户籍制度的改革进程刻不容缓。

三是建立健全一体化的社会保障体系。随着劳动力的自由转移和一体化劳动力市场的建立，更迫切地需要构建一体化的社会保障体系，以确保形成与劳动力相配套的社会福利与社会保障制度。一体化的社会保障体系包括养老保险、医疗保险、失业保险、居民最低生活保障等一系列保障，将社会保障制度覆盖到所有的劳动者，消除人员流动过程中的社会保障方面的障碍，并建立健全的工伤、医疗、子女教育等配套保障制度，保证农村富余劳动力能够无后顾之忧地实现跨城乡、跨地区、跨行业转移。

（三）推进教育现代化，提升教育对经济的服务能力

一是重视教育的发展，推动劳动者素质的不断提高。产业结构调整的演进过程中，产业结构的升级自发形成了资本密集型和技术密集型占比提升，发展产业附加值高的产业是大势所趋，由此出现了劳动者的素质和技能与经济的发展和技术的进步脱节的现象，从而产生了劳动力结构性失业，进而影响到就业结构与产业结构的协调。产业结构的不断优化对劳动者的素质提出更高要求，现代教育结构与就业结构的调整应以产业结构调整为导向，为产业结构的调整和优化服务，从而实现劳动力的优化配置，同时与现代化的发展水平相适应。这与文中对劳动力就业结构优化调整的预测分析中所得到的劳动力质量是提升劳动力就业结构优化调整的重要内容之一的结果相契合。

二是提升教育为经济服务的能力 。教育的发展在为社会提供高精尖的高科技产业从业者的同时，也提供为社会基本生活服务的普通劳动者。教育通过培养多层次高素质劳动力人才，实现其对服务经济发展的职能。而这一职能的实现，取决于劳动力人才是否能满足经济活动单位的用人要求并为其创造经济利益。因此，政府应建立有利于劳动者接受继续教育和职业培训的灵活学习制度，加大对人力资源的开发力度，从多种渠道大力开展岗位培训、社区教育、农村成人教育和老年教育等非学历教育；建立个人学习账号和学分累计制度，推行普通高校、高职院校、成人高校之间学分转换，畅通继续教育、终身学习通道，加强劳动者职业观念、职业道德、职业素质和职业技能建设，从而提高就业质量。同时，加快建立以职业能力为导向、以工作业绩为重点，注重职业道德和专业知识水平的技能人才的评价体系。建立起政府买单、企业主办、劳动者参与的长效培训机制。最后，加快城市现代化建设，为人才提供适宜的居住环境，真正地留住人才。

## 参考文献

[1] 福建省统计局．福建统计年鉴（2017 年）[M]. 北京：中国统计出版社，2017.

[2] 毛兴伟．浅析供给侧结构性改革对就业结构的影响 [J]. 现代经济信息，2017（12）：12.

[3] 李惠武．供给侧结构性改革、促进就业与发展民营经济 [J]. 广东经济，2017（2）：14-23.

[4] 卫平，任安然，李健．中国产业结构和就业结构的关系研究——基于协调性和冲击性视角分析 [J]. 经济问题探索，2015（11）：54-62.

[5] 曾湘泉．中国人力资源变化及未来趋势 [J]. 人力资源管理，2013（2）：8-9.

[6] 李文星，袁志刚．改革开放以来中国农村劳动力就业问题的回顾与总结 [J]. 当代经济，2010（11）：32-33.

[7] 张抗私，王振波. 中国产业结构和就业结构的失衡及其政策含义 [J]. 经济与管理研究，2014（8）：45-53.

[8] 王少国，刘欢. 北京市产业结构与就业结构的协调性分析 [J]. 经济与管理研究，2014（7）：85-90.

[9] 刘伟，蔡志洲. 产业结构演进中的经济增长和就业：基于中国 2000—2013 年经验的分析 [J]. 学术月刊，2014（6）：36-48.

[10] 王欢，黄健元，王薇. 人口结构转变、产业及就业结构调整背景下劳动力供求关系分析 [J]. 人口与经济，2014（2）96-10.

[11] 张抗私，高东方. 辽宁省产业结构与就业结构协调关系研究 [J]. 中国人口科学，2013（6）：80-90，128.

[12] 贾兴梅，刘俊杰. 中国城镇就业结构的区域专业化优势变动研究 [J]. 中国人口科学，2013（4）：44-53，127.

[13] 李丽萍. 改革开放以来我国城镇非正规就业分析 [J]. 经济体制改革，2014（6）：27-31.

[14] 韩雪，张广胜. 预期就业风险、就业动机与进城务工人口就业选择行为研究 [J]. 人口与经济，2014（6）：79-90.

# 湖北省就业结构性问题研究报告[①]

张　伟　詹　刚[②]

**摘　要：**党的十九大报告明确强调“注重解决结构性就业矛盾”。近年来，在高质量发展、高质量就业的双重动力下，劳动力结构与经济转型需求不匹配的问题更加突出。用工缺口大、员工流失多、招人成本大，成为企业用工“三大难题”，缺少优质岗位、缺乏核心技能、欠缺合理观念，是劳动者就业的核心问题，两方面共同构成新时代就业结构性问题。调查分析表明，造成就业结构性矛盾的原因主要有产业结构与劳动力供给不匹配、岗位供给与劳动者期望不相称、人力资源培育和市场需求不适应、人力资源社会性流动仍有体制机制弊端四个方面。供求不匹配已经成为就业新常态。留得住劳动者的企业，就发展得好；就业吸引力强的地区，就具备竞争优势。对此，针对性提出以高质量发展促进高质量就业、引导企业与员工建立合伙共进关系、促进人力资源充分运用和有序流动、改革人才培养机制和培养模式、加强全方位就业服务体系建设等建议，有利于下大力气解决就业结构性问题，促进经济实现高质量发展。

**关键词：**就业　结构性　人力资源　高质量发展

① 该篇论文获得“2019 年全国人才与人事研究主题征文活动”三等奖。

② 张伟，湖北省人力资源和社会保障厅就业促进与失业保险处副处长；詹刚，湖北省发改委就业和收入分配处副处长。

在高质量发展、高质量就业的双重动力下，劳动力结构与经济转型需求不匹配的问题更加突出。“企业招工难、留人难”与“劳动者就业难、择业难”共同构成新时代就业结构性问题。对此，我们开展了专项调研，形成研究报告。

## 一、湖北省就业结构性问题更加突出

### （一）企业：用工缺口大、员工流失多、招人成本大，成为用工“三大难题”

一是招人难、缺口大，在全省域不同程度存在。今年湖北省就业专项调查显示，57.9％的企业因发展产生缺工较多，27.1％的企业存在季节性、临时性的用工短缺，仅 14.1％的企业缺工数量较少。企业用工调查显示，企业平均缺工率 8.8％，缺工率高的行业依次为加工制造、电子信息、纺织服装、餐饮服务，缺工率均超过 10％。调查中，富士康武汉公司、联想集团武汉分公司、伊利集团黄冈分公司等企业表示，企业缺工已经成常态，对企业生产经营造成较大压力。在荆州、咸宁等地县市调研中发现一些“空心企业”“空心园区”，县域常住人口多出少进、只出不进，缺乏劳动力成为不少县市招商引资和经济发展的重要瓶颈。同时，部分行业内部岗位结构性问题日渐凸显，如随着“互联网＋”、人工智能、数据挖掘等技术崛起，电子商务、金融证券和数字领域招人难问题突出。

二是留人难更加突出，成为企业发展的重要瓶颈。随着企业重视招工问题，政府部门主动服务，招工难得到一定缓解，而“留人难”问题凸显。就业专项调查显示，一年内，每个企业平均有 19.39 名员工辞职，最多的企业达到 279 人。据人力资源服务机构测算，一年内，制造企业 1 个岗位至少招工 3 次才能保证正常运转。调查显示，武汉企业员工月流失率平均为 7.5％。富士康武汉公司新进厂员工月流失率超过 20％，有的岗位一年要招工近 10 次，才能留住一两个人。襄阳市调查显示，部分企业员工平均流失率达 18％，有的企业新进员工一年内流失率达 50％。武汉市人力资源市场负责人反映，员工越流失、就越加班，越加班、就越流失，陷入恶性循环，这种现象近年来愈演愈烈，不仅武汉，全省乃至全国都存在。

三是招工成本、留人成本水涨船高，隐性用工成本不容忽视。根据湖北省一季度企业用工调查情况看，所有受访企业均表示2018年员工工资福利待遇不会减少，平均增幅为10.44%。2018年全省普工、技工的平均薪酬分别为3 160元/月和4 242元/月，较去年增长9%和10.25%，用工成本刚性增长趋势十分明显。用工成本不仅包括工资、奖金、福利和“五险一金”等显性开支，还包括员工招聘、稳定岗位等隐性开支。招普通的工人，招聘成本在每人百元至千元不等。联想集团武汉基地反映，2013年联想集团每招1名普工的成本是50元，2017年升至500元，4年涨了9倍。富士康武汉公司对老员工每介绍1名新员工奖1 000～1 500元，每招1名普工的成本约1 500元。为吸引和留住人员，一些企业则通过发放节后“返岗奖”方式留住员工，如富士康对节前守岗、节后返岗人员每人奖励400元。不少企业为返岗职工报销火车票、汽车票等。

（二）劳动者：缺少优质岗位、缺乏核心技能、欠缺合理观念，是劳动者就业的核心问题

一是就业岗位“找到难”向“找好难”发展。“就业难”表面上是劳动力供给大于需求的数量矛盾，而实际上是供需不匹配的结构性矛盾，痛点是找到优质就业岗位难度大的“择业难”，反映为报酬低、强度大、前景差等就业质量低的问题。如，加工制造等行业一线操作岗位多为“两班倒”，8小时为正常上班，另外4小时为加班，每天工作12小时，此外还经常加班，月工资折算至小时工资后甚至达不到最低工资标准；互联网等行业部分采取“996”工作时制，即每天上午9点上班，晚上9点下班，每周工作6天，在这样的状态下，员工几乎没有个人休息和家庭生活时间。2018年“春风行动”期间，全省参会企业达4.5万家，156万人次进场求职，均创历史新高。“供需两旺”背后，一定程度上反映的是部分企业员工反复流失、反复招聘，部分劳动者不断求职、不断跳槽，供需双方共同构成市场“虚火旺盛”。

二是重点群体、困难群体就业问题更加凸显。从高校毕业生看，湖北省“十三五”期间每年应届生总量仍处于43万人左右的历史高位，大学生就业受教育结构、产业结构、就业观念和集中供给等因素影响，素质和技能不适应市场需求的问题突出。同时，湖北省毕业生起薪较低、优质岗位不足，导致优秀毕业生外流现象仍然比较突出。从经济转型分流人员看，化解产能过剩、淘汰落后产能、智能制造的引入，必然产生一批失业人员，他们的文化程度和就业技能偏低，再就业难度很大。特别是一些资源枯竭

地区和独立工矿区，资源枯竭后本地产业难以提供有效就业岗位。从就业扶贫看，湖北省有9个国家级深度贫困县，建档立卡贫困人口287.5万人。根据就业信息全员核对统计，截至2018年3月，其中已就业68.23万人。受个人就业技能、身体状况、就业意愿的影响，帮扶就业难度很大。

三是就业观念滞后于时代发展，加剧了结构性矛盾。加强教育培训是提升就业质量的重要途径，但近年来企业开展培训的积极性普遍不高，认为缺人就招，担心培养了人才反而外流，宁可高薪外聘，也不愿投资培养。劳动者积极性不高，宁愿拿两三千月薪当白领，也不愿拿四五千月薪当蓝领；宁愿跑外卖、开滴滴、当网红，也不愿学技能、进车间从事实体经济，这在年轻人中成为趋势。同时，各地投入的积极性也不高，培训机构普遍规模小、底子薄。观念问题还没有扭转，如按照湖北省规划，湖北省工业机器人主营业务收入2020年达到100亿元，制造业机器人应用率达50%以上，全省虽然有28所学校开设工业机器人专业，但招生规模较小，每年招生1 500人左右，且招生不理想，家长、学生认为这个专业高大上，学制长，很难学。此外，一些劳动者缺乏履约意识和职业精神，调研座谈中不少中小企业特别是餐饮服务、加工制造企业反映，一些年轻人进入企业后，工资不要，招呼不打，不知缘由，说走就走，近期这样的情况更加突出。敬业精神欠缺、就业观念滞后，加剧了招工难、就业难问题。

## 二、造成就业结构性矛盾的原因分析

### （一）产业结构与劳动力供给不匹配

湖北省第三产业提供了全省就业岗位数量的57%，成为吸纳就业的绝对主力，但湖北省第三产业比重低于全国平均水平6.4个百分点，第二产业占比40.5%，高于全国平均水平4个百分点，产业结构仍待优化。虽然湖北省新经济快速发展，但技术密集型、资本密集型产业和先进制造业占比仍然偏低，区域布局很不均衡。钢铁、石化、建材等传统劳动密集型产业占比仍然较大。近年来，湖北省工业企业“下沉”，“园区化”“远郊化”明显。2017年县域经济占全省生产总值比重达60.5%，大量的工业企业从大中城市外迁或招商引资到县市区的产业园区。调查发现，湖北省部分地方并未在产业、园区规划布局上对劳动力供求作出科学预判，并未对务工人员及公共服务进行统筹规划，以致建设摊子铺开了，招商引资项目上马了，却出现“招工难”“留人难”。

（二）岗位供给与劳动者期望不相称

近年来，劳动者对就业岗位的期望发生了巨大变化。新生代“90后”“00后”的物质条件大幅改善，受教育程度提高，工作的目的不仅仅是赚取工资，对工作时间、工作环境、学习培训、住宿条件等提出了更高要求。当前，共享经济、平台经济蓬勃发展，如共享汽车、共享住宿、代驾司机、卖场主播、外卖骑手等，新就业形态不断涌现，“平台式就业”已经成为基本就业景观，打破了传统的“全时雇佣”关系，为劳动者提供了更多选择的机会，就业相应从“生产经济”下的“标准化”向“消费经济、服务经济”下的“个性化、多样化”转型。这些新变化，都抬高了用人留人门槛。同时，湖北省相当一部分制造类企业采取低端发展模式，一味地压低人工成本，导致这些企业长期徘徊在产业低端，低端发展模式限制了企业工资水平的增长。

（三）人力资源培育和市场需求不适应

目前湖北省正处于工业化的中期，中低端加工制造业和服务业的用人比重一直维持在六成以上，占新生劳动力60%的大学生无法与市场六成以上的中低端需求对接。调查发现，职业教育与高等教育相比，无论是在重视程度还是在资源配置上都有很大的差距。湖北省一些职业学校十分红火，由于机制灵活，专业对口，学生适应性强，深受企业欢迎，就业率较高。同时，高校的部分专业与市场需求不匹配，而新的专业结构、师资结构、知识更新难以及时跟进调整，致使部分企业急需的专业人员，在大学生中难招到，也直接导致了部分毕业生就业难、择业难问题。

（四）人力资源社会性流动的体制机制仍有弊端

受户籍制度及其衍生政策限制，外来务工人员及其子女难以享受当地的公共服务，为了医疗、就学等问题，来回在城乡之间流动，加剧了劳动力市场的不稳定性。同时，体制性的行业壁垒导致就业不公平。调查发现，行业之间职工收入存在较大差距，水电气供应、烟草、金融、石油、电信等行业职工收入普遍偏高，而农林牧渔、零售批发、餐饮服务、加工制造等行业职工收入偏低。一方面，优势行业出现了“百人竞一岗、千人争一职”的现象；另一方面，众多求职者尤其是大学生、新生代农民工在弱势行业面前止步不前，宁愿在家“啃老”。收入差距大，分配不平衡，加剧了招工难问题。

## 三、关于破解就业结构性问题的对策建议

当前，湖北省经济由高速增长阶段转入高质量发展阶段，供求不匹配已经成为就业“新常态”。留得住劳动者的企业，就发展得好；就业吸引力强的地区，就具备竞争优势。应当坚持以人民为中心，优化就业政策和体制机制，下大力气解决就业结构性问题，形成人力资源“集聚效应”，促进经济高质量发展。

（一）以高质量发展促进高质量就业

经济发展质量决定就业质量。要主动适应传统大规模生产加快向小型化、智能化、专业化的转变，适应灵活就业、兼职性和临时性就业的大量兴起，加大对新经济、新就业的支持，通过完善风险控制、信用体系、质量安全、税收、社保等方面政策法规，创造更多就业机会。对长期招工难、效益低的企业要促进其产业升级、就业提升。

（二）引导企业与员工建立合伙共进关系

在市场经济条件下，对人力资源的竞争，很大程度上是薪酬待遇、分配制度的竞争，是企业和产业水平的竞争。应遵循市场规律，促使企业提高薪资报酬、改善用工环境，引导建立企业发展“合伙人”制度，适当提高劳动者的工资水平，努力降低非人力成本。扭转用人单位不合理的加班常态化和任意延长工人的劳动时间，依法督促企业落实加班劳动报酬、带薪休假制度。鼓励企业为职工提供合理的住宿、就餐、交通等便利，提高企业吸引力、凝聚力。

（三）促进人力资源充分运用和自由流动

在新增投资、新上项目时，将用人需求与项目规划统筹考虑，及时掌握企业拟招工数量和技能、文化要求，帮助企业提前招聘，按需培训，以满足企业用人需要。及时发布工资指导价位，运用价值规律引导劳动力流动。无论户籍同等提供市民待遇，对有固定住所、稳定就业的农村劳动者取消落户限制。加强廉租房、公租房建设，解决外来人员的子女教育、医疗等问题，保障劳动者安居乐业。

（四）改革人才培养机制和培养模式

面向全体劳动者提供普惠性、均等化、贯穿学习和职业生涯全过程的技能培训，加快建设知识型、技能型、创新型产业工人队伍。支持技能人才紧缺地区新建、改造公共实训基地。加快实施整建制购买培训项

目。提高职业教育的比重，加大职业培训投入，引导一批具备条件的高校转向职业教育，促进人才培养更好地适应经济社会发展需要。根据市场需求，优化高校学科专业结构，提高大学生就业能力与市场需求的匹配程度。

（五）加强全方位就业服务体系建设

加强公共就业服务基层平台基础设施建设，加大就业服务信息化建设力度，将公共就业服务延伸到乡镇和社区，延伸到企业和校园。促进人力资源服务业发展。打破垄断行业就业壁垒，全面实行国有企事业单位公开招聘制度，优化就业资源，促进就业公平。对平台经济、共享经济中的多重劳动关系或劳务关系予以确认和规范，切实保障劳动者合法的劳动权益。

# “归雁经济”推动县域经济快速发展——郓城县开展支持农民工等人员返乡创业试点工作的调研与思考[①]

王建伟　刘　凡[②]

**摘　要：**本文分析了郓城县发展返乡创业的主要优势，回顾了郓城县开展返乡创业工作情况以及在返乡创业工作方面取得的成效，提出郓城县返乡创业存在融资渠道较少、创业融资困难、创业培训薄弱、创业载体少及产业基础相对薄弱等问题。针对以上问题，提出通过加强农民工等人员返乡创业的组织领导和推进机制，建立健全工等人员农民返乡创业的扶持政策体系，进一步强化技能培训和创业培训，加大政策扶持宣传和落实力度四个方面的措施，解决返乡创业试点工作推进过程中的问题，以更好地促进返乡创业，发展“归雁经济”，推动县域经济的高质量发展。

**关键词：**返乡创业　农民工　归雁经济

① 该篇论文获得“2019年全国人才与人事研究主题征文活动”三等奖。

② 王建伟，郓城县人力资源和社会保障局高级讲师；刘凡，郓城县人力资源和社会保障局科员。

## 一、返乡创业时代背景

农民工、大学生和退役士兵等返乡人员是一支重要的创业力量，他们通过在外学习、打拼，学到了丰富的经营管理知识，积累了大量的创业经验，带着技术、资金等资源返乡参与当地经济建设，正成为一支促进县域经济发展的重要创业队伍。推进农民工等返乡人员创业，是积极贯彻《国务院关于进一步做好新形势下就业创业工作的意见》（国发〔2015〕23号）“把创业和就业结合起来，以创业创新带动就业，催生经济社会发展新动力，为促进民生改善、经济结构调整和社会和谐稳定提供新动能”精神的具体举措。因此，要切实发挥农民工等返乡人员的创业积极性，使之成为推动当地经济发展的重要动力源。

为深入贯彻落实《国家新型城镇化规划（2014—2020年）》《中共中央国务院关于加大改革创新力度加快农业现代化建设的若干意见》（2015年中央1号文件）、《国务院关于进一步做好新形势下就业创业工作的意见》（国发〔2015〕23号）、《国务院办公厅关于支持农民工等人员返乡创业的意见》（国办发〔2015〕47号）等文件精神，认真落实“大众创业、万众创新”政策，按照国家发展改革委等10部门《关于结合新型城镇化开展支持农民工等人员返乡创业试点工作的通知》（发改就业〔2015〕2811号）要求，郓城县作为山东省唯一入选国家新型城镇化综合试点县，结合新型城镇化试点取得的初步成果，开展支持农民工等人员返乡创业试点工作。郓城县自2016年全面启动返乡创业工作以来，全县返乡人员新注册私营企业18 075家、个体工商户27 574家，吸纳13.6万人就近就地转移就业。

## 二、郓城发展返乡创业的主要优势

### （一）国家新型城镇化综合试点县的建设，为农民工等返乡人员提供了多重创业机会

2014年12月，郓城县作为山东省唯一的县级单元，成功入选国家新型城镇化综合试点地区。国家发改委等11部委正式批复了《郓城县国家新型城镇化综合试点工作方案要点》（发改规划〔2014〕2960号），明确以建立多元化可持续的城镇化投融资机制为突破，推进新型城镇化发展，打造全国县域城镇化投融资发展样板的改革目标，承担“推动城乡一体

化发展”和“就地就近吸纳农业转移人口的县域城镇化模式”等试点任务。城镇化试点具有综合性、系统性等特点，需要各方面配合，全社会参与，在优化城乡总体布局、提升新型城镇建设水平、建立统筹城乡的土地利用格局、打造县域城镇化新模式、提升城乡产业一体化水平、加快城乡基础设施建设、推进城乡公共服务均等化、完善城乡协调发展机制等主要任务方面协同推进。因此，结合并借助国家新型城镇化综合试点工作的开展，郓城县积极鼓励农民工等人员进城创业与返乡创业，创新工作机制，突破发展瓶颈，努力探索出一条经济欠发达县域城镇化与农民工等人员返乡创业相互促动、协同发展的新模式。

（二）人口大县及农民工等人员返乡的创业大县，初步形成了多层次创业者群体

郓城县户籍人口128万人，属人口大县，农业人口98万人，又是农业大县，县外转移就业18万人，是典型的劳动力输出大县。每年回郓的高校毕业生2 000多人，加上退役士兵，返乡的农民工等多主体创业者群体中，不乏具备一定技术和管理经验的人才，有的在外面积累了一定资金，有的掌握了1～2门专业技能，如养殖、种植、科技开发、企业经营管理等，拥有比较丰富的从业经验，具有强烈的创业动机和愿望，有的甚至带着项目回家乡创业。这些返乡农民工、高校毕业生、退役士兵，以及在外创业者等多层次人群，形成了一支充满活力的创业者队伍，成为郓城县创业创新活动的生力军。

（三）积淀厚重的文化底蕴，为农民工等返乡人员提供了创业精神食粮

以郓城县为中心的鲁西一带传承并形成了独特的文化，核心是“勇武”和“侠义”，其当代含义是：倡导创新、冒险，敢作敢为，重信守诺，言必有信。在经济基础相对落后、创业资源相对匮乏的郓城县，无论哪一类创业者，都不乏创业精神。正是这种敢于创新、信守承诺的创业精神和商业伦理道德，使郓城县在改革开放以来，能够较快实现各项事业的起步、腾飞和发展。

郓城县还在县级各类媒体开辟《全民创业》专栏，通过专题专访、系列采访、深度报道等形式，多渠道、宽领域深入报道创业政策、创业经验等，形成强大舆论导向和舆论声势，引导带动广大群众积极参与全民创业，塑造了积极向上的创业文化氛围，形成了政府激励创业、社会支持创业、劳动者勇于创业的良性互动机制。

（四）创业政策体系的逐步完善，降低了农民工等人员返乡创业的成本

郓城县研究制订了《郓城县关于支持民营经济高质量发展的实施意见》，《郓城县支持农民工返乡创业实施意见》等6个配套文件，在财税用地、金融，租金、电费和资金补贴等方面，制定了含金量高的鼓励政策和措施，设立了1 000万元的创业贷款担保基金、2 000万元的过桥资金，为530余家中小微企业融资11.2亿元，累计发放创业贷款2.7亿元、财政贴息639万元；设立了“县长创业奖”，连续3年重奖市级创业示范基地6处、市级返乡创业园1处、“归雁之星”“大学生创业之星”40名，发放奖金460万元，努力破解返乡创业人员的资金瓶颈。

（五）营造良好的创业服务平台，激发农民工返乡创业的活力

郓城县在菏泽市率先成立县返乡创业服务中心和23处镇级返乡创业基层服务平台，进一步完善充实了“创业指导专家库”“创业项目库”和“创业人才库”，为返乡创业人员提供全方位的免费指导和培训；围绕“放管服”改革，深入推进“一次办好”“只跑一趟”“一趟不跑”，建成运营自助办税服务大厅，打造了“一联三化”郓城政务服务样板。

## 三、开展返乡创业工作情况

（一）建立三项机制，凝聚整体合力

紧紧围绕“回得来、留得住、干得好”，建立一整套行之有效的体制机制，铺好返乡创业“最先一公里”。一是建立组织领导机制。成立了由县长任组长的专门班子，拿出5名县级领导干部靠上抓。县财政每年列支1 000万元资金专项扶持。连续实施两轮返乡创业三年行动计划，出台6个方面的配套文件，28个部门同向同力，县乡村三级同频共振，形成了整体工作合力。二是建立对接沟通机制。在郓城籍在外成功人士较为集中的北京、上海、杭州、深圳等27个大中城市设立了返乡创业服务站，搭建起沟通联络平台，创建了返乡创业微信群和公众号，举办返乡创业座谈会58次，寄发宣传页和创业政策汇编8万余份，推送工作信息10万条；深入开展“接你回家”系列活动，全力打通返乡创业绿色通道。三是建立示范引领机制。总结推广返乡创业典型286个，汇编《郓城百名创业之星》《创业风采录》两期，编印简报20期，在县电视台、政府网站开辟专栏，主流媒体宣传推介400余次。创建返乡创业示范基地209处、示范点355个。设立“县长创业奖”，拿出460万元，连续3年重奖创业示

范基地和"归雁之星",进一步激发了返乡创业热情。

（二）筑牢三个平台，提供精准服务

紧紧抓住服务、园区、融资三个关键环节，打通返乡创业"最后一公里"。一是筑牢服务平台。在全省率先设立县级返乡创业服务中心、23个镇级返乡创业服务站和690个村级服务点。建立了完备的人才库、项目库和专家库，纳入创业指导专家150余名、创业人才信息3 000余条、创业项目300余个，与县政务服务中心资源共享、信息互通，变过去"来回跑"为中心"牵头办"。深入推进"一次办好"改革，着力打造"企业吹哨、部门报到"郓城升级版。累计提供政策咨询4.3万人次，办理各类服务事项1.5万件。二是筑牢园区平台。以实施"三六九"产业提升工程为引领，整合资源，创建市级返乡创业园1处、市级创业孵化基地6处、乡镇特色创业园7处。县返乡创业园建成标准化厂房25万平方米，实现"七通一平"，69家企业"拎包入驻"，完成固定资产投资52亿元。同时，对纳入省市重点的返乡创业项目，在土地指标上予以倾斜，解决了企业用地问题。三是筑牢融资平台。设立返乡创业银行，惠及750名初始创业者，带动就业6 700余人。

## 四、返乡创业工作成效

通过政策激励、亲情招商、人脉招商等，吸引了一大批成功人士返乡创业，"归雁效应"日趋显现。

（一）带动了就业增长

返乡创业企业大多是劳动密集型企业，带动就业的能力较强。例如：双桥镇返乡青年葛建忠，创建低碳节能门窗企业，引进意大利、德国自动生产线，生产的门窗供不应求，带动就业300余人。北京返乡创业人士李明远，创建了山东好朋友生物科技公司，吸纳就业200余人，产品出口美国、欧盟等国家和地区。在县委县政府返乡创业政策的感召和大力扶持下，返乡创业服务站成都站站长刘勇2018年毅然返乡创建了郓城煌韵民族乐器制造有限公司，项目从选址、建厂到第一批"煌上煌"古筝正式生产面市用了不到一年的时间，项目总投资6 000万元，吸纳100余人就业。2016年以来，全县返乡创业带动就业人数达到13.6万人。

（二）拉动了城乡居民增收

返乡创业有效拉动了城乡居民收入增长。例如：返乡创业服务站济南站站长刘献福在县返乡创业园内创办了百帝气动科技股份有限公司，一年多来共吸纳 200 余人就业，年产 1 000 万件（套）标准产品，年产值 3.5 亿元，实现税收 2 000 万元以上。该公司员工人均月收入 4 500 元左右。随官屯镇女青年李海霞从北京返乡后承租随西村扶贫车间，创建百利安制衣公司，吸纳当地 150 余名农村妇女就业，人均年收入 2 万元以上，虽不如外出务工收入高，但在家门口上班挣钱，既能照顾家庭又不耽误农活，广大群众的幸福感、获得感不断增强。

（三）助力了乡村振兴

返乡创业助推了乡村经济发展和村容村貌的改变。如南赵楼镇返乡创业人员张庆涛，既是村支书，又是带领村民致富的能手。他帮助村里修街修路，还承包了土地，成立绿禾公司产业园，该产业园是县现代农业示范基地，总投资 7 600 万元，占地面积 1 720 亩，建有蘑菇大棚 100 座，高标准蔬菜大棚 90 座，现代化育苗温室 1 座；规模化养猪场 2 座，各类优质蔬菜年产量达 1 000 万斤、蘑菇产量达到 130 万斤，带动 300 余名群众就业脱贫。目前，全县市级以上“一村一品”示范村达到 194 个，新增农业新型经营主体 4 832 家，其中返乡人员创办的占 72%，有力地促进了乡村振兴。

（四）提升了城镇化率

郓城县从户籍制度、社会保障、公共服务等方面入手，制定了一系列吸引返乡人员在城镇创业就业的优惠政策，有效拉动了城镇就业，成为农业转移人口市民化的重要动力，推动了新型城镇化进程，常住人口城镇化率比 2015 年提高了 4.73 个百分点。如西安返乡青年张来爽积极响应返乡创业号召，于 2017 年正式回乡创业，创办了郓城润捷商贸有限公司，公司下辖 6 家连锁超市分布在县城内各大居民区附近，并拥有自己的配送中心和蔬菜种植基地，为超市提供绿色放心货源。目前，公司总投资已达到 1 200 余万元，共吸纳和带动 180 余人在县城内就业，为推动城镇化率提升做出了贡献。

## 五、试点推进过程中存在的困难与问题

近年来，郓城县在开展支持农民工人员返乡创业试点工作方面虽然取得了一定的成效，但试点推进过程中也存在的一定困难与问题，主要体现为以下几个方面：

（一）融资渠道较少，创业融资困难

农民工等人员返乡创业，主要依靠家庭和打工积累的自有资金，在创业初期尤其是随着生产经营规模的扩大，资金投入捉襟见肘。在调研的农民工返乡创办的企业中，有几家企业出现了融资难的问题，如正华玻璃科技有限公司、郓城元大化纤有限公司。据企业反映，企业发展需要不断更新具有高技术的新生产线，但由于融资困难，银行贷款门槛高、周期长、担保手续复杂，资金缺乏已成为制约返乡创业者创业发展的瓶颈。

（二）技能培训、创业培训还比较薄弱

随着城镇化建设的推进，外地企业落户，各类创业企业迸发，就业岗位增加，现有富余劳动力文化科学知识、电脑技能、种养殖、生产制造等专业技术培训亟待加强，而县职业技能培训、创业培训机构规模小，专业不全，培训计划与市场需求难以挂钩和对接。据山东百帝气动科技股份有限公司反映，公司进入园区以来，把以前的传统设备和工艺逐步更新换成了新工艺和专用设备，机器人逐步代替人工，但是缺乏设备维护管理和技术操作等高素质人才支撑来运行新的生产线，造成企业的科技转型和技能提升存在困难。

（三）创业载体少，缺乏科学的规划指导

目前，返乡创业的农民工出于成本考虑，一般都在集镇或家门口，比较分散、单一，加之乡镇经济薄弱，建设滞后，通信、交通、金融、能源等配套设施不同程度地存在问题。据山东佰诺生物科技有限公司反映，由于公司生产特点，招收了大量外地技术工人，但庞大的用工数量没有充足的职工宿舍作为支撑，租赁住房导致用工成本增大。城镇员工上下班没有公共交通工具，上下班路途远、时间长、不方便，也增加了招工难度。

（四）产业基础相对薄弱，对返乡创业的吸引力不高

目前，郓城县产业基础相对薄弱，传统产业占据主导地位，科技创新型产业相对弱小。一是由于受技术、资金、厂房、劳动力等生产要素的影响，大多数返乡创业项目实力不强、起点不高，项目少、项目小，农民工主要从事科技含量低的低附加值产业，缺乏科技含量高、市场占有率高的产品。二是用工环境较差，产业工人留住难。返乡创业项目多数为劳动密集型产业，劳动强度大，配套设施不足，对务工人员缺乏吸引力。

## 六、破解难题的对策和建议

针对返乡创业试点工作中存在的问题，提出以下对策建议：

（一）加强返乡创业的组织领导和推进机制

建立返乡创业方案实施协调机制，明确各部门、乡镇、街区的任务分工和时间要求，加大工作目标考核和督查力度。加强各部门、乡镇、街区间政策制定和组织实施的协调配合。各乡镇、街区抓紧研究制定本辖区关于返乡创业的具体推进方案，明确目标任务，制订年度计划，抓好重点任务的深入实施；要建立健全返乡创业工作的考核机制，科学制定考核指标体系和考核办法，采取季度调度、半年通报、年度评估等措施，抓好督导和落实；建立健全推进返乡创业监督机制，做好返乡创业监测评价工作，加大对返乡创业工作的监督力度。

（二）建立健全返乡创业的扶持政策体系

在市场扶持政策方面，一是进一步放宽市场准入条件。二是拓宽创业领域。指导返乡创业人员选择适宜当地资源条件、市场特点的产业进行创业，予以指导帮助。在财政扶持政策方面，根据实际情况，可实行对返乡创业人员减免部分税收、提高税收起征点的优惠政策。对返乡创业人员从事个体经营的，适当提高营业税起征点。

（三）进一步强化技能培训和创业培训

一是整合培训资源。以当地县级技工学校等 7 处定点培训机构为主要载体，进一步整合优化培训资源，培育和确定优秀培训机构。二是提高教学质量，加强技能培训和创业指导。培训机构要结合本地产业和市场发展需求，编制适合本地的培训教材，培训当地急需的机械加工、农业科技和文化旅游等方面的人才。三是灵活培训形式，采取“订单式”校企合作等形式，深入各类企业开展短期实战培训、转岗培训和技能提升培训。

（四）加大政策扶持宣传和落实力度

进一步宣传落实企业社会保险补贴、一次性创业补贴、创业贷款贴息等政策。扩大商业银行在农村和乡镇网点的布局，为返乡创业人员创业提供必要的资金支持和收益回报。加强与在外创业成功人士的联络，大力吸引返乡创业。发挥该县在外创业成功人员多、外出务工人员多的优势，宣传回乡创业的优惠政策，利用返乡创业服务站等信息交流平台定期举办返乡创业恳谈会，吸引在外创业成功人士和农民工回乡创业。

## 七、结语

“精心筑巢引凤来，助力归雁展翅飞”。全力推动返乡创业，发展“归雁经济”，既是新时代解决社会主要矛盾的现实抉择，也是促进县域经济发展、实现乡村振兴、助力脱贫攻坚的重要抓手，更是拓展就业渠道、提高就业质量、应对就业变局的有效途径。

## 参考文献

［1］车文斌. 柔性引才＋归雁经济县域城市发展软策略［J］. 当代县域经济，2017（11）：20-25.

［2］唐飞. 阜阳农民工返乡创业问题研究［J］. 经济，2016（7）：60-61.

［3］黄坤隆，刘一平. “飞凤还巢”工程推动“归雁经济”蓬勃发展［J］. 人事天地，2017（12）：53.

［4］刘文烈，王建. 论构建农民工返乡创业支持体系［J］. 滨州学院学报，2010（1）：35.

# 人力资源服务

# 人力资源服务业供给侧改革：制度障碍与赋能路径[①]

董良坤[②]

**摘　要：**推进人力资源服务业供给侧改革，既是优化人力资源服务业供给结构、促进人力资源服务新动能培育的客观要求，也是加快人力资源服务业高质量发展的客观选择。本文聚焦人力资源服务业供给侧改革的视角，结合产业跨界与融合的发展趋势，在客观评估人力资源服务业供给侧改革制度障碍的基础上，从供给和需求角度提出了人力资源服务业供给侧改革的框架思路与政策建议。主要结论：扩大专业服务消费需求，推动产业价值链升级，降低制度性交易成本，优化人力资源配置效率与服务效能，作为扩大人力资源服务供给质量的主要途径，对提高人力资源服务业为实体经济服务的能级和能力具有实践价值。

**关键词：**人力资源服务业　供给侧改革　制度障碍　赋能路径

## 引　言

加快人力资源服务业供给侧改革，既是优化人力资源服务业供给结构、扩大人力资源服务消费升级的客观要求，也是培育人力资源服务产业新动能和人才经济新动力，进而助推人力资源服务业高质量发展的必然选择。

---

① 该篇论文获得“2019 年全国人才与人事研究主题征文活动”一等奖。

② 董良坤，上海市公共行政与人力资源研究所人力资源研究室主任、助理研究员。

党的十九大报告提出，要“着力加快建设实体经济、科技创新、现代金融、人力资源协同发展的产业体系”“在中高端消费、创新引领、绿色低碳、共享经济、现代供应链、人力资本服务等领域培育新增长点、形成新动能”①。这表明国家层面促进人力资源服务业转型升级特别是产业高质量发展正在进入一个新的“时间窗口”，从某种程度上看，这是体现更好实施人才强国战略和就业优先战略的重要部署，意味着对人力资源服务业发展从政策引导到市场培育、从平台共享到服务能级、从技术应用到商业模式、从产业集聚到产业融合等提出了更高要求。

从时代背景看，国内经济发展已由高速增长阶段转向高质量发展阶段，以供给侧改革为导向的人力资源服务业发展，既体现为更加优质高效的人力资源服务供给，又体现为倒逼人力资源服务业发展本身的结构调整与转型升级，这也是推动人力资源服务业内涵发展及服务实体经济特别是服务于企业、服务于人才的客观要求，不仅对构建协同发展产业体系具有赋能价值，而且对推动实体经济发展、促进就业创业和优化人才配置具有重要作用。

基于上述认识和基本判断，本文选取并聚焦人力资源服务业供给侧改革的视角，结合产业跨界与融合的发展趋势，以上海为例，通过对人力资源服务业供给结构的演进路径与特征梳理，在分析影响人力资源服务业供给侧改革的制约因素的基础上，主要从市场开放、产业链升级、平台整合、技术应用、营商环境改善等方面，提出推动人力资源服务业高质量发展的框架路径及政策建议，对提高人力资源服务业为实体经济服务的能级和能力具有实践意义。

## 一、相关概念释义及内涵指向

### （一）“供给侧”概念释义

从语义上看，“供给侧”是一个相对于“需求侧”的微观经济学概念。从源头上看，“供给侧改革”命题提出的时间序列，可以追溯到2015年以来国内经济发展正在步入“新常态”的宏观背景，即经济的结构性分化特征日益明显，经济运行的主要矛盾仍然是供给侧结构性问题。2015年11月，习近平总书记在中央财经领导小组会议上首次提出

① 引自《习近平在中国共产党第十九次全国代表大会上的报告》，2018年10月18日。

"供给侧结构性改革"概念；2016 年 12 月，中央经济工作会议再次提出，加快供给侧结构性改革的主要目标和指向，要促进市场在资源配置中起决定性作用和更好发挥政府作用，通过改善供给侧环境和优化供给侧机制，增加供给结构对需求变化的适应性和灵活性，并通过培育需求来引领供给侧结构性的变化和优化，为宏观经济的可持续增长夯实基础。

从本质上看，"供给侧改革"是从要素供给开始作为切入点，主要包括两个方面：一是要素投入，即劳动力、资本、企业创新、政府管理，甚至环境因素等方面的投入；二是要素升级，即提高全要素生产率，包括技术进步、知识增长、信息化和人力资源等要素生产率的提升，特别是以人力资源为主要标志的人力资本层面要素升级，作为体现短期激励与中期制度建设的改革深化，既是构成供给侧改革要素投入的关键领域，也是培育经济增长新动能和推动供给侧要素改革的核心指向。

（二）人力资源服务业供给侧改革的内涵

体现在人力资源服务产业领域，供给侧改革的主要内涵则是指从供给角度对传统人力资源服务结构进行优化，从而激活实体经济的人力资源服务消费需求，同时增加人力资源服务有效供给。具体来看，就是要优化人力资源服务供给结构，提供更高质量人力资源服务产品和更高性价比的专业人力资源服务，促使人力资源服务有效供给和满足实体经济需要的人力资源服务需求能够在更高水平、更加合理结构上实现有效对接。

从这个意义上看，人力资源服务业"供给侧改革"的动力机制，主要源于人力资源服务需求引领的供给结构变化，其核心则是降低制度性交易成本与服务成本，提高人力资源配置效率与服务效能，进而提升人力资源服务供给体系的质量，以满足实体经济发展特别是各类用人企业与人才的不同专业服务需求。因此，深化人力资源服务供给侧的改革目标将不再是简单的规模发展和数量扩张，而是要立足于经济社会发展对人力资源服务的专业化需要和价值化需求，以及人力资源服务结构本身出现的变化和创新趋势，更加注重产业可持续增长的新动能培育，更加突出产业要素、市场资源、服务价格、产业组织和市场竞争等供给层面改革，更加强调人力资源服务业的供给体系质量和供给效率。

## 二、人力资源服务业供给侧改革的主要特征

数据显示，人力资源服务行业的产业创新及其所扮演的经济角色越来越重要，正在成为现代服务业特别是生产性服务业的重要增长点。据人力资源社会保障部统计，2018 年国内人力资源服务业营业总收入 1.77 万亿元，同比增长 22.69%，连续 3 年保持 20%以上的年增长率；各类人力资源服务机构 3.57 万家，同比增长 18.37%；从业人员 64.14 万人，同比增长 9.89%[①]。以上海为例，据上海市人力资源和社会保障局数据，2018 年年底，全市共设立各类人力资源服务机构 1 500 余家，2018 年全行业营业总收入超过 3 400 亿元，同比增长 22.4%[②]。显而易见，不管是源于人力资源服务业的内生发展需求，还是政府职能的体制推动力量，都在不同程度的加速推进人力资源服务业供给侧改革进程，特别是加快培育高质量产业发展体系和形成产业新动能，既有服务国家战略的时代需要，也有加快行业自身发展的内生需求。

40 多年改革开放进程也表明，人力资源服务业作为生产性服务业的重要门类，也是现代服务业的重要组成部分，其发展程度直接反映一个国家或地区的人力资源服务能级和人力资本利用水平。同时，作为实施创新驱动发展战略和构建人力资源协同发展产业体系的重要力量，这一现实基础不仅体现在市场主体快速增长、服务内容丰富、产业规模扩大和产业环境优化的态势，而且体现在多元化、多层次的人力资源市场服务体系基本形成，行业发展的整体实力和服务质量不断提升，其服务经济社会发展的新动能逐渐显现。由此，也预示着人力资源服务业发展正在进入一个转型升级的“窗口”期，正在呈现从规模增长转向高质量发展、从外延发展转向内涵提升、从形态发展转向产业功能提升等显著特征。

### （一）产业规模的持续增长，为人力资源服务业结构调整提供较大韧性空间

以 2017 年数据为例，当年上海人力资源服务业营业总收入为 3 111 亿元，占国内的 21.6%[③]，行业营收规模连续位居国内首位，为实体经济服务的能级和能力不断提升。这也表明行业本身的发展进程正处在一个

---

① 引自全国公共人力资源服务机构和经营性人力资源服务机构 2018 年数据统计。

② 来源于上海市人力资源和社会保障局 2018 年相关统计数据。

③ 引自 2018 年上海市人力资源和社会保障局统计数据。

从量到质、从形态到内涵提升的“时间窗口”。

（二）逐步扩大市场准入的制度安排，促进人力资源服务业的国际化内涵提升

据不完全统计，以全球财富500强、全球人力资源服务业前3强的Adecco（德科集团）、Manpower Group（万宝盛华）、Randstad Group（任仕达）等为代表，全球主要知名的人力资源服务外包供应商、招聘外包供应商和顶尖猎头企业、咨询公司等都已悉数进入上海乃至国内其他的腹地市场，为人力资源服务发展的国际化动能积累带来更多的全球化经验。

（三）完整的产品业态和系统的产业链优势，为产业升级提供良好的市场条件

从服务业态和产品链条角度看，从招聘中介、职业指导、人事代理、劳务派遣等传统服务业态，到高级人才寻访、战略咨询、生涯规划、征信服务、服务外包、薪酬福利管理、人力资源金融、E-HR、SaaS软件等新业态发展，在丰富多层次、专业化的人力资源服务供给基础上，为产业转型升级及转向中高端发展提供了现实基础。

（四）数字化技术运用正在成为人力资源服务业高质量发展的新“动力”

以“互联网+”、云计算、大数据等为代表的新技术应用正在改变和颠覆人力资源服务业的传统平台、服务方式与商业模式，人力资源服务行业内高新技术企业的机构数量日渐增多，越来越深度影响着人力资源服务手段的智能化和数据化，进而促进人力资源服务产业技术升级和商业模式创新。

## 三、人力资源服务业供给侧改革的制度障碍分析

客观来看，在人力资源服务业快速发展的同时，也面临着体制约束、制度瓶颈和产业发展不平衡、不充分等问题制约，特别是在人力资源服务业管理体制机制和人才管理等方面依然存在的深层次问题有待进一步破解，这不仅表明人力资源服务业的制度供给和新动能培育依然存在不足，而且体现经济社会快速发展对人力资源服务不断增长的有效需求“短板”制约日益明显。这主要表现在以下几个方面。

（一）产业链层面：中高端人力资源服务供给能力不足

研究显示，在人力资源服务产品业态及产业链领域，传统的人力资

源服务机构的服务产品，几乎都是在多元化方面做文章，主要集中在人事代理、劳务派遣、服务外包等基础服务领域，占据着人力资源服务市场的主要份额，业务同质化和低水平竞争现象突出。同时，源于社保新政、个税改革等政策变化，导致原来主要依赖传统业务的部分人力资源服务企业，在体制约束、资源约束以及技术进步等背景下，其中高端业务拓展及商业模式滞后，体现中高端价值链服务的新业态、新技术、新产品培育不足。

据2017年数据，以上海为例，以人事代理、人才派遣、服务外包等为代表的传统业务占总营收的72%[①]，而体现高级人才寻访、管理咨询、人才测评等中高端业务总体规模偏小，而且受政策规制影响及业务波动性较大，这也反映了大部分人力资源服务机构对传统业务模式及传统动能的路径依赖，表明传统业态的服务产能过剩和价值链中高端服务产能的供给不足同时并存。

（二）产业内涵层面：专业化服务能级与产业新动能培育不适应

研究结果显示，人力资源服务行业内整体的专业服务理念有待强化与提升，专业化服务能级和专业化服务水平差距明显。同时，由于市场准入门槛相对较低，导致进入人力资源服务行业的机构主体和从业人员主体的职业化水平参差不齐，特别是从业人员的流动性与不稳定性问题日渐明显，以及相应的专业人才引进和培育鼓励措施缺失，导致行业内的中高端职业经理人短缺与创新能力弱，从业人员的专业化能力不足，这也是影响人力资源服务业转型升级的重要制约。此外，由于行业的快速成长与发展，人力资源服务行业现有的统计标准不规范、指标不科学、口径不统一等情况普遍存在，某种程度上对人力资源服务产业能级提升和新动能培育也是一大掣肘。

（三）产业平台层面：产业集聚的空间格局分布存在不平衡

以上海为例，在人力资源服务业生产力布局方面，目前人力资源服务机构的空间组织分布，还是以传统的自然集聚带格局为特征，即浦东、静安、黄浦和徐汇等中心城区或核心区的集中度相对较高。例如，静安区以吸引全球顶尖人力资源服务机构入驻为特征，浦东新区以扩大外资人力资源服务开放度为特点，黄浦区则以吸引国际知名人力资源服务机

① 引自2018年上海市人力资源和社会保障局统计数据。

构集群为特色，而上海自贸试验区、张江科学城等为标志的重大产业功能区，其人力资源服务产业集聚与生产力的空间布局与规划却相对滞后[①]。同时，国内人力资源服务业集聚的“东、中、西”区域分布不平衡现象的事实存在，同样折射出人力资源服务业集聚水平在国民经济总量和服务就业总人数中的比重所呈现的不充分差距依然明显。

（四）技术应用层面：“互联网＋”人力资源服务的深度运用不充分

以互联网、大数据、人工智能等为代表的新技术在人力资源服务的不同领域得到广泛运用，但是体现更具竞争能力的共性技术研究与供给的双重不足，某种程度上制约“互联网＋”人力资源服务的技术产业化进程。从供给端的视角看，这一问题的客观存在主要表现为“三多三少”：即传统人力资源服务产品多、模式多、工具多；而可以满足创新型企业、科创型企业的人力资源服务需求的新业态、新技术、新模式等相对较少，特别是适应创新型企业人力资源服务需求的业态及产品的数字化供给不足。

（五）产业融合层面：人力资源服务产业合作与共享程度不高

随着人力资源服务消费结构升级与产业融合进程加快，反过来却折射出人力资源服务产品业态、服务模式等同质化竞争普遍存在，产业合作与协同效应不强，特别是人力资本服务的运用效率、产业协同效应还有较大扩展空间。体现在政府购买人力资源服务领域，由于目前政府采购更多的只是享受硬件购买政策，而体现政府购买人力资源服务的具体项目偏少，特别是新兴产业领域的人才类、就业类和科技类等政府采购项目的委托或合作机会较少，导致人力资源服务政企合作、产业合作、信息共享与对接通道方面的空间受限。

综上所述，这些逐渐显现出来的行业发展深层次矛盾和问题，既有外部因素，又有内部因素，既有客观原因，又有主观原因，某种程度上看，这也是人力资源市场化进程中长期以来积累的体制矛盾与产业化碰撞的结果，不仅反映现有产业政策、制度框架和监管方式难以适应产业转型升级的现实需求，特别是以新技术、新业态、新模式等为代表的产业动能培育还没有充分显现，而且表明人力资源服务业原有传统动能的惯性影响，行业整体规模与其服务供给侧结构改革、服务实体经济的战略地位不相匹配。

① 引自2017年中国人事科学院科研合作项目《深化上海人力资源服务产业集聚研究》问卷调研结果。

## 四、人力资源服务业供给侧改革的赋能路径

### （一）需求端层面的策略建议

**1. 扩大专业服务需求，推动普惠人力资源服务消费升级**

聚焦人力资源服务消费升级的重点领域，以服务实体经济和用人企业的市场化需求为导向，重点培育和扩大体制内用人企业人力资源服务的专业消费需求。一方面，鼓励和支持体制内大中型企事业用人单位，善用和更多的使用人力资源服务企业引进高端急需紧缺人才和购买专业人力资源服务。另一方面，通过政策引导人力资源服务机构优先为体制内高端人才引进、就业创业、降低用人成本等提供专业服务，特别是为国家战略、区域经济发展做出重大贡献的人力资源服务机构，可根据其实际贡献度给予相应的政策激励与扶持；以降低人力资源服务综合运营成本和税费负担为重点，推动人力资源服务行业减税降负，优化人力资源服务业发展的营商环境。

**2. 放宽市场准入试点，稳步推动人力资源服务市场对外开放**

提高人力资源服务领域的社会资本参与度，支持国有人力资源服务企业通过股权并购、股权置换、相互参股等方式进行重组，特别是对涉及竞争性领域的国有人力资源服务企业探索股份制改造或混合所有制改革；以改善人力资源服务业的投资环境为重点，强化人力资源服务供给主体的投资力度；在体现政策公平的基础上，逐步消除各地对外地企业的歧视性规定和行为，加快推进国内统一规范的人力资源服务市场建设；深化人力资源服务业发展的各类改革试点，可在市场条件成熟的地区试点推开和实施市场准入负面清单，经许可批准可将相关准入许可、外资管理和市场合作等权限下放，逐步建立符合人力资源服务业态的行业管理方式与治理模式。

**3. 加速产业国际化，推动人力资源服务贸易便利化进程**

借助国家层面“一带一路”倡议，主动对接国际先进理念与通行规则，鼓励和支持人力资源服务机构“走出去”；优化人力资源服务贸易出口退免税等相关政策，加大对人力资源服务贸易发展的支持和促进力度；发挥人力资源服务贸易集聚作用，可在有条件成熟的地区或城市开展人力资源服务贸易创新发展试点，或依托现有国家级人力资源服务产业集聚区，探索建立不同类型的人力资源服务贸易功能示范区，进一步释放

和培育产业发展新动能。此外，在国内人力资源市场开放度比较高、产业基础比较成熟的长三角、粤港澳等区域内，超前规划和布局若干区域性的人力资源服务国际贸易、技术交易等共享平台，强化和提高人力资源服务业的全球资源配置能力和话语权。

（二）供给端层面的策略建议

**1. 加速释放制度红利供给，推动人力资源服务市场体制改革**

体现时代特征、国情特点和行业特色，尊重人力资源合理流动规律，破除体制、身份、地域等因素对人员流动、人才认定、评价激励的制度束缚，进一步破解区域人力资源合理流动的体制制约；加快公共人力资源服务领域改革，稳步推进政府所属人力资源服务机构剥离市场竞争业务，逐步向提供“公共产品”的公共人力资源服务机构转型，包括承接以人事代理和人事档案为基础的人事管理、信息汇集与发布、需求预测、高校毕业生服务，以及为就业困难群体提供免费服务等，降低人力资源服务的制度性交易成本，不断增加人力资源公共服务的供给能力和供给水平。

**2. 推动产业链升级，扩大中高端人力资源服务供给能力**

适应新常态下社会结构转型、企业用工模式转变和社会化人力资源服务消费习惯变化等趋势，加速传统人力资源服务产品、业态和服务升级进程，以改善人力资源服务产品供给结构为导向，鼓励中低端服务向中高端产品业态发展，推动人力资源服务业向服务专业化、服务手段智慧化和价值链高端化拓展；规范发展劳务承揽、岗位外包、劳务派遣等基础性传统人力资源服务，推动人事代理、人员招聘、人才派遣等传统人力资源中介服务转型升级；体现技术含量及附加值差异，拓展技术含量高、信息集成度高、附加值高的管理咨询、薪酬管理、高级人才寻访和职能外包等中高端服务业态，逐步形成人力资源服务项目层次更加清晰的产品供给体系。

**3. 优化平台集聚布局，扩大人力资源服务产业的集群供给能力**

以高端推动、产业引导、政策扶持和环境营造为重点，以搭建人力资源服务业集聚发展实体平台为指向，深化人力资源服务产业集聚内涵；依托国家级人力资源服务产业园区的先发集聚优势和引领示范效应，通过进一步搭载和完善区域公共人事服务和市场化服务平台体系，鼓励不同地区结合所在区位条件、产业结构和资源禀赋等优势，合理有序规划和形成一批具有自身特色、相互竞争、相互补充的产业集聚空间布局；发挥人力资源服务助力实体企业转型升级与人才集聚的独特优势，为"一带一路"倡议、京津冀协同发展、长三角一体化和粤港澳大湾区等国家战略提供专业化的人力资源服务供给支持。

**4. 加强人力资源市场监管，强化人力资源服务领域的合规化供给**

加快人力资源服务业法律法规及配套政策完善，以《人力资源市场暂行条例》实施为契机，进一步强化人力资源服务市场的法制化建设；依据用人主体自身需要与发展目标确定人才认定标准及优化程序，充分尊重并给予用人主体以更大的自主权和使用权，加强人力资源服务市场常态化的有效监管，形成政府职能宏观调控、市场主体公平竞争、用人单位严格约束和人才个体自律的人力资源市场环境；研究制定网络人力资源服务、人员档案电子化利用、人力资源招聘、劳务（人才）派遣、人力资源外包等领域的政策规制及配套办法，规范和维护人力资源服务业公平竞争的市场秩序。

**5. 加速"互联网＋"赋能，提升人力资源服务的数字化供给能力**

深化"数字人力资源公共服务"系统建设，以大数据、移动互联网、云计算等新一代信息技术为依托，加速人力资源服务政务数据资源开放应用和公共服务平台的职能整合；加强人力资源公共服务基础信息数据的采集、维护和应用，实现政务数据资源的整合汇集，开展人力资源服务从业人员、用人企业和服务机构等基础性信息资源库建设，强化人力资源公共服务基础信息数据的统一管理和集中共享；鼓励人力资源服务新业态、新技术、新模式、新工具的深度应用，通过培育人力资本、"互联网＋"、技术密集型等人力资源服务产品业态，促进人力资源服务业发展与技术进步的深度融合。

## 五、结论与启示

本文主要从供给侧改革角度讨论人力资源服务业高质量发展的现实基础、制约因素和赋能路径，主要研究结论如下。

第一，人力资源服务产业转型升级正处在一个战略机遇期的"时间窗口"，既有国家层面促进人力资源服务业发展的一系列顶层设计支持，又有大数据、互联网、人工智能等深度应用带来的新技术促动，既有人力资源市场"放管服"改革的制度供给，又有人才优先发展所引致的人力资源服务消费升级为产业动能培育打开新空间。

第二，推进人力资源服务业供给侧改革进程，既是人力资源服务领域的生产力变革，也是人力资源市场化配置过程中的生产关系改革，涉及产业理念、体制机制、技术进步、商业模式、服务要素投入等不同环节的革新。其中，不可回避的一个关键是，既要处理好市场改革与政府职能的关系，又要处理好产业链价值与新模式培育、新技术应用与传统产品业态改造等的关系，加速破解人力资源服务市场的体制壁垒和制度障碍，优化政府服务和改善人力资源服务业营商环境。

第三，基于供给侧改革过程中逐步显现的产业趋同性与产业环境、创新动力与政府绩效的相关性判断，以产业发展的深度融合促进人力资源供给侧结构性改革进程，加速人力资源服务业高质量发展在服务于国家战略、区域经济发展中的赋能作用，特别是服务于海内外高层次人才集聚工作中的广泛使用和深度运用，促进人力资源服务自我发展向为实体经济、产业转型和城市更新提供专业化服务支撑，这是体现人力资源服务业供给侧改革的深层使命，也是促进人力资源服务业高质量发展的终极价值。

## 参考文献

[1] 人力资源社会保障部，国家发展改革委，财政部．关于加快发展人力资源服务业的意见（人社部发〔2014〕104号）[Z]. 2014-12.

[2] 人力资源社会保障部．人力资源服务业发展行动计划（人社部发〔2017〕74号）[Z]. 2017-09.

[3] 谭永生．人力资源服务业需要实现高质量发展 [J]. 中国人力资源社会保障，2018（9）.

[4] 余东华．以“创”促“转”：新常态下如何推动新旧动能转换 [J]. 天津社会科学，2018（1）：105-111.

[5] 蒋兴明．产业转型升级内涵路径研究 [J]. 经济问题探索，2014（12）.

[6] 杨俊峰．新常态下我国产业结构转型的动力与优化路径 [J]. 商业经济研究，2016（9）.

[7] 中国人民大学宏观经济分析与预测课题组：刘凤良，于泽，

闫衍．全球技术进步放缓下中国经济新动能的构建［J］．经济理论与经济管理，2016（12）：5-20.

［8］孙建立．人力资源服务业高质量发展：成效、问题与对策［J］．中国劳动，2019（3）.

［9］余兴安，陈力．中国人力资源发展报告（2015）［M］．北京：社会科学文献出版社，2015.

［10］中国劳动保障科学研究院，国际劳工组织研究司．中国劳动世界的未来：人力服务与劳动世界［J］．中国劳动，2018（9）：4-10.

［11］田永坡，李羿．全球民间职介服务状况及其对我国人力资源服务业发展的启示［J］．中国劳动，2016（24）：49-54.

［12］吴帅．“互联网＋”对我国人力资源服务业发展的影响和趋势分析［J］．中国人力资源开发，2016（21）：90-94.

［13］杨伟国．共创人力资本管理新时代［J］．首席人才官商业与管理评论，2018（1）：1-7，9.

［14］世界就业联合会（World Employment Confederation）．2018 年经济报告［R］．2018.

# 福建省人力资源服务业现状及发展趋势研究[①]

庄惠明　康文杰　陈含桦　等[②]

**摘　要：**人力资源是推动经济社会发展的第一资源。人力资源服务业是生产性服务业和现代服务业的重要组成部分，对推动经济发展、促进就业创业和优化人才配置具有重要作用。党的十九大报告提出，“加快建设制造强国，加快发展先进制造业，推动互联网、大数据、人工智能和实体经济深度融合，在人力资本服务等领域培育新增长点、形成新动能”“着力加快建设实体经济、科技创新、现代金融、人力资源协同发展的产业体系”。

结合福建省地缘优势，突显闽台特色、产业特色，因地制宜，科学规划，做好山海协同，聚焦差异化竞争，不断优化人力资源服务业的空间布局，助力产业发展。借鉴先进国家、地区与省份的经验做法，扶植一批人力资源服务机构，推进人力资源服务产业规模化、集约化，支持人力资源服务重点领域发展。顺应人工智能、工业化、国际化趋势，提高劳动密集型产品科技含量，营造技术密集型产业优势，提高产业诚信

① 该篇论文获得“2019 年全国人才与人事研究主题征文活动”二等奖。

本文系福建省人力资源和社会保障综合课题项目。

② 庄惠明，福建商学院国际经济与贸易系主任、教授；康文杰，福建商学院副校长；陈含桦，福建商学院人文系讲师；罗雪英，福建商学院科研处副教授；黄仲熙，福建省人力资源和社会保障厅人力资源开发处调研员，高级经济师。

体系建设，树立品牌形象。推进人力资源市场法治建设、标准化建设、诚信体系建设、市场服务体系建设、信息化建设，探索建立促进人力资源服务业发展的政策体系。

**关键词：** 人力资源　服务业　福建省

## 一、人力资源服务业发展的理论基础

### （一）人力资源服务业概念界定

在国外，北美产业分类体系（NAICS）和国际标准产业分类（ISIC）都没有将人力资源服务业明确划分为一个独立门类。ISIC 几个相关的服务业模块中包含了人力资源服务业中的管理咨询、就业服务、人力开发与培训等服务模块。

国内学者对人力资源服务业的关注大多开始于我国加入世界贸易组织之时。2002 年，继我国加入 WTO 之后，外国人力资源服务机构被允许以合资形式进入我国市场。此项政策的改变给我国本土人力资源服务企业带来巨大的生存与发展压力，但与此同时也使得越来越多的学者开始对人力资源服务业的发展给予关注和重视。

杨妮娜（2015）总结国内对“人力资源服务业”内涵的认识主要分为两类。一类观点是从经济理论的角度来解释人力资源服务业的内涵。张焱（2002）最早提出“人力资源服务业”的概念，她指出“人力资源服务作为一个产业，指的是生产和提供人力资源服务业产品的众多经济单位的集合”，2004 年出版的《中国人力资源开发年鉴》沿用了这个定义。这种角度与从经济学理论角度理解人力资源服务是一脉相承的，即认为人力资源服务是一种交易品。第二类观点从人力资源服务业的内容角度来诠释人力资源服务业涵义。汪怿（2007）指出，尽管美国、日本、新加坡等国对人力资源服务业的定位各有不同，但是作为现代服务业的重要形态，人力资源服务业的基本业态形式已经形成，管理咨询、就业服务与培训，已成为各国人力资源服务业的共同组成部分。萧鸣政（2008）将人力资源服务业业务总结为招聘服务业和咨询服务两大类，前者是围绕人力资源市场开展的，后者是围绕现代企业人力资源管理的全链条开展的服务。

在人力资源服务业分类标准上，目前，各国在人力资源服务业基本构成的认识和实践上各有侧重，从北美、欧盟、新加坡等国统计标准来看，都包含了人力资源管理咨询服务、就业服务和培训服务三大内容。我国统计意义上的人力资源服务业划分与学术意义的划分方式不同。在统计意义上，我国主要按照机构性质将人力资源服务业划分为公共服务就业机构、人才公共服务机构、国有性质的服务企业、民营性质的服务企业与港、澳、台及外资性质的服务企业五大类。本研究中，本项目参照了刘文霞（2012）对人力资源服务业的分类方法，刘文霞将人力资源服务按机构性质划分为人力资源服务事业和人力资源服务产业两类，前者为非经营性的人力资源服务机构，后者为经营性人力资源服务机构。

（二）人力资源服务业发展现状研究综述

汪怿（2007）梳理了国外人力资源服务业的发展特点，指出人力资源服务业在美国和欧盟是朝阳产业，也是创造就业岗位的主要动力源；发达国家人力资源服务内容和形式呈现多元化，专业化程度高。陈玉萍（2013）回顾了国外人力资源服务业发展历程，指出国外人力资源服务业经过了一百余年的发展历程，认为人力资源服务企业逐渐获得了社会认可并快速发展，是在20世纪90年代后。陈玉萍还总结了国外人力资源服务业发展的重要经验是：注重提升企业实力和竞争力、充分发挥各级行业协会的作用、鼓励企业加强诚信自律建设、通过标准化管理进一步提高服务质量。秦浩、郭微（2013）以美国为例，研究了人力资源服务业发展与各项经济指标间的关系，得出结论：一是人力资源服务业的发展水平显著受到经济发展走势的影响；二是就业形势对人力资源服务业产生直接影响，人力资源服务业普及率对就业率和失业率的变化极为敏感。

以上学者均认为，国外人力资源服务业在发展层次和发展质量上均远高于我国行业发展水平，国外人力资源服务业的发展历程对提升我国人力资源服务业发展水平具有借鉴意义。有关我国人力资源服务业发展现状的研究主要集中在以下三个方面。

一是关于人力资源服务业发展意义的梳理。许多学者论述了人力资源服务业对提高区域经济发展质量的作用。萧鸣政和李冷（2007）指出，大力发展人力资源服务业是实现人才强国目标的历史责任和重要战略目标，它已成为扩大就业、促进创业的必然需求，是促进我国人才市场建设中一项迫在眉睫的重要任务。两位学者同时强调了人力资源服务业对人才市场建设的作用与价值：（1）人才与人力资源的关系决定了人力资源服务业在人才市场建设中的价值与作用；（2）人力资源服务业的经营范围决定了其对人才市场建设的作用与价值；（3）人力资源服务业在人才市场中的主导地位决定了其在人才市场建设中的重要作用与价值。

二是对我国人力资源服务业总体发展情况的总结。陈玉萍（2013）对我国人力资源服务业发展中的成就和存在问题进行了总结，指出在改革开放之后，随着市场的日渐开放与融合，我国经营性人力资源服务业得到较快发展，网络招聘、猎头、人事代理、管理咨询、国有企业劳务派遣等新兴业务开始出现。陈玉萍认为当前我国人力资源服务业发展中存在的主要问题为：①促进人力资源服务业发展的产业规划和具体政策措施缺位；②人力资源服务业的整体实力有待提高；③部分企业缺乏诚信自律意识；④行业标准和服务规范不到位。董小华（2013）认为，我国多层次、多元化的人力资源市场服务体系已基本形成；市场配置人力资源的基础性地位已经确立；经营性服务机构投资主体日益多元化，产业集聚特点凸显，人力资源服务领域和功能不断拓展，业态发展日益多元化；市场化、国际化程度不断提高；服务业规模不断扩大、整体竞争力明显提高。

三是人力资源服务业的区域考察与比较。王艳霞和王瑞兴（2009）总结了河北省人力资源服务业发展中存在的问题：部门分割、产业结构不合理、职能定位不清晰、管理协调机制不健全。孙国茂（2010）归纳了宁波人力资源服务业发展出现的机构数量以30%以上的速度增长，市场呈现多元主体竞争格局、人力资源服务产品日益丰富等特征，剖析了宁波在该行业发展中具备的行业监管体制、文化竞争、行业推介平台等优势，揭示其存在产业组织效率、从业人员素质、行业内部管理、合作平台等劣势。董小华（2012）概括了北京市人力资源服务业服务体系相对完备、行业服务走向规范化、国际化趋势日渐显著、立足北京辐射全国等特征，指出北京市人力资源服务业面临市场发展环境有待优化、标准化与信息化建设水平亟待提升、从业人员队伍能力建设有待加强等问题。

以“福建省人力资源服务业”为关键词在中国知网论文数据库中检索，仅有2篇文章。陈含桦（2018）在《海峡西岸人力资源服务业发展动力研究》中，通过人力资源服务业发展影响因素的提炼、动力模型的构建，揭示了人力资源服务业发展的运作规律，为海峡西岸如何进一步发展人力资源服务业以及实施有效的区域人力资源开发与管理提供了重要的参考。

（三）人力资源服务业发展“六力驱动”模型

根据福建省人力资源服务业发展的特点，通过对相关基础理论的梳理和分析，以人力资源市场理论、人力资本理论、波特钻石模型理论等为依据，构建了人力资源服务业发展指标体系的基础理论框架。

人力资源市场理论。该理论主要研究人力资源的商品属性问题，以及人力资源市场的性质、特点、转化及运行调控机制问题。在福建省闽西北相对落后的城镇，人力资源市场分割现象严重，但其产生的原因更复杂，人力资源市场处于非常严重的分割状态，这种分割主要存在于城市劳动者和农村进城民工、本地劳动者与外来劳动者、不同地区以及不同行业劳动者之间的劳动条件和收入水平差距悬殊。人力资本理论对人力资源服务业的发展产生了重要的推动作用。人力资本理论突破了传统理论中的资本只是物质资本的束缚，将资本划分为人力资本和物质资本。这样就可以从全新的视角来研究经济理论和实践。竞争优势理论，又叫“钻石模型”理论，是由美国哈佛商学院著名的战略管理学家迈克尔·波特提出的。波特认为，决定一个国家的某种产业竞争力的有四个因素：生产要素、需求条件、相关产业和支持产业的表现和企业的战略结构及竞争对手的表现。

根据人力资源服务业发展相关的最新研究成果，结合对人力资源服务行业机构的探索性访谈与资料整理，构建人力资源服务业发展动力模型，将驱动该行业发展的众多影响因素归类为：市场选择机制（有效市场）、政治选择机制（有为政府）、社会选择机制（有序社会）三大选择机制涉及的行业人才创新动力、行业资金支持动力、行业信息整合动力、行业发展空间动力、行业治理机制创新动力和区域特色塑造动力六个动力要素，如图1所示。

**1. 行业人才创新动力**

创新始终是推动一个国家、一个民族向前发展包括行业发展的重要力量。行业人才创新动力是指行业从业人员基于对行业发展的认知、信念所产生的创新欲望与要求。行业从业人才必须不断地创新以应对挑战，其创新的绩效从根本上决定该业态的发展速度。而人才创新动力是影响当前行业人才创新绩效的关键因素。只有解决了创新动力问题，才有可能提升人才自身的创新能力，进而获得更高的创新绩效，从而推动人力资源服务业发展（王凌，2013）。

经济动能转换中的人力资源管理新趋势
JING JI DONG NENG ZHUAN HUAN ZHONG DE REN LI ZI YUAN GUAN LI XIN QU SHI

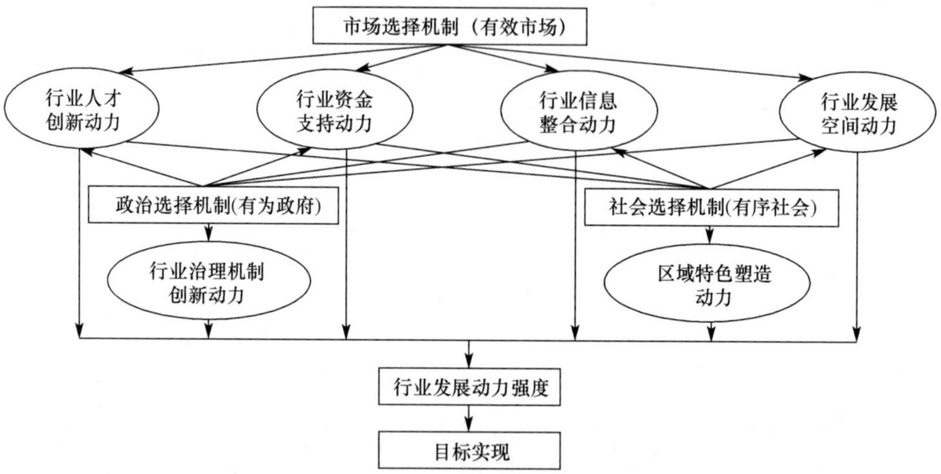


**图 1　福建省人力资源服务业发展动力模型**

坚持发挥市场“无形之手”配置创新资源基础性作用和政府“有形之手”引导、推动、保障作用相结合，不断创新人才发展策略，加大政策创新突破力度。同时，加强人才培训交流，完善人才评价标准，探索人力产权和进一步完善人才流动环境。

**2. 行业资金支持动力**

行业资金支持动力包括财政税收支持体制、创新型金融支持（主要指行业引入天使投资、风险投资等规模）。人力资源服务业许多高端服务产品具有高创新性、高附加值和高风险性并存的特点，要求创新指向强，需要创新型金融与之匹配。

一是创新财政税收体制，增强行业资金支持动力，推动人力资源服务业发展。争取财政专项扶持。具体来说，设立行业发展专项资金，鼓励扶持高端项目，针对团队发展不同阶段支持创新团队和构建透明高效的财政资金管理体制。增强税收调节效应。税收政策的激励作用要比直接投资或补贴的作用大，因税收可以和服务机构的经营业绩挂钩。具体来说，加大人才服务外包优惠力度，加大行业高层次人才优惠力度和考虑扶持性优惠与引导型优惠的间接税收优惠措施。

二是创新金融渠道，增强行业资金支持动力，推动人力资源服务业发展。充分发挥银行等间接融资主渠道作用。深化银行、政府、担保机构、人力资源服务企业多方合作机制，创新人力资源服务业知识产权质押贷款，探索并构建一套适合人力资源服务业无形资产价值评估的定价体系。有效疏通合资合作、风险投资等直接融资渠道。在非银金融领域，很多新业态还在不断涌现，对于人力资源服务业这类新兴服务业的融资，更应有效疏通合资合作、风险投资等直接融资渠道。拓展互联网金融融资渠道。一方面，促进传统金融与数据平台合作。另一方面，发展完善股权众筹平台。

**3. 行业信息整合动力**

行业信息整合动力指向两方面因素：一方面，是宏观层面的行业与社会其他主体要素之间信息渠道的畅通与否；另一方面，现代电子信息技术向人力资源服务业渗透的程度日益加深，虚拟＋实体渠道日渐成为行业发展的重要途径，行业采用互联网技术开展经营的情况也应是推动行业发展的关注热点。

**4. 行业发展空间动力**

行业发展空间动力，即行业实际市场需求和潜在发展空间大小，会极大影响基础要素作用发挥的广度与深度，是对基础要素作用发挥潜力的预期与评估。就行业市场竞合环境而言，无论是传统的哈佛学派的产业组织理论，还是芝加哥学派的产业组织理论，都验证了集中度与利润率的正相关性。

一是引导福建民营制造企业需求。依托制造业发展的良好产业基础，围绕打造先进制造业基地与建设智慧城市，积极对接除了已有的金融、保险、文化创意等行业，重点加强与物流、外贸、制造等行业的人才供需对接。借助高层次人才洽谈会、科技人才周、企业家培训等活动载体，通过教育、培训、舆论宣传，增进二、三产业人才学习交流等多种途径，加强人力资源服务机构推介宣传。

二是引导突破政府人力资源公共服务需求。充分考虑如何整合公共特有资源，发挥其特殊的制度和职能模式，创新地服务于客制化需求。具体来说，健全购买服务的制度体系，坚持行政审批制度改革、事业单位改革相衔接，划清政府和市场界限，把社会能办好的，尽可能交给社会力量承接，有序推动政府向社会力量购买服务的健康发展，真正形成公共服务提供新机制。

**5. 行业治理机制创新动力**

行业治理机制创新动力主要从制度设计与政策制定的角度强调其对行业发展的重要影响，可以说，政府的成功转型是实现行业结构调整与优化的必要前提、内在动力和体制保障。行业治理相关制度设计是经济社会制度构建的核心，对于行业发展的整个制度规则的形成、发展起着重要作用。

根据郁建兴等（2013）研究提出的行业协会建设的内部途径（完善法人治理结构、建设学习型组织、引入战略管理、实施项目管理、开展绩效管理）与外部途径（完善监管、加大扶持、发展合作），以便更好地实现人力资源服务行业协会在改进治理中的职能。

**6. 区域特色塑造动力**

根据制度经济学的一般原理，任何一种体制模式或经济制度的形成、发展和变迁都有其赖以萌生与成长的背景与条件。在社会系统结构中，经济与文化之间是互动共生的，两者是相互交叉渗透、相互包容的。区域文化作为一个区域民众的精神，支配着人们的行为和习惯，激发人们的价值创造力，还会外化成制度、机制等社会环境因素。

值得强调的是，推动人资服务行业发展的各动力要素是互动的，各自的维度状态既取决于自身的历史发展变化，同时也受到其他维度的影响，推动人资服务行业发展的关键是力求实现不同动力要素的网络化和高效互动，最后演变成一种动态均衡。

## 二、福建省人力资源服务业发展现状

当前，我国经济发展进入新常态，由高速增长进入中高速增长，经济结构不断优化升级，由工业主导迈向服务业主导，从要素驱动、投资驱动转向创新驱动，要更加重视经济发展质量和效益，需要强有力的人力资源支撑。习近平总书记指出，创新驱动实质上是人才驱动，建设创新型国家，归根结底要靠人力资源支撑。要为创新驱动战略做好服务，配置好各类人才，就要推进人力资源服务的管理创新、服务创新和产品创新，满足创新驱动战略所需要的各类人力资源服务。

党的十九大报告指出：在中高端消费、创新引领、绿色低碳、共享经济、现代供应链、人力资本服务等领域培育新增长点、形成新动能。“着力加快建设实体经济、科技创新、现代金融、人力资源协同发展的产业体系”确立了人力资源的重要地位。人力资源服务行业近几年保持了20%以上的高增长态势。2016 年《福建省人民政府办公厅关于促进人力资源服务业加快发展的若干意见》提出，争取到 2020 年全省人力资源服务机构达到1 000家，从业人员达到1万人，年营业收入超过800亿元，建立健全专业化、信息化、产业化、国际化的人力资源服务体系；并在市场准入、财政支持、税费、投融资、开放交流和发展环境等方面，提出了15项促进我省人力资源服务业加快发展的政策措施。

（一）福建省人力资源服务业发展基础

由于人力资源服务业具有双重角色：它的存在既是对实体经济的服务和支撑，对自身而言又是一个独立的行业，须与经济总量匹配和协调发展。福建省经济发展总量、第一二三产业占比、新增就业人口数量等经济社会发展指标，在一定程度上决定了人力资源服务业的发展水平。

2013—2017年福建省与兄弟省市GDP及增长速度见表1，第一、二、三产业占比如图2所示。

**表1　　2013—2017年福建省与兄弟省市GDP及增长率**

| 地区 | 2013年 | | 2014年 | | 2015年 | | 2016年 | | 2017年 | |
|---|---|---|---|---|---|---|---|---|---|---|
| | GDP（亿元） | 增长率（%） | GDP（亿元） | 增长率（%） | GDP（亿元） | 增长率（%） | GDP（亿元） | 增长率（%） | GDP（亿元） | 增长率（%） |
| 广东 | 63 455 | 8.5 | 68 901 | 7.8 | 74 027 | 8.0 | 80 855 | 7.5 | 89 879 | 7.5 |
| 浙江 | 37 757 | 8.2 | 40 173 | 7.6 | 42 886 | 8.0 | 47 251 | 7.6 | 51 768 | 7.8 |
| 福建 | 22 078 | 11 | 24 293 | 10 | 26 390 | 8.9 | 28 811 | 8.4 | 32 298 | 8.1 |
| 上海 | 22 258 | 7.8 | 24 061 | 7.1 | 25 643 | 7.0 | 28 179 | 6.9 | 30 134 | 6.9 |
| 北京 | 20 330 | 7.7 | 21 944 | 7.4 | 23 686 | 6.9 | 25 669 | 6.8 | 28 000 | 6.7 |
| 江西 | 14 497 | 10.1 | 15 813 | 9.7 | 16 835 | 9.1 | 18 499 | 9.0 | 20 819 | 8.9 |

数据来源：中国历年统计年鉴。

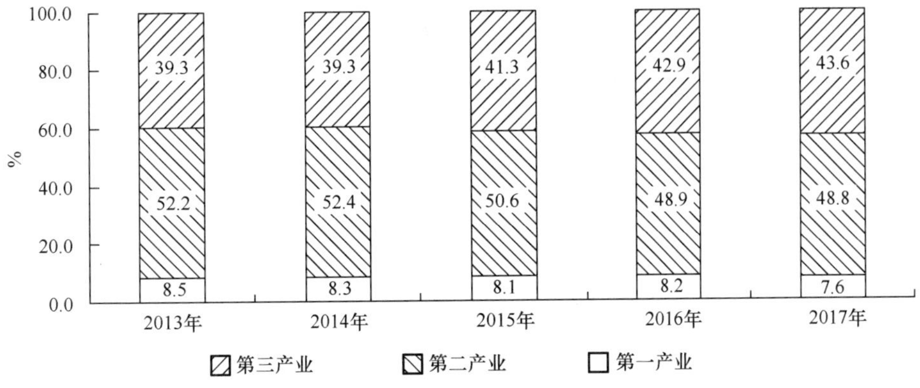


**图2　2013—2017年福建省第一、二、三产业占比**

数据来源：图2～图4数据均为自福建省历年统计年鉴。

2017 年末全省常住人口 3 911 万人，比上年末增加 37 万人。其中，城镇常住人口 2 534 万人，占总人口比重（常住人口城镇化率）为 64.8%，比上年末提高 1.2 个百分点。户籍人口城镇化率为 47.78%，比上年末提高 2.25 个百分点。全年出生人口 58.4 万人，出生率为 15.0‰；死亡人口 24.1 万人，死亡率为 6.2‰；自然增长率为 8.8‰。全年研究生教育招生 1.76 万人，在校生 4.76 万人，毕业生 1.20 万人。普通高等教育招生 21.38 万人，在校生 75.10 万人，毕业生 20.44 万人。高校毕业生就业率为 97.26%。

2013—2017 年福建省新增就业人口如图 3 所示，各类学校招生人数如图 4 所示。

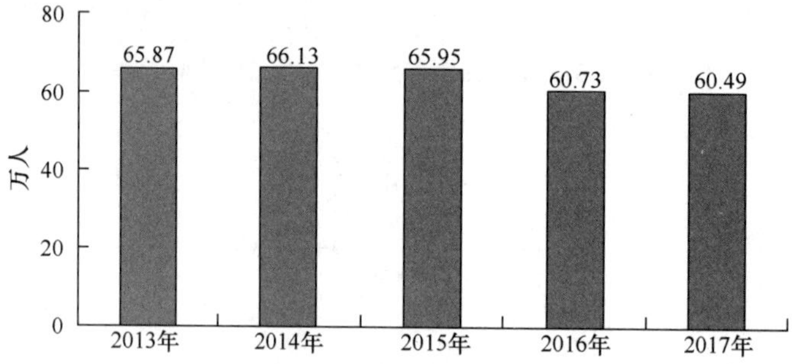


**图 3　2013—2017 年福建省新增就业人口**

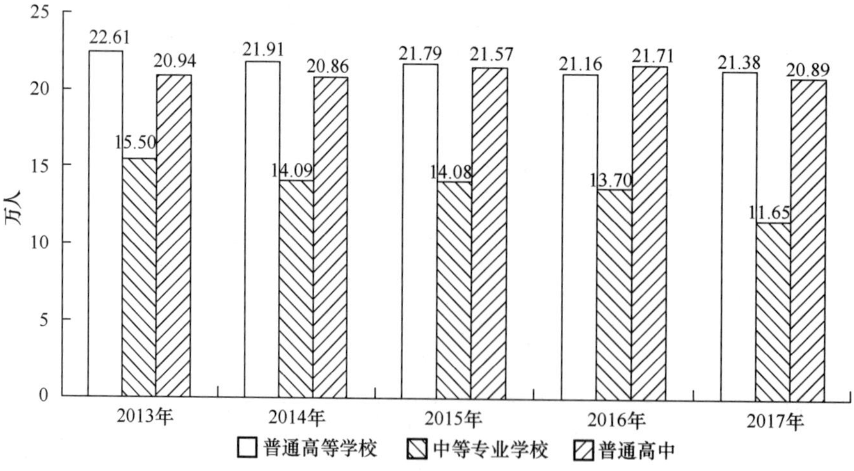


**图 4　2013—2017 年福建省各类学校招生人数**

福建省作为沿海发达省份，外向型经济虽然比较发达，但是实用性技能人才的队伍建设相比于上海、广东等地仍然存在明显不足，在很多行业没有出现拔尖的特色人才，高级人才不足。

（二）福建省人力资源服务业发展历程

福建省人力资源服务业发展紧跟国家改革开放步伐，发展历程与我国人力资源服务业整体发展历程基本吻合，经历起步探索、规范成形、改革创新、统筹发展四个阶段。

**1. 起步探索阶段（1978—1991 年）**

行业萌芽期，主要特征：打破了国家原来统包、统配的人力资源配置制度，企业开始自主用人，人力资源配置领域的服务开始发端，人力资源服务业正式起步。其中，中国海峡人才市场于 1988 年正式成立。

**2. 规范成形阶段（1992—2002 年）**

行业形成期，主要特征：劳动力市场和人才市场得以正式确立，国家出台了各种规范性法规，国内围绕就业、人才资源优化配置的各类服务机构涌现，外资人力资源服务机构进入，服务业态不断丰富。从 20 世纪 90 年代起，福建省对人力资源服务业的管理不断加强，政策法规逐步建立，不断完善，有力地支持了人力资源服务行业发展壮大。1998 年、2002 年省人大分别制定颁布了《福建省劳动力市场管理条例》和《福建省人才市场管理条例》，对规范人力资源市场活动，加强人力资源市场管理，维护劳动者、用人单位和人力资源服务机构的合法权益，具有基础性作用。

**3. 改革创新阶段（2003—2011 年）**

这一时期的背景是因国企改革和政府转变职能，劳动部门和人事部门都进行了所属服务机构的体制改革，政府管理部门的职能开始从“办市场”向“管市场，为市场发展创造良好环境”转变，加快了人力资源服务市场化体系的建设。2007 年，国家首次将“人才服务业”正式写入国务院文件《关于加快服务业发展的若干意见》，并且首次在国家法律层面明确提出“人力资源市场”的概念；《国民经济和社会发展第十二个五年规划纲要》中明确提出规范发展人事代理、人才推荐、人员培训、劳务派遣等人力资源服务。2008 年，福建省在全国率先出台《福建省人才中介机构信用信息归档和发布办法》，积极促进福建省各类人才中介机构的信用体系建设；2009 年制定出台《福建省人才交流会突发事件应急预案》，建立交流会突发事件应急处置工作机制。2010 年，党中央、国务院颁布《国家中长期人才发展规划纲要（2010—2020年）》，提出“大力发展人才服务业”；2011年，国家发改委发布“产业结构调整指导目录”，首次将“就业和创新指导、网络招聘、培训、人员派遣、高级人才访聘、人员测评、人力资源管理咨询、人力资源服务外包”以及“人力资源市场及配套设施建设”写入政府引导和管理的投资项目。人力资源服务业正式成为国家重点发展的产业领域。

**4. 统筹发展阶段（2012年至今）**

十八大以来，福建省人力资源服务业迎来春天。2016年福建省人民政府办公厅相继出台《关于促进人力资源服务业加快发展的若干意见》《关于印发福建省“十三五”人力资源和社会保障事业发展专项规划的通知》，出台15项措施扶持人力资源服务业，提出了建立健全专业化、信息化、产业化、国际化的人力资源服务体系的目标；同年，中国海峡人才市场控股的福建海峡人力资源股份有限公司创立，在福建省开创了政府所属人才服务机构通过资本市场促进人力资源服务业发展的先河，并成为我国首家挂牌新三板的国有人力资源服务企业。2017年，福建省首家市级人力资源服务产业园正式落户晋江。2018年，中国海峡人力资源服务产业园在福州软件园正式开园，是福建省唯一一家，全国第五家国家级人力资源服务产业园。

我国（福建）人力资源服务业标志性政策梳理见表2。

表2　　我国（福建）人力资源服务业标志性政策梳理

| 发布方 | 发布时间 | 政策名称 | 意义 |
| --- | --- | --- | --- |
| 国务院 | 2007年 | 《关于加快服务业发展的若干意见》 | 第一次将“人才服务业务”正式写入国务院文件，提升了对整个人力资源服务业的认识与重视 |
| 国务院 | 2010年 | 《国家中长期人才发展规划纲要（2010—2020年）》 | 提高了对于整个人力资源服务业的重视程度并加快了实施进程 |
| 发改委 | 2011年 | 《产业结构调整指导目录》 | 人力资源服务业正式成为国家重点发展的产业领域 |
| 国务院 | 2012年 | 《促进就业规划（2011—2015年）》《服务业发展“十二五”规划》 | 相继将人力资源服务业包含其中，指出需要加大开发人力资源，加强人力资源市场建设，并要求重点需要发展人力资源服务业 |

续表

| 发布方 | 发布时间 | 政策名称 | 意义 |
|---|---|---|---|
| 人社部 | 2013 年 | 《关于加快推进人力资源市场整合的意见》 | 明确了市场整合目标，进一步推进转变政府职能和深化行政审批制度改革，取消了举办全国型人才交流会审批事项，加强和改进招聘会管理，完善了人力资源市场观察项目 |
| 国务院 | 2014 年 | 《国务院关于加快发展生产性服务促进产业结构调整时机的指导意见》 | 加快生产性服务业发展的 6 条政策措施，更加具体地指明人力资源服务业发展方向 |
| 人社部 | 2014 年 | 《关于加快发展人力资源服务业的意见》 | 提出加快人力资源服务业的重点任务与政策 |
| 福建省人民政府 | 2016 年 | 《关于促进人力资源服务业加快发展的若干意见》 | 出台 15 项措施扶持人力资源服务业 |
| 人社部 | 2017 年 | 《人力资源服务业发展行动计划》 | 提出到 2020 年基本建立专业化、信息化、产业化、国际化的人力资源服务体系 |
| 国务院 | 2018 年 | 《人力资源市场暂行条例》 | 我国人力资源要素市场领域第一部行政法规 |

资料来源：根据国家、福建省正式出台文件整理。

### （三）福建省人力资源服务业发展成就

经过三十多年的发展，尤其是十八大后随着产业结构调整步伐的加大和人力资源市场化配置改革的不断深入，我省人力资源服务业从无到有、从小到大，取得了长足发展。目前，我省已逐步形成了以政府人力资源和社会保障部门所属的各级人力资源服务机构为主体的，其他人力资源服务机构并存的多层次、多元化的人力资源服务体系。

#### 1. 人力资源市场政策体系基本建立

从 20 世纪 90 年代起，我省对人力资源服务业的管理不断加强，政策法规逐步建立，不断完善，有力地支持了人力资源服务行业发展壮大。1998 年、2002 年省人大分别制定颁布了《福建省劳动力市场管理条例》和《福建省人才市场管理条例》，对规范人力资源市场活动，加强人力资源市场管理，维护劳动者、用人单位和人力资源服务机构的合法权益，具有基础性作用；2008 年在全国率先出台《福建省人才中介机构信用信息归档和发布办法》，积极促进福建省各类人才中介机构的信用体系建设；2009年制定出台《福建省人才交流会突发事件应急预案》，建立交流会突发事件应急处置工作机制。目前，我省已初步建立包括中介服务许可证，机构年度验证，从业人员资格证书，交流会管理办法，中介服务和交流会许可公示公开、工作程序、监督检查规定，中介机构信用信息归档发布办法，交流会突发事件应急预案等人力资源服务业法律制度体系。

**2. 人力资源服务体系初步形成**

改革开放以来，我省的市场经济体制不断完善，人力资源也从由政府计划分配向市场分配的方向改变。基本形成了以政府人社部门所属人力资源服务机构为主体，行业中介机构及大中专院校就业指导机构、民营中介机构积极参与，综合性人力资源市场与专业性、行业性、区域性人力资源市场相互协调，有形人力资源市场与网上人力资源市场相互补充的多层次、多种类的人力资源市场服务体系，较好地满足福建省经济社会发展对各类人才的需求。2017年全省人力资源服务机构450家，从业人员8 497人，机构总资产511.8亿元，全年营业收入150.5亿元，服务总人次逾1 247万；举办现场招聘会（招聘会、毕业生专场、农民工专场）6 359场，参会求职人数237万人次，提供招聘岗位272万个，较好地满足了不同层次人才和用人单位的需求；为0.92万家用人单位提供劳务派遣服务，派遣人员26.5万人；人力资源管理咨询服务用人单位4.66万家，人力资源外包服务用人单位0.85万家；提供人才测评服务29万多人次，人才培训服务47万多人次。行业规模已初见雏形，服务功能日趋完善，服务水平不断提升，为经济社会发展提供了有力的人力资源支撑。详细数据见表3～6。

**表3　2017年福建省人力资源服务机构数量**

| 项目 | 服务机构数（个） | 从业人员数（万人） | 总资产（万元） | 年营业收（万元） |
|---|---|---|---|---|
| 总计 | 450 | 0.85 | 5 117 904 | 1 504 514 |
| 公共人力资源服务机构 | 128 | 0.28 | 307 818.2 | 371 936.96 |
| 国有性质的服务企业 | 65 | 0.10 | 2 857 156 | 699 166.4 |
| 私营性质的服务企业 | 249 | 0.44 | 2 864 375.1 | 427 017.07 |
| 港、澳、台及外资性质企业 | 8 | 0.24 | 54 815.38 | 6 393.72 |

表 4　　2017 年福建省人力资源服务业务基本情况

<table>
<tr><td colspan="2">现场招聘服务</td><td colspan="2">网络招聘服务</td><td colspan="3">劳务（人才）派遣服务</td></tr>
<tr><td>举办招聘会次数</td><td>参会用人单位</td><td>发布岗位信息</td><td colspan="2">发布求职信息</td><td>派遣单位</td><td>派遣人员总量</td></tr>
<tr><td>0.39 万次</td><td>12.94 万人</td><td>732.68 万条</td><td colspan="2">676.03 万条</td><td>0.92 万家</td><td>26.53 万家</td></tr>
<tr><td>HRM 咨询</td><td>HR<br>外包</td><td>流动人员档案管理</td><td colspan="2">培训服务</td><td>测评服务</td><td>猎头服务</td></tr>
<tr><td>服务用人单位</td><td>服务用人单位</td><td>现存档案数量</td><td>举办培训班</td><td>参加人数</td><td>测评人数</td><td>成功推荐人才</td></tr>
<tr><td>46.57 万家</td><td>0.85 万家</td><td>252.56 万件</td><td>0.30 万次</td><td>47.23 万人</td><td>29.85 万人</td><td>1.69 万人</td></tr>
</table>

表 5　　2017 年福建省人力资源服务业服务对象

<table>
<tr><td rowspan="2">服务人员总数</td><td colspan="3">登记要求流动人员</td><td rowspan="2">实现就业和流动人数</td><td colspan="3">服务用人单位数</td></tr>
<tr><td>大专及以下</td><td>本科</td><td>硕士及以上</td><td>国有企业</td><td>私营企业</td><td>外资企业</td></tr>
<tr><td>1247.47 万人</td><td>386.65 万人</td><td>321.67 万人</td><td>34.98 万人</td><td>275.70 万人</td><td>7.19 万家</td><td>41.58 万家</td><td>8.02 万家</td></tr>
</table>

表 6　　2017 年福建省人力资源服务机构从业人员素质

| 从业人员总数 | 大专及以下 | 本科 | 硕士及以上 | 取得职业资格人数 |
|---|---|---|---|---|
| 0.85 万人 | 0.49 万人 | 0.34 万人 | 0.02 万人 | 0.19 万人 |

数据来源：表 3～表 6 的数据均来自人社部年度统计数据。

### 3. 人力资源市场"放管服"改革不断深入

（1）在"简政放权"方面：与人力资源市场相关的省级行政审批事项委托或下放给各设区市人力资源和社会保障部门行使，除极少数情况外，省级基本上不再保留人力资源服务行政许可事项，与行政审批相关年检、延期、变更、监管等后续管理服务工作，由承接委托或下放事项的单位办理。

（2）在"放管结合"方面：创新事中事后监管方式，会同相关部门制定福建省市场监管厅际联席会议制度，加强部门间的协调和相互配合，初步形成了部门协同、上下联动、有机衔接的工作机制，有效解决了市场监管工作中跨部门、跨地区“协调难”等问题。2018 年，首次会同工商等部门开展全省跨部门“两随机，一公开”抽查，在全省范围内随机抽取检查对象和执法检查人员，严格开展检查，对市场主体违法违规行为进行通报、处理，增强了市场主体遵纪守法的自觉性。

（3）在“优化服务”方面：协调财政、发改、科技、工商、税务、国土、商务、银监等部门，在放宽人力资源市场准入条件、加大财政支持力度、落实税费优惠政策、拓宽投融资渠道、扩大对外开放与交流、优化发展环境等 6 个方面，制定了 15 项促进人力资源服务业发展的优惠政策措施。

（4）在“公共服务水平”方面：支持人力资源服务业集聚发展，以人力资源主营业务为依托，培育建设中国海峡人力资源产业园和泉州市人力资源服务产业园。目前，中国海峡人力资源服务产业园筹建工作已基本结束，总投资 1.6 亿元，建设总面积达 2.1 万平方米，预约引进人力资源服务机构 40 余家（其中台湾人力资源服务机构 8 家），基本具备开园运营条件。泉州市（晋江）人力资源服务产业园 2018 年 6 月 9 日开园运营，是福建省首家市级人力资源服务产业园，构建集聚平台、交流平台、交易平台、服务平台为一体的人力资源服务产业园区，先后集聚了 21 家国内外优秀人力资源服务机构，服务泉州大中小企业 4 250 家，引进人才及职工 10 000 多人。

**4. 人力资源市场不断规范有序**

近年来，在不断变化的市场环境中，为了同时满足以经济和社会为导向的人力资源服务业的需求，我省人力资源服务机构开发和提供更加专业化和标准化的产品，加快职业介绍、网络招聘、就业培训等领域的细分，促进经济业务的快速增长和人力资源的开发，提高行业的整体素质，进而提高全社会人力资源市场配置的效率。目前，我省人力资源服务业务主要涵盖了人事代理、人才信息网络服务、人才培训、人才派遣、人才测评、人力资源管理咨询和猎头服务等服务种类。针对不同的社会群体和迥异的需求，出现了多种类型更为专业的服务机构，提供多种服务产品，为客户提供“一揽子”服务，由此形成一条较为完整的产业链。

加强流动人员人事档案服务，已建立分级管理的流动人员人事档案基本公共服务保障机制，授权 5 家省属机构管理档案，会同相关部门制定省级流动人员人事档案资金补助管理办法，推进档案管理服务标准化、信息化、规范化、便利化，努力为流动人员提供免费、优质、高效的档案基本公共服务。组织开展全国人力资源诚信服务示范机构推荐工作，福建省3家机构入选。开展清理整顿人力资源市场秩序专项行动，14家单位在专项行动中取得突出成绩，获人社部表彰。

当前，我省越来越重视信息网络技术在人力资源服务领域中的应用，加大公共人力资源服务机构的信息化基础设施建设，更好地促进全省人力资源服务体系的发展。目前，福建省公共就业服务信息系统已基本实现“省、市、县、街道（乡镇）、社区”五级联网，建立了全省统一的岗位信息和求职信息数据库（含厦门）、省际用工求职信息交流平台，实现岗位信息和求职信息全省、跨省统一发布，基本做到求职者“一点登录、全省查询”岗位信息。并依托公共就业服务信息系统建立了失业动态监测和人力资源市场监测制度，实时动态掌握监测企业用工情况和人力资源市场变化趋势，做到“数据明、情况清、管理准”。

**5. 闽台交流合作不断加强**

放宽设立台资人力资源服务机构限制，深入推进我省与台湾地区人力资源服务合作，出台《关于做好中国（福建）自由贸易试验区内人力资源服务许可审批事项有关问题的通知》（闽人社文〔2015〕182号），允许从事人力资源服务的台湾机构在福建自贸试验区内设立人才中介机构、职业介绍机构不受股权比例和注册资本金的限制。目前，福建自贸试验区内已成立扬运（厦门）人力资源服务有限公司、沛亚人力资源服务（厦门）有限公司、1111人力资源服务有限公司、福建两岸金桥人力资源有限公司、福建兆丰世界通教育咨询有限公司等5家台湾独资人力资源服务机构。

支持闽台两地人力资源服务机构互设分支机构，主动顺应人力资本要素、人才服务要素在闽台间加速流动的趋势，支持闽台人力资源服务机构融合服务、共同发展。制定《闽台人力资源服务机构互设分支机构支持办法（试行）》，对台湾优质人力资源服务机构在省内设立分支机构的，一次性给予一定金额启动资金支持。

搭建平台吸引台湾人才来闽就业创业，鼓励人力资源服务机构开展台湾人才就业招聘和高层次人才寻访等服务，通过举办“海外人才创业周”“海外留学博士海西行”“海峡两岸人才交流合作大会”等活动，组织省内企事业单位、高校组团赴台湾进行政策宣传和人才招聘，并邀请台湾人才来闽开展项目人才对接。

2017 年，《闽台人力资源服务机构互设分支机构支持办法（试行）》出台，鼓励闽台优质人力资源机构互设分支机构。2017 年海峡两岸人才交流合作大会上，有 155 家台湾机构 160 多名高层次人才代表在闽对接、洽谈、合作，达成意向合作 318 个，签约 69 个。连续 10 年每年举办 6·18海峡两岸人才交流合作大会，先后邀请 1 400 多位台湾机构代表及专才来闽对接洽谈合作，促成闽台人才项目合作意向 1 100 多个，近四年来为福建省各企事业单位柔性引进 20 多名台湾专才来闽，大会已成为两岸的品牌活动。

牵头成立福建省海峡两岸人才交流合作协会，筹建闽台人才交流合作基金，组织召开闽台人才交流合作座谈会。聘请台湾行业领军人才作为闽台人才工作顾问，积极推动以才引才。

（四）福建省人力资源服务业仍存在问题

随着经济社会的发展，人力资源服务业逐渐进入发展的黄金时期，整体行业发展呈现出良好的态势。然而，福建省人力资源服务业起点较低，基础比较薄弱，和发达省市相比较还有一定的差距。

**1. 整体实力及规模较弱**

福建省人力资源服务业总体规模相对较小，在机构总数、从业人员总量、资金投入、营业收入、龙头企业规模等方面与先进省份差距较大。同时，区域发展不平衡。受制于地方经济发展因素的限制，我省东部沿海地区对人力资源服务的需求旺盛，西部山区对人力资源服务的需求较少。人力资源服务机构主要集中在福州、厦门、泉州等城市，闽西北部地区经营性人力资源服务机构欠缺，有的县（区）甚至仅有政府所属的公共服务机构。

**2. 整体产业结构层次低**

福建省人力资源服务行业起步比较晚，并没有形成严格的行业规则，入门门槛比较低，导致从事这个行业的企业水平参差不齐，一些公司自己业务不专业，导致服务的质量受到限制。从业人员专业化、国际化水平相对较低，行业内优秀人才数量不足，现有的人员已无法满足当前社会的发展的需求。福建省人才服务机构在传统项目上服务质量较好，但对知识技术含量高、信息集成度高、附加值高的人力资源服务产品和项目的研发上较为薄弱，同质化、低级化的产品和服务供过于求，“专、精、深”的中高端产品供给不足，差异化、个性化、高端化、优质化的服务欠缺。

**3. 知名品牌建设滞后**

福建省人力资源服务业整体市场还不是很完善，尽管在品牌建设方面也逐渐取得了一些成效，但是并没有真正地形成品牌效应。目前，福建各地都在兴建人力资源产业集聚区，但优质的人力资源服务机构却不多。从整个行业的发展现状来看，还没有建立起统一的行业标准，没有形成特别优秀的行业标杆。大多数企业战略定位不够清晰、内部管理制度流程不够规范、企业发展的市场化及开放程度不高、知识产权保护不力，企业和企业之间的竞争仍然是通过价格进行体现，破坏了市场发展的原则和规律。

**4. 市场规范仍需加强**

福建人力资源服务市场存在关系用人，缺乏竞争等问题。一些人力资源服务企业往往会通过关系营销来发掘和维护自己的客户群，从而忘记市场以质量取胜的规律，长时间在市场环境中忽视服务质量的提升，导致最后被市场淘汰。其次，在职业介绍、网络招聘、就业培训等市场领域，尚未形成较为系统全面，以及相互依托的支撑体系，市场运行效率不高。2017 年，人力资源服务外包用人单位数量仅为 0.85 万家；服务机构数 450 家。人力资源服务市场创新乏力，部分县域小规模服务机构缺乏创新意识和激励机制，还保留传统业务模式，甚至存在一些不正当的竞争手段，导致为企业提供的服务质量大打折扣，造成市场无序竞争现象严重。

## 三、福建省人力资源服务业发展趋势分析

随着我国经济由高速增长进入高质量发展阶段，必然要求人力资源服务业也由高速增长进入高质量发展阶段。根据福建省产业转型和人力资源服务业发展现状，借鉴国内外先进经验，未来福建省人力资源服务业转型发展的方向体现在“拉伸产业链、寻找新增点、提高专注度、加强职业化、用好新技术”五个方面。

### （一）发达国家及兄弟省份经验做法及启示

全球人力资源服务市场规模为 4 170 亿欧元。根据世界就业联盟（World Employment Confederation，WEC）报告，2015 年全球人力资源

服务行业为全球范围劳动力市场提供超过5 000万人员，市场规模约4 170亿欧元（约合3.2万亿元人民币），从业机构数约16.9万家，从业人员约150万人。细分行业上看，人力中介业务（Agency Work，包括MSP）细分市场规模为3 740亿欧元；直接招聘行业368亿欧元；招聘流程外包行业33亿欧元；职业管理行业市场规模30亿欧元。

人力中介行业的3 740亿欧元的规模中，分国家来看，目前全球美国市场规模最大，为1 163亿欧元，其次为英国（434亿欧元）和日本（377亿欧元），中国市场位列第四，约299亿欧元。

**1. 发达国家人力资源服务业的启示**

（1）发达国家人力资源服务业的主要营业范围。国外人力资源业务领域主要包括猎头寻访、人力资源软件、网络招聘、人力资源外包等营业范畴。

一是猎头寻访。猎头寻访也称作高级人才寻访，是帮助优秀的企业找到最适合的人才。最具代表性的公司有海德思哲等。海德思哲是全球最大的提供企业领袖搜寻和企业领导咨询服务的专业公司。海德思哲是美国纳斯达克上市公司，是纳斯达克股票市场上最受欢迎的人力咨询服务公司。海德思哲拥有自己强大的知识库和全球人才知识网，海德思哲的顾问富有丰富的专业知识和行业经验。其专项业务服务按不同行业、职能和地理区域划分，1 400多名海德思哲的专业顾问所建立起来的强大的服务知识支持网络，遍及美洲、欧洲、非洲和亚太区的65个城市。

二是人力资源软件。人才资源软件作为信息技术产业的组成部分，代表性公司有肯耐珂萨等创始于1987年的肯耐珂萨，总部位于美国，2005年成为纳斯达克上市公司，在全世界27个国家和地区设有分支机构，是业界唯一一家有能力将技术、服务、科学及信息化产品完美地联系在一起的人力资源外包供应商。在不断快速成长与收购兼并后，目前是全球领先的权威整体人力资源解决方案服务供应商。目前肯耐珂萨全球拥有15 000名员工，收入总额与客户规模综合实力达到了全球第一。

三是网络招聘。网络招聘是人力资源服务业和互联网的交叉产业。代表性公司有凯业必达等。凯业必达招聘网是北美最大的招聘网站运营商，也是全球流量最大的30家网站之一，近年来逐步向国际市场进军，目前在美国、英国、加拿大、法国、瑞士、意大利、德国、印度和中国等18个国家或地区设立有25家公司，覆盖了全球55个国家和地区。

四是人力资源外包。人力资源外包，是指企业根据需要将某一项或几项人力资源管理工作或职能外包出去，交由其他业或组织进行管理，以降低人力成本，实现效率最大化。总体而言，人力资源管理外包将渗透到企业内部的所有人事业务，包括人力资源规划、制度设计与创新、流程整合员工满意度调查、薪资调查及方案设计、培训工作、劳动仲裁、员工关系、企业文化设计等方方面面。全球人力资源行业三大巨头德科、任仕达、万宝盛控华都是人力资源外包领域具有代表性的公司，人力资源来外包在以上公司的业务比重中都占有较大份额。

(2) 国外人力资源服务业的主要特点：

一是企业注重自律建设。国外人力资源服务业从兴起到获得合法地位，经历了近百年的时间，这与私营机构不断加强自律建设密不可分。全球私营职业中介机构联合会（CIETT）制定并一致通过全球行为准则，主要内容包括：①遵守法律；②遵守商业秘密；③重视专业知识和服务质量；④遵守公平竞争原则；⑤遵守职业操守。

二是企业规模不断扩大。随着经济全球化进程的不断加快，人力资源服务业也呈现出全球化的发展趋势，许多跨国公司的分支遍布世界各地：如德科集团在全球超过 60 个国家共设 5 500 个分支，有 3.3 万名职工。万宝盛华的人力资源服务网络覆盖全球 82 个国家和地区，共设 4 400 家分支，每年为 40 万客户提供需求。任仕达服务网络同样覆盖全球 43 个国家，共设 4 500 家分支，每年为 57.6 万名求职者提供工作机会。

三是通过内部标准化管理提高服务质量。随着市场化竞争愈发激烈，为了使公司在竞争中保持优势，许多人力资源服务公司通过在企业内部的标准化管理来提高服务质量。如万宝盛华集团于 1991 年开始在全部分支机构开展了 ISO 9000 质量标准认证，提高了对潜在用户对企业的信任值，有利于加大对市场份额的所占比重。

四是为客户提供多元需求。在激烈的市场竞争中，如果企业只单单提供某种单一产品或服务的话，显然在市场中是站不稳脚跟的。因此，国际人力资源服务公司在专业化服务的基础上，不仅仅局限在传统的职业介绍和人才引进，还包括员工培训、劳务派遣、猎头招聘等一揽子业务。业务范围从单一领域发展成为多元领域，这既促进了市场的发展，同时也增加了企业自身的利润和潜力。

2. 全国人力资源服务机构比较

根据人社部统计数据显示，截至2016年年底，全国共设立各类人力资源服务机构2.67万家，从业人员55.28万人，如图5所示。从机构性质上看，政府性质机构5 262家占比19.7%，国企1 493家占5.6%，民企1.89万家占70.6%，外企227家占0.9%，其他性质854家占3.2%。

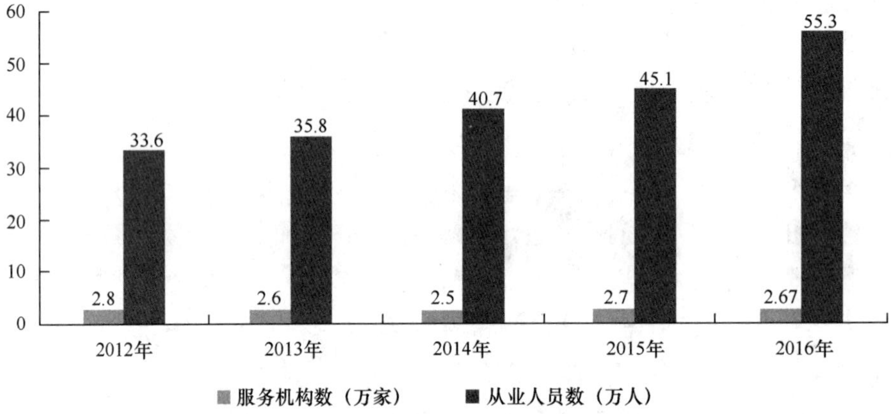


**图5　2012—2016年全国人力资源服务机构概况**

数据来源：人社部年度统计数据。

总体而言，国内人力资源服务机构数量多且大部分规模较小，集中度较低，竞争较为激烈。根据企业性质不同，国内人力资源服务企业竞争格局基本上国有企业、外资企业、民营企业三足鼎立。

（1）国有企业，代表有中智、北京外服、上海外服等，主要成立于20世纪80年代，起步较早，具备较强的规模和品牌优势，在人事代理业务占据了主要的市场空间；

（2）外资企业，代表有万宝盛华集团（Manpower Group）、任仕达集团（Randstad Group）、北京外企德科人力资源服务上海有限公司（外企德科）等，目标客户主要为跨国公司；

（3）民营企业，主要成立于90年代，部分优秀企业在中高端人才访寻、招聘流程外包、灵活用工等细分领域占有领先地位。国内民营人力资源服务机构数量多、规模小，产品单一、同质化程度严重。

因而，从品牌角度看，目前全国人力资源服务机构的前十品牌排名中，外资企业占据8席，其中中智CIIC排名第三，科锐国际排名第七。若考虑前二十强，则国内企业占11席位。可见在国内当前市场下，具有全球化视野和更加全面服务体系的外资企业仍然占据强有力的优势地位，尤其以美国的企业为主，前十中有 6 家美国企业。

为推进人力资源服务业持续发展，从 2010 年开始，我国陆续建设了上海、重庆、苏州等 11 家国家级人力资源服务产业园，省级人力资源服务产业园达到 35 家。到 2020 年，国家级人力资源服务产业园将达到 20 家。

**3. 兄弟省份经验做法及启示**

北京、天津、河北、山西、内蒙古、上海、江苏等兄弟省份对福建省人力资源服务业的发展提供了宝贵的经验，结合福建省人力资源服务业的发展现状及存在问题，兄弟省份可供福建省借鉴的主要为市场培育、政策扶持、诚信体系建设、市场监管、品牌建设、理论研究等六大方面内容。

（1）市场培育。北京实施了“先照后证”改革，2015 年，制定印发了《关于贯彻落实先照后证制度改革加强事中事后监管的工作方案》，简化了申请《人力资源服务许可证》办事流程，为申请机构提供更为便利的许可服务。此外，北京还加大人力资源服务业宣传力度，2015 年 9 月，北京市人力资源社会保障局在《北京人才市场报》开辟了《首都人力资源市场专刊》，向社会和行业提供人力资源市场权威政策解读、行业动态、理论分析等内容，免费提供给全市人力资源服务机构。

天津市则为人力资源服务发展搭建了信息化平台、投融资平台、人才引进培育平台和宣传推介平台，鼓励云计算、物联网、SaaS（软件即服务）等新技术在人力资源服务业的应用。这些举措激发了人力资源服务业市场活力，拓展了人力资源服务业的发展空间。

山西省变人力资源服务机构前置审批为后置审批，同时，进一步降低准入门槛，取消了对注册资金的要求，取消了申办机构递交验资报告的要求，采取“宽进严管”的方式，鼓励和引导人力资源快速发展。此外，山西省还积极转变服务方式，将年度审检改为年度报告，采取以机构自查为主，监管部门随机抽检的方式，先由服务机构对照审验内容进行自查，形成自查报告按时报送主管部门。

（2）政策扶持。2015 年，北京市进一步贯彻实施《北京市人民政府关于加快发展人力资源服务业的意见》，与市财政局研究落实人力资源服务业发展扶持资金，与市国税局、地税局等部门采取多项措施落实人力资源服务企业税收优惠政策，会同中国银行北京市分行出台了《北京市人力资源服务业发展金融支持项目金融服务优惠方案》，从对公结算优惠专属服务、账户服务产品等11个方面对人力资源服务企业提供金融支持。

2015年，天津市通过出台关于给予中介机构帮助用人单位引进高层次人才资金支持的政策，建立了发挥中介机构作用，积极引进高层次人才的新机制。

河北省将人力资源服务业纳入就业工作与人才队伍建设的总体部署，统筹制定产业发展规划，出台具体的扶持政策和优惠措施，设立人力资源服务业发展专项资金。

（3）诚信体系建设。北京市于2007年12月发布了人才服务地方标准，这是行业领域全国第一部完整的地方标准。2014年，北京市人力资源社会保障局研究制定了《北京人力资源服务机构等级评定规程》等贯标工作相关文件，组织完成了等级评定软件的开发、测试和申报系统上线工作。北京还开展了“诚信服务月”等一系列人力资源服务机构诚信创建活动。

内蒙古自治区要求全区组织各类现场招聘会，承办会务的人力资源服务机构都要与用人单位签订诚信招聘协议，统一审定招聘简章，公示工资、社保、合同期限等，排除歧视性条款；各级人力资源社会保障部门每年都定期对各类人力资源公共服务机构进行检查评估，对社会反响较差、信誉度不高、服务不规范的中介服务机构进行清理整顿。

（4）市场监管。2014年以来，北京市不断加强市场监管，实施严格的宏观调控措施，引导招聘会向分散化、小型化、专业化方向发展，鼓励发展网上招聘市场，同时不断加强招聘洽谈会和网络招聘的调控监管，加强日常巡查，要求招聘会主办方设立就业歧视投诉举报窗口，要求服务机构严格审核招聘启事，发现就业歧视等问题立即纠正，现场和网上招聘市场秩序较为稳定，市场配置效率得以提高。每年都会同公安、工商、城管执法等部门，在全市范围内联合组织开展清理整顿人力资源市场秩序专项行动，严格规范人力资源求职招聘活动。

山西省联合公安、工商等部门坚持开展清理整顿人力资源市场秩序专项活动，从源头上治理和规范市场秩序，并切实加强日常监管，对市场经营活动中发现的违规行为及时进行查处，维护市场竞争的正常秩序。

（5）品牌建设。天津市在加快培育高端领先、国际一流的产业品牌。

支持产品研发和创新，支持重点企业在人才测评、高级人才寻访、网络招聘、薪酬外包、弹性福利、人力资源流程外包等中高端服务领域开展新产品研发、测试和推介；支持人力资源服务机构加强自主品牌建设，鼓励企业注册和使用自有商标，积极参与申报国家驰名商标，推出一批具有广泛影响力的特色品牌；积极推行标准化管理和服务，建立与国家标准相配套、符合本市人力资源服务行业发展的地方标准体系，形成更加规范的行业标准。

上海市在自律、规范的行业发展环境下，推出了“中小企业品牌”“上海品牌”“上海名牌辉煌之星”“上海市政府质量奖”等一系列评选活动，已初步建立了人力资源品牌体系、标准体系和诚信体系。同时，一系列行业评选也在有序展开，2015 年开展了“上海信得过人力资源服务机构”和“上海市人力资源服务机构 50 强”推荐活动，在社会舆论方面广泛宣传，为行业树立了标杆和品牌形象。

2013 年以来，江苏南京领航、江苏外企等人力资源服务企业成功入选江苏现代服务业“十百千”行动计划重点项目。苏鹰人才、苏州汇思等一批人力资源服务企业荣获省著名商标，市知名商标称号。江苏外服、英格玛集团、中智江苏、蓝聘集团等大型人力资源服务企业，不断创新服务模式，提高资源配置效率，为经济社会发展做出了重要贡献。

（6）理论研究。近年来，上海市积极开展理论研究工作，探索创新型人力资源服务业理论体系，并发布了包括上海市社科院、上海市科技人才开发交流中心、上海市公共行政与人力资源研究所、上海浦东新区张江平台经济研究院等 10 家科研机构在内的上海市人才理论研究基地名单，推动上海人才服务理论研究科学化、规范化、体系化。

天津市鼓励人力资源报务机构开展自主研发或与高等院校合作研发，加快新知识、新技术在人力资源服务领域的转化与应用，优化产品结构。

（二）福建省人力资源服务业转型发展趋势

新技术与传统服务的结合给人力资源服务业带来新动能。通过科技和数据能力改变人力资源服务的成本结构。通过“互联网＋”和人工智能改变人力资源服务的交付方式。通过区块链技术带来人力资源服务的数据与准确性的变革。

**1. 技术革新助推创新服务新模式**

随着社会经济的发展，技术创新加剧行业变化的不确定性。人力资源服务产业越来越多地与其他产业交融，并且还产生出一批新型服务模式。2016年AI技术的飞跃式发展，配合近10年来已经成熟应用于制造业的机器人技术，夯实了未来机器取代人工的趋势。富士康、美的、大众等知名的制造企业，都已经将机器人技术大规模应用于生产。中国作为一个制造业大国，在人口红利消失后，普遍面临招工难、管理难、留人难的困境。另外，大数据的应用也日趋成熟，未来基于简历、面试、试用的人才甄别流程可能会被颠覆。每个人在日常生活和工作中的数据可能都会被记录，许多岗位的匹配将会通过大数据为基础来进行分析，以此来匹配市场的需求和符合条件的自由工作者。在“互联网＋”时代，中国的人力资源服务业正在构建更为庞大的商业生态圈。

**2. 产业聚集助推专业服务新高度**

为了更好地推动人力资源服务产业发展，各地争先整合人才市场和劳动力市场，构建统一、开放的人力资源市场体系，支持建设人力资源服务产业园。人力资源服务产业园未来将充分发挥集聚效应，助推人力资源服务的发展。一方面，将专业性强、服务水平高的人力资源服务企业集中在一起，人力资源服务企业可以通过园区这个平台进行互动，相互学习，取长补短，相互促进，从而不断提升人力资源服务业专业化水平和服务水平，从而加速人力资源服务行业的发展；另一方面，集中在一起可以让用人单位和个人得到更多更好的一站式人力资源服务；此外，集中在一起还有助于政府进行规范化管理，更好地满足监管的要求，改变过去人才服务中介分散、服务水平低、管理不规范的局面。

**3. 协同发展助推高质量发展新动力**

党的十九大报告指出，着力加快建设实体经济、科技创新、现代金融、人力资源协同发展的产业体系。人力资源是发展的第一资源，要增强和优化人力资源支撑实体经济发展的作用。人力资源服务业在人才开发配置中发挥着重要作用，在加大人力资本投入力度、提高劳动力配置效率方面扮演着重要角色，是推动创新驱动战略的重要载体。要为实体经济发展做好服务，配置好各类人才，就业推动人力资源服务的管理创新、服务创新和产品创新，满足实体经济发展所需要的各类人力资源服务。

**4. “一带一路”助推国际服务新机遇**

随着国家“一带一路”倡议的实施，将有更多人力资源服务机构专门为“一带一路”沿线国家提供人力资源服务，同时为“一带一路”倡议的实施提供智力支持。

福建省作为“一带一路”的重要起点，福建省人力资源服务业必将在国际化发展道路上迎来新的发展机遇。福建省人力资源服务业将围绕“一带一路”沿线国家和地区经济社会发展，构建以人才为中心的合作体系，形成“产业—人才—创新”要素有效聚合、优化配置、不断发展的开放式人才生态体系；围绕公共基础建设、产业投资、资源开发、金融发展等方面，跨区域合作，提升人才开发市场化水平，建立市场化的人才发展内驱机制，形成市场导向的国际人才服务体系；围绕进一步释放人才创新创业活力，深入推进人才发展体制机制改革和政策创新，努力构建科学规范、开放包容、运行高效的人才发展治理体系，为推进“一带一路”合作互补、共享共赢提供人才发展红利。

**5. 资本涌入助推快速发展新动能**

资本是商业生态的重要动力元素，但相较于其他产业，中国人力资源服务业长期以来未被资本市场关注。这一状况自 2014 年开始有所变化，受互联网技术的影响，资本开始频繁涌入人力资源服务业，并优先切入基于互联网技术的人力资源服务，大大助推人力资源服务业的快速发展。

据不完全数据显示，2014—2015 年，中国人力资源服务业的融资金额达数百亿元，获得融资的企业主要业务领域涵盖招聘、猎头、社保、人力资源、背景调查、人才租赁、兼职服务平台、职业社交、薪资福利等。投资方也从专注于中国市场的专业投资基金公司等逐步扩大至海外国际金融公司等，既包括天使投资也包括风险投资。随着技术的发展以及整个人力资源服务行业良好的市场发展潜力，未来五年，人力资源行业投资范围和金额还将继续增加。

## 四、促进福建省人力资源服务业发展的对策建议

### （一）营造有助于人力资源服务业发展氛围

遵循社会主义市场经济发展规律和人力资源成长规律，注重人力资源与实体经济相结合，提高人力资源服务业科学化水平，加强指导，优化服务，依法监管，明确发展思路，简政放权，加大人力资源服务业宣传力度，从而优化产业发展环境。

**1. 明确人力资源服务业发展思路**

按照党的十九大提出的“着力加快建设实体经济、科技创新、现代金融、人力资源协同发展的产业体系”要求，以“五大发展理念”为指导，紧紧围绕福建省的区域特色定位，坚持市场化引导，国际化引领，信息化支撑、专业化发展，创新体制机制，优化市场环境，加强政策扶持，不断优化产业人才培养模式，建设知识型、技能型、创新型的劳动者大军，增强人才资源对实体经济发展的支撑作用，积极促进人力资源服务业与其他产业协调发展，构筑促进福建经济社会发展的人力资源新优势。其次，坚持人力资源服务与经济发展相适应，以人力资源和用人单位需求为导向，激发市场活动，发挥市场配置人力资源的基础性作用，用人力资源支撑产业发展，形成人力资源与产业发展的良性互动。最后，深化人力资源市场管理体制改革，促进公共服务与市场服务协调发展，形成统一、规范、灵活的人力资源市场。鼓励各种所有制的人力资源服务机构发展，构建多元共存、分层布局、竞相发展的市场格局。

**2. 激发人力资源服务业市场活力**

积极转变政府职能，创新政府管理方式，放宽市场准入，降低人力资源服务业准入门槛，取消对注册资金的要求，取消对申办机构递交验资报告的要求，采取“宽进严管”的方式，激发市场活力，鼓励和引导人力资源服务机构快递发展。另外，协同工商、民政部门进一步简政放权，提高效率，积极转变服务方式，将年度审检改为年度报告，采取以机构自查为主，监管部门随机抽检方式，先由服务机构对照审验内容进行自查，形成自查报告按时报送主管部门。

**3. 加大人力资源服务业宣传力度**

首先，进一步明确人力资源服务业在实体经济中的重要作用，确立人力资源服务业在实体经济中的基础性地位。其次，通过各种渠道向社会和行业提供人力资源市场权威政策解读、行业动态、理论分析等免费服务。再次，鼓励人力资源服务业创新发展，培育各类服务机构的起步和发展，努力构建多层次、多元化的人力资源服务机构集群，鼓励发展有市场、有特色、有潜力的中小型专业人力资源服务机构，积极扶持小型微型服务企业发展专业服务、特色服务，支持人力资源服务机构开展自主研发或与高等院校合作研发，加快新知识、新技术在人力资源服务领域的转化与应用，优化产品结构。最后，挑选一批成功或具有特色服务的人力资源服务企业，将它们作为标杆向社会和行业推介，培育一批省内、国内知名企业和品牌，加大品牌宣传推介力度，举办或组织参加人力资源服务推介会、博览会和交易会，搭建人力资源服务品牌交流平台和推广平台。

（二）健全人力资源服务业政策法规体系

加强人力资源服务业发展的顶层设计。尽快制定、出台福建省人力资源服务机构管理办法，建立健全人力资源市场管理的基本框架。坚持问题导向和目标导向，以体制机制创新为突破口，运用法治思维和法治方式，协调推进立法、执法、执法监督和普法工作。坚持从实际出发，把人力资源和社会保障工作纳入法治轨道，构建法治人社、创新人社、廉洁人社、服务型人社事业。

**1. 稳妥推进财税金融支持政策**

加大财政税收金融支持力度，建立福建省人力资源服务业发展专项资金（每年 5 000 万元以上），综合运用贷款贴息、经费补助和奖励扶植等多种方式支持福建省人力资源服务业的发展。加强包括专业化人才培养在内的公共服务平台建设，建议公共人力资源服务机构参照有关规定申请为民办非企业等机构，享受国家关于技术先进型企业、服务外包、扶持小微企业发展等方面的相关税收政策，同时为公共人力资源服务机构争取更多的财政支持。把承揽人力资源服务业外包相关业务的民间组织和企业，纳入服务业发展优惠政策对象，给予重点扶持，并把政府人力资源服务业外包的理论建设与人才培育，纳入政府培训、人才培养的计划之中。鼓励人力资源服务企业注册和使用自主人力资源服务商标，开展自主品牌建设，形成一批知名企业和著名品牌，支持人力资源服务企业参选本地服务业重点企业名录。对获得省级著名品牌或入选重点企业名录等各类称号（荣誉）的人力资源服务企业一次性给予一定的经费补助。

**2. 规范行政审批行为，推进相关领域立法**

做好已取消和下放行政审批事项的落实和衔接。清理规范行政审批中介服务，向社会公布行政审批中介服务清单。对保留的行政审批事项实行规范化管理。健全立法工作程序，推动重点领域法律、行政法规制定工作。重点规范各类人力资源和社会保障执法行为；社会保险法、劳动合同法、人力资源市场条例等法律和行政法规的配套制度；对实践证明比较成熟的经验和行之有效的举措，尽快予以修订；修改和废止不适应改革和经济社会发展要求的法律法规。加强法规实施过程中具体问题的解释工作。坚持维护法制统一与体现地方特色相结合，对人力资源领域已列入地方人大和政府立法计划的项目，配合做好立法调研、论证评估、征求意见、沟通协调等工作，确保按期完成。尽快推进研究制定《福建省人力资源市场条例（草案）》等一系列促进人力资源服务业发展的法规条例。

**3. 加大普法宣传力度**

按照《全国人力资源社会保障系统法治宣传教育第七个五年规划（2016—2020年）》的部署，落实“谁执法谁普法”责任制，着眼于实施充分就业的发展战略，面向全系统、全社会，突出大学生、农民工等重点群体，大力宣传就业促进法及职业培训、人力资源市场等方面法律法规，宣传党的十八大以来人力资源社会保障系统简政放权、转变职能及鼓励大众创业、万众创新的方针政策；着眼于建立更加公平、更可持续的社会保障制度，大力宣传社会保险法及工伤保险条例、失业保险条例等社会保障领域法律法规，宣传社会保障制度改革及社保经办管理、社保基金监管方面的新政策、新精神；着眼于服务推进人才强国战略，深入学习宣传国家建设高层次人才队伍和高技能人才队伍、公务员管理及分类改革、事业单位人事制度改革、军队转业干部安置等方面的法律法规和政策；着眼于构建和谐劳动关系，深入开展劳动法、劳动合同法、劳动争议调解仲裁法等法律法规及工资、工时与休息休假、女职工和未成年工特殊劳动保护等规范劳动关系、维护职工合法权益方面的制度宣传，尤其要宣传中央关于化解过剩产能、稳岗就业的政策，加强对用人单位和劳动者的法治宣传教育，帮助、引导用人单位依法用工，帮助、引导劳动者依法维权，自觉运用法律手段解决矛盾纠纷。

（三）推进人力资源服务业标准化建设

加快推进福建省人力资源服务业的行业标准化体系建设，制定人力资源服务业务形态的服务标准。

**1. 构建服务标准体系**

服务标准体系构建应以质量为核心、以机构评级为抓手、以业务为主线，规范行业管理、保障公共服务、促进行业发展。其中，涉及人力资源权益但又受经济社会环境变化影响、政策性强的服务应当以部门规章形式颁布标准；涉及公益性、保障性、基础性的服务应当以国家标准形式颁布；涉及业务且不宜全国统一的服务，应当以行业或地方标准颁布。加大对人力资源服务产业标准的宣传和推广，加强对人力资源服务外包、人力资源管理咨询等新兴服务产业的探索研究，逐步形成完善的标准体系。针对福建省流动人员人事档案管理服务水平，提高管理服务绩效，加快研究制定《福建省省属人力资源服务机构流动人员人事档案管理服务绩效评估标准》。

**2. 探索地方性标准化建设**

随着信息化服务与服务信息化的推进，积极应对网络招聘业务等与互联网相关的人力资源细分服务发展的新趋势，适时制定适应省情的网络招聘服务标准。建议行业主管部门委托相关机构研究制定外包服务、高级人才寻访服务标准，以点带面推进其他标准的全面实施。工作中既要与国际劳工组织、国际标准化组织和发达国家相关标准化组织建立联系，了解国外人力资源服务标准最新工作动态和理论成果，也要鼓励民营服务机构、各类从业人员参与标准化体系建设，充分吸纳行业的利益诉求和目标期望，并且与国家现代化服务业发展整体规划相吻合，以加速人力资源服务机构等级、服务产品、服务行为、服务程序等标准的制定、实施与推广进程。对暂不具备标准化的服务产品，则推行服务承诺、服务公约和服务规范等制度。鼓励企业通过国际标准化管理组织的质量管理体系认证的方式，采用系统的方法优化整个服务流程，实现服务流程标准化，从而提高服务效率，保证服务质量。

（四）健全人力资源服务业诚信体系

在自律、规范的行业发展环境下，推进人力资源服务业诚信体系建设。在社会舆论广泛宣传、为行业树立标杆和品牌的同时，使越来越多产业、企业开始使用市场化人力资源服务解决自身的人力资源服务问题，实现社会满意度不断提升的目的。

**1. 强基立本保障诚信体系建设**

一是坚持服务机构自觉、行业自律与政府监督相结合。建立行业公约，健全行业诚信制度，及时纠正违反诚信服务制度和侵害服务对象合法权益的行为。二是坚持诚信褒奖与失信惩戒相结合。建立失信惩戒约束制度，将失信机构纳入信用信息警示范围，惩戒失信服务机构和从业人员，形成优胜劣汰的竞争机制。三是坚持制度约束与教育培训相结合。发挥法规制度、服务标准、诚信服务制度对服务机构诚信建设的指导、规范、评价和约束作用。四是坚持省市县联动和部门协调相结合。继续推进管理重心下移，明确市县两级人力资源市场管理职责，形成人力资源市场日常监管工作的市县联动和相关部门协调配合工作机制。

**2. 多措并举优化诚信体系建设**

首先，建立诚信服务制度。主要包含服务公示制度、服务承诺制度、服务台账制度和服务反馈制度，以及完善服务评价机制，建好服务机构、从业人员数据库和电子诚信档案。其次，开展诚信主题和评估活动。定期在全省范围开展“诚信服务月”主题活动。确定评估标准，制定评估规程，采取自我评价、专家评价和群众评价等方式，综合衡量服务机构的服务水平、服务业绩、服务规范、社会责任和诚信状况，不断提高诚信服务水平。最后，建立诚信奖惩机制。采取诚信激励和惩戒措施，对评估结果予以公示，成效较好的机构颁发诚信服务示范单位标牌并给予一定金额的奖励。对失信机构和从业人员，加强监督和制约，并提出限期整改的要求和惩戒的措施。

（五）提升人力资源服务业信息化水平

随着互联网技术的发展，现代电子信息技术向人力资源服务业渗透的程度日益提高，行业信息化趋势日益加强，成为影响行业发展的重要因素，实体渠道已经不再是行业发展的唯一载体，虚拟渠道、“虚拟＋实体渠道”日渐成为行业发展的重要途径。

**1. 搭建公共信息平台**

加快建立统一的人力资源信息公共服务网络体系，完善跨政府各职能部门的数据标准及交换体系，实现各类相关行政业务信息的共享，重点推进人力社保、经济管理、教育科技等部门间的网络贯通，丰富网络信息，形成以“人才工作网”“人力资源市场网”为引领，各级服务网络为支撑的全面覆盖、互联互通的人力资源服务信息网络体系；并通过建立网上虚拟电子政务大厅，精简政务流程，提高管理效率和降低行政成本，通过建立可靠的信息传播机构和渠道，为业内企业提供信息咨询，让这些信息成为业内企业决策的重要依据。搭建行业信息交流平台。一方面，通过各种微信公众号、公益性活动、组建讲师团宣讲、联谊会、论坛、沙龙、高端人才招聘等途径及活动，交流行业发展动态，互通前沿理论信息，建立健全行业专家库和行业发展数据库，积极推动与国外知名人力资源网站的合作，鼓励经营性人力资源网站建设，积极发展网上人力资源市场，把握行业服务产品市场态势。

2.“互联网＋”助推服务升级

推动移动互联网、云计算、大数据、物联网与现代服务业结合，促进人力资源服务业健康发展。打破人力资源服务产业的边界，聚焦人力资源服务业的各细分领域，逐步向垂直化、专业化、综合化等方向发展。在垂直化方面，针对中小企业人力资源管理的痛点，基于SaaS模式，以社保代理服务＋免费人力资源管理平台＋行业最低价福利为特色，以社保为切入点，运用互联网与移动技术的新型人力资源服务商切入劳动法咨询与管理、人才竞拍等诸多人力资源细分领域。此外，在人力资源外包、咨询、软件三者之间，应用信息系统较低的服务成本，以线下服务模式为主转向以线上服务模式为主，结合移动互联网、云技术、大数据和企业即使通信等新兴技术，打造全新的人力资源服务平台，构建云端人力资源系统解决方案，提供涵盖各个领域的重视客户员工体验的各类自主服务平台，不断将服务推向移动化。

（六）引导人力资源服务业资本市场发展方向

鼓励符合条件的人力资源服务企业进入资本市场，引导各类社会资本以独资、合资、收购、参股、联营等形式进入人力资源服务领域，允许国内投资设立人力资源服务业企业的境外投资者在福建省设立人力资源服务企业。以中国海峡人才市场控股的福建海峡人力资源股份有限公司为示范，努力培植一批具有示范引领作用的企业上市，积极打造本土化全产业链人力资源服务平台。

1. 培植具有示范引领作用企业上市

近几年，人力资源服务业发展迅速，越来越多的企业寻找上市，仅2016年，就有36家人力资源企业挂牌新三板，与2015年相比，增幅为71%。2017年7月，中国海峡人才市场控股的福建海峡人力资源股份有限公司在全国中小企业股份转让系统正式挂牌交易，成为我国首家在新三板挂牌的国有人力资源服务企业。福建省可以此为契机，加大力度培育一定数量具有示范引领作用的龙头企业和行业领军企业，组织赴人力资源服务业上市公司数量多、成效好的长三角等区域学习，并给予资本化运作方面的辅导，条件成熟的，适时推动其实现传统人力资源服务向人力资本运作转变。

2. 打造本土化全产业链服务平台

十八届三中全会提出“充分发挥市场在资源配置中的决定性作用”

“积极发展混合所有制经济”，这为新常态下人力资源服务业发展指明了方向。从当前福建省人力资源服务业发展的现状来看，发展混合所有制的人力资源服务业，既具备一定的现实基础，也十分必要和迫切。发展混合所有制人力资源服务企业，建设人力资源产业集聚区，发挥民营资本国有资本各自优势，一方面，可以推进服务企业的纵向整合从而逐步改变目前人力资源服务系统中，上下游链条不清晰、研发能力薄弱、服务分层模糊的问题；另一方面，也可以推进服务机构体系的多元化、多层次发展，形成服务企业集聚效应与分散效应，打造具有本土化优势的高端人力资源服务业全产业链的资源平台、服务平台和产业平台。

（七）优化人力资源服务业资源配置

人力资源服务业集聚是提高人力资源使用效率和配置效率的重要方式，有利于推动人力资源集聚向规模化、集约化、专业化方向发展。

**1. 提升行业集聚化发展水平**

以海峡人力资源服务产业园建设开园为契机，结合当前福建省闽东南闽西北协作区规划重点，以福州市、厦门市和泉州市等中心城市为核心的圈层式集聚模式，进行人力资源服务业的集聚发展，并沿着交通或通讯干线向外延伸，将集聚模式扩散至次中心城市，建设1（海峡人力资源服务产业园）+3（厦门市、泉州市和莆田）+N（次中心各市及有关县市区）的人力资源服务业园区。从而以点带轴、以轴带面，呈现出一种立体结构和网络态势，最终形成整个中心城市区域集聚模式。探索建立以高新产业园区、开发区、大学城和科研院所的人力资本为核心的“一区多园”综合化集聚模式，依靠先进技术、高端产品和创新管理来发展地方经济。以政府为主导的人力资源产业园集聚模式，依托现有公共人才和就业机构，实现公共服务机构功能转型，建立人力资源服务业产业园，将原来的公共就业服务机构中经营性运营转化为市场化运营、公共职能机构转化为产业园管理机构，为园区企业提供优质管理服务。

**2. 健全人才引育用留机制**

通过强化人才投入、人才引进和产业优势，集聚人才，优化人才资源配置。建立健全政府、社会机构、用人单位和个人相结合的多元化人才培养投入体系。可设立专门的人才培养预算，依法确保财政性教育投入。发挥政府在人才培养投入上的导向作用，积极开拓金融信贷、教育服务、科技开发等筹措经费的途径。组织人社及有关职能部门制定人才引进，培养的具体政策，创新引才、聚才的良好政策环境，畅通人才引进的“绿色通道”。发挥产业优势吸引人才，把招商引资与招才引智结合起来，关注人才走向，通过人才交流会、洽谈会，有计划、有步骤地引进各类急需人才。推进人才柔性引进。树立“不求所有，但求所用，更求所为”的招才引智新理念，采取聘用、借用、咨询、兼职、合作交流、人才租赁等形式，灵活引进人才智力资源。创新人才考核评价机制。探索建立技能人才多元评价机制，逐步完善社会化职业技能鉴定、企业技能人才评价、院校职业资格认证和专项职业能力考核办法。探索建立农村实用性人才分地分级评价办法。

**3. 促进区域化协调发展**

各级政府或有关管理部门，有针对性地设立鼓励沿海人才向山区流动的补偿机制，以及属于沿海亟须的山区特殊人才向沿海区域流动的支持政策。在沿海产业向山区倾斜以及大力发展地方特色产业的基础上，适时设立人力资源山海协作资助专项，吸引沿海各类高端人才（技术人才）人才到山区就业、创业等资助和补助。以设立“人力资源服务业产业园区”、组建“人力资源服务业机构发展联盟”等机构为契机，构建沿海和山区人力资源服务业合作机制，从产业规划、管理制度、信息沟通、服务项目等方面推进区域人力资源服务业的密切联系和协同发展，实现区域内人力资源的自由流动和优化配置。

福建省发展人力资源服务业要坚持“市场主导、政府推动，融合创新、集聚发展，促进交流、开放合作”的原则，以基本建立专业化、信息化、产业化、国际化的人力资源服务体系为目标，实现公共服务有效保障、经营性服务逐步壮大，服务就业创业与人力资源开发配置能力的显著提高，人力资源服务业对经济增长贡献率的稳步提升。

## 参考文献

［1］萧鸣政．中国人力资源服务业蓝皮书（2016）［M］．北京：人民出版社，2017.

［2］莫荣．中国人力资源服务产业园发展报告（2016）［M］．北京：中国劳动社会保障出版社，2016.

［3］俞安平．江苏人力资源服务业发展研究报告（2016）［M］．南

京：南京大学出版社，2017.

[4] 陈玉萍．国外人力资源服务业的发展：历史、现状和启示(2013)[M]. 北京：法律出版社，2013.

[5] 路远方．互联网时代传统商贸企业的“挑战”与“重生”[J]. 商业经济研究，2017(17).

[6] 彭剑锋．互联网时代的人力资源管理新思维[J]. 中国人力资源开发，2014(16).

[7] 鲁辉．人力资源管理新思维[J]. 现代商业，2015(9).

[8] 韩树杰．我国人力资源服务业的发展状况与趋势[J]. 中国人力资源开发，2008(1).

[9] 董立勤．人力资源服务业发展需突破七大难点[J]. 中国人才，2013(12).

[10] 汪怿．发达国家人力资源服务业的发展趋势及启示[J]. 中国人力资源开发，2007(4).

[11] 姚战琪．我国人力资源服务业发展现状与政策建议[J]. 经济研究参考，2012(46).

[12] 李惠玲．北京市产业结构和就业结构的弹性与关联分析[J]. 山西财经大学学报，2008(1)：67-68.

[13] 宋文婷．加快首都人力资源服务国际化发展对策[J]. 人力资源管理，2013(7)：28-29.

[14] 王学栋．国内外区域发展中政府协调机制建设的经验[J]. 科学与管理，2013(5)：9-14.

[15] 夏杰长．打破垄断和完善规制：深化现代服务业改革的关键[J]. 北京工商大学学报，2013(3).

[16] 朱庆阳．人力资源服务与咨询[M]. 上海：华东理工大学出版社，2011.

[17] 孙建立．中国人力资源服务业发展报告(2016)[M]. 北京：中国人事出版社，2017.

# 创新完善苏州人才服务体系的实践与思考[①]

朱 正[②]

**摘 要：**人才是实现民族振兴、赢得国际竞争主动的战略资源，也是经济社会持续健康快速发展的动力源泉。本文分析在当前国际、国内新形势下，苏州构建人才服务体系的总体情况、存在的主要问题，并结合实际对下一步如何创新完善人才服务体系，助推创新驱动发展提出了合理化建议。

**关键词：**人才　服务体系　对策建议

## 一、构建人才服务体系的基本情况

近年来，苏州坚持党管人才原则，注重发挥人才在各项事业中的引领支撑作用，着力构建职责明确、运转协调、服务周到、便捷高效的人才服务体系，人才驱动创新逐步凸显，创新创业生态持续优化，全市人才工作呈现快速健康发展的良好态势。目前全市人才总量超过260万人，高层次人才总量22.3万人。

### （一）注重精准发力，全面提升人才政策服务效能

2016年苏州着眼人才事业发展与经济社会建设深度融合，全新出台

① 该篇论文获得“2019年全国人才与人事研究主题征文活动”二等奖。

② 朱正，苏州市人力资源和社会保障局局长。

“人才新政40条”，扎实推进政策系统性、集成性创新，不断夯实人才政策制度体系，新一轮政策优势进一步构筑。其中涉及人社部门的主要是四大工程：一是实施紧缺人才“倍增工程”。启动新一轮姑苏重点产业紧缺人才计划，全面扩大引才产业覆盖范围和资助力度，五年内全市拟引进资助10 000名紧缺人才，2017年首批资助2 023名。二是实施国际化人才“汇智工程”。拓宽招才引智国际化视野，修订“海鸥计划”实施细则，探索以企业为主体、项目为载体、契约管理为基础的柔性引才方式，已累计资助596个项目、790位海外专家。三是实施高技能人才“支撑工程”。修订高技能人才计划实施细则，出台职业技能提升行动计划，优化提升高技能领军人才引进和高技能人才培养激励政策。四是实施青年人才“储备工程”。深入推进高校毕业生就业创业促进和基层成长创业引领“两大计划”，推动高校毕业生创业工作创新发展。修订博士后工作实施细则，扩大招生规模，加大资助力度，每年招收博士后不少于400名。

（二）注重内外联动，精心打造招才引智品牌矩阵

一是搭建“请进来”平台。连续十年举办苏州国际精英创业周，面向海内外邀请高层次创新创业人才洽谈对接。前九届创业周累计落户项目3 785个，落户创业项目注册资本超296亿元。第十届创业周新签约项目866个，创历史新高。连续举办三届苏州技能英才周，成功承办中国国际技能大赛（苏州赛区）等活动，进一步拓宽高技能人才成长通道。此外，先后举办了中国·苏州大学生创新创业大赛、青年精英创业大赛等，进一步吸引青年人才在苏创业。二是搭建“走出去”平台。2011年起与全球37个人才合作组织建立长期合作关系，已建立11家海外人才工作联络站、5家国际创客育成中心。八年来已在美国、德国、日本等地举办了29次“赢在苏州”国际创客大赛，征集项目4 845个，吸引2.2万余名海外高层次人才参会，落户项目200多个。连续九年开展“苏州校园引才计划”，深入推进高校苏州日招才引智活动，2017年起在11所“985”“双一流”高校设立“苏州育才奖学金”。三是搭建“借外力”平台。在全省率先开展科技镇长团派驻试点，打通产学研合作通道，借助高校院所的外力，协助地方引进领军人才超过300人，累计引进和嫁接科技成果3 000多项，有效引导创新要素向一线集聚。不断深化大院大所战略合作，与北京大学、清华大学、浙江大学、哈佛大学、杜克大学等国内外

知名高校院所共建的研发载体超过130家。江苏省产业技术研究院新组建的17个专业性研究所，有11个落户苏州。

（三）注重产才融合，不断激发创新创业载体活力

一是加快建设博士后创新载体。成立全省首个博士后创投中心“江苏省（苏州）博士后创投中心”，探索建立博士后预备工作站，全力推进企业产学研结合和自主创新能力提升。全市已累计建成博士后工作站（含分站）435家，累计招收博士后939人，博士后站点位居全国地级市之首。二是加快打造创业孵化载体。积极推进留学生创业园建设，构建阶梯式、全过程、市场化的孵化服务模式，全市建有留创园20家，其中国家级3家、省级7家，留学人员累计在留创园内创办企业836家，在留创园内工作的留学人员总数1 958人。积极推动大众创业工作，全市现有各级各类创业孵化基地237家，其中国家级1家，省级以上31家。三是加快推进离岸孵化体系建设。出台关于推进苏州离岸创新创业孵化体系建设的框架意见，加速离岸孵化平台建设，首批5家苏州国际创客育成中心建立并挂牌，成立苏州离岸创新创业联盟，积极推进中美大学国际技术转移与协作创新（苏州）中心建设，为苏州打造面向全球的人才项目发展生态链。四是加快布局人力资源服务载体。2013年12月，中国苏州人力资源服务产业园被国家人社部正式批准建设，2017年9月国家外国专家局批准建立“中国苏州国际人力资源服务产业园”。近年来苏州依托“一园多区”新格局，以全球化视野不断加速推动人力资源服务全业态发展。目前全市人力资源服务集聚区超过10家，集聚人力资源企业450多家，人力资源服务业产值达668亿元，占全省40%。五是加快推进技能人才培育载体。2017年成功举办中国国际技能大赛（苏州赛区），苏州选手在第44届世界技能大赛中获得1金1优胜，取得历史性突破。2018年苏州王森国际咖啡西点西餐学院、苏州技师学院、常熟服装城集团公司等3家单位5个基地成功入选第45届世界技能大赛中国集训基地，6个项目8名选手入围国家集训队。大力推进苏州“1＋N”模式公共实训基地建设，现有国家级高技能人才培训基地3家，省级高技能人才专项公共实训基地7家，每年新增10个市级高技能专项公共实训基地，年提供实训人数5万人次。

（四）注重市场导向，积极构建灵活人才体制机制

一是着力在评价机制上“放开”。突出市场评价导向，构建个人素

质、紧缺指数和薪酬水平“三位一体”积分制人才评价体系，已在亨通集团等15家单位试点企业职称自主评审，加快向企业下放职称评价权。不断健全企业技能人才评价机制，推动企业建立技能等级与薪酬待遇挂钩机制，已有197家企业开展了技能人才评价工作，“十三五”以来5万余人通过企业技能人才评价取得职业资格证书。二是着力在管理机制上“放权”。支持高等院校、科研院所等各类主体引进培养高层次人才，给予引才单位每年最高2 000万元的引才资助。出台支持企业通过中介机构招才引智办法，发挥中介机构专业优势，2017年首轮共资助25家企业引才补贴218.82万元。创新事业单位人事管理，支持特设岗位专项用于引进高层次人才，明确在政策范围内可直接考核录用高层次紧缺人才。三是着力在分配机制上“放活”。鼓励事业单位科研人员离岗创业，5年内保留人事关系，并同等享有职称评聘等权利。通过适当提高高校和科研院所绩效工资总量发放水平、探索试行多元化薪酬分配制度等措施，不断加大科技创新人才激励力度。提升技能人才待遇，在户籍管理制度中首次明确高技能人才与高层次人才引进享有同等待遇。

（五）注重开放包容，着力优化人才创新创业环境

一是提高人才服务效率。2019年4月苏州市高层次人才一站式服务中心正式运营，在全省首创为高层次人才提供“一站受理、集中办理、跟踪反馈、统一建档”服务新模式，首批整合全市14个职能部门4大类26项服务事项，为高层次人才提供专窗、专网、专线、专员“四专”服务。建立引智工作重点单位和外国专家联系服务制度，建成外国专家工作室222个，外国专家证、外国人就业证“两证合一”办证点8个，位居全省首位。二是拓展人才服务深度。成立创业周落户企业联盟、博士联谊会等一批人才社团组织，通过专业化、常态化活动，使人才圈、社交圈、学术圈、投资圈有效联动。着力优化学术生态，先后承办了冷泉港亚洲会议、国际纳米技术发展论坛等系列高端学术活动。三是完善金融服务体系。通过政府投入撬动近40倍的社会投入，着力破解创新创业融资瓶颈，积极推进股权投资中心建设，逐步形成以沙湖股权投资中心为核心的创投业集聚区。出台金融支持人才创新创业政策，帮助近5 000家企业融资超过1 400亿元。四是优化生活配套服务。出台人才乐居工程实施意见，分层分类解决各类人才居住需求。积极推动海归子弟学校建设，认真落实高层次人才享受生活待遇、海外人才居住证个税奖励等政策，

及时参与协调解决人才出入境、医疗、社保、子女入学等生活困难，让人才安心创业、成功创业、持续创业。

## 二、人才服务体系面临的主要问题

尽管苏州在构建人才服务体系方面积极探索取得了一定成效，但对照高质量发展要求，对应经济社会转型升级、加快培育新动能的现实需要，无论在认识层面，还是在体制机制层面，都还有待进一步提升和完善。

### （一）人才的竞争态势日益激烈

经济全球化时代，人才已成为最稀缺的战略资源，是决定一国参与国际竞争成败的关键因素。从国际看，以美国、英国、法国、德国等为代表的发达国家，近年来不断加大留才力度，高层次人才回流障碍持续加大。从国内看，我国“人口红利”逐渐消失，新一轮全国人口流动主要体现在人力资源重新配置上，这也是今年抢人大战的根本原因。2017年以来全国已有50多个城市累计出台人才新政百余次，不断加速人才人口集聚。在这样的新形势下，苏州提出优化人才服务既是提升优势、吸引人才的正确选择，也是防止优秀人才被周边优厚政策吸引流失的内在要求。

### （二）人才的流动规律正在更新

人才流动具有客观规律，基本上向科技水平高、环境条件好、研究经费足、待遇高、发展机会多的地方流动。当前，我国正处于人口的“刘易斯拐点”，人口红利逐渐消失，各地政府普遍希望通过优惠政策在短时间内吸引大量人才，填补人才缺口。在新一轮引才大战中，北京、上海、深圳等一线城市，由于人口总量限制，户籍引进有较高门槛，目标主要集中在高端人才，且有较明确的领域方向。以重庆、成都、西安等为代表的二、三线城市正处于转型时期，经济发展不再是过去靠抓投资、抓项目模式，而是进入人才取代资本阶段。随着这些内陆中心城市的逐渐崛起，传统人才流动梯度规律逐步被打破。对于大部分人才来说，北上广一线城市高端人才过于集中，选择“新一线”及二、三线城市，除了在人才新政中能够享受优厚政策之外，还有广阔的上升空间与更多的机遇。当前苏州虽然经济体量大，但受城市能级限制，政策制定自主空间仍有较多限制。因此，我们唯有尊重人才流动规律，重视营造有利于人才成长发展的良好生态，合理引导人才流动，才能吸引更多人才来苏就业创业。

（三）人才的需求导向发生变化

目前苏州人才总量较大，但结构性矛盾仍然比较突出，掌握领先核心技术的顶尖人才、引领高新技术和新兴产业发展的领军人才、助推产业转型升级的紧缺人才和技能人才比重还不够高，呈现出“四多四少”特点，即“高层次人才多，尖端人才少；产业人才多，科研人才少；传统产业多，战略性产业少；理论型人才多，实践型人才少”。虽然苏州当前经济总量处于全国全省第一方阵，但产业结构总体上正处于从中低端向中高端迈进阶段。苏州要突破既有瓶颈制约实现高质量发展，最重要的出路在于以各类人才尤其是高端人才、顶尖人才、高素质技能人才的引进培育为突破口，不断释放政策与资源红利，更好地加速创新资源集聚，以“人才高峰”引领“产业高峰”。

（四）人才的服务联动格局有待强化

从全市来看，苏州高层次人才基数大、类别多，在目前尚未建成全市高层次人才一站式服务联动格局前，高层次人才管理和服务难度偏大，人才工作精细度需进一步提升。从板块来看，苏州人才服务工作还不够平衡，有些地区重指标轻基础，重显性轻隐性，对加强人才服务、促进作用发挥的重视程度不够。从部门来看，联动作用还不够紧密，2018 年 4 月苏州高层次一站式服务平台正式挂牌运作，首批整合全市 14 个部门 26 个服务事项，但尚未建立覆盖人才生产生活的全链条服务，还需进一步拓宽人才服务范围。

（五）人才的市场配置有待优化

目前，苏州引才用才仍是政府主导，企业用人主体作用发挥不够充分，人才的市场化评价、管理、激励机制还未全面形成，市场配置资源决定性作用有待加强。高等院校、科研院所聚才能力和功能相对较弱，市场化平台运作程度、培育力度明显不足，尤其同北京、上海、广州、深圳、南京等城市相比，无论是一流的学术泰斗、领军人才、科技人才引进，还是高素质人才培养，苏州尚存较大差距。我们要进一步遵循市场经济规律，根据经济转型升级和企业发展的实际需求，切实加强人才工作分类指导，优化人力资源配置，引导各类人才向经济社会发展一线集聚，有效实现人才供需平衡。

## 三、关于完善人才服务体系的思考和建议

近年来，随着经济快速发展和社会各界日益重视，苏州人才工作迎来了蓬勃发展新时期。党的十八大以来，全市人才总量和高层次人才总量平均年增幅分别为8%和14%，分别达到260万人和22.29万人。随着苏州“人才新政40条”的深入实施，高层次人才将继续保持加速集聚态势，人才服务需求与日俱增，需求的差异性、宽领域特征将更加明显。下一步，我们应紧紧围绕市委、市政府战略部署，全面树立人才优先发展理念，不断提升人才服务体系的比较优势，实现差异化竞争，加快集聚海内外创新创业人才和支撑产业发展的技能人才，全面增强苏州城市核心竞争力。

### （一）抢抓重大国家战略机遇，加快打造更有竞争力的人才集聚高地

苏州因开放而兴，未来更需进一步扩大开放。我们要积极着眼于服务国家重大战略和抢抓历史性机遇，把影响创新驱动发展最重要的人才吸引过来、集聚起来、造就出来。一方面主动把握长三角一体化发展机遇。长三角地区是中国经济最活跃、开放度最高的区域之一，也是经济竞争力最强的地区。26个城市占全国1/26面积的土地、约1/6的人口，创造出了近乎全国1/4的经济总量。2019年11月习近平总书记提出支持长江三角洲区域一体化发展并上升为国家战略，着力落实新发展理念，构建现代化经济体系，推进更高起点的深化改革和更高层次的对外开放的具体要求。在推进长三角一体化发展进程中，苏州要精准把握自身特色优势和主要短板，围绕打造世界级城市群、世界级产业集群和G60科创走廊3.0版目标，主动对接上海，进一步提高站位拓宽视野，建立“不求所有、但求所用，不求所在、但求所为”的人才柔性流动机制和一体化、便利化的人才服务机制，促进人才跨区域自由流动交流，激发协同创新的活力和创造力。要结合苏州产业发展实际重点瞄准世界战略前沿，抢占产业链高端和价值链顶端，对培育新增长点形成新动能产生重要影响力的产业人才和高技能人才，制定人才需求、人才供给、人才政策三张清单，加快编制引才发展策略，制定出台具有突破性和吸引力的人才政策措施，分类建立人才信息库，优化人才供给结构。要加快融入长三角一体化发展格局，积极参与长三角地区人才公共服务标准一体化建设，更大范围汇聚创新创业人才。另一方面积极融入“一带一路”倡议。要

牢牢把握当前历史窗口期，以更大的视野、更大的力度引进集聚海外优秀人才，在赴发达国家引才的同时，注重开发以色列等“一带一路”沿线国家的“人才蓝海”。进一步发挥好苏州国际精英创业周、“赢在苏州”海外大赛、苏州技能英才周等重要渠道的优势，建好海外引才工作站、海外离岸孵化器等新型平台，在影响未来创新发展的重要区域、关键节点进行战略布局，不断扩大一流人才的来源和范围。要加快建立来去自由、便利高效的国际人才制度环境，既用好“黄皮肤”，也用好“蓝眼睛”，不断推进人才发展从政策性开放向体制性开放转变，主动参与国际人才竞争，提高全球范围配置人才资源的能力。要依托中国国际人力资源服务产业园载体，搭建更丰富的海外人才（信息）交流平台，帮助本土企业更广泛参与国际人才技术和项目的交流合作，进一步提升苏州人才国际竞争力和经济国际化水平。

（二）优化人力资源配置，加快形成更有带动力的人才培育链条

产业发展有前景有底气，科技创新有平台有保障，人才才有施展才华的空间和舞台。因此引才工作必须坚持围绕“产业链”布局“创新链”，围绕“创新链”布局“人才链”，推动人才、产业、创新深度融合发展，建设完备的现代化产业体系，努力形成产业发展、科技创新和人才工作相互促进、齐头并进的良好局面。一是科学布局“产业链”。把省级以上高新区作为产业创新发展主阵地，加快推进苏南自主创新示范区建设，全市各板块围绕“一区一战略产业”集中突破，如吴江紧扣光电光缆产业、工业园区聚焦生物医药和纳米技术产业等，根据战略性新兴产业的发展趋势提前预判，找准相应的产业重点及承载载体，细化重点人才的需求类型和分布区域，加快引导高端资源优先集聚、高端项目优先落户、高端人才优先创业，培育特色创新集群，着力打造支撑和引领高质量发展的产业高地。二是全力打通“创新链”。要持续不断加强重大科技创新载体建设，突破产业转型升级和新兴产业培育的创新源头瓶颈。加快苏州市产业技术研究院建设，积极构建省市协同发展的产业技术研究院体系，加速引进一批专业研究所，大力促进创新资源的集聚、科技成果的转化。不断强化与中科院、清华大学、北京大学、国防科工局系统及省内外高校的科技合作，将院校的科技成果、创新人才转化成推动企业不断创新发展的生产要素。充分利用苏州外资企业集聚的优势，支持企业“走出去”“引进来”，加快构建高水平的国际科技合作平台和网

络，建设一批高水平的国际科技合作基地、联合研发中心。积极探索鼓励企业在“985”“双一流”重点高校中设立育才奖学金和建立校园引智基地，密切企业同知名高校的联系，增强青年学子对企业的了解认同和就业意愿。三是纵深构建“人才链”。优先保障人才发展投入，完善分级分类人才资助体系。出台精准有效的人才强企政策，鼓励引导企业引进原始创新人才，使更多项目做大做强，呈现爆发式人才效应和产业效应。依托创业周、人才社团、行业协会等汇智平台，发挥本土企业资本、市场资源和人才项目技术、科研优势互补，通过嫁接、交流、合作等方式，提高人才项目成活率，推动本土企业转型发展。牢牢抓住“产业链聚才”和“重大项目引育”两项关键要素，实施“苏州国际精英创业周落户企业培优计划”，以培育对接科技“瞪羚计划”“独角兽企业培育计划”等标杆为目标，探索建立优质企业分类体系，集中力量重点支持一批高成长型企业，打造具有核心技术和综合竞争力的高水平创新型企业集群。

（三）遵循市场经济规律，加快建立更有内生力的人才体制机制

充分遵循市场经济规律和人才成长规律，深化人才发展体制机制改革，花大气力破除阻碍人才创新创业障碍，最大限度释放人才潜力、激发人才活力，不断提高人才对经济社会发展的贡献率。一是发挥党管人才的引领作用。不断发挥各级党委（党组）在人才工作中的核心领导作用，自觉落实党管人才主体责任，明确各有关职能部门职责，形成各司其职、密切配合的工作合力。要加快转变政府职能，坚持有所为，有所不为，努力构建“政府引导、市场主导、用人单位为主体”的良性工作机制。加大人才有形市场和无形市场建设，建立统一、开放、竞争、有序的人才市场体系，探索建立与国际接轨的人才引进、管理办法，规范人才竞争中的无序行为。加强政府对人才流动的宏观引导，通过发布紧缺人才目录、“三位一体”积分制人才评价体系等方式引导人才在区域和行业间横向、纵向合理流动。推动政府购买人才服务体系建设，逐步提高市场化手段在人才服务中的介入权重。二是发挥用人单位的主体作用。进一步打破户籍、地域、身份、人事关系等限制，充分调动企业主体作用，以分类评价为基础加快形成导向明确、精准科学、规范有序、竞争择优的人才评价机制，最大限度激发和释放各类人才活力。注重改进人才评价方式，结合不同人才特点，灵活采用不同评价办法，科学设置评价考核周期，探索实施聘期评价制度，适当延长基础研究人才、青年人

才评价考核周期。加快出台苏州市境外职业资格持有人享受技能等级待遇管理办法、享受技能等级待遇境外职业资格目录，使持有境外职业资格证书，且能在苏州从事技能工作的人员享受相应技能等级以及积分落户、入学等方面待遇。进一步完善国际职业资格比照认定职称目录，对未收录的国际职业资格建立“即审即录即认”制度。为企业引进的海外人才、柔性在苏的高层次人才开辟职称评审绿色通道，对符合条件的，不限国籍户籍，可直接申报相应职称。

（四）推动平台提档升级，加快打造更有承载力的人才创新载体

按照合理布局、错位发展、优势互补的原则，梯次化构建人才载体平台，推动区域创新能力快速提升。一是创新企业博士后创投中心建设。不断发挥一个省级博士后创投中心、三个市级博士后创投中心和G60科创走廊博士后创投中心作用，建立网上博士（后）项目对接平台，利用线上线下等多种形式，常态化举办博士后项目对接活动，探索建设博士后项目孵化基地建设，促进博士后项目在苏落户。创新博士（后）招收新模式，利用在建的博士后信息管理系统，及时征集博士后项目招收需求，组织相关企业主动与国内知名高校流动站对接。探索在符合条件的小微科技企业设立博士后预备站，参照工作站方式开展课题研究，进入预备站的博士可同等享受企业进站博士后相关待遇。二是大力推进离岸孵化体系建设。着力推进苏州国际创客育成中心在意大利、德国、新加坡、荷兰、瑞典等国的落地建设和运转，充分发挥育成中心海外引智桥头堡作用，使其逐步建设成国际创新资源汇聚中心、创新创业项目加速中心、高端人才培育发展中心，储备一批成熟度高、符合科技前沿趋势的人才和项目库，使全球优质人才、资源与苏州经济社会发展有机融合。三是加快中国国际人力资源服务产业园平台建设。2017年国家外国专家局正式批准在苏建立全国第二家国际人力资源服务产业园。我们要充分利用好这一重要机遇，加快研究制定中国苏州国际人力资源服务产业园实施意见，以全球化视野推进人力资源服务业向更高层次发展。加大对国内外知名人力资源机构的吸纳，建立以国际人力资源产业为特征的发展指标体系和行业服务体系，聚集各产业行业顶级专家和关键人才资源信息，畅通信息渠道。四是建立全市一体化信息化人才服务平台。加快构建全市层面的高层次人才、紧缺人才、行业人才数据库和信息化管理系统，对人才的数量、分布、流动、发展等进行全面统计、跟踪和管理，

绘制人才电子地图，为精准引才、靶向猎才提供大数据支撑。积极推动高层次人才一站式服务平台数字化升级，率先探索打通一站式服务系统与人社部门业务数据交换，努力打破“数据孤岛”，实现政务信息资源共享和业务协同。

（五）构筑创新创业生态，加快营造更有吸引力的人才发展环境

要立足苏州实际，发挥苏州特色，坚持把培植适合人才发展的大环境作为重中之重来抓。一是服务人才的勤政环境。坚持由党委组织部门牵头抓总、各部门联动，构建起覆盖全域、上下贯通、职责明确、精准高效的创新人才服务体系，推动各县、市、区尽早建立本地高层次一站式服务机构，将服务末梢延伸至基层，联动打好服务高层次人才“苏州牌”。严格落实海外人才居住证和高层次人才享受生活待遇制度，拓宽人才住房补贴、人才公寓等政策覆盖面。学习借鉴重庆江北区在机场设立人才绿色通道的经验做法，在苏州火车站、高铁北站、苏南硕放机场开辟人才要客通道。推动有条件的市、区新建海归子女学校，在重点医院设立高层次人才就医“绿色通道”。积极对上争取，在政策范围内探索取消外国人购房限制，鼓励外国人在苏持续就业创业。二是吸引人才的营商环境。加快推进“放管服”改革，厘清政府和市场边界，围绕高层次人才生产生活要素和链条，持续梳理权力清单、负面清单、责任清单，继续取消、下放、调整一批“含金量”高的审批事项，精简优化业务办理及申报流程、审批要件和办理时限，不断提升人才服务效率和服务质量。全面推行“双随机、一公开”监管，加强市场主体信用信息归集、共享与应用，建成守信联合激励和失信联合惩戒机制。三是保护人才的法治环境。坚持运用法治思维和法治方式开展人才工作，积极借鉴发达国家人才法律法规体系，严格按照法律框架和市场原则规范招才引智政策和行为，使人才管理、引进、培养等一系列人才开发活动有法可依，提高人才工作规范化、法制化水平。切实维护人才的合法权益，使知识产权、知识成果依法得到充分保护，努力构建公平竞争、规范有序的人才法治环境。四是尊重人才的社会环境。要深植创新文化，引导社会尊重人才成长规律，大力发展创客文化，打造创业服务品牌，助推大众创业、万众创新，营造勇于创新和宽容失败的氛围，形成人人参与创新、人人支持创新、人人推动创新的良好局面，为人才心无旁骛钻研业务创造良好条件。要弘扬劳模精神和工匠精神，营造劳动光荣的社会风尚和

精益求精的敬业风气，大力建设一支知识型、技能型、创新型劳动者大军。

## 参考文献

[1] 马抗美．新时代人才流动的新导向［EB/OL］. 人民网，2018-09-21.

[2] 朱珉迕．长三角，需要更大想象力［N］，解放日报，2018-10-10.

# 互联互通蓝图下中国产业转型升级与经济中高速增长人力资源支持体系研究[①]

张向前　代毓芳[②]

**摘　要：**互联互通蓝图下，促进中国产业转型升级和经济持续高速增长的关键是建立与之对应的人力资源支持体系。本文通过分析中国产业转型的现状和用人需求，剖析目前我国产业转型升级人力资源支持体系面临着人力资源结构配置与产业结构匹配程度不合理，人力资本存量不足，农村人力资本严重匮乏制约产业转型升级和经济发展，人力资本利用率不高影响产业转型升级和经济发展速率等突出障碍。本文构建了与之对应的人力资源支持体系，提出了注重职业教育，加强职业教育与普通教育之间的联系；加强农村教育资源分配；健全人才公共服务体系建设；重视人力资源服务业中介作用，促进人才匹配和培养等政策建议。

**关键词：**互联互通蓝图　产业转型　人力资源支持体系

## 一、引言

2014 年，中国主办了亚太经合组织会议，并将“加强全面互联互

---

① 该篇论文获得“2019 年全国人才与人事研究主题征文活动”三等奖。本文系中国亚太经合组织合作基金项目（项目名：互联互通蓝图下中国产业转型升级与经济中高速增长研究，项目编号：APEC201710）。

② 张向前，华侨大学工商管理学院教授、博士生导师；代毓芳，华侨大学工商管理学院人力资源管理博士研究生。

通和基础设施建设”作为会议的三大主题之一。在中方主持下，北京APEC会议制定了十年期《亚太经合组织互联互通蓝图》，提出了硬件互联互通、软件互联互通、人员交流三大支柱领域的行动计划，并确立在2025年实现亚太地区“无缝联通”目标。在各方努力下，互联互通已成为与贸易投资自由化、便利化并列的核心议程和重点合作领域。

从实体经济层面来看，2007—2017年间，中国国内生产总值从270 232.3亿元增长到827 121.7亿元，增长了3.06倍；从人均生产总值分析，2007—2017年间人均GDP也维持了持续增长态势。由此可见，互联互通蓝图下，中国经济发展平稳，已经进入中高速发展时期。从理论研究上看，有学者认为互联互通目的在于为生产要素（资本、信息、劳动力、技术等）的流动创造条件，并降低要素流动的成本[1]。互联互通能够大大缩减区域内的交通贸易耗时，减少交易与交流成本，进而产生“贸易拉动效应”[2]。同时，互联互通还有助于拉动投资与就业，形成规模经济、投资促进和贸易创造等福利效应，促进区域经济协调发展和繁荣[3]。目前我国学者已通过实证研究证实了互联互通对区域经济的促进作用[4][5][6]。中国产业转型不断推进和深化，对人力资源的支持提出了新的挑战，而大多数研究还仅停留在关注高技术人才的培养和激励上，尚未形成完整的人力资源支持体系设计。为保障经济中高速发展时期我国产业能够顺利转型升级，确切地将互联互通蓝图落到实处，活络亚太经济血脉，构建一个互联互通蓝图下针对产业转型的、完善的、可持续发展的人力资源支持体系显得至关重要。

## 二、文献综述

### （一）经济增长与人力资本

国外对于人力资本与经济增长的理论研究较早，已经有了许多广为熟知的理论成果。例如，明塞尔[7]认为人力资本增长是经济增长的条件和结果。舒尔茨[8]利用定量分析对教育人力资本投资的回报率和教育投资对经济增长的贡献进行了研究，他认为人力资本在提高劳动生产率和经济增长中起着非常重要的作用，即教育是经济增长的原动力。贝克尔[9]进一步将人力资本投资理论与收入分配从微观层面结合起来，系统地分析了正规教育的成本与效益。而卢卡斯（Lucas）[10]将技术和人力资本内生化，提出了人力资本模型，并再次印证了人力资本积累是经济增长的原动力的结论。日本学者青木昌彦[11]认为，人力资本是全要素生产率提高的源泉，韩国和日本成功地从中等收入阶段过渡到高收入发达国家，是因为它们已经成功地从库兹涅茨—刘易斯阶段转变为以人力资本积累为中心的阶段。由此，人力资本对于经济增长的重要程度可见一斑。

（二）产业转型与人力资本

国内学者对于产业转型和人力资本的相关研究始终如火如荼，对于两者之间作用机制略有争议。部分学者认为人力资本结构将决定产业转型是否成功，例如，靳卫东[12]指出人力资本结构和产业结构的匹配程度决定着产业结构转化的效率。张国强等人[13]通过面板数据实证研究了人力资本及其结构对产业结构升级的影响，发现人力资本水平提升及结构优化将会加速我国产业结构转型与升级。李飞跃等人[14]的研究则将技术结构考虑进来作为中介，通过实证研究得出结论，只有遵循人力资本结构与技术结构相匹配的原则，发展中国家才能提高自身比较优势的生产效率，从而促进产业升级和经济发展。陈剑[15]则探讨了人力资本、产业集群和产业结构三者之间的相互影响机理，认为人力资本结构将首先影响产业集群的形成和发展，然后影响产业结构。另有部分学者认为：产业转型将导致技术进步，人力资本在其中只发生内生作用，并不断循环往复的发展。薛继亮[16]认为产业结构在转型过程中，因其大量地吸纳资金、先进设备、管理方法、经营理念、高新技术和先进适用技术，将促进技术创新、管理创新和体制创新，进而实现技术进步。人力资本在此过程中则通过不断积累存量，当达到一定高度时就会释放，催生技术创新和生产率的提高，该观点强调了人力资本存量的高低将会对结果造成影响。

综上所述，虽然人力资本与产业转型之间的作用机制尚未形成统一的结论，但人力资本结构将影响产业结构已成为学术界普遍接受的观点。有效的人力资本可以使劳动者在各个行业进行重新分配，为产业结构的顺利调整提供保障。因此，劳动力资源的配置应该与产业发展相适应[17]。据胡春林和彭迪云[18]的研究认为，在人力资本结构之中，基础人力资本是第一、三产业增长的主要驱动力，专业人力资本对第二产业增长具有显著性。长期以来，中国三大产业的劳动生产率差异很大，就业结构的变化严重滞后于产业结构的发展，第一产业的劳动力没有有效转移到第二、三产业[19]。因此，要构建一个与产业转型相适应的人力资源支持体系，势必应当先抓准中国产业转型的实际情况与进程。

## 三、互联互通蓝图下中国产业转型升级人力资源支持需求分析

### （一）中国产业转型结构布局和人才结构布局分析

中国三大产业的产值比重和就业人数在一定程度上可以反映出目前中国产业转型的基本情况。本文主要分析近 20 年以来中国三大产业比重和就业人数比重情况，见表 1。

由表 1 数据可以看出，自 1997 年以来，随着中国经济不断发展，产业结构也在不断地调整。从产值结构上看，第一产业产值稳步下降，第二产业产值比重波动不大，在 1997—2012 年间，数据在 44.5%～47.6%之间浮动，基本保持支撑国家经济主体的地位。进入 2013 年之后，逐渐呈现下滑趋势，2016 年降至 39.9%。反观第三产业，始终保持上升趋势，1997 年第三产业比重仅为 35%，2015 年服务业在国民经济中的增值率首次超过 50%，至 2017 年比重上升到 51.6%，服务业对经济增长的贡献率从 2012 年的 44.9 %上升至 2017 年的 58.8 %，成为经济增长的主引擎。这表明我国大力发展第三产业的政策与措施已取得一定成效，服务业逐渐占据全国经济的半壁江山，我国开始进入以服务经济为主体的新时代。

**表 1　中国三大产业的产值比重与就业人员比重变化情况**　（单位：%）

| 年份 | 三大产业产值比重 | | | 三大产业就业人数比重 | | |
|---|---|---|---|---|---|---|
| | 第一产业 | 第二产业 | 第三产业 | 第一产业 | 第二产业 | 第三产业 |
| 1997 | 17.9 | 47.1 | 35.0 | 49.9 | 23.7 | 26.4 |
| 1998 | 17.2 | 45.8 | 37.0 | 49.8 | 23.5 | 26.7 |
| 1999 | 16.1 | 45.4 | 38.6 | 50.1 | 23.0 | 26.9 |
| 2000 | 14.7 | 45.5 | 39.8 | 50.0 | 22.5 | 27.5 |
| 2001 | 14.0 | 44.8 | 41.2 | 50.0 | 22.3 | 27.7 |
| 2002 | 13.3 | 44.5 | 42.2 | 50.0 | 21.4 | 28.6 |
| 2003 | 12.3 | 45.6 | 42.0 | 49.1 | 21.6 | 29.3 |
| 2004 | 12.9 | 45.9 | 41.2 | 46.9 | 22.5 | 30.6 |
| 2005 | 11.6 | 47.0 | 41.3 | 44.8 | 23.8 | 31.4 |

续表

| 年份 | 三大产业产值比重 | | | 三大产业就业人数比重 | | |
|---|---|---|---|---|---|---|
| | 第一产业 | 第二产业 | 第三产业 | 第一产业 | 第二产业 | 第三产业 |
| 2006 | 10.6 | 47.6 | 41.8 | 42.6 | 25.2 | 32.2 |
| 2007 | 10.3 | 46.9 | 42.9 | 40.8 | 26.8 | 32.4 |
| 2008 | 10.3 | 46.9 | 42.8 | 39.6 | 27.2 | 33.2 |
| 2009 | 9.8 | 45.9 | 44.3 | 38.1 | 27.8 | 34.1 |
| 2010 | 9.5 | 46.4 | 44.1 | 36.7 | 28.7 | 34.6 |
| 2011 | 9.4 | 46.4 | 44.2 | 34.8 | 29.5 | 35.7 |
| 2012 | 9.4 | 45.3 | 45.3 | 33.6 | 30.3 | 36.1 |
| 2013 | 9.3 | 44.0 | 46.7 | 31.4 | 30.1 | 38.5 |
| 2014 | 9.1 | 43.1 | 47.8 | 29.5 | 29.9 | 40.6 |
| 2015 | 8.8 | 40.9 | 50.2 | 28.3 | 29.3 | 42.4 |
| 2016 | 8.6 | 39.9 | 51.6 | 27.7 | 28.8 | 43.5 |
| 2017 | 7.9 | 40.5 | 51.6 | 27.0 | 28.1 | 44.9 |

数据来源：历年《中国统计年鉴》。

从三大产业就业人员比重上看，总体而言，第一产业的就业人数逐年下降，从49.9%降至27.0%，共降了22.9个百分点。伴随着中国工业化与城镇化的进展，越来越多的农村劳动力转移到城镇，为第二产业和第三产业发展贡献力量。但较第一产业产值结构而言，就业人数比重仍显得不够合理。第一产业的就业人数偏高，这表明中国第一产业就业结构仍旧不合理，也可能因为户籍原因在统计数据的时候将一些在城镇从事第二产业或第三产业的劳动力仍算作第一产业就业人员所带来的误差。第二产业就业人数较为稳定，在2004年前就业人数有所下降，2004年之后逐渐回升，但增幅不大。互联网的发展给许多传统行业以及制造业带来了不小的冲击。随着“互联网+”、中国制造2025战略融合程度加深，传统产业改造升级加快，制造业对于人才的吸引有所增长，但吸引力度有限。与之相反，第三产业就业人数持续上升，从26.4%升至44.9%，共升了18.5个百分点，增幅最大并保持良好的趋势。

由表2可知，就整体而言，中国的服务业增加值占GDP比重（23%）和就业人员比重（55%）远小于英国（71%；81%）、法国（71%；77%）和美国（67%；79%）等发达国家，在亚洲地区也比日本（46%；71%）和韩国（34%；70%）等国家低，尚未达到亚太经合组织成员的平均水平（37%；72%）。互联互通的背景下，“一带一路”沿线区域的南亚国家产业结构仍集中于劳动密集型，部分中东国家已逐步转向资本密集型产业，中国的产业虽逐步转向服务业，但还有很大的上升空间。

表 2　2017 年部分国家和国际组织各产业增加值 GDP 占比以及就业人员占比一览表

（单位：%）

| 名称 | 农业 | | 工业与制造业 | | 服务业 | |
|---|---|---|---|---|---|---|
| | 产业增加值GDP 占比 | 就业人员占比 | 产业增加值GDP 占比 | 就业人员占比 | 产业增加值GDP 占比 | 就业人员占比 |
| 亚太经合组织成员 | 5 | 5 | 58 | 23 | 37 | 72 |
| 中国 | 8 | 18 | 69 | 27 | 23 | 55 |
| 俄罗斯 | 4 | 7 | 42 | 27 | 54 | 66 |
| 蒙古国 | 10 | 30 | 41 | 19 | 49 | 51 |
| 印度 | 16 | 43 | 41 | 24 | 43 | 33 |
| 土耳其 | 6 | 19 | 47 | 27 | 47 | 54 |
| 泰国 | 9 | 33 | 62 | 23 | 29 | 44 |
| 缅甸 | 26 | 50 | 56 | 17 | 18 | 33 |
| 韩国 | 2 | 5 | 64 | 25 | 34 | 70 |
| 日本 | 1 | 3 | 53 | 26 | 46 | 71 |
| 英国 | 1 | 1 | 28 | 18 | 71 | 81 |
| 法国 | 2 | 3 | 27 | 20 | 71 | 77 |
| 美国 | 1 | 2 | 32 | 19 | 67 | 79 |

数据来源：世界银行数据库。

### （二）中国产业转型升级与经济高速增长人才需求分析

#### 1. 专业技术人才

包括新兴产业与传统产业，互联互通在基础设施、能源设施、信息建设等方面需要专业技术人才。目前我国的专业技术人才培养渠道主要有普通专科学校和普通本科学校两个途径。普通本科学校偏向注重理论教学，普通专科学校偏向注重实际操作。2016 年理工类本科毕业人数占所有本科毕业人数的 41.8%，文史哲类占比 51.9%，理工类毕业人数尚未过半，所培养的专业技术人才数还有待提高，见表 3。此外，专科毕业人数排名前五类别分别是财经商贸大类、装备制造大类、土木建筑大类、医药卫生大类和教育与体育大类。电子信息大类，交通运输类、资源环境类专业没能排进前五，表明我国的专科学校专业布局设置本身不够合理，也可能因为高职教育一直未受到重视，致使专科学校招生困难，逐渐倾向商业化，使得我国人才结构大量偏移转向财贸商科类，专业技术人才缺乏，见表4。产业转型升级的过程就是高新技术产业替代低技术产业、高附加值产业替代低附加值产业的过程[20]。随着工业4.0的深入发展，我国亟须普及一批新兴领域、新技术发展方向的新型技术技能人才。同时，由于正处在工业2.0、工业3.0和工业4.0共存并行发展的阶段，传统产业仍需要一大批专业技术人员辅助生产与转型。

**表3　　2016年普通本科分学科毕业人数情况**　　（单位：人）

| 学　科 | 毕业人数 | 学　科 | 毕业人数 |
|---|---|---|---|
| 哲　学 | 2 046 | 工　学 | 257 436 |
| 经济学 | 224 165 | 农　学 | 1 226 730 |
| 法　学 | 134 880 | 医　学 | 64 499 |
| 教育学 | 134 202 | 军事学 | 234 751 |
| 文　学 | 374 636 | 管理学 | 729 175 |
| 历史学 | 204 487 | 艺术学 | 343 214 |
| 理　学 | 17 946 | 总计 | 3 743 680 |

数据来源：《中国科技统计年鉴（2016）》。

**表4　　2016年普通专科分学科毕业人数情况**　　（单位：人）

| 学　科 | 毕业人数 | 学　科 | 毕业人数 |
|---|---|---|---|
| 财经商贸大类 | 716 563 | 农林牧渔大类 | 55 911 |
| 装备制造大类 | 386 263 | 食品药品与粮食大类 | 50 289 |
| 土木建筑大类 | 380 770 | 公安与司法大类 | 48 192 |
| 医药卫生大类 | 373 714 | 生物与化工大类 | 42 809 |
| 教育与体育大类 | 354 196 | 能源动力与材料大类 | 40 176 |
| 电子信息大类 | 283 440 | 新闻传播大类 | 28 837 |
| 文化艺术大类 | 164 272 | 公共管理与服务大类 | 28 667 |
| 交通运输大类 | 150 735 | 轻工纺织大类 | 17 206 |
| 旅游大类 | 102 422 | 水利大类 | 13 965 |
| 资源环境与安全大类 | 59 693 | 总计 | 3 298 120 |

数据来源：《中国科技统计年鉴（2016）》。

**2. 高层次创新人才**

互联互通需要高层次创新人才持续为我国在区域经济发展中提供动力与活力，带动区域经济繁荣协调发展。人力资源的优质化，是经济结构调整的前提。为了保证与我国经济结构相匹配，优质的人力资源体系在保证众多蓝领的同时，也应培养一部分少而精的白领人群[21]。2016 年我国每万名就业人员中从事研究与发展（R & D）活动人员数量为 50 人/万人，远低于日本（170 人/万人）、韩国（101 人/万人）、德国（143 人/万人）、俄罗斯（115 人/万人）等国家。研究人员在从事 R & D 活动人员数中占比 43.6%，与日本 80%、韩国 80%、德国 60%、英国 70%的比例相比尚未过半，真正从事 R & D 活动的研究人员比例有待提升。此外，就 R & D 人员人才结构内部而言，博士学历占比 6.5%，硕士学历占比 14.5%，本科学历占比 79%①。博士学历比例较低，表明我国高层次创新型人才匮乏，并已严重制约产业优化升级。我国在高新科技产业、高端制造业上依旧处于国际价值链的下游，为力争上游拓展价值，避免国际贸易风险带来的冲击，仍需不断加大科研投资力度，与高校科研机构合作，创立新型高端技术的研究中心，专门攻克新兴科技领域的通用难题，保持创新驱动水准。

**3. 高素质的复合型人才**

互联互通环境会面临制度体制差异大、文化繁杂多样等诸多问题和挑战，这对高素质复合型人才提出了更高的要求。复合型人才包括知识、能力、思维等多方面[22]。知识经济和共享经济的到来，使得获取知识的途径和创新的方式有了新的突破，但这也要求聚集在同一个平台的人才之间对于知识和经验的储备应当达到一个共同的基准值上，才能促进沟通，进而促进创新。因此，对于复合型的人才来说，最大的特点就是跨学科，身兼多种才能，能够在不同的领域大放异彩。复合型人才通常非常擅长某几个具体领域，同时也具备其他方面的能力。随着中国产业不断升级，对于第一产业和第二产业的建设有必要不断吸收人工智能、互联网大数据、电子信息、计算机、机械和现代管理技术方面的高科技成果，并将这些技术应用到实际生产和运营过程中。这要求中国的人力资源支持体系中应当储备大量优秀的复合型人才，以提升转型升级的效率

---

① 数据来源：《中国科技统计年鉴（2016）》。

和效果，实现自动化、信息化、智能化、生态化和柔性化生产，取得更好的经济、社会和市场效果[23]。

## 四、互联互通蓝图下构建中国产业转型升级人力资源支持体系的突出障碍

### （一）人力资源结构与产业结构的不合理匹配阻碍了产业结构的升级

宏观经济水平的持续有效增长不可避免地需要人力资本结构和产业结构的有效匹配。人力资本投资结构和产业结构调整需要相互适应，以促进经济持续增长。在产业结构理论中，产业结构的演变路径是劳动密集型、资本密集型、技术密集型和知识密集型。就目前而言，我国产业已逐渐转向技术、知识密集型，但第三产业对国家经济贡献才刚过半数，这意味着我国第一产业与第二产业转型升级还有很大的空间。同时，我国人才资源配置滞后于产业结构的转型升级，在逐渐迈向服务经济之际，仍有大量人才聚集在第一产业。产业发展的人才需求供应不匹配，部分产业人才匮乏，高端人才相对不足。从宏观角度解释，表明我国的高职教育没能发挥好培养专业技能人才的作用。如何将已进入高职教育体系的人才通过引导和转化，最终变成符合产业转型需要的人才以助力产业转型应当引起足够的重视和思考。从微观角度看，对于国家经济贡献个人对中国的经济发展形式和整个就业环境缺乏清晰的了解，缺乏意识会导致准备不足和无法做出选择。依据郭继强[24]对人力资本投资结构的划分，这种现象反映了我国对工人人力资本资源投入不足。

### （二）人力资本存量不足，农村人力资本严重匮乏制约产业转型升级和经济发展

产业转型升级和经济发展的基础在于拥有适量各类专业人才。由表5可以看出，从2011—2015年来，大陆的平均受教育年限不断增长，但尚未超过高中教育水平，整体受教育水平偏低。香港和台湾的平均受教育年限近年来也不断增长且始终保持高于大陆的水平。表6表明，我国的平均受教育水平很大程度上受到了农村受教育水平的影响，2015年农村平均受教育年限仅8.62年，接近初中教育水平程度。就业人口中大专及以上受教育程度仅占16%，其中农村人口占3%，城镇人口占26%。我国农村人口基数庞大，整体受教育程度偏低将会在一定程度上限制我国产

业的转型和升级。

表 5　大陆、台湾与香港劳动力人口的平均受教育年限　（单位：年）

| 年份 | 平均受教育年限 | | |
|---|---|---|---|
| | 大　陆 | 台　湾 | 香　港 |
| 2011 | 9.80 | 13.06 | 11.80 |
| 2012 | 9.90 | 13.18 | 11.90 |
| 2013 | 9.99 | 13.30 | 11.96 |
| 2014 | 10.06 | 13.41 | 12.02 |
| 2015 | 10.14 | 13.51 | 12.11 |

数据来源《中国人力资本报告（2017）》。

注：2000 年（含 2000 年）的教育程度划分：0—未上学；6—小学；9—初中；12—高中；15—大专；16—本科及以上。

表 6　全国劳动力人口平均受教育年限　（单位：年）

| 年份 | 平均受教育年限 | | |
|---|---|---|---|
| | 总劳动力人口 | 城镇劳动力人口 | 农村劳动力人口 |
| 2011 | 9.80 | 10.87 | 8.53 |
| 2012 | 9.90 | 10.99 | 8.57 |
| 2013 | 9.99 | 11.09 | 8.60 |
| 2014 | 10.06 | 11.16 | 8.61 |
| 2015 | 10.14 | 11.25 | 8.62 |

数据来源：《中国人力资本报告（2017）》。

注：2000 年（含 2000 年）的教育程度划分：0—未上学；6—小学；9—初中；12—高中；15—大专；16—本科及以上。

### （三）人力资本利用率不高影响产业转型升级和经济发展速率

据世界经济论坛（WEF）发布的《2017 年全球人力资本报告》指出，全世界人力资本的开发和利用率只有 62 %，中国的人力资本利用率为 67.72%，位列 34 。此外，美国（位列第 4）、德国（位列第 6）、新加坡（位列第 11）、日本（位列第 17）和韩国（位列第 27）排在前列。无论是发达国家还是发展中国家，处于不同发展阶段的经济体都尚未充分发挥人力资本对经济的潜在贡献实力。人力资本利用率不高，将导致人才充分就业受限，进而加剧收入差距。追究实际人力资源利用率低下的原因，主要在于无法“人尽其才”、缺乏新技能培训和终身受教育机会。

“人尽其才”主要归因于人力资源配置失效。不仅投资与现行产业结构存在较大的偏差，产业间配置也存在严重的不合理现象。在教育和工作这两条促进社会包容性发展的道路上都存在缺口，就业流失和收入不平等的状况将会进一步加剧。另外，人力技能积累不应止于学校教育阶段，在工作中持续积累和提升技能也是人力资本开发的重要内容。因此，企业也应该正确认识人力资本投资的重要性。

## 五、互联互通蓝图下中国产业转型升级与经济高速增长的人力资源支持体系构建（见图 1）

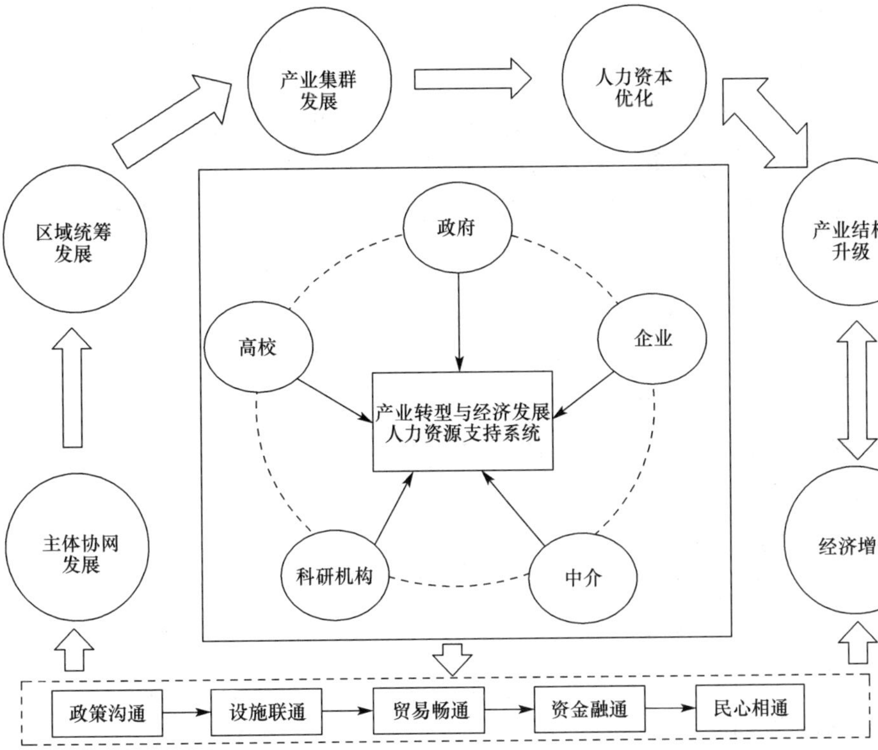


图 1　互联互通蓝图下中国产业转型升级与经济高速增长的人力资源支持体系

### （一）互联互通蓝图下中国产业转型升级与经济高速增长人力资源支持系统主体

#### 1. 政府

首先，推进互联互通政府至关重要。政策沟通作为互联互通的前提，为国家之间的合作与交流奠定基础，为区域产业联动发展拓宽了道路。

其次，我国的教育体制以及人才体系最终的依托者都是政府。政府在其中扮演着引导资源分布的角色，并提供相应的政策支持和财政支持。一方面，政府通过政策导向配置人才培养。根据我国市场的具体需求信息制定高等教育的未来发展规划，实现资源的科学配置。另一方面，不断监控市场需求信息及运作状况，及时发现市场在产业转型中人才结构上难以弥补的缺口，并采取相应补救措施。目前我国转型所需的人才供给缺口较大，为快速弥补，较快的方式就是依托互联互通蓝图引进一批高端复合性的外国人才。同时，抓紧推动我国人才去国外交流学习的规划与实施，与有关国家签署学历互认协议，扩大留学生交流，为人才互通打好基础。

2. **高校**

高等教育是培养人才、优化人力资源质量的重要途径，而高等学校是高等教育的重中之重。对于国家发展所需的人才，高校肩负着难以推卸的人才培育重责，不断为社会输送相应人才，是重要的人才储备站。我国经济目前正处于转型的关键时期，但专业技能人才和高端人才的供给难以满足转型的发展要求。出现这一问题的根本原因在于各高校的教育对于国家的宏观经济走向和转型状况缺乏有效的预测和分析。因此，高校教育应将社会转型所需人才的种类、数量和规格作为主要的决策指标。同时，还要根据社会实际需要，开设新专业，增添新课程，保证高等教育专业与行业岗位相适应，为转型升级做好人才储备工作。

3. **科研机构**

与高等院校的教育相比，科研机构更倾向于新理念、新模式的关键技术创新。借助于社会企业的良好平台和资源，科研院所不仅要开发技术，而且要规划研究方向。其研究结果将促进企业和产业的全面发展。为了促进科研机构的科研成果转化，科研机构应当与高等院校紧密结合，共同发挥两者在创新中的作用，为企业服务，实现科研成果向现实生产力的转化。

4. **企业**

互联互通背景下，更加便利的交通互通，更为广泛的贸易互通以及国家政策支持给企业带来了前所未有的发展机遇。同时，融资困难和制度文化差异性也要求企业拥有更强的应变能力与适应力。就其内部而言，企业主要负责甄选吸纳适合产业发展的相关人才以及已就业人才的继续教育学习两项任务。但在市场经济体制中，企业面向市场，产业与大学之间的联系越发薄弱，造成严重的产学脱节现象。企业少有的参与学校的决策之中，学校里的教师也更多是理论丰富的学者，缺乏实践教育，使得人才培养不到位难以适应产业需求，加上人力资源回流的成本较高，使得企业处于急寻人才以转型却迟迟难觅人才的被动困境。企业应当化被动为主动，寻求与相关高校建立“产学合作”教育模式以控制人才质量，使人才紧跟产业发展脉搏，与产业转型协调发展。此外，针对已就业的员工，企业也应提高产业转型的认知教育和技能教育。

**5. 中介**

包括人力资源服务业和综合性平台。人力资源服务业可以有效地掌握人才资源及动向，对促进就业匹配和资源配置有着不可估量的作用。我国以市场为导向的人力资源服务业蓬勃发展，涵盖了人力资源服务体系和服务功能，包括招聘服务、网络招聘和信息服务、人力资源培训、人力资源服务外包、劳务派遣、人力资源管理咨询、人才评估、高级人才搜寻等，并呈现多层次、多元化的发展趋势[25]。注重人力资源服务业的建设，对于指导企业和企业、大学和研究机构之间的合作，形成专业分工和合作关系，提升产业链的整体竞争力具有重要作用。此外，综合平台定期举办诸如博览会、艺术节、文化周等形式有助于拓宽中国企业对内对外的交流渠道，增加民心互信，促进区域网络协调发展。

（二）人力资源支持系统主体网络协作发展

一是不断加强各主体之间的合作意识，建立人力资源支持体系网络内部信任。面对互联网对传统行业的冲击和激烈的市场竞争，“适者生存”是最基本的规则，“适者”通常都具备较强的创新能力和应变能力，而政产学研合作是最具效率的一条途径。中介组织在其中润滑辅助，减少机会成本的浪费。通常而言，科技含量较高追求高效益的主体政产学研合作意识也比一般水平高。二是建立多种模式的主体合作模式。系统主体间存在差异，各有优势，依据自身资源可大大拓展网络主体间的合作模式。例如，以企业为中心，拥有自己的研发中心，与政府、高校和科研机构建立长期的合作关系。或以政府为中心，通过指导和协调企业以委托研发的形式与高等院校和科研机构合作；或是企业与高等院校、科研机构之间联合建立技术研发中心等。三是重视主体培育。培育一批高新技术创新企业、重大科技试点院校、关键技术核心科研机构、深度资源中介机构，加强科研经费投入，给予主体发展充分的政策支持。

（三）人力资源支持系统区域统筹发展

一是分清区域所处转型阶段及特征，制定和调整符合产业发展的人才教育策略。各区域之间的发展不尽相同，例如，我国东部地区人力资本对于制造业的升级推动已经非常明显，中部地区虽日益明显但仍任重而道远，而西部地区不仅教育相对落后，产业也十分落后[26]。普遍性地强调创新人才培训基本上忽略了人力资源结构的地区差异，这将导致教育政策与当地经济和社会发展脱节。因此，有必要明确各区域产业转型的目标和所需的人力资源，以及教育政策是否符合产业政策。二是聚集区域专业人才资源。有针对性地促进产业转型所需的相关人才节、高才会和人才池等人才品牌的建设工作，吸引人才聚集，助力企业用人高效率地实现“人岗匹配”，助力产业升级。三是促进人才流动，提升区域公共服务，统筹支持科技创新力度。虽然人力资源可以在市场调节下进行迁移，但在目前的国情下，由于地区在薪酬、交通、生活质量、发展空间等方面存在差异，人力资源回流的成本较高，最终导致产业结构的早期调整出现人才真空。应不断加强区域的公共服务，为高层次人才解决回流的“后顾之忧”，特别是要加大对西部地区教育的投入，以多种方式和措施扶持优秀教师，促进西部地区高新技术产业的发展，缩小区域经济差距。

（四）人力资源支持系统产业集群发展

一是巩固优势主导产业，建立多层次、多职能、多专业的主导产业人才库。主导产业是促进区域经济发展和产业转型的主要支撑。各地区根据资源条件、产业基础和技术水平等综合优势，发展主导产业。通过人才引进和人才培育，建立有梯度的、多样化的主导产业人才储备库，进而提升主导产业集群的发展水平。二是重视新兴产业人才。加强新兴产业人才培养，不断扩大规模。充分发挥比较优势，加快新兴产业人才集聚发展。三是淘汰落后产业，进一步增强集聚高端产业和产业端的吸引力，引导人才流动转向。统筹兼顾，分类指导，构筑“高、精、尖”的业态特征。

## 六、互联互通蓝图下中国产业转型升级与经济高速增长人力资源支持体系构建政策建议

### （一）通过人力资源支持体系促进我国自主创新

推动经济增长的根本动力是创新，而促进创新最关键资源是人力资源。因此，中国要想在互联互通蓝图下保持经济中高速增长，不断提升自主创新能力，就必须更加关注本国的人力资源。人力资源支持体系是促进人力资源活动的载体，是一个多层次、多元化的社会系统。在该系统中，政府、高校、科研机构、企业和中介各主体充分发挥自身在体系中的作用，并互相协作发展，互惠互利。在人才培养阶段互相把关，依据系统需求不断调整改进人才培养模式和策略，形成一个灵活的且富有创新能力的人才智库储备基础。人才吸引和人才资源共享使得区域统筹发展，进一步促进系统产业集群发展，助力中国产业成功转型，形成“高、精、尖”的业态特征。

### （二）注重职业教育，加强职业教育与普通教育之间的联系

目前，中国职业教育的发展明显不足。从教育理念和办学政策来看，中国的职业教育仍然非常落后。社会群众对于职业教育普遍存在误解与偏见。此外，我国职业教育高校资源有限，无论是职业教育的院校数量，还是质量、师资资源、设备资源等各方面基本都无法与普通高校教育相比。我国职业教育体系的整体教育资源依旧偏向教科书式的传授，没能突出技术职业的特点。总而言之，我国职业教育体系中不断堆积的重重问题，致使无法发挥功效，也正表明其受重视的程度有待加强。学术教育与职业教育之间的鸿沟，不仅会阻碍教育自身的发展，也会妨碍个人潜能的发挥。因此，政府应该不断加强学术教育和职业教育之间的联系，努力消除两者在政策上的差异，拓展职业教育的发展空间。

世界各国早有不少国家推出相应政策，值得我国借鉴。诸如，到2010年，德国联邦教研部将向当地教育机构投资1亿欧元，以改善职业教育。与此同时，启动了一揽子改革，包括职业教育现代化、适应经济结构变化、校企合作以及与普通教育挂钩[27]。俄罗斯发表的报告《2020年前的俄罗斯教育——服务知识经济的教育模式》也介绍了一系列加强职业教育的措施，包括中等职业教育在内的职业技术学院将被纳入大学，

并实施工程学士培训计划；应用学士将拥有与大学学术学士相同的地位，并实现不同教学计划之间学分的转换；建立职业技能开发中心，实施模块化教学计划。俄罗斯将进一步发展国家与私营部门的合作。讲授某些特定技能的私立教育中心将成为职业教育体系的一部分，并在与国家教育机构竞争的基础上得到国家的支持[28]。

（三）加强农村教育资源分配

解决好农村义务教育问题，对于提高教育公平、提升城市化水平、改变城乡二元结构、改善区域产业结构具有积极意义。因此，应该取消农村义务教育中等职业学校对学生原籍地的限制。通过中等职业学校免学费政策的推动，一方面解决了农村义务教育实施困难的问题，另一方面有助于加快农村人力资源的城市化，使农村劳动力能够在全国范围内得到分配，优化区域经济和社会的产业结构，增加社会效益。此外，由于教育是一项公共投资，政府可以通过发行农村教育债券来解决义务教育扩大的附带问题，如农村学生的交通和学习生活。

（四）完善人才公共服务体系建设

一是建立起完善的人力资源统计指标。目前，中国科技人力资源还没有完整的统计数据。国家发布的官方统计数字只有公有制经济领域的专业技术人员、科技活动人员、研发人员、本科生、研究生，数据不完整，统计口径差异很大，这使得对科技人力资源的统计、分析和研究严重不足，从而使得人力资源的开发和与产业转型升级的协调分析有局限性，不利于科学人力资源开发政策的制定。二是加强社会保障、住房、教育、医疗等区域创业者和高端人才的公共服务体系建设，努力营造人才安居乐业的社会环境，探索建立跨区域创业转移和继任制度。三是完善职业技能培训体系，加强远程公益性职业技能培训，提高基层人员的专业技术能力。

（五）重视人力资源服务业中介作用，促进人才匹配和培养

人力资源服务业有助于缓解我国企业“招工难”与劳动者“就业难”的窘境，应加大对我国人力资源服务业的关注与支持。一是加大对人力资源服务机构的投资和融资支持力度。支持人力资源服务机构通过资本市场进行直接融资，并通过各种渠道筹集发展资金。二是加大对人力资源服务业的税收支持。对符合条件的公共人力资源服务机构，允许其向非营利组织申请免税，享受相应的税收优惠政策。对连锁经营实行统一

核算的人力资源服务企业，由总部统一缴纳增值税或者营业税。三是促进省、市、县级人力资源服务机构之间、职业介绍所和人才服务机构之间以及各种人力资源服务机构之间的人力资源信息共享，提高人力资源配置效率。加强信息平台和服务平台建设，为人力资源服务发展提供保障。

## 参考文献

［1］彭刚，任奕嘉．互联互通：经济新常态下的国家战略［J］．人民论坛·学术前沿，2015（3）：49-57.

［2］斯蒂芬·格罗夫（Stephen P. Groff）．区域基础设施互联互通对亚洲的意义［J］．博鳌观察，2013（10）：42-45.

［3］王玉主．区域一体化视野中的互联互通经济学［J］．人民论坛·学术前沿，2015（5）：17-29.

［4］杜军，鄢波．基础设施互联互通能否促进区域经济增长？——来自我国11个沿海省市的经验证据［J］．当代经济管理，2018，40（1）：63-71.

［5］姜宝，李剑，江晓霞．“海上丝绸之路”上的“互联互通”与贸易效率［J］．华东经济管理，2018（10）：53-59.

［6］葛明，赵素萍，程盈莹．互联互通能提高中国出口贸易效率吗？——作用机理与实证研究［J］．经济问题探索，2018（4）：116-127.

［7］雅各布·明塞尔，张凤林，译．人力资本研究［M］．北京：中国经济出版社，2001.

［8］西奥多·W. 舒尔茨．教育的经济价值［M］．长春：吉林人民出版社，1982.

［9］加里·S. 贝克尔．人力资本——特别是关于教育的理论与经验分析［M］．北京：北京大学出版社，1987.

［10］Lucas，R. E. On the Mechanics of Economic Development［J］. Journal of Monetary Economics，1988（1）：3-42.

［11］Masahiko Aoki. Toward a Comparative Institutional Analysis［M］. MA：MIT Press，2001.

［12］靳卫东．人力资本与产业结构转化的动态匹配效应——就业、

增长和收入分配问题的评述［J］. 经济评论，2010（6）：137-142.

［13］张国强，温君，汤向俊. 中国人力资本、人力资本结构与产业结构升级［J］. 中国人口资源与环境，2011（10）：138-146.

［14］李飞跃，葛玉好，黄玖立. 技术技能结构、人力资本构成与中国地区经济差距［J］. 中国人口科学，2012（4）：35-46.

［15］陈剑. 人力资本对产业结构的影响研究——基于产业集群视角［J］. 科学·经济·社会，2011（1）：44-48.

［16］薛继亮. 人力资本、技术进步和产业转型的相互影响机理研究——基于尼尔森·菲尔普斯模型［J］. 经济经纬，2015（1）：125-130.

［17］孙爱军，刘生龙. 人口结构变迁的经济增长效应分析［J］. 人口与经济，2014（1）：37-46.

［18］胡春林，彭迪云. 基于人力资本贡献的产业结构转型路径研究——以广东省为例的实证分析［J］. 南昌大学学报（人文社会科学版），2012（2）：84-89.

［19］何德旭，姚战琪. 中国产业机构调整的效应、优化升级目标和政策措施［J］. 中国工业经济，2008（5）：46-56.

［20］刘强. 新一轮产业转型升级对高职教育发展的影响研究［J］. 职业技术，2012（6）：110-112.

［21］李姜，凌子山. 促进经济结构升级的人力资源开发研——论高级专门人才培养必须与市场对接［J］. 理论探讨，2015（3）：103-106.

［22］潘春燕. 复合型人才及其培养模式的构建思考［J］. 学理论，2010（7）：146-147.

［23］谌新民，方瑜婷. 关于发展先进制造业的思考［J］. 广州大学学报（社会科学版），2010（2）：45-50.

［24］郭继强. 人力资本投资的结构分析［J］. 经济学（季刊），2005（3）：689-706.

［25］来有为. 新时代推动我国人力资源服务业转型升级的政策选择［J］. 西部论坛，2017（6）：58-64.

［26］阳立高，龚世豪，王铂，晁自胜. 人力资本、技术进步与制造业升级［J］. 中国软科学，2018（1）.

［27］何康林. 德国新一届政府上台后的教育政策及倾向［J］. 世界教育信息，2008（1）：18.

[28] 姜晓燕. 2020 年：新教育模式让俄罗斯教育面向知识经济[EB/OL]. http：//www. jyb. cn/xwzx/gjjy/gjgc/t20081007 _ 198297. htm，2008-10-16.

# 构建一体化的“互联网+人才”服务体系实践探索[①]

刘京玉　李申华[②]

**摘　要**：推动改革创新和经济社会发展，人才是根本保证。通过信息化手段能够有效提高人才引进能力，提升人才服务水平，使各类人才引得来、留得住、用得活。青岛市基于大人才服务理念，启动建设“智慧人才”信息化平台，借助大数据和云计算技术，创新搭建的“一网一号一码一库一平台”的一体化“互联网+人才”服务体系，从理论探索和实践创新方面期望为人才公共服务体系建设提供参考。

**关键词**：人才　公共服务　信息化

## 引　言

在“互联网+政务服务”推动力日益增强的背景下，信息化与人才工作的融合度需进一步加深。习近平总书记说，“要积极探索运用现代科技手段特别是网络技术开展人才工作”。“互联网+人才”服务是整个人才工作发展的必然趋势。为进一步深化“最多跑一次”或“一次办好”改革，推进服务便民化，需要通过信息化手段提升人才数据资源利用效率和智能化服务水平，搭建一套功能完善的人才信息化系统，以实现对

① 该篇论文获得“2019年全国人才与人事研究主题征文活动”三等奖。

② 刘京玉，山东省青岛市人才服务中心人才信息处处长；李申华，山东省青岛市人事人才与公共行政管理研究所副所长。

人才业务经办、宏观决策和公共服务的有效支撑，提升人才工作的科学水平和配置能力。青岛市就是在此背景下，积极探索"智慧人才"公共服务信息化系统建设。

## 一、"智慧人才"公共服务系统的创新探索

青岛"智慧人才"系统由市委组织部人才工作领导小组办公室统一协调指导，市人力资源和社会保障局具体组织建设实施，设计实施范围为全市所有人才经办服务机构，服务对象为与青岛市有人才业务往来的全国各高校、科研院所、部省驻青单位、各级企事业单位、国内外知名专家、国务院和省市特殊津贴人员、大中专毕业生、专业技术和职业技能人才等社会各级各层次人才（见图 1）。目前，青岛"智慧人才"系统已经完成首期和二期建设，三期正在建设实施中。

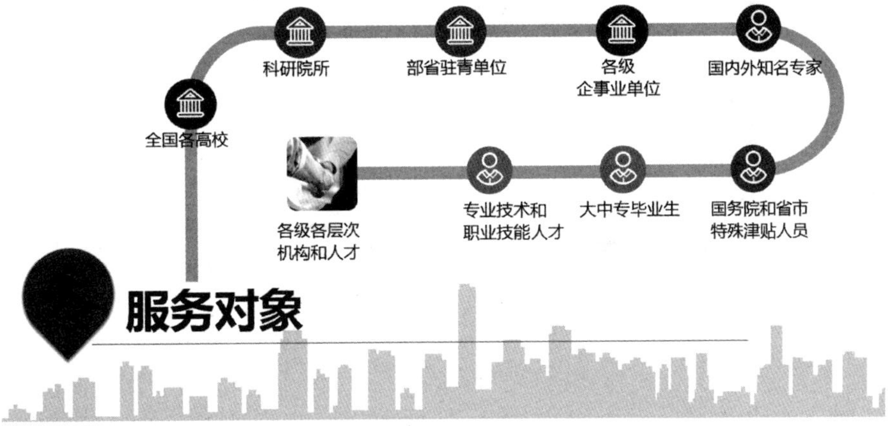


**图 1　青岛"智慧人才"公共服务系统的服务对象**

## 二、"智慧人才"公共服务目标路径

"智慧人才"系统坚持人才服务理念创新、模式创新和技术创新，运用"互联网＋"的思维和技术手段，深度融合服务对象的新需求和信息技术的新应用。通过建立人才信息指标规范、打造青岛人才网站门户、建设人才服务网上办事平台、开拓高层次人才服务渠道、建设统一的人才服务信息化平台，以提高人才服务水平为出发点、以移动应用为重点，以人才信息库大数据应用为支撑，不断优化线上、线下人才服务手段，进一步完善人才引进、培养、服务、管理服务模式，搭建起一体化的

“互联网＋人才”服务体系，打破以往人才服务业务条块分割，解决人才服务标准不统一、底数不清、分类不明、信息不对称、系统独立运行等问题，促进全市人才服务流程显著优化，模式更加多元，渠道更为畅通，有效促进人才引得进、留得住、流得动、用得好，服务水平和能力显著提升，满足人才服务多层次、个性化、多样性的发展趋势（见图 2）。进一步优化人才质量和格局，蓄力新旧动能转换，推动人才优先战略可持续发展。

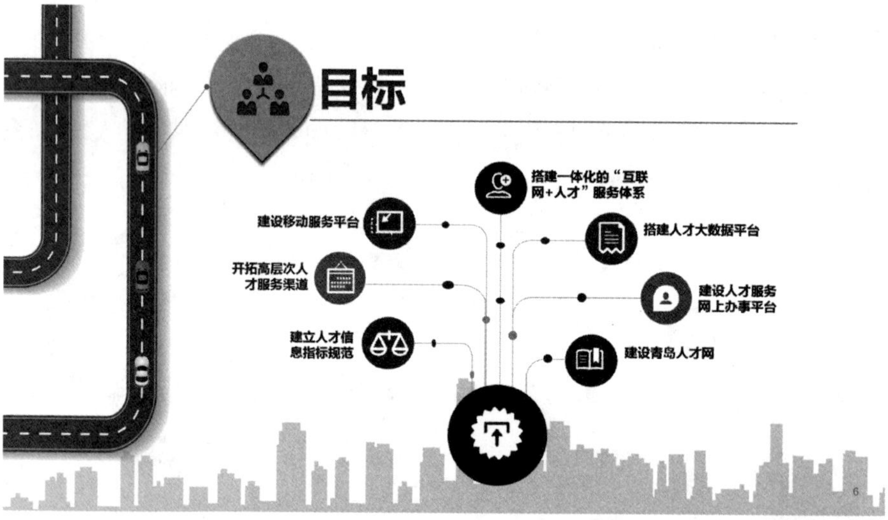


图 2　青岛“智慧人才”公共服务系统的目标路径

## 三、“智慧人才”公共服务任务范畴

“智慧人才”系统完全按照“外网申报，内网审批，一网通办”模式建设，做到人才服务事项信息即时互联、业务协同办理、流程有效衔接，打造独具特色的“一网一号一码一库一平台”的一体化“互联网＋人才”服务体系。

“一网”是指青岛人才网，包括综合门户和网上办事大厅两个主题板块，是人才服务工作的网上入口，集成政务资讯、政策法规、通知公告、办事指南和网上办事功能。全市 30 多项人才服务项目全部纳入“网上办事大厅”，为广大用人单位和个人提供“一站式、立体化”的人才服务（见图 3）。

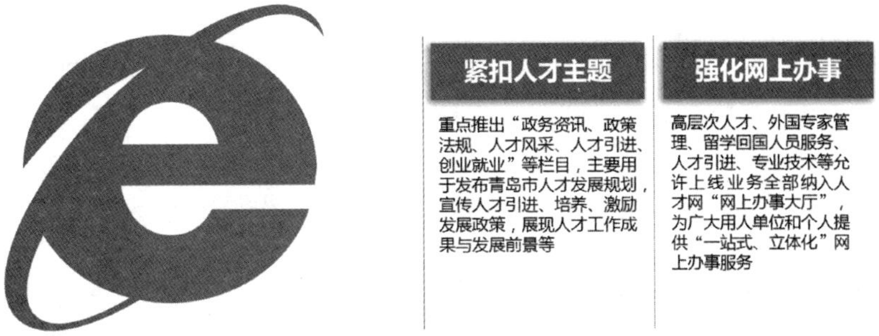


图3　青岛人才网的公共服务任务范畴

“一号”是指“青岛人才”微信公众号，集成青岛人才网政务资讯、政策法规和通知公告等，为用人单位和个人提供“5A”人才服务。将适合移动办公的个人网上办事项目全部移植到手机上来，只要将个人信息与微信号绑定，通过“智慧人才”后台信息数据的智能化计算和定位，可以实现对人才更加高效、便捷、贴身的个性化服务，通过对人才个人行为数据的分析和甄别，实现精准服务信息主动推送（见图4）。

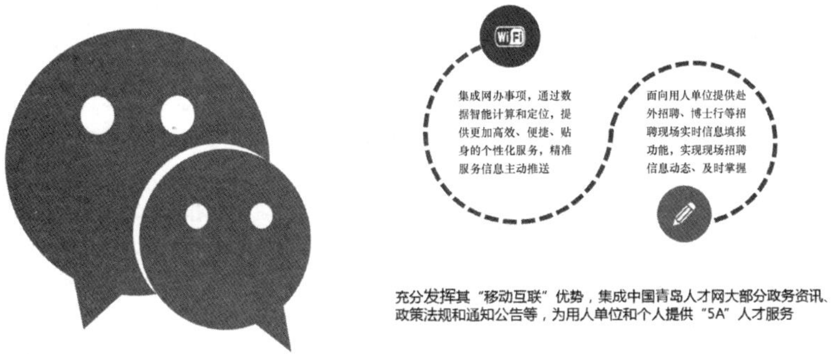


图4　青岛人才微信号公共服务范畴

“一码”是指电子人才码，是岛城人才的终身“VIP服务码”，是按一定规则生成的一个11位加密数字，可视形式为二维码、条形码、数字明码。人才识别码贯穿于整个人才培养、发展和服务全过程，是各类人才身份识别、享受政策、提供服务的通行证，实现人才服务“一码在手，服务尽有”（见图5）。

“一库”是指人才信息库，充分利用市人社局对全市企事业单位、就业、参保人群全覆盖和与其他相关部门信息对接的优势，合理设计指标、理顺数据来源、设立入库标准、制定统计原则，进行实名制人才数据全方位采集入库（见图6）。

图 5　人才识别码

图 6　人才信息库

"一平台"就是基于窗口经办、网上办事、移动服务"三位一体"的智慧人才"一体化"信息服务平台，打破市本级和区市人才服务部门壁垒，对人才服务项目归类统一，业务人员在平台上"一点登录，全业务办理"，实现全市人才信息统一入口，动态管理，各项人才服务线上与线下联动，完全具备人才公共服务"同城通办"的技术条件，推动"一次办好"和"零跑腿"工作落实（见图 7）。

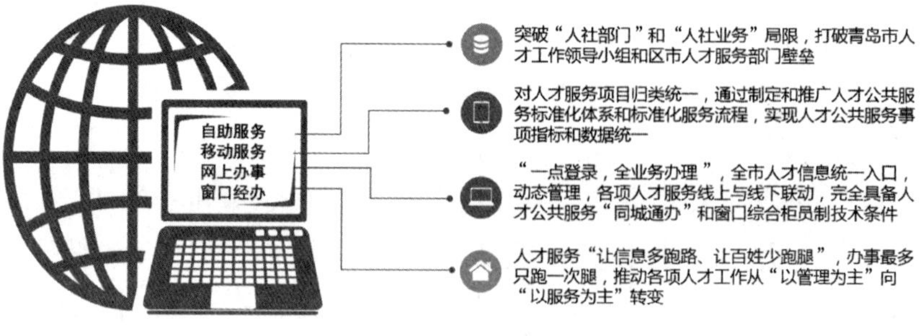


图 7　一站式智慧人才平台

## 四、“智慧人才”公共服务预期效果

青岛“智慧人才”自启动建设后，先后实现了部分功能，并按规划预期探索后续服务，全市人才公共服务平台支撑效果将逐步显现。

（一）以业务协同为重点，建设“一体化”的人才服务信息系统

围绕全面提升人才公共服务水平，兼顾业务经办和宏观决策，人才服务事项融合衔接，条理清晰，节点明确，指标统一，流程规范，共享共用就业社保信息，动态衔接青岛市数据交换平台。各级人才服务部门和机构利用“智慧人才”平台，通过有效的业务功能和数据操作权限管理，实现“线上线下相结合，便捷高效一体化，管理服务全智能”的人才服务，明显提高人才服务质量和服务效率。各类人才业务通过“智慧人才”经办平台、青岛人才网、“青岛人才”微信公众号三大“智慧人才”服务渠道，一网式办理，一站式服务（见图8）。

图8　部门业务协同机制

（二）以渠道融合为抓手，打造“一站式”人才网上办事大厅

统一线上人才业务办理入口，“英才211”申报评比、高层次人才服务、人才引进、高校毕业生补贴申领、职称评审及确认、国有企业招聘、招才引智名校行、百所高校千名博士青岛行、流动人员人事档案等业务实现全程网办，“网上受理，后台审批，线上反馈”的“互联网+人才”服务内容日臻丰富（见图9）。2018年度拔尖人才申报、顶尖人才申报、突出贡献技师申报等实现“零跑腿”，完全废除纸质材料提交。

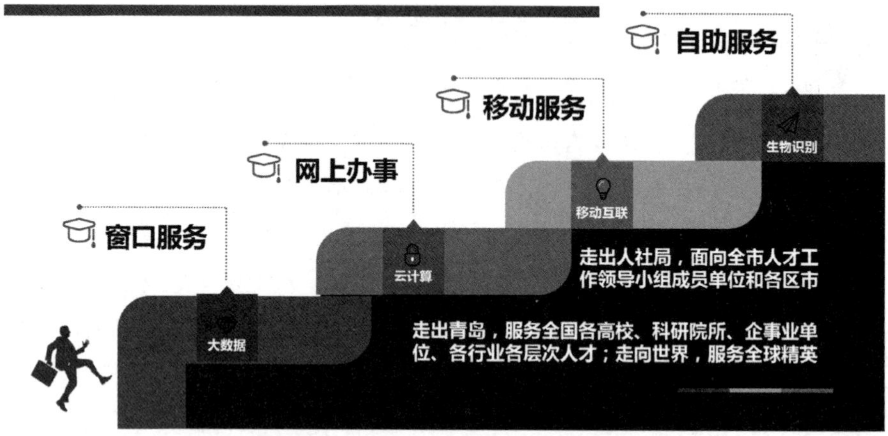


图 9 “互联网＋人才”服务体系

（三）创新技术服务手段，建设移动服务贴身管家

“青岛人才”微信公众号与青岛人才网政务资讯、通知公告、办事指南信息完全同步；将人才引进、实名认证、“青岛人社·学历汇”、补贴申领、招才引智名校行和博士行个人报名、人才信息维护、个人求职等10多项适合手机办理的个人服务事项全部实现移动办理；与智慧人社App绑定联动，集成社会保险、电子社保卡、找工作、搜培训等移动服务板块；设立“电子人才码”专栏，通过扫码实现人才信息识别，为多部门、异地人才信息互联共认提供技术支撑；对接腾讯公司，运用其成熟的生物识别和活体认证技术平台，通过人脸识别和读数字声波比对方式，实现人才实名认证和网上密码找回；人才业务办理信息即时推送，准确把握服务进度；建设“青岛市人才政策电子词典”，收集全市260余项人才政策，涵盖10个人才层次、78项人才工程、12大类48项政策功能，实现人才与政策精准查询匹配。

（四）加强信息数据共享，建立多部门信息共享连通机制

在“智慧人才”内部，共享共用人才基本信息、简历信息、电子档案信息等，有效避免重复提交材料，实现信息“一次生成、多方共享、反复利用”。在人社局内部，人才各项信息数据与公共就业、社会保险完全打通共享，在高层次人才申报、职称管理、人才服务各业务环节，无须再出具书面个人参保就业证明。在市直单位和部省系统衔接方面，能够有效衔接市工商注册、省公安户籍、民政婚姻和特困人员、高校毕业

生学历信息等，博士后工作站5项资助、中高级职称评审等各项业务，在部省平台完成信息处理后，直接导入“智慧人才”数据库。

（五）建设实名制人才信息库，夯实人才大数据基础

引用国家和行业标准，结合部省要求和市人才信息化工作实际，建立实名制人才信息指标。指标编码规则遵循人社部社保核心平台三版、劳动99三版、劳动监察指标集等相关编码规则，采用层次编码法，由字母和数字混合构成。充分利用局一体化信息资源，归集一体化人员基本信息库、智慧人才库、社会保险库、就业登记库等15个实名制人才信息数据入库渠道，规范数据入库口径标准，多维度进行入库信息比对，建立实名制人才信息库数据交换系统，实现数据定时更新，及时掌握全市正在参保缴费的实名制人才增减变化情况，并按人才类别、行政区划、行业和产业分布、专业领域等多方面进行数据统计分析，动态生成统计报表，为人才“大数据”建设奠定坚实的信息数据基础。

## 五、“智慧人才”公共服务体系建设存在的主要问题

（一）人才服务信息化意识有待提高

长期以来，人才服务以传统窗口和面对面服务为主，信息化建设不成体系，服务机构人员信息化服务意识不够，不能将信息化这种手段有效融合到服务过程当中，对信息化的感知呈现两极分化，要么对业务流程信息化转换没有概念，不知如何提报信息化建设需求，无法构想系统建设运行后的效果；要么在“零跑腿”“一次办好”“信息互联互通”服务中对信息化效果的期待过高，偏离实际。不懂合理利用信息化，制定政策时不通盘考虑信息化建设问题，信息系统建设的出发点不是注重服务而是强化管理等。

（二）重管理轻服务的老套思想会影响服务对象感受

人才服务板块信息化建设起步晚，基础薄弱，没有形成人才信息系统“一体化”，部分服务部门习惯于传统的服务模式，不愿建设和应用信息化系统，即使系统建设完成也不积极推广和应用。信息化建设重管理轻服务的出发点，让服务对象感受不到信息化服务带来的便捷，反而可能感到更麻烦等。

（三）人才信息互联共享程度不够

人才服务涉及部门众多，服务对象类别广泛且较分散，前期各部门信息系统建设各自为政，相互独立，信息孤岛多，导致服务对象每办一件事，都要重复提交相关材料，人才信息互联网上不互联，人才服务业务之间、人才服务与社保就业体系、市直各人才服务部门之间的信息共享、业务联动程度远远满足不了服务对象对信息化的要求，尤其是跨部门信息共享的面和量急需扩大。

（四）人才信息化工作从业人员力量不足

人才信息化工作从业人员，必须是极具创新意识的复合型人才，一般既要掌握计算机前沿技术，又要懂得项目管理，最好具备较丰富的行政或企业管理经验，同时要求悟性较高，能够及时学习并准确把握有关人才工作信息化管理的政策法规、人才服务的政策文件，站在服务对象的角度，协助业务部门梳理规范办事流程，既能着眼于大局，又必须注重细节，这类人才极难发现和培养。人才信息化工作从业人员力量不足，将不利于地方政府人才工作信息化建设和服务事业的发展。

## 六、对策建议

“智慧人才”公共服务体系作为构建“互联网＋人才”公共服务体系的平台和载体，在接下来的系统建设实施中，须从服务对象的角度思考信息化建设的着力点和落脚点，高起点统筹规划建设，全面提高人才服务信息化水平和能力。

（一）以人为本，规划设计“智慧人才”公共服务体系

科学调研，从服务对象的角度思考信息化建设，在保证信息安全的前提下，以服务对象的合理需求为出发点，坚持人才服务理念创新、模式创新和技术创新，有针对性地开展系统建设和应用，把“智慧人才”信息系统建设成为以人才服务为核心的、好用的、实用的信息系统，确保取得良好应用效果，切实为广大服务对象提供方便、快捷、个性、智能的服务。

（二）协调推进，推广应用“智慧人才”信息系统

加强信息应用能力和应用水平宣传，推进提高服务机构信息化服务意识，配合业务职能和经办处室，适时开展系统应用培训与实施，将信息化这个服务手段用好、用强，切实发挥信息化服务效能，让服务对象

感受到便捷和高效。进一步丰富服务内容，拓宽服务渠道，创新服务形式，有效提升人才服务水平。对现有从事人才工作的在职人员加强人才工作信息化管理相关知识及功能技术操作培训，以使各类人员能够达到适应人才工作信息化管理的基本要求。

（三）巩固成果，持续深化“智慧人才”公共服务体系建设

一是按照规范的服务标准和流程建设信息系统，使服务事项、办理机构、提供材料、服务流程等各个节点一目了然，服务对象对服务内容清晰明了。二是充分利用电子档案，在法律和政策允许的前提下，全面废除书面或纸质材料，充分复用电子档案，经办过程材料提报数量明显减少。三是加强“上下左右”的信息共享和互联互通，在“智慧人才”内部信息共享复用率达到100%，在人才、社保、就业等局内信息共享复用率达到100%，在人才领导小组成员单位间、各市直部门间，只要协调到位和具备条件，随时进行系统改造，实现信息共享复用；与部省对接，只要条件允许，做到第一时间完成系统改造。让数据多跑腿，服务对象少跑路，加强业务经办和公共服务网络化应用的扩展，全面覆盖人才领域各项业务服务，助力“零跑腿”“一次办好”事项顺利落地，开花结果。

## 七、结语

青岛“智慧人才”系统借助大数据和云计算技术，创新搭建“一网一号一码一库一平台”的一体化“互联网+人才”服务体系，框架建设基本完成，运行效果初步显现，在落实人才政策、创新人才管理模式、提升服务能力，优化服务环境等方面发挥了重要的作用。其基于“大人才”服务理念，统筹规划，一体化建设和应用，助力深化人才服务“一次办好”和“零跑腿”改革，对全国各地人才信息化建设和服务工作做了很好的理论尝试和实践探索，同时提出了系统建设应用过程中存在的问题并给出了对策建议，对全国各地人才信息化建设有一定的参考价值。但针对全国各地人才服务内容、方式及手段的差异，以及人才服务碎片化和不平衡的特点，亟待凝聚人事人才理论研究和实践创新的共识，尤其需要着力加强人才公共服务体系顶层设计和统筹推进。

## 参考文献

[1] 陈彦仓．“互联网+政务服务”提升政府服务能力研究 [J]. 前沿，2017 (11).

[2] 高琳．互联网+政务服务优化研究 [J]. 河北科技大学，2019 (1).

[3] 陈涛，董艳哲，马亮，等．推进“互联网+政务服务”提升政府服务与社会治理能力 [J]. 电子政务，2016 (8).

# 浅谈人力资源服务产业园发展现状及发展趋势暨长春人力资源服务产业园建设情况及成效[①]

张　坤[②]

**摘　要：**人才是企业的第一资本，市场经济的竞争最终体现在人才的角逐步上，谁拥有一支高素质的人才队伍，谁就有了成功的基础。作为实现人才强国战略、推动人力资源服务业发展的重要抓手，建设人力资源服务产业园区的任务势在必行，责任重大。本文主要介绍了当前我国人力资源服务产业园发展的基础情况、管理运行模式及阐述了笔者对长春市人力资源服务产业园的未来发展趋势的一些看法。同时本文还着重介绍了长春人力资源产业园建设情况及成效。

**关键词：**人力资源服务产业园　发展现状　管理运营模式　发展趋势

## 一、引言

人才是企业的第一资本，市场经济的竞争最终体现在人才的角逐上，

① 该篇论文获得“2019 年全国人才与人事研究主题征文活动”二等奖。

② 张坤，吉林省长春市人才服务中心员工。

谁拥有一支高素质的人才队伍，谁就有了成功的基础。党的十八大以来，习近平总书记在不同场合不同会议上强调了人才的重要性。他指出，创新是引领发展的第一动力。抓创新就是抓发展，谋创新就是谋未来。适应和引领我国经济发展新常态，创新驱动实质上是人才驱动。要学会招商引资、招人聚才并举，择天下英才而用之，广泛吸引各类创新人才特别是紧缺的人才。作为实现人才强国战略、推动人力资源服务业发展的重要抓手，建设人力资源服务产业园区的任务势在必行，责任重大。

人力资源服务产业园（以下简称产业园）是专门为促进人力资源服务业发展，并在其中实施优惠政策和管理手段的特定功能性区域。产业园的建立对缓解人力资源和人才结构紧缺、整合提升公共市场化服务、孵化与培育企业和市场、促进经济发展转型和产业结构升级，实现社会、经济、科技、人才等综合效益最大化等发挥着积极作用。

## 二、产业园发展现状

### （一）产业园建设发展情况

随着人力资源服务业的不断发展，各地人力资源服务产业园应运而生。目前，人力资源产业园区建设在全国各地呈现蓬勃发展之势，以国家、省市人力资源服务产业规划为指导，各地积极构建多层次、多元化的人力资源服务机构集群，探索建立人力资源服务产业园区，推进行业集聚发展。2010 年 11 月我国第一个国家级人力资源服务产业园——上海人力资源服务产业园正式成立。之后，重庆、河南、江苏、浙江、福建、四川、山东等地先后建设国家级人力资源服务产业园。同时，一批体现本地产业特色的省级、市级产业园陆续建立，如安徽、山西、天津、广东等。据不完全统计，截至 2018 年 5 月，中国国家级人力资源服务产业园 15 家，省级人力资源服务产业园 35 家。已建、在建和筹建的人力资源服务产业园区已达到 150 余家，人力资源服务产业园正在深刻改变中国人力资源服务行业的发展模式。

### （二）产业园建设基本情况

从全国 15 家国家级产业园看，建设规模庞大，建筑平均面积超过 5 平方米以上，如上海产业园建设面积 4.5 万平方米，重庆产业园建设规模 32 万平方米，杭州产业园建设面积 7.9 万平方米等，而且功能齐全，集人力资源公共服务和市场化服务于一体，实现了人力资源配置集约化、专业化和一体化发展。

（三）产业园发挥了产业集聚效应和规模效应

纵观各地已筹建的产业园区，产业园的发展主要呈现以下几个特点：第一，公共服务配套较完善。现有园区均配有综合性的公共服务平台，为园区内企业提供社会保险、劳动维权、就业管理、档案托管、户口挂靠以及行政审批、公共资源交易等一站式服务。第二，充分发挥政府和市场两者合力。园区在建成初期通常采用“政府搭台、市场化运作”的运营模式，通过政府引导、不断引入社会资源的方式，实现园区运营管理效能的提升。第三，基本形成人力资源服务全产业链。园区内人力资源服务机构的业务范围通常涵盖招聘、培训、薪酬、绩效、咨询等人力资源服务的各个环节，着力打造完整的人力资源产业链条。从实践来看，应当说产业园所发挥的产业集聚效应和规模效应是非常明显的。

（四）产业园经济规模效益显著

从投入运营的上海、重庆、杭州、苏州来看，目前已集聚了国内多家知名人力资源服务机构，包括高端人力资源服务机构，业务范围涵盖人才招聘、培训教育、人才测评、管理咨询、人力资源外包、人才派遣、猎头、人力资源信息软件等，已形成了完整的人力资源服务产业链。

从上海产业园发展情况来看，园区吸引了一批有实力、有影响、有潜力的人力资源服务企业入驻，目前已集聚各类人力资源服务企业260家人力资源企业，税收规模保持年均30%以上的增长态势，产业聚集效应明显。

重庆产业园一期工程拟引进人力资源服务、教育培训服务、信息网络服务、金融服务、物业管理及综合配套服务等五大产业板块，在园区形成以人力资源服务为核心和主体上下游产业链和园区综合服务产业群。同时为入驻企业提供产业配套、业务代办、场地共享、交通定制和餐饮保障等配套服务。二期工程围绕“大众创业，万众创新”，开发创业项目孵化基地、“创富俱乐部”以及“C”类人才公寓、博士后公寓、外国专家公寓等高端人才项目，进一步做大产业集群，延伸产业链条，打造人才高地，为重庆市“鸿雁计划”贡献更大力量。

目前产业园已引进人力资源服务企业及相关配套服务企业57家，包括中国中智、北京外企、广东红海、苏州英格玛等一批知名企业。产业园力求实现产业和事业联动融合、共同发展，确保经济效益和社会效益双丰收。具体目标是：力争3年内，入驻人力资源服务和其他配套服务企业100家以上，产值达100亿元，税收1亿元以上。5年内入驻企业150家以上，产值达300亿元，税收达1.5亿元以上。

杭州产业园2013年正式开园，2014年成为全省第一家、全国第五家国家级人力资源产业园，2016年建成全国首个国际人力资源服务产业园。园区占地面积21亩，建筑面积8万平方米。近五年来，园区营业额、税收额年均增长率超过60%。2018年园区实现营业额136亿元，实现税收2.12元。集聚优质企业126家，其中包括万宝盛华、浙江中智、科税国际等一批行业知名人力资源服务机构。2019年上半年，还成功引进苏州最大的人力资源机构英格玛。据统计，截至2018年，园区累计提供服务375万人次，成功引进海外专家及高端智力项目274个，累计从世界各地引进各类高层次人才6 706人。

苏州产业园采用“一园多区”布局，以苏州高新区为核心区，在常熟、昆山和吴江设分园区，形成扇形布局。截至2017年年底，苏州人力资源服务产业园入驻企业已超过290家，年营业收入突破280亿元。高新区人力资源服务产业园服务企业16.2万家次，服务人群330万人次，营业收入48.6亿元。

（五）各地业园的经验做法和亮点

上海产业园人力资源服务发展模式创新、服务功能不断拓展，为入园企业提供证照办理业务、社会保险配套服务和医疗保险专门服务、人力资源招聘服务及档案管理服务、涉外公共服务综合平台等公共就业和人才服务业等。重庆、河南产业园高标准建造多功能、多元化、综合性产业园。苏州产业园构建了层级分明、分工明确的“一园多区”的组织管理体系和发展模式。杭州产业园在“互联网+”、信息化平台建设方面取得了经验，建立了互联网与人力资源服务互动共促的关系。海峡产业园突出了推动海峡两岸人才交流合作的特点，通过产业园的优质服务和优惠政策，鼓励吸引优质企业和优秀人才入驻产业园。成都产业园汇集当地人才、产业集群、政策优势，打造高端人力资源服务产业园区、高科技人力资源服务产业园区、专业化人力资源服务产业园区和公共服务集成平台。烟台产业园凭借地处“中韩自贸区”“蓝黄经济区”“一带一路”独特战略区位的优势，实现“人力资源+”的跨界模式，着力打造人力资源产业“综合体”。

## 三、产业园的管理运营模式

从上海、重庆、杭州、苏州、长春产业园现有的管理模式上看，上海是采用“联席会议＋联席办＋服务办公室”；重庆是采用“产业园管理委员会＋管委会办公室＋管理运营企业集团公司”；杭州和苏州是采用“一园多区”管理运营模式；长春是采用政府领导、国企运营、协调联运的管理模式，主要可分为：行政主导管理模式、市场化管理模式、混合管理模式三种管理运营模式。

（一）行政主导管理模式

行政主导管理模式是指在政府主导下，由政府负责对人力资源服务产业园的管理，并在园区管理过程中，给予较大的政策性扶持。该模式以政府为主导，负责产业园日常管理；在园区的管理、运营过程中，政策性倾斜明显，园区承担较大的公共职能，社会效益较为显著。

（二）市场化管理模式

市场化管理模式是企业资助管理的园区，政府给予一定程度的扶持，主要是由市场主体主导产业园的建设与管理，产业园的管理全面市场化。产业园采取市场化的管理方式，决策灵活、贴近于市场，对于市场应变速度更快，产业园管理需要高超的统筹协调能力和政府必要的政策扶持。

（三）混合型管理模式

产业园既设了管委会，同时也成立了管理公司，管委会负责政府相关的管理职能，管理公司负责企业运营的相关职能。混合型管理模式设立的方式也比较复杂，形式多样，既有管委会下设公司的形式，也有管委会和公司平行设立，并行工作的模式。

产业园的管理模式在新形势的主要趋势是在朝企业化的方向不断推进，政府在招商引资中跟企业一起搭建平台、共同唱戏。

综上所述，全国的人力资源服务产业园已经初具规模，发展势头迅猛，从 2010 年的全国第一家（上海人力资源服务产业园）的建立，发展到现在的 150 余家，经历 9 年的时间。9 年来，全国各地的人力资源服务产业园犹如雨后春笋一般，在全国各地涌现出来，各地产业园的发展也取得了丰硕的成果，无论从人才的引进，创造的社会效益和经济效益以及相关产业链之间的相互促进都取得了很大的成效，人力资源服务产业园发挥了引领示范作用，促进了人才服务业和区域经济的迅速发展，并且各地产业园结合自身的地域特点，探索出了各自的发展目标和方向。人力资源服务产业园的建立，成为人力资源服务业发展的新模式、新探索，为人力资源服务业的集聚发展、创新发展搭建了重要平台。

产业园的建立和发展离不开政府的主导。为了产业园能够更好地发挥平台作用，加快人力资源服务业的迅速发展，国家及各地政府也相继出台了相关政策来扶持产业园发展，如产业园运营补贴政策、房屋租赁政策、财政税收政策、投融资政策、装修补贴政策、支持企业发展政策、引才奖励政策，甚至有些地方出台了子女就学的相关优惠政策，这些政策的出台，大大加快了产业园的发展进程。

虽然人力资源服务产业园现在的发展势头迅猛，取得的成效也很显著，但是如何把产业园做大做强，如何把人力资源服务业行通过产业园的这个平台能够更好地集聚发展，如何把产业园面向全国，走向世界还是任重而道远，也是各级政府以及我们每个从业人员今后需要思考的问题。

对于如何能够更好地发展产业园，有几点思考：

一是打造品牌。品牌为企业带来效应，是商业社会中企业价值延续，在当前品牌先导商业模式中，意味着商品定位、经营模式、消费族群和利润回报。所以品牌的建立是一个产业和企业发展的重要环境，往往一个好的品牌，所带来的有形和无形的资产是不可估量的。所以人力资源服务产业园也要建立自己的品牌，通过各种手段打造自己的品牌，如加大宣传力度，提供更加优质的服务，打造创新自己的服务产品，建立自己品牌标识，等等。

二是信息共享、相互推荐。当今世界是信息的时代，要想更快更好发展产业园，自己闭门造车、故步自封是不行的，加快互联网的建设，建立大数据中心，尽快实现全国性的人力资源服务行业的信息共享。所以实现信息共享，相互推荐是产业园发展的一个重要手段和途径。通过信息共享，了解全国人力服务业的动态及现状，将符合自己区域发展人力资源信息通过相互推荐的方式实现产业园之间的相互共赢。

## 四、长春人力资源服务产业园建设情况及成效

### （一）发展概况

#### 1. 成立背景

近年来，国家对发展人力资源服务高度重视，国家“十二五”规划

和服务业发展“十二五”规划，均把人力资源服务业作为国家重点发展的现代服务业列入规划。2013 年和 2014 年，人力资源和社会保障部联合相关部委先后出台了《关于加快推进人力资源市场整合的意见》《关于加快发展人力资源服务业的意见》，对市场整合和产业发展提出具体要求。为落实国家相关要求，各地纷纷以整合市场、发展产业为目的，开展了人力资源产业园建设，先后已有上海、重庆、河南、苏州、福建、杭州、烟台等省市的产业园获人力资源和社会保障部批准，成为国家级人力资源产业园。2015 年初，为改变长春市人力资源市场服务分散、功能业态落后的现状，筹建国家级人力资源服务产业园的想法应运而生。

**2. 基本情况**

长春产业园 2017 年 5 月获得人力资源和社会保障部批准建设，同年 11 月 18 日正式挂牌运营，成为响应国家部委、省、市关于加快人力资源服务业发展的重要举措。成立以来，长春产业园以“人才集聚高地，产业升级引擎”为核心理念，以“立足长春、服务吉林、辐射东北、链接东北亚”为发展定位，采取政府主导、企业运营、市场化管理的运营模式，通过对人力资源产业的整合，实现人力资源配置集约化、专业化、一体化发展。

园区坐落于长春市净月高新技术产业开发区核心区域，总建筑面积 4.88 万平方米，按照现代服务业集聚区标准打造。园区内设两大区域，一部分结合人力资源社会保障公共服务窗口建设，整合长春市社会保障行政和公共服务资源，建设人力资源公共服务发展平台；另一部分通过产业政策、财税政策等，吸引国际、国内知名人力资源服务企业入驻，建设人力资源产业经营性发展平台。目前，长春产业园已集聚人力资源及配套服务企业 50 家，基本形成多位一体的人力资源产业链。同时，通过整合长春市人力资源社会保障行政和公共服务资源，成功搭建集行政服务中心、公共就业和人才配置区域中心、人力资源服务业聚集发展中心“三大中心”为一体的人力资源服务保障综合体。

**3. 功能布局**

成立以来，长春产业园先后完成了园区建设、战略规划、政策配套、服务功能等软硬件建设，主要涵盖集聚产业、拓展服务、创业孵化、培育市场四大功能，通过搭载功能性服务，着力培育创新创业的新沃土，构建政企共赢的新平台。

一是集聚产业。通过引进国际、国内有代表性的人力资源服务企业，形成产业集聚区，提高产业知名度与影响力，用产业园的品牌，创造人力资源服务企业的品牌，增强园区对企业的吸引力。进一步完善政策，加大政策的推动力，形成产业龙头，带动整个行业发展。

二是拓展服务。通过整合现有资源，延伸服务领域，创新服务方式，开发新的服务产品，建立面对入园企业的综合服务平台，不断增强与激发人力资源企业的创新能力，为不同服务对象提供各具特色的个性服务，提升为人才和企业的服务水平。

三是创业孵化。努力培育中小型人力资源服务企业，引导和扶持企业做大做强。通过政策导向，鼓励企业规模化、品牌化发展，支持业务相近、资源相通的人力资源企业优势互补、自愿结合，采取市场化方式建立具有核心竞争力的企业发展“共同体”，最终形成多元化、广领域、长链条的人力资源企业集群。

四是培育市场。建设专业化、信息化、规范化和国际化的人力资源市场，以人力资源服务企业为主体，以市场需求为导向，推进人力资源服务业的管理创新、发展创新，把人力资源服务市场培育好，把相关政策制度完善起来，在服务人才、服务企业中不断发展壮大。

（二）产业园主要经济社会指标

数据表明，成立至今，长春产业园通过发挥三项重要作用，实现了经济效益与社会效益的双赢。

一是成功发挥出产业集聚的作用，有力推动入园企业经济效益的提速增效。一方面，形成人力资源服务集群。截至目前，长春产业园已集聚 50 家人力资源及相关配套服务机构，其中不乏科锐国际、安拓国际、锐仕方达等国内外知名人力资源服务企业，园区入驻率高达 93%，各类从业人员近千名，包括入园企业工作人员 698 人。其中龙头、领军企业 10 家（包括国际知名企业 2 家占 4%、国内知名企业 8 家占 16%），占比 20%；省市级优质企业 7 家，占比 14%；拥有上市人力资源服务机构 1 家，占比 2%，如图 1 所示。另一方面，通过创造产值和税收直接创造经济效益。截至 2018 年年底，入园企业累计实现产值 64.8 亿元，实现当期税收 1.77 亿元。入园企业营业收入与利税均实现跨越式增长，其中部分企业的业务增量与全国同品牌分公司相比位居前列（由于产业园 2017 年数据不具备参考价值，因此暂无同比及环比数据）。

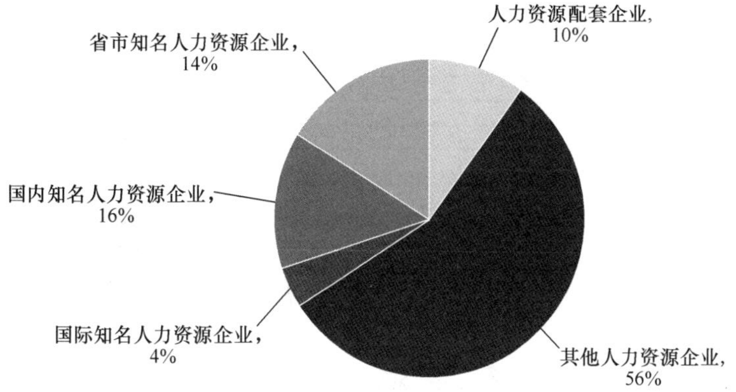


注：国际知名公司 2 家：安拓、科锐（上市）

国内知名公司 8 家：成都新大翰、上海优尔蓝、上海东大保险经纪、锐仕方达、省津吉、广东锐博、成都名赫、省汉生人力

省市知名公司 7 家：省外服、龙天华尔、才库、华启、省彩虹、省明德国仕、长春人力资源服务有限公司

另有其他人力资源企业 28 家、人力资源配套企业 5 家。

**图 1　产业园入园企业结构**

二是成功发挥出人力资源综合服务作用，带动区域内人力资源产业快速发展。2018 年度，产业园服务企业 1 209 家，年服务近 20 万人次；接待包括国务院发展研究中心、中央媒体、各省级人社系统内及人力资源机构等调研指导、参观考察、媒体采访等单位 39 批次、400 多人次；帮扶就业和流动人员 230 余万人次，开展大学生创业精准帮扶 1 000 人，高校毕业生等青年群体实现创业 1.2 万人，举办培训班近 20 余次；举办现场招聘会 63 场，注册会员单位 1 489 余家，入市招聘单位 2 991 家次，提供就业岗位 1.6 万个，入市求职人数近 1.1 万人次，发布求职信息 7 388 条。同时，产业园的集聚带动作用已从园区辐射到区域内的整个行业。目前，长春市人力资源服务企业从 2015 年年初的 76 家（其中公共服务机构 28 家，民营只有 48 家），发展到 2018 年年底的近 450 家，新增 370 余家，增长 487%，并且全部是民营企业，产值也从 2015 年年初 10 亿多元发展到 2018 年年底近 70 亿元，增长 600%，全市行业内从业人员已超过 5 000 人。具体如图 2 所示。

三是为长春本土“招才引智”、落实省市“人才新政”发挥出重要作用。为落实省、市“人才新政”，产业园不断加大“招才引智”工作力度，截至 2018 年年底，共计为本土企业引入外地人才近千人，其中本科生 662 人、硕士生以上 39 人，为 1 209 家服务客户提供派遣服务 12.98 万人次。

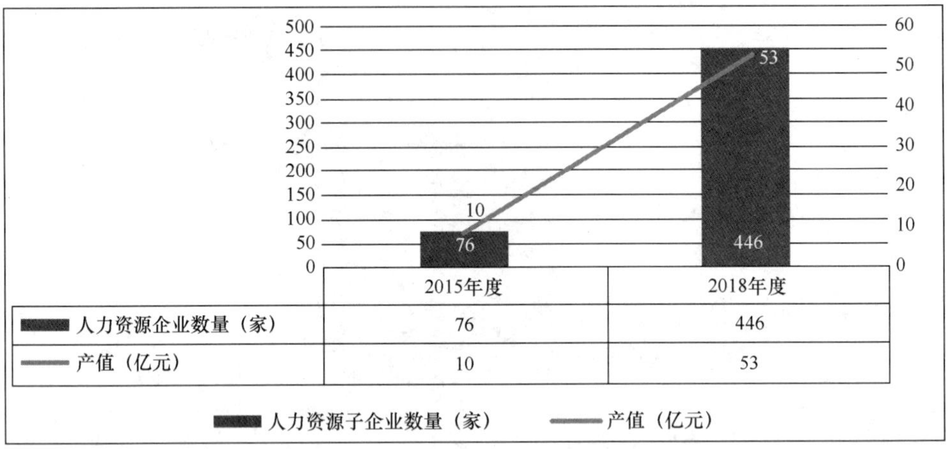


**图 2　长春市人力资源产业发展图**

同时，我市人才新政对各企业的补贴和奖励政策也正在有序落实。可以说，长春产业园加速产业政策的落地，发挥出示范引领作用，为区域内缓解就业压力，拓宽就业领域渠道，提高劳动者素质都做出有益贡献。

（三）信息化建设与科技创新

长春产业园运营以来积极打造“智慧园区”，以事业和产业为指向，推动互联网大数据等信息化技术在产业园的应用，建设人才集聚、信息集聚、产业集聚的信息化数字园区。先后搭建基础信息和公共信息等两大信息服务平台，初步实现了园区内人力资源信息库、服务项目信息库、政策信息库等资源的同步共享。

**1. 信息化数字园区**

（1）基础信息服务平台主要包含全市人才档案系统、全市医保信息系统，实现信息化建设的事业功能。该平台主要提供全市人力资源社会保障业务经办服务，为全市人力资源核心业务提供保障。依托现有基础信息服务平台的人力资源数据，长春产业园已经着手研究开发线上人才库及人才数据智能分析平台，通过为人力资源供需双方提供线上细分服务，开发各类数据的增值利用空间。

（2）公共信息服务系统包括线上及线下两个部分，线上主要以产业园官方网站及微信公众号为线上载体，提供包括行业政策解读、信息发布、招商推介、物业管理、配套服务等宣传推介和服务管理功能，实现信息化建设的产业功能。线下主要包括产业园《园区印象》期刊及信息宣传大屏。通过产业园线上公共服务系统，入驻企业可以了解最新政策及行业动态，帮助企业宣传产品；就业创业人群可以随时了解人才需求、招聘信息等；面对园区外企业及个人随时提供劳务派遣、学习培训、场地租用、物业保管等服务预约。

（3）凭借产业园庞大的数据规模与受众范围，适时开发新的“互联网＋人力资源”服务载体，如开发长春产业园手机App，将产业园所有业务及功能集中在App中整合实现。下一步长春产业园也将探索建立网上虚拟人力资源服务产业园，建立O2O人力资源服务产品实时交互平台，实现供需精准对接、精准匹配；鼓励和支持入园企业与信息技术企业开展合作，研究开发线上人力资源供求信息查询系统、云端人才测评系统、创新创业指导系统、视频面试系统等。

**2. 创新与融合发展**

利用国家级产业园平台，多家入驻企业在拓展服务、产品创新方面取得了丰硕成果。

一是成功孵化“北方人力资源投资集团（长春）有限公司”。为推动园区企业融合发展，积极打造本土企业品牌，在政府的支持和鼓励下，今年一月，龙天华尔服务外包有限公司、吉林省华启企业管理服务有限公司、长春市才库管理咨询有限公司、吉林明德国仕人力资源公司4家园区本土企业进行了资源整合，成立了“北方人力资源投资集团（长春）有限公司”。通过北方公司的成立，有效地提高了本土人资企业的市场综合竞争能力，为园区企业融合发展提供了样板和示范效应。

二是园区企业长春锐仕方达公司研发了“人才地图项目”。该企业入驻产业园后，利用总公司近800万中高端人才库以及合作公司的外延数据，研发了“人才地图”项目。该项目利用大数据分析技术，结合某城市重点领域、重点产业，从区域分布、行业分类、学历职称、研究领域等多个维度绘制出一个生动的人才肖像图，可为该城市招才引智、产业布局提供科学、全面、精准、高效的数据支撑。现已与烟台、青岛等城市开展合作。

## 五、产业园发展趋势

人力资源服务业是现代服务业的重要组成部分，是伴随着人力资源市场化配置发展起来的一个新兴产业，对开发人力资源、优化配置人力资源、建设人力资源强国、实现更加充分和更高质量就业具有重要的意义。未来人力资源产业园的发展规模、数量将不断扩大，产业园的蓬勃兴起和飞速发展，将深刻改变人力资源服务业的发展模式，成为新常态下助推地方经济社会发展的一个新引擎。

随着园区数量的增多，未来产业园的建设，必将围绕更好服务就业及人才发展战略，充分发挥市场在人力资源配置中的决定性作用为主要发展方向，成为能为行业健康快速发展提供优质高效服务，推动产业与人才协调发展，为地区人才支撑与智力保障等提供有力支撑。

（一）打响品牌，加速产业集聚，建设国际化一流园区

长春产业园将继续做好品牌建设，以建设“一园多区”的国际化一流人力资源产业园区为发展方向，按照“立足长春，服务吉林，辐射东北，链接东北亚”的发展定位，战略谋划目前园区面积基础上，在周边区域及地区建设分园，带动整个区域人才引进、培养、开发、使用为一体的人力资源服务产业的链式发展，实现高效精准的人才供给，更好服务本土“招才引智”工作，进一步发挥出国家级园区的集聚优势。

（二）拓宽渠道，加快产业融合，建设多元化开放园区

随着产业转型升级以及自由职业、新经济等的产生，人力资源服务业面临极大挑战，挑战的背面即为机遇。要紧紧围绕“人力资本增值”，提升人力资源产业发展水平，创新思维，拓宽渠道，促进人力资源产业的融合发展。谋划建立人力资源服务产业与其他产业的互动机制，拓宽发展渠道，打造群对群，即人力资源服务产业集群与全国城投协会城投企业集群等类似的其他行业、产业集群之间的互动模式，提供专业、专项、专属的服务支撑，挖掘各行业人才市场潜力，推动产业渗透和产业交叉，提升长春产业园对人力资源产业发展的核心动力和高附加值支持，加快人力资源产业链上下游产业融合。利用信息化建设，谋划推出网上人力资源产业园，整合长春产业园现有产业资源，构建以人才库为核心，以招聘、培训、服务外包等服务在内的人力资源服务端口，形成人才教育、引进、发展的示范效应，进一步提升长春产业园人力资源服务的竞争力，带动区域内传统产业的转型升级。

（三）创新服务，促进产业增值，建设一体化综合园区

作为东北三省唯一一家国家级人力资源服务产业园，长春产业园将继续积极贯彻落实中央、国务院、省市创业就业各项决策部署，以服务升级带动产业发展升级。依托现有国家级产业园产业集聚效应，在打造人才公寓、“走进校园”系列活动等多个“稳就业、促就业”项目品牌基

础上，未来将持续发力，积极创新人力资源项目服务，打通人才供需端口，深挖区域人力资源发展潜力，最大限度释放人力资源产业发展动能。长春产业园将结合区位优势完善机制，通过打造区域化的人才引进平台以及区域人才培养平台，进一步打造泛东北亚海外人才创业创新平台，提高人力资源服务业跨区流动和外溢功能，高效配置各项产业发展要素。以长春（净月）大学生创业园为载体，建设面向高校科技成果转化的大学生创新创业综合服务性平台，引进投资及金融、法律、知识产权等专业咨询服务机构，力争实现 10～20 家创新创业企业的孵化。

（四）是优化环境，激发产业活力，建设标准化高效园区

为进一步建设标准化高效产业园区，长春产业园将依托国家振兴东北老工业基地、长春市“人才新政”等一系列政策优势，承接区域发展建设的溢出效应，深化行政审批制度改革，加强政策指导与扶持，不断突破人力资源服务产业发展体制机制的瓶颈，确保产业园各项发展目标的完成，不断优化产业的发展环境，增强行业发展的内生动力；健全相关政策法规及产业发展标准化体系，形成高效的监管体制，进一步激发长春产业园的产业发展活力。良好的制度建设，是产业园健康有序发展的根本保证。长春产业园要在政府主管机构的领导下，逐步建立健全产业园相关政策优惠，完善包括补贴类政策优惠、奖励类政策优惠、服务保障类政策优惠等机制，以越发优化的发展环境，加快长春产业园的发展步伐。

## 参考文献

［1］朱跃. 浅议江苏人力资源服务产业园的管理模式及其对区域经济发展的作用［J］. 人才资源开发，2015（20）：11.

［2］董良坤. 把脉人力资源服务产业园［J］. 中国人才（上半月），2013（7）：27-29.

［3］沈海. 宁波市人力资源服务产业园区发展的现状、问题及对策研究［D］. 2018.

［4］万政东. 新业态下人力资源服务产业园发展模式研究［J］. 文摘版：经济管理，2016.

［5］佚名. 我国人力资源服务产业园区发展现状与前瞻［M］. 中国人力资源发展报告（2013）. 北京：社会科学文献出版社，2013.

# 地方高层次人才服务及困境研究分析——以无锡市为例[①]

陆星伟　黄栩科[②]

**摘　要：** 人才资源是重要的战略资源，高层次人才服务是人才工作的重要组成部分，是人才政策落地的关键一环。做好高层次人才服务工作，直接关系到政府的形象，关系到高层次人才的日常工作和生活。随着我市人才队伍的日益壮大，新形势下高层次人才服务也面临新的情况和新问题，本文拟以无锡近三年服务平台数据为基础，以2018年相关数据为重点，通过数据挖掘、分析、比对等手段分析相关服务数据，为地方高层次人才服务提供一些可供参考的思考与建议。

**关键词：** 无锡　高层次人才　服务

## 一、我市高层次人才服务现状与效能分析

### （一）服务范围人才定义

高层次人才目前没有一个明确的定义，一般指能够突破关键技术、发展高新产业、带动新兴学科的战略科学家和领军人才，教育部、人事部、财政部曾联合下文做出界定。每个省、市结合本地区经济社会发展和产业结构调整的需要，有针对性地引进和培育并开展人才的认定工作。

---

① 该篇论文获得“2019年全国人才与人事研究主题征文活动”三等奖。

② 陆星伟，江苏省无锡市国际人才交流服务中心主任；黄栩科，江苏省无锡市国际人才交流服务中心综合服务部业务主管。

本文泛指本地区引进及评选出的各类能推进本行业本领域发展急需和紧缺的高层次人才。

本文主要分析对象是无锡市自2006年起实施的相关人才政策中引进的各类人才（团队），主要提取近三年统计范本2 000人（家企业）。

（二）人才政策演变情况

从2006年至今，无锡根据经济产业及人才情况，不断推出和更新的人才政策，是高层次人才服务的主要依据。通过一系列政策及优良的创业环境等软硬件吸引海内外高层次人才集聚无锡，从而进一步推动无锡传统产业升级、引领新兴产业发展。主要政策见表1。

表1　无锡市主要人才政策

| 起止时间 | 主要文件 | 扶持重点 |
| --- | --- | --- |
| 2006—2011年 | 《关于进一步吸引和用好优秀人才的试行规定》《关于引进领军型海外留学归国创业人才计划实施意见》 | 重点扶持海外留学归国领军人才在锡创业等 |
| 2012—2016年 | 《关于深化“530”计划　建设“东方硅谷”的意见》 | 重点扶持科技创业、创新领军人才和团队等 |
| 2016年至今 | 《关于实施“太湖人才计划”　打造现代产业发展新高地的意见》《关于深化“太湖人才计划”的若干意见》《关于实施“太湖人才计划”升级版2.0　打造国内一流具有国际影响力人才发展高地的若干意见》 | 重点扶持产业领军人才和团队等；兼顾公共事业领域优秀人才扶持；强化对创新创业平台、环境的支持与建设 |

（三）无锡高层次人才服务的主要形式

从2006年起开展人才资金扶持，逐步涵盖载体、融资、生活服务等各方面建设，无锡对人才及其团队（企业）扶持形式日益多样化。从最初的创业服务体系建设，到针对更大层面的高层次人才，无锡一直在探索和完善人才服务。

**1. 创业类服务**

聚焦产业发展和高层次人才及企业实际需求，人社部门专门打造品牌创业辅导等活动，科技金融等部门则关注后续产业化发展，开展科技政策、投融资对接等活动，做到月月有活动、月月有对接，不断完善高层次人才活动体系。创业辅导主要有每月组织企业比较关注或发展需要的营销、市场、人力资源管理等培训活动。同时根据企业情况提供公益性的融资和法律咨询等各类专业服务。根据 2018 年收集的 264 份有效的《高层次人才企业服务需求表》统计，高层次人才企业创业辅导需求主要集中在经营管理、财税管理、市场营销及风险防范等主题，具体如图 1 所示。

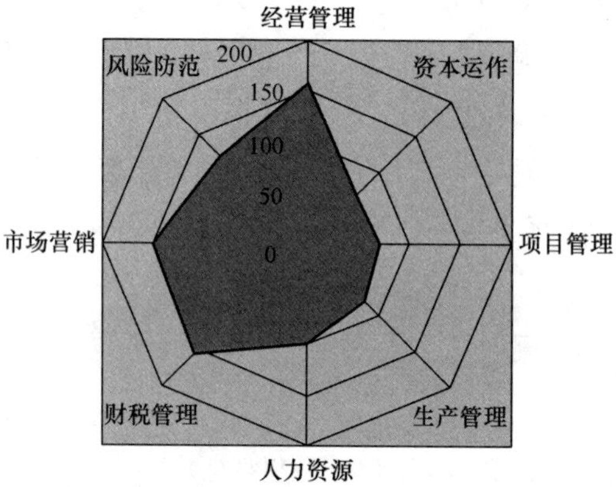


**图 1　创业类服务企业发展需求**

为精准对接高层次人才企业创业服务需求，市高层次人才一站式服务窗口近 3 年举办各类创业辅导 38 场，累计参加的企业数近 1 500 家次，累计参加的高层次人才数超过 2 300 人次。① 一些发展较快的企业则通过“听课卡”服务，每月参与人社相关部门的精品培训课程，进一步提升企业创业者及中高层管理人员综合能力，近三年已累计有 117 家次企业、814 人次参加。

**2. 人力资源类服务**

针对引进的各类高层次人才及其创办的企业，服务窗口联合相关人力资源机构提供免费的线上（网络招聘）和线下（现场招聘）招聘服务，降低高层次人才企业招聘成本，有效解决高层次人才企业用工需求。图 2 为近三年为高层次人才企业提供招聘服务数。图 3 为 2018 年高层次人才企业招聘服务数。

通过图 3 可知，每年 3 月高层次人才所在企业的招聘需求达到高峰，进而有针对性地开展招聘服务，更好地满足高层次人才企业用工需求。

① 数据来源：无锡市国际人才交流服务中心统计资料。

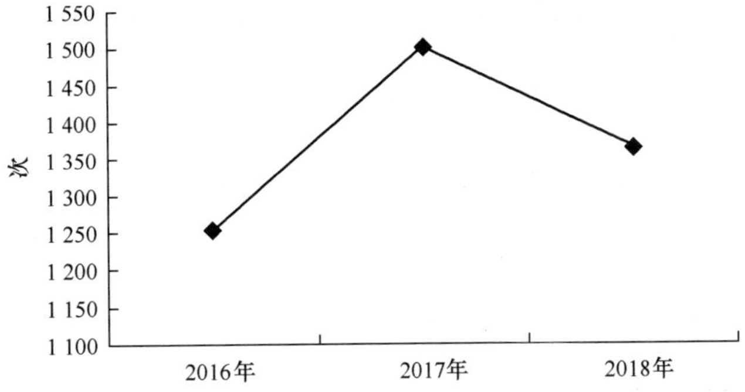


图 2　无锡市近三年为高层次人才企业提供招聘服务情况

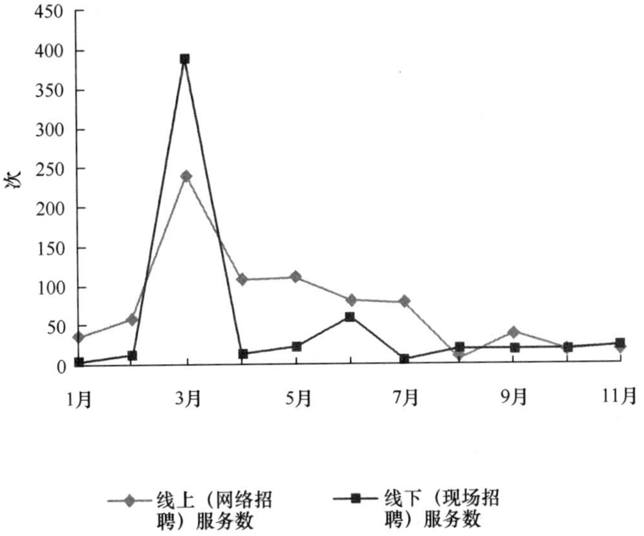


图 3　无锡市 2018 年高层次人才企业招聘服务情况

图 4 是以 2018 年高层次人才企业专场招聘会为样本的岗位需求分析表。通过图 4 可知，高层次人才企业的岗位需求主要集中在生产、销售、研发上，可对此有针对性地提供相关招聘服务。

### 3. 住房保障类服务

对于符合条件的高层次人才，根据“太湖人才计划”相关规定，提供一定的安家费补贴；对新引进的本科以上学历应届毕业生有租房补贴，给就业和创业初期的人才很大程度上降低了生活成本。

### 4. 生活类服务

（1）高层次人才子女教育服务方面，由教育行政部门和主管部门协

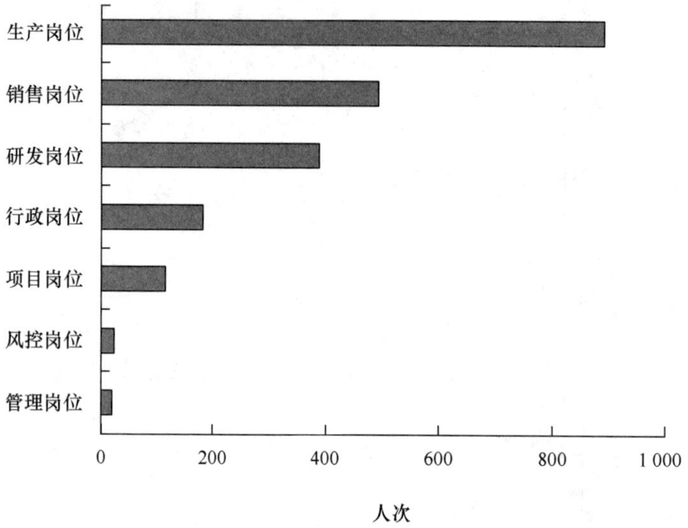


**图 4　2018 年高层次人才企业专场招聘岗位需求情况**

调对接教育资源。

（2）高层次人才医疗保障方面，由市属医院负责高层次人才就医服务。

（3）高层次人才园林旅游方面，每年申请数量呈逐年递增 10%的趋势。

**5. 联谊交流类活动**

无锡市高层次人才一站式服务窗口作为全市高层次人才交流对接服务的主要提供窗口，每年通过举办新春座谈会、夏令营等特色联谊活动，充分搭建交流桥梁，做好人才稳根留心工作。

## 二、其他城市情况

### （一）部分城市高层次人才服务情况

主要以发展情况类似的南京、苏州、宁波为例。通过解读各地人才政策[①]，对比分析可知：南京市专门成立了人才安居工作领导小组，研究出台了《南京市人才安居办法（试行）》，在高层次人才住房保障上力度较大；苏州市设立了高层次人才一站式服务中心，整合了全市 14 个职能部门的人才服务项目，在高层次人才生活保障上成效突出；宁波市则在

① 政策内容来源：百度百科和南京、苏州、宁波招才引智政策公告。

2019年刚出台了人才新政，其高层次人才服务流程与机制颇具亮点，对无锡具有学习与借鉴意义。

### 1. 南京市高层次人才服务情况（见表2）

表2　南京市高层次人才服务情况

| 项目 | 服务情况 |
| --- | --- |
| 住房保障类 | 《南京市人才安居办法（试行）》中A、B、C三大类高层次人才购房，在本市无住房、购买首套房的，将不再受户籍限制 |
| | A、B、C类高层次人才，可选择共有产权房、人才公寓、购房补贴和租赁补贴中的一种安居方式 |
| | 高层次人才购买自住房的，公积金贷款标准放宽4倍，即120万元，支付房租的标准放宽到现有标准的2倍 |
| | 扩大高校企业自建人才公寓规模，加快租赁住房与共有产权房等保障房建设力度 |
| 生活保障类 | 为入选的高层次人才办理南京人才居住证B证，提供医疗、落户、社会保险、居留和出入境、住房、子女就读、配偶就业等配套服务 |
| | 为符合条件的高层次人才办理南京市高层次人才特约优诊证 |

### 2. 苏州市高层次人才服务情况（见表3）

表3　苏州市高层次人才服务情况

| 项目 | 服务情况 |
| --- | --- |
| 住房保障类 | 提供不少于4万套人才公寓 |
| | 入选市级人才计划领军人才最高可享受250万元安家补贴，购买自住房申请住房公积金贷款，额度可放宽至最高限额的2～4倍 |
| 生活保障类 | 子女义务教育享受本市户籍学生待遇 |
| | 高层次人才可享受市级保健待遇，领军以上人才可享受市级重点保健待遇 |
| | 降低人才停居留和落户门槛，对高层次人才实行“一站式”“一揽子”人才服务 |
| | 发放“姑苏英才卡”，为持卡人直接办理出入境、居留、户口、人事、社保等相关业务，提供医疗保障“绿色通道”等待遇，持卡人可直接办理最高100万元个人信用贷 |

### 3. 宁波市高层次人才服务情况（见表 4）

表 4　　宁波市高层次人才服务情况

| 项目 | 服务情况 |
| --- | --- |
| 住房保障类 | 符合条件的高层次人才，发放 15 万～800 万元的安家补助 |
| | 对于自引进之日起 3 年内，在宁波首次购买家庭唯一住房的各类人才，还给予购房总额 20%，最高 20 万～60 万元的购房补贴 |
| 生活保障类 | 给予高层次人才子女入学、健康医疗、出入境等便利 |

### （二）部分城市高层次人才一站式服务平台创新做法

主要以北京、上海、深圳等一线城市的部分高层次人才一站式服务平台创新做法为例①，具体见表 5。

表 5　　部分一线城市高层次人才一站式服务平台创新做法

| 城市 | 平台名称 | 创新做法 |
| --- | --- | --- |
| 北京 | 朝阳区外籍人才一站式政务服务工作站 | 整合了人力资源、社会保障、工商税务、公安户政等功能于一体，由朝阳区委区政府设立，委托北京外企人力资源服务有限公司（FESCO）为企业外籍高层次人才提供囊括工作生活、宜居宜业等 6 大类 84 项全方位、专业化、定制化的服务，为外籍人才创新创业、工作生活提供一站式全方位服务 |
| 上海 | 上海虹桥海外人才“一站式”服务中心 | 外国人、台港澳人员就业证，华人华侨事务，出入境证件，外国专家证，海外人才居住证等多项业务可通过同一个办理大厅得以解决。虹桥海外人才荟（古北市民中心站）成为上海首个开设在基层社区的海外人才服务窗口 |
| 深圳 | 深圳市宝安区人力资源服务中心 | “海归岛”为公益性质的海外人才服务平台，致力于成为留学人员归国创业的“第一站”，专门为留学归国和有海外发展经验的人才提供一站式精准服务，包括就业指导、创业支持、基金和园区对接、3～6 个月免费办公空间、高层次人才认定专员服务等，帮助来宝安创新兴业的海外人才能以最快的速度安居乐业。宝安还将上线“湾区人才港——宝安人才综合服务系统”，推动创赛项目落地，完善海外“人才+项目”引进长效机制，为“湾区核心、智创高地、共享家园”建设提供国际化人力保障和智力支持 |
| 福建 | 泉州 | 建立“1+13+N”人才服务体系，形成市区两级联动，同步建立产业园人才站，组建人才服务专员队伍，实现一站式办结 |

① 政策内容来源：相关城市官方网站。

通过以先进城市高层次人才一站式服务平台创新做法为参考，充分结合无锡城市的发展情况，精准定位高层次人才服务需求，不断改进无锡市的高层次人才服务工作，从而进一步加强在无锡工作生活的高层次人才的向心力和归属感。

## 三、高层次人才服务上存在的困境

引进国际人才只是开始，把高层次国际人才留在中国，才是打赢国家间“人才争夺战”的关键[①]。无锡高层次人才服务从2006年起步至今已成为在锡人才对接交流的平台，但仍然存在很多问题，如政策不连贯、信息不对称等，无法满足新时代人才和社会发展的要求。

### （一）政策制定与执行仍有提升空间

集聚人才是一项复杂的系统工程，面对各地对人才的需求和认识加深，优秀人才引进的成本较高，留住人才的环境还待优化，用人单位与政府在集聚人才方面的协同度需进一步提升。各部门的相关政策体系存在碎片化，同时也存在很多不确定性，造成对外宣传和实施时难以统一。

### （二）人才服务工作体系需进一步完善

各地区各部门协作和上下级联动还不够紧密。不少人才及企业反映，从市级到区级服务内容同质化现象明显，如企业走访等方面，交叉重复频率不低，缺乏统筹规划的“过度服务”，容易给人才及企业增加负担和困扰。

### （三）人才服务效能需进一步提升

当前，针对高层次人才服务的产品仍显薄弱，还难以满足高层次人才和用人单位的需要；不少高层次人才对于服务内容的获取途径较少，还存在着政策宣传不到位的情况，因此，还需进一步提升高层次人才服务效能。

### （四）人才服务队伍建设方面存在不足

高层次人才服务的上下联系工作机制较薄弱，没有明确的高层次人才服务队伍保障机制。人才服务人员队伍素质决定了人才服务的质量，但一方面是专职人才服务人员相对较少，另一方面针对服务人员的专业培训也是存在不足。

### （五）高层次人才数据信息化程度不足

人才数据是服务人才的基础。目前，高层次人才及其创办企业的信

① 王辉耀．国际人才引进亟须提升服务效益［N］．北京青年报，2018-06-03.

息数据分散在各相关部门，信息来源渠道不一致、录入标准不统一、冗杂信息多，在信息提取、使用上存在诸多不便。此外，各城市间存在引才信息壁垒，互通数据程度不足。个别人员多头享受各地人才政策，造成了一定的资源浪费及社会负面影响。

## 四、高层次人才服务工作的思考

（一）分层次科学设立服务体系

建立更科学规范的高层次人才分层次服务体系，根据人才的能力、实绩和贡献等分别给予相应服务和支持，从而精准服务人才，带动就业创业，推动产业经济发展，并在一定程度上兼顾服务成效与社会公平。

（二）完善高层次人才服务体系建设

将公共服务、社会化服务、市场化服务等标准按其内在联系形成科学、有机整体，逐步形成多元化、全方位的人才服务体系；整合协同各相关部门高层次人才服务事项内容和申报审批职能，分级设立高层次人才服务专窗；架构一站式、全流程、专业化的人才服务，线上线下联动实施“一点登录、一窗受理、一站办结、就近办理”的“一揽子”服务。

（三）深化高层次人才一站式平台建设

赋能高层次人才服务专门机构，建立集海内外高层次项目引进平台、高层次人才联谊点、高层次人才服务等功能融合的一站式窗口，为高层次人才提供从咨询答复、引进、展示、投融资、对接、服务、联谊等精准性综合服务。构建大平台、互联式、全过程、广覆盖的人才支撑和人才服务体系。

（四）加强人才服务队伍标准化专业化建设

服务人员队伍是代表城市人才服务工作形象、传递人才工作温度的第一线，因此必须全面提升人才服务队伍整体素质。积极探索人才服务标准化，建立人才公共服务过程管理标准，加强对基层、园区人才工作团队人才服务能力的培训指导，对服务提供过程进行监督考核，逐步实现人才公共服务的标准化管理。

（五）强化人才服务信息化建设

积极推进线上服务网络化＋线下服务常态化，统一服务口径、服务标准以及服务流程；探索打通数据壁垒，为人才服务部门或机构与服务对象之间提供畅通的信息沟通渠道；通过大数据分析，为高层次人才与用人单位之间搭建真实有效、信息精准的对接平台，从而实现引才与服务的精准性、高效性，做好做优新形势下高层次人才的服务工作。

## 参考文献

[1] 孙健．人才集聚的理论分析与实证研究［M］．北京：科学出版社，2018.

[2] 王辉耀．人才战争 2.0［M］．北京：东方出版社，2018.

[3] 王辉耀．国际人才引进亟须提升服务效益［N］．北京青年报，2018-06-03.

# 归国留学人员公共服务平台的构建与完善——以福建省泉州市丰泽区为例①

戴汉良　王林春　苏怡灵②

**摘　要：**留学归国人员正成为国家人才的重要资源、国际交往的重要纽带和推动社会进步的重要力量。留学归国人员建设是当前人力资源开发中亟待完善的工作之一。对福建省泉州市丰泽区留学归国人员基本情况及其公共服务需求满意度现状调查研究发现，留学归国人员公共服务存在政府各职能部门间的良性互动和协调未到位、出台的服务政策与实际需求相关配套服务有待完善和落实、缺乏对留学归国人员的人文关怀和相关部门服务水平有待提高等问题。这是由于地方政府对归国人员的重要性认识不到位、出台的政策针对性不强和留学归国人员公共服务经验不足等原因造成的。因此，建议加强留学归国人员的爱国主义情怀和思想引领体系建设、加快留学归国人员公共服务体系建设、完善留学归国人员信息服务网站平台，以期使归国留学人员尽快获得归属感、产生认同感，从而更好地激发他们创业活力。

**关键词：**留学归国人员　地方政府　公共服务平台　海外人才引进

---

① 该篇论文获得“2019年全国人才与人事研究主题征文活动”三等奖。

② 戴汉良，黎明职业大学纺织鞋服工程学院党总支书记、副研究员；王林春，中共泉州市丰泽区委组织部部务会议成员（副科级）；苏怡灵，中国共产主义青年团泉州市丰泽区委员会副书记。

政策　公共服务体系

## 一、引言

(一) 研究背景

留学归国人员具有国外留学就业经历，与国内高校毕业生相比，在国际视野、文化融合、信息、理念、技术等方面具有先发优势，已成为我国人才的重要资源、国际交往的重要纽带和推动社会进步的重要力量。他们富有时代气息、自身充满活力，归国后带来了更加理性与开放的心态，成为推动社会进步的一股重要力量，加速了中国融入国际文明的脚步，但这个群体在文化融入、生活适应、就业创业、利益诉求和权益保障等方面也存在一定的烦恼，有的缺乏职业稳定感和社会归属感，有的缺乏表达利益诉求的制度化渠道，也有的渴望通过回报社会打通上升通道。解决归国留学人员的实际困难，特别是着眼于未雨绸缪、预先谋划，增进他们的社会参与和社会融入，使之成为推动国家发展、社会进步的积极力量，是创新社会治理、促进和谐稳定进而巩固党的执政基础的重要课题，是全社会人力资源开发与利用的重要工作之一，由此归国留学人员公共服务平台的构建与完善工作迫在眉睫。

长期以来，我国各级政府对归国留学人员服务工作都比较重视。2001 年 5 月，人事部出台了《关于鼓励海外留学人员以多种形式为国服务的若干意见》；2003 年，国务院办公厅发文要求建立留学人员回国服务工作部际联席会议制度；2007 年，人事部等 16 个部委发布《关于建立海外高层次留学人才回国工作绿色通道的意见》，同年，教育部发布《关于进一步加强引进海外优秀留学人才工作的若干意见》。2000 年，在第十九次全国统战工作会议上，中央明确把留学归国人员列入统战对象范围。2013 年 10 月，习近平总书记在欧美同学会成立 100 周年庆祝大会提出“支持留学、鼓励回国、来去自由、发挥作用”十六字方针，把做好留学人员工作作为实施科教兴国战略和人才强国战略的重要任务，使留学人员回到祖国有用武之地。党的十九大报告中，习近平总书记提出要“最大限度地扩大团结面，海内外中华儿女同心共筑中国梦”。归国留学人员的服务工作越来越受到重视，服务机制、服务体系逐步完善。

（二）泉州市丰泽区归国留学人员服务现状

丰泽区是泉州中心城市的核心区，是福建省重点侨区之一，有 17.8 万华侨、华人，港澳同胞 2.31 万人，归侨侨眷 8.6 万人，港澳同胞眷属 1.55 万人，70%的外商投资企业是侨资企业，因此成为留学人员归国后生活与事业发展的优选之地。目前，丰泽区留联共 137 名登记在册的正式会员、292 名准会员。这些人分布在高校、建筑、制造、计算机等各行业，为推动丰泽区经济建设和社会发展做出了积极贡献。为做好这个群体的服务工作，丰泽区在联谊机构、创业资金支持等方面已经开展系列工作，鼓励归国人员发扬创新精神与进行创业实践，通过举行论坛、竞技等活动，让归国创业人员充分将海外学习到的优秀经验应用于泉州、应用于丰泽区的建设与发展，同时，也让海外留学人员把家乡美好精华的传统文化传播至海外。

**1. 成立联谊机构**

2016 年 11 月 8 日，泉州市丰泽区留学人员暨归国创业联谊会（简称丰泽留联）成立，丰泽留联秉承“团结进取，开拓创新，演绎人生，共创共享”的宗旨，设立联络站联络海外留学学子，积极维护他们的合法权利，力所能及地帮助解决归国人员的问题与困难。

**2. 设立丰泽留联创业投资基金**

丰泽区政府和丰泽留联共同发起成立丰泽留联创业投资基金，依托丰泽留联拥有的技术、财务、经验、市场等资源，建立基金的管理机制和运营计划，吸引更多的留学人员回乡创业。创业投资基金规模 2.5 亿元，适用于丰泽区留学人员参与的双创型企业、国家科技部留创司的留学人员项目等，计划到 2020 年 12 月前投资企业至少 100 家，帮助优秀留学人员至少 500 人。

下一阶段，丰泽区计划在团委设立统战与青年发展部，搭建联系归国留学青年等新兴青年群体工作平台，统筹做好归国留学青年等新兴青年群体工作，进一步加强对归国留学青年等新兴青年群体的联系，促进青年发展的规划研究、政策争取、资源整合及服务青年重点项目推动，服务新兴青年群体。

## 二、调研情况介绍

为了解归国留学人员公共服务体系建设情况，本文选取民营经济发达、归国留学人员集聚人数多的泉州市丰泽区开展问卷和访谈，了解归国留学人员归国动机、归国后服务受惠度、生活适应、事业发展、权益保障需求、对现有服务政策的评价等情况，同时与丰泽区归国留学人员、丰泽区团委、人才办、统战部等相关部门负责人就归国留学人员服务体系建设、职能部门政策出台与落实方面的主要做法及成效等进行深度访谈，了解归国留学人员服务现状及存在的问题，为归国留学人员服务体系的构建与完善提供参考。

（一）问卷对象、主要内容及数量说明

自编问卷《泉州市丰泽区归国留学人员公共服务现状调查问卷》，面向丰泽区留联会员（含准会员）发放问卷128份，问卷覆盖面达30%，回收有效问卷115份，问卷有效率89.8%。通过问卷，收集和了解了归国留学人员基本信息，归国动机、归国后生活情况、享受的公共服务及服务需求等情况。

（二）深度访谈对象及内容

抽样选择10位不同行业的归国留学人员进行深度访谈，了解他们归国后职业发展、文化融入、生活适应、政策需求、权益保障等情况。

与丰泽区团委、统战部、人才办等相关部门负责人深度访谈，了解丰泽区归国留学人员服务工作开展情况及下一步工作计划，为构建丰泽区归国留学人员公共服务体系提供思路。

## 三、归国留学人员公共服务调查数据分析

（一）归国留学人员基本情况

### 1. “80后”“90后”青年是近几年归国留学人员的主体

从参与调查的归国留学人员数据可以看出，归国留学人员以“80后”“90后”为主体，所占比重达91.3%，其中“80后”占56.52%，“90后”占34.78%，如图1所示，这反映出近几年中国留学生倾向于只留学不移民这一事实，大部分人为了提升素质、拓宽视野而出国留学。

### 2. 归国留学人员中高学历和高层次人才比重不高

从受调查者的学历和专业看，获得最高学位是学士学位的占60.87%，如图1所示，硕士学位和博士学位所占的比例为30.43%和8.7%，如图2所示。超六成的归国留学人员在获得海外学士学位后回国发展。归国留学人员大多是没有工作经验的应届本科或硕士毕业生。受调查者中没有海外工作经历的占总人数的69.13%。仅有8.7%的人带回了专利、团队或海外资本，如图3所示。调查数据显示，丰泽区留学归国人员中高学历和高层次人才比重不高。

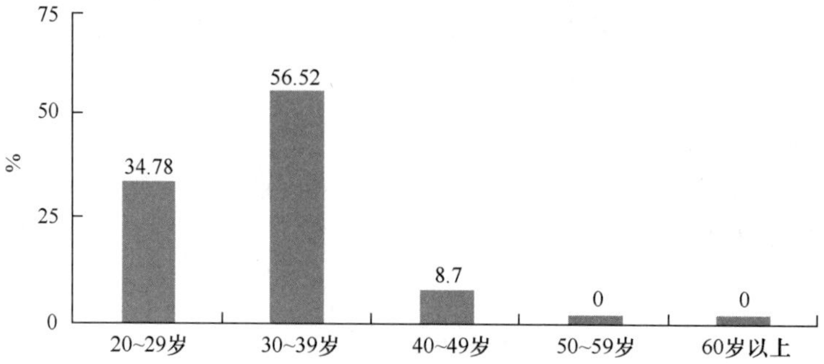


图 1　留学归国人员年龄段比例分布

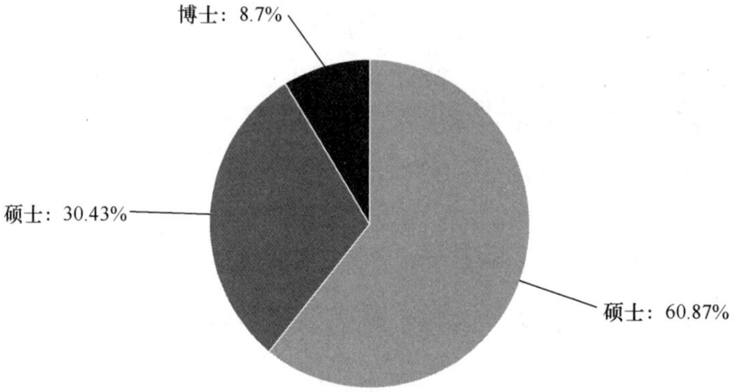


图 2　归国留学人员学历情况

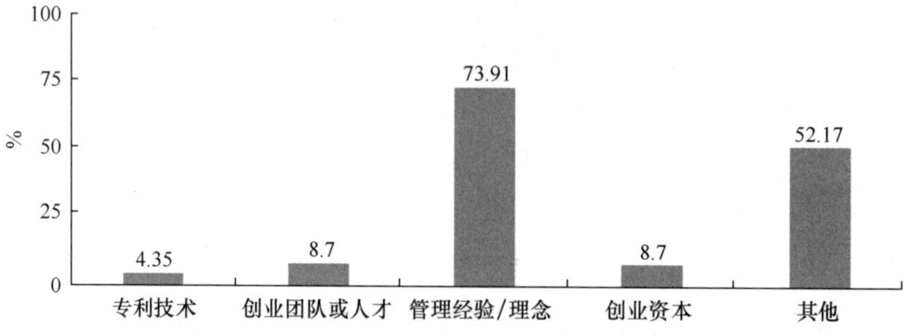


图 3　海外留学带回的成果

### 3. 留学专业务实，可为丰泽区经济发展注入新的活力

受调查者中，经济管理类专业毕业生占将近 7 成。他们在丰泽区支柱产业中就业或创业，为丰泽区经济发展注入新的活力。73.91%的人认为留学经历对现在的工作帮助很大，带回了国际视野、创新意识、海外先进的管理理念和经验，如图 4 所示。这对改善丰泽区甚至是泉州地区管理经验科学化水平不高的企业管理现状将是一个重要的契机。

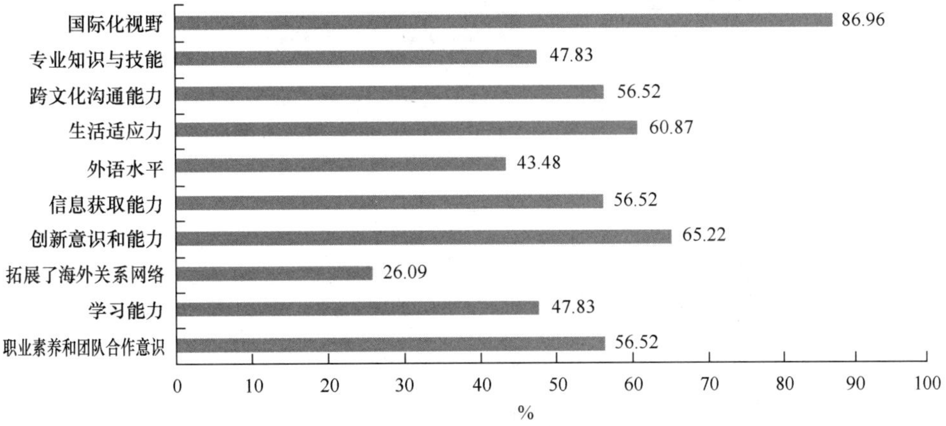


图 4　海外留学经历对工作的影响

### 4. 影响留学人员归国回泉的主要因素依次是家庭原因、国内环境和区域优势

73.91%的留学人员归国的原因是可以与亲人团聚，超过五成的人是因为所学专业在国内就业有优势，47.83%的人认为丰泽区相对泉州的其他地区而言，经济发达，有更广阔的发展空间，如图 5 所示。受调查者中因为国内海归政策吸引力而回国的人仅占 4.35%，这在留学归国人员回归意愿影响因素中所占的比例非常低，主要原因有两个，一方面是因为调查对象很多人还不符合享受人才政策的标准，另一方面说明我国海归人员的扶持政策有待进一步完善，如图 6 所示。

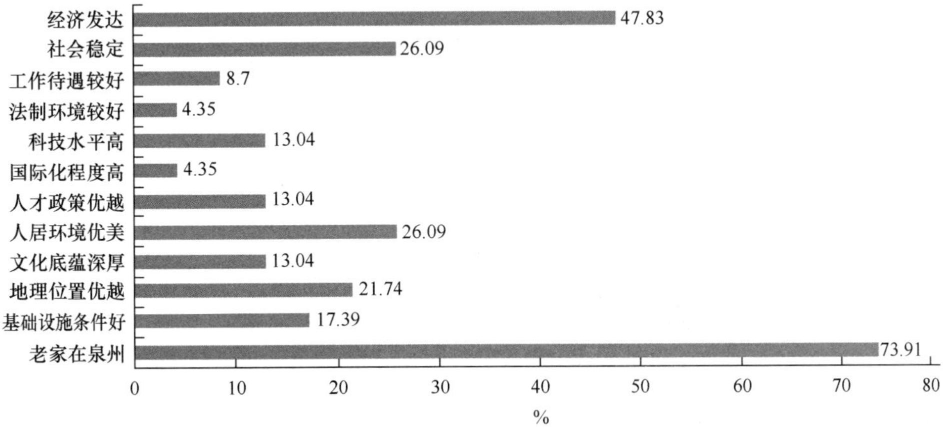


图 5　留学归国人员来泉发展影响因素

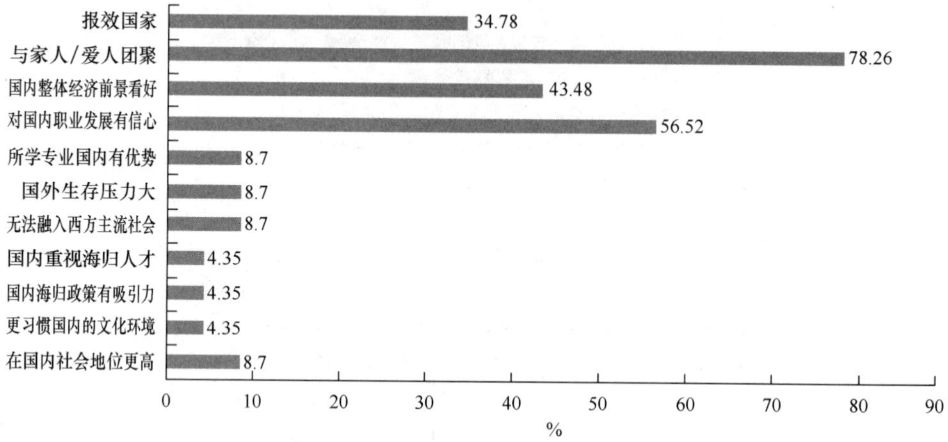


图 6 留学归国人员回流的主要原因

### 5. 留学归国人员归国后个体自我认知度不高

调查中，留学归国人员对个人回国后生活、工作、文化融入、生活适应等做总体情况评价时，满意度高的仅占 13.04%（见图 7），近五成的人感觉一般，这说明，在国外工作学习生活一段时间后，留学归国人员的视野、自我认知、自我期望值都较高，因此，在文化二次融入、生活适应、职业发展等问题上并不是一帆风顺，除了个体主动调适外，政府各职能部门也大有可为，需要积极通过政策、制度、活动予以干预和调整，才能最大限度帮助这批人尽快融入，快速发挥作用。

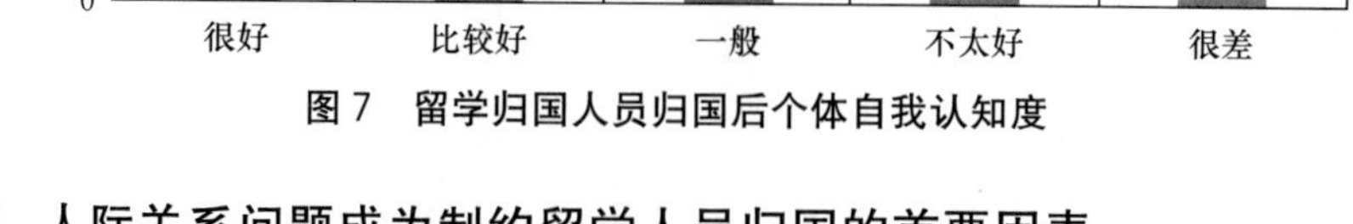


图 7 留学归国人员归国后个体自我认知度

### 6. 人际关系问题成为制约留学人员归国的首要因素

在对制约个人回国的原因调查中，国内人际关系比较复杂、国内薪酬低和食品安全问题所占比例依次为 65.22%、43.48%、43.48%，如图 8 所示。一方面，留学人员长期在国外学习生活，其工作观念、生活方式已受到别国的影响，回到国内发展后，有的对工作环境、工作氛围和人际关系等难以适从。另一方面，受国家管理体制和运行机制的影响，有的留学人员归国后手续办理碰到了办事程序多、行政流程复杂等问题，又缺乏合适的引导，难免会产生较大的心理落差。

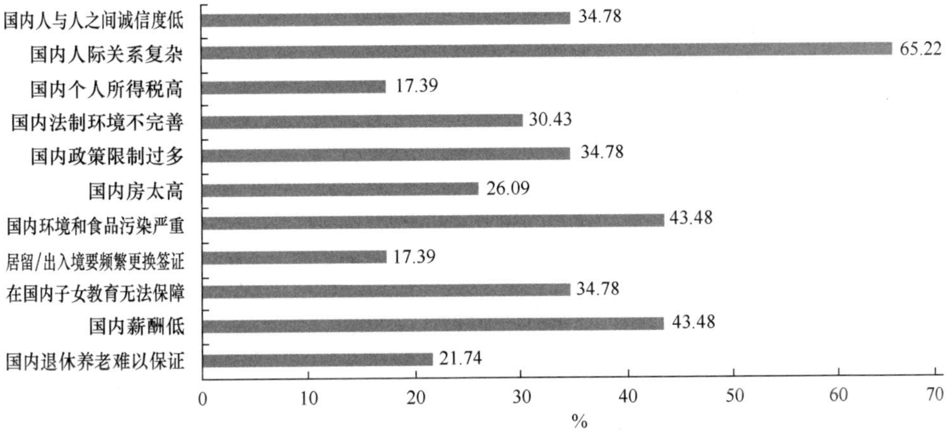


图 8　制约留学人员回国的因素

### 7. 职业发展空间是归国留学人员职业价值观的首选因素

就目前的工作而言，大部分受调查者认为看中的是职业发展空间，所占的比例为 47.83%；然后是职业成就感和薪酬待遇，分别占 17.39%和 13.04%，如图 9 所示。

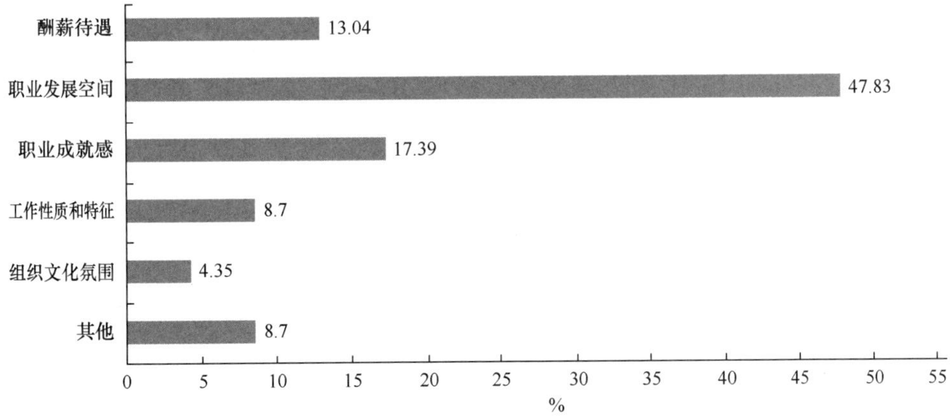


图 9　归国留学人员职业价值观

## （二）归国留学人员服务体系建设现状

### 1. 归国留学人学服务政策集聚效应不强

从调查的数据看，影响留学人员回归意愿因素，丰泽区的工资待遇、人才政策、法制环境和国际化程度所占的比重都在15%以下，吸引力小，这折射出丰泽区出台的归国留学人员服务政策优惠力度不足，未能形成集聚人才的良好外部环境，政策急需优化和完善，如图10所示。

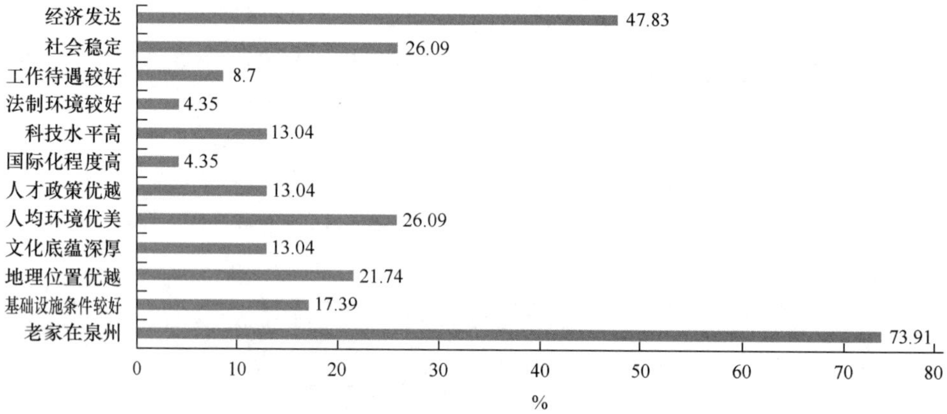


图10　留学归国人员选择丰泽区工作的原因

### 2. 归国留学人员优惠政策落地性一般

在对目前政府政策意见调查中，大部分人认为当前的政府扶持政策需要进一步强化和落实，其中创新创业租金减免、出入境证件优先政策选项所占的比重最大，占91%；需要修改或者保留的政策主要集中在引进人才及家属的入户办理和引进人才的居住问题，所占比重最高，达30%，如图11所示。

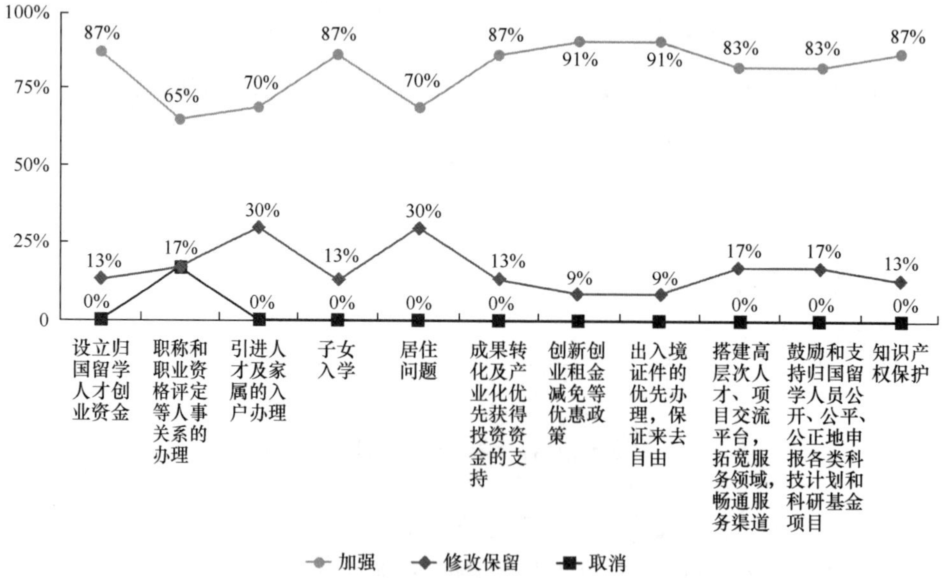


图11　留学归国人员回国留学人员政策需求情况

通过调查和访谈，仅有 4.35%的人员享受到政府购房和租房财政补贴；56.52%通过家人或亲戚朋友推荐，26.09%通过招聘网站、社交媒体、中介公司等渠道获得就业信息；仅有 4.35%参加过丰泽区组织的归国留学人员活动，参与面非常小；在就业推荐、税收优惠、平台活动等公共服务中，政策的落实还有一定差距，如图 12 所示。

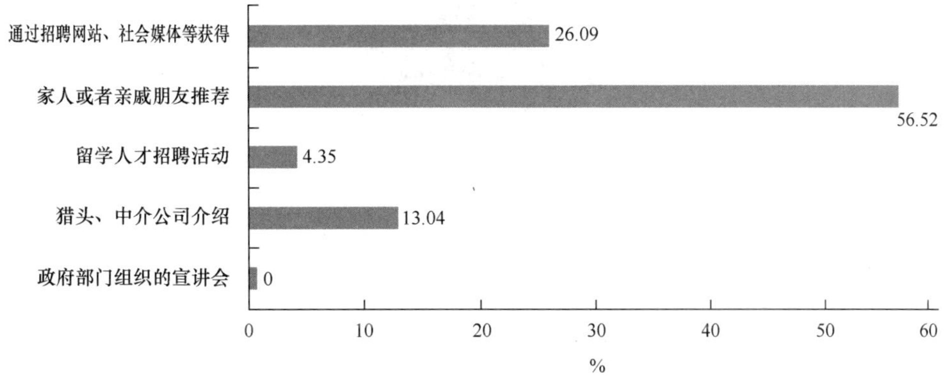


**图 12　留学归国人员获得工作信息的主要来源**

由此可见，目前的归国留学人员政策需求大，且根据调查显示，政府部门的政策执行力有待提高，政策的吸引力和优惠幅度需要加强，部分过时的，不符合人才发展需求的政策，应当及时改进或者取消。

### 3. 归国留学人员政策（含创业政策）知晓度不高

在对丰泽区目前出台的引进海归人才政策了解程度调查中，将近九成的人员认为不太了解或不了解政府出台的扶持政策，所占的比例分别为 56.52%和 30.43%；比较了解相关政策的仅占 13.04%，如图 13 所示。

归国留学人员中有 30.43 %选择创业，创业服务平台完善与否对这部分人意义重大。数据显示，78.26%的归国创业人员并不了解政府的创业政策，只有两成左右的人知晓。

在关于留学归国人员是否享受到相关的政策扶持调查中，73.91%表示没有享受过政府政策的支持，仅有 13.04%享受到政府一站式的高层次人才政策扶持，还有小部分人员享受到小额的创业补贴、税收补贴等相关优惠政策，但较为分散，所占的比重低，如图 14 所示。

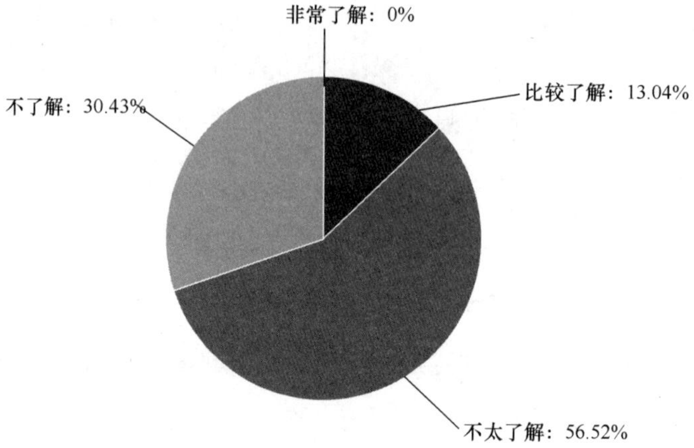


图 13　丰泽区归国留学人员政策了解程度

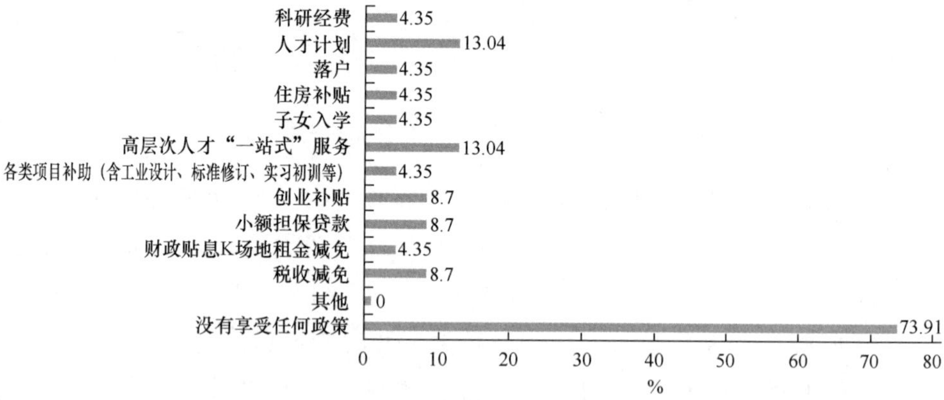


图 14　丰泽区归国留学人员享受政策支持情况

### 4. 归国留学人员可参与的政府服务较少

近年来，丰泽区相关部门针对留学归国人员陆续举办一系列交流活动，根据调查数据显示，留学生归国联合会和留学生高层次人才沙龙是目前丰泽区归国人员交流比较活跃的场合和平台，所占的比重分别为86.96%和39.13%；政策宣讲会和相关的座谈会则相对较少，所占的比例分别为13.04%和8.7%，如图15所示。

### 5. 归国留学人员对创业服务需求量大

在对归国留学人员创业服务需求的调查中发现，创业扶持专项资金需求量最大，所占比重达86.96%；其次是税收政策、孵化政策、提供经营场地等支持，所占比重分别是52.17%、56.52%和56.52%，同时他们对创业者素质提升、项目产业化合作，优化创业环境也有一定的需求，如图16所示。

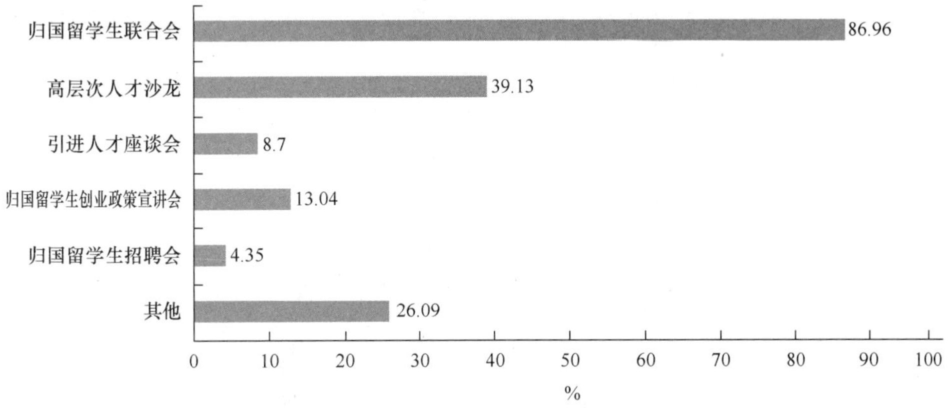


图 15　丰泽区归国留学活动参加情况

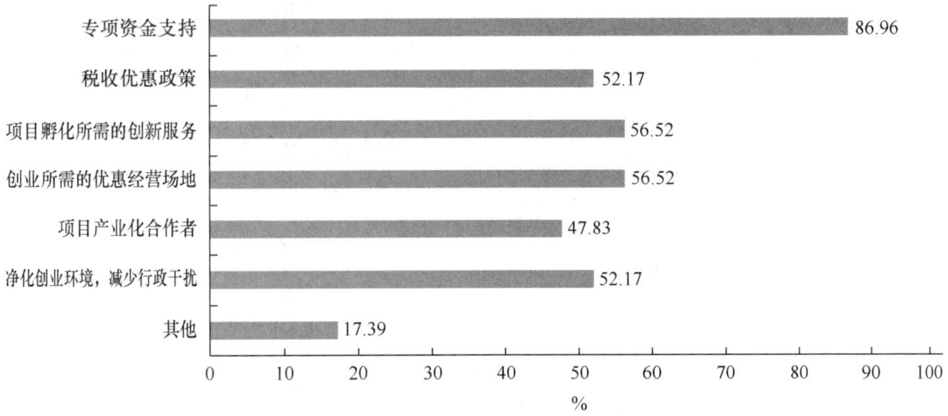


图 16　需要政府提供创业服务项目

### 6. 服务队伍建设缓慢

政策落实程度很大程度上依赖服务队伍的服务水平，从访谈的情况看，归国留学人员服务队伍建设缓慢，主要体现在两个方面：一方面，归国留学人员从网上查阅到相关的优惠或扶持政策，但由于政策落实涉及部门较多，很多环节中间衔接不上；另一方面，有的政策尽管在网站上可以查到，但是由哪个部门具体负责不清楚，到相关部门咨询，又出现工作人员不清楚该项政策的情况，更谈不上了解办理程序。

### （三）归国留学人员公共服务需求情况

### 1. 参政议政的意识强，但相应的途径并未打通

受调查者参政议政的意识强，有 65.22 %的人希望加强与政府部门的交流。但是目前政府与留学归国人员沟通与交流的平台有限，大部分

人认为通过网络、社交媒体等公共平台参政议政是目前参与时政的主要渠道，占 21.74%；还有少部分是通过政府相关部门、社团建言献策、表达诉求，分别占 8.7%，如图 17 所示。可见，加强归国留学人员的统战工作不仅意义重大，而且很有必要。

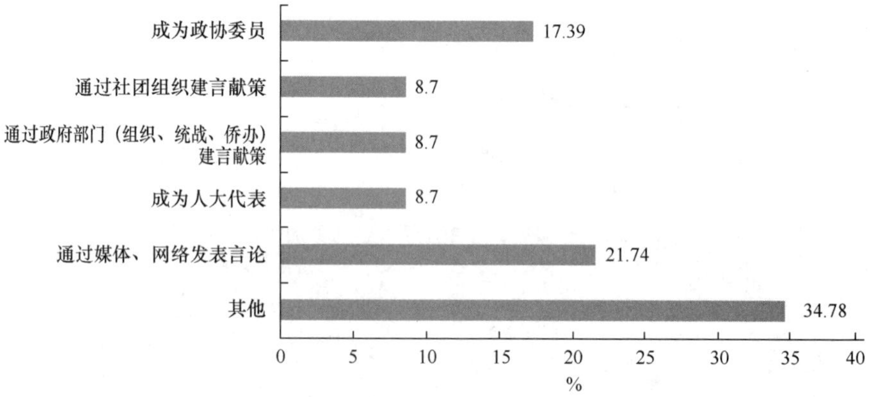


图 17　留学归国人员参与公共事务的主要方式

### 2. 公共服务需求多，但普惠的不多

将近四成的受调查者认为个人需要政府在创业方面的扶持政策，主要集中在创业基金的引导，所占比重为 39.13%；其次是提高人才的薪酬福利和提供相关的人才购房补贴、人才公寓等，所占的比重分别是 26.09%和 21.74%，如图 18 所示。但他们认为丰泽区政府对归国留学人员重视程度一般，认可度达不到一半，如图 19 所示。有 39.13%的人甚至不清楚优惠政策有哪些，如图 20 所示。

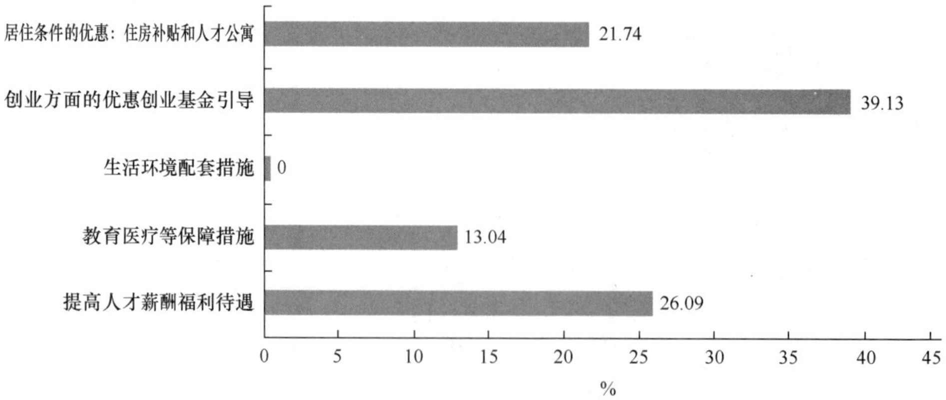


图 18　丰泽区政府支持政策吸引力情况

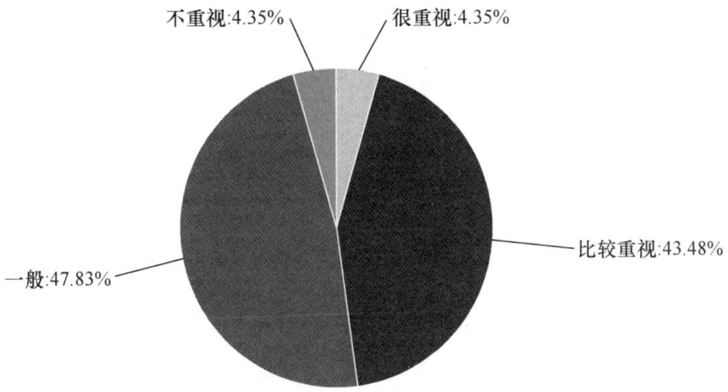


图 19　丰泽区政府支持政策吸引力情况

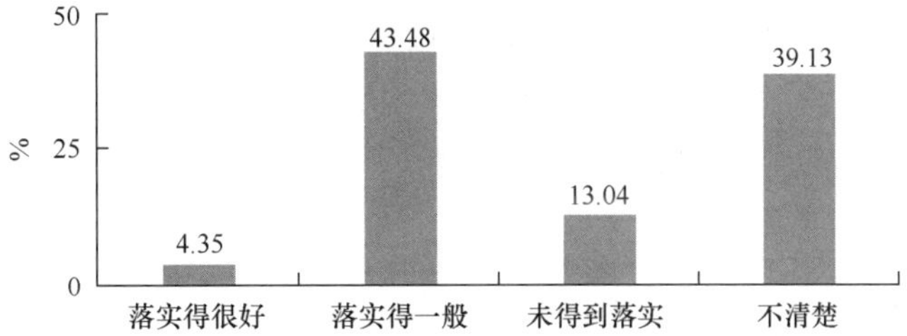


图 20　丰泽区政府相关政策落实情况

### 3. 人才政策覆盖面小，宣传力度不够

在对目前泉州海归人才引进政策存在的问题调查中，大部分都认为存在的问题是项目支持的覆盖面太小，人才优惠政策的覆盖面太小以及政策的宣传力度不够，分别占比重为 60.87%、60.87%、65.22%；还有一大部分人员认为项目申报手续复杂，政府相关的扶持资金太少，所占比重分别为 52.17%和 52.17%，如图 21 所示。

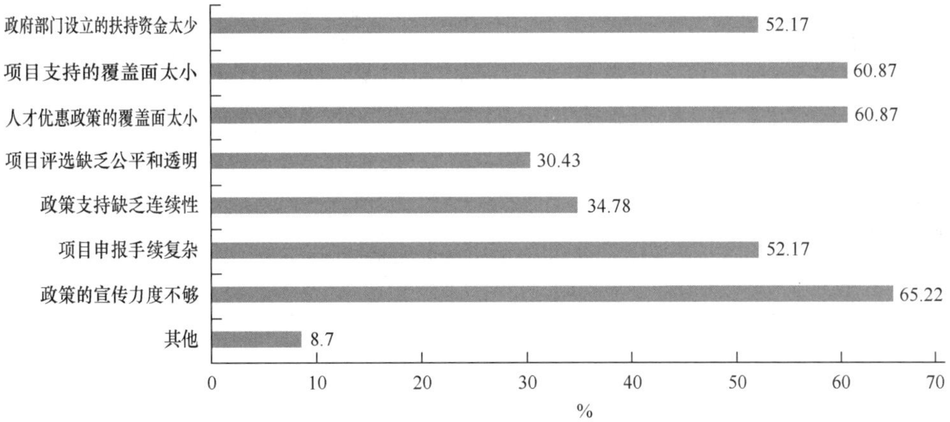


图 21　泉州海归人才引进政策存在的问题

由此可见，政府在制定相关政策时，应当深入调研，及时了解受惠群体急需解决的重点和难点，从而提升人才优惠政策的吸引力和实用性，并通过多平台、多种方式进行政策宣传，及时将政府的好政策宣传到基层，使归国留学人员能够及时了解政府的相关政策，促进政策的落地。

**4. 公共服务缺乏明确的主导部门**

受调查者认为个人在需要公共服务时可以表达诉求并给予协调解决的部门较少，52.17%的人不清楚负责机构的名称，39.13%表示只能选择通过海归社团、联合会向有关部门反映问题。留学归国人员公共服务涉及的部门多，各部门从本单位职能出发出台了相关的政策，但缺少一个协调统筹部门，这在很大程度上影响归国留学人员的归属感和认同感。因此，明确牵头部门做好留学归国人员服务工作成为当务之急。

**5. 配套政策有待完善**

环境留人是人才工作的重要手段。在对引进和留住海外归国人才的关键因素的调查中，大部分都认为发展机会、工作环境和工资待遇是目前引进和留住海外归国人才的关键因素，同时也是留学人员最关心的话题，所占比重分别为73.91%、65.22%和60.87%；子女随迁与就业就学、各项奖励措施等配套优惠政策也受到了广大留学人员的重视，所占比重为52.17%；其他影响因素还包括了住房条件、便利的生活条件、社会保障等因素，如图22所示。由此可见，政府部门在制定相关支持政策的时候，需要着重考虑当前该群体急需解决的困难，有针对性地提出帮扶政策。

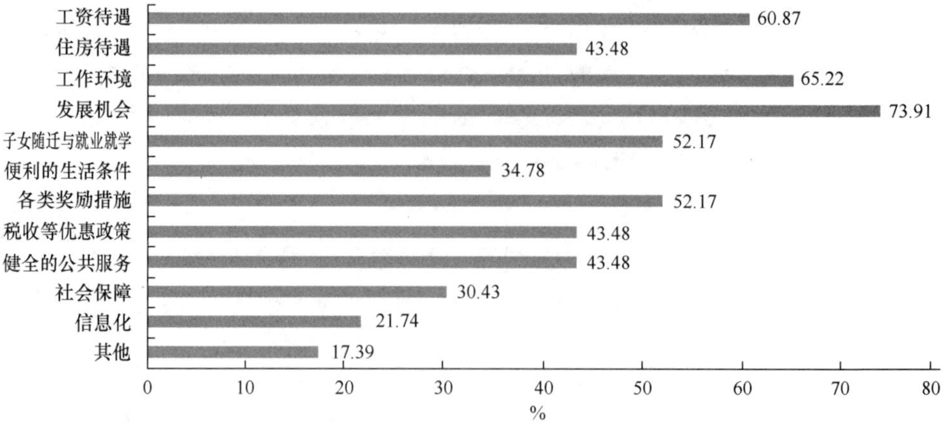


**图22 引进和留住海外归国人才的影响因素**

#### 6. 完善归国留学人员服务体系呼吁强烈

在对政府引进海外归国人才工作中需要加强的政策内容调查中，将近七成人员认为要加强建立和完善人才服务体系，占 60.87%，这部分内容包括相应配套的服务部门、政策宣传等；其次是完善人才评价体系，所占比重为 52.17%；其他的提出了包括要保护知识产权，解决人才生活中的困难，完善公平合理的立项程序和审批制度等涉及留学归国人员工作和生活等各方面的政策，如图 23 所示。

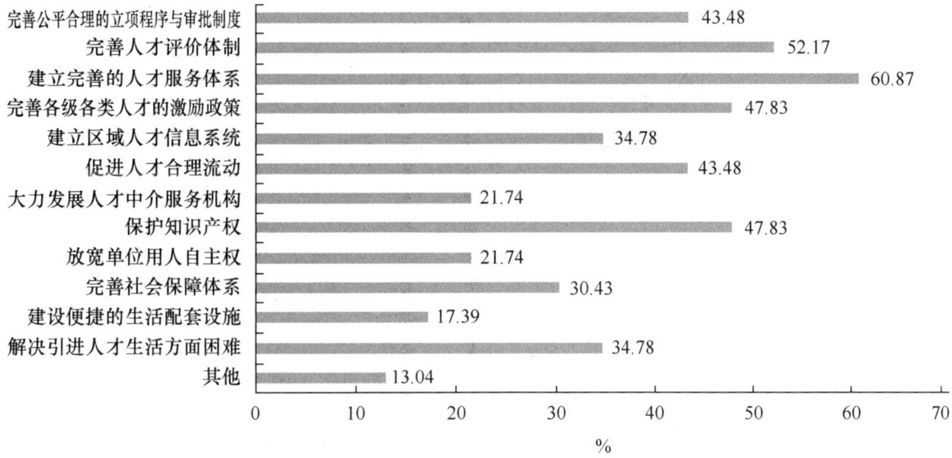


图 23　引进海外归国人才工作中需要加强的政策

## 四、归国留学人员公共服务存在问题原因分析

归国留学人员相对而言，有一定的语言优势，有更广泛的国际视野，有更独立自主的做事风格，具有一定的就业竞争力。由于他们大部分是自费留学，家庭对其进行了大量的资本投资，加上个人在国外的就业经历，因此对未来的就业和发展有更高的期许。政府各相关部门在制定政策时，要充分考虑当代留学人员的特征，全面分析制定人才吸引政策，使政策达到最佳效果。对于这些归国留学人员，要充分考虑他们的特征和需求，搭建更多更好的平台，帮助他们择业，促进他们高质量就业，让他们的智力优势和自我价值在国内得到实现，避免人才流失。

### （一）存在的主要问题

#### 1. 政府各职能部门间的良性互动和协调未到位

归国留学人员公共服务工作涉及多个政府部门和层级[1]，在政策落实与执行时需要多个部门审批，但由于该项公共服务的工作机制、体系不健全，导致政策的出台、落实受到掣肘，公共服务的均等化、普惠性未能实现。

**2. 出台的服务政策与实际需求契合度不高**

归国留学人员的总体特征已经发生变化，但现有的各类政策修订速度未能及时跟上。大部分受调查者认为政策优惠幅度不够、吸引力不强以及政策宣传不到位，所占比重分别达 69.57%和 65.22%（见图 24）；还有部分受调查者认为现有的服务政策存在着政策落实不到位，政策相对分散不易操作等问题，甚至有小部分人认为很多政策都已经不符合时代要求，已经过时。

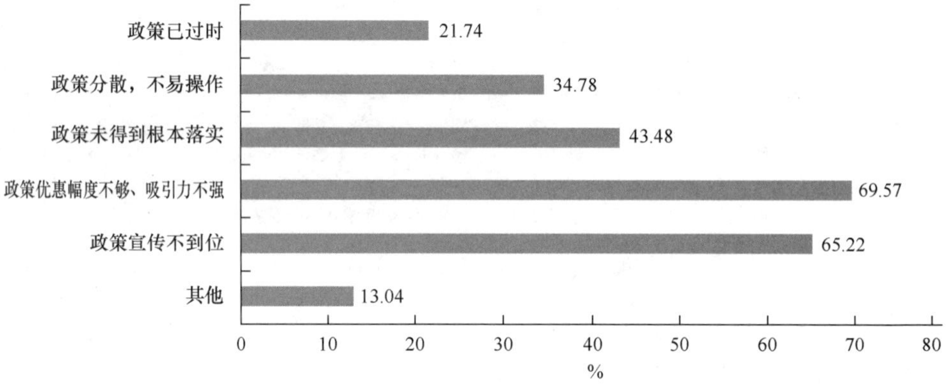


图 24　我市现有人才引进政策的主要问题

**3. 相关配套服务有待完善和落实**

子女就学问题、配偶就业、住房条件、便利的生活环境、社会保障等配套服务政策也是影响留学人员归国和在国内职业发展的重要因素，占到影响归国因素的 52.17%，作为环境留人、情感留人的重要抓手，子女就学、居住办公条件、社会保障等配套措施需要与时俱进及时出台，以解决归国留学人员的后顾之忧。

**4. 缺乏对留学归国人员的人文关怀**

人文关怀是现代人力资源管理的重要组成部分。对归国留学人员而言，在形势、环境、人际关系都比较陌生时，政府给予的人文关怀十分重要。目前，各级政府在人文关怀方面所做出的努力有限，没有为他们搭建足够的交流平台，充分畅通利益诉求渠道，使归国留学人员难以产生足够的归属感、幸福感。

（二）问题产生的原因

**1. 对留学归国人员的重要性认识不到位**

“留学归国潮”已经成为趋势，在今后一段时间内归国留学人员这个群体将不断扩大，回流率将持续增长，这类人员在价值取向上呈现多元化态势，思想意识比较开放，能否有针对性地做好管理服务工作，将直接影响到他们的归属感、认同感。根据问卷及访谈结果看，大部分归国留学人员对现有的公共服务满意低，其主要原因是政府部门对这个群体公共服务的重要性认识不足，导致政策出台、宣传、落实等不同环节都存在较突出的问题。

**2. 出台的归国留学人员政策针对性不强**

近几年，归国留学人员的总体特征发生变化，但目前各级政府仍笼统地将这个群体归入高级人才群体，归国留学人员的政策仍以“海归”“高层次人才”为主要对象，未能针对留学归国人员及时修订现行政策，制度体系和相关配套文件都有待进一步完善，特别是对于居住条件、项目申报、子女教育、配偶工作等一系列关系到归国留学人员切身利益的问题。因此，必须完善相关制度，并投入大量物力、财力将其落到实处。

**3. 归国留学人员公共服务体系不健全**

完善的公共服务体系是社会进步的一个重要标志。完善的公共服务体系包括丰富的公共服务产品、完善的公共服务评估标准、健全的公共服务制度、优质的公共服务。对应这四个标准，目前，泉州市归国留学人员公共服务体系建设仍处于起步阶段，在服务政策、服务机构、管理制度和评估等各方面都有待完善。

## 五、健全归国留学人员公共服务体系的若干建议

### （一）归国留学人员公共服务平台建设的基本原则

**1. 多样性**

随着出国潮和归国潮的出现，归国留学人员的学历、经历较以往的“海归”有了较大的变化，因此，在扶持、激励政策制定时应适当考虑归国留学人员这个群体的新特点，鉴于现有的此类政策倾向于高层次、高学历人群，政府应及时转变观念，充分考虑当代留学人才的特征，全面分析制定人才吸引政策，使政策达到最佳效果。

**2. 针对性**

归国留学人员比例大幅提升，他们成为新增社会就业人群，就业公共服务需求一样存在，但由于他们大多是自费出国留学，进行了大量人力资本投资，对未来的就业和发展有更高的期许，应充分考虑他们的特

征和需求，搭建相应的平台，帮助他们择业，促进他们高质量就业，让他们的智力优势、国际优势和自我价值在国内得到实现。

**3. 国际性**

归国留学人员具有国际视野，又有国外的生活、学习经历参考，其公共服务需求除了多样化要求外，还需要政府以世界的思维和战略构建公共服务体系，才能激发他们的认同感，统筹好人才的作用。

**4. 便利性**

便利性是公共服务产品共有的特点，对归国留学人员更具有特殊意义，这个群体在经历海外的求学、就业经历后，对新时期国内形势、政策认知，二次融入、社会治理、民主管理等都需要一个重新适应的过程，因此，公共服务的便利性至关重要，有助于帮助他们快速融入，尽快获得归属感，产生认同感。

（二）归国留学人员公共服务平台建设目标

建设目标：落实以人为本，实现政府“引、用、育、留”人才目标，为企业、归国留学人员搭建双向沟通桥梁，成为对外展示人才政策、吸引人才回国的窗口。

**1. 成为“贴心人”，充分发挥政府“引、用、育、留”人才的作用**

坚持以人为本，及时掌握留学人员及其家属的愿望和要求，建立针对这个特殊群体的管理体系和机制制度，提供精准服务、贴心服务、高效服务，充分调动好、保护好他们回国发展的积极性、主动性和创造性。

**2. 唱好“向心歌”，帮助归国留学人员实现报国梦想，充分实现个人价值**

教育、引导归国留学人员将自身的理论优势、创新优势、桥梁优势展示出来，成为经济建设的人才库、智囊团和生力军。

**3. 搭建“沟通桥”，成为海内外留学人员交流合作的纽带与桥梁**

一方面，通过服务平台向世界宣传中国优秀传统文化；另一方面，引导和鼓励广大归国留学人员充分发挥国外留学期间的人脉关系，使之成为民间外交的生力军。

（三）健全归国留学人员公共服务体系的若干建议

完善的归国留学人员服务体系是吸引人才、留住人才的重要保障。西方发达国家留学人员高回归率与其完善的国家服务体系密不可分，这对我国完善归国留学人员服务体系具有重要的借鉴意义。

1. 加强思想引领体系建设

归国留学人员有深厚的爱国思想，想报效祖国，对国内经济形势、环境持乐观态度，但同时个人本位思想较重，重视个人价值的实现。他们在国外生活较长的时间，政治意识淡漠，但参与公共事务的意识强烈，希望参与社会治理，思想呈现出多元矛盾的特点[2]。要帮助归国留学人员快速适应国内的生活、工作环境，思想融入是基础，做好归国留学人员的思想工作是做好服务工作的基础。

一是要加强对归国留学人员思想动态调查与研判。定期通过问卷调查、座谈会、个别谈话等方式，及时准确地把握和分析归国留学人员思想动态，根据思想实际动态调整思想建设工作的方向，以思想建设实际成效作为评价归国留学人员工作过程中主体性作用发挥与否的重要依据，使其在思想认识上树立起命运共同体意识。

二是要加强对归国留学人员的思想教育。结合重大纪念日或党中央重要会议等开展主题座谈会、参观考察活动、形势政策宣传与教育会等活动，通过不同形式定期向归国留学人员传达、解读党和国家最新理论成果，引导归国留学人员认清形势，树立正确的政治意识，坚定政治立场和理想信念。

三是要为归国留学人员参与社会治理搭建参与公共事务平台，满足他们的政治需求和精神层面的需求。参与社会治理，是归国留学人员实现自我价值的表达方式之一。这个平台可以使归国留学人员将其在国外所学的知识、技术和掌握的信息快速传递到国内的相关行业[3]，也能体现出国家对于归国留学人员的信任与重用，让他们切实感受到回国发展能够真正实现自身价值，激发他们更大的动力为国家建设和社会发展做出贡献。

2. 建立归国留学人员电子档案和人才库

建立归国留学人员档案。从留学人员到教育部留学服务中心办理学历认证开始为个人建档，并按归国留学人员的学历、专业、籍贯、工作意向、待遇要求信息等建立分类数据库，数据库定时更新，实现动态管理，将这些信息与各地人才办、行业协会进行信息分享，主动掌握归国留学人员动态，对接区域人才发展需求。根据归国留学人员工作意向，推送相关地区的基本情况、人才政策、创业政策等信息，使归国留学人员在回国后的第一天就感受到浓浓的人文关怀。

**3. 加快公共服务平台建设**

（1）明确一个服务主体。没有明确的服务主体是影响服务政策出台、宣传和落实成效的主要原因，公共服务平台建设的第一步应该是明确一个服务主体，由该主体负责统筹归国留学人员的服务工作。目前，各地均有成立归国留学人员工作领导小组，建议将领导小组下设办公室的责任单位明确为公共服务的主体，也可在团委、人才办或统战部内部建立归国留学人员服务中心或办事处，授权该主体统筹、协调的职责，由其牵头，整合各相关部门，协调步骤，形成服务合力，体现国家对归国留学人员工作管理的系统性。

（2）健全一站式服务机制。由服务主体整合公安、教育、卫生、社保等部门服务资源，进一步精简和规范办事程序，构建全程化、全方位、无障碍、高质量的服务体系，实现“一站式受理，一次性告知，一条龙服务”的服务机制，快速高效地为归国留学人员解决出入境、落户、医疗、保险、配偶就业、子女入学等实际问题，解除他们的后顾之忧[3]。

（3）组建一个联谊交流平台。除了官方的服务机构外，联谊交流平台有助于归国留学人员的交流与沟通。因此，可授权各级团委组建多元化的联谊交友平台，一方面，平台形式多元化，如线上线下形式，微信群、QQ群、联谊会等；另一方面，平台类型多元化，如学术交流、创业、文娱、体育等兴趣平台，为归国留学人员提供实时交流互动平台。

（4）优化政策体系。一是要加快政策的“废、改、立”进度，针对归国留学人员多样化的特点，在调查的基础上重新梳理、修订已有归国留学人员优惠政策，满足他们多样化的需求。二是结合新时期归国留学人员需求特点，出台相应的配套政策，帮助归国留学人员解决住房、户籍、医疗保险、社会保险、配偶就业、子女教育等实际问题，免除他们的后顾之忧。三是为创新创业型的归国留学人员出台更加适合的扶持政策，将他们纳入创新创业扶持对象范围，为他们提供融资、经营管理等有偿咨询服务，以及知识产权保护、促进科技创新成果推广和转化扶持等服务，营造高效的创业型人才扶持政策与法制环境[4]，帮助他们提高创业成功率，提升留学归国人员的满意度。

（5）建设一支高质量服务队伍。政府经办人员是归国留学人员了解国内政策的窗口，他们的业务素质是做好归国留学人员服务工作的关键，只有政府经办服务人员熟悉归国留学人员优惠扶持政策、办事流程，业务精练、态度好，才能为政府政策的落地和实施奠定坚实的基础。工作人员的选拔是关键，应选择服务意识好、政策理解能力强、语言表达能力好的骨干担任相应岗位的工作人员，对分布在不同部门的服务人员，主管部门应定期举行业务培训，推动业务人员的交流，构建完善的工作生态链条。

(6) 构建多样化发展环境。发展环境包括工作环境、生活环境、政策环境、经济环境、社会环境等[5]，这种全方位的支持对于留学回国人才是非常重要的。归国留学人员更重视自身价值的实现，自身价值实现最直接的表现方式是事业上的成就，并非经济收入的高低可以衡量。针对这一特点，为他们提供良好的发展环境，最大限度地帮助他们实现自身的社会价值，对于吸引留学人员归国发展至关重要。

(7) 建立政策落实监督机制、完善公共服务评价机制是公共服务提高效能的重要的保证。将归国留学人员服务工作作为领导干部人才工作项目的考核指标之一[6]，由纪检部门定期督查政策落实情况，及时发现存在的问题，及时反馈给相关部门研究解决，加快整改落实的进程，进而提升服务质量。

**4. 建设一个归国留学人员信息服务网站和平台**

信息化平台的建设是做好归国留学人员工作的重要抓手，可以达到事半功倍的效果。可在政府工作网站建立一个链接，并开发归国留学人员服务 App，融政策宣传、各职能部门办事指南和在线互动等功能为一体，为归国留学人员提供在线服务。其主要功能有三个，一是答疑解惑。归国留学人员长期在国外学习和生活，对祖国的新情况和新形势不了解，对个人归国后发展有诸多顾虑实属正常，比如担心现有政策体系不完善，无法适应国内整体环境，以及国内基础设施不先进等[7]。开发权威、专业、统一的网站和 App，可以将他们想要了解的信息进行实时更新推送，解除他们思想顾虑。二是信息传播。可在这个专门网站和 App 推送政策信息、国内情况、国内经济发展与各企业人才缺口状况等，归国留学人员也可在该平台或 App 上进行简历投放。三是高效服务。配合线下“一站式”服务设立“线上一站式服务”，归国留学人员通过在线申办各类事项，政府各职能部门在线审批，既提高工作效率，又为归国留学人员节约成本。

新时期归国留学人员的服务工作需要政府各级部门及时更新观念，

与时俱进。做好归国留学人员的思想工作是基础，明确服务主体是前提，优化的服务政策、优质的服务队伍、健全的监督机制、高效的信息平台是做好归国留学人员服务工作不可或缺的组成部分。

## 参考文献

[1] 戴郁静．“海归”回国创业中的地方政府支持研究［D］．长沙：湖南大学，2014.

[2] 李岩，张明．高校出国和留学归国人员统战中现存问题与对策［J］．沈阳师范大学学报（社会科学版），2013（1）：62-64.

[3] 李萌．创业型留学归国人员满意度及人才引进对策研究［D］．天津：天津大学，2015.

[4] 赵峰．北京留学人员创业园快速发展因素分析［J］．神州学人，2006（5）：16-17.

[5] 朱军文，沈悦青．我国省级政府海外人才引进政策的现状、问题与建议［J］．上海交通大学学报（哲学社会科学版），2013（1）：61-65.

[6] 戈芝卉．高校留学归国人员服务政策分析［J］．杭州电子科技大学学报（社会科学版），2008（3）：67-71.

[7] 汤荣昌．解放思想努力实现留学工作的重点转移［J］．高等工程教育研究，1993（3）：53-57.

# 人力资源服务业发展现状及对策研究——以福建省泉州市为例①

许旭颖②

**摘　要：**人力资源服务业作为现代服务业的重要组成部分，是为劳动者就业和职业发展、为用人单位管理和开发人力资源提供相关服务的专门行业。大力发展人力资源服务业，促进人才顺畅有序流动，是激发人才创新创业创造活力的重要保障，是深化人才发展体制机制改革的重要任务，是实施人才强国战略的重要内容。泉州市作为福建省经济总量最大、市场经济最为活跃、最具活力的地区，近年来人力资源服务业的发展取得显著进步，但较发达城市和地区仍存在一定差距。本文旨在以泉州市为例，摸清行业发展现状，发现存在的问题和不足，并提出相关对策和建议，为深入实施就业优先战略和人才强市战略提供参考、明确方向。

**关键词：**人力资源　服务业　泉州市

人力资源服务业是现代服务业中极具成长力的产业之一，主要包括人力资源招聘、职业指导、人力资源和社会保障事务代理、人力资源培

① 该篇论文获得"2019年全国人才与人事研究主题征文活动"三等奖。

② 许旭颖，福建省泉州市人力资源和社会保障局人力资源开发科科长。

训、人才测评、劳务派遣、高级人才寻访、人力资源外包、人力资源管理咨询、人力资源信息软件服务等多种业务形态。其发展水平不仅体现一个地区的人力资源开发利用水平，而且对推进一个地区的经济社会发展具有重要的支撑作用。党的十九大报告指出，着力加快建设实体经济、科技创新、现代金融、人力资源协同发展的产业体系。人力资源服务业既与人才发展相连，又与产业发展相关。本文通过开展泉州市人力资源服务业发展情况调研，旨在摸清行业发展现状，发现存在的问题和不足，并提出相关对策和建议，为深入实施就业优先战略和人才强市战略提供参考、明确方向。

## 一、泉州市人力资源服务业发展现状

泉州市经过多年引育，初步形成政府部门推动发展、市场主体公平竞争、市县两级就业人才中心提供基本公共服务、中国海峡人才市场等100多家经营性人力资源服务机构从事经营活动的运行机制和服务格局，服务项目主要涵盖招聘、派遣、培训、猎头、咨询、软件、外包等领域。

### （一）机构总量情况

截至2018年12月底，全市共有170家人力资源服务机构（包括职业中介机构、劳务派遣机构、职业培训机构），比2017年新增50家。按类型分布情况看，公共人力资源服务机构（即市县两级人民政府设立的公共就业人才服务机构等）14家，占8.2%，经营性人力资源服务机构（即依法设立的从事人力资源服务经营活动的机构）156家，占91.8%。全年营业收入52 728万元，其中代收代付部分24 412万元。

### （二）从业人员情况

全市从业人员2 089人，其中经营性服务机构1 853人，占88.7%。从学历构成看，大学本科以上484人，比例达23.2%；大专及以下学历1 605人，比例达76.8%。

公共服务机构：现有市、县两级公共就业人才服务机构14家，编内人员162人、编外人员74人，共233人。经营性服务机构：156家（其中外地来泉备案35家），从业人员1 853人。

### （三）服务内容和业态情况

2018年度统计数据显示，全市各类人力资源服务机构共服务人员130.8万人次，服务用人单位12.3万家次；建立人力资源数据库1.75万个，全年新增入库求职信息 10.6 万条；举办现场招聘会 372 次，毕业生专场 132 次，农民工专场 124 次，涉及参会用人单位 1.4 万家次，提供岗位 22.2 万个，参会求职人数达 20.6 万人次；网络招聘发布岗位信息 20.3 万条，发布求职信息 147.4 万条；人力资源管理咨询服务用人单位4 113家；人力资源外包服务用人单位2 041家；劳务派遣服务单位2 429家，派遣人员总量 2.2 万人；培训服务 653 班次，参训人员 4.7 万人次；流动人员档案管理 21.2 万份；引才引工 2.5 万人次，市场化引才能力进一步增加。

## 二、泉州市推进人力资源服务业发展的实践探索

### （一）出台政策，加大扶持引导力度

泉州市委、市政府把人力资源服务业发展纳入泉州市“十三五”现代服务业发展专项规划和泉州市“十三五”人力资源社会保障事业发展专项规划。2017 年 9 月，市政府出台了《泉州市促进人力资源服务业加快发展实施意见》，涉及财政、税收、金融、投融资等多个领域扶持措施，力度较大，操作性强，特别是对长期以来一定程度上制约行业发展的投融资、税费减免、人才引进奖励等事项较以往有较大突破。同时，近几年来各级人力资源和社会保障部门对行业的市场准入、行政审批、监督检查、统计报告等工作进行规范，形成了切合实际、促进发展的政策体系。

### （二）整合改革，提高公共服务水平

2014 年 12 月，市县两级机构改革后，人力资源和社会保障部门对原公共就业服务机构和公共人才服务机构整合成一个机构，实行集中统一管理，推进公共服务与经营性服务分离。目前，各地有关现场招聘、信息网站、档案管理等共性同类公共就业和人才服务职能基本整合到位，初步形成统一、开放的市县纵向人力资源市场体系。着眼基本公共服务均等化、规范化和信息化的目标，加强基层公共服务平台建设，全市所有街道（30 个）、乡镇（133 个）、社区（439 个）和村（2 061 个）建立工作平台，基层就业服务和社会保障功能进一步增强。

### （三）简政放权，深入激发市场活力

本着便民高效的原则，简化优化许可程序，全市人力资源服务许可实行“先照后证”，加强事中事后监管。组织开展人力资源市场秩序清理整顿专项行动，打击侵害市场主体和劳动者合法权益、恶性竞争等违法行为，为人力资源服务业发展营造宽松有序、公平竞争的良好环境。认

真落实“双随机一公开”机制，定期向社会公开具有经营资质的服务机构名单。加强《人力资源市场暂行条例》（国务院令第700号）宣传培训，组织各地人力资源市场管理部门、公共就业和人才服务机构、经营性人力资源机构负责人参加业务培训工作，加大对《人力资源市场暂行条例》和发展人力资源服务业重大意义、目标任务、扶持措施的宣传力度。

（四）开展试点，构筑产业集聚平台

针对晋江市民营经济发达、人力资源服务业发展较好的优势，2017年，泉州市在晋江市开展人力资源产业园建设试点工作，采取政府购买服务的方式，通过与第一资源集团有限公司签订战略合作协议，建设泉州市（晋江）人力资源服务产业园，委托其负责产业园的实际运营、招商、管理。这是福建省首个市级人力资源服务产业园。该园于2017年6月正式开园运作以来，已有23家人力资源服务机构签约入驻，专职工作人员129人，服务泉州地区企业近2 500家，产业集聚优势逐渐显现。2018年以来，石狮市出台了《关于促进人力资源服务业加快发展的若干意见》《石狮市人力资源服务产业园建设方案》《石狮市人力资源服务产业园管理暂行办法》等系列政策措施。按照“政府主导、市场化运作”的模式，建成中国海峡人力资源服务产业园石狮分园。2018年8月投入运营以来，已有12家知名人力资源服务机构签约入驻。园区产值达2.58亿元，纳税1 510万元，服务人数达7.3万人次；兑现入驻企业财政奖励资金90万元。

（五）开放包容，成功举办人力峰会

2018年12月13—14日，由泉州市政府主办，市人力资源社会保障局、市委人才办、市经信委、市科技局承办了“2018泉州民营经济与人力资源服务峰会”。本次峰会吸引了国内外知名人力资源服务机构41家、78位来宾参加，泉州市各级政府相关部门及100家民营企业、科研机构和5大国资集团的代表参与对接。人力资源服务机构和全市民营企业的代表紧扣“创业泉州·才聚港湾”主题，分享引才良策，献计泉州发展，开展人才供需对接，探讨人力资源服务机构更精准服务泉州民营经济高质量发展，取得了较好成果，实现了预期目标，打响了人才“港湾计划”引才品牌。

（六）精准服务，不断提高市场化程度

近年来，泉州市在人力资源公共服务委托外包方面进行尝试和实践，委托外包服务形式更多样、范围更广泛、效应更突出。如：为了比较精准地掌握人力资源需求数据，委托中国海峡人才市场对市委、市政府确定的17个重点产业人才队伍情况进行调研。在调研掌握的数据基础上，理清现阶段紧缺急需人才以及中期、远期的人才发展思路，定期编制发布紧缺急需人才引进指导目录。如：各地委托经营性人力资源服务机构举办新春大型招聘会、大中专毕业生服务月、校园招聘会等大型人才对接会，委托组织参展广留会、深交会等国内外大型人才交流会，精准地开展人力资源供需对接。

## 三、泉州市推进人力资源服务业发展面临的挑战与机遇

### （一）挑战

总的来看，泉州市人力资源服务业发展仍处于初级阶段，与先进地区相比，整体发展层次较低，人才服务水平不高，服务地方产业发展有待加强。

**1. 人力资源服务机构整体规模较小较散**

主要问题可以概括为“三个滞后”：一是产业发展滞后于市场化进程。现有的人力资源服务机构规模较小、数量较少，缺乏国内乃至国际高端品牌机构，存在“大市场”“弱产业”现象。同时，产业集聚不够，整体合力欠缺。搭建行业集聚发展的平台，促进行业规模化、集团化和规范化发展还做得不够，产业园区建设刚刚起步，仅晋江市、石狮市有实质性动作，其他地区尚处于规划阶段。二是服务内容滞后于多元化需求。业务同质化现象比较严重，目前大多集中在中介服务、劳务派遣等低层次、低附加值的基本业务，像猎头、软件、外包等中高端服务仍较薄弱，整体服务水平不高。三是从业人员素质滞后于专业化需求。从业人员中有人力资源专业背景的比例较少，与先进地区差距较大。高端管理人才和产业领军人才缺乏，从业人员专业化水平不高，这些使整个行业提供高端、专业服务的能力不足，制约了人力资源服务业的转型升级。

**2. 公共就业人才服务体系建设仍需加强**

一是市县两级公共就业人才服务机构由于机构整合等因素，人员编制受到制约（市级39人，县级120人），各地真正从事市场服务管理的人员只有2～3人，普遍面临人手少、任务重的困难，市场意识低、运行能力弱，服务项目多是以传统为主，促进就业基础性工作还不够扎实，人才综合服务水平相对较弱。二是从人力资源市场的现有工作场所面积看，各县（市、区）条件也参差不齐。部分县（市、区）的市场空间相对有

限，缺乏专业的就业人才交流场所，企业自行在门口张贴招聘广告。三是推进“互联网＋人力资源服务”力度不够，网络市场已成为企业招聘和新生代员工求职的新平台，且发展势头迅猛，但目前全市就业人才服务网站和平台较为分散、功能单一，利用不足，无法满足多种人力资源服务项目方便快捷的网上办理。

**3. 人力资源服务机构业务开展不够规范**

一是部分职业中介机构存在未依法办理年度报告、换证的现象。二是人力资源服务机构良莠不齐、鱼龙混杂，存在经营服务行为不规范现象，如：部分服务机构未依法依规制定规章制度；没有在显眼位置明示人力资源服务许可证；服务不到位或不正当竞争；长期不开展行政许可范围的经营服务活动。三是一些城乡接合部、部分热闹街区和工业园区，仍存在无牌照的“黑中介”机构，直接侵害求职人才、用人单位的利益。

**4. 用人单位对人力资源服务接受程度较低**

由于产业结构、经营观念等因素影响，用人单位在人力资源服务，特别是寻求猎头、服务外包等中高端人力资源服务的需求度较低，企业家对经营成本考虑较多，发挥引才的主体作用不足，对人才中高端人力资源服务发展缓慢。

（二）机遇

当前，泉州市人力资源服务业发展也面临难得机遇。

（1）国家和省、市高度重视人力资源服务业发展，将其作为为经济增长提供新动能的重要产业之一，出台一系列引导、鼓励、扶持的政策措施，深化“放管服”改革，营造良好发展环境，人力资源服务业大有作为。

（2）全市经济结构转型、人才港湾计划实施，对人才队伍建设提出了紧迫需求，需要有针对性地提供精准服务，提高用人单位岗位需求与求职人员的匹配率，也为人力资源服务业发展带来战略机遇。

（3）人力资源服务业具有高科技含量、高附加值、高人力资本和高成长性的特点，泉州经济总量全省第一，企事业对人力资源特别是创业创新人才需求旺盛，外来务工人员常年维持在200多万人，为人力资源服务业发展提供广阔空间。

（4）信息化、新技术手段的推广应用，极大地改变了人们的生活及行为方式，也给人力资源服务业带来巨大变化，促使人力资源服务业不断利用这些新技术创新产品、服务、解决方案以及商业模式。

## 四、加快泉州市人力资源服务业发展的对策建议

2018年10月1日起施行的《人力资源市场暂行条例》(国务院令第700号),是系统规范在我国境内通过人力资源市场求职、招聘和开展人力资源服务活动的第一部行政法规,对建设统一开放、竞争有序的人力资源市场,更好服务于就业创业和高质量发展,实施就业优先战略和人才强国战略,具有重要意义。

泉州市要进一步厘清政府和市场的工作边界,以"政府有为"引导"市场作为",发挥市场的"决定性作用",实现政府、市场"两只手"各尽其能,加快建成基本公共服务充分保障、市场经营性产业不断壮大、高端服务业快速发展、人力资源市场化配置水平明显提升的人力资源服务体系。

### (一)聚焦实体产业,进一步完善政策体系

贯彻中央及省里出台的促进人力资源服务业加快发展的若干意见,认真组织实施《泉州市促进人力资源服务业加快发展实施意见》(泉政办〔2017〕135号),跟踪督促各地政策兑现落实情况。同时,立足传统制造业转型升级、新兴产业异军突起的新需要,细化相关配套措施,如:研究制定市级人力资源服务产业园评估认定办法,对各地已建成并认定为国家级、省级和市级人力资源服务产业园的,分别给予一次性建园补贴奖励。如:研究制定人力资源服务机构引才引工推介奖励办法,进一步提高扶持政策的针对性、可操作性和实效性。

### (二)突出高端引领,进一步做好外引内联

一是坚持一手努力构建覆盖城乡、惠及全民的公共人力资源服务体系,一手壮大经营性服务产业,满足市场不同层次的需求,促进人力资源市场全面、协调、可持续发展。二是相关职能部门要发挥作用,对外要重点引进具有先进水平的人力资源服务高端企业和服务项目、经营理念、管理模式;对内要充分发挥本土专业中介机构的作用,引导其延伸产业链条,拓展服务内容,推动人力资源服务与其他服务融合发展,有序承接政府部门的人才培养、评价、流动、激励等职能。三是引导人力资源服务企业打破"大而全""小而全"的格局,向精细化、精准化、智能化服务转型,重点鼓励人力资源外包、高级人才寻访、人才测评、人力资源管理咨询等新兴业态快速发展。四要鼓励和支持人力资源服务企业通过兼并、收购、重组、联营等方式进行资产重组和资源整合,集中

资本、技术、人才等要素，力争3年内培育形成10家左右在全省乃至全国具有示范引领作用的龙头企业。

（三）强化园区带动，进一步加快产业集聚发展

一是做大做强现有的人力资源服务产业园。通过租金减免、贷款贴息等优惠措施，持续引进一批国内外知名人力资源服务机构入驻，进一步放大园区集聚效应。二是支持有条件的地区建设人力资源服务产业园。站位全市大局抓好行业整体规划，鼓励各地建立与区域经济发展相匹配、各具特色的人力资源服务聚集区，实现产业集聚、功能集成，带动全市人力资源服务业快速发展。

（四）致力专业服务，进一步加强从业人员培训

大力开展人力资源服务从业人员上岗培训，提高全市人力资源培训机构从业人员的持证上岗率。择优选派人力资源服务机构高级人才参加专业培训学习，提高从业人员专业化程度。鼓励人力资源服务企业引进高层次人才和团队，并及时兑现引才奖励。建立行业领军人才库，及时准确全面地掌握行业领军人才情况。加强人力资源服务业理论研究，鼓励有条件的高校培养人力资源服务业方向的专业硕士，加大专业学术人才培养力度。

（五）加强监督管理，进一步打造诚信市场环境

一是加快核发服务许可证。对申请设立人力资源服务机构的法人单位和组织，缩短审批时限，提高审核速度，符合申办条件的予以快速核发许可证。二是完善日常监管制度。坚持发展与监管并重，在鼓励发展的同时，加强行业事中事后监管，通过信息跟踪、市场巡查、受理投诉举报、定期开展市场秩序专项检查等手段，着力打击非法中介，严肃处理各种违法违规行为。三是加强信用体系建设。落实诚信约束激励机制，开展行业信用评估，建立行业信用档案，尝试建立诚信机构“红名单”、失信机构“黑名单”，逐步形成公平、透明、可预期的市场环境。

（六）推进互联互通，进一步提升信息化建设水平

落实国家“互联网＋”发展战略要求，推动人力资源服务和互联网的深度融合，积极运用大数据、云计算、移动互联网、人工智能等新技术，促进人力资源服务业创新发展、融合发展。加强人力资源服务信息化建设，构建人力资源信息库，实现数据互联互通，信息共享。鼓励人力资源服务机构设立研发机构，加强服务手段、商业模式、关键技术的研发和推广应用。鼓励人力资源服务机构与互联网企业开展技术合作，支持互联网企业

跨界兼营人力资源服务业务，促进人力资源服务与实体产业协同发展。

（七）支持行业组织建设，进一步加大行业指导力度

指导组建人力资源服务行业协会，强化行业协会在人员培训、协调沟通、业务交流等方面的服务功能。鼓励行业协会制订服务标准，加强行业诚信体系建设，开展行业诚信评估，建立行业信用档案。推行服务承诺、服务公约、服务规范等制度，引导人力资源服务行业公平竞争、诚信服务、自我约束、健康发展。行业协会要加强与政府职能部门的联系，积极反映企业诉求，充分发挥政府与企业之间的桥梁和纽带作用。促进政企交流，加强行业合作，研发符合市场需求的人力资源招聘、派遣、培训、测评等人力资源服务产品，全方位满足市场的人力资源服务需求，积极组织开展行业活动，加强区域品牌宣传。

（八）重视宣传引导，进一步促进人力资源服务业发展

以贯彻实施《人力资源市场暂行条例》（国务院令第 700 号）为契机，加大对发展人力资源服务业重大意义、目标任务、扶持措施的宣传力度，及时总结推广诚信人力资源服务机构的好做法、好经验，努力营造全社会重视、关心、支持人力资源服务业发展的浓厚氛围。充分发挥各级人力资源社会保障网站第一平台作用，积极探索利用政务微博、微信和手机 App 等新媒体手段，不断提高宣传的有效性和影响力。鼓励各地和行业协会举办人力资源服务业发展博览会、人力资源服务业创新创业大赛、人力资源服务发展论坛、人力资源服务机构与重点企业精准对接峰会等活动。丰富宣传内容，创新宣传形式，扩大人力资源服务业的知名度、美誉度和社会影响力。

## 参考文献

［1］姚战琪. 我国人力资源服务业发展现状、趋势与政策建议［J］. 经济研究参考，2012（46）：48-53.

［2］佚名. 中国人力资源服务业发展现状、趋势与政策建议［M］. 中国服务业发展报告（2012）. 北京：社会科学文献出版社，2012.

［3］衣航. 浅析人力资源服务业发展［J］. 祖国，2017（6）：102.

［4］王寒松. 我国人力资源服务产业的形成与发展趋势研究［J］. 现代商业，2013（8）：184-185.

# 打造人才科技资本综合开发运营平台的探索实践——以龙岩人才发展集团为例[①]

熊功首　徐祯耀　陈志强[②]

**摘　要：** 福建省龙岩市以传统产业为主导，在全国山区地市和小城市中具有代表性，在经济新常态下，人才、科技、资本等要素的紧缺和要素间的割裂制约了产业转型升级。人才是第一资源，是创新驱动的核心要素，人才事业具有全局性和战略性。本文以龙岩人才发展集团为例，总结龙岩市以人才经济破解产业转型升级困境的实践探索经验，综合分析人才、科技、资本综合开发运营平台的组建思路、运营模式、工作成效和存在问题，从人才工作与产业转型升级、经济社会融合发展的角度提出人才发展体制机制改革的建议思路。

**关键词：** 人才经济　产业转型升级　人才集团　运营平台

## 一、人才经济的时代背景和特征

人才经济是知识经济时代的产物，是知识经济本质的体现和延伸。在知识经济时代的今天，人才对经济增长的贡献已经远远大于其他生产

① 该篇论文获得“2019年全国人才与人事研究主题征文活动”三等奖。

② 熊功首，福建省龙岩市委组织部人才科科长；徐祯耀，龙岩人才发展集团有限公司党群部副经理；陈志强，福建省龙岩市新罗区东肖镇副镇长。

要素对经济增长的贡献。近年来，我国经济发展进入新常态，已由高速增长阶段转向高质量发展阶段，经济增长动力从要素驱动、投资驱动转向创新驱动，产业发展从劳动密集型到资本密集型、再到技术与知识密集型的转变成为主流趋势。创新已成为经济发展的第一动力，而人才是创新的底蕴，是创新驱动的核心要素，可以说，人才经济时代的到来，是高质量发展和产业转型升级的内在要求，具有以下几大特征：

（一）人才日益处于资源配置的核心位置

人才、科技、资本、政策等资源的深层次融合，可以引领产业的发展，并推动发展方式的转变。在传统工业化时代，人才、科技和政策跟着资本走，而在人才经济时代，资本和政策向带有技术的人才项目聚集，产业链条的延伸围绕着人才项目来开展，人才逐渐成为其他资源配置的决定性元素，形成所谓的“人才经济链”，链的源头是人才，中间环节有人才科技资源、政府政策资源、社会资本资源，终端是科技含量高的产品、企业、产业。

（二）人才经济的本质是提高科技创新对经济发展的贡献率

人才经济的实现与发展是一个“知识经济化”和“经济知识化”的双向互动过程，是不断地创造新知识和新技术并付诸新应用、将智慧成果物化并创造出新价值的发展历程。如何通过人才引进培养和创业创新活动来破解发展困境，实现产业转型升级和高质量发展，是标注时代新高度的关键步骤。缺少人才依托的低端竞争既难以融入新一代信息技术和产业变革势头之中，更会错过新一轮科技和产业革命正在创新的历史性机遇。

（三）市场在人才资源配置中起决定性作用

当下人才资源的配置是全国性乃至全球性的，是越来越市场化的配置过程。根据埃森哲报告预测，新经济形态下，传统的人力资源模式和架构都在逐步瓦解，开放型人才市场将成为主流。人才引进往往有“人才链”效应，引进一个或若干个，往往会出现一个团队或一批人才紧跟而来，逐渐形成人才集聚效应。特别是在当下，人才及其掌握的优质科技资源，不会再像过去那样长期关在实验室里，相反它们会以最快的速度在市场上寻找优质经济和政策资源进行配置。

（四）政府招商引资逐步向招才引智发展

“人才大战”是经济转型升级的现实需求，是传统城市发展观念的调整，标志着中国城市经济发展已经步入“高维度竞争”。传统的招商引资模式中，企业家或资本家处于核心位置，税收优惠、土地出让等方面的硬配套成为各地之间的竞争手段；而人才经济时代的招才引智模式中，人才居于核心位置，合作平台、技术转让机制、新型政商关系等软配套成为关键，不断优化城市的硬环境和软环境，为人才干事创业营造富有活力的体制机制和制度保障成为地方政府的努力方向。

（五）人才生态才是聚才持久竞争力

短期靠补贴，中期看政策，长期还要看环境，人才竞争长期化、常态化后，便是人才生态的竞争，根本在于有多少空间和平台供人才发展。人才与产业发展互为依赖，引才聚才要积极适应经济社会发展规律，通过“人才链”提升“产业链”，围绕“产业链”构建“人才链”，不断增强人才与产业发展的契合度，提高人才推动发展的贡献率，形成以人才兴产业、以产业聚人才的良性互动格局。

## 二、龙岩产业转型升级困境剖析

产业发展是城市区域竞争力的核心和关键，近年来，龙岩积极推动工业结构调整、产业优化升级和发展方式转变。实施“人才强市”战略前，2015 年年底，龙岩三次产业结构为 11.54∶52.62∶35.84，存在工业产业发展层次不高、对资源依赖度较大、新兴产业规模较小、新上规模企业较少等问题，产业转型升级的资源禀赋、人才资源、技术创新、资本要素等驱动要素情况如下：

（一）资源禀赋方面

龙岩是资源型城市，自然资源和人文资源禀赋突出，早期依赖资源的高投入实现了工业化的基础，目前九大重点工业产业中，有色金属产业、能源精化产业、农副产品加工产业、建材产业均属于资源型产业，合计产值占全市工业总产值 60%以上。现有产业格局对资源依赖程度较高，资源型产业的高耗能、高排放和处于产业链上游的特性，在绿色可持续发展的背景下，比其他产业面临的转型升级难度更大。

（二）人才资源方面

一是高层次人才较为稀缺。2015 年年底，全市科技活动人员中博士和硕士分别仅有 109 人和 578 人，分别占 0.84%和 4.48%。高层次创新创业人才总数不到 100 人，省级以上高层次人才总共才 22 名，国家级人才数量是零。人才缺失将制约产业发展，而产业落后又会影响人才流入。二是人口红利逐渐消退。以制造业为例，龙岩制造业平均工资水平由2012年的33 869元提高到2015年的50 243元，年平均增速为14.05%，而规模以上工业增加值和规模以上工业企业利润同期年平均增速为8.69%和-13.51%，劳动力成本的上升在一定程度上压缩了企业和行业的利润空间，进一步说明了劳动力密集型产业转型升级的紧迫性。

（三）技术创新方面

一是企业创新主体地位缺失。截至2015年年底，规模以上工业企业中有研发活动的仅占27.21%，大中型工业企业中有研发活动的占52.25%，规模以上工业企业研发经费占主营业务收入1.35%，几项数据表明企业作为创新主体，对于创新的重视和投入都远远不够，也侧面反映了大多数企业依旧停留在产业链中的加工制造等低端环节，缺乏核心技术和生产技术等创新，在低成本竞争优势丧失后终将面临被替代的境地。二是自主创新能力不强。截至2015年年底，龙岩市每万人发明专利拥有量仅为2.82件，远低于全国6.3件和福建省4.65件的平均水平。

（四）资本要素方面

一是投资的边际收益递减。2012—2015年，龙岩工业固定资产投资额逐年快速增长，年平均增速达24.75%，但工业增加值年平均增速仅有3.51%，工业固定资产投入产出比从2012年的1.38逐年下降到2015年的0.79，投资边际收益递减，说明在经济发展新常态背景下，以投资为主导的传统经济增长方式面临增长瓶颈。二是新兴产业获得的资本投入仍比较有限。2015年高技术产业投资额占全市固定资产投资的比重不到4%，新技术的开发和产业化缺少必要的社会资本支持，直接制约了科技成果的转化和高新技术产业的发展，直接体现为全市新兴产业规模较小，2015年规上高新技术产业总产值占规上工业总产值比重不到5%。

传统产业的改造升级和新兴产业的培育发展都离不开各种生产要素的支撑和融合。龙岩相比大城市而言，在吸引人才、资金、技术上存在天然劣势，经济新常态下传统资源禀赋优势削弱、劳动力成本上升、投资效益下降等问题凸显。人才、科技、资本的匮乏及三者之间的割裂，严重制约了产业转型升级。如何破解产业转型升级的要素制约，成为龙岩市产业转型升级的关键。

## 三、人才经济破解产业发展困境的思路

### （一）人才经济推动产业转型升级的理论支撑

推动经济高质量发展的重点是推动产业转型升级，产业转型升级的主要动力是创新，而人才是创新的核心要素。人才的创新活动可以提供科技、信息、知识等高级生产要素投入，引发产品生产和服务供给方式的重大变化，使传统产业边界逐渐模糊，催生产业新业态的发展，最终起到促进产业转型升级的作用。

从宏观角度看，人才结构是产业结构调整与升级的重要基础，人才的有效供给可以加快产业结构调整的速度。从微观角度看，人才通过创新，推动技术进步、产品研发、管理升级等，进而推动企业乃至行业的改造升级。对传统产业而言，产业转型升级不是对传统产业的全盘否定，而是在发展新兴产业的同时，通过人才的创新活动推动传统产业的改造升级，包括产品创新、技术升级、管理升级、市场升级等多个途径，从而实现价值链的升级。对于新兴产业而言，属于技术、知识、人才密集型的高科技产业，发展新兴产业最重要的因素就是掌握核心技术，而核心技术的载体是高级人才。

### （二）“人才强市”服务“产业兴市”的实践探索

“产业兴市”战略确定了龙岩产业发展新格局，对于推进创新驱动和促进产业转型升级具有重大战略意义。而“人才强市”战略的实施则为“产业兴市”提供了必要的人才基础，以产业发展人才需求为重点，积极引进、培养高层次人才的政策，为龙岩产业转型升级提供了人才支撑和保障。高层次人才的引进与本地发展战略、产业结构调整和布局同步谋划、同步推进，推动实现了人才和经济社会发展的深度融合。

2016 年 8 月，龙岩在全国率先组建成立龙岩人才发展集团有限公司（以下简称人才集团），着力打造人才科技资本综合开发运营平台。这既是基于龙岩产业转型升级困境和产业要素基础作出的尝试性探索，也是对“着力加快建设实体经济、科技创新、现代金融、人力资源协同发展的产业体系”的实践。

## 四、运营平台建设路径

人才集团以发展人才经济和推动产业转型升级为使命，以人才为核

心，借助人才集聚科技、资本、信息、政策等产业要素和创新要素，形成破解产业转型升级困境的合力，提升传统产业，培育新兴产业。人才集团是龙岩实施人才强市战略的基础设施性投资经营管理公司，是人才引进、培养、服务及人才项目孵化、投融资经营管理的主体，经营管理全市人才相关业务，由市委组织部、市国资委和市科技局进行具体业务指导。

（一）理念定位

作为综合类“人才、科技、资本”运营平台，人才集团以服务人才为根本，运营理念主要体现在以下几个方面：一是公益性。以人才、用人单位、人才服务机构、政府等多赢为建设运营目标，推动实施“121”高端人才引进培养工程和机关企事业引进生计划，重点服务于来岩创业创新和工作的各类人才。二是先导性。负责招才引智链条的前端工作，从事需要政府适当承担风险的业务，帮助市场化解引才聚才前期风险，以战略思维储备投资人才及其项目，引导推进市场开发“下游”产品和服务，为人才创业创新提供全程服务。三是投资性。推动项目招商，围绕推进产业兴市战略，撮合引进产业发展急需的创业类高层次人才进行项目孵化，撬动社会资本与人才集团合作，对人才项目进行股权投资、融资担保。

（二）组建方式

人才集团为国有独资企业，成立初获得市科技局下属的“科技创业园”、市汇金公司下属共计 2 126 平方米的房产和市安居公司下属 96 套未配租保障房无偿划入，作为项目孵化基地、办公场所和人才周转房。人才集团根据《中华人民共和国公司法》有关规定建立公司法人治理结构，按照现代企业制度要求和精简高效原则，选优推进集团班子建设，实行董事长领导下的总经理负责制，根据集团业务发展需要，以职业经理人的方式从社会公开选聘综合素质较强的专业管理人才充实集团班子。

（三）组织架构

人才集团紧紧围绕职能定位设立“六部室、五公司”的组织结构，如图1所示。人才引进开发部负责人才引进、管理、培养和服务工作，信息产业部负责人才项目信息资源库搭建和高层次人才团队筛选引进工作，产业发展部负责促成项目落地和提供全方位服务，投融资部负责为人才引进项目提供全过程投融资服务。五公司主要包括以直接参股投资高层次人才项目为主业的龙岩岩旭投资有限公司，以天使投资基金、孵化基金、产业基金等各类基金管理工作为主业的龙岩岩鑫投资管理有限公司，以落实市委引才政策为主业的龙岩龙发人力资源服务合伙企业，以高层次人才创业平台建设管理为主业的龙岩龙鑫实业有限公司和以运行天使投资基金为主业的龙岩市鑫业源创业投资有限公司，如图 1 所示。同时，严格规范程序，完善制度体系，先后制定出台《龙岩市高层次人才创业项目专家评审暂行办法》《高层次人才创业项目评审流程图》等规范操作的制度以及《龙岩人才发展集团临时议事机构议事制度》《龙岩人才发展集团员工招聘办法》等内部管理制度。

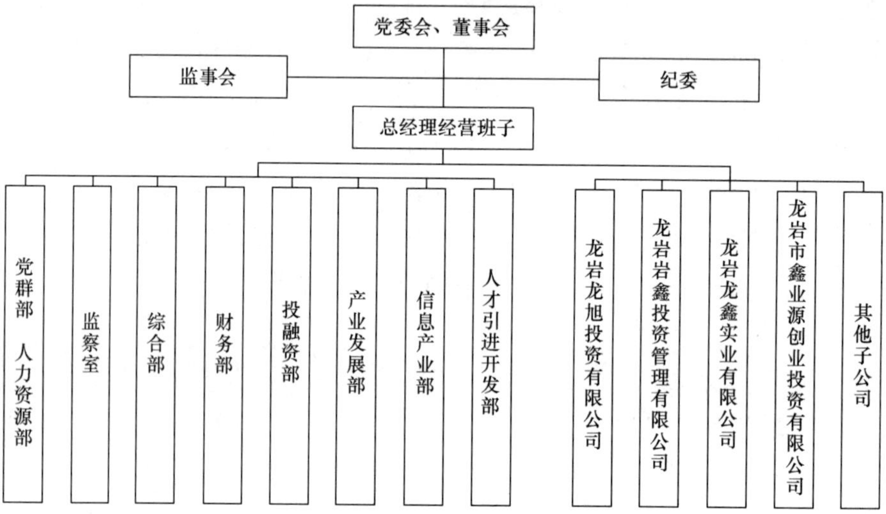


**图 1　人才集团组织架构**

## 五、主要做法及成效

一是转变工作理念，变“管理人才”为“服务人才”。二是创新运营模式，以“人才＋科技＋资本”模式与产业发展实现深度融合。三是拓宽引才渠道，主动考察对接人才和人才项目。四是实施人才招商，通过“人才链”效应不断形成人才集聚效应。五是定制个性政策，提升人才归属感形成良性人才生态。具体做法和成效如下：

（一）引进高精尖人才契合产业发展，提升传统产业

为解决龙岩传统重点产业和重点企业高层次人才引进难、存量不足、

创新能力较弱等问题，人才集团牵头龙岩大型企业，通过柔性引才、猎头推介等方式，着力引进能解决企业技术瓶颈、提升企业技术含量、加快企业技术革新和管理创新的高层次人才。人才集团成立后，全市引才工作成效显著，仅 2018 年引进的各类高层次人才便超过前 5 年的总和，引才人数居福建省山区市首位；2016 年至今，全市共引进国家级海外高层次人才 10 人、省级高层次 ABC 类人才 130 人、工科类青年专业人才 348 人。各类人才的引进为龙岩产业转型升级提供了有力的人才和智力支撑，如福建龙马环卫装备股份有限公司引进的省“百人计划”专家白云龙博士，进入公司至今已申报专利 23 项，牵头研发的多个重点研发项目成果均处于国际领先、填补国内空白水平，实现量产销售后预计可累计为公司增加营业收入约 21.8 亿元、增加税收约 1.7 亿元，直接为公司降低成本超过 2 000 万元；再如紫金矿业近年引进培养的各类人才共计获得科研学术成果奖项 126 项、发表论文著作 245 篇次、承担项目 435 项、取得专利 159 项，参与的科研成果所取得的经济效益达 45.7 亿元、增加税收 10.4 亿元、可为企业节约成本 4.6 亿元。

（二）引进孵化高层次人才创业项目，培育新兴产业

为破解龙岩新兴产业规模小、发展滞后及高技术领域人才、科技、资本匮乏和割裂的现状，人才集团聚焦引进高层次人才项目，以高层次人才科技成果项目孵化为核心，整合和集聚各类产业要素和创新要素，变“人才优势”为“产业优势”，促进人才、科技、资本的深度融合，为高新技术产业快速发展注入新动能。2016 年至今，人才集团共引进高层次人才项目 23 个，共计考察洽谈项目 200 余个；累计为高层次人才项目争取到各级财政资金 2 亿元，撬动社会资本投入超过 4.5 亿元。人才集团为高层次人才企业提供免费场所的科技创业园，获评“国家级科技企业孵化器”和“国家级小型微型企业创新示范基地”。目前龙岩引进的高层次引进人才项目涉及生物医药、北斗技术应用、人工智能、光电半导体和新材料等领域，有效推动了新兴产业的发展。部分项目填补了龙岩的产业空白，如光电半导体领域齐聚了中国半导体四大研究所；部分项目助力传统产业升级，如高性能纳米涂层项目、金属表面分子工程项目与龙岩传统重点产业有色金属产业、机械制造产业形成配套；部分项目成为产学研深度融合的典范，如柴油机动车尾气净化催化剂项目，由美国康涅狄格大学纳米材料科学实验室和华中师范大学两所高校科研院所共

同设立；大部分项目市场前景广阔，如 2018 年 9 月落地的新型半导体功率器件项目，当年就已实现营收 1 000 余万元，2019 年预计可超 3 000 万元。

（三）引进培养各类高素质行业人才，壮大人才队伍

为推动人才经济持续发展，在全市范围形成尊重人才、尊重知识、尊重技能的良好氛围，同时解决教育和医疗卫生系统人才流失、青黄不接的问题和党政机关、事业单位干部人才队伍老龄化的现状，人才集团立足引进培养名校优秀硕士博士毕业生作为教育类、医疗类、党政类、事业类储备人才，通过制度机制和政策保障，以教师、医生等重点领域和关键岗位为重点，加大急需紧缺专业技术人才培养选拔力度，推动干部队伍高学历化、年轻化，建设一支规模宏大、结构合理、技艺精湛、富于创新的人才队伍。2017 年至今，人才集团从北大、清华等“双一流”高校引进机关企事业人才 311 名（其中党政类 136 人、事业类 28 人、教育类 92 人、医疗类 55 人），硕士、博士占 98%。在引进外来人才的同时，人才集团也注重选拔培养本土人才，2018 年全市新增高技能人才 2 000 余人，全市共有高技能人才 3 万余人，占技术工人总数的 17.6%。在各领域深入实施高技能人才培养计划，如在医疗领域深化医疗人才“师带徒”工作，共引进 22 名北京国家级医疗专家到龙岩与 62 名中青年医疗骨干结成师徒，62 名青年骨干累计到京进修、培训天数达 3 041 天，并在此基础上着手建立龙岩市医疗“师带徒”基地，成立全国红色医疗教育培训中心、全国医疗康养中心、全国医疗技术教研中心和全国医疗产业项目孵化中心，着力推动本土医疗人才队伍建设和提升医疗技术研发水平，促进医疗人才与公共医疗服务、医疗产业的融合发展。

（四）打造“有温度”的良好互动发展平台，构建人才生态

为打造更优、更活、“有温度”的人才发展生态，为人才干事创业营造良好环境，人才集团力求加强对引进人才的服务引领。一是强化政策实施。为使引进人才在龙岩落地生根，人才集团积极协调各有关部门做好政策落实，在安家落户、住房保障、医疗保障、子女就学等方面为引进人才提供完备服务，让引进人才在岩安居乐业。二是落实“一站式”贴心服务。开设“人才申报窗口”，与市直各有关部门协同做好高层次人才的申报和认定工作，简化申报程序，协助并指导高层次人才准备申报材料，有效提升申报成功率，使引进人才顺利获得有关人才政策支持。

同时，安排专人跟踪服务入驻人才项目，帮助做好工商登记、落实厂房、投资融资、上下游产业配套等工作，有针对性地解决项目在落地孵化过程中面临的实际困难，让高层次人才创业团队专心做好技术研发、市场开拓、企业发展等中心工作，尽快发展壮大。三是营造良好引才留才氛围。加强舆论宣传，推介龙岩市人才工作创新做法、典型案例和优秀人才先进事迹，充分展示引进人才为市经济社会发展及产业转型做出的突出贡献，在全社会树立“人才投入是高风险高回报投入”的意识和“人才投入是长期投入”的理念，形成爱才重才敬才的浓厚氛围，为引进人才在岩干事创业营造良好、宽松的社会环境。

## 六、存在问题

人才集团成立以来，虽然克服了创业之初的重重困难，取得了较大的人才工作成效，但与成立的初衷和期望相比还存在一定差距，仍面临不少挑战和困难。

（一）所处地市人才吸引力偏弱

受山区地市整体经济较为落后、待遇不高、区位劣势等影响，加之具备核心竞争力的大产业、大企业、大项目不足，企业自主研发、创新创业平台不高，对高层次人才的创新创业提供支撑的能力较为有限，制约了高层次人才的发展空间，显著削弱了龙岩和人才集团对高层次人才的吸引力。

（二）人才“虹吸效应”居高不下

人才争夺日益激烈，周边发达城市如深圳、广州、厦门等地对人才工作的财政投入持续加码，加之大城市自身具备更多的发展平台和机会，人才“虹吸效应”持续加强；周边地市如漳州、莆田、梅州、赣州等地，人才政策不断出台，“同质化”竞争问题凸显，人才集团的人才招商工作难度日益加大。

（三）市场化、资本化运作人才工作缺乏足够“土壤”

传统观念对人才工作和创新活动的阻碍尚未根本消除，产业发展、招商引资倚靠资源优势、地理环境、土地及税收优惠的理念仍深入人心，社会上乃至体制内对市场化、资本化运作人才工作这一新生事物还不能完全理解和认同，甚至过分苛求短期内见成效，人才集团以“人才＋科技＋资本”的深度融合探索产业转型升级、从而推动经济社会持续发展的运营模式缺乏足够的“土壤”环境。

## 七、对策建议

### （一）争取加大政策倾斜力度

针对山区地市引进人才竞争力不高问题，积极争取中央层面和省级层面给予更多的政策倾斜。在人才流动方面，制定规范省内人才流动、遏制山区人才流失的制度；在财政方面，注意向山区地市倾斜，对扎根山区地市各类人才的省级配套补助实行上浮；在人才评价认定方面，对山区地市适当放宽评审条件或设置山区地市专项名额。

### （二）探索个性化终身服务机制

探索“个性化”“终身制”的人才服务保障机制，建立人才服务信息库，根据人才引进落地、创业就业、退休离任等不同阶段特点，结合个人需求，制定终身就业跟踪服务、职业技能培训、医疗保障服务等机制，为引进人才提供更多、更好、更持久的个性化和终身制跟踪服务，更好地激励人才干事创业。

### （三）营造宽容的人才工作氛围

人才资源是战略资源，要在全社会树立“人才投入是高风险高回报投入”的意识和“人才投入是长期投入”的理念，不能把人才投入窄化为具体的技术问题解决，要求所有的人才投入短时期见效。对于高层次人才项目要以培育产业的眼光，给予足够的政策、时间和服务，让高层次人才项目安心孵化，尽早实现规模化生产；对于涉及公共服务、民生事业的优秀年轻人才，要把他们看成技术专家或领导干部的后备人才，给予充足的机会、时间和平台让他们成长。

## 参考文献

[1] 徐峻．走进人才经济时代［N］．浙江日报，2013-05-29．

[2] 刘须宽．从“四个前所未有”看“人才是第一资源”［N］．南方杂志，2018．

[3] 郭佳欣．人才是创新的底蕴［EB/OL］．共产党员网，2018．

[4] 赵永乐．人才管理政府与市场关系研究［J］．国家行政学院学报，2016（3）．

[5] 沈建缘．产业变革中如何释放“人才经济”动能？［EB/OL］．经

济观察网，2017.

[6] 赵磊．当前“抢人”大战的若干思考 [J]. 青年时代，2018 (26).

[7] 李峻．厚植人才的质量优势 [N]. 中国组织人事报，2018-07-04.

[8] 孙燕一．我国中小型企业的经营管理理论与实务研究 [M]. 西安：西北工业大学出版社，2009.

[9] 王文俊．传统产业转型升级研究综述 [J]. 财经理论研究，2016 (5).

[10] 潘飞．江苏省创新要素对产业转型升级影响研究 [D]. 南京：东南大学，2017.

[11] 王海兵．产业转型升级的过程、特征与驱动要素——美国经验与启示 [J]. 河北科技大学学报（社会科学版），2018 (1).

[12] 鲁银梭，李文川，曹长省，洪琳．基于浙江省产业升级的产业工人素质提升研究 [J]. 科技管理研究，2010 (20).

[13] 张志元，李维邦．金融供给侧改革培育经济新动能：山东的实践与探索 [J]. 山东财经大学学报，2018 (1).

[14] 吴江．建设人才强国的宏伟蓝图——写在《国家中长期人才发展规划纲要（2010—2020 年）》颁布之际 [C]. 中国人才发展论坛大会，2010.

# 人力资源市场

# 科技、教育经费投入对科技人力资源存量的影响研究——基于内蒙古与北京市及全国平均水平对比[①]

徐全忠　田光迪[②]

**摘　要：**科技人力资源的存量对于地区的经济发展起着至关重要的作用，而相关的经费投入对科技人力资源的存量有重要的影响。本文通过对内蒙古科技和教育经费的投入对科技人力资源存量的产出弹性进行研究，并通过与全国平均水平和研究与发展（R＆D）强度最高的北京市的数据进行比较，对内蒙古科技人力资源发展中存在的问题进行分析，最后提出相应的政策建议。

**关键词：**科技人力资源　R＆D　科技经费投入　教育经费投入　内蒙古

## 一、引言

国内外的很多学者对科技人力资源对经济增长的促进作用进行了研究和检验，确立了科技人力资源在经济增长要素中的核心地位，中

① 该篇论文获得“2019 年全国人才与人事研究主题征文活动”一等奖。
② 徐全忠，内蒙古财经大学工商管理学院教授；田光迪，内蒙古财经大学研究生院。

国政策也以“科教兴国”战略和“科学技术是第一生产力”理念为基础，支持科技产业和科技人力资源的发展和培养。改革开放以来，内蒙古的经济社会发展取得了显著的成就，一段时间经济保持了高速增长。但总体上，内蒙古经济还处于粗放型的发展阶段，科技人力资源存量和科技经费投入不足，明显低于全国平均水平，这也导致了内蒙古的经济社会发展缺乏强劲的内生动力。而内蒙古的教育经费投入结构也存在着一定问题，这都是科技人力资源积累的不利因素，而科技人才不足会导致地区经济发展后劲不足（张喜照，2005），内蒙古想要升级产业结构，减轻其经济发展对资源的依赖，需要持续培养和吸引科技人力资源。教育投入可以培养出优秀的人力资源助力经济增长（陈艳，2001），科技经费投入能够吸引科研人才流入，因此本文选取内蒙古科技经费投入和教育经费投入为自变量研究其对科技人力资源存量的影响，希望对内蒙古科技人力资源的发展起到一定的促进作用。

## 二、文献综述

以往的研究中，对于科技人力资源经济效应研究得比较多。彭建平、张建华（2007）对中国各省1994—2005年间的研发投入进行动态面板数据模型分析及高斯混合模型（GMM）估计发现：中国研发投入的产出弹性虽显著，但弹性较低。雷鹏（2011）对中国人力资本、教育投入及发展、R & D及技术流动和经济增长情况进行深入剖析，指出：中国人力资本整体水平较低，且配置不均衡。罗珊、李嘉盛（2012）对广东省1988—2009年间的GDP、R & D人力资源、非R & D人力资源和物质资本数据进行回归分析发现：广东省科技人力资源的边际收益较低，但处在递增的阶段，需提高科技人力资源的存量和利用效率以转变粗放式、高能耗的经济增长方式。马卫刚、程长林（2014）通过对中国2009—2011年间30个省市的R & D人员、创新效率及人力资本存量和经济增长的数据进行面板数据模型分析，得出结论，R & D人力资源对经济增长的贡献存在较大的不均衡现象，东部地区贡献较大，中西部地区贡献小。马建峰（2014）通过对中国1987—2010年间GDP与R & D人力与财力资源投入运用协整分析、脉冲响应以及方差分解等方法进行分析，发现R & D人力与财力资源都能够长期促进经济发展，其中人力资源的作用相对更大。陈强、颜婷和刘笑（2017）通过理论和实证分析发现，科技创新人力资源集聚度对科技创新能力有正向的影响作用。

在科技人力资源的建设方面，谢智波、李向东、赵华峰（2004）对科技人力资源开发的因素进行分析后，以丰裕度、开发条件和效益度三个因素为内容建立起一套综合评价科技人力资源开发潜力的指标体系。朱学彦、孔寒冰（2007）对美国科学、技术、工程、数字（STEM）教育与人才战略的发展和投入这一重大科技人力资源开发举措进行了系统性的梳理，给中国科技教育和创新带来启示。李燕萍、孙红（2009）对中国科技人力资源开发的现状和存在的问题进行分析，结合日本的经验提出中国应完善产业布局和市场体系、依需求导向培养科技人力资源、重视高精尖科技人力资源培养等建议。乌云其其格（2010）对美国、欧盟、日本和澳大利亚的科技人力资源建设的趋势进行了概述，对中国科技人力资源的建设提出关注职业发展、加强 STEM 教育和人才流动的建议。吴迪、梁秀霞（2016）对中国 30 个省市区数据分析发现中国科技人力资源配置效率不均衡，由东部向西部递减。

在教育投入对人力资源的发展作用方面，陈艳（2001）指出，教育的投入和发展对人力资源的发展起着至关重要的作用。臧兴兵、沈红（2010）结合中国历年公共教育投入和财政开支使用情况深入剖析了公共教育投入不足的原因，提出了人力资源强国建设的路径和制度方面的建议。刘馨阳（2018）对中国高校规模、各项教育投入、高校 R & D 投入与高校科技产出进行了定性分析，指出：随着高等教育规模扩大，各项教育投入和高校 R & D 投入增加，科研产出也在逐年增加。

## 三、数据分析

### （一）指标选取与数据来源

科技活动的核心是 R & D 活动（马建峰，2014），因此选取 R & D 人员全时当量作为科技人力资源存量的指标；选取 R & D 经费支出作为科技经费投入指标；选取教育经费作为教育经费投入指标。本文主要探讨内蒙古科技、教育经费投入对科技人力资源存量的影响，作为对比的是中国整体数据和 R & D 强度（R & D 经费支出占生产总值的比重）（江静，2006）最高的北京市数据。将内蒙古 R & D 人员全时当量记为 $rh_1$，单位人年；R & D 经费内部支出记为 $rc_1$，单位万元；教育经费记为 $ed_1$，单位万元。将中国 R & D 人员全时当量记为 $rh_2$，单位万人年；R & D 经费内部支出记为 $rc_2$，单位亿元；教育经费记为 $ed_2$，单位亿元。将北京市 R & D 人员全时当量记为 $rh_3$，单位人年；R & D 经费内部支出记为 $rc_3$，单位万元；教育经费记为 $ed_3$，单位万元。

本文数据来源于中国国家统计局 1998—2016 年年度数据、中国国家统计局 1998—2016 年分省年度数据、《中国科技统计年鉴》(1999—2017)。北京与内蒙古 2012 年教育经费数据缺失，由相邻年度数据平均值推算得出。本文数据分析过程通过 Stata15 软件进行操作。

（二）统计分析

从统计数据中看出，$rh_1$ 在 1998 年时仅有 8 788 人年，占到当年常住人口的 0.037%，到 2016 年时，增长到 39 480.4 人年，占当年常住人口的 0.157%，R & D 人力资源存量虽有大幅增长但仍极度匮乏。对比全国平均水平，1998 年 $rh_2$ 为 75.52 万人年，占当年人口总数的 0.061%，2016 年增长到 387.81 万人年，占当年人口总数的 0.281%。而对比全国 R & D 强度最高的北京市，$rh_3$ 在 1998 年为 87 004 人年，接近内蒙古同年的十倍，占当年常住人口的 0.698%，2016 年时更是增至 253 336.7 人年，占当年常住人口的 1.166%，比全国平均水平高出 3.15 倍，比内蒙古高出 6.43 倍。

根据计算得出的 R & D 强度来看，内蒙古的 R & D 强度从 1998 年的不足 0.1%上升到 2016 年的 0.81%，19 年间增长了 7.32 倍，增长幅度巨大，但从绝对量来说，还是远远落后于全国平均水平。全国 R & D 强度从 1998 年的 0.66%逐步增长至 2016 年的 2.13%，增长了 2.23 倍。再对比北京市，1998 年时北京市 R & D 强度就已达到 4.35%，经过 19 年的平稳增长，2016 年达到 5.78%，比内蒙古高出 6.14 倍。

统计数据中，1998 年 $ed_2$ 为 2 949.06 亿元，占 GDP 比重为 3.52%；$ed_3$ 为 1 507 186 万元，占地区生产总值的比重为 6.34%；同年，$ed_1$ 为 470 780 万元，占地区生产总值的比重为 3.73%，占比略高于全国水平，但从数额上看不到北京市的 1/3。2016 年 $ed_2$ 为 38 888.39 亿元，增长 12.2 倍，占 GDP 比重为 5.28%；$ed_3$ 为 11 934 724 万元，增长 6.92 倍，

占地区生产总值的比重为4.65%；同年 $ed_1$ 为7 624 806万元，增长15.2倍，占地区生产总值的比重为4.21%，占比较全国水平相比低1.07%，但从数额上看已经接近 $ed_2$ 的2/3，获得了较大幅度的增长。

将获得的数据作图1、图2、图3，分别表示内蒙古、全国和北京市的R & D人员全时当量、R & D经费和教育经费变化趋势。从图中可以明显看出每个研究对象对应的所选变量的数值都在上升，但只有北京市R & D经费投入的增长速度跟得上R & D人员全时当量的增长速度，内蒙古R & D经费投入的增速与其R & D人员全时当量的增速相比还是过于缓慢，在数额上也还需要继续提高。但好的一方面是内蒙古的教育经费投入增长已逐渐贴近R & D人员全时当量的增长。

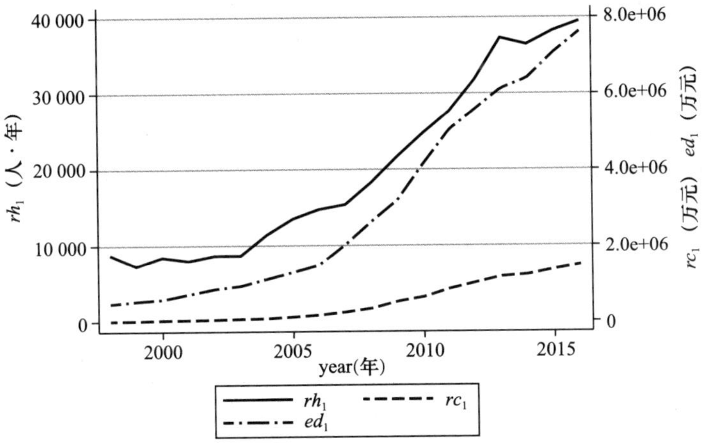


图1　内蒙古R & D人员全时当量、R & D经费内部支出、教育经费趋势图

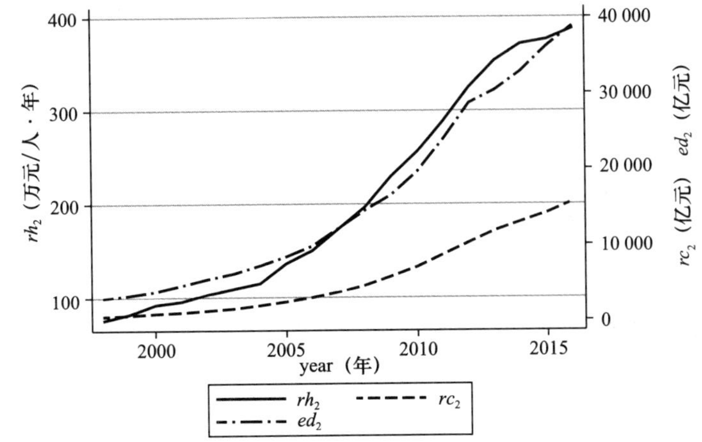


图2　全国R & D人员全时当量、R & D经费支出、教育经费趋势图

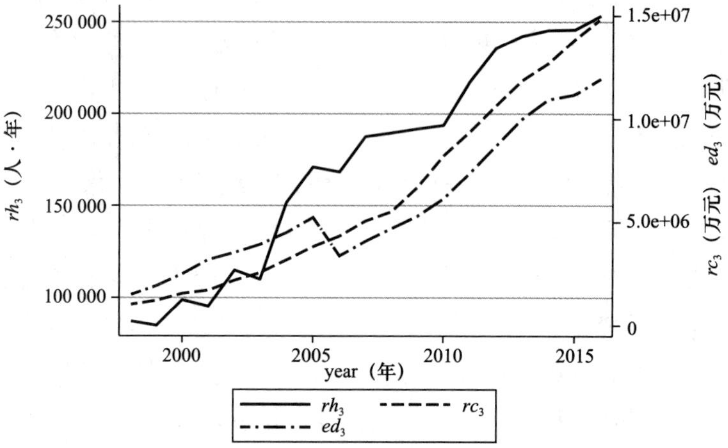


**图 3　北京市 R & D 人员全时当量、R & D 经费内部支出、教育经费趋势图**

（三）实证分析

**1. 模型构建**

本文以柯布道格拉斯生产函数为依据，构建了以下模型：

$$rh_i = a_i rc_i^{\alpha_i} ed_i^{\beta_i} + \varepsilon \quad (i=1, 2, 3) \qquad \text{式 (1)}$$

其中，$rh$ 代表 R & D 人员全时当量，$rc$ 代表 R & D 经费支出，$ed$ 代表教育经费；$i=1$，2，3 分别代表内蒙古、中国、北京市；$\alpha_i$、$\beta_i$ 分别代表 R & D 经费支出、教育经费对 R & D 人员全时当量的产出弹性，$a_i$ 为参数；$\varepsilon$ 为随机扰动项。

为消除多重共线性，增加数据的平稳性，也为后续数据处理的方便，先对每一个时间序列进行对数化处理，得到：

$$\ln rh_i = a_i + \alpha_i \ln rc_i + \beta_i \ln ed_i + \varepsilon \quad (i=1, 2, 3) \qquad \text{式 (2)}$$

**2. ADF 检验**

本文所使用数据为时间序列数据，由前文中的趋势图也可看出数据是不平稳的，因此在进一步分析数据间关系前，为检验变量数据的平稳性，现对变量数据进行单位根检验，本文采用 ADF 单位根检验方法，对 $\ln rh_1$、$\ln rc_1$、$\ln ed_1$、$\ln rh_2$、$\ln rc_2$、$\ln ed_2$、$\ln rh_3$、$\ln rc_3$、$\ln ed_3$ 及其一阶差分变量序列和二阶差分变量序列进行平稳性检验，得出见表 1、表 2、表 3 结果。

**表 1　　$\ln rh_1$、$\ln rc_1$、$\ln ed_1$ ADF 检验结果**

| 变量 | 检验类型（c，t，p） | ADF 检验值 | 临界值 | | | P 值 | 结论 |
|---|---|---|---|---|---|---|---|
| | | | 1% | 5% | 10% | | |
| $\ln rh_1$ | 1，1，0 | −3.626 7 | −4.571 6 | −3.690 8 | −3.286 9 | 0.056 0 | 不平稳 |
| $\Delta\ln rh_1$ | 1，0，0 | −5.314 5 | −3.886 8 | −3.052 2 | −2.666 6 | 0.000 6 | 平稳** |
| $\Delta2\ln rh_1$ | 0，0，2 | −4.661 4 | −2.740 6 | −1.968 4 | −1.604 4 | 0.000 2 | 平稳** |
| $\ln rc_1$ | 1，0，1 | −1.979 5 | −3.886 8 | −3.052 2 | −2.666 6 | 0.292 0 | 不平稳 |
| $\Delta\ln rc_1$ | 0，0，1 | −2.055 1 | −2.717 5 | −1.964 4 | −1.605 6 | 0.041 6 | 平稳* |
| $\Delta2\ln rc_1$ | 0，0，0 | −7.314 4 | −2.717 5 | −1.964 4 | −1.605 6 | 0.000 0 | 平稳** |
| $\ln ed_1$ | 1，1，3 | −4.019 3 | −4.728 4 | −3.759 7 | −3.325 0 | 0.032 6 | 平稳* |
| $\Delta\ln ed_1$ | 1，0，3 | −2.026 0 | −4.004 4 | −3.098 9 | −2.690 4 | 0.273 6 | 不平稳 |
| $\Delta2\ln ed_1$ | 0，0，3 | −1.894 1 | −2.755 0 | −1.971 0 | −1.603 7 | 0.058 0 | 平稳** |

注：* 代表在 5%水平下显著；** 代表在 1%水平下显著；Δ 代表一阶差分；Δ2 代表二阶差分。

检验类型中的 c、t、p 分别代表所设定的检验方程中的截距项、时间趋势项和所选滞后阶数，0 代表不含 c 或 t；1 代表含 c 或 t。

**表 2　　$\ln rh_2$、$\ln rc_2$、$\ln ed_2$ ADF 检验结果**

| 变量 | 检验类型（c，t，p） | ADF 检验值 | 临界值 | | | P 值 | 结论 |
|---|---|---|---|---|---|---|---|
| | | | 1% | 5% | 10% | | |
| $\ln rh_2$ | 1，1，3 | −2.536 3 | −4.728 4 | −3.759 7 | −3.325 0 | 0.308 8 | 不平稳 |
| $\Delta\ln rh_2$ | 1，0，0 | −2.287 3 | −3.886 8 | −3.052 2 | −2.666 6 | 0.186 5 | 不平稳 |
| $\Delta2\ln rh_2$ | 0，0，0 | −7.235 5 | −2.717 5 | −1.964 4 | −1.605 6 | 0.000 0 | 平稳** |
| $\ln rc_2$ | 0，0，2 | −0.367 3 | −2.717 5 | −1.964 4 | −1.605 6 | 0.536 0 | 不平稳 |
| $\Delta\ln rc_2$ | 0，0，0 | −0.922 4 | −2.708 1 | −1.962 8 | −1.606 1 | 0.302 7 | 不平稳 |
| $\Delta2\ln rc_2$ | 0，0，0 | −7.871 0 | −2.717 5 | −1.964 4 | −1.605 6 | 0.000 0 | 平稳** |
| $\ln ed_2$ | 1，0，0 | −1.781 8 | −3.857 4 | −3.040 4 | −2.660 6 | 0.376 7 | 不平稳 |
| $\Delta\ln ed_2$ | 1，0，0 | −1.949 4 | −3.886 8 | −3.052 2 | −2.666 6 | 0.304 0 | 不平稳 |
| $\Delta2\ln ed_2$ | 0，0，1 | −5.015 2 | −2.728 3 | −1.966 3 | −1.605 0 | 0.000 1 | 平稳** |

注：* 代表在 5%水平下显著；** 代表在 1%水平下显著；Δ 代表一阶差分；Δ2 代表二阶差分。

检验类型中的 c、t、p 分别代表所设定的检验方程中的截距项、时间趋势项和所选滞后阶数，0 代表不含 c 或 t；1 代表含 c 或 t。

表 3　　$\ln rh_3$、$\ln rc_3$、$\ln ed_3$ ADF 检验结果

| 变量 | 检验类型 (c, t, p) | ADF 检验值 | 临界值 | | | P 值 | 结论 |
|---|---|---|---|---|---|---|---|
| | | | 1% | 5% | 10% | | |
| $\ln rh_3$ | 1, 0, 0 | −1.196 5 | −3.857 4 | −3.040 4 | −2.660 6 | 0.651 9 | 不平稳 |
| $\Delta\ln rh_3$ | 1, 0, 0 | −5.900 1 | −3.886 8 | −3.052 2 | −2.666 6 | 0.000 2 | 平稳** |
| $\ln rc_3$ | 1, 0, 0 | −3.078 9 | −3.857 4 | −3.040 4 | −2.660 6 | 0.046 5 | 平稳* |
| $\Delta\ln rc_3$ | 1, 0, 0 | −3.256 0 | −3.886 8 | −3.052 2 | −2.666 6 | 0.034 1 | 平稳* |
| $\ln ed_3$ | 1, 1, 0 | −2.518 9 | −4.571 6 | −3.690 8 | −3.286 9 | 0.316 1 | 不平稳 |
| $\Delta\ln ed_3$ | 0, 0, 0 | −2.994 1 | −2.708 1 | −1.962 8 | −1.606 1 | 0.005 2 | 平稳** |

注：* 代表在 5%水平下显著；** 代表在 1%水平下显著；Δ 代表一阶差分。

检验类型中的 c、t、p 分别代表所设定的检验方程中的截距项、时间趋势项和所选滞后阶数，0 代表不含 c 或 t；1 代表含 c 或 t。

从表中可以看出内蒙古的变量数据 $\ln rh_1$、$\ln rc_1$、$\ln ed_1$ 均能在 1%的显著性水平下达到二阶平稳，因此可对这组数据进行进一步的协整检验；中国的整体变量数据 $\ln rh_2$、$\ln rc_2$、$\ln ed_2$ 均能在 1%的显著性水平下达到二阶平稳，因此，可对这组数据进行进一步的协整检验；北京市的变量数据 $\ln rh_3$、$\ln ed_3$ 能在 1%的显著性水平下达到一阶平稳，$\ln rc_3$ 能在 5%的显著性水平下达到一阶平稳，因此，可对这组数据进行进一步的协整检验。

**3. 协整分析**

本文运用 Johansen 协整检验方法对所选变量数据进行协整关系检验。

首先对 $\ln rh_1$、$\ln rc_1$、$\ln ed_1$ 的协整秩进行检验，得到表 4 结果：

由表 4 可见 $\ln rh_1$、$\ln rc_1$、$\ln ed_1$ 的协整秩为 1，说明存在唯一的协整方程。接下来估计 $\ln rh_1$、$\ln rc_1$、$\ln ed_1$ 间的协整关系，得出如下协整方程（括号中为 P 值）：

表 4　　$\ln rh_1$、$\ln rc_1$、$\ln ed_1$ 协整秩检验结果

| maximum rank | parms | LL | eigenvalue | trace statistic | 5% critical value |
|---|---|---|---|---|---|
| 0 | 15 | 60.736 368 | . | 44.392 9 | 34.55 |
| 1 | 20 | 73.964 565 | 0.789 08 | 17.936 5* | 18.17 |

$$\ln rh_1 = 2.398\,544 \ln rc_1 - 3.134\,411 \ln ed_1 + 26.191\,49 + \varepsilon \quad \text{式 (3)}$$

$$(0.000 \qquad\qquad 0.000)$$

$R^2 = 0.657\,3$，$ch_{i2} = 226.934\,7$

再对残差是否有自相关做LM检验，得到结果见表5，证明残差无自相关，协整关系成立。

**表5　　残差自相关检验结果**

| lag | $chi_2$ | df | Prob>$chi_2$ |
|---|---|---|---|
| 1 | 8.988 1 | 9 | 0.438 38 |
| 2 | 8.546 2 | 9 | 0.480 17 |
| | H0：no autocorrelation at lag order | | |

接下来对中国整体和北京市的变量数据依次进行上述检验，得出相应的协整方程如下：

$$\ln rh_2 = -3.421\,876\ln rc_2 + 4.976\,197\ln ed_2 - 13.470\,55 + \varepsilon \qquad 式(4)$$

(0.000　　　　0.000)

$R^2 = 0.895\,9$，$chi_2 = 719.009\,1$

$$\ln rh_3 = 0.658\,088\,2\ln rc_3 - 0.376\,770\,6\ln ed_3 + 7.804\,876 + \varepsilon \qquad 式(5)$$

(0.000　　　　0.000)

$R^2 = 0.491\,4$，$chi_2 = 2\,193.357$

可见内蒙古、中国整体以及北京市的R&D经费支出与教育经费对R&D人员全时当量有着长期均衡的影响。

最后对内蒙古、中国整体以及北京市变量数据进行格兰杰(Granger)因果检验，内蒙古与中国整体数据都在5%的显著性水平下R&D人员全时当量、R&D经费支出和教育经费三者互为因果，北京市数据在10%显著性水平下三者互为因果。

## 四、结论与讨论

从所得出的实证结果来看，内蒙古和北京市的R&D经费支出对R&D人员全时当量均显示出正向的弹性，教育经费对R&D人员全时当量均显示负向弹性，但从全国来看，结论却是相反的；并且北京市的数据拟合度很低。

这样的结果可能由以下几种情况导致：

(1) 内蒙古1998—2016年间R&D经费支出增长迅速，吸引了大量的R&D人力资源，但内蒙古地处偏僻，尽管教育经费投入数额也逐年攀升，由于内蒙古区内科技创新型产业不发达、科技企业数量少，而占主导地位的资源型产业和畜牧业又有明显的人力资本挤出效应（邵帅，2008），因此，没有足够的就业岗位提供给科技人力资源，使得各级教育培养出的科技创新人才大量流失；教育经费对科技人力资源存量显示负向弹性，也可能是由于尽管教育经费投入巨大，但投入结构不合理（臧兴兵、沈红，2010），根据教育部教育经费执行情况统计，内蒙古近年来在高等教育上的生均经费投入是最高的，但近年来生均经费投入增长最快的是在高中和中等职业学校教育阶段。

（2）北京市R＆D经费支出与教育经费投入对R＆D人员全时当量的弹性不论是正向还是负向都较低，这与北京市长期以来在这两方面的投入都处于高位有关，投入与产出之间形成了较为成熟的均衡关系，北京市目前的科技人力资源已趋于饱和；北京市的数据拟合程度低的一大原因可能是地理位置的优势，众多科技创新人才被首都的大量科技企业和研究院所的就业机会吸引，使得北京聚集了一大批优秀的科技人力资源。

（3）从全国来看，R＆D经费支出之所以对R＆D人员全时当量产生了负向的弹性，是因为目前中国在R＆D经费上的投入还不够重视，投入的经费没有能够产生突破车轮效应的力，日后应加大在科技创新方面的投入，提升中国整体的自主创新能力。

## 五、政策建议

针对内蒙古科技、教育经费投入及科技人力资源产出的关系，以及存在的现实问题，提出以下几点建议。

### （一）加大科技经费投入

内蒙古自1998年以来R＆D经费支出增长迅速，但由于基数过小，目前经费投入状况还不甚理想，与全国平均水平对比存在差距，与北京市等发达地区更是相差甚远。因此内蒙古应继续加大科技经费投入，支持本地科研院所的建设、科研项目的运作，给科技工作者提供优质培训机会，自主培养科研人才；给优秀的科研人才提供优惠的政策，提高科技工作者的工资待遇，以吸引优秀的科技人力资源流入并留在本地。

### （二）提升教育经费投入结构合理性

对于内蒙古这样的偏远地区，把大量的教育经费投入高等教育，而基础教育经费投入不足是存在问题的，会导致本地基础教育中培养出的高素质学生数量不足，升入高等教育的人数不足。高校中其他地区的生源较多，由于内蒙古的地理位置和经济发展水平所限，这类学生毕业时有很大一部分不会留在内蒙古本地工作，使得大量教育经费投入培养出的人才流失，而本地学生升学率低，科研创新能力不高，也难以成为真正的科研人才。因此要改善教育经费的投入结构，提高对基础教育的投入比例，增加内蒙古本地的学生进入一流高等教育的人数，提升科技人力资源存量和质量，提升地区科技创新能力。

（三）引进科技创新企业并鼓励原有资源型企业和畜牧企业进行改革

内蒙古应当出台优惠政策，积极引入科技创新企业，给科技人力资源提供就业岗位，否则出钱、出力培养和引进的人才无用武之地，只能任由其闲置甚至流出。对于现有的占主导地位的资源型企业和畜牧企业，也需要进行产业升级，加大科技投入以实现企业的战略升级，辅助企业突破发展瓶颈，实现跨越式的发展，这就需要企业引入大量的科技创新人才，新增的就业机会能够吸引科技人力资源的流入，从而助力企业和内蒙古地区的创新升级。

## 参考文献

[1] 张喜照. 科技人力资源与经济增长的协整与因果关系研究 [D]. 长沙：湖南大学，2005.

[2] 陈艳. 西部人力资源开发与教育投资探讨 [D]. 成都：西南财经大学，2001.

[3] 彭建平，张建华. 基于动态面板数据模型的我国 R & D 投入效果实证分析 [J]. 系统工程，2007，25（12）：47-52.

[4] 雷鹏. 基于人力资本、技术进步的经济增长研究 [J]. 南京社会科学，2011（3）：37-42.

[5] 罗珊，李嘉盛. R & D 人力资源投入与配置对经济增长的影响——基于广东省的数据 [J]. 科技进步与对策，2012，29（15）：24-28.

[6] 马卫刚，程长林. 科技人力资源、创新效率与经济增长——基于省际面板数据的实证分析 [J]. 工业技术经济，2014（10）：140-147.

[7] 马建峰. R & D 财力和人力资源投入对我国经济增长的影响研究——基于 1987—2010 年数据的实证分析 [J]. 经济经纬，2014，

31（2）：114-119.

[8] 陈强，颜婷，刘笑. 科技创新人力资源集聚对区域创新能力的影响 [J]. 同济大学学报（自然科学版），2017，45（11）：1722-1730.

[9] 谢智波，李向东，赵华峰. 科技人力资源开发潜力综合评价 [J]. 软科学，2004，18（2）.

[10] 朱学彦，孔寒冰. 科技人力资源开发探究——美国 STEM 学科集成战略解读 [J]. 高等工程教育研究，2008（2）：21-25.

[11] 李燕萍，孙红. 我国科技人力资源开发的现状、问题及对策 [J]. 科技进步与对策，2009，26（4）：143-147.

[12] 乌云其其格. 美国、日本、欧盟、澳大利亚科技人力资源建设动态与趋势 [J]. 中国科技论坛，2010（6）.

[13] 吴迪，梁秀霞. 我国科技人力资源配置效率评价研究 [J]. 资源开发与市场，2016，32（4）：394-452.

[14] 臧兴兵，沈红. 公共教育投入与人力资源强国建设 [J]. 清华大学教育研究，2010（4）：7-12.

[15] 刘馨阳. 我国高等教育对科技人力资源的贡献 [J]. 今日科苑，2018（05）：28-40.

[16] 江静. 中国省际 R & D 强度差异的决定与比较——基于 1998—2004 年的实证分析 [J]. 南京大学学报（哲学·人文科学·社会科学），2006，43（3）.

[17] 邵帅，齐中英. 西部地区能源开发与经济增长 [J]. 经济研究，2008（4）：147-158.

# 江苏省高技术产业人才供需状况及开发对策研究①

胡 峰 沈瑾秋 周文魁②

**摘 要：** 为了解江苏省高技术产业人才供需状况，从而能更科学地制定人才发展规划和人才开发政策，本文基于赛尔奎因—钱纳里结构变动模型和科技人才弹性模型对2007—2016年的江苏省高技术产业人才偏离度和人才弹性进行测度。同时，利用改进的新陈代谢GM（1，1）模型对江苏省高技术产业2017—2020年的人才需求总量进行灰色预测。结果表明，人才供给结构与产业发展不协调的问题比较突出，产业发展对人才的吸纳效应不大。人才需求总量虽然呈上升态势，但人才增速非常缓慢，产业发展并没有带来可观的人才就业增量。最后，根据研究结果，提出了基于界面管理理论的全界面“五链”协同人才开发模型。

**关键词：** 人才偏离度 人才弹性 人才需求 新陈代谢GM（1，1）模型 背景值优化

## 一、引言

在经济全球化背景下，人才已经成为世界各国在科技、经济领域博

① 该篇论文获得“2019年全国人才与人事研究主题征文活动”一等奖。

② 胡峰，江苏省科学技术发展战略研究院副研究员；沈瑾秋，江苏省科学技术发展战略研究院主任、副研究员；周文魁，南京信息工程大学副研究员。

弈最具竞争力的稀缺资源，也是学界一直以来非常关注的研究热点。目前，关于人才的研究内容主要聚焦于以下几个领域：一是教育学领域的人才培养模式、师资队伍建设等研究；二是行政学领域的人才政策施策效果、人才政策创新动因等研究；三是情报学领域的人才成长规律、人才学术成果等研究；四是人文地理领域的人才空间分布、人才流动地域模式等研究；五是经济管理领域的人才需求预测、人才集聚与产业发展关系、战略性新兴产业人才开发等研究。应该说，基于不同理论视角、不同工具手段开展的人才研究呈现“蓬勃”的研究态势。但总体而言，目前对于人才的研究更多地以定性研究为主，定量分析较少。

在定量研究方面，国内外很多学者将研究视角聚焦于产业发展与人才供给或人才就业的关系探讨上。对于两者关系的观点主要有3类：一类认为产业或经济发展对人才就业具有拉动效应。如1962年，美国经济学家阿瑟·奥肯首次提出经济增长会带动就业人口上升的结论，即经济增长速度快，就业岗位增加，就业水平高，失业率低。法格贝格(Fagerberg)等在索洛增长模型基础上，将技术进步因素纳入模型中，指出一国或地区因技术进步和资本积累而产生的经济增长会促使就业率上升。另一种对立的观点则认为产业发展对人才就业具有负面影响。如卡雷（Carre）等指出，技术进步因素会提高劳动生产率，从而抑制产业对就业人口的需求量。更多的学者则认为，不同的产业对人才就业产生的吸纳能力是有区别的。如周荣蓉以安徽省为例，指出第一产业产值的增长减少了其就业人数；第二、第三产业产值的增长增加了其就业人数。进一步，第三产业对劳动力的吸纳能力强于第二产业。虽然目前关于产业发展与人才就业关系的研究数量并不算少，但多数学者的研究视角均停留在较为中观的第一、第二、第三产业层面，对于更微观的行业层面的关系探讨不多。而基于供给和需求两个视角，通过定量分析的方法全面剖析高技术产业人才供需状况的文章则非常少见。

在人才需求预测研究中，目前的研究内容主要集中于：人才总量预测、类型人才预测、行业人才预测。从方法上看可分为定性和定量两种：前者有德尔斐法、描述法、经验预测法等；后者包括回归模型、生产函数模型、趋势外推、灰色模型等方法。其中，灰色模型是人才需求预测使用的主要方法之一。但基本只是采用单一的常规GM（1，1）模型，未进行任何改进，有些模型在样本数据选择上存在年数跨度过长的问题，从而导致模型失真，拟测精度不高。

因此，本文拟在现有研究的基础上，基于赛尔奎因—钱纳里结构变动模型及科技人才弹性模型，从行业微观层面对 2007—2016 年的江苏省高技术产业人才偏离度和人才弹性进行测度。同时，运用改进的新陈代谢 GM（1，1）模型对江苏省高技术产业 2017—2020 年的人才需求总量进行预测。最后，在定量分析江苏省高技术产业人才供需状况的基础上，提出基于界面管理理论的全界面“五链”协同人才开发模型，为更科学地制定人才发展规划和人才开发政策提供数据支撑和理论借鉴。本文具体的研究框架如图 1 所示。

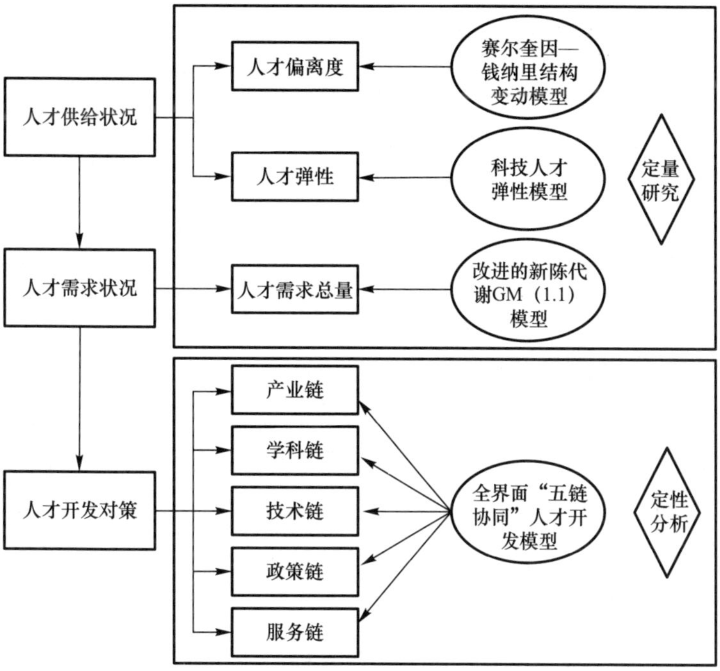


图 1　研究框架

## 二、江苏省高技术产业人才供给状况研究

（一）基于赛尔奎因—钱纳里结构变动模型的江苏省高技术产业人才偏离度测度

### 1. 人才偏离度测度方法

伴随着刘易斯拐点的出现，“人口红利”被“人才红利”所取代，经

济全球化和后工业化社会的发展，加速了对高技术产业人才的需求。然而，Syrquin 和 Chenery[20] 提出的就业结构滞后理论认为，在发展中国家，相对于产业结构而言，就业结构变动具有滞后性，两者存在着一定程度的偏离。偏离度越高，表明产业结构和就业结构越不协调。本文基于赛尔奎因—钱纳里结构变动模型对 2007—2016 年江苏省高技术产业人才偏离度进行测度，其偏离度公式为：

$$\lambda=\left(\frac{X_i/\sum_{i=1}^{n}X_n}{Y_i/\sum_{i=1}^{n}Y_n}\right),\ n=1,\ 2,\ \cdots,\ 5 \qquad \text{式（1）}$$

式中，$\lambda$ 为人才偏离度，$X_i$ 为第 $i$ 个产业的产值，$Y_i$ 为第 $i$ 个产业的从业人员数。$\lambda$ 的绝对值越大，结构越失衡，即该产业的人才供给数量的变化与产业发展不协调，未起到支撑产业发展的作用。如果偏离度为正值，该值越大，劳动生产率越低，表明该产业的发展带动了经济增长，却没有带来相应的就业增量，人才吸纳能力不断降低。如果偏离度为负值，表明该产业的劳动生产率较低，意味着需要较多的人力投入才能创造出同样的产出，此类产业存在劳动力转出的可能性。偏离度为 0 时，表示该产业人才队伍完全适应产业发展需求；人才供给数量结构与产业产值结构处于完全均衡状态。

**2. 2007—2016 年江苏省高技术产业人才偏离度测度**

基于数据的可获得性、可比性原则，本文以《中国高技术产业统计年鉴》中的行业划分为标准，以相关数据为样本，计算出 2007—2016 年江苏省高技术产业人才偏离度（见表 1），并绘制江苏省高技术产业人才偏离度变化趋势图（见图 2）。

**表 1　2007—2016 年江苏省高技术产业人才偏离度**　（单位：%）

| 年份 | 医药制造业 | 航空、航天器及设备制造业 | 电子及通信设备制造业 | 计算机及办公设备制造业 | 医疗仪器设备及仪器仪表制造业 | 总偏离度 |
|---|---|---|---|---|---|---|
| 2007 年 | −8.5 | −17.25 | −12.05 | 35.51 | −22.04 | −24.33 |
| 2008 年 | 3.13 | −0.9 | −16.2 | 37.28 | −2.71 | 20.6 |
| 2009 年 | 17.14 | −19.83 | −19.83 | 43.56 | −3.07 | 17.97 |
| 2010 年 | 19.54 | −14.33 | −18.7 | 44.23 | 3.16 | 33.9 |
| 2011 年 | 28.28 | 38.32 | −16.37 | 44.47 | 3.42 | 98.12 |
| 2012 年 | 41.03 | 20.65 | −16.25 | 41.93 | 7.66 | 95.02 |

续表

| 年份 | 医药制造业 | 航空、航天器及设备制造业 | 电子及通信设备制造业 | 计算机及办公设备制造业 | 医疗仪器设备及仪器仪表制造业 | 总偏离度 |
|---|---|---|---|---|---|---|
| 2013 年 | 36.25 | 34.26 | −17.27 | 44.15 | 10.97 | 108.36 |
| 2014 年 | 43.51 | 69.93 | −14.47 | 20.28 | 18.04 | 137.29 |
| 2015 年 | 46.45 | 62.63 | −11.14 | 4.15 | 18.36 | 120.45 |
| 2016 年 | 48.08 | 50.69 | −12.45 | 6.97 | 20.29 | 113.58 |

注：资料来源于《中国高技术产业统计年鉴》（2008—2017）。

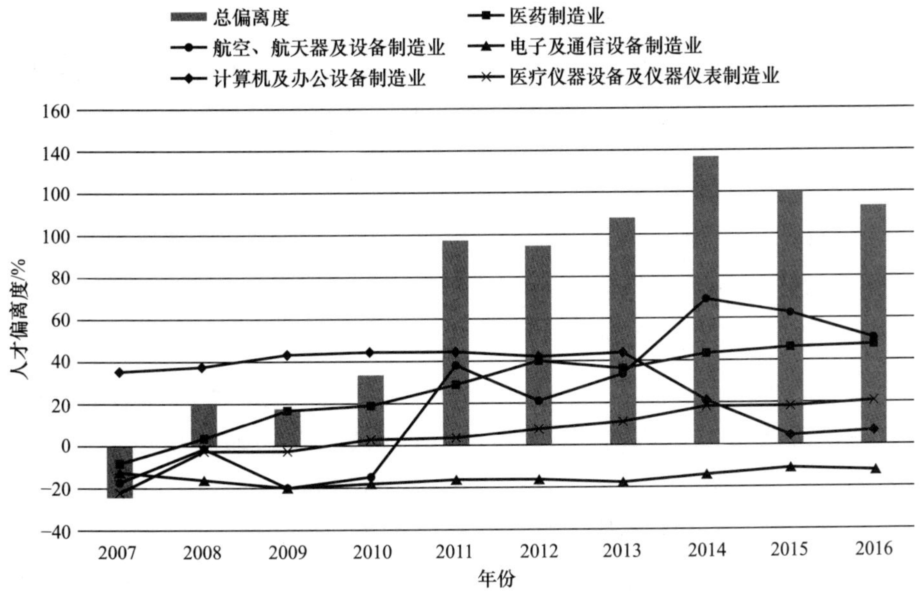


**图 2　2007—2016 年江苏省高技术产业人才偏离度变化趋势**

结合表 1 及图 2 可以看出，2007—2016 年五大高技术产业的人才供给结构与产业发展不协调的问题比较突出，从人才总偏离度指标来看，基本呈现上升状态，江苏省高技术产业人才占比一直低于产值占比，尤其是 2011 年之后，人才总偏离度指标迅速上升至接近 1，这一趋势表明人才供给结构与产业产出结构之间的不协调情况愈演愈烈，结构效益不断降低，江苏省高技术产业对人才的吸纳能力不断下降。尤其是电子及通信设备制造业，10 年来人才结构偏离度一直为负值，说明该产业的发展不仅没有吸纳更多的人才就业，反而对人才产生了负向挤出效应，人才供给大于产业发展需求。另外，航空、航天器及设备制造业除了 2012

年的人才偏离度相对较低之外，其余年份则基本呈现上升趋势，反映出该行业对人才的吸纳能力不断降低。其原因主要在于，高技术产业基本属于资本和技术密集型产业，对劳动力的可替代性较强，因此产业发展对普通层次的劳动力或者说中低端人才的需求规模不大。总体来看，江苏省高技术产业还没有建立起和产业发展相适配的人才队伍，人才供给与产业发展的失衡现象很严重，就业人口规模的不断增长和产业发展对人才吸纳能力的下降之间的矛盾非常尖锐。

（二）基于科技人才弹性模型的江苏省高技术产业人才弹性测度

**1. 人才弹性模型测度方法**

弹性是经济学中的一个基本概念，指的是一个变量对另一个变量的微小变动所作的反应[21]。本文借鉴陈玉兰构建的“科技人才弹性模型”，采用弧弹性的计算方式进行人才弹性测度，其公式如下：

$$\varepsilon=\frac{(X_t-X_{t-1})/(X_{t-i})}{(Y_t-Y_{t-1})/(Y_{t-i})} \quad \text{式 (2)}$$

式中，ε 为人才弹性指数，$X$ 为高技术产业从业人员总量，$Y$ 为高技术产业产值，$t$ 为年份。弹性指数为正值时，表示人才供给数量的增减对产业产值的增减具有正向影响作用，或者说产业的发展对人才具有吸纳效应，值的大小反映该行业人才供给的饱和度。弹性指数为负值时，表示人才供给数量的增减对产业产值的增减具有相反的阻碍或促进作用，或者说产业的发展对人才具有一定的挤出效应。

**2. 2007—2016 年江苏省高技术产业人才弹性测度**

本文通过《中国高技术产业统计年鉴》得到江苏省高技术产业相关数据，计算出 2007—2016 年江苏省高技术产业人才弹性（见表 2）。

**表 2　2007—2016 年江苏省高技术产业人才弹性**　（单位：%）

| 年份 | 项目 | 医药制造业 | 航空、航天器及设备制造业 | 电子及通信设备制造业 | 计算机及办公设备制造业 | 医疗仪器设备及仪器仪表制造业 |
|---|---|---|---|---|---|---|
| 2006 年 | 产值增长率 | 14.29 | 357.96 | 34.27 | 7.89 | 52.64 |
| | 从业人员增长率 | 9.95 | 158.92 | 23.32 | 22.24 | 22.01 |
| | 人才弹性 | 69.63 | 44.4 | 68.05 | 281.88 | 41.81 |
| 2007 年 | 产值增长率 | 22.97 | 25.02 | 32.05 | 19.13 | 37.27 |
| | 从业人员增长率 | 4.62 | 8.61 | 28.73 | 14.35 | 18.44 |
| | 人才弹性 | 20.11 | 34.41 | 89.64 | 75.01 | 49.48 |

续表

| 年份 | 项目 | 医药制造业 | 航空、航天器及设备制造业 | 电子及通信设备制造业 | 计算机及办公设备制造业 | 医疗仪器设备及仪器仪表制造业 |
|---|---|---|---|---|---|---|
| 2008年 | 产值增长率 | 33.73 | 21.45 | 17.89 | 21.54 | 48.21 |
| | 从业人员增长率 | 28.87 | 10.15 | 34.4 | 30.32 | 32.59 |
| | 人才弹性 | 85.59 | 47.32 | 192.29 | 140.76 | 67.6 |
| 2009年 | 产值增长率 | 29.6 | −5.29 | 2.6 | 8.89 | 40.03 |
| | 从业人员增长率 | 1.61 | 4.26 | −4.49 | −7.28 | 25.16 |
| | 人才弹性 | 5.44 | −80.53 | −172.69 | −81.89 | 62.85 |
| 2010年 | 产值增长率 | 26.1 | 21 | 33.8 | 13.53 | 39.37 |
| | 从业人员增长率 | 15.14 | 5.5 | 22.95 | 5.29 | 43.28 |
| | 人才弹性 | 58.01 | 26.19 | 67.9 | 39.1 | 109.93 |
| 2011年 | 产值增长率 | 28.77 | 178.65 | 29.16 | −5.62 | 39.54 |
| | 从业人员增长率 | 2.94 | 48.04 | 7.71 | −19.17 | 19.42 |
| | 人才弹性 | 10.22 | 26.89 | 26.44 | 341.1 | 49.11 |
| 2012年 | 产值增长率 | 26.97 | 10.92 | 21.04 | 5.91 | 22.15 |
| | 从业人员增长率 | 4.39 | 14.95 | 9.24 | −2.56 | 6.05 |
| | 人才弹性 | 16.28 | 136.9 | 43.92 | −43.32 | 27.31 |
| 2013年 | 产值增长率 | 23.43 | 22.06 | 6.25 | 2.84 | 16.92 |
| | 从业人员增长率 | 16.37 | −0.09 | −2.02 | −7.77 | 3.32 |
| | 人才弹性 | 69.87 | −0.41 | −32.32 | −273.59 | 19.62 |
| 2014年 | 产值增长率 | 8.16 | 8.54 | 8.38 | −10.13 | 12.83 |
| | 从业人员增长率 | −2.87 | −18.88 | −0.84 | 1.87 | 0.32 |
| | 人才弹性 | −35.17 | −221.08 | −10.02 | −18.46 | 2.49 |
| 2015年 | 产值增长率 | 14.33 | 10.43 | 11.06 | −15.38 | −17.41 |
| | 从业人员增长率 | 5.28 | 8.44 | 0.47 | −8.15 | −4.24 |
| | 人才弹性 | 36.85 | 80.92 | 4.25 | 52.99 | 24.35 |
| 2016年 | 产值增长率 | 11.23 | −25.87 | 5.59 | 1.76 | 14.61 |
| | 从业人员增长率 | −2.91 | −3.04 | −5.42 | −12.54 | −0.47 |
| | 人才弹性 | −25.87 | 11.75 | −96.96 | −712.5 | −3.22 |

注：资料来源于《中国高技术产业统计年鉴》（2008—2017年）。

由于计算结果呈现一定的随机波动性，因此本文对人才弹性进行了3年滑动平均（见表3），并据此绘制江苏省高技术产业人才弹性的变化趋势图（见图3）。

表 3　　2007—2016 年江苏省高技术产业人才弹性 3 年滑动平均　　（单位：%）

| 年份 | 医药制造业 | 航空、航天器及设备制造业 | 电子及通信设备制造业 | 计算机及办公设备制造业 | 医疗仪器设备及仪器仪表制造业 |
|---|---|---|---|---|---|
| 2007 年 | 33.72 | 40.36 | 87.63 | 157.8 | 32.06 |
| 2008 年 | 58.44 | 42.04 | 116.66 | 165.88 | 52.96 |
| 2009 年 | 37.05 | 0.4 | 36.41 | 44.63 | 59.98 |
| 2010 年 | 49.68 | −2.34 | 29.17 | 32.66 | 80.13 |
| 2011 年 | 24.56 | −9.15 | −26.12 | 99.44 | 73.96 |
| 2012 年 | 28.17 | 63.33 | 46.09 | 112.29 | 62.12 |
| 2013 年 | 32.12 | 54.46 | 12.68 | 8.03 | 32.01 |
| 2014 年 | 16.99 | −28.2 | −0.53 | −111.79 | 16.47 |
| 2015 年 | 23.85 | −46.86 | −12.7 | −79.69 | 15.49 |
| 2016 年 | −8.06 | −42.8 | −34.24 | −225.99 | 7.87 |
| 总平均 | 29.65 | 7.12 | 25.51 | 20.33 | 43.31 |

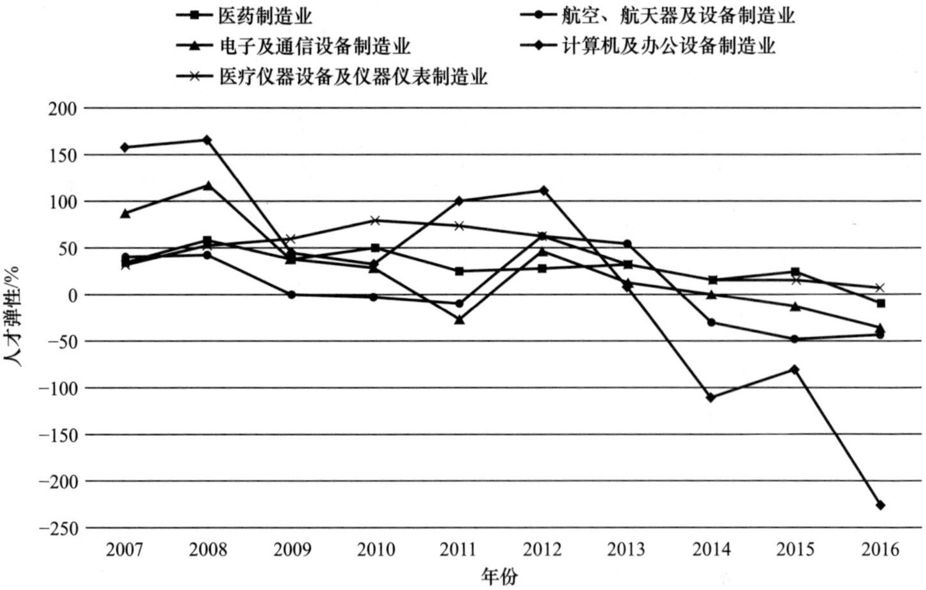


图 3　2007—2016 年江苏省高技术产业人才弹性 3 年滑动平均变化趋势

结合表 3 和图 3 可以看出，医药制造业和医疗仪器设备及仪器仪表制造业两大行业的人才弹性指数相对比较稳定，且弹性指数基本均为正值（除 2016 年），而其他 3 个行业的人才弹性指数则相对波动较大，且出现负值，即个别年份产业的发展对人才供给呈现非常强的挤出效应。从总平均来看，五大高技术行业的人才弹性指数普遍不高，对人才的吸纳能力不是很强，提供的就业空间不大，航空、航天器及设备制造业的人才弹性指数最低。而从总体趋势来看，这些行业的人才弹性指数整体呈现下降状态，表明其对人才的吸纳能力不断下降，人才增速不快，经济增长和人才增长之间并未保持同步，高技术产业产值的增长对从业人员数量增长的正向拉动效应不大。这一结果也和上述关于人才偏离度不断上升导致的高技术产业发展对人才的吸纳效应不断降低的结论相互印证。

## 三、江苏省高技术产业人才需求状况研究

### （一）新陈代谢 GM（1，1）及改进的新陈代谢 GM（1，1）模型建模原理

以往基于灰色模型的人才需求预测基本上都是采用常规的 GM（1，1）模型，如石超等、白旭光等。但由于忽略了系统发展过程中的一些干扰因素，其预测精度并不是很理想。基于此，有学者提出了新陈代谢 GM（1，1）模型，其原理是将 GM（1，1）模型预测的最新数据 $X^{(0)}$（$k+1$）加入原始数据序列 $X^{(0)}$ 中，再去掉最老的数据 $X^{(0)}$（1），以保证数据序列的维度不变，然后用最新的数据序列 $X^{(0)}=[x^{(0)}(2),x^{(0)}(3),\cdots,\hat{x}^{(0)}(k+1)]$重复建立常规 GM（1，1）模型，如此反复，依次递补，直到完成预测目标。

由于没有优化处理背景值，所以尽管新陈代谢 GM（1，1）模型提升了预测精度，但仍然存在缺陷。刘乐等指出，梯形公式构造法$\frac{1}{2}[x^{(1)}(k)-x^{(1)}(k-1)]$与$\int_{k-1}^{k}x^{(1)}(t)\mathrm{d}t;(k=2,3,\cdots,n)$之间的误差是造成 GM（1，1）模型拟测精度不高的主要原因，并提出了精度更高的背景值构造公式：

$$Z^{(1)}(k+1)=\frac{x^{(1)}(k+1)-x^{(1)}(k)}{\ln[x^{(1)}(k+1)-x^{(1)}(1)]-\ln[x^{(1)}(k)]}-\frac{x^{(1)}(1)x^{(1)}(k)}{x^{(0)}(k+1)-x^{(1)}(1)},k=1,2,\cdots,n-1 \qquad \text{式（3）}$$

尽管背景值优化 GM（1，1）模型和新陈代谢 GM（1，1）模型通过对常规 GM（1，1）模型的优化明显提升了灰色预测的精度，但是依然存

在改进空间。胡峰等通过结合前述两种方法，提出了改进的新陈代谢 GM（1，1）模型，并通过与常规 GM（1，1）模型、新陈代谢 GM（1，1）模型以及背景值优化 GM（1，1）模型进行对比，指出改进的新陈代谢 GM（1，1）模型具有最小的拟合误差，拟合精度最高。因此，本文采用胡峰等的方法，通过采用改进的新陈代谢 GM（1，1）模型对江苏省高技术产业 2017—2020 年的人才需求总量进行灰色预测。

（二）基于改进的新陈代谢 GM（1，1）模型的江苏省高技术产业人才需求预测

由于距离预测期较近的数据对未来预测值的影响要远大于距离预测期较远的数据，所以本文以 2011—2016 年的江苏省高技术产业从业人员数为原始数据序列，按照改进的新陈代谢 GM（1，1）模型的建模步骤，得到改进的新陈代谢 GM（1，1）模型的拟合数据（见表 4），并对江苏省高技术产业 2017—2020 年的人才需求量进行预测（见表 5）。

表 4　江苏省高技术产业从业人员数拟测结果

| 年份 | 拟测数据/人 | 实际数据/人 | 相对误差/% |
|---|---|---|---|
| 2012 年 | 2 414 351 | 2 486 148 | 2.8 |
| 2013 年 | 2 414 262 | 2 461 783 | 1.9 |
| 2014 年 | 2 441 677 | 2 446 480 | 0.2 |
| 2015 年 | 2 469 331 | 2 473 976 | 0.2 |
| 2016 年 | 2 396 576 | 2 341 650 | 2.3 |

表 5　江苏省高技术产业人才需求总量预测结果　（单位：人）

| 年份 | 高技术产业人才需求量 |
|---|---|
| 2017 年 | 2 485 587 |
| 2018 年 | 2 498 693 |
| 2019 年 | 2 537 046 |
| 2020 年 | 2 562 985 |

由以上数据可见，预计到“十三五”末，江苏省高技术产业人才总量将达到 25 万人以上，比“十二五”末增加 3.6%。虽然根据预测结果，江苏省高技术产业的人才需求总量呈上升态势，但总量增速非常缓慢，人才的总量效应并不明显。这也从一个侧面反映出江苏省高技术产业发展与人才增长的供需矛盾，即江苏省高技术产业发展所需的人才总量的

提升空间并不是很大，产业的发展并没有带来可观的人才就业增量。

## 四、江苏省高技术产业人才开发对策

为保证江苏省在人才存量和人才增量方面的进一步突破，有效地解决上述人才供给与产业发展需求的矛盾，同时优化江苏省高技术产业的人才结构，切实加强人才素质，提升产业发展与人才供给的协调性和适配性，实现人力资源大省向人才资源强省的转变，本文依据界面管理理论，提出了全界面“五链”协同人才开发模型（见图 4）。

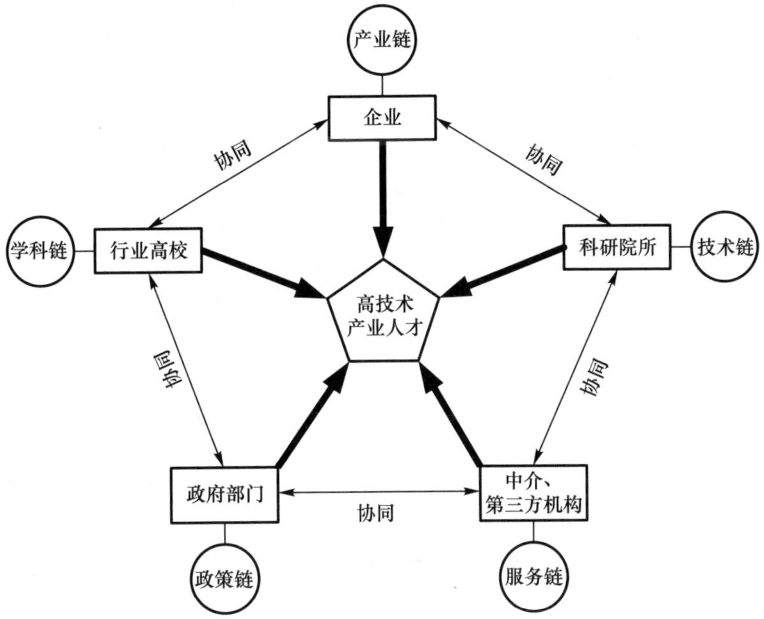


图 4　全界面“五链”协同人才开发模型

### （一）产业链：加强人才吸纳效应

高技术企业是解决高技术产业人才就业、发挥人才效应最重要的载体。江苏的高技术企业应该主动吸纳、培育符合产业发展实际需求的各类高、中、低端人才，通过与高等学校和科研院所等的协同互动，加强人才跨部门、跨行业的合理流动，加速显性知识和隐性知识的无缝、多向转移和扩散，提升人才素质和技能，减少结构性和摩擦性失业。企业要与高校、科研院所等形成互补性的人才培养合作模式，通过提供相关的实习实训基地，夯实人才的实践技能。高技术企业在推进自身产业发展的同时，要重视其所延伸出的相关产业及其对传统产业的改造升级，从而增加和拓展中低端人才的吸纳效应，通过相互间的叠加效应和乘数效应，不断提升人才弹性，在促进产业和地区经济增长的同时，优化高技术产业的人才队伍结构。

（二）学科链：提升人才实践能力

高校尤其是行业高校是承担人才培养重任的有力支撑，是提升人才开发效率的重要载体。江苏具有雄厚的科教实力，高校数全国居首。在全国“双一流建设高校”名单中，江苏有15所高校入选，其学科实力可见一斑。江苏高校应充分发挥学科优势，进一步完善和优化专业结构设置，坚持以市场需求为人才培养导向，通过与企业、科研院所、政府等多部门、多领域的协同合作，制定多渠道、多口径的人才培养方案，实现高层次、多元化、创新型、实践性的人才输出，为高技术产业的发展提供强大的智力资源，切实提升人才供给与企业或产业发展的有机耦合和匹配。同时，要向企业、科研院所等有条件地开放图书馆、重点实验室等公共资源和技术服务平台，真正实现知识共享和人才互通。

（三）政策链：强化人才机制创新

无论是宏观生产函数还是奥肯定律都证明了产业的发展与人才就业增长本质上并不矛盾。两者表面矛盾的解决都需要依赖政府强有力的政策引导。在人才协同开发模型中，政府更应该积极作为，强化人才体制机制创新，在积极发展高技术产业的同时应始终坚持就业优先的宏观经济政策，积极实行人力优先开发的投入政策，大幅增加人才发展投入，提高人才投入占财政支出比例。充分运用财政税收和金融信贷政策，拓宽人才投入渠道，鼓励社会组织、企业和个人以各种形式支持人才发展。同时，政府应该联合高校、科研院所、企业、中介服务机构等开展对各类高技术产业人才的统筹规划和分类指导，分析重点领域的人才供求状况，开展人才需求预测，并定期发布急需紧缺人才目录，开展重点领域专门人才知识更新培训，在全球范围内加强和优化人才配置，最终实现高技术产业发展与人才就业的协同推进。

（四）服务链：发挥人才服务职能

各类人才中介机构是为政府、企事业单位和求职者提供专业服务和管理的机构，是促进供求双方有效沟通、实现人才合理流动的桥梁，对于优化人才资源配置、带动社会整体就业能力提升发挥了积极作用。在人才协同开发过程中，人才中介机构应充分发挥好服务功能，根据社会、企业和人才的实际需求，提供精准化、定制化的信息咨询服务。同时，通过开展专项培训服务、人才招聘活动、人才测评服务等多元化的创新服务，形成全界面的人才服务模式。

（五）技术链：夯实人才专业技能

科研院所作为“产学研合作”的重要一端，是促进科技成果开发和转化的推动力量，在人才协同开发过程中扮演着重要角色。科研院所应充分借助自身的技术优势，深化与高技术企业、高校在人才、技术、知识等方面的交流和战略合作。建立人才培养与重大项目紧密结合的机制，依托国家重大人才计划、省重点人才工程以及科研、工程、产业攻关等项目，针对产品及成套技术开发、技术机会识别、技术路线选择等创新实践培养人才，使高技能人才更好地满足高技术产业发展所需。

## 参考文献

[1] 赵智兴，段鑫星. 人工智能时代高等教育人才培养模式的变革：依据、困境与路径［J］. 西南民族大学学报：人文社会科学版，2019（2）：213-219.

[2] 姚弋霞，张文舜，何久钿. “双一流”战略视域下一流本科师资队伍建设的问题与思考［J］. 江西师范大学学报：哲学社会科学版，2018，51（2）：127-133.

[3] 胡威. 我国地方政府人才政策创新动因研究——基于北京、上海和浙江的分布［J］. 行政论坛，2018（1）：114-121.

[4] 王双，赵筱媛，潘云涛，等. 学术谱系视角下的科技人才成长研究——以图灵奖人工智能领域获奖者为例［J］. 情报学报，2018，37（12）：1232-1240.

[5] 我国化学领域青年科技人才论文产出分析——以前5批青年千人为例［J］. 现代情报，2019，39（2）：8-16.

[6] 张波，丁金宏. 中国省域高端人才空间分布及变动趋势：2000—2015年［J］. 干旱区资源与环境，2019，33（2）：32-36.

[7] 聂晶鑫，刘合林. 中国人才流动的地域模式及空间分布格局研究［J］. 地理科学，2018，38（12）：1979-1987.

[8] 胡峰，陆丽娜，黄斌，等. 江苏省高技术产业人才需求预测研究——基于改进的新陈代谢 GM（1，1）模型［J］. 科技管理研究，2018（16）：57-62.

[9] 裴玲玲. 科技人才集聚于高技术产业发展的互动关系［J］. 科学学研究，2018（5）：813-824.

[10] 阳立高，贺正楚，韩峰. 战略性新兴产业人才开发问题与对策：以湖南省为例［J］. 科技进步与对策，2013，30（19）：143-147.

[11] 方福前，孙永君. 奥肯定律在我国的适用性检验［J］. 经济学动态，2010（12）：20-25.

[12] FAGERBERG J，VERSPAGEN B，CANIELS M. Technology，growth and unemployment across European regions［J］. Regional Studies，1997，31（5）：457-466.

[13] CARRE M，DROUOT D. Pace versus type：the effect of economic growth on unemployment and wage patterns［J］. Review of Economic Dynamics，2004，7（3）：737-757.

[14] 周荣蓉. 产业结构与就业结构的互动关系的实证分析［J］. 统计与决策，2016（10）：136-138.

[15] 李朋波，张庆红. 国内人才需求预测研究的进展与问题分析［J］. 当代经济管理，2014，36（5）：72-80.

[16] 石超，张荐华. "一带一路"背景下中国—东盟自由贸易区人才需求预测［J］. 广西社会科学，2018（3）：55-59.

[17] 白旭光. 基于灰色系统理论的风险投资人才需求预测研究——以山西省为例［J］. 系统科学学报，2017，25（4）：67-69.

[18] 阳立高，贺正楚，韩峰. 湖南省战略性新兴产业人才需求预测及对策研究［J］. 中国科技论坛，2013（11）：85-91.

[19] SYRQUIN M，CHENERY H. Three decades of industrialization［J］. The World Bank Economic Review，1989，3（2）：145-181.

[20] 李红松. 我国经济增长与就业弹性问题研究［J］. 财经研究，2003（4）：23-27.

[21] 陈玉兰. 转变经济发展方式视角下的江苏科技人才开发［J］. 南通大学学报：社会科学版，2014，30（4）：24-29.

[22] 王宁，张爽，曾庆均. 基于新陈代谢 GM（1，1）模型的重庆市

人口老龄化预测研究［J］. 西北人口，2017，38（1）：66-70.

［23］刘乐，王洪国，王宝伟. 基于背景值构造方法的GM（1，1）模型优化［J］. 统计与决策，2009（1）：153-155.

［24］LARSSON R，BENGTSSON L，HENRIKSSON K，et al. The interorganizational learning collective knowledge strategic dilemma：in development alliances［J］. Organization Science，1998，9（3）：285-305.

［25］樊士德，费振东. 战略性新兴产业的就业效应与政策研究——基于对不同层次劳动力分解［J］. 产业经济评论，2017（1）：20-30.

# 物流行业人才需求影响因素的实证分析——基于2018年山东省物流行业人才需求数据[①]

张　瑜　薛彦登[②]

**摘　要：**在我国物流行业持续发展的背景下，人才供需日趋不平衡，研究影响物流行业人才需求的因素，对于高校教育物流管理专业办学定位和办学模式的调整具有重要的现实意义，有助于了解物流行业人才需求及培养方向深层次的问题。本文基于2018年山东省物流行业人才需求数据，利用排序模型研究发现，企业性质、岗位类型、工作经验要求等因素都能显著影响该行业的人才需求量，并存在显著的学历及地区差异。同时，本文在实证分析的基础上，对高校教育物流管理专业办学定位和办学模式的调整提出了具体建议。

**关键词：**物流行业　人才需求　影响因素　排序模型

## 一、引言

在当前共享时代，我国物流市场规模持续扩大，需求稳中向好。2014—2017年，全国物流行业总收入呈逐年上涨趋势，2017年物流行

① 该篇论文获得“2019年全国人才与人事研究主题征文活动”一等奖。

② 张瑜，山东劳动职业技术学院经济管理系讲师；薛彦登，山东劳动职业技术学院经济管理系副教授。

业专业水平持续提升，物流市场规模加速扩张。2017年物流行业全年物流业总收入为8.8万亿元，比上年增长11.5%，增速提高6.9个百分点。当下，群众生活品质稳步提升，用户消费升级，消费者对消费体验期望值增加，并且随着物联网、人工智能等技术的发展，以及新零售、智能制造等领域对物流的更高要求，智慧物流市场规模将持续扩大。2018年智慧物流市场规模超过4 000亿元，预计到2025年，智慧物流市场规模将超过万亿①。这些新技术的应用必然对物流从业人员素质提出了更高的要求，高素质实用复合型物流人才顺势成为物流行业争抢挖掘的首选。

本文通过选取影响山东省物流行业人才需求的因素，利用排序模型（Ordered Probit）进行深入研究，分析各个因素与物流行业人才需求之间的关系，期望针对高校如何培养出与行业需求相呼应的物流专业人才队伍，提出切实有效的建议。从高校教学层面来说，物流管理专业办学十余年，研究影响物流行业人才需求的因素，有助于更加明确专业的人才培养目标，深化构建校企合作人才培养模式，提升物流专业毕业生就业率，尽快形成物流专业教育的梯度发展体系。从社会层面来说，研究物流行业人才需求的影响因素，有助于缓解物流业发展的人才稀缺瓶颈问题，对于培养适应现代物流业发展的人才和促进我国现代物流业的发展具有重要意义。具有现代服务意识的复合型高端技术技能型人才，能够促进电商物流的健康快速发展。因此，本文的实证研究结果有助于了解物流行业人才需求及培养方向深层次的问题，对于高校教育物流管理专业办学定位和办学模式的调整具有重要的现实意义。

## 二、文献综述

Grubel 和 Walker（1989）[1] 提出制造业主导与物流业的发展，Rowthron 和 Ramaswamy（1999）[2]则认为“互动论”更能解释二者的关系。陶经辉等（2009）[3]采用5个国家（美国、日本、韩国、加拿大和新加坡）的物流产业发展数据，建立了传统指数曲线增长模型、马氏链模型和回归模型，对物流产业发展和物流人才需求进行研究。结果显示，

① 数据来源：iiMedia Research《2018—2019中国智慧物流行业研究报告》。

物流产业增加值是影响物流人才的显著因素。张春霞等（2013）[4]归纳分析得出：高素质复合型智能物流人才匮乏是制约我国物流业发展的瓶颈。桂德怀（2018）[5]结合智能制造的江苏目标，分析了智能制造与智慧物流的协同关系，从要素视角对智慧物流人才特征画像，并指出智慧物流人才供小于求的不平衡状况。高月娜（2016）[6]结合物流一线操作技能岗位急需的人才需求现状，也提出调整物流管理专业人才培养模式，加强校企合作。吕雪（2019）[7]结合电子商务日新月异的发展背景，提出智能化、规划管理控制的复合型物流管理人才是大势所趋。邓金蕾（2019）[8]结合经济大数据技术的优势，提出明确物流企业市场定位，重视培养科技创新能力强的物流管理人才。赵婷婷（2019）[9]结合辽东湾港口产业升级战略背景，提出通过建设物流管理专业集群，实现高职物流创新发展。

根据上文可知，国外学者较早探讨了物流业的相关理论，国内学者也用相关模型分析了影响物流人才的诸多因素，更多的研究是基于物流管理人才的供需矛盾，提出物流人才的培养与定位。但是关于我国物流行业需求的影响因素，较少的文献只分析了少数几个因素，数据来源更新较慢，因此本文以 2018 年山东省最新的物流行业人才需求为研究对象，选取适当的模型和指标，研究不同的因素对山东省物流行业需求的影响程度。

## 三、计量模型选取、数据来源及变量描述性统计

### （一）排序模型（Ordered Probit）

本文将物流专业人才需求指标分为 4 个区间段，设为离散有序指标，因此本文使用 Ordered Probit 计量模型进行估计。对于被解释变量是有顺序的数据，我们使用潜变量进行估计。具体的计量模型的设定如下所示：

$$H^* = x'\beta + \varepsilon$$

$H^*$ 表示为物流专业人才需求，则有：

$$H^* = \begin{cases} 1，当 H^* \leqslant \gamma_1 \\ 2，当 \gamma_1 < H^* \leqslant \gamma_2 \\ 3，当 \gamma_2 < H^* \leqslant \gamma_3 \\ 4，当 \gamma_3 < H^* \leqslant \gamma_4 \\ 5，当 \gamma_4 \leqslant H^* \end{cases}$$

其中，被解释变量 $H^*$ 是物流专业人才需求，$\gamma_1 < \gamma_2 < \cdots, < \gamma_4$ 是参数估计中的未知临界点（Cutoff Points）。

（二）数据来源

本文使用的数据来源于山东省 2018 年物流行业人才需求数据，山东省属于半岛，各区位条件比较均衡，既有鲁东沿海地区，也有鲁西地区省会济南，且位于京沪大动脉上，济南、青岛、烟台、潍坊等市经济总量名列前四名，经济总量占比为 43.25%，且均匀分布在山东各地。因此，选取山东省 2018 年物流行业人才需求可以作为代表性调查数据，能够在一定程度上反映我国物流管理专业人才需求的趋势。

2018 年的山东省物流行业人才需求数据包含了 36 198 个招聘物流人才的企业，本文排除了信息缺失的观测个体后，最终使用的样本包括 35 887 个有物流人才招聘需求的企业，此数据为横截面数据。

（三）变量选取及描述性统计结果分析

本文选用“物流行业招聘人数”变量来描述物流行业人才需求情况，该变量是本文重要的被解释变量，该变量是一个有序变量。在本文中用 Recruiting 表示。从表 1 可以看出，变量 Recruiting 的均值是 2.889，这表明企业物流人才需求的期望处于中游水平，这与山东省物流企业规模一般为中小企业直接相关。

本文在计量模型中引入与“物流行业招聘人数”有关的以下解释变量：主要有描述“企业性质”的变量 Company Nature，均值是 1.499，这表明山东省物流企业集中在民营群体。还有描述“所属行业”的变量 Company Industry，均值是 1.801，这表明山东省物流企业第二产业居多。用 Job Type 表示“岗位类型”，均值为 1.015，从表 1 可以看出，运营岗位的物流专业人才需求量大。描述“月薪酬”的变量 Salary，均值为 0.393，这表明招聘人员月薪酬一般为 5 000 元以下。用 Company Scale 表示“企业规模”，从表 1 可以看出，物流企业规模呈现略低于中游的态势，这也印证了企业人才需求区间人数偏少的现状。Education 的均值为 2.468，这表明招聘学历要求一般为大专，学历要求处于中游水平，这与该行业技能人才需求量大有关。描述“招聘工作经验要求”的变量 Experience 的均值是 3.296，这表明山东省物流企业招聘人才工作经验要求一般为 3 年以下，也就是说物流行业招聘人才并不要求非常丰富的工作经验，这对于高职物流管理专业毕业生来说是利好消息，也对物流管理专业的高职教育提出更高的技能目标要求。Work Nature 表示招聘人员“是否全职”上班，该变量均值为 0.990，说明基本上招聘岗位为全职，描述物流企业所在区域的变量“Address”的均值为 1.503，这表明山东省物流企业一般分布在中部地区，这也与山东的制造业区域分布吻合。

表 1　变量定义和描述性统计分析

| 变量 | 变量定义 | 平均值（标准差） | 最小值 | 最大值 |
|---|---|---|---|---|
| 被解释变量： | | | | |
| Recruiting | 物流行业招聘人数（100 人以上＝0，31～100 人＝1，10～30 人＝2，10 人以下＝3） | 2.889（0.383） | 0 | 3 |
| 解释变量： | | | | |
| Company _ Nature | 企业性质（国有企业＝0，民营企业＝1，股份制企业＝2，其他＝3） | 1.499（0.834） | 0 | 3 |
| Company _ Industry | 所属行业（第一产业＝0，第二产业＝1，第三产业＝2） | 1.801（0.437） | 0 | 2 |
| Job _ Type | 岗位类型（一线操作岗＝0，运营岗＝1，技术岗＝2，中层管理＝3，高层管理＝4） | 1.015（1.182） | 0 | 4 |
| Salary | 月薪酬（5 000 元以下＝0，5 000～8 000 元＝1，8 001～85 000 元＝2，85 000 元以上＝3） | 0.393（0.691） | 0 | 3 |
| Company _ Scale | 企业规模（100 人以下＝0，100～500 人＝1，501～1 000 人＝2，1 001～10 000 人＝3，10 000 人以上＝4） | 1.032（1.202） | 0 | 4 |
| Education | 招聘学历要求（硕士＝0，本科＝1，大专＝2，大专以下＝3，不限＝4） | 2.468（1.074） | 0 | 4 |
| Experience | 招聘工作经验要求（10 年以上＝0，6～10 年＝1，3～5 年＝2，3 年以下＝3，不限＝4） | 3.296（0.888） | 0 | 4 |
| Work _ Nature | 是否全职（兼职＝0，全职＝1，不限＝2） | 0.990（0.106） | 0 | 2 |
| Address | 企业所在区域（西部＝0，中部＝1，东部＝2） | 1.503（0.621） | 0 | 2 |

注：作者根据 2018 年山东省物流行业人才需求表中的数据整理而来。

## 四、实证结果及分析

### （一）影响因素分析

表 2 中回归结果是各解释变量对物流行业人才需求的影响，模型 2 是在模型 1 的基础上加入了受教育程度影响因素，模型 3 是在模型 2 的基础上加入了地区影响因素。

对物流企业相关特征的参数估计分析显示，国有企业相对于民营企业显著增加了对物流专业人才的需求量，该因素在1%水平上显著。“所属行业”因素与物流专业人才需求量之间呈现正相关关系，由于制造业占据第二产业主导地位，因此物流专业人才需求集中在此区域，但是在加入学历或地区影响因素后，对人才需求量影响并不显著，这可能是由于物流行业人才需求主要是技能型复合人才，学历并不是人才筛选的第一条件。随着企业规模的扩大，对于物流专业人才的需求呈上升趋势，并且该因素在1%水平上显著，这与经济规律相吻合。相对于东部地区来说，西部和中部对于物流专业人才需求量均有所提高，均在1%水平上显著，这与山东省制造业一般集中在中西部有关，因此存在显著的地区差异。

对于物流企业人才需求特征的参数估计分析显示，相对于中、高层管理人才来说，技术岗、运营岗及一线操作岗的人才需求密集度增加，并且在1%水平上显著；该行业对于人才招聘的工作经验年限要求与人才需求量呈负相关关系，而且显著水平也为1%。这些对于物流管理专业的高职生来说，是利好消息，也将对高职院校的人才培养方案提出更多的要求，例如在传授理论的同时，更加强化学生的技能训练。物流行业对于高素质、高学历的实用复合型物流专业人才，仍然是提供高薪酬回报的，这也是智慧物流市场发展中人才需求的必然趋势。

**表2　　　　物流行业人才需求影响因素分析的回归结果**

| 变量 | 模型（1） | 模型（2） | 模型（3） |
|---|---|---|---|
| Company _ Nature | 0.054 2*** <br> (0.012 0) | 0.044 5*** <br> (0.012 1) | 0.045 5*** <br> (0.012 2) |
| Company _ Industry | 0.041 8* <br> (0.022 2) | 0.015 4 <br> (0.022 5) | 0.034 5 <br> (0.022 5) |
| Job _ Type | 0.164 *** <br> (0.009 90) | 0.172*** <br> (0.009 98) | 0.151*** <br> (0.010 00) |
| Salary | −0.482*** <br> (0.013 1) | −0.467*** <br> (0.013 2) | −0.441*** <br> (0.013 4) |
| Company _ Scale | −0.110*** <br> (0.007 68) | −0.098 6*** <br> (0.007 77) | −0.106*** <br> (0.007 82) |
| Experience | −0.499*** <br> (0.015 4) | −0.484*** <br> (0.015 5) | −0.424*** <br> (0.016 0) |
| Work _ Nature | 0.605*** <br> (0.069 3) | 0.633*** <br> (0.069 6) | 0.621*** <br> (0.070 2) |

续表

| 变量 | 模型（1） | 模型（2） | 模型（3） |
| --- | --- | --- | --- |
| Region2 | | 0.284***<br>(0.034 1) | 0.265***<br>(0.034 2) |
| Region3 | | 0.496***<br>(0.033 8) | 0.464***<br>(0.033 9) |
| Education | | | −0.133***<br>(0.009 56) |
| cut1 | −4.282***<br>(0.111) | −3.885***<br>(0.115) | −4.076***<br>(0.116) |
| cut2 | −3.437***<br>(0.105) | −3.036***<br>(0.110) | −3.210***<br>(0.111) |
| cut3 | −2.546***<br>(0.104) | −2.135***<br>(0.109) | −2.294***<br>(0.110) |
| 最大似然比 | −11 226.21 | −11 102.96 | −11 005.6 |
| Observations | 35 887 | 35 887 | 35 887 |

数据来源：作者根据 2018 年山东省物流行业人才需求表中的数据整理而来。

注：表中圆括号内为标准误，其中，***、**、*分别对应 1%、5%、10%的显著水平。

### （二）学历差异分析

表 3 是对物流行业人才不同学历样本进行分别回归的结果，回归结果显示，硕士样本量占比太小，影响因素均不显著；但相对大专以下的样本来说，本科生及大专生的物流专业人才需求呈上升趋势，有趣的是企业招聘要求“学历不限”前提下，影响物流人才需求的企业性质、岗位类型、月薪酬等多个影响因素均在 1%水平上显著。对于本科生而言，相对于民营企业而言，国企在 5% 的水平上显著提升了就业率，更为显著的是“学历不限”影响因素在 1%的水平上提升了人才需求量，但对于大专及大专以下的物流专业人才需求影响并不显著，这也说明在电商新零售、人工智能的迅速发展影响下，物流行业高素质人才学历平均水平也在不断提升，人才竞争日趋白热化。相对于传统的第一产业来说，第二产业的物流企业对于本科生及大专以下的人才需求较为集中，均在 5%水平上显著。相对于大专及以上来说，大专以下人员在一线操作岗从业较为密集，显著水平为 1%，这也说明了知识就是生产力。对于大专及以下的物流从业人员来说，月薪酬在 1%水平上显著影响了人才需求量，也就是说技能竞争在此学历区间更加激烈。相对于东部地区来说，西部和中

部均在1%水平上显著提升了硕士以下的人才需求量，这也说明物流行业仍然处于劳动力较为密集的阶段。

表3　　物流行业人才需求影响因素的学历差异

| 变量 | 硕士 | 本科 | 大专 | 大专以下 | 不限 |
|---|---|---|---|---|---|
| Company_Nature | −6.713<br>(1 019) | 0.080 1**<br>(0.032 5) | 0.016 5<br>(0.020 6) | 0.015 6<br>(0.043 9) | 0.061 9***<br>(0.019 7) |
| Company_Industry | 5.900<br>(2 660) | −0.156**<br>(0.061 4) | −0.043 6<br>(0.039 1) | −0.214**<br>(0.096 2) | 0.213***<br>(0.034 8) |
| Job_Type | 5.039<br>(1 360) | 0.044 3<br>(0.027 6) | −0.019 4<br>(0.015 8) | 0.391***<br>(0.049 4) | 0.280***<br>(0.016 8) |
| Salary | 17.11<br>(3 047) | −0.013 8<br>(0.044 8) | −0.186***<br>(0.025 8) | −0.842***<br>(0.057 5) | −0.628***<br>(0.019 6) |
| Company_Scale | 5.564<br>(1 019) | −0.189***<br>(0.021 4) | −0.122***<br>(0.027 1) | −0.125***<br>(0.027 1) | −0.041 4***<br>(0.013 2) |
| Experience | 1.229<br>(1.347) | −0.436***<br>(0.038 4) | −0.474***<br>(0.025 3) | −0.392***<br>(0.058 5) | −0.264***<br>(0.030 1) |
| Work_Nature | | 0.086 2<br>(0.236) | 0.144<br>(0.166) | 0.530<br>(0.339) | 0.773***<br>(0.090 2) |
| Region2 | −3.476<br>(2 288) | −0.234***<br>(0.062 8) | −0.236***<br>(0.034 1) | −0.322***<br>(0.072 3) | −0.146***<br>(0.033 6) |
| Region3 | | −0.675***<br>(0.106) | −0.378***<br>(0.060 4) | −0.658***<br>(0.112) | −0.359***<br>(0.051 1) |
| cut1 | 7.729<br>(4 808) | −5.541***<br>(0.389) | −5.048***<br>(0.225) | −4.898***<br>(0.475) | −2.940***<br>(0.174) |
| cut2 | | −4.850***<br>(0.319) | −4.617***<br>(0.216) | −3.681***<br>(0.455) | −1.929***<br>(0.168) |
| cut3 | | −3.467***<br>(0.304) | −3.434***<br>(0.212) | −2.817***<br>(0.450) | −1.076***<br>(0.168) |
| 最大似然比 | −4.39 | −1 095.66 | −3 740.90 | −981.22 | −4 755.09 |
| Observations | 42 | 5 995 | 17 063 | 2 690 | 10 097 |

数据来源：作者根据2018年山东省物流行业人才需求表中的数据整理而来。

注：表中圆括号内为标准误，其中，***、**、*分别对应1%、5%、10%的显著水平。

### （三）地区差异分析

表4是对物流行业人才区分东部地区、中部地区和西部地区的分样本参数估计，结果显示，物流行业人才需求量一般是西部地区最大、中部地区次之、东部地区最少。对物流企业相关特征的参数估计分析显示，国有企业相对于民营企业在1%水平上显著增加了对东部地区物流专业人才的需求量，对中部及西部地区影响并不显著，这也与这些地区主要是

民营企业相关。对于西部地区来说，占据第二产业主导地位的制造业在1%显著提升了人才密集度，而中部地区有典型的零售业也在5%水平上影响了物流人才需求，该因素对于东部地区并不显著。相对于西部地区来说，企业规模及学历要求对于中部地区影响更为显著，这主要是西部地区民营企业规模差别并不显著，而且处于劳动密集输出的阶段。

表 4　　物流行业人才需求影响因素的地区差异

| 变量 | Address=0（西部） | Address=1（中部） | Address=2（东部） |
|---|---|---|---|
| Company _ Nature | 0.016 2<br>(0.038 4) | 0.009 69<br>(0.019 5) | 0.073 6***<br>(0.017 5) |
| Company _ Industry | 0.348***<br>(0.055 6) | −0.060 8*<br>(0.036 9) | −0.013 0<br>(0.034 8) |
| Job _ Type | 0.134***<br>(0.028 8) | 0.177***<br>(0.015 8) | 0.143***<br>(0.014 7) |
| Salary | −0.476***<br>(0.039 8) | −0.365***<br>(0.021 1) | −0.499***<br>(0.019 6) |
| Company _ Scale | −0.051 6**<br>(0.022 9) | −0.068 7***<br>(0.012 6) | −0.147***<br>(0.011 3) |
| Experience | −0.715***<br>(0.059 0) | −0.375***<br>(0.025 1) | −0.413***<br>(0.022 5) |
| Work _ Nature | −0.145<br>(0.303) | 0.793***<br>(0.113) | 0.567***<br>(0.095 9) |
| Education | −0.056 8*<br>(0.032 5) | −0.111***<br>(0.014 7) | −0.156***<br>(0.013 8) |
| cut1 | −5.504***<br>(0.419) | −4.112***<br>(0.182) | −4.606***<br>(0.158) |
| cut2 | −4.318***<br>(0.404) | −3.217***<br>(0.173) | −3.847***<br>(0.151) |
| cut3 | −3.350***<br>(0.400) | −2.265***<br>(0.171) | −2.969***<br>(0.149) |
| 最大似然比 | −1 265.43 | −4 624.14 | −5 031.92 |
| Observations | 2 439 | 12 963 | 20 485 |

数据来源：作者根据2018年山东省物流行业人才需求表中的数据整理而来。

注：表中圆括号内为标准误，其中，***、**、*分别对应1%、5%、10%的显著水平。

## 五、研究结论及政策建议

本文利用2018年山东省物流行业人才需求数据，采用Ordered Probit计量模型分别对物流企业相关特征及人才需求特征变量进行回归分析，得出结论如下：第一，在物流行业集约化、智慧化的发展趋势下，物流行业人才需求存在较为显著的学历差异，剔除样本量较小的硕士样本，对于大专以下的从业人员来说一般从事一线操作岗，月薪酬偏低，而且大专生的岗位技能竞争也日趋加剧。第二，物流行业人才需求存在显著的地区差异，西部地区劳动密集型的物流企业较为密集，人才需求量大，但是高素质实用复合型人才将是行业集约化发展的中流砥柱，这给高校物流管理专业建设与改革指明了方向。第三，该行业对于人才招聘的工作经验年限要求与人才需求量呈负相关关系，而且显著水平也为1%，工作经验年限是影响物流行业人才需求量的显著因素，从山东省2018年的物流行业数据看，对于工作经验年限要求集中在3年以下的时间区间，这也与该行业是基础性行业，基层管理及技术人员需求量大有关。

本文通过影响山东省物流行业人才因素的实证研究，对高校教育物流管理专业办学定位和办学模式的调整给出以下若干建议：首先，基于物流企业一线操作岗位亟须人才的严峻形势，高校物流管理专业人才培养目标定位在仓储、配送、制单等方面具有扎实基本知识和专业技能的创新人才，并且随着跨境电商的迅速崛起，还需要国际货运业务员、进出口报关员、国际物流客服员等岗位的人才，可以探索更加扎实的校企合作及订单培养模式。其次，逐步推进基于职业工作过程的创新课程体系开发，为了使物流行业人才供需达到动态均衡，需要针对物流企业的岗位需求技能，将课程体系改革进行到底，例如数字经济、大数据、人工智能行业最近技术动态等知识也要逐步纳入课程改革的范围。最后，在“一带一路”倡议决策背景下，积极探索培养出区域物流高素质复合型人才梯队，能够从事该市场需求调研分析、聚类预测等数据分析工作，大力推进区域物流与区域集聚型经济协同发展。

## 参考文献

［1］H. Grubel，M. Walker. Service industry growth：causes and effects ［R］. The Fraser Institute，1989：43-68.

［2］Rowthron R，Ramaswamy R. Growth，tradeand deindustrialization ［P］. IMF Staff Papers，1999（1）：18-41.

［3］陶经辉，张晓萍，孙大鹏，李英. 物流产业发展与物流人才需求模型研究［J］. 深圳大学学报（理工版），2009（1）：106-110.

［4］张春霞，彭东华. 我国智慧物流发展对策［J］. 中国流通经济，2013（10）：35-39.

［5］桂德怀. 服务智能制造的智慧物流人才供求状况研究［J］. 中国职业技术教育，2018（19）：89-93.

［6］高月娜. 物流人才的市场需求与物流管理专业人才培养融合模式探析［J］. 现代交际，2016（17）：24.

［7］吕雪. 电子商务环境下的物流管理创新策略研究［J］. 经济研究导刊，2019（4）：34-35.

［8］邓金蕾. 基于大数据环境的物流企业管理创新分析［J］. 中国管理信息化，2019（4）：75-76.

［9］赵婷婷. 辽东湾港口产业升级背景下高职物流专业人才培养模式探索与实践［J］. 物流科技，2019（2）：167-169.

# 青岛市制造业人力资源调查分析[①]

孙懿辰　战子龙　李申华[②]

**摘　要：**青岛市的制造业根基深厚，历经几十年的积累，建立了门类较为齐全的制造业体系。但是，随着制造业的变革和快速发展，人力资源问题也逐渐成为制约青岛制造业转型发展的瓶颈。分析青岛市制造业人力资源需求、结构等变化，研究建立与青岛市制造业发展相适应的人力资源队伍显得尤为重要。本文以青岛市 1354 家制造业企业人力资源问卷调查数据为基础，并结合青岛市经济社会发展有关统计数据，分析青岛制造业生产经营和人力资源发展现状及存在的问题，并提出相应的对策建议。

**关键词：**制造业　人力资源

## 一、引言

党的十九大报告指出，在新时代的历史时期，加快建设制造强国既是全面建设社会主义现代化国家的重要支撑，也是高质量发展阶段增强我国经济质量优势的关键所在。青岛的制造业根基深厚，历经几十年的积累，建立了门类较为齐全的制造业体系，在家电制造、海洋制造等领

① 该篇论文获得“2019 年全国人才与人事研究主题征文活动”一等奖。

② 孙懿辰，青岛市人事人才与公共行政管理研究所研究实习员；战子龙，青岛市就业服务中心九级职员；李申华，青岛市人事人才与公共行政管理研究所副所长、负责人。

域形成了一定的优势，海尔、海信、青岛啤酒、双星、澳柯玛等品牌享誉全国。但是，随着制造业的变革和快速发展，青岛制造业面临着产业层次较低、自主创新能力不足等挑战，新旧动能转换任务艰巨，人力资源问题也逐渐成为制约青岛制造业转型发展的瓶颈。分析青岛制造业人力资源需求、结构等变化，研究如何建立与青岛制造业发展相适应的人力资源队伍显得尤为重要。本文以青岛 1 354 家制造业企业人力资源问卷调查数据为基础，并结合青岛统计年鉴数据，分析青岛制造业生产经营和人力资源发展现状及存在的问题，并提出相应的对策建议。

## 二、青岛市制造业发展基础与方向

### （一）青岛市制造业产业规模

从总产值角度看，近年来，青岛市制造业总产值实现了稳定的发展，规模以上制造业企业总产值从 2010 年的 10 213 亿元达到 2016 年的 15 937 亿元，实现了持续稳定的增长。同时，青岛市制造业在工业中一直占据主导地位，2016 年，规模以上制造业总产值占规模以上工业总产值达到了 97.51%。详见图 1。

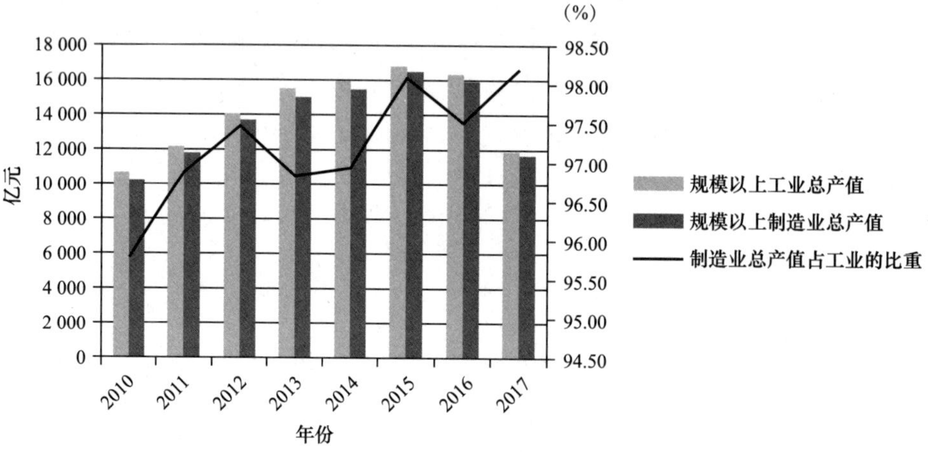


**图 1　青岛市规模以上制造业总产值**

注：因 2017 年青岛市统计年鉴规模以上工业统计口径发生了变化，2017 年数据不作为参考。

### （二）青岛市制造业从业人数

青岛市制造业一直是青岛市吸纳就业的主力军，从业人数不断增长，从 2010 年的 142.9 万人到 2016 年的 146.9 万人，但是制造业从业人数占全市从业人数的比重却逐年减少，从 2010 年的 26.45%下降到 2016 年的 23.08%。详见图 2。（注：因 2017 年青岛市统计年鉴制造业统计口径发生了变化，2017 年数据不作为参考。）

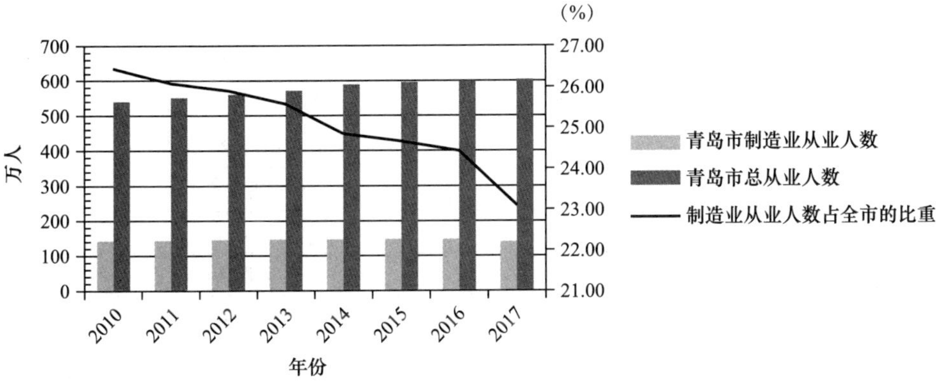


图 2　青岛市从业人数

（三）青岛市制造业发展方向

在制造业发展过程中，青岛将放大三个坐标，找准自身定位：立足山东，强化率先走在前列的使命担当，勇当全省推进“现代优势产业集群＋人工智能”的排头兵；面向全国，“学深圳、赶深圳”，创新“青岛模式”，争创全国人工智能和实体经济深度融合先导区；放眼世界，紧盯新一轮科技革命和产业变革前沿，打造具有国际竞争力的先进制造业基地。根据《青岛市“高端制造业＋人工智能”攻势行动方案（2019－2022 年）》，青岛将力促高端制造业与人工智能双向突破、融合共生，着力打造现代产业体系，构建智能经济生态，奋力创建国家制造业高质量发展示范区。借此，实现由“制造大市”向“制造强市”再向“智造强市”的转型和跨越。

（四）青岛市制造业重点发展领域

在中国制造 2025 战略的指引下，青岛制造业优化传统产业结构，布局突破新兴产业，发起“高端制造业＋人工智能”攻势，打造“青岛制造”升级版，见表 1。

表 1　　青岛市与国家制造业重点发展领域一览

| 《中国制造 2025》十大重点突破领域 | 青岛市制造业重点领域 |
|---|---|
| 新一代信息技术产业 | 新一代信息技术 |
| 航空航天装备 | — |
| 海洋工程装备及高技术船舶 | 船舶海工装备 |
| 先进轨道交通装备 | 轨道交通装备 |
| 高档数控机床和机器人 | 智能制造装备 |
| 电力装备 | — |
| 农机装备 | 高端智能家电 |
| 节能与新能源汽车 | 新能源汽车产业 |
| 新材料 | — |
| 生物医药及高性能医疗器械 | 生物医药产业 |
| — | 传统支柱产业智能提升 |

## 三、人力资源问卷调查基本情况

为了更深入了解青岛市制造业人力资源结构、需求等变化，我们对青岛市人力资源和社会保障局、青岛市统计局 3 000 户用工调查数据进行了分析，其中包括 1 500 多家制造业企业问卷调查数据，调查分两次进行，分别为 2017 年上半年和 2017 年下半年，为了便于对比，本文选取两次均参加问卷调查的制造业企业共计 1 354 家展开分析。

（一）从区域角度，市南区、市北区、李沧区企业共 102 家，占 7.5%；崂山区、西海岸新区、城阳区、即墨区、保税区企业共 763 家，占 56.4%；胶州市、平度市、莱西市企业共 489 家，占 36.1%。详情见表 2。

表 2　　被调查企业所属区划分布

| 单位所属区划 | 企业数量（家） | 企业占比 |
|---|---|---|
| 保税区 | 9 | 0.66% |
| 城阳区 | 197 | 14.55% |
| 黄岛区 | 280 | 20.68% |
| 即墨区 | 191 | 14.11% |
| 胶州市 | 251 | 18.54% |
| 莱西市 | 94 | 6.94% |

续表

| 单位所属区划 | 企业数量（家） | 企业占比 |
|---|---|---|
| 崂山区 | 86 | 6.35% |
| 李沧区 | 29 | 2.14% |
| 平度市 | 144 | 10.64% |
| 市北区 | 47 | 3.47% |
| 市南区 | 26 | 1.92% |
| 总计 | 1 354 | 100.00% |

（二）从经济类型角度，国有集体企业 110 家，占 8.12%；民营企业 739 家，占 54.58%；港澳台及外资企业 505 家，占 37.30%。详见表 3。

**表 3　　被调查企业所属经济类型**

| 经济类型 | 企业数量（家） | 企业占比 |
|---|---|---|
| 国有集体企业 | 110 | 8.12% |
| 民营企业 | 739 | 54.58% |
| 港澳台及外资企业 | 505 | 37.30% |
| 合计 | 1 354 | 100.00% |

## 四、人力资源问卷调查主要特点

### （一）经营情况总体向好

调查数据显示，被调查的 1 354 家企业中，2017 年下半年经营状况向好的企业为 435 家，占 32.13%，较 2017 年上半年增长 19.18 个百分点；下滑的企业为 242 家，占 17.87%，和一期相比下降 9.02 个百分点。详见表 4。

**表 4　　被调查企业经营状况两期比较**

| 企业经营情况 | 2017 年下半年 | | 2017 年上半年 | | 增长率 |
|---|---|---|---|---|---|
| | 企业数量（家） | 企业占比 | 企业数量（家） | 企业占比 | |
| 持平 | 677 | 50.00% | 723 | 53.40% | −6.36% |
| 下滑 | 242 | 17.87% | 266 | 19.65% | −9.02% |
| 向好 | 435 | 32.13% | 365 | 26.96% | 19.18% |

订单增加和生产经营规模增加为企业生产经营状况向好的主要原因。“订单增加”和“生产经营规模增加”两次调查平均分别占 76.54%

和 35.83%。

“订单减少”“人工成本上升”和“生产经营成本”是构成企业生产经营状况下滑的主要原因，两次调查分别占 66.05%、64.09% 和 60.23%。详见图 3。

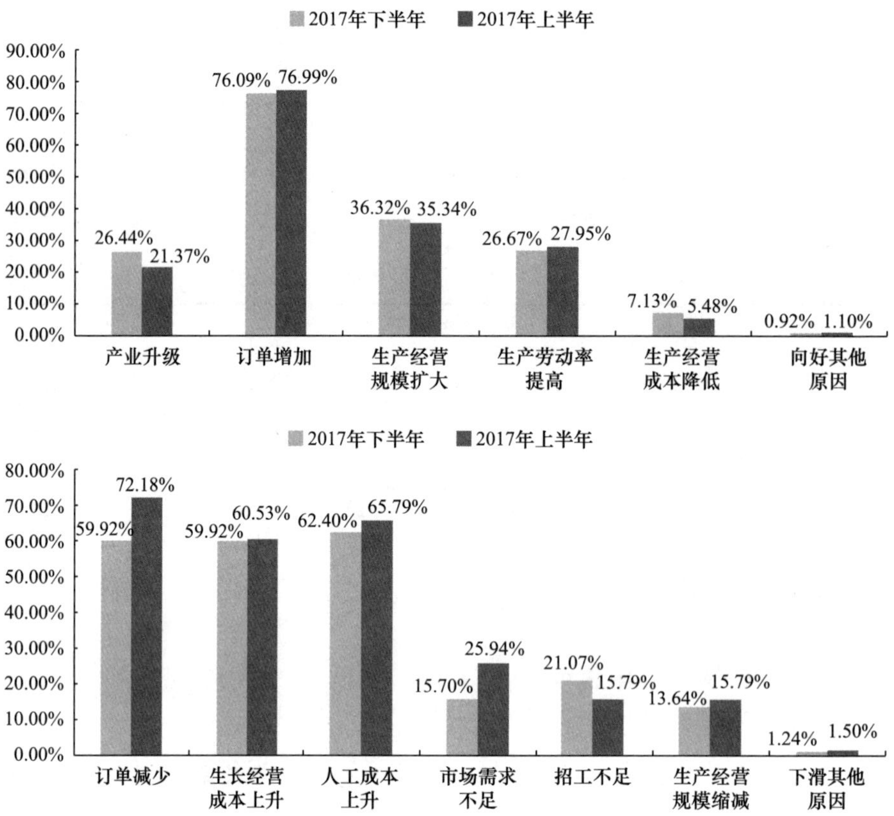


**图 3 被调查企业生产经营状况变动原因**

（二）人员结构进一步优化

2017 年下半年，1 354 户企业员工总数为 31.89 万人，相较于 2017 年上半年减少 0.24 万人，整体上没有较大的波动。详见表 5。

**表 5 被调查企业员工分工种比较**

| 工种 | 2017 年下半年 | | 2017 年上半年 | | 增长率 |
|---|---|---|---|---|---|
| | 人员数量（人） | 人员占比 | 人员数量（人） | 人员占比 | |
| 管理人员 | 42 765 | 13.41% | 43 381 | 13.50% | -1.42% |
| 专业技术人员 | 33 165 | 10.40% | 31 503 | 9.80% | 5.28% |

续表

| 工种 | 2017年下半年 | | 2017年上半年 | | 增长率 |
| --- | --- | --- | --- | --- | --- |
| | 人员数量（人） | 人员占比 | 人员数量（人） | 人员占比 | |
| 技工 | 47 319 | 14.84% | 48 325 | 15.04% | −2.08% |
| 普通员工 | 195 602 | 61.35% | 198 104 | 61.65% | −1.26% |
| 总计 | 318 851 | 100.00% | 321 313 | 100.00% | −0.77% |

### 1. 技工和专业技术人员占比增加

2017年下半年，企业新招用人员24 966人，较2017年上半年减少8.44%，其中新招用技工和专业技术人员分别为3 448人和2 473人，较2017年上半年分别增长53.18%和29.75%。详见表6。

表6　　被调查企业新招用人员分工种比较

| 工种 | 2017年下半年 | | 2017年上半年 | | 增长率 |
| --- | --- | --- | --- | --- | --- |
| | 人员数量（人） | 人员占比 | 人员数量（人） | 人员占比 | |
| 管理人员 | 1 503 | 6.02% | 1 394 | 5.12% | 7.82% |
| 专业技术人员 | 2 473 | 9.91% | 1 906 | 7.00% | 29.75% |
| 技工 | 3 448 | 13.81% | 2 251 | 8.26% | 53.18% |
| 普通员工 | 17 542 | 70.26% | 21 687 | 79.62% | −19.11% |
| 总计 | 24 966 | 100.00% | 27 238 | 100.00% | −8.34% |

### 2. 高学历人才占比增加

2017年下半年，企业新招用人员专科以上人员6 449人，较2017年上半年增长36.05%，其中硕士员工660人，较2017年上半年增长106.25%。详见表7。

表7　　被调查企业新招用人员分学历比较

| 学历 | 2017年下半年 | | 2017年上半年 | | 增长率 |
| --- | --- | --- | --- | --- | --- |
| | 人员数量（人） | 人员占比 | 人员数量（人） | 人员占比 | |
| 博士员工 | 30 | 0.12% | 27 | 0.10% | 11.11% |
| 硕士员工 | 660 | 2.64% | 320 | 1.17% | 106.25% |
| 本科员工 | 2 110 | 8.45% | 1 557 | 5.72% | 35.52% |
| 专科员工 | 3 649 | 14.62% | 2 836 | 10.41% | 28.67% |
| 员工总计 | 24 966 | 100.00% | 27 238 | 100.00% | −8.34% |

### 3. 工资水平稳步提高

2017 年下半年数据显示，被调查企业员工平均工资为 3 736 元/月，比 2017 年上半年增长了 2.81%。详见表 8。

**表 8　　被调查企业员工分工种平均工资两期比较　　（单位：元/月）**

| 平均工资 | 2017 年下半年（元/月） | 2017 年上半年（元/月） | 增长率 |
|---|---|---|---|
| 全体员工 | 3 736 | 3 634 | 2.81% |
| 管理人员 | 4 659 | 4 645 | 0.28% |
| 专业技术人员 | 4 438 | 4 505 | -1.48% |
| 技工 | 4 062 | 3 938 | 3.15% |
| 普通人员 | 3 350 | 3 224 | 3.91% |

### 4. 订单增加是员工增加的主要原因

从两次调查数据来看，“订单增加”“企业经营向好”及“生产经营规模扩大”是员工增加的主要原因，平均占比分别是 50.69%、47.06%和 31.8%。详见图 4。

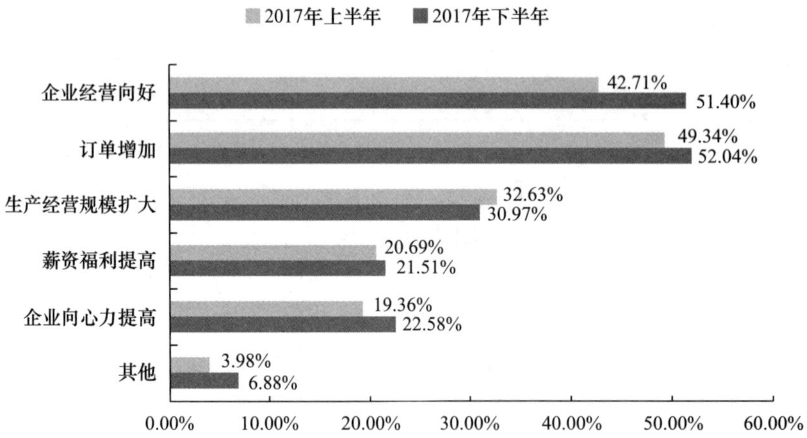


**图 4　被调查企业员工增加原因**

### 5. 员工主动离职较多是员工减少的主要原因

从两次调查数据来看，员工减少的主要原因是员工主动离职较多，平均占比 77.78%。“劳动合同到期”和“企业经营状况下滑”也有一定比例的企业选择，平均占比分别是 19.49%和 19.26%。详见图 5。

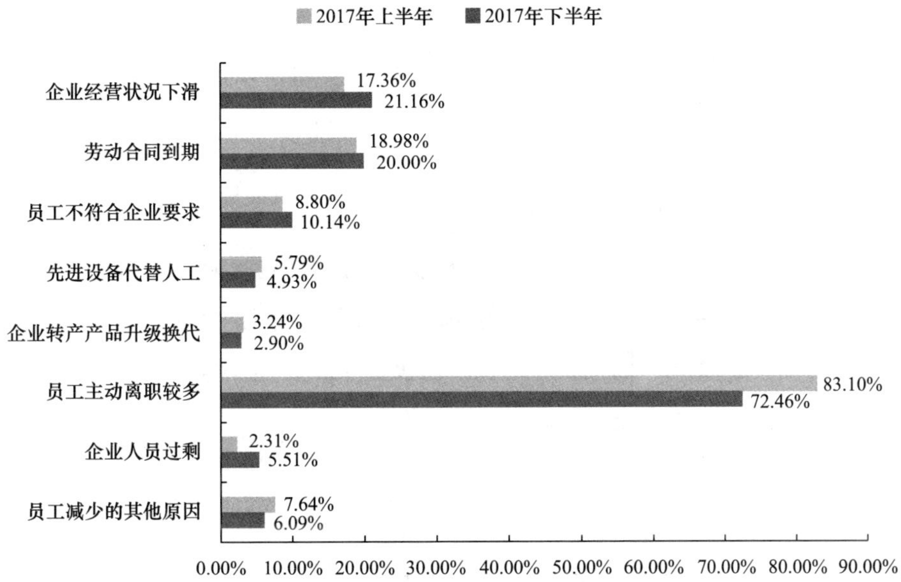


**图 5　被调查企业员工减少原因**

（三）总体招工满足需求

2017 年下半年，全部招满的企业 786 家，占比 58.05%，与上半年基本持平，没有招到工的企业 90 家，相比上半年增长 9.8%。总体招工情况良好，但部分企业存在招工不足的情况。详见表 9。

**表 9　被调查企业招工情况两期比较**

| 招工情况 | 2017 年下半年 | | 2017 年上半年 | |
|---|---|---|---|---|
| | 企业数量（家） | 占比 | 企业数量（家） | 占比 |
| 没有招到工 | 90 | 6.65% | 82 | 6.06% |
| 不足 50% | 153 | 11.30% | 152 | 11.23% |
| 全部招满 | 786 | 58.05% | 783 | 57.83% |
| 招到 50%～75% | 325 | 24.00% | 337 | 24.89% |

### 1. 就业观念变化对于招工不足影响最大

“就业观念”“农民工少了选择余地小”“薪资福利与员工期望值不对等”“求职人员达不到岗位要求”是企业招工不足的主要原因，两次调查平均占比 37.76%、37.13%、35.21%、34.76%。详见图 6。

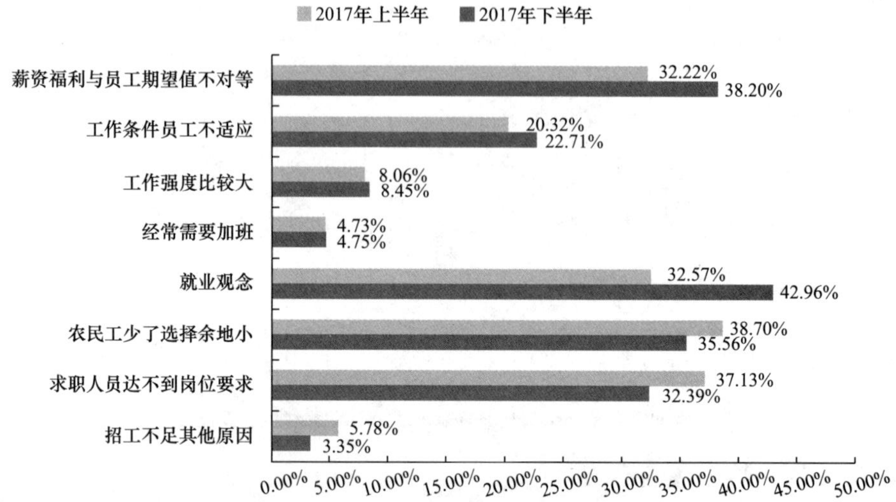


图 6　被调查企业招工不足的原因

### 2. 提高薪酬待遇是企业应对招工不足的主要措施

“提高薪资福利待遇”“加强员工培训提高劳动生产率”“改善工作环境”成为企业应对招工不足的主要措施，分别占 52.51%、45.3%和 39.16%。通过对比两次调查数据，可以看到企业对“加强企业文化建设增强向心力”重视程度不断提高，相比上半年提高了 5.62 个百分点。详见图 7。

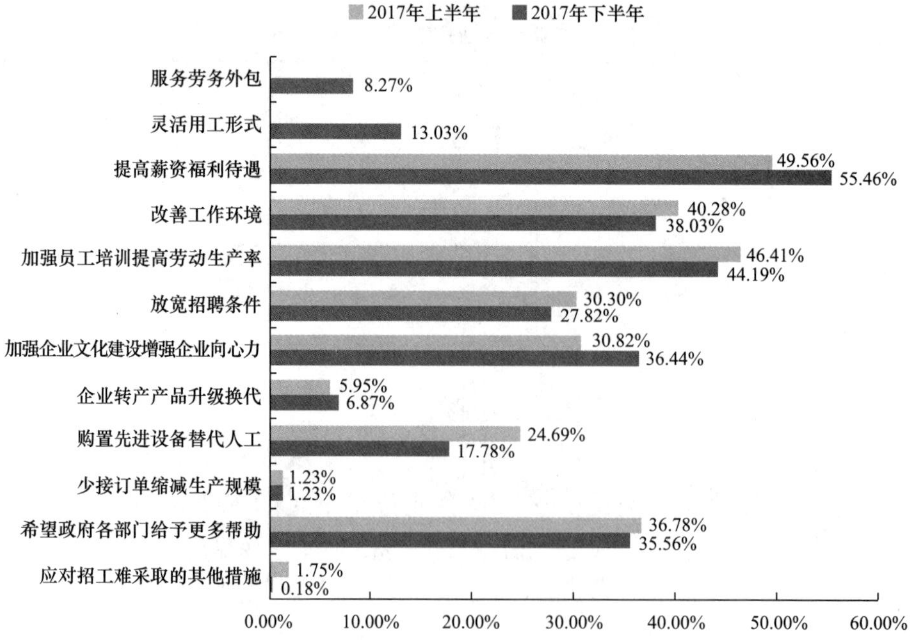


图 7　被调查企业应对招工不足的措施

3. **招聘方式呈多样化趋势**

两次调查数据显示，互联网招聘是企业最青睐的招聘方式，采取此方式的企业占有招聘需求企业的66.96%，采取通过老员工介绍和从政府办的市场招聘这两类招聘方式的企业也分别达到了66.09%和50.26%，其他招聘方式均有一定比例的企业选择，青岛市制造业企业总体招聘呈多样化趋势。详见图8。

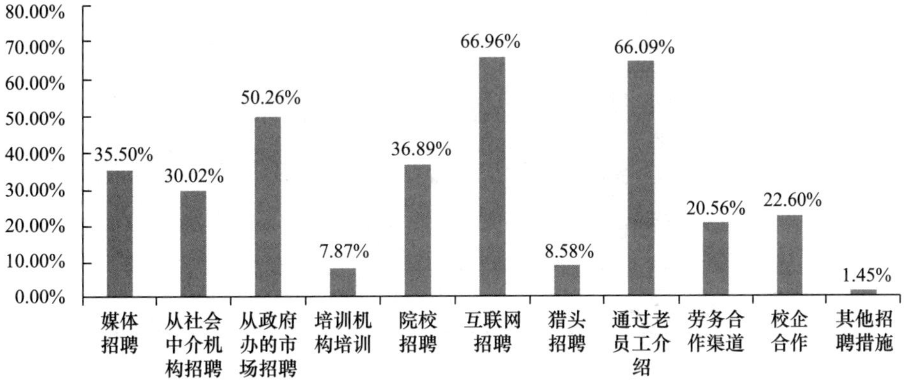


**图8 被调查企业招聘方式比较**

（四）紧缺工种整体相对低端

两次监测共有923家企业提及316个紧缺工种，数据分析显示，制造业企业紧缺工种主要是操作工、电焊工等，焊工、缝纫工、销售代表等也存在一定程度的紧缺。详见表10。

**表10 被调查企业紧缺工种提及频次统计表（前22名）**

| 紧缺工种 | 频次（次） |
|---|---|
| 操作工 | 199 |
| 电焊工 | 47 |
| 其他专业技术人员 | 24 |
| 焊工 | 16 |
| 缝纫工 | 16 |
| 销售代表 | 16 |
| 质量检验员 | 13 |
| 餐厅服务员（职业） | 13 |
| 研发工程师 | 11 |

续表

| 紧缺工种 | 频次（次） |
| --- | --- |
| 数控车工 | 11 |
| 机械设备维修工 | 11 |
| 厨师 | 11 |
| 业务员 | 10 |
| 电工 | 10 |
| 其他企业管理人员 | 10 |
| 冲压工（职业） | 9 |
| 普通工业工程技术人员 | 9 |
| 销售和营销经理 | 8 |
| 专业技术人员 | 7 |
| 包装人员 | 7 |
| 机械设计工程技术人员 | 7 |
| 生产或经营经理 | 7 |

### （五）智能替代人工潜力有待进一步释放

未来智能替代人工规模呈扩大趋势。两期的调查数据显示，2017 年下半年，智能替代人工已替代人数为 4 272 人，较上半年增长 16.56%。智能替代人工尚未大面积铺开，作为智能化改造主要行业的制造业，2017 年下半年采取智能替代人工的企业为 136 家，占全部调查企业的 10%，未来有智能化替代人工计划的企业也仅有 142 家。详见图 9。

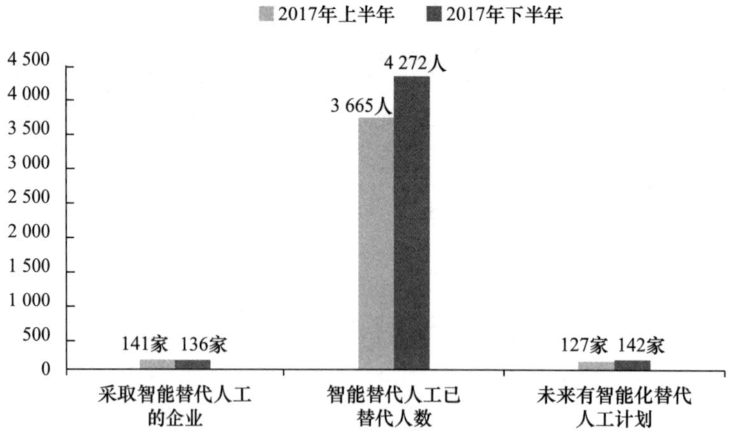


图 9　被调查企业智能替代人工情况两期对比

## 五、存在的主要问题

### （一）人力资源总量供给不足

一是存在用工难问题。两次调查数据显示，被调查的 1 354 家企业中有 42%的企业招工没有招满，反映出青岛市制造业存在一定的用工缺口。在这些企业中，有近四成的企业认为农民工数量的减少导致了招工不足。从紧缺工种来看，紧缺工种以一线操作工人（操作工、电焊工等）为主，专业技术人员增幅显著，这两类岗位的招工难问题较为明显。同时，年轻人的就业观念也在发生变化，大量年轻人选择逃离工厂、逃离生产一线，投身外卖、快递等服务行业。二是青岛制造业转型升级所需的高技能人才不足。2017 年青岛市高技能人才总量为 24 万人，而 2017 年南京市、杭州市、宁波市的高技能人才总量分别为 38.74 万人、44.3 万人、39.7 万人，差距较为明显。而随着青岛高端制造业的发展，对于复合型技能人才和知识型技能人才的需求将不断加大，未来新型高技能人才将主要集中在高端海洋装备、智能制造、轨道交通、生物医药、新能源汽车等领域。

### （二）人力资源供需结构存在错位

一是企业员工学历普遍较低。2017 年下半年调查数据显示，专科以上员工占全体员工总数的 26.6%，其中，博士员工、硕士员工和本科员工占比分别为 0.06%、1.65%、9.70%，反映了青岛市制造业从业人员文化程度偏低，见表 11。二是从业人员职业能力欠缺。调查数据显示，在招工不足的企业中，有 34.76%的企业认为“求职人员达不到岗位要求”。反映出部分从业人员缺少劳动技能。三是缺少职业能力培训，许多中小企业出于成本的考虑较少开展职业技能培训，高技能人才的培训比例也很低。此外，企业在内部员工培训问题上也存在顾虑，培养出来的员工跳槽去往其他企业的现象时有发生，给企业造成一定的损失，形成了“重使用、轻培训”的现象。四是学生所学技能与企业岗位不匹配。无论是技工院校还是培训机构，专业设置都与企业岗位需求存在一定的错位，很多企业反映技工院校和培训机构培训的学生并不是企业所需的人才，到企业之后学生还需重新经过培训才能上岗，造成了培训资源的浪费。随着高端制造业等新兴产业的发展，学校和培训机构的专业设置、师资力量等还需进一步调整以适应企业发展的需要。

表 11　　2017 年下半年被调查企业分学历比较

| 学历 | 人员数量 | 人员占比 |
| --- | --- | --- |
| 博士 | 201 | 0.06% |
| 硕士 | 5 253 | 1.65% |
| 本科 | 30 935 | 9.70% |
| 专科 | 48 553 | 15.23% |
| 员工总数 | 318 851 | 100.00% |

（三）工资待遇偏低，人才吸引力不足

在被调查的企业中，员工 2017 年月平均工资为 3 685 元，而 2018 年青岛市统计年鉴显示，2017 年青岛市制造业月平均工资为 4 601 元，两者都与 2017 年青岛市职工月平均工资 5 254 元有一定的差距。两次调查中，专业技术人员平均工资仅为 4 471 元，相对于对标城市杭州、苏州、宁波等超过 8 000 元的状况，依然差距很大。被调查企业技工的平均工资为 4 000 元，这与一些发达国家如德国、日本等技工工资普遍高于公务员、大学教授的情况相去甚远，并且企业为降低成本，给工人缴纳保险的积极性不高，部分工人社会保险缴费基数偏低。过低的工资福利待遇，使得青岛制造业企业难以吸引优秀人才。此外，员工主动离职较多是被调查企业员工减少的主要原因，反映出制造业企业人员流动较频繁，流失率较高，企业难以留住人才。

（四）市场主体人力资源开发作用有待提升

在招聘方式上，采取从政府办的市场招聘排名靠前，说明政府积极作为，得到企业的信赖。而通过社会中介机构和劳务合作渠道等市场方式招聘的企业比例较低，说明市场主体作用发挥不够，不利于资源的有效配置。从两次调查数据中可以看出，企业应对招工不足的措施中多次提到希望政府各部门给予更多的帮助。除制造业外，其他行业人力资源的市场化程度也有不同程度的表现，与先进城市深圳、杭州等相比，在人才引进、资源配置等方面，市场化、社会化服务存在一定差距。近几年青岛市人力资源服务业得到快速发展，但是相比较长三角、珠三角及重庆、武汉等城市集聚效应仍显滞后，亟须进一步推进人力资源服务市场化改革，充分发挥市场在人力资源配置中的决定性作用。

## 六、对策建议

（一）完善培养和培训机制，全方位提升人力资源素质

一是发挥好政府作用，引导职业院校和企业、社会培训机构有效对接，根据企业和市场需求调整人才培养方式，支持企业参与职业院校专业与课程的设置，根据企业岗位需求引导学生职业生涯规划，优化技工教育专业和职业培训工种设置，精准定向发力，培养适合制造业高质量发展的实用型人才。二是推动技能人才培养提质增效。逐步建立紧缺专业、职业（工种）调查发布机制，强调专业、职业（工种）与产业发展的匹配度，将企业需求缺口最大和招引项目最急需的专业和工种纳入政策范围，形成校企合作、产学研一体的新模式、新途径。促进技工职业院校与高校科研院所融合，让更多高校学生可以掌握最先进最全面的制造技术。同时，促进技工院校与企业的合作，让学生能够经常深入企业一线，获得更多实践操作机会，提升技能水平。三是精准培养区域产业发展的技能人才。紧密对接平度莱西制造业产业需求，提升技能人才培育精准度，重点向平度技师学院倾斜，优化专业学科设置，着重发展学院技师部焊接加工、数控加工（数控车工）、新能源汽车检测与维修等专业，统筹推进平度市技师学院扩容升级，高标准建设青岛北部先进制造业高技能人才培养基地。四是充分发挥企业人才开发主体作用，重视内部员工的培训。针对青岛制造业人力资源普遍存在的文化素质偏低和劳动技能不高等问题，制定科学完善的培训机制，培训应与员工的考核、晋升等结合起来，提高员工参与培训的积极性，加强一线员工的培训，不断更新知识技能。

（二）完善人才引进和评价机制，营造良好成长环境

一是推进市场化人才引进模式创新，让“市场之手”更活。推动广大创新型、实用型人才通过市场化力量配置，充分发挥人力资源服务业的作用，依托引才中介机构、人才行业协会、猎头公司等社会力量引进人才、配置人才、留住人才。二是加大对制造业高技能人才的引进力度，重点引进青岛市先进制造业发展所需的技师、高级技师、急需紧缺高级工等人才，注重实际技能，简化引进流程，扩大奖励和补贴范围，参照北京市、杭州市等地做法，建设蓝领公寓，为技能人才、新型人才等提供住房保障。三是创新制造业人才评价机制。科学评价人才，建立和完

善以专业人才评价专业人才的体制机制，减少行政干预，遵循市场法则，营造人才评价的开放性环境。鼓励制造业企业开展技能人才自主评价，推动制造业领域技能人才与专业技术人才的职业资格互通。四是进一步营造技能人才成长的社会环境。摒弃社会上普遍存在的重学历、轻技能的错误价值观，大力宣传技能人才在制造业发展中的重要作用，营造崇尚技能、尊重技能人才的社会氛围，改变传统的就业观念，吸引更多年轻人才投身制造业领域。

（三）建立科学合理的激励体系

一是提高薪资福利待遇，制定合理的薪酬体系。放开薪酬限制，给高端人才更好的待遇，提高专业技术人员和技工的工资水平，并打通晋升渠道，提高绩效奖金的比例，对优秀员工可通过发放股权等方式来留住人才，使员工利益与企业挂钩。二是注重人性化管理。满足企业员工多元化的需求，特别是新生代员工，比较看重成长环境和发展空间，企业要尽量满足其自我成长的需求，为员工施展才华、技能提供机会和平台，改善员工生活条件，多给予生活上的关怀。三是充分发挥企业文化的作用。像海尔集团倡导以人为本、全员同心同德、争创一流、挑战自我等精神，成为一种特殊的内部资源，因此，加强企业文化建设，从而增强员工的归属感，调动员工积极性，提高企业效率和竞争力。四是政府加大政策支持，鼓励制造业企业创新发展，通过风险投资、税收优惠、金融支持、公共服务等多种方式为青岛市制造业企业提供更多保障。

（四）重视人工智能，为制造业高质量发展赋能

一是增强人工智能替代意识，人工智能可以代替部分劳动力，通过转变生产方式，提高劳动生产率，从而激发制造业增长潜力。随着人口红利的消失和人口老龄化的到来，制造业用工缺口唯有以人工智能进行替代，缺工企业亟待增强人工智能替代意识。二是为“人工智能＋高端制造业”提供人才支撑。面向国内外积极引进制造业与人工智能融合发展方面高端创新人才和高端创新团队，将智能化相关人才纳入急需紧缺人才目录，鼓励高校开展相关课程，精准对接青岛制造业产业需求，培养制造业领域人工智能专业人才。

（五）聚集优势产业链突破发展

一是发挥轨道交通、海洋生物、智能家电等行业大企业龙头作用，通过服务外包、专业分工、订单生产等方式带动中小企业融入创新链，

构建产业链协同创新体系。鼓励龙头企业与国内外投资、孵化机构建立垂直孵化生态系统，合作共建国际孵化器、国际创客实验室、海外孵化基地和离岸加速孵化基地。二是借助青岛市打造全球创投风投中心契机，联合制造领域高水平投资人对企业进行系统的投资，并帮助、支持其发展，从而助力青岛制造业的转型和升级。同时，顺着产业链、人才链、技术链去发现项目、培育项目，甚至是创造项目，打造优势产业集群。三是以产业集聚人才，以人才引领产业。加强产业链和人才链的衔接，推动人才向产业集聚，实现人才集聚与产业发展的双向互动，支持企业培养产业人才。

## 参考文献

[1] 郑琼洁，王高凤. 推动人工智能与制造业融合发展［N］. 南京日报，2019-08-21（A7）.

[2] 青岛市“高端制造业＋人工智能”攻势作战方案（2019—2022年）［N］. 青岛日报，2019-08-09（2）.

[3] 尹训飞. 积极化解我国制造业就业结构性矛盾［J］. 中国发展观察，2019（7）：45-46.

[4] 贺冬怡. 创新驱动发展战略下制造业人力资源发展状况研究——以东莞为例［J］. 科教导刊（上旬刊），2018（10）：191-192.

[5] 沈杰. 关于加快宁波制造业创新人才素质提升的对策建议［J］. 经济师，2018（6）：253-254.

[6] 宋波. 青岛市制造业转型升级影响因素分析［J］. 管理观察，2017（25）：78-81.

[7] 黄霞. 中小型制造业企业人力资源管理中存在的问题及对策［J］. 企业导报，2016（2）：144-145.

[8] 赵媛. 青岛市制造业产业升级的影响因素及对策研究［D］. 成都：四川农业大学，2015.

[9] 刘菊香，胡瑞文. 我国制造业人力资源现状及未来十年需求预测［J］. 高等工程教育研究，2013（4）：13-21＋93.

[10] 吴念. 陕西装备制造业人力资源开发对策研究［D］. 西安：陕西科技大学，2013.

[11] 袁玉秀. 青岛市高技能人才队伍建设现状及对策研究 [J]. 科技信息，2012 (28)：92-93.

[12] 房莉，吴茜. 制造业人力资源现状、问题及对策研究——基于胶东半岛人力资源的现状调查 [J]. 中国商界（上半月），2009 (8)：114.

[13] 黄岚. 常州市制造业发展的人力资源供需问题研究 [D]. 西安：西安理工大学，2003.

# 2018年度郑州市家庭服务业调查分析报告①

康中超　牛立勇　姚志峰　等②

**摘　要：**家政服务业作为居民生活服务业的重要组成部分，对改善居民生活品质、扩大内需、拉动就业，特别是解决妇女就业问题，发挥了重要推动作用。按照《人力资源社会保障部办公厅关于开展2018年度家庭服务业调查的通知》（人社厅函〔2018〕275号）要求，郑州市人社局牵头，采取入户、走访、问卷调查和互联网、微信等多种调查方式，组织对全市16个县（市、区）从事家庭服务业经营活动的企业法人单位、个体工商户和常住居民家庭三类群体进行调查；取得有效调查样本共计1 152份；涉及指标涵盖规模数量、经营状况、从业人员、用工情况、市场需求等五大类20余项。本报告通过定性研究和定量分析相结合的方法，对调查采集的数据进行了分类梳理和系统分析，对当前我市家政服务业的现状问题和发展趋势进行了分析研判，并对下一步行业发展和业务工作提出了意见和建议。通过调查分析，掌握了郑州市家庭服务业行业发展情况，对我市家政服务业健康有序发展提供有益借鉴，对市政府出台相关政策意见提供有效参考，为国家宏观调控和制定规划、政策提供依据。

① 该篇论文获得“2019年全国人才与人事研究主题征文活动”一等奖。

② 康中超，郑州市人力资源和社会保障局党组成员；牛立勇，郑州市人力资源和社会保障局农民工工作处处长；姚志峰，郑州市人力资源和社会保障局农民工工作处副处长；杨光，郑州市人力资源和社会保障局农民工工作处科员；张杰，郑州市人力资源和社会保障局农民工工作处副主任科员。

**关键词：** 家庭服务业　调查分析　报告

根据《人力资源社会保障部办公厅关于开展2018年度家庭服务业调查的通知》要求，由郑州市人社部门牵头，工商、民政、统计等部门配合，组织开展了2018年度郑州市家庭服务业调查与统计工作。此次调查范围包括全市6区、4个开发区及6县（市）的全部行政区划范围；覆盖领域包括从事家庭服务业经营活动的法人单位、民办非企业单位、个体经营户和常住居民家庭；取得有效调查问卷共计1 152份（法人单位331份、个体经营户181份、常住居民家庭640份）；涉及指标涵盖规模数量、经营状况、从业人员、用工情况、市场需求五大类二十余项。通过定性研究和定量分析相结合的方法，对调查采集的数据进行了分类梳理和系统分析，对当前我市家政服务业的现状问题和发展趋势进行了分析研判，并对下一步行业发展和业务工作提出了意见和建议，以期对我市家政服务业健康有序发展提供有益借鉴。

## 一、郑州市家庭服务业调查总体情况

根据调查统计，2018年，郑州市家政服务领域已包含日常保洁、保姆、钟点工、母婴护理（月嫂、小儿推拿、产后修复、催乳等）、养老护理（居家养老、日间照料）、家电清洗、水电维修、家庭教育等20多个门类，200多个服务项目。本次调查的家政服务业市场经营主体共512家，其中，法人单位331家，同比增长5.1%；个体经营户181家，同比增长13.8%。从企业规模数量来看，2018年营业额在50万元以上的经营单位172家，同比增长12.4%；年营业额在50万元以下的企业340家，同比增长5.9%。512家经营单位的总体市场经营规模达到33.08亿元，吸纳就业人员14.58万人，就业培训率达到95%以上。经过20多年的发展，郑州市家庭服务市场规模不断发展壮大，服务内容日益丰富，服务对象日趋拓展，从业人员素质不断提升，服务质量显著提高，有效满足了居民多元化、多层次的家政服务消费需求。

## 二、郑州市家庭服务业行业分类统计情况

### （一）法人单位基本情况

#### 1. 法人单位数量稳定增长，业态结构日趋丰富

根据工商注册数据统计，从提供家庭服务的法人单位数量来看，

2018年，新增注册法人单位229家，同比增长10.1%，保持持续稳定增长。

郑州市从事家庭服务业法人单位提供的家庭服务内容结构来看，基本分为三大经营板块，包含八个业务类型，如图1所示。其中，家庭婴幼儿照护（占比24.3%）、家庭保洁服务（占比20.2%）、居家老人照料（占比16.6%）作为家庭服务企业的核心业务，所占比重较大；家庭孕产妇新生儿照护（占比14.8%）、其他家庭服务（占比9.3%）和家庭饮食服务（占比8.1%）作为配套支撑业务，所占比重相对较低；而家庭病人陪护（占比5.3%）及家庭事务管理（占比1.4%）作为企业的延伸业务，所占比重最低。由此说明，郑州市在专业技能要求较高、服务要求更加精准的家庭服务供给方面仍然比较稀缺。随着生活水平的不断提升，社会对于特殊领域的家政服务需求越来越多，只有不断提升专业化技能，开展多元化经营，才能与当前日益多样化、精细化的家庭服务需求相吻合。

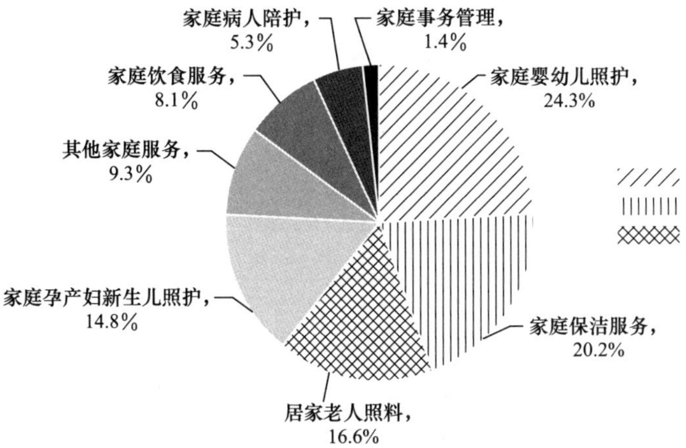


图1 2018年郑州市家庭服务业法人单位服务内容结构情况

### 2. 资产规模越大，就业增长幅度越高

调查数据显示，2018年郑州市年营业额在50万元以上的家庭服务业经营单位，总资产规模达到26.9亿元，同比增长12.1%；年营业额在50万元以下的家庭服务业经营单位，总资产规模为0.31亿元，同比增长24%。如图2所示。

2018年郑州市从事家庭服务业的人员达到145 840人，其中，营业

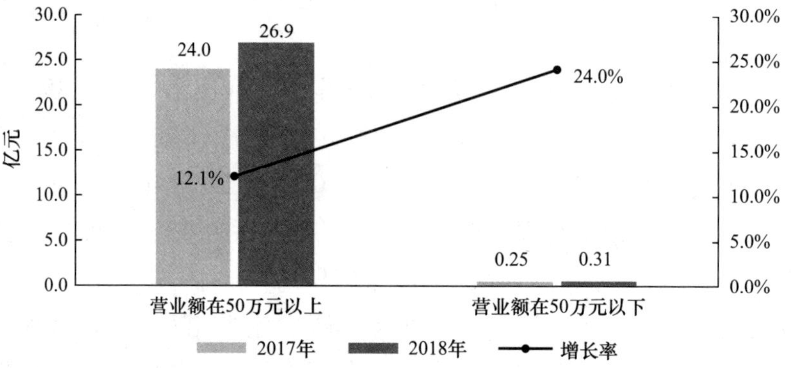


图 2　2018 年郑州市家庭服务业法人单位资产规模情况

额 50 万元以上的企业吸纳就业人数达 89 468 人，占比 61.3%，同比增长 4.0%；营业额 50 万元以下的企业吸纳就业人数 56 372 人，占比 38.7%，同比增长 1.7%，见表 1。以上数据表明，资产规模越大、营业额越高的企业，吸纳就业人数越多，且就业增长幅度越大；同时也可以看出，从业人员更倾向选择在规模化、正规化的企业就业。

表 1　　2018 年郑州市家庭服务业法人单位经营规模情况

| | 从业人员数量 | | |
|---|---|---|---|
| | 2018 年 | 2017 年 | 同比增长 |
| 营业额 50 万元以上 | 89 468 人 | 85 997 人 | 4.0% |
| 营业额 50 万元以下 | 56 372 人 | 55 418 人 | 1.7% |

### 3. 经营方式向连锁化、品牌化转型升级任重道远

从企业经营方式和组织化程度来看，2018 年郑州市家庭服务业法人单位仍是以独立门店的传统经营方式居多，独立门店经营数量有 283 家，占比 85.5%；采用连锁经营方式的企业 22 家，占比为 6.6%；其他经营方式的法人单位 26 家，占比为 7.9%，如图 3 所示。由此可见，在家政服务行业组织化管理和品牌化运营的行业发展趋势下，郑州市家庭服务企业向跨区域经营、连锁式运营的现代化经营方式转变方面仍然任重而道远。

### 4. 互联网应用越来越普及和深化

调查显示，2018 年郑州市家庭服务法人企业运用互联网开展经营活动的法人企业有 226 家，占比达到 68.3%，企业互联网化转型趋势已经

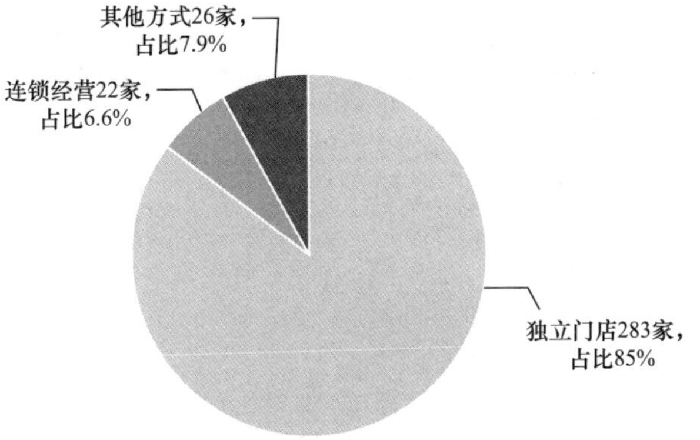


图 3　2018 年郑州市家庭服务业法人单位经营方式情况

越发凸显。其中，应用互联网进行宣传推广的企业有 219 家，占比高达 96.9%；运用互联网进行客户服务的企业有 75 家，占比 33.2%；通过网上下订单开展业务的企业有 60 家，占比 26.5%；通过互联网开展其他经营活动的企业 10 家，占比 4.4%，如图 4 所示。

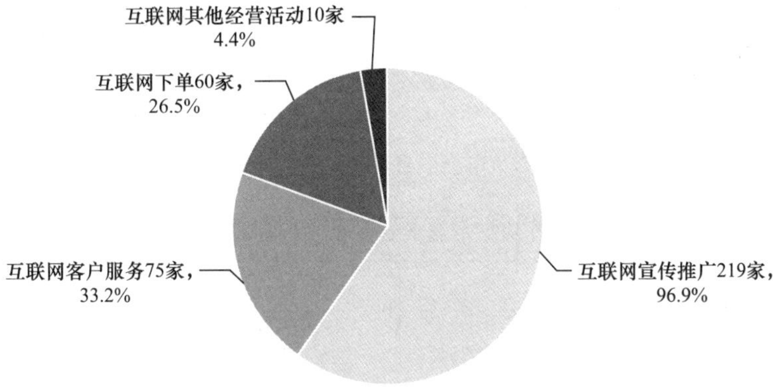


图 4　2018 年郑州市家庭服务业法人单位互联网应用情况

（二）法人单位经营情况

**1. 从业人员数量增加，年龄前移，素质提高**

2018 年，郑州市家庭服务业法人单位从业人员数量 145 840 人，较 2017 年增长 3.1%，其中，女性仍为行业主要从业群体，占比达到 80% 以上。

从服务人员年龄结构分布来看，年龄主要集中在 40 岁以上的人群。其中，18～30 岁的人数为 20 563 人，占比 14.1%，30～40 岁的人数为 59 211 人，占比 40.6%，40 岁以上的人数为 66 066 人，占比 45.3%；与

2017 年相比，18～30 岁服务人员占比上升 1.1 个百分点，30～40 岁服务人员占比上升 4.3 个百分点，40 岁以上的服务人员占比下降 5.4 个百分点，如图 5 所示，见表 2。

从服务人员文化水平看，大专及以上学历的人数为 23 772 人，占比 16.3%，同比上升 2.3%；高中学历人数为 57 169 人，占比 39.2%，同比上升 5.5%；初中及以下学历人数为 64 899 人，占比 44.5%，同比下降 7.8%，如图 5 所示，见表 2。

以上调查数据表明，郑州市家庭服务业从业人员数量在稳步增加，年龄结构趋向年轻化，文化素质在逐步提升。

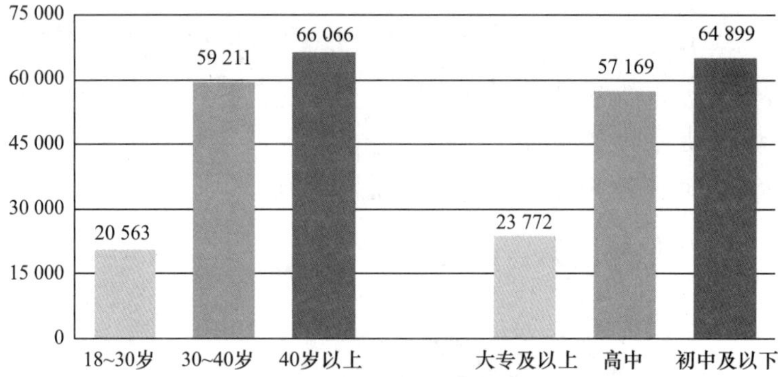


图 5　2018 年郑州市家庭服务业法人单位从业人员分布情况

表 2　　2018 年郑州市家庭服务业法人单位从业人员占比情况

| 从业人员年龄结构 | | | | 从业人员文化水平 | | | |
|---|---|---|---|---|---|---|---|
| 年龄 | 2018 年度占比 | 2017 年度占比 | 增长率 | 学历 | 2018 年度占比 | 2017 年度占比 | 增长率 |
| 18～30 岁 | 14.10% | 13.00% | 1.10% | 大专及以上 | 16.30% | 14.00% | 2.30% |
| 30～40 岁 | 40.60% | 36.30% | 4.30% | 高中 | 39.20% | 33.70% | 5.50% |
| 40 岁以上 | 45.30% | 50.70% | −5.40% | 初中及以下 | 44.50% | 52.30% | −7.80% |

### 2. 从业人员市场需求扩大，就业机会增多

2018 年，郑州市家庭服务业法人单位登记求职的服务人员共计 85 369 人，与 2017 年相比，增长 11.6%。其中，介绍了家政工作的人员数量为 51 724 人，同比增长 31.1%，如图 6 所示。以上数据表明，郑州市家庭

服务业从业人员的市场需求在扩大，家庭服务企业为求职者提供的就业岗位也在随之增加，为促进我市劳动人员就业，缓解就业压力，维持社会稳定发挥了重要的支撑作用。

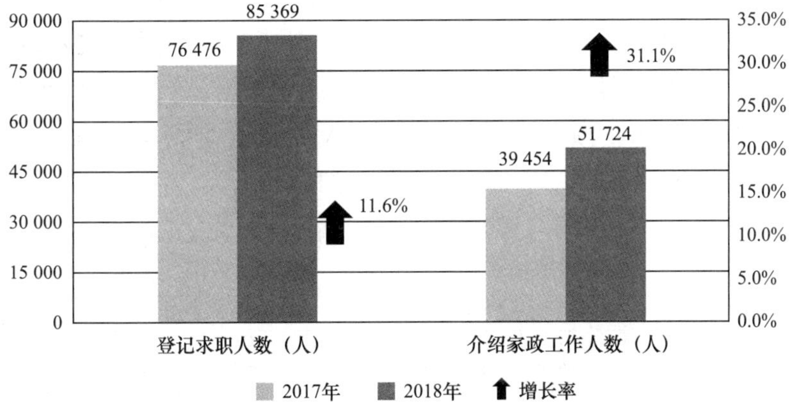


图 6　2018 年郑州市家庭服务业法人单位登记求职人员情况

### 3. 从业人员薪酬水平逐年上涨

2018 年，郑州市家庭服务业从业人员的平均工资达到4 000元，同比增长 5.3%，如图 7 所示。近几年调查数据显示，郑州市家庭服务业从业人员的整体收入水平呈现逐年上涨趋势，且专业技能越高的家政从业人员工资水平也越高，育婴师、家庭管家等高级家政服务员的工资水平可达到6 000元以上，而普通家政服务员的工资水平则在3 500～4 500元。

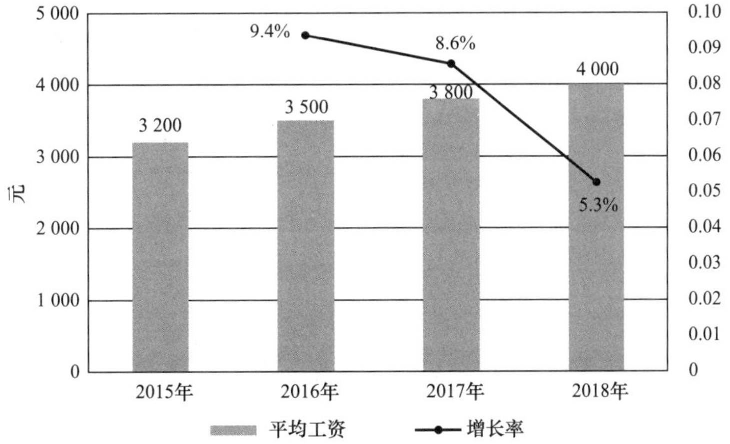


图 7　2018 年郑州市家庭服务业从业人员工资情况

### 4. 企业营业收入下滑较为明显

受人工成本、房租物价等经营成本不断上涨的反向拉动，2018 年，郑州市家庭服务业法人单位的整体营业收入出现下滑。2018 年，全市年营业额 50 万元以上的家庭服务法人单位营业收入累计达到 32.6 亿元，同比下降 8.6%；年营业额在 50 万元以下的法人单位年营业收入累计达到 0.29 亿元，同比下降 10.3%。从家庭服务业法人单位营业成本来看，2018 年，全市年营业额 50 万元以上的法人单位营业成本达到 29.2 亿元，同比下降 7.0%；年营业额 50 万元以下的法人单位营业成本为 0.22 亿元，同比下降 4.3%，如图 8 所示。

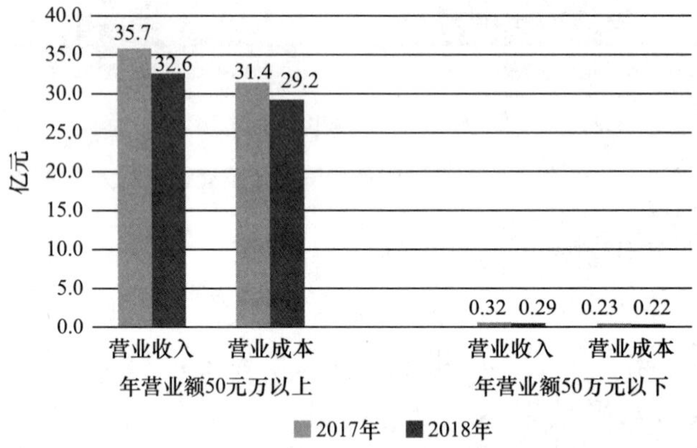


图 8　2018 年郑州市家庭服务业法人单位营业收入及成本情况

### 5. 利润普遍下滑，盈利情况不容乐观

从家庭服务业法人单位的利润额来看，2018 年，无论是年营业额 50 万元以上的法人单位还是营业额 50 万元以下的法人单位，其利润总额与 2017 年相比，下滑比例均已超过 20%（见表 3），即 2018 年整个家庭服务行业利润均处于下滑状态。

表 3　　2018 年郑州市家庭服务业法人单位利润情况

| 经营规模 | 年营业额 50 万元以上 | | | 年营业额 50 万元以下 | | |
|---|---|---|---|---|---|---|
| | 2018 年 | 2017 年 | 增幅（%） | 2018 年 | 2017 年 | 增幅（%） |
| 利润总额（亿元） | 3.40 | 4.30 | −20.24 | 0.07 | 0.09 | −25.51 |
| 利润率（%） | 10.51 | 12.04 | −12.73 | 23.36 | 28.13 | −16.96 |

究其原因有三个方面：第一，受人力成本快速增长、房租物价不断

攀升等因素的影响，极大地增加企业的运营成本而挤压了利润空间；第二，国家取消了家政服务员职业资格证，通过培训产生营收的企业，培训收入减少，成本增加；第三，随着行业竞争日益加剧，市场需求日趋高端化和专业化，部分企业转型升级速度较慢，难以适应迅猛增长、复杂多变的市场需求，而呈现盈利能力急剧下滑的严峻态势。

**6. 法人单位家政服务员职业培训度较高**

从家政服务员参加培训的情况来看，2018 年，郑州市家庭服务企业法人单位中 95%的家政服务员均参加过企业内部或培训机构的岗位培训，且结业率达到 90%以上，并有 43%的人取得职业资格证书，如图 9 所示。由此可见，用工企业对于家政服务员的专业素养和职业化技能更加重视，岗前培训已成为行业的基本原则和从业标准，促进了家政服务员的专业化水平不断提升。

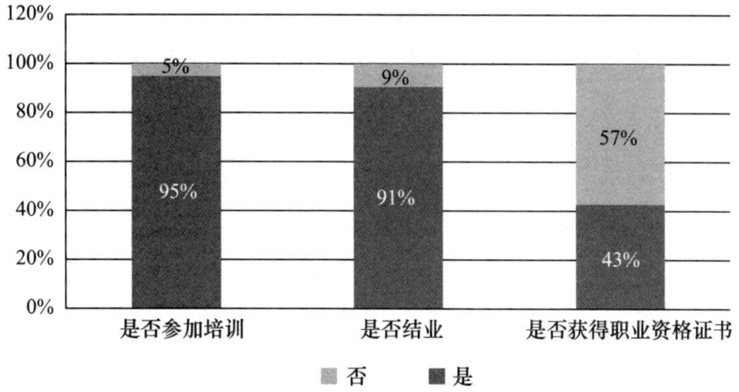


**图 9　2018 年郑州市家政服务员参加培训情况**

（三）个体工商户经营情况

**1. 个体企业数量快速增长，服务内容更加精准**

根据调查统计，2018 年郑州市从事家庭服务业的个体经营户共 181 家，同比增长 13.8%，占全市家政服务企业数量的比例为 35.35%。

与法人单位有所不同，个体经营户的核心业务是家庭保洁服务、家庭孕产妇新生儿照护、居家老人照料，分别占比 22.6%、21.2%、16.7%；配套支撑业务是家庭婴幼儿照护、家庭病人陪护、家庭饮食服务，分别占比 14.3%、9.2%、7.5%；而其他家庭服务和家庭事务管理则属于个体经营户的延伸业务，分别占比 5.3%和 3.2%，如图 10 所示。由此说明，家庭服务个体经营户更倾向于技术含量低、短平快、更有利于发挥自身优势的业务。

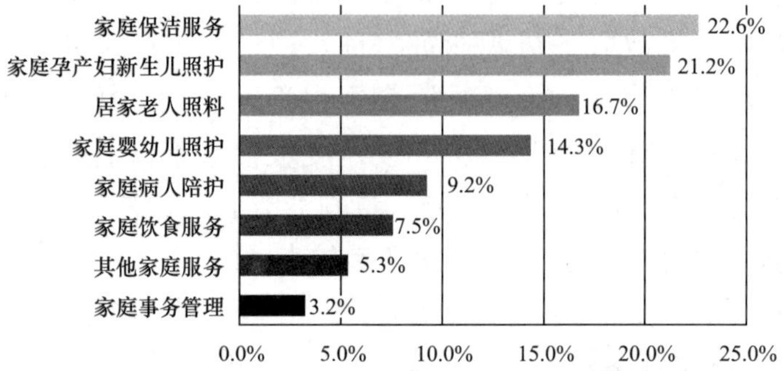


图 10　2018 年郑州市家庭服务业个体经营户服务内容情况

### 2. 个体企业提供就业岗位不断增加

2018 年，郑州市家庭服务业个体经营户介绍家政工作的家政服务员总人数达到 23 926 人，较 2017 年增加 10 412 人，同比增长 77%；平均每个家庭服务业个体经营户介绍家政工作的家政服务员达到 132 人，较 2017 年平均增加 57 人，如图 11、图 12 所示。调查数据表明，郑州市家庭服务业个体经营户提供的就业机会在不断增加，家政服务员的就业率在快速增长，一定程度上推动了我市劳动人员就业率的提升。

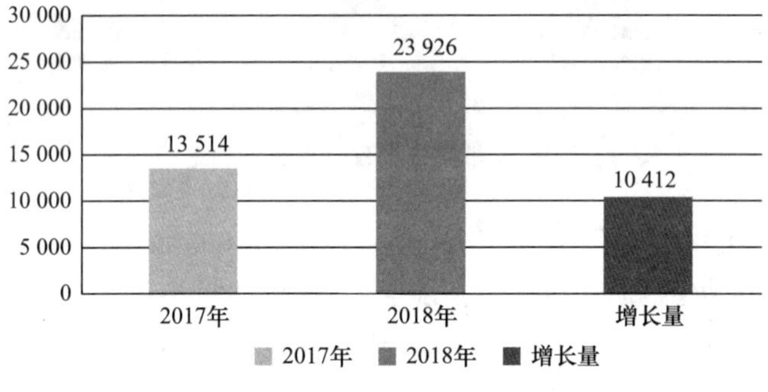


图 11　2018 年郑州市家政个体经营户介绍家政工作的家政服务员人数

### 3. 个体经营户营收渠道逐渐多元

2018 年，郑州市家庭服务业个体经营户营业收入 1 908.81 万元，同比增长 27.8%；其中，收取的家政服务中介服务费或管理费为 267 万元。从收取的家政服务中介费占营业收入的比重来看，2018 年家政服务中介费营收占比为 14%，同比下滑 6%，如图 13、图 14 所示。以上数据表明，家政服务个体经营户的营收渠道不再依赖收取单一的家政服务介绍费，经营方式正在转型。

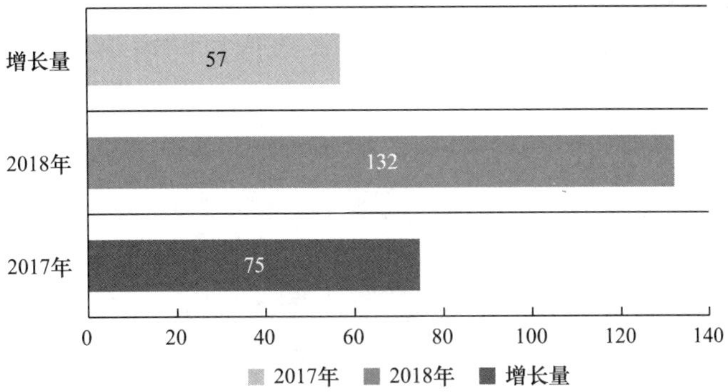


图 12　2018 年郑州市平均每个家政个体经营户介绍家政工作的家政服务员人数

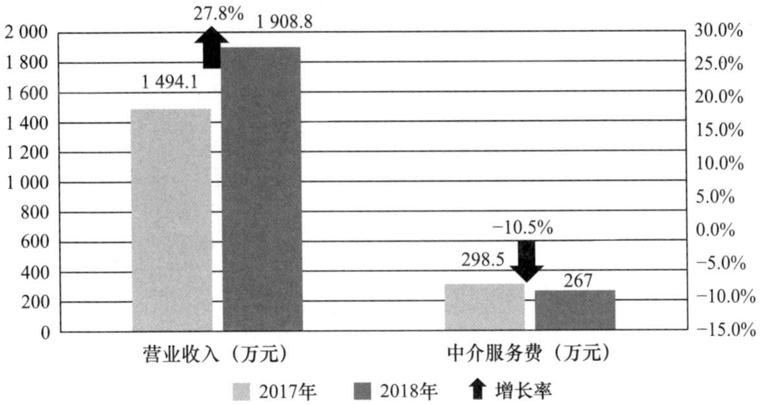


图 13　2018 年郑州市家庭服务业个体经营户营业收入情况

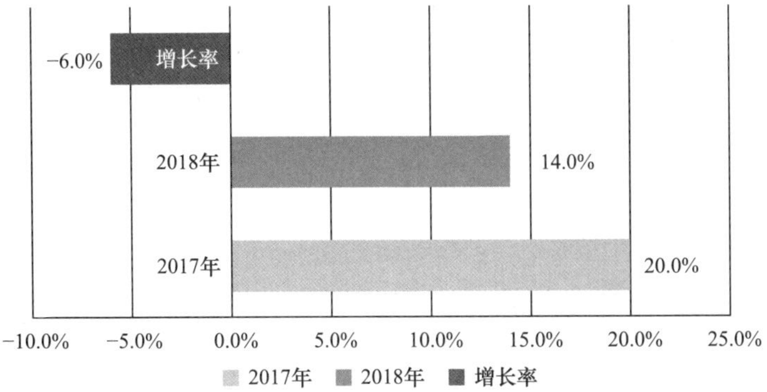


图 14　2018 年郑州市家政个体经营户收取家政服务中介费比重情况

### 4. 经营成本上涨，支出构成增多

2018 年，郑州市家庭服务业个体经营户与经营相关的总支出为 1 439.87 万元，同比增长 14.2%；其中，支付给家政服务员的劳动报酬为 1 233.94 万元，同比增长 56.3%；从劳动报酬占营业成本的比重来看，2018 年劳动报酬占比为 85.7%，同比增长 36.8%，如图 15、图 16 所示。调查数据表明，家庭服务业个体经营户的经营成本正在不断攀升，且营业成本中人员工资成本仍占较大比重，并且比重有所增加，说明人力成本是影响企业经营成本的主要因素，随着人力资本价值的不断攀升，企业经营压力也将不断增大。

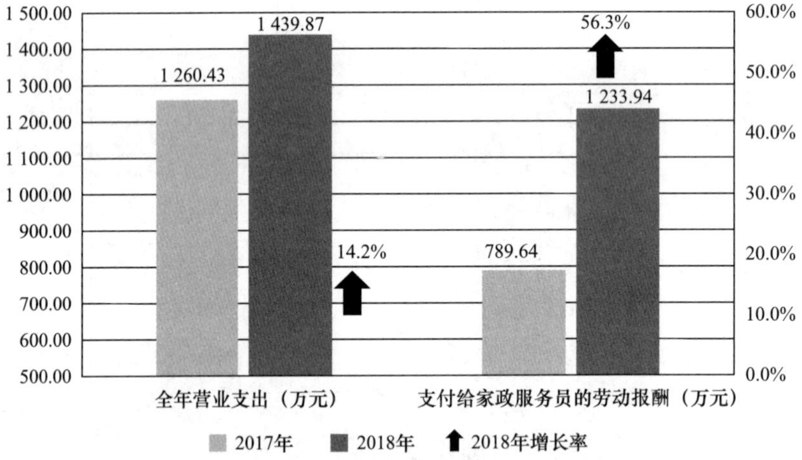


图 15　2018 年郑州市家庭服务业个体经营户营业支出情况

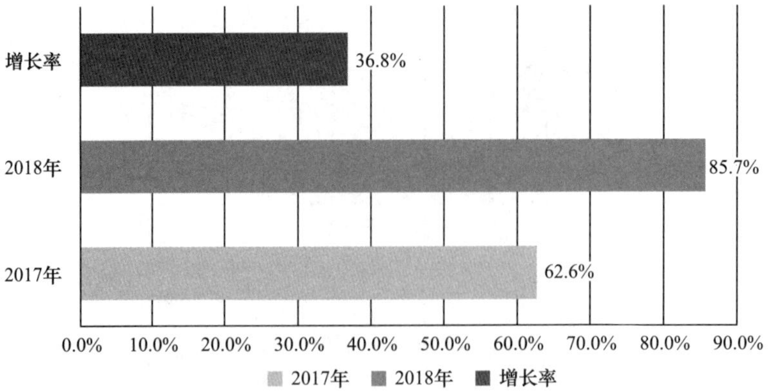


图 16　2018 年郑州市家政个体经营户劳动报酬支出占比

（四）常住居民家庭家政服务员使用情况

**1. 居民使用家政服务员女性偏多，“4050”是主力群体**

常住居民家庭家政服务员使用情况抽样调查结果显示，有415个常住居民家庭使用了1名家政服务员，其中，女性是从事家政服务工作的主要群体，有373人，占比90%。

从常住居民家庭使用的家政服务员年龄分布来看，50岁以上的人群比例为21.9%，41～50岁的人群占比为53.7%，31～40岁人群的比例为20.5%，21～30岁人群的使用比例较低，仅为3.4%，而20岁以下的人群占比只有0.5%，如图17所示。说明“4050”人群是我市家政服务人员的主要就业群体。

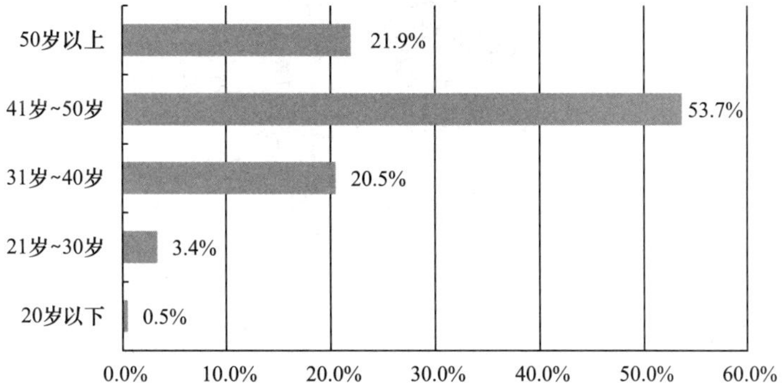


**图17　2018年郑州市常住居民家庭使用家政服务员年龄分布情况**

从常住居民家庭使用的家政服务员文化水平来看，文化层次普遍在高中及以下水平。其中，初中及以下学历占比为44.1%，高中学历占比为41.2%，大专学历占比为2.9%，本科及以上学历占比为0.7%，如图18所示。说明郑州市居民家庭使用的家政服务员整体文化水平仍然偏低，与满足当前居民日益精细化和专业化的家政服务需求还有一定差距。

**2. 居民使用家政服务员流动性较大，权益保障意识偏低**

从常住居民家庭使用家政服务员的工作年限来看，家政服务员的工作年限在1～2年的居多，占比34.2%，工作年限1年以内的占比21%，2～3年的占比24.8%，3～5年的占比11.1%，5年以上的占比8.9%，如图19所示。数据表明，郑州市家政服务员工作年限一般在3年以下，愿意长期从事家政服务工作的人员较少。

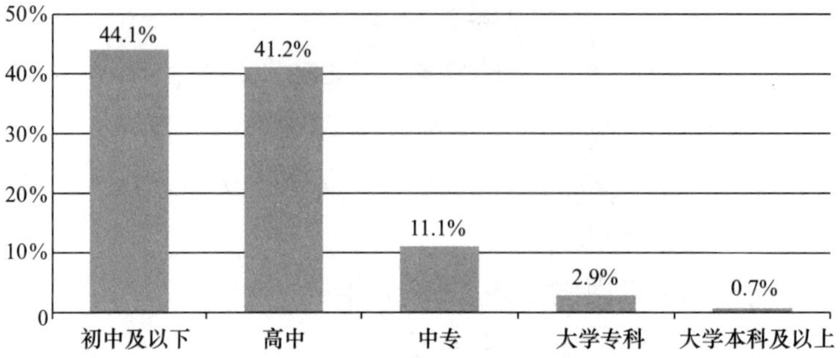


图 18　2018 年郑州市常住居民家庭使用家政服务员学历分布情况

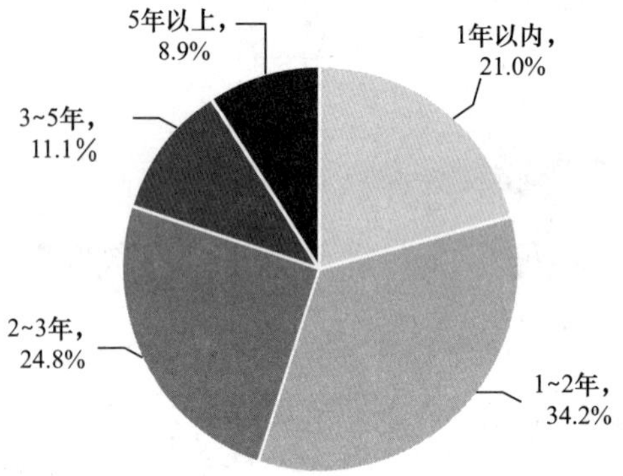


图 19　2018 年郑州市常住居民家庭使用家政服务员工作年限情况

从家政服务员为常住居民家庭服务的方式来看，目前的服务方式有三种：全日制住家、全日制不住家和小时工（钟点工），三者所占比例分别为 35.9%、29.6%、34.5%，如图 20 所示。数据表明，三种服务方式的占比较为相近，居民家庭对三种服务方式的选择偏好不明显。

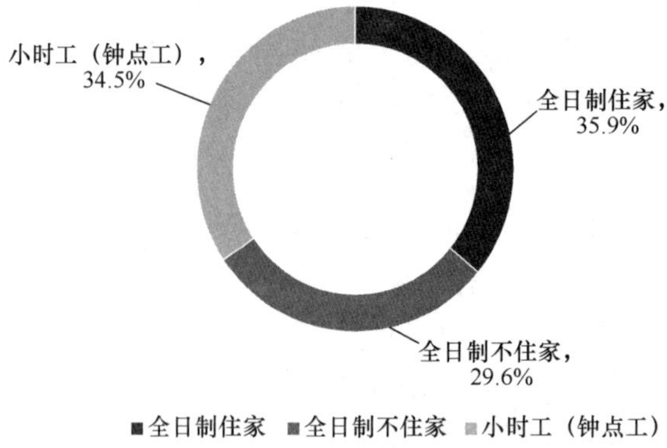


图 20　2018 年郑州市家政服务员为常住居民家庭服务方式占比

从常住居民家庭使用家政服务员参加培训情况来看，参加过培训的人员达到80%以上，但获得了职业资格证书的人员占比仅为41.9%，如图21所示。由此可见，要进一步加强对家政服务员的专业性培训和规范化考核，实现家政服务员持证上岗，以加快推进全市家庭服务行业的标准化和规范化进程。

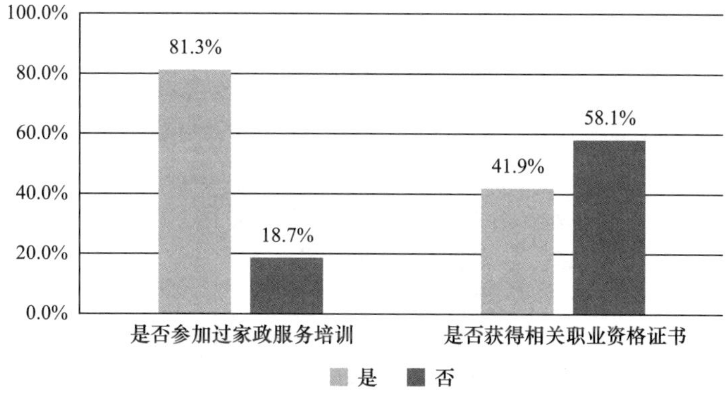


图21　2018年郑州市常住居民家庭使用家政服务员参加培训情况

从常住居民家庭使用家政服务员被常住家庭招用的方式来看，由家政服务公司派遣或介绍的人员占比为32.5%，由个体经营户派遣或介绍的人员占比为10.8%，由常住家庭自行招用的人员占比为33.5%，通过其他方式被招用的人员占比为23.2%；从其签订《服务协议》的情况来看，被招用的人员中签订了《服务协议》的比例只有54.4%，仍有45.6%未签订《服务协议》，如图22所示。调查数据可以看出，家政服务员与所服务的居民家庭之间存在大量未签订《服务协议》的情况，雇主与家政服务员之间的私单现象较为严重。

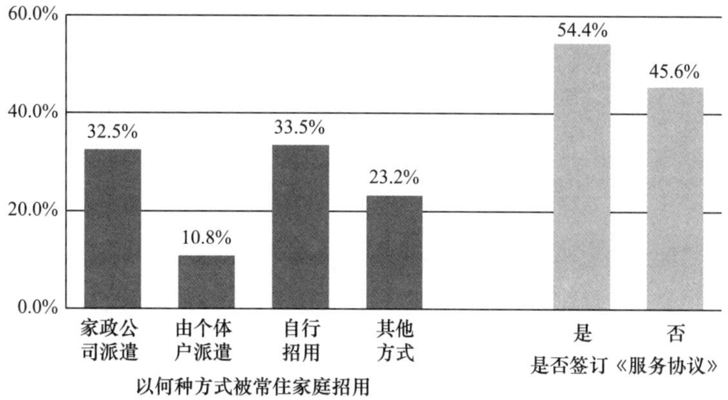


图22　2018年郑州市常住居民家庭使用家政服务员招用情况

### 3. 家政服务员工作内容较多，工作时间偏长

从家政服务员为常住居民家庭服务的内容来看，家庭保洁服务居多，占比 41%，其次是居家老人照料，占比 33%，家庭饮食服务占比 28.2%，家庭婴幼儿照护占比 24.3%，家庭孕产妇新生儿照护占比 7.7%，家庭事务管理占比 7.7%，家庭病人陪护占比 6.3%，其他家庭服务占比 2.9%，如图 23、图 24 所示。由此可见，家庭保洁、起居生活、老人和婴幼儿照看服务是当前常住居民家庭需求的重点服务内容。

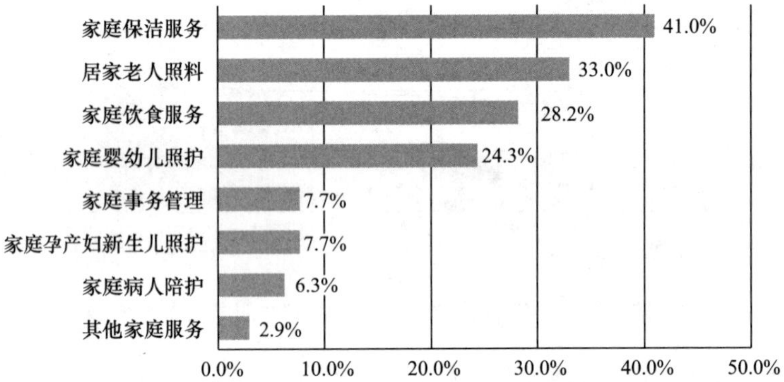


图 23　2018 年郑州市家政服务员为常住居民家庭服务内容占比情况

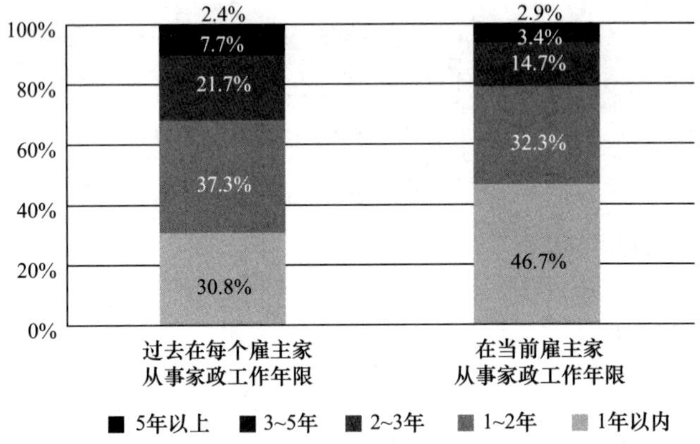


图 24　2018 年郑州市家政服务员在雇主家工作年限分布占比情况

从常住居民家庭使用的家政服务员休息时间来看，85%以上的家政服务员每个月都会有休息时间，其中，每个月能休息 4 天以上的居多，占比 45.3%，休息 3 天的占比 15.2%，休息 2 天的占比 20.7%，休息 1 天的占比 5.3%，无休息日的占比 13.5%，如图 25 所示。调查数据表明，

目前仍有少量家政服务人员未享受到休息时间，工作时间偏长，对此应当引起重视，合理调整家政服务员的工作时间，避免高负荷工作造成的负面影响。

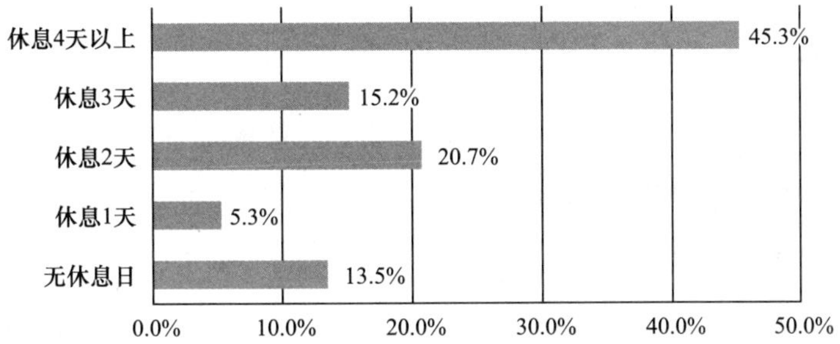


**图25　2018年郑州市常住居民家庭使用家政服务员月休息时间情况**

从常住居民家庭使用家政服务员的劳动报酬支付方式来看，劳动报酬以按月支付方式为主，占比79.5%，按次支付占比为15.7%，不定期支付占比为1.2%，其他支付方式占比为3.6%，如图26所示。以上数据表明，家政服务员为居民家庭提供的服务内容和服务方式不同，其获得劳动报酬的方式也相应有所不同。全日制住家或全日制不住家的大多是以按月支付为主，小时工或钟点工大多是按次支付。

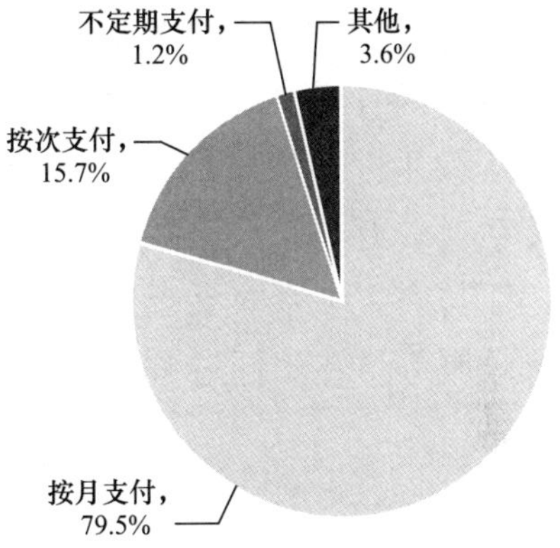


**图26　2018年郑州市常住居民家庭使用家政服务员劳动报酬支付方式情况**

**4. 家政服务员权益保障尚有缺失**

从常住居民家庭的参保情况来看，在415个被常住居民家庭使用的家政服务员中，有386名参加了保险，占比93%；有57.5%的人参加了养老保险，其中，城乡居民基本养老保险占比95.5%，城镇职工养老保险占比4.5%；在386名参保人员中有92%的人参加了医疗保险，其中，职工基本医疗保险占比4.5%，城乡居民基本医疗保险占比95.2%，其他医疗保险占比0.3%，如图27所示。以上数据表明，我市的家政服务员自身的保险意识较弱，家庭服务企业受经营成本压力，对员工的社会保障不足，尤其在失业和工伤保障方面有较大欠缺，需要企业、社会和从业人员三方共同努力，尽快建立完善家政服务员的权益保障体系。

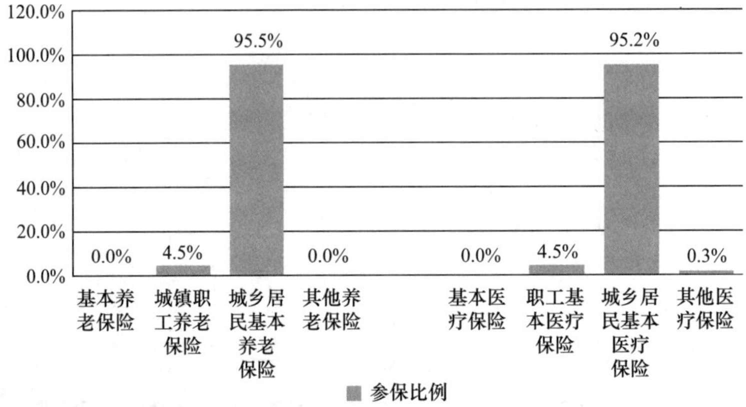


图 27　2018 年郑州市常住居民家庭使用的家政服务员参加社会保险情况

### 5. 家政服务劳动关系融洽，对人员权益保障呼声更高

在被调查常住居民家庭使用的家政服务人员中，有 44.8%的家政服务员认为在过去的雇佣过程中与雇主的关系非常融洽，37.1%的人员认为关系比较好，17.8%的人认为关系一般，有 0.2%的人认为关系比较差，而与雇主关系非常糟糕的几乎没有，如图 28 所示。由此说明，郑州市家政服务员在雇佣过程中，与雇主的关系普遍较好，获得雇主的认可度较高。

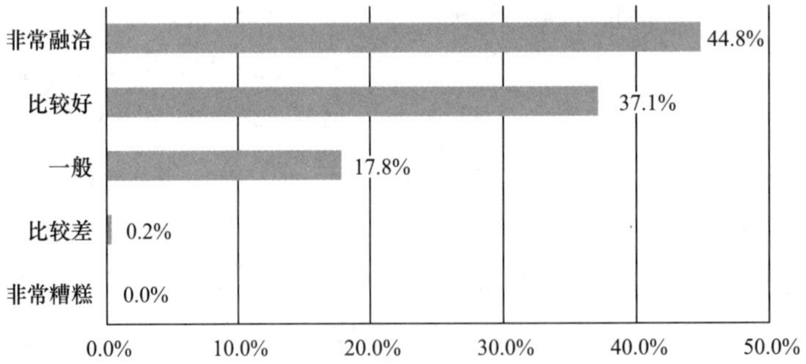


图 28　2018 年郑州市常住居民家庭使用家政服务员与雇主关系情况

据调查，造成雇主与家政服务员之间关系紧张的原因分析中，有 64.3%是价值取向不同，19%是雇主自身修养欠缺，14.5%是家政服务员不够专业，另外，有 2.2%的人认为是投诉渠道不畅导致了恶性事件发生，如图 29 所示。

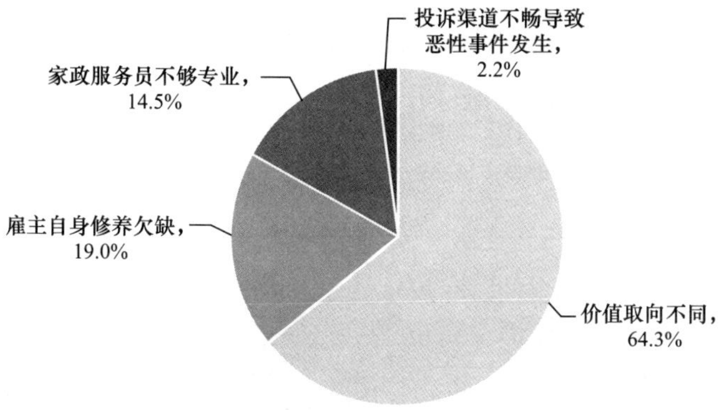


图29　2018年郑州市常住居民家庭使用家政服务员与雇主关系紧张的原因

从对常住居民家庭使用的家政服务员最希望改善的方面看，有一半以上的家政服务员希望工资待遇得到改善，占比57.1%，其后是权益保障期望得到改善（占比16.7%），随后依次是社会保险（占比13%）、业务咨询（占比6.7%）、其他方面（占比3.6%）、行业环境（占比2.9%），如图30所示。以上数据表明，郑州市家政服务员目前最为关注的是工资待遇、权益保障和社会保险三个方面。同时，也呼吁社会各界提高对家政服务人员的关注度和支持度，为其创造更好的工作条件和就业环境，以促进整个家政服务行业的健康、和谐发展。

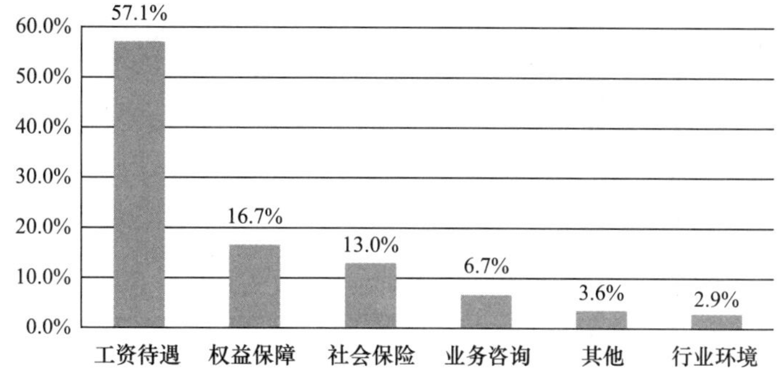


图30　2018年郑州市常住居民家庭使用的家政服务员最希望改善的方面

（五）常住居民家庭家政服务员需求情况

**1. 常住居民家庭对家政服务员有潜在的需求意愿**

在被调查的225户尚未使用家政服务员的常住居民家庭中，有100户家庭表示对家政服务员有需求，占比为44.4%。其中，有44%的家庭表示会通过网络查找家政服务员的信息；有23%的家庭表示会通过网络订单的方式招用家政服务员，如图31所示。由此说明，家政服务对一般尚未使用的居民家庭仍有较大的吸引力。

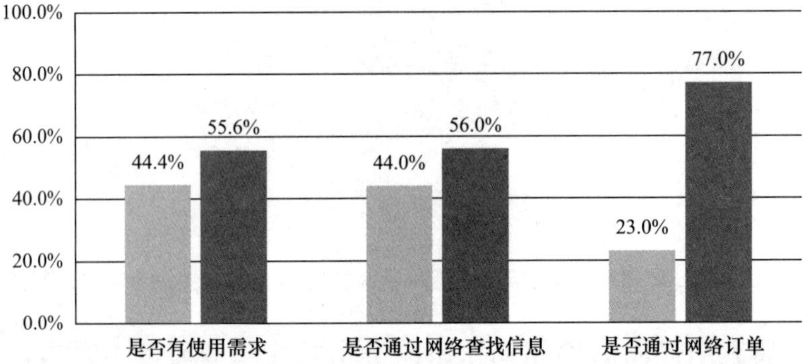


图31　2018年郑州市常住居民家庭使用家政服务员的需求意愿

## 2. 常住居民家庭倾向选择正规公司招用家政服务人员

对家政服务员有需求的100户常住居民家庭中，有43%的家庭打算通过家政服务公司派遣或者介绍的方式招用家政服务员，有34%的家庭打算自行招用家政服务员，由12%的家庭打算由个体经营户介绍，而11%的家庭则选择通过亲戚朋友介绍等其他方式招用合适的家政服务员，如图32所示。

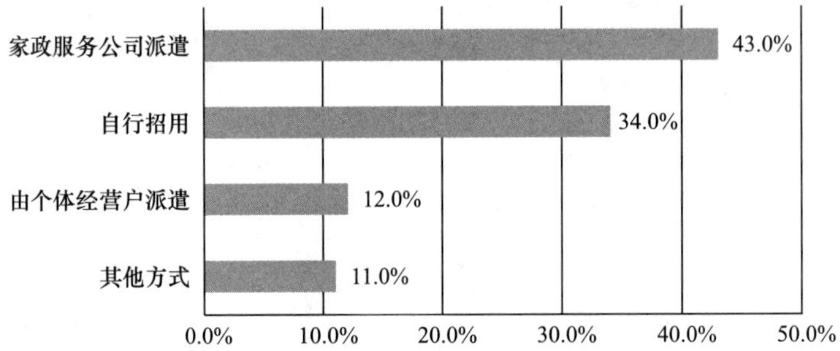


图32　2018年郑州市常住居民家庭对家政服务员的拟招用方式

## 3. 常住居民家庭对小时工（钟点工）的需求更大

调查数据显示，对家政服务员有需求的100户家庭中，38%的家庭计划招用小时工（钟点工），35%的家庭计划招用全日制不住家的家政服务员，27%的计划招用全日制住家的家政服务员，如图33所示。以上数据表明，在对家政服务员有需求的常住居民家庭中，对小时工（钟点工）的需求最大，而对全日制住家的家政服务员需求意愿则并不十分强烈。

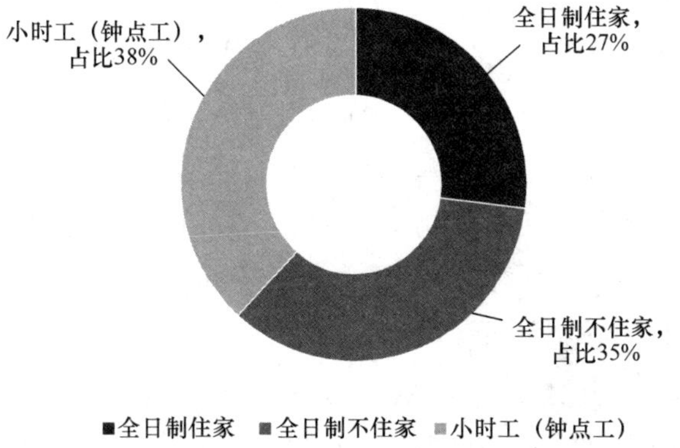


**图 33 2018 年郑州市常住居民家庭拟用招用家政服务员的服务方式**

## 三、郑州市家庭服务业发展的新形势

### （一）市场需求旺盛，推动行业持续快速发展

随着经济社会的发展和城市居民生活水平的日益提高，越来越多的家庭具备了购买社会化家政服务的条件，家政服务领域聚集了巨大的市场潜能，表现出旺盛的市场需求，推动家政服务行业持续快速发展，市场规模迅速扩张。2018 年，郑州市家政服务业市场规模已达 39.79 亿元。持续旺盛的生命力和强劲的市场表现力，也受到众多资本市场的青睐，吸引大量社会资本投入家政服务领域。在消费需求带动与资本推动的双轮驱动下，郑州市的家政服务业正在向标准化、规范化、特色化和品质化的方向快速迈进。

### （二）服务需求多样，加快市场细分和专业分工

居民家庭收入逐年递增，家庭结构小型化、人口老龄化等社会特征日渐凸显，家庭服务消费需求日益多元化和个性化，推动家政服务正在向多样化、专业化方向不断拓展。传统简单的劳务型家政服务市场（保洁、搬家、保姆等）不断细分，知识技能型家政服务市场（育婴师、家教、护理等）更加专业，专家管理型家政服务市场（家庭理财、管家服务等）也在随着高端消费市场需求增长而快速崛起。随着家政服务业供给侧结构性改革的快速推进及消费市场需求的结构性变化，未来行业专业分工将越来越明显，服务领域将更加细分精准，为家政服务产业链延

展提供更为广阔的发展空间。

（三）“互联网＋”应用渗透，引领行业转型创新

近年来，随着我市家政服务用户需求量的迅猛上升、用户在线上寻找家政服务的习惯不断养成，催生一大批互联网家政原生企业的崛起和众多传统家政企业的“互联网化”转型，形成线上综合运营平台（企业网站平台、App平台、微信商城平台等）＋线下综合服务系统（企业总部、区域代理、社区门店、服务群团）的O2O发展新模式。不少互联网家政平台（包括官网、手机App、微博、微信等）除了提供基本的助小养老服务外，还充分利用平台优势，拓展服务内容，延伸上中下游产业链条，建立从业人员数据库，从业人员考核，成立研究院或培训学校，开展与家政有关的家居服务产品、健康生态产品销售与服务等延伸服务，使行业发展体系不断建立健全，家政服务效率和品质得到极大提升，行业标准化建设也有了新的突破口。

（四）资源共享与跨界融合，提升企业市场竞争力

基于互惠互利、合作共赢理念的考量，我市不少家政服务企业越来越注重与社区商业、美容美发、家电维修、健康养老等其他居民生活服务业的融合发展，通过跨界经营、异业合作、抱团营销等多种融合模式，实现市场资源整合、行业资源共享和企业互惠共荣。例如，为客户提供更为安全健康的配餐服务；同时，与政府基层组织和社区联合，探索家政服务进社区服务新模式，建立“政府支持＋企业主导”“社区家政＋跨界融合”的家政进社区模式。通过服务模式的创新和商业经营模式的创新，助力这些企业在激烈的行业竞争中占领市场价值制高点，形成无可比拟的核心竞争力。

## 四、郑州市家庭服务业存在的问题

（一）家政服务人员依然短缺，市场供需不匹配

家政服务业作为典型的劳动密集型行业，服务人员的数量和质量就成为行业发展的根基。从我市家政服务人员的供给来看，无论是从数量还是质量上，家政服务供给仍然不能满足快速增长的市场需求。出于收入水平偏低、雇佣关系复杂、职业偏见等原因，从事家政服务的人力资源日趋紧张，家政服务人员“难招、难管、难留”成为行业难题。由于行业性质和服务模式的长期固化，我市现有的家政服务人员85％以上仍

然来自农村转移劳动力或城市下岗人员，年龄结构偏大，文化教育程度偏低，接受知识较慢，“80后”新生代从业人员所占比例不到20%，与需求端高智化年轻消费群体的个性化、多样化、多层级的家政服务需求不适应、不匹配，严重阻碍了我市家政行业的快速发展。

（二）市场竞争不断加剧，中小企业转型创新举步维艰

家政服务市场需求快速扩大的同时就会带来行业竞争的加剧。一方面，由于近年来人工成本、租房成本上涨较快，导致企业的经营成本不断增加，一些粗放经营、管理落后的中小型家政服务企业市场抗风险能力较弱，很难可持续发展；另一方面，社会资本和市场资源更偏向于品牌强、模式新的规模型企业和高新型企业聚集，而传统中小企业可利用资源较少，加之企业资金有限、管理缺失、人员流动性强，企业难练“内功”，导致中小型家政服务企业转型创新的内生动力不足，行业优胜劣汰、兼并重组时有发生。

（三）职业培训有待规范，行业标准亟须统一

要满足日趋多样化、高端化的家政服务需求，对家政服务人员专业化的职业培训和规范化的管理必不可少。目前，我市的家政服务人员普遍职业素养不高、人员素质参差不齐，这直接导致了从业人员服务标准不统一。同时，对现有从业人员的培训也大多来自企业内部，行业缺乏统一的教材、专业的师资以及专业的实训场地和教具，使得培训标准不一、培训效果不佳、培训证书与实际技能不对等。职业技能培训的不规范直接造成服务标准的不规范，因而，统一完善行业培训标准与服务标准、整顿肃清行业市场秩序已经迫在眉睫。

（四）家政服务人员权益难保，行业诚信体系缺失

由于家政服务行业的特殊性，绝大多数企业仍然实行中介制或会员制，企业、员工与雇主之间签署的是三方服务协议，一部分企业的经营模式仍是由雇主直接向家政服务人员支付工资，而企业仅收取10%～20%的管理费；加之企业的经营成本在逐年攀升，市场竞争激烈，使得经营企业的利润空间极小，导致多数企业无力承担家政人员的社会保险；而家政服务从业人员依靠劳动薪酬维持日常生活开支，自身又很难承担灵活就业人员所缴纳的社保，加上保险意识的缺失，致使家政从业人员成为社会保险的“边缘化”人群，基本权益无法得到有效保障。

## 五、郑州市家庭服务业发展建议

### （一）引领行业提质扩容，加快盈利模式创新

一是通过行业龙头骨干和典型企业的示范带动，鼓励小微企业不断探索新方法、新领域，创新服务内容、提升员工素质、增加有效供给，提升经营附加值和市场竞争力。二是将传统单一收取服务中介费的赢利模式向“服务中介费赢利＋家政技能专业培训服务赢利＋家政服务兼销商品赢利＋家政与养老融合发展赢利”等多渠道、多元化赢利模式转型升级，实现企业的长足可持续发展。三是发挥重点企业示范带动作用，把家政服务与社区养老、居家养老、育幼陪护及社区配送、社区健康、社区清洁、社区环卫等多种社区服务需求有机结合，建设连锁化经营、多业态融合的社区家政服务网点。

### （二）细化运营管理体系，促进行业规范发展

一是加强家政服务企业规范管理。由行业协会组织牵头，督促企业建立完善服务流程、服务标准和内部管理制度，规范经营管理，降低运营成本，提升管理能效。二是加强家政服务企业内控管理和绩效管理。推行企业内部顾客化、内部市场化管理模式，增强服务人员的稳定性，提升企业的市场抗风险能力。三是鼓励家政服务企业加快信息化应用。引导企业充分运营现代信息技术，加快服务模式创新，利用大数据、互联网开展精准服务。

### （三）引进专业师资团队，打造产教融合实训基地

一是引进具有家政服务培训资质的学校、企业或专业机构开展职业化培训。二是由政府主导，鼓励有条件的高等院校、技工职业学校开设家政类专业，并联合家政服务机构建设产教融合培训基地。三是建立家政服务网络培训平台，同步开发线上培训教材与课程，实现线上线下一体化、一站式培训。

### （四）健全行业信用体系，维护家政市场秩序

一是加快建立全市家政服务行业征信系统，尽快建设我市家政行业信用监管服务平台。二是加强企业诚信管理制度建设，引导企业强化信用自律、增强社会责任感，改善行业信用的生态环境。三是加强家政服务人员的诚信体系建设，打造家政服务人员六维认证体系（从业认证、身份认证、性格认证、健康认证、技能认证以及履历认证）。

（五）加大政策扶持力度，减轻企业经营负担

建立和完善针对家庭服务业的税费减免和税收优惠制度。进一步完善促进发展家庭服务业吸纳就业的政策措施，在培训补贴、岗位补贴、社保补贴等多方面给予政策扶持。对实行“员工制”的家庭服务企业，通过财政或专项资金给予必要的奖励或补贴。

（六）强化社会舆论导向，提升从业人员的荣誉感

加强社会和舆论对家庭服务业的正面引导、宣传和监督，引导老百姓正确认识家政服务、理解家政服务、关心家政服务、支持家政服务。多形式宣传家庭服务业中的典型事例、先进人物，提高社会各界对家庭服务业的认识。对做出突出成绩的家政服务员进行表彰，提升家政服务员的荣誉感。

## 参考文献

[1] 佚名. 郑州：2017 年度家庭服务业调查工作全面展开 [J]. 家庭服务，2018 (2)：15.

[2] 欧阳艳蓉. 郑州市家庭服务业发展态势研究 [J]. 经济论坛，2015 (10)：23-25.

[3] 陈兰. 家服培训师是“自豪”的行业——全国家庭服务师资培训班问卷调查结果及数据 [J]. 家庭服务，2018 (38)：46-49.

# 京津冀协同发展背景下如何实现三地人力资源市场一体化[①]

王建强[②]

**摘　要：**加快推进京津冀协同发展背景下的三地人力资源市场一体化进程，优化配置人力资源，促进人力资源在区域内自由流动，对于京津冀协同发展意义重大。本文分析了京津冀在协同发展背景下三地人力资源市场一体化存在的可能性、难点与困境，进而提出推进协同发展背景下京津冀人力资源市场一体化的建设策略。

**关键词：**京津冀　人力资源市场　一体化

京津冀协同发展战略为三地人力资源市场一体化建设增加了动力，加速了进程，在对京津冀人力资源市场总体情况调查之基础上，对三地人力资源市场一体化的现实需求、制约因素和实现一体化举措进行了研讨。

## 一、追根溯源：为什么京津冀人力资源市场可以实现一体化

“一体化”这一概念早在20世纪八九十年代就不断被抛出，特别是区域之间的“经济一体化”更为热门，如“珠三角经济一体化”“长三角经

① 该篇论文获得“2019年全国人才与人事研究主题征文活动”二等奖。

② 王建强，河北省社会科学院人力资源研究所所长、研究员。

济一体化”等，21世纪以来，“京津冀经济一体化”“环首都经济圈”日益受到学界的“追捧”，区域内各种生产要素和资源共享一度成为业界讨论的“时髦”话题。一般而言，任何一个概念性的东西都不应该是“横空出世”和“空穴来风”，一定有其存在的主客观因素，否则这种概念性的东西就会“灵光一现”，至少不会久存。“经济一体化”这一概念就是具备了一定的主客观要素而产生，且至今仍被普遍使用。党的十八大以来，以习近平同志为核心的党中央高瞻远瞩，于2014年2月26日，将京津冀协同发展提升至重大国家战略，并提出要打破“一亩三分地”的思维定式，加快走出一条科学持续的协同发展路子。随后，国务院成立了京津冀协同发展领导小组，并多次召开会议进行研究布局。在各方共同努力推动下，京津冀协同发展开始破冰，交通、生态、产业三个重点领域率先取得了突破，之后的《京津冀协同发展规划纲要》、国家及京津冀各自的“十三五”规划纲要都将京津冀协同发展作为重大战略并积极推动落实，可以说，京津冀协同发展已经深入人心，路人皆知。这里需要注意的是，原本的“一体化”概念已经被“协同”所替代，二者之间具有本质性的区别，就像我们刚开始所提出的那样，“协同发展”这一概念具备了一定的主客观要素。我们理解，“京津冀协同发展”应该是“京津冀一体化”发展背景和形势下的产物，正是“京津冀一体化”催生出了“京津冀协同发展”的概念。因为协同发展则意味着三地内的各种要素未必都能达到“高度统一”，而是“宜统则统，宜分则分”，而“一体化”则是一个统一状态。

那么，在当前三地都在贯彻落实京津冀协同发展战略的大背景下，寻求京津冀人力资源市场的一体化（而不是协同发展）是否超前呢？

一般而言，在协同发展大政方针的指导下，直接跨入“一体化”的可能性并不大，至少在总体程度上不会实现，但是，在小的方面，某些领域，因为条件成熟、主客观因素的完备及政府和市场主体的人为推动，不经过“协同发展”而直接步入“一体化”的殿堂是可能的。笔者认为，从京津冀人力资源市场所具备的条件来看，实现“一体化”的可能性较大，之所以这样说，是因为现实中人力资源市场一体化已经显现出其主要征兆：一是《京津冀区域人才合作框架协议书》明确了三方贯通人才市场的意愿。这一协议的签署至少可以证明三方主观方面对这一问题的认识和深化，解决主观上的问题就是破除了思想上的藩篱，三方多年来不能进行深入有效合作，不能排除这一方面的障碍，协议的签署也使三方对于互惠互利、合作共赢有了更加深刻的理解，业已成为三方的共识，这也为三方实质性的合作奠定了深厚的基础。二是国家部委的规章制度为三方实现“一体化”扫清了障碍。2010 年，人力资源和社会保障部印发《关于进一步加强人力资源市场监管有关工作的通知》（人社部发〔2010〕10 号），对做好人力资源服务机构特别是经营性人力资源服务机构的统一监管、统一许可，治理非法中介，推行诚信服务，加强市场供求信息发布，培育统一规范、竞争有序的市场化服务体系等工作，提出了明确要求，保障了人力资源市场的健康发展。2012 年，人社部《关于加强人力资源服务机构诚信体系建设的通知》（人社部发〔2012〕46 号）对推动市场诚信体系建设，引导人力资源服务机构依法经营、诚信服务，切实维护劳动者和用人单位合法权益起到了重要作用。2013 年，人社部出台了《人力资源社会保障部关于加快推进人力资源市场整合的意见》（人社部发〔2013〕18 号），明确要以整合资源、提高效率、深化改革、促进发展为重点，推进人力资源市场管办分离、政企分开、事企分开，进一步健全人力资源市场体系，促进人力资源合理流动和有效配置，通过有效整合人才市场和劳动力市场资源，统一人力资源市场管理制度、统一人力资源市场监管、统一人力资源服务标准，整合加强公共就业和人才服务机构、整合基本公共服务功能，加强公共就业和人才服务信息化建设、加强公共就业和人才服务保障，加快推进公共服务与经营性服务分离改革等一系列措施，保障了人力资源市场的整齐划一。三是三方在“一体化”方面已开展实质性的合作。京津冀人力资源进行交流合作，必须以市场为主导，发挥市场在人力资源配置中的决定性作用，才能实现人才自主择业、单位自主用人、市场调节供需。近几年来，京津冀三方遵循了人力资源开发、流动、配置和使用的规律，从健全完善人力资源市场体系、创造良好政策环境着手，积极推进统一开放的京津冀区域性人力资源市场建设，通过所属人才交流服务部门互设办事机构和加强市场经营型人力资源服务业务合作，跨省市、全方位提供包括人力资源招聘、咨询规划、培训、测评等服务，全力构筑一体化的市场交流平台，并且在推进人才智力资源共享、实行专家与职称资格互认、开展劳动人事争议仲裁协作、互设“人才工作站”、定期相互交流高层次人才信息库、共享引智项目专家资源等方面开展了实质性合作。以上几个方面从一定程度上反映出京津冀人力资源市场一体化的主要进展。

## 二、荆棘载途：京津冀人力资源市场一体化还有多远

京津冀人力资源市场一体化尽管已经显现出一定的端倪，但由于体制机制方面的影响仍然存在，区域内人力资源市场合作时间还比较短，加之缺乏成熟的制度及可供借鉴的现成经验，就所取得的一些成绩而言，还远未达到我们所期待的目标，有些问题具有一定的普遍性，值得我们去了解、分析和研究，其中还有一些重大问题没能解决，需要引起高度重视。

### （一）人力资源市场配置支撑体系不足

人力资源市场配置支撑体系不足直接导致市场在人力资源配置中发挥的决定性作用有限。党的十八届三中全会吹响了我国全面深化改革的号角，强调要发挥市场在资源配置中的决定性作用，但人力资源市场主体的特殊性，市场发育的不成熟，致其作用受限。主要体现在：

人力资源合作范围有限。目前京津冀人力资源合作的范围仅限于人事代理、人才派遣、人才网站合作、联合举办招聘会等领域，人力资源一体化中的优势互补性不足。人才互惠共赢的利益分配、市场分配机制尚未建立。人力资源是最重要的生产要素，在区域人力资源一体化中要建立符合市场规律的风险共担和利益共享的分配机制，但目前人力资源市场化配置程度还不均衡。京津冀人力资源服务业发展水平低于长三角和珠三角地区，而且京津冀区域内人力资源市场发育程度差异较大，无论在经营机构规模、数量、从业人数、人力资源服务业经营收入方面差距明显，而且不均衡。

### （二）政策的落实程度不够

人力资源市场一体化方向确定之后，必须继之以具体的、切实有效的行动措施，要通过各相关部门、相关组织之间的持续沟通、联络、协调，对已经议定的事项进行密切的跟踪和监督，才有可能确保落实到位。然而，当前京津冀合作工作中，或多或少地都有着重开局、轻后续，重短期、轻长远的问题，呈现出象征性、临时性、阶段性和短期性的特征。往往在会议开完、协议签完之后，所形成的文字便被束之高阁，没有相应的与之配套的具体措施方案去落实会议精神和协议内容。

（三）人力资源市场信息互通平台作用发挥欠佳

公共就业和人才服务信息网络建设共享程度不高，人力资源市场管理和公共服务的信息化水平建设仍需加强。人力资源供求、政策法规等信息资源的开发与共享，是实现三地人力资源市场一体化的重要组成部分，这一信息平台作用发挥不够不能有效推动人力人才、智力、技术等生产要素合理有序的流动。

## 三、扬帆起航：推进京津冀人力资源市场一体化政府能做什么

“积土成山，风雨兴焉；积水成渊 蛟龙生焉”，推进京津冀人力资源市场一体化必须破除现存的“利益孤岛”现象，牢固树立合作共赢的理念，创造出良好的环境，促其健康发展。为此可从以下几个方面着力。

（一）合力推动出台三地合作的人力资源市场管理协议

可由三地人力资源社会保障行政部门和人才协调领导小组相互对接，就此事先达成一致协议，同时逐步实现三地人力资源市场从业资格证书互认机制，在法律法规许可的范围内，简化互设分支机构的程序。其中一个重要方面是统一人力资源市场管理制度，包括：统一人力资源服务机构准入标准，统一人力资源市场监管制度，统一人力资源市场活动规范，推动人力资源服务标准化、规范化建设。同时要完善人力资源服务业体系，实现三地人力资源服务业实行优势互补、错位发展。要根据京津冀的功能定位对人力资源服务的需求，以产业引导、政策扶持和环境营造为重点，构建多层次、多元化的人力资源服务机构集群，推进人力资源服务业专业化、品牌化、国际化。

（二）建立人力资源市场信息互通平台

推动京津冀建立人力资源供求价格信息信号，完善市场信号系统。在此基础上共同出资建立区域统一权威的人力资源开发网站，实现人力资源信息共享。由京津冀三方共同出资，中央财政资金给予支持建立一个京津冀空中人力资源港。集京津冀产业布局、产业动态、各级各类人力资源政策（包括国家层面人力资源政策、京津冀省级人力资源政策、区域内区县人力资源政策）、各地人力资源需求信息、人力资源项目申报、创新创业基地、公共服务事项办理、生活服务等一体化的人力资源服务综合平台，作为立足京津冀、辐射海内外的网上人力资源窗口。同时充分利用内部刊物、座谈、互访等方式，主动沟通协调，互相支持配

合，共同促进提高，逐步实现三地政策法规、人力资源供求、工作进展、制度创新等信息的公开交流与共享。

（三）突破制度障碍，加大政策落实力度

制度建设带有根本性、全局性、稳定性和长期性。要构建人力资源市场一体化体系，首要任务就是改革完善三地人力资源工作制度，构建科学合理的制度体系，真正实现三地的制度互通协同，在区域内的人力资源流动、人力资源服务、资质互认等方面加强政策协调和制度衔接，逐步消除妨碍人力资源市场一体化的制度与政策规定，降低区域内人力资源流动和开发成本，形成区域内无障碍人力资源制度，以从制度层面上推进和保证三地人力资源市场一体化的不断深入。同时，对于已经制定的政策要加大落实力度，保证政策的管用、到位。

（四）政府搭台，企业唱戏

政府出台政策、签订协议等要多征求企业特别是一些民营企业的意见和建议，开通企业主动建言献策的绿色通道，使企业作为人力资源市场主体充分发挥作用。

与京津共建人力资源服务产业园区。根据北京提出的建设“中国北京人力资源服务产业园区”的构想，积极与其协商和沟通，争取能够与其共建共享。结合大学生就业、博士后科研流动站及创新基地的建设，充分发挥人力资源服务业产业园区的作用，也将其作为三地人力资源市场一体化建设的重要抓手，形成人力资源市场公共服务枢纽型基地和人力资源服务产业创新发展平台。通过实施减免租金、贷款贴息、政府优先购买服务等优惠政策，吸引各类人力资源服务机构入驻园区，并在人力资源服务产业园区进行综合改革试点，在财政、金融、土地、税费、人力社保及服务模式等方面探索创新，先行先试。

总之，京津冀人力资源市场一体化有多种影响因素，仅从以上几个方面还不能完全达到三地人力资源市场一体化的目的，其主要影响因素如：户籍对工资、就业的影响，社会保障制度对就业的影响、三地经济总体发展水平、教育培训水平和制度等的差异都会严重影响三地一体化水平，其工资决定机制、工作稳定性、劳动者获得提升的机会等方面的差别，也严重影响了人才在区域之间的自由流动。破解这些市场分割障碍的多样性也是今后政府应该努力的重要方向。

## 参考文献

[1] 成新轩，李林，武晨静．加快推进京津冀劳动力市场一体化[N]. 光明日报，2016-06-19.

[2] 陈红霞，席强敏. 京津冀城市劳动力市场一体化的水平测度与影响因素分析 [J]. 中国软科学，2016（2）：81-88.

[3] 朱莉莉. 新常态下京津冀人力资源市场一体化评估指标体系构建研究 [J]. 当代经济管理，2018（4）：80-85.

# 职业院校专业设置优化与区域产业结构升级的适配性研究——以泰安为例[①]

李　涛　郝亭宇[②]

**摘　要：**本文通过研究泰安市的产业发展规划、重点产业企业和用人供求情况等，结合市域内职业院校专业设置的实际情况，梳理产业发展与专业设置的逻辑关系，提出职业院校专业设置优化调整与区域产业结构升级协调发展的理念、构建政行校企联系联动机制等优化人力资源配置水平的具体措施。

**关键词：**区域产业结构升级　职业院校　专业设置

近年，我国经济已由高速增长阶段转向高质量发展阶段。党的十九大提出，要贯彻新发展理念，建设现代化经济体系，支持传统产业优化升级，加快建设制造业强国，促进我国产业迈向全球价值链中高端，培育若干世界级先进制造业集群。为此必须坚定走人才强国之路，突出产业人才特别是高技能人才开发，补足“技能缺口”，进一步改善高技能人才发展环境，大力加强技工教育和职业培训，推动职业院校（包括技工

① 该篇论文获得“2019 年全国人才与人事研究主题征文活动”三等奖。

② 李涛，山东省泰安市人力资源和社会保障局职业能力建设科科长；郝亭宇，山东省泰安市职业技能鉴定指导中心科员。

院校，下同）专业设置与区域产业结构升级协调发展，努力培养一支规模宏大、门类齐全、素质优良的高技能人才队伍。

山东省从新旧动能转换破题，聚焦十强产业，以四新促四化，推动经济实现高质量发展。泰安市委市政府从实际出发，为落实“产业兴市”战略，出台了一系列优惠措施，大力培植“工业领军企业 50 强”（以下简称“工业 50 强”）、“科技创新型企业 50 强”（以下简称“创新 50 强”），加快推进新旧动能转换。随着泰安市产业结构的转型升级，职业院校专业设置与区域产业结构升级的协调发展，是职业教育、技能人才培养与区域经济协调发展的重要方面。职业院校的专业结构调整和专业设置、课程开发及人才培养须从区域产业结构升级发展的需要出发。

## 一、泰安市域经济产业情况及技能人才供需现状

### （一）经济产业概况

2018 年泰安全市生产总值达到 3 651.5 亿元，按可比价格计算（下同），比上年增长 5.7%。第一产业增加值 285.4 亿元，增长 2.7%；第二产业增加值 1 615.2 亿元，增长 5.5%；第三产业增加值 1 750.9 亿元，增长 6.3%。三次产业结构调整为 7.8：44.2：48.0，“三、二、一”的产业结构形态进一步巩固。全市人口 564 万人，人均生产总值 64 714 元，增长 5.7%①。按照市委市政府“抓发展必须重视抓产业，抓产业必须重视抓工业、抓大企业”和“产业兴市”战略的相关要求，泰安市编制了《泰安市新旧动能转换重大工程实施规划》，确定新一代信息技术、高端装备和智能制造、新材料、新能源和节能环保、医养健康、现代高效农业、高端化工、纺织服装、现代物流、文化旅游十大支撑产业，建立“领军 50 强”“创新 50 强”（以下简称“双 50 强”）评价认定体系，采取县（市、区）推荐，市政府相关部门及有关专家综合评价的方式认定了 100 家企业，实施动态管理，每年适度微调。

### （二）“双 50 强”企业技术工人需求情况

2019 年 3 月，根据对全市“双 50 强”企业进行的实地调研、座谈调研和统计调查等，100 家市重点企业技术工人需求总计 5 154 人，涉及 51 个工种，其中 22 个工种需求量较大，主要集中在工业领军 50 强企业中的

① 数据参考自泰安市 2018 年国民经济和社会发展统计公报。

制造业、纺织行业，信息等科技创新50强企业对技能人才的需求较小。

（三）职业院校毕业生供给情况

市域内职业（技工）院校共有16所，在校生84 362人，涉及212个专业，其中，与十大产业相关专业53个，在校生人数32 715人，总人数占比38.8%。2018年度院校毕业生共24 453人，留泰就业6 056人，平均在泰就业率24.8%。

（四）“双50强”企业急需紧缺人员供需情况

泰安市“双50强”企业需求量前20名的专业中，有13个需要的是职业教育培养的专科或中技类技能人才，其中仅有6个由职业院校设置了相关学科专业；其他我市职业院校未设置对口专业中，有3个专业上岗门槛较低，仅经短期培训即可满足上岗的需求。“双50强”企业需求量前20名的专业供求情况对照表见表1。

**表1　“双50强”企业反馈的需求与驻泰高校、市属职业院校各专业毕业情况对照表**

| 序号 | 专业名称 | 层次 | 需求人数（人） | 对应产业 | 2019—2021年度毕业生人数（人） | | | 备注 |
|---|---|---|---|---|---|---|---|---|
| 1 | 服装设计 | 中技 | 250 | 纺织服装等 | / | / | / | 无须开设中技层次的专业，上岗需经岗前培训 |
| 2 | 纺织工程 | 中技 | 160 | 新材料、纺织服装等 | / | / | / | 无须开设中技层次的专业，上岗需经岗前培训 |
| 3 | 裁剪与缝纫 | 中技 | 160 | 纺织服装等 | / | / | / | 无须开设中技层次的专业，上岗需经短期培训 |
| 4 | 文案 | 专科 | 156 | 新一代信息技术等 | / | / | / | 非本专业亦可从业 |
| 5 | 市场营销 | 专科 | 86 | 现代物流、现代服务业、高端装备与智能制造、纺织服装等 | 257 | 298 | 249 | 山东科技大学泰安校区、泰山学院等院校的国际贸易专业 |
| 6 | 电气自动化 | 本科 | 83 | 新一代信息技术、高端装备与智能制造、纺织服装、新材料等 | 175 | 212 | 113 | 山东科技大学泰安校区等院校 |
| 7 | 玻璃纤维 | 中技 | 80 | 新材料等 | / | / | / | 职业院校未设对口专业 |
| 8 | 服装设计 | 专科 | 56 | 纺织服装等 | 289 | 124 | 430 | 山东服装职业学院等 |

续表

| 序号 | 专业名称 | 层次 | 需求人数（人） | 对应产业 | 2019—2021 年度毕业生人数（人） | | | 备注 |
|---|---|---|---|---|---|---|---|---|
| 9 | 机电一体化 | 专科 | 50 | 新材料、高端装备与智能制造、纺织服装等 | 2 164 | 2 007 | 1 777 | 山东服装职业学院、泰山职业技术学院、泰安技师学院、岱岳区高级技工学校、泰安理工中等专业学校、肥城高级技工学校、宁阳县技工学校、东平县中等职业学校 |
| 10 | 化学 | 专科 | 40 | 新材料、纺织服装等 | / | / | / | 职业院校未设对口专业 |
| 11 | 机械制造与设计 | 本科 | 87 | 高端装备与智能制造、新材料、纺织服装等 | 100 | 119 | 82 | 泰山学院等院校 |
| 12 | 机械制造与设计 | 专科 | 33 | 高端装备与智能制造、新材料、纺织服装等 | / | / | / | 职业院校未设同名专业 |
| 13 | 计算机 | 本科 | 31 | 现代物流、新一代信息技术、高端装备与智能制造等 | 160 | 188 | 162 | 山东科技大学泰安校区、泰山学院等院校 |
| 14 | （成本）会计 | 专科 | 30 | 现代物流、现代服务业、高端装备与智能制造、纺织服装等 | 1 074 | 564 | 595 | 山东服装职业学院等院校 |
| 15 | 化学 | 本科 | 28 | 新材料等 | 91 | 73 | 76 | 泰山学院等院校化工工艺、应用化工技术毕业生数 |
| 16 | 电气自动化 | 专科 | 25 | 高端装备与智能制造、纺织服装、新材料等 | 1 126 | 202 | 432 | 泰安技师学院、肥城高级技工学校等院校 |
| 17 | 电子与信息技术 | 本科 | 25 | 新一代信息技术等 | / | / | / | 宁阳技工学校等职业院校开设此专业，但无本科层次的毕业生 |
| 18 | 高分子材料 | 专科 | 23 | 新材料等 | 73 | 53 | 48 | 泰山学院等院校 |
| 19 | 互联网与大数据风控 | 本科 | 22 | 现代金融、现代物流等 | 232 | 273 | 243 | 山东科技大学泰安校区、泰山学院等院校 |

续表

| 序号 | 专业名称 | 层次 | 需求人数（人） | 对应产业 | 2019—2021 年度毕业生人数（人） | | | 备注 |
|---|---|---|---|---|---|---|---|---|
| 20 | 外贸英语 | 本科 | 21 | 新一代信息技术、现代物流、新材料、纺织服装等 | 5 | / | / | 山东力明职业技术学院等院校 |
| 需求合计 | | | 1 446 | 供给合计 | 5 746 | 4 113 | 4 207 | 供给总数未减去流失数 |

## 二、职业院校专业设置与区域产业结构升级的适配性障碍

### （一）职业院校专业设置存在理念误区，与区域产业结构升级协调发展的适配性较差

**1. 技能工人供给不足，流失率高**

自 2016 年起，泰安市企业陆续出现招工难问题，尤其是技术含量低、工作环境差、劳动强度大的劳动密集型企业。主要表现为：一是招工难。多数企业通过参加招聘会、网络招聘、入校招聘等形式，加大招引人才力度，但招聘效果甚微，较难满足招聘需求。部分劳动密集型企业如山东岱银纺织服装集团，尽管需要的一线工人技术门槛不高，普通人经短期培养也能上岗，但仍招工困难；二是用工贵。为了增强企业在引才留才中的竞争力，企业普遍通过制定各种激励奖励措施加大吸引人才力度，相应造成企业用工成本增加。泰山玻璃纤维有限公司操作工的薪酬标准保持在 5 000～6 000 元的高位区间。三是流失率高。企业由于地理位置、发展空间、用工环境等，很多技工入职不久即离职，或者在企业待 2～3 年，技能成熟了就离职。即使留下的员工也多是层次和技能水平较低、年龄偏大的。蒙牛乳业泰安有限责任公司 2018 年招工 214 人，离职 211 人，离职率 98.6%；路德新材料公司 2018 年招工 102 人，离职 90 人，离职率 88%。

**2. 职业院校专业设置陷入追大求全的理念误区，产业结构适配性矛盾明显**

（1）职业院校的办学方向、专业设置与产业发展结合并不紧密。根据调研，岱岳区高级技工学校（职业中专）18 个专业中仅有 8 个专业与市十大产业有较为密切的联系。市重点产业个别紧缺专业（如纺织、化工、新材料等），职业院校未设置对口专业（表 1），另有部分专业（如电

焊、机电一体化等），尽管许多职业院校已开设相关专业，但由于招生困难等原因，人才供给量明显不足，无法满足企业需求。

(2) 人力成本上升，技能人才毕业流失率高，市域就业率低。泰安市院校毕业生去往外省（江浙、广东等）和省内沿海城市（青岛、烟台、威海等）就业的多，留泰就业的少。山东服装职业学院 2018 年毕业生 3 300 人，留泰就业约 1 000 人，占比仅 30%；泰山职业技术学院 2018 年毕业生 4 875 人，留泰就业约 1 600 人，占比 33%；泰安理工中等专业学校 2018 年毕业生为 850 人，无一人留泰就业，其中绝大多数毕业生升学，其他毕业生或留在家中待业，或到经济发达城市就业。造成以上情况的根源在于国内、省内区域经济发展不平衡，使得各地经济对具体专业人才需求差异较大。同时，市内的职业院校脱离本地经济发展需要设置专业，一定程度上造成地方产业发展由于技能人才供给不足问题受到制约，同时使得毕业生不得不到外省市，面临陌生专业人才市场的激烈竞争。

（二）政府、行业、院校、企业（简称政行校企）联系联动机制缺失，职业院校专业设置调整滞后于产业结构调整

**1. 政府要做好宏观指导，“放”的同时要“管服”**

虽然在鼓励扩大职业院校专业设置和调整、教师评聘等方面的办学自主权背景下，职业院校专业设置与调整由审批制逐步转向备案制，但地方政府应在放权的同时做好统筹引导工作，避免院校在跟风热点专业时，忽视了专业设置和人才培养的滞后性，从而避免专业设置盲目性导致的区域专业结构失衡和教育资源的浪费。职业院校的专业设置必须重视政府在行业、院校、企业间的作用。

**2. 职业院校专业设置缺乏行业、企业的有效参与**

行业、企业参与渠道不多，热情不高，但其作为市场主体，是职业教育服务的对象和职业院校毕业生的就业去向，掌握着职业岗位需求的第一手信息，在职业院校专业设置调整与优化方面有着不可替代的作用。

**3. 职业院校专业设置管理体制尚待健全**

职业院校专业设置调整和优化只有适配于区域产业结构升级，才能更好地服务于区域经济社会发展①。可是在政行校企联系联动机制缺失

① 刘金露，黄国清．江西省高等职业教育与区域经济发展协调性研究［J］．职业教育研究，2018 (4).

的条件下，职业院校受制于传统的行政思维模式，主动适应地方经济社会发展和区域产业结构升级的动力不足，亦很难科学精准地预测区域产业结构升级产生的人才需求，专业设置与调整的盲目性和短视行为严重。

## 三、加强政行校企联系，构建联动机制，职业院校专业设置精准适配区域产业结构升级需求

### （一）发挥政府的统筹与服务作用

#### 1. 建立校企沟通平台

由政府人力资源社会保障部门牵头，面向职业院校和“双 50 强”企业，建立校企合作联席会议制度，定期发布重点产业急需紧缺专业需求目录、工资指导价位和技能人才供给状况报告，优化完善产业政策，及时调整职业院校发展规划和专业布局，确保职业院校精准服务于本地产业发展。

#### 2. 引导鼓励技能人才在泰就业

对驻泰职业院校毕业生在泰就业的，政府和企业共同出资，对技能人才个人按月发放住房或生活补贴，对职业院校进行一次性奖励。

#### 3. 完善技能人才评价机制

突破年龄、学历、资历、身份等限制，构建以职业资格、职业技能等级认定等为主要内容的技能人才评价机制，对进行职业技能鉴定并取得职业资格证书的人员和参加项目制培训的人员，给予职业技能鉴定补贴。

#### 4. 增强技能人才城市认同感

制作宣传片，深入驻泰高校宣传泰安市发展的宏伟蓝图和美好愿景，大力推介泰安市龙头企业，增进学生对泰安的市情认识和情感认同，让技能人才亲近泰安、了解泰安、留在泰安。

#### 5. 营造良好留人环境

简化人才引进流程，理顺技能人才落户机制。在企业较为集中的产业园区，探索建设技能人才“青年公寓”，实行社会化管理，完善相关配套设施，解决技能人才居住、子女上学等后顾之忧，营造拴心留才的环境。

（二）增强市场主体的参与度

1. **积极开展职工培训**

结合企业自身生产经营和技术创新需要，积极开展新录用人员就业技能培训、在岗职工技能提升培训和转岗培训。企业开展岗位技能培训的，在取得职业资格证书后给予职工个人或企业一定标准的职业培训补贴。

2. **提高技能人才待遇**

鼓励行业、企业建立内部技能等级评价制度和相应的薪酬奖励制度，健全完善“多劳多得、高技多得”分配机制，用待遇留人。

3. **积极接纳学生实习见习**

鼓励企业接纳职业院校学生实习，企业规模不足以接纳实习的，协调由各经济园区统筹接纳。

（三）加强联系联动，优化职业院校专业设置调整，精准适配区域产业结构升级需求

1. **加强专业设置宏观指导**

建立专业设置“负面清单”和信息发布制度，由人力资源社会保障部门定期调查发布全市重点产业急需紧缺专业目录，由教育部门定期发布职业院校专业结构与产业结构吻合度状况报告。制定职业院校专业结构优化规划方案，结合产业发展需求和院校办学特色、办学条件，明确专业调整意见、招生规模等，指导院校围绕产业发展优化调整专业设置。

2. **推行新型学徒制**

探索以“招工即招生、入企即入校、企校双师联合培养”为主要内容的企业新型学徒培养模式，经培训合格并取得职业资格证书的，给予职工个人或企业一定标准的职业培训补贴。

3. **强化校企共建**

鼓励企业在职业院校设置职工培训和继续教育机构，与院校共建产品研发中心、实训基地。企业建立实训基地的，给予经费补助。将市属职业院校毕业生市内实习率、就业率，专业设置与产业发展吻合度三项指标纳入对职业院校的相关考核体系，引导职业院校建立紧密对接产业结构升级需求的专业体系。

## 参考文献

[1] 清华大学社会科学院，复旦大学就业与社会保障研究中心. 中国劳动力市场技能缺口研究 [R]. 2016-10.

[2] 刘金露，黄国清. 江西省高等职业教育与区域经济发展协调性研究 [J]. 职业教育研究，2018 (4).

# 福建“人气指数”模型构建研究——以平潭综合实验区、厦门市为例[①]

郑亨钰　许小华　谢　烨[②]

**摘　要：** 本文通过采用文献分析，调查问卷设计，统计分析，要素与权重设定进行分析，研究设计“人气指数”，以更好地体现平潭综合实验区、厦门经济特区对外开放开发的进程和成效，为平潭、厦门招商引资和招才引智、进一步开放开发提供重要参考。

**关键词：** 人气指数　统计　模型构建　平潭综合实验区

“人气”一词最早是在娱乐圈出现，用来表示某明星被追捧、受关注程度。随着使用频率的增加，渐渐地“人气”一词就成了通用词汇，“人气”一词的外延也逐渐加大，使用范围则扩大到社会生活的方方面面。企业、行业为了促进产品销售，也开始重视“人气”氛围的营造，关心企业“人气”的高低，着手编制“人气指数”来衡量“人气”的高低。城市、区域经济社会发展状况的“人气”及“人气指数”也大同小异。

---

① 该篇论文获得“2019 年全国人才与人事研究主题征文活动”三等奖。

本文系福建省人力资源和社会保障厅综合课题研究成果。

② 郑亨钰，福建省人事人才研究所所长、高级经济师；许小华，福建省人事人才研究所高级经济师；谢烨，福建省人事人才研究所经济师。

例如，“义乌·中国小商品指数”的编制，为行业主管部门和当地政府及时准确了解和掌握中国乃至全球小商品贸易动态，了解小商品专业市场的运行状况，制定行业相关政策和发展规划提供重要依据。

2016年8月，国务院批复《平潭国际旅游岛建设方案》，平潭开放开发进入新阶段。根据省领导的指示和厅领导的要求，建议研究设计“平潭人气指数”，以更好地体现平潭综合实验区对外开放开发的进程和成效，直观、准确地反映平潭综合实验区的人员往来、经贸物流和酒店旅游业发展活跃程度，为平潭综合实验区招商引资和招才引智提供重要参考。

## 一、“人气指数”编制课题研究的原则与方法

### （一）确立“人气指数”编制的主要原则

人气指数编制的成功与否，与测评指标体系的构建密不可分。在编制时必须依据研究的目的和遵循一定的原则，才能设计出比较科学的指标体系。

（1）可比性原则。人气指数既可以在各个个体（区域）之间进行横向对比，也可以对某个个体（区域）不同时期的发展状况进行纵向对比。

（2）动态性原则。由于人气指数是个动态的指标，因此，所选定的指标及其权重也应根据社会发展的具体情况作出相应的调整。

（3）代表性原则。反映一个地区经济社会发展状况的指标有很多，不可能、也没有必要面面俱到，只要选择有代表性的指标即可。

（4）需要与可能性原则。有些指标设置虽然合理，但在实际操作过程中数据难以获取，这种指标要么忍痛舍弃，要么选择与其较为接近的可获取数据进行替代，如“公共交通出行增长率”，由于统计上的困难，改为容易获得的“公交收入增长率”。

### （二）确立人气指数编制的方法与路径

#### 1. 方法：问卷调查法、加权平均法

指数测评指标体系是人气指数测评的核心内容，是测评模型的具体化，也是调查问卷设计的基础，其设计的合理性决定了采集人气指数数据的合理性和有效性。因此，指数测评指标体系中，下一级指标必须准确地反映上一级指标的含义，才能实现测评模型的目标。

在吸收综合指数编制的相关文献资料基础上，课题组拟定了7项一级指标，每项指标又设4～6项二级指标制成问卷，发放给高校、科研机构及相关政府职能部门专家，请他们对一、二级指标进行权衡取舍。通过

问卷回收统计，再采用加权平均法进行测算取舍。

**2. 路径：文献分析→调查问卷设计→统计分析→要素与权重设定→征求意见→修改定稿**

本课题是在对收集文献资料的基础上，对资料进行分析，找出可借鉴的内容。选取7项一级指标，在此基础上设计出二级指标，通过征求相关专家意见，最后确定设计出调查问卷。向外发放25份专家咨询表，回收19份，通过统计分析，得出相关数据。在统计数据的基础上，选取一级指标若干个，相应地选出二级指标。指标及权重确定后，形成课题文本，提请专家进行咨询性论证，吸纳相关专家意见后，修改文本，最后形成课题报告初稿。

## 二、“人气指数”编制

### （一）指标体系构建

通过文献资料分析和征询专家意见，课题组在7项一级指标中选用了得分高的前5项，作为“人气指数”的主要构成要素，分别为“人才聚集度”“人员流动性”“旅游业发展”“经济成长性”和“交通便利性”。同理，课题组在这5项一级指标中，选择得分高的前3项作为对应的二级指标（见图1）。

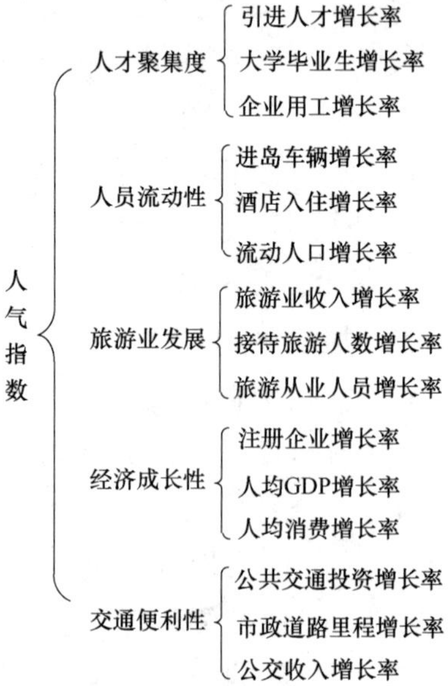


**图1　人气指数指标体系**

（二）数据处理

**1. 信度分析**

信度分析是为了检验测评收集的数据反映人们评价的可靠程度。在人气指数测评中可以通过克朗巴哈 α 信度系数方法来测量调查数据的信度。克朗巴哈 α 信度系数的计算公式如下：

$$\alpha=\frac{k}{k-1}\left[1-\frac{\sum_{i=1}^{k}\sigma_y^2}{\sigma_x^2}\right]$$

其中，$k$ 为调查数据的种类数；$\sigma_x^2$ 为总样本的方差；$\sigma_y^2$ 为目前观测样本的方差。

通常克朗巴哈 α 系数的值在 0 和 1 之间。当 $\alpha\leqslant0.6$ 时，一般认为内部一致信度不足；当 $0.7\leqslant\alpha\leqslant0.8$ 时，表示量表具有相当的信度；当 $\alpha\geqslant0.8$ 时，说明量表信度非常好。

**2. 指标的处理**

（1）一致化处理。由于评价要素的数据类型的差异，存在数据大小不一致的问题，故需对不同类型的数据采用一致化处理。

对极小型指标 $x$，令：$x^2=1/x$；

对中型指标 $x$，令：

$$x^*=\begin{cases}\dfrac{2(M-x)}{M-m}，当\dfrac{M+m}{2}\leqslant x\leqslant M 时\\[2ex] \dfrac{2(x-m)}{M-m}，当 m\leqslant x\leqslant\dfrac{M+m}{2}时\end{cases}$$

其中，$m$ 为 $x$ 的一个允许下界，$M$ 为 $x$ 的一个允许上界。

（2）标准化处理。为了能更准确地进行比较，对于有纲量的指标通常要进行无纲量化，即对原始指标通常要进行无量纲化处理：

$$x^*=\frac{x-\overline{x}}{s_j}$$

其中，$\overline{x}$ 是指标的观测值的平均值，$s_j$ 是指标 $x$ 的观测值的均方差。

**3. 确定权重和选择相应的模型**

（1）权重确定。权重的确定，通常是根据具体情况选择德尔菲法、专家打分法及层次分析法等。本课题选择专家打分法进行权重确定，权重计算公式为：

$$\delta_n=\lambda_n/\Sigma\lambda$$

其中，$\delta_n$ 为第 $n$ 项指标的权重；$\lambda_n$ 为第 $n$ 项要素的分值。

一级指标权重：结合问卷统计数据，根据上述公式计算，各项要素的权重分别为：

人才聚集度：$\delta_1=\lambda_1/\Sigma\lambda=12/47\approx0.26$；

人员流动性：$\delta_2=\lambda_2/\Sigma\lambda=10/47\approx0.21$；

旅游业发展：$\delta_3=\lambda_3/\Sigma\lambda=10/47\approx0.21$；

经济成长性：$\delta_4=\lambda_4/\Sigma\lambda=9/47\approx0.19$；

交通便利性：$\delta_5=\lambda_5/\Sigma\lambda=6/47\approx0.13$。

二级指标权重：结合问卷统计数据，根据上述公式计算，各项要素的权重分别为：

引进人才增长率（0.41）、大学毕业生增长率（0.31）、企业用工增长率（0.28）；

进岛车辆增长率（0.36）、酒店入住增长率（0.32）、流动人口增长率（0.32）；

旅游业收入增长率（0.36）、接待旅游人数增长率（0.32）、旅游从业人员增长率（0.32）；

注册企业增长率（0.41）、人均 GDP 增长率（0.36）、人均消费增长率（0.23）；

公共交通投资增长率（0.36）、市政道路里程增长率（0.27）、公交收入增长率（0.36）。

（2）选择模型。人气指数的提升，需要各指标要素的协调，否则就会影响一个地区的人气。即，各个指标要素间具有较强的关联性。因此，我们应该选择可以全面、协调的评价指标的评价模型。

$$\text{人气指数}=（\text{报告期数据}/\text{基期数据}）\times100\%$$

$$=\frac{\delta_1x_{i1}^*+\delta_2x_{i2}^*+\delta_3x_{i3}^*+\delta_4x_{i4}^*+\delta_5x_{i5}^*}{\delta_1x_{o1}^*+\delta_2x_{o2}^*+\delta_3x_{o3}^*+\delta_4x_{o4}^*+\delta_5x_{o5}^*}\times100\%$$

其中，$\delta_1+\delta_2\cdots\delta_5=1$。

（3）确定标准值。地区人气指数，必须确定某一年为基期，以基期数值为 100，参照期指数大于 100 则说明地区人气偏旺，小于 100 则显示地区人气趋弱。

## 三、人气指数计算与验证

### （一）利用假设数据进行计算

以 2017 年某地区人才聚集度等 5 项一级指标为依据，将其数据作为基期数据，并假设 2018 年各项变动数据（见表 1），根据对照期与基期数据对比，可以得出 2018 年平潭人气指数。

表 1　　2017—2018 年某地区人气指数要素值

| 要素 | | 要素值 | |
|---|---|---|---|
| 一级要素 | 二级要素 | 2017 年 | 2018 年 |
| 人才聚集度 | 引进人才增长率 | 6% | 8% |
| | 大学毕业生增长率 | 7% | 7% |
| | 企业用工增长率 | 8% | 7% |
| 人员流动性 | 进岛车辆增长率 | 5% | 10% |
| | 酒店入住增长率 | 3% | 8% |
| | 流动人口增长率 | 4% | 5% |
| 旅游业发展 | 旅游业收入增长率 | 8% | 10% |
| | 接待旅游人数增长率 | 7% | 8% |
| | 旅游从业人员增长率 | 5% | 6% |
| 经济成长性 | 注册企业增长率 | 8% | 10% |
| | 人均 GDP 增长率 | 5% | 7% |
| | 人均消费增长率 | 8% | 7% |
| 交通便利性 | 公共交通投资增长率 | 12% | 13% |
| | 市政道路里程增长率 | 5% | 10% |
| | 公交收入增长率 | 5% | 8% |

注：2017 年、2018 年要素值是以 2016 年为基期得到的增长率。

数据处理：由于增长率数值偏小，可以考虑将其乘以 100。

令：$x^{*}=X\times 100$，2017 年引进人才增长率的 $0.06\times 100=6$（其他类推）。

2017 年人才聚集度值＝权重×（二级指标值）

＝0.26×（二级指标值）＝0.26×6.9＝1.794

二级指标值$=\sum_{i=1}^{n} x_{oi}^{*}\delta_j=(6\times 0.41)+(7\times 0.31)+(8\times 0.28)=6.87$

依此，将各项一级指标值逐一计算，得出数据后求和：

得出 2017 年数值为：

$\sum 2017=1.794+0.861+1.431+1.319+0.966$

$\approx 6.37$

同理，依据数据计算出2018年的指标值为：

$\sum 2018 = 6.61$

2018年平潭人气指数

$$= \frac{\delta_1 x_{i1}^* + \delta_2 x_{i2}^* + \delta_3 x_{i3}^* + \delta_4 x_{i4}^* + \delta_5 x_{i5}^*}{\delta_1 x_{o1}^* + \delta_2 x_{o2}^* + \delta_3 x_{o3}^* + \delta_4 x_{o4}^* + \delta_5 x_{o5}^*} \times 100$$

$$= \frac{6.61}{6.37} \times 100 \approx 103.77$$

（二）计算2017年平潭人气指数

2016—2017年平潭各要素增长率见表2。

表2　　2016—2017年平潭各要素增长率

| 要素 | | 同比增长率 | |
|---|---|---|---|
| 一级要素 | 二级要素 | 2016年 | 2017年 |
| 人才聚集度 | 引进人才增长率 | 352.38% | 2.11% |
| | 大学毕业生增长率 | 40.88% | 21.91% |
| | 企业用工增长率 | 3.53% | 17.71% |
| 人员流动性 | 进岛车辆增长率 | 8.59% | 5.39% |
| | 酒店入住增长率 | 5.48% | 24.67% |
| | 流动人口增长率 | −48.6% | −23.93% |
| 旅游业发展 | 旅游业收入增长率 | 66.31% | 46.6% |
| | 接待旅游人数增长率 | 25.17% | 27.2% |
| | 旅游从业人员增长率 | 10.89% | 10.02% |
| 经济成长性 | 注册企业增长率 | 42.96% | 20.1% |
| | 人均GDP增长率 | 3.8% | 4.8% |
| | 人均消费增长率 | 7.8% | 4.6% |
| 交通便利性 | 公共交通投资增长率 | 40% | 50% |
| | 市政道路里程增长率 | 22.22% | 27.27% |
| | 公交收入增长率 | 9.79% | 7.89% |

注：因平潭未统计公共交通投资率，因此假设其2016年增长率为40%，2017年为50%。

为消除不同年份数据影响，需对表2数据进行处理，以2015年为基期，计算2017年的定基增长率，例如：

以2015年为基期，2017年引进人才增长率＝（352.38%＋1）×（2.11%＋1）−1≈361.93%

依此，将2017年各同比增长率逐一计算，得出数据（见表3）。

表3　　2016—2017年平潭人气指数要素值

| 要素 | | 要素值 | |
|---|---|---|---|
| 一级要素 | 二级要素 | 2016年 | 2017年 |
| 人才聚集度 | 引进人才增长率 | 352.38% | 361.93% |
| | 大学毕业生增长率 | 40.88% | 71.75% |
| | 企业用工增长率 | 3.53% | 21.87% |
| 人员流动性 | 进岛车辆增长率 | 8.59% | 14.44% |
| | 酒店入住增长率 | 5.48% | 31.5% |
| | 流动人口增长率 | -48.6% | -60.9% |
| 旅游业发展 | 旅游业收入增长率 | 66.31% | 143.81% |
| | 接待旅游人数增长率 | 25.17% | 59.21% |
| | 旅游从业人员增长率 | 10.89% | 22% |
| 经济成长性 | 注册企业增长率 | 42.96% | 71.69% |
| | 人均GDP增长率 | 3.8% | 8.78% |
| | 人均消费增长率 | 7.8% | 12.76% |
| 交通便利性 | 公共交通投资增长率 | 40% | 110% |
| | 市政道路里程增长率 | 22.22% | 55.55% |
| | 公交收入增长率 | 9.79% | 18.45% |

注：2016年、2017年要素值是以2015年为基期得到的增长率，因平潭未统计公共交通投资率。

数据处理：

令 $x^{*}=X\times100$，2016引进人才增长率$=3.5238\times100$

$=352.38$（其他类推）。

2016年人才聚集度值＝权重×二级指标值

$=0.26\times$二级指标值$=0.26\times158.137\approx41.116$

二级指标值$=\sum_{i=1}^{n}x_{oi}^{*}\delta_{i}=(352.38\times0.41)+(40.88\times0.31)+(3.53\times0.28)\approx158.137$

依此，将各项一级指标值逐一计算，得出数据后求和。

得出2016年数值为：

$\sum2016=41.116-2.248+7.436+3.947+3.110$

$\approx53.36$

同理，依据数据计算出 2017 年的指标值：

$\sum 2017 = 73.30$

2017 年平潭人气指数

$$=\frac{\delta_1 x_{i1}^* + \delta_2 x_{i2}^* + \delta_3 x_{i3}^* + \delta_4 x_{i4}^* + \delta_5 x_{i5}^*}{\delta_1 x_{o1}^* + \delta_2 x_{o2}^* + \delta_3 x_{o3}^* + \delta_4 x_{o4}^* + \delta_5 x_{o5}^*} \times 100$$

$$=\frac{73.30}{53.36} \times 100 \approx 137.37$$

（三）计算 2017 年厦门人气指数

为验证模型的可靠性，下面利用模型计算厦门人气指数，相关数据见表 4。

表 4　　2016—2017 年厦门各要素增长率

| 要素 | | 同比增长率 | |
|---|---|---|---|
| 一级要素 | 二级要素 | 2016 年 | 2017 年 |
| 人才聚集度 | 引进人才增长率 | 8.50% | 18.32% |
| | 大学毕业生增长率 | 7.72% | 15.68% |
| | 企业用工增长率 | 2.94% | 3.23% |
| 人员流动性 | 进岛车辆增长率 | 80.21% | −5.12% |
| | 酒店入住增长率 | −1.20% | 6.80% |
| | 流动人口增长率 | 6.60% | −1.50% |
| 旅游业发展 | 旅游业收入增长率 | 16.33% | 20.68% |
| | 接待旅游人数增长率 | 12.17% | 15.66% |
| | 旅游从业人员增长率 | 13.25% | 2.37% |
| 经济成长性 | 注册企业增长率 | 24.38% | 16.21% |
| | 人均 GDP 增长率 | 6.40% | 6.50% |
| | 人均消费增长率 | 6.80% | 3.90% |
| 交通便利性 | 公共交通投资增长率 | 47.40% | 101.80% |
| | 市政道路里程增长率 | 1.40% | 6.80% |
| | 公交收入增长率 | −4.00% | 0.40% |

注：酒店入住增长率为厦门市星级饭店平均出租增长率。

对表 4 进行数据处理得表 5。

**表 5　　2016—2017 年厦门人气指数要素值**

| 要素 | | 要素值 | |
|---|---|---|---|
| 一级要素 | 二级要素 | 2016 年 | 2017 年 |
| 人才聚集度 | 引进人才增长率 | 8.50% | 28.37% |
| | 大学毕业生增长率 | 7.72% | 24.61% |
| | 企业用工增长率 | 2.94% | 6.26% |
| 人员流动性 | 进岛车辆增长率 | 80.21% | 70.98% |
| | 酒店入住增长率 | -1.20% | 5.52% |
| | 流动人口增长率 | 6.60% | 5.00% |
| 旅游业发展 | 旅游业收入增长率 | 16.33% | 40.39% |
| | 接待旅游人数增长率 | 12.17% | 29.74% |
| | 旅游从业人员增长率 | 13.25% | 15.93 |
| 经济成长性 | 注册企业增长率 | 24.38% | 44.54% |
| | 人均 GDP 增长率 | 6.40% | 13.32% |
| | 人均消费增长率 | 6.80% | 10.96% |
| 交通便利性 | 公共交通投资增长率 | 47.40% | 197.45% |
| | 市政道路里程增长率 | 1.40% | 8.30% |
| | 公交收入增长率 | −4.00% | −3.62% |

注：酒店入住增长率为厦门市星级饭店平均出租增长率。

2016 年数值为：

$$\sum 2016 = 1.742 + 6.427 + 2.943 + 2.634 + 2.08 \approx 15.83$$

2017 年数值为：

$$\sum 2017 = 5.465 + 6.073 + 6.122 + 4.860 + 9.363 \approx 31.88$$

2017 年厦门人气指数

$$= \frac{\delta_1 x_{i1}^* + \delta_2 x_{i2}^* + \delta_3 x_{i3}^* + \delta_4 x_{i4}^* + \delta_5 x_{i5}^*}{\delta_1 x_{o1}^* + \delta_2 x_{o2}^* + \delta_3 x_{o3}^* + \delta_4 x_{o4}^* + \delta_5 x_{o5}^*} \times 100$$

$$= \frac{31.88}{15.83} \times 100 \approx 201.39$$

通过对三组数据进行计算，可以得出构建的模型具有一定的合理性，通过模型分别计算得到的平潭、厦门人气指数都超过 100，说明平潭、厦门人气旺，并且 2017 年厦门人气指数 201.39 比平潭 137.37 高，与实际相符合。

## 四、专家咨询可靠性分析

### （一）专家基本情况

#### 1. 专家来源分布

本次课题组选择的专家分别来自国内人力资源研究机构和高等院校资深人才与人力资源领域、酒店、经济部门及行政机关相关职能部门（见表 6）。他们对地区人才与经济发展评价有较深入的研究或思考，能为人气指数评价指标构建提供有益的咨询意见。

表 6　专家来源分布情况

| 所在单位属性 | 人数（人） | 占总人数百分比 |
|---|---|---|
| 研究机构 | 2 | 10.5% |
| 高校 | 6 | 31.6% |
| 企业 | 1 | 5.3% |
| 行政机关 | 7 | 36.8% |
| 其他 | 3 | 15.8% |
| 总计 | 19 | 100% |

#### 2. 专家学历与专业结构

在学历结构方面，专家组成员接受过良好的高等教育，均具有本科以上文化程度（见表 7），知识面广。在专业结构方面，主要涉及人力资源管理、公共行政管理、酒店管理、经济等专业领域，基本能够覆盖人气指标所咨询的问题。

表 7　专家学历结构

| 学历 | 人数（人） | 占总人数百分比 |
|---|---|---|
| 博士 | 6 | 31.6% |
| 硕士 | 7 | 36.8% |
| 大学本科 | 6 | 31.6% |
| 大学专科 | — | — |
| 其他 | — | — |
| 合计 | 19 | 100% |

3. 专家职称与职务结构

在职称结构方面，咨询专家组以高级职称为主，其中副高职称占15.8%，正高职称占31.6%（见表8）。

表8　专家职称情况

| 职称 | 人数（人） | 占总人数百分比 |
|---|---|---|
| 正高 | 6 | 31.6% |
| 副高 | 3 | 15.8% |
| 中级 | 1 | 5.3% |
| 其他 | 9 | 47.4% |
| 合计 | 19 | 100% |

（二）专家的积极系数

专家的积极系数是指专家对所研究问题的关注程度。根据相关研究，积极系数可通过问卷回收率进行衡量，在回收的咨询意见表中，专家均按要求认真填写问卷调查表。在德尔菲法中，问卷回收率在50%以上即达到分析价值要求（见表9）。

表9　专家的积极系数表

| 问卷发放数量（份） | 问卷回收数量（份） | 回收率 |
|---|---|---|
| 25 | 19 | 84% |

（三）专家的权威系数

通常在问卷调查中，每一位专家对于所调查的问题具有的权威性是不同的，而其权威程度对调查结果的可靠性具有相当大的影响。因而，在专家调查中，常常需要考虑专家的权威程度。

专家的权威程度由权威系数（$B_i$）来表示，$B_i$ 一般由两至三个因素决定：一是专家对咨询问题做出判断的依据（$B_1$）；二是专家对咨询问题的熟悉程度（$B_2$）；三是专家的学历层次（$B_3$）。$B_i$ 的值越大，专家意见越有价值，则结果越可靠。$B_i$ 的计算公式如下：

$$B_i = (B_1 + B_2 + B_3) \div 3$$

我们在参考文献和专家咨询的基础上，制定了专家学历分值量化表（见表10）、专家判断依据表（见表11）和熟悉程度自评表（见表12），专家自评表统计见表13。

表 10 专家学历分值量化表

| 学历 | 博士 | 硕士 | 本科 | 专科 |
|---|---|---|---|---|
| 分值 | 1 | 0.9 | 0.7 | 0.4 |

表 11 专家判断依据及量化值表

| 专家判断依据 | 对专家判断影响程度 | | |
|---|---|---|---|
| | 大（1.0） | 中（0.8） | 小（0.5） |
| 1. 工作经验 | 0.45 | 0.40 | 0.25 |
| 2. 理论分析 | 0.30 | 0.20 | 0.10 |
| 3. 参考文献 | 0.20 | 0.15 | 0.10 |
| 4. 直观感觉 | 0.05 | 0.05 | 0.05 |

表 12 专家对人才评价指标问题的熟悉程度自评表

| 熟悉程度 | 量化值 | 选项 |
|---|---|---|
| 非常熟悉 | 1.0 | 0 |
| 很熟悉 | 0.8 | 11 |
| 比较熟悉 | 0.6 | 6 |
| 不太熟悉 | 0.4 | 2 |
| 不熟悉 | 0.2 | 0 |

表 13 专家自评表统计

| 专家判断依据 | 对专家判断影响程度 | | | | | |
|---|---|---|---|---|---|---|
| | 大 | 比例 | 中 | 比例 | 小 | 比例 |
| 1. 工作经验 | 12 | 63.2% | 7 | 36.8% | — | — |
| 2. 理论分析 | 10 | 52.6% | 7 | 36.8% | 2 | 10.6% |
| 3. 参考文献 | 5 | 26.3% | 8 | 42.1% | 6 | 31.6% |
| 4. 直观感觉 | 6 | 31.6% | 10 | 52.6% | 3 | 15.8% |

总体权威系数 $B_i=(0.856+0.868+0.695)\div 3\approx 0.81$。

根据咨询的结果，计算出总体权威系数为 0.81。一般认为，$B_i\geqslant 0.7$ 为可接受程度。因此，可以认为本次专家对咨询问题的权威程度是较高的，结果是可靠的。

## 五、结论

（1）本课题采用文献分析→调查问卷设计→统计分析→要素与权重设定→征求意见→修改定稿的技术线路，符合通用的课题工作流程，通过文献资料分析和征询专家意见，选用了得分高的前5项预设要素作为一级指标，选用了得分高的前3项预设要素作为二级指标，并采用专家分值法对一、二级指标分别做权重处理，最后构建出人气指标的计算模型。通过采集到的平潭和厦门两地的要素数据，根据构建的模型进行测算，所得的数据与业内人员的感官判断基本一致，由于课题采用可量化的指标，具有直观性，更具说服力。

（2）由于课题指标是在采用专家意见的基础上构建的，因此专家的主观评判是否能真实表达以及是否科学准确反映人气指标的各个要素及其权重的预设，对课题的指标设计具有重大的影响。为此，课题组在课题设计之初就同步设计了"专家可靠性"询问指标，通过回收问卷分析，验证了专家团队在本课题咨询的权威性符合业内的基本要求，从另一个侧面反映了本课题"人气指数"模型构建基本达到课题设计的要求，可运用于我省区域人气指数的统计与发布，并根据实际情况加以调整完善。

（3）"人气指数"指标的构建具有复杂性、动态性，既涉及指标设计的"专家可靠性"，又涉及统计数据的可获得性以及特色指标的地域代表性。在实际运用过程中，可结合平潭、厦门等地的实际情况，对"人气指数"指标要素和权重做出适当调整，以更好地体现不同地域的特色，体现指标的可操作性和真实性。